# 一 覧 表

> 10万円以下又は10万円以上…………10万円は含まれる。
> 10万円を超え又は10万円未満…………10万円は含まれない。

| 番号 | 文書の種類 | 印紙税額（1通又は1冊につき） | 主な非課税文書 |
|---|---|---|---|
| 4 | 株券、出資証券若しくは社債券又は投資信託、貸付信託、特定目的信託若しくは受益証券発行信託の受益証券<br>（注）1　出資証券には、投資証券を含みます。<br>　　　2　社債券には、特別の法律により法人の発行する債券及び相互会社の社債券を含むものとします。 | 記載された券面金額が<br>　500万円以下のもの　　　　　　　　　　　　200円<br>　500万円を超え　1千万円以下のもの　　　　1千円<br>　1千万円を超え　5千万円以下　〃　　　　　2千円<br>　5千万円を超え　1億円以下　〃　　　　　　1万円<br>　1億円を超えるもの　　　　　　　　　　　　2万円<br>（注）株券、投資証券については、1株（1口）当たりの払込金額に株数（口数）を掛けた金額を券面金額とします。 | 1　日本銀行その他特定の法人の作成する出資証券<br>2　譲渡が禁止されている特定の受益証券<br>3　一定の要件を満たしている額面株式の無効手続に伴い新たに発行する株券 |
| 5 | 合併契約書又は吸収分割契約書若しくは新設分割計画書<br>（注）1　会社法又は保険業法に規定する合併契約を証する文書に限ります。<br>　　　2　会社法に規定する吸収分割契約又は新設分割計画を証する文書に限ります。 | 4万円 | |
| 6 | 定　款<br>（注）株式会社、合名会社、合資会社、合同会社又は相互会社の設立のときに作成される定款の原本に限ります。 | 4万円 | 株式会社又は相互会社の定款のうち公証人法の規定により公証人の保存するもの以外のもの |
| 7 | 継続的取引の基本となる契約書<br>（注）契約期間が3か月以内で、かつ更新の定めのないものは除きます。<br>（例）売買取引基本契約書、特約店契約書、代理店契約書、業務委託契約書、銀行取引約定書など | | |
| 8 | 預金証書、貯金証書 | | 金庫その他特定の関の作成するものた預入額がの未満のもの |
| 9 | 貨物引換証、倉庫証券、船荷証券<br>（注）法定記載事項の一部を欠く証書で類似の効用があるものを含みます。 | | 券の謄本 |
| 10 | 保険証券 | 200円 | |
| 11 | 信用状 | 200円 | |
| 12 | 信託行為に関する契約書<br>（注）信託証書を含みます。 | 200円 | |
| 13 | 債務の保証に関する契約書<br>（注）主たる債務の契約書に併記するものは除きます。 | 200円 | 身元保証ニ関スル法律に定める身元保証に関する契約書 |
| 14 | 金銭又は有価証券の寄託に関する契約書 | 200円 | |
| 15 | 債権譲渡又は債務引受けに関する契約書 | 記載された契約金額が1万円以上のもの　　200円<br>契約金額の記載のないもの　　　　　　　　200円 | 記載された契約金額が1万円未満のもの |
| 16 | 配当金領収証、配当金振込通知書 | 記載された配当金額が3千円以上のもの　　200円<br>配当金額の記載のないもの　　　　　　　　200円 | 記載された配当金額が3千円未満のもの |
| 17 | 1　売上代金に係る金銭又は有価証券の受取書<br>（注）1　売上代金とは、資産を譲渡することによる対価、資産を使用させること（権利を設定することを含みます。）による対価及び役務を提供することによる対価をいい、手付けを含みます。<br>　　　2　株券等の譲渡代金、保険料、公社債及び預貯金の利子などは売上代金から除かれます。<br>（例）商品販売代金の受取書、不動産の賃貸料の受取書、請負代金の受取書、広告料の受取書など | 記載された受取金額が<br>　100万円以下のもの　　　　　　　　　　200円<br>　100万円を超え　200万円以下のもの　　400円<br>　200万円を超え　300万円以下　〃　　　600円<br>　300万円を超え　500万円以下　〃　　　1千円<br>　500万円を超え　1千万円以下　〃　　　2千円<br>　1千万円を超え　2千万円以下　〃　　　4千円<br>　2千万円を超え　3千万円以下　〃　　　6千円<br>　3千万円を超え　5千万円以下　〃　　　1万円<br>　5千万円を超え　1億円以下　〃　　　　2万円<br>　1億円を超え　2億円以下　〃　　　　　4万円<br>　2億円を超え　3億円以下　〃　　　　　6万円<br>　3億円を超え　5億円以下　〃　　　　　10万円<br>　5億円を超え　10億円以下　〃　　　　　15万円<br>　10億円を超えるもの　　　　　　　　　20万円<br><br>受取金額の記載のないもの　　　　　　　200円 | 次の受取書は非課税<br>1　記載された受取金額が3万円未満（※）のもの<br>2　営業に関しないもの<br>3　有価証券、預貯金証書など特定の文書に追記した受取書<br><br>※平成26年4月1日以降に作成されるものについては、記載された受取金額が、5万円未満のものが非課税となります。 |
| | 2　売上代金以外の金銭又は有価証券の受取書<br>（例）借入金の受取書、保険料の受取書、損害賠償金の受取書、補償金の受取書、返還金の受取書など | 200円 | |
| 18 | 預金通帳、貯金通帳、信託通帳、掛金通帳、保険料通帳 | 1年ごとに　　　　　　　　　　　　　　　200円 | 1　信用金庫など特定の金融機関の作成する預貯金通帳<br>2　所得税が非課税となる普通預金通帳など<br>3　納税準備預金通帳 |
| 19 | 消費貸借通帳、請負通帳、有価証券の預り通帳、金銭の受取通帳などの通帳<br>（注）18に該当する通帳を除きます。 | 1年ごとに　　　　　　　　　　　　　　　400円 | |
| 20 | 判取帳 | 1年ごとに　　　　　　　　　　　　　　　4千円 | |

【第十一訂版】

書式５５０

# 例 解 印 紙 税

馬場　則行　編

税務研究会出版局

# は　じ　め　に

　印紙税は、日常の経済取引に伴って作成される契約書や領収書など、印紙税法に定める特定の文書（課税文書）に課税される税金です。納付については、原則として、課税文書の作成者自らがその文書に収入印紙を貼り付け、消印することによって納税が完結する仕組となっています。

　このため、納税者の皆様は、日常の経済取引等において作成される個々の文書について、それが「課税文書に該当するかどうか」、「納付すべき印紙税額はいくらであるか」を自ら判断していただかなければなりません。

　しかしながら、最近における社会経済構造の変化に伴い、経済が複雑化・多様化しており、作成される文書の内容も複雑多岐になり、その課否判定も非常に難しくなってきております。

　そこで、本書は、印紙税の法令や通達等に基づき、課税文書の種類ごとに具体的な書式を数多く掲載して、その課否判定を分かりやすく解説する方法を採り入れているほか、今回の改訂に当たり、納税者の皆様に広く影響する税制改正内容も盛り込むとともに、新たな取引に係る事例を織り込むなど、更に内容の充実を図っております。

　本書が印紙税の実務に携わっておられる方々はもとより、広く一般の納税者の方々が印紙税を理解される上での一助となれば幸いです。

　なお、本書は大阪国税局消費税課に勤務する職員が休日等を使って執筆したものであり、本文中意見にわたる部分については、執筆者の個人的見解であることをお断りしておきます。

　　平成30年6月

　　　　　　　　　　　　　　　　　　　　　馬　場　則　行

◆印紙税関係法令に係る最近の主な改正事項◆

## 平成 15 年度

1　不動産の譲渡に関する契約書等に係る印紙税の税率の特例措置の改正

　　不動産の譲渡に関する契約書及び建設工事の請負に関する契約書のうち、一定の要件に該当するものに係る印紙税の税率の軽減措置の適用期限が２年延長された。（租税特別措置法第91条）

2　株式分割等に係る株券の印紙税の非課税措置の改正

　　株式分割等に係る株券の印紙税の非課税措置の適用期限が２年延長されるとともに、協同組織金融機関が発行する優先出資の分割に係る優先出資証券が非課税措置の対象に加えられた。（租税特別措置法第91条の４）

3　特殊法人等改革に伴う印紙税法別表第二及び第三の改正

　　特殊法人等改革に伴い、印紙税法別表第二（非課税法人の表）及び第三（非課税文書の表）が改正された。

## 平成 16 年度

○　約束手形に係る印紙税の税率等の特例措置の改正

　　いわゆるコマーシャルペーパーに係る印紙税の税率等の特例措置（一通につき5,000円の定額税率）の適用期限が１年延長された。（租税特別措置法第91条の２、同法施行令第52条、同法施行規則第41・41の２）

## 平成 17 年度

1　高校奨学金事業に係る消費貸借契約書の印紙税の非課税措置の創設

　　従前、日本育英会又は独立行政法人日本学生支援機構が実施してきた高校奨学金事業が都道府県等に移管されたことに伴い、都道府県等が実施する高校奨学金事業における学資の貸与に係る消費貸借契約書について印紙税を非

（4）

課税とする措置が創設された。（租税特別措置法第91条の２、同法施行令第52条、同法施行規則第41条）

## 2　約束手形に係る印紙税の税率等の特例措置の廃止

いわゆるコマーシャルペーパーに係る印紙税の税率等の特例措置（一通につき5,000円の定額税率）が、その適用期限である平成17年３月31日をもって廃止された。

## 3　阪神・淡路大震災の被災者に対する特別貸付けに係る消費貸借契約書の印紙税の非課税措置の廃止

阪神・淡路大震災の被害者に対する特別貸付けに係る消費貸借契約書の印紙税の非課税措置は、その適用期限（平成17年３月31日）の到来に伴い、平成17年４月１日以後に作成される契約書については適用されないこととされた。

## 平成18年度

### ○　会社法の施行に伴う印紙税法別表第一等の改正

①　第５号文書の物件名が「合併契約書又は吸収分割契約書若しくは新設分割計画書」に変更されるとともに、会社法において書面としての合併契約書等の作成義務が規定されないこととされた（会社法第748条）ことから、同文書の定義規定が「合併契約等を証する文書（合併契約等の変更又は補充の事実を証するものを含む。）」と改正された。

②　株券の発行時の資本金等の組入れについては発行価額から払込金額を基準に算定することとされたことから、印紙税法施行令第24条に規定する株券に対する課税標準についても所要の整備が行われた。

③　端株制度が廃止され単元株制度に統一されたことから、印紙税法施行令第28条第１項第１号の端株券に関する規定が削除される等、所要の整備が行われた。

（5）

## 平成 19 年 度

### 1　不動産の譲渡に関する契約書等に係る印紙税の税率の特例措置の改正

　　不動産の譲渡に関する契約書及び建設工事の請負に関する契約書のうち、一定要件に該当するものに係る印紙税の税率の軽減措置の適用期限が2年延長された。（租税特別措置法第91条）

### 2　株式分割等に係る株券の印紙税の非課税措置の改正

　　株式分割等に係る株券の印紙税の非課税措置の適用期限が2年延長された。（租税特別措置法第91条の4）

### 3　信託法改正に伴う印紙税法別表第一の改正

　　信託法の改正により、信託行為一般の受益権も証券化（受益証券発行信託の受益証券）することができるようになり、この受益証券発行信託の受益証券についても貸付信託等の受益証券と同様に印紙税法別表第一（課税物件表）の第4号文書として課税対象に追加された。

## 平成 20 年 度

### ○　日本年金機構法の創設等に伴う印紙税法別表第二及び第三の改正

　　日本年金機構法の創設に伴い、印紙税法別表第二（非課税法人の表）に日本年金機構が追加される等の所要の整備が行われた。

## 平成 21 年 度

### 1　不動産の譲渡に関する契約書等に係る印紙税の税率の特例措置の改正

　　不動産の譲渡に関する契約書及び建設工事の請負に関する契約書のうち、一定要件に該当するものに係る印紙税の税率の軽減措置の適用期限が2年延長された。（租税特別措置法第91条）

### 2　株式分割等に係る株券等に対する特例措置の廃止

　　「社債、株式等の振替に関する法律」により、上場株式等が電子化された

（6）

　　ことに伴い、租税特別措置法の特例措置が適用期限（平成21年３月31日）の
到来をもって廃止された。

## 平成 22 年 度

○　保険法施行に伴う印紙税法別表第一の改正

　　保険法の施行により、商法の保険証券の規定が廃止され、印紙税の課税物
件である保険証券の範囲について、明確化が図られた。

## 平成 23 年 度

1　東日本大震災の被災者等に係る国税関係法律の臨時特例に関する
法律の施行

　　東日本大震災の被災者等に対して以下のような措置が創設された。

①　特別貸付けに係る消費貸借に関する契約書の非課税措置

②　一定の金融機関が行う特別貸付けに係る消費貸借に関する契約書の非課
税措置

③　東日本大震災により滅失した消費貸借に関する契約書等に代わるものと
して作成する文書の非課税措置

④　被災者が作成する不動産の譲渡に関する契約書等の非課税措置

⑤　被災した農用地の代替農用地の譲渡に係る不動産の譲渡に関する契約書
等の非課税措置

⑥　被災した船舶・航空機に代わる船舶・航空機の取得等に係る船舶又は航
空機の譲渡に関する契約書等の非課税措置

⑦　独立行政法人中小企業基盤整備機構が仮設施設整備事業に関して作成す
る不動産の譲渡に関する契約書等の非課税措置

2　不動産の譲渡に関する契約書等に係る印紙税の税率の特例措置の
改正

　　不動産の譲渡に関する契約書及び建設工事の請負に関する契約書のうち、
一定要件に該当するものに係る印紙税の税率の軽減措置の適用期限が２年延

（7）

長された。（租税特別措置法第91条）

## 平成 24 年度

### ○　復興支援措置の拡充

　　東日本大震災事業者再生支援機構が東日本大震災の被害者に対して行う金銭の貸付けに係る消費貸借に関する契約書について、当該金銭の貸付けの条件が当該被害者の支援に資する有利な条件となることを前提に、印紙税が非課税とされた。

## 平成 25 年度

### 1　不動産の譲渡に関する契約書等に係る印紙税の税率の特例措置の改正

　　不動産の譲渡に関する契約書及び建設工事の請負に関する契約書のうち、一定要件に該当するものに係る印紙税の税率の軽減措置の適用期限が5年間延長され、平成26年4月1日以降作成するものについては、更に軽減措置が拡充されることとなった。（租税特別措置法第91条）

### 2　「金銭又は有価証券の受取書」の非課税範囲の拡大

　　「金銭又は有価証券の受取書」について、平成26年4月1日以降に作成されるものについて非課税範囲が拡大され、受取金額が5万円未満（現行3万円未満）のものについて非課税とされることとなった。

## 平成 26 年度

### ○　独立行政法人中小企業基盤整備機構が作成する不動産の譲渡に関する契約書等の印紙税非課税措置の延長

　　独立行政法人中小企業基盤整備機構が仮設施設整備事業に関して作成する不動産の譲渡に関する契約書等の非課税措置の適用期限が2年延長された（東日本大震災の被災者等に係る国税関係法律の臨時特例に関する法律第52条）。

(8)

## 平成28年度

### 1　特定の奨学金の貸付けに係る消費貸借契約書の印紙税の非課税措置の創設

　　高等学校、大学等の生徒又は学生で経済的理由により修学に困難がある者に対して無利息その他一定の条件で行われる学資としての資金の貸付けに係る消費貸借契約書について、印紙税を非課税とする措置が創設された（租税特別措置法第91条の2、租税特別措置法施行令第52条）。

### 2　独立行政法人中小企業基盤整備機構が作成する不動産の譲渡に関する契約書等の印紙税非課税措置の延長

　　独立行政法人中小企業基盤整備機構が仮設施設整備事業に関して作成する不動産の譲渡に関する契約書等の非課税措置の適用期限が2年延長された（東日本大震災の被災者等に係る国税関係法律の臨時特例に関する法律第52条）。

## 平成29年度

### 1　自然災害の被災者が作成する代替建物の取得又は新築等に係る不動産譲渡契約書等の印紙税の非課税措置の創設

　　被災者生活再建支援法が適用される自然災害の被災者等が作成する不動産譲渡契約書又は建設工事請負契約書のうち、一定の要件に該当するものに係る印紙税の非課税措置が創設された（租税特別措置法第91条の2、租税特別措置法施行令第52条）。

### 2　特別貸付けに係る消費貸借契約書の印紙税の非課税措置の創設

　　公的貸付機関等又は金融機関が激甚災害の被災者等に対して行う金銭の貸付けに係る消費貸借契約書のうち、一定の要件に該当するものに係る印紙税の非課税措置が創設された（租税特別措置法第91条の4、租税特別措置法施行令第52条の3）。

（9）

## 平成30年度

### 1 不動産の譲渡に関する契約書等に係る印紙税の税率の特例措置の改正

不動産の譲渡に関する契約書及び建設工事の請負に関する契約書のうち、一定要件に該当するものに係る印紙税の税率の軽減措置の適用期限が2年延長された（租税特別措置法第91条）。

### 2 預貯金通帳等に係る印紙税一括納付承認申請手続の改正

一括納付の承認を受けようとする課税期間（4月1日から翌年3月31日までの期間）の開始前に所轄税務署長の承認を受けることにより（承認申請書は3月15日までに提出）、その承認日以後の各課税期間内に作成する預貯金通帳等について、一括納付の特例が適用されることとなった（印紙税法第12条、同法施行令第12条）。

また、今回の改訂に当たり、新たに追加した事例は以下のとおりです。

### 【新 規 事 例 一 覧】

| No. | 文　書　名 | 号別 |
|---|---|---|
| 68 | 融資証明依頼書／証明書 | 1-3 |
| 128 | 太陽光設備売買・請負工事契約書 | 2 |
| 246 | 電力需給契約書 | 7 |
| 269 | 委託料の支払いに関する覚書 | |
| 273 | 支払方法等通知書 | |
| 284 | 従業員等の受入れに関する覚書 | |
| 428 | 公金と公金以外を併せて受領証明する受取書 | 17 |
| 429 | 公金のみを受領証明する受取書 | |
| 434 | 有料老人ホームが入居一時金を受領した際に交付する預り証 | |
| 524 | 輸出免税物品購入記録票に貼付・割印するレシート（写） | |
| 535 | 売掛金集金帳 | 19 |

(11)

# 目　　　　次

◆印紙税関係法令に係る最近の主な改正事項 ……………………………………（ 3 ）

◆新規事例一覧 ………………………………………………………………………（ 9 ）

◆印紙税事例目次 ………………………………………………………………………（18）

## 第1部　印紙税の概要

第一章　総　　　論 …………………………………………………………… 3

　第一節　印紙税の性格 ……………………………………………………… 3

　第二節　印紙税法の歴史 …………………………………………………… 4

　第三節　印紙税法の施行地域 ……………………………………………… 5


第二章　課税物件等の概要 ………………………………………………… 7

　第一節　課税物件の範囲 …………………………………………………… 7

　第二節　印紙税法の適用を受ける文書の意義 ………………………… 8

　第三節　各文書の共通的事項 ……………………………………………… 9

　第四節　契　約　書……… …………………………………………………… 10

　第五節　契約書の範囲 ……………………………………………………… 13


第三章　非課税文書 ………………………………………………………… 15

(12)　　　　　　　　目　　　次

第四章　印紙税の課税物件表の適用に関する通則 ………… 17
　第一節　「課税物件表の適用に関する通則」の概略 ……………… 17
　第二節　課税物件表に定める各号への文書の所属 ……………… 18
　第三節　課税文書の記載金額 …………………………………… 20

第五章　課税標準及び税率 ……………………………………… 28

第六章　納税義務者及び納税義務の成立 …………………… 31
　第一節　納税義務者 ……………………………………………… 31
　第二節　納税義務の成立及び課税文書の作成 ………………… 31
　第三節　課税文書の作成とみなされる場合 …………………… 32
　第四節　課税文書の作成者 ……………………………………… 35
　第五節　連帯納税義務 …………………………………………… 36

第七章　納税方法、納税地及び還付等 ……………………… 38
　第一節　印紙税の納付方法 ……………………………………… 38
　第二節　納　税　地 ……………………………………………… 43
　第三節　過誤納金の還付、充当 ………………………………… 44

第八章　担保提供及び諸種の申告義務等 ……………………… 46

第九章　過怠税及び罰則 ……………………………………… 47
　第一節　過　怠　税 ……………………………………………… 47
　第二節　罰　　　則 ……………………………………………… 48

目　　次　　(13)

# 第2部　各課税物件

## 第一章　（第1号の1文書）

不動産、鉱業権、無体財産権、船舶若しくは航空機又は営業の譲渡
に関する契約書 ……………………………………………………………… 51

## 第二章　（第1号の2文書）

地上権又は土地の賃借権の設定又は譲渡に関する契約書 …………………118

## 第三章　（第1号の3文書）

消費貸借に関する契約書 …………………………………………………… 152

## 第四章　（第1号の4文書）

運送に関する契約書（用船契約書を含む。）……………………………… 233

## 第五章　（第2号文書）

請負に関する契約書 ………………………………………………………… 269

## 第六章　（第3号文書）

約束手形又は為替手形 ……………………………………………………… 473

## 第七章　（第4号文書）

株券、出資証券若しくは社債券又は投資信託、貸付信託、特定目的信
託若しくは受益証券発行信託の受益証券 …………………………………487

# 第八章 （第5号文書）

合併契約書又は吸収分割契約書若しくは新設分割計画書 …………………499

# 第九章 （第6号文書）

定　　款 …………………………………………………………………508

# 第十章 （第7号文書）

継続的取引の基本となる契約書 ………………………………………514

# 第十一章 （第8号文書）

預貯金証書 ………………………………………………………………697

# 第十二章 （第9号文書）

貨物引換証、倉庫証券又は船荷証券 …………………………………707

# 第十三章 （第10号文書）

保険証券 …………………………………………………………………719

# 第十四章 （第11号文書）

信　用　状 ………………………………………………………………724

# 第十五章 （第12号文書）

信託行為に関する契約書 ………………………………………………728

# 第十六章 （第13号文書）

債務の保証に関する契約書（主たる債務の契約書に併記するものを
除く。） ……………………………………………………………………739

目　　　次　　　　　　(15)

## 第十七章　（第14号文書）
金銭又は有価証券の寄託に関する契約書 ………………………………780

## 第十八章　（第15号文書）
債権譲渡又は債務引受けに関する契約書 ………………………………855

## 第十九章　（第16号文書）
配当金領収証又は配当金振込通知書 ……………………………………875

## 第二十章　（第17号文書）
売上代金に係る金銭又は有価証券の受取書・売上代金以外の金銭又
は有価証券の受取書 ………………………………………………………889

## 第二十一章　（第18号文書）
預貯金通帳、信託行為に関する通帳、銀行の作成する掛金通帳、無
尽会社の作成する掛金通帳、生命保険会社の作成する保険料通帳又
は生命共済の掛金通帳 …………………………………………………1027

## 第二十二章　（第19号文書）
通帳（第1号、第2号、第14号又は第17号に掲げる文書により証さ
れるべき事項を付け込んで証明する目的をもって作成する通帳。た
だし、第18号に該当する通帳を除く 。）………………………………1055

## 第二十三章　（第20号文書）
判　取　帳 ………………………………………………………………1083

# 附　　　録

○印紙税法 ……………………………………………………………………1096

○印紙税法施行令 ……………………………………………………………1133

○印紙税法施行規則 …………………………………………………………1148

○印紙税法別表第二独立行政法人の項の規定に基づき、印紙税を課さ
　ない法人を指定する件 ……………………………………………………1152

○印紙税法施行令第22条第12号の規定に基づき、コール資金の貸付け
　又はその貸借の媒介を業として行なう者を指定する告示 ……………1157

○印紙税法施行令の規定に基づき計器を指定する告示 …………………1158

○日本国と大韓民国との間の両国に隣接する大陸棚の南部の共同開発
　に関する協定の実施に伴う石油及び可燃性天然ガス資源の開発に関
　する特別措置法施行令（抄）……………………………………………1189

○租税特別措置法（抄）……………………………………………………1190

○租税特別措置法施行令（抄）……………………………………………1194

○租税特別措置法施行規則（抄）…………………………………………1201

○印紙税に関する法令 ………………………………………………………1202

　・印紙等模造取締法 ………………………………………………………1202

　・印紙犯罪処罰法 …………………………………………………………1202

　・印紙をもってする歳入金納付に関する法律 …………………………1203

　・収入印紙及び自動車重量税印紙の売りさばきに関する省令 ………1205

　・建設業法（抄）…………………………………………………………1208

　・建設業法第２条第１項の別表の上欄に掲げる建設工事の内容 ……1209

　・公証人法（抄）…………………………………………………………1211

○収入印紙の形式を定める告示 ……………………………………………1212

○印紙税の非課税に関する法令 ……………………………………………1219

○印紙税法基本通達 …………………………………………………………1242

目　　　次　　　　　(17)

○印紙税関係通達 ……………………………………………………………1325

・収入印紙交換制度の導入に伴う印紙税の過誤納確認等の取扱いに
ついて ………………………………………………………………………1325

・「消費税法の改正等に伴う印紙税の取扱いについて」の一部改正
について（法令解釈通達）………………………………………………1333

・「租税特別措置法（間接諸税関係）の取扱いについて」等の一部
改正について（法令解釈通達）（抄）…………………………………1334

○印紙税に関する申請書等の様式 ………………………………………1341

○我が国における印紙税の歴史 …………………………………………1383

○印紙税税率沿革表 ………………………………………………………1387

○課税物件表の２以上の号に該当する文書の所属決定表 ……………1394

○記載金額の計算表 ………………………………………………………1396

◆印紙税事例索引（五十音順）………………………………………………1399

# 印紙税事例目次

## 不動産、鉱業権、無体財産権、船舶若しくは航空機又は営業の譲渡に関する契約書（第1号の1文書）

1　土地・建物売買契約書 ……………63
2　不動産売買契約書 …………………64
3　実測精算書 …………………………66
4　不動産購入申込書 …………………67
5　売渡証書 ……………………………69
6　土地予約申込書・受付票 …………70
7　土地の再売買予約契約書 …………71
8　不動産譲渡担保契約書 ……………73
9　借地権付建物譲渡契約書 …………74
10　代物弁済契約書 ……………………76
11　土地交換に関する覚書（買収地の代替地を給付する契約書）…………77
12　抵当権設定契約書 …………………79
13　物件移転契約書（立退きに関する契約書）………………………………82
14　土地、建物等の遺産分割協議書 ‥84
15　立木の売買に関する証 ……………86
16　立木付土地売買契約書 ……………88
17　特許等を受ける権利（出願権）の譲渡約定書 ………………………91
18　実用新案権の譲渡契約書 …………92
19　プログラム著作権譲渡契約書 ……93
20　商号譲渡契約書 ……………………95
21　内航船舶売買契約書（建造引当権の金額）…………………………96
22　航空機売買契約書 …………………99
23　営業譲渡契約書 ……………………100
24　商標使用契約書 ……………………102
25　ノウハウ実施契約書 ………………104

26　共同開発に関する契約書 …………105
27　ソフトウェア使用許諾契約書 ……108
28　ソフトウェアリース契約書 ………110
29　キャラクター使用許諾契約書 ……112
30　情報提供に関する契約書 …………114
31　雇用著作契約書 ……………………116

## 地上権又は土地の賃借権の設定又は譲渡に関する契約書（第1号の2文書）

32　地上権設定契約書 …………………122
33　地上権設定承諾書 …………………123
34　定期借地権設定契約書
　（その1）個人と地主 ……………125
　（その2）宅建業者等と地主 ……127
　（その3）事業用借地権設定契約公正証書 ………………………129
　（その4）建物譲渡特約付借地権設定契約書 …………………………131
35　土地賃貸借契約書 …………………133
36　駐車場賃貸借契約書 ………………135
37　建設協力金の定めのある土地建物賃貸借契約書 …………………137
38　店舗賃貸借契約書（保証金の定めのあるもの）………………………141
39　借地権譲渡契約書 …………………143
40　工作物の埋設に関する協定書 ……145
41　土地の賃貸借料の変更に関する覚書 ………………………………148
42　借地に関する差入証 ………………149
43　墓地使用承諾証 ……………………150
44　自動販売機設置についての協定書 …………………………………151

印紙税事例目次　　　　(19)

## 消費貸借に関する契約書
### (第1号の3文書)

45　金銭消費貸借契約証書…………155
46　金銭消費貸借契約変更契約書……157
47　借入金の利率を変更する覚書……159
48　念書（消費貸借契約の補充）……160
49　会社と社員の間で作成される金銭
　　借用証書………………………161
50　原本と相違ない旨を記載した契約
　　書の写し………………………162
51　公正証書作成のための委任状……163
52　返済条件を記載した約束手形……164
53　借受金受領書……………………165
54　手形借入金割賦弁済約定書………166
55　資金借入約定並びに保証書………167
56　購買借越約定書…………………168
57　借入金の償還についての確約書 170
58　債務確認弁済契約書……………171
59　保証金に関する債務弁済契約書 172
60　準金銭消費貸借契約書…………174
61　建物賃貸借予約契約書…………176
62　保証金に関する定めのあるビル内貸
　　店舗契約書………………………178
63　出店貸借契約書（テナント契約書）
　　…………………………………181
64　極度貸付契約証書………………185
65　借入約定書………………………186
66　貸付決定通知書…………………188
67　貸付明細書………………………189
68　融資証明依頼書／証明書………190
69　保証人あてに発行する融資決定通
　　知書………………………………192
70　手形貸付実行・回収記入票……193
71　融資決定のお知らせ……………194
72　借入手続のご案内………………195
73　融資実行通知書…………………196

74　総合口座取引約定書……………197
75　銀行との当座勘定借越約定書……200
76　カードローン契約書……………202
77　カード利用申込書………………203
78　利息支払いについての特約……205
79　変動金利型貸付に関する特約書 206
80　ご融資利率変更のお知らせ……208
81　変動金利制度改定に係る同意書 210
82　借入金に関する特約書…………212
83　債務承認書………………………213
84　お取引明細………………………214
85　ゴルフ倶楽部会員資格保証金預り
　　証…………………………………215
86　会員資格保証金証書……………216
87　奨学資金貸付申込書……………217
88　大学債券…………………………219
89　債券貸借取引に関して作成される
　　文書
　　（その1）債券貸借取引に関する基
　　本契約書………………………221
　　（その2）債券貸借取引に関する基
　　本契約書に係る個別取引契約書
　　…………………………………222
　　（その3）債券貸借取引に関する基
　　本契約書に係る合意書…………223
　　（その4）債券貸借取引明細書……224
90　有価証券借用証書………………225
91　金銭消費貸借契約書（外国通貨に
　　より表示されたもの）……………227
92　請求書・借入申込書（コミットメ
　　ントライン契約に基づくもの）
　　（その1）請求書………………229
　　（その2）借入申込書…………229
93　和解契約書（1）………………231
94　和解契約書（2）………………232

印紙税事例目次

## 運送に関する契約書（用船契約書を含む。）（第1号の4文書）

95 運送契約書 ……………………236
96 運送委託契約書 ………………238
97 生鮮食品輸送業務委託契約書 ……240
98 車輌賃貸借契約書 ……………242
99 貸切バス（変更）乗車券
　（その1）貸切バス（変更）乗車券
　　………………………………244
　（その2）貸切バス（変更）乗車券
　　………………………………246
100 貨物引受書 ……………………248
101 送り状 …………………………249
102 送り状控 ………………………250
103 貨物受取書
　（その1）貨物受取書 …………251
　（その2）貨物受取証 …………252
104 ご進物品承り書 ………………253
105 御見積書 ………………………254
106 定期傭船契約書 ………………256
107 定期傭船契約の傭船料についての
　協定書 …………………………257
108 揚荷役協定書 …………………258
　　積
109 宅配便の取扱業務に関する契約書
　　………………………………259
110 タクシーの共同乗車券の発行等に
　関する契約書 …………………261
111 宣伝契約書 ……………………262
112 運送契約の単価を変更する覚書(1)
　　………………………………265
113 運送契約の単価を変更する覚書(2)
　　………………………………266
114 コミュニティバス運行事業に関す
　る協定書 ………………………267

## 請負に関する契約書（第2号文書）

115 消費税及び地方消費税が区分記載
　された契約書 …………………276
116 建物設計及び建築請負契約書 …278
117 仮工事請負契約書 ……………280
118 清掃契約書 ……………………281
119 バナー広告掲載契約書 ………282
120 ホームページ開発委託についての
　覚書 ……………………………283
121 テレビコマーシャルの制作に関す
　る契約書 ………………………284
122 ネオン塔掲出場所の賃貸借契約書
　　………………………………285
123 広告申込書・広告実施報告書 …286
124 協賛契約書
　（その1）協賛契約書（請負業務作
　業を伴わないもの） ……………288
　（その2）冠協賛契約書 …………289
125 ユニフォームスポンサー契約書 291
126 据付工事を伴う立体駐車設備の売
　買契約書 ………………………292
127 建設機械売買契約書並びに据付工
　事契約書 ………………………294
128 太陽光設備売買・請負工事契約書
　　………………………………296
129 「生コンプラント」の建設機械売
　買契約書並びに据付工事契約書 ……298
130 物品供給契約書 ………………300
131 PURCHASE CONTRACT ……303
132 立替金相殺同意書 ……………305
133 請負契約変更契約書 …………306
134 月額単価を変更する契約書 …308
135 工事費負担金契約書 …………310
136 建設共同企業体協定書 ………311
137 共同施工による工事請負の契約書
　　………………………………314

印紙税事例目次　　　(21)

138　御見積書
　　（その１）御見積書（副）……………318
　　（その２）御見積書……………………320
139　ワイシャツお誂承り票……………321
140　修理承り票……………………………322
141　オーダー洋服の引換証……………324
142　紳士服イージーオーダー引換票　326
143　カーテンご注文明細書……………327
144　請負契約事項が記載されている注
　　文書………………………………………328
145　プレハブ住宅の注文書（契約書）
　　………………………………………………329
146　見積書とワンライティング（複写）
　　で作成する注文書……………………331
147　発行事情等によって印紙税の課税
　　関係が異なる注文書………………332
148　電磁的記録に変換して電子メール
　　で送信した注文請書…………………335
149　契約当事者双方の署名、押印のあ
　　る注文書………………………………336
150　注文書を引用している注文請書　338
151　注文番号を記載した注文請書……340
152　注文請書………………………………341
153　単価協定書を引用している注文請
　　書…………………………………………342
154　加工指図書……………………………344
155　納期変更通知書（正）………………345
156　整備売上（控）………………………346
157　結婚式場ご予約書……………………348
158　御予約書………………………………349
159　冠婚葬祭互助会の加入者証………350
160　冠婚葬祭互助会の互助会加入（新
　　規・乗換）申込書……………………351
161　互助会加入申込書……………………352
162　婚礼友の会加入申込書………………353
163　団体旅行申込書………………………354

164　寄託申込書……………………………357
165　労働者派遣に関する基本契約書
　　（その１）労働者派遣に関する基本
　　契約書…………………………………359
　　（その２）労働者派遣契約覚書……361
166　技術者派遣個別契約書………………363
167　出向者取扱いに関する協定書……364
168　産業医委嘱契約書……………………367
169　公認会計士の監査契約書…………369
170　演劇俳優の専属出演契約書………371
171　団体貸切に関する契約書…………373
172　支払方法等について…………………375
173　出版物（書籍）の製作に関する契
　　約書………………………………………376
174　受付通知書、確認書
　　（その１）受付通知書………………377
　　（その２）確認書……………………378
175　御案内状、御案内書
　　（その１）御案内状…………………379
　　（その２）御案内書…………………380
176　宿泊予約券……………………………381
177　厚生寮利用券…………………………383
178　材料支給による注文請書…………385
179　カタログ商品に対する注文請書　386
180　保守条項を含む賃貸借契約書……387
181　リネンサプライ契約書………………389
182　商品大量陳列契約書…………………390
183　チラシ契約書…………………………391
184　クレジットカードご利用票……392
185　お支払了定のご案内…………………394
186　設計委託契約書………………………395
187　肉用素畜導入事業預託契約書……398
188　給与振込に関する協定書…………399
189　プログラム作成請負契約書……401
190　コンピュータシステムコンサルタ
　　ント業務契約書………………………403

(22) 印紙税事例目次

| | | |
|---|---|---|
| 191 | 研究委託契約書 | 404 |
| 192 | 臨床検査委託契約書 | 405 |
| 193 | 業務委託契約書 | 406 |
| 194 | 電算機操作委託契約書 | 408 |
| 195 | 運航委託契約書 | 410 |
| 196 | 情報センター利用に関する覚書 | 413 |
| 197 | 工事費査定業務委託契約書 | 416 |
| 198 | 監督業務委託契約書 | 418 |
| 199 | コンサルタント業務委託契約書 | 419 |
| 200 | 支払承諾約定書 | 420 |
| 201 | 仲介手数料契約書 | 422 |
| 202 | 専属専任媒介契約書 | 423 |
| 203 | 媒介業務報告書 | 427 |
| 204 | 不動産鑑定評価依頼書 | 429 |
| 205 | 人間ドックに関する契約書 | 431 |
| 206 | 在宅福祉事業に係る契約書 | |
| | （その１）在宅福祉事業契約書 | 433 |
| | （その２）業務委任契約書 | 435 |
| 207 | アウトソーシング・サービス契約書 | 437 |
| 208 | 共同開発契約書 | 441 |
| 209 | 機密保持に関する確認書 | 444 |
| 210 | 委託訓練契約書 | 446 |
| 211 | 自動車の注文書 | 450 |
| 212 | クレジットお申込みの内容 | 454 |
| 213 | クレジット契約書 | 458 |
| 214 | 会計参与契約書 | 462 |
| 215 | し尿浄化槽清掃・維持管理契約書 | 464 |
| 216 | 消火設備保守点検契約書 | 466 |
| 217 | テレホンガイド契約書 | 468 |
| 218 | 森林経営委託契約書 | 469 |
| 219 | 産業廃棄物管理票（マニフェスト） | 472 |

## 約束手形又は為替手形（第３号文書）

| | | |
|---|---|---|
| 220 | 約束手形 | 477 |
| 221 | 円建銀行引受手形（BA手形） | 478 |
| 222 | BILL OF EXCHANGE（外国為替手形） | 479 |
| 223 | 引受けが先にされた為替手形 | 480 |
| 224 | 金額欄が未記入の為替手形 | 481 |
| 225 | 支払期日欄が空欄の約束手形 | 482 |
| 226 | 一覧払の手形 | 483 |
| 227 | 約束手形が付記された契約元帳 | 484 |
| 228 | 「金融機関借入用」と表示した約束手形 | 485 |
| 229 | 消費税額等を含んだ手形の記載金額 | 486 |

## 株券、出資証券若しくは社債券又は投資信託、貸付信託、特定目的信託若しくは受益証券発行信託の受益証券（第４号文書）

| | | |
|---|---|---|
| 230 | 出資証券 | 495 |
| 231 | 物上担保付社債券 | 496 |
| 232 | 生命保険相互会社基金証券 | 497 |
| 233 | カントリークラブ会員証 | 498 |

## 合併契約書又は吸収分割契約書若しくは新設分割計画書（第５号文書）

| | | |
|---|---|---|
| 234 | 会社合併に関する催告書及び承諾書 | 501 |
| 235 | 合併契約書 | 502 |
| 236 | 吸収分割契約書 | 504 |
| 237 | 新設分割計画書 | 506 |

## 定　　款（第６号文書）

| | | |
|---|---|---|
| 238 | 協同組合の定款 | 511 |
| 239 | 定款（税理士法人が作成するもの） | 512 |

印紙税事例目次　　　（23）

## 継続的取引の基本となる契約書
### （第7号文書）

240　継続的取引の基本契約書 ………520

241　ソフトウェアOEM契約書 ………522

242　給油契約書 ………524

243　代金決済についての約定書 ……526

244　加盟店取引約定書 ………527

245　リース契約に関する業務協定書 529

246　電力需給契約書 ………532

247　熱媒使用申込書 ………534

248　売掛金口座振込依頼書及び支払代
　　金口座振込承諾書

　　（その1）売掛金口座振込依頼書
　　………536

　　（その2）支払代金口座振込承諾書
　　………536

249　立替払に関する契約書 ………538

250　加盟店契約書 ………542

251　加盟店契約書（フランチャイズ契
　　約書） ………544

252　買取商品代金支払条件通知書 ……546

253　リベートに関する覚書等

　　（その1）覚書 ………548

　　（その2）特別リベートに関する覚
　　書 ………548

　　（その3）覚書 ………549

　　（その4）卸売リベート約定書 ……550

254　販売奨励金に関する覚書 ………552

255　売買の委託に関する取引契約書 555

256　運送契約書 ………558

257　工事請負基本契約書 ………560

258　工事下請基本契約書 ………562

259　エレベータ保守についての契約書
　　………566

260　清掃契約に関する覚書

　　（その1）清掃契約に関する覚書
　　………568

　　（その2）清掃契約に関する覚書
　　………568

261　警備請負契約の権利譲渡承諾請求
　　書 ………570

262　警備保障に関する覚書

　　（その1）覚書 ………572

　　（その2）再委託に関する覚書 ……573

263　データ入力取引基本契約書 ……574

264　貨物保管及び荷役契約書 ………578

265　産業廃棄物の処理に関する契約書
　　………580

266　清酒の集約製造契約書 ………582

267　有効期間についての確認書 ……583

268　加工賃の支払方法を変更すること
　　の覚書 ………584

269　委託料の支払いに関する覚書 ……585

270　補修同意書 ………587

271　保守申込書 ………588

272　単価決定通知書 ………589

273　支払方法等通知書 ………592

274　購入・加工・価格表 ………594

275　加工基本契約書に基づいて作成す
　　る加工指図書等

　　（その1）加工指図書（織物）……595

　　（その2）加工賃確認書（請書） 596

276　製造物責任に関する覚書 ………598

277　購入品質保証契約書 ………600

278　クレーム補償契約書 ………602

279　再販売価格維持契約書

　　（その1）再販売価格維持契約書
　　（出版-取次） ………605

　　（その2）再販売価格維持契約書
　　（取次-小売） ………606

(24) 印紙税事例目次

280 販売代理店契約書 ……………608
281 不動産販売委託証書 ………611
282 自動販売機による委託販売契約書
　……………………………613
283 販売促進代行契約書 …………614
284 従業員等の受入れに関する覚書
　……………………………616
285 食堂経営委託に関する契約書 ……618
286 輸入業務の委託に関する覚書 ……621
287 出店契約書 ……………………622
288 委託検針契約証書 ……………624
289 売上金の収納及び返還等に関する
　契約書 …………………………627
290 集金業務の覚書 ………………630
291 割賦販売代金の収納事務委託契約
　書 ………………………………631
292 預金口座振替に関する契約書 ……634
293 生命保険の代理店契約書 ……637
294 自動車損害賠償責任保険代理店委
　託契約書 ………………………640
295 特約店引受書 …………………643
296 準特約店契約書 ………………645
297 株式関係事務等の委託契約書 ……647
298 銀行取引約定書 ………………650
299 外国為替取引約定書 …………654
300 信用取引口座設定約諾書 ……656
301 発行日取引の委託についての約諾
　書 ………………………………660
302 商品取引についての承諾書 ……663
303 販売用・陸送自動車等自動車保険
　特約書 …………………………664
304 購買品代金決済約定書 ………667
305 旅行券の販売に関する覚書 ……669
306 農業経営委託契約書 …………670
307 ガス使用申込書 ………………671
308 社内展示販売契約書 …………672

309 地位承継覚書 …………………674
310 クリーニング取次営業契約書 ……675
311 水道の計量業務委託契約書 ……677
312 解約合意書 ……………………679
313 個人情報の取扱い等に関する覚書
　……………………………680
314 Web‐EDIによる購買システムの
　利用に関する契約書 …………682
315 天候デリバティブ取引媒介契約書
　……………………………686
316 温室効果ガスの排出権取引に関す
　る売買契約書
　（その1）温室効果ガス排出権売買
　　契約書 ………………………688
　（その2）自主参加型国内排出量取
　　引制度標準契約書 …………690
317 保険外務員についての契約書 ……693
318 火災保険倉庫特約証書 …………695

**預貯金証書（第8号文書）**

319 自動継続定期預金証書 ………701
320 譲渡性預金証書 ………………703
321 定期積金証書 …………………705
322 別段預金預り証 ………………706

**貨物引換証、倉庫証券又は船荷証券（第9号文書）**

323 貨物引換証 ……………………711
324 貨物保管証書 …………………712
325 倉荷証券 ………………………714
326 船荷証券 ………………………716
327 出荷指図書 ……………………717
328 荷渡指図書 ……………………718

**保険証券（第10号文書）**

329 生命保険証券 …………………720

印紙税事例目次　　　　　　(25)

330　運送保険証券 ………………………722

331　貨物海上保険証券 …………………723

## 信用状（第11号文書）

332　商業信用状 …………………………726

## 信託行為に関する契約書（第12号文書）

333　年金信託契約書 ……………………729

334　指定金銭信託証書 …………………732

335　金銭信託以外の金銭の信託契約書
…………………………………………733

336　管理有価証券信託契約証書 ………736

337　財産形成信託取引証 ………………737

## 債務の保証に関する契約書（主たる債務の契約書に併記するものを除く。）
### （第13号文書）

338　提携住宅ローンに関する契約書 743

339　保証約定書 …………………………746

340　保証委託契約書 ……………………747

341　主たる債務の契約書に追記した債
務保証に関する契約書 ……………750

342　同意書兼連帯保証書 ………………751

343　購入申込書に併記した債務の保証
書 ……………………………………752

344　保証書（支払保証委託契約締結の
証）……………………………………754

345　運転資金融資に関する保証契約書
…………………………………………756

346　条件付保証書 ………………………758

347　定期貯金支払保証書…　………759

348　保証期限延期追約書 ………………760

349　連帯保証承諾書 ……………………761

350　保証人の変更に関する覚書 ………762

351　保証人変更契約書 …………………763

352　債務保証依頼書 ……………………764

353　外国為替取引斡旋に関する契約書
…………………………………………766

354　住宅資金借入申込書 ………………768

355　保証人確認書（往復はがき形式）
…………………………………………770

356　確認書（保証契約継続）…………772

357　支払保証依頼書 ……………………773

358　身元保証書 …………………………775

359　販売物品の保証書 …………………776

360　保証内定通知書 ……………………778

361　法令保証証券（輸入貨物に係る納
税保証）……………………………779

## 金銭又は有価証券の寄託に関する契約書
### （第14号文書）

362　普通預金約定書 ……………………784

363　外貨普通預金（ステートメント
口）取引約定書………　 ………785

364　当座取引約定書 ……………………787

365　当座勘定照合表 ……………………790

366　借入金、利息金等の引落依頼書
（その1）借入金、利息金等の引落
依頼書 ………………………………791

（その2）口座振替依頼書 ………792

（その3）元利金等の支払に関する
同意書 ………………………………793

367　依頼票（控）………………………795

368　集金入金票 …………………………796

369　証書（通帳）一時預り証 …………798

370　定期預金利息計算書
（その1）自動継続用 ……………800

（その2）非自動継続用 …………801

371　お預かり証 …………………………802

372　パソコンサービス利用申込書 ……804

373　スイングサービス申込書 …………807

(26)　　　　　　　印紙税事例目次

374　キャッシュカード利用申込書等
　　（その1）キャッシュカード利用申
　　込書 ……………………………809
　　（その2）キャッシュカード署名、
　　暗証番号届 …………………………810
375　ATMから打ち出されるお取引明
　　細 ………………………………812
376　カードサービスご利用控 ………814
377　ATMの「ご利用明細書」（定期
　　預金の新規契約）……………………815
378　テレフォンバンキングお取引明細
　　のご案内 ……………………………817
379　定期貯金・継続のご案内 ………819
380　市場金利連動型預金（MMC）利
　　息計算書 ……………………………820
381　外貨預金お預り明細 ……………821
382　普通預金未記帳取引照合表 ……822
383　手形割引に関する特約書 ………823
384　財産形成積立定期預金契約の証 824
385　財産形成積立定期預金の残高通知書
　　（その1）財産形成積立定期預金残
　　高のお知らせ ………………………825
　　（その2）財産形成定期預金残高通
　　知書 …………………………………826
386　社内預金伝票 ……………………827
387　社内預金明細書 …………………829
388　社内預金収支明細票 ……………830
389　給料支払明細書
　　（その1）給料支給明細書 ………831
　　（その2）給与明細書 ………………831
390　外国為替予約定書（外貨定期預
　　金用）………………………………832
391　通貨及び金利交換取引契約証書 834
392　夜間預金金庫使用証 ……………838
393　夜間金庫違算金のお知らせ ……839
394　モーゲージ証書 …………………840

395　保護預り口座設定申込書および届
　　出書、口座設定のご通知 …………841
396　預り証 ……………………………843
397　保護預り証書 ……………………844
398　有価証券に係る消費寄託契約書 846
399　保証金に関する覚書 ……………848
400　売上リベート預託契約書 ………849
401　販売代金精算通知書 ……………850
402　ポイントカード入会申込書 ……851
403　普通預金（無利息型）取扱依頼書
　　………………………………………853

**債権譲渡又は債務引受けに関する契約書**
（第15号文書）
404　売掛債権譲渡契約書 ……………857
405　債権譲渡証書 ……………………858
406　根抵当権設定並びに変更契約証
　　書（追加設定並びに極度額の増額）
　　………………………………………859
407　電話加入権売買契約証書 ………861
408　不動産信託受益権売買契約書 …863
409　債権譲渡通知書 …………………864
410　債務引受契約証書 ………………865
411　債務引受申入書兼承諾書 ………867
412　債権債務承継通知書 ……………868
413　債権譲渡契約を含む自動車売買契
　　約書 …………………………………869
414　損失補償契約証書 ………………871
415　建物賃借権譲渡契約書 …………873
416　相殺決済することの約定書 ……874

**配当金領収証又は配当金振込通知書**
（第16号文書）
417　配当金領収証 ……………………877
418　外国証券配当金（利金）のお知ら
　　せ ……………………………………878

印紙税事例目次　　　　（27）

419　配当金支払副票（委任状付き）の
　　　添付を要する配当金領収証 ………879
420　配当金振込通知書 …………………881
421　配当金計算書・配当金振込先のご
　　　確認について …………………………882
422　株主配当金支払案内書及び配当金
　　　領収証 ………………………………884
423　信用金庫あての配当金領収書 ……886
424　株主配当金支払計算書 ……………888

**売上代金に係る金銭又は有価証券の受取書**
**売上代金以外の金銭又は有価証券の受取書**
（第17号文書）

425　領収書（記載金額5万円未満の判
　　　定）………………………………………899
426　売上代金の受取書 …………………900
427　消費税及び地方消費税の金額が区
　　　分記載された領収書 ………………902
428　公金と公金以外を併せて受領証明
　　　する受取書 …………………………903
429　公金のみを受領証明する受取書
　　　………………………………………904
430　領収書（介護サービス事業者が作
　　　成するもの）………………………905
431　領収書（税理士法人が作成するも
　　　の）…………………………………906
432　領収書（医師等が作成するもの）
　　　………………………………………907
433　領収書（公益法人が作成するもの）
　　　………………………………………908
434　有料老人ホームが入居一時金を受
　　　領した際に交付する預り証 ………909
435　ハンディ端末機から打ち出される
　　　「受取書」 ……………………………910
436　ハンディ端末機から打ち出される
　　　「納品計算書」 ………………………912

437　ポスレジから打ち出される「仕切
　　　書」 ……………………………………913
438　クレジット販売の領収書 …………914
439　プリペイドカード利用の領収書
　　　………………………………………915
440　デビットカード利用の場合の口座
　　　引落確認書 …………………………916
441　デビットカード（即時決済型）利
　　　用の場合のレシート ………………917
442　名刺による仮受取証 ………………918
443　済の表示がされた納品書 …………919
444　レシート ……………………………920
445　内入金の記載のあるお買上伝票 921
446　キャッシュカードご利用明細書
　　　（口座振替により自己の口座へ振
　　　り込んだ際に発行されるもの）……922
447　割戻金領収書 ………………………923
448　返品又は値引の仕切明細書 ……924
449　支払証控 ……………………………925
450　入金証明 ……………………………926
451　譲渡性預金証書預り証 ……………927
452　代金支払証明依頼書 ………………928
453　手形発行控え ………………………930
454　手形受取書 …………………………931
455　「担保手形」と記載された約束手
　　　形の領収書 …………………………932
456　裏書手形受渡書 ……………………933
457　お支払完了の御札 …………………934
458　ローンご完済のお知らせ …………935
459　元利金の受取文言を記載した借用
　　　証書 …………………………………936
460　特別徴収義務者交付金の受取書 938
461　計算書 ………………………………940
462　売上計算書 …………………………941
463　外貨両替計算書 ……………………942
464　計算書（外国への送金）…………943

(28) 印紙税事例目次

465 貸渡計算書（レンタカー）………944
466 手形貸付金計算書等
　　（その1）手形貸付利息（戻し）計
　　　算書……………………………946
　　（その2）手形貸付金計算書………947
467 手形割引計算書等
　　（その1）手形割引計算書…………948
　　（その2）手形割引料（戻し）計算
　　　書………………………………949
　　（その3）割引手形計算書…………950
468 カードローン利息計算書…………951
469 カードローンに係る取引照合表 952
470 貸越利息計算書……………………954
471 償還金計算書………………………955
472 受渡計算書…………………………956
473 預り保証金残高証明書……………958
474 元利金弁済金の受取書……………959
475 手付金の領収書……………………960
476 領収証（受領した前受金額を記載
　　している場合）……………………962
477 設備廃棄助成金の領収書…………963
478 講演謝金の領収証…………………964
479 商品券の販売代金の受取書………965
480 競売代金の受取書・破産手続に係
　　る配当の受取書……………………966
481 代位弁済金受領書…………………967
482 株式申込証拠金領収証……………968
483 委託証拠金預り証…………………969
484 金銭支払請求書……………………971
485 書換え手形の受取書………………972
486 不渡手形受取証……………………973
487 集金票………………………………974
488 受領原因を記載した受取書………977
489 金銭受取書としての効用のみをも
　　つ配当金領収証……………………978
490 売上報告書…………………………979

491 売上日報・銀行納金票……………981
492 銀行納金票…………………………983
493 売上収納金返還額明細表…………985
494 手形の割引依頼書（控）…………986
495 代金取立手形預り兼受取書………988
496 共済掛金受領書……………………989
497 個別取立手形到着報告書…………990
498 振込金受取書………………………992
499 預金払戻請求書・預金口座振替に
　　よる振込受付書（兼振込手数料受取
　　書）…………………………………993
500 再交付通帳等受取書………………994
501 信託財産領収証……………………995
502 ご投資の証…………………………996
503 口座振替による引落通知書
　　（その1）ご案内…………………997
　　（その2）お利息引き落しのお知
　　　らせ………………………………997
504 保険料振替済のお知らせ…………998
505 保険料口座振替のお知らせ……1000
506 担保品預り証……………………1002
507 担保品受領証……………………1003
508 旅館券等
　　（その1）旅館券………………1004
　　（その2）旅館・観光クーポン‥1005
　　（その3）船車券………………1007
509 旅行・航空傷害保険契約証（保険
　　料領収証）………………………1009
510 ビラ予約申受書…………………1010
511 レンタカーの契約カード………1012
512 輸入貨物通関依頼票（控）……1013
513 名義書換受付票…………………1015
514 FREIGHT MEMO ………………1016
515 書類受取書………………………1017
516 路線乗務員旅費領収書…………1018
517 郵便切手類及印紙売渡証明書‥1019

印紙税事例目次　　　　　　　　　　(29)

518　家電リサイクル券（排出者控）
　　　………………………………1020
519　契約終了のご案内……………1021
520　領収書（相殺によるもの）……1022
521　敷金領収証……………………1023
522　遺失物に係る受付票…………1024
523　鑑定対象物件の預り証………1025
524　輸出免税物品購入記録票に貼付・
　　　割印するレシートの写し………1026

**預貯金通帳、信託行為に関する通帳、銀行の作成する掛金通帳、無尽会社の作成する掛金通帳、生命保険会社の作成する保険料通帳又は生命共済の掛金通帳**
（第18号文書）

525　普通預金通帳等
　　（その１）普通預金通帳………1031
　　（その２）定期預金通帳………1032
　　（その３）通知預金通帳………1033
　　（その４）積立預金通帳………1034
　　（その５）総合口座通帳………1035
　　（その６）貯蓄預金通帳………1038
526　現金自動預金機専用通帳………1039
527　定期預金証書兼通帳…………1041
528　当座勘定入金帳………………1043
529　定期積金通帳…………………1045
530　勤務先預金通帳………………1046
531　従業員預金票（綴）…………1047
532　積金通帳………………………1049
533　保険証券兼保険料通帳………1050
534　当座勘定入金帳（外貨預金専用）
　　　………………………………1054

**通帳（第１号、第２号、第14号又は第17号に掲げる文書により証されるべき事項を付け込んで証明する目的をもって作成する通帳。ただし、第18号に該当する通帳を除く。）（第19号文書）**

535　売掛金集金帳…………………1058
536　カードローン通帳……………1059
537　代金取立手形通帳……………1061
538　家賃領収通帳…………………1062
539　月掛領収帳……………………1063
540　普通預金入金票綴……………1064
541　キャッシング・ブック………1065
542　利率変更に関する確認書、利率変
　　　更表…………………………1066
543　貸付金利息入金カード………1068
544　お預り通帳……………………1069
545　お出入通帳……………………1071
546　友の会会員証…………………1073
547　レジ袋受領表…………………1074
548　授業料袋………………………1075
549　担保差入証兼担保物の差入表‥1076
550　振込依頼帳……………………1077
551　月払共済掛金領収帳…………1079
552　日賦貸付金償還表……………1081

**判　取　帳（第20号文書）**

553　判取帳…………………………1085
554　配当金及び株券受領書………1086
555　２以上の相手方から受領印を徴す
　　　る借入金受取書………………1087
556　諸給与を支払った際に作成する台
　　　帳…………………………1088
557　団体生命保険配当金支払明細書
　　　………………………………1089
558　CHIT BOOK（チットブック）1090
559　買掛金整理票…………………1091

(30) 凡　　例

凡　　例

印紙税法（昭和42年法律第23号）

印紙税法施行令（昭和42年政令第108号）

印紙税法施行規則（昭和42年大蔵省令第19号）

印紙税法基本通達（昭和52年4月7日付間消1－36国税庁長官通達）

民　　法（明治29年法律第89号）

商　　法（明治32年法律第48号）

会 社 法（平成17年法律第86号）

【通　則】（印紙税法別表第一、課税物件表「課税物件表の適用に関する通則」の
　　　　　略称である。）

【基　通】（印紙税法基本通達の略称である。）

(注)　平成30年4月2日現在の法令通達によっています。

# 第1部

# 印紙税の概要

# 第一章　総　　論

## 第一節　印紙税の性格

印紙税は、簡単にいうと「諸種の経済取引に際して作成される比較的価値ある文書に課せられる国税」であり、少し詳しくいうと「経済取引等に伴って作成される文書のうち、その文書が作成された背景に存在する相当な経済的利益を課税対象として取り上げ、しかるべき文書に課せられる国税」である。

印紙税の特色としては、次のような点が挙げられる。

○　**印紙税は、流通税そして文書税である。**

税を分類するには、いろいろな方法があるが、課税客体の性質から税を分類すると、一般的に、①所得税、法人税のように生み出された所得そのものを課税するいわゆる収得税、②相続税、贈与税などのように取得した財産に対して課税する財産税、③酒税、消費税、揮発油税などのように消費、支出する面に担税力ありと認めて課税するいわゆる一般的総称としての消費税、④登録免許税、自動車重量税のように所得の生み出しと消費との中間にある流通面に担税力を求めて課税するいわゆる流通税の四つに分けることができる。

印紙税は、経済的流通面で課税しようとするものであるが、流通行為そのものに対して直接に課税するのではなく、流通行為に伴って作成される文書に課税しようとする文書税であり、この点が印紙税の特色の一つといえる。

印紙税が文書を課税対象とし、流通行為そのものを課税対象とするものではないことから、例えば、不動産の売買契約が結ばれた場合、その契約書には印紙税が課税されるが、もし契約を証するための文書が作成されず、全て口頭契約によったとすると、その取引に関しては印紙税の負担が生じないこととなる。

4    第1部　第一章　総　　論

　これと対照的に、例えば、不動産の売買契約書を売手、買手の双方が所持
し、またそれぞれの社内でも、営業課と経理課が各々に保存しておこうとして
同文の売買契約書を数通作成したとすると、その全てについて印紙税を納めな
ければならないこととなる。

○　**印紙税は、自主納税方式の税である。**

　国税の多くは、納税義務者が、税務官庁へいわゆる納税申告書を提出する建
前となっている。しかし、印紙税は、原則として（印紙税法第11条及び第12条の
納税等に関する特例規定の適用を受ける場合を除く。）、納税義務者が税務官庁に納
税申告書を提出して納税しようとするものの内容を告げる必要はなく、また税
務官庁からの賦課決定を受けることもない。納税義務者が全く自己のみの考え
によって納税の要否を判断し、必要と認めたときは、相当の税額を郵便事業株
式会社の売り出す収入印紙を用いて納税するものであり、その間、税務官庁と
の接触は全くない（事後において正当な納税が行われているかどうかを税務官庁が調
査する場合はある。）。このことから印紙税は、いわゆる自主納税方式の最たるも
のであり、この点も印紙税の持つ特色の一つに挙げられる。

　ただし、印紙税法は、正当な納税を期待して、故意に印紙税を免れた者への
罰則を設けるほか、単に印紙を貼り付けるべき課税文書に相当印紙を貼り付け
なかった者に対しても過怠税（P1103参照）を徴する旨の規定を設けている。

# 第二節　印紙税法の歴史

　現行の印紙税法は、昭和42年5月31日法律第23号をもって公布、同年6月1
日施行、同年7月1日以後の作成文書について適用するとされたものである
が、この法律により全文改正される以前、久しく「財産権ノ創設、移転、変更
若ハ消滅ヲ証明スヘキ証書、帳簿及財産権ニ関スル追認若ハ承認ヲ証明スヘキ
証書」に課税するとしていたいわゆる旧法時代も通じて、「印紙税法」として
の歴史は古く[注1]、創設は商法のそれと同じく、明治32年3月にさかのぼる

（印紙税法が明治32年法律第54号、商法が同年法律第48号をもって公布された。）。

更に、名称は異なるが、内容の主体(注2)は一定文書への印紙の貼り付けを規定したものであり、印紙税法の前身ともいうべき「証券印紙規則」が明治７年に、また、その制定前には、「受取諸証文印紙貼用心得方規則」が明治６年に制定されており、その後、世情の変遷等に応じて生滅し今日存在する税のうち、印紙税はいわば由緒ある税として、今はすっかり経済社会に定着したものとなっている。

（注１） 本書には、関心を持つ人のために、印紙税の詳しい歴史を巻末附録に掲げた。

（注２） 「証券印紙規則」及び「受取諸証文印紙貼用心得方規則」は、一定金額以上の証書への印紙貼り付けを規定するほか、その他の証書には、印紙売りさばき所が発売する一定用紙を使用しなければならないと規定していた。

# 第三節　印紙税法の施行地域

印紙税法が適用される地域は、我が国の完全な主権が及ぶ地域、すなわち日本国内である。

国内において、印紙税の課税対象とされた一定文書を作成する者は、全て等しく納税義務を負うこととなり、例え外国国籍を持つ者であっても、原則として(注1、2)その義務を免れるものではない。反対に、日本国籍を持つ者であっても、その文書作成を国外において行うときは、当然、納税義務を負わないこととなる。

なお、文書の「作成」という言葉は、これとその後における当該文書の「利用」あるいは「保存」などとを厳密に区分して考える必要がある。つまり、印紙税の納税義務が生じるのは、文書の作成行為についてであるから、例えば、国外において請負契約書や領収書を作成し（作成者が日本人であると外国人であるとを問わない。）、これを国内へ持ち込んで、その内容である権利を行使、あるいは、その文書を保管したとしても、その文書の作成場所は国外であるため、この間に印紙税の納税義務は発生せず、逆に、国内において契約書等を作成

し、外国へ送達して利用する場合は、印紙税の納税義務が生じるわけである。

（注1）　アメリカ合衆国軍隊並びにその海軍販売所、ピー・エックス等の諸機関が作成する文書は、文書の作成場所が日本国内であっても「日本国とアメリカ合衆国との間の相互協力及び安全保障条約第6条に基づく施設及び区域並びに日本国における合衆国軍隊の地位に関する協定の実施に伴う所得税法等の臨時特例に関する法律」（昭和27年法律第111号）の規定により印紙税は課せられない。

（注2）　外交官が作成する文書については、印紙税に関する法令上に印紙税を課さないこととする規定はないが、「外交関係に関するウィーン条約」の第34条に、外交官は不動産に関するものを除き印紙税が免除されると規定されているところから、不動産に関するものを除き、印紙税は課せられないと解されている。

# 第二章　課税物件等の概要

## 第一節　課税物件の範囲

　印紙税法は、同法別表第一、課税物件表の「課税物件」欄に掲げられている不動産の譲渡に関する契約書をはじめとする50数種（課税物件表の上においては、これらを第1号から第20号までに分類）の文書を、その課税対象としている。

　これらの文書は、いずれも経済面でかなりの価値を持った文書である。しかし、このように課税文書の全てが経済的価値を持つものであるからといって、経済的価値がかなり認められる文書には、全て印紙税が課税されるかと言えばそうではない。すなわち、現行印紙税法が課税対象とするものは、一般的にその文書が出現した背後には相当の経済的利益が存在し、課税対象とするに足ると認められる文書を基準としつつ（前章第一節参照）、そのうちから、これらに課税するときは過度に取引を阻害すると認められるものなどを除外するという十分な考慮も払って選択したものである。

　そして、その結果を表現するに当たっては、具体的に一つ一つの文書名を挙げる方法を採っている<sup>(注)</sup>。したがって、課税物件表に掲名されていない限りは、その文書がいくら経済的価値の大きいものであっても印紙税の納税を必要としない。例えば、物品（宝石その他の有体物）の受取書は、金銭又は有価証券の受取書（金銭、有価証券の受取書は課税物件）に比べて経済的価値にそん色がなく、また品質保証書、雇用契約書、株式申込証等もかなり経済的価値の大きい文書であるが、いずれも課税物件表に掲名されていないため、これらの文書については納税を要しないこととなる。

　　(注)　昭和42年7月、全文改正されるまでの印紙税法は、前章第二節でも述べたとおり、課税物件の示し方に、「財産権ノ創設、移転、変更若ハ消滅ヲ証明スヘキ証書」等として、極めて概括的な表現方法を採っていた。

## 第二節　印紙税法の適用を受ける文書の意義

　印紙税法は、「……文書には、この法律により、印紙税を課する。」（第2条）として、文書（特定文書）への課税を規定している。この印紙税法における「文書」の意義は、国語辞典などで一般的にいう「文字で人の思想を表したもの」とだけでは言い尽せず、法律上の用語としての吟味が必要であるが、前記を基礎にやや言い回しを多くして、「文字その他の記号により、思想を表現している有形物(注1)」をいうものと見れば、それでまず外れることはない。

　印紙税法には、例えば民事訴訟法（平成8年法律第109号）第231条《文書に準ずる物件への準用》のような規定はないのであるから、一定の事項を証明するために作った物（例えば、写真、録音テープ、ビデオテープなど）であっても一般的に文書でないものは、文書に含めて考える必要はない。

　印紙税法は、文書のうち、印紙税の課税対象となるものを同法別表第一、課税物件表の「課税物件」欄に具体的に規定し、更に、そのうちから同法が別途非課税と規定したものを除いた文書を「課税文書」とし、これの作成者は印紙税を納める義務があることを規定している（第3条）。

　このように課税文書、つまり現実に印紙税を負担すべき文書であるためには、その文書が印紙税法のうちに特に非課税と規定されたものでないことが必要であるが、そのほかに、課税文書であることの根本的な要件として、①印紙税法別表第一、課税物件表の「課税物件」欄に掲げる各文書として、そこに記載証明されるべき事項が、例えば不動産の譲渡に関する契約書であれば、譲渡物件が不動産であること、譲渡する旨の文言、譲渡人、譲受人のことなどが、現に記載されており、②そうした記載文言は、当事者がこれによって、例えば、不動産譲渡の契約などを証明するべく意図して記載したもの（結果的に証明することとなったような文書は除かれる。）であることを要する。したがって、例えば、現に記載された文辞が意図した契約のことに全く触れていない又は全く背反している文書、作成者が誰であるか全く表示(注2)していない文書は、原

則として、課税文書ではない。

　なお、誤解のないように付言すると、文書の記事が予期の事項等に全く触れていない又は全く背反していることと、表現しようとする事項を十分に尽くしていないこととは別個であり、厳格な要式証券等は別として、表現技術がまずい等のため、その書面の文辞が多少不完全であったとしても、予期の方向に沿った内容を持ち、当事者間で文書作成の目的を達したことが客観的に推定できる限りは、課税文書たるを失しない。

（注1）　文字等を記した物であっても、継続性の極めて乏しいもの、例えば、氷片に文字等を刻んだもの又は砂上とか水蒸気の凝着したガラス面に指先で文字等を記したものなどは、文書の範ちゅう外にあると解される。

（注2）　ここにいう作成者の「表示」とは、署名のみを指すわけではない。したがって、その文書中に署名（自署を本来とする。）はなくとも、その他の方法で作成者が誰であるかを明らかにしてあれば、表示があるものといえる。

# 第三節　各文書の共通的事項

　印紙税法別表第一、課税物件表の「課税物件」欄には、印紙税の課税対象として、約束手形、為替手形、定款、保険証券及び信用状等を掲名するほか、各種の契約書、その他の証書、証券、通知書、通帳及び判取帳などが列挙されているが、これらの多くは、その文書により証されるべき、通知書にあっては、通知されるべき法律関係又は事実関係を表わす典型的な名称によって掲名されているに過ぎない。したがって、一つの文書が課税物件に該当するかどうかは、その文書の全体を一つとして判断するだけでなく、その文書に記載されている個々の内容についても判断するのであり、また、単に文書の名称又は呼称及びその形式的な記載文言によるのではなく、記載文言の実質的な意義に基づいて判断するのである。この場合のその実質的な意義の判断は、その文書に記載又は表示されている文言、符号等を基礎として、その文言、符号等を用いることについての関係法律の規定、当事者間における了解、基本契約又は慣習等を加味して総合的に行う。例えば、物品の売買代金等を受領した場合に領収書

10　　　　　第1部　第二章　課税物件等の概要

を作成しないで納品書や請求書などに「相済」とか「了」という表示をする例が見受けられる。これは、納品書や請求書に記載されている金額を受領したことを意味するものであることから、例え、納品書や請求書という名称の文書であっても、金銭又は有価証券の受取書に該当することになる。

　印紙税法は、この点に関し法文のうちに、「契約書」（合併契約書、吸収分割契約書及び新設分割計画書を除く。）とは、契約証書、協定書、約定書その他名称のいかんを問わず、契約（その予約を含む。）の成立若しくは更改又は契約内容の変更、若しくは補充の事実を証すべき文書をいう旨を明示している（通則5＝P1107参照）。

　また、文書によっては、その内容に原契約書、約款、見積書その他当該文書以外の文書を引用する旨の文言の記載がある場合があり、このような場合には、その文書に引用されているその他の文書の内容は、その文書に記載されているものとしてその文書の内容を判断することになるのである。この場合、印紙税法に規定する記載金額及び契約期間については、原則として、その文書に記載されている記載金額及び契約期間のみに基づいて判断することとされている。ただし、第1号の不動産の譲渡に関する契約書等、第2号の請負に関する契約書、第17号の1の売上代金に係る金銭又は有価証券の受取書については、その文書上に他の文書の引用があること等により金額が明らかな場合は、その明らかになる金額を記載金額とする特例が設けられている。


# 第四節　契　　約　　書

　この節では、多少、前後の章節と重複するが、印紙税の課税対象となる各種契約書についての共通的事項を説明する。

　売買契約とか請負契約などでいう「契約」とは、相対立する複数当事者の意思表示の合致、すなわち合意によって成立する法律行為であるとされ、当事者の間においてこれを証すべき文字等を紙等の上に記したもの（第二節参照）が契約書であるが、印紙税法が課税対象としているものは、言うまでもなく契約

## 第四節　契　　約　　書

書であって、契約ではない。したがって、契約が結ばれても、それを証するための契約書が作成されない場合は、そこに印紙税の負担は生じない。反対に、例えば1取引に関する契約書を、当事者双方が、それぞれ保存するため2通作成し、また当事者の一方（あるいは双方）が、自社内の営業課と経理課において各々保存するため数通作成したとすると、その2通又は数通の契約書全部について、印紙税を納めなければならないから、この場合の印紙税の負担は、取引を単位に計算すると、当然二重三重となるわけである。

　契約書、つまり契約を証すべき文書は、当事者が共同作成するものとは限らず、例えば売約証、買約証等として当事者の各一方から交換的に発行するもの、また、請書等として当事者の一方のみから発行するものがあるが、いずれにしても印紙税法において契約書とみることに変わりはない。

　条件が成就するまで法律行為の効力発生を停止させるいわゆる停止条件付きの契約であっても、その成立を証すべき文書は印紙税法にいう契約書である。

　契約の申込みがあり、これの応諾があった場合、契約は応諾によって成立するのであるから、応諾を証する文書がすなわち契約書であり、申込みを証する文書は、単なる一方的な申込文書に過ぎず印紙税の課税物件ではない。

　いわゆる交差申込み、意思の実現又は商法第509条の規定[注1]等によって、たまたま契約成立とされる場合であっても、そうした結果をみるまでの、いわば過程的な文書である申込書等は、これの作成段階では、申込みの交差あるいは意思の実現等をみるかどうかが明らかでなく、契約の成立を証すべく作成された文書とは言えないから、これにも印紙税が課税されることはない。

　しかし、申込書、注文書、依頼書等と表示された文書であっても、その申込書等が相手方の申込みに対する承諾事実を証明する目的で作成されるものである場合には、その申込書等は契約書に該当する。例えば先に申込みを受け、これに対する無条件な合意を証している文書である等、本来契約書であるものは、印紙税法の面においても契約書である。ただ、申込みの誘引、これに対する申込み、そして承諾と分かれるような場合、申込みの誘引に対する申込みの文書を契約書と見誤る等のことがあってはならない[注2、3]。

12 第1部 第二章 課税物件等の概要

なお、おおむね次に掲げる申込書等は、契約書に該当することとなる。

1 契約当事者の間の基本契約書、規約又は約款等に基づく申込みであること
が記載されていて、一方の申込みにより自動的に契約が成立することとなっ
ている場合における申込書等。ただし、契約の相手方当事者が別に請書等契
約の成立を証明する文書を作成することが記載されているものを除く。

2 見積書その他の契約の相手方当事者の作成した文書等に基づく申込みであ
ることが記載されている申込書等。ただし、契約の相手方当事者が別に請書
等契約の成立を証明する文書を作成することが記載されているものを除く。

3 契約当事者双方の署名又は押印があるもの。

一般に通信文と見られるもののうちに、たまたま印紙税法別表第一、課税物
件表に掲げる各種契約書と一部共通する内容を持つ記事があったとしても、そ
の記事部分が独立した文書としての体裁を整えていない限り、印紙税法にいう
契約書となるものではない(注4)。

(注1) 商法第509条(契約の申込みを受けた者の諾否通知義務)
　　　　1 商人が平常取引をする者からその営業の部類に属する契約の申込みを受
　　　　　けたときは、遅滞なく、契約の申込みに対する諾否の通知を発しなければ
　　　　　ならない。
　　　　2 商人が前項の通知を発することを怠ったときは、その商人は、同項の契
　　　　　約の申込みを承諾したものとみなす。

(注2) 申込みの誘引とは、単に相手方に申込みをさせようとする意思表示である
　　　　(申込みの準備行為である。)のに対し、申込みは、相手方の承諾があれば直
　　　　ちに契約を成立させることを目的とする(契約の準備行為ではない。)。この点
　　　　において両者は異なるとされている。しかし、申込みの誘引と申込みとの区別
　　　　は必ずしも容易ではなく、各場合の表示者の意思を解釈してこれを決める必要
　　　　があるとされ、特に不特定人に対する場合において、相手方の人物、資力、信
　　　　用等に重きを置いて契約を締結しようとする場合、例えば、求人の広告、貸家
　　　　の広告等は、申込みの誘引とされている。このほか、相手方の人物、資力、信
　　　　用等に重きを置かない場合でも、例えば、汽車やバスの時刻表の掲示、商品の
　　　　目録や商品見本の送付等は、申込みの誘引と解されている。

(注3) 銀行と特定人との間に成立すべき金銭消費貸借について、貸付限度額及び償
　　　　還方法を限定して銀行の債権を保証する旨を記載し、保証人として署名なつ印
　　　　し申込証とした書面を銀行に交付したときは、誘引でなく、保証契約の申込み

を記載したものと解すべきであるとした要旨の判例がある（大審院、昭12.2.27）。

（注4）　通信文にたまたま贈与の意をもらしたにすぎないようなものは、これを贈与契約の書面ということはできないとした要旨の判例がある（広島控訴院、明治41年㈨78号）。

# 第五節　契約書の範囲

　印紙税法は、同法別表第一、課税物件表に、「契約書」の名称で示したもの（合併契約書、吸収分割契約書及び新設分割計画書を除く。）について、その内容は、「契約（その予約を含む。）の成立若しくは更改又は契約内容の変更若しくは補充の事実を証すべき<sup>(注1)</sup>文書」とする旨を規定している（通則5＝P1107参照。なお、こうした文書に付せられた名称が何であるかを問わないことは第三節で述べた。）。

　したがって、契約の成立を証すべき文書のほか、次のような文書も印紙税法の適用面においては、特にこれを「契約書」と見ることになる。

1　契約の予約[注2]、すなわち当事者の一方又は双方のうちのいずれかが、将来一定内容の契約（本契約）の締結を希望するときは、相手方はそれに応ずる義務を負う契約、例えば甲が乙に対し、将来乙から請求があればいつでも乙所有の不動産について売買することを約したその事実を証すべき文書

2　契約（その予約を含む。）の更改、すなわち債権者の交替、債務者の交替又は目的の変更のいずれかにより、既存の債務を消滅させて新債務を成立させるとした事実、例えば甲に対する乙の商品買掛債務があった場合、甲乙丙が契約して、乙の債務を消滅させ、代りに甲に対する丙の新債務を生じさせるとしたその事実を証すべき文書

3　契約（その予約を含む。）内容の変更、すなわち既存の契約についてその契約の同一性を失わせないで行う内容の変更、例えば、建設工事の請負契約について建設物の引渡期日を変更するとしたその事実を証すべき文書

4　契約（その予約を含む。）内容の補充、すなわち既存の契約について、欠けていた一部の内容の補充、例えば不動産の売買契約について、未定であった

代金の支払方法を約定するとしたその事実を証すべき文書

　また、印紙税法は、更に本法が契約書（合併契約書、吸収分割契約書及び新設分割計画書を除く。）と呼ぶもののうちには、当事者の一部の署名を欠くもの又は全部の署名を欠くものであっても、当事者間の了解又は商慣習に基づいて契約（予約を含む。）の成立等（厳密には、成立のほか、更改、内容の変更又は補充をいう。）を証することとされている文書を含む旨を明示している。

　したがって、印紙税法が、上記のとおり「契約書」を、「契約（予約を含む。）の成立、更改又はその内容の変更、補充の事実を証すべき文書」と定義付けたことにより、契約の消滅事実を証すべき文書は、同法にいう「契約書」には当たらない。

（注1）　印紙税法にいう「……を証すべき文書」とは、証明するべく意図した文書という意味であって、証明することが可能な文書という意味ではない。

（注2）　「予約」には、予約上の権利者が本契約を成立させようといった場合に、相手方が承諾の義務を負うものと、承諾なしに直ちに本契約が成立するものとの2種類があり、いずれも印紙税の課税対象となる契約に含まれる。

# 第三章　非課税文書

　印紙税の課税対象となる文書は、印紙税法別表第一「課税物件表」に掲げられているが、これらの文書のうち次のようなものについては、印紙税法及びそれ以外の法律により非課税とする規定が設けられている。

① 　文書の性格が公共性を有するもの

② 　文書の背景となる経済取引の規模が零細であるもの

③ 　印紙税を課税すると円滑な経済取引を阻害するおそれのあるもの

④ 　社会政策上又は経済政策上の見地から印紙税を課税することが適当でないと認められるもの

## 1　印紙税法による非課税

　印紙税法は、第5条において次の文書を非課税とする旨規定している。

### ⑴　課税物件表の非課税物件の欄に掲げられている文書

　別表第一「課税物件表」の「非課税物件」欄には、例えば、「契約金額が1万円未満のもの」又は「記載された受取金額が5万円（編注：平成26年3月31日までは3万円）未満の受取書」などが掲げられている。これらはいわゆる「免税点」を設けているものであるが、この免税点の金額をみる場合、前例でいう「1万円未満」といえば、1万円に未だ満たざるもの、すなわち、9,999円から下の金額をいい、1万円は含まれない（したがって、1万円のものは課税となる。）ことに注意を要する。

### ⑵　国等が作成した文書

　国や地方公共団体又は別表第二「非課税法人の表」（P1126参照）に掲げられている者（設立の趣旨が公共的な使命、性格を持つ法人）が作成した文書は、課税物件表に掲げられている課税文書であっても非課税となる。これは作成された文書の公共性に着目して非課税とされているものであり、これらの者のほか外国大使館、公使館、領事館などの作成した文書についても、非課税

として取り扱われる。

### (3) 別表第三「非課税文書の表」に掲げる文書

別表第三「非課税文書の表」（P1128参照）の「文書名」欄に掲げられた文書で、同表の「作成者」欄に掲げられた者が作成した文書も非課税とされている。これは特定の者が作成する全ての文書を非課税とする必要はないが、社会政策的な見地から、その一部の特定の文書を非課税とする必要性が認められたものであり、上記の「作成者」が作成したものに限られる。

## 2　特別法による非課税

印紙税法による非課税の規定とは別に、印紙税法以外の法律によって印紙税が非課税とされているものがあり、例えば、健康保険法においては、その第195条に「健康保険に関する書類には、印紙税を課さない」と規定している（印紙税の非課税に関する法令＝P1219参照）。

なお、印紙税の非課税文書を示した規定に、「……に関する書類（又は文書）」とある場合、それは直接関係のある文書のみを指すのであって、例えば、上記の「健康保険に関する書類には、印紙税を課さない」といった場合におけるその書類には、健康保険組合が事務医局との間で作成する割引契約書等を含むが、組合がその事務所用建物を取得するために作成する不動産売買契約書等は含まれず、課税文書になることにも注意を要する。

# 第四章　印紙税の課税物件表の適用に関する通則

## 第一節　「課税物件表の適用に関する通則」の概略

　印紙税法は、第2条において「別表第一の課税物件の欄に掲げる文書には、この法律により、印紙税を課する。」と規定し、これを受けて同法に別表第一を設け、そこに「課税物件表」と題して、第1号から第20号までに分けた諸種の文書、すなわち課税物件を掲名列挙し、同時に各物件ごとの課税標準及び税率等も規定している。各種文書の作成者は、その作成に係る文書をこの課税物件表の各号と照らし合わせてみて、いずれかの号に該当した場合は、課税物件表に定める課税標準及び税率に従い、所定の印紙税を納付することとなるのであるが、そうした課税物件表における各文書の所属関係を示し、また課税標準となる、いわゆる「記載金額」の計算方法、更には印紙税法が課税物件表の上で「契約書」と呼ぶものの範囲等を示すため、課税物件表には、各課税物件の列挙に先立って「通則」を設けている。

　通則1から3までには、ある文書が課税物件表のいずれの号に所属するかについての基準を定め、特にその3には、一つの文書が、例えば建物の売買契約と売上代金の受取事実を併記したものである等のように、同時に課税物件表の二つ以上の号に該当する場合（前記の場合は、第1号と第17号に当たる。）の所属の決定方法について規定している。

　また、通則4には、例えば請負に関する契約書又は約束手形等のように、課税標準、税率及び免税点（前章参照）の適用が、契約金額、券面金額その他当該文書に記載された金額を基礎とされる場合のその金額、いわゆる「記載金額」の計算方法について規定している。

　通則5は、課税物件表に掲げた各種の「契約書」で合併契約書、吸収分割契

約書及び新設分割計画書以外のものについて、その契約書に含まれる文書の範囲について規定している（詳細は、第二章第五節）。

通則6は、課税物件表の規定の適用に関して、上記以外にも政令で定める場合のあることを明らかにしている（平成30年4月現在、その政令規定は存しない。）。

なお、通則のうちには「一の文書」という字句が用いられている（印紙税法の本文にも用いられている。）。この「一の文書」とは、その形態からみて物理的に1個の文書と認められるものをいうが、課税物件表の上で第1号から第17号までの契約書その他証書、証券の1個を「1通」と呼び、第18号から第20号までの通帳等（継続的又は連続的に記載証明する目的で作成される文書）の1個を「1冊」と呼び分けており、その「1通の証書、証券」及び「1冊の通帳等」を総称して「一の文書」と表現している。なお、「一の文書」は、文書の記載証明の形式、紙数の単複は問わないが、1通の証書には、2枚以上の用紙をとじ合わせて各用紙を契印でつないだ上、これに数件の売買契約等を同時に列記したものも含むこととなる（各用紙ごとに別個の文書とは見ない。）。

# 第二節　課税物件表に定める各号への文書の所属

印紙税法の別表第一「課税物件表」に規定する通則1から3には、同表への各文書の所属関係を定めている。

1　通則1においては、まず課税される文書は、課税物件表のそれぞれの号の規定によってその所属が決定されるべきことを示しており、例えば、約束手形は第3号の文書、株券は第4号の文書であるとする等である。更に各号ごとのそれぞれの規定をもっては律し切れない場合、例えば不動産売買契約と工事請負契約とが同時に1通の文書に記載されており、各号個別の規定によってはその文書の所属を決定できないような場合には、通則2及び3の規定によりその文書の所属を決定すべきことも併せて規定している。

2　通則2においては、一つの文書に併記（同時に二つ以上の事項が記載されてい

第二節　課税物件表に定める各号への文書の所属　　　19

ることをいう。）又は混合記載（記載されている事項は一つであるが、内容的に二つ以上の事項が包含されていることをいう。）されている事項が、1 に例示したように課税物件表に照らすと、その 2 以上の号に同時に該当する場合は、その文書は外見的に 1 個であっても、印紙税法上、該当する号ごとの文書が各々そこに在るものとすることを規定している。

3　通則 3 においては、上記通則 2 の規定により、外見上一つの文書であるのに印紙税法上 2 以上の号に該当する文書であるとされるものについて、これを課税物件表の一つの号に所属を決定するための方法を規定している。

　　その方法は、次のとおりである。

⑴　第 1 号文書と第 3 号から第17号までの文書とに該当する文書（ただし、⑶又は⑷に該当する文書を除く。）……………………………… 第 1 号文書

⑵　第 2 号文書と第 3 号から第17号までの文書とに該当する文書（ただし、⑶又は⑷に該当する文書を除く。）………………………………第 2 号文書

⑶　第 1 号又は第 2 号文書で契約金額の記載のないものと第 7 号文書とに該当する文書………………………………………………………第 7 号文書

⑷　第 1 号又は第 2 号文書と第17号文書とに該当する文書のうち、売上代金に係る受取金額（100万円を超えるものに限る。）の記載があるもので、その金額が第 1 号若しくは第 2 号文書に係る契約金額（当該金額が 2 以上ある場合には、その合計額）を超えるもの又は第 1 号若しくは第 2 号文書に係る契約金額の記載のないもの………………第17号の 1 文書

⑸　第 1 号文書と第 2 号文書とに該当する文書（ただし、⑹に該当する文書を除く。）………………………………………………………第 1 号文書

⑹　第 1 号文書と第 2 号文書とに該当する文書で、それぞれの課税事項ごとの契約金額を区分することができ、かつ、第 2 号文書についての契約金額が第 1 号文書についての契約金額を超えるもの………第 2 号文書

⑺　第 3 号から第17号までの 2 以上の号に該当する文書（ただし、⑻に該当する文書を除く。）………………………………最も号数の少ない号の文書

⑻　第 3 号から第16号までの文書と第17号文書とに該当する文書のう

20　　第1部　第四章　印紙税の課税物件表の適用に関する通則

ち、売上代金に係る受取金額（100万円を超えるものに限る。）が記載さ
れているもの……………………………………………………………第17号の1文書

(9)　証書と通帳等とに該当する文書（ただし、(10)、(11)又は(12)に該当する文書
を除く。）…………………………………………………………………………通帳等

(10)　契約金額が10万円を超える第1号文書と第19号又は第20号文書とに
該当する文書………………………………………………………………第1号文書

(11)　契約金額が100万円を超える第2号文書と第19号又は第20号文書と
に該当する文書……………………………………………………………第2号文書

(12)　売上代金の受取金額が100万円を超える第17号の1文書と第19号又
は第20号文書とに該当する文書………………………………………第17号の1文書

(注)　第18号文書と第19号文書とに該当する文書については、第19号文書として取り
扱う。

# 第三節　課税文書の記載金額

　印紙税の課税文書の中には、その文書に記載されている契約金額、券面金
額、受取金額等の多寡によって税率が異なったり、また非課税とされるものが
ある。

　このように、ある文書に幾らの印紙税を納めるべきか、あるいは納めなくて
もよいか、すなわち税率や免税点を適用する場合に、その基礎となるべき契約
金額、券面金額及び受取金額等を総称して「記載金額」と呼ぶが、これを印紙
税法別表第一の課税物件表に掲げる具体的な文書ごとに分けると、次のとおり
となる。

①　第1号、第2号及び第15号に掲げる文書……………………その契約金額

②　第3号に掲げる文書………………………………………………その手形金額

③　第4号に掲げる文書………………………………………………その券面金額

④　第8号に掲げる文書………………………………………………その預入額

⑤　第16号に掲げる文書……………………………………………その配当金額

第三節　課税文書の記載金額　　21

⑥　第17号に掲げる文書……………………………………その受取金額

　記載金額というのは上記のとおりであるが、具体的には、この「記載金額」とするものの算定方法、特に一つの文書に同時に２以上の事項が記載されている場合（前節参照）の「記載金額」の算定方法をどのようにするのかという基準が必要となってくる。これを定めたのが印紙税法の別表第一「課税物件表」に規定する通則４である。通則４は次のように定めている。

## 1　通則４に定める記載金額の取扱い

⑴　一の文書に、課税物件表の同一の号の課税事項の記載金額が２以上ある場合には、その合計額が記載金額となる。

　　例えば、一つの文書に不動産及び鉱業権の売買契約が同時に記載されており、不動産売買の契約金額が1,200万円、鉱業権の売買金額が400万円と記載されている場合は、不動産の売買契約も鉱業権の売買契約も第１号に掲げる文書により証されるべき事項であるから、合計額の1,600万円がこの文書の記載金額となる。また、第２号に該当する請負契約書で住宅工事300万円、店舗工事200万円が別個に一つの文書中に記載されている場合は、合計額500万円がこの文書の記載金額となる。

⑵　一の文書に、課税物件表の２以上の号の課税事項が記載されているものについて、その記載金額をそれぞれの課税事項ごとに区分することができる場合には、その文書の所属することとなる号の課税事項に係る記載金額のみが記載金額となる。

　　例えば、不動産売買契約（第１号文書）と請負契約（第２号文書）とが併記されている文書は、通則３の規定により不動産売買契約書（第１号文書）として課税されるが（前節３⑸参照）、この文書の金額が不動産売買契約は600万円、請負契約は400万円と分けて記載されている場合には、不動産売買契約に係る契約金額600万円がその文書の記載金額となる。

⑶　一の文書に、課税物件表の２以上の号の課税事項が記載されているものについて、その記載金額をそれぞれの課税事項ごとに区分することができない場合には、その記載金額の全部（所属しない号の金額の一部が明らかにされてい

22 　　第1部　第四章　印紙税の課税物件表の適用に関する通則

る場合には、その一部の金額を控除した金額）が記載金額となる。

　例えば、前例の不動産売買契約（第1号文書）と請負契約（第2号文書）とが併記
されている文書で契約金額が単に合計1,000万円とのみ記載されて、不動産売買契約
の金額が幾ら、請負契約のそれが幾らと区分されていないときは、1,000万円が不動
産売買契約書（第1号文書）としての記載金額となる。

　ただし、この場合においても、請負契約のうちの100万円のみが特に区分して記載
されているときは、合計1,000万円からその区分記載された100万円を控除した残りの
900万円が不動産売買契約書（第1号文書）の記載金額として取り扱われる。

(4)　第17号の1文書であって、その記載金額を売上代金に係る金額とその他の
　金額とに区分することができる場合には、その売上代金に係る金額が記載金
　額となる。

　ただし、記載金額が、5万円（平成26年3月31日までは3万円）未満である
かどうかを判断する場合にはその合計額による。

　例えば、貸付金元本及び利息の受取書で、貸付金元本200万円、貸付金利息20万円
と分けて記載されている場合には、売上代金である貸付金利息に係る金額20万円がこ
の受取書の記載金額となる。

(5)　第17号の1文書であって、その記載金額を売上代金に係る金額とその他の
　金額とに区分することができない場合には、その記載金額の全部（その他の
　金額の一部が明らかにされている場合には、その一部を控除した金額）が売上代金
　に係る記載金額となる。

　例えば、貸付金元本及び利息の受取書で、受取金額が単に220万円とのみ記載され
て、売上代金に係る金額と売上代金以外の金額とに分けることができないときは、
220万円がこの受取書の記載金額となる。

(6)　契約金額等を変更する契約書にあっては、契約金額等が記載された変更前
　の契約書の作成が明らかであり、かつ、変更する契約書に変更金額（変更前
　の契約金額等と変更後の契約金額等の差額に相当する金額）が記載されている場合
　には、その変更金額が変更前の契約金額等を増加させるものであるときは、
　その変更金額がその契約書の記載金額となり、減額させるものであるとき

は、その契約書の記載金額はないものとなる。

　例えば、1億円の契約金額を1億2,000万円に変更する請負契約書の場合は、2,000万円が記載金額となり、1億円の契約金額を2,000万円減額する請負契約書の場合は「記載金額なし」となる。

⑺　記載された単価及び数量、記号等により契約金額等を計算することができる場合には、その計算により算出した金額が記載金額となる。

　例えば、請負契約書（第2号文書）で単価100円、加工数量5万個と記載されていれば、100円×5万個＝500万円という計算により記載金額が算出されることになる。

⑻　第1号又は第2号の文書であって、その契約に係る契約金額又は単価、数量、記号その他の記載がある見積書、注文書その他これらに類する文書（課税物件表に掲げられている文書は除かれる。）の名称、発行の日、記号、番号その他の記載があることにより、当事者間において、その契約についての契約金額が明らかである場合、又はその契約についての契約金額を計算することができる場合には、その明らかである契約金額、又は、その計算により算出した契約金額が記載金額となる。

⑼　第17号の1文書であって、受け取った有価証券を特定できるその有価証券の発行者の名称、発行の日、記号、番号その他の事項の記載があることにより、当事者間においてその有価証券の券面金額を明らかにすることができる場合には、その明らかにすることができる金額がその受取書の記載金額となる。

　例えば、不動産売買代金の受取書で、受取金額そのものは記載されていないが、「○○㈱発行のNo.××の小切手」と記載されている場合には、その小切手の券面金額がこの受取書の記載金額となる。

⑽　第17号の1文書であって、受け取った金額の記載のある支払通知書、請求書その他これらに類する文書を特定できるその文書の名称、発行の日、記号、番号その他の事項の記載があることにより、当事者間において授受した金額を明らかにすることができる場合には、その明らかにすることができる金額がその受取書の記載金額となる。

例えば、請負代金の受取書で、受取金額そのものは記載されていないが、「○○㈱発行の支払通知書№××」と記載されている場合には、その支払通知書の記載金額がこの受取書の記載金額となる。

⑾　記載金額が外国通貨により表示されている場合には、文書作成時の本邦通貨に換算（米国ドルは基準外国為替相場により、その他の外国通貨は裁定外国為替相場により換算（注1）する。）した金額が記載金額となる。

例えば、文書作成時の基準外国為替相場が1ドル（米国ドル）について80円であれば、1,000ドルと記載された文書は、80円×1,000ドル＝80,000円、すなわちその記載金額は8万円となる。

## 2　記載金額に関するその他の取扱い

以上、通則4に示すほか、印紙税法上にいう「記載金額」に関しては、次のように取り扱われる。

### ⑴　予定金額や一部金額が記載された契約書

契約書等においては、確定した売買その他の契約金額等を記載するのが通例であるが、時には、確定した金額を記載せず予定金額又は概算金額あるいは最低金額等を記載し、また総額を記載せず一部金額のみを記載している場合がある。この場合の予定金額等については、これをその文書の「記載金額」として取り扱うこととしている。

イ　その文書に記載されている契約金額等が、「予定金額100万円」、「概算金額100万円」、「約100万円」、「最高金額100万円」、「100万円まで」、「最低金額100万円」又は「100万円以上」というような表現を採る場合は、全てに記載された100万円がその文書の「記載金額」となる。

ロ　記載された契約金額等が最低と最高の金額を示すものである場合は、最低金額がその文書の「記載金額」となる。例えば「100万円から200万円まで」と記載されているときは100万円が記載金額となる。

ハ　契約金額等の一部だけが記載されている場合は、記載されている一部の金額をその文書の「記載金額」とする。例えば2件の売買を記載した契約

書に１件の売買契約金額のみが記載されているときは、その１件の売買契約金額がその文書の記載金額となる。

⑵ **物と物とを交換する場合の契約書**

イ　交換物が、双方不動産である場合は、次の金額がその文書（第１号文書）の記載金額となる。

㈠　交換に係る双方の不動産の価額が記載されているときは、いずれか高い方の金額

例えば「甲の所有する土地100万円と乙の所有する建物150万円を交換する」という場合は150万円が「記載金額」となる。

㈡　等価交換のときは、いずれか一方の金額

例えば「甲の所有する土地100万円、建物50万円と乙の所有する建物150万円を交換する」という場合は150万円が「記載金額」となる。

㈢　交換差金だけが記載されているときは、その交換差金

例えば「甲の所有する土地と乙の所有する建物を交換し交換差金として甲は乙に50万円支払う」という場合は50万円が「記載金額」となる。

ロ　交換物が、不動産と動産である場合は、次の金額がその文書（第１号文書）の記載金額となる。なお、㈠〜㈤以外のものは、記載金額のない文書となる。

㈠　不動産の価額が記載されているときは、その価額

㈡　不動産の価額は記載されていないが、動産の価額が記載され、かつ等価交換であるとされているときは、その動産の価額に相当する金額

㈢　不動産の価額は記載されていないが、動産の価額と動産提供者が支払う交換差金とが記載されているときは、その動産価額に相当する金額と交換差金との合計額

㈣　不動産の価額は記載されていないが、動産の価額と不動産提供者が支払う交換差金とが記載されているときは、その動産価額から交換差金を減じた金額

㈤　交換差金のみが記載され、それが動産提供者から支払われるものであ

26　　第1部　第四章　印紙税の課税物件表の適用に関する通則

るときは、その交換差金

## (3)　税金額が記載された文書

イ　源泉徴収等に係る税金

源泉徴収義務者又は特別徴収義務者(注2)が作成する受取書、配当金領収書等の記載金額のうちに、源泉徴収や特別徴収に係る税金額が明らかに区分記載されているときは、全体の記載金額からその税金額を控除した後の金額を「記載金額」として取り扱い、その税金額は記載金額として取り扱われない。

なお、上記の「税金額が明らかに区分記載されているとき」とは、税金額そのものの数字が明記されている場合のほか、税率とその適用対象となる基礎額とが記載されていることにより、税金額が算出できる場合も含むものである。

ロ　消費税及び地方消費税

不動産の譲渡等に関する契約書（第1号文書）、請負に関する契約書（第2号文書）又は金銭又は有価証券の受取書（第17号文書）に消費税及び地方消費税の金額（以下、「消費税額等」という。）が区分記載されている場合(注3)又は税込価格及び税抜価格が記載されていることにより、その取引に当たって課されるべき消費税額等が明らかである場合(注4)には、消費税額等は記載金額に含めないこととして取り扱われる（P1333参照）。

なお、消費税額等のみを受領した際に交付する受取書（第17号文書）については、記載金額がない受取書となる。

ただし、この消費税額等が5万円（平成26年3月31日までは3万円）未満である場合は、非課税文書として取り扱われる。

(注1)　基準外国為替相場及び裁定外国為替相場については、毎月、その翌月中に適用される相場を財務大臣が日本銀行本店において公示する相場とされる。

ちなみに、平成30年4月中の基準外国為替相場として、財務大臣が日本銀行本店において公示した相場は、1ドル（米国ドル）108円である。

(注2)　税金の源泉徴収義務者又は特別徴収義務者とは、次のような者である。

(1)　源泉徴収に係る所得税の徴収義務者

第三節　課税文書の記載金額　　27

　　⑵　特別徴収に係る道府県民税及び市町村民税の特別徴収義務者
　　⑶　ゴルフ場利用税、軽油引取税等の特別徴収義務者
（注3）　「消費税及び地方消費税の金額が区分記載されている」とは、その取引に当
　　　たって課される消費税及び地方消費税の具体的な金額が明確に記載されている
　　　ことをいい、例えば「消費税及び地方消費税○○％を含む。」等、単に税率だ
　　　けを表示した場合や「消費税及び地方消費税を含む。」等と記載している場合
　　　は、これに当たらない。
（注4）　「税込価格及び税抜価格が記載されていることにより、その取引に当たって
　　　課されるべき消費税額等が明らかである」とは、その取引に係る消費税額等を
　　　含む金額と消費税額等を含まない金額の両方を具体的に記載していることによ
　　　り、その取引に当たって課されるべき消費税額等が容易に計算できることをい
　　　う。

# 第五章　課税標準及び税率

　全ての税に共通することであるが、一つの事物あるいは事態を税法に照らした場合、それが課税されるかされないかということに次いで重要なのは、課税されるとした場合、いったい幾らの税を負担すべきか、ということである。

　印紙税法においては、まず第2条で印紙税の課税対象となる文書について規定し、次いで第7条で、税額算定のための課税標準及び税率について「別表第一の各号で課税文書の区分に応じ、同表の課税標準及び税率の欄に定めるところによる。」としている。

　「課税標準」とは、課税標準額又は課税標準数量をいい、税額を算定する際の基礎となる具体的な金額又は数量をいうのである。

　「税率」とは、具体的な税額を算出する際の単位率（又は単位額）である。

　印紙税法における具体的な税率の定め方としては、

① 文書に記載された契約金額等を、例えば「10万円以下」、「10万円を超え50万円以下」、「50万円を超え100万円以下」というようにある範囲ごとに取りまとめ、その取りまとめた一区分については、区分内での金額の高低を問わず、1通につき幾らと税額を一定し、高金額のものが属する区分になるほどこれに対する税額を高くするいわゆる階級定額税率

② 文書に記載された契約金額等には全くかかわりなく、その文書1通（1冊）につき幾らと税額を一定したいわゆる定額税率

の二つに分けており、おおむね①は同じ種類の文書のうちにおいてもその内容とする金額により経済的価値に大きな開差のある文書、②はそうした傾向の少ない文書にと、適宜区別して採用している。

　いずれも契約金額の何パーセントとする比例税率を採る場合に比べて納税必要額の算定が極めて簡単である。

　なお、印紙税法には、階級定額税率を定める上の表現として、例えば不動産

の譲渡に関する契約書について、契約金額が「10万円以下のもの200円」、「10万円を超え50万円以下のもの400円」というように規定しているが、この場合、契約金額が10万円のものは、下の階級（税率200円）に属し、10万円を超える100,001円は上の階級（税率400円）に属することとなる。

ところで、課税標準及び税率の適用に当たって、租税特別措置法により、税率等の特例が定められているものがある。

○　不動産の譲渡に関する契約書等に係る印紙税の税率の特例（租税特別措置法第91条）

不動産の譲渡に関する契約書又は請負に関する契約書（建設工事の請負に係る契約(注1)に基づき作成されるものに限る。）のうち、これらの契約書に記載された契約金額が一定の額を超えるものについては、平成9年4月1日から平成32年3月31日までの間に作成されるものに限り、軽減税率(注2)が適用される。

(注1)　「建設工事」とは、建設業法第2条第1項（P1208参照）に規定する建設工事、つまり、建物の建築工事のほか土木建築に関する工事の全般をいうこととなるが、建物の設計、建設機械の保守、家具・機械の製作又は修理、船舶の建造などは含まれない。

(注2)　平成32年3月31日までの間に作成される不動産の譲渡に関する契約書及び建設工事の請負に係る契約書については、契約書の作成年月日及び記載された契約金額に応じ、以下のとおり軽減措置が適用される。

30　　　　　第1部　第五章　課税標準及び税率

| 契約金額 | | 本則税率 | 軽減後の税率 | |
|---|---|---|---|---|
| 不動産の譲渡に関する契約書 | 建設工事の請負に関する契約書 | | 平成9年4月1日〜平成26年3月31日 | 平成26年4月1日〜平成32年3月31日 |
| 10万円超　50万円以下 | 100万円超　200万円以下 | 400円 | 400円 | 200円 |
| 50万円超　100万円以下 | 200万円超　300万円以下 | 1千円 | 1千円 | 500円 |
| 100万円超　500万円以下 | 300万円超　500万円以下 | 2千円 | 2千円 | 1千円 |
| 500万円超　　　　1,000万円以下 | | 1万円 | 1万円 | 5千円 |
| 1,000万円超　　　5,000万円以下 | | 2万円 | 1万5千円 | 1万円 |
| 5,000万円超　　　1億円以下 | | 6万円 | 4万5千円 | 3万円 |
| 1億円超　　　　5億円以下 | | 10万円 | 8万円 | 6万円 |
| 5億円超　　　　10億円以下 | | 20万円 | 18万円 | 16万円 |
| 10億円超　　　　50億円以下 | | 40万円 | 36万円 | 32万円 |
| 50億円超 | | 60万円 | 54万円 | 48万円 |

# 第六章　納税義務者及び納税義務の成立

## 第一節　納　税　義　務　者

　印紙税法は、第３条に「別表第一の課税物件の欄に掲げる文書のうち、第５条の規定により印紙税を課さないものとされる文書以外の文書（以下「課税文書」という。）の作成者は、その作成した課税文書につき、印紙税を納める義務がある。」と規定しており、この税の納税義務者は課税文書の作成者である。

　この「作成者」とは、原則として文書の作成名義人であり、現実の文書調製者とは限らない。

　例えば、事業主甲（法人、個人を問わない。）の売掛金を、その事業主の従業員乙が集金に行った際に発行する受取書は、現実の調製者は従業員乙であるが、その受取書は、事業主甲が発行した受取書として取り扱うものであり、印紙税法の見方もこのような経済社会における一般的な取扱いと遊離するわけではない。

## 第二節　納税義務の成立及び課税文書の作成

　印紙税の納税義務は、課税文書を作成した時に成立する。

　この納税義務が成立する課税文書の「作成」とは、単に物理的な課税文書の調製行為を指すのではなく、物理的に課税文書に該当するものを調製し、これをその目的に従って行使することをいい、その行使とは、例えば次のようなことをいう。

①　相手方に交付する目的のもの（金銭受取書等）………………当該交付の時
②　契約当事者の意思の合致を証明する目的のもの（契約書等）
　　………………………………………………………………当該証明の時

32　　第1部　第六章　納税義務者及び納税義務の成立

③　一定事項の継続的な付込みをする目的のもの（通帳等）
　　　　　　　　　　　　　　　　　　　……………………当該最初の付込み時

④　認証を受けることにより効力が生ずることとなるもの（定款）
　　　　　　　　　　　　　　　　　　　………………………当該認証の時

　印紙税法にいう「作成」とは、このように、課税文書に記載された事項について証明効果を生じさせる行為であるから、例えば、受取書や株券などのように相手方に交付する建前のものは、その紙面に所要の文辞を印刷又は記入し、作成者の署名押印も終わって、課税文書の体裁が整っていたとしても、これを相手方に交付しない限り税法にいう作成には当たらないわけであり、したがって納税義務は未だ成立していないことになる。

# 第三節　課税文書の作成とみなされる場合

　印紙税法においては、前節に述べた文書の「作成」とは一般的に見られない行為であるにもかかわらず、その行為が特に課税文書の「作成」とみなされる場合がある（したがって納税義務が生じる。）。

　その内容は、次のとおりである。

## 1　手形の作成とみなされる場合

　約束手形又は為替手形で手形金額の記載のないものについて手形金額の補充がなされた場合には、手形金額の補充をした者が、その補充をした時に約束手形又は為替手形を作成したものとみなされる（印紙税法第4条第1項＝P1096参照）。

　手形金額の記載のない手形、いわゆる金額白地の手形は、振出人等において一般的には手形の作成行為を終わって、経済社会における流通過程に入っているわけであり、その文書は、既に手形として有効なものである。

　しかし、印紙税法は、手形に対しその手形金額に応じて税額を定める、いわゆる階級定額税率を採っている関係上、手形に未だ金額が記載されていない段

階においては、一応これを非課税と規定した上、手形金額の補充をした時、その補充をした者がその手形を作成したものとみなして、応分の税率を適用しようとするものである。

## 2　通帳等の作成とみなされる場合

　通帳（預貯金通帳、金銭受取通帳等）又は判取帳を１年以上にわたって使用する場合には、その通帳等を作成した日から１年を経過した日以後の最初の付込みがあった時に、新たな通帳を作成したものとみなされる（印紙税法第４条第２項＝Ｐ1096参照）。

　通帳等の印紙税は、印紙税法別表第一、課税物件表に１冊につき幾らと定められているが、通常、通帳等は１冊を数年にわたって使用することが多く、このような場合、１冊としての課税を際限なく効果ありとすることは、他の課税文書が、その作成の都度課税されることからみて税負担の均衡を失することとなるので、１年以内の付込みについて１件の課税を行うという建前を採るべく、上記のみなし規定が設けられたものである。

　なお、上記にいう「その通帳等を作成した日から１年を経過した日以後の最初の付込み」とは、通帳等を作成した日（最初の付込みをした日）から１年を経過した当日のみではなく、その経過した当日とその翌日以後を通じた最初の付込みということであり、例えば平成30年４月３日に最初の付込みをした場合は、その時に最初の納税をし、それから１年以内、すなわち平成31年４月２日までは、付込みの都度納税する必要はなく、１年を経過した日、すなわち平成31年４月３日以後最初の付込みがあった日、例えば平成31年４月３日以後の同年４月12日に付込みがあった場合は、その平成31年４月12日に第２回目の納税をすればよいこととなる（第２部第二十二章参照）。

## 3　追記等が新たな課税文書の作成とみなされる場合

　ある文書（課税文書、不課税文書を問わないが、課税文書のうち手形等、特定の文書（注1）を除く。）に、印紙税法別表第一、課税物件表の第１号から第17号までに

掲げる課税文書（手形等の特定の課税文書<sup>(注2)</sup>を除く。）によって証されるべき事項を追記した場合又は第18号若しくは第19号に掲げる通帳として使用するための付込みをした場合には、その追記又は付込みをした者が、その追記又は付込みをした時に、追記又は付込みをした事項に係る新たな課税文書を作成したものとみなされる（印紙税法第4条第3項＝P1096参照）。

「追記」とは、既に一定の事項が記載され、その効力が発生している文書に新たな効力が発生する事項を追加して記載することをいい、例えば作成された工事請負契約書に、その後、更に工事代金の受取事実を追加して記載証明する行為を指すわけである。

こうした行為があった場合、そこに見受けられるものが物理的には、あくまで文書1通に変わりないとしても、内容的には新用紙をもって別個の文書を作成したものと同様であり、追記に係る内容が印紙税法別表第一、課税物件表の各号に掲げる課税文書によって証されるべき事項であるときは、これに課税しないとすると、一般的な課税文書作成の場合と税負担の均衡を失することになるため、法律上、特にこれを新たな課税文書の作成とみなそうとするものである。

通帳でない既成文書に、通帳として使用するための付込みをした場合、通帳の作成とみなすのも同趣旨である。

また、課税物件表の第1号、第2号、第7号及び第12号から第15号までに掲げる課税文書によって証されるべき事項を追記した場合で、その追記が原契約の内容の変更又は補充についてのものであり、かつ、その追記が重要な事項（印紙税基本通達別表第二、重要な事項の一覧表＝P1322参照）に該当するときは、原契約と同じ号の文書を新たに作成したものとみなされる。

## 4　通帳、判取帳への付込みが不動産売買契約書等の作成とみなされる場合

通帳（預貯金通帳を除く。）又は判取帳への付込事項が、次に掲げる内容である場合は、その部分は通帳又は判取帳への付込みでなく、独立した別個の課税

文書（次の①の場合は、印紙税法別表第一、課税物件表の第１号に掲げる課税文書。②の場合は、同第２号に掲げる課税文書。③の場合は、同第17号の１に掲げる課税文書）を作成したものとみなされる（印紙税法第４条第４項＝Ｐ1097及び第２部第二十二章参照）。

① 課税物件表の第１号に掲げる課税文書により証されるべき事項であって、その記載金額が10万円を超えるもの

② 課税物件表の第２号に掲げる課税文書により証されるべき事項であって、その記載金額が100万円を超えるもの

③ 課税物件表の第17号の１に掲げる課税文書（物件名の欄１に掲げる受取書に限る。）により証されるべき事項であって、その記載金額が100万円を超えるもの

この規定は、印紙税法別表第一、課税物件表の第１号、第２号及び第17号の１に掲げる課税文書がいわゆる階級定額税率（前章参照）が適用されるところから、これらの課税文書と比較して通帳等（通帳等は定額税率を適用）への付込内容が金額的に同等の価値を持つ場合は、両者の間に税負担の不均衡を生じさせないために規定されたものである。

（注１） 約束手形、為替手形、株券、出資証券、社債券、投資信託の受益証券、貸付信託の受益証券、特定目的信託の受益証券、受益証券発行信託の受益証券、合併契約書、吸収分割契約書、新設分割計画書、定款、貨物引換証、倉庫証券、船荷証券、通帳及び判取帳（課税物件表の第３号から第６号まで、第９号及び第18号から第20号までに掲げる文書）

（注２） 約束手形、為替手形、株券、出資証券、社債券、投資信託の受益証券、貸付信託の受益証券、特定目的信託の受益証券、受益証券発行信託の受益証券、合併契約書、吸収分割契約書、新設分割計画書、定款、貨物引換証、倉庫証券及び船荷証券（課税物件表の第３号から第６号まで及び第９号に掲げる文書）

# 第四節　課税文書の作成者

印紙税の納税義務者は課税文書の作成者であり、この印紙税法にいう文書の「作成者」とは現実にその文書の調製作業をする者を指すのではなく、その文

書に記載証明されている事項についての責任の帰属者である。このことは「納税義務者」等に関連して先に少し触れたが、詳しくは次のとおりである。

1　人（自然人、法人の別を問わない。）の事業に従事する者が、その事業主である人の業務又は財産に関して、従業者の名義で作成する課税文書は、当該事業主である人を「作成者」とする。

2　法人の役員が、その法人の業務又は財産に関して、役員の名義で作成する課税文書は、当該法人を「作成者」とする。

3　人格のない社団又は財団の従業者が、その業務又は財産に関して、従業者の名義で作成する課税文書は、当該人格のない社団又は財団を「作成者」とする。

4　人格のない社団又は財団の代表者又は管理人が、その業務又は財産に関して、代表者又は管理人の名義で作成する課税文書は、当該人格のない社団又は財団を「作成者」とする。

5　上記以外の課税文書は、その課税文書に記載された作成名義人を「作成者」とする。

なお、委任に基づく代理人が、その受任事務の処理に当たり、自己つまり代理人名義で作成する課税文書は、通常代理人は使用人と異なり、委任により、代理人として与えられた権限に基づいて文書を作成するものであるから、たとえ委任者の名義が表示されているとしてもその代理人が当該文書の「作成者」すなわち、納税義務者となる。


# 第五節　連帯納税義務

契約書は、通常の場合、2名以上の当事者が共に署名押印する形態を採っている。

このように、一つの課税文書を2名以上の者が共同して作成した場合、その文書についての納税義務は、その課税文書の作成者として署名押印した全員が連帯して納税義務を負うこととなる（印紙税法第3条第2項＝P1096参照）。

## 第五節　連帯納税義務　　37

　例えば、ある一つの契約について当事者2名が共に署名押印した契約書を2通作成し、各1通を当事者双方がそれぞれ保有するとした場合、その2通のいずれについても2名が連帯して納税義務を負うのである。

　したがって、契約書の文中に、連署人数名のうちの1名を指定してその者が印紙税を負担すべき旨の約定を記載したとしても、そのことをもって他の者が印紙税法上の納税義務を免れることはできない。

　なお、連署人すなわち連帯納税義務を負う共同作成者のうちの1名が、その課税文書に係る印紙税を全額負担して納税した場合、他の共同作成者はその納税義務を免れることになる。

　ところで、国、地方公共団体及び一部の法人でその作成文書について印紙税を課さないこととされている者（以下、この項において「非課税者」という。）（印紙税法第5条第2号＝P1097参照）と、その他の者とが共同して作成した文書については、非課税者又は公証人が保存する文書をその他の者が作成したものとみなし、その他の者（公証人を除く。）が保存する文書は、非課税者が作成したものとみなすことを印紙税法は規定している（印紙税法第4条第5項＝P1097参照）。

　したがって、例えば日本赤十字社（非課税者）が、病院を建設するため甲建設会社及び乙土建会社との間に工事請負契約書3通を作成し、各自が1通ずつ保存することとした場合、日本赤十字社が保存するものは甲建設会社及び乙土建会社が作成したものとみなし、甲建設会社及び乙土建会社が保存するものは、日本赤十字社が作成したものとみなされることとなる。その結果として、このような非課税者との共同作成に係る文書については、非課税者以外の者が、専ら納税義務を負うこととなる。印紙税法別表第二（非課税文書の表）（P1128参照）に規定する文書について同表の下欄（P1128では右欄）に掲げる者とその他の者とが共同して作成した場合も同様である。

# 第七章　納税方法、納税地及び還付等

## 第一節　印紙税の納付方法

　印紙税は、原則として課税文書に税相当額の収入印紙を貼り付け消印することにより納税するのであるが、課税文書が大量に作成されたり、また、事務処理が機械化されるなどして、課税文書に印紙を貼り付けることが困難となる場合がある。そこで、印紙税法には印紙を貼り付けることに代えて、税印（特定の税務署に備え付けている。）の押なつを受けたり、また、印紙税納付計器により印紙税相当額を表示した納付印を押なつすること等、幾つかの納付方法の特例が定められている。

### 1　印紙の貼付けによる納付

　課税文書の作成者は、その課税文書の作成の時までに、その課税文書に課されるべき印紙税額に相当する金額の印紙を貼り付けて、課税文書と印紙の彩紋とにかけて、作成者又はその代理人、使用人その他の従業者の印章又は署名で判明に消すという方法で納税しなければならない（印紙税法第8条＝P1098参照）。

　「課税文書の作成の時までに」というのは、文書の調製行為が完了し、相手方へ交付するものは、その交付の時まで、すなわち文書を行使する直前までに印紙を貼り付けなければならないことを意味し、調製行為から行使までに日時がある場合は、手元に保管されている調製済みの課税文書は印紙を貼らなくてもよく、手元を離れる際に貼り付ければそれでよいこととなる。

　消印は、印紙の再使用を防止するためのものであるから、消印に使用する印章は、通常印判といわれるもののほか、名称、氏名等を表示した日付印、役職名、名称等を記した表示判であってもよい。署名に代えて、単に斜線とか「×」印とか「レ」印を施す方法は、印紙税法上、認められていない。

第一節　印紙税の納付方法　　39

　なお、共同作成した文書に貼り付けた印紙については、共同作成者のうちの
１人が消印すれば足りる。

## 2　税印の押なつによる納付

　印紙税の納税は、課税文書に印紙を貼り付けて納税する方法が原則である
が、この方法によると、課税文書を一時に多量に作成する等の場合は手数が掛
かるため、これに代えて、あらかじめ印紙税額に相当する額を納付し、税印押
なつ機を設置している特定の税務署（Ｐ1149参照）に請求してその課税文書に
税印の押なつを受けることができる（印紙税法第９条＝Ｐ1098参照）。

　この制度は、一時に多量の課税文書に印紙を貼り付ける手数を緩和するため
のものであるが、税印がその印影中に税額を明示するものでない等の理由か
ら、次のような場合は、税印の押なつを受けることができない。

①　請求に係る課税文書が階級定額税率（第五章参照）の適用を受けるもので、
　　税印の押なつを受けようとする際にその課税文書に金額が記載されていない
　　場合

②　請求に係る課税文書に、既に一部の税額に相当する印紙を貼り付け、又は
　　納付印を押す等されている場合

③　請求に係る文書が、課税対象になることは分かっていても、課税物件表の
　　いずれの号に該当するか明らかでない場合

④　請求に係る課税文書が、税印を明瞭に押すことのできない紙質、形式等の
　　ものである場合

⑤　その他、税印押なつの方法による納税は、印紙税の保全上不適当であると
　　税務署長が認めた場合

## 3　印紙税納付計器による納付

　毎日のように継続的に多量の課税文書を作成する納税者は、印紙を貼り付け
て納税する方法はもちろん、文書作成の都度、税務署へ手続して税印の押なつ
を受ける方法も多くの手数が掛かり差し支えがある場合には、「印紙税納付計

器の利用」によって印紙税を納付することができる（印紙税法第10条 = P 1098参照）。

　この場合は、まず印紙税納付計器を設置しようとする場所の所轄税務署長に申請して、設置の承認を受けなければならない。

　また、この承認を受けて印紙税納付計器を設置した者は、更に所轄税務署長の承認を受けることによって、その者が交付を受ける課税文書の作成者のために、その交付を受ける際に、印紙税納付計器によりその課税文書に課される印紙税額に相当する金額を表示した納付印を押すことができる。

　この設置承認を受けて印紙税納付計器を設置した場合は、その印紙税納付計器を使用する前に、あらかじめ印紙税額に相当する額を納付して、税務署長から印紙税納付計器を使用するために必要な措置を受けた上、課税文書に印紙税額を表示した納付印を押すことができる。

　この納付印には赤色のインキを使用し、印紙税に相当する金額を表示することとなる。印紙税納付計器の設置者は、適用税率の異なる各種文書の全てについて、この納付印を利用して納税することができる。

## 4　申告による納付

　特定の課税文書については、所轄税務署長の承認を受けて印紙の貼り付けに代えて一定の書式を表示し、その発行数量を税務署へ申告し印紙税額に相当する額を納税する方式、すなわち申告納税方式によって印紙税を納付することができる。

　この特定文書の種類及び具体的な納税手続等は、次のとおりである。

### (1)　書式表示による申告納付

　課税文書のうち、様式又は形式が同一であり、かつ、その作成事実が後日においても明らかにされている次の文書は、書式表示による申告納税が認められる（印紙税法第11条 = P 1099参照）。

＜税務署への手続＞

イ　毎月継続して作成するとみられる課税文書の場合

その課税文書の号別、種類、申告納税しようとする月分等を記載した申請書を、作成場所の所轄税務署長に提出して承認を受け、その課税文書に一定の書式（印紙税法施行規則第4条に規定する書式＝P1150参照）を表示して発行し、毎月（課税文書を発行しなかった月を除く。）の課税文書の号別、種類ごとの発行数量、課税標準、納付すべき税額等を記載した納税申告書を、翌月末日までにその承認をした税務署長に提出し納税する。

ロ　特定の日に多量に作成するとみられる課税文書の場合

その課税文書の号別、種類、様式又は形式、作成予定年月日等を記載した申請書を、作成場所の所轄税務署長に提出して承認を受け、その課税文書に一定の書式（印紙税法施行規則第4条に規定する書式＝P1150参照）を表示して発行し、発行月の翌月末日までに、その発行数量、課税標準、納付すべき税額等を記載した納税申告書をその承認した税務署長に提出し納税する。

## (2) 預貯金通帳の一括納付

預貯金通帳については、所轄税務署長の承認を受けた場合、その年の4月1日から翌年3月末日までの間に作成する通帳について印紙の貼り付けに代えて一定の書式（印紙税法施行規則第4条に規定する書式＝P1150参照）を表示することにより、印紙税を一括納付することができる（印紙税法第12条＝P1100参照）。この場合、前記1年間に作成する通帳は全てその年の4月1日に作成したものとみなされ、その数量も4月1日現在の預貯金口座数を基礎にして計算したものをもって、年間の作成数量とみなされて、納税すべき税額を算定することとなる。

この方法により納税できる預貯金通帳は、①普通預金通帳、②通知預金通帳、③定期預金通帳（⑦に該当するものを除く。）、④当座預金通帳、⑤貯蓄預金通帳、⑥勤務先預金通帳（労働基準法（昭和22年法律第49号）第18条第4項（預金の利子）又は船員法（昭和22年法律第100号）第34条第3項（預金の利子）に規定する預金の受入れに関して作成するものに限る。）、⑦複合預金通帳（法別表第一第18号に掲げる預貯金通帳のうち、性格の異なる2以上の預貯金に関する事項を併せて

付け込んで証明する目的をもって作成する通帳をいう。）、⑧複合寄託通帳（法別表第一第19号に掲げる通帳のうち、預貯金に関する事項及び有価証券の寄託に関する事項を併せて付け込んで証明する目的をもって作成する通帳をいう。）となっている。

＜税務署への手続＞

　前記の方法による申告納税をしようとする者は、その預貯金通帳の種類、4月1日現在の見込数量等を記載した申請書を、その年の2月16日から3月15日までの間に、その預貯金通帳の作成場所の所轄税務署長に提出して承認を受け、4月1日午前零時現在における預貯金通帳の種類ごとの口座数、印紙税額を記載した納税申告書を4月30日までに提出して、同日までに納税する。

　なお、一括納付の承認を受けた者は、作成した預貯金通帳に一定の書式（印紙税法施行規則第4条に規定する書式＝P1150参照）を印刷又はゴム印押なつ等の方法によって表示しなければならない（前年も承認を受けて既に一定表示がなされている通帳は、再び表示をする必要はない。）。

　この方法により申告納税すべき口座数の計算は、その年4月1日午前零時現在における預貯金通帳（整理口座等については、一括口座としない各別の口座数）について行うのであるが、次のものは除外する。

　①　預金残高1,000円未満で、取引停止後3年を超える口座（睡眠口座）

　②　所得税法第9条第1項第2号（非課税所得）に規定する預貯金の口座

　③　所得税法第10条（障害者等の少額預金の利子所得等の非課税）の規定によりその利子につき所得税が課されないこととなる普通預金の口座

## 5　賦課決定による納付

　納付すべき税額が専ら税務署長等の処分により確定する方式を賦課課税方式といい（国税通則法第16条第1項第2号）、この方式による印紙税は、納税義務が成立した後、税務署長等が、賦課決定という処分を行うことによりその税額が確定し、これを納付することとされているものであり、これに該当するものとしては、前述した申告納税すべき課税文書に対する印紙税について、更正又は

決定等を受けることにより派生的に課される加算税、つまり過少申告加算税、無申告加算税及び重加算税（国税通則法第65、66、68条）並びに後述の過怠税（第九章第一節参照）がある。

## 第二節　納　　税　　地

　納税地とは、国税に関する法律の規定に基づいて、納税する側から行う申告、申請、納付等の相手方である税務官庁を決定する基準となり、税務官庁の側からは、同じく国税に関する法律の規定に基づいて執行する承認、更正、決定、徴収等の相手方である納税者を決定する基準となる地域を指すものである。

　納税地は、一納税者について一か所と限定されるものではなく、税法によって、あるものは住所を納税地に、また別のあるものは製造場所在地を納税地に規定する等いろいろであるが、印紙税法においては、次のとおり定められている。

1　文書に印紙を貼り付ける原則的な方法により納税する場合は、その文書の作成場所。ただし、文書面にその作成場所が明示されていない場合は、印紙税法施行令第４条に定めるところにより、作成者の事業所等の所在地（その所在地も明示されていない場合は、作成者の住所）等

2　印紙の貼付けに代えて文書に税印を押す場合は、そのことについて請求した税務署長の所属する管轄区域内の場所

3　印紙の貼付けに代え、印紙税納付計器を利用して文書に納付印を押す場合は、その印紙税納付計器の設置場所

4　文書に一定の表示（一定書式による表示又は一定の表示）をする場合は、そのことについて承認を受けた税務署長の所属する管轄区域内の場所

## 第三節　過誤納金の還付、充当

　印紙税を誤って納め過ぎた場合、例えば、約束手形を振り出す予定で調製し印紙を貼り付けたが、事情によりこれを振り出さないこととなった場合、不動産の譲渡に関する契約書等のような階級定額税率によって課税される文書に、その税率区分を誤り、過大に印紙を貼り付けた場合、現金納付して税印の押なつを受けた課税文書を発行直前に書き損じて行使できなくなった場合等は、納税地の所轄税務署長に一定の手続をして、過誤納金の還付又は別途納付すべき印紙税への充当を求めることができる。

### 1　過誤納金の還付手続

　印紙税に係る過誤納金の還付を受けようとする場合は、その過誤納となった印紙税の納付年月日、過誤納となった金額及び理由等を記載した「印紙税過誤納確認申請書」（P1374参照）を納税地（前節参照）の所轄税務署長に提出するとともに、過誤納となった事実を証するための文書その他の物件を提示し、過誤納の事実について確認を受けなければならない。ただし、この確認を受ける必要があるのは次に掲げるものに限り、申告納税方式及び賦課課税方式による納税分については確認を受ける必要がない。

(1)　印紙税の納付の必要がない文書に誤って印紙を貼り付け（印紙により納付することとされている印紙税以外の租税又は国の歳入金を納付するために文書に貼り付けた場合を除く。）、又は納付印を押した場合（印紙税法第10条第2項の規定による承認を受けた印紙税納付計器の設置者が、交付を受けた文書に納付印を押した場合を含む。(3)において同じ。）

(2)　印紙を貼り付け、税印を押し、又は納付印を押した課税文書の用紙で、損傷、汚染、書損その他の理由により使用する見込みのなくなった場合

(3)　印紙を貼り付け、税印を押し、又は納付印を押した課税文書で、納付した金額がその課税文書に課されるべき印紙税に相当する金額を超える場合

第三節　過誤納金の還付、充当　　45

(4)　税印の押なつによる納付、印紙税納付計器による納付、書式表示による申告納付、又は預貯金通帳の一括納付の規定の適用を受けた課税文書について、そのそれぞれの規定による納付方法以外の方法によって相当金額の印紙税を納付した場合

(5)　税印の押なつに係る印紙税を納付し、税印を押すことの請求をしなかった場合（その請求が棄却された場合を含む。）

(6)　印紙税納付計器の設置者がその設置した場所の所在地の所轄税務署長の承認を受けることなく、その者が交付を受けた課税文書に納付印を押した場合

(7)　印紙税納付計器に係る印紙税を納付し、印紙税納付計器の設置の廃止その他の理由によりその印紙税納付計器を使用しなくなった場合

## 2　過誤納金の充当手続

　課税文書に印紙の貼付けに代わる税印の押なつを受ける場合又は印紙税納付計器を使用して納付印を押そうとする場合には、あらかじめ所轄税務署へその印紙税を納付しなければならないこととされているが、この納付すべき印紙税に、別途発生した印紙税に係る過誤納金の充当を請求することができる。

　この充当の請求をしようとする場合は、前記1の確認の請求と併せた充当の請求書を、税務署長に提出しなければならない。

# 第八章　担保提供及び諸種の申告義務等

　印紙税法は、印紙税の納税義務者に対し、次のとおり担保の提供を求めることを規定し、また一定の制限を設け、義務を課することを規定している。

1　申告納税方式により印紙税を納付することの承認申請者に対しては、必要に応じ保全担保の提供を命ずること（印紙税法第15条＝P1101参照）

2　印紙税納付計器、納付印、類似印の製造、販売、所持については承認を受けなければならないこと（同法第16条＝P1102参照）

3　印紙税納付計器等の販売業等については、開廃業等の申告等をしなければならないこと（同法第17条＝P1102参照）

4　申告納税（前章第一節の4参照）の承認に係る課税文書の作成数量等に関して記帳しなければならないこと及び納付計器等の製造販売業者は、計器等の受払等に関して記帳しなければならないこと（同法第18条＝P1102参照）

5　会社の合併、相続の場合、申告納税に係る申告書の提出義務、記帳義務を承継すること（同法第19条＝P1102参照）

# 第九章　過怠税及び罰則

## 第一節　過　怠　税

　印紙を貼り付けて印紙税を納付すべき課税文書について、印紙税を納付しなかった場合は、その不納付印紙税額の3倍に相当する額の過怠税が、また、貼り付けた印紙を所定の方法で消印しなかった場合は、消印しなかった印紙の額面金額に相当する額の過怠税がそれぞれ課せられることとなる（これらの過怠税の合計額が1,000円に満たないときは、1,000円に切り上げられる。）。

　なお、課税文書の作成者が所轄税務署長に対し、作成した課税文書について印紙税を納付していない旨の申出をした場合で、その申出が印紙税についての調査があったことにより、その課税文書について過怠税についての賦課決定があるべきことを予知してされたものでないときは、その過怠税は、その納付しなかった印紙税の額とその10％に相当する金額との合計額（すなわち印紙税額の1.1倍）に軽減される。

　過怠税は、納付不足税額の追徴と義務違反に対する行政的制裁の性格を持ったものであるといえる。過怠税は、故意過失の有無を問わず、印紙を貼り付けて納付すべき印紙税を納付しなかった行為又は貼り付けした印紙に消印をしなかった行為に対して課せられるものであるが、罰則ではない。故意に印紙税をほ脱した場合には罰則が適用されるとともに過怠税も課せられることになる。

　なお、申告納税方式（P40参照）によるものは、過怠税の対象とはならないが、不相当の申告又は無申告等に対して国税通則法の規定による税額等の更正又は決定を受け、又は附帯税が課せられることとなる。

　ちなみに、過怠税は、所得計算上においては損金として処理できず、いわゆる損金不算入項目である。

# 第二節　罰　　　　則

　印紙税法は、その課税権の侵害行為又は侵害するおそれがある行為に対する制裁として、過怠税と罰則を設けていることについては前節で述べたとおりであるが、その行為が故意によるものである場合においては、印紙税法違反として同法第21条から第24条までに設けた罰則による制裁が加えられる。すなわち、印紙税法違反のうち、課税権の侵害又は侵害の危険の度合に応じて刑の範囲を定めており、主な罰則は次のとおりである。

1　偽りその他不正の行為により印紙税を免れ又は不正に還付を受けた者には、3年以下の懲役又は100万円以下（情状により100万円超）の罰金（印紙税法第21条＝P1103参照）

2　課税文書に貼り付けるべき印紙を貼り付けないで、印紙税を免れた印紙不貼付犯、又は印紙税の脱税の危険性が高い納付印等の密造犯については、一年以下の懲役又は50万円以下の罰金（同法第22条＝P1104参照）

3　納税申告書提出怠り犯等の、一般的に秩序犯といわれるものに対しては、30万円以下の罰金（同法第23条＝P1104参照）

　なお、印紙税法第24条においては、いわゆる両罰規定を設けて、法人又は人の業務、財産に関して、その代表者又は代理人、使用人その他の従業者の行った違反行為については単に行為者を罰するだけでなく、その法人又は人をも罰することとしている。

# 第2部

# 各課税物件

# 第一章　（第1号の1文書）

## 不動産、鉱業権、無体財産権、船舶若しくは
## 航空機又は営業の譲渡に関する契約書

### 1　不動産の譲渡に関する契約書

　不動産売買契約書、不動産売渡証又は不動産交換契約書その他不動産の譲渡に関する契約（予約を含む。）の成立、更改、内容の変更又は補充の事実を証すべき文書は、印紙税法別表第一、課税物件表の第1号（P1108参照）に掲げる印紙税の課税物件である。

　「不動産」とは、土地及びその定着物をいい（民法第86条第1項）、動産に比較して価値が大きく、その所在が一定しており、物権の公示方法が異なる（登記）等のことが挙げられる。

　「土地」とは、人の支配の対象となっている地表上の正当な範囲で上下に広がる立体的範囲のものであり、連続していることを自然的性質としているが、人為的に区画され、一筆ごとに地番を付けて、登記簿上の筆数により表示されている。

　「土地の定着物」とは、持続的に土地に付着して使用される物であって、土地とは別個の独立物と考えられるものをいう。定着物には、建物、立木に関する法律上の立木、明認方法が施された樹木の集団などのように土地とは別の独立した不動産として取り扱われるものと、土地の一部として取り扱われるものとがある。

　「譲渡」とは、権利又は財産等を、その同一性を保持させつつ、他人に移転することをいい、売買（競売を含む。）のほか、交換、贈与、収用、物納、代物弁済のための給付及び法人等に対する現物出資等が含まれる。

(1)　印紙税法にいう不動産には、一般にいう不動産のほか、「法律の規定によ

り不動産とみなされるもの」及び「鉄道財団、軌道財団及び自動車交通事業財団」を含むとしており（印紙税法別表第一、第1号に掲げる課税物件の定義欄）、この法律の規定により不動産とみなされるものとしては、次のものが挙げられる。

イ　立木

立木に関する法律（明治42年法律第22号）の規定により、一筆の土地又はその一部に生立する樹木の集団は、登記すると一個の不動産として取り扱われる（同法第2条第1項）。このほか、明認方法による立木も不動産として取り扱われる。

なお、いずれの場合においても、立木を立木としてではなく、伐採して木材等とするものとして譲渡することが明らかであるときは、不動産としてではなく、動産として取り扱われる。

ロ　工場財団

工場抵当法（明治38年法律第54号）の規定により、工場に属する土地、工作物、機械等から成り、抵当権の設定を認められる財団で、一個独立の不動産とみなされる。

ハ　鉱業財団

鉱業抵当法（明治38年法律第55号）の規定により、鉱業権、土地、機械等から成り、抵当権の設定を認められる財団で、工場抵当法の規定が準用されることにより工場財団と同様、一個独立の不動産とみなされる。

ニ　漁業財団

漁業財団抵当法（大正14年法律第9号）の規定により、漁業権、船舶、土地等から成り、抵当権の設定を認められる財団で、工場抵当法の規定が準用されることにより不動産とみなされる。

ホ　港湾運送事業財団

港湾運送事業法（昭和26年法律第161号）の規定により、荷役機械、建物、はしけ等から成り、抵当権の設定が認められる財団で、工場抵当法の規定が準用されることにより不動産とみなされる。

第一章　（第1号の1文書）　不動産等の譲渡に関する契約書　　53

　ヘ　道路交通事業財団

　　　道路交通事業抵当法（昭和27年法律第204号）の規定により、自動車、土地、機械等をもって構成され、抵当権の設定が認められる財団で、一個独立の不動産とみなされる。

　ト　観光施設財団

　　　観光施設財団抵当法（昭和43年法律第91号）の規定により、動物、植物、展示物等から成り、抵当権の設定が認められる財団で、工場抵当法の規定が準用されることにより不動産とみなされる。

(2)　法律の規定により不動産とみなされるものではないが、印紙税法上不動産に含めるとされているものは次のとおりである。

　イ　鉄道財団

　　　鉄道抵当法（明治38年法律第53号）の規定により、抵当権の設定が認められる財団で、地方鉄道の全部又は一部について、鉄道線路、車両、変電所、地役権等をもって構成され、一個の物として取り扱われるものをいう。

　ロ　軌道財団

　　　軌道ノ抵当ニ関スル法律（明治42年法律第28号）の規定により、抵当権の設定が認められる財団で、軌道線路、車両等をもって組成され、鉄道抵当法の規定が準用され、一個の物として取り扱われるものをいう。

　ハ　自動車交通事業財団

　　　自動車交通事業法（昭和6年法律第52号）の規定により、抵当権の設定が認められる財団で、自動車運輸事業又は自動車事業経営のための物的設備及び権利をもってその構成内容とするものをいう。

　　　なお、自動車交通事業法は、その後、道路運送法（昭和26年法律第183号）によって廃止されたが、従前に存在した自動車交通事業財団については、なおその存続が認められているものである。

## 2 鉱業権の譲渡に関する契約書

鉱業権の譲渡に関する契約（予約を含む。）の成立、更改、内容の変更又は補充の事実を証すべき文書は、印紙税法別表第一、課税物件表の第1号（P1108参照）に掲げる印紙税の課税物件である。

「鉱業権」とは、一定区域の土地で一定の鉱物を採掘し、その所有権を取得する権利（鉱業法《昭和25年法律第289号》第5条）で試掘権と採掘権の二種がある。鉱業権は経済産業局長の許可を受け鉱業原簿に登録されたものをいうのであるが、日韓大陸棚の石油資源等を採掘するための特定鉱業権は、印紙税法の適用上、この鉱業権に含めることとされている（日本国と大韓民国との間の両国に隣接する大陸棚の南部の共同開発に関する協定の実施に伴う石油及び可燃性天然ガス資源の開発に関する特別措置法施行令《昭和53年政令第248号》第7条＝P1189参照）。

## 3 無体財産権の譲渡に関する契約書

無体財産権の譲渡に関する契約（予約を含む。）の成立、更改、内容の変更又は補充の事実を証すべき文書は、印紙税法別表第一、課税物件表の第1号（P1108参照）に掲げる印紙税の課税物件に該当する。

一般に「無体財産権」とは、特許権、実用新案権、商標権、意匠権及び著作権などのように知能的創作物を独占的に利用することを内容とし、財産的な価値を有するが有体物を支配する権利ではない。登録することにより、排他的支配権が成立し、物権に準じた取扱いを受けるものであるとされている。

本号における「無体財産権」とは、前記「課税物件表」の定義欄に掲げられる特許権、実用新案権、商標権、意匠権、回路配置利用権、育成者権、商号及び著作権の8種だけをいう。

なお、本号に該当する文書として課税対象となるものは、これら8種の無体財産権そのものの譲渡に関する契約書に限られ、これら無体財産権の実施権又は使用権の譲渡に関する契約書は課税文書に該当しないから注意を要する。

以下、8種の無体財産権について説明すると次のようになる。

第一章 （第1号の1文書） 不動産等の譲渡に関する契約書　　55

## (1) 特　許　権

　特許法（昭和34年法律第121号）により、新規の工業的技術的発明につき特許庁に最先に出願し、これを登録した者に与えられる（特許法第66条）権利である。したがって、同法第66条《特許権の設定の登録》の規定により登録されたものが特許権ということになり、未登録のものやノウハウのようなものは、特許権には該当しない。

　なお、特許権者は、自由にその特許権を譲渡できるが、登録が効力要件となっているので、特許原簿に登録しなければ、その効力を生じない（特許法第27条、第98条第1項）。

## (2) 実用新案権

　実用新案法（昭和34年法律第123号）により、物品の形状、構造、組合せに関し産業上利用できる考案を独占的に利用する権利で、新規の考案を登録することによって発生する。したがって、同法第14条《実用新案権の設定の登録》の規定により登録されたものが実用新案権ということになり、未登録のものや外国法に基づくものは含まれない。

　実用新案権については、特許法の多くの規定を準用しており、実用新案権も譲渡は自由であるが、特許権と同様に登録が効力要件となっている（実用新案法第26条、第49条）。

## (3) 商　標　権

　商標法（昭和34年法律第127号）の規定により、商標を独占的排他的に使用する権利で、設定の登録をすることにより発生する。したがって、同法第18条《商標権の設定の登録》の規定により登録されたものが商標権ということになり、未登録のものや外国法に基づくものは含まれない。

　「商標」とは、その商品について使用する文字・図形・記号又はこれらの結合若しくはこれらと色彩との結合であって、業として商品を生産し、加工し、証明し又は譲渡する者がその商品について使用する標章である。商標権についての譲渡等の法律関係は、商標法が特許法の規定を多く準用し、特許権と同様、登録が効力要件となっている（商標法第35条、第71条）。

56　　　　　　　第2部　各課税物件

(4)　意　匠　権

　　意匠法（昭和34年法律第125号）により工業上利用することのできる新規の
意匠を排他的独占的に利用する権利で、設定登録により発生する。したがっ
て、同法第20条《意匠権の設定の登録》の規定により登録されたものが意匠権
ということになり、未登録のものや外国法に基づくものは含まれない。

　　「意匠」とは、物品の形状、模様、色彩又はこれらの結合であって、視覚
を通じて美感を起こさせるものをいい（意匠法第2条第1項）、意匠権者は業
として登録意匠及びこれに類似する意匠に係る物品を製造し、使用し、譲渡
し、貸渡し、譲渡若しくは貸渡しのために展示し又は輸入する行為をする権
利を専有する。

　　なお、意匠権の譲渡等の法律関係については、特許権と同様である（意匠
法第36条）。

(5)　回路配置利用権

　　半導体集積回路の回路配置に関する法律（昭和60年法律第43号）により、半
導体集積回路の回路配置を独占的排他的に利用する権利で、設定の登録をす
ることにより発生する。したがって、同法第3条《回路配置利用権の設定の登
録》の規定により登録されたものが回路配置利用権ということになり、未登
録のものや外国法に基づくものは含まれない。

　　「回路配置」とは、半導体集積回路における回路素子及びこれらを接続す
る導線の配置をいい（同法第2条第2項）、回路配置利用権者は、業として登
録回路配置を用いて半導体集積回路を製造し、譲渡し、貸渡し、譲渡若しく
は貸渡しのために展示し又は輸入する行為をする権利を専有する。

　　回路配置利用権の譲渡等の法律関係については、特許権と同様である（同
法第21条）。

(6)　育　成　者　権

　　種苗法（平成10年法律第83号）により、種苗法上の品種登録を受けている登
録品種及びその登録品種と特性により明確に区分されない品種を業として排
他的に利用する権利で、品種登録により発生する。したがって同法第19条

第一章　（第1号の1文書）　不動産等の譲渡に関する契約書　　57

《育成者権の発生及び存続期間》の規定により品種登録されたものが育成者権ということになり、未登録のものは含まれない。

「品種」とは、重要な形質に係る特性の全部又は一部によって他の植物体の集合と区分することができ、かつ、その特性の全部又は一部を保持しつつ繁殖させることができる一の植物体の集合をいう（種苗法第2条第2項）。

なお、育成者権は、専用利用権（種苗法第25条）の設定及び通常利用権（同第26条）を許諾することができるが、これらの設定又は譲渡に関する契約書は第1号に掲げる文書には該当しない。

⑺　**商　　　号**

イ　意義

「商号」とは、商法（明治32年法律第48号）第11条《商号の選定》及び会社法（平成17年法律第86号）第6条《商号》に規定する商号で、商人が営業に関して自己を表示するために用いる名称である。名称であるから記号、図形、符号などは商号とはならず、しかもその名称は営業上のものであるから一般生活上の人を表す氏名、営業外の特定生活において用いる雅号、芸名、俳名なども商号ではない。また、商号は、自己つまり人を表示するために用いるものであるから、商品を標示するために用いる商標や、営業の同一性を標示するための営業標とも異なる。

商号は、社会的、経済的機能から見ると、営業の名称として機能し、信用を獲得する標的たるものであるが、法律上は個人の名称であって営業の名称ではない。営業自体は独立の権利主体ではないからである。

ロ　会社の商号

会社は、その名称を商号とし、その種類に従い、株式会社、合名会社、合資会社、合同会社の文字を用いることを要し（会社法第6条）、その他特別法上の法人についても制限を設けている（例、銀行法第6条、信託業法第14条、保険業法第7条等）。

ハ　商号の数及びその保護

商人が、一定の営業について用いる名称は、一つの営業につき一個であ

る。ただし、自然人たる商人の場合、数個の営業を営むときは各営業につき各別の商号を有することができる。なお、商号は、これを使用する者及び取引の相手方に対して重大な関係を有するから、その公示のため商号の登記の制度を設けている。しかし、商号の登記は、第三者への対抗要件にすぎないので、登記のない商号も商号に含まれる。

ニ　商号専用権

何人も不正の目的をもって他人の営業と誤認させるような商号を使用することができず、正当に（適法に）商号を使用する商人は、他人の不正目的によるその使用を差止め、かつ損害賠償を求め得る権利を有し、これを商号専用権という。この権利は、登記した商号のみに限らず未登記の商号についても認められる（前者の方が強い保護を受ける。）（商法第12条、会社法8条、不正競争防止法第3条、第4条）。

ホ　商号の譲渡

商号は、これを他人に譲渡することができる。しかし、商号は、営業の名称であり、実体たる営業を離れてその譲渡を認めることは大衆を誤認させる危険性があるため、営業とともにする場合又は営業を廃止する場合に限ってその譲渡が認められる（商法第15条第1項）。

商号の譲渡は、当事者間では意思表示の合致、つまり契約によってその効力を生ずるが、登記商号については、譲渡の登記をしなければ第三者に対抗することができない（商法第15条第2項）。なお、自然人たる商人は「会社」の商号を使用することができない（会社法第7条）。また、会社は、その商号中にそれぞれの種類に応じた会社の文字を使用することを要する（会社法第6条）。したがって、自然人たる商人は、会社の商号をそのまま譲り受けて使用することができない。

(8)　**著　作　権**

文芸、学術、美術、音楽、コンピュータプログラムにつき創作したものを独占的に利用する権利である。著作物の複製、発刊、翻訳、興行、上映、放送などを排他的に独占する無体財産権であり、著作権法（昭和45年法律第48

第一章　（第1号の1文書）　不動産等の譲渡に関する契約書　　59

号）によって保護される。譲渡、相続、質入等をすることができ、第三者に
対する対抗要件としては登録が必要である（著作権法第77条）が、登録のない
著作権も著作権に含まれる。

　なお、著作権の一権能とされる出版権（著作権法第3章）は、無体財産権の
使用権に含むものとしているから、出版権の譲渡に関する契約書は課税文書
に該当しない。

## 4　船舶の譲渡に関する契約書

　船舶の譲渡に関する契約（予約を含む。）の成立、更改、内容の変更又は補充
の事実を証すべき文書は、印紙税法別表第一、課税物件表の第1号（P1108参
照）に掲げる印紙税の課税物件に該当する。

　船舶について、商法には商行為をなす目的をもって航海の用に供するもの
（商法第684条第1項）、海上衝突予防法（昭和52年法律第62号）には水上輸送の用
に供する船舟類（同法第3条第1項）を船舶とする等の規定があるが、一般に船
舶が何であるかに関しては、社会通念により決めるべきであり、強いていうな
ら、人又は物を輸送し水上を航行する能力のある工作物である。

　船舶は、本来動産であるが（民法第86条第2項）、その形状、価格や容積が大
きいことなど不動産に類似する性質を持っている総トン数20トン以上の船舶
は、登記（登録）を要し（商法第686条）、所有権の移転（商法第687条）、船舶抵当
権（商法第848条）、賃貸借（商法第703条）、強制執行及び競売（民事執行法第112
条）について不動産と同じ取扱いを受けている。

　印紙税法における本号の「船舶」は、船舶法（明治32年法律第46号）第5条に
規定する船舶原簿に登録を要する総トン数20トン以上の船舶及びこれに類ずる
外国籍の船舶をいい、登録の有無は問わないこととされている。

　したがって、総トン数20トン未満の船舶は当然動産であって、これの譲渡に
関する契約書は課税文書に該当しない。

## 5 航空機の譲渡に関する契約書

航空機の譲渡に関する契約（予約を含む。）の成立、更改、内容の変更又は補充の事実を証すべき文書は、印紙税法別表第一、課税物件表の第1号（P1108参照）に掲げる印紙税の課税物件に該当する。

「航空機」とは、航空法（昭和27年法律第231号）第2条の定義によると「人が乗って航空の用に供することができる飛行機、回転翼航空機、滑空機及び飛行船その他政令で定める航空の用に供することができる機器をいう。」と規定されている。

航空機は、航空機登録原簿への登録を要し、航空機のうち登録を受けた飛行機及び回転翼航空機の所有権の得喪及び変更は、登録を受けなければ第三者に対抗することができない（航空法第3条、第3条の3）。なお、航空機抵当法（昭和28年法律第66号）により抵当権の目的とすることができる。

航空機は、動産としては特殊な地位にあり、その法律関係は、船舶に類するものと考えられる。

印紙税法における「航空機」も、上記の航空法に規定している航空機と同一であり、航空法第3条《登録》の規定による登録の有無は問わないこととされている。


## 6 営業の譲渡に関する契約書

営業の譲渡に関する契約（予約を含む。）の成立、更改、内容の変更又は補充の事実を証すべき文書は、印紙税法別表第一、課税物件表の第1号（P1108参照）に掲げる印紙税の課税物件に該当する。

(1) 一般的に、「営業」という言葉は、二つの意義を有している。その一は主観的意義であり、その二は客観的意義である。

主観的意義における「営業」とは、利益を得る目的をもって同種の行為を反復的継続的に行うこと、すなわち商人の営業的活動を意味する。例えば「営業を為す」、という場合の営業がこれに当たる。

客観的意義における「営業」とは、営業の目的を実現するために統一的に

第一章　（第1号の1文書）　不動産等の譲渡に関する契約書　　61

結合した組織的財産の全体を意味し、譲渡の対象となる特定の営業目的に供される動産、不動産、債権、債務等を包括した有機的な財産組織体であって、単なる多数の物又は権利の集合物とは異なり、それ以上の価値を持った一定の社会的活力を有する有機的結合物である。例えば「営業の譲渡」という場合の営業がこれに当たる。

　印紙税法における「営業」についても、上記の二つの意義に用いられているものであるが、本号の「営業の譲渡に関する契約書」という場合の営業は、客観的意義の営業を指すものである。

　これに対し、印紙税法別表第一、課税物件表の第17号に掲げる文書において、この号の非課税物件欄に「営業に関しない」という場合の営業は主観的意義の営業を指すものである。

(2)　「営業の譲渡」とは、営業者たる地位を当事者の意思表示によって移転することであり、譲渡人が自己に代わって営業の譲受人を営業者たる地位に就かせる目的（経営者たる地位の承継）で、客観的意義における営業を一括して譲渡することを約する独自な債権契約である。

　通常、営業の譲渡契約の内容とされる主要な事項としては、資産及び負債の引渡しに関する事項、営業所及び商号の引渡しに関する事項、使用人の引継ぎに関する事項等がある。

　次に、営業の譲渡の効果としては、この営業の譲渡は自然人における相続又は会社における合併のように、法律上認められた包括承継ではなく、また財産の種類も物権のみではないから、契約の履行に当たっては、各種の財産の種類に応じ各別に移転行為を完成し、かつ、その移転をもって第三者に対抗するに必要な手続をしなければならない。

　なお、営業の譲渡は、譲受人がそのまま譲渡人の営業者たる地位を引き継ぐことを目的とするため、譲渡人が同じ営業を再開して譲渡の実効を失わせてはならない趣旨から、法律は譲渡人に競業避止義務を負わせている（商法第16条、会社法第21条）。

## 7 非課税物件

印紙税法別表第一、課税物件表の第1号に掲げる物件に関する非課税物件の欄に、「契約金額の記載のある契約書（通則3のイの規定が適用されることによりこの号に掲げる文書となる契約書を除く。）のうち、当該契約金額が1万円未満のもの」を規定している。

上記により、課税物件表の第1号に該当する文書のうち、記載金額が9,999円以下のものは原則的に非課税となる。しかし、上記かっこ書に示すとおり、通則3のイの規定が適用されて本号の文書として所属が決定された文書、例えば不動産9,000円の売買契約と債権10,000円の売買契約が併記されている契約書（課税物件表の第1号と第15号とに当たり通則3のイの規定が適用され、第1号に該当する課税文書となる。）などは、第1号に係る記載金額が9,999円以下であっても、非課税とはならない。

このことは、次章から第四章までに掲げる各契約書においても同様である。


## 8 軽減税率の特例

「不動産の譲渡に関する契約書」のうち、平成32年3月31日までに作成されるものについては、契約書の作成年月日及び記載された契約金額に応じ、印紙税額が軽減されている（印紙税法別表第一、課税物件表の第1号＝P1108参照）。

第一章 （第1号の1文書） 不動産等の譲渡に関する契約書　　63

**第1例**　**土地・建物売買契約書**

# 土 地 ・ 建 物 売 買 契 約 書

　　後記物件所有者　　　　　　　を甲として、買受人　　　　　　　を乙として甲乙間に
おいて次のとおり契約する。

第1条　甲は後記物件を乙に対して売渡し、乙はこれを買受けるものとする。

第2条　後記物件の売買代金は宅地1平方メートル当り100,000円也、計金25,000,000
　　　　円也、建物金13,000,000円也、総合計38,000,000円也とする。

第3条　乙は本日1,000,000円也を本契約の手付金として甲に支払い甲は正にこれを
　　　　受領した。

第12条　後記物件の所有権移転の時期は第4条の売買代金の支払いが完了されたとき
　　　　とする。

　　（売買物件の表示）
　　　　　　　　市　　　　　町　　　丁目　　　番　　　号
　　　　　　　1.宅　地　　　　250平方メートル
　　　　同所所在
　　　　　　　1.家屋番号
　　　　　　　木　造　瓦葺　2階建　　居宅
　　　　　　　床面積　　平方メートル　　2階　　平方メートル

　　以上双方合意の上本契約書3通を作成し各自署名捺印の上甲、乙、立会人各1通
所持するものなり。

　　　　　　　年　　　月　　　日
　　　　　　　売主（甲）　　　　　　　　　　　　　　㊞
　　　　　　　買主（乙）　　　　　　　　　　　　　　㊞
　　　　　　　立　会　人　　　　　　　　　　　　　　㊞

**印紙税法の適用関係**

　　　　印紙税法別表第一、課税物件表の第1号の1文書である「不動産の譲渡に関す
　　る契約書」である。

**説明**　　この文書は、不動産である土地・建物の売買第1号の1文書のほか、売買の手
　　　　付金の受領を証明する第17号の1文書「売上代金の受領に関する受取書」にも該
　　　　当するが、通則3のイの規定により、第1号の1文書に該当する。

　　　　　納税義務者は、売買契約の当事者である甲及び乙であるが、立会人が所持する
　　　　文書も課税対象となる。

　　　　　なお、記載金額は3,800万円となる。

64　　　　　　　　第2部　各課税物件

**第2例**　　不動産売買契約書

## 不動産売買契約書

　売主○○○と買主□□□との間に末尾記載の物件につき、下記条項により売買契約を締結する。

第1条（売買価格）

　　末尾記載の物件の売買価格総額を金　実測面積 × 坪100,000円也とする。

第2条（手附金）

　　買主は手附金として金　5,000,000円也を　　　年　月末日までに交付する。

　　この手附金は、売買代金の一部として残金授受の時にこれを充当する。

第3条（残金）

　　買主は残金として　　　年　月末日までに売主に支払う。

第4条（引渡し）

　　売主は、買主が前条の残金を支払うと同時に、買主に対し本物件の引渡しと所有権移転登記申請手続を行うものとする。

（　中　略　）

（特記事項）

　　本契約は実測取引とし、実測面積確定後、本契約を書き換えるものとする。

　　　　　年　月　日

　　　　　　　　　　　　　　　　（売　主）　　　　○○○　　　㊞
　　　　　　　　　　　　　　　　（買　主）　　　　□□□　　　㊞
　　　　　　　　　　　　　　　　（仲介人）　　　　△△△　　　㊞

| 物 件 の 表 示 | | | |
|---|---|---|---|
| 所在地 | 市　区　丁目　番　号 | | （区画番号） |
| 地　目 | 宅地 | | |
| 地　積 | 2,000平方米（約606坪） | （登記簿） | 実測） |
| その他 | | | |

**印紙税法の適用関係**

　　　　印紙税法別表第一、課税物件表の第1号の1文書「不動産の譲渡に関する契約書」である。

**説明**　　この文書における不動産の売買価格は、「実測面積 × 坪100,000円」とされており、末尾の物件表示欄に登記簿上の地積が表示されているものの、実測面積はこの契約書作成後に測量して確定させるものであることが文書上明らかであり、

第一章　（第1号の1文書）　不動産等の譲渡に関する契約書　　65

かつ、末尾の物件表示欄（登記簿上の地積）は物件を特定させるために表示したものと認められることから、登記簿上の地積を用いて契約金額を計算することはできない。

　したがって、この文書は、記載金額のない第1号の1文書に該当する。

　なお、納税義務者は、売買契約の当事者である売主と買主であるが、仲介人が所持する文書も課税対象となる。

## 第2部 各課税物件

### 第3例　実測精算書

# 実測精算書

　　株式会社（以下「売主」という。）と、株式会社　　　　工務店（以下「買主」という。）とは、売主・買主間で　　　年　　月　　日付にて締結した不動産売買契約（以下「原契約」という。）に関し売主・買主は下記の通り確認したのでこれを証する為に、本精算書2通を作成し、当事者記名捺印の上、各自1通を保有する。

記

1. 売主・買主は、原契約による売買物件について後記の通りであることを互いに認諾し、買主は売主に原契約3条に基づき、原契約頭書3記載の売買代金を、金2,991,004,800円也に変更する。

　　　算出根拠『実測7,012.49㎡÷3.30578㎡＝2,121.28
　　　　（2,121.28坪）×1,410,000円＝2,991,004,800円』

2. 前条以外の条項については、全て原契約を遵守する。

以　上

### 印紙税法の適用関係

　　印紙税法別表第一、課税物件表の第1号の1文書「不動産の譲渡に関する契約書」である。

**説明**　この文書は、既に締結された不動産売買契約の契約金額を変更するものであることから、第1号の1文書に該当する。

　　なお、記載金額は2,991,004,800円となる。

第一章 （第1号の1文書） 不動産等の譲渡に関する契約書　　67

**第4例**　不動産購入申込書

## 不 動 産 購 入 申 込 書

　私は貴社より、下記表示物件を貴社の下記「不動産購入申込承諾条件」を了承して
買い受けたいので、申込証拠金￥　　　　を添えて申し込みます。

　　物件の表示

　　　　　　年　　月　　日
　　　　株式会社
　　　代表取締役　　　　　　　　殿
　　　　　　　　　申込者　　住　所
　　　　　　　　　　　　　　氏　名　　　　　　　　㊞

| 扱 店 | 扱 者 | 担当者 | 店 長 | 契約締結 | 取　　消 |
|---|---|---|---|---|---|
|  |  |  |  | 年　月　日 | 年　月　日 |

不動産購入申込承諾条件

　　株式会社（以下「会社」という。）は、下記条件で不動産購入申込を承諾する
ものとします。
第1条　申込証拠金
　　　　不動産申込者（以下「申込者」という。）は、申込みと同時に申込証拠金と
　　　して、土地付建物1棟につき￥　　　　を会社あて預託するものとし、会社
　　　は不動産購入申込書と申込証拠金を受領したとき、申込みを承諾します。
　(2)　申込者が申込物件について、会社と売買契約を締結したときは申込証拠金を
　　　手付金の一部に充当します。
第2条　売買契約締結期限
　　　　申込者は、申込日から起算して7日以内に、別途不動産売買契約書の約定に
　　　基づき会社と売買契約を締結するものとします。
第3条　承諾の取消
　　　　申込者が第2条の期限までに前条の売買契約を締結しないときは、会社は第
　　　1条第1項の承諾を取り消すことができ、申込者に申込証拠金を全額返還しま
　　　す。ただし、利息はこれを付さないものとします。
　　　　　　　　　　　　　　　　　　　　　　　　　　　　　以　上
　　　　　　　株式会社
　　　　　　代表取締役
　　　　宅地建物取引主任者　登録番号
　　　　　　　　　　氏　名　　　　　　　　㊞

（注）　この文書は、建売住宅の売買に際し、購入申込者が2部複写の方法により所要
事項を記載して販売会社へ提出し、うち1部は販売会社の宅地建物取引主任者が
氏名（押印を含む。）を記載して購入者に返却するものである。

### 印紙税法の適用関係

印紙税法別表第一、課税物件表の第1号の1文書「不動産の譲渡に関する契約
書」である。

**説明**　この文書は、申込者から提出されたものの1部に承諾事実の証としての氏名等
を記載して返却しているところから、契約書に該当する。

したがって、この文書は、申込証拠金が契約金額でないことから、記載金のな
い第1号の1文書に該当する。

第一章 （第1号の1文書） 不動産等の譲渡に関する契約書　　　69

**第5例　売渡証書**

売　渡　証　書

一　金　　参千萬円也

　　私所有に係る末尾記載の不動産を上記金額にて貴殿に売渡し、代金正に領収致
しました。

　　本物件につき抵当権、質権、地上権、地役権、賃借権等所有権の行使を阻害す
べき権利の設定及び義務の負担なきは勿論租税公課の滞納等は全く無く、万一是
等の瑕疵及び負担有る場合は、直ちに私において処理し、貴殿に対し、些かも御
迷惑おかけいたしません。後日の為、売渡証書を差入れます。

　　　　年　　月　　日
　　　　　　住　所
　　　　　　氏　名　　　　　　　　　　　　　　　　　　㊞
　　　　　殿

売渡物件の表示　　　（省略）

**印紙税法の適用関係**

　　　印紙税法別表第一、課税物件表の第1号の1文書「不動産の譲渡に関する契約
書」である。

**説明**　　この文書は、不動産の売渡しの事実である第1号の1文書と、その代金の受取
りを証明した第17号の1文書「売上代金の受領に関する受取書」（営業に関する
ものに限る。）に該当するが、通則3のイの規定により、第1号の1文書に該当
する。

　　　なお、記載金額は3,000万円となる。

　　　また、別に売買契約書を作成している場合であっても、この文書は不動産の譲
渡に関する契約書として課税される。

70 第2部 各課税物件

## 第6例　土地予約申込書・受付票

| No. | No. |
|---|---|
| **土地予約申込書** | **受　付　票** |
| 不動産株式会社　御中 | 殿 |

| | |
|---|---|
| 分譲地　　丁目　　番地　165㎡（50坪）<br>価額　　33,000,000円也　　@200,000円 | 分譲地　　丁目　　番地　165㎡（50坪）<br>価額　　33,000,000円也　　@200,000円 |
| 上記土地買受予約金50,000円也を添えて下記により申し込みます。<br>本日より10日以内に手付金2,000,000円（予約金を含む）を支払い本契約を締結いたします。<br>万一期日までに払込みをしない場合は申込みを取消し、予約金は放棄します。 | 上記土地買受予約金50,000円也を受領し、下記のとおりお申込みを確かにお受けしました。<br>(1)　本日より10日以内に手付金2,000,000円（予約金50,000円を含む）をお払込み頂き本契約を締結いたします。<br>(2)　若し期日迄にお払込みのない場合には申込みを取消し、予約金はご返却いたしませんからご承知願います。<br>(3)　本契約の当日別途発行した領収書と本票を必ずご持参下さい。 |
| 　　　年　　月　　日<br>住　所<br>申込者氏名　　　　　　　　　　　㊞<br>連絡先　TEL（　　）　　　　番 | 　　　年　　月　　日<br>不動産株式会社　㊞ |
| （備　考） | （備　考） |
| 本契約締結日　　　年　月　　日午前<br>　　　　　　　　　　　　　　　午後　　時頃<br>本契約場所　不動産㈱本社　　　　営業所 | 本契約締結日　　　年　月　　日午前<br>　　　　　　　　　　　　　　　午後　　時頃<br>本契約場所　不動産㈱本社　　　　営業所 |
| (1)残金の支払方法<br>　(イ)自己資金<br>　(ロ)銀行ローン | (1)残金の支払方法<br>　(イ)自己資金<br>　(ロ)銀行ローン |
| (2)其の他<br>担当者　　(イ)契約印紙代　　　　　　　円<br>　　　　(ロ)銀行ローン事務手数料　　円 | (2)其の他<br>　　　(イ)契約印紙代　　　　　　　円　担当者<br>　　　(ロ)銀行ローン事務手数料　　円 |

### 印紙税法の適用関係

　　印紙税法別表第一、課税物件表の第1号の1文書「不動産の譲渡に関する契約書」である。

**説明**　1　土地予約申込書は、土地買受の申込みについての文書であるから、契約書には該当しない。

　　　　2　受付票は、土地買受の予約を受け付けた事実である第1号の1文書と買受予約金の受領事実である第17号の1文書を併せて証明するものであるが、通則3のイの規定により、第1号の1文書に該当する。

　　　　　なお、記載金額は3,300万円となり、買受予約金及び手付金は、記載金額に該当しない。

第一章 （第1号の1文書） 不動産等の譲渡に関する契約書 　71

**第7例** **土地の再売買予約契約書**

## 再売買予約契約書

　　　用地の再売買予約に関して、　　　　　（以下「甲」という。）と
（以下「乙」という。）との間に、次の通り契約を締結する。

第1条 甲及び乙は、　　　年　月　日に甲乙間に締結した　　用地の売買
　　　に関する契約（以下「売買契約」という。）により甲から乙に売渡した末
　　　尾記載物件（以下「分譲地」という。）の再売買について予約する。

第2条 甲は、前条の再売買予約に基づき、速やかに所有権移転請求権保全仮登記
　　　（以下「仮登記」という。）を行うものとする。

第3条 再売買代金は、次条第1項により甲が再売買完結の意思表示をした日まで
　　　に乙が売買契約に基づき甲に支払った売買代金の額と同額とし、甲は分譲
　　　地を第三者に売却した後、これを乙に支払うものとする。

第4条 甲は、乙が　　　年　月　日までの間に次に該当したときは、再売
　　　買完結の意思表示をすることができる。

　　　　　分譲地について競売の申立てがあったとき。

　2　前項により甲が再売買完結の意思表示をしたときは，甲乙間に再売買契約
　　　が成立し，分譲地の所有権は甲に移転する。

第5条 乙は甲が前条第1項により再売買完結の意思表示をしたときは、次の各号
　　　により、分譲地を甲に引渡すものとする。

　　　⑴　分譲地に施設物があるときは、甲の指定する期限までに、これを撤
　　　　　去する。

　　　⑵　分譲地について、乙が第三者に対して権利を設定している場合は、
　　　　　これを遅滞なく消滅させる。

第6条 乙は、甲が仮登記及びその仮登記に基づく本登記を行う場合には、当該登
　　　記に必要な乙及び登記上利害関係を有する第三者の承諾書等を甲に提出し
　　　なければならない。

　2　仮登記及び本登記に要する登録免許税その他の費用は、乙の負担とする。

　この契約を証するため、本書2通を作成しそれぞれ記名押印のうえ、各自1通を
保有する。

　　　　　年　　月　　日

　　　　　　　　甲　　　　　　　　　　　　　　　　　　　㊞

　　　　　　　　乙　　　　　　　　　　　　　　　　　　　㊞

　　　分譲地の表示　　　（省略）

## 72　第2部　各課税物件

**印紙税法の適用関係**

　　印紙税法別表第一、課税物件表の第1号の1文書「不動産の譲渡に関する契約書」である。

**説明**　　この文書は、不動産の売買の予約契約書であるが、通則5の規定により予約契約も契約に含まれることから、第1号の1文書に該当する。

第一章　（第1号の1文書）　不動産等の譲渡に関する契約書　　73

**第8例**　**不動産譲渡担保契約書**

> # 不 動 産 譲 渡 担 保 契 約 書
>
> 甲　　　　　㊞<br>乙　　　　　㊞
>
> 1. 甲は、乙に対し現在負担し又は将来負担することあるべき一切の債務につき、債権元本金3,000万円を極度額として担保するため、甲所有の末尾記載の不動産（以下、「目的物件」という。）を乙に譲渡する。
> 2. 甲は、前条に基づき、目的物件の所有権移転登記に必要な一切の書類をこの契約締結と同時に乙に交付する。
> 3. 乙は、甲が目的物件を無償使用することを許諾する。
>
> （以下省略）

**印紙税法の適用関係**

　　　印紙税法別表第一、課税物件表の第1号の1文書「不動産の譲渡に関する契約書」である。

**説明**　　この文書は、債権者に対する債務を担保するために、債務者が特定の物件を債権者に無償で譲渡する、いわゆる譲渡担保の契約を定めたものであるが、譲渡する物件が不動産であることから、第1号の1文書に該当する。

　　なお、記載金額は、弁済により消滅することとなる3,000万円となる。

74　　　　　　　　　第２部　各課税物件

**第９例**　借地権付建物譲渡契約書

借地権付建物譲渡契約書

　売主　　　　（以下「甲」という。）と買主　　　　（以下「乙」という。）は、本日次のとおり借地権付建物譲渡契約を締結する。

（売買の合意）

第１条　甲は乙に対し、後記物件目録の土地（以下「本件土地」という。）の借地権及び本件土地上の建物を譲渡し、乙はこれを譲り受ける。

（対価の支払い）

第２条　本件土地の借地権譲渡代金は金900万円とし、本件土地上の建物の譲渡代金は金600万円（消費税等の額を除く。）とし、乙は甲に対しこれを次のとおり支払う。

①　本日手付金として金500万円

②　第３条の土地及び建物引渡しと引き換えに残金１千万円及び消費税等の額

（借地及び建物引渡し）

第３条　甲は乙に対し本件土地及び建物を　　年　月末日までに引き渡す。

（登記手続）

第４条　本件土地の借地権及び本件土地上の建物の登記申請手続きは、前条の引き渡し後、甲・乙協力して速やかに行う。なお、登記に要する一切の費用は乙の負担とする。

（特約条項）

第５条　契約締結時に本件土地所有者丙が甲に交付した本件土地の借地権譲渡承諾書の写し一部をこの契約書に添付する。

　　本件土地の借地権及び本件土地上の建物の譲渡に関して締結した本契約を証するため、本証書２通を作成し、甲乙それぞれ署名押印の上、各自１通を所持する。

　　年　月　日

　　　　　　　　　　　　甲　　　　　　　　　　　　　　　　　㊞
　　　　　　　　　　　　乙　　　　　　　　　　　　　　　　　㊞
　　　　　　　　　　　記

１　土地の表示（省略）

２　建物の表示（省略）

第一章　（第1号の1文書）　不動産等の譲渡に関する契約書　　75

**印紙税法の適用関係**

　　　印紙税法別表第一、課税物件表の第1号文書である。

**説明**　　借地権の譲渡は第1号の2文書「土地の賃貸借に関する契約書」、建物の譲渡
　　　は第1号の1文書「不動産の譲渡に関する契約書」に該当し、通則4のイの規定
　　　により、記載金額1,500万円の第1号文書に該当する。

76　　　　　　　　第2部　各課税物件

**第10例**　代物弁済契約書

---

### 代 物 弁 済 契 約 書

　債権者　　　　（以下「甲」という。）と債務者　　　　（以下「乙」という。）とは、本日、次のとおり代物弁済契約を締結した。

第1条　乙は、甲に対し、甲乙間の　　　　年　　月　　日付物品売買基本契約書に基づき　　　　年　　月から　　　　年　　月まで　　　　を買受けたことに基づく金　　　　円の買掛債務を負担しているところ、本日、乙は、甲に対し、その買掛債務の代物弁済として、乙所有の下記記載の自動車を譲渡して引渡すとともに、その登録名義の変更を完了した。

　　　　　　　　　　　　　　　　記
　　　　　　　　　　　自 動 車 の 表 示

　　登録番号
　　種　　別　　普　通
　　車　　名
　　型　　式
　　車体番号　　　　　－

　　　　　　　　　　　　　　年　　月　　日
　　　　住所　　県　　市　　町　丁目　番　号
　　　　甲　　　　　　　　　　　　　　　　㊞
　　　　住所　　県　　市　　町　丁目　番　号
　　　　乙　　　　　　　　　　　　　　　　㊞

---

**印紙税法の適用関係**

　　　印紙税法に定める課税物件ではない。

**説明**　　この文書は、当初の物品売買契約の支払方法を変更（又は補充）するものにすぎず、かつ、給付の目的物が自動車（物品）であることから、印紙税法に定めるいずれの課税物件にも該当しない。

　　　　なお、給付の目的物が不動産である場合には、第1号の1文書「不動産の譲渡に関する契約書」に該当する。

**参考**　　代物弁済契約書は、当初の債務の支払方法を変更又は補充するものであるから、当初の債務の種類に応じ、次のように取扱いが異なる。

　　1　物品の売買代金の場合……不課税文書

　　2　借入金の場合………………第1号の3文書（消費貸借に関する契約書）

　　3　請負代金の場合……………第2号文書（請負に関する契約書）

　　また、本来の給付に代えて給付する目的物（内容）に応じても取扱いが異なる。

第一章 （第1号の1文書） 不動産等の譲渡に関する契約書 　77

### 第11例 土地交換に関する覚書（買収地の代替地を給付する契約書）

#### 土地交換に関する覚書

　　　　　　年　　月　　日　　　　　　　を甲とし、　　　　　　　　を乙として締結した土地売買契約書第2条ただし書における売買代金の支払い等については、末尾記載の土地を交付することとするほか下記によるものとする。

記

1. 甲が乙に売り渡す土地（以下「A土地」という。）の価額金　　　　　円と、乙が甲に交付する土地（以下「B土地」という。）の価額金　　　　　円との差額、金　　　　　　円についての決済は次により行う。
　イ　甲が乙に対して差額金を支払うべきときは、乙から請求書が提出されしだい遅滞なく支払うものとする。
　ロ　乙が甲に対して差額金を支払うべきときは、差額金のうち、金　　　　　円を所有権移転登記に必要な書類の交付を受けたのち、甲の提出する請求書に基づき遅滞なく支払うものとする。
　ハ　乙は前項の差額金のうち、残金　　　　　円を次項により甲がA土地の引渡しを終え、かつ、この土地の所有権移転登記が完了したのち、甲の提出する請求書に基づき遅滞なく支払うものとする。

（以下省略）

#### 土 地 売 買 契 約 書

　　　　　　を甲とし、　　　　　　　　を乙として、甲乙両当事者は、次のとおり売買契約を締結する。
第1条　甲は、甲の所有に係る末尾記載の土地（以下「A土地」という。）を乙に売り渡し、乙は、これを買い受けるものとする。
第2条　A土地の売買代金は金　　　　　　円とする。ただし、売買代金の支払等については、別に定めるところによる。
第3条　甲は、A土地を　　　年　　月　　日までに乙に引渡すものとする。

（以下省略）

## 第2部 各課税物件

### 印紙税法の適用関係

印紙税法別表第一、課税物件表の第1号の1文書「不動産の譲渡に関する契約書」である。

**説明** この文書は、既に契約したA土地の売買代金について、B土地による代物弁済及び差額金の支払を約した契約書であり、B土地の譲渡に関する契約書と認められることから、第1号の1文書に該当する。

なお、A土地の価額については、乙が本来負担していた債務額、すなわち、原契約により譲渡の目的となったA土地の契約金額を単に確認したものであるから、この文書の記載金額には該当しないが、乙が代物弁済により給付するB土地の価額は、譲渡する目的物の対価であるから、記載金額に該当する。

したがって、この文書の記載金額は、B土地の価額となる。

第一章　（第1号の1文書）　不動産等の譲渡に関する契約書　　79

### 第12例　抵当権設定契約書

捨印　捨印　捨印　　　　　　　　直貸（共通）

# 抵 当 権 設 定 契 約 書
## （　　　）

株式会社　　　　　　　　　　御中

（取扱店　　　　　　　　　　）

　　　　　　　　　　　　　　　　　　　　年　　　月　　　日

債　務　者
兼抵当権設定者　　住　所

　　　　　　　　　氏　名　　　　　　　　　　　　　　⑪

抵当権設定者
兼連帯保証人　　　住　所

　　　　　　　　　氏　名　　　　　　　　　　　　　　⑪

抵当権設定者
兼連帯保証人　　　住　所

　　　　　　　　　氏　名　　　　　　　　　　　　　　⑪

　債務者、抵当権設定者および連帯保証人は、債務者が貴社から融資を受けるについて、￣￣￣￣年￣￣￣月￣￣￣日￣￣￣付で貴社との間に締結した金銭消費貸借契約（以下「原契約」という。）に付帯して下記条項を契約します。

第1条（抵当権の設定）

　　　抵当権設定者は、債務者が原契約に基づき貴社に対し負担すべき債務（以下「本債務」という。）を担保するため、その所有する末尾記載の物件（以下「担保物件」という。）の上につぎの要領により順位第　　　番の抵当権を設定しました。

　　1　債　権　額　金　　　　　　　　　円　也
　　2　利　　　息　月利　　　　％（年利　　　　　％）
　　3　遅延損害金　元利金の返済が遅れたときは、約定返済日の翌日から支払い
　　　　　　　　　　の日に至るまでの期間について支払うべき元金に対し年
　　　　　　　　　　18.25％の損害金を支払います。この場合の損害金は、1年
　　　　　　　　　　を365日とし、日割で計算します。

第2条（抵当権の効力）

　　　抵当権の効力は、登記簿その他公簿面の記載にかかわらず、現実の担保物件のすべてにおよぶものであり、現在の付加、従属物はもちろん、抵当権設定後、担保物件に付加、従属した物すべてにおよぶものとします。

80　　　　　　　　　第2部　各課税物件

第3条（担保物件）
1　抵当権設定者はあらかじめ貴社の承諾がなければ担保物件の現状を変更し、または第三者のために権利を設定し、もしくは譲渡しません。
2　債務者および抵当権設定者は、担保物件の価値が減少しないよう、その維持管理につとめるとともに、担保物件が原因の如何を問わず滅失毀損もしくは、その価値が低落したとき、またはそのおそれがあるときはただちにその旨を貴社に通知します。
3　債務者および抵当権設定者は、担保物件の滅失毀損もしくは価格低落により貴社において担保不充分と認められるときは、増担保もしくは代り担保を差入れまたは保証人をたてます。
4　担保物件について収用その他の原因により、受領すべき補償金、精算金などの債権が生じたときは、抵当権設定者は、その債権を貴社に譲渡しますから、貴社がこれらの金銭を受領したときは、債務の弁済期の如何にかかわらず適宜弁済に充当されても異議ありません。

第4条（火災保険）

（中　略）

第8条（停止条件付賃貸借契約）
抵当権設定者は、貴社との間に担保物件について、原契約から生ずる一切の債務についての債務者、抵当権設定者または連帯保証人の債務不履行を停止条件とする賃貸借契約を下記のとおり締結し、停止条件付賃借権設定の仮登記をします。
記
(1)　存続期間　発生の日より満3年。
(2)　賃借料　土地1㎡当り　　　月　金10,000円
　　　　　　　建物1㎡当り　　　月　金10,000円
(3)　賃料支払期　毎月末日
(4)　特　　約　譲渡、転貸ができる。

第9条（代物弁済予約）
債務者、抵当権設定者または連帯保証人の債務不履行により、本債務を弁済するときは、貴社の任意の選択により金銭の弁済に代えて、担保物件を貴社が取得されることを抵当権設定者は承諾しました。抵当権設定者は代物弁済予約による所有権移転請求権仮登記手続をすみやかにします。

第10条（担保保存義務の免除）
1　抵当権設定者および連帯保証人は、貴社の都合によって他の担保もしくは保証を変更または解除されても異議ありません。

第一章　（第1号の1文書）　不動産等の譲渡に関する契約書　　81

　　2　抵当権設定者および連帯保証人は本債務の全部または一部の弁済により貴
　　　社から取得した一切の権利は、債務者と貴社との取引継続中は貴社の同意が
　　　なければこれを行使しません。
第11条（費用の負担）
　　本契約による抵当権設定登記の申請に要する費用および本契約に関する一切
　の費用等は、すべて債務者、抵当権設定者および連帯保証人が連帯して負担し
　ます。
第12条（合意管轄）
　　本契約から生ずる権利、義務に関する訴訟については、貴社の本社、支店ま
　たは営業所を管轄する裁判所をもって管轄裁判所とすることに合意します。
第13条（金銭消費貸借契約約款の遵守）
　　抵当権設定者および連帯保証人は、本契約に記載なき事項については、債務
　者、抵当権設定者および連帯保証人が貴社との間に締結した頭書金銭消費貸借
　契約の各条項を承認のうえこれを遵守します。
担保物件の詳細（省略）
　　　　　　　　　　　　　　　　　　　　　　　　　　　　　以　　上

**印紙税法の適用関係**

　　　印紙税法別表第一、課税物件表の第1号の1文書「不動産の譲渡に関する契
　約書」、第1号の2文書「土地の賃借権の設定に関する契約書」及び第1号の3文
　書「消費貸借に関する契約書」に該当する。

**説明**　抵当権の設定に関する事項は課税物件に該当しないが、この文書は、第3条
　（担保物件）で収用等があった場合には債権を譲渡することを約していることか
　ら、第15号文書「債権譲渡に関する契約書」に該当するほか、第8条（停止条件
　付賃貸借契約）の土地の賃借権を設定する事項は、第1号の2文書に該当し、ま
　た、第9条（代物弁済予約）は、借入金についての支払方法を定めるものであ
　り、第1号の3文書に該当し、かつ、代物弁済の目的物が不動産であることか
　ら、第1号の1文書にも該当する。
　　したがって、この文書の所属の決定は、通則3のイの規定により、第1号（第
　1号の1、第1号の2及び第1号の3）文書となる。
　　なお、記載金額は、代物弁済により消滅する債務の金額となる。

82 　　　　　　　　　第2部　各課税物件

**第13例**　　物件移転契約書（立退きに関する契約書）

## 物 件 移 転 契 約 書

　　　　　　　を甲とし、物件所有者　　　　　　を乙として末尾表示物件について下記
のとおり物件移転契約を締結した。
　　　　　　　　　　　　　　　記
第1条　乙は末尾記載の物件（以下「物件」という。）一切を本契約締結後　　　日
　　　以内に甲の事業に支障のない土地に収去する。
第2条　甲は物件の収去に必要な費用として金　　　　円を乙に支払う。
第3条　甲は物件の収去に伴う仮住居の費用として金　　　　円を乙に支払う。
第4条　甲は物件収去に伴って必要となった乙の立退きに対する補償として金
　　　円を乙に支払う。
第5条　甲は物件収去によって生ずる乙の営業損失の補償として金　　　　円を乙に
　　　支払う。
第6条　甲は、前4条の金額を本契約締結後、次の各号により支払う。
　　　1　第2条の金額のうち金　　　　円は前払金として乙が当該物件の収去に
　　　　　着手したとき遅滞なく支払うものとし、残金　　　　円は乙の物件収去
　　　　　完了後10日以内に、各々乙の請求に基づいて支払うものとする。
　　　2　第3条から第5条の金額は乙の物件収去完了後30日以内に乙の請求に
　　　　　基づいて支払うものとする。
第7条　物件の収去によって生ずる担保物権その他乙に対して有する第三者の権利
　　　の損失に関しては一切乙において責任を負う。
第8条　乙が第1条の収去を期限内に行わないときは、甲は適宜自ら物件を収去し
　　　うるものとし、これに要する費用は乙が甲から受くべき金額と相殺する。
第9条　乙は第2条から第5条までに定める以外は、いかなる名目をもってもこの
　　　物件の収去に関して甲に金銭その他の利益供与を請求しない。
第10条　本契約書の作成に要した費用は、甲において負担する。
　　以上、契約成立の証として本書2通を作成し、甲乙各1通を保有する。
　　　　　　　　年　　　月　　　日
　　　　　　　　甲　　所在地
　　　　　　　　　　　氏　名　　　　　　　　　　　　　㊞
　　　　　　　　乙　　所在地
　　　　　　　　　　　氏　名　　　　　　　　　　　　　㊞
　　物件の表示

| 所　在　地 | 地番 | 物件の種類 | 物 件 の 構 造 | 数量 | 単位 | 摘　要 |
|---|---|---|---|---|---|---|
|  |  |  |  |  |  |  |
|  |  |  |  |  |  |  |

第一章 （第1号の1文書） 不動産等の譲渡に関する契約書　　83

（注）　立退きに際し、建物等の不動産を移転させるために契約するものである。

### 印紙税法の適用関係

　　　印紙税法に定める課税物件ではない。

**説明**　この文書は、立退きに際して建物等を移転させることとその移転に対して補償
　　　金を支払うことを内容とするものであることから、第1号の1文書「不動産の譲
　　　渡に関する契約書」その他いずれの課税物件にも該当しない。

84　　　　　　第2部　各課税物件

**第14例　土地、建物等の遺産分割協議書**

# 遺産分割協議書

　　　　　市　　　区　　　町　　　番地
　　共同相続人　　　○　　○　　○　　○
　　　　　市　　　区　　　町　　　番地
　　共同相続人　　　△　　△　　△　　△
　　　　　市　　　区　　　町　　　番地
　　共同相続人　　　□　　□　　□　　□

　上記当事者間に於て遺産の分割に関し下記のとおり協議した。

1　(イ)　市　　　区　　　町　　　番地所在
　　土地（自宅地）　　　　　　平方メートル
　　家屋（木造瓦葺平屋）　棟　　平方メートル
　　同所設置電話加入権　壱ケ　（　　　局　　　番）
　　(ロ)　現金並びに未収入金　　　万　　　千円
　　上は ○○○○ が受ける

2　　　　市　　　区　　　町　　　番地所在
　　家屋（木造瓦葺平屋）　　棟　　平方メートル
　　上は △△△△ が受ける

3　(イ)　市　　　区　　　町　　　番地所在
　　家屋（コンクリート・ブロック造二階建）　　棟　　平方メートル
　　同所設置電話加入権　四ケ（　　　局　　・　　・　　・　　番）
　　(ロ)　市　　　区　　　町　　　番地所在
　　土地（貸宅地）　　　　　　平方メートル
　　(ハ)　○○株式会社　　普通株式　　　　株
　　　　　○○株式会社　　普通株式　　　　株

　　上は□□□□が受け、○○○○は△△△△に金　　　　　万円也、□□□□に
金　　　　万円也を、それぞれ支払うものとする。

　　尚被相続人に係る公租公課、葬式費用の一切は○○○○が負うものとする。

　　上記協議を証するため、この証書を作り各相続人下記に記名捺印の上各1通を保
存する。

　　　　　年　　　月　　　日

　　　　　　　　　　　　　　　　　　○　○　○　○　㊞
　　　　　　　　　　　　　　　　　　△　△　△　△　㊞
　　　　　　　　　　　　　　　　　　□　□　□　□　㊞

第一章 （第1号の1文書） 不動産等の譲渡に関する契約書 　　85

**印紙税法の適用関係**

　　　印紙税法に定める課税物件ではない。

**説明**　　この文書は、相続による遺産（不動産、動産）の分割を協議した文書である
　　　が、ここでの遺産の分割は印紙税法別表第一、課税物件表の第1号の1に規定さ
　　　れる「不動産の譲渡」には含まれないことから、第1号の1文書「不動産の譲渡
　　　に関する契約書」その他いずれの課税物件にも該当しない。

86　　　　　　　　第2部　各課税物件

**第15例　立木の売買に関する証**

証

買主　　　　　（以下「甲」という。）と売主　　　　　（以下「乙」という。）
との間に立木の売買に関し下記の契約を締結する。

第1条　乙は其の所有に属する末尾記載の立木を甲に売渡し甲は之を金　　　　円
　　　　也にて買受けるものとする。

第2条　甲は本契約成立と同時に金　　　　円を保証金として乙に交付する。

第3条　甲は代金を次の日時に乙の指定する方法により支払う。

　　　　　　年　　月　　日　金　　　　　円也
　　　　　　年　　月　　日　金　　　　　円也

第4条　立木は甲が代金全額の支払を完了した時乙より其の所有権を甲に移転する
　　　　ものとする。

第5条　本契約成立後に於て立木又は之を伐採して得た素材又は加工品等が天災其
　　　　の他不可抗力及び乙の責めに帰すべからざる事由により滅失毀損した時は
　　　　其の損害は甲が負担すべきものとする。

第6条　甲は　　　　年　　月　　日を期限として山明けをなし乙に迷惑を被らせ
　　　　ない事を確約する。若し之を遅滞したときは乙の費用を以て任意これを処
　　　　置するか若しくは其の当時現存する部分を其の儘乙の所有に帰せしめるか
　　　　の選択権を有するものとし、甲は乙に対し異議を申出ることはできないも
　　　　のとする。

第7条　甲が以上の各条項に違背した時は乙は何時にても催告其の他の手続を要せ
　　　　ずして本契約を解除することができる。

　　　　但し此の場合甲が第2条に依り差入れた保証金の返済請求権を失うものと
　　　　し尚契約の解除によつて乙又は第三者に損害を与えた時は甲の責任とす
　　　　る。

　　上記契約を証するため本証書2通を作り各1通を保有する。

　　　　　　年　　月　　日

　　　　　　　　　　　　買主　　　　　　　　　㊞
　　　　　　　　　　　　売主　　　　　　　　　㊞

**印紙税法の適用関係**

　　立木が不動産である場合は、印紙税法別表第一、課税物件表の第1号の1文書
「不動産の譲渡に関する契約書」である。

　　なお、立木が動産である場合は、印紙税法に定める課税物件には該当しない。

第一章　（第1号の1文書）　不動産等の譲渡に関する契約書　　　87

**説明**　立木が不動産として売買される場合と、動産として売買される場合によって取扱いが異なる。

　不動産とみなされる立木とは、「立木に関する法律」（明治42年法律第22号）の規定により登記された立木をいい、このほか明認方法によるものも不動産として取り扱う。

　なお、この場合でも、立木を立木としてではなく、伐採して木材等とするものとして譲渡することが明らかであるときは、不動産として取り扱わず、動産として取り扱う。

88 　　　　　　　　第2部　各課税物件

第16例　立木付土地売買契約書

## 立木付土地売買契約書

　売主　　　（以下「甲」という。）と買主　　　（以下「乙」という。）とは、本日次の
とおり、後記物件目録記載の立木及び土地（以下「本件物件」という。）の売買契約
を締結した。
（基本合意）
第1条　甲は乙に対し、甲所有の本件物件を本契約による約定にて売り渡し、乙はこ
　　　れを買受ける。
（売買代金）
第2条　売買代金は、金11,000,000円とする。
　　　⑴　土地代金　金10,000,000円
　　　⑵　立木代金　金1,000,000円
（代金の支払方法）
第3条　前条記載の代金は、次の通りの方法で支払う。
　　　⑴　乙は甲に対し、手付金として金500,000円を本契約締結と同時に支払う。
　　　　　ただし、残金決済時には、同手付金を代金の内金とみなす。
　　　⑵　乙は甲に対し、残金として金10,500,000円を　　　年　月　日限り、後記
　　　　　物件目録1記載の土地の所有権移転登記手続に必要な一切の書類を受領する
　　　　　のと引換えに支払う。
　　　⑶　本件物件の所有権は、前項の所有権移転登記申請時に甲から乙へ移転す
　　　　　る。
（引渡し）
第4条　甲は乙に対し、第3条の残金の支払いと引換えに、本件物件を何らの制限又
　　　は負担のない完全な所有権を有するものとして、現状有姿のまま引き渡す。
（解除）
第5条　甲又は乙が本契約上の義務の履行を怠ったときは、その相手方は10日間の猶
　　　予期間を定めて催告をし、その催告があるも義務の履行がないときには、相手
　　　方は本契約を解除することができる。
（違約金等）
第6条　乙が本契約上の義務を履行せず、甲が第5条により本契約を解除したとき
　　　は、甲は手付金を違約金として没収し、乙に返還しない。
　　2　甲が本契約上の義務を履行せず、乙が第5条により本契約を解除したとき
　　　は、甲は乙に対し、手付金の倍額を違約金として支払う。
　　3　甲又は乙が相手方の本契約上の義務不履行により損害を被ったときは、第1

第一章　（第1号の1文書）　不動産等の譲渡に関する契約書　　89

　　　項及び第2項の違約金の他に、その損害を相手方に請求できる。
（危険負担）
第7条　本件物件が第4条の引渡完了前に天災その他の不可抗力及び、乙の責に帰さ
　　　ない事由により、その全部又は重要な部分が価値を失い、乙の本契約の目的を
　　　達成できないときは、本契約は当然に効力を失う。ただし、その損害は甲の負
　　　担とし、甲は第3条記載の手付金を乙に返還しなければならない。
（費用の分担）
第8条　本契約に要する費用は甲及び乙が折半して負担する。
　　2　第3条⑵記載の移転登記に要する費用は乙が負担する。同登記申請時に、甲
　　　が完全な所有権を引渡すため抹消登記等が必要な場合、その抹消登記に要する
　　　費用は甲が負担する。
　　3　本件物件に対する公租公課は、　　　年　月　日を基準として日割計算を
　　　し、第4条記載の引渡のあった日までは甲、同引渡日の翌日からは乙の負担と
　　　し、同引渡日において清算をする。
（合意管轄）
第9条　本契約上の債権債務につき紛争が生じたときは、その第一審の管轄裁判所を
　　　裁判所とすることを合意する。
　　　　　　　　　　　　　　　　　　　　　　　　　　　　　　　　　　以上
　　本契約の成立を証するため、本書を2通作成し、甲乙署名押印の上各自各1通を所
持する。
　　　　　　年　月　日
　　　　　　　　　　　　　　　　　　　売主　　甲　　　　　　　　㊞
　　　　　　　　　　　　　　　　　　　買主　　乙　　　　　　　　㊞
　　　　　　　　　　　　　　　　記
　　　物　件　目　録
1　所　在　　　　　県　　郡　　町　丁目
　　地　番　　　　番
　　地　目　　山林
　　地　積　　　　　㎡
2　1記載の土地上に存する次の立木
　　①　樹種　　ひのき
　　②　材積　　　　㎡
　　③　本数　約　　万本
　　④　樹齢　　　年以上　年以下

90                    第2部 各 課 税 物 件

**印紙税法の適用関係**

　　　印紙税法別表第一、課税物件表の第1号の1文書「不動産の譲渡に関する契約
　書」である。

**説明**　　この文書の記載金額は、立木を伐採した木の売買であれば、土地代金のみが記
　　載金額となるが、立木に関する法律の規定により登記された立木又は明認方法を
　　施したものである場合には、土地代金と立木代金の合計額である1,100万円が記
　　載金額となる。

第一章　（第1号の1文書）　不動産等の譲渡に関する契約書　　　91

**第17例**　　特許等を受ける権利（出願権）の譲渡約定書

譲　渡　約　定　書

年　　月　　日

住　所
譲受人

住　所
譲渡人　　　　　　　　　　　　　㊞

　下記の発明又は考案に関する特許又は実用新案の登録を受ける権利を貴社に譲渡することを約定します。

記

**印紙税法の適用関係**

　　　印紙税法に定める課税物件ではない。

**説明**　　この文書は、特許を受ける権利（出願権）の譲渡（特許法第33条）を約したものであり、特許権そのものの譲渡を約したものではない。特許を受ける権利は、印紙税法別表第一、課税物件表の第1号の1文書にいう「無体財産権」には含まれないことから、その譲渡約定書は第1号の1文書「無体財産権の譲渡に関する契約書」に該当せず、また、その他いずれの課税物件にも該当しない。

92　　　　　　　　　　第2部　各課税物件

**第18例　実用新案権の譲渡契約書**

<br>

契 約 書

　　　　　（以下「甲」という。）と　　　　　　（以下「乙」とい
う。）とは甲の所有する実用新案登録第　　　号「　　」（以下「本実用新案
権」という。）の譲渡に関し下記の通り契約する。
　　　　　　　　　　　　　　　記
第1条　甲は本実用新案権を乙に譲渡する。
第2条　乙は本実用新案権の移転登録完了後譲渡代金として金500,000円也を甲に
　　　支払う。
　　本契約書2通を作成し甲、乙各1通を保有する。
　　　　年　　月　　日
　　　　　　　　　　甲　　　　　　　　　　　　　　　㊞
　　　　　　　　　　乙　　　　　　　　　　　　　　　㊞

**印紙税法の適用関係**

　　　　印紙税法別表第一、課税物件表の第1号の1文書「無体財産権の譲渡に関する
　　契約書」である。

**説明**　　印紙税法別表第一、課税物件表の第1号の1文書にいう「無体財産権」とは、
　　　　特許権、実用新案権、商標権、意匠権、回路配置利用権、育成者権、商号及び著
　　　　作権をいい、実用新案権とは実用新案法第14条の規定により登録された実用新案
　　　　権をいう。
　　　　　なお、記載金額は50万円となる。

第一章 （第1号の1文書） 不動産等の譲渡に関する契約書　　93

**第19例**　**プログラム著作権譲渡契約書**

## プログラム著作権譲渡契約書

　　　　　株式会社（以下、「甲」という。）と、　　　　株式会社（以下、「乙」という。）とは、甲の所有にかかるプログラム著作権等を乙に譲渡するに当たって、次のとおり契約する。

第1条（目的）

　　甲は乙に対して、甲の所有に係る別紙記載のプログラム（以下、「本件プログラム」という。）及び別紙記載の関連資料（以下、「本件関連資料」という。）に関する著作権（著作隣接権を含む）（以下、「本件著作権」という。）を譲渡し、乙は、これを譲受ける。

第2条（本件著作権の譲渡及び対価）

　①　甲は乙に対して、本件プログラム及び本件関連資料の複製物を乙の指示に従って納入する。

　②　本件著作権の譲渡の対価は　　　　　円とする。

第3条（登録）

　　甲は乙のために、本件著作権の移転登録申請を行う。

第4条（保証）

　①　甲は乙に対して、本件プログラムが本件仕様どおりであることを保証する。

　②　本件プログラムが本件仕様どおりでないことが判明したときは、甲は乙の要請に従って必要な改訂・修補を行う。

　③　前項により発生する新たな著作権は全て乙に帰属する。

　④　甲は乙に対し、本件著作権の正当な所有権者は乙単独であることを保証する。

　以上、本契約成立の証として、本書2通を作成し、甲乙記名捺印のうえ、各1通を保有する。

　　　　　年　　月　　日

　　　　　　　　　　　　甲：(住　　所)

　　　　　　　　　　　　　　(会 社 名)　　　　株式会社　　㊞

　　　　　　　　　　　　乙：(住　　所)

　　　　　　　　　　　　　　(会 社 名)　　　　株式会社　　㊞

94                    第2部　各 課 税 物 件

**印紙税法の適用関係**

　　　印紙税法別表第一、課税物件表の第1号の1文書「無体財産権の譲渡に関する
　　契約書」である。

**説明**　　著作権は、印紙税法別表第一、課税物件表の第1号の1にいう「無体財産権」
　　　であることから、この文書は、第1号の1文書に該当する。

第一章 （第1号の1文書） 不動産等の譲渡に関する契約書 95

**第20例　商号譲渡契約書**

<br>

### 商 号 譲 渡 契 約 書

第1条　譲渡人は、　　　　　で経営する営業のために使用していると称する登記済の
　　商号を第2条以下の定めるところにより、金100万円をもって譲受人に譲渡するこ
　　とを約し、譲受人はこれを承諾した。

第2条　譲渡人は、本契約成立と同時に、その営業の廃業手続をしなければならな
　　い。

第3条　譲渡人は、　年　月　日までに第1条の商号につき譲渡の登記をしなければ
　　ならない。

第4条　譲受人は、前条の登記と同時に第1条の代金を所轄登記所において譲渡人に
　　支払わなければならない。

　　上記契約を証するため、本書2通を作り、署名捺印の上各自その1通を所持する。

　　　　　年　　　月　　　日

　　　　　　　　　　　　譲渡人　　　　　　　　　㊞

　　　　　　　　　　　　譲受人　　　　　　　　　㊞

**印紙税法の適用関係**

　　　　印紙税法別表第一、課税物件表の第1号の1文書「無体財産権の譲渡に関する
　　契約書」である。

**説明**　　商号は、印紙税法別表第一、課税物件表の第1号の1文書にいう「無体財産
　　権」であることから、この文書は、第1号の1文書に該当する。

　　　　なお、記載金額は100万円となる。

96　　　　　　　　第2部　各課税物件

**第21例**　内航船舶売買契約書（建造引当権の金額）

# 内航船舶売買契約書

売主　　　　と買主　　　　とは以下の条項に基づき売主の所有する第22○○○
丸（以下「本船」という。）の売買契約（以下「本契約」という。）を締結する。

## 第1条【契約の目的物と主要な事項】

<table>
<tr><td rowspan="8">1.<br>本<br>船<br>明<br>細</td><td>船 種・船 名</td><td colspan="3">貨物船　第22 ○○○丸</td><td>船 籍 港</td><td colspan="2">A　市</td></tr>
<tr><td>総 ト ン 数</td><td colspan="3">499.61トン</td><td>載貨重量トン数</td><td colspan="2"></td></tr>
<tr><td>長さ・幅・深さ</td><td colspan="3"></td><td>引当資格重量トン数</td><td colspan="2"></td></tr>
<tr><td>船 舶 番 号</td><td>999999</td><td colspan="2">内航船舶表示番号</td><td>届 出 番 号</td><td colspan="2"></td></tr>
<tr><td>航 行 区 域</td><td>沿海区域</td><td>船 級 等</td><td>J・G</td><td>連続最大出力</td><td colspan="2"></td></tr>
<tr><td>船体製造者</td><td>B 造船㈱</td><td>船体進水年月</td><td>年 月</td><td>船体竣工年月</td><td colspan="2">年 月</td></tr>
<tr><td>主機関製造者</td><td>㈱ C鉄工所</td><td>主機関の型式・数</td><td>X X－99、1基</td><td>主機関製造年月</td><td colspan="2">年 月</td></tr>
<tr><td>次期検査期日</td><td colspan="2">（定期）　年4月13日（中間2）</td><td colspan="3">（中間2）</td></tr>
<tr><td></td><td>通 信 設 備・他</td><td colspan="6">船舶電話</td></tr>
<tr><td colspan="2" rowspan="2">2. 本船売買価格</td><td>（総額）</td><td colspan="2">205,517,250円</td><td>3. 手 付 金</td><td colspan="2"></td></tr>
<tr><td>（内建造引当権）</td><td colspan="2">183,567,250円</td><td>4. 残 代 金</td><td colspan="2"></td></tr>
<tr><td colspan="2">5. 消 費 税 等</td><td colspan="3">16,441,380円</td><td>6. 残代金支払場所</td><td colspan="2"></td></tr>
<tr><td colspan="2">7. 引渡し期間</td><td colspan="3">より　まで</td><td>8. 引 渡 し 場 所</td><td colspan="2"></td></tr>
<tr><td colspan="2">9. 検 査 官</td><td colspan="2"></td><td>10. 違約金等の年利</td><td colspan="2">11. 遅延の猶予期間</td></tr>
<tr><td colspan="2">12. 解除通告期間</td><td>—</td><td>13. 仲 裁 地</td><td></td><td colspan="2">14.</td></tr>
<tr><td colspan="2">15. 属 具・備 品</td><td colspan="6">外観検査時に本船属具目録及び備品目録に記載のある属具及び備品は本契約の目的物とし、その価格は本船の売買価格に含むものとする。ただし、本船の運航のために使用された属具及び備品は、補充の必要はないものとするが、法定の数量を欠くときは、売主はその数量までのものを補充しなければならない。</td></tr>
<tr><td colspan="2">16. 残存燃料油等</td><td colspan="6">引渡の際に本船に残存する燃料油、未使用の潤滑油及び未開封の消耗品は、売主がこれらを購入した時の価格で買主が買い取るものとし、飲鑵水及び食料品は、買主が無償で受け取ることができる。</td></tr>
<tr><td colspan="2">17. 私物借り物</td><td colspan="6">私物及び借り物は、本契約の目的物より除く。売主は、乗組員の私物及び第三者よりの借り物を本船の引渡し前に陸揚げするものとする。</td></tr>
<tr><td colspan="2">18. 特　　　約</td><td colspan="6">1. 本契約は、建造引当権を含む本船の持ち分の51％を売主から買主へ有償で譲渡し、以って本船を両者で共同所有する目的で行うものである。<br>2. 買主の所有する建造引当権は、　　　　　トンとする。<br>3. 第1条2欄から同5欄までの金額は買主が所有する51％の持分に係るものである。</td></tr>
</table>

## 第2条【本船の引渡し時の状態】

1. 本船は引渡の時に第1条1欄記録のとおりとし、外観検査時と実質的に同じ状態であるものとする。ただし、通常の衰耗及び消耗は除くものとする。

2. 買主は、本船の引渡し時の状態が外観検査時の状態と異なると主張するときは、それを立証しなければならない。

第一章 （第1号の1文書） 不動産等の譲渡に関する契約書　　97

3．本船の引渡し時の状態に関し、船級（JGを含む、以下同じ）上の検査対象項目に疑義が生じたときは、第1条9欄の検査官又は検査員（以下「検査員」という。）の判断に従うものとする。

### 第3条【代金、手付金の支払方法及び権利証書の受渡し】

1．買主は、本契約に記名押印した時に、第1条3欄記載の手付金を売主に支払わなければならない。手付金は、本船の引渡しがあったときに、売買価格の一部に充当する。

2．買主は、第1条4欄記載の残代金並びに本船の売買価格に対する第1条5欄記載の消費税等を本船の受取りと同時に、第1条6欄記載の場所において売主に支払うものとする。

3．売主は、前項の残代金並びに消費税等の受取りと同時に、本船の所有権移転登記をするのに必要な一切の書類並びに日本内航海運組合総連合会発行の「引当資格重量トン数等及び納付金支払証明書」を買主に引き渡す。

（中　略）

　上記契約を証するため、本書3通を作り、各自記名押印して双方各1通これを保有する。

```
　　　　　　年　　　月　　　日　　　A市において
　　売　　　主　　　住　所
　　　　　　　　　　　名　称
　　買　　　主　　　住　所
　　　　　　　　　　　名　称
　　仲　介　人　　　住　所
　　　　　　　　　　　名　称
```

### 印紙税法の適用関係

　印紙税法別表第一、課税物件表の第1号の1文書「船舶の譲渡に関する契約書」である。

**説明**　この文書は、船舶の譲渡に関する契約書であるが、本船売買価格に含まれる建造引当権（解撤権）は一種の営業権に該当することから、建造引当権（営業権）の譲渡は、課税事項に該当しない。

　したがって、記載金額は、内訳で明記されている建造引当権の額を除いた金額となるため、船舶部分の譲渡代金である21,950,000円（205,517,250円－183,567,250円）となる。

第2部　各課税物件

**参考**　印紙税法上の「船舶」とは、船舶法第5条に規定する船舶原簿に登録を要する総トン数20トン以上の船舶及びこれに類する外国籍の船舶をいい、その他の船舶は物品として取り扱われる。

第一章 （第1号の1文書） 不動産等の譲渡に関する契約書　　99

**第22例　航空機売買契約書**

## 航空機売買契約書

第　号
1. 品　　名　　　　　　型航空機
2. 品　　質　　航空局耐空検査合格品
3. 包　　装
4. 数　　量　　1機
5. 価　　格　　機体価格　　　　　¥100,000,000 –

　　　　　　　消費税及び地方消費税　¥　8,000,000
　　　　　　　　　合　　　　計　　¥108,000,000 –
6. 受渡期日　　　　年　　月　　日
7. 受渡場所　　　　　　　空港
8. 受渡条件　　領収飛行終了後引渡。但し、領収飛行経費については売主負担とする。
9. 支払条件　　品代は現品引換に現品受渡時同日起算　　月分割約束手形払にて決済の事。
10. 備　　考　　1）登録変更の手続及び費用は買主の負担とする。
　　　　　　　　2）使用時間については　　　年　　月　　日現在添付の通り。
　　上記条項に基づき下記特約事項を承諾の上売買契約を締結致しましたので本証2通を作成し各自1通を所持致します。
　　　　　年　　月　　日
　　　　　　　　　　　　売　主　　　　　　　　　　㊞
　　　　　　　　　　　　買　主　　　　　　　　　　㊞
（特約事項）

**印紙税法の適用関係**

　　　印紙税法別表第一，課税物件表の第1号の1文書「航空機の譲渡に関する契約書」である。

**説明**　印紙税法別表第一、課税物件表の第1号の1文書にいう「航空機」とは、航空法第2条に規定する航空機をいう。

　　　なお、記載金額は、消費税及び地方消費税の金額が区分記載されていることから、機体価格1億円となる。

100　　　　　　第2部　各課税物件

**第23例　営業譲渡契約書**

## 営 業 譲 渡 契 約 書

　　　株式会社（以下「甲」という。）と　　　株式会社（以下「乙」という。）とは、甲を譲受人とし、乙を譲渡人として営業譲渡に関して次の契約を締結する。

第1条　甲は、乙の　　　年　　月　　日現在における貸借対照表、財産目録及びその他の計算書を基礎として、営業譲渡実行日において、その営業の全部を譲受け、乙はこれを譲渡する。

第2条　この営業譲渡実行日は、　　　年　　月　　日とし、譲渡する営業は、別に作成する目録の通りとする。

第3条　この営業譲渡の価額は、　　　年　　月　　日現在における乙の純資産額とする。

　　　　乙は前項の日現在におけるその資産及び負債の内容を示す資料を甲に提供し、甲はその資料に関して実地検査を行う。

　　　　乙の　　　年　　月　　日現在における純資産額は、その日における乙の資産及び負債の帳簿価格にかかわらず、前項の資料及び実地検査の結果に基づき、甲及び乙の協議によりその評価額を決定して算出する。

　　　　営業譲渡実行日までの間において、乙の純資産額に変動を生じたときはその変動した価額を甲及び乙の協議により評価して営業譲渡の価額に加減する。

第4条　甲は、営業譲渡の価額のほかに、暖簾代として金　　　　　　円也を乙に支払う。

第5条　　　　年　　月　　日から営業譲渡実行日までの間において、譲渡すべき営業から生じた損益は乙に帰属する。

第6条　乙は　　　年　　月　　日から営業譲渡が完了するまでの間、その営業について善良な管理者の注意をもって管理し、乙の資産及び負債に重大な影響のある事項並びに営業の収支予算については、予め甲と協議する。

第7条　甲及び乙は　　　年　　月　　日までに、おのおの株主総会を召集してこの営業譲渡に関する決議を行う。

第8条　甲及び乙は、その相手方において、次の各号のいずれかに該当する事項が生じた場合、この契約の条項を変更又は破棄する権利を保留する。

　　　1　甲又は乙がこの契約に基づく義務の履行を怠ったとき。

　　　2　乙が甲に提供した資料に重大な誤びゅうがあったとき。

　　　3　乙が甲に対して重大な損害を与え又は与える惧れがある行為をしたとき。

第一章 （第1号の1文書） 不動産等の譲渡に関する契約書　　101

　　　4　甲又は乙が破産、整理又は会社更生の申立てを受け、若しくは甲又は
　　　　　乙の重要な財産に対して強制執行、仮差押又は仮処分を受けたとき。
第9条　この営業譲渡が完了した後においても、乙の資産及び負債に隠れた重大な
　　　　瑕疵が発見せられたときは、この契約締結のときにおける乙の役員が連帯
　　　　して、甲に対してその損害を補償する。
　　この契約を証するため、本書を2通作成して、甲乙、各1通を保有する。
　　　　　　　　　年　　　月　　　日
　　　　　　　　　　　　　　甲　　　　　　　　　　　　　㊞
　　　　　　　　　　　　　　乙　　　　　　　　　　　　　㊞

**印紙税法の適用関係**

　　　　印紙税法別表第一、課税物件表の第1号の1文書「営業の譲渡に関する契約
　　書」である。

**説明**　　この文書は、客観的営業（P60参照）、すなわち、営業の目的に供される組織
　　的な財産の全てを譲渡することから、第1号の1文書に該当する。
　　　　なお、記載金額は、第3条に規定する純資産額と第4条に規定する暖簾代との
　　合計額となる。

102　　　　　　　　第2部　各課税物件

**第24例**　商標使用契約書

## 商 標 使 用 契 約 書

　　　　　　（以下「甲」という。）と　　　　　　株式会社（以下「乙」という。）
は、甲の所有する商標登録第　　　　　号登録商標（以下「本件商標」という。）
について、乙に使用許諾する件につき、以下の通り契約する。

第1条　甲は第2条に規定する内容において乙に対し本件商標につき通常使用権を
　　　　許諾する。

第2条　前条に規定する通常使用権の範囲は次のとおりとする。
　　⑴　本件商標の使用態様
　　⑵　使用商品
　　⑶　地　　　域　　日本全国
　　⑷　期　　　間　　本件商標権が存続する限り
　　　　　　　　　　　（前更新後を含む。）

第3条　⑴　前条に規定する通常使用権の範囲のうち本件商標の使用態様に変更が
　　　　　生じたときは変更にかかるものについては、乙が使用する前に甲に提示
　　　　　しなければならない。
　　　　⑵　本件商標権更新の際にはその都度確認のための覚書をとり交わすこと
　　　　　にする。

第4条　⑴　本件商標の使用料として乙は600万円を甲に支払わなければならない。
　　　　⑵　前項の使用料の支払いは現金100万円を本契約締結と同時に支払い本
　　　　　契約締結の翌年から毎年5月31日支払期日とする額面100万円の約束手
　　　　　形5枚を本契約締結と同時に交付することによって行う。甲は乙に対し
　　　　　て前項の使用料600万円の他今後一切使用料を請求しない。
　　　　⑶　甲が受領した使用料はいかなる事情が生じても返還することを要しな
　　　　　い。

第5条　乙が本件商標の使用をするに際し、その商品の品質を低下させたり、本件
　　　　商標にすでに化体されている業務上の信用を失墜させるような行為をしては
　　　　ならない。

第6条　⑴　甲は乙が第2条に規定する範囲で特許庁に対して通常使用権の設定登
　　　　　録手続をなすことに同意し、そのための必要な書類は本契約締結と同時
　　　　　に乙に交付する。
　　　　⑵　前項の手続をするに要する費用は乙の負担とする。

第7条　甲は本件商標の存続期間の更新を行うものとする。

第一章　(第1号の1文書)　不動産等の譲渡に関する契約書

第8条　甲は乙に無断で本件商標を第三者に譲渡しない。
第9条　甲及び乙が本契約書に定めるそれぞれの義務に反した場合には、本契約は直ちにその効力を失う。
第10条　本契約は信義誠実に履行するものとし、本契約に定めのない事項は必要に応じその都度甲乙協議して定めるものとする。
　本契約の成立を証するため、正本2通を作成し、甲乙各1通を保管する。

　　　　　　　年　　月　　日
　　　　　　　　　　甲　　　　　　　　　　　　　　　㊞
　　　　　　　　　　乙　　　　　　　　　　　　　　　㊞

**印紙税法の適用関係**
　　印紙税法に定める課税物件ではない。

**説明**　この文書は、商標権の通常使用権の設定を約するものであるから、商標権の譲渡に関する契約書に該当しない。
　なお、商標権の実施権(商標法第30条《専用使用権》)又は使用権(商標法第31条《通常使用権》)の設定又は譲渡に関する契約書は、第1号の1文書「無体財産権の譲渡に関する契約書」その他いずれの課税物件にも該当しない。

104 　　　　　　　　　第2部　各課税物件

**第25例　ノウハウ実施契約書**

ノウハウ実施契約書

　　　　　（以下「甲」という。）と　　　　　　（以下「乙」という。）とは、甲の発明に係るガソリンの製造技術（以下「ノウハウ」という。）の供与等に関して、下記のとおり契約する。

第1条　甲は、乙が甲のノウハウを使用したガソリン（以下「製品」という。）を製造することを認める。

第2条　本契約の目的たるノウハウは、乙がガソリンを製造するのに必要な一切の技術的知識、経験の集積とする。

第3条　乙は、製品を製造したときは、その数量を甲の定める書式に従い毎月末日甲に通知する。

　　　　製品の販売についてもまた同様とする。

第4条　乙は、ノウハウの使用の対価として、製品売上高の　　パーセントに当たる金額を、翌月末甲に現金で支払う。

第5条　甲又は乙において、本契約の有効期間中に、このノウハウ及び製品について改良を加え、またこれに関して、特許権、実用新案権を取得した場合、その技術資料並びに実施権等については、その都度別途両者で協議のうえ決定することとする。

第6条　乙は、このノウハウに関する機密を、他に漏洩してはならない。

　　　　乙が、前項の規定に違反したときは、甲は直ちにこの契約を解除して、損害の賠償を請求できる。

第7条　本契約の存続期間は、契約成立の日から2年間とする。但し、期間満了3か月前に、甲又は乙から異議の申出がないときは、この契約は更に2年間自動的に延長され、その後また同様とする。

　　この契約成立の証として、本証2通を作成し、甲乙各1通を保持する。

　　　　年　月　日

　　　　　　　甲　　　　　　　　　　　　　　　　　㊞

　　　　　　　乙　　　　　　　　　　　　　　　　　㊞

**印紙税法の適用関係**

　　　　印紙税法に定める課税物件ではない。

**説明**　　この文書は、ノウハウの実施に関する契約であるが、ノウハウは無体財産権に含まれないことから、第1号の1文書「無体財産権の譲渡に関する契約書」その他いずれの課税物件にも該当しない。

第一章 （第１号の１文書）　不動産等の譲渡に関する契約書　　105

## 第26例　共同開発に関する契約書

# 契　約　書

　　　　　株式会社（以下「甲」という。）と　　　　　株式会社（以下「乙」という。）とは、甲所有の発明（特願平　－　　、　　　年　月　日出願、「　　　製造法」（以下「本発明」という。）を実施した　　　　の商品化のための共同開発（以下「本開発」という。）を行うにあたり、次のとおり合意した。


第１条（情報交換）

　①　甲及び乙は、相手方に対し、本契約締結時に所有する本開発に有用な情報を開示すると共に、サンプルを提供し、相互に意見交換をして本開発を行うものとする。

　②　前項のため、甲及び乙は、定期的又は随時に連絡会を開催し、乙は、本開発により得られた成果を甲に開示する。

第２条（分担）

　①　甲は、乙に対し、本発明に関する情報を開示し、本開発に使用する　　類を提供する。

　②　乙は、前項に基づき甲から開示された情報及び提供された　　　　　類を使用して本開発を行う。

　③　甲は、乙に対し、乙の要請により本開発に必要な助言及び役務を提供する。

　④　前三項に於いて各自の要する費用は、各々の負担とする。

第３条（工業所有権）

　①　甲及び乙は、本開発により生ずる発明及び考案について工業所有権を受ける権利を共有する。

　②　甲及び乙は、本契約終了後又は第６条第１項の５年が経過した後の前項に規定する工業所有権について、甲又は乙が相当の補償金を相手方に支払うことを条件に、相手方が第三者に対して実施権を付与することに同意するものとする。

第４条（秘密保持）

　①　甲及び乙は、本開発の内容及び相手方から開示を受けた技術上・業務上の情報・サンプルについて秘密を保持するものとし相手方の文書による事前の同意なしに第三者に開示又は発表せず、また本開発以外の目的に使用しない。但し、公知のものについてはこの限りでない。

　②　前項の規定に拘らず、甲は、本契約終了後又は第６条第１項の５年が経過した後、本発明及び前条第１項に規定する工業所有権を第三者に実施させるに必要な

範囲において、本開発により得た技術情報を当該第三者に開示し、使用権を付与できるものとする。この場合の条件については、前条第2項の規定を準用する。

第5条（第三者との共同開発の禁止）

　　甲及び乙は、本開発と同一目的の共同開発を第三者と行わない。

第6条（事業化）

　　本開発の成果に基づく事業化は、次によるものとする。

　　乙が本契約締結後2年以内に事業化を決定し、かつ当該決定日から1年以内に事業化したときは、事業化開始後5年間は、乙のみが本発明及び第3条に基づく工業所有権を実施できる。

第7条（関係会社の取扱い）

　　甲及び乙は、第3条（工業所有権）、第4条（秘密保持）、第5条（第三者との共同開発の禁止）及び第6条（事業化）の規定の解釈において別紙記載の関係会社(イ)は乙と一体と看做し、これらの関係会社(イ)の義務は乙の責任においてこれを行うものとし、別紙記載の関係会社(ロ)は甲と一体と看做し、この関係会社(ロ)の義務は甲の責任においてこれを行うものとする。

第8条（有効期間）

　①　本契約は、本契約締結の日から2年又は第6条（事業化）第1項の事業化が決定されたときは事業化開始後から5年をもって終了する。但し、甲乙いずれかの申し出があったときは、協議の上延長することができる。

　②　前項に拘らず、第3条（工業所有権）第1項、第4条（秘密保持）及び第7条（関係会社の取扱い）の規定は、本契約終了後もなお10年間は有効に存続し、第3条第2項の規定は、当該工業所有権の有効期間、有効に存続する。

第9条（協議解決）

　　本契約に定めのない事項又は本契約の各条項に疑義を生じたときは、甲乙誠意をもって協議し解決する。

　以上合意の証として本書2通を作成し、甲乙各記名捺印の上、それぞれその1通を保有する。

　　　　年　　月　　日

　　　　　　　　甲　　　　　　　　　　　　　　　　　　　㊞

　　　　　　　　乙　　　　　　　　　　　　　　　　　　　㊞

第一章 （第1号の1文書） 不動産等の譲渡に関する契約書　　107

**印紙税法の適用関係**

印紙税法に定める課税物件ではない。

**説明**　印紙税法別表第一、課税物件表の第1号の1文書のいう「特許権」とは、特許法第66条の規定により登録された特許権をいい、「実用新案権」とは、実用新案法第14条の規定により登録された実用新案権をいうのであるから、出願中の発明等はこれに該当しない。

108 第2部 各課税物件

## 第27例 ソフトウェア使用許諾契約書

ソフトウェア使用許諾契約書

　　　　　　（以下「甲」という。）並びに　　　　　　（以下「乙」という。）は、以下の
とおり合意する。

第1条（定義）

　　本契約において、次の各号に定める用語の意義は、当該各号に定めるところ
による。

　一　「標準ソフトウェア」とは、ソースコード、オブジェクトコードあるいは
　　その他の形式を問わず、別紙に定める仕様に適合するコンピュータソフト
　　ウェア及びその一部分を意味する。

　二　「本ドキュメンテーション」とは、標準ソフトウェアに関するユーザー向
　　け取扱説明書及び機能に関する仕様書を意味し、一切の追補及び改訂版及び
　　それらの一部分を含む。

　三　「本ソフトウェア」とは、標準ソフトウェア、アップデート版、本ドキュ
　　メンテーション及びそれらの一部分を意味する。

　四　「ライセンス期間」とは、納品日から30年を意味する。

第2条（使用許諾）

　　甲は乙に対し、本契約の各条項に従うことを条件に、乙内部でのデータ処理
業務のためだけに、本ソフトウェアを使用できる非独占的な使用権を許諾す
る。

　②　乙は以下の行為を行うことができる。

　一　ライセンス期間中、本ソフトウェアを使用すること。

　二　障害時バックアップの目的に必要かつ合理的な部数の本ソフトウェアの複
　　製物を作成すること。

　三　本ソフトウェアを使用するにあたり、必要かつ合理的な数だけ、本ドキュ
　　メンテーションを複製すること。

　③　乙は、この書面による許諾なく、本ソフトウェアを一切改変してはならな
い。

第3条（引渡）

　　甲は乙に対し、以下の引渡日に、標準ソフトウェアを乙に引渡す。

　　引渡日　　　年　月　日

第4条（ライセンス料）

　　乙は甲に対し、以下の日程に従い、本ソフトウェアの使用許諾の対価（消費
税込）を支払う。

第一章　（第1号の1文書）　不動産等の譲渡に関する契約書　　　109

　　　　　　年　月　日　　金　　　　　円

第5条（秘密保持）

　　　　　　　　　　　　（省　略）

第6条（譲渡禁止）

　　　甲または乙は、本契約に基づく権利または契約上の地位の全部または一部
　　を、相手方の書面による承諾なくして、第三者に対して譲渡してはならない。

　　以上を証するため、本契約書2通を作成し、両当事者記名捺印の上、各1通を保
　持する。

　　　　　　年　　　月　　　日

　　　　　　　　　　　　　甲　　　　　　　　　　　　　　　㊞

　　　　　　　　　　　　　乙　　　　　　　　　　　　　　　㊞

**印紙税法の適用関係**

　　　印紙税法に定める課税物件ではない。

**説明**　この文書は、ソフトウェアの著作権を有している者から使用許諾を受けること
　　　を内容とするものであることから、第1号の1文書「無体財産権の譲渡に関する
　　　契約書」その他いずれの課税物件にも該当しない。

110 第2部 各課税物件

**第28例** ソフトウェアリース契約書

## ソフトウェアリース契約書

　　　　　　株式会社を甲とし、　　　　　　株式会社を乙とし、甲乙間において甲が
原権利者（　　　　株式会社）から取得した別紙記載のソフトウェア（以下、「本
件ソフトウェア」という。）の使用許諾について、次の通り契約する。

第1条（目的物）

　　　甲は原権利者が作成した本件ソフトウェアを、第三者に対して使用許諾す
　　る権利を有し、乙に対して、乙がこれを日本国内に非独占的に、甲の指定す
　　る機械システムに適用して賃貸（リース）することを許諾する。

第2条（契約の期間）

　　　本契約のリース期間は、甲が乙に対し本件ソフトウェアを引き渡し、乙が
　　受領証を発行した日から3年間とする。

第3条（禁止行為）

　1．甲は、本件ソフトウェアを指定された機械システム以外で賃貸（使用）し
　　てはならない。甲は、本件ソフトウェアを通常の業務のために善良な管理者
　　の注意をもって使用するものとする。

　2．甲は、本件ソフトウェアを変更することができない。

　3．甲は、本契約に基づく使用権につき再使用権を設定若しくは第三者に譲渡
　　し、または本件ソフトウェア若しくはその複製物を第三者に譲渡転貸若しく
　　は占有の移転をしてはならず、また甲は、本契約上の地位を第三者に譲渡し
　　てはならない。

　4．甲は、本件ソフトウェアから得られた知識の漏洩をしてはならない。

第4条（使用料）

　1．本件ソフトウェアの使用料（リース料）は、総額金　　　　　円とし、乙は甲
　　に対しこれを前条の契約期間中別表のとおり毎月　　日限りその月分のリース
　　料を甲に持参又は送金して支払う。

第5条（納入）

　1．本件ソフトウェアの納入は、原権利者より直接乙に対して行う。

　2．乙は前項の本件ソフトウェアにつき甲の納入後　　日以内に検査を完了し、
　　かつ本件ソフトウェアの受領証を甲の定める書式にて甲に交付する。

第6条（物件の返還）

　1．期限が満了したときは、乙は直ちに本件ソフトウェアこれについての複製
　　物を乙の指示に従って使用権設定者に返還又は処理するものとする。

　2．本件ソフトウェアの返還は、甲の指定した場所で行うものとする。

第一章 （第1号の1文書） 不動産等の譲渡に関する契約書　　111

　以上を証するため、本契約書2通を作成し、甲乙記名捺印の上、各1通を保有する。

　　　　年　　月　　日

　　　　　　　　　　　　　　甲：(住　　所)

　　　　　　　　　　　　　　　　(会 社 名)　　　　　　　　　　　㊞

　　　　　　　　　　　　　　乙：(住　　所)

　　　　　　　　　　　　　　　　(会 社 名)　　　　　　　　　　　㊞

**印紙税法の適用関係**

　　　印紙税法に定める課税物件ではない。

**説明**　この文書は、ソフトウェアを目的物とする賃貸借契約を定めたものであることから、印紙税法に定めるいずれの課税物件にも該当しない。

112　　　　　　　第2部　各課税物件

第29例　キャラクター使用許諾契約書

## キャラクター使用許諾契約書

　（以下「甲」とする。）と　　　　　（以下「乙」とする。）は、下記のとおり契約を締結する。

第1条（本契約の趣旨）
　　　　本契約は、甲乙間において締結された「キャラクター使用に関する
　　　　　年　　月　　日付覚書」（以下「本件覚書」という。）に基づき、その詳細を定めるために締結するものである。なお、本件覚書と本契約の定めとに相違がある場合は、本契約の定めが優先するものとする。

第2条（ライセンス）
　　　　甲は、乙に対して、甲がライセンス供与の権利を有する「　　　」（以下「甲キャラクター」という。）を、乙が発売する下記の「　　　」の製品（以下「乙製品」という。）のキャラクターとして利用する権利を許諾する。乙は、甲キャラクターを乙の意図する構図にて新規に書き起こし、乙製品のパッケージ、カタログ、広告媒体、販促用品、ポスター等に使用することができる。

　　　　　　　　　　　　　記

　　　　　　　　①
　　　　　　　　②
　　2　甲は、乙製品発売の日から2年間は、乙以外のソフトウェア取扱会社・団体・個人等に対し、甲キャラクターの使用許諾をしない。

第3条（甲の権利）
　　　　甲は、甲が出版する「　　　」の紙面上において、乙製品をタイアップのプレゼント企画として紹介することとする。

第4条（対価）
　　　　乙は、甲に対し、第2条及び第3条の対価として、以下のとおり支払う。
　　　　①　イニシャル・ペイメントとして　　　円
　　　　②　ランニング・ロイヤリティとして、出荷された乙製品1製品あたり、
　　　　　乙製品の標準価格の　　　％

第5条（支払方法）
　　　　前条の対価の支払方法は、以下のとおりとする。
　　　　①　イニシャル・ペイメントは、　　　年　　月　　日限り、一括で、甲の指定する銀行口座に振り込んで支払う。
　　　　②　ランニング・ロイヤリティについては、四半期ごとに乙製品の出荷数

第一章　（第1号の1文書）　不動産等の譲渡に関する契約書　　113

量を集計して甲に報告し、集計月の翌々月末日までに甲の指定する銀行
口座に振り込んで支払う。

（中　略）

第7条（データの提供）

　　甲は、乙が乙製品を作成する作業に必要な便宜をはかるものとし、乙の求
めに応じ、乙製品作成に必要なデータを提供することとする。

第8条（在庫）

　　本契約が終了した場合において、乙が乙製品の在庫を有する場合には、乙
は、甲に対し第4条②に規定するランニング・ロイヤリティと同率を支払う
ことにより、在庫分の乙製品を頒布することができる。

第9条（期間及び期間の変更）

　　本契約の有効期間は、契約締結日より　　年間とする。但し、本契約の期
間満了　　か月前迄に、乙甲いずれからも本契約を終了する旨の書面による
意思表示がない限り自動的に満了日から更に1年間更新されるものとし、以
後についても同様とする。但し、第4条①に規定するイニシャル・ペイメン
トは、更新時には発生しない。

第10条（協議）

　　本契約に定めのない事項及び本契約内容の解釈に疑義がある事項について
は、甲乙誠実協議の上これを解決することとする。

　上記契約の証として本書2通を作成し、甲乙記名捺印の上、各自それぞれ1通を
保有するものとする。

　　　年　　月　　日

　　　　　　　　甲：

　　　　　　　　　　　　　　　　　　　　　　　　　　　㊞

　　　　　　　　乙：

　　　　　　　　　　　　　　　　　　　　　　　　　　　㊞

**印紙税法の適用関係**

　　印紙税法に定める課税物件ではない。

**説明**　この文書は、キャラクターの使用を許諾するものであり、キャラクターの権利
自体を譲渡するものてはないことから、第1号の1文書「無体財産権の譲渡に関
する契約書」その他いずれの課税物件にも該当しない。

114　　　　　　　第2部　各課税物件

**第30例**　**情報提供に関する契約書**

情報提供に関する契約書

　　　　（以下「甲」という。）と　　　　（以下「乙」という。）とは、甲が運営するインターネットによる情報提供サービスにおいて、甲がユーザーに配信提供する情報に関し、以下のとおり契約を締結する。

第1条（定義）
　　　　本契約において、次の各号に掲げる用語の意義は、以下のとおりとする。
　　(1)　本情報　乙が甲に提供する別紙目録1記載の情報
　　(2)　本サービス　甲が運営するインターネットによる情報提供サービスのうち、本情報の提供サービスを含む別紙目録1記載にかかる名称のオンラインデータベースサービス
　　(3)　ユーザー　甲が運営するインターネット接続・情報提供サービスを利用する顧客のうち、本サービスを受けることのできる会員である顧客

第2条（利用許諾）
　　1　乙は甲に対し、乙が甲に提供する本情報につき、別紙目録1記載の条件に基づく本サービスへの利用を許諾する。
　　2　甲は乙から提供を受けた情報を本サービスによってユーザーに提供することができる。

第3条（情報の改変等）
　　　　甲は本情報を本サービスに利用するにあたり、情報の内容・表現を変更してはならない。また、甲はユーザーに対し、素材及びコンテンツの改変、再送信をしてはならない旨の表示を行わなければならない。

第4条（ユーザーサポート等）
　　1　甲は、本サービスに関するユーザーからの問い合わせに関し、ユーザー向けの問い合わせ窓口を設置して対応するものとする。
　　2　本サービスに関するユーザーからの問い合わせのうち、本情報の内容に関する問い合わせに関しては、甲は、その対応を適宜の方法により乙に引き継ぐものとする。

第5条（報告義務等）
　　　　甲は、乙が要求した場合は、本サービスへのアクセス状況等本サービスの実施状況を報告しなければならない。

（中　略）

第7条（本情報の提供）
　　　　乙は甲に対し、本情報を整備の上、別紙目録2記載の方法により、別紙目録3記載の日時までに別紙目録4記載の場所に納入する。

第一章 （第1号の1文書） 不動産等の譲渡に関する契約書　　115

第8条（対価）
　　1　甲は乙に対し、本情報の情報提供料、その他本契約に基づく一切の対価
　　　として、別紙目録5記載の金額（消費税別）・支払方法による金員の支払
　　　を行う。
　　2　前項の金員は、乙が指定する別紙目録5記載の口座に振込支払するもの
　　　とする（振込手数料は甲の負担とする）。なお、乙が、同目録記載の支払
　　　先を変更する場合は、遅滞なく書面をもって甲に通知するものとする。
第9条（期間）
　　1　本契約の期間は、本契約書末尾記載の本契約締結日から1年間とする。
　　2　本契約の期間満了3ヵ月前までに、甲乙いずれも相手方に対し、文書を
　　　もって本契約終了の意思表示をしないときは、本契約はさらに1年間延長
　　　されるものとし、以後も同様とする。
　　　　　　　　　　　　　　（中　略）
第11条（秘密保持）
　　　甲及び乙は、本契約の履行に関連して知り得た相手方及び相手方の取引先
　　等に関する全ての秘密情報を相手方の書面による承諾なくして第三者に開示
　　または漏洩してはならない。
第12条（権利義務譲渡禁止）
　　　甲、乙は、本契約上の地位並びに本契約から生じた権利及び義務を相手方
　　の事前の書面による承諾なく第三者に譲渡し、あるいは担保に供しないもの
　　とする。
第13条（協議）
　　　本契約に定めのない事項、または本契約について甲乙解釈を異にした事項
　　については双方誠意をもって友好的に協議の上解決する。
　　本契約締結の証として、本書2通を作成し、両者署名または記名捺印の上各自1
　通を保有する。
　　　　年　　　月　　　日
　　　　　　　　　　　　　　　　甲　　　　　　　　　　㊞
　　　　　　　　　　　　　　　　乙　　　　　　　　　　㊞
　　　　　　　　　　　（別紙目録　省略）

**印紙税法の適用関係**
　　　印紙税法に定める課税物件ではない。

**説明**　この文書は、情報をユーザーへ配信する目的で使用することを許諾したもので
　　　あり、配信する情報の著作権等を譲渡するものではないことから、第1号の1文
　　　書「無体財産権の譲渡に関する契約書」その他いずれの課税物件にも該当しな
　　　い。

116　　　　　　　　　第2部　各課税物件

第31例　雇用著作契約書

雇 用 著 作 契 約 書

　　（以下「甲」という。）と　　　（以下「乙」という。）とは、甲がソフトウェア開発のために乙を雇用し、乙が別紙Aに定める甲の業務（以下「本件業務」という。）に従事するに際し、知的財産権の帰属について、以下の通り合意する。

第1条（著作者）

　　甲および乙は、乙が本件業務に従事する過程で、単独または第三者と共同で創作した著作物（以下「本件著作物」）の著作者は甲であって、甲が自己の名で公表することのできるものであることを確認する。

第2条（著作権等の帰属）

　　甲および乙は、本件著作物についての著作権、著作者人格権その他の一切の権利は甲に帰属し、乙は何らの権利を有しないことを確認する。

第3条（発明等）

　　乙が、本件業務に従事する過程で、単独または第三者と共同でなした発明または考案（以下「本件発明等」という。）については、特許または実用新案権登録を受ける権利は、当然に乙から甲に譲渡されるものとする。甲は、乙に対し、本件発明等について特許権または実用新案権の登録がなされた場合には、法律の規定に従い、相当の対価を支払うものとする。

第4条（業務上の機密）

　　本契約書において業務上の機密とは、甲が乙に貸与した物件（文書、図面、テープ等を含む）に記載された事項並びに乙が本件業務遂行中に知り得た有形無形の技術的、営業的、その他一切の知識をいう。

第5条（機密の保持）

　　乙は業務上の機密を甲のため以外に使用してはならず、第三者に漏洩してはならない。

　　②　乙は、甲の書面による許諾なく、第三者に業務を行わせてはならない。甲の書面による承諾を得て第三者に業務を行わせる場合には、乙は、当該第三者との間に本確認書と同等の機密保持措置をとることとし、委託先における機密保持状況について継続的に甲に対して報告するものとする。

　　③　乙は甲より貸与された物件について、その利用目的終了の都度速やかに甲に返却するものとする。

第6条（損害賠償責任）

　　乙または乙の従業員が、本契約に違反し、これにより甲が損害を受けたことが明らかな場合には、乙は甲に対し相当の損害賠償を支払わねばならな

第一章 （第1号の1文書） 不動産等の譲渡に関する契約書　　117

い。

第7条（協議解決）

　本契約書に定めない事項及び本契約書の各条項に疑義を生じたときは甲乙相互に誠意をもって協議し、これを解決するものとする。

第8条（有効期間）

　本契約書の有効期間は、本件業務の終了後　年間とする。

　本確認書の成立を証するため、本書2通を作成し、甲乙各1通を保持する。

　　　　　年　　　月　　　日

　　　　　　　　　　　　（甲）

　　　　　　　　　　　　　　　　　　　　　　　　　　　㊞

　　　　　　　　　　　　（乙）

　　　　　　　　　　　　　　　　　　　　　　　　　　　㊞

　　　　　　　　　　〈別紙略〉

**印紙税法の適用関係**

　印紙税法に定める課税物件ではない。

**説明**　この文書は、著作権等の帰属を明らかにしているものであり、雇用者がプログラマー等から成果物の著作権等の譲渡を受けることを約したものではないことから、第1号の1文書「無体財産権の譲渡に関する契約書」その他いずれの課税物件にも該当しない。

　なお、職務上作成する著作物の著作権については、著作権法第15条に規定されている。

**参考**　著作権法第15条

1　法人その他使用者（以下この条において「法人等」という。）の発意に基づきその法人等の業務に従事する者が職務上作成する著作物（プログラムの著作物を除く。）で、その法人等が自己の著作の名義の下に公表するものの著作者は、その作成の時における契約、勤務規則その他に別段の定めがない限り、その法人等とする。

2　法人等の発意に基づき、その法人等の業務に従事する者が職務上作成するプログラムの著作物の著作者は、その作成の時における契約、勤務規則その他に別段の定めがない限り、その法人等とする。

# 第二章　（第1号の2文書）
## 地上権又は土地の賃借権の設定
## 又は譲渡に関する契約書

　他人の土地を利用して建物等を建て、又は植林しようとする場合などにおいては、まずその土地の所有者、すなわち地主に、目的の土地を借りなければならない。他人の土地を借りる場合、一般的には契約によるのが通常である。しかし、契約により他人の土地を借りるについてもその方法や態様は様々である。例えば、その目的となる他人の土地を借りる人が、直接、その土地を支配し利用する排他的な権利（物権）とする場合と、地主との賃貸借契約（賃借権）による場合がある。前者が地上権であり、後者が賃借権といわれるものである。

　印紙税法別表第一、課税物件表の第1号（P1108参照）に掲げる課税物件は、上記のような土地に関する地上権及び土地の賃借権について、その設定又は譲渡に関する契約（予約を含む。）の成立、更改、内容の変更又は補充の事実を証すべき文書を指している。

## 1　地上権の設定又は譲渡に関する契約書

(1)　地上権の設定又は譲渡に関する契約書という場合の「地上権」とは、他人の土地（地下又は空間を含む。）において工作物又は竹木を所有するためにその土地を借りて使用することを内容とする権利であり（民法第265条、第269条の2）、他人の土地を使用する物権（制限物権、用益物権）であるから、債権である土地賃借権と本質的に異なる。

　地上権の目的は、工作物又は竹木を所有することに限られる。ここに「工作物」というのは、建物を主とし、橋梁、軌道、トンネル、池、記念碑、電柱などが含まれ、竹木とは、耕作の目的となる草木（永小作権の対象となる

第二章 （第1号の2文書） 地上権等の設定等に関する契約書　119

稲、麦など）を除く全ての植物をいう。

　建物所有を目的とする地上権については、土地の賃借権とともに借地権として借地借家法上の保護等を受けている（借地借家法《平成3年法律第90号》第1条）。

　なお、借地借家法にいう借地権である地上権及び土地の賃借権は、「建物の所有を目的とする」ものに限られているが、印紙税法上は、建物の所有を目的とするかどうかにかかわらず、地上権又は土地の賃借権の設定又は譲渡に関する契約書は、全て本号の課税物件に該当する。

(2)　地上権の設定又は譲渡に関する契約書という場合の「設定」とは、契約、行政処分等の行為により、特定の権利を生じさせることをいい、他人の所有物を目的とした地上権、永小作権、質権、抵当権等の制限物権や、賃借権等のいわゆる物権化した債権を生じさせることの意味に用いられることが多い。

　なお、このような権利を設定する契約等の行為は設定行為と呼ばれる。「譲渡」については、前章1で説明したとおりである。

## 2　土地の賃借権の設定又は譲渡に関する契約書

(1)　土地の賃借権の設定又は譲渡に関する契約書という場合の「土地の賃借権」とは、前述のように、土地の賃貸借契約により設定される権利で、賃借人が賃借物である土地を使用収益し得ることを内容とするものである。

　つまり賃借権は、賃貸借の効果として生じ、民法上債権であるが、登記をすれば第三者に対抗できる（民法第605条）。

　土地の賃借権と地上権との間には、賃借権が賃貸人に対して土地の使用収益をなさしむべきことを請求し得るにすぎない債権であるのに対し、地上権は、直接に土地を支配して利用し得る物権である等の相違があるが、前述のように、借地借家法では建物所有を目的とする地上権と土地の賃借権の二つの権利を「借地権」と呼んでいることから、地上権と土地の賃借権の区別が判然としない場合が多い。このような場合には、当該契約を締結するに至っ

た事情、目的、約定の存続期間、土地の慣習などを勘案して判断すべきものとされている。

(2) 土地の賃借権の設定又は譲渡に関する契約書という場合の「土地の賃借権の設定」とは、土地の賃貸借契約により土地の賃借権を生じさせることをいい、この場合、設定契約とは、賃貸借契約と同じ意味であり、「設定」については既に述べたとおりである（本章1の(2)）。

　土地の賃借権の「譲渡」は、原則として、賃貸人の承諾を得た場合に限り可能である（民法第612条第1項）。

　賃貸人の承諾ある譲渡が行われると、譲受人が旧賃借人（譲渡人）に代わって賃貸借の当事者となり、権利義務関係はそのまま譲受人に移転することとなる。

　賃借権の転貸については、原則として、無断転貸は禁止されている（民法第612条第1項）が、賃貸人の承諾ある場合は、転貸できる。

　なお、転貸は、賃借人（転貸人）と転借人との間の賃貸借契約により、転借人は有効に賃借権を取得する。したがって、この場合の契約成立を証して文書が作成されたとすれば、その文書も印紙税法別表第一、課税物件表の第1号の2に掲げる課税物件である（賃借権の譲渡では従来の賃借人は賃貸借関係から脱退することになるが、転貸の場合は賃借人が従前の契約上の地位を持続しながら別に転借人との間に新たな賃貸借関係を成立させることになる。）。

　印紙税法上、この土地の賃借権の譲渡に関する契約書は、本号のほか同法別表第一、課税物件表の第15号文書「債権譲渡に関する契約書」にも同時に該当するが、通則3のイの規定によって、本号により課税される。

(3) 土地の賃借権の設定又は譲渡に関する契約書における印紙税法上の「記載金額」とは、その契約書中に証された土地の賃借権の設定の対価たる契約金額又は土地の賃借権の譲渡の対価たる契約金額をいい、具体的には、いわゆる権利金など、契約に際して賃貸人に交付し、後日返還されることが予定されていない金額をいう。

　したがって、賃借人が地代（賃料）だけを支払い、権利金の授受のない場

第二章 （第1号の2文書） 地上権等の設定等に関する契約書　　121

合における土地の賃貸借契約書は、「契約金額の記載のない契約書」として
取り扱われることになる。

⑷　印紙税法別表第一、課税物件表の第1号に掲げる物件に関する非課税物件
の欄に「契約金額の記載のある契約書（通則3のイの規定が適用されることによ
りこの号に掲げる文書となる契約書を除く。）のうち、当該契約金額が1万円未
満のもの」を規定している。

　上記により、課税物件表の第1号に該当する文書で、そのうち記載金額が
9,999円以下のものは、原則的に非課税となる。しかし、第1号該当の文書
のうち「土地の賃借権の譲渡に関する契約書」は、たとえ、その記載金額が
9,999円以下であっても、この非課税規定が適用されない。すなわち、土地
の賃借権の譲渡に関する契約書は、第1号文書とともに第15号文書にも該当
し、通則3のイの規定が適用されて、第1号文書とされるものであるので、
前記非課税物件に関する規定のかっこ書の部分に該当することとなる。

122　　　　　　　　　第2部　各課税物件

**第32例**　**地上権設定契約書**

### 地上権設定契約書

　　　　　　　　を甲とし、土地所有権者　　　　　を乙として、両者間において下記のとおり地上権設定契約を締結する。

記

第1条　乙は、その所有に係る末尾記載の土地（以下「土地」という。）に甲のために地上権を設定する。

第2条　地上権設定に係る土地の使用目的は次のとおりとする。

第3条　本契約により設定する地上権の存続期間は、本契約締結の日から前条により建設する道路の存する間とする。

　　2　前項の期間内に乙が第三者に所有権を移転した場合には、第三者に本契約を継承させるものとする。

第4条　第1条により設定する地上権に対する補償金は、金4,500,000円とし、地代は無料とする。

　この契約締結の証として、契約書2通を作成し、記名押印して各々1通を保有する。

　　　　年　　月　　日

　　　　　　　　甲　　　　　　　　　　　　㊞

　　　　　　　　乙　　　　　　　　　　　　㊞

　（地　上　権　設　定　の　表　示）

**印紙税法の適用関係**

　　印紙税法別表第一、課税物件表の第1号の2文書「地上権の設定に関する契約書」である。

**説明**　この文書は、地上権の設定を約する文書であることから、第1号の2文書に該当する。

　　なお、記載金額は、第4条の補償金450万円となる（印紙税法基本通達第23条第2項）。

第二章　（第1号の2文書）　地上権等の設定等に関する契約書　　123

**第33例　地上権設定承諾書**

地 上 権 設 定 承 諾 書

　このたび、　　　市高速鉄道事業のため　　　　　町　丁目　　番地
が所有し、私が借地している土地について、次の条項により地上権を設定することを
承諾いたします。

記

1　地上権を設定する土地

2　地上権設定の目的
　　　　市高速鉄道事業施設所有のため
3　地上権設定の範囲

4　地上権の存続期間
　　　　市高速鉄道事業施設存続中
5　　　　市は、地上権設定の補償金として土地所有者との協定で定めた金　　　　円
　を支払うこと。
6　この土地に新たに建物その他工作物を築造する場合は、あらかじめ設計工法等に
　ついて　　市と協議を整えること。
　　　ただし、木造については制限を設けないが、その他の場合は高速鉄道事業施設に
　加わる建物その他工作物の荷重は、地表面において1平方メートル当り8トン以下
　とすること。
7　前号に違反して建物その他工作物を築造したときは、　　市は改築を請求するこ
　とができること。
8　この土地に関する借地権を第三者に譲渡する場合は、この承諾書の条項を譲受人
　に承継させること。
9　この借地について、万一他に権利を主張する者がある場合は当方において責任を
　もって解決し、　　市に対しては何等の迷惑をかけないこと。
　　　　年　　月　　日
　　　　　　　　殿
　　　　　　　　借地権者
　　　　　　　　住　所
　　　　　　　　氏　名　　　　　　　　　　　㊞

124　　　　　　　　　第2部　各課税物件

**印紙税法の適用関係**

　　　印紙税法に定める課税物件ではない。

**説明**　この文書は、土地の借地人が借地上に地上権を設定することを承諾した文書で
　　あり、地上権者と地上権設定者の間の契約ではない。したがって、第1号の2文
　　書「地上権の設定に関する契約書」その他のいずれの課税物件にも該当しない。

第二章　（第1号の2文書）　地上権等の設定等に関する契約書　　125

**第34例　定期借地権設定契約書**

（その1）　定期借地権設定契約書（個人と地主）

## 定期借地権設定契約書（生涯型）

賃貸人（甲）　　　　　　　　　㊞

賃借人（乙）　　　　　　　　　㊞

　賃貸人　　　　　を甲とし、賃借人　　　　　を乙とし、甲乙間において次のとおり生涯型の定期借地権設定契約を締結する。

（本契約の目的）

第1条　甲はその所有する後記土地を含む一帯の土地を開発し、これに分譲住宅を建築して乙に譲渡し、乙の買い受けた後記建物の敷地　　平方メートルについて、本契約に基づき、後記土地に借地借家法第22条に基づく定期借地権を設定する。

（契約の期間）

第2条　本契約に基づく定期賃貸借の期間は、　　年　月　日から　　年　月　日までの50年間とする。

　2　前項の賃貸借の期間は更新しないものとする。ただし、乙において前項の期間満了前6カ月前までに、甲に対して乙本人である　　　　　より、同人の生存中にかぎり、後記土地の使用の継続を内容証明郵便等の確定日付ある文書により請求したときは、乙本人である　　　　　の生存中にかぎって本契約の定期賃貸借の期間を延長するものとする。

　3　前項但書きによって延長された期間は、乙本人である　　　　　の死亡によって終了するものとし、いかなる事情があっても乙死亡後については契約期間の更新もしくは延長を行わない。

（50年経過後の建物賃貸借）

第3条　　　年　月　日本契約の定期借地権の期間が満了する日の6カ月以上前までに、乙は前条第2項但書に基づく定期借地権の期間延長を請求する代わりに、後記土地上の建物を甲に譲渡し、同建物の賃借人として、乙本人である　　　　　の死亡するときまで同建物に居住することを甲に申し出ることができる。

　2　前項による乙の申出があった場合には、甲乙間において建物賃貸借契約を締結する。

（本契約の承継）

第4条　乙が甲の事前の書面による承諾を得て、後記建物の所有権を第三者に譲渡す

126　　　　　　　　　　　第2部　各課税物件

　　　ると共に、後記土地の定期借地権を譲渡した場合には、譲受人は第2条第1項
　　　の残存期間についてのみ後記土地の定期借地権を承継するものとし、　　　年
　　　　月　日に本契約の定期賃貸借は終了するものとし、第2条第2項但書の期間
　　　延長及び第3条の規定は適用されない。
　（地上建物の制限）
第5条　乙が後記土地上に所有する建物は、後記建物の表示記載のとおり木造2階建
　　　て住宅とし、甲の事前の書面による承諾なしに、乙は構造の変更または床面積
　　　の増加を伴う改築を行うことはできない。
　（地上建物の滅失）
第6条　後記表示の建物が滅失したときは、甲の事前の書面による承諾を得て、乙は
　　　後記表示の建物と同じ構造、同じ床面積の住宅を建築することができる。
　　2　前項により乙が後記土地上に本契約の定期借地権の残存期間を超える建物を
　　　築造した場合であっても、第2条第1項の賃貸借期間の更新はしないものとす
　　　る。
　　　　　　　　　　　　　　（中　略）
　（保証金及び賃料）
第8条　乙は甲に対し、本契約成立と同時に、本契約上の乙の債務を担保するため、
　　　保証金　　万円を無利息にて預託するものとする。
　　2　後記土地の賃料は月額金　　円とし、各月の末日までに翌月分を甲の指定す
　　　る銀行預金口座に振込送金の上支払うものとする。
　（公正証書）
第9条　本契約は公正証書とする。
　土地・建物の表示等（省略）

### 印紙税法の適用関係

　　　（その1）印紙税法別表第一、課税物件表の第1号文書「不動産の譲渡に関す
　　る契約書」及び「土地の賃借権の設定に関する契約書」である。

**説明**　　（その1）の文書は、第1条において、建築後の分譲住宅を譲渡すること及び
　　　譲渡した建物の敷地について定期借地権を設定することを約するものであること
　　　から、第1号の1文書及び第1号の2文書に該当する。

　　　　したがって、この文書の所属の決定は、通則3のイの規定により第1号（第1
　　　号の1、第1号の2）文書となる。

　　　　なお、分譲住宅の譲渡金額及び定期借地権の設定の対価たる金額の記載がない
　　　ことから、記載金額のないものとなる（印紙税法基本通達第23条第2項）。

第二章　（第1号の2文書）　地上権等の設定等に関する契約書　　127

（その2）　定期借地権設定契約書（宅建業者等と地主）

# 定期借地権設定契約書

賃貸人（甲）　　　　　　　　　　　　㊞

賃借人（乙）　　　住宅株式会社　㊞

甲及び乙は、次のとおり後記土地について定期借地権設定契約を締結した。

第1条　甲は乙に対し、乙が後記土地に住宅30戸を建築し、これを分譲するため、同土地を賃貸する。

第2条　賃貸期間は、本契約成立の日から50年とし、いかなる事由があっても更新しない。

　2　乙および乙の転借人は、甲に対し、契約終了時において地上建物の買取りを請求することはできない。

第3条　乙は、後記土地を別紙図面のとおり10区画に分け、同地上に木造瓦葺2階建住宅を10戸建築し、これを分譲することができる。

第4条　乙より後記土地上の住宅（以下、単に「住宅」という。）を購入した者は、乙との間において、各区画ごとに土地転貸借契約を締結するものとし、乙はこの転貸借が甲乙間の定期土地賃貸借契約の範囲内にて認められるものであることを、住宅購入者に本契約書の写しを交付することにより周知徹底させるものとする。

　2　前項の土地転貸借契約書の条項については、事前に甲の書面による承諾を得るものとする。

第5条　保証金として乙は甲に対し、本契約成立と同時に金　　万円を預託する。

　2　保証金には利息を付さない。

　3　保証金は、乙が後記土地を更地として甲に返還したときに、これと引換えに乙に返還する。

第6条　賃料は月額金　　万円とし、毎月30日までに翌月分を甲に持参または送金して支払う。

第7条　乙が後記土地上の住宅を分譲した後においても、乙は後記土地全体の借地人として、後記土地全部についての賃料を甲に支払わねばならない。

　2　乙の転借人の賃料不払いを理由として、乙は甲に対する賃料の支払義務を免れることができない。ただし、甲が直接乙の転借人に賃料の支払いの請求をすることを妨げない。

第8条　乙が後記土地上の住宅を分譲して、当該区画を転貸するときには、乙は甲に

128　　　　　　　第2部　各課税物件

　　　　対して、転貸の承諾料支払いの義務はないが、分譲住宅の取得者が、その住宅
　　　　をさらに第三者に転売しようとするときは、乙は事前に甲の書面による承諾を
　　　　得るものとし、かつ承諾料として転売価格の10パーセント相当額を甲に支払う
　　　　ものとする。
　　2　乙が前項の承諾料を甲に提供したときは、甲は正当な理由なくして、乙の転
　　　　借人が所有建物を転売することを拒否することができない。
第9条　乙の転借人につき次の事由が発生したときは、甲は後記土地のうち当該区画
　　　　についての賃貸借契約を解除し、乙および乙の転借人に対して、同区画の土地
　　　　の明渡しを請求することができる。
　　①　住宅の無断取毀し、増改築または大修繕
　　②　住宅の転売による敷地の転借権の譲渡または再転貸
　　③　破産等の申立てのあったとき
　　④　住宅につき強制競売の申立て、任意競売の申立て、差押え、滞納処分など
　　　　がなされたとき
　　　　　　　　　　　　　　　（中　　略）
　上記のとおり当事者間において合意したので、本証書2通を作成し、末尾に記名押
印の上、各自その1通を保有する。
　　　　　　　年　　　月　　　日
　土地の表示等（省略）

### 印紙税法の適用関係

　　　　（その2）印紙税法別表第一、課税物件表の第1号の2文書「土地の賃借権の
　　　設定に関する契約書」である。

**説明**　　（その2）の文書は、土地の賃貸借に関する契約であることから、第1号の2
　　　文書に該当する。
　　　　なお、土地の賃借権の設定の対価たる金額の記載がないことから、記載金額の
　　　ないものとなる。

第二章　（第1号の2文書）　地上権等の設定等に関する契約書　　129

（その3）　事業用借地権設定契約公正証書

## 事業用借地権設定契約公正証書

　本職は当事者の嘱託により、以下の法律行為に関する陳述の趣旨を録取し、この証書を作成する。

　　　　　　　　　を甲とし、　　　　　　　　　を乙として、以下のとおり事業用借地権設定に関する契約を締結する。

第1条　甲は、その所有する後記土地を、乙がその営業する石油製品販売の給油所用の建物および諸設備の敷地として使用するため、乙に賃貸する。乙は、借地借家法にもとづき、乙の事業のために後記土地を賃借した。

第2条　前条の事業用借地権の期間は　　　年　月　日から20年間とする。

　2　前項の賃貸期間は更新しないものとする。

第3条　乙は甲に対し、後記土地上に建設する給油所建物の平面図及び附帯設備（地下タンクを含む。）の明細および所在図を、工事着工の2週間前までに提出し、甲の書面による承認を得なければならない。

第4条　保証金は金2億円とし、本契約成立と同時に預託する。

　2　敷金は月額賃料の6カ月分相当額を保証金と共に預託するものとし、賃料が増額されたときは、増額分の6カ月分相当額を追加して預託する。

　3　保証金・敷金には利息を附さない。

第5条　賃料は月額金　　万円とし、1年分を毎年12月末日までに甲に持参または送金により前納する。賃料の額は2年ごとに改訂するものとし、公租公課の増額、諸経費の高騰のほか、後記土地における給油所の売上増を勘案して定めるものとする。ただし、乙は給油所の売上の減少もしくは経営不振を理由に、甲の増額請求を拒むことはできない。

第6条　乙は、甲の事前の書面による承諾なしに、次の各号の行為をすることはできない。

　①　後記土地の賃借権の譲渡または転貸

　②　後記土地上の建物の増改築または大修繕

　③　後記土地上の給油所設備の取替えまたは大修繕

　④　後記土地上の建物または設備の譲渡

　⑤　後記土地上の建物および設備の賃貸または経営の委任

　⑥　第4条記載の保証金または敷金の返還請求権の譲渡または質権の設定

　　　　　　　　　　　　　（中　略）

第8条　本契約の期間が満了したとき、または本契約が終了したときは、乙は後記土

130 　　　　　　　　第2部　各課税物件

　　　地上の建物および設備を撤去して、同土地を更地にして甲に明け渡さねばならない。

第9条　乙は甲に対し、前条の明渡しに際し、地上建物または設備の買取りを請求することはできない。

第10条　本契約が終了したにもかかわらず、乙が後記土地を明け渡さないときには、甲は乙に対し、本契約終了の日の翌日から後記土地の明渡し完了の日まで、賃料の2倍に相当する金額の割合の遅延損害金の支払いを請求することができる。

第11条　本契約についての紛争は、甲の住所地を管轄する地方裁判所を専属的に第一審の管轄裁判所とすることに甲乙は合意した。

第12条　乙が本契約書記載の金銭債務を履行しないときは、乙はただちに強制執行をされても異議がない。

　　物件の表示（省略）

　　本旨外要件

　　　　　　　　　　　　　　　　　　　　賃貸人　甲　　　　　　　　㊞

　　甲は印鑑証明書の提出により人違いでないことを証明させた。

　　　　　　　　　　　　　　　　　　　　賃借人　乙　　　　　　　　㊞

　　　　　　　　　　　　　（以下省略）

## 印紙税法の適用関係

　　　　（その3）印紙税法別表第一、課税物件表の第1号の2文書「土地の賃借権の設定に関する契約書」である。

**説明**　　（その3）の文書は、土地の賃貸借に関する契約であることから、第1号の2文書に該当する。

　　　　なお、公正証書については、公証人が保存する原本のみが課税対象となり、公正証書の正本又は謄本は課税の対象とはならない。

第二章 （第1号の2文書） 地上権等の設定等に関する契約書　　131

（その4）　建物譲渡特約付借地権設定契約書

---

# 建物譲渡特約付借地権設定契約書

賃貸人（甲）　　　　　　㊞

賃借人（乙）　　　　　　㊞

甲及び乙は、次のとおり契約した。

第1条　甲は乙に対し、後記土地を賃貸するものとし、乙は同土地上に建物を建築して所有する目的をもって賃借する。

第2条　乙が建築する建物（以下「本件建物」という。）の概略は次のとおりとし、乙は本契約締結後1カ月以内に、建築確認書等、官庁に提出した書類の写しを甲に交付する。

建物の概略（省略）

第3条　後記土地の賃貸期間は、本契約調印の日から30年間とする。

第4条　保証金は金　　万円とし、本契約成立と同時に、乙より甲に預託する。

2　前項の保証金には利息を付さない。

第5条　賃料は次の計算方式により定め、毎月30日までに翌月分を甲に持参または送金して支払う。

①　賃料を基礎的部分と変動部分とに分かち、基礎的部分は、後記土地の公租公課の3倍相当額の12分の1を月額とする。

②　変動部分は、乙が第2条の建物を共同住宅として賃貸することにより賃借人から受領する賃料、管理費および更新料を毎月計算し、その実収入金額の20パーセント相当額を前記①の基礎的部分と合算して支払うものとする。

③　前記変動部分の計算については、乙は貸室賃貸借契約書、家賃の振込先銀行の預金通帳の写しを甲に提出し、甲の承認を得て金額を定める。

（中　略）

第7条　甲は本契約の期間満了のとき、乙に対し、本件建物の譲渡を請求することができる。

2　前項の建物譲渡請求の書面が乙に到達したとき、本件建物の所有権はただちに甲に移転する。

3　乙は甲に対し、次条に規定された建物所有権移転請求権仮登記の本登記手続をなすものとする。

第8条　乙は甲に対し、第7条第1項記載の本件建物の譲渡請求権を保全するため、本件建物完成後ただちに所有権移転請求権保全仮登記手続をなすものとする。

132　　　　　　　　　第2部　各課税物件

　　2　前項および前条第3項の登記手続費用は、甲の負担とする。
第9条　第7条に基づく本件建物の譲渡代金は、甲より乙に対する譲渡請求時の時価
　　　とする。代金額につき甲乙間において合意に達しない場合は、　　　　　　　などの
　　　権威ある鑑定機関に委嘱し、当該機関の鑑定価格を代金額と定める。
第10条　乙につき次の各号のいずれかに該当する事由が生じたときは、甲は催告を要
　　　せず、本契約を解除し、後記土地の明渡しを請求することができる。
　　　①　賃料の支払いを引続き3カ月分以上怠ったとき
　　　②　乙が本件建物の維持管理を怠り、建物が荒廃し、共同住宅としての役割を
　　　　果たさなくなったとき
　　　③　仮差押え、仮処分、差押え、滞納処分、競売の申立て等の手続のなされた
　　　　とき
　　　④　本契約に違反したとき
第11条　第2条記載の建物が建築後滅失したとき、乙が同様の建物を再築した場合、
　　　再築建物を譲渡の対象となる建物とする。
第12条　甲と乙は、本契約に関する紛争については、甲の住所地を管轄する地方裁判
　　　所を管轄裁判所とすることに合意した。
　　　土地の表示（省略）
　　　　　　　年　　月　　日

**印紙税法の適用関係**

　　　（その4）印紙税法別表第一、課税物件表の第1号文書「不動産の譲渡に関す
　　る契約書」及び「土地の賃借権の設定に関する契約書」である。

**説明**　　（その4）の文書は、土地の賃貸借に関する契約であることから、第1号の2
　　文書に該当するほか、借地期限満了時に建物を土地の賃借人から賃貸人に譲渡す
　　ることを約する予約契約であることから、第1号の1文書にも該当する。

　　　したがって、この文書の所属の決定は、通則3のイの規定により、第1号（第
　　1号の1、第1号の2）文書となる。

　　　なお、土地の賃借権の設定の対価たる金額及び建物の譲渡金額の記載がないこ
　　とから、記載金額のないものとなる。

第二章 （第1号の2文書） 地上権等の設定等に関する契約書 133

**第35例 土地賃貸借契約書**

土 地 賃 貸 借 契 約 書

記

| 賃貸借土地の所在地 | 市　区　町　丁目　番地 |
|---|---|
| 賃貸借土地の面積 | 330㎡ |

　上記土地を賃貸借するについて土地所有者　　　　　を甲とし、　　　　　を乙として、次の条項により賃貸借の契約を締結する。

第1条　用途　乙の営業用鉄材置場所として使用する。

第2条　賃貸借の期間　この契約成立の日から2年とする。

第3条　賃借料　1か月3.3㎡当り1,000円也とする。

　　　　但し、月以下の端数については日割計算とし、1か月は30日とする。

第4条　乙は甲の承諾なくして当該土地を他人に転貸してはならない。

第5条　契約期間満了あるいは契約解除のときは、乙は遅滞なく使用土地を原状に復旧のうえ甲の同意を得て返還しなければならない。

第6条　賃借料については乙は甲の請求により請求の日から30日以内に支払わなければならない。

第7条　賃貸借期間に延長の必要が生じた場合は、甲乙協議の上、延長することができる。

第8条　賃貸借期間中の本件土地に対する、租税その他の公課については、甲の負担とする。

第9条　甲において、本件土地の所有権を、他人に移転する場合は、譲受人に契約条項を承継しなければならない。

　この契約の締結を証するため正本2通を作成し双方記名捺印の上各々その1通を保有する。

年　　月　　日

　　　　　　　　貸主　　住　所

　　　　　　　　　　　氏　名　　　　　　　　　　　㊞

　　　　　　　　借主　　住　所

　　　　　　　　　　　氏　名　　　　　　　　　　　㊞

第1号の2

## 印紙税法の適用関係

印紙税法別表第一、課税物件表の第1号の2文書「土地の賃借権の設定に関する契約書」である。

**説明**　この文書は、土地の賃借権の設定を約する文書であることから、第1号の2文書に該当する。

「土地の賃借権の設定に関する契約書」における記載金額とは、賃貸料を除き、権利金その他名称のいかんを問わず、契約に際して相手方当事者に交付し、後日返還されることが予定されていない金額をいう（印紙税法基本通達第23条第2項）。この文書の場合、賃借地の面積330㎡に、第3条に定める1か月3.3㎡当たり賃借料1,000円、第2条に定める賃借期間2年（24か月）を乗じて算出できる240万円には、土地の使用収益の対価（地代）であり、権利の設定の対価ではないことから、記載金額には該当しない。

したがって、この文書は、記載金額のないものとなる。

第二章　（第1号の2文書）　地上権等の設定等に関する契約書　　135

**第36例**　駐車場賃貸借契約書

# 駐車場賃貸借契約書

| 所　在　地 | ○○県○○市○○町○○番地<br>　　　　　　　　　111－1の内230坪（更地） |
|---|---|
| 車種及びナンバー | 乙の自由とする |
| 賃　料　総　額 | 1ケ月金壱百万円也(うち、消費税及び地方消費税　　　円) |
| 敷金・保証金 | 敷金　金弐百万円也（無利息の約定） |
| 備　　　　考 | |

貸主（甲）と借主（乙）は、下記条項を双方承諾の上本契約を締結する。

第1条　賃貸借の期間は、　　年　月　日より　　年　月　日迄向こう2ケ年とする。但し期間満了の場合、必要があれば当事者合議の上本契約を更新することが出来る。

第2条　賃料の支払いは、毎月末日までに翌月分を乙は甲方に持参して支払うこと、万一1ケ月なりとも滞納せる場合は、敷金・保証金等の有無にかかわらず、甲は何等の催告も要せずして本契約を解除し、乙は即時明渡すものとする。

第3条　車は契約の場所以外に置かないこと、通路は常時充分空けて置き他車の出入りを妨げないこととする。

第4条　乙は甲に無断で賃借権の譲渡及び転貸を絶対にしてはならない。

第5条　甲又甲の命ずる管理人の定めた管理規則に違反した場合、甲は直ちに解約することが出来る。

（中　略）

この契約の証として、本契約書を2通作成し甲乙共記名捺印して各1通を所持する。

　　　年　月　日

　　　　　　　　　貸主（甲）　住　所
　　　　　　　　　　　　　　　氏　名　　　　　　　　　㊞
　　　　　　　　　借主（乙）　住　所
　　　　　　　　　　　　　　　氏　名　　　　　　　　　㊞

136 　　　　　　　　第2部　各課税物件

**印紙税法の適用関係**

　　印紙税法別表第一、課税物件表の第1号の2文書「土地の賃借権の設定に関する契約書」である。

**説明**　　この文書は、土地の賃借権の設定を約する文書であることから、第1号の2文書に該当する。

　　「土地の賃借権の設定に関する契約書」における記載金額とは、賃貸料を除き、権利金その他名称のいかんを問わず、契約に際して相手方当事者に交付し、後日返還されることが予定されていない金額をいう（印紙税法基本通達第23条第2項）。

　　この文書の場合、後日返還されることが予定されている敷金200万円は、記載金額に当たらない。

　　したがって、この文書は、記載金額のないものとなる。

**参考**　駐車場を利用することを内容とする契約書についての印紙税の取扱いは、次のとおりとなる。

1　駐車場として土地の賃貸借を約するもの
　　土地の賃貸借であることから、第1号の2文書に該当する。

2　車庫の賃貸借を約するもの
　　車庫という施設の賃貸借契約であることから、課税物件に該当しない。

3　駐車場の一定の場所に特定の車両を有料で駐車させることを約するもの
　　駐車場という施設の賃貸借契約であることから、課税物件に該当しない。

4　車両の保管（寄託）を約するもの
　　車両という物品の寄託契約であることから、課税物件に該当しない。

第二章 （第1号の2文書） 地上権等の設定等に関する契約書　137

**第37例　建設協力金の定めのある土地建物賃貸借契約書**

## 土地建物賃貸借契約書

　賃貸人　　　　　（以下「甲」という。）と賃借人　　　　　（以下「乙」という。）と以下のとおり土地建物賃貸借契約（以下「本契約」という。）を締結する。

記

第1条　（契約の目的）
　1　甲は乙に対し、甲所有の末尾記載の土地（以下「本件土地」という。）上に乙の指定する店舗、倉庫及び事務所等（以下「本件建物」という。）を甲の費用で建築した上、本件建物を営業用として、又本件土地の一部を駐車場並びに屋外展示場用地として賃貸することを約し、乙はこれらを賃借することを約した。
　2　本件建物は鉄骨造2階建で建築し、その延床面積は約6,612㎡（約2,000坪）とし、本件土地は本件建物の敷地部分を約3,306㎡（約1,000坪）、駐車場用地を約6,760.33㎡（約2,045坪）とする。
　　　但し、甲及び乙は本件建物について建築基準法、大規模小売店舗立地法、県市町村の条例及び指導要綱、その他止むを得ざる事情により建物の面積に変更があることを予め了承する。
　3　本件建物の建築工事代金は金1,091,850,000円也（消費税及び地方消費税は含まない。）とし、甲はこれを負担する。但し、甲・乙は協議の上、上記工事代金を変更することが出来る。
　　　本件建物の床面積、建築工事代金に増減があった場合、第3条の賃貸借料、第5条の建築協力金、第6条の敷金の各条項については甲・乙協議の上変更することが出来る。
　　　建築工事代金とは①躯体工事費②付帯工事費③屋上、駐車防災工事費④設計監理料⑤平面駐車、外構工事費⑥外構造成工事費⑦エレベーター設置費⑧看板工事費⑨遺跡発掘調査費等をいう。
　4　本件建物の構造、設備、外構の設計については、乙の希望を取り入れた設計に基づき建築するものとする。
第2条　（賃貸借の期間）
　　　本契約の賃貸借期間は、乙が本件建物の引渡しを受けた日から25カ年とし、期間満了の6カ月前までに甲・乙いずれからも書面による別段の意思表示のない時は、更に3カ年更新するものとする。その後の期間満了についても同様とする。
第3条　（賃貸借料）
　1　賃料は本件建物及び駐車場等、用地双方の合計額として、月額6,500,000円

也（消費税及び地方消費税は含まない。）とし、本件建物の引渡しを受けた日から、乙は毎月当月分（金融機関の休日の場合は翌営業日）を当月初日に甲の指定する金融機関の口座に振込み支払う。但し、1カ月未満の場合は日割り計算とする。

2　乙は甲に賃貸借の始期より5年据置後満6年目の初月より向こう15年間前項の賃料に月額1,621,000円也を加算して支払うこととする。（消費税及び地方消費税は含まない。）

3　前項の賃料は建物の面積に変動が生じた場合、本件建物完成後に最終実測値をもって算出し直すものとする。尚、賃料の算出方法は別紙覚書の算出基準を基にして計算するものとする。

4　賃料の改定については、乙が本件建物の引渡しを受けた日から3カ年経過毎に近隣の賃料、固定資産税上昇等の経済情勢を勘案し、6％以上の増額を目途として、甲・乙双方協議の上改定するものとする。

第4条　（手付金）

1　乙は甲に対し、本契約締結時に手付金として金50,000,000円也を支払う。

2　前項の手付金は本件建物の引渡しを受けた時に第5条の建築協力金に振替充当する。

第5条　（建築協力金）

1　乙は甲に対し、本件建物の建築協力金として、総額金1,091,850,000円也を融資する。但し、建築協力金は無利息とする。

建築協力金の内訳

　　㈵　軀体工事代金　　　¥　800,000,000円也
　　㈹　付帯工事代金　　　¥　291,850,000円也
　　　　建築協力金総額　　¥1,091,850,000円也

2　前項の融資の時期及び方法は、次の通りとする。但し、消費税及び地方消費税は含まない。

　　①　建築確認取得時　　　　　金218,370,000円也
　　②　建物上棟時　　　　　　　金436,740,000円也
　　③　本件建物竣工引渡し時　　金436,740,000円也

　　但し、上記金額の内、金50,000,000円也は本契約第4条の手付金を振替充当する。

3　甲は建築協力金の内金764,295,000円也は本契約の始期より5年間据置き第2条の契約期間中15年（180カ月）に分割して乙に返済する。

　　但し、無利息とする。

4　甲の前項の支払債務と乙の第3条の賃料支払債務は、前3項の返済債務が発生する日以降毎月対当額で相殺することとする。

第二章　（第1号の2文書）　地上権等の設定等に関する契約書　　139

5　建築工事代金が総額1,091,850,000円を超過した場合はその超過額を15年
（180カ月）に分割して次の方法で相殺精算する。但し、消費税及び地方消費
税はつかない。

　㈤　乙から甲に対し、融資金として等分化した額を賃貸借の始期より5年間据
置、6年目の初月より毎月賃料に加算して支払う。（但し、消費税及び地方
消費税は含まない。）

　㈥　甲から乙に対し、前㈤項と同等額を賃貸借の始期より5年間据置、6年目
の初月より毎月融資金返済額に加算して返済する。

6　甲は乙に対し、本件建物に融資金額を債権額とする第1順位の抵当権を、又
甲が本件建物に付した損害保険契約に基づく保険金請求権の上に第1順位の質
権をそれぞれ、乙に対する借入債務完済に至るまでこれを継続することとす
る。

　抵当権設定登記費用は乙の負担とし、借入債務完済に伴う抹消登記費用は甲
の負担とする。

7　甲は前項により設定した抵当権につき、乙が金融機関を権利者とする転抵当
権を設定することを予め了承する。

第6条　（敷　　金）

　乙は甲に対し、本件建物の引渡しを受けた時に敷金として、金327,555,000
円也を支払う。但し、敷金は無利息とし、本契約期間満了及び本契約解約等に
よる本契約終了時に甲は乙に対し、金218,370,000円也を返還する。

（中　略）

　本契約の成立を証するため、本書2通を作成し甲・乙各自記名捺印のうえ、各1通
宛保有する。

年　　　月　　　日

**印紙税法の適用関係**

　印紙税法別表第一、課税物件表の第1号の2文書「土地の賃借権の設定に関す
る契約書」及び第1号の3文書「消費貸借に関する契約書」である。

説明　この文書は、土地の賃借権の設定を約する文書であることから、第1号の2文
書に該当するほか、建設協力金として賃貸借期間などに関係なく、一定期間据置
き後に返還することを定めた文書（印紙税法基本通達別表第一、第1号の3文書
の7）であることから、第1号の3文書にも該当する。

　また、記載金額については、土地の賃貸借を約する第1号の2文書に該当する
部分において、第6条（敷金）より109,185,000円（327,555,000円－218,370,000
円）となり、また、建設協力金により消費貸借を約する第1号の3文書に該当す
る部分において、第5条（建設協力金）により1,091,850,000円となる。

140　　　　　　　第2部　各課税物件

したがって、この文書の所属の決定は、通則3のイの規定により、第1号（第1号の2、第1号の3）文書となり、記載金額は、通則4のイの規定により、1,201,035,000円（109,185,000円＋1,091,850,000円）となる。

第二章　（第１号の２文書）　地上権等の設定等に関する契約書　　141

### 第38例　店舗賃貸借契約書（保証金の定めのあるもの）

# 店舗賃貸借契約書

　　　ビル株式会社（以下、「甲」という。）と株式会社　　　　（以下、「乙」という。）
との間において、甲が建築中の下記ビル内の店舗（以下、「本店舗」という。）に関
し、以下のとおり賃貸借を契約する。

記

　　区　町　丁目　　番地　上
　　鉄骨鉄筋コンクリート造地下２階付７階建（建坪　　．　　平米のうち、１、地下
１階の別添図面表示位置の店舗　　．　　平米）

第１条　甲は　　年　月　日を始期として向こう10年間、本店舗を乙に賃貸し、同
　　　　じく乙はこれを賃借する。

第２条　賃料は１カ月金　　円とし、毎月末日限り其翌月分を甲営業所に持参または
　　　　甲指定の方法で支払う。

第３条　乙は保証金　　万円を次の通り分割し、甲営業所に持参し甲に預託する。
　　　　　第１回分　金　　万円　　　　年　月　日
　　　　　第２回分　金　　万円　　　　年　月　日
　　　　　第３回分　金　　万円　本店舗貸渡しと同時

第４条　前条の保証金は契約解除後又は契約期間終了後、３ヶ月据え置いて返還す
　　　　る。ただし、保証金には利息を付さない。

第５条　乙は、甲と協議の上、本契約上の地位を他に移転することができる。
　　②　甲は正当な事由なくして上記移転の承諾を拒むことはできない。

第６条　乙は契約期間中においても、６カ月前に申し出るか、また申出後６カ月間の
　　　　賃料を支払って本賃貸借を解約することができる。
　　②　前項の解約がなされた場合、預託中の保証金は、甲が本店舗を他に賃貸また
　　　　は甲自らの使用に供するまで、これを返還しない。

第７条　暖冷房、ガス、水道、電気代等の費用については、甲が相当と判断する基準
　　　　をもってその負担配分を行う。

第８条　本店舗は乙の料理店店舗として使用されるものとし、その用途および内装、
　　　　造作等を変更しようとするときは、あらかじめ甲と協議しなければならない。
　　②　甲は、同ビル内他店舗に悪影響があると判断したときその他正当な理由があ
　　　　るときは、上記変更の承認を拒むことができる。

第９条　本店舗の内装、造作等は建物に附属し独立の権利に服さないものとする。

第10条　乙は本店舗の貸渡しを受けるのと同時に甲に対し、権利金として、金　　円
　　　　を支払う。ただし、権利金は返還しない。

142          第2部　各課税物件

第11条　乙は本店舗の貸渡しを受けるのと同時に甲に対し、敷金として金　　　円を差
　　　　入れる。ただし、敷金は乙が負担すべき債務の担保とし利息を付さない。
第12条　本契約は、甲乙いずれにおいても第1条の始期に至るまではこれを解約する
　　　　ことができる。ただし、乙が解約した場合は、預託済の保証金は解約の6カ月
　　　　後までに返還すれば足りるものとし、甲が解約した場合は、同保証金に5割の
　　　　違約金を付して直ちに返還するものとする。
　　　　　　年　　　月　　　日

　　　　　　　　　　　　　　　　　　　　ビル株式会社
　　　　　　　　　　　　　　　　　　　　　　　代表取締役　　　　　　　㊞
　　　　　　　　　　　　　　　　　株式会社
　　　　　　　　　　　　　　　　　　　　　　代表取締役　　　　　　　㊞

---

**印紙税法の適用関係**

　　　　印紙税法に定める課税物件ではない。

**説明**　賃貸借契約に際して保証金を預かり、契約期間に関係なく一定期間据え置いた
　　　後返還することを約する契約書は、第1号の3文書（消費貸借に関する契約書）
　　　として取り扱うこととされている（印紙税法基本通達別表第一、第1号の3文書
　　　の7）。しかし、一般に、長期の賃貸借にあっては、賃料の精算、目的物件の補
　　　修及び明渡し等のじ後処理に相当期間を要すると認められ、契約期間終了後、保
　　　証金の返還を3か月程度据え置くことは、賃貸借債務を担保するための必要かつ
　　　妥当な措置と考えられる。
　　　　したがって、この文書は、第1号の3文書「消費貸借に関する契約書」に該当
　　　しないものとして取り扱われる。

第二章 （第1号の2文書） 地上権等の設定等に関する契約書 143

**第39例　借地権譲渡契約書**

## 借 地 権 譲 渡 契 約 書

　　　　（以下「甲」という。）と末尾記載の土地の所有者　　　　　（以下「乙」
という。）及び末尾記載の土地の借地権者　　　　　（以下「丙」という。）との間
に、次の契約を締結する。
第1条　丙は、末尾記載の土地に有する借地権を甲に譲渡し、甲はこれを譲り受け
　　　るものとする。
第2条　甲は、譲り受ける借地権の代金として金　　　　　円を丙に支払うものと
　　　する。
第3条　乙は前2条に定める事項について、これを無条件で承認するものとする。
第4条　第2条の代金の支払いは、この契約締結後着手金として、金　　円を、
　　　残額は末尾記載の土地の引渡しが乙から甲へなされた後、それぞれ丙の請
　　　求により支払うものとする。
　　この契約締結を証するため、本証書3通を作成し、記名押印のうえ各自1通所持
する。
　　　　　　　　　年　　　月　　　日
　　　　　　　　　　　　　　　　甲　　　　　　　　　　　　㊞
　　　　　　　　　　　　　　　　乙　　　　　　　　　　　　㊞
　　　　　　　　　　　　　　　　丙　　　　　　　　　　　　㊞
　　　　　　　　　　　　　　記
　　　　土地の表示（省略）

（注）　甲が乙の土地を購入するに先立って、乙の土地について借地権を有する丙との
　　　間で、その借地権の譲受けをすることを内容とし、土地所有者乙を含めた三者間
　　　で行う契約である。なお、この場合の借地権は建物の所有を目的とする土地の賃
　　　借権である。


**印紙税法の適用関係**

　　　　印紙税法別表第一、課税物件表の第1号の2文書「土地の賃借権の譲渡に関す
　　　る契約書」である。

**説明**　　1　「借地権」は、地上権又は土地の賃借権をいうものとされており、契約書
　　　　　上、地上権であるか土地の賃借権であるかが明らかでない場合は土地の賃借
　　　　　権とみるのがより合理的であると認められるので、土地の賃借権として取り
　　　　　扱う。

144　　第2部　各課税物件

2　この文書では、「借地権の譲渡」としており、地上権であるか賃借権である
か明らかでないことから、土地の賃借権の譲渡とし、第1号の2文書に該
当する。
　また、土地の賃借権は、債権であることから、第15号文書「債権譲渡に関
する契約書」にも該当するが、通則3のイの規定により、第1号の2文書に
該当する。
　なお、記載金額は、第2条の借地権の代金となる。
3　納税義務者は、譲渡契約の当事者である甲及び丙であるが、乙が所持する
文書も課税対象となる。

第二章 （第1号の2文書） 地上権等の設定等に関する契約書　　145

**第40例　工作物の埋設に関する協定書**

協　定　書

市　　町　　丁目　番地　　　株式会社　　　（代表者）を甲とし、
　　　郡　　村（代表者　　　村村長　　　）を乙とし、立会人県
（代表者　　　県知事　　　）を丙とし、甲が村道に埋設するパイプライ
ンについて、甲と乙との協議に基づいて次の通り協定する。

第1条　占用場所（別添図面の通り）
　　　　県　　郡　　村　　　川右岸、国道　　号線　　川橋西詰の村道より
　　　　地区経由　　までの村道

第2条　占用面積
　　　　　　　　　　㎡

第3条　占用目的
　　甲の　　　工場用エチレン輸送管埋設のため。

第4条　占用期間
　　　　　　年　　月　　日から
　　　　　　年　　月　　日まで　　10年間
　　尚、期間満了の6ケ月前に甲乙のいずれからも別段の意思表示がないときは、更
に10年間更新するものとし、以後この例に準ずるものとする。

第5条　工作物の構造
　　圧力配管用鋼管（内径15cm）及び電気防蝕施設

第6条　工作物埋設方法
　　埋設の方法
　　原則として道路面より1.2mの位置とし、既設水道管との関係位置は、水平距離
50cm以上又は深度30cm以上の距離を保つものとする。

2　埋戻しの方法
　　埋戻しのため使用する土は真砂を用い、埋戻した真砂はよく締め砕石舗装厚10cm
以上施し、目つぶし真砂5cm以上散布すること。

第7条　橋梁添架
　　甲が工作物を橋梁に添設するときは、その位置について甲乙で協議する。

第8条　用水水位の操作
　　乙は甲が工事施工中、必要な用水の水位低下については、極力その要請に応え、
施行に便宜を与えるものとする。

第9条　既設工作物の取扱い
　　甲は工事施工上、乙又は第三者の既設の工作物等を取外す必要が生じたときは、

乙の承認を得て、丁寧に取外し、必要により技術的考慮の上で適当な保護設備を行なって施工する。

2　取外した既設の工作物等は、工事完了後、ただちに原形に復するものとする。

3　前各号による既設の工作物については、原則として当該区間工事完了後3ケ月間保証するものとする。

第10条　工作物の移転

　　乙が工事施工中、公共のため必要が生じた場合は協議の上、工作物埋設箇所の変更を命ずることができる。

2　前項により変更を行ったための必要経費は甲の負担とする。

第11条　工作物の保守管理

　　甲は適用法令に定められた技術基準に従い、工作物の保守管理を行うものとする。また、乙はガスの漏洩または外部からの被害発生の恐れのある場合を発見次第可及的速やかに甲に通報するものとする。

第12条　第三者に対する取扱い

　　甲が工作物の埋設予定の道路占用に対し、第三者の異議の申立てに対しては、乙は責任をもって解決するものとする。

2　甲が工事施工に当たり、民有地買収の必要が生じた場合は、乙はこれを斡旋解決する。

3　甲は工事施工に当たり、乙又は第三者に損害を与えたときはその損害を補償するものとする。その補償の基準については、甲・乙協議して定める。

第13条　占用料

　　甲はパイプライン敷設に関する占用料を、乙に支払う。

2　占用料の内容は一時金として金100万円也、及び年間占用料として㎡当たり金　　　円也とする。

3　支払期日は、一時金は　　年　　月　　日まで、年間占用料は毎年　　月　　日までに支払うものとする。

第14条　遵守義務

　　甲及び乙は、この協定において、定められたる事項については、誠意をもって遵守履行するものとする。

　　尚、本協定に含まれていない事項についても、甲の工事施工に際して、乙は、甲に対して全面的に協力し、便宜を与えるものとする。

第15条　疑義の処理

　　この協定書の各条項及び定めていない事項で重大な疑義が発生した場合は、必要に応じて丙が仲介して甲乙協議の上、定めるものとする。

以上の協定を証するため、本証3通を作成し、甲乙丙は記名押印し、それぞれ1通

第二章 （第1号の2文書） 地上権等の設定等に関する契約書　　147

を保有する。

```
　　　　　年　　　月　　　日
　　　　　　　　　　　　甲　　　　　　株式会社
　　　　　　　　　　　　　代表者　　　　　　　　　　　㊞
　　　　　　　　　　　　乙　　　郡　　村
　　　　　　　　　　　　　代表者　　村村長　　　　　　㊞
　　　　　　　　　　　　丙　　　県
　　　　　　　　　　　　　代表者　　県知事　　　　　　㊞
```

**印紙税法の適用関係**

　　印紙税法別表第一、課税物件表の第1号の2文書「土地の賃借権の設定に関する契約書」である。

**説明**　　地中を使用（有料使用）する権利も土地の賃借権であることから、この文書は、第1号の2文書に該当する。

　　なお、記載金額は、第13条占用料の一時金100万円となる。

148　　　　　　　　第 2 部　各 課 税 物 件

**第41例**　土地の賃貸借料の変更に関する覚書

---

覚　　　　　書

　　　　株式会社（以下「甲」という。）と　　　　株式会社（以下「乙」とい
う。）は、　　年　　月　　日付賃貸借契約書に基づく賃貸借料に関する　　年
　月　　日付覚書の一部を下記のとおり改訂する。


1．用地賃貸借料

　　　　　　　　（物件番号B－1）　　月額　　　56,000円

　　　　　　　　（物件番号C－1）　　月額　　344,000円


2．第1項の賃貸借料は　　　年　　月　　日より1年間とし、以降については各
　年甲・乙協議の上取り決める。


　　本覚書の証として本書2通を作成し、甲乙記名捺印のうえ、各1通を保有する。


　　　　年　　月　　日


　　　　甲　　　株式会社　　　　　　　　　　　　　　㊞


　　　　乙　　　株式会社　　　　　　　　　　　　　　㊞

---

**印紙税法の適用関係**

　　　印紙税法別表第一、課税物件表の第1号の2文書「土地の賃借権の設定に関す
る契約書」である。

**説明**　この文書は、既に締結された賃貸借契約のうち第1号の2文書の重要な事項で
ある賃貸借料を変更するものであることから、第1号の2文書に該当する。

　　　なお、賃料は第1号の2文書の契約金額に該当しないため、この文書の記載金
額はないものとなる（印紙税法基本通達第23条第2項）。

第二章　（第1号の2文書）　地上権等の設定等に関する契約書　　149

**第42例　借地に関する差入証**

### 借地に関する差入証

年　　　月　　　日

御中

借地人　　　　　　㊞

　借地人は　　　年　　月　　日付　　　　契約証書に基づき、貴社に対して負担する金　　　　円也の債務の担保として差入れた抵当建物の敷地に対する下記の借地権につき、次の各項を履行することを約定いたします。

　　　　借 地 の 場 所
　　　　借 地 の 面 積　　　　　　　平方メートル
　　　　土地の現所有者
　　　　借地の期間及び地代

1　借地期間満了の場合には、直ちに借地契約継続の手続をとります。
2　土地の所有者が異動したときは、直ちに貴社に通知し、また借地権の内容に変更を生ずる場合には、あらかじめ貴社の承諾を受けます。
3　解約その他借地権の消滅をきたすようなおそれのある行為をせず、またそのようなおそれのあるときは借地権保全に必要な手続をとります。

**印紙税法の適用関係**

　　　印紙税法に定める課税物件ではない。

**説明**　この文書は、抵当権の目的物となっている建物の敷地に対する借地権について、抵当権者のために、借地契約の期間満了の場合、更に継続契約の手続を採ること等を約した（抵当権者に約した）ものであり、土地所有者と借地人との間における土地の賃貸借契約ではない。

　　　したがって、第1号の2文書「土地の賃貸借の設定に関する契約書」その他いずれの課税物件にも該当しない。

150　　　　　第２部　各課税物件

**第43例**　**墓地使用承諾証**

---

承諾番号＿＿＿＿号

墓 地 使 用 承 諾 証

| 使用者 | 氏　　名 | |
|---|---|---|
| | 本　　籍 | |
| | 現住所 | |
| 使 用 場 所 | 区画番号　No. | |
| 面　　　積 | 間口　　　　　米・奥行　　　　　米（　　　　　平方メートル） | |
| 使 用 料 | ¥ | |

上記のとおり　　苑墓地使用規則により使用承諾致します。
　　　　年　　　月　　　日

　　　　　　　　　　　　　　　　　宗教法人　　　　　　寺
　　　　　　　　　　　　　　　　　　　　　　　　　　　苑

---

苑墓地使用規則

第１条　　　苑墓地を使用しようとする者はこの規則の定めるところにより　　　苑
　　　の承諾を受けねばならない。使用者には使用承諾証を交付する。

第２条　使用料は、　　苑が定め、使用承諾の際徴収する。

第３条　使用者は、清掃その他苑の管理に要する経費として使用面積１㎡につき１
　　　年間2,000円の管理費を納入しなければならない。

第４条　既納の使用料及び管理費はいかなる事由によろうとも還付しない。

（以下省略）

---

**印紙税法の適用関係**

　　　　印紙税法別表第一、課税物件表の第１号の２文書「土地の賃借権の設定に関す
る契約書」である。

**説明**　この文書は、墓地の永代使用に対し、使用料を支払うことを内容とするもので
あることから、第１号の２文書に該当する。

　　　なお、使用料欄については、墓地使用規則により墓地の使用承諾の際に徴収す
ることになっており、また、後日返還されないことから、土地の賃借権の設定の
対価たる金額に該当し、記載金額となる（印紙税法基本通達第23条第２項）。

　　　したがって、記載金額は使用料欄の金額となる。

第二章　（第1号の2文書）　地上権等の設定等に関する契約書　　151

**第44例　自動販売機設置についての協定書**

## 協　定　書

　　　　　　（以下「甲」という。）と　　　　　　　　株式会社（以下「乙」という。）との間に　　　　　　　自動販売機設置に関し、下記の通り協定する。

1　甲は乙所有の　　　　　自動販売機　　No.　を甲の事務所、工場、店舗内の　　　　に設置することを承認する。

2　乙は上記自動販売機により乙の管理の下に　　　　及び　　　　を販売する。　　　　　及び　　　　の販売価格は、中味1本当り¥　　　とする。販売価格を変更するときは、甲乙協議して決定する。

3　甲は甲の事務に差し支えない限り、乙の社員又は使用人が上記自動販売機への製品の補充、代金の回収、空容器の回収、機械の保全修理等のため、其の設置場所へ出入することを許可する。

4　上記自動販売機の保全修理は、乙がこれに当たるも、設置期間中、甲はつとめて之が保全に協力し、故障を生じた場合は、直ちに乙に通報する。

5　乙は上記自動販売機による売上金額の　　％を手数料として甲へ支払う。

　　但し、空容器に未回収があるときは、壜1本¥　　　、箱1ケ¥　　　の割合により、上記手数料より差引く。

　　手数料の計算は、各月1日より月末迄を取りまとめ、翌月　　日迄に甲の指定する方法により乙より甲へ支払う。

6　甲乙協議の上、本協定を破棄する場合は、乙は上記自動販売機を撤去する。

7　本協定に定めなき事項については、甲乙協議して処理する。

8　後日のため本協定書2通を作り、甲乙各1通保有する。

　　　　　　　年　　　月　　　日
　　　　　　甲　　　　　　　　　　　　　　　　　　㊞
　　　　　　乙　　　　　　　　　　　　　　　　　　㊞

**印紙税法の適用関係**

　　印紙税法に定める課税物件ではない。

**説明**　　対価を支払って事務所、工場等建物の一部を使用することを約するものは、第1号の2文書「土地の賃貸借の設定に関する契約書」には該当しない。

　　なお、自動販売機の設置場所が土地（地面）である場合には、第1号の2文書に該当する。

# 第三章 （第1号の3文書）

## 消費貸借に関する契約書

　金銭借用証や金銭貸付契約書等、消費貸借に関する契約（予約を含む。）の成立事実を証すべき文書のほか、その契約の更改、内容の変更又は補充の事実を証すべき文書は、印紙税法別表第一、課税物件表の第1号（P1108参照）に掲げる印紙税の課税物件である。

　ここにいう消費貸借とは、当事者の一方（借主）が、同種、同等、同量の物（消費物）を返還することを約して、相手方（貸主）から金銭その他の代替物を受け取ることによって成立する契約（片務契約、要物契約、有償契約）である（民法第587条）。

　消費貸借は、民法上、目的物を受け取ることによって成立する要物契約であるとされているが、近年の学説は、これに批判的で、実際上不都合が生じ今日の法律状態に適しないとして、その要物性が緩和されつつある状況であり、実際取引においても抵当権を設定した後、公正証書を作成し、その後に目的物を交付するのが慣行とされているところである。

　したがって、印紙税法上も、消費貸借における要物性を緩和した諾成的消費貸借に関する契約書をも課税物件の「消費貸借に関する契約書」として取り扱い、例えば、あらかじめ一定限度までの金銭の貸付けを約した内容のいわゆる限度（極度）貸付契約書は、契約書作成の時点においては、金銭の受渡しが行われない、つまり要物性を欠くわけであるが、印紙税法上、これを消費貸借に関する契約書として取り扱うものである。

　準消費貸借の契約書も印紙税法にいう消費貸借に関する契約書にほかならない。「準消費貸借」とは、金銭その他の代替物を給付する義務を負う者（債務者）が、その相手方（債権者）に対して、その物を消費貸借の目的とすることを約する契約である（民法第588条）。

第三章 （第1号の3文書） 消費貸借に関する契約書　　　153

　例えば、買掛事実（債務）を承認し、これを消費貸借に切り替え、あるいは
古い消費貸借を新しい消費貸借に切り替えるような場合(注)で、単に契約に
よって消費貸借を成立させることである。消費貸借が要物契約であるため、本
来は、債務者がいったん債務を履行し、改めてその債務額相当の金銭を受け取
らないと消費貸借は成立しないのであるが、これは実際上煩雑であり、また無
意味でもあるので、民法は既存の債務を振り替えて消費貸借の物的要件の具備
に代えることを認め、当事者の合意のみをもって消費貸借が成立するものとし
たのである。

　　(注)　民法は、既存債務を「消費貸借によらないで」生ずる債務と限定しているが、
　　　　これは通常の場合を規定したにすぎないから、既存の債務が別の消費貸借に基づ
　　　　いて生じている場合であってもよいと解するのが通説である。なお、いわゆる借
　　　　替えの場合にも準消費貸借が成立するとした判例がある（大正2年1月24日大判
　　　　民）。

　消費貸借の目的物は、「金銭その他の代替物」であるから、金銭のほか、有
価証券なども目的物となり得る。

　返還を約して受渡しされるものが、金銭の場合は、特別の事情がない限り、
消費貸借とみるべきであるが、それが有価証券の場合は、消費貸借か、賃貸借
（又は使用貸借）かの問題がある。このことについての判例は、当事者の意思
によって決するものであるが、原則としては、消費貸借ではなく、賃貸借（又
は使用貸借）であるとしている。

　印紙税法上の取扱いは、借用した有価証券そのものを返還するのではなく、
これと同価値の有価証券をもって返還しても差し支えないことを約するもの
は、「消費貸借に関する契約書」とし、借用した有価証券そのものを返還する
ことを約したものは「賃貸借（賃借料を支払う場合）又は使用貸借（無償で借りる
場合）に関する契約書」（印紙税法上の課税物件には該当しない。）として取り扱
う。

　なお、例えば、「何年何月何日には金何円の消費貸借契約を締結する。」とい
うような、いわゆる消費貸借の予約の契約書も印紙税法にいう「消費貸借に関
する契約書」に該当する（通則5＝P1107参照）。

154 　　　　　　　　第2部　各課税物件

　消費貸借の予約に関連して当座貸越契約書が問題になる。

　当座貸越契約の法律的性格については、①消費貸借の予約契約、②一定の限度額までは、金融機関が無条件に貸出しに応ずることを約する与信契約、③当座取引を結ぶ預金者が金融機関に対して一定の限度額まで自己振出しに係る小切手の支払を委託し、金融機関がこれを承諾した委任契約の3説があるが、印紙税法上の取扱いは、この契約書を「消費貸借に関する契約書」とせず、「委任に関する契約書」(印紙税法上の課税物件には該当しない。) としている。

　消費貸借の変更契約書も「消費貸借に関する契約書」に当てはまることとなるが (通則5 = P1107参照)、そのうち、利率、返済方法、返済期限等を変更する契約書については、その文面に原契約において確定した契約金額を記載することがあっても、この金額は変更すべき原契約を特定するための記事にすぎないと認められるところから、印紙税法にいう「記載金額」(税率適用の標準となる金額) としては取り扱わない。

　したがって、その文書は、記載金額のない消費貸借に関する契約書となる。

第三章 （第1号の3文書） 消費貸借に関する契約書　　155

**第45例　金銭消費貸借契約証書**

金銭消費貸借契約証書

第1条　債務者　　　　　　（以下「乙」という。）は、連帯保証人　　　　　（以下
　　　「丙」という。）の連帯保証のもとに、債権者株式会社　　銀行（以下
　　　「甲」という。）より下記要項に基づき、金員を借用し、乙はこれを受領
　　　した。
　　　1　金　　　　　額
　　　2　弁　済　期　限　　　　　　　年　　　月　　　日
　　　3　弁　済　方　法
　　　4　利　　　　　率　金100円につき日歩　金　　　銭　　　厘
　　　5　利息支払方法
　　　6　特　　　　　約　債務の履行を怠ったとき又は債務の期限の利益を
　　　　　　　　　　　　　失ったときは弁済すべき金額に対し、金100円につ
　　　　　　　　　　　　　き日歩金　　　銭の割合を以って損害賠償金を支払
　　　　　　　　　　　　　う。
第2条　乙は、甲が債権保全のために必要と認め請求したときは、直ちに甲の承認
　　　する担保又は増担保を差入れ、保証人を立て又はこれを追加するものとす
　　　る。
第3条　乙が次の各号の一に該当したときは、甲より通知催告の手続を要せず、乙
　　　は期限の利益を失い、直ちに本契約の債務の全部につき弁済するものとす
　　　る。
　　　1　期日に債務の履行を怠ったとき又は1回でも利息の支払を怠ったと
　　　　き。
　　　2　手形交換所の不渡処分を受けたとき。
　　　3　乙又は丙につき、差押、仮差押又は仮処分の申請、支払停止又は整
　　　　理、会社更生、破産若しくは競売の申立てがあったとき。
　　　4　本契約の条項に違背したとき又は原因の如何を問わず、本契約による
　　　　債務の履行が困難になるおそれがあると甲が認めたとき。
第4条　前条の場合、乙及び丙の甲に対する諸預金債権は、その期限の如何に拘ら
　　　ず、通知催告なしに、本契約による債務と相殺されても異議はない。
第5条　本契約から生ずる権利義務に関し訴訟を提起する場合は、専属管轄を除く
　　　ほか、甲の所在地を管轄する裁判所にこれを提起する。
第6条　丙は保証人となり乙と連帯して、かつ、乙丙間の保証委託契約の効力に拘
　　　らず本件債務履行の責めに任ずる。

156　　　　　　　　第2部　各課税物件

第7条　乙及び丙は、甲が請求したときは、何時でも公証人に委嘱して本契約による債務の承認並びに強制執行の認諾ある公正証書の作成に必要な手続をとるものとする。
　　この契約を証するため、証書1通を作成し、甲にこれを差入れる。
　　　　　　　　　　　　　年　　　月　　　日
　　　　　　　　　　　　　　　乙　債　務　者　　　　　　　　㊞
　　　　　　　　　　　　　　　丙　連帯保証人　　　　　　　　㊞
　甲　株式会社　　銀行御中

**印紙税法の適用関係**

　　印紙税法別表第一、課税物件表の第1号の3文書「消費貸借に関する契約書」である。

**説明**　この文書は、金銭消費貸借について定めている第1号の3文書のほか、借入金の受領事実を証明した、第17号の2文書「売上代金以外の金銭の受取書」にも該当するが、通則3のイの規定により、第1号の3文書に該当する。

　　なお、記載金額は第1条1の金額となり、納税義務者は債務者である。

　　また、連帯保証人についての事項は、主たる債務の契約書に併記された保証契約であるため、第13号文書「債務の保証に関する契約書」には該当しない。

第三章　（第1号の3文書）　消費貸借に関する契約書　　157

**第46例**　　**金銭消費貸借契約変更契約書**

# 金銭消費貸借契約変更契約書

年　　月　　日

住所

銀行　　　　　　支店

支店長　　　　　　　　　　　　㊞

住所

乙　　　　　　　　　　　　　㊞

住所

保証人　　　　　　　　　　　㊞

住所

担保提供者　　　　　　　　　㊞

　株式会社　　銀行（以下「甲」という。）と　　　（以下「乙」という。）は、金銭消費貸借に関し下記のとおり変更契約を締結します。

第1条　甲と乙との間における　　　年　月　日付金銭消費貸借契約書（以下「原契約書」という。）に基づく債務額　　円（現在残元金　　円）について、今般双方の合意をもって原契約書中元金の弁済期日、利息を次のとおり変更します。

　　1　弁済期日　　　年　月　日　金　　　円也

　　　　　　　　　年　月　日　金　　　円也

　　2　利息は年　％とします。ただし事情により甲はこれを変更することができます。

第2条　乙は本契約に違反したときは、ただちに抵当物の競売その他強制執行を受けても異議を申し出ません。

第3条　原契約書に記載する各約款は本契約により変更された部分を除き、いぜんとしてその効力を保持し原契約を更改したものではないことを確認します。

第4条　前記利息に関する変更事項につき本契約の日より1カ月以内に原債務につき設定した抵当権設定登記につき変更登記が行われないときは、甲は本契約を解除することができます。

（後略）

**印紙税法の適用関係**

　　印紙税法別表第一、課税物件表の第1号の3文書「消費貸借に関する契約書」である。

158　　　　　　　第2部　各課税物件

**説明**　この文書は、原契約書において確定している消費貸借の債務を確認し、その弁
済期日等を定めるものであることから、第1号の3文書に該当する。

　なお、原契約の契約金額を変更するものではないことから、現在残元金は、記
載金額とはならず、記載金額のない契約書となる。

　また、保証人についての事項は、主たる債務の契約書に併記された保証契約で
すから、第13号文書「債務の保証に関する契約書」には該当しません。

第三章 （第1号の3文書） 消費貸借に関する契約書 159

**第47例** 借入金の利率を変更する覚書

覚　書

　甲株式会社と乙株式会社は、　　　年　月　日に締結した金銭消費貸借契約書
（以下「原契約書」という。）の条項を、以下のとおり変更する。
第1条　原契約に定めた利率3％を　　　年　月　日から、年4％に引き上げるも
　　　のとする。
第2条　変更後の利率は　　　年　月　日から適用する。
第3条　本日現在、貸借金額の残金は　　　円である。
第4条　前各条以外の条項については、原契約書のとおりとする。

**印紙税法の適用関係**

　　　印紙税法別表第一、課税物件表の第1号の3文書「消費貸借に関する契約書」
　　である。

**説明**　この文書は、金銭消費貸借契約書の重要な事項である利率を変更することを約
　　した文書であるため、第1号の3文書に該当する（印紙税法基本通達別表第二
　　重要な事項の一覧表）。
　　　この文書に記載されている貸借金額の残額は、原契約書において確定している
　　金額であり、契約の成立等について証明しようとする金額ではないため、記載金
　　額として取り扱われない。

160　　　　　　　　第2部　各課税物件

**第48例**　**念書（消費貸借契約の補充）**

---

念　　　　　書

　　　年　　月　　　日付消費貸借契約書に基づき　　　　　　　　及び
が、貴社より借り受けた金　　　　　円に対しては、利息として百円に付1日金　　　銭
也の割合による金員をお支払い致します。
　なお、約束の月賦弁済を1回たりとも怠った場合は百円につき1日金　　　銭也の割
合の積数計算による遅滞損害金を異議なくお支払い致します。
　後日の為本書差入れます。

（以下省略）　　　　

---

**印紙税法の適用関係**

　　　印紙税法別表第一、課税物件表の第1号の3文書「消費貸借に関する契約書」
　　である。

**説明**　　この文書は、既に締結された消費貸借契約の一部を補充するものであるから、
　　通則5の規定（契約書には契約の内容を補充するものを含む旨の規定）により、
　　第1号の3文書となる。

　　　なお、借入金額は、原契約において確定している消費貸借の債務金額を確認す
　　るものであることから、記載金額のないものとなる。

第三章 （第１号の３文書） 消費貸借に関する契約書　　161

**第49例**　**会社と社員の間で作成される金銭借用証書**

```
                               年  月  日

              金銭借用証書
   ○○株式会社
      代表取締役社長
                       殿
              借受人　　　　　　　印
       下記金額を借用いたしました。
       1  申込金額          ￥
       2  用　　途
       3  返済期日          年  月  日
```

**印紙税法の適用関係**

　　印紙税法別表第一、課税物件表の第１号の３文書「消費貸借に関する契約書」
である。

**説明**　この文書は、借主が金銭を借り入れる際に、借入金額及び返済期日を記載して
貸主に差し入れる文書であり、第１号の３文書に該当する。

　　会社と社員との間で作成される文書は、それぞれ独立した人格を有する者の間
のものであるため、同一法人内で作成する文書には該当しない（印紙税法基本通
達第59条、印紙税法基本通達別表第一、第１号の３文書の５）。

162　　　　　　　　第2部　各課税物件

**第50例**　原本と相違ない旨を記載した契約書の写し

本書は原本と相違ありません。
　　　　　　　　　年　　月　　　日
　　　　市　　区　　町　丁目　番　号
　　　　株式会社　　銀行　　支店　㊞

金銭消費貸借契約証書

　　　　　　　　　　　年　　月　　日
株式会社　　銀行　御中

（注）　この文書は、銀行が顧客の控用とするため、金銭消費貸借契約証書をコピー
し、「原本と相違ない」旨証明したものである。

**印紙税法の適用関係**

　　印紙税法別表第一、課税物件表の第1号の3文書「消費貸借に関する契約書」
である。

**説明**　この文書は、金銭消費貸借の当事者である銀行が契約書のコピーに原本と相違
ない旨を証明していることから、第1号の3文書となる。

**参考**　コピーされた文書は、正本等の単なる写しにすぎないことから、印紙税法上の
契約書に該当せず、いずれの課税物件にも該当しない。

　　しかしながら、コピーされた文書であっても、契約当事者がそのコピーされた
文書に次のような証明方法を採ったものは、印紙税法上の契約書に該当すること
から、その内容が課税物件表のいずれかの課税事項に当たる場合は、印紙税が課
されることとなる（印紙税法基本通達第19条第2項）。

1　契約当事者の双方又は一方の署名又は押印があるもの（ただし、文書の所持
者のみが署名又は押印しているものを除く。）

2　正本等と相違ないこと、又は写し、副本、謄本等であることの契約当事者の
証明（正本等との割印を含む。）のあるもの（ただし、文書の所持者のみが証
明しているものを除く。）

第三章 （第1号の3文書） 消費貸借に関する契約書　　163

第51例　公正証書作成のための委任状

委　任　状

　　　年　月　日債権者　　　株式会社は債務者　　　に対し、下記金額
を貸渡し、債務者は次項以下の約定によって、これを受領し、正に借用しました。
ついては私共は会社員Ａを代理人と定め、下記各項について公正証書作成に関する
一切の権限を委任いたします。

　　　　　金

1　債務者は債権者に対し次の条項にしたがってその債務を履行すること。
　償還方法 （イ）　　　　年　月　日より　　　　年　　月　　日迄毎日
　　　　　　　　　円宛　　ケ日賦を以って償還すること。
　　　　　（ロ）　　　　年　月　日より　　　　年　　月　　日迄毎月
　　　　　　　　日限り　　　　円宛　　ケ月賦を以って償還すること。但し第
　　　　　　　　回賦金は　　　　　　円とする。
　　　　　（ハ）　弁済期日たる　　　年　　月　　日迄に持参支払いすること。
　　　　　　　　　　　　（中略）
以上の通り委任いたします。

　　　年　　月　　日

| 債務者 | 住所 | | |
| | 職業 | 氏名 | 印 |
| 連帯保証人 | 住所 | | |
| | 職業 | 氏名 | 印 |

（注）　借用証書等（第1号の3文書）の作成は省略している。

印紙税法の適用関係
　　　印紙税法別表第一、課税物件表の第1号の3文書「消費貸借に関する契約書」
　　である。

説明　　この文書は、金銭の消費貸借の契約事項と、当該契約に係る公正証書の作成に
　　　ついての委任事項を併記したものであることから、第1号の3文書に該当する。

164　　　　　　　　第2部　各課税物件

**第52例**　　**返済条件を記載した約束手形**

```
          No. 200        約 束 手 形　No.

株式会社                          支払期日       年  月  日
代表取締役          殿          支 払 地　京都市

  金額                          支払場所　株式会社　　銀行　　支店
          ￥ 500,000 ※
上記金額をあなた又はあなたの指          月賦、平成30年7月より10万円以上
図人へこの約束手形と引替えにお     返済
支払いいたします。              条件  その他、平成30年3月31日付約定書に
                                  従う

      年    月    日
振出地　京都市
住　所　　　市　　区　町　丁目
振出人                    ㊞
```

（注）　約束手形に返済条件を記載しているものである。

**印紙税法の適用関係**

　　　印紙税法別表第一、課税物件表の第1号の3文書「消費貸借に関する契約書」
　　である。

**説明**　　この文書は、返済条件が記載されているので、「単純なる支払約束」ではな
　　く、手形法第33条第2項に規定する無効な手形である第3号文書「約束手形」に
　　は該当しない。

　　　しかし、この文書は、約束手形の用紙を用い、それに返済条件を記載する方法
　　により、金銭を借用し、その返済を約したものであることから、第1号の3文書
　　に該当する。

　　　なお、記載金額は、50万円となる。

第三章 （第1号の3文書） 消費貸借に関する契約書　　165

### 第53例　借受金受領書

借 受 金 受 領 書

一 金 壱 千 万 円

但し、借入金として受領しました。

年　月　日までに返済し、

利息は月　分とする。

年　月　日

氏 名　　　　　　　　　　　印

殿

### 印紙税法の適用関係

印紙税法別表第一、課税物件表の第1号の3文書「消費貸借に関する契約書」である。

### 説明

この文書は、金銭の受領事実を証している第17号の2文書のほか、返済期日、利息を定めている第1号の3文書にも該当するが、通則3のイの規定により、第1号の3文書となる。

166                    第2部　各課税物件

### 第54例　手形借入金割賦弁済約定書

---

## 手形借入金割賦弁済約定書　　　㊞

　　　　　　　　　　　　　　　　　　　　　　　　年　　月　　　日

株式会社　　　　　　　　銀行　御中
　　　　　　　　　　　　住　所
　　　　　　　　　　　　借　主　　　　　　　　　　　　　　　　㊞

　私が　　　　年　　月　　日付銀行取引約定書（以下「原約定書」という。）に
基づき　　　　年　　月　　日貴行より借入れた手形借入金　　　　　　　円也の
弁済について次のとおり約定いたしました。

第1条（弁済期日）

- - - - - - - - - - - - - - - - - - - - - - - - - - - - - - - - - - - - - -

第2条（手形の書替）

　　　手形は前条の最終弁済期日にいたるまで、借入金残額を手形金額とし貴行が
　　　指定する日を支払期日として書替え継続し、また前条の割賦弁済期日が手形期
　　　日内である場合は、その手形期日のいかんにかかわらずこれを履行します。

（以下省略）

---

（注）　原契約書には借入金額の記載はない。


### 印紙税法の適用関係

　　　　印紙税法別表第一、課税物件表の第1号の3文書「消費貸借に関する契約書」
　　　である。

**説明**　　この文書は、手形貸付けの方法により借り入れた債務（手形債務）を確認し、
　　　その支払期日等を定めるものですから、第1号の3文書に該当する。

　　　　なお、この文書に記載されている手形借入金額は、原契約において確定してい
　　　る消費貸借の債務金額を単に確認するものではなく（引用されている銀行取引約
　　　定書には具体的な金額は、記載されていない。）、この文書において証明の目的と
　　　なった金額であることから、第1号の3文書の記載金額に該当する。

第三章 （第1号の3文書） 消費貸借に関する契約書　　167

**第55例**　**資金借入約定並びに保証書**

### 資金借入約定並びに保証書

　今般、貴組合より　　　　　　　資金借入に関し、次の条項を約定いたしましたことにつき保証人連署し、本証書を差入れします。

第1条　貴組合より借入し得べき金額は、別紙手形記載金額とする。

第2条　本約定並びに保証書は私提出の約束手形より、私が貴組合に対して負担する一切の債務に適用するものとする。

第3条　割引歩合は貴組合所定の利率によるものとする。

第4条　第2条手形の最終償還期日は、　　　　年　　月　　日として支払地を　　　　町、支払場所を貴組合と定めるものとする。

第5条　前条の期日迄に完済しない残額に対しては、約定利率に年率3％を加算して遅延損害金を支払うものとする。

　　　　　　　　　　　　　（中　略）

第9条　本債務については、私及び保証人外　　名は、約定により生ずる一切の債務を保証する。

　　　　　　　　　　　　　（中　略）

　　　　　年　　月　　日

　　　　　　　　　　　　債　務　者　　　　　　　　㊞
　　　　　　　　　　　　連帯保証人　　　　　　　　㊞


　　　　　　御　中

**印紙税法の適用関係**

　　　印紙税法別表第一、課税物件表の第1号の3文書「消費貸借に関する契約書」である。

**説明**　この文書は、金銭の借入を証しているため第1号の3文書となる。

　　　なお、この文書の契約金額は、添付された約束手形を引用するものではあるが、当該引用された文書（約束手形）は、課税文書であり、通則4のホの(2)のかっこ書の規定によりその手形の金額は引用てきないことから、記載金額のないものとなる。

　　　また、連帯保証人についての事項は、主たる債務の契約書に併記された保証契約であることから、第13号文書「債務の保証に関する契約書」には該当しない。

168　　　　　　第2部　各課税物件

## 第56例　購買借越約定書

### 購 買 借 越 約 定 書

取引コード　No.

| 検 | | 印 | |
|---|---|---|---|
| | | | |

年　　月　　日

　　協同組合長　殿

　　　　　　　　　　　利用者　住　所
　　　　　　　　　　　　　　　氏　名　　　　　　　　　　㊞

　私は貴組合との購買借越取引について各条項承認の上、次の事項を確約します。

（借越極度額）

　　第1条　購買借越極度額は金　　　　　　万円也とします。

　　　　尚貴組合が極度額を越えて代金決済を行われた場合は、この約定による借越
　　　　金として取り扱われても異議なく貴組合からの請求あり次第極度額の増額も
　　　　しくは現金（貯金）で支払います。

（取引の期限）

　　第2条　この約定による取引の期限は定めないものとします。

（代金決済利息）

　　第3条　購買代金の決済は別に定めるものとし、利息は貴組合所定の利率とし
　　　　私の借越金から差引き又は借越元金に組入れることに同意します（但し利息
　　　　額10円未満の場合は徴収しないものとする。）。

（保証人）

　　第4条　組合長が必要と認めた場合は保証人を付すことが出来る。

（借越金の精算）

　　第5条　この約定による購買借越元利金の精算は貴組合の請求により毎年1回
　　　　9月30日をもって普通貯金から振替精算します。

（損害金）

　　第6条　この約定により債務を履行しなかった場合は貴組合の定めた損害金を
　　　　支払います。

（その他）

　　第7条　上記条項以外の事項については、貴組合の定款、諸規程に準ずるもの
　　　　とします。

第三章 （第1号の3文書） 消費貸借に関する契約書　　169

**印紙税法の適用関係**

　　印紙税法別表第一、課税物件表の第1号の3文書「消費貸借に関する契約書」である。

**説明**　この文書は、貯金残高が充当すべき購入代金額に不足する場合には借越金とすること、すなわち消費貸借とすることについての契約であることから、第1号の3文書に該当する。

　　なお、借越極度額は、その金額の範囲内で借越しを反復して行うことを約するものであることから、記載金額とはならない（印紙税法基本通達別表第一、第1号の3文書の2）。

170　　　　　　　　　第2部　各課税物件

**第57例**　借入金の償還についての確約書

---

確　約　書

　私儀、この度貴組合より　　　　　　　資金　　　　　　千円借入れするにあたり
下記事項につき確約致しましたので、後日のため本証差入れ致します。

記

1　漁獲物は全て貴組合に出荷致します。
2　本資金償還のため、上記の販売代金より　　　　　　%に相当する額を天引きされ
　たく、又貴組合の都合によって、この天引回収率を随時変更されても何等異議あ
　りません。
3　本資金の償還については、たとえ販売代金で返済出来ない場合でも期限までに
　必ず完済して、いささかも貴組合に御迷惑をお掛け致しません。


　　　　年　　月　　日

　　　　　　　　　　　　　　　　　　債務者　　　　　　　　　　㊞

　　漁業協同組合
　　組合長理事　　　　　　　　　殿

---

**印紙税法の適用関係**

　　印紙税法別表第一、課税物件表の第1号の3文書「消費貸借に関する契約書」
　である。

**説明**　この文書は、組合員が漁業協同組合からの借入金を、漁業協同組合に販売した
　　漁獲物の販売代金から天引きの方法により支払うことを約したものであり、消費
　　貸借金額の返還方法を証すべき文書と認められることから、第1号の3文書に該
　　当する。

　　　なお、この文書に記載されている借入金資金の金額は、この文書によって証明
　　する金額ではないことから、記載金額には該当しない。

第三章 （第1号の3文書）消費貸借に関する契約書　　171

### 第58例　債務確認弁済契約書

# 債 務 確 認 弁 済 契 約 書

　　　　　（以下「甲」という。）と　　　　　　（以下「乙」という。）とは、債務の
確認及びその弁済に関して、次のとおり契約を締結する。
第1条　甲及び乙は、甲が　　　　年　　月　　日付金銭消費貸借契約に基づき、
　　　乙に貸し渡した金500万円のうち、弁済未済額が　　　　年　　月　　日現
　　　在金300万円あることを双方ともに確認した。
第2条　本件債務金に対しては、年率　　％の利息を付し、乙は　　　　年　　月
　　　日に甲の住所に持参して返済するものとする。
第3条　　　　　年　　月　　日付甲乙間の金銭消費貸借契約書については、本契
　　　約書により変更を加えた部分を除くほかは、なお、従前の効力を有するもの
　　　とする。

　　　　　　　　　　　　　　（以下省略）

### 印紙税法の適用関係

　　　印紙税法別表第一、課税物件表の第1号の3文書「消費貸借に関する契約書」
である。

### 説明

　　この文書は、既に締結された消費貸借契約について、弁済期間の延長、すなわ
ち当初の消費貸借契約の内容の一部を変更するものであることから、第1号の3
文書に該当する。

　　なお、この文書に記載されている金額は、原契約において確定している消費貸
借の債務金額を確認するものであることから、記載金額には該当しない。

## 第59例　保証金に関する債務弁済契約書

# 債 務 弁 済 契 約 書

　債務者　　　　　　　　　（以下「甲」という。）と債権者　　　　　　　　　（以下「乙」という。）との間に債務弁済につき以下により契約を結んだ。

　　先ず甲は乙に対して　　　年　　月　　日現在、次の取引保証金が未返還であることを確認し、その上で当該債務を消費貸借の目的とすることを確約する。

　　　　　　一　金＿＿＿＿＿＿＿＿＿＿＿＿円

第1条　甲は頭記の元金に利息を付すこと及びその元利金の支払期について下記の通り定め、期日に遅滞なく乙の本社に持参又はその指定の場所において支払うものとする。

　　　　一　元金弁済期日

　　　　一　利　　　　　息

　　　　　　　　　年　　月　　日より　　　　年　　月　　日迄元金100円に付

　　　　　　　　日歩　　銭の割合とし、合計金額　　　　円也とする。

　　　　一　利息支払期日

　　　　　　　　　年　　月　　日に一括して支払うこと。

　　　　　上記元金及び利息金支払担保として前記各支払期日を満期とする約束手

　　　　　形　　通を乙に交付して置くものとする。

第2条　甲は下記各号の一に該当した場合は本契約期限の利益を失い催告を要しないで直ちに本債務を完済すること。

　　　　一　壱回でも分割元金の支払を遅滞した場合

　　　　一　手形の不渡処分を受けるか本債権を侵害する行為があった場合

　　　　一　他の債務のため、強制執行又は債権保全行為を受けるか、競売若しくは破産の申立てを受けた場合

　　　　一　前各号の外契約条項の一にでも違背した場合

第3条　甲は元利金の支払を怠った場合は遅滞金100円に付、日歩　　銭の割合で支払完了までその遅滞に因る損害を乙に賠償すること。

第4条　　　　　　　　　　は甲の保証人となり本契約各条の義務は甲と連帯してその履行の責めを負うものとする。

第5条　甲及び保証人は本契約債務の不履行の時は催告を要しないで直ちに強制執行を受けても異議がなく、かつ、本契約の公正証書の作成に同意した。

第6条　本契約に関する訴訟はすべて乙の所在地を管轄する裁判所において行うこととする。

　　上記契約の証として本証2通を作成し、各自署名捺印の上各々1通を保持する。

第三章 （第1号の3文書） 消費貸借に関する契約書　　173

　　年　　月　　日

　　　　　　　　甲（債務者）　　　　　　　　㊞
　　　　　　　　連帯保証人　　　　　　　　　㊞
　　　　　　　　連帯保証人　　　　　　　　　㊞
　　　　　　　　乙（債権者）　　　　　　　　㊞

**印紙税法の適用関係**

　　印紙税法別表第一、課税物件表の第1号の3文書「消費貸借に関する契約書」である。

**説明**　　この文書は、消費貸借以外の債務を確認し、その上でこれを消費貸借債務として、弁済方法等を約したものであり、準消費貸借契約（民法第588条）の成立を証するものであり、印紙税法上、準消費貸借契約の成立を証明する文書も第1号の3文書に該当する。

　　なお、連帯保証人についての事項は、主たる債務の契約書に併記された保証契約であることから、第13号文書「債務の保証に関する契約書」には該当しない。

174　　　第2部　各課税物件

**第60例**　　**準金銭消費貸借契約書**

## 準 金 銭 消 費 貸 借 契 約 書

この契約の当事者　　　　　を甲　　　　　を乙　　　　　を丙と略称する。

第1条　乙は甲に対し　　　年　　月　　日現在において、金　　　円也の債
　　　　務のあることを確認する。

　　　　内訳

　　　　　1　買 掛 金 残 額　　金　　　　円也

　　　　　2　支 払 手 形 残 額　　金　　　　円也

第2条　前条の各債務はこの契約により準金銭消費貸借とし、以下の条項によって
　　　　弁済するものとする。

第3条　乙は甲に対し第1条債務を　　　年　　月　　日から　　　年　　月
　　　　　　日の間、毎月　　日に金　　　円也を、最終支払月には金　　　円也
　　　　を支払うものとする。

第4条　乙は次の場合においては甲からなんらの通知又は催告等を要しないで当然
　　　　期限の利益を失い、即時残債務全部を支払うことを要する。

　　　　⑴　第3条所定の分割弁済を1回でも怠ったとき。

　　　　⑵　他から財産の差押えを受けたとき。

　　　　⑶　この債務を害するおそれがあると認められる行為があったとき。

第5条　乙は本債務の履行を怠ったときは日歩　　銭の割合による遅延損害金を甲
　　　　に支払うものとする。

第6条　丙は本債務を乙と連帯して保証しこれの履行の責めに任ずる。

第7条　本契約はこれと同趣旨の公正証書を作成するものとし、乙及び丙は本債務
　　　　不履行のときは、直ちに強制執行を受けても異議のないことを約諾する。

　　　この契約を証するため本証書3通を作成し、甲、乙、丙各1通を所持する。

　　　　年　　月　　日

　　　　　　　　　　　　　　　　（甲）貸　　　主　　　　　　　　㊞
　　　　　　　　　　　　　　　　（乙）借　　　主　　　　　　　　㊞
　　　　　　　　　　　　　　　　（丙）連帯保証人　　　　　　　　㊞

**印紙税法の適用関係**

　　　　印紙税法別表第一、課税物件表の第1号の3文書「消費貸借に関する契約書」
　　　である。

**説明**　　この文書は、買掛金等の債務を消費貸借の目的とする契約、すなわち準消費貸
　　　　借契約（民法第588条）の成立を証するものであり、印紙税法上、準消費貸借契
　　　　約の成立を証明する文書も第1号の3文書に該当する。

第三章 （第1号の3文書） 消費貸借に関する契約書 175

　なお、連帯保証人についての事項は、主たる債務の契約書に併記された保証契約であることから、第13号文書「債務の保証に関する契約書」には該当しない。

176 第2部 各課税物件

## 第61例 建物賃貸借予約契約書

### 建物賃貸借予約契約書

株式会社○○社（以下「甲」という。）と株式会社○○ホテル（以下「乙」という。）と、甲が東京都○○区○○一丁目1番地の土地に建設するビル（以下「建物」という。）を竣工後乙に一括賃貸することにつき、次のとおり建物賃貸借予約（以下「本契約」という。）を締結する。

第1条（基本合意）

　　甲は本建物竣工後、本建物を乙に一括して賃貸し乙はこれを借り受ける。

第2条（使用目的）

　　乙は本建物をホテル営業の目的にのみ使用する。

（中　　略）

第5条（本建物の竣工）

　1．甲は本建物の工事を　　　年　月　日を目途として完成させるものとする。

　2．工事の完成日に於いて本建物は竣工したものとする。

第6条（賃貸借契約の締結）

　1．甲及び乙は前条第2項の竣工日に於いて、本契約記載の内容及び条件による賃貸借契約（以下「賃貸借契約」という。）を締結するものとし、甲又は乙の一方が相手方に対し本契約（予約）を完結する旨の意思表示をしたときは、賃貸借契約が締結されたものとする。

　2．前項の予約完結がなされたときは、甲乙は改めて賃貸借契約書を作成するものとし、その際本建物の延床面積を確定した上本契約第8条に定める割合により算出した賃料額及びその支払日を定めるものとする。

第7条（賃貸借期間）

　1．賃貸借期間は賃貸借締結の日より起算して満20年間とする。

　2．契約期間満了6ヶ月前までに甲又は乙が相手方に対し何らの意思表示をしないときは、賃貸借契約は更に10年間更新されるものとして、その後も同様とする。

第8条（賃料）

　1．賃料支払の起算日は、賃貸借契約締結の日とし、本建物の延べ床面積400／121平方メートル（一坪）当たりの月額は　　　　円とする。

　2．毎月の賃料支払日は賃貸借契約において定める。

　3．第1項の賃料は3年毎に　　％ずつ増額する。

第9条（建設協力金及び敷金）

　1．乙は本建物の建設協力金として、金300,000,000円を次の通り甲に預託する。

第三章　（第1号の3文書）　消費貸借に関する契約書　177

第1回　金100,000,000円（甲と株式会社○○組と建築請負工事契約締結時）

第2回　金100,000,000円（同工事着工後6ヶ月経過時）

第3回　金100,000,000円（本建物竣工時）

2．乙は甲に対し賃貸借契約締結時に敷金として金300,000,000円を預託するものとし、その際預託済の建設協力金を敷金に振り替えるものとする。

3．賃貸借契約締結時において乙が建設協力金の預託を遅滞しているときは、前項の敷金額に不足する金額をただちに甲に対し預託する。

4．甲は賃貸借契約の終了による賃貸借物件の明渡し完了時に第2項の敷金を返還する。但し、その際乙が甲に対し負担する未払賃料その他の債務があるときは、これを控除した残額を返還するものとする。

5．第1項の建設協力金及び第2項の敷金には利息を付さない。

**印紙税法の適用関係**

印紙税法別表第一、課税物件表の第1号の3文書「消費貸借に関する契約書」である。

**説明**　貸ビル業者等がビル等の賃貸借契約又は使用貸借契約（その予約を含む。）をする際に、当該ビル等の借受人等から建設協力金、保証金等として一定の金銭を受領し、当該ビル等の賃貸借又は使用貸借契約期間に関係なく、一定期間据置き後一括返還又は分割返済することを約する契約書は、第1号の3文書となる（印紙税法基本通達別表第一、第1号の3文書の7）。

なお、記載金額は、第9条の建設協力金となる。

**参考**　建物等の賃貸借契約に付随して、賃借人から賃貸人に提供される「敷金」、「保証金」等、一般に保証金と称されるものは、その賃貸借期間中、賃借人に責任のある損害により発生する債務を担保するための金銭であり、保証金の預かりは消費貸借とはならないが、「建設協力金」、「保証金」等として提供される金銭で、賃貸借期間に関係なく、一定期間据置き後一括返還又は分割返済されるものは、実質的に建設資金の立替払を目的として提供されるものであり、消費貸借に該当する。

178 第2部 各課税物件

**第62例** 保証金に関する定めのあるビル内貸店舗契約書

## ビル内貸店舗契約書

　　　　（以下「甲」という。）と　　　　　　（以下「乙」という。）とは、　　　　を
立会人として、次のとおり契約を締結する。

（賃貸借及びその目的物）

第1条　甲は、下記のとおり建物の一部を乙に賃貸し、乙はこれを賃借する。

　　⑴　建物の所在地及び名称

　　　　　市　　区　　町　　丁目　　番地　　ビル

　　⑵　貸借の場所及び面積

　　　　　階　　号区画及び　　号区画　　㎡（予定面積）

　　　上記の面積は、施工の関係上、多少の異動を生じる場合があり、工事完了
　　後、甲乙立会いのもとに実測し、予定面積と相違が認められる場合は、適宜文
　　書上の面積を実状にそろえて修正する。

（貸借物の使用目的）

第2条　乙は、賃借物件を甲の　　　　ビル利用方針に従って借用し、自ら入居し、
　　入居後甲の同意した次の営業に使用するものとする。

　　　営業種目

　　　乙は、その営業種目を変更しようとする場合は、文書をもって甲の同意を求
　　めるものとする。

（賃貸借の期間）

第3条　賃貸借の期間は、　　　年　　月　　日から　　　年　　月　　日まで
　　の満　　年間とする。

　　　期間満了の3か月前から1か月前までの期間に、甲乙いずれかから解約の申
　　出がない限り、この賃貸借契約は、引き続き1か年継続するものとし、以後も
　　この扱いによる。

（入居に際しての払込み）

第4条　乙は、第1条に掲げる場所へ入居し、営業を開始する前日までに、次の金額
　　を甲に払い込むものとする。

　　　金　1千万円

（払込金の取扱い）

第5条　前条の定めによる払込金はその2分の1相当額を「敷金」とし、残額を「保
　　証金」とする。

（敷金）

第6条　甲は、契約期間の満了により、賃貸借物の明渡しを受けたとき、賃貸料、共

第三章　（第1号の3文書）　消費貸借に関する契約書　　179

益費、その他乙の債務に不履行のない限り、直ちに敷金を乙に返還することとするが、賃貸借の期間中、乙の都合により、契約を解除した場合又は乙がこの契約に違反したことを理由として、甲が契約を解除した場合においては、賃貸借物の明渡しを受けた後、なお3か月間、敷金を据え置いた上、乙の返済請求に応じるものとする。

　　敷金には、利息をつけないものとする。

（保証金）

第7条　甲は、第4条の定めにより、払込みを受けた日の翌月初日から起算して、5年間保証金を据え置き、期間満了の日及び以後1年目ごとの計6回に分けて、その6分の1ずつを乙に返還するものとする。

　　賃貸借の期間中、乙はもとより、甲の都合により賃貸借契約を解除した場合又は第14条の定めにより賃貸借契約が消滅した場合においても、保証金の返還については、前項の定めによるものとする。

　　保証金には、利息をつけないものとする。

（賃貸料）

第8条　賃貸料は、月額　　　円（1㎡当たり　　　円）とし、乙はこれを毎翌月3日までに、甲に支払うものとする。

（敷金等と賃貸料の関係）

第9条　乙は、敷金又は保証金をもって、賃貸料の支払に充てることはできないものとする。

（共益費）

第10条　乙は、賃貸借物に係る次の経費を甲の配分計算に基づき、毎月、賃貸料と併せて甲に支払う。この経費のうちには、乙の共同フロアー及び共用施設利用に係る共益費が含まれるものとする。

　　通風換気、冷暖房に要する経費

　　共同広告に要する経費

（損害賠償利息）

第11条　甲は、乙が賃貸料又は共益費の支払を延滞した場合、その額に対し、100円につき日歩　　　銭の割合による損害賠償利息を加算して請求することができる。

（乙の注意義務）

第12条　乙は、賃借物並びに共用物の使用について、善良な管理者の注意を怠らないのはもとよりとして、次の事項を厳守するものとする。

　(1)　営業日及び営業時間の決定には、甲の同意を得ること

　(2)　　　　　　ビルの名称を付して、新聞、雑誌、テレビ、チラシ及びポスター等、視覚に強く訴える広告を行うときは、事前に甲の同意を得ること

180　　　　　　　　　　第2部　各課税物件

　　(3)　賃借物内において、宿直又は宿泊させないこと
　　(4)　賃借物を転貸しないこと
（甲の立入権）
第13条　甲及び甲の指定した者は、賃貸借の検査その他必要がある場合、乙にその旨
　　を告げて、賃貸物の内へ立ち入ることができるものとする。
（賃貸物の滅失と契約の関係）
第14条　天災、地変その他甲の責めに帰さない事由により、賃貸借物の全部又は大部
　　分が滅失又は毀損した場合は、この契約は消滅するものとする。
（甲の解約権）
第15条　甲は、乙が次の各号の一に該当するとき、催告を要せず、この契約を解除で
　　きるものとする。
　　(1)　賃借料又は共益費その他甲に対する債務の弁済を怠ったとき
　　(2)　第三者より財産の差押え、仮処分の申請又は破産、民事再生手続開始、若
　　しくは会社更生手続開始の申立てがあったとき
（連帯保証人）
第16条　乙は、この契約により、乙が負担する一切の債務を保証し、乙と連帯して、
　　その履行の責めに任ずる保証人（甲の同意する保証人に限る）を2名以上、立
　　てるものとする。
（裁判管轄）
第17条　この契約に関する訴訟については、　　　　　裁判所を管轄裁判所とする。
　　以上契約を証して本書3通を作成し、甲乙及び立会人が各1通を保管する。
　　　　　　　　　　　年　　　月　　　日
　　　　　　　　　　　　　　　　　　甲　　　　　　　　　　　　　㊞
　　　　　　　　　　　　　　　　　　乙　　　　　　　　　　　　　㊞
　　　　　　　　　　　　　　　　　　立会人　　　　　　　　　　　㊞

**印紙税法の適用関係**

　　　印紙税法別表第一、課税物件表の第1号の3文書「消費貸借に関する契約書」
　　である。

**説明**　　この文書は、保証金として受け取った金銭を賃貸借期間に関係なく、一定期間
　　据え置き後、一括返還又は分割返還を約するものであることから、第1号の3文
　　書に該当する（印紙税法基本通達別表第一、第1号の3文書の7）。
　　　なお、記載金額は、第5条の払込金のその2分の1の相当額の保証金額500万
　　円となる。
　　　納税義務者は、賃貸借契約の当事者である甲と乙であるが、立会人が保管する
　　文書も課税対象となる。

第三章 （第１号の３文書）　消費貸借に関する契約書　　　181

**第63例**　**出店貸借契約書（テナント契約書）**

#### 出 店 貸 借 契 約 書

　　　（以下「甲」という。）と　　　　　（以下「乙」という。）とは次のとおり契約する。

（営業の許諾）

第１条　甲は、その所有に係る下記建物の一部を乙に貸与し、かつ、当該貸与場所（以下「営業場所」という。）において乙が営業することに同意する。

　　　　　建物の所在
　　　　　建物の名称
　　　　　貸与場所及び面積　　階　　㎡（　　坪）別紙図面の朱線区画部分

（使用目的）

第２条　乙は、営業場所を自己の　　店舗のみに使用し、営業の種目は甲の同意するところによる。

　　２　乙は、営業場所内に居住宿泊し又は居住宿泊させてはならない。

（期間）

第３条　この契約の期間は、　　年　　月　　日より　　年　　月　　日までの　　年間とする。ただし、期間満了の２か月前までに甲乙協議することにより、これを更新することができる。

（営業料等）

第４条　乙は、賃借料及び営業料として営業場所におけるその月の売上総額（売上総額が　　円に達しない場合は　　円）の　　％相当額を毎翌月末、甲に支払うものとする。

　　２　営業場所における乙の月間売上総額が　　円を超える場合は、その超過部分に次の逓減率を乗じて算出した金額を　　円に加えた金額をもって、前項にいうその月の売上総額とみなすものとする。

　　　　　逓減歩合
　　　　　超過金額　㈮　　円　㈹　　円　㈯　　円
　　　　　逓減率　　㈮　　％　㈹　　％　㈯　　％

　　３　売上総額とは、現金、クレジット、売掛、その他営業場所における一切の売上額をいい、配送料、その他の預り金を含まない。

（売上げの記録化）

第５条　乙は、営業場所における売上げをすべてレジスターに登録し、登録カードを毎日営業終了時に、甲に引き渡すものとする。

　　２　レジスターは顧客サービスと売上げの相互確認のため、甲指定のものを用い

第１号の３

182 第2部 各 課 税 物 件

る。

　　3　レジスターの設置場所を営業場所内とした上、当該レジスターを直接甲が管理することを甲が申し出たときは、乙は無条件でこれを承諾しなければならない。

　　4　第1項の定めにより甲が引渡しを受けた登録カードは、引渡しを受けた日から6日以内に、甲から乙に返還するものとする。

(保証金)

第6条　乙は、この契約に基づく債務を担保するため甲の定める期日までに金　　円の保証金を甲に提供する。

　　2　前項の保証金には利息をつけない。

　　3　乙が万一、賃借料及び営業料の支払又は損害賠償その他この契約に基づく債務の履行を遅滞した場合、甲は何らの催告なしに保証金の全部又は一部をもってその弁済に充当することができる。

(保証金の返済)

第7条　この契約が期間の満了その他により解約され又は消滅し、かつ乙において滞りなく甲に対する債務が履行された場合、甲は乙の営業場所明渡しを待って、直ちに保証金を乙に返還する。

(経費の分担)

第8条　乙は、次に掲げる費用について、甲が毎月指示する額を負担する。

　　(1)　空調冷暖房に要する費用

　　(2)　水道光熱費

　　(3)　衛生処理費

(内装費、宣伝費等の負担)

第9条　乙において営業場所の内装工事を必要とする場合は、別に定める管理規程に基づきあらかじめ設計図、仕様書等を甲に提出し、文書による甲の承諾を得た後施工するものとし、内装のために要する費用は乙の負担とする。

　　2　前項により付加された内装のうち、主体構造物と分離困難な部分についてはその所有権は契約終了時において甲に帰属する。

(乙の義務)

第10条　甲は、随意乙に対し、業務処理、経理内容、営業状態等に関し報告を求め、また営業場所に関係のある帳簿記録の提示を求めることができ、乙はこれに従わなければならない。

(禁止事項)

第11条　乙は、次の各号の一に掲げる行為をしてはならない。

　　(1)　営業場所の全部又は一部を第三者に譲渡し又は使用させ、若しくは担保に提供すること

第三章 （第1号の3文書） 消費貸借に関する契約書　　183

　(2)　この契約上の権利を他に譲渡すること
　(3)　第6条第1項に定める保証金の返還請求権を他に譲渡し又は担保に供する
　　　こと
　(4)　甲の指定する場所以外に乙の商号、店名を表示、広告すること
　(5)　甲の指定する日、時間以外に営業を休止し、又は店舗の全部又は一部を閉
　　　鎖すること
（届出義務及び承認）
第12条　乙は、次の各号の一に該当するとき、甲にあらかじめその旨を届け出て承認
　　　を受けなければならない。
　(1)　代表者、商号又は店名を変更するとき
　(2)　定款を変更するとき
　(3)　会社組織の変更又は会社の実体を変革する役員の変更があるとき
　(4)　資本構成に重大な変更を生ずるとき
　(5)　本店の所在地又は住所を変更するとき
　(6)　他に出店するとき
（契約の消滅）
第13条　天災、火災その他の事故によって営業場所の大部分が滅失又は毀損した場合
　　　はこの契約は消滅するものとする。
（免責事項）
第14条　甲は、甲の故意過失に基づかない火災、盗難その他の事故による損害につい
　　　ては乙に対しその責任を負わない。甲の故意過失は乙において立証しなければ
　　　ならない。
（立入権）
第15条　甲は、甲において必要と認めた場合、営業場所内に立ち入ることができる。
（解約の申入れ）
第16条　甲又は乙は、都合により第3条の契約期間満了前に解約しようとするとき
　　　は、文書をもって2か月前に相手方にその旨を予告しなければならない。
（契約の解除）
第17条　甲は、乙が次の各号の一に該当するとき、通知催告を要せず直ちにこの契約
　　　を解除することができる。
　(1)　この契約条項に違反したとき
　(2)　著しい業績不振により、甲から営業場所の位置の移動又は面積の縮小を求め
　　　られ、これを拒否したとき
　(3)　支払停止の状態に陥り又は破産、民事再生手続、会社更生手続の申立てを
　　　受け、若しくは自らこれらの申立てをしたとき

184　　　　　　第2部　各課税物件

　　(4)　仮差押え、仮処分、強制執行、競売等の申立てを受けたとき
　　(5)　甲の名誉、信用を著しく傷つける等不信行為のあったとき
（違約金の支払）
第18条　前条の第1号又は第5号に該当しこの契約が解除されたとき、乙は甲に対し
　　　　第6条第1項の保証金の　　　％相当額の違約金を支払う。
（営業場所の返還）
第19条　乙は、原因のいかんを問わずこの契約が終了した場合、甲の指示に従い速や
　　　　かに営業場所を原状に回復して甲に返還する。
　　2　甲は、乙が速やかに原状を回復しないときは、乙に代わって原状回復のため
　　　　の処置をとり、その費用を乙に請求しても乙は異議ない。
　　3　乙の残置物は甲が無償でこれを取得する。
（連帯保証）
第20条　乙は、この契約締結の際、甲の承認する連帯保証人2名をたてる。
　　2　甲において連帯保証人の信用が減退したと認め、これの変更を請求したとき
　　　　は、乙は直ちに新たな保証人をたてなければならない。
（管轄裁判所の取決め）
第21条　甲及び乙は、この契約について争いを生じたときは甲の本店所在地を管轄す
　　　　る裁判所を管轄裁判所とすることに合意する。
　　以上契約を証して本証2通を作成し、甲乙各1通を保有し、連帯保証人にその写本
　　を各1通交付する。
　　　　　　年　　　月　　　日
　　　　　　　　　　　　　　　甲　　　　　　　　　　　㊞
　　　　　　　　　　　　　　　乙　　　　　　　　　　　㊞

**印紙税法の適用関係**

　　　　印紙税法に定める課税物件ではない。

**説明**　　この文書は、第6条に保証金についての約定があるが、この場合の保証金は、
　　　　文字どおり債務の保証、つまり賃借料の支払等を担保するためのものであること
　　　　から、第1号の3文書「消費貸借に関する契約書」には該当しない。

第三章 （第1号の3文書） 消費貸借に関する契約書　　185

**第64例　極度貸付契約証書**

## 極 度 貸 付 契 約 証 書

年　　　月　　　日

株式会社　　　銀行　御中

債　務　者　　　株式会社　㊞
連帯保証人　　　株式会社　㊞

第1条　債務者は、別に差し入れた銀行取引約定書の各条項を承認の上、貴行から
　　　次記要領により、手形貸付の方法をもって金員を借り受けることを約定しま
　　　した。

　1．金　　　　額　極度金3億円
　　　　　　　　　ただし、借入れの時期は、貴行と協議の上定める。
　2．使　　　　途　運転資金
　3．契 約 期 限　　年　　月　　日。ただし、手形期間は、3か月以内と
　　　　　　　　　し、契約期限後にわたらないこと。
　4．利　　　　率　年　　　％、ただし、365日日割計算とする。
　5．利 払 期 日　各手形の振出日
　6．利 払 方 法　各借入口につき、初回は手形振出日から、以後は手形振出日
　　　　　　　　　の翌日から、その手形の満期日までの分を前払いすること。

（以下省略）

**印紙税法の適用関係**

　　　印紙税法別表第一、課税物件表の第1号の3文書「消費貸借に関する契約書」
　　である。

**説明**　　この文書は、一定の金額（3億円）の範囲内で貸付けを反復して行うことを約
　　するものであり、直接貸付金額を予約したものではないことから、記載金額のな
　　いものとなる（印紙税法基本通達別表第一、第1号の3文書の2）。
　　　なお、連帯保証人についての事項は、主たる債務の契約書に併記された保証契
　　約であることから、第13号文書「債務の保証に関する契約書」に該当しない。

186　　　　　　　第2部　各課税物件

第65例　借入約定書

借　入　約　定　書　　　　　整理番号

年　　月　　日

株式会社　　　　銀行　御中
借　主　住　所
　　　氏　名　　　　　　　　㊞
　　貴行から借入れを受けるにあたり、下記の条項を約定いたします。
記
1．当方が貴行からの借入れを受けるに際しては、貴行ご指示の方法により手形を差
　入れます。
2．当方の借入金は、次の口座へお振込み下さい。(該当のものに ✓ 印を記入)
　　　□当方の預金口座
　　　□貴行から直接貴行における　　　　　　　　　　の預金口座
3．利息は、貴行ご指示の利率および方法によってお支払いいたします。
4．借入金は、借入申込書のとおり割賦弁済いたします。
　　　前項の弁済については、小切手の振出し、または普通預金請求書の提出をいたし
　ませんが、毎月　　　日(当日が休日の場合は、翌営業日)にその月の弁済金相当額
　を当方の預金口座から、お引落しの上充当してください。この場合、もし資金が不
　足した場合は、貴行ご指示の利率および方法により、遅延損害金をお支払いいたし
　ます。
5．当方に対する債権の実行または保全のために要した費用は全て当方において負担
　いたします。
6．当方と貴行との　　　　　年　　月　　　日付銀行取引約定書の各条項は異議なく承
　認いたします。
- - - - - - - - - - - - - - - - - - - 銀　行　使　用　欄 - - - - - - - - - - - - - - - - - - -

| 支店長証印 | 検　　印 | 担当者印 | 印鑑照合印 |
|---|---|---|---|
|  |  |  |  |

- - - - - - - - - - - - - - - - - - - (切　取　線) - - - - - - - - - - - - - - - - - - -

約　束　手　形
　　　　株式会社　　　　銀行　殿　　　￥2,000,000.－
　　振出地　　　　　　　　支払期日　　　　　年　　月　　　日
　　支払地　　　　　　　　支払場所　株式会社　　　銀行　　支店
上記金額を貴殿または貴殿の指図人へこの約束手形と引替えにお支払いいたします。

第三章　（第1号の3文書）　消費貸借に関する契約書　　187

| 年　　月　　日 | 振出人　住　所 |
| | 　　　　氏　名 |
| | 整理番号 |

## 印紙税法の適用関係

　　印紙税法別表第一、課税物件表の第1号の3文書「消費貸借に関する契約書」
である。

**説明**　借入約定書と約束手形とが1枚の用紙に記載されているが、約束手形の部分は
将来切り離して行使することが予定されていることから、借入約定書の部分と約
束手形の部分はそれぞれ独立した一の文書となる。また、借入約定書において、
金銭の借入を証していることから第1号の3文書のほか、預金口座から何らの手
続をしないで引き落し充当することとしているのは、預金契約の一部を変更又は
補充するものと認められる。

　　したがって、この文書は、第14号文書「金銭の寄託に関する契約書」にも該当
し、通則3のイの規定により、第1号の3文書となる。

　　なお、約束手形についても、別途切り離して行使する場合は第3号文書「約束
手形」に該当する。

188　　　　　　　　第2部　各課税物件

**第66例　貸付決定通知書**

## 貸 付 決 定 通 知 書

| 殿 | | 貸付決定額 | ¥ | 600, | 000 |

| 貸付№. | 最終期限 | | 用途 | 提出書類 |
|---|---|---|---|---|
| 貸付方法 | 一時<br>分割 | 日 | 以内<br>約手 | 利率　@ |
| 保証 | 約定書について<br>手形について | | | 名 |
| 担保 | 定期預金 | | | |
| 条件 | | | | |

提出書類
1　約束手形
2　借入者および保証人
　　印鑑証明
3　登記簿抄本
4　借入約定書

　　月　　　日付でお申し込みのありました資金について上記のとおりご融資いたします。

　　　　　　　　　　年　　　月　　　日

㊞

**印紙税法の適用関係**

　　印紙税法別表第一、課税物件表の第1号の3文書「消費貸借に関する契約書」である。

**説明**　この文書は、資金の貸付けの申込みを承諾したことを内容とするものであることから、第1号の3文書に該当する。

　　なお、記載金額は、貸付決定額60万円となる。

第三章　（第1号の3文書）　消費貸借に関する契約書　　189

**第67例　貸付明細書**

| | | | | | | | | | 貸　付　明　細　書 | | | |
|---|---|---|---|---|---|---|---|---|---|---|---|---|
| | | | | | | | | | 貸付年月日 | | 年　　月　　日 | |
| | | | | | | 様 | | 次　　回利息期限 | 年　　月　　日 | | | |
| 貸付金額 | | | | | | | | 利　　率 | 実質年率 | | | ％ |
| 最終返済期　　日 | | | 年　　月　　日 | | | | 遅延損害金の　利　率 | | 実質年率 | | | ％ |
| 返済方法 | | | 期間　　年　　月 | | | 自由返済方式の場合の利　　息 | | 30日分の利息　円(注)　元本の返済の仕方により異なります | | | | |
| | | | 回数　　　　回 | | | | | | | | | |
| 返済方法 | 1．内入返済　　月□千円　　　開始□月□日　毎月□日内入2．自由返済3．期日一括現金返済4． | | | | | | | 支払方法 | 1．持参2．口座振込3．集金4． | | | 係 |
| | | | | | | | | | 株式会社 | | | |

（注）　借入人から別途金銭借用証書を徴している。

**印紙税法の適用関係**

　　　　印紙税法に定める課税物件ではない。

**説明**　　この文書は、貸金業者が顧客に金銭を貸し付ける際に、成立した契約内容及び条件を相手方に知らせるために交付する明細書であるが、別途金銭借用証書を徴していることからみても単なる通知文書であると認められ、契約の成立を証した文書とはいえない。

　　　　したがって、この文書は、第1号の3文書「消費貸借に関する契約書」その他のいずれの課税物件にも該当しない。

190　　　第2部　各課税物件

**第68例**　融資証明依頼書／証明書

| 所属長 | 合　議 | 担当者 |
|---|---|---|
|  |  |  |

融 資 証 明 依 頼 書

年　　月　　日

　農業協同組合　御中

　　　　　住　所

　　　　　氏　名　　　　　　　　　　㊞

　　年　　月　　日付　　　　資金借入申込書による私の金　　　　円
也の借入申込みについては、担保権設定登記など、貴組合所定の手続完了後はいつ
でも融資実行可能であることをご証明ください。

　ただし、この書面は農地転用の申請書類として　　　　市農業委員会に提出するも
のであり、他に一切使用しません。

証 　 明 　 書

　本融資は、上記手続が完了次第融資実行の予定であることを証明いたします。な
お、本証明書に基づいて融資を受ける権利は、貴殿一身に専属するものであり、相
続、譲渡、質入等の目的とすることはできません。また貴殿が借入適格要件の一つ
でも喪失された場合には、本証明書は当然に効力を失うものとします。

　　年　　月　　日

　　　　　　　　　　　　　　　　農業協同組合　㊞

**印紙税法の適用関係**

　　　　印紙税法に定める課税物件ではない。

**説明**　この文書は、入札に参加する顧客が入札を実施する機関等に提出する目的で、
　　　金融機関に融資が可能であることの証明を依頼し（上部「融資証明依頼書」）、金
　　　融機関がその旨を証明するものである（下部「証明書」）。

　　　　この文書では、第三者に提出するために作成されたものであることが明らかに
　　　されているため、不課税文書となる（印紙税法基本通達第20条）。

　　　　なお、このような証明書を契約当事者以外に提出する場合であっても、提出先

第三章 （第1号の3文書） 消費貸借に関する契約書　　191

が文書上に明らかにされていない場合は、融資を予約するものと認められ、第1号の3文書「消費貸借に関する契約書」に該当することとなる。

## 第2部　各課税物件

**第69例**　保証人あてに発行する融資決定通知書

| | |
|---|---|
| **融資決定通知書**<br><br>　お申込みいただきました下記ローンは、当店でご融資を行うことに決定いたしましたのでご通知申し上げます。<br>　　　　　　　　年　　月　　日<br>（融資実行予定日　　　　　）<br><br><table><tr><td>融　資　金　額</td><td>　　　　　　円</td></tr><tr><td>氏　　　　名</td><td></td></tr><tr><td>ロ　ー　ン　名</td><td>　　　ローン</td></tr><tr><td>保　証　書<br>通知書番号</td><td></td></tr><tr><td>期　　　　間</td><td>か月利率　％</td></tr></table><br>　株式会社　　　　　　銀行<br>　取　扱　店<br>　電　　話<br>　　　　　　年　　月　　日 | 郵便はがき　　　　□<br><br><br><br><br><br><br><br><br><br><br>（保証会社）　　　　御中 |

（注）　この通知書は、不動産会社、保証会社及び融資銀行の三者の間で締結した住宅ローン保証契約に基づき、建物の購入予定者からの資金の借入申込みに応ずることとした融資銀行が、その旨及び貸出条件等を保証会社に通知するものである。

### 印紙税法の適用関係

　　印紙税法に定める課税物件ではない。

**説明**　　この文書は、銀行が当該消費貸借契約が成立した場合には債務を保証することとなる保証会社に対して発送するもので、借入申込みに対する応諾事実の証明よりも、融資決定により発生することとなる保証債務の内容を通知するために作成するものである。

　　したがって、この文書は、第1号の3文書「消費貸借に関する契約書」その他のいずれの課税物件にも該当しない。

第三章 （第１号の３文書） 消費貸借に関する契約書　　193

**第70例**　手形貸付実行・回収記入票

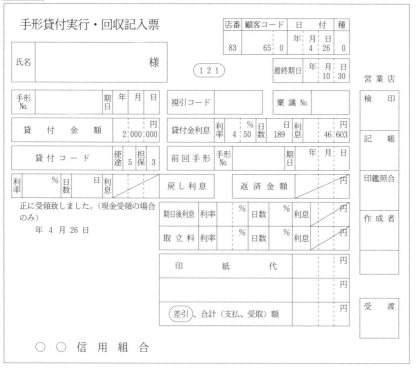

（注）　この文書は、信用組合が手形貸付を行った際に借主から徴するものである。

**印紙税法の適用関係**

　　印紙税法別表第一、課税物件表の第１号の３文書「消費貸借に関する契約書」である。

**説明**　この文書は、貸付金利息等金銭消費貸借契約の重要な事項が記載されている第１号の３文書のほか、融資金の受領事実を証明した第17号の２文書「売上代金以外の金銭の受取書」にも該当するが、通則３のイの規定により、第１号の３文書に該当する。

194　　　　　　　　第2部　各課税物件

### 第71例　融資決定のお知らせ

---

融 資 決 定 の お 知 ら せ

　　　　　　　　　　　　　　　　　　　　　　　　年　　　月　　　日

　　　　　　　　　　　　　殿

　　　　　　　　　　　　　　　　　　　　　　　　　協同組合

　　　　　　　　　　　　　　　　　　　　電話　（　　）

　　　　　　　　　　　　　　　　　　　　貸付担当者＿＿＿＿＿＿＿＿＿

　　　　　　　　殿よりお申込みのありました金　　　　　　　円也のご融資につい
ては、下記条件によりご融資することに決定いたしました。つきましては、保証人
に対し貴殿より決済条件等をご説明のうえ、融資実行日には保証人とご来店下さい
ますようご通知方々ご連絡申しあげます。

　なお、実行日に保証人がご来店されない場合は事前に契約書類をお渡しいたしま
すのでその旨当店にご連絡下さい。

記

| 融 資 決 定 金 額 | 円 | 入担物件明細 |
|---|---|---|
| 実 行 日 | 年　　月　　日 | |
| 資 金 使 途 | | |
| 返 済 期 間 | 年　　カ月 | |
| 利 率 | ％ | |
| 償 還 方 法 | | ご来店時に、ご持参願うもの |
| 保 証 人 | | 1．申込人の実印 |
| そ の 他 | | 2．保証人の実印 |

---

### 印紙税法の適用関係

　　印紙税法別表第一、課税物件表の第1号の3文書「消費貸借に関する契約書」
　　である。

**説明**　この文書は、融資が決定した旨の通知に加え、貸付金額を記載しており、借入
　　申込者の申込みに対する承諾の意思表示を明らかにしたものと認められることか
　　ら、第1号の3文書に該当する。

　　なお、記載金額は、融資決定金額となる。

第三章　（第1号の3文書）　消費貸借に関する契約書　　195

> **第72例**　借入手続のご案内

# 借入手続のご案内

　　　　　　　　　　　　　　　　　　　　　　　　　年　　月　　日

_____

_____　御　中　　　　　　　　○　○　○　○　金庫　㊞

　かねてお申込みの資金については、下記貸出条件でよろしければ、借入手続をお取り運びいただきますよう、ご案内いたします。

記

| 用　　　　途 | | | | | |
|---|---|---|---|---|---|
| 金　　　　額 | ￥ | | | | |
| 利　　　　率 | | ％ | 最　終　期　限 | | 年　　月　　日 |

| 元　　　金<br>弁　済　方　法 | 支　払　期　日 | 金　　　　額 | 支　払　期　日 | 金　　　　額 |
|---|---|---|---|---|
| | 年　月　日 | ￥ | | ￥ |
| | 年　月　日 | ￥ | | ￥ |
| | 年　月　日 | ￥ | | ￥ |
| | 年　月　日 | ￥ | | ￥ |
| | 年　月　日 | ￥ | | ￥ |

| 利息支払期日 | |
|---|---|
| 保　　　　証 | |
| 担　　　　保 | |
| そ　の　他 | |
| 留意され<br>た事項 | |

> **印紙税法の適用関係**

　　印紙税法に定める課税物件ではない。

> **説明**　この文書は、借入申込みに対する貸出人の貸出条件を提示するものであるとともに、借入申込人が応諾した場合の借入手続について案内するためのものであり、消費貸借契約の成立を証明するために作成するものではない。

　　したがって、第1号の3文書「消費貸借に関する契約書」その他いずれの課税物件にも該当しない。

196　　　　第2部　各課税物件

**第73例**　融資実行通知書

```
                                                              Ⓑ お客様用
┌─────────┐                          ┌──────┬─────────┐
│ No.         │                          │ 作成日 │  年  月  日 │
└─────────┘                          └──────┴─────────┘

           融 資 実 行 通 知 書

   拝啓　毎度格別のお引立を賜り厚くお礼申しあげます。
   さてこの度、お申し込みをいただきました      の借入金を下記のとおり融
   資実行いたしましたのでご通知申しあげます。
                                              敬　具

   (ご契約者)                      (融資会社)
   ┌──────────┐ 様        株式会社
   └──────────┘
   (整理番号)                        〒     TEL
   ┌─┬─┬─┬─┬─┬─┬─┐     登録番号　財務局長　第　　号
   └─┴─┴─┴─┴─┴─┴─┘

   ┌──────────────────┐  契約  ┌─────────┐
   │ 商品名                              │  年月日 │  年  月  日 │
   └──────────────────┘         └─────────┘
                              (単位：円)  融資  ┌─────────┐
   ①融　資　金　額            円  実行日 │  年  月  日 │
   ②期　間　利　息            円         └─────────┘
   借入金×(  %)× 日/365 ×(1-1)        (融資金振込口座)
   ①諸　費　用(合　計)        円   振込口座
        印　　紙　　代      円   (自動振替口座)
   内  送金振込手数料(消費税込)  円        銀　　行      本・支店
                                            信用金庫      支　所
       公正証書作成費用      円        組　　合
   訳                        円   1.普　通    口　座　番　号
                              円   (総合口座)
                              円   2.当　座
   差引振込金額①-(  +  )      円   口座名義人            様

   ┌─────────────────────────────┐
   │ (取扱店)                                          │
   └─────────────────────────────┘

   ※ご契約いただきました内容等につきましては「お申し込みの内容（お客
     様控)」を、お支払い金額等につきましては「お支払い明細書」をご覧く
     ださい。
   ※お問い合せされる場合はお客様の整理番号をご確認のうえ、お客様がお
     申し込みされました弊社営業所にお問い合せください。
```

**印紙税法の適用関係**

　　印紙税法に定める課税物件ではない。

**説明**　この文書は、既に締結された金銭消費貸借契約書に基づき、融資を実行したこ
とを顧客に対して通知するものである。

　　したがって、この文書は、第1号の3文書「消費貸借に関する契約書」その他
いずれの課税物件にも該当しない。

第三章 （第1号の3文書） 消費貸借に関する契約書 197

### 第74例 総合口座取引約定書

<table>
<tr><td colspan="2" style="text-align:center">総合口座取引約定書</td><td>係長(営)</td></tr>
<tr><td></td><td></td><td>口座<br>番号</td></tr>
</table>

総合口座取引約定書

係長(営) ☐☐

口座番号 ☐☐☐☐

　　　　　年　　月　　日

株式会社　　　銀行殿

（印鑑取引の場合）　　㊞

（サイン取引の場合）

暗証・数字 ☐☐☐☐

住所

氏名

（住所・氏名は自署してください）

　私は貴行と普通預金、定期預金及び当座貸越の各取引を　総合口座として利用することについては以下の各規定によることを確約します。

　なお私が　総合口座の各取引に使用する印又は署名・暗証は上記氏名欄に押なつ又は記載のものとします。

〔　総合口座規定〕

1　（　総合口座取引）

⑴　総合口座（以下「この口座」といいます。）の普通預金につき残高を超えて支払請求があった場合又は各種料金等の自動支払により残高不足が生ずることとなる場合には、当行はこの口座にかかる定期預金を担保に当座貸越規定第1項の極度額を限度として不足金を自動的にお貸出の上、普通預金に入金します。

⑵　上記⑴のお貸出金は当座貸越金として処理します。

2　（定期預金に対する質権設定）

　この口座にかかる定期預金は全て前項の当座貸越金の担保として預入日の都度質権が設定されたものとします。

〔定期預金規定〕

1　（満期日前解約）

　この預金は満期日前には解約できません。

2　（利　息）

　この預金は一定金額未満の端数には利息をおつけいたしません。利息は当行所定の方法をもって計算の上お支払いいたします。

3　（自動継続）

この預金は満期日までにお申出のないかぎり自動的にこの預金の元金を元本として新たな定期預金（期間・旧預金の期間に同じ、利率・当行所定）を引き続きお預け入れいただいたものとしてお取扱いいたします。

この場合、旧預金の利息は　総合口座の普通預金へご入金いたします。また、更新された定期預金も同様のお取扱いといたします。

4　（満期日後の利息）

満期日後の利息は当行所定の利率及び方法をもって計算の上お支払いいたします。

〔当座貸越規定〕

1　（貸越極度額）

(1)　定期預金を担保として当座貸越を利用できる限度額（以下「極度額」といいます。）は定期預金の合計額の所定の割合（千円未満は切り捨てます。）若しくは当行が定める金額のいずれか少ない金額とします。

(2)　上記(1)の定めにかかわらず当行が裁量により極度額を超えて支払ったとき又は第3項による利息の組入れによって極度額を超えたときもこの規定が適用されるものとします。なお、超過金は当行の請求あり次第直ちに支払ってください。

2　（貸越金の返済）

貸越金の残高がある場合、普通預金に入金された金額は貸越金残高に見合うまで貸越金の返済に充当します。受入れた証券類が決済された場合も同様とします。

3　（担保権実行、相殺など）

(1)　この規定により貴殿が直ちに貸越元利金及び超過金を支払わなければならない場合には、担保定期預金の期限のいかんにかかわらず、いつでも当行は担保権を実行し又は相殺することができます。極度額を超えたまま6カ月を経過したときも同様とします。

(2)　上記(1)の場合、債権、債務の利息、損害金等の計算については、その期間を計算実行の日までとし、当行所定の利率、料率によるものとします。なお、債務全額を消滅させるに足りないときは、当行が適当と認める順序により充当することができるものとします。

附則　私が貴行と各種料金等の自動支払取引若しくは　オンラインキャッシュカード使用取引をしている場合には、この約定書の差入れによって、これらの取引における指定預金口座は　総合口座の普通預金に当然に変更されたものとして従来どおり取引を継続いたします。

銀行使用欄（住所変更、改印時の新印鑑など記録）

第三章 （第1号の3文書） 消費貸借に関する契約書　　　199

### 印紙税法の適用関係

印紙税法別表第一、課税物件表の第1号の3文書「消費貸借に関する契約書」
である。

**説明**　この文書は、総合口座取引を行うことについての契約であることから、第14号
文書「金銭又は有価証券の寄託に関する契約書」に該当するとともに、普通預金
残額のない場合には定期預金を担保として、一定の金額までの支払に応ずること
を内容としている。

したがって、この文書は、第1号の3文書にも該当し、通則3のイの規定によ
り、第1号の3文書となる。

200　　　　　　　　　第2部　各課税物件

### 第75例　銀行との当座勘定借越約定書

## 当座勘定借越約定書

　　　　　　　　　　　　　　　　　　　　　　　年　　月　　日

　株式会社　　銀行　御中

　　　　　　　　　　ご　本　人　おところ
　　　　　　　　　　　　　　　　おなまえ＿＿＿＿＿＿＿＿＿＿＿＿㊞

　　　　　　　　　　ご保証人　　おところ
　　　　　　　　　　　　　　　　おなまえ＿＿＿＿＿＿＿＿＿＿＿＿㊞

　　私は、貴行との当座借越取引について、次の条項を約定します。

第1条　（借越極度）

　　　　借越極度は金　　　　　　　とします。ただし、貴行の都合によって借越極
　　　　度額を減額されても異議はありません。なお、貴行がこの極度を超えて支
　　　　払われたときも、私はこの約定により債務を負担します。

第2条　（借越金利息）

　　　　借越金に対する利息は、貴行の定める利率、計算の時期及び方法によるも
　　　　のとし、計算の都度私の当座預金より差引き又は借越勘定に組入れること
　　　　に同意します。また貴行が現金による利息の支払を請求されたときは、直
　　　　ちにこれに応じます。

第3条　（期限、解約、中止等）

　　　　本約定は　　　　年　　月　　日を期限といたします。ただし、期限前で
　　　　も貴行の都合によりいつでもこの契約を解約し、又はこの契約による借越
　　　　を一時中止されても異議はありません。

第4条　（借越元利金の弁済）

　　　　前条によるこの契約の期限が到来したとき、又はこの契約の解約あるいは
　　　　借越の中止があったときは、遅滞なく借越元利金を弁済します。また借越
　　　　極度額を減額されたときはただちにその極度額を越える借越元金及び利息
　　　　を支払います。

第5条　（保証）

　　　　①　保証人は、本人がこの約定によって負担する債務について、本人が別
　　　　　　に差入れた銀行取引約定書及び当座取引約定書の各条項のほか、この約
　　　　　　定を承認のうえ、本人と連帯して債務履行の責めを負い、貴行の都合に
　　　　　　よって担保若しくは他の保証を変更、解除されても異議はありません。

　　　　②　保証人が保証債務を履行した場合、代位によって貴行から取得した権
　　　　　　利は、本人と貴行との取引継続中は、貴行の同意がなければこれを行使

第三章　（第1号の3文書）　消費貸借に関する契約書　　　201

しません。もし貴行の請求があれば、その権利又は順位を貴行に無償で譲渡します。

③　保証人が本人と貴行との取引についてほかに保証している場合には、その保証はこの保証契約によって変更されないものとし、またほかに限度の定めのある保証をしている場合には、その保証限度額にこの保証を加えるものとします。保証人が本人と貴行との取引について将来ほかに保証した場合にも同様とします。

第6条　（他の約定書の遵守）

本取引については、前各条のほか、私が貴行に差入れた　　　年　　月　　日付銀行取引約定書及び　　　年　　月　　日付当座取引約定書の各条項をも遵守します。

以　　　上

（お願い。金額は漢数字でご記入ください。例…金拾弐万参千円也。）

## 印紙税法の適用関係

印紙税法に定める課税物件ではない。

**説明**　この文書は、当座預金の残額がない場合に、一定の金額を限度として預金者の振り出した小切手等の支払に応ずることを約したもの（委任契約）である。

したがって、この文書は、第1号の3文書「消費貸借に関する契約書」その他いずれの課税物件にも該当しない。

なお、保証人についての事項は、主たる債務の契約書に併記した保証契約であることから、第13号文書「債務の保証に関する契約書」には該当しない。

202　　　　　　　　　第2部　各課税物件

### 第76例　カードローン契約書

---

## カードローン契約書

（当座貸越約定書）

年　　月　　日

株式会社　　　　銀行御中

　　　　　　　おすまい＿＿＿＿＿＿＿＿＿＿＿＿＿＿＿（　　）
　　　　　　　おなまえ＿＿＿＿＿＿＿＿＿＿＿＿＿＿＿（お届け印）

　私は、　　　信用保証株式会社の保証に基づき、貴行から○○カードを使用する当座貸越借入れを受けるに際し、当座勘定規定および○○カード規定の各条項のほか、次の条項を確約します。

第1条（取引方法）

①　この取引は当座貸越取引だけを行い、本契約における当座貸越取引とは、現金自動支払機の利用による当座貸越口座からの出金および当座貸越借入金の返済のための入金取引だけとし、小切手・手形の振出しあるいは引受けまたは各種料金等の自動支払は行いません。

②　この当座貸越借入れは○○カードを使用して出金したときに発生するものとします。

③　○○カードおよび現金自動支払機の取扱いについては別に定める○○カード規定によることとします。

第2条（貸越極度額）

　貸越極度額は金500,000円とします。なお、貴行がこの極度額を超えて支払をした場合にも、その金額は当座貸越借入金としてこの約定が適用されることを承認し、貴行から請求ありしだい直ちに極度額を超える金額を支払ます。

（以下省略）

---

### 印紙税法の適用関係

　印紙税法別表第一、課税物件表の第1号の3文書「消費貸借に関する契約書」である。

**説明**　この文書は、支払事務の委託等を内容としたものではなく、借入金の貸出及びその返済方法等を定めるものであることから、記載金額のない第1号の3文書に該当する。

　なお、貸越極度額は、その金額（50万円）の範囲内で貸越しを反復して行うことを約するものであることから、記載金額とはならない。

第三章 （第1号の3文書） 消費貸借に関する契約書　　203

**第77例　カード利用申込書**

## ○○カード利用申込書

通帳口　　　　口座番号

お申込日　　年　　月　　日

　私は貴行との○○カードローン契約に追加して裏面記載の各条項を承諾のうえ、○○カードの利用を申込みます。

| 名 前 | フリガナ | | 暗　証　番　号 | |
|---|---|---|---|---|
| | | 様<br>（お届け印） | 暗証は、容易に他人に知られないような番号をお決めください。<br>（生年月日等をそのまま使用されるのは避けてください。） | 暗証番号 |
| 住 所 | フリガナ | | | |
| | | 丁目　番　号<br>番地 | 銀行使用欄 | |
| | マンション・様方<br>室 | ＴＥＬ | | |

| 登録種類 | 発　　行<br>再　発　行 | カード種類 | 本人 | 郵送コード | 直接発送 | | 検　印 | 登　録 |
|---|---|---|---|---|---|---|---|---|
| | 暗証変更 | | | | 例　外 | ○○銀行 | 口座印鑑　照合 | 受　付 |

（裏面）

## ○○カード規定

1．（カードの発行）
　(1)　○○カード（以下「カード」といいます。）は、「○○カードローン契約書」（以下「契約書」といいます。）に基づき、当行が発行するものとします。
　(2)　カードの交付を受けることにより、契約書に定める取引期限内であれば、次の借入れをご利用できます。

① 契約書に基づく50万円を限度とする当座貸越借入れ。

② 「○○ローン契約書」を締結することによる最高150万円を限度とする証書貸付借入れ。

(3) カードの発行に当たっては当行の定めるカード発行手数料をいただきます。この場合カード発行手数料は当座貸越口座からの出金により受け入れることができることとし、この場合にはカードの呈示または当行所定の請求書の提出は不要とします。

2．（カードの利用）

(1) カードは当行（ただし当行と提携する他の会社等は除きます。）の現金自動支払機（以下「支払機」といいます。）を使用して当座貸越口座から出金する場合に利用するものとします。この場合、この規定に定めのない事項については契約書により取扱います。

(2) カードを呈示し、「○○ローン契約書」を締結することにより、上記1の(2)に定める証書貸付借入れをご利用できます。

3．（支払機による出金）

(1) 支払機を使用して出金するときは、支払機にカードを挿入し、届け出の暗証と金額をボタンにより操作してください。

(2) 支払機による出金は1千円単位とし、1回あたりの出金金額は当行が定めた範囲とします。

（以下省略）

---

**印紙税法の適用関係**

印紙税法別表第一、課税物件表の第1号の3文書「消費貸借に関する契約書」である。

**説明**　この文書は、カード規定を承認の上申し込むことが記載され、かつ、この申込みにより自動的に契約が成立することとなっていることから、印紙税法上の契約書に該当し、契約の内容が、現金自動支払機による貸出し、すなわち消費貸借契約における目的物の引渡方法を定めるものであることから、第1号の3文書に該当する。

なお、このカード規定の1の(2)に記載された金額は、一定の金額の範囲内で貸付を反復して行うことを約するもので、この文書で直接貸付金額を予約したものではないことから、記載金額には該当しない。

第三章　（第1号の3文書）　消費貸借に関する契約書　　205

## 第78例　利息支払いについての特約

| 収入印紙<br>（1号の3文書） | 顧客コード<br>融資番号 | － | － |
|---|---|---|---|

　　　　利息支払いについての特約

　　　　　　　　　　　　　年　月　日

　金庫　御中

　住　所　_____

　債務者　　　　　　　　　　　　　㊞

債務者は貴金庫から　　　年　　月　　日付単名手形（手形番号　　　）に基づき手形借入を受けるに当たり、差入手形の期日にかかわらず利息は（利率　　％）分割前払いとし、その支払方法は下記によることを特約します。

　なお、利息については金融情勢の変化、その他相当の事由により第2回目以降支払応当日にその利率を引下げ、または引上げられることを承諾します。

　以上、この履行に際しては、別に差し入れた信用金庫取引約定書の各条項に従います。

利息の振替内容

| 振替開始日 | 年　月　日から | 振替周期 | カ月ごと |
|---|---|---|---|

　但し、第一回は融資日に支払い。第二回目以降応当日が休日の場合は翌営業日とする。

　　　　　　　　　　　　　　　　　　　　　　　　　以上

| 検印 | 印鑑<br>照合 | 変更日 | 年　月　日 | 新利率 | ％ |
|---|---|---|---|---|---|

第1号の3

### 印紙税法の適用関係

　　印紙税法別表第一、課税物件表の第1号の3文書「消費貸借に関する契約書」である。

**説明**　　この文書は、手形借入れを受けるに当たり、その借入れの利率及び利息の支払方法を定めるものであることから、記載金額のない第1号の3文書に該当する。

206　　　　　第2部　各課税物件

**第79例**　変動金利型貸付に関する特約書

---

### 変動金利型貸付に関する特約書

　　　　　　　　　　　　　　　　　　　　　　　　　年　　月　　日

　　信用金庫　御中

　　　　　　　　　住　　　所

　　　　　　　　　債　務　者

　　　　　　　　　住　　　所

　　　　　　　　　連帯保証人

　　　　　　　　　住　　　所

　　　　　　　　　連帯保証人

　債務者は、　　　年　　月　　日付金銭消費貸借証書（以下「原契約証書」とい
う。）の第1条（借入要項）に定めた利率の変更および返済方法等について、次の
とおり特約します。

第1条（借入利率変更の基準）

　　原契約証書の借入要項に定めた借入利率は、本特約書締結日以降、長期貸出最
　優遇金利を基準金利として、基準金利の変更に伴って、引下げまたは引上げられ
　ることに同意します。

　　なお、本特約書締結日現在の長期貸出最優遇金利は年　　　　　　　　％で
あることを確認します。

　　ただし、金融情勢の変化、その他相当の事由により長期貸出最優遇金利が廃止

第三章　（第1号の3文書）　消費貸借に関する契約書　207

された場合には、長期貸出最優遇金利に代え、一般に相当と認められる金利を基準金利とすることに同意します。

第2条（借入利率の変更幅および変更日）

1．借入利率の変更幅は、長期貸出最優遇金利（基準金利）の変更幅と同幅で変更するものとします。

2．変更後の借入利率は、長期貸出最優遇金利（基準金利）変更日を起算日として、2週間後の応当曜日以降最初に到来する利息支払日の翌日より適用し、その次の利息支払日から新利率による返済が始まるものとします。

3．前項でいう利息支払日とは、原契約証書第1条3項の弁済方法で定めた日とします。

第3条（元利金返済額の変更）

借入利率の変更の都度、元利金返済額を変更することとし、新元利金返済額は新借入利率、残存元金、残存期間に基づいて算出するものとします。

第4条（固定金利型への変更）

本件借入金については、その借入期間内は固定金利に変更しないものとします。

第5条（原契約証書各条項の適用）

債務者は、この約定に定めたもののほかは，全て原契約証書の各条項に従います。

第6条（保証）

保証人は、原契約証書ならびにこの特約書の各条項を承諾し、引続き債務者と連帯して保証の責に任じます。

以　上

### 印紙税法の適用関係

印紙税法別表第一、課税物件表の第1号の3文書「消費貸借に関する契約書」である。

説明　この文書は、変動金利型貸付に係る利率を変更したものであることから、記載金額のない第1号の3文書に該当する（印紙税法基本通達別表第二の3）。

208 第2部 各課税物件

**第80例　ご融資利率変更のお知らせ**

|  |  |
|---|---|
|  | 年　月　日<br>信用金庫<br>本　店<br>電話 |
| 　　　　　　　　　　様 |  |

## ご融資利率変更のお知らせ

　平素は格別のお引き立てを賜り厚くお礼申し上げます。

　さて、ご利用いただいておりますご融資金につきましては、変動金利制とする特約をさせていただいておりますが、この特約に基づき下記のとおりご融資利率を変更させていただきますので、ご通知いたします。

　何卒、ご了承のうえ今後ともよろしくご利用のほどお願い申し上げます。

1．変更内容

| 新利率適用開始日 | ご融資残高<br>年　月　日現在 | 現利率<br>％ | 新利率<br>％ | 現基準金利<br>％ | 新基準金利<br>％ | 変動幅<br>％ |
|---|---|---|---|---|---|---|
| 　　年　月　日 |  |  |  |  |  |  |

| 新毎月のご返済額 | 新ボーナス返済額<br>新増額返済額 | 現毎月のご返済額 | 現ボーナス返済額<br>現増額返済額 |
|---|---|---|---|
|  |  |  |  |

　　　※基準金利は長期プライムレートです。（　年　月　日現在　　　％）

2．変更後の返済予定表

| お客様番号 | 証書番号 | 当初ご融資日 | 当初ご融資金額 | 内ボーナス払<br>内増額返済払 | ご融資期限 | ご返済口座 |
|---|---|---|---|---|---|---|
|  |  |  |  |  |  |  |

| 回次 | 約定返済日 | 毎月のご返済額 | 内元金ご返済額 | 内お利息額 | 計算日数<br>又は月数 | 残高 | 未払利息 |
|---|---|---|---|---|---|---|---|
|  |  |  |  |  |  |  |  |
|  |  |  |  |  |  |  |  |
|  |  |  |  |  |  |  |  |
|  |  |  |  |  |  |  |  |

（注）1　この文書は、「変動金利に関する特約書」に基づいて変更される新利率を金融機関が融資先に対して通知する文書である。

　　　2　変動金利特約とは、標準金利とされるプライムレートの変動幅に応じて当初約定した利率を変更させることを内容とするもので、「変動金利に関する特約書」は、この特約を約定した文書である。例えば、当初契約時の長期プライムレートが1.2％、約定利率が1.4％とし、その後長期プライムレートが1.3％に上った場合、貸手、借手の協議等が行われることなく、この上り幅（0.1％）に応じて自動的に約定利率がシフト（1.5％）することとなる。

第三章　（第1号の3文書）　消費貸借に関する契約書　　209

### 印紙税法の適用関係

　　印紙税法に定める課税物件ではない。

**説明**　変動金利特約の場合、約定利率は基準利率（プライムレート）の変動に応じて
自動的に変更され確定するものであり、この文書の通知により初めて利率変更が
行われるものではない。

　　したがって、この文書は、単なる連絡文書であり、いずれの課税物件にも該当
しない。

210　　　　　　　　第2部　各課税物件

**第81例**　変動金利制度改定に係る同意書

「変動金利制度改定に係る同意書」

年　　月　　日

　　　　　　　　御中

（取扱店　　　　）

| ご住所 | |  |
|---|---|---|
| お名前 | | 印 |

　私は、現在、　　　　　　から借り入れている変動金利型ローンについて、　　年4月1日より次のとおり金利適用ルールが年2回に改定されることに同意します。
　なお、本同意書に定めない事項については、従前のとおり私が　　　　と締結している契約書等の各条項に従います。

記

第1条（借入利率の見直し）

| | 基準金利 | 見直し基準日 | 新利率適用日 |
|---|---|---|---|
| 変更前 | 長期プライムレート | 毎年10月1日 | 翌年3月1日から |
| 変更後 | 長期プライムレート | 毎年10月1日 | 翌年3月1日から |
| | | 毎年4月1日 | 9月1日から |

※　○○カードについても、貸越利率の見直しを年2回行い、上記の各見直し基準日の翌月1日より新利率を適用します。

第2条（毎回の元利金返済額及び最終約定返済日の調整）
　①　未収利息管理方式の場合
　　　5回目ごとの10月1日の見直し基準日の新利率適用日までは、借入利率の変更があっても毎回の元利金返済額は据え置きます。10月1日の見直し基準日を5回経過した翌年の3月返済分より、借入利率、残存元金、残存期間等に基づいて返済額を算出し直すものとし、以降も同様とします。ただし、新返済額は前回返済額に1.25を乗じた額を限度とします。
　②　期間伸縮方式の場合
　　　借入利率の変更毎に、毎回の元利金返済額および最終約定返済日を約定に基づき従前どおり調整します。
　③　○○カードの場合
　　　限度額方式、残高方式のいずれにおいても従前どおりとします。

第三章 （第1号の3文書） 消費貸借に関する契約書　　211

第3条（利率変更等の通知）

　　利率変更等の内容については、今後、　　　　　の本支店に掲示、または、書面により通知します。

第4条（年1回方式への変更）

　　今後、年2回方式から、年1回方式への変更は行いません。

　　　　　　　　　　　　　　　　　　　　　　　　　　　　　　　　　　以上

（注）　金融機関と顧客との間で既に締結されている変動金利型ローン契約（金銭消費貸借契約）に関して、金利見直しの回数を従来の年1回から年2回へ変更することを同意した証として顧客が金融機関に差し入れるものである。

### 印紙税法の適用関係

　　印紙税法別表第一、課税物件表の第1号の3文書「消費貸借に関する契約書」である。

**説明**　この文書で同意する金利の見直し回数は、消費貸借契約の重要な事項（利率）と密接に関連する事項であることから、記載金額のない第1号の3文書に該当する（印紙税法基本通達別表第二の3）。

212　　　　　第2部　各課税物件

**第82例**　借入金に関する特約書

---

特　約　書

　　　　年　　月　　日　　　　　証書に基づき、貴行へ払込むべき割賦金（元金のほか利息を含む。）は、あらかじめ　　　　　　　　名義の当座/普通預金口座（口座番号№　　　　　　　）に預け入れておきますから、約定の払込期日（休日にあたる場合は翌営業日）に同口座から払出し、払込みに充当してください。もし残高が不足する場合は直ちに入金いたします。

　　この預金払出しには、普通預金払戻請求書または当座小切手の使用を省略いたします。

　　また、払出しについては私に何の通知もいりません。この取扱いについて、後日事故がおきましても、私が一切責任を負い、貴行には決してご迷惑をおかけいたしません。

　　　　年　　月　　日

　　　　　　　　　　　　　　　住　所

　　　　　　　　　　　　　　　氏　名　　　　　　　　　　　㊞

　株式会社　　　銀行　御中

---

**印紙税法の適用関係**

　　　印紙税法別表第一、課税物件表の第1号の3文書「消費貸借に関する契約書」である。

**説明**　この文書は、借入金の支払方法を定めるものであることから、第1号の3文書に該当するほか、既存の預金契約における払戻方法を変更するものであることから第14号文書「金銭の寄託に関する契約書」にも該当し、通則3のイの規定により、第1号の3文書となる。

第三章 （第1号の3文書） 消費貸借に関する契約書 213

第83例 債務承認書

---

債 務 承 認 書

一 債務の表示
一 債務金額
金 円（原債務金額 円）
一 債務の成立原因並びにその日付
年 月 日 金銭消費貸借契約証書

一 利 息
一 返済期日

上記の債務を承認します。

年 月 日

債務者 氏名 ㊞

株式会社 銀行 御中

---

**印紙税法の適用関係**

印紙税法に定める課税物件ではない。

**説明** この文書は、債務者が現に負担している債務額及びこれに対する利息、返済期日を単に承認したにすぎず、承認することによって当該債務の時効が中断するという効果は生じるが、消費貸借契約の成立、更改、内容の変更又は補充の事実を証明する文書ではない。

したがって、この文書は、第1号の3文書「消費貸借に関する契約書」その他いずれの課税物件にも該当しない。

214                     第2部　各課税物件

第84例　お取引明細

お 取 引 明 細

ご利用ありがとうございました。

現在のお取引は以下の通りでございます。

| 会　員　番　号 | |
|---|---|
| 取　引　日　時 | |

| 本 日 迄 の 残 高 | |
|---|---|
| 今 回 ご 融 資 額 | |
| 今　回　残　高 | |
| ご 融 資 可 能 額 | |
| 本 日 迄 の お 利 息 | |
| 次 回 約 定 入 金 日 | |
| 次 回 約 定 日 の 利 息 | |

お　し　ら　せ

株式会社

(注)　顧客（借主）が現金自動支払機を利用して金銭の貸付けを受けた際、当該自動
　　　支払機から打ち出される貸付けの明細を記載したものである。

印紙税法の適用関係

　　　印紙税法に定める課税物件ではない。

説明　この文書は、顧客（借主）が現金自動支払機を利用して金銭の貸付けを受けた
　　　際、自動支払機から打ち出される貸付けの明細を記載したものであって、金銭消
　　　費貸借契約の成立を証明するためのものとは認められないことから、印紙税法上
　　　の契約書には該当しない。

第三章 （第１号の３文書） 消費貸借に関する契約書　　　　215

第85例　ゴルフ倶楽部会員資格保証金預り証

（注）　ゴルフクラブの会員資格保証金の払込みがあった場合に交付するもので、譲渡は裏書により自由である。

**印紙税法の適用関係**

　　　印紙税法に定める課税物件ではない。

**説明**　この文書は、ゴルフクラブの会員資格保証金を拠出した権利を表彰するものであり、その権利の移転、行使がこれをもってなされ、しかも譲渡性を有する、いわゆる権利が証券に化体された有価証券であって印紙税法上の契約書には該当しない。

　　　したがって、この文書は、第１号の３文書「消費貸借に関する契約書」その他いずれの課税物件にも該当しない。

216　　　　　　　　　第２部　各課税物件

**第86例**　**会員資格保証金証書**

> ## クラブ会員資格保証金証書
>
> １Ａ　第0001号
>
> 　金　　壱　　億　　円
>
> 殿
>
> 　上記金額下記条件でお預りいたしました。
>
> 1．会員資格保証金は、発行日から５年間据置き（施設の開業日にあっては第一期
> 　施設の開業日より５年間）、その後退会のため、ご請求があれば本書と引換えに
> 　返還いたします。
> 2．会員資格保証金は、無利子、無配当です。
> 3．会員権契約約款第　条により本証書を譲渡することはできません。
>
> 　　　　年　　　月　　　日
>
> 　　　　　　　　　　　　　株式会社　　リゾート
> 　　　　　　　　　　　　　代表取締役　　　　　　　　㊞

**印紙税法の適用関係**

　　　印紙税法別表第一、課税物件表の第１号の３文書「消費貸借に関する契約書」
　　である。

**説明**　この文書は、譲渡することができないことから、有価証券には該当しない。ま
　　た、５年間の据置期間を設け、その期間中は保証金の返還を認めず、一定期間経
　　過後の退会時の請求により保証金を返還することとなっていることから、第１号
　　の３文書に該当するほか、保証金の受領文言も記載されていることから第17号の
　　２文書「売上代金以外の金銭の受取書」にも該当するが、通則３のイにより、第
　　１号の３文書となる。

第三章 （第1号の3文書） 消費貸借に関する契約書　　217

第87例　奨学資金貸付申込書

| 受 | | | 付 | |
|---|---|---|---|---|
| 理　事 | 理　事 | | | 担当者 会 |
| | | | | |

　　　　受付日　　年　　月　　日
　　　　　　　　年　　月　　日

○○会　御中

第1号の3

## 奨 学 資 金 貸 付 申 込 書

○○会「奨学資金運営細則」に基づき下記の通り貸付を申込みます。

| | 所　　属 | 事業部　　　　　　部　　　　　　課 | | |
|---|---|---|---|---|
| 会 | （フリガナ）氏　　名 | ㊞ | | |
| | 生 年 月 日 | 大正 昭和 平成　　　年　　　　月　　　　日生（　　才） | | |
| 員 | 入社年月日 | 昭和・平成　　年　　　　月　　　　日 | | |
| | 役　　職 | | | |
| 貸付対象子女 | （フリガナ）氏　　名 | | 続　柄 | |
| | 生 年 月 日 | 昭和・平成　　年　　　　月　　　　日生（　　才） | | |
| | 対 象 学 校 | 大学 短期大学　　学部　　　学科　　年　月入学見込 年在学中 | | |
| ＊添 付 書 類 | 戸籍謄本 または住民票 | 入学許可書　・　在学証明書 | | |

　　＊は記入不要

○○会記入欄

| 貸　　　付 | | 常任理事 | 理　　事 | 理　　事 | 理　　事 | 理　　事 |
|---|---|---|---|---|---|---|
| 採 | 否 | | | | | |
| | | | | | | |

（注）　「奨学資金運営細則」には、申込内容を審査し、その審査に合格した者に対し
てのみ貸付けを行う旨の定めがある。

218                   第2部　各課税物件

**印紙税法の適用関係**

　　　印紙税法に定める課税物件ではない。

**説明**　基本契約、規約又は約款に基づく申込文書で一方の申込みにより自動的に契約
　　　が成立するものは、印紙税法上の契約書として取り扱われる。この文書は、「奨
　　　学資金運営細則」に基づき申し込むものであるが、その細則において、申込内容
　　　を審査し、その審査に合格した者に対してのみ貸付けを行うことと定められてお
　　　り、自動的に契約が成立するものとは認められないことから、印紙税法上の契約
　　　書には該当しない。

　　　　なお、申込みを受けた者が、応諾の証として申込者に交付する「貸付決定通知
　　　書」等は、第1号の3文書「消費貸借に関する契約書」に該当する。

第三章　（第1号の3文書）　消費貸借に関する契約書　219

**第88例　大学債券**

学　校　法　人

大　学　債　券

理事長

壱　口　券

金　拾　萬　圓

年度　　　第　　　号

本債券は右記名者より上記の金額を借入れたことを証するものである

大学　　年月日　　　　　　　　　　殿

㊞

1．この債券は本学施設の整備拡充の資金に充てる目的で評議員会の決議に基づき募集した学債に対し発行されたものである。

2．この債券は壱口券の1種とし1口の金額を金拾萬円とし、その方式は記名式とする。

3．この債券は無利息とする。

4．この債券は他に譲渡質入その他の担保に供することができない。

5．この債券の償還期日は下記のとおりとする。
　⑴　父兄から申込まれたものはその在学生の卒業の際
　⑵　その他は　　年　月　日

6．この債券の償還は次の方法による。
　⑴　原則として債券面表示の債権者に償還する。
　⑵　2人以上のものが共同して学債を引き受けた場合には債券面表示の代表者に償還する。
　⑶　代理人または代表者が償還を受けようとするときは、本人の委任状その他その資格を証明する書面を提出しなければならない。
　⑷　償還を受けようとする債権者若しくはその代理人または代表者は、この債券および申込の際に届出た印鑑を持参し、本学事務局において債券引換および領収証に捺印の上償還を受けるものとする。

7．債券の領収証に押捺された印影を届出印鑑と照合して相違ないものと認めて償還したときは、印章の盗用その他の事情があっても、本学はその責任を負わないものとする。

───────────────────────

本債券表示の金額正に受領しました。

220　　　　　　　　　　第2部　各課税物件

```
　　　　年　　月　　日
　　　　住　　所
　　　　氏　　名　　　　　　　　　　　　届出印
```

**印紙税法の適用関係**

　印紙税法別表第一、課税物件表の第1号の3文書「消費貸借に関する契約書」である。

**説明**　この文書は、借入の事実が記載証明されており、金銭を借入れたことを証明する目的で作成されるものであることから、第1号の3文書「消費貸借に関する契約書」に該当する。

　なお、「債券」の名称を用いているが、会社法等の規定に基づき発行されるものではないことから社債券には該当せず、また譲渡ができないこととされていることから有価証券にも該当しない。

第三章 （第1号の3文書） 消費貸借に関する契約書　　221

**第89例**　債券貸借取引に関して作成される文書
（その1）債券貸借取引に関する基本契約書

## 債券貸借取引に関する基本契約書

　　　　　　　　　（以下、「甲」という。）と　　　証券株式会社（以下、「乙」という。）は、甲乙間で行う債券貸借取引に関し、以下のとおり合意した。個別の債券貸借取引に係る契約は、別途本基本契約に基づいて締結するものとする。

第1条　（定義）

　　本基本契約書における次の各号に掲げる用語の意義は、当該各号に定めるところによる。

| | | |
|---|---|---|
| (1) | 債券貸借取引 | 当事者のどちらか一方（貸出者）が、他方（借入者）に債券を貸し出し、合意された期間を経た後、借入者が貸出者に対象銘柄と同種、同量の債券を返済する債券の消費貸借取引（以下、「取引」という。）をいう。 |
| (2) | 貸 出 者 | 取引において、債券の貸出を行う者をいう。 |
| (3) | 借 入 者 | 取引において、債券の借入を行う者をいう。 |
| (4) | 個 別 取 引 | 個別の債券貸借取引をいう。 |
| (5) | 個 別 契 約 | 本基本契約に基づいて、両当事者が個別取引に関し締結する契約をいう。 |
| (6) | 貸 借 期 間 | 債券の貸借が行われる期間として、個別契約で定めるものをいう。 |
| (7) | 貸 借 料 | 借入者が貸出者に対して債券貸出の対価として支払う金銭として、個別契約で定めるものをいう。 |
| (8) | 貸 借 料 率 | 貸借料算定の基準となる料率で、当事者双方が、金利その他諸般の情勢を考慮して協議のうえ、％をもって年率で定めるものをいう。 |
| (9) | 対 象 銘 柄 | 取引の対象となる債券の銘柄として、個別契約で定めるものをいう。 |
| (10) | 貸 借 数 量 | 対象銘柄の額面金額の総額として、個別契約で定めるものをいう。 |
| (11) | 取 引 実 行 日 | 個別契約で定める貸借期間の開始日をいう。 |
| (12) | 取 引 決 済 日 | 個別契約で定める貸借期間の終了日をいう。 |
| (13) | 時 価 | 市場相場があるものについてはその最終価格、市場相場がないものについては、その最終の気配相場等をいう。 |

第2条　（個別取引契約書の作成）

222　　　　　第2部　各課税物件

個別取引を行うにあたっては、甲乙各々の代表者または代表者の代理人が個別
取引契約書を作成し、記名押印して交換するものとする。

(以下省略)

### 印紙税法の適用関係

印紙税法別表第一、課税物件表の第1号の3文書「消費貸借に関する契約書」
である。

**説明**　この文書は、借主が貸主から代替性のある有価証券を受け取り、これと同種、
同量のものを返還する契約、つまり、消費貸借契約であることから、記載金額の
ない第1号の3文書に該当する。

## (その2)債券貸借取引に関する基本契約書に係る個別取引契約書

### 債券貸借取引に関する基本契約書に係る個別取引契約書

　　　　　　　　(以下、「甲」という。)と　　証券株式会社(以下、「乙」とい
う。)は、甲乙間で　年　月　日付で締結した「債券貸借取引に関する基本契約書」
(以下、「基本契約書」という。)第2条の定めにより、甲乙間で行う個別の債券貸借
取引に関し、　年　月　日以下のとおり合意した。

これを証するため、本個別取引契約書2通を作成し、甲乙各々の代表者又は代表者
の代理人が右に記名押印し交換するものとする。

甲　　　　　　　　㊞
乙　　　　　　　　㊞

第1条　(定義)

本個別取引契約書における用語の定義は、基本契約書第1条に定めるところによ
る。

第2条　(個別取引の当事者および条件)

甲は、本個別取引について別紙債券貸借取引明細書で定める条件により〔貸出者
・借入者〕となり、乙は同条件で〔貸出者・借入者〕となる。

第3条　(債券の貸出および返済方法)

取引実行日における債券の貸出及び取引決済日における債券の返済は、各々次の
各号の方法により行う。

(1)　債券の貸出

(2)　債券の返済

第4条　(特約事項)(省略)

第三章　（第1号の3文書）　消費貸借に関する契約書　　223

**印紙税法の適用関係**

　　　印紙税法別表第一、課税物件表の第1号の3文書「消費貸借に関する契約書」
　　である。

**説明**　　この文書は、消費貸借に関して作成される文書で、債券の貸出及び返済方法を
　　定めるものであることから、第1号の3文書に該当する。

　　　なお、貸借する有価証券の額面金額等を記載しても、当該金額は、有価証券の
　　目的物を特定しているにすぎず、消費貸借金額ではないから、記載金額には該当
　　しない。

### （その3）債券貸借取引に関する基本契約書に係る合意書

---

債券貸借取引に関する基本契約書に係る合意書

　　　　　　（以下、「甲」という。）と　　　証券株式会社（以下、「乙」という。）
は　　　年　月　日付の「債券貸借取引に関する基本契約書」（以下、「基本契約
書」という。）につき、以下のとおり合意した。
第1条　基本契約書第2条の定めにかかわらず、個別の債券貸借取引を行うにあ
　　たっては個別取引契約書に代えて、債券貸借取引明細書を甲または乙が作成
　　し乙または甲に交付する。
　　2　乙または甲は、交付を受けた債券貸借取引明細書をすみやかに確認し、締
　　結した契約内容と相違がある場合には直ちに甲または乙に連絡する。
第2条　基本契約書中、「個別取引契約書」は「債券貸借取引明細書」に読み替え
　　る。
第3条　前2条の取扱いは、本合意書締結日から適用する。
　上記を証するため、本合意書2通を作成し、甲乙各々の代表者又は代表者の代理
人が記名押印し交換するものとする。
　　　　　年　　　月　　　日
　　　　　　　　　　　甲　　　　　　　　　　　　　　　　　　印
　　　　　　　　　　　乙　　　　　　　　　　　　　　　　　　印

---

**印紙税法の適用関係**

　　　印紙税法に定める課税物件ではない。

**説明**　　この文書は、消費貸借に関して作成される文書ではあるが、単に取引の際に交
　　付する文書の種類を変更することを定めたものである。

　　　したがって、この文書は、第1号の3文書「消費貸借に関する契約書」その他
　　いずれの課税物件にも該当しない。

224　　　　　　　　第2部　各課税物件

## （その4）債券貸借取引明細書

```
                                                    No.
                                          _____
         御中
_____
                    債券貸借取引明細書
お客様名
_____
                                          証券株式会社

  お客様の〔貸出・借入〕は、以下の明細のとおりでございます。内容をご確認のう
えご不審の点がございましたら、すみやかに当社までご連絡ください。
```

| 部 店 | 顧客コード | 扱 者 | | 約 定 日 | | 貸　　借　　期　　間 | | |
|------|-----------|-------|-|---------|-|---------|--------|--------|
| | | | | 年　月　日 | | 取引実行日 | 取引返済日 | 日　数 |
| | | | | | | 年　月　日 | 年　月　日 | 日 |

| 対象銘柄<br>（コード） | 利率<br>（％） | 償還日<br>利払日 | 額　面<br>（千円） | 貸借料率<br>（％） | 貸借料<br>（円） | 参考時価<br>（円） | 経過利子<br>（円） | 担保区分 | 仕法区分 |
|---------|------|--------|-------|--------|------|--------|--------|--------|--------|
| | | | | | | | | | |
| | | | | | | | | | |
| | | | | | | | | | |

期中利金相当額

| 対　象　銘　柄<br>（コード） | 利率<br>（％） | 利　払　日<br>（月）（日） | 額　面<br>（千円） | 利金相当額<br>（円） |
|---------|------|---------|-------|---------|
| | | | | |
| | | | | |
| 合　　　　計 | | | | |

備　考
①仕法区分：ホ＝本券、ト＝登録、フ＝振決
　　　　　　カ＝課税、ヒ＝非課税
②担保区分：ム＝無担保、ユ＝有担保

### 印紙税法の適用関係

　　　印紙税法別表第一、課税物件表の第1号の3文書「消費貸借に関する契約書」
である。

**説明**　この文書は、借主が貸主に交付するもので、成立した債券の消費貸借契約につ
いて、その事実を証明するために作成されるものであることから、印紙税法上の
契約書に該当し、消費貸借の目的物の内容、引渡期日、返還期日、利率等を定め
ていることから、記載金額のない第1号の3文書に該当する。

第三章　（第1号の3文書）　消費貸借に関する契約書　　225

**第90例　有価証券借用証書**

## 有 価 証 券 借 用 証 書

年　　月　　日

株式会社　　　　銀行御中

　　　　住　　所

　　　　債　務　者　　　　　　　　　　　　　　　　　印

　債務者は、下記約定を承認の上、有価証券（以下「借用証券」という。）を借用
しました。

第1条（借用証券、借用条件）
　1．借用証券銘柄　　　　　利付国庫債券（10年）第　　回
　　　　　（表面利率…年8.0%　　利払期日…5月および11月の各20日　　　償還
　　　　　日…　　年　　月　　日）
　2．借用証券額面金額　　金1,000,000,000円
　3．借　用　日　　　　　年6月20日
　4．返　還　期　日　　　年11月20日
　5．借　用　利　率　　　借用額面金額につき年8.3%の割合（借用証券表面利率に
　　　　　　　　　　　　年0.3%の実質借入料率を加えた割合）
第2条（借用料の支払）
　1．借用証券の借用料は借用証券の利払期日に貴行本店を支払場所とする弊社振
　　　出の小切手により貴行に支払います。
　2．借用料の計算方法は第1回目は借用日から利払期日までの片落としによる年
　　　365日の日割計算とします。第2回目以降は年額の半額とします。
第3条（返還方法）
　　債務者は、返還期日に借用証券と同銘柄、同額面の有価証券を返還します。
第4条（期限の利益の喪失）
　①　債務者について次の各号の事由が一つでも生じた場合には、貴行から通知催
　　　告等がなくてもこの約定による債務について当然期限の利益を失い、直ちに債
　　　務を履行します。
　　1．支払いの停止または破産、会社更生手続開始、民事再生手続開始もしくは

特別清算開始の申立があったとき。

2．手形交換所の取引停止処分を受けたとき。

3．債務者の預金その他の貴行に対する債権について仮差押、保全差押または差押の命令、通知が発送されたとき。

② 次の各場合には、貴行の請求によってこの約定による債務の期限の利益を失い、直ちに債務を履行します。

1．債務者が債務の一部でも履行を遅滞したとき。

2．債務者が貴行との取引約定に違反したとき。

3．前各号のほか、債権保全を必要とする相当の事由が生じたとき。

第5条（遅延損害金）

債務者は、この約定にもとづき負担するいっさいの債務についてその履行を怠ったときは、支払うべき金額に対し、年14％（年365日の日割計算）の割合の遅延損害金を支払います。

第6条（費用負担）

債務者は、この証書の作成その他この契約に関するいっさいの費用を負担します。

第7条（公正証書の作成）

債務者は、貴行の請求があるときは、直ちにこの約定による債務について強制執行の認諾がある公正証書を作成するため必要な手続をします。このために要した費用は債務者が負担します。

第8条（管轄裁判所）

この借用証書に基づく諸取引に関して訴訟の必要を生じた場合には、貴行の所在地を管轄する裁判所を管轄裁判所とすることに合意します。

**印紙税法の適用関係**

印紙税法別表第一、課税物件表の第1号の3文書「消費貸借に関する契約書」である。

**説明** この文書は、借主が貸主から代替性のある有価証券を受け取り、これと同種、同量のものを返還する契約、つまり、消費貸借契約であることから、第1号の3文書に該当する。

なお、この文書には、貸し付ける有価証券の額面金額が記載されているが、これは消費貸借の目的である有価証券を特定しているにすぎず、消費貸借金額ではないことから、記載金額には該当しない。

第三章　（第１号の３文書）　消費貸借に関する契約書　　　227

**第91例**　**金銭消費貸借契約書（外国通貨により表示されたもの）**

---

### 金銭消費貸借契約書

年　　　月　　　日

　　　銀行　御中

〔債務者〕住所

氏名　　　　株式会社　㊞

（借入要領）

第１条　債務者は、別に差し入れた銀行取引約定書並びに外国為替取引約定書の各
　　　条項を承認の上、貴社から次の要領によって金銭を借り受けた。

　　１．金　　　額　　アメリカ合衆国通貨　10,000,000ドル

　　２．使　　　途　　設備投資資金

　　３．期　　　限　　　　年　月　日

　　４．弁済方法　　期限に一括返済を行う。

　　５．利　　　率　　年　　　％

（以下省略）

---

**印紙税法の適用関係**

　　　印紙税法別表第一、課税物件表の第１号の３文書「消費貸借に関する契約書」
　　である。

**説明**　この文書は、金銭消費貸借契約の成立の事実を証する文書であることから、第
　　１号の３文書に該当する。

　　　なお、記載金額については、契約金額が外国通貨により表示されている場合、
　　文書作成日における基準外国為替相場又は裁定外国為替相場により本邦通貨
　　（円）に換算した金額となる。

**参考**　基準外国為替相場又は裁定外国為替相場については、毎月、その翌月中に適用
　　される相場を財務大臣が日本銀行本店において公示している。

## 基準外国為替相場の推移

| 期　　　間 | 1米ドルにつき日本円 | 期　　　間 | 1米ドルにつき日本円 |
|---|---|---|---|
| 平成29年4月 | 113円 | 平成29年10月 | 110円 |
| 平成29年5月 | 113円 | 平成29年11月 | 111円 |
| 平成29年6月 | 110円 | 平成29年12月 | 113円 |
| 平成29年7月 | 112円 | 平成30年1月 | 113円 |
| 平成29年8月 | 111円 | 平成30年2月 | 113円 |
| 平成29年9月 | 112円 | 平成30年3月 | 111円 |

※　基準外国為替相場及び裁定外国為替相場は、日本銀行のホームページ（http://www.boj.or.jp/）で確認することができる。

第三章　（第1号の3文書）　消費貸借に関する契約書　　229

**第92例**　**請求書・借入申込書（コミットメントライン契約に基づくもの）**
（その1）請求書

　　　　　　　　　　　　　　　　　　　　　　　　　　年　　月　　日

○○○○銀行　御中

　　　　　　　　　　　　　　　　　　　　　　　（借入人）

　　　　　　　　　　　　　　　　　　　　　　　□□□□□□

　　　　　　　　　　請　　求　　書

　弊社は、ここに借入人である□□□□□□と貸出人○○○○銀行との間において
○年○月○日付で締結されたコミットメントライン設定契約の第3条第2項の規定
に従い、下記の内容で貸出の実行を要請いたします。

　　　　　　　　　　　　　記

　　　　　貸出実行希望日：　　　年　　月　　日
　　　　　貸出実行希望金額：　　　　　　　　円
　　　　　返　済　日：　　　年　　月　　日

　　　　　　　　　　　　　　　　　　　　　　　　　　以上

（その2）借入申込書

　　　　　　　　　　　　　　　　　　　　　　　　　　年　　月　　日

○○○○銀行　御中

　　　　　　　　　　　　　　　　　　　　　　　□□□□□□

　　　　　　　　　　借　入　申　込　書

　借入人である□□□□□□（以下、「借入人」といいます。）、貸付人及びエージェ
ントである○○○○銀行との間において、○年○月○日付で締結されたリボルビン
グ・クレジット・ファシリティ契約（以下、「本契約」といいます。）第5条の規定
に従い、当社は借入人として、貸付人に対し、下記の実行希望日、本貸付けの金額
及び満期日において、本貸付の実行を要請致します。

　　　　　　　　　　　　　記

　　　　　実行希望日：　　　年　　月　　日
　　　　　本貸付の金額：　　　　　　　　円
　　　　　基準貸付期間：　　　　　　　か月

230　　　　　　　　第2部　各課税物件

満　期　日：　　　　年　　月　　　日

　借入人は、本書面による本貸付の実行希望日において、(i)本契約第20条各号に記載された事項が真実に相違ないこと、及び(ii)本契約第22条第1項各号もしくは第2項各号に規定する事由、もしくは通知もしくは時間の経過もしくはその両方によりかかる事由を構成する事由が発生しておらず、または本貸付の実行によりかかる事由が生じないことを表明し、及び保証します。

以上

**印紙税法の適用関係**

　　（その1）及び（その2）の文書はいずれも、印紙税法別表第一、課税物件表の第1号の3文書「消費貸借に関する契約書」である。

**説明**　　（その1）及び（その2）の文書は、基本契約書に基づく申込書等であることが記載されており、その申込みによって自動的にその申込みに係る契約が成立する（貸付けが実行される）ものであることから、第1号の3文書に該当する。

　　なお、記載金額は、貸付実行希望金額（本貸付の金額）となる。

**参考**　　（その1）及び（その2）の文書は、基本契約書であるコミットメントライン設定契約書（リボルビング・クレジット・ファシリティ契約書）に基づき、借入人が借入れを申し込む際に貸付人に交付する請求書（借入申込書）である。

　　なお、基本契約書には、借入人が請求書（借入申込書）を提出した場合には、貸付人は基本契約書に定められた貸付けの前提条件の充足を条件に貸付けを実行しなければならない旨が定められている。

第三章 （第1号の3文書） 消費貸借に関する契約書 231

**第93例** 和解契約書(1)

---

和 解 契 約 書

委託者 　　　　（以下甲と称す）と受託者 　　　　（以下乙と称す）の相互間において、　　年　　月　　日より　　年　　月　　日までの間、　　　　の商品先物取引を行い、その売買について甲より異議の申し立てがあり、　　　　取引所の調停の結果、下記条項で解決することに双方合意して、本日和解が成立した。

記

第1．上記期間における甲の差引実損金は金　　　円也であることを双方確認した。

第2．乙は和解金として　　　円也を甲に支払う。

第3．本契約締結後は甲乙とも今後一切の異議申し立てをしないこと。

第4．上記条項にて甲乙間においては一切の債権債務が存在しないことを確認する。

　上記の通り和解成立を証するため本書二通を作成し各自署名捺印の上、各壱通を所持する。

　　　　年　　月　　日

　　　　　　　　　　　　　　　　　　（甲）　　　　　㊞

　　　　　　　　　　　　　　　　　　（乙）　　　　　㊞

---

**印紙税法の適用関係**

　　　　印紙税法に定める課税物件ではない。

**説明**　　和解契約は印紙税法上の課税事項には該当しないことから、この文書は、印紙税法に定めるいずれの課税物件にも該当しない。

　　　　なお、和解金の弁済方法として不動産を譲渡する場合は、第1号の1文書「不動産の譲渡に関する契約書」に該当する。

232　　　　　　　　第2部　各 課 税 物 件

**第94例**　和解契約書(2)

---

# 和 解 契 約 書

（甲）　債権者　　　株式会社
（乙）　債務者
　甲、乙で協議した結果、下記のとおり合意したので和解契約を締結した。

記

1　乙は甲に対する　　　年　月　日付○○カードローン契約の残債務が金300,000円
　あることを認める。

2　残債務のうち、甲と乙は、金150,000円について、新たに消費貸借契約を締結す
　ることに合意し和解した。

3　乙は第2項記載の金額を以下のとおり、銀行振込にて甲に支払う。
　　　　　年　月　日より　　　年　月　日　金　　　　　円（　回）
　　　　　年　月　日限り、金　　　　円
　　　　振込銀行
　　　　口座番号
　　　　受取人

4　甲は前記第3項のとおり弁済を受けた後は本件に関し乙に一切の請求をしない。

　上記のとおり和解契約成立を証するため、本書2通を作成し、各自署名捺印の上、
各1通を保有する。

　　　　　年　　　月　　　日

　　　　　　　　　　　　　　　　　　（甲）　債権者　　　株式会社　印
　　　　　　　　　　　　　　　　　　（乙）　債務者　　　　　　　　印

---

　（注）　この文書は、借入金の返済が滞った場合に改めて弁済金額と返済方法を取り決
　　　める契約書である。

**印紙税法の適用関係**

　　　印紙税法別表第一、課税物件表の第1号の3文書「消費貸借に関する契約書」
　　である。

**説明**　この文書は、債権者と債務者との間において、既存の債務金額を確認するとと
　　　もに、新たに金銭の消費貸借契約を証明するために作成するものであるから、第
　　　1号の3文書に該当する。
　　　　なお、記載金額は、新たな消費貸借契約の契約金額15万円となる。

# 第四章　（第 1 号の 4 文書）

## 運送に関する契約書(用船契約書を含む。)

　運送に関する契約（予約を含む。）の成立、更改、内容の変更又は補充の事実を証すべき文書は、印紙税法別表第一、課税物件表の第 1 号（P1108参照）に掲げる印紙税の課税物件である。

　「運送契約」とは、当事者の一方（運送人）が物品又は旅客の場所的移動を約し、相手方がこれに報酬（運送賃）を支払うことを約する契約である。運送は目的によって物品運送と旅客運送に区分され、また領域によって、陸上運送、海上運送、航空運送に分けられるが、いずれも運送という仕事の完成を目的とするものであるから、大きくは請負契約（民法第632条）に属するものである。しかし、運送については、商法に詳細に規定されているため、民法の請負に関する規定を適用する余地はほとんどない。

　印紙税法の課税物件表にいう「運送に関する契約書」とは、いうまでもなく陸上、海上又は航空の全てにわたっての運送契約の成立、更改、内容の変更又は補充の事実を証すべき文書を指すことになるのであるが、印紙税法には運送に関して作成される諸文書のうち、貨物引換証及び船荷証券は別の課税物件として掲名（印紙税法別表第一、課税物件表第 9 号）されている。

　この「貨物引換証」及び「船荷証券」はいずれも要式証券であることから、貨物引換証又は船荷証券と称していながら、いわゆる要式を欠きこれらの証券と類似の効用を有しない文書であって、しかも具体的に運送契約の成立を証明するものは「運送に関する契約書」として取り扱うこととなる。

　本号の取扱いで問題となるものに「貨物受取書」と称する文書がある。「貨物受取書」と称する文書であっても、貨物の個数、重量、運賃、積地、着地等具体的な運送契約の成立を記載証明したものは、「運送に関する契約書」として取り扱うこととなる。

234 第 2 部 各 課 税 物 件

印紙税法にいう「運送に関する契約書」には、乗車券、乗船券、航空券及び運送状<sup>(注)</sup>は含まれず、用船契約書及び航空機の用機契約書は含まれる（印紙税法別表第一、課税物件表第 1 号の定義欄 3 及び 4 参照）。

（注）「運送状」（又は「送り状」）という名称の文書であっても、運送人が貨物の運送を引き受けたことの証として荷送人に交付するものは、ここにいう運送状に該当せず「運送に関する契約書」として印紙税の課税対象となる。

「用船契約」とは運送人である船舶所有者（船主）が、運送の態様として船舶の全部又は一部を貸し切り、これに積載された貨物又は旅客を運送することを約し、その相手方である用船者がこれに対して報酬、すなわち運送賃（用船料）を支払うことを約する運送契約である。用船契約は、用船の範囲によって全部用船と一部用船とに分かれ、また用船の期間によって航海用船と期間用船とに区分される。

用船契約と船舶賃貸借契約とは、実際上区別しにくいが、用船契約は、①船舶の占有及び船長の選任を船主がなすこと、②船主は特定の船舶の船腹を提供し、かつ、船舶を艤装して運航させる義務を負うのみで、どのようなものを運送するかは、用船者が決定し得ること、③船舶の個性が重要視されて船主及び用船者間において各契約ごとに個別折衝が行われることから、船積、発航、陸揚げなどにつき用船者保護の特別規定が設けられている（商法第741条〜763条）。

船主が船舶の全部を一定期間相手方に貸す契約であって、単純な期間用船と区別されるものに定期用船契約がある。「定期用船契約」とは、船主が一定期間船舶の全部を契約の相手方たる定期用船者に貸すとともに船長使用約款などにより、船長等をその期間内定期用船者の商業上の指図の下におく契約である。定期用船契約の法的性質については種々学説が分かれている。一般の用船契約又は船舶の賃貸借とは区別される特別な類型と解されるが、印紙税法上は定期用船契約も用船契約として取り扱われる。

印紙税法の運送に関する契約書については、その定義に関する規定において、裸用船契約書を含まないと明示している。「裸用船契約」とは、船舶賃貸借契約のことで、船舶所有者が賃借人に対し船舶の使用及び収益をさせること

を約し、賃借人がこれに対して賃借料を支払うことを約する契約である。

　なお、裸用船契約書は、課税文書ではない「賃貸借に関する契約書」に該当するものとして取り扱われる。

236　　　　　第2部　各課税物件

**第95例**　運送契約書

## 運 送 契 約 書

　　　　　（以下「甲」という。）と　　　　　　（以下「乙」という。）と
　　　（以下「丙」という。）との間に甲の商品（以下「貨物」という。）運送に
ついて次の通り契約を締結する。

記

第1条　甲から委託された貨物を甲の指定する場所へ丙の所有する貨物自動車を使用
　　して円滑に輸送する為、乙は自己の所属運転士をして運送業務を行う。

　　　丙は次の貨物自動車を新規購入（予定）し、甲の指定するデザインに塗装するも
　　のとする。但し塗装に要する費用は丙の負担とする。

　　　　2屯積小型貨物自動車1台　運転士付

第2条　乙は貨物等の運送用として丙の貨物自動車1輌を借切るものとし、その運送
　　料は月額￥120,000を毎月20日に甲に請求して、翌々月20日乙に現金支払を行うも
　　のとする。乙は丙に対しその内より車輌使用料として￥78,000を支払うものとす
　　る。

　　　但し、1日の作業時間は8時間とし走行粁60キロ以内とする。前項の時間又は走
　　行粁を超過する場合は作業時間1時間毎に@280、走行粁5キロまで増す毎に@120
　　を支払うものとする。

　　　尚超過料金の分担収入割合は乙は作業時間に対する超過料金1時間@280、丙は
　　走行粁に対する超過料金5キロまで増す毎に@120

第6条　この契約書の有効期間は契約締結の日から満1ケ年とし、契約満了の日1ケ
　　月前迄に甲、乙、丙からの異議の申し出がない時は引き続き満1年を延長し以後毎
　　年上記に準ずる。

第7条　甲又は乙、丙各々何れかがこの契約不履行の場合は前条の規定に拘らずこの
　　契約を解除し、その蒙った損害を相手方に賠償を請求する事が出来る。

第8条　本契約に定めのない事項及び疑義を生じた事項はその発生の都度甲、乙、
　　丙、協議の上別に定める。

上記契約の証として本書3通を作成し甲、乙、丙記名捺印の上各1通を保有する。

　　　　　年　　　月　　　日

　　　　　　　　　甲　　　　　　　　　　　　　　　　　㊞
　　　　　　　　　乙　　　　　　　　　　　　　　　　　㊞
　　　　　　　　　丙　　　　　　　　　　　　　　　　　㊞

第四章　（第1号の4文書）運送に関する契約書　　237

### 印紙税法の適用関係

　　印紙税法別表第一、課税物件表の第1号の4文書「運送に関する契約書」である。

**説明**　　この文書は、貨物自動車の借上げの内容については不課税文書であり、貨物の運送の内容については第1号の4文書に該当するのほか、営業者の間において継続する運送についての単価等を定めるものであることから第7号文書「継続的取引の基本となる契約書」にも該当する。

　　したがって、この文書は、第1号の4文書の記載金額があることから、通則3のイの規定により、第1号の4文書となる。

　　なお、記載金額は、運送料の月額（12万円）と当初の契約期間1年（12か月）を乗じた金額（144万円）となる。

238　　　　　　　　第2部　各課税物件

**第96例**　**運送委託契約書**

運 送 委 託 契 約 書

　一般区域貨物自動車運送事業を営む　　　　　　　　　　（以下「甲」という。）と
自動車運送取扱事業を営む　　　　　　協同組合（以下「乙」という。）は運送及び取
扱事業に関して次の契約を締結する。

第1条　（契約の範囲）

　　　　荷主の要求による運送ならびに取扱、代弁、利用の業務について甲は運送に
　　　　当たり、乙は運送取扱、代弁、利用に従事するものとする。

第2条　（貨物の受渡方法及び運送責任の分野）

　　　　貨物の甲、乙両者における発着扱いは送り状と手扱（積込明細書）と貨物と
　　　　を照合して受渡しする。

　　　　発送貨物は乙が甲に引渡したる時より甲の責任とする。

　　　　到着貨物は自動車より取卸し、甲が乙に引渡したる時から乙の責任とする。

　　　　甲は運行休止又は欠行する場合は乙に事前通告するものとする。

第3条　（荷主に対する責任、損害賠償の範囲）

　　　　貨物事故の損害賠償は、その荷主に対して甲並びに乙の両者責任分野によっ
　　　　て、その責を負い賠償の範囲は運送約款並びに取扱約款によるものとする。

第4条　（事故の処理）

　　　　貨物事故の処理は、甲乙協議の上、これをなすものとする。

第5条　（運送保険）

　　　　車両及び運送保険の費用は甲の負担とする。

　　　　なお、荷主の要求により付したる運送保険は、その申込みを受け付けたる甲
　　　　又は乙にて、その取扱いをするものとする。

第6条　（運送順位）

　　　　法令に定めのないかぎり、貨物の運送は受付順位による。

第7条　（運賃及び料金の請求、支払）

　　　　運賃料金及びこれに付随する実費の精算は、毎月末日をもって締切り、計算
　　　　をして、翌月末日までに甲乙にて決済する。

第8条　（契約の期間）

　　　　本契約は、乙が主務官庁より自動車運送取扱事業登録申請が登録された日か
　　　　ら、効力を発し、向う2年とし、期間満了前2ケ月まで甲乙双方共何ら意思表
　　　　示のない場合は、更に2ケ年延長するものとし、以後は同様とする。

第9条　（契約の解除及び更改）

　　　　本契約の条項中、契約の継続を不適格と認めた時は、甲乙協議の上、これを

第四章　（第1号の4文書）運送に関する契約書　　　239

更改する。

　上記の通り甲乙間において確約をなし、本書2通を作成して、各々1通を保有する。

　　　　　　年　　月　　日

　　　　甲　　　　　　　　　　　　　　　　　　　　　　㊞

　　　　乙　　　　　　　　　　　　　　　　　　　　　　㊞

　　　　　　　　　　協同組合
　　　　　　　　代表理事

（注）　この文書は、協同組合とその組合員との間で作成されるものである。

**印紙税法の適用関係**

　　　印紙税法別表第一、課税物件表の第1号の4文書「運送に関する契約書」である。

**説明**　この文書は、継続する運送取引について定めていることから、記載金額のない第1号の4文書に該当する。

　　なお、協同組合と組合員との取引は、営業者間の取引ではないことから、第7号文書「継続的取引の基本となる契約書」には該当しない。

240　　　　第２部　各課税物件

**第97例　生鮮食品輸送業務委託契約書**

### 生 鮮 食 品 輸 送 業 務 委 託 契 約 書

　　　町農業協同組合組合長理事　　　　　　（以下「甲」という。）と、　　運送
株式会社代表取締役　　　　　（以下「乙」という。）との間に　　線７農協の共
同仕入れによる生鮮食品の輸送について、次のとおり業務委託契約を締結する。

第１条　乙は甲から委託を受ける生鮮食品の輸送について、この事業の趣旨を理解
　　　し、迅速かつ円滑なる業務の推進を図るものとする。

第２条　乙の日常行う輸送業務の範囲は　　農協連合会支所生鮮センターより甲の
　　　　Ａコープ　　店までの間とし生鮮食品の荷渡しについては荷送伝票により、
　　　両者確認の上これを行うものとする。

　　　　　　　　　　　　　　　　（中　略）

第４条　甲が乙に支払う業務委託費は、別添運賃計算書に基づき配分された負担額
　　　とする。

第５条　業務委託費の支払いは、毎月末締切後、翌月15日までに甲が乙に支払うも
　　　のとする。

第６条　本契約の期間は　　　年　　月　　日より　　　年　　月　　日まで
　　　の１か年とする。

　　　　ただし、本契約満了１か月前まで双方異議なき場合は、更に１か年延長継
　　　続されるものとする。

　　　　　　　　　　　　　　　　（以下省略）

---

別添

### 運 賃 計 算 書

1．業務委託費（運賃）は年間17,400千円とし、７農協の負担割合は下記のとおり
　とする。
　　　基 本 割 合　　30％
　　　共同仕入割合　　70％

2．月別業務委託費は年間総額の $\frac{1}{12}$ とし、共同仕入割合の各農協別負担額は、毎
　月末　　農協連合会　　支所生鮮課より報告される仕入高実績とする。

第四章　（第1号の4文書）運送に関する契約書　　　241

## 印紙税法の適用関係

　　印紙税法別表第一、課税物件表の第1号の4文書「運送に関する契約書」である。

**説明**　この文書は、運送について証していることから第1号の4文書に該当する。

　　また、営業者の間において継続する運送について目的物及び支払方法等を定めていることから、第7号文書「継続的取引の基本となる契約書」にも該当する。

　　したがって、この文書は、第1号の4文書の記載金額があることから、通則3のイの規定により第1号の4文書となる。

　　なお、記載金額は、第4条に「甲が乙に支払う業務委託費は、別添運賃計算書に基づき配分された負担額とする。」と規定されており、甲は、この契約により少なくとも業務委託費の基本割合による負担額745,714円（17,400千円×30%×1／7）を乙に支払うことを約していることから、記載金額745,714円となる。

**第98例　車輌賃貸借契約書**

## 車輌賃貸借契約書

株式会社　　　　（以下「甲」という。）と　　　　株式会社(以下「乙」という。)との間に貨物の運送について円満な取引を永続する為に次の通り車輌賃貸借契約を締結する。

第1条　乙は自己の所有する自動車をもって、甲の指示にもとづき、運送業務に従事する。

第2条　乙は甲の依頼による運送について全面的に協力し甲の業務に支障なき様努める。

第3条　甲は乙に対し次の料金を支払う。

　　　　基準料金1ケ月当たり金100,000円也

　　　　　但し、乙は甲の規定する休日（日曜日等）を除いた全日数を稼働するものとする。日曜日に稼働した場合は代休を与える。

　　　　　割増料金については1ケ月走行粁3,000粁を基準とし超過粁1粁に付金15円也を追加支払う。

　　　　　甲の指示により日曜日に運送業務を行い、代休を与えられなかった場合は1時間に付金500円を支払う。

第4条　乙は請求書を毎月末に〆切り甲に提出し甲は　　日に支払う。

第5条　乙は不可抗力による場合を除き、乙の責に帰すべき事故により甲に損害を与えた場合は甲に対し賠償の責を負う。

　　　　　尚運転手の責に帰すべき事故過失に付いても乙は甲に対し賠償の責を負う。

第6条　自動車運転手の給与、自動車の維持、修繕塗装、運転保険、その他所有にかかる一切の費用は乙の負担とする。

第7条　本契約の有効期間は　　　年　　月　　日から向う1ケ年とし、契約期限1ケ月以前に甲乙何れかから何等の意思表示がなき場合は、自動的に更に1ケ年更新する。

　　　　　その後の更新についても亦同じ。

第8条　本契約に関し、甲乙間に疑義又は異議を生じた場合は双方誠意ある協議に依り之を解決する。

　　　上記契約の証として本書2通を作成し、甲乙双方記名捺印の上各1通を保有する。
　　　　　年　　月　　日

　　　　　　　　　　甲　　　　　　　　　　　　　　　　　　　㊞
　　　　　　　　　　乙　　　　　　　　　　　　　　　　　　　㊞

第四章　（第1号の4文書）運送に関する契約書　　243

## 印紙税法の適用関係

　印紙税法別表第一、課税物件表の第1号の4文書「運送に関する契約書」である。

**説明**　この文書は、車輌賃貸借契約書となっているが、乙が乙の責任のもとに運送業務を行うことを内容としていることから、第1号の4文書に該当する。

　また、営業者間において継続する運送についての単価等を定めるものであることから第7号文書「継続的取引の基本となる契約書」にも該当する。

　したがって、この文書は、第1号の4文書の記載金額があることから、通則3のイの規定により第1号の4文書となる。

　なお、記載金額は、基準料金の月額（10万円）に契約期間1年（12か月）を乗じた金額（120万円）となる。

244　　　　　　　第2部　各課税物件

## 第99例　貸切バス（変更）乗車券
### （その1）貸切バス（変更）乗車券

| 貸切バス（変更）乗車券 | 年　　　月　　　日　　発行　No. | | |
|---|---|---|---|
| 乗車日　　　年　　　月　　　日 | 変更のとき<br>原乗車券 | 月　　　日　発行No. | |

| 旅行申込者<br>及び団体名<br>（旅客名） | 住　所 | | 旅行業者 | 住　所 | |
|---|---|---|---|---|---|
| | 名　称 | | | 名　称 | |
| | 代表者 | TEL | | 担当者 | |
| | （団体名） | | | 旅客と<br>の関係 | 1.主催　2.旅客の代理人　3.手配 |

| 使用車両 | 大型・DX　人乗　台　中型・DX　人乗　台　小型　人乗　台 | | |
|---|---|---|---|
| 配車時刻場所 | 時　　分　（略図は別紙） | 割引対象 | 1.生徒　2.児童　3.身障 |

旅行日程（主な経過地と予定時間）


終　着　　　時　　　分　　予定　場　所

運　賃　及　び　料　金

| 時間制 | | H | 円 | 航送待機料 | | H | 円 |
|---|---|---|---|---|---|---|---|
| 走行粁 | | K | 円 | 宿泊待機料 | | 泊 | 円 |
| 割増・割引 | | ％ | 円 | 深夜早朝料 | | H | 円 |
| 回送料 | | K | 円 | 計 | （1台当り） | | 円 |
| 待機料 | | H | 円 | 端数処理 | | | 円 |
| 合計 | @　　円　×　　台　　円 | | | | | | |

バス株式会社

第四章　（第１号の４文書）運送に関する契約書　　　245

**印紙税法の適用関係**

　　（その１）の文書は、印紙税法に定める課税物件ではない。

**説明**　　（その１）の文書は、バス会社が、貸切契約を締結した者に乗車券として交付するものであり、契約の成立を証明しているが、印紙税法別表第一、課税物件表の第１号の定義欄３の乗車券に該当することから、課税文書には該当しない。

246　　　　　　　第2部　各課税物件

## （その2）貸切バス（変更）乗車券

（都府県名）　　　　　（契約責任者）　　　　　　　　　　　　　（発行）

| 貸切バス（変更）乗車券 | | 殿 | 年　月　日 | No. |
| --- | --- | --- | --- | --- |

当社の一般貸切旅客自動車による運送の申込については上記の通りお引受いたしました。

（契約責任者へ交付）

| 乗車日 | 年　月　日～　日（　曜）（　泊） | 変更のとき原乗車券 | 月　　日発行　No. |
| --- | --- | --- | --- |

| 旅行申込者（旅客）及団体名 | 住　所 | | | 旅行業者 | 住　所 | | |
| --- | --- | --- | --- | --- | --- | --- | --- |
| | 名　称 | | ㊞ | | 名　称 | | ㊞ |
| | 幹　事 | | | | 担当者 | | TEL. |
| | （団体名） | | | | 旅客との関係 | 1.主催　2.手配　3.旅客の代理人 | |
| | | | | | 人員 | 大人　　人・小人　　人　1.生徒　2.児童　3.身障 | |

| 配車場所刻時 | ＿＿時＿＿分（略図は別紙） | 接続 | 時　　分着（迎え 要・不要）　列車　　航空機（　）船（　） |
| --- | --- | --- | --- |
| 終着 | 時　　分予定　場所 | 接続 | 列車・航空機・船　　時　　分乗込み |

### 旅行日程（不足分は別紙）

| | | | | | | 旅 館 名 |
| --- | --- | --- | --- | --- | --- | --- |
| 日発 | 着→ | 着→ | 着→ | 着→ | | |
| | 発　K | 発　K | 発　K | 発　K | | TEL. |
| 日発 | 着→ | 着→ | 着→ | 着→ | | |
| | 発　K | 発　K | 発　K | 発　K | | TEL. |
| 日発 | 着→ | 着→ | 着→ | 着→ | | |
| | 発　K | 発　K | 発　K | 発　K | | TEL. |
| 日発 | 着→ | 着→ | 着→ | 着→ | | |
| | 発　K | 発　K | 発　K | 発　K | | TEL. |

| 運賃・料金支払方法 | 1.所定額のうち前金＿＿＿＿円は収受いたしました。 | 使　用　車　両 | | | 運賃及び料金 | 1.時間制　2.粁制　3.基本 | | |
| --- | --- | --- | --- | --- | --- | --- | --- | --- |
| | | 大型・DX | 人員　台 | | | 時　間　制 | H | 円 |
| | 2.残金は　月　日（配車前日迄）に支払っていただきます。 | 中型・DX | 人員　台 | | | 走　行　粁 | K | 円 |
| | | 小型 | 人員　台 | | | 割増・割引 | ％ | 円 |
| | （特約事項等） | | | | | 回　送　料 | K | 円 |
| | | | | | | 待　機　料 | H | 円 |
| | | | | | | 航送待機料 | H | 円 |
| | | | | | | 車　両　泊 | 泊 | 円 |
| | | | | | | 深　夜　行 | H | 円 |

（保存一カ年）

| 乗務員宿泊 | 休憩・宿泊手配（顧客・当社）　附帯料金負担（顧客・当社） | | | | 計 | （両当り） | 円 |
| --- | --- | --- | --- | --- | --- | --- | --- |
| | 別部屋確認（　　　）旅館・OK | | | | 会計＠　円×　台＝ | | 円 |
| | 月日　　　　　　　　係 | | | | 附帯料金　有料道路 | | 円 |
| 操車 | 運輸監督 | 次　長 | 所　長 | 配　車 | （お客様負担です） | 航送料・駐車料 | 円 |
| | | | | | | 乗務員宿泊料 | 円 |
| | | | | | 処理 | 月　日確認　月　日受付（乗車券発行） | |
| | | | | | | | 担当 |

黒太線内はバス会社の使用欄ですから記入しないで下さい。

第四章 （第1号の4文書）運送に関する契約書　　247

（注）　これらの文書は、団体の代表者等から旅行の申込みを受けたバス会社等が、乗車券として、乗車日、運賃等必要な事項を記載して交付するものである。

### 印紙税法の適用関係

　　（その2）の文書は、印紙税法別表第一、課税物件表の第1号の4文書「運送に関する契約書」である。

### 説明

（その2）の文書は、文中に運送を引き受けた旨や運賃料金の支払方法に関する文言の記載があることから、乗車券には該当せず、第1号の4文書に該当するほか、前金を受領した際は金銭の受領を証明する第17号の1文書「売上代金に係る金銭又は有価証券の受取書」にも該当する。

　　したがって、この文書は、通則3のイの規定により、第1号の4文書に該当する。

　　なお、記載金額は航送料・駐車料の額となる。

248　　　　　　　　　　第2部　各課税物件

## 第100例　貨物引受書

| 発地 | | 殿 | 着地 | | 殿 | 個 | | オ | お客様へ<br>毎度ありがとうございます。 |
|---|---|---|---|---|---|---|---|---|---|
| | | | | | | | | kg | 運送保険の申込みをされる場 |
| 荷　送　人 | | | 荷　受　人 | | | 個数 | 重　量 | | 合は、店頭掲示または携行の約款、料率をご了承のうえで、要 |
| 住所 | | | 住所 | | | | | | の文字と保険が5万円以下の貨物は保険する金額を○で囲んで下さい。 |
| 電話 | | | 電話 | | | | | | ㊎のときは保険契約者、被保険者は荷主とします。 |
| 指定 | | | 運送保険 | 保険金額 | | 本書に記載の貨物の輸送をお引受いたしました。 | | | 事故発生のときは扱店又は扱店に送り状持参の上お申出下さい。 |
| 品名 | | | | 1,2,3,4,5万円 | | | | | なお保険不要のときも必ず不要の文字を○で囲んで下さい。 |
| | | | 要　不要 | 保険料額×1,000 | | 引受印 | | | |
| ○ | | | | (ただし,実損限度) | | | | | |
| | ダンボール(　) 木箱(　) 缶入(　)<br>紙　　袋(　) 木枠(　) 缶袋(　)<br>紙　　質(　) 縄〆(　) | | | | 代引金 | | | 円 | 発送日　　年　　月　　日 |
| | | | | | 保険金 | | | 円 | 貨物引受書　　元払 |
| | | | | | | 株式会社 | | | |

### 印紙税法の適用関係

　　印紙税法別表第一、課税物件表の第1号の4文書「運送に関する契約書」である。

### 説明

　　この文書は、運送物品名、発地、着地のほか「輸送をお引受けいたしました。」との文言の記載があり、運送契約の成立の事実を証明する目的で作成されるものであることから、第1号の4文書に該当する。

第四章　（第1号の4文書）運送に関する契約書　　　249

## 第101例　送り状

| | | | | |
|---|---|---|---|---|

太線内はお客様で御記入願います。

送　り　状　　　No.

発店　　　　　年　月　日（発荷主用）

| 荷受人 | | 殿 |
|---|---|---|
| 出荷人 | | 殿 |

記　　　事

| 荷　姿 | 品　名 | 個　数 | 重　量 |
|---|---|---|---|
| ケース・缶 こ　も・縄〆 木　箱・板〆 枠　入・紙包 その他 | | | kg |
| | | | 容　量 才 |

| 運送保険 | 保　険　金　額 |
|---|---|
| 要　不要 | 1, 2, 3, 4, 5 万円 |
| | 保険料額×1,000 |
| | （ただし、実損限度） |

保　険　金　額　¥

株　式　会　社

（注）　運送業者が荷送人から貨物の輸送依頼を引き受けた際に、荷送人に交付する文
　　　書である。

### 印紙税法の適用関係

　　　印紙税法別表第一、課税物件表の第1号の4文書「運送に関する契約書」であ
　　　る。

**説明**　この文書は、荷受人、出荷人及び運送保険についての事項が記載されており、
　　　運送契約の成立の事実を証明する目的で作成されるものであることから、記載金
　　　額のない第1号の4文書に該当する。

250　　　　　　　第２部　各課税物件

**第102例**　送り状控

| | | | | | | | | | |
|---|---|---|---|---|---|---|---|---|---|

年　　月　　日

送り状控（荷送人用）　　　　　　貨物自動車株式会社

毎度ご利用いただき　　　　　　　　　発店
ありがとうございました。

| | | | 運賃料金清算方法 | 元　払 |
|---|---|---|---|---|

| 荷受人 | 住　所 | |
|---|---|---|
| | 氏　名 | 様　☎ |

| 荷送人 | 住　所 | |
|---|---|---|
| | 氏　名 | 様　☎ |

| 運送品明細 | 品名及び記事 | 荷姿 | ケース 箱 木枠 木箱 紙袋 缶（　） | 個 個 個 個 個 個 | 個数合計 | | 個 | 重量 | kg |
| | | | | | | | | 容積 | ㎥ |
| | | | | | | | | 合計 | kg |
| | 運送保険 | 保　険　金　額 | | 運 送 品 価 格 | 品代金取立金（代引） | | | | |
| | 要　不要 | | 円 | | 円 | | | 円 | |

| 発送店 | 集 荷 人 名 | 窓口又はホーム係員名 | 運送保険、要、不要該当に○を願います。 |
|---|---|---|---|
| | | | |

（注）　運送会社が荷送人から運送依頼を受けた荷物を受け取った際、従業員が署名又
　　　は押印の上、荷送人に交付するものである。

**印紙税法の適用関係**

　　印紙税法別表第一、課税物件表の第１号の４文書「運送に関する契約書」であ
る。

**説明**　　この文書は、運送品の品名及び数量並びに荷送人及び荷受人など、運送契約に
　　　係る事項が記載され、運送会社の従業員が署名又は押印の上荷送人に交付される
　　　文書であり、運送契約の成立の事実を証明する目的で作成されるものと認められ
　　　ることから、単なる送り状の控えではなく、記載金額のない第１号の４文書に該
　　　当する。

第四章　（第1号の4文書）運送に関する契約書　　251

**第103例　貨物受取書**

（その1）貨物受取書

貨　物　受　取　書
（荷主用）
No.＿＿＿＿＿

| 発　地 | | 扱店 | | |
| 着　地 | | | | |

年　月　日

| 請求先 | | 殿 |
| 荷受人 住所氏名 | | 殿 |
| 荷送人 住所氏名 | | 殿 |

| 運送品 | | 個　数 | | 個 |
| | | 実 重 量 | | t |
| | | 計算重量 | | t |

| 保険金額 | | 円 | 貨物引換証 | | 号 |

| 輸送距離 | | 粁 | 記　事 | |
| | 品 目 割 増 | | | |

| 取扱者印 | | |

| 収　受　金　内　訳 | |
| 荷 掛 立 替 金 | |
| 運 送 保 険 料 | |
| 自動車運賃　トン　キロ | |
| その他作業料 | |
| 保 　管 　料 | |
| その他料金 | |
| 梱包作業料 | |
| コンテナー使用料 | |
| 合　　　計 | |

本書に記載の貨物正に受取りました。

月　　　日

**印紙税法の適用関係**

　　　（その1）の文書は、印紙税法別表第一、課税物件表の第1号の4文書「運送
　　に関する契約書」である。

**説明**　　（その1）の文書は、標題が「貨物受取書」となっているが、発地、着地、運
　　　送賃、荷受人及び荷送人など、運送契約の成立事実を証する事項が記載されてい
　　　ることから、第1号の4文書となる。

252　　　　　　　第2部　各課税物件

## （その2）貨物受取証

<table>
<tr><td colspan="6" style="text-align:center">貨　物　受　取　証　　No.</td></tr>
<tr><td colspan="6" style="text-align:center">年　　　月　　　日</td></tr>
<tr><td colspan="6">　　　株式会社　　　支店　御中</td></tr>
<tr><td colspan="6">下記貨物正に受取りました</td></tr>
<tr><td rowspan="2">番　号</td><td rowspan="2">品　名</td><td rowspan="2">記　号</td><td rowspan="2">個　数</td><td colspan="2">数　　　　　量</td></tr>
<tr><td>単　量</td><td>総　量</td></tr>
<tr><td></td><td></td><td></td><td></td><td></td><td></td></tr>
<tr><td></td><td></td><td></td><td></td><td></td><td></td></tr>
<tr><td></td><td></td><td></td><td></td><td></td><td></td></tr>
<tr><td></td><td></td><td></td><td></td><td></td><td></td></tr>
<tr><td>摘　要</td><td colspan="5"></td></tr>
</table>

**印紙税法の適用関係**

　　（その2）の文書は、印紙税法に定める課税物件ではない。

**説明**　　（その2）の文書は、貨物の受取事実を証明する事項のみの記載で、運送契約の成立の事実を証明する事項が記載されていないので、貨物の受取書となる。

　　したがって、この文書は、第1号の4文書その他いずれの課税物件にも該当しない。

　（注）　引渡しを受けた貨物の品名、数量及び荷姿程度の記載内容のものが、物品の受取書として取り扱われる。

第四章 （第1号の4文書）運送に関する契約書　253

**第104例　ご進物品承り書**

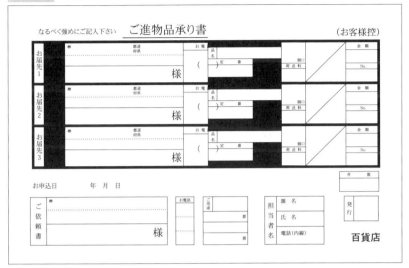

■4葉構成　第1葉―印刷用　第2葉―調査用　第3葉―売場保管調査用　第4葉―お客様控

**印紙税法の適用関係**

　　　　印紙税法に定める課税物件ではない。

説明　この文書は、顧客から商品の配達先を指定した上で商品の購入申込みがあった際に、百貨店がその申込みを承諾したことを証するために交付するもので、物品の譲渡契約であり、印紙税法に定めるいずれの課税物件にも該当しない。

　（注）　売買金額とは別に送料を徴する場合であっても、購入物品の配達は売買契約の一部として評価され、その実費弁償として、送料を徴するものは、独立した運送契約ではないことから、第1号の4文書「運送に関する契約書」には該当しない。

## 第105例　御見積書

[引越]

第四章　（第1号の4文書）運送に関する契約書　　255

### 印紙税法の適用関係

　　印紙税法に定める課税物件ではない。

**説明**　引越しの費用その他の見積りなどを行った際に、見積内容を記載して顧客に交付するものは、契約の成立を証すべき文書ではないことから、第1号の4文書「運送に関する契約書」その他いずれの課税物件にも該当しない。

　　なお、この文書に、運送業者が引越しを引受けた旨を証するために引受印を押なつしたり、あるいはその旨を記載して顧客に交付するものは、第1号の4文書に該当する。

　　また、見積りに併せ、または同時に「契約№」や「契約」欄に契約年月日などを記載して顧客に交付するものや、見積りを行った後「お客様ご記入欄」に顧客が記載して運送業者が顧客から交付を受けるものについても、運送契約の成立を証すべき文書となり、第1号の4文書となる。

256　　　　　　　第 2 部　各 課 税 物 件

**第106例　定期傭船契約書**

---

## 定 期 傭 船 契 約 書

　　船主　汽船株式会社 (以下「船主」という。) と傭船者　　商船株式会社 (以下「傭船者」という。) との間において下記及び裏面の条項に基づき傭船契約を締結する。

　　本契約締結の事実を証するため本書 2 通を作り各自記名調印の上、互いに 1 通を保有する。

　　　　　　　　　　　年　　　月　　　日　大阪市に於て作成する。

　　　　　　　　　船　主　　　汽船株式会社

　　　　　　　　　　　　　　　取締役社長　　　　　　　　　　　㊞

　　　　　　　　　傭船者　　　商船株式会社

　　　　　　　　　　　　　　　取締役社長　　　　　　　　　　　㊞

　第一条　本契約主要の事項は下記の通りである。

| ① | 船　舶　表　示 | |
|---|---|---|
| ② | 傭　船　期　間 | 傭船開始の時より向う 6 か月間、但し最後の航海終了のため20日間延長20日間短縮傭船者任意 |
| ③ | 傭 船 開 始 場 所 | 　　　港　　　　　港間　　　　　船 主 任 意 |
| ④ | 傭 船 終 了 場 所 | 　　　港　　　　　港間　　　　　傭船者任意 |
| ⑤ | 傭 船 開 始 期 日 | 　年　　月　　日より　　　　　年　　月　　日迄 |
| ⑥ | 船 主 の 通 知 義 務 | 傭船開始場所及び予定日を　　日前傭船者に通知のこと |
| ⑦ | 航　行　区　域 | 遠洋区域 |
| ⑧ | 傭　船　料 | 一暦月間　金　　　　千円也 |
| ⑨ | 傭 船 料 支 払 日 場 所 、 方 法 | 毎半か月分宛傭船者の　　支社に於て前払のこと。 |
| ⑩ | 中間又は定期検査のため一時解傭及び傭船再開の場所 | 　　　港　　　　　港間 |
| ⑪ | 傭 者 の 通 知 義 務 | 傭船終了場所及び予定日を14日前船主に通知のこと。 |

---

### 印紙税法の適用関係

　　印紙税法別表第一、課税物件表の第 1 号の 4 文書「運送に関する契約書」である。

**説明**　この文書は、船主が一定期間船舶の全部を貸し付けることを約した定期傭船契約であるが、定期傭船契約も印紙税法上の用船契約に含まれることから、第 1 号の 4 文書に該当する。

　　なお、記載金額は、⑧傭船料に⑤傭船開始期日の月数を乗じた額となる。

第四章　（第1号の4文書）運送に関する契約書　　　257

## 第107例　定期傭船契約の傭船料についての協定書

## 協　　定　　書

　傭船者　　　　　株式会社（以下「甲」という。）と船主　　　　汽船株式会社（以下「乙」という。）は甲と乙が締結した　　　年　月　日付機船　　　丸（以下「本船」という。）の定期傭船契約書に関し下記の通り協定する。

記

1．甲が乙に支払う本船の傭船料は最初の1ケ年間1暦月当たり金10,000,000円とし、第2年目以降については追而協定する。

　上記協定の証として本書正2通作成し甲乙記名調印の上各々其の1通を保有する。

　　　　年　　月　　日　　　　に於て作成

　　　　　　　　　　　　　甲　　　　　　　　　　　　　㊞

　　　　　　　　　　　　　乙　　　　　　　　　　　　　㊞

　　　　　　　　　　　　　立会人　　　　　　　　　　　㊞

## 印紙税法の適用関係

　印紙税法別表第一、課税物件表の第1号の4文書「運送に関する契約書」である。

**説明**　この文書は、営業者の間において継続する運送取引を定めたものであることから第1号の4文書に該当するほか、継続的な取引に共通して適用される取引条件のうち、単価等の基本的事項を定めた第7号文書「継続的取引の基本となる契約書」にも該当する。

　したがって、この文書は、第1号の4文書についての記載金額があることから、通則3のイの規定により、第1号の4文書となる。

　なお、記載金額は、1か月当たりの傭船料（1,000万円）に1年（12か月）を乗じた金額（1億2,000万円）となる。

258　　　　　　　　第2部　各課税物件

**第108例**　揚 / 積　荷役協定書

揚 / 積　荷 役 協 定 書

総 屯 数＿＿＿＿＿＿＿

船　　名　第　　次航　船　丸　　重量屯数＿＿＿＿＿＿＿

積　　地＿＿＿＿港　　揚　地＿＿＿＿＿＿＿港

品名及数量＿＿＿＿＿＿＿＿＿＿＿＿＿＿＿＿＿＿＿＿＿＿

| 入 港 日 時 | | 年　　　月　　　日　　　時　　　分 |
|---|---|---|
| 日 時 | | 年　　　月　　　日　　　時　　　分 |
| 荷 役 開 始 日 時 | | 年　　　月　　　日　　　時　　　分 |
| 荷 役 終 了 日 時 | | 年　　　月　　　日　　　時　　　分 |
| 滞 船 期 間 | 自 | 年　　　月　　　日　　　時　　　分 |
| | 至 | 年　　　月　　　日　　　時　　　分 |
| | 合　　計 | 日　　　時　　　分 |
| 揚地着予定日時 | | 年　　　月　　　日　　　時　　　分 |
| 摘　要 | | |

上記の通り協定致します。

　　　年　　　月　　　日　　於　　　　　港

　　　　　　　船　長＿＿＿＿＿＿＿＿＿

　　　　　　　荷　主＿＿＿＿＿＿＿＿＿

　　　　　　　代理店＿＿＿＿＿＿＿＿＿

**印紙税法の適用関係**

　　　印紙税法に定める課税物件ではない。

**説明**　この文書は、運送契約に基づいて運送する貨物の船舶への積込み又は船舶から
の取卸し数量を確認するとともに、荷役作業時間、滞船時間等を確認し、運賃、
荷役料等の計算の基礎とするものである。

　　　したがって、この文書は、第1号の4文書「運送に関する契約書」その他いず
れの課税物件にも該当しない。

第四章 （第1号の4文書）運送に関する契約書　259

**第109例**　宅配便の取扱業務に関する契約書

## 契　約　書

　　　　　（以下「甲」という。）と　　　　　株式会社　　　　支店（以下「乙」という。）とは、乙の　　　　　便の取扱業務について、次のとおり契約する。

記

1. 業 務 の 運 営　甲は乙の販売する　　　　　便について、乙と一体になって円滑な業務運営に当たることとし、甲は　　　　　便の業務内容について、乙の指導を受けて的確に行う。

2. 業 務 の 内 容　甲は、　　　　　便の下記の2業務を行う。
   A. 店頭持込荷物の受付
   B. 顧客の集荷依頼に対する集荷店への取次ぎ

3. 責 任 分 担　甲が行う取扱業務について、顧客に対する責任は標準宅配配達約款により乙が負う。甲の明白な過失によって乙が損害を被むった場合は、乙は甲に損害の補償を請求をすることができる。

4. 代 金 の 収 受　顧客に対する販売代金は、乙が指定する料金表（乙が作成する。）に従う。甲はこれに基づき料金を代理収受し、乙に支払う。

5. 手　数　料　乙は甲に対して、別紙のとおり取扱いに対する手数料を支払う。

6. 受託貨物の受渡し　甲は顧客から受付した荷物について、速やかに乙に引き渡すこととし、その為の作業条件を取り決めた場合は、甲、乙それぞれこれを遵守する。

7. 類似業務の禁止　甲は乙の承諾を得ずに、他運送業者との契約等、類似する業務を行わない。

8. 照会、事故の報告　甲は顧客から荷物に関する照会があった時、及び業務中に事故が発生した時は、速やかに乙に報告し、指示を受ける。

9. 有 効 期 間　本契約書の有効期間は、○年4月1日より□年3月31日（1年間）までとする。ただし期間満了3ヶ月前に、甲、乙いずれかに何ら意思表示のない時は、引き続き1年自動延長するものとし、以後も同様とする。

10. 契 約 の 解 消　甲、乙いずれかが本契約の解除を望む時は、前項9の規定に拘わらず、3ヶ月の予告期間をもって契約を解消する。

260　　　　　　　　　第2部　各課税物件

11. 契約の違背　甲は乙が本契約に違背したときは、甲、乙は直ちに本契約を
　　　　　　　　　解除することができる。
12. 協議事項　　　この契約書に定めのない事項については、甲、乙互いに誠意
　　　　　　　　　をもって協議する。


　　　　○年3月31日


　　　　　甲


　　　　　乙

- - - - - - - - - - - - - - - - - - - - - - - - - - - - - - - - - - - - - - - - - - - - - - - - - - - - - - - - - -

　（別紙）　　　1.　　　　　便取扱（1個につき）

| | 料　金 |
|---|---|
| A．店頭持込荷物の受付 | 円 |
| B．集荷依頼の取次ぎ | 円 |

　　　　　　2．決済条件

**印紙税法の適用関係**

　　　印紙税法に定める課税物件ではない。

**説明**　　この文書は、運送業者とその取扱業者との間の契約で、委任契約と認められ
　　る。

　　　したがって、この文書は、第1号の4文書「運送に関する契約書」その他いず
　　れの課税物件にも該当しない。

　　　なお、第1号の4文書に該当するのは、基本的には荷送人と運送業者との間の
　　契約である。

第四章　（第1号の4文書）運送に関する契約書　　261

**第110例**　**タクシーの共同乗車券の発行等に関する契約書**

契　　約　　書

　　　　　　（以下「甲」という。）と、　　　　　　信販株式会社（以下「乙」という。）とは、タクシー共同乗車券の発行及び利用に関し、次のとおり契約を締結する。

第1条　乙は加入業者のどの車にも乗車できるタクシー共同チケットを信用ある顧客に発行、配布すると共に集金業務の一切を行う。

第2条　甲は顧客が使用したチケットを集計し、原則として10日毎に乙に提出する。本締切日は毎月末とする。

第3条　乙は甲より提出されたチケットの内、毎月1日から末日迄の分を集計し、手数料として　　％を差引いた上、翌月20日に下記記載の金融機関に振り替えるものとする。

　　（金融機関名）　　　　　支店　　　　預金・口座番号

第4条　乙に提出したチケット使用代金については、甲は集金できないものとする。

第5条　本契約の締結にあたり、甲は乙に対し加入金として　　　　　円也を支払う。

（以下省略）

**印紙税法の適用関係**

　　　印紙税法に定める課税物件ではない。

**説明**　この文書は、タクシーの共同乗車券の顧客への発行及び集金業務等を委託することを内容とするもの（委任契約）であり、運送取引を約するものではない。

　　　したがって、この文書は、第1号の4文書「運送に関する契約書」その他いずれの課税物件にも該当しない。

262　　　　　　　　　第2部　各課税物件

第111例　宣伝契約書

## 宣 伝 契 約 書

　　株式会社（以下「甲」という。）と　　　出版会社（以下「乙」という。）とは、甲のために乙が行う宣伝行為に関し下記の通り契約を締結する。

記

第1条　（宣伝内容）
　　　　乙は、甲のために下記に定める宣伝行為（以下「宣伝行為」という。）を実施する。

| 媒 体 名 | 掲載または<br>実施月・日 | 規 格 | 内　　　容 |
|---|---|---|---|
| 週刊 | 年4月発売号 | 4CIP×2 | |
| | 〰 | | |
| | 年3月発売号 | | |
| | | | |
| | | | |
| | | | |
| | | | |
| | | | |
| | | | |
| | | | |

第2条　（料金額）
　　　　前条に定める宣伝行為に対する料金は¥2,540,000とする。その内訳は別紙に定める通りとする。

第3条　（支払の方法）
　　　　前条に定める料金の支払いは、甲が、甲の乙に支払うべき金額と等しい金額の運送を乙に提供することにより行なうこととし、甲は、これを証するために乙または乙の認める職員若しくは被用者（総称して「乙」という。）に対しこ

第四章　（第1号の4文書）運送に関する契約書　　263

の契約締結後遅滞なく　　券引換証（以下「引換証」という。）を発行する。

第4条　（契約通貨）
　　　　この契約にて使用する通貨は全て日本円とする。

第5条　（引換証の適用範囲）
　　1　甲は以下の条件に従い、引換証と引換えに　　券を発行する。（中略）

第6条　（有効期間）
　　1　引換証の有効期間はこの契約の締結日の翌日から1年とする。
　　2　乙が引換証を前項に定める有効期間内に使用しない場合、乙は当該期間満
　　　了の日をもって契約残高に対する乙のいかなる権利をも放棄したものとみな
　　　され、当該残高につき甲に何らの要求もなさず、また、何らの賠償請求もし
　　　ない。
　　　　但し、乙が当該有効期間内に正当なる理由を付して甲に対して文書で申し
　　　出た場合で且つ、甲が特に認めたときは有効期間はさらに1年延長されるこ
　　　とがあるが、いかなる理由によっても、この契約の締結日の翌日から2年を
　　　超えて延長されることはない。

第7条　（報告）
　　　　乙は、宣伝行為の完了後、速やかに甲に対して、宣伝行為の実施状況および
　　　その結果について甲所定の報告書を提出しなければならない。

第8条　（不履行）
　　　　乙は、宣伝行為を第1条に定められた掲載または実施日迄に、乙が乙の責に
　　　より完了できなかった場合は、乙は甲の一切の損害の賠償の責を負う。そし
　　　て、甲は未使用の引換証および　　券を乙より返還させることができ、また、
　　　使用済の引換証および　　券については、現金にて弁済させることができる。

第9条　（経理処理）
　　　　甲および乙は、この契約に関する経理処理について、不正・不当な処理は行
　　　なわない。

第10条　（責任）
　　　　乙は、宣伝行為の実施および引換証等の使用にあたり、もしくは起因し、甲
　　　または第三者に損害を生ぜしめたときは、乙が一切の損害を負い、甲に何らの
　　　迷惑をかけない。

第11条　（協議）
　　　　この契約に定める内容につき、疑義を生じた場合、またはこの契約に定めの
　　　ない事項については、甲・乙誠意をもって協議のうえ解決する。

第12条　（法令の遵守）
　　　　この契約の条項は、常に法律、規則に抵触しないものでなければならず、法
　　　律、規則に抵触する条項は無効であり、必要に応じてこの契約の他の条項に影

264　　　　　　　　　第2部　各課税物件

　響を与えずに訂正されるものとする。

　　この契約の成立を証するため本書2通を作成、甲乙記名押印のうえ各1通を保存
　する。

　　　　　　　　　年　　　　月　　　　日

　　　　　　　　　(甲)　　　　　　　　　　　　　　㊞

　　　　　　　　　(乙)　　　　　　　　　　　　　　㊞

（注）　運送業者と出版会社との間の契約である。

**印紙税法の適用関係**

　　　印紙税法別表第一、課税物件表の第1号の4文書「運送に関する契約書」であ
　る。

**説明**　　この文書の内容のうち、宣伝に関する部分は第2号文書「請負に関する契約
　　書」に該当するほか、対価の支払に代わる運送という労務提供の部分について
　　は、第1号の4文書に該当するが、通則3のロの規定により、第1号の4文書と
　　なる。

　　　なお、記載金額254万円の第1号の4文書となる。

第四章　（第1号の4文書）運送に関する契約書　　　265

**第112例**　**運送契約の単価を変更する覚書**(1)

---

覚　　　書

　　株式会社（甲）と　　　バス株式会社（乙）とは、○年4月1日付で締結した
車両賃貸借契約書（以下「原契約」という。）の一部について次のとおり覚書を交
換する。

改　訂　条　項

第1条　原契約第2条の基準料金を□年4月1日より、1ヵ月当たり金1,200,000
　　　円とする。
第2条　前条以外の事項については、原契約のとおりとする。

（以下略）

---

**印紙税法の適用関係**

　　　印紙税法別表第一、課税物件表の第7号文書「継続的取引の基本となる契約
書」である。

**説明**　この文書は、運送契約における単価の変更を定めていることから第1号の4文
書「運送に関する契約書」に該当するほか、営業者間において継続する2以上の
運送について共通して適用される取引条件のうち、単価を変更するものであるこ
とから、第7号文書に該当するが、契約金額の記載がない（月額の運送単価の記
載があるが、契約期間の記載がないことから契約金額の計算ができない）ことか
ら、通則3のイただし書の規定により第7号文書となる。

**参考**　第134例「月額単価を変更する契約書」の項を参照。

266　　　　　第2部　各課税物件

**第113例**　運送契約の単価を変更する覚書(2)

---

覚　書

　　株式会社（甲）と　　　バス株式会社（乙）とは、○年4月1日付で締結した車両賃貸借契約書（以下「原契約」という。）の一部について次のとおり覚書を交換する。

改 訂 条 項

第1条　原契約第2条の基準料金を□年4月1日より、1ヵ月当たり金1,200,000円とする。

第2条　適用期間は□年4月1日〜△年3月31日の1年とする。

第3条　前条以外の事項については、原契約のとおりとする。

（以下略）

---

**印紙税法の適用関係**

　　印紙税法別表第一、課税物件表の第1号の4文書「運送に関する契約書」である。

**説明**　　この文書は、運送契約における単価の変更を定めていることから第1号の4文書に該当するほか、営業者間において継続する2以上の運送について共通して適用される取引条件のうち、単価を変更するものであることから、第7号文書「継続的取引の基本となる契約書」にも該当する。

　　したがって、この文書は、第1号の4文書の記載金額があることから、通則3のイの規定により第1号の4文書となる。

　　なお、記載金額は、1か月当たりの基準料金（120万円）に1年（12か月）を乗じた金額（1,440万円）となる。

第四章　（第1号の4文書）運送に関する契約書　　　267

第114例　コミュニティバス運行事業に関する協定書

# コミュニティバス運行事業に関する協定書

　○○市（以下「甲」という。）と○○バス株式会社（以下「乙」という。）は、○○市コミュニティバス運行事業（以下「本事業」という。）を実施するに当たり、次のとおり協定書を締結する。

第1条（目的）
　　　　本事業は、市民サービスの観点から、○○や老人福祉センターへの移動手段の確保と、公共交通の不便な地域の改善を目的とする。

第2条（事業主体）
　　　　本事業は、甲と乙との共同事業とし、乙が道路運送法第4条に基づき、一般乗合旅客自動車運送事業の許可を受けて路線バスを運行するものとする。

第3条（事業期間）
　　　　本事業の事業期間は、○年4月1日から□年3月31日（1年間）までとする。

第4条（事業内容等）
　　　　本事業の内容については、次のとおりとする。
　　(1)　運行経路は別紙1のとおり。
　　(2)　運行本数及び運行時間帯等については、別紙2のとおり。
　　(3)　運行経路、運行本数及び運行時間帯を変更する場合は、甲乙協議の上、変更するものとする。

第5条（運賃）
　　　　本事業に係るバス運賃は、第2条の許可に基づき、甲乙協議の上で定め、乙がこれを収受する。

第6条（運行負担金）
　　　　甲は乙に対し、本事業に係る運行経費の一部を負担するものとする。
　　　　なお、当該運行負担金については、運行に要する経費の総額から運賃収入等の経常収益の総額を控除した額とする。

第7条（運行経費及び運行負担金額）
　　　　運行経費の概算額は、金100,000,000円とする。
　　　　運行負担金の概算額は、金88,000,000円とする。

第8条（運行負担金の支払い）
　　　　甲は、第6条の運行負担金について、乙の請求により、第1回目は○年7月に、第2回目は○年10月に、第3回目は□年1月に、第4回目は□年5月に次のとおり支払うものとする。

268　　　　　　　　　　第2部　各課税物件

(1)　第1〜3回目　概算金22,000,000円

(2)　第4回目　　　第13条による○年度における運行負担金の確定後、当該
　　　　　　　　　運行負担金の額から66,000,000円を控除した額。

　　　　　　　　　ただし、○年4月1日から□年3月31日（1年間）まで
　　　　　　　　　の運行負担金が66,000,000円に満たなかった場合は、乙は
　　　　　　　　　甲にその差額を返還するものとする。

　　　　　　　　　　　　　　　　　　　（以　下　省　略）

### 印紙税法の適用関係

　　　印紙税法に定める課税物件ではない。

**説明**　この文書は、バス会社が市から委託を受けた特定路線を自己の責任において運行するものであり、特定の乗客のみを対象とした運行を受託する内容の契約ではない。

　　　また、市がバス会社に支払う運行負担金は、市から委託を受けた特定路線を定期に運行するために必要となる経費の総額から、運賃収入等の見込額を控除した額として算定しているものであり、乗客の運賃を市が直接負担する内容のものではない。更に、乗客が支払う運賃は、バス会社が収受することとしており、運賃収入はバス会社に帰属するものである。

　　　このようなことから、本件の運行業務においては、バス会社と乗客の間には個々の運送契約が成立すると認められるものの、市とバス会社及び市と乗客との間に運送契約が成立するとは認められない。

　　　したがって、この協定書は、運送に関する契約書には該当せず、その他の課税事項の記載もないことから、いずれの課税文書にも該当しない。

**参考**　コミュニティバスについては、明確な定義付けはないが、一般的に「地方公共団体等がまちづくりなど住民福祉の向上を図るため、交通空白地域・不便地域の解消、高齢者等の外出促進、公共施設の利用促進を通じた『まち』の活性化等を目的として、自らが主体的に運行を確保するバスのこと」と解されている。

# 第五章 （第2号文書）
## 請負に関する契約書

　請負に関する契約（予約を含む。）の成立、更改、内容の変更又は補充の事実を証すべき文書は、印紙税法別表第一、課税物件表の第2号（P1110参照）に掲げる印紙税の課税物件である。

## 1　請負の意義
　「請負」とは、当事者の一方（請負人）が、ある仕事を完成することを約し、相手方がその仕事の結果に対して報酬を支払うことを約することによって成立する契約である（民法第632条）。

　請負は、請負人の仕事の完成と注文者の報酬の支払とが対価関係に立ち、しかも両当事者が債務を負うのであるから、有償双務契約であり、当事者の合意のみによって成立するのであるから不要式の諾成契約である。ただ、建設業法（昭和24年法律第100号）により、建設業者の請負契約に関しては、契約方式その他について規制が加えられている。

　請負は、広義の労務供給契約であるが、雇用のように労務の提供そのものを目的とするものではなく、労務をもってある仕事を完成するところに本質的特質がある。請負の特殊なものに運送や仲立などがあるが、これらについては、専ら商法に規定されており、印紙税法上においても運送の契約書は第1号の課税物件として掲名している。

(1)　請負における「仕事」とは、手段や形態のいかんを問わず、何らかの労務によって生じるところのあるまとまった結果を意味し、土木工事や家屋の建築、家具の修繕、洋服の仕立てなどのような物に関する有形的なもののみでなく、運送や音楽の演奏、講演、脚本の作成という無形的なものであっても

よい。また、必ずしもその結果が金銭によって評価されるような経済的価値を有するものでなくてもよい。

(2) 「仕事の完成」とは、上記のような仕事をまとまった形に仕上げることである。本来、請負は仕事の完成自体を目的とするものであるから、いくら労務を提供してもまとまった結果ができ上がらなければ請負人はその債務を履行したことにならず、報酬の請求もすることができない。しかし、結果が現われさえすれば、請負人自身の労務による結果でなくても、請負人の債務は履行されたことになる。

　なお、仕事の完成というのは、労務を加えてある結果を産出するという経過的な状態をひとまとめにした観念であって、単に財産権を移転するような財産出捐の過程のみを意味するものではない。

(3) 仕事の完成に対して注文者が報酬を支払うことは、請負の要素である。この報酬は必ずしも金銭に限らず、金銭以外の物の給付であっても労務の提供であっても、対価として利益を供与するものであればその種類、形式は問わない。

(4) 物の引渡しを要する請負については、完成した物の所有権の帰属等について、次のように説かれている。

　請負人は、仕事の目的物を引き渡すべき義務を負うが、この場合、引渡しとその目的物の所有権の帰属関係は、材料が何人の物かによって異なる。

　イ　材料の全部が請負人に属する場合には、完成した物の所有権は請負人に属し、引渡しによって注文者に移転する。

　ロ　材料の全部が注文者に属する場合は、その製作物の所有権は注文者に帰属する。

　ハ　注文者、請負人とも材料の一部を提供した場合は、特約のない限り付合の法理（民法第242〜244条）に従って所有権の帰属が定まる。すなわち、目的物の所有権はいずれが材料の主要な部分を提供したかによって決まる。

第五章 （第2号文書）請負に関する契約書　271

## 2　請負の範囲

　原則として、印紙税の課税物件は、民法、商法の規定を前提として規定されているものであるから、その意義、解釈等についても民法、商法のそれに基づくべきであるが、印紙税法に特に規定を設けてその意義等を明らかにしたものもあり、その一つとして「請負に関する契約書」に関連して印紙税法は、「請負には、職業野球の選手、映画の俳優、その他これらに類する者で政令で定める者<sup>(注)</sup>の役務の提供を約することを内容とする契約を含むものとする。」と規定し、これらの者の役務提供契約を請負契約として取り扱うことを明示している。

　したがって、例えば映画会社と俳優との間に作成される専属契約書も「請負に関する契約書」として取り扱うこととなる。なお、俳優の出演契約書は、この規定にかかわらず、当然に「請負に関する契約書」に該当するものである。

(注)　職業野球の選手、映画の俳優等に類する者として、印紙税法施行令第21条には、次の者を規定している。

　　　プロボクサー、プロレスラー、演劇の俳優、音楽家、舞踊家、映画又は演劇の監督・演出家・プロデューサー、テレビジョン放送の演技者・演出家又はプロデューサー

## 3　「請負」と「物品又は不動産の譲渡」との区分

　請負は、「なすこと」であって、売買のように「与えること」を内容とするものでなく、いわゆる労務供給契約であって財貨交換契約ではない。

　ところで、一つの契約があって、それが物を製作し、これを引き渡すことを内容としている場合には、その物を製作するという限りにおいて請負が存するのであって、その材料が請負人の物か注文者の物かの区別は問うところでない。

　しかし、請負人が自己の材料で物品を製作して注文者に引き渡すという場合には、「自己の材料」で、と性格付けられることによって、いわゆる財産権の移転が要素になってくるから、純然たる請負とは異なった形態のものとなる。

　このため、このようないわゆる「製作物供給契約」といわれる契約において

は、印紙税法の適用に当たって、請負か、売買（不動産の譲渡に関する契約書は、第1号の1文書に該当し、物品の譲渡に関する契約書は、不課税文書となる。）かの区分が必要となる。

## (1) 製作物供給契約における区分

「製作物供給契約」は、売渡請負又は請負供給契約とも呼ばれ、「専ら、又は主として自己の材料を用いて製作した物を供給する契約」の意味に解されている。例えば、家具を製作して納めるとか洋服の注文を受けるという場合のように、当事者の一方が自己の所有に属している材料を用いて製作した物品を供給し、相手方がこれに対して報酬を支払うことを約する契約である。

製作物供給契約の性質については、議論が多い。民法には、別段の規定がなく、これの内容を分類するについては大別して次の三つの説がある。

① 当事者の意思を標準とし、当事者が仕事の完成をもって契約の主たる目的としている場合は請負であり、目的物の所有権を移転することを主たる目的としている場合は売買であるとする説

② 常に混合契約であり、売買と請負の両者の規定が類推適用されるが、当事者の意思によって、一方を主として類推適用するか、両方を平行的に適用するかの差を生ずるとする説（混合契約説）

③ 製作物の代替性に着目して、製作される物が代替物として取り扱われるか、不代替物として取り扱われるかによって、売買か請負かを区別するという説

以上のうち①が従来の通説であるが、これについては、当事者が仕事の完成を目的としたか、目的物の所有権移転を目的としたか、区別の基準としては抽象的である。そこで、取引の性質によって当事者の意思を類型化し、これによって売買か請負かの一方に区別し、個々の場合に、当事者がこれと異なる特約をしたときはこれに従うとすることが適当であるとの考え方が採られており、この考え方によると請負と売買の区別は、

① 建物その他土地の工作物の建造は、常に請負である。しかし、工作物等

第五章 （第2号文書）請負に関する契約書 273

をあらかじめ一定の規格で統一した数種類とし、これにそれぞれの価格を付して注文を受け、単に売り渡すような特殊な場合には売買となり得る。

② 当該取引が、製作されたものを「代替物」として取り扱う場合、したがって、その相手方に引き渡すべき物は、他から仕入れた物であってもよいとされる場合には売買である。すなわち、取引上の客観的な規格に従った物の注文は多量取引と限らず一個の取引であっても売買であり、請負ではない。

なお、多量取引の場合、例えばその物が必ず売主の工場において製作されるべきことと約されていたとしても、それが客観的な規格に従った物である限り請負ではなく、一種の制限された物の売買とみるべきである。

③ 当該取引が、製作される物を例えば体格に合う洋服等のように「不代替物」として取り扱う場合には、請負とみるべきである。

等とするが、いずれにしても結局は、請負と売買については、当事者の意思が仕事の完成を目的とするか、目的物の所有権の移転を目的とするかで区分している。

(2) **印紙税法上の区分**

印紙税法上においても、その契約書の内容が請負に関するものであるか売買に関するものであるかの区別は、当事者の意思が仕事の完成に重きを置いているか、目的物の所有権移転に重きを置いているかを基準とし、併せて取引類型等も考慮して判断すべきものと考えられる。

請負に関する契約書か、物品の売買に関する契約書であるかの印紙税法の取扱区分を具体例によって説明すると、次のとおりである。

イ 注文者の指示に基づき一定の仕様又は規格等に従い、製作者の労務により土地の上に工作物を建設すること（例えば、家屋の建築、道路の建設、橋りょうの架設等）を内容とする場合の契約書──→請負に関する契約書

ロ 製作者が工作物をあらかじめある一定の規格で統一し、これにそれぞれの価格を付して注文を受け、当該規格に従い、工作物を建設し、供給すること（例えば建売住宅の供給等）を内容とする場合の契約書──→不動産又は

物品の譲渡に関する契約書（物品の譲渡に関する契約書は、平成元年4月1日以降作成されるものについて印紙税の課税が廃止された。）

ハ　注文者が材料の全部又は主要部分を提供（有償であると無償であるとを問わない。）し、製作者がこれによって一定物品を製作すること（例えば、生地提供の洋服仕立て、材料支給による物品の製作等）を内容とする場合の契約書——→請負に関する契約書

ニ　製作者の材料を用いて、注文者の設計又は指示した規格等に従い、一定物品を製作すること（例えば、船舶、車両、家具等の製作、洋服等の仕立て等）を内容とする場合の契約書——→請負に関する契約書

ホ　製作者の材料を用いて、あらかじめ一定の規格で統一された物品を注文に応じて製作し、供給すること（例えば、カタログ又は見本による機械、家具等の製作等）を内容とする場合の契約書——→物品の譲渡に関する契約書

ヘ　一定の物品を一定の場所に取り付けることにより所有権を移転すること（例えば、大型機械の取付け等）を内容とする場合の契約書——→請負に関する契約書

　　ただし、例えば家庭用電気器具等のように取付行為が簡単であって、特別の技術を要しない場合の契約書——→物品の譲渡に関する契約書

ト　修理又は加工すること（例えば、建物、機械等の修繕、塗装、物品の加工等）を内容とする場合の契約書——→請負に関する契約書


## 4　請負と委任、雇用との区分

次に請負と委任の差異についてであるが、「委任」とは、当事者の一方（委託者）が、法律行為をなすことを相手方（受任者）に委託し、相手方がこれを承諾することによって成立する契約である。

委任は、雇用、請負とともに労務供給契約に属するが、雇用は、労務の供給自体が契約の目的であるのに対して、委任における労務の供給は、事務処理の手段である。請負は、仕事の完成が目的であるのに対して、委任は、一定の目的に従って事務を処理すること自体が目的であり、必ずしも仕事の完成を目的

としないところにそれぞれ区分を見いだせる。ある契約が委任か、雇用か、請負かの判断は、実際上困難な事例が少なくないが、委任は多かれ少なかれ受任者に自らの意見と自由裁量を認めていること、しかも委任は事務処理をする過程を重視し、したがって当事者間の信頼関係が緊密である点などを一応の基準として区別することができる（委任に関する契約書は、平成元年4月1日以降作成されるものについて印紙税の課税が廃止された。）。

## 5　非課税物件

　請負に関する契約書のうち、その契約金額が1万円未満のものは非課税である。ただし、通則3のイの規定が適用されて、本号の文書となるものについては、第一章7（P62参照）において説明したとおり免税点の適用がないため、課税されることになるので注意する必要がある。

## 6　軽減税率の特例

　「請負に関する契約書」のうち、建設業法第2条第1項に規定する建設工事の請負に係る契約に基づき作成されるもので、平成32年3月31日までに作成されるものについては、契約書の作成年月日及び記載された契約金額に応じ、印紙税額が軽減されている（印紙税法別表第一、課税物件表の第2号＝P1110参照）。

276　　　　　　　　　第２部　各課税物件

**第115例**　消費税及び地方消費税が区分記載された契約書

（その１）

---

工　事　請　負　契　約　書

1　工　　事　　名　　　　工事
2　工　　事　　場　　所
3　請　　負　　金　　額　　金1,080万円
　　　　　　　（うち消費税額等80万円）
　　　年　　月　　日
　　　　　　　　　　　甲　　　株式会社　㊞
　　　　　　　　　　　乙　　　株式会社　㊞

---

（その２）

---

工　事　請　負　契　約　書

1　工　　事　　名　　　　工事
2　工　　事　　場　　所
3　請　　負　　金　　額　　金1,080万円
　　　　　　　（税抜価格　1,000万円）
　　　年　　月　　日
　　　　　　　　　　　甲　　　株式会社　㊞
　　　　　　　　　　　乙　　　株式会社　㊞

---

**印紙税法の適用関係**

　　いずれも印紙税法別表第一、課税物件表の第２号文書「請負に関する契約書」である。

**説明**　（その１）記載金額は、消費税及び地方消費税の金額（以下、「消費税額等」という。）が具体的に記載されていることから、請負金額から消費税額等を控除した1,000万円（1,080万－80万）となる。

　　（その２）記載金額は、税込価格と税抜価格の両方が具体的に記載されていることにより、取引に当たって課されるべき消費税額等が容易に計算できることから、消費税額等を含めない1,000万円となる。

**参考**　「消費税額等を含む。」又は「消費税額等○○％を含む。」という表示がなされているときは、「○○％を含む。」という表示を基に逆算したとしても、消費税額等の金額が適正に算定できない場合（土地付建物を一括譲渡した場合や割賦利息を含む賦払金を受け取る場合等）が生じ、必ずしも課されるべき消費税額等が容

易に計算できるとは限らない。

したがって、「消費税額等を含む。」又は「消費税額等○○％を含む。」と表示された契約書や領収書については、消費税額等を含む金額（取引価格の総額）が記載金額となる。

278　　　　　　　　　第2部　各課税物件

**第116例　建物設計及び建築請負契約書**

---

### 建物設計及び建築請負契約書

第1条

1　甲は乙に対し、下記ビルディングの建築に必要な設計図書の作成を注文し、乙
　はこれを完成することを約した。

2　甲は乙に対し、前項の設計図書に基づき下記ビルディングの建設工事を注文
　し、乙はこれを完成することを約した。

記

○○市○○区○○○○　　○○ビル　10階建1棟

第2条　請負代金は設計図書の作成が金5千万円、建築請負が金10億円（いずれも
　　　消費税等の額を除く。）とし、次のとおり分割して支払う。

| | | | |
|---|---|---|---|
| 1 | 乙が甲に設計図書を提出した時 | 金 | 円 |
| 2 | 甲が建築確認通知書を受領した時 | 金 | 円 |
| 3 | 乙において工事に着手した時 | 金 | 円 |
| 4 | 乙において基礎工事を完成した時 | 金 | 円 |
| 5 | 乙において工事を完成し、その引渡しを終了した時 | 金 | 円 |

第3条

1　乙は本契約締結の日から○日以内に甲に設計図書を提出し、承認を受けるとと
　もに、甲と協力して建築確認の手続きを行う。

2　乙は甲が建築確認通知書を受領した時から○日以内に建築工事に着手し、工事
　着手の日から○日以内にこれを完成し、完成の日から○日以内に甲に引き渡すも
　のとする。

第4条　建物の敷地は甲において提供し、建築工事に要する一切の材料及び労力は
　　　乙が提供する。

(以下省略)

　　年　　月　　日　　　　　　　　甲　　　　　　　㊞

　　　　　　　　　　　　　　　　　乙　　　　　　　㊞

---

**印紙税法の適用関係**

　　印紙税法別表第一、課税物件表の第2号文書「請負に関する契約書」である。

**説明**　この文書は、建設業法上の建設工事の請負に関する事項（ビルディングの建設
　　　工事）と建設工事以外の請負に関する事項（設計図書）の作成を定めたものであ
　　　り、第2号文書に該当する。

　　　　また、記載金額は、ビルディングの建設工事代10億円と設計図書代5千万円の
　　　合計額である10億5千万円となる。

第五章 （第2号文書）請負に関する契約書 279

　なお、建設業法上の建設工事の請負に関する事項と建設工事以外の請負に関する事項とが併記されている契約書については、それぞれの記載金額の合計額が一定の額を超える場合には、その契約書の作成年月日により、租税特別措置法第91条の規定により、税率の軽減措置が適用される。

280　　　　　　　　　第2部　各課税物件

### 第117例　仮工事請負契約書

<br>

## 仮工事請負契約書

1　工　事　名
2　工事位置
3　工事期間
4　請負金額　　　一金4,860,000円也（うち消費税及び地方消費税360,000円を
　　　　　　　　　含む。）
上記の工事について　　　　　　　市長を甲とし、請負者　　　　を乙とし、　　　市
契約条例および　　　市契約条例施行規則を守り、　　　　　　県建設工事請負契
約約款の条項を準用し請負契約を締結する。
本契約の証として本書4通を作り当事者記名捺印の上甲、乙および保証人各1通を
保有する。
本契約は　　　　　市議会の議決を経て成立するものとする。
　　　　　　　　　年　　月　　日
　　　　　　　　　甲　　　市長　　　　　　　　　　㊞
　　　　　　　　　乙　　　　　　　　　　　　　　　㊞
　　　　　　　　　保証人　　　　　　　　　　　　　㊞
　　　　　　　　　保証人　　　　　　　　　　　　　㊞

### 印紙税法の適用関係

　　　　印紙税法別表第一、課税物件表の第2号文書「請負に関する契約書」である。

**説明**　　この文書は、議会の議決を停止条件とした予約請負契約であるから、第2号文
　　　書に該当する。

　　　　また、記載金額は、消費税及び地方消費税の金額が区分記載されていることか
　　　ら、請負金額のうち消費税及び地方消費税の金額を除いた450万円となる。

**参考**　　甲乙それぞれ1通ずつを保管している場合は、国等が作成した文書は非課税と
　　　なり、国等以外の者が作成したもの（国等が保管している文書）のみが課税文書
　　　となる。

第五章　（第2号文書）請負に関する契約書　　281

**第118例　清掃契約書**

## 清　掃　契　約　書

　株式会社　　　　　　　　　（以下「甲」という。）と　　　　　株式会社（以下「乙」という。）は甲が管理する建物　　の清掃に関する業務を乙に委託することを約して、次のとおり契約を締結する。

（清掃の範囲）

第1条　清掃の範囲は、甲の管理する建物（店舗の内部、各種機械室、各種水槽は除く。）とする。但し殺虫殺そは全館にわたるものとする。

（清掃の区分および要領）

第2条　清掃の区分および要領は、別添の仕様書による。

（清掃費）

第3条　甲は乙に清掃費として月額2,000万円を支払うものとする。当月分代価は、翌月10日までに乙が請求書を甲に提出し、甲は月末に乙に支払う。

（中　略）

（契約期間）

第13条　本契約の契約期間は、○年4月1日から□年3月31日（1年間）までとする。期間満了2ケ月前に甲乙間に何等の意思表示がない場合は、さらに1年間契約を延長するものとする。爾後この例による。

（中　略）

　上記の契約を証するため、本書2通を作成し、甲乙各1通を保有する。

　　年　　月　　日

　　　　　　　甲　　　　　　　　　　　　　　　　印

　　　　　　　乙　　　　　　　　　　　　　　　　印

**印紙税法の適用関係**

　　　　印紙税法別表第一、課税物件表の第2号文書「請負に関する契約書」である。

**説明**　この文書は、対価を得て建物の清掃を行うことを定めていることから、第2号文書に該当するほか、その取引に共通して適用される取引条件のうち、単価、対価の支払方法等を定めていることから第7号文書「継続的取引の基本となる契約書」にも該当するが、第2号文書の記載金額があることから、通則3のイの規定により、第2号文書に該当する。

　　なお、記載金額は、清掃費月額2,000万円に契約期間1年（12か月）を乗じた金額（2億4,000万円）となる。

282　　　　　　　第2部　各課税物件

**第119例　バナー広告掲載契約書**

---

バナー広告掲載契約書

　株式会社　　　　　（以下「甲」という。）と株式会社　　　　　（以下「乙」とい
う。）とは、　　　　　バナー広告掲載規定（以下「規定」という。）に基づき、以
下のとおり掲載契約を締結する。

第1条（目的）
　　　　　甲は、規定に基づき、乙に対し　　　　バナー広告に広告を掲載するこ
　　　とを委託し、乙は、規定に基づき、甲から委託された広告を掲載する。

第2条（掲載期間）
　　　　　自：　　　　　年4月1日
　　　　　至：　　　　　年9月30日

第3条（掲載場所及びサイズ）
　　　　　掲載場所：
　　　　　掲載サイズ：

第4条（掲載料金）
　　　　　掲載料金は、金　　　　円（月額　　　円×6か月）とする。

第5条（支払条件）
　　　　　甲乙の掲載契約が成立した日より　　日以内に、掲載料金合計の全額を、甲
　　　は、乙の指定する銀行口座に振込む。
　　　　　分割払い指定の場合、2回目以降は、翌月より各月　　　限り振込む。

　　本契約締結の証として本書2通を作成し、甲乙記名捺印の上、各1通を保有す
る。
　　　　　年　　　月　　　日

　　　　　　　　　　　　　　　甲　　　　　　　　　㊞
　　　　　　　　　　　　　　　乙　　　　　　　　　㊞

---

**印紙税法の適用関係**

　　　印紙税法別表第一、課税物件表の第2号文書「請負に関する契約書」である。

**説明**　この文書は、一定期間広告を行い、これに対して報酬を支払うことを定めてい
　　　ることから、第2号文書に該当するほか、その取引に共通して適用される取引条
　　　件のうち、単価等を定めていることから、第7号文書「継続的取引の基本となる
　　　契約書」にも該当する。
　　　　したがって、この文書は、第2号文書の記載金額があることから、通則3のイ
　　　の規定により、第2号文書に該当する。
　　　　なお、記載金額は、掲載料金となる。

第五章 （第2号文書）請負に関する契約書 283

## 第120例 ホームページ開発委託についての覚書

### ホームページ開発委託についての覚書

　　　　　　（以下「甲」という。）と　　　　　　（以下「乙」という。）とは、ホームページの作成に関して下記の条件に基づき覚書を締結する。

1　甲は乙に対し　　　　サイトの下記のホームページ（以下「本件ホームページ」という。）の作成を委託し、乙はこれを受託した。

記

　　タイトル　　パーラーマップ
　　回　　数　　12回

2　乙は、本件ホームページのソースコードを2回分ずつ、6回に分けて別途定める日程により甲に納品する。但し、第1回目の納品は　　　年　月　日とする。

3　委託料は総額324万円（消費税及び地方消費税含む。）とし、甲はこれを6回に均等分割して、前条の各納品日の属する月の翌月末日までに約束手形（30日）で支払う。

4　本件ホームページについて生じた著作権は、全て乙に帰属する。

5　甲は、本件ホームページを　　　　　　サイトの中で営業を目的として使用することができる。

　本覚書締結の証として、本書2通を作成し、甲乙記名押印のうえ各1通を保有する。

　　　　年　　月　　日

　　　　　　　　　　　　甲　　　　株式会社　　㊞
　　　　　　　　　　　　乙　　　　株式会社　　㊞

## 印紙税法の適用関係

　　　印紙税法別表第一、課税物件表の第2号文書「請負に関する契約書」である。

**説明**　この文書は、ホームページの制作を委託し、そのソースコードの納品に対して報酬を支払うことを内容とするものであることから、第2号文書に該当する。

　　また、記載金額は、消費税及び地方消費税の金額が区分記載されていないので、委託料324万円となる。

　　なお、この文書は、1つの取引（12回分のホームページの作成）について定めたものであることから、第7号文書「継続的取引の基本となる契約書」には該当しない。

284　　　　　　　　第2部　各課税物件

**第121例**　テレビコマーシャルの制作に関する契約書

---

契　　約　　書

　甲（広告主）と乙（広告会社）は、甲のテレビコマーシャルの制作について、以下のとおり契約を締結する。

　第1条　（制作委託）
　　　甲は乙に対して本契約の各条項に従い、テレビコマーシャル「○○○編」（以下「CM」という。）の制作を委託し、乙はこれを受託する。
　第2条　（仕　様）
　　　CMの仕様は、VTR15秒、30秒とする。
　第3条　（制作費）
　　　甲は乙に対し、CMの制作費　　　円を、　　年　　月　　日までに支払う。
　第4条　（納　品）
　　　乙はCMを、　　年　　月　日までに甲に納入する。
　第5条　（協　議）
　　　本契約に規定なき事項については、甲乙がその都度誠意をもって協議して定める。

　　　　　　年　　月　　日

　　　　　　　　　　　　　　甲　　　　　　　　　　　　㊞

　　　　　　　　　　　　　　乙　　　　　　　　　　　　㊞

---

**印紙税法の適用関係**

　　　印紙税法別表第一、課税物件表の第2号文書「請負に関する契約書」である。

**説明**　この文書は、広告作品の制作請負契約であることから、第2号文書に該当する。

　　　また、記載金額は、第3条のCMの制作費となる。

　　　なお、この文書は、1つの取引（テレビコマーシャルの制作）について定めたものであることから、第7号文書「継続的取引の基本となる契約書」には該当しない。

第五章 （第2号文書）請負に関する契約書　　285

**第122例**　ネオン塔掲出場所の賃貸借契約書

## ネオン塔掲出場所の賃貸借契約書

甲（広告会社）と乙（広告主）は、甲が使用権を有する物件を乙の広告物設置掲出のため使用することについて、次のとおり合意する。


第1条　（対象物件）
　　　　　所在地　　　　　ビル屋上
第2条　（使用期間）
　　　　　　　　年　月　日から　　　カ年間
第3条　（使用料・支払方法）
　　　乙は甲に　　　円を　　　年　月　日までに支払う。
第4条　（保守管理）
　　　甲は第2条の使用期間中、設置されたネオン塔の保守管理を行うものとする。
　　　前条の使用料は保守管理料を含む。


　　　　年　　月　　　日


　　　　　　　　　　甲　　　　　　　　　　　　　　　㊞


　　　　　　　　　　乙　　　　　　　　　　　　　　　㊞

**印紙税法の適用関係**

　　　　印紙税法別表第一、課税物件表の第2号文書「請負に関する契約書」である。

**説明**　この文書は、ビル屋上の賃貸借を約するもの（不課税）であると同時に、第4条においてネオン塔の保守管理を約するものであるから、第2号文書に該当する。

　　　なお、記載金額は、保守管理料と物件使用料が区分されていないことから、第3条の使用料全額となる。

286 　　　　第2部　各課税物件

**第123例**　広告申込書・広告実施報告書

No.＿＿＿＿＿＿＿

## 広 告 申 込 書

年　　月　　日

（広告会社）

＿＿＿＿＿＿＿＿＿＿御中

（広告主）

＿＿＿＿＿＿＿＿＿＿　印

下記の通り広告（掲載・放送）を申込みます。

| 広 告 申 込 内 容 | 数　量 | 単　価 | 金　　額 |
|---|---|---|---|
|  |  |  |  |
|  | 合　　計 | | |

No.＿＿＿＿＿＿＿

## 広 告 実 施 報 告 書

年　　月　　日

（広告主）

＿＿＿＿＿＿＿＿＿＿御中

（広告会社）

＿＿＿＿＿＿＿＿＿＿　印

下記の通り広告は完了しましたので報告致します。

| 広 告 申 込 内 容 | 数　量 | 単　価 | 金　　額 |
|---|---|---|---|
|  |  |  |  |
|  | 合　　計 | | |

年　　月　　日

第五章　（第2号文書）請負に関する契約書　　　287

（注）　広告主が広告申込書と広告実施報告書を複写で記載の上、双方とも広告会社へ
　　　送付し、広告会社は掲載、放送の実施が終了した際に広告実施報告書に署名又は
　　　押印の上、これを広告主へ提出する。

## 印紙税法の適用関係

　　　いずれも印紙税法に定める課税物件ではない。

**説明**　広告申込書は、単なる広告の申込事実を証するものであり、また、広告実施報
　　　告書は、事務処理の結果若しくは広告の掲載・放送の終了の事実を単に通知する
　　　文書であることから、いずれも契約の成立事実を証明するためのものとは認めら
　　　れず、第2号文書「請負に関する契約書」その他いずれの課税物件にも該当しな
　　　い。

　　　ただし、広告会社が広告申込書を受け取った後、広告実施の前に広告実施報告
　　　書に署名押印の上、広告主へ提出するときは、その作成及び交付の実態からみ
　　　て、広告の申込みに対する応諾の事実を証明するためのものと認められることか
　　　ら、第2号文書に該当する。

288　　　　　　　　第2部　各課税物件

**第124例　協賛契約書**

（その1）協賛契約書（請負業務作業を伴わないもの）

---

協　賛　契　約

　甲（広告主）と乙（広告会社）は、　　　協会が行う、　　　ワールドカップ大会の協賛について次のとおり契約を締結する。

第1条
　甲は、　　　ワールドカップ大会の協賛社となる。

第2条
　甲は冠協賛社として、下記の権利を取得する。
　乙は、　　　協会が甲に対して下記の権利を甲に取得させることを保証する。
　⑴　　　大会の協賛社であることを甲の広告活動において告知する権利
　⑵　　　大会のロゴマークを甲の広告活動に使用する権利

第3条
　甲は乙に対し、協賛する対価として　　　　　円を　　　年　　月　　日までに支払う。

　　　　　　年　　　月　　　日

　　　　　　　　　　　　　　　　　　甲　　　　　　　　　　　　㊞

　　　　　　　　　　　　　　　　　　乙　　　　　　　　　　　　㊞

---

**印紙税法の適用関係**

　　　（その1）の文書は、印紙税法に定める課税物件ではない。

**説明**　　（その1）の文書は、甲が協賛社であることを、甲自らが甲の広告において告知する権利と、大会マークを使用することの対価に対してのみ協賛料が支払われ、請負作業を伴っていないことから、第2号文書「請負に関する契約書」その他いずれの課税文書にも該当しない。

## （その２）冠協賛契約書

### 冠　協　賛　契　約

　甲（広告主）と乙（広告会社）は、　　　協会が行う、　　　ワールドカップ大会の冠協賛について次のとおり契約を締結する。


第１条
　甲は、　　　ワールドカップ大会の冠協賛社となる。
第２条
　甲は冠協賛社として、下記の権利を取得する。
　乙は、　　　協会が甲に対して下記の権利を甲に取得させることを保証する。
⑴　　　大会の協賛社であることを甲の広告活動において告知する権利
⑵　　　大会の公式プログラム、ポスター及び看板１枚に広告を掲示する権利
⑶　　　大会のロゴマークを甲の広告活動に使用する権利
第３条
　甲は乙に対し、冠協賛する対価として　　　円を　　　年　　月　　日までに
支払う。

　　　　年　　　月　　　日

　　　　　　　　　　甲　　　　　　　　　　　　　　　　　㊞

　　　　　　　　　　乙　　　　　　　　　　　　　　　　　㊞

### 印紙税法の適用関係

　　　（その２）の文書は、印紙税法別表第一、課税物件表の第２号文書「請負に関する契約書」である。

**説明**　（その２）の文書は、協賛社自らが協賛社であることを表示する権利やロゴマークを使用する権利の許諾だけでなく、主催者が協賛社のために看板を掲出したりプログラムに協賛社の広告を入れたりする事項を含むことから、第２号文書に該当する。

　　　また、記載金額は、第３条に記載されている金額となる。

　　　なお、プログラム、ポスター等（ゼッケンは除く。）に単に「協賛　　　株式会社」との表示を行うだけのものは、請負契約としては取り扱われない。

**参考**　イベントの協賛に関する契約書の取扱いは次のとおりである。

## 第2部 各課税物件

1 社章、商標、製品等の掲載等

ポスター、入場券、パンフレット、会場又はゼッケン等に主催者の責任で社章、商標、製品等を掲載又は表示することを内容とする協賛契約書は、主催者が報酬を得て広告宣伝を引き受けることを内容とする契約書であり、第2号文書に該当する。

（注） 将来行われる2以上の広告について共通して適用される取引条件（数量、単価、対価の支払方法など）を定めるものは、第7号文書「継続的取引の基本となる契約書」にも該当するものがある（この場合は、通則3のイの規定により、その所属を決定する。）。

2 協賛の事実の表示等

ポスター、入場券、パンフレット又は会場に、「協賛　　株式会社」のように、単に協賛の形で社名を表示することを内容とする契約書は、単に協賛の事実を表示することを内容とするものであることから、第2号文書その他いずれの課税物件にも該当しない。

3 広告スペースの提供等

催物会場等で、主催者が広告スペースを確保して協賛者に提供し、協賛者の責任において広告を行うこと（広告方法に主催者側からの制限が付されているものを含む。）を内容とする契約書は、広告場所を有償で使用させることを内容とする契約書であり、第2号文書その他いずれの課税物件にも該当しない。

第五章 （第2号文書）請負に関する契約書　　　291

### 第125例　ユニフォームスポンサー契約書

## ○○Ｆ．Ｃ　ユニフォームスポンサー契約書

　㈱○○サッカー（以下「甲」という。）と㈱□□広告（以下「乙」という。）とは、甲が権利を有する○○Ｆ．Ｃのユニフォームにおける社名表示に関し、下記の内容にて合意したので本契約を締結する。

第1条（社名表示）
　　甲は、乙に対し、　　年度Ｊ１リーグ公式戦において甲が着用するユニフォームへの△△堂㈱（以下「丙」という。）の社名を表示する権利を許諾する。

第2条（社名の表示方法）
　　社名は、チームユニフォーム背中部において選手番号の上部に表示するものとし、サイズは200㎠を超えないものとする。

第3条（有効期間）
　　この契約の有効期間は、　　年　月　日から　　年　月　日までとする。
　但し、期間満了3ヶ月前までに、甲乙いずれからも何ら異議のない場合は更に1年間延長するものとし、以後も同様とする。

第4条（対価）
　　第1条及び第2条に定める権利許諾の対価として乙が甲に支払うべき金額は、対象試合全試合につき総額金　　　　　円也（消費税額等は別途加算）とする。

第5条（支払い）
　　乙は、前条に定める対価の支払いを、　　年　月　日迄に甲に対し行うものとする。

第6条（対価の返還）
　　乙がこの契約を解除した場合、又は社名の表示を一時中止した場合、あるいは甲の責に帰すべき事由により、対象試合の一部又は全部において社名が表示できなかった場合には、甲は受領済みの対価の中から、当該試合相当額を算出し、乙に返還するものとする。
　　　　　　　　　　　　　　（　中　略　）
　本契約締結の証しとして本契約書2通を作成し、甲乙署名押印の上、それぞれ1通を保有する。

　　　　　　　　　　　　　　　　　年　　　月　　　日
　　　　　　　　　　　　　　（甲）　　㈱○○サッカー　　㊞
　　　　　　　　　　　　　　（乙）　　㈱□□広告　　　　㊞

### 印紙税法上の適用関係
　　　印紙税法に定める課税物件ではない。

**説明**　この文書は、社名表示の権利許諾を定めたものであり、甲が乙から広告宣伝を引き受ける旨の取り決めはなされていないことから、第2号文書「請負に関する契約書」その他いずれの課税文書にも該当しない。

第2部 各課税物件

**第126例** 据付工事を伴う立体駐車設備の売買契約書

契 約 書

駐車設備の売買に関して、下記の通り契約する。


(甲)　　買　主


(乙)　　売　主


第1条　（売買の目的）
　　　　乙は　　駐車装置　　台分の駐車設備（以下「本件システム」という。）を甲に売り渡し、甲はこれを買い受けることを約定する。

第2条　（引渡し）
　　　　本件システムの引渡しは、　　　年　月　日
　　　　甲の指定の場所　　　　　　　　　　　　に納入、着工、検査後、引き渡すものとする。

第3条　（売買代金）
　　　　売買代金　　　　円

| 支　払　方　法 | | 支　払　期　日 | | |
|---|---|---|---|---|
| 契　約　時 | 円 | 年 | 月 | 日 |
| 着　工　時 | 円 | 年 | 月 | 日 |
| 完成引渡時 | 円 | 年 | 月 | 日 |

第4条　（不可抗力）
　　　　天災地変その他甲乙相互の責に帰することができない事由によって、この契約の全部または一部が履行不能になったときは、この契約はその部分について、当然効力を失う。

第5条　（契約解除）
　　　　甲が代金の支払いを怠ったときは、乙は、なんらの催告を要しないで直ちにこの契約を解除して、引き渡した本件システムの返還を求めることができる。
　　　　前項の場合には、甲は、乙に対して、売買代金の3割に相当する損害金を支払うものとする。

第6条　（所有権保留）
　　　　甲が売買代金の支払いを完了するまでは、本件システムは乙の所有に属するものとする。

第五章　（第2号文書）請負に関する契約書　　293

第7条　（危険負担）

　　物品の引渡し後甲の検査期間を15日間として、この期間満了前に生じた本件システムの滅失、棄損、減量、変質その他一切の損害は乙の責に帰すべき場合及び甲の検査に合格しまたは甲が異議をとどめず受領したものに係るものを除き、乙の負担とし、上記の期間満了後に生じたこれらの損害は、乙の責に帰すべき場合を除き、甲の負担とする。

第8条　（合意管轄）

　　本契約より生ずる権利義務に関する訴訟については、乙の所在地の　　　裁判所を第一審の管轄裁判所とすることを双方は合意した。


　　上記の通り契約が成立したので、本契約書2通を作り、甲乙署名捺印の上、各1通を所持する。


　　　　　　　　　　　　　　　　　　　　　　　　年　　　月　　　日


買　主（甲）　　住所
　　　　　　　　氏名　　　　　　　　　　　㊞

売　主（乙）　　住所
　　　　　　　　氏名　　　　　　　　　　　㊞

## 印紙税法の適用関係

　　　　印紙税法別表第一、課税物件表の第2号文書「請負に関する契約書」である。

**説明**　この文書は、売買契約書の形式がとられているが、文書上に記載されている「引渡し」、「着工」、「完成引渡」などの文言から、発注者の土地に立体駐車場を構築し、引き渡すことに重きをおいている請負契約と認められることから、第2号文書に該当する。

　　なお、記載金額は、第3条に記載されている売買代金全体となる。

294　　　　　　　第2部　各課税物件

**第127例**　建設機械売買契約書並びに据付工事契約書

No.　　　　　号

## 建設機械売買契約書並びに据付工事契約書

　　　年　　月　　日売主　　　（以下「乙」という。）と買主　　　（以下「甲」という。）は下記商品の売買契約書に関して下記のとおり契約を締結する。

### 1　取引商品

| 機　械　名 | 型　　　式 | 機　械　代　金 |
|---|---|---|
| | | ¥4,000,000 |
| | 内　　　訳 | 据付工事代金 |
| 機械据付工事 | | ¥　500,000 |

尚　本機械及び据付工事の仕様内容は、　　　　　　　　　　　　のとおり

### 2　売買代金及び月賦利息金

| 売　買　代　金 | 内　　　　金 | 売買残代金 | 月　賦　利　息 | 計 |
|---|---|---|---|---|
| ¥ | ¥ | ¥ | ¥ | ¥ |

### 3　契約取引条件

| 納期(搬入) | 　年　月　日 | 工　　期 | 自　年　　月　　日　至　　年　　月　　日 | | |
|---|---|---|---|---|---|
| 使用者氏名 | | 基礎引渡し期限 | 　年　　月　　日 | | |
| 据付工事場所 | | | | | |
| 取引条件 | 契約時　¥ | | | | |
| | 残　　回　均等分割　不均等分割 | 分割条件 | 年　月　日～　年　月　日 | | |

### 4　支払明細

| 回数 | 支払期日 | 割　賦　金 | 回数 | 支払期日 | 割　賦　金 | 備　　考 |
|---|---|---|---|---|---|---|
| 1 | | ¥ | 11 | | ¥ | |
| 2 | | ¥ | 12 | | ¥ | |
| 3 | | ¥ | 13 | | ¥ | |
| 4 | | ¥ | 14 | | ¥ | |
| 5 | | ¥ | 15 | | ¥ | |
| 6 | | ¥ | 16 | | ¥ | |
| 7 | | ¥ | 17 | | ¥ | |
| 8 | | ¥ | 18 | | ¥ | |
| 9 | | ¥ | 19 | | ¥ | |
| 10 | | ¥ | 20 | | ¥ | |

第五章　（第2号文書）請負に関する契約書　　　295

### 印紙税法の適用関係

　　印紙税法別表第一、課税物件表の第2号文書「請負に関する契約書」である。

**説明**　この文書は、建設機械（物品）の売買に関する事項と、その据付工事に関する
事項とが記載されていることから、第2号文書に該当する。

　　建設機械の代金とその据付工事代金とがそれぞれ区分記載されていることか
ら、この文書の記載金額は、据付工事代金の50万円となる。

　　また、建設機械（物品）と据付工事とが区分されている場合であっても、その
全体を請け負っていると認められる場合は、その明細等を示しているにすぎず、
全体が第2号文書に該当する。

　　なお、記載金額は、建設機械と据付工事代金の合計金額となる。

296 第2部 各課税物件

**第128例** 太陽光設備売買・請負工事契約書

---

## 太陽光設備売買・請負工事契約書

年　　　月　　　日

　注文者と請負者は、住宅用太陽光発電システム設置に関し、以下の内容で契約を締結する。

1　設置場所

2　工事着工日　　　　　年　　　月　　　日

3　工事完成日　　　　　年　　　月　　　日

4　支払方法　　　　指定口座への送金

5　設備代金　　　　9,500,000円
　　　　　　　　　　（内訳）
　　　　　　　　　　　太陽光モジュール　　　　200枚　　6,000,000円
　　　　　　　　　　　パワーコンディショナー　　6台　　2,500,000円
　　　　　　　　　　　設置架台　　　　　　　　　一式　　1,000,000円

6　工事代金　　　　2,500,000円

年　　　月　　　日

注文者　　　　　　　㊞
請負者　　　　　　　㊞

---

**印紙税法の適用関係**

　　印紙税法別表第一、課税物件表の第2号文書「請負に関する契約書」である。

**説明**　　太陽光発電システムは、太陽光モジュール（太陽光パネル）などの複数の機器から構成され、各機器の据付や配電等の工事を行うことによって利用できるものである。

　　したがって、この文書は、太陽光発電システム全体の完成を目的として作成されたものと認められることから、カタログ品である太陽光設備の機器に係る代金

第五章 （第2号文書）請負に関する契約書　　　297

と各機器の設置や配電等の工事代を区分して記載したとしても、機器の代金部分
は完成するシステムの構成部品の明細等と評価されることとなる。
　よって、この文書の記載金額は、機器売買代金とされる950万円と工事代金と
される250万円との合計額1,200万円となる。

298　　　第2部　各課税物件

第129例　「生コンプラント」の建設機械売買契約書並びに据付工事契約書

No._____

### 建設機械売買契約書並びに据付工事契約書

　　　　年　月　日売主株式会社　　　　　（以下「乙」という。）と買主
（以下「甲」という。）は下記商品の売買契約書に関して下記のとおり契約を締
結する。

1　取引商品

| 機械名 | 型　　　　式 | 機械代金 |
|---|---|---|
| 生コンプラント | ＣＰ14Ｇ1511Ｇ16Ｌ7ＳＫＢＮＳ | ￥36,000,000 |
|  | 内　　　訳 | 据付工事代金 |
| 機械据付工事 | 生コンプラント、空気輸送設備含む | ￥76,500,000 |

尚　本機械及び据付工事の内容は　　計画図65Ｖ－11－365Ｚ－Ｏとする

2　売買代金及び月賦利息金

| 売買代金 ① | 内　金 ② | 売買残代金 ①－②＝③ | 月賦利息 ④ | 計 ③＋④ |
|---|---|---|---|---|
| ￥112,500,000 | ￥30,000,000 | ￥82,500,000 | ￥ | ￥　82,500,000 |

3　契約取引条件

| 納期（搬入） | 年　月　日 | 工　　期 | 自　年4月25日　至　年8月20日 |
|---|---|---|---|
| 使用者氏名 | 株式会社 | 基礎引渡し期限 | 年6月30日 |
| 据付工事場所 | 県　市　町1234 | | |

| 取引条件 | 契約時￥30,000,000－　　　　年6月25日付約束手形1通 |
|---|---|
| | 残金　平成　年9月25日支払　120日約束手形1通 |
| | 残　　　回　均等分割　不均等分割　分割条件　　年　月　日～　年　月　日 |
| | 本工事の契約額には消費税の課税額は含まない。 |

4　支払明細（③＋④）

| 回数 | 支払期日 | 賦払金 | 回数 | 支払期日 | 賦払金 | 備考 |
|---|---|---|---|---|---|---|
| 1 | | | 13 | | | |
| 2 | | | 14 | | | |
| 12 | | | 24 | | | |

第1条　乙は甲に対して上記商品（以下「機械」という。）を以下に定める約款を
　　　以て売渡し、甲はこれを業務用として買受けることを約諾する。
第2条　売買代金及び月賦利息金は上記の通りとし、甲は本契約と同時に売買代金
　　　の一部（内金）を乙に支払い、売買残代金及び月賦利息金合計額を上記の通

第五章 （第2号文書）請負に関する契約書　　　299

　　り支払うものとする。
　(2)　前項に定める合計支払金（以下「割賦金」という。）は上記4のごとくこ
　　れを支払う。
第3条　甲は前条の割賦金の支払を確実にする為、各割賦金を各額面金額とし、各
　　割賦支払期日を夫々満期日とする約束手形を振出し連帯保証人が裏書きのう
　　え乙に交付する。
　(2)　上記約束手形の保管並びに処分は、一切乙の自由と、権限に属する。
　(3)　上記契約にもかかわらず、日本銀行発表の卸売物価が契約時より、異常に
　　変動した場合には、甲、乙、協議の上売買代金を、変更するものとする。
　(4)　機械の納期が乙の責任において遅延した場合は、乙は1カ月を超える分に
　　対し、1日につき売買代金の0.1％の遅延損害金を甲に支払うものとする。
　　但し、この甲に対する支払の限度額は、売買代金の5％以内とする。
　(5)　甲の要求に応じ、乙の努力によって機械の納期が早まった場合は、前項利
　　率に準じて甲は乙に報償金を支払うものとする。

（中　略）

年4月25日

乙（売主）　　　　　　　　　　　　甲（買主）　住所　　　県　　　市　　　町987
住所　　　　県　　市　　　町1の1　　　　　氏名　　　　株式会社
氏名　　　　株式会社　　　　　　　　　　　　　　代表取締役　　　　　　　㊞
　　　代表取締役　　　　　　㊞　連帯保証人　住所
　　　　　　　　　　　　　　　　　　　　　　氏名　　　　　　　　　　　　㊞

　　　　　　　　　　　　　　　　　連帯保証人　住所
　　　　　　　　　　　　　　　　　　　　　　氏名　　　　　　　　　　　　㊞

**印紙税法の適用関係**

　　　印紙税法別表第一、課税物件表の第2号文書「請負に関する契約書」である。

**説明**　この文書は、機械代金の売買に関する事項と、据付工事代金に関する事項が記
　載されていることから、第2号文書に該当する。
　　なお、記載金額は機械代金と据付工事代金の合計額1億1,250万円となる。
　　この文書のように生コンプラントの機械部分（カタログに掲載されている。）
　と機械据付工事部分とを区分している場合であっても、生コンプラント全体の建
　設を請け負っていると認められる場合は、カタログに掲載しているのは、その構
　成部品の明細等を示しているにすぎないことから、その機械部分を物品売買の金
　額とし、据付工事代金部分のみを請負金額として区分することはできない。

300 第2部 各課税物件

**第130例** 物品供給契約書

物 品 供 給 契 約 書

　供給すべき物品の表示　　　解剖台法医学部教室用1台他4点
　代金額　　　金23,728,000円也
　発注者　　　　医科大学契約担当役
と供給者　　　との間において上記の物品（以下「物品」という。）について、上記
の代金額で供給契約を結ぶものとする。
第1条　供給者は、発注者に対し物品の供給をするものとする。
第2条　物品は、　　医科大学に納入するものとする。
第3条　物品の納入期限は、　　　年　月　日までとする。
第4条　納品書（給付完了の通知）は、　　医科大学契約課に送付するものとする。
第5条　代金は1回に支払うものとする。
第6条　代金の請求書は、　　医科大学契約課に送付すべきものとする。
第7条　この物品について、供給者が引渡しを完了したのち、1年以内に、発注者が
　　　かしを発見したときは、ただちに物品または物品の部品を取替えるものとし、
　　　この取替えに要した費用はすべて供給者の負担とする。
（中　略）
第9条　この契約について必要な細目は、別記の物品供給契約基準によるほか検査の
　　　円滑な実施を図るため、供給者は発注者の行う検査に協力するものとする。
（以下省略）

物 品 供 給 契 約 基 準

　この基準は、物品の供給に関する契約の一般的約定事項を定めるものである。
（総　則）
第1　発注者及び供給者は、契約書及びこの契約基準に定めるところに従い、この契
　　約を履行しなければならない。
（供給者の請求による納入期限の延長）
第2　供給者は、天候の不良等その責に帰することができない理由その他の正当な理
　　由により納入期限までに供給契約の目的である物品を納入することができないと
　　きは、発注者に対して遅滞なくその理由を明らかにした書面により納入期限の延
　　長を求めることができる。
（発注者の請求による納入期限の短縮又は延長）
第3　発注者は、正当な理由により、納入期限を短縮又は延長する必要があるとき

第五章　（第2号文書）請負に関する契約書　　　301

は、供給者に対して書面により納入期限の短縮又は延長を求めることができる。

（検　査）

第4　供給者は、物品を納入したときは、その旨を納品書により発注者に通知しなければならない。

2　発注者又は発注者が検査を行う者として定めた職員（以下「検査職員」という。）は、前項の規定による通知を受けたときは、その日から起算して10日以内に検査を完了しなければならない。この場合においては、発注者は、当該検査の結果を供給者に通知しなければならない。

3　供給者は、前項の検査に合格しないときは、直ちにこれを引き取り、発注者の指定する期間内に改めて物品を完納し、検査を受けなければならない。

（売買代金の支払）

第5　供給者は、第4第2項又は第3項の検査に合格したときは、物品代金請求書により売買代金の請求をすることができる。

（かし担保）

第6　契約の目的にかしがあるときは、発注者は、供給者に対して、目的物の引渡しを受けた日から相当の期間内に目的物の取替え若しくはかしの修補を請求し又は修補とともに損害の賠償を請求することができる。

（履行遅滞の場合における損害金等）

第7　供給者の責に帰すべき理由により納入期限内に納入を完了することができない場合において、納入期限経過後相当の期間内に納入する見込みのあるときは、発注者は、供給者から損害金を徴収して納入期限を延長することができる。

（中　略）

（発注者の契約解除）

第9　発注者は、供給者が次の各号の一に該当するときは、契約を解除することができる。

⑴　供給者の責に帰すべき理由により、納入期限内又は納入期限経過後相当の期間内に物品を完納する見込みがないと明らかに認められるとき。

⑵　正当な理由がないのに、納入期限を過ぎても納入しないとき。

⑶　前2号に掲げる場合のほか、契約に違反し、その違反により契約の目的を達することができないと認められるとき。

⑷　第11の規定によらないで契約の解除を申し出たとき。

2　前項の規定により契約が解除された場合において契約保証金を納付していないときは供給者は、売買代金額の10分の1に相当する額を違約金として発注者の指定する期間内に支払わなければならない。

第10　発注者は、物品が完納されない間は、第9第1項に規定する場合のほか必要があるときは、契約を解除することができる。

（供給者の契約解除）

第11　供給者は、次の各号の一に該当する理由があるときは、契約を解除することが
　　できる。

　(1)　発注者が契約に違反し、その違反により物品を完納することが不可能となった
　　とき。

　(2)　天災その他避けることのできない理由により、物品を完納することが不可能又
　　は著しく困難となったとき。

（中　略）

（補　則）

第13　この契約基準に定めのない事項は、別に発注者供給者間において協議して定め
　　るものを除き、民法その他の法令の規定するところによる。

　(注)　この文書は、発注者の指定した物品の製作販売について取り決めた、いわゆる
　　製作物供給契約書である。

### 印紙税法の適用関係

　　　印紙税法に定める課税物件ではない。

**説明**　この文書は、物品を製作して販売する契約であることを表わす文言等の記載が
　　なく、物品を供給することについての文言等しかないことから、第2号文書「請
　　負に関する契約書」その他いずれの課税物件にも該当しない。

第五章 （第２号文書）請負に関する契約書　303

**第131例** PURCHASE CONTRACT

LTD.)　　　　　　P. O. Bon　　　Japan
　　　　　　　　　　　　　　Telephone :
OFFICE :　　　　　　　　　Cable Address :
　　　, JAPAN

## PURCHASE CONTRACT

*, as Buyer, confirms having purchased from the Seller named below the following goods by contract made on the date below and on the terms and conditions SET FORTH HEREUNDER AND THE REVERSE SIDE HEREOF.*

| MESSRS. | CONTRACT DATE | CONTRACT NO. |
|---|---|---|
| | SELLER'S REFERENCE NO. | |

| ITEM | COMMODITY OTHER SPECIFICATION | QUANTITY | UNIT PRICE | TOTAL AMOUNT |
|---|---|---|---|---|
| | | | | |

SHIPMENT:　　　　　　　　　Transshipments permitted/not permitted.
　　Time of Shipment:　　　　partial shipments permitted/not permitted.
　　Port of Loading:
　　Port of Destination:　　　MARKING:
PACKING:

PAYMENT:

INSURANCE:　　　　　To be covered by Buyer/Seller
　　　　　Insured Amount:　　Condition

INSPECTION:

OTHER TERMS & CONDITIONS:

ACCEPTED On＿＿＿＿＿19
BY:

＿＿＿＿＿＿＿＿＿ (Seller)　　＿＿＿＿＿＿＿＿＿ (Buyer)

Please sign and return one copy.

SEE TERMS AND CONDITIONS ON REVERSE SIDE

## 印紙税法の適用関係

印紙税法別表第一、課税物件表の第2号文書「請負に関する契約書」である。

**説明**　この文書は、あらかじめテレックス等で契約が成立しており、その事実を証明するために作成される文書であることが標題等（PURCHASE CONTRACT, CONTRACT DATE, CONTRACT No, 裏面約款）から明らかであることから、印紙税法上の契約書に該当する。

したがって、この文書は、記載内容が請負契約に該当するものは、第2号文書となる。

なお、同種の文書に、国内の企業が売主となる場合に作成するSALES CONTRACT 等があるが、記載内容が請負に該当するものは、同様に第2号文書となる。

**参考**　外国の企業の承諾を待って初めて契約が成立することとされているものについては、国内の企業が作成し、外国の企業に送付する時点では、契約の成立の事実を証明するために作成する文書ではないことから、課税文書には該当しない。

なお、この場合には外国の企業がこれに承諾のサインをし、国内の企業に返送する時に契約書を作成したことになるが、その契約書の作成場所が日本国外であることから印紙税法は適用されない。

したがって、たとえこの文書が国内の企業に返送され、保管されるものであっても印紙税を納める必要はない。

反対に、外国の企業から送付されたものに国内の企業が承諾のサインをして、外国の企業に返送するものは、たとえそれが外国の企業が保管するものであっても印紙税を納めなければならない。

第五章 （第２号文書）請負に関する契約書　　305

**第132例　立替金相殺同意書**

### 立替金相殺同意書

年　　月　　日

申出人　住　所
氏　名

株式会社　御中

専ら弊社の都合に依り、立替購入を依頼した工事に使用する資材の立替購入代金に関しては、貴社の所定の支払条件に依り当該工事の請負契約代金より随意差引（控除相殺を含む。）される事になんら異議ありません。又、請負代金が支払額に満たない場合弊社資金にて弁済致します。

万一、後日に備え本書差入れます。

記

| 工　事　名 | 品　　名 | 規格・寸法 | 数　量 | @ | 金　　額 |
|---|---|---|---|---|---|
| 新築工事 | 生コンクリート | 135kg/㎥S | 25㎥ | 10,000 | 250,000 |
| 〃 | 〃 | 180kg/㎥S | 800㎥ | 10,200 | 8,160,000 |
|  |  |  |  |  |  |
|  |  |  |  |  |  |
|  |  |  |  |  |  |
|  |  |  |  |  |  |
|  |  |  |  |  |  |

**印紙税法の適用関係**

印紙税法別表第一、課税物件表の第２号文書「請負に関する契約書」である。

**説明**　この文書は、立替払費用の支払方法が、当事者間の請負代金と「相殺」すること、すなわち、請負契約における対価の支払方法を特約する文書であることから、請負に関する契約の内容の変更又は補充の事実を証するものであり、第２号文書に該当する。

なお、この文書に記載されている金額は、立替金額であり、第２号文書としての契約金額ではないことから、この文書における記載金額はないものとなる。

306　　　　　　　　　　第2部　各課税物件

**第133例**　請負契約変更契約書

（その1）

### 請負契約変更契約書

　　　　年　　月　　日付にて契約した　　工事については、次のとおり契約事項を一部変更の上、これを請け負うことを約定する。

記

1．工事内容　　変更内容は別冊のとおり。

2．契約金額　　既 定 金 額　200,000,000円

　　　　　　　　変 更 後 金 額　310,000,000円

　　　　　　　　既定金額との
　　　　　　　　差 額 増 減　110,000,000円

3．工　　期　　既 定 工 期　契約確定の日の翌日から　　年　　月　　日まで

　　　　　　　　変 更 工 期　契約確定の日の翌日から　　年　　月　　日まで

　　　　　　　　　　年　　月　　日

　　　　　　　　　　　　　　　　　請負人　　　　　　　㊞

（その2）

### 請負契約変更契約書

　　　　年　　月　　日付にて契約した　　工事については、次のとおり契約事項を一部変更の上、これを請け負うことを約定する。

記

1．工事内容　　変更内容は別冊のとおり。

2．契約金額　　既 定 金 額　200,000,000円

　　　　　　　　変 更 後 金 額　150,000,000円

　　　　　　　　既定金額との
　　　　　　　　差 額 増 減　▲50,000,000円

3．工　　期　　既 定 工 期　契約確定の日の翌日から　　年　　月　　日まで

　　　　　　　　変 更 工 期　契約確定の日の翌日から　　年　　月　　日まで

　　　　　　　　　　年　　月　　日

　　　　　　　　　　　　　　　　　請負人　　　　　　　㊞

第五章　（第２号文書）請負に関する契約書　　　307

### 印紙税法の適用関係

　これらの文書は、いずれも印紙税法別表第一、課税物件表の第２号文書「請負に関する契約書」である。

**説明**　（その１）の文書は、契約金額を増額する変更契約書であり、契約金額等が記載された変更前の契約書の作成が明らかであることから、通則４のニの規定により、変更前の契約金額と変更後の契約金額との差額１億1,000万円が記載金額となる。

　（その２）の文書は、契約金額を減額する変更契約書であり、契約金額等が記載された変更前の契約書の作成が明らかであることから、通則４のニの規定により、記載金額はないものとなる。

**参考**　変更後の契約金額のみを記載した変更契約書は、変更前の契約書が作成されている場合であっても、変更後の契約金額が記載金額となる。

308　　　　　　　　　　第2部　各課税物件

| 第134例 | 月額単価を変更する契約書 |

---

覚　　　　　書

　　　警備保障株式会社（以下「甲」という。）及び　　　　　　　　　　　に
所在する　　　　　　　（以下「乙」という。）は、　　年　　月　　日締結した
警備請負契約（契約№　　　）に関し、下記のキャッシュディスペンサーに対する警
備エリヤの付加を当事者の甲、乙は同意し各壱通を保有する。

記

一　原契約にもとづく第2章の警備計画に対して本覚書添付図面で明示されるキャッ
　　シュディスペンサーの警備請負を追加する（尚、物件特有の免責事項又は付帯条件
　　があればここに追記されたい。）。
一　契約警備料金（1ケ月間）を下記の通り変更する。
　　変更前¥　　　　　　　　　　変更後¥
一　本覚書は　　　　年　　月　　日より効力を発するものとする。

（以下省略）

---

**印紙税法の適用関係**

　　　印紙税法別表第一、課税物件表の第7号文書「継続的取引の基本となる契約
　　書」である。

**説明**　この文書は、原契約である警備請負契約の契約内容（仕事の範囲）及び契約警
　　備料金の変更の事実を証明する文書であることから、記載金額のない第2号文書
　　「請負に関する契約書」に該当するほか、継続する請負契約の「目的物の種類」
　　（請負契約の仕事の範囲）及び「単価」（契約警備料金）の変更の事実を証明す
　　るものであることから、第7号文書にも該当する。

　　　なお、第2号文書の記載金額がないことから、通則3のイのただし書の規定に
　　より、第7号文書となる。

**参考**　警備契約書のような継続する請負取引に係る契約書（営業者間で作成するも
　　の）の単価を変更する契約書についての記載金額等の取扱いは、次ページのとお
　　りである。

第五章 （第2号文書）請負に関する契約書　　　309

請負契約書の単価変更契約書等に対する取扱い

| | 事　　　例 | 取　　扱　　い |
|---|---|---|
| 原契約 | 本エレベーター警備契約の契約期間は、平成29年4月1日から平成30年3月31日までとするが、双方異議がない場合は、更に1年延長することとし、その後もこれによるものとする。保守料は、月額100万円とする。 | 記載金額1,200万円（100万円×12月）の第2号文書（請負に関する契約書）である。 |
| 1 | 「原契約書の契約単価を平成29年10月1日以降月額120万円とする。」ことを内容とする契約書 | 第2号文書と第7号文書（継続的取引の基本となる契約書）とに該当し、当該契約書に契約期間が記載されておらず、当該契約書上契約金額を計算できないことから、通則3のイのただし書により第7号文書となる。 |
| 2 | 「原契約書の契約単価を平成30年4月1日以降月額120万円とする。」ことを内容とする契約書 | |
| 3 | 「原契約書の契約単価を平成31年10月1日から月額120万円とする。」ことを内容とする契約書 | |
| 4 | 「原契約書の契約単価月額100万円を平成29年10月1日から平成30年3月31日まで月額120万円とする。」ことを内容とする契約書 | 契約金額を計算できることから、通則4のニにより記載金額120万円〔（120万円－100万円）×6月〕の第2号文書となる。<br>(注)　平成29年10月から平成30年3月までの変更契約書 |
| 5 | 「原契約書の契約単価月額100万円を平成29年10月1日から平成30年9月30日まで月額120万円とする。」ことを内容とする契約書 | 変更金額を計算できることから、通則4のニにより記載金額840万円（120万円×12月－100万円×6月）の第2号文書となる。<br>(注)　平成29年10月から平成30年9月までの変更契約書 |
| 6 | 「原契約書の契約単価月額100万円を平成30年4月1日から平成31年3月31日まで月額120万円とする。」ことを内容とする契約書 | 通則4のニの適用要件である「当該文書に係る契約についての変更前の契約金額等の記載のある文書」がないから、通則4のニは適用されない。<br>　したがって、いずれも記載金額1,440万円（120万円×12月）の第2号文書となる。 |
| 7 | 「原契約書の契約月額単価100万円を平成31年4月1日から平成32年3月31日まで月額120万円とする。」ことを内容とする契約書 | |

310　　　　　　　第2部　各課税物件

**第135例**　**工事費負担金契約書**

## 工事費負担金契約書

　　　　　（以下「甲」という。）と　　　電力株式会社（以下「乙」という。）
との間に電気供給設備工事を施工することについて次の条項を契約します。

第1条　甲の電気使用申込内容は次の通りとします。

　　　　　需　要　場　所

　　　　　需　給　地　点

　　　　　受　電　電　圧

　　　　　契　約　種　別

　　　　　契　約　電　力

第2条　前条の甲の電気使用申込に対しては次の工事を行います。

　　　　　工　事　概　要

　　　　　　　電設備

　　　　　保安通信設備

　　　　　工事着手予定（または工事施工）　　　　年　　　月　　　日

第3条　甲の申込みにより乙が施工する工事について、甲は乙の電気供給規程による
　　工事費負担金金　　　円也を乙に支払います。

　　　　支払期日は、　　年　　　月　　　日とします。

　　　　　　　　　　　　　　　（中　略）

第5条　本契約により施設した電気供給設備は乙の所有とします。

第6条　第2条による工事着手後において、甲が第1条の申込みを取消しまたは変更
　　した場合、あるいは受電制限規則に基づく受電認可の結果契約電力を変更しまたは
　　使用を中止あるいは延期したため乙に損害を生じた場合は、甲はその費用を乙に弁
　　償するものとします。

　　　　　　　　　　　　　　　（以下省略）

**印紙税法の適用関係**

　　　印紙税法に定める課税物件ではない。

**説明**　　この文書は、完成後の電気供給設備が工事費負担者に引き渡されるものでな
　　く、電気会社の所有に属するものであることを約していることから、第2号文書
　　「請負に関する契約書」その他いずれの課税物件にも該当しない。

第五章 （第2号文書）請負に関する契約書　　　311

## 第136例　建設共同企業体協定書

建設共同企業体協定書

（目的）
第1条　当共同企業体は、建設事業を共同連帯して営むことを目的とする。
（名称）
第2条　当共同企業体は、　　建設共同企業体（以下「企業体」という。）と称する。
（事務所の所在地）
第3条　当企業体は、事務所を　　市　　町　　番地に置く。
（成立の時期及び解散の時期）
第4条　当企業体は、　　年　月　日に成立し、その存続期間は、1年とする。ただし、1年を経過しても当企業体に係る建設工事の請負契約の履行後○箇月を経過するまでの間は解散することができない。
　　2　前項の存続期間は、構成員全員の同意を得て、これを延長することができる。
（構成員の住所及び名称）
第5条　当企業体の構成員は、次のとおりとする。
　　　　　　　県　　市　　町　　番地
　　　　　　　　建設株式会社
　　　　　　　県　　市　　町　　番地
　　　　　　　　建設株式会社
（代表者の名称）
第6条　当企業体は、　　建設株式会社を代表者とする。
（代表者の権限）
第7条　当企業体の代表者は、建設工事の施工に関し、当企業体を代表して、発注者及び監督官庁等と折衝する権限並びに自己の名義をもって請負代金（前払金及び部分払金を含む。）の請求、受領及び当企業体に属する財産を管理する権限を有するものとする。
（構成員の出資の割合等）
第8条　当企業体の構成員の出資の割合は別に定めるところによるものとする。
　　2　金銭以外のものによる出資については、時価を参しゃくの上、構成員が協議して評価するものとする。
（運営委員会）
第9条　当企業体は、構成員全員をもって運営委員会を設け、建設工事の完成に当る

ものとする。

（構成員の責任）

第10条　各構成員は、建設工事の請負契約の履行に関し、連帯して責任を負うものとする。

（取引金融機関）

第11条　当企業体の取引金融機関は、　　　銀行とし、代表者の名義により設けられた別口預金口座によって取引するものとする。

（決算）

第12条　当企業体は、工事竣工の都度当該工事について決算するものとする。

（利益金の配当の割合）

第13条　決算の結果利益を生じた場合には、第8条に基づく協定書に規定する出資の割合により構成員に利益金を配当するものとする。

（欠損金の負担の割合）

第14条　決算の結果欠損金を生じた場合には、第8条に基づく協定書に規定する割合により構成員が欠損金を負担するものとする。

（権利義務の譲渡の制限）

第15条　本協定書に基づく権利義務は他人に譲渡することはできない。

（工事途中における構成員の脱退に対する措置）

第16条　構成員は、発注者及び構成員全員の承認がなければ、当企業体が建設工事を完成する日までは脱退することができない。

　　2　構成員のうち工事途中において前項の規定により脱退した者がある場合においては、残存構成員が共同連帯して建設工事を完成する。

　　3　第1項の規定により構成員のうち脱退した者があるときは、残存構成員の出資の割合は、脱退構成員が脱退前に有していたところの出資の割合を、残存構成員が有している出資の割合により分割し、これを第8条に基づく協定書に規定する割合に加えた割合とする。

　　4　脱退した構成員の出資金の返還は、決算の際行なうものとする。ただし、決算の結果欠損金を生じた場合には、脱退した構成員の出資金から構成員が脱退しなかった場合に負担すべき金額を控除した金額を返還するものとする。

　　5　決算の結果利益を生じた場合において、脱退構成員には利益金の配当は行なわない。

（工事途中における構成員の破産又は解散に対する処置）

第17条　構成員のうちいずれかが工事途中において破産又は解散した場合においては、前条第2項から第5項までを準用するものとする。

（解散後のかし担保責任）

第18条　当企業体が解散した後においても、当該工事につきかしがあったときは、各

第五章 （第2号文書）請負に関する契約書 313

構成員は共同連帯してその責に任ずるものとする。
（協定書に定めのない事項）
第19条 この協定書に定めのない事項については、運営委員会において定めるものと
する。
　　　　建設株式会社外　社は、上記のとおり　　建設共同企業体協定を締結し
たので、その証拠としてこの協定書　通を作成し、各通に構成員が記名捺印
し、各自所持するものとする。
　　　　　　　　　　　年　　月　　日
　　　　　　　　　　　　建設株式会社
　　　　　　　　　　　　代表取締役　　　　　　　　　　㊞
　　　　　　　　　　　　建設株式会社
　　　　　　　　　　　　代表取締役　　　　　　　　　　㊞

**印紙税法の適用関係**

印紙税法に定める課税物件ではない。

**説明**　共同企業体の成立を目的とした契約は、民法上の組合契約に類似した契約と解
されていることから、このように共同企業体を結成し、その構成員になろうとす
る者の間において出資金の割合、利益金の配当割合等を取り決めることとした文
書は、第2号文書「請負に関する契約書」その他いずれの課税物件にも該当しな
い。

314　　　　　第2部　各課税物件

**第137例　共同施工による工事請負の契約書**

契　　約　　書

（契約者）　　　　　　　　　　　　　　　　　（以下「甲」という。）が
（発注者）　　　　　　　　　　　　　　　　　（以下「丙」という。）より
受注した下記工事を　　　　　　　　　　　　　（以下「乙」という。）
と共同施工するにあたり次の条項によって契約を締結する。
記
1．工　事　名
2．工事場所
3．工　　期　　自　　　　　年　　　月　　　日
　　　　　　　　至　　　　　年　　　月　　　日
4．請負金額　　￥10,000,000
第1条（総則）　甲は丙との標記請負契約の締結名義人として、丙との連絡折衝にあ
　　　たるものとする。
　　　2　乙は丙に対する関係において、甲の下請人であることを承認し第2条及び
　　　第3条に定める区分により工事を分担施工する。
　　　3　甲及び乙は自己の分担工事については、全責任を負い、この契約を完全に
　　　履行するものとする。
第2条（工事の分担）　甲、乙両者の工事施工分担区分については、次のとおりとす
　　　る。
　　　　　甲の分担工事区分
　　　　　乙の分担工事区分
第3条（工事費の配分）　前条によって、甲、乙両者に配分される工事費は次のとお
　　　りとする。
　　　　　甲の分担工事費総額　　￥6,000,000
　　　　　乙の分担工事費総額　　￥4,000,000
　　　ただし、設計変更その他の事由により請負金額に増減変更が生じたときは、
　　　甲乙それぞれの分担工事に対する丙との更改契約に基づく変更金額によっ
　　　て、上記金額を増減するものとする。
第4条（相互の応援）　甲、乙両者間において相手方の分担工事を応援施工する必要
　　　が生じたときは、その精算については丙に提出した工事費内訳明細書による
　　　ものとする。ただし工事費内訳明細書によりがたいときは、両者協議して決
　　　定するものとする。
第5条（発注者に対する責任）　乙は、その分担工事の施工にあたっては、甲が丙と
　　　の間に締結した契約条項及び設計書並びに工事仕様書その他丙から示された
　　　指示事項等によって行うものとする。

## 第五章 （第2号文書）請負に関する契約書 315

2 乙はその分担工事に関しては、甲が丙に対して負う履行義務と同等の一切の責任を甲に対し負わなければならない。

第6条（諸法令の遵守） 当該工事の施工上必要とされる諸法令及び丙より示された遵守事項等は、甲、乙おのおの独立して、その分担工事につき責任を負うものとする。

第7条（責任の分担） 甲、乙はおのおのその分担工事に関して、丙又は第三者に対して与えた損害はそれぞれの責任において負担するものとする。

2 甲、乙のいずれかがその相手方に損害を与えたときは、その都度両者協議して決定する。

第8条（委任、下請及び権利義務の譲渡の制限） 乙は、甲の書面による承諾を得なければ、工事の施工を第三者に委任し、または請負わせることはできない。

2 甲及び乙は、いずれも相手方の書面による承諾を得なければ、この契約に基づく権利義務の全部又は一部を、他に譲渡することはできない。

第9条（前渡金の配分） 甲が丙より受けた当該工事の前渡金は、第3条記載の分担工事費総額の比率によって、甲、乙それぞれ配分するものとする。

第10条（部分払金の配分） 甲が丙より受けた当該工事の部分払金は、甲、乙それぞれの分担工事の出来高によって配分するものとする。

第11条（工事代金の支払時期） 甲が丙より受領した当該工事の前渡金、部分払金及び竣工代金は、甲と丙との間に締結された契約と同一の支払条件により、受領の都度即日乙に支払うものとする。

2 甲の責に帰すべき事由により、前項の支払が遅延したときは、甲の受領日の翌日より起算し、乙に支払うべき金額に日歩2銭7厘を乗じた遅延利息を支払うものとする。

第12条（共通費用の分担） 当該工事の名義人として、特に必要とされる経費は、両者協議の上おのおのその負担額を取り決め、乙の負担額はこれを甲に支払うものとする。

第13条（共通仮設費及び経費の分担） 当該工事の施工に係る共通の仮設費及び経費は、第3条記載の分担工事費総額の比率によって、甲、乙それぞれ配分負担するものとする。ただし、甲、乙いずれかより申出があり、これに拠りがたいと思われるときは、両者協議の上、配分負担額を別に定めるものとする。

第14条（かし担保） 乙は、その分担工事のかしについては、甲が丙との間に締結した契約条項と同一の履行義務を甲に対して負うものとする。

2 甲、乙の間でその責任の所在に関し見解を異にするときは、第三者の権威者の裁決により決定する。

3 乙が第1項の規定によるかしの補修を行わないときは、甲は自らこのかしの補修を行い又は甲の指定する第三者にこれを行わせることができる。この場合、乙はかしに基づく損害の一切を甲に賠償しなければならない。

第15条（履行遅滞） 甲及び乙は、おのおのその分担工事の工期を厳守しなければな

316 第2部 各課税物件

らない。

2 乙はその責に帰すべき事由により、工期内に工事を完成することができないときは、甲が丙に支払う遅滞料と同一の割合の遅滞料を支払わねばならない。

3 甲、乙両者の責に帰すべき事由により工期内に工事を完成することができないときは、その遅滞料の分担は、当初協議して定めたそれぞれの予定工程における工事の所要日数に対するそれぞれの遅延日数により分担負担するものとする。

4 甲及び乙は、それぞれの責に帰すべき事由による遅延により、その相手方に損害を与えたときは、両者協議の上、その相手方にこれを賠償しなければならない。

第16条（契約の解除） 甲は、次の各号の一に該当する事由があると認めたときは、契約の全部又は一部を解除することができる。

一 丙が甲に対し当該工事の全部又は一部を解除したとき。

二 乙が第5条、第8条の規定に違反し、甲が催告してもなお誠意が認められないとき。

三 乙の責に帰すべき事由により、定められた期間内に工事を完成することができないと明らかに認められ、又は破産したとき。

四 乙が契約に違反し、その違反により契約の目的を達成することができないと認められたとき。

2 乙は、次の各号の一に該当する事由があると認めたときは、契約の全部又は一部を解除することができる。

一 設計変更その他の事由により、乙の分担工事費が著しく減少したとき又は工期が著しく短縮されたとき。

二 甲が第8条の規定に違反したとき。

三 甲の責に帰すべき事由により、乙の分担区分が、定められた期間内に工事を完成することができないと明らかに認められたとき。

四 甲が支払不能と認められ、又は破産したとき。

五 甲が契約に違反し、その違反により契約の目的を達成することができないと認められたとき。

第17条（契約の解除に伴う損害の賠償） 前条第1項第1号及び第2項第1号を除く前条各号により契約を解除されたものが、その相手方に損害を与えたときは、両者協議の上その額を算定し、遅滞なくその損害を賠償しなければならない。

第18条（契約解除による精算） 第16条により契約を解除したとき、乙に工事既成部分があるときは、甲はその部分につき、甲、乙間の契約単価によりこれを精算するものとする。

2 乙が第9条により前渡金を受けているときは、その残額に対する保証料を

第五章　（第2号文書）請負に関する契約書　　　317

加算した額を甲に支払わなければならない。

第19条（分担金等の精算）　甲及び乙は、本契約により、それぞれの相手方に支払わなければならない金額を、所定の期日までに支払うものとし、支払期日の定めていないものは、竣工代金受領の時までに精算を完了するものとする。

第20条（労働災害補償）　甲及び乙は、それぞれ自己の労働者の業務上の災害補償については、一切の責任を負うものとする。

　2　労働者災害補償保険には、甲、乙それぞれにおいて加入し、各自の負担において保険料を納付するものとする。ただし甲のみが労働者災害補償保険の事業主としての適用を受ける場合には、乙は第3条記載の分担工事費総額の比率によって、保険料を甲に対して負担するものとする。

　3　前項において、保険料の負担につき別に定めるときは、その定めによるものとする。

第21条（社会保険等）　健康保険、雇用保険及びその他の社会保険並びに建設業退職金共済制度については、甲、乙それぞれ事業主として、これらに加入し、自己の雇用する労働者について、一切の責任を負うものとする。

　2　前項において保険料および掛金は甲、乙それぞれの負担とする。ただし別に定めるときは、この限りでない。

第22条（契約書に記載なき事項）　本工事の施工に関し、前各条に記載なき事項又は疑義の生じたときは、甲、乙両者協議の上これを決定する。

本契約の証として、本書弐通を作成し、甲乙おのおの記名捺印の上、それぞれ壱通を保有する。

　　　　年　　　月　　　日
　　　　　　　甲　　　　　　　　　　　　　　　　　　㊞
　　　　　　　乙　　　　　　　　　　　　　　　　　　㊞

## 印紙税法の適用関係

　　　印紙税法別表第一、課税物件表の第2号文書「請負に関する契約書」である。

**説明**　この文書は、共同企業体の内部的な分担を定める民法上の組合契約書と異なり、受注者が発注者から請け負った工事の一部（第2条に掲げる分担工事区分）を第3条以下に定める条件（請負の対価及びその支払時期等）で他の者（乙）に施工させること、すなわち実質的には請負契約（下請）の成立を証明するものであることから、第2号文書に該当する。

　なお、記載金額は、その他の者（乙）の分担工事費総額の400万円となる。

318　　　　　　　　第2部　各課税物件

**第138例**　御見積書
（その1）

御 見 積 書（副）　　No.＿＿＿＿＿

決 定 通 知　　　　年　　月　　日

　　A 株 式 会 社　御中

　下記の通り御見積申し上げますから何卒御用命賜ります様御願い申し上げます。

B 工 事 株 式 会 社㊞

一　　金　　￥　　2,820,000

納　　　　　期＿＿＿＿＿＿＿＿＿＿＿＿＿＿＿

納 入 場 所＿＿＿＿＿＿＿＿＿＿＿＿＿＿＿

有 効 期 間　　成り行き

取 引 条 件　　従来通り

工事件名　　　熟成タンク製作　1基

| 品名及び摘要 | 数　量 | 単位 | 単　　価 | 金　　額 | 備　　考 |
|---|---|---|---|---|---|
| 1.材 料 費 | 1 | 式 | | 1,100 | 千円 |
| 2.加 工 費 | | | | 1,000 | |
| 3.別 資 材 費 | | | | 100 | |
| 4.検 査 費 | | | | 80 | |
| 5.塗 装 費 | | | | 150 | |
| 6.運 送 費 | | | | 140 | |
| 7.諸 経 費 | | | | 250 | |
| 合　　計 | | | | 2,820 | |
| 決 定 金 額 | | | | | |
| 2,600,000円 | | | | | |
| A㈱○○事務所 | 担当者印 | | | | |

（注）　Bが正副2通に押印の上、Aに2通とも送付し、Aは、正本を自己の控えとして保管し、副本は、「決定金額」を記載、「決定通知」と押印の上、Bに返送するものである。

**印紙税法の適用関係**

　　　　印紙税法別表第一、課税物件表の第2号文書「請負に関する契約書」である。

**説明**　　この文書は、相手方B（請負人）の作成した見積書にA（注文主）が承諾として、「決定金額」を記載及び「決定通知」を押印の上返送することから、見積書に対する応諾の事実を証明するためのものと認められるので、印紙税法上の契約書に該当し、工事件名及び契約金額を定めていることから、第2号文書に該当す

第五章 （第2号文書）請負に関する契約書　　319

る。

なお、記載金額は、決定金額260万円となる。

また、納税義務者は、見積書の内容を承諾して、押印したBとなる。

320　　　　第 2 部　各 課 税 物 件

（その2）

| | | No.＿＿＿＿＿ |
|---|---|---|

御 見 積 書

（広告主）　　　　　　　　　　　　　　　　　　　　　年　　月　　日

＿＿＿＿＿＿　御中　　　　　　　有効期限　　　年 月 日限
　　　　　　　　　　　　　　　　取引条件＿＿＿＿＿＿＿＿＿
　下記の通り御見積り申し上げます。　　　　　（広告会社）
　何卒御用命の程お願い申し上げます。

合計金額￥　　　　　　　　　　　　　　　　　　　　＿＿＿＿＿＿　印

| 媒 体 名 | 掲 載 日 | 契約段数 | スペース | 回　　数 | 単　　　価 | 広告料 | 製版代 | 原稿製作費 |
|---|---|---|---|---|---|---|---|---|
| | | | | | | | | |
| | | | | | | | | |
| | | | | | | | | |
| | | | | | | | | |
| | | | | | | | | |
| | | | | | | | | |

御用命の際はご署名押印の上ご返送願います。
　　　　年　　　月　　　日
　　　　　　　　　　　　　（広告主）　　　　　　　　　　　印

**印紙税法の適用関係**

　　印紙税法別表第一、課税物件表の第 2 号文書「請負に関する契約書」である。

**説明**　この文書は、見積金額に対して広告主が承諾し、見積書に署名又は押印の上、
　広告会社に返送するもので、見積書に対する応諾の事実を証明するものと認めら
　れるので、印紙税法上の契約書に該当し、広告の内容及び単価等について定めて
　いることから、第 2 号文書に該当する。

　　なお、納税義務者は、見積書の内容を承諾して、署名押印した広告主となる。

第五章 （第2号文書）請負に関する契約書　　　321

## 第139例　ワイシャツお誂承り票

| ワイシャツお誂承り票 | | | | | | | お客様へ |
|---|---|---|---|---|---|---|---|

| 承　り　日 | 年　　月　　日 | | 出来上り日 | 月　　　日 |
|---|---|---|---|---|

| 御　来　店 | お　届 | 直　送 | 代　引 | No. | |
|---|---|---|---|---|---|

| 出来上り品名 | お誂 | | | 枚 | 店地 | 券付・誂券・加工・修理 | 仕立 |
|---|---|---|---|---|---|---|---|
| 首　　廻 | | 生地名 | | | 先地 | No. | 注文 |
| 肩　　巾 | | 数　量 | | | | | |
| | 右 | 御指定衿型 | | | | | |
| | 左 | 衿　腰 | | | 加工料金 | ￥ | |
| 胸　　廻 | （＋　） | 御指定カフス | | | | | |
| 胴　　廻 | （＋　） | カフス廻 | | | 採寸者 | | |
| 丈 | S C・A | | | | | | |

| イニシアル | 色・字体 | | 刺 | | × | | 外・得 | | 扱 | |
|---|---|---|---|---|---|---|---|---|---|---|
| | 文　字 | | 洗 | H | Y | N | I | P | Q | IK　K |

| 御　住　所 | 様方 |
|---|---|
| 御　芳　名 | 様　TEL　（　） |

毎度ありがとうございます。このお誂えシャツその他につきまして御照会の節は、この票にて御連絡下さいませ。今後この寸法で御用命の際は、御面倒ながら本票を御持参下さいませ。お待ち申し上げております。

わ　C T　No.

○○百貨店

(注)　無料の場合、加工料金欄を斜線で抹消するか、同欄に「0」、「無料」等と記載する。

### 印紙税法の適用関係

印紙税法別表第一、課税物件表の第2号文書「請負に関する契約書」である。

**説明** 1　承りの内容が「券付」又は「誂券」により仕立てる場合

ワイシャツの仕立てという請負契約の成立を証する文書と認められるので、第2号文書に該当する。

なお、加工料欄を斜線で抹消、「0」、「無料」と記載しても、仕立券等に仕立ての報酬が含まれていることから、記載金額のない第2号文書に該当する。

2　承りの内容が「加工」又は「修理」の場合

加工又は修理の代金を徴するときは、第2号文書に該当する。

なお、加工又は修理の代金を徴しないため、加工料欄を斜線で抹消、「0」、「無料」と記載した場合は、仕事の完成に対する報酬の支払いがないことから、第2号文書その他いずれの課税物件にも該当しない。

しかし、加工料欄に加工又は修理の代金を徴しない旨を記載しなかった場合は、記載金額のない第2号文書に該当する。

322 第2部 各課税物件

**第140例　修理承り票**

| 修理承り票 | | （お客様控）① |
|---|---|---|
| 受付　年　月　日 | | No.000001 |
| お取扱い店 | | |

| お客様 | ご住所 | |
|---|---|---|
| | お名前　　　　　　様 | TEL |

| 品　名 | （お預かり付属品） |
|---|---|
| 修理箇所（内容を明細にご記入下さい） | |
| | |

| 部　品　名 | 員　数 | 金　額 |
|---|---|---|
| | | |
| | | |
| | | |
| | | |
| | | |

| 受付　　　月　日 | 計 |
|---|---|

| セールス | アフター | 完了／ |
|---|---|---|

札幌 仙台 東京 名古屋 大阪 広島 高松 高知 福岡 本社
株式
会社

**印紙税法の適用関係**

　　　印紙税法別表第一、課税物件表の第2号文書「請負に関する契約書」である。

**説明**　　この文書は、「修理承り」という文言があり、修理の依頼を受けた者が、修理を請け負ったことを証明するために作成して、交付するものであることから、第2号文書に該当する。

第五章　（第2号文書）請負に関する契約書　　　323

**参考**　承り票、引受票、修理票、引換証、預り証、受取書、整理券等に対する印紙税の取扱いを例示すると、次のようになる。

1　承り票、引受票等と称するもの又は受託文言の記載のあるものは、第2号文書に該当する。

2　修理票、引換証、預り証、受取書、整理券等と称するもので、仕事の内容（修理、加工箇所、方法等）、契約金額、期日又は期限のうち、いずれか一以上の事項の記載があるものは、第2号文書に該当する。

　　なお、出来上り予定日は、期日又は期限として取り扱わない。

3　修理票、引換証、預り証、受取書、整理券等と称するもののうち、上記2に該当しないものは、原則として不課税文書である。

　（例)①　受取書、預り証等と称するもので、修理加工品の受領事実のみが記載されているもの（物品受領書）

　　　　②　整理券、引換証等と称するもので、修理加工品の引換整理のために用いるもの（整理券）

4　保証期間中の修理等無償契約である場合において、文書上その旨が明らかにされているものは、不課税文書である。

## 第2部　各課税物件

**第141例**　オーダー洋服の引換証

### 紳士服オーダー指示書

| No. | | 様 | 係 | | 外註先 | | 色柄 | | 品番 |
|---|---|---|---|---|---|---|---|---|---|

(1)(2)(3)(4)(5)(6)(7)　(1)(2)(3)(4)　(1)(2)(3)　(1)(2)(3)

正怒撫肥鳩猫反　若壮中老　総背単　半七三

　　　　　　　　　　　　　　　　衣　　分分

肩肩満胸背身　年年年

　　　　　　　　　　　　　　裏抜裏　裏裏裏

体体体体体体　向向向向　背　広　コート

| | 外註先 | 色柄 | |
|---|---|---|---|
| | (1)　S　背広上下 | 総　　丈 | |
| | (2)　S　背広三揃 | 上　衣　丈 | |
| | (3)　DB背広上下 | 肩　　巾 | |
| | (4)　オーバーコート | 上　　胴 | |
| | (5)　背　広　上　衣 | 中　　胴 | |
| | (6)　詰　衿　服 | 尻　　廻 | |
| | (7)　替　ズ　ボ　ン | | |
| | (1)　S　二　ツ　釦 | 裄 | （右） |
| | (2)　S　三　ツ　釦 | | （左） |
| | (3)　DB　二ツ掛三ツ釦 | 袖　　丈 | （右） |
| | | | （左） |
| | (4)　DB　二ツ掛二ツ釦 | 背　　巾 | |
| | | 胸　　巾 | |
| | (5)　DB　一ツ掛二ツ釦 | ズボンウェスト | |
| | (6)　ボ　ッ　ク　ス | ズ　ボ　ン | |
| | (7)　チ　ェ　ス　タ　ー | 股　　丈 | |
| | (8)　ラ　グ　ラ　ン | 裾　　口 | |
| | (9)　セミラグラン | 渡　り　巾 | |
| | (1)　ノ　ー　タ　ッ　ク　S・W | オーバー丈 | |
| | (2)　ワ　ン　タ　ッ　ク　S・W | チョッキ丈 | 前　後 |
| | | カ　ラ　ー | |

| 承り日 | 仮縫日 | 納品日 | 生地代 | 工賃 | |
|---|---|---|---|---|---|
| 月　日 | 月　日 | 月　日 | 月　日 | | |

---

### 引　換　証

No.　　　　　　　　　　　　　　　　　　Nデパート

おなまえ　　　　　　　　　　様

おところ　　　　　　　　　　☎　　─　　─

| 生地見本 | | | | 階　係 | | |
|---|---|---|---|---|---|---|
| | 承り日 | 月　日 | 品　　名 | 総額 | 60,000 |
| | 仮縫日 | 月　日 | 背広三揃 | 内金 | 6,000 |
| | お渡し日 | 月　日 | | 残金 | 54,000 |

（注）　洋服の仕立注文を受けた際に、注文者に交付する引換証である。

第五章 （第2号文書）請負に関する契約書 325

**印紙税法の適用関係**

　印紙税法別表第一、課税物件表の第2号文書「請負に関する契約書」である。

**説明**　この文書は、承り日、仮縫日等が記載され、洋服を仕立てる契約を定めたものであり、下部の引換証は洋服の仕立ての注文を受けたことを証明するものであることから、第2号文書に該当する。

　また、内金について別途領収書を発行しない場合は、内金の受領事実を証するものとして、第17号の1文書にも該当することとなる。

### 第142例　紳士服イージーオーダー引換票

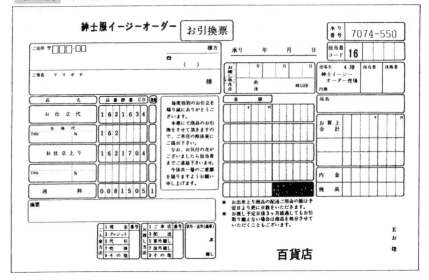

**印紙税法の適用関係**

説明　　印紙税法別表第一、課税物件表の第2号文書「請負に関する契約書」である。
　　　この文書は、お仕立代、承り日等が記載され洋服等を仕立てる契約を定めたものであることから、第2号文書に該当する。
　　　なお、この文書においては、生地を注文主において別途提供するものではなく、百貨店側の材料を用いて加工することを約していることから、生地代と加工料を区分して記載したとしても、合計額が記載金額となる。

第五章　（第2号文書）請負に関する契約書　　　327

## 第143例　カーテンご注文明細書

### カーテンご注文明細書

| | 品　名 | 裂地番号 | 柄 | 色 | 生地単価 1mに付 | 巾(cm)×丈(cm) | 枚　数 | 仕　　様 | 内　　訳 | 金　額 |
|---|---|---|---|---|---|---|---|---|---|---|
| | | | | | | | 枚掛 | 上端　カン 個 | 裂地代 | |
| | | | | | | | | | テープ代（レース） | |
| 1 | | | | | | 巾使い　　裁切 | 組 | 下端 三ッ折 | 加工代 | |
| | | | | | | | | | 小　計 | |
| | | | | | | | 枚掛 | 上端　カン 個 | 裂地代 | |
| | | | | | | | | | テープ代（レース） | |
| 2 | | | | | | 巾使い　　裁切 | 組 | 下端 三ッ折 | 加工代 | |
| | | | | | | | | | 小　計 | |
| | | | | | | | 枚掛 | 上端　カン 個 | 裂地代 | |
| | | | | | | | | | テープ代（レース） | |
| 3 | | | | | | 巾使い　　裁切 | 組 | 下端 三ッ折 | 加工代 | |
| | | | | | | | | | 小　計 | |
| | | | | | | | 枚掛 | 上端　カン 個 | 裂地代 | |
| | | | | | | | | | テープ代（レース） | |
| 4 | | | | | | 巾使い　　裁切 | 組 | 下端 三ッ折 | 加工代 | |
| | | | | | | | | | 小　計 | |

年　　月　　日　　　　　　　　　　　　百貨店
ご芳名　　　　　　　　様　　住所　　　TEL（　）　　　家具電器部 # 52　　扱

50. 8. 5×50×200（続）

### 印紙税法の適用関係

印紙税法別表第一、課税物件表の第2号文書「請負に関する契約書」である。

**説明**　この文書は、標題が「注文明細書」となっているが、注文を受けた者がその内容を記載して注文者に交付することから、加工契約の成立の事実を証明する目的で作成される文書と認められるので、印紙税法上の契約書に該当する。

裂地代、テープ代のほか、加工代という請負の対価を支払うこととしているものは、加工という仕事の完成を内容とすることが明らかであることから、第2号文書に該当する。

なお、記載金額は、裂地代、テープ代及び加工代の合計額となる。

また、加工代という請負の対価を支払うこととしていないものは、第2号文書その他いずれの課税物件にも該当しない。

328　　　　　　　　第2部　各課税物件

**第144例**　**請負契約事項が記載されている注文書**

注　文　書

発行日　　年　　月　　日

株式会社　　殿

（買主）

住所

社名　　　㊞

| 契　約　月　日 | 年　月　日 | 契約番号 | |
|---|---|---|---|
| 決　済　条　件 | | | |
| 受　渡　限　月 | 年　　　月 | | |
| 受渡条件・場所 | | | |

| 行番 | 加工物品明細 | 数　　量 | 単　価 | 金　額　円 |
|---|---|---|---|---|
| 1 | | | | |
| 2 | | | | |
| 3 | | | | |
| 4 | | | | |
| 5 | | | | |
| 6 | | | | |
| 7 | | | | |
| 合　　計 | | | | |

上記の通り御注文致します

特約条項

（注）　この文書は、契約当事者間で、口頭による物品加工契約を行った後に発注者から受注者に交付するものである。

**印紙税法の適用関係**

　　印紙税法別表第一、課税物件表の第2号文書「請負に関する契約書」である。

**説明**　　この文書は、物品の加工契約の「契約月日」、「契約番号」、「決済条件」等が記載されていることから、契約の申込みの事実を証明する注文書とは異なり、当事者間における加工契約の成立の事実を証明する目的で作成される文書と認められるので、印紙税法上の契約書に該当する。

　　したがって、この文書は、物品の加工に関して定めていることから、第2号文書に該当する。

第五章　（第2号文書）請負に関する契約書　　　　329

## 第145例　プレハブ住宅の注文書（契約書）

# 注　文　書（契約書）

年　　月　　日

注 文 者＿＿＿＿＿＿＿㊞ TEL＿＿＿＿＿　　プレハブ株式会社　御中

住　　　所＿＿＿＿＿＿＿＿＿＿＿＿　　貴見積書　年　月　　日付

工 事 場 所＿＿＿＿＿＿＿＿＿＿＿　　第　　号により下記のとおり注

担 当 者　本社＿＿＿＿　現場＿＿＿＿　文申し上げます。御手配下さい。

支 払 条 件　契約時　着工時　完成時　納期／　～／

連帯保証人

住　所　　　　　　　　㊞

この前　可　不可　理由

| 規　　格 | 数　量 | 単　価 | 金　　額 | 特 |
|---|---|---|---|---|
|  |  |  |  | 記 |
|  |  |  |  | 事 |
|  |  |  |  | 項 |
|  |  |  |  | 及 |
|  |  |  |  | 現 |
|  |  |  |  | 場 |
|  |  |  |  | 案 |
|  |  |  |  | 内 |
|  |  |  |  | 図 |

契約事項

1　注文者が支払完済するまでハウスの所有権は貴社に保留し、ハウスの異動、譲渡、転質等
　の行為はしない。

2　注文者が不渡りその他支払不能の場合、又は第三者より差押えを受けた場合等には、貴社
　において、催告を要せず一方的に契約を解除し、ハウスを引き上げる事に同意する。

3　ハウスの引上げに要した一切の費用は注文者がこれを負担する。

4　注文者が支払を遅延した場合には支払日より金利（日歩6銭）及びこれに要した一切の費
　用を注文者が支払うものとする。

5　雨天その他建築が不可能の場合には順延する。

6　契約後における仕様変更及びこれに伴う減額は一切なきものとする。

7　その他

330                    第 2 部　各 課 税 物 件

**印紙税法の適用関係**

　　　印紙税法別表第一、課税物件表の第 2 号文書「請負に関する契約書」である。

**説明**　この文書は、標題が「注文書」となっているが、建設業者からあらかじめ提出
　された見積書に基づいて作成されたものであり、見積りという契約の申込みに対
　する承諾事実を内容とするものであることから、印紙税法上の契約書に該当す
　る。

　　したがって、この文書は、契約内容として、プレハブ住宅の規格、数量及び金
　額等を定めており、報酬を得て住宅を建築することから、第 2 号文書に該当す
　る。

第五章　（第2号文書）請負に関する契約書　331

第146例　見積書とワンライティング（複写）で作成する注文書

①

|  |  |
|---|---|
| | No.1234 |
| 見積書 | |
| | 年　月　日 |
| ㈱○○　殿 | |
| 次のとおりお見積り申し上げます。 | |
| （省略） | |
| | ㈱××　㊞ |

②

|  |  |
|---|---|
| | No.1234 |
| 注文書 | |
| | 年　月　日 |
| ㈱××　殿 | |
| 次のとおり注文いたします。 | |
| （省略） | |
| | ㈱○○　㊞ |

（注）　①の「見積書」と②の「注文書」は事務簡素化のため、ワンライティング（複写）で作成して依頼者に交付している。

**印紙税法の適用関係**

　　　　印紙税法に定める課税物件ではない。

**説明**　この文書（②）は、①の見積書と番号が同一となっているが、事務簡素化の目的で作成されたものであり、見積書に基づく申込みである旨が記載されていないため、契約書に該当しない（印紙税法基本通達第21条第2項(2)）。

332　　　　　　　　　　第2部　各課税物件

**第147例**　発行事情等によって印紙税の課税関係が異なる注文書
（その1）

| No.＿＿＿＿＿ | | | | | | |
|---|---|---|---|---|---|---|
| | | 注　文　書 | | | | |
| | | | | | 年　　月　　日 | |
| 甲 株 式 会 社　御 中 | | | | | | |
| | | | | | 乙 株 式 会 社　㊞ | |
| 貴社との取引基本契約書の定めに基づき、下記のとおり注文いたします。 | | | | | | |
| 受渡期日 | | 受渡場所 | | | 代金支払期日 | |
| 加　工　明　細 | | 単　価 | 数　量 | 金　額 | 備 | 考 |
| | | | | | | |
| | | | | | | |
| | | | | | | |
| | | | | | | |

（注）　個別契約の成立について、取引基本契約書に明文の記載はないが、事実上この
　　　注文によって自動的に契約が成立する実態にある。

**印紙税法の適用関係**

　　　（その1）の文書は、印紙税法別表第一、課税物件表の第2号文書「請負に関
する契約書」である。

**説明**　　（その1）の文書は、契約当事者間の取引基本契約書に基づく注文であること
　　　が記載されていて、この注文により自動的に契約が成立することとなっているこ
　　　と及び受注者が別に請書等の契約の成立を証明する文書を作成する旨の記載がな
　　　いことから、印紙税法上の契約書に該当する（印紙税法基本通達第21条第2項
　　　(1)）。
　　　　したがって、この文書は、物品の加工という請負の内容とすることが明らかで
　　　あることから、第2号文書に該当する。

第五章　（第2号文書）請負に関する契約書　　333

（その2）

| No.＿＿＿＿ | 注　文　書 | | |
| | | 年　　月　　日 | |
| 甲 株 式 会 社　御中 | | | |
| | | 乙 株 式 会 社　㊞ | |

下記のとおり注文いたします。つきましては、貴社においてお引受けくださる場合は、　　　年　　月　　日までに請書をお出しください。

| 受渡期日 | 受渡場所 | 代金支払期日 | | |
| 加　工　明　細 | 単　価 | 数　量 | 金　額 | 備　　考 |
| | | | | |
| | | | | |
| | | | | |

**印紙税法の適用関係**

　　（その2）の文書は、印紙税法に定める課税物件ではない。

**説明**　　（その2）の文書は、契約の成立を相手方の請書提出によることを明示しており、契約の成立を証する文書ではないことから、印紙税法上の契約書には該当しない。

（その3）

| No.＿＿＿＿ | 注　文　書 | | |
| | | 年　　月　　日 | |
| 甲 株 式 会 社　御中 | | | |
| | | 乙 株 式 会 社　㊞ | |

　　　年　　月　　日付第　　号貴見積書に基づき、下記のとおり注文いたします。

| 受渡期日 | 受渡場所 | 代金支払期日 | | |
| 加　工　明　細 | 単　価 | 数　量 | 金　額 | 備　　考 |
| | | | | |
| | | | | |
| | | | | |

（注）　この文書は、取引の相手方から見積書を徴し、後日その見積書の記載内容に基づいて発行されるものである。

334 第2部 各課税物件

**印紙税法の適用関係**

　　（その3）の文書は、印紙税法別表第一、課税物件表の第2号文書「請負に関する契約書」である。

**説明**　注文書は、原則として、申込みの意思を表示するものであって、意思の合致、つまり契約の成立を証するものではなく、印紙税法上の契約書には当たらない。

　　しかし、（その3）の文書の場合、契約の相手方当事者（受注者）の作成した見積書に基づく注文である旨の記載があり、かつ、受注者が別に請書等の契約の成立を証明する文書を作成する旨の記載がないことから、申込みに対する意思の合致、つまり契約の成立を証する文書である契約書であり、第2号文書に該当する。

（その4）

| No.___ |
|---|

注　文　書

　　　　　　　　　　　　　　　　　　　　　　年　　月　　日

　甲 株 式 会 社　御 中

　　　　　　　　　　　　　乙 株 式 会 社　㊞

　　　　年　　月　　日付第　　号貴見積書に基づき、下記のとおり注文いたします。

　　つきましては、貴社においてお引受けくださる場合は　　　年　　月　　日までに、請書をお出しください。

| 受渡期日 | 受渡場所 | 代金支払期日 |
|---|---|---|
| 加　工　明　細 | 単　価 | 数　量 | 金　額 | 備　　考 |

| 加　工　明　細 | 単　価 | 数　量 | 金　額 | 備　考 |
|---|---|---|---|---|
| | | | | |
| | | | | |
| | | | | |
| | | | | |

**印紙税法の適用関係**

　　（その4）の文書は、印紙税法に定める課税物件ではない。

**説明**　（その4）の文書は、見積書に基づく注文書であるが、契約の成立において、相手方の請書提出によることを明示しており、契約の成立を証する文書ではないことから、印紙税法上の契約書には該当しない。

第五章　（第2号文書）請負に関する契約書　　335

**第148例**　電磁的記録に変換して電子メールで送信した注文請書

# 注 文 請 書

年　　月　　日

_____　殿

毎々の御引立を感謝します。

下記のとおりお受けさせていただきます。　　　　　株式会社　　　　　㊞

よろしくお願いいたします。

| 案 件 名 | |
|---|---|
| 工期 | |
| 場所 | |
| 支払方法 | |

| 摘　　要 | 数　量 | 単　価 | 金　額 |
|---|---|---|---|
| ○○建設工事 | | | |
| | | | |
| | | | |
| | | | |
| | 小　　計 | | |
| | 消費税等 | | |
| | 合　　計 | | |

（注）　この注文請書を実際には交付せずに、PDFファイル等に変換して電子メール
を利用して送信している。

**印紙税法の適用関係**

印紙税法に定める課税物件ではない。

**説明**　この文書は、申込みに対する応諾文書であり、契約の成立を証するために作成
されるものではあるが、現物の交付がなされない以上、たとえ注文請書を電磁的
記録に変換した媒体を電子メールで送信しても、ファクシミリ通信と同様に、課
税文書を作成したことにはならない。

　　ただし、電子メールで送信した後に注文請書の現物を別途持参するなどの方法
により相手方に交付した場合には、課税文書の作成に該当し、現物の注文請書に
印紙税が課税される。

**参考**　印紙税法に規定する課税文書の「作成」とは、印紙税法基本通達第44条「作成
等の意義」によるため、相手方に交付する目的で作成される課税文書の「作成の
時」は、当該課税文書を交付した時となる。

336　　　　　　第2部　各課税物件

**第149例**　契約当事者双方の署名、押印のある注文書

注　文　書

注　文　者　　　　　　　　　　　（以下「甲」という。）
請　負　者　　株式会社　工務店　　支社（以下「乙」という。）
建築場所　　大阪市生野区

　甲が上記地上に　　　　　　　公園新築工事（別紙添付仮設計図のとおり）を実施す
るにあたり、下記に関し依頼する。

記

1　乙は甲の指示に基づき、実施設計図の一切を作成し、近隣問題の解決、関係官
　庁の手続一切を代行し、工事の施工にあたる。
2　乙は甲に対し、最終決定した本設計図に基づいて正確なる本見積書を提出する。
3　甲は乙より提出する工事費見積書を検討し、両者協議の上、工事請負契約を結
　ぶ。
4　以上の具体化の措置として、甲は乙に本注文書の交付と同時に予定請負金額の
　10%相当額　金50,000,000円也（概契金）を　　年　　月末期日約束手形にて支
　払う。但し、上記約束手形は　　年　　月末時点に同金額の　　年　　月末期日
　約束手形に改める。又、本金額は工事請負契約にあたっては総工事費の一部とし
　て算入するものとする。
5　スピーディーかつ円満なる近隣問題の解決、工事着手を図る為、甲・乙協議の
　上、近隣補償費(1,000万円×1/2)500万円、開発申請費用(450万円×1/2)225万円
　をそれぞれ　　年　　月　　日に現金払。残金は確認提出時に現金にて支払う。
6　工事費に関し、甲は乙に対し総工事費を工期内の毎月均等分割にて支払う。細
　目については、別途に定める。
7　本工事の工期については、別途に定める。
8　前記、第4項記載の概契金については、本件土地が取得不可能となった場合、
　すみやかに第4項の約束手形を、乙は甲に返却するものとする。
　上記のとおり注文する。

以　　上

　年　　月　　日

　　　　　　　　注文者　住　所
　　　　　　　　　　　　氏　名　　　　　　　　　　㊞
　　　　　　　　請負者　住　所
　　　　　　　　　　　　氏　名　　　　　　　　　　㊞

第五章　（第2号文書）請負に関する契約書　　337

### 印紙税法の適用関係

　　印紙税法別表第一、課税物件表の第2号文書「請負に関する契約書」である。

**説明**　この文書は、標題が「注文書」となっているが、契約当事者双方の署名、押印
があることから、印紙税法上の契約書に該当する（印紙税法基本通達第21条第2
項(3)）。

　　したがって、この文書は、予定工事金額及びその支払方法について定めている
ことから、第2号文書に該当する。

　　なお、記載金額は、予定請負金額の5億円（10%相当額50,000,000円÷10%）
となる。

## 第2部 各課税物件

**第150例** 注文書を引用している注文請書

### 註 文 請 書

註文第　10　号

年　月　日

貴注文書　年　5月　6日付第　10号に依り下記之通り誠に有難く御注文御請致します

株式会社　　　　殿

塗装（株）㊞

| 納　期 | |
|---|---|
| 受渡場所 | |
| 支払条件 | 銀行振込 |

工事名称　本社社屋塗装　工事

総額一金　貴注文書のとおり

備　考

| No. | 名　　称 | 規　格 | 単位 | 数　量 | 単　価 | 金　額 | |
|---|---|---|---|---|---|---|---|
| 1 | 本社社屋塗装工事 | 一式 | | | | | |
| | | | | | | | |
| | | | | | | | |
| | | | | | | | |
| | | | | | | | |
| | | | | | | | |

（引用している注文書）

### 註 文 書

註文第　10　号

年　5月　6日

下記之通り御注文致します
別添の注文条件御諒承の上折返し請書御送付願います

株式会社　　商事　㊞

（株）㊞

| 納　期 | |
|---|---|
| 受渡場所 | |
| 支払条件 | 銀行振込 |

工事名称　本社社屋塗装　工事

総額一金　5,000,000－

備　考

| No. | 名　　称 | 規　格 | 単位 | 数　量 | 単　価 | 金　額 | |
|---|---|---|---|---|---|---|---|
| 1 | 本社社屋塗装工事 | 一式 | | | | 5,000,000－ | |
| | | | | | | | |
| | | | | | | | |
| | | | | | | | |
| | | | | | | | |
| | | | | | | | |

第五章　（第2号文書）請負に関する契約書　　339

## 印紙税法の適用関係

　　印紙税法別表第一、課税物件表の第2号文書「請負に関する契約書」である。

**説明**　この文書は、本社社屋塗装工事と請負の内容の記載があることから、第2号文書に該当する。

　　第2号文書の記載金額は、その文書に契約金額がなくても、契約金額の記載のある注文書等、課税文書ではない文書を引用している文書は、その契約金額を当該第2号文書の記載金額とすることとされている（通則4のホの(2)）。

　　したがって、この文書の記載金額は、「貴注文書年5月6日付第10号に依り」と記載があることから、引用される注文書の金額（500万円）となる。

340　　　　　　　　　第２部　各　課　税　物　件

**第151例**　注文番号を記載した注文請書

（その１）

注文請書

㈱○○御中

　下記のとおり、塗装工事をお請けい
たします。
記

| 工事番号 | 12A-345 |
|---|---|
| 品名・仕様 | ○○塗装工事一式 |

　年　月　日

　　　　　　　　　　　㈱××　　　　㊞

（その２）

注文書

㈱××御中

　下記のとおり、塗装工事を注文いた
します。
記

| 工事番号 | 12A-345 |
|---|---|
| 品名・仕様 | ○○塗装工事一式 |
| 金　　額 | 4,000,000円 |

　年　月　日

　　　　　　　　　　　　　　　㈱○○

**印紙税法の適用関係**

　　（その１）の文書は、印紙税法別表第一、課税物件表の第２号文書「請負に関
する契約書」である。

　　（その２）の文書は、印紙税法に定める課税物件ではない。

**説明**　（その１）の文書は、塗装工事一式と請負の内容の記載があることから、第２
　　号文書に該当する。

　　この文書の記載金額は、注文請書に記載されている工事番号が、通則４のホ(2)
　　の「記号又は番号」に該当するため、引用されている注文書の金額（400万円）
　　となる。

　　（その２）の文書については、注文書であり、契約の成立の事実を証明するも
　　のとは認められないことから、印紙税法に定めるいずれの課税物件にも該当しな
　　い。

第五章　（第2号文書）請負に関する契約書　　　　341

**第152例　注文請書**

## 注　文　請　書

貴注文書　第　－　　　号（貴注文書作成日　　　　年　　月　　日）

（買主）　　　　　　　　　　　　　　　（売主）
　　　株式会社御中　　　　　　　　　　　　株式会社
　　　　　　　　　　　　　　　　　取締役社長　　　　　　　㊞

貴注文書に基づく下記条件によりご注文をお請けいたします。

| 物 件 名・仕 様<br>メーカー名・型式番号<br>金　　　額<br>受 渡 場 所 | ビール保冷庫　　　　　　　　　　2台<br><br>金額　　¥1,600,000<br>東京都　　区　　　　　株式会社内 |
|---|---|
| 受 渡 期 日 | 　　　年　　月　　日 |
| 代 金 総 額 | 代金　¥1,600,000<br>消費税及び地方消費税額　¥128,000　合計　¥1,728,000 |
| 代 金 支 払 方 法 | 120日約束手形払 |
| | |

（注）　この文書は、買主の仕様に基づく、特注品の製作に関する注文請書である。

**印紙税法の適用関係**

　　　印紙税法別表第一、課税物件表の第2号文書「請負に関する契約書」である。

**説明**　この文書は、請負契約の成立を当事者の一方のみが証明するために作成した文書であるが、印紙税法上の契約書に該当する（通則5）。

　　したがって、この文書は、注文者の設計又は指示した規格等に従い、一定物品を製作することを約するものであることから、第2号文書に該当する。

　　なお、記載金額は、消費税等の額が区分記載されていることから160万円となる。

342　第2部　各課税物件

**第153例**　単価協定書を引用している注文請書

---

注　文　請　書

　　　　　　　　　　　　　　　　　　　　　　年　　月　　日

（広告主）

_____御中

　　　　　　　　　　（広告会社）

　　　　　　　　　　所在地_____

　　　　　　　　　　社　名_____㊞

　××年××月××日付の単価協定書に基づき、貴社御注文を下記の通りお引請け致します。

記

　　媒体名
　　掲載期日
　　数　量

---

（印紙）

┌──────────┐
│　　　　　　　　　│
│　4,000円　　　　│　　　　単　価　協　定　書
│　　　　　　　　　│
└──────────┘

　（広告主）甲と（広告会社）乙とは、甲乙間の広告取引について下記の通り定める。

記

　　媒体名
　　単　価
　　適用期間

　　××年××月××日　　　　（広告主）
　　　　　　　　　　　　　　　　甲　　　　　　　　　　　㊞
　　　　　　　　　　　　　　（広告会社）
　　　　　　　　　　　　　　　　乙　　　　　　　　　　　㊞

第五章 （第2号文書）請負に関する契約書 343

## 印紙税法の適用関係

印紙税法別表第一、課税物件表の第2号文書「請負に関する契約書」である。

**説明** この文書は、広告会社が広告を引き受けたことを証明する目的で作成、交付するものであることから、第2号文書に該当する。

印紙税法上の契約金額の判定に際しては、この文書のように引用されている文書が課税文書（単価協定書は第7号に掲げる文書に該当する。）である場合、通則4のホ(2)の規定により引用文書に記載されている金額は考慮しないことから、この文書の記載事項から契約金額を判定することになる。

したがって、この文書に契約金額の記載がないことから、記載金額のないものとなる。

## 第2部 各課税物件

**第154例** 加工指図書

| 縫製工場<br>　　　　　　　　殿 | 加 工 指 図 書<br>年 月 日 | 発注No. | 株式会社<br>アパレル部 |
|---|---|---|---|

| | | | | 部長 | 次長 | 担当 |
|---|---|---|---|---|---|---|
| | | | | | | |

下記の通り加工依頼致します。

| 品番 | 品名 | サイズ | 色柄 | 数量 | 受注先 | 納期 | 仕様書No. | 見積書No. |
|---|---|---|---|---|---|---|---|---|
| | | | | | | | | |

| 素　　材 | 素材品番 | 基準量 | 所要量 | 供給量 | 製品仕訳<br>販売先 | 数量 | 受注先<br>品番 | 備　　考 |
|---|---|---|---|---|---|---|---|---|
| **主素材** | | | | | | | | |
| **副素材** | | | | | | | | |
| **仕上仕様** | | | | | | | | |

| **供給附属** | 品　名 | | | | | | | | |
|---|---|---|---|---|---|---|---|---|---|
| | 基準量 | | | | | | | | |
| | 所要量 | | | | | | | | |

### 印紙税法の適用関係

印紙税法別表第一、課税物件表の第2号文書「請負に関する契約書」である。

**説明**　この文書は、標題が「指図書」となっているが、物品の生産加工についての依頼文書であり、見積書番号が記載され、その実質は、契約の相手方当事者の作成した見積書に基づくものと認められるので、印紙税法上の契約書に該当する。

したがって、この文書は、製織の加工内容について定めていることから、第2号文書に該当する。

第五章 （第2号文書）請負に関する契約書　　　345

## 第155例　納期変更通知書（正）

```
納期変更通知書（正）
                    下記のとおり納期を変更したいので、ご確認
                    のうえ諾否を書面にてお申し出ください。
```

| 発注先住所 | | | | | | | | |
|---|---|---|---|---|---|---|---|---|
| | | | | 発 注 先 | 発注課　　　課 | | | 課 |
| | | | | 納期変更を承諾します | 課長 | 担当 | 課長 | 担当 |
| 納期 | 変更前 | 変更（要求） | 変更（決定） | 納入場所 | 受渡条件 | 工場名称 | | |
| | | | | | モチコミ | 注文主 | | |
| 摘要 | | | | | 記事 | 貴社保管の注文書（正）、その他の関係書類を訂正のうえ押印欄に押印してご返送ください。 | | |
| 発注先 | 発票年月日 | 単 | 数（重）量 | | 符号・品名・寸法・材質 | | | |
| ※新納期 | 材料コード | 規格 | 倉置 | 護コ | 注文番号 | 回 | 工事　　分番 | 購買票番号　回 |

(注)　この文書は、先に締結した購入品の売買契約又は外注加工品の請負契約について、その納期を変更したいとの注文主からの申出に対し、納入者が承諾の旨押印して注文主へ返却するものである。

### 印紙税法の適用関係

　　　先に締結した契約の内容が請負である場合には、印紙税法別表第一、課税物件表の第2号文書「請負に関する契約書」であり、売買である場合には、印紙税法に定める課税物件ではない。

**説明**　　この文書は、売買又は請負に関連して注文者からの納期の変更についての申込みに対して、納入者が承諾の旨押印して返却する文書であることから、印紙税法上の契約書に該当する。

　　　したがって、この文書の契約内容が請負である場合、納期の変更についての事項は、第2号文書の課税事項のうちの「重要な事項」に当たることから、第2号文書となる。

**参考**　　「重要な事項」は、印紙税法基本通達別表第二、重要な事項の一覧表に掲げられている。

346　　　　　　　　第2部　各課税物件

**第156例**　整備売上（控）

別　紙

| 整　備　売　上　（　控　） | | 自動車販売 |

年　月　日

登　録　番　号　＿＿＿＿＿＿＿
型　　　式　＿＿＿＿＿＿＿　　　　　　　店
走行㌔／車体No.＿＿＿＿＿＿＿　　　　　市　　　区1-23
車　　　名　＿＿＿＿＿＿＿　　☎03-
原 動 機 型 式　＿＿＿＿＿＿＿　　＊取引銀行＊
登録日／初年度　＿＿＿＿＿＿＿　　　　　　　銀行
様　　型式指定番号　＿＿＿＿＿＿＿　　　　　　　支店
御請求金額　¥　　　　　　　普通No.

| No. | 入庫年月日 | フロント | メカニック | 区分 | 作　業　事　項 | 金　額 | 原　価 | | 区　分 | |
|---|---|---|---|---|---|---|---|---|---|---|
| | | | | | | | | | 車　検 | 01 |
| | | | | | | | | | 法定点検（1、3ケ月） | 02 |
| | | | | | | | | | 法定点検（6ケ月） | 03 |
| | | | | | | | | | 法定点検（12ケ月） | 04 |
| | | | | | | | | | エアコン | 95 |
| | | | | | | | | | 事故修理 | 05 |
| | | | | | | | | | 一般修理 | 06 |
| | | | | | | | | | 部品用品 | 07 |

**お支払条件約束事項**

| 支払日 | 現金 | 振込 |
| | 持参 | 集金 |

お客様御署名

　　　　　　　印
Tel.

第一水曜日は定休日とさせて頂きます。

この度は当サービス工場をご利用いただきありがとうございました。右記のとおり修理いたしましたので御検収下さい。
次回も当サービス工場にご用命いただきたくお待ち申し上げております。

| 車検費用 | | 工賃計 | |

**使用部品明細**

| 部品番号 | 部品名 | 出庫数 | 定　価 | 原　価 | 金　額 | |
|---|---|---|---|---|---|---|
| | | | | | | 工場長印 |
| | | | | | | 担当者印 |
| | | | | | 部　品　計 | |

| 工賃計 | 部品計 | その他 | 小　計 | 消費税 | 法定費用 | 入　金 | 御　請　求　額 |
|---|---|---|---|---|---|---|---|
| | | | | | | | |

（注）　この文書は、請け負ったディーラーが、自動車等の整備作業完了後、代金の支
払方法について記載し、顧客が「お支払条件約束事項」等を確認して署名（ノー

第五章 （第2号文書）請負に関する契約書　　347

カーボンによる複写）し、ディーラーに交付するものである。

## 印紙税法の適用関係

　　印紙税法別表第一、課税物件表の第2号文書「請負に関する契約書」である。

**説明**　この文書は、顧客が「お支払条件約束事項」、「作業事項」等を確認のうえ署名
し、ディーラーに交付するものであることから、印紙税法上の契約書に該当す
る。

　　したがって、この文書は、請負契約における契約金額の支払方法等について定
めている（補充）ことから、第2号文書に該当する。

　　なお、納税義務者は、顧客となる。

348 第2部 各課税物件

## 第157例 結婚式場ご予約書

### 結婚式場ご予約書

No. _____　　　　　　　　　　　　年　　月　　日

| ご予約取扱店名 | | |
|---|---|---|

| 式　場　名 | 挙式日時 | 曜 | ご披露宴日時 | ご人数 | ご費用概算 | |
|---|---|---|---|---|---|---|
| | 年　月　日 | | 年　月　日 | | 総額　約 | 万円 |
| | 時　分より | | 時　分より | 名 | 衣　裳 込別 @ | 円 |
| | | | | | 引出物 | |

| ご芳名 | ご新郎 | 様 | ご住所 | ☎自 | 勤 | 内 |
|---|---|---|---|---|---|---|
| | ご新婦 | 様 | | ☎自 | 勤 | 内 |

| 挙式様式 | 神 | キリスト | 仏 | 人前 | | ご希望条件 | |
|---|---|---|---|---|---|---|---|
| 披露宴様式 | 和 | 洋 | 中華 | ミックス | ビュフェ | | |
| ご衣裳 | お持込 | | 式場貸衣裳 | | | | |
| 引出物 | お持込 | | 式場陳列品 | | | | |

予約金お預り証　　金 _____ 円也

　上記の金額ご婚礼挙式披露宴の予約金（利息を付しません）としてお預りいたしました

　　　　　　　　　　　　　　　　　　　㈱

　年　　月　　日　　　　　　　　　区　　町　☎

　　　　　　　　　　　　　　　　　取扱者氏名　　　　　㊞

（注）　ホテル等と結婚式場のあっせん業者との間の基本契約に基づいて、結婚式場のあっせん業者がホテル等に代わって結婚式等の予約を引受けた際に、顧客に交付するものである。

### 印紙税法の適用関係

　印紙税法別表第一、課税物件表の第2号文書「請負に関する契約書」である。

**説明**　この文書は、ホテル等における結婚式と披露宴又は宴会を引き受けることを顧客に予約した事実を定めていることから第2号文書に該当するほか、婚礼挙式披露宴の予約金を受領した事実を定めていることから第17号の1文書「売上代金に係る金銭又は有価証券の受領書」に該当するが、通則3のイの規定により、第2号文書となる。

　なお、記載金額は、ご費用概算の額となる。

## 第158例　御予約書

# 御　予　約　書

年　月　日

| | | |
|---|---|---|
| 新郎 氏名, 住所 | 様 | |
| 新婦 氏名, 住所 | 様 | |
| 挙式 日時 | 年　月　日　曜日　時より　時まで | |
| 挙式 宴会場 | (1) あおい　(2) 鳳凰　名様 | |

| 項目 | | 単価 | 数量 | 項目 | | 単価 | 数量 |
|---|---|---|---|---|---|---|---|
| 印刷物 | 招待状 | | | 披露宴 | 料理 | | |
| | 返信用ハガキ 新郎 | | | | 折詰 | | |
| | 返信用ハガキ 新婦 | | | | 菓子折 | | |
| | 席順表 | | | | 赤飯 | | |
| | | | | | 風呂敷 | | |
| 写真 | 1人用カラー | | | | ウエディングケーキ | | |
| | 2人用カラー | | | | ショートケーキ | | |
| | 1人用お色直カラー | | | | 花 | | |
| | 2人用お色直カラー | | | | 日本酒 | | |
| | 集合カラー | | | | ビール | | |
| | | | | | ジュース | | |
| 記念品 | | | | | | | |
| | | | | | サインこけし | | |
| 衣裳 | | | | | エレクトーン | | |
| | | | | | | | |
| 美容着付 | | | | | | | |
| | | | | | | | |

(備考)

御予約責任者氏名　　　　TEL (　　)

### 印紙税法の適用関係

印紙税法別表第一、課税物件表の第２号文書「請負に関する契約書」である。

**説明**　この文書は、結婚式の披露宴の内容を記載し、引受けの証として申込者に交付するものであることから、第２号文書に該当する。

なお、記載金額は、各項目の単価に数量を乗じた金額の合計金額となる。

350　　　　　　　　第2部　各課税物件

**第159例　冠婚葬祭互助会の加入者証**

加　入　者　証

| 住　　　所 | 市<br>区　　　　　　町 | | |
|---|---|---|---|
| 氏　　　名 | | | |
| 生 年 月 日 | 明　大　昭　平　　　年　　　　　月　　　　　日生 | | |
| 加 入 年 月 日 | 平成　　　　　年　　　　　月　　　　　日 | | |
| 契 約 番 号 | 第　　　　　　　　号 | | |
| 契 約 の 種 類 | 1.個　人　　　　　2.家　　族　　　　　3.団　体 | | |
| 契 約 金 額 | 1口　　　　　　　　円 | | |
| 協　力　費 | 円（約款第　　条をご参照下さい） | | |
| 支 払 方 法 | 毎月掛、　　半年1回掛、　　1年1回掛 | | |
| 月 掛 回 数 期 間 | 回　　　　　カ月 | | |
| 月 掛 回 数 期 間 | 回　　　　　カ月 | | |
| 支払方法及期日 | 当会へ持参又は送金、毎月末日限り | | |
| 契 約 取 扱 者 | | 発行扱者 | |

本証のとおり当会の加入者たることを証します
　　　　　　年　　　　月　　　　日

　　所在地
　　　　　　冠婚葬祭互助会　　　　　　　　　　　　㊞

（注）　冠婚葬祭互助会が加入申込者に交付する文書である。

**印紙税法の適用関係**

　　　　印紙税法別表第一、課税物件表の第2号文書「請負に関する契約書」である。

**説明**　この文書は、冠婚葬祭互助会への入会を承諾する目的で作成するものと認められるので、印紙税法上の契約書に該当する。

　　　したがって、この文書は、将来冠婚葬祭に関する一定の役務の提供を約し、これに対して一定の対価の支払を受けることを内容とするものであることから、第2号文書に該当する。

第五章 （第2号文書）請負に関する契約書　　351

**第160例**　冠婚葬祭互助会の互助会加入（新規・乗換）申込書

<br>

## 互助会加入（新規・乗換）申込書

年　　月　　日

冠婚葬祭互助会　御中

貴互助会約款承認の上加入いたします。

| 契 約 の 種 類 | 初 回 掛 金 | 次 回 掛 金 | |
|---|---|---|---|
| | | 金　　額 | 回　数 |
| C　契　約　　￥120,000 | ￥ | ￥ | |
| D　契　約　　￥180,000 | ￥ | ￥ | |

（早見表を見て記入してください。）

| 加 入 者 番 号 | フリガナ | | 性　別 | 生 年 月 日 |
|---|---|---|---|---|
| C－<br>D－ | 氏名 | 印 | 男　女 | M<br>T<br>S<br>H　　・・ |
| コ ー ド　　住所 | フリガナ<br>〒 | | 連絡 | 1.集金場所<br>2.呼び出し |
| コ ー ド　　集金場所 | フリガナ<br>〒 | | 電話 | （　　） |
| （以下略） | | | | |

（注）冠婚葬祭互助会約款には、この文書の提出によって互助会加入利用契約が成立する旨の記載がある。

**印紙税法の適用関係**

　　印紙税法別表第一、課税物件表の第2号文書「請負に関する契約書」である。

**説明**　この文書は、約款を承認の上加入する旨の記載があり、かつ、これにより自動的に契約が成立することとなっていることから、印紙税法上の契約書に該当する。

　　したがって、この文書は、将来冠婚葬祭に関する一定の役務の提供を受け、これに対して一定の対価を支払うことを内容とするものであることから、第2号文書に該当する。

　　なお、記載金額は、30万円となる。

352　　　第2部　各課税物件

### 第161例　互助会加入申込書

### 印紙税法の適用関係

　　印紙税法に定める課税物件ではない。

**説明**　この文書は、単なる申込事実を記載して提出するものであり、申込みにより自動的に契約が成立するものではないため、契約書に該当しない。

第五章　（第2号文書）請負に関する契約書　　353

**第162例　婚礼友の会加入申込書**

### 加入申込書

| 本　人<br>氏　名 | | 生　年<br>月　日 | |
|---|---|---|---|
| ふりがな | | 現住所 | TEL |
| 世帯主 | | 勤務先 | TEL |
| 氏　名 | | 現住所 | |
| 集　金<br>場　所 | | 集金日 | |

友の会会則を承認の上　　　　会に入会致したく申込書を提出致します。

　　　　　　　年　　月　　日

　友　の　会　殿　　　　　申込者　住所
　　　　　　　　　　　　　　　　　氏名

| 美容室 |
|---|
| 　市　　　町　丁目　　　　　婚礼友の会　TEL |

（注）「友の会会則」には、友の会は将来申込者の婚礼の際に挙式、着付、写真撮影
　　　等の役務の提供をし、対価を収受すること、衣装の貸付を行うこと等が記載され
　　　ている。

**印紙税法の適用関係**

　　　印紙税法別表第一、課税物件表の第2号文書「請負に関する契約書」である。

**説明**　この文書は、友の会会則を承認の上、申し込むものであり、提出することに
　　　よって自動的に契約が成立するものであるため、印紙税法上の契約書に該当す
　　　る。
　　　したがって、この文書は、婚礼挙式において、挙式、着付、記念写真等に係る
　　　役務の提供を受け、これに対して対価を支払うことになるため、第2号文書に該
　　　当する。

354　　　　　第 2 部　各課税物件

**第163例**　団体旅行申込書

年　　月　　日

## 団 体 旅 行 申 込 書

株式会社
営業所長　殿

所　　在　　地＿＿＿＿＿＿＿＿＿＿＿
学校・会社等法人名＿＿＿＿＿＿＿＿＿
代　表　者　名
（法人でないときは個人名）＿＿＿＿＿＿＿㊞

下記により団体旅行の申込みをいたします。
なお旅行費用は、その全額を旅行出発日の 7 日前までに支払います。

| 団　体　名 | | | | | |
|---|---|---|---|---|---|
| 旅 行 人 員 | 大人　　　　名　小人　　　　名　計　　　　名 | | | | |
| 旅 行 期 日 | 年　　月　　日～　　　　年　　月　　日 | | | | |
| 旅程・見積書 | 別　紙　　　旅行先　　　　　　　　　　　方面 | | | | |
| 旅 行 費 用 | 単価 | 大人 ------------ 円 小人　　　　円 | | 総額 | 円 |
| | 支払方法　　イ銀行振込　　ロ現　金　　ハ（　　　） | | | | |
| | 申込金　　　　円 | | 支払年月日 | 年　月　日 | |
| | 予約金　　　　円 | | 支払年月日 | 年　月　日 | |
| | 残　金　　　　円 | | 支払年月日 | 年　月　日 | |
| そ　の　他 | 株式会社旅行業約款（裏面記載）による。 | | | | |

記事欄

第五章　（第2号文書）請負に関する契約書　　355

（裏面）

# 旅行業約款抜粋

（約款の適用範囲）

第1条　当社の行う一般旅行業の旅行業務に関し、当社と旅行者等との間に締結する契約は、この旅行業約款の定めるところによります。この約款の定めのない事項については、法令又は一般の慣習によります。ただし、当社は、この約款の趣旨及び法令に反しない範囲で特約に応ずることができます。この場合は、その特約が優先します。

（中　略）

（旅行契約の締結）

第3条　当社は次に掲げる場合を除いて旅行契約をいたします。

(1)　申込みがこの約款によらないものである場合

(2)　旅行契約に関し、特別の負担を求められた場合

(3)　天災地変その他やむを得ない事由により申込みの受付ができない場合

(4)　申込みが法令又は公の秩序若しくは善良の風俗に反する場合

(5)　申込みが旅行の内容によりあらかじめ定められた参加者の性別、年齢、資格、技能その他の条件に合致しない場合

(6)　その他当社の業務上やむを得ない事由がある場合

（旅行契約の申込み）

第4条　当社に旅行契約の申込みをしようとする旅行者には、当社所定の申込書に所定事項を記入のうえ、提出していただきます。ただし、情報提供契約の場合は、この限りではありません。

2　電話予約等により、申込みのときに申込書が提出できない場合は、旅行開始日以前に当社所定の申込書に所定事項を記入のうえ提出していただきます。

3　当社は前項の規定による申込書提出時に第7条に定める旅行費用の一部として別に定める金額を納めていただきます。

（旅行契約の成立）

第5条　旅行契約は、前条の金額を納入いただいたときに成立したものといたします。ただし電話等による旅行契約の申込み又は情報提供の場合は、その時をもって、契約が成立したものといたします。

（注）　この文書は、旅行業者が自ら企画した旅行についての申込書である。

356 　　　　　　　第2部　各 課 税 物 件

**印紙税法の適用関係**

　　印紙税法別表第一、課税物件表の第2号文書「請負に関する契約書」である。

**説明**　この文書は、約款に基づいて申し込むものであることが明らかであり、かつ、申込みにより自動的に契約が成立することとなっていることから、印紙税法上の契約書に該当する。

　　したがって、この文書は、旅行業者が自ら企画した旅行についての引受けを内容とするものであることから、第2号文書に該当する。

**参考**　旅行業者が、旅行者の旅行申込内容に従って、乗車券等の購入、旅館等の手配などの事務処理を行うことを内容とするもの（委任契約）であるときは、第2号文書その他いずれの課税物件にも該当しない。

第五章　（第2号文書）請負に関する契約書　　357

**第164例**　寄託申込書

# 寄 託 申 込 書

寄託者 {
住所　　　　　電話
氏名
}

倉庫株式会社　　支店長殿

下記の貨物は貴社の倉庫寄託約款を承認の
うえ寄託を申し込みます。
　　　　年　　月　　日

| 貸車番 | | 船名 | |
|---|---|---|---|
| 入庫 | 年月日 | 　　年　　月　　日 | |
| | 番号 | 　　　　　号 | |
| 保管場所 | | 倉庫 | |
| | | 口 | |

| | 数 | 単量 | 瓩　　立方米 |
|---|---|---|---|
| 種類 | 量 | 総量 | 瓩　　立方米 |
| 品質 | 火災保険額 | 単価 | 円 |
| 記号 | | 総額 | 円 |
| 荷姿 | 保期 | 管間 | 年　月　日まで |
| 個数 | 個 | 倉荷証券請求の有無 | 内容検査の要否 |

| 倉荷証券保管証書 | 　　年　　月　　日発行 No. | | |
|---|---|---|---|
| 種別 | 保　管　料 | | 荷役料 |
| 割合 | 従　量 | 従　価 | 1瓩につき1立方米につき |
| | 100瓩につき1立方米につき　銭 | 1,000円につき　銭 | 円 |
| 1個につき　　円　　銭 | | | 円銭 |
| 記事 | | | |

| 課長 | |
|---|---|
| 係長 | |
| 主任 | |
| 台帳 | |
| 係員 | |

備考　太線は倉庫係が記入のこと。

# 倉 庫 寄 託 約 款

## 第1章　総　則

（本約款の適用）

第1条　当会社の締結する寄託、寄託の予約及びこれらに関連する契約については、この約款に定めるところによる。

2　この約款に規定していない事項については、法令及び慣習による。

（庫入、庫出その他の作業）

第2条　貨物の庫入及び庫出その他の作業は、すべて当会社が行う。ただし、当会社が特に承認したときは、この限りでない。

（中　略）

（寄託引受の制限）

第7条　当会社は、次の場合には、寄託の引受けをしないことができる。

(1)　当該寄託の申込みがこの約款によらないとき。

(2)　当該貨物が危険貨物、変質又は損傷しやすい貨物、荷造の不完全な貨物その他保管に適しない貨物と認められるとき。

358　　　　　　　　　　第2部　各課税物件

(3)　当該貨物の保管に適する設備がないとき。

(4)　当該貨物の保管に関し特別の負担を求められたとき。

(5)　当該貨物の保管が法令の規定又は公序良俗に違反するとき。

(6)　その他やむを得ない事由があるとき。

(寄託申込書)

第8条　寄託者は、貨物の寄託に際し、当該貨物に関して次の事項を記載した寄託申込書を提出しなければならない。

(1)　貨物の種類、品質、数量及び荷造の種類、個数並びに記号

(2)　寄託者の住所及び氏名又は名称

(3)　保管場所及び保管期間を定めたときは、その旨

(4)　貨物の寄託申込当時の価額

(5)　貨物の保管又は荷役上特別の注意を要するときは、その旨

(6)　その他必要な事項

(中　略)

(料金の支払)

第48条　寄託者又は証券所持人は、倉庫保管料及び倉庫荷役料並びにその他の費用を当会社の定めた日までに支払わなければならない。

2　寄託者又は証券所持人は、証券、証書若しくは通帳の発行、分割又は書換を請求するときは、手数料を支払わなければならない。

(以下省略)

---

**印紙税法の適用関係**

　　　　印紙税法に定める課税物件ではない。

**説明**　貨物の寄託における入出庫作業等は、一般には、貨物の保管と一体不可分の行為として、保管者の責任において行われているものであり、貨物の保管と別個の独立した行為ではないと認識されている。

　　　　このことから、この文書で引用されている貨物寄託約款に貨物の入出庫作業及び荷役料等についての事項が記載されているとしても、この文書においては、入出庫作業について特に寄託契約と別個の独立した契約としてとらえているものではない。

　　　　したがって、この文書は、寄託契約の成立の事実に併せ請負契約の成立の事実を証すべきものとはいえないから、課税文書には該当しない。

**参考**　「貨物保管及び荷役契約書」のように、貨物の寄託のほかに、これを区別し、特に荷役を委託することが明記されているものは、物品の寄託契約と請負契約との成立の事実を証するものであることから、第2号文書「請負に関する契約書」又は第7号文書「継続的取引の基本となる契約書」に該当する。

第五章　（第2号文書）請負に関する契約書　　　359

## 第165例　労働者派遣に関する基本契約書
（その1）労働者派遣に関する基本契約書

### 労働者派遣に関する基本契約書

　　派遣先　　　　　　　　（以下「甲」という。）と派遣元　　　　（以下「乙」という。）とは、乙の行う甲に対する労働者派遣に関し次のとおり契約する。

（業務内容等に関する合意）
第1条　甲に派遣される乙の従業員（以下「派遣従業員」という。）の従事すべき業務内容、就業場所、甲において派遣従業員を指揮命令する者その他労働者派遣の実施に関し必要な細目については、労働者派遣の都度別途合意する労働者派遣契約（以下「派遣契約」という。）によるものとする。

（就業の確保）
第2条　乙は、派遣従業員に対し適正な労務管理を行い、別途合意する業務の遂行に支障を生じ若しくは甲の名誉及び信用を害する等の不都合を生じさせないよう、適切な措置を講じなければならない。
　2　乙は、労働者派遣の実施に際し、派遣従業員について傷病その他の理由により欠務を生じる場合は、甲に通知のうえ遅滞なく代替の派遣従業員を派遣しなければならない。

（業務指揮）
第3条　甲は、派遣従業員について、その者が甲において従事すべき業務の遂行に関し必要な指揮命令を行うことができる。
　2　乙は、派遣従業員について、前項の指揮命令のほか甲における職場秩序維持、施設管理その他派遣従業員の就業に関し甲が行う指示に従うよう、適切な措置を講じなければならない。
　3　甲は派遣契約に定める就業条件等に違反して派遣従業員を使用してはならない。

（派遣従業員の交替）
第4条　乙は、甲と事前の協議をすることにより派遣従業員を変更・交替することができる。
　2　甲は、派遣従業員に不良・不都合な行為がある場合には、その理由を示して、その派遣従業員の交替を乙に要請することができる。
　　この場合、乙は自らの決定において可及的速やかにこれを交替するか、又は交替しないときは、その理由を示して甲の承諾を得る。

360　　　　　　　　　第2部　各課税物件

（機密保持）

第5条　乙は、甲の営業上の機密、取引先の機密その他甲における業務遂行に関し知
　　　　り得た事項を他に漏洩してはならず、派遣従業員その他の乙の従業員に対し、
　　　　この義務を遵守させなければならない。

　　2　前項の規定は、本契約の有効期間中及びその終了後　　年間有効とし、乙が
　　　　前項の規定に違反して甲が損害を被ったときは、乙はその損害を賠償する。

（料金）

第6条　甲は、乙に対し派遣契約に定めるところにより労働者派遣の対価として派遣
　　　　料金を支払う。

　　2　経済変動、諸経費の変動等により、派遣料金の改訂の必要が生じたときは、
　　　　甲乙協議のうえ改訂することができる。

　　3　甲の従業員のストライキその他甲の責に帰すべき事由により派遣従業員の業
　　　　務遂行が不可能となった場合は、乙は債務履行の責任を負わず甲に対し派遣料
　　　　金を請求することができる。

（契約の解約）

第7条　甲又は乙は、相手方が正当な理由なく本契約又は派遣契約に定める義務の履
　　　　行を怠り、相当の期間を定めた催告にもかかわらず違反状態が治癒されないと
　　　　きは、本契約及び派遣契約の全部又は一部を解約することができる。

（解約制限）

第8条　甲は、派遣従業員の国籍、信条、性別、社会的身分、派遣従業員が労働組合
　　　　の正当な行為をしたことを理由として、本契約及び派遣契約を解除することは
　　　　できない。

（損害の賠償）

第9条　派遣従業員がその業務の遂行に関し、その責に帰すべき事由により甲に損害
　　　　を与えた場合は、甲は、乙に書面で通知するものとし、乙は、甲にその損害を
　　　　賠償する。

（有効期間）

第10条　本契約の有効期間は、　　　年　　月　　日から　　　年　　月　　日まで
　　　　の　　カ月間とする。ただし、期間満了1カ月前までに甲乙いずれからも書面
　　　　による契約終了の意思表示がなされないときは、引き続き3カ月間継続するも
　　　　のとし、その後も同様とする。

　　2　本契約が期間満了により終了した場合には、特約のない限り期間満了時に存
　　　　する派遣契約については、本契約と同時に失効するものとする。

（双方協議）

第11条　本契約の履行に関し疑義を生じた場合は、その都度甲乙双方誠意をもって協
　　　　議し合意するものとする。

第五章　（第2号文書）請負に関する契約書　　　361

本契約締結の証として本書2通を作成し、甲乙記名捺印のうえ、各1通を保有する。

　　　　　　年　　月　　日
　　　　　　　派 遣 先　（甲）　　　　　　　　　　　　　　　　印
　　　　　　　派 遣 元　（乙）　　　　　　　　　　　　　　　　印

---

（その2）労働者派遣契約覚書

## 労働者派遣契約
### 覚　　書

＿＿＿＿＿＿＿＿＿（以下「甲」という。）と　　　　（以下「乙」という。）とは、　　年　　月　　日付にて甲・乙間で締結した労働者派遣基本契約書（以下「契約書」という。）に基づき、労働者派遣契約覚書を次のとおり取り決める。

　　　　　　年　　月　　日

1　派遣業務の内容　他

| | |
|---|---|
| 派 遣 業 務 の 内 容 | |
| 事 業 所 所 在 地及 び 就 業 場 所 | |
| 派 遣 先 責 任 者 | TEL.　　（　　） |
| 指 揮 命 令 者 | TEL.　　（　　） |
| 派 遣 期 間 | 　年　月　日から　　年　月　日まで |
| 派 遣 就 業 日 | |
| 始 業 ・ 終 業 時 刻 | 平日　時　分～　　時　分 |
| 休 憩 時 間 | 　時　分～　　時　分 |
| ①時 間 外 勤 務 | 　　　　　　休日勤務 |
| O A 機 器 操 作 | 　　　　　　②便宜供与 |
| 安 全 ・ 衛 生 | |
| 派 遣 従 業 員 | （　　才） |
| 派 遣 元 責 任 者 | TEL.　　（　　） |

　①時間外労働は、1週6時間、4週24時間以内とする。

　②便宜供与の内容

2　派 遣 料 金

　(1)派遣料金　＿＿＿＿＿＿円（実働1時間）

　(2)割増料金　＿＿＿＿＿＿円

362　　　　　　　　第2部　各課税物件

※　遅刻・早退等の欠務時間は料金を減額し、契約時間を超えて就業した場合
は、(2)（25％増）の料金とする。

なお、上記増減額調整分の算出にあたっては、15分単位の切り上げとする。

3　支　払　方　法

甲の乙に対する支払方法は、締切日を毎月15日とし、当月末日迄に乙の指定
する銀行口座に振り込むものとする。

4　有　効　期　限

本覚書の有効期間は　　年　月　日から　　年　月　日迄とする。

甲乙合意の証として本覚書2通を作成し、甲・乙記名捺印のうえ各1通を保有す
る。

甲　　　　　　　　　　　　　　　　　　㊞

乙　大阪市　　区　　丁目　　番　　号

　　株式会社　　　　　　　　　　　　㊞

　　代表取締役社長

　　厚生労働大臣許可　　般　－　－

---

**印紙税法の適用関係**

いずれも印紙税法に定める課税物件ではない。

**説明**　　（その1）の文書は、労働者派遣事業の適正な運営の確保及び派遣労働者の保
護等に関する法律に基づいて派遣会社の雇用する従業員を相手方（派遣先会社）
に派遣して、その指揮監督下で、相手方のために働かせるという単なる労働力の
提供を目的としており、契約会社間には請負関係等は生じないことから、第2号
文書「請負に関する契約書」その他いずれの課税物件にも該当しない。

（その2）の文書は、基本契約書に基づき派遣従業員の従事すべき業務内容及
び料金等を定めたものであり、印紙税法に定めるいずれの課税物件にも該当しな
い。

第五章 （第2号文書）請負に関する契約書　　363

**第166例　技術者派遣個別契約書**

# 技術者派遣個別契約書

　　株式会社（以下「甲」という。）は、　　　　株式会社（以下「乙」という。）に対して技術者を派遣するに当たって、　　年　月　日付で締結された技術者派遣基本契約書（以下「基本契約」という。）の規定により、下記の条件にて技術者を派遣するための契約（以下「個別契約」という。）を締結する。

記

　1　業務内容
　2　場所
　3　人数
　4　期間
　5　派遣料金：派遣技術者一人当たり金　　　　円也

　甲及び乙は、以上の条件による個別契約を遵守することを確認し、ここに本個別契約の成立を証するため、甲乙記名押印のうえ、各1通を保有する。

　　　年　　月　　日

　　　　　　　　　　　　　　　（甲）　　　　　　　　　　㊞
　　　　　　　　　　　　　　　（乙）　　　　　　　　　　㊞

**印紙税法の適用関係**

　　印紙税法に定める課税物件ではない。

**説明**　この文書は、技術者を派遣労働者として派遣するものである。派遣労働者が派遣先の指揮命令を受けて派遣先のために労働を提供することは委任契約となり、第2号文書「請負に関する契約書」その他いずれの課税物件にも該当しない。

## 第167例　出向者取扱いに関する協定書

# 出向者取扱いに関する協定書

　　　　　株式会社（以下「甲」という。）と　　　　株式会社（以下「乙」という。）とは、甲から乙に出向する従業員について次のとおり協定する。


第1条（出向期間）

　　出向者の出向期間は、出向の必要とする用務が終了するまでとする。

第2条（出向者の身分）

　　甲は甲の従業員を甲に在籍のまま乙に出向させるものとし乙はこれを受け入れる。

第3条（出向人員）

　　出向人員は、　　名とする。

　　出向期間内において人員の変動が生じた場合には、甲・乙協議の上、これを決定する。

第4条（服　　務）

　　出向者は、出向先の従業員としての勤務に服さなければならない。

　　服務規律・労働時間・休日・休暇等の勤務条件については特に定めのない限り、出向先の就業規則に服さなければならない。

第5条（給　　与）

　⑴　諸給与（賞与を含む。）は、甲の定めにより甲が出向者に直接支給する。

　⑵　甲が出向者に支給する諸給与等に対し、乙が負担する負担金は甲・乙協議の上、決定するものとし、乙はその負担金を出向期間中、甲の指定する期日に甲に支払うものとする。

　⑶　諸給与の負担金の改訂については、甲または乙における給与改訂（昇給）および賞与額決定の都度、甲と乙が協議の上、決定する。

　⑷　通勤費は、甲が出向者に直接支給する。乙はその支給する相当額を甲に支払うものとする。

第6条（保険業務の適用）

　　出向者の健康保険・厚生年金保険・雇用保険は、甲において継続加入する。ただし、保険料の事業主負担は甲が負担する。

　　労災保険は出向先で加入する。

第7条（年次有給休暇）

　　年次有給休暇は、甲の基準により継続して与える。ただし、出向者は年次有給休暇の消化にあたっては乙の承認を得るものとする。

第8条（報　　告）

乙は下記事項について甲に報告する。

(1)　出向者の勤怠報告

(2)　その他、甲が必要とした事項

第9条（退職金）

(1)　出向者が退職する場合は、甲に復職を命じ甲の退職金規定により退職金を算定する。

(2)　出向期間は本人の甲における勤続年数に通算する。

第10条（出向先に対する退職金請求）

甲は乙に対し原則として、出向期間に応じて甲の退職金規定に基づき、退職事由に応じた次の算式による退職金相当額を請求する。

退職金総額（復職時基本給×支給率）－（出向時基本給×支給率）

(1)　甲に復職後、引続き勤務する場合は自己都合退職の支給率で算出する。

(2)　乙への出向期間が3年未満の場合は、甲は乙に対して退職金の請求はしない。

(3)　乙に特別の事情がある場合は、甲と乙との協議の上、請求額を変更することがある。

第11条（退職給付引当金）

出向中の退職給付引当金は、原則として甲で引き当てる。

第12条（福利厚生）

出向者の福利厚生補助金については、甲の規定を適用する。

第13条（雇用契約の変更）

乙は甲から出向させている従業員のなかに含まれている臨時者については、甲と臨時者とで取り交わしている臨時雇用契約期間が満了した時点において、乙との雇用契約に変更するものとする。

第14条（出向料）

(1)　乙は甲に対して、毎月甲の指定する日迄に次の算式による出向料を支払うものとする。

$$出向料 = \frac{出向人員基本給総額 \times 17.5 カ月}{12} \times 1.15$$

(2)　出向手数料については、人員の変動・定期昇給等があった場合は変更を協議し決定する。

第15条（慶弔見舞金）

甲と乙の慶弔見舞金の差額については、甲が出向者へ支払い、乙は乙の規定額を甲へ支払うものとする。

366　　　　　　　　　第2部　各 課 税 物 件

協　議
　本協定書に定めない事項及び疑義のある事項については、その都度、甲と乙とで協議の上、決定する。

　本件申し合わせの証として、本協定書2通を作成し甲・乙記名捺印の上、1通を保有する。

　　　　　　　　年　　　月　　　日
　　　　　　　　　　　　　甲　　　　　　　　　　　　　　　　　　　㊞
　　　　　　　　　　　　　乙　　　　　　　　　　　　　　　　　　　㊞

**印紙税法の適用関係**

　　　印紙税法に定める課税物件ではない。

**説明**　この文書は、出向の形態又はその目的にかかわらず、出向者が出向会社の指揮監督下に入って就業する、単なる労働力の提供を約するものであることから、印紙税法に定めるいずれの課税物件にも該当しない。

第五章 （第2号文書）請負に関する契約書 367

**第168例　産業医委嘱契約書**

産業医委嘱契約書

　労働安全衛生法に基づき、事業者（以下「甲」という。）が医師（以下「乙」という。）に産業医を委嘱するにあたり、次のとおり契約を締結する。
（業務内容）
第1条　乙は、甲の事業場において労働安全衛生法に定める産業医の職務を行う。
　　　　甲は、乙に対し、その職務遂行に必要な情報の提供等に協力するとともに、乙の助言指導等を尊重するものとする。
（委員会）
第2条　甲は、衛生委員会（または安全衛生委員会）を設けた場合は乙を委員として指名することができる。
　(2)　乙は、前項の指名の有無にかかわらず委員会に出席し意見を申し述べることができる。
　　　　また、甲は、乙に対し、委員会に出席して意見を述べるよう求めることができる。
（報酬）
第3条　甲が乙に対して支払う委嘱料は、別に定める　　県産業衛生運営協議会（以下「県協議会」という。）の定める産業医報酬表を基準とし、月額70,000円とする。
　(2)　甲は、毎月　日までに乙または乙の指定した機関に委嘱料を支払うものとする。
　(3)　健康診断を行った場合の報酬は1項に準じ別に支払うものとする。
（責任の所在）
第4条　乙の職務遂行中に受けた物的及び人的事故は、甲の責任とする。
　　　　ただし、乙の故意または重大な過失によるものは、この限りではない。
　(2)　前項の損害賠償について、意見が一致しないときは、甲又は乙は、県協議会または別に定める甲乙の属する地区の産業衛生運営協議会（以下「地区協議会」という。）に調停を求めることができる。
（契約の期間）
第5条　この契約の有効期間は締結の日から　　　年　月　日までとし、甲乙協議の上、契約を更新することができる。
　(2)　契約を更新する場合はあらたに契約書をとりかわすものとする。
　(3)　契約更新後の期間は2年間とする。

368　　　　　　　　　　第2部　各課税物件

（解　　約）
第6条　甲、乙のいずれか一方がこの契約に違反したときは、その相手方は1か月
　　　の予告期間をおいてこの契約を解約することができる。
　　(2)　前条の協議が整わないとき、または本条の解約について意見が一致しない
　　　ときは、その都度、県または地区協議会に調停を求めることができる。
（守秘義務）
第7条　乙は、職務遂行上知り得た甲の秘密に関する事項を他にもらしてはならな
　　　い。
（契約に定めのない事項等）
第8条　この契約に定めのない事項または疑義が生じたときは、その都度、県また
　　　は地区協議会で協議の上、取り決めるものとする。
　　附　　則
　　この契約締結と同時に甲乙のこれまでの契約は解除されるものとする。
　　この契約を証するため、本書2通を作成し、甲乙両者記名押印の上、それぞれ1
通を保有する。

　　　　　　　年　　　月　　　日

　　　　　　甲　事業場所在地
　　　　　　　　〃　名　　称
　　　　　　　代表者職氏名　　　　　　　　　　　　　　　㊞
　　　　　　乙　医療機関所在地
　　　　　　　　〃　名　　称
　　　　　　　医　師　氏　名　　　　　　　　　　　　　　㊞

**印紙税法の適用関係**
　　　印紙税法に定める課税物件ではない。

**説明**　　この文書は、産業医を委嘱するもの（委任契約）であることから、第2号文書
　　　「請負に関する契約書」その他いずれの課税物件にも該当しない。

第五章 （第2号文書）請負に関する契約書　　369

**第169例　公認会計士の監査契約書**

## 監 査 契 約 書

被監査者　　　　　　株式会社と監査人公認会計士　　　　　とは、監査人が被監査者と金融商品取引法第193条の2に規定する特別の利害関係にないことを監査人が確認した上、次のとおり監査契約を結ぶ。

1．監査の目的及び適用する監査手続
　(1)　目　的　　金融商品取引法の規定による監査証明
　(2)　手　続　　証券取引等監視委員会の定める監査の要領並びに手続
2．監査の対象となる事業年度
　　第　　　　期　自　　　　　年　　　　月　　　　　日
　　　　　　　　　至　　　　　年　　　　月　　　　　日
3．監査開始の時期及び実施する日数
　(1)　期　中　監　査
　(2)　期　末　監　査
4．報告書の数並びに提出期日
　(1)　監　査　報　告　書　　　　通
　(2)　提　出　期　日　　　　年　　　月　　　　日
5．主たる監査を行う場所

6．報酬の額、その支払の時期及び方法
　(1)　報　酬　金　額
　(2)　支払の時期及び方法
7．この契約書に定めのない事項に関しては、別紙「監査契約約款」による。
　　この監査契約の証として本契約書2通を作成し、当事者各1通を保有する。

　　　　　　　　　　　年　　　月　　　日
　　　　　　　　　委嘱者（被監査者）
　　　　　　　　　　　　　（本　　　店）
　　　　　　　　　　　　　（商　　　号）
　　　　　　　　　　　　　（代 表 者 氏 名）　　　　　　　㊞
　　　　　　　　　受託者（監査人）
　　　　　　　　　　　　　（事務所所在地）
　　　　　　　　　　　　　（事 務 所 名 称）
　　　　　　　　　　　　　（氏名）公認会計士　　　　　　　㊞

370                    第2部　各課税物件

**印紙税法の適用関係**

　　印紙税法別表第一、課税物件表の第2号文書「請負に関する契約書」である。

**説明**　この文書は、公認会計士が監査を行い、監査報告書を提出するという仕事の完
　　成に対し、被監査人が報酬を支払うことを約したものであることから、第2号文
　　書に該当する（印紙税法基本通達別表第一、第2号文書の14）。

第五章　（第2号文書）請負に関する契約書　　　371

**第170例　演劇俳優の専属出演契約書**

## 出　演　契　約　書

　　　興行株式会社取締役　　　　　　　（以下「甲」という。）と
（以下「乙」という。）との間に次のとおり専属契約を締結する。

第1条　乙は、甲の経営する劇場、映画館以外に出演する場合は事前に甲の承諾を
　　　得て出演するものとする。

第2条　乙は、甲経営の劇場で行う演劇に年間　　　日間出演する義務を有する。

第3条　甲が指示した座館に乙の都合で一時出演不能の場合の契約日数について
　　　は、その都度甲乙双方協議の上決定する。

第4条　甲の取得したラジオ、テレビ放送への乙の出演については、交渉その他一
　　　切の業務を甲において専ら行うものとする。但し、この場合甲は乙の意思を
　　　尊重する。乙が取得した放送出演については乙の自由とする。但しこの場合
　　　乙は甲の意思を尊重する。

第5条　第2条及び第4条における出演企画は甲の企画が優先する。

第6条　甲は、乙に対して出演契約料として本契約成立後直ちに金　　　　円を
　　　現金にて支払う。

第7条　本契約期間は　　　年　　月　　日より　　　年　　月　　日までの
　　　か年とする。

第8条　本契約期間中乙側において生じた一身上の都合により乙が出演資格を喪失
　　　した時は、乙は甲に対して直ちに契約金の倍額を賠償として支払うものとす
　　　る。

第9条　本契約は、不可抗力に原因する外は解除する事はできないものとする。

第10条　甲乙いずれかが前条までの契約を履行しなかったとき、その不履行者が甲
　　　である場合は第6条に掲げる契約料相当額を、不履行者が乙である場合は、
　　　同契約料の三倍額を違約金として相手方に支払わねばならない。

　以上、契約の証として本書2通を作成し双方署名捺印の上各1通を保有する。

　　　　　　　　年　　月　　日

　　　　　　　　　　　甲　　　　　　　　　　㊞
　　　　　　　　　　　乙　　　　　　　　　　㊞

（注）　演劇俳優と興行会社との間の契約である。

372　　　　　　　　　　第2部　各課税物件

### 印紙税法の適用関係

　　　印紙税法別表第一、課税物件表の第2号文書「請負に関する契約書」である。

**説明**　　この文書は、興行会社が経営する劇場へ演劇芸能人が、専属として出演することを契約するものであることから、第2号文書に該当する（印紙税法基本通達別表第一、第2号文書の10）。

第五章 （第2号文書）請負に関する契約書 373

**第171例** 団体貸切に関する契約書

## 契 約 書

　　　株式会社　劇場支配人　　　　　　を甲とし、　　　　　を乙として団体
貸切に関し、下記のとおり契約を締結する。

第1条　甲は、甲の経営する　　　　　　　を　　年　月　日　時　分より　時
　　　　分まで団体貸切として同劇場において上演中の　　　　　公演を乙に
　　　提供することを約する。

第2条　乙は甲に対し、本契約締結と同時に保証金として貸切料金の半額金
　　　300,000円を差入れする。

第3条　本契約の貸切料金は金600,000円とし、乙は貸切日前日までにその全額を
　　　甲に支払うものとする。

　　　　ただし、この貸切料金支払いの際、前条による契約保証金をもって相殺充
　　　当することを双方確認する。

第4条　甲はこの貸切公演に必要な劇場常備の諸設備及び人員を乙に提供し、これ
　　　に伴う電燈料、水道料等の諸経費及び人件費は甲の負担とする。

　　　　ただし、乙において第1条に定める公演以外に追加番組を希望する場合又
　　　は特別の施設の追加を希望する場合はその実費金額を甲に支払うものとす
　　　る。

第5条　天災その他不可抗力により甲の公演又は乙の貸切が不可能となった場合は
　　　甲乙協議の上、本契約を変更又は解除することができる。

第6条　乙の都合により本契約を解除する場合は乙は甲に対し、第3条の貸切料金
　　　相当額の違約金を支払わねばならない。

　　　　この違約金には、甲は第2条の契約保証金の全額を充当することができ
　　　る。

第7条　本契約に規定する以外の事情が生じた場合は、甲乙協議の上誠意をもって
　　　これを解決する。

　上記のとおり成立を証するため、本書2通を作成し、各自署名捺印の上、各1通
を保有することとする。

　　　　年　　月　　日

　　　　　　　　　　　　　　（甲）　　　　　　　　　　　㊞

　　　　　　　　　　　　　　（乙）　　　　　　　　　　　㊞

374　　　　　　　　　　第2部　各課税物件

**印紙税法の適用関係**

　　　　印紙税法別表第一、課税物件表の第2号文書「請負に関する契約書」である。

**説明**　　この文書は、対価を得て催物を上演する契約は請負契約であるため、第2号文
書に該当する。

　　　　なお、記載金額は、第3条記載の貸切料金60万円である。

第五章　（第2号文書）請負に関する契約書　　375

**第172例**　支払方法等について

---

年　　月　　日

各　　位

株式会社

## 支払方法等について

　当社が今後注文する場合の支払方法等については、下記のとおりとしたいので、ご承諾下さい。なお、ご承諾の場合は、ご連絡下さい。

記

1．支払制度　　　　納品毎月　日締切　翌月　日支払
2．支払方法　　　　支払総額　万円未満現金

　　　　　　　　　〃　　万円以上 $\begin{cases} 現金　\% \\ 手形　\%　手形期間 \end{cases}$

3．検査完了期日　　納品後　日
4．有償支給材料代の決済
　　　支給材の納品分をその代金支払時に相殺します。
　　　なお、品名、数量、金額、引渡期日は有償支給材料明細書によります。
5．実施期間
　　　　年　　月　　日から1年間
　　　ただし、この期間内において変更する場合は改めて通知します。

以　　上

---

（注）　この文書は、下請代金支払遅延等防止法（昭和31年法律第120号）第3条《書面の交付等》の規定により、交付が義務付けられている書面である。

**印紙税法の適用関係**

　　　印紙税法に定める課税物件ではない。

**説明**　この文書は、「ご承諾の場合は、ご連絡下さい。」という文言が明記されており、契約の成立を証する文書ではないことから、印紙税法上の契約書には該当しない。

**第2部 各課税物件**

**第173例** 出版物（書籍）の製作に関する契約書

# 契　約　書

1　書　物　名

2　数　　　量　英文版　　部、　　邦語版　　部

3　契　約　金　額　　　　　円

4　納　入　期　限　　　年　月　日

5　納　入　場　所

　上記書物の調製について、発注者　　　　（以下「甲」という。）と請負者株式
会社　　　取締役社長　　　（以下「乙」という。）との間に、下記条項
により契約を締結する。

第1条　乙は、別紙仕様書による調製本を上記の金額をもって、納入期限までに所
　　　定の場所に納入しなければならない。

第2条　乙は、甲の承認を受けないでこの契約の履行を第三者に委託し、又はこの
　　　契約より生ずる債権を譲渡してはならない。

第3条　甲は、本請負代金を調製本検収後、乙の請求に基づいて支払うものとす
　　　る。

第4条　甲は、次に掲げる場合には、いつでも本契約を解除することができる。

　　⑴　乙が本契約を履行せず、又は完全にこれを履行することができないと
　　　　認めたとき。

　　⑵　甲の指定した納入期限、又は猶予期限を経過して支障があると認めた
　　　　とき。

第5条　乙は、著作権行使者である甲の許可なしに写真その他のものを他に流用し
　　　ない。

　上記契約の締結を証するため、本証書2通を作成し、当事者双方が署名捺印の
上、各自1通を保有するものとする。

　　　　　年　　月　　日

　　　　　　　　　　　　　　　甲　　　　　　　㊞

　　　　　　　　　　　　　　　乙　　　　　　　㊞

**印紙税法の適用関係**

　　　印紙税法別表第一、課税物件表の第2号文書「請負に関する契約書」である。

**説明**　この文書は、受注者が注文者の原稿に基づく書籍を作成し、これに対して注文
　　者が報酬を支払うものであることから、第2号文書に該当する。

第五章　（第２号文書）請負に関する契約書　　　377

## 第174例　受付通知書、確認書
### （その１）受付通知書

| 受　付　通　知　書 | | No. | |
|---|---|---|---|
| 宿泊月日 | 年　　月　　日　　　　泊 | | |
| フリガナ | | | |
| | | | 様 |
| | 様（内訳　ご夫婦　　組　ご婦人お子様　　名名） | | |
| 宿　泊　料 | ￥　　泊　　食　　税　　金　別　込　　　サービス料　別　込 | | 東館｜西館 |
| 御　到　着時　　間 | 時　　分頃着 | 御宴会 | お座敷 |
| | 列車・自家用車・観光バス | | シアター |
| 芸　　妓 | 時　　　分より　　名（他　　名） | | |
| ホ ス テ ス | 承っておりますが人員は当日迄未定でございます。 | | |
| 扱　　者 | | | |
| 食　　事 | 当　日 | 会議 | 時　　分 |
| | 翌　日 | | |
| 受　　付 | 年　　月　　日　係名 | | |
| 備考 | | | |

客室使用時間は午後２時より翌朝10時迄になって居りますので、予めご了承下さいませ。

(注)お手数でもご人数のご変更がございましたら直ちにご一報下さいませ。

　　上記の通り　　　月　　　日確かにお引受申し上げます。

　　　営業所　　　　　　　　　　案内所

378　　　　　　　　　第2部　各課税物件

## （その2）確認書

| No. | | | |
|---|---|---|---|
| | 確　認　書 | | |
| いつもお引立いただきましてありがとうございます。<br>お申し込みについて下記の通り確認申し上げます。 | | | |
| 会社団体名 | | | |
| ご　芳　名 | | | 様 |
| ご　宿　泊 | 年　　　月　　　日（　　曜日）より　　泊 | | |
| ご　人　員 | 名（男　　　女　　　）外子供　　　名 | | |
| ご宿泊料 | 一泊二食 | 大人 | |
| | | 小人 | |
| ご　到　着 | 時　　　分 | 列車・バス・自家用車 | |
| 記　事 | | | |
| ・当館は、宿泊予約について、変更（減員）お取消の場合、旅館三団体約款に<br>基づき、違約金を申し受けますので御了承下さいませ。<br>・ホテル　　はノーチップ制でございます。 | | | |
| 年　　　月　　　日<br><br>ホテル<br><br>予約センター | | | |

### 印紙税法の適用関係

　　　これらの文書は、いずれも印紙税法別表第一、課税物件表の第2号文書「請負に関する契約書」である。

**説明**　　これらの文書は、宿泊の申込みに対する承諾事実を証明する目的で作成された文書であり、宿泊という請負契約を記載内容としていることから、第2号文書に該当する。

　　　なお、記載金額は、宿泊の対価たる金額（宿泊人員に1人当たりの宿泊料金を乗じた金額）である。

第五章　（第2号文書）請負に関する契約書　　　379

## 第175例　御案内状、御案内書
### （その1）御案内状

## 御 案 内 状

提案者　　　　　　　　　　担当者　　　　　　　　　　　　　　　様

毎度お引立を賜り有難うござい　　T　　
ます。　　　　　　　　　　　　E　
尚、下記の通り御来店御待ち致し　L　
て居りますので宣敷く御願い申上
げます。　　　　　　　　受付　　　年　　　月　　　日

| 団 体 名 | | | | 様 |
|---|---|---|---|---|
| 期　　日 | 年　　　月　　　日　　　曜 | | | |
| 人　　員 | 名 | 添乗員　　　名 | 乗務員 | 名 |
| 単　　価 | ￥ | 内　　容 | 朝・昼・夕 休・宿・他 | |
| 前　　泊 | | 交通機関 | | |
| 支払条件 | 現払、クーポン、その他 | | | |
| 承　　店 | | | | |
| 現地電話 | | 申　込 | TEL FAX | OK |
| 備　考 | | | | |

| 人員等の変更は、前以て御連絡願います。 | 担当者 |
|---|---|
| 全国観光施設　　　　　　　　　　直 営 案 内 所 | |

380　第２部　各課税物件

（その２）御案内書

御　案　内　書　No.＿＿＿＿＿

| 御　芳　名 | | 様 |
|---|---|---|
| 月　　　日 | 年　　月　　　日（　　曜日） | |
| 御　人　数 | 大人　　　名（内女子　　　　名） | |
| | 小人　　　名　計　　　　名 | |

| 料金 | お宿泊 | 御一名　泊　食　¥　　税　金　及　込 サービス料　別 |
|---|---|---|
| | お食事 | 食　時　分　¥ |

| そ の 他 | |
|---|---|
| | |

上記の通り準備相整えお待ち申し上げております。
　　　年　　　月　　　日

政府登録
国際観光旅館　　　グ ラ ン ド ホ テ ル

同　別　館

日観連会員　　　　　温 泉 ホ テ ル

**印紙税法の適用関係**

　これらの文書は、いずれも印紙税法に定める課税物件ではない。

**説明**　これらの文書は、宿泊申込みに対する承諾事実を証明するものではなく、宿泊申込者に対する宿泊の案内のために作成交付されるものであることから、印紙税法に定めるいずれの課税物件にも該当しない。

第五章　（第2号文書）請負に関する契約書　　381

## 第176例　宿泊予約券

| | |
|---|---|
| | 発　行　　年　　月　　日 |
| | 宿　泊　予　約　券 |
| 芳名　　　　様　　　名 | お客様　　　　　　　　　様　　　　　名 |
| 泊日　　月　　日泊 | 地　名　　　　　旅館名 |
| 泊料　Y　　　　　別々<br>　　　　　　　　込々 | 宿泊日　月　日　食から泊　食付　別々<br>　　　　月　日　食まで　お一人様Y　込々 |
| 預り金Y | 予　約　　　社印とクーポンNo.のない券 |
| 旅館名 | 預り金　Y　　　　は無効。 |
| クーポンNo. | 宿泊料金の中にはサービス料等は含みません。 |
| 発行日　　　月　　　日 | |

（裏面）

ご注意

1．この券は、表記の指定旅館および指定日時に限り有効であります。表記預り金は（宿泊料金の2割相当額）旅館で勘定の際に差し引きします。

2．予約を取り消された場合、又は宿泊されなかった場合は、お申し出により、当店所定の旅行あっ旋約款に基づき、取消料をいただき、残額を払いもどします。

（中　略）

6．預り金の払いもどしに際しては、発行手数料として券1枚につき　　円いただきます。また、予約取消しに要する通信費（実費）をいただきます。

| 予約人員の<br>　増　減　名　印 | 本券の精算は発行所か下記の取引銀行、または所属の都道府県支部事務局で。 |
|---|---|

（注）　この文書は、旅行あっせん業者が、顧客の依頼によって旅館と宿泊予約をした際、顧客に交付するものである。

　　　　なお、顧客はこれを予約旅館に呈示して宿泊することができる。

### 印紙税法の適用関係

　　　　印紙税法に定める課税物件ではない。

**説明**　この文書は、旅行者（顧客）がこれを予約旅館に呈示することによって宿泊できることとなっているもので、これは、宿泊等のサービスの給付請求権を証するものであり、請負契約等の成立等を証することを目的として作成するものではないことから、第2号文書「請負に関する契約書」その他いずれの課税物件にも該

当しない。

　また、券面上に記載される予約預り金は副次的に金銭の受領事実を証することになるが、これはもともとサービス給付を受ける権利の価値を表示するものであることから、第17号文書「金銭の受取書」にも該当しない。

第五章　（第2号文書）請負に関する契約書　383

**第177例　厚生寮利用券**

## 厚 生 寮 利 用 券

月　　　日

| 利用施設名 | | | | | | |
|---|---|---|---|---|---|---|
| 利 用 日 時 | 自　　月　　　日　　　時頃<br>至　　月　　　日　　　時頃 | | | 宿泊数　　　　　泊 | | |
| 利用責任者 | 課　　　　　　　　　　係<br>　　　　　　　　　　　　　　㊞ | | | | | |

| | 氏　　　　　名 | 従業員・家族<br>の　区　別 | 続　柄 | 年　　令 |
|---|---|---|---|---|
| | | 従　　家 | | 才 |
| | | 従　　家 | | |
| | | 従　　家 | | |
| 利　用　者 | | 従　　家 | | |
| | | 従　　家 | | |
| | | 従　　家 | | |
| | | 従　　家 | | |
| | | 従　　家 | | |

| 利 用 人 員 | 従業員　　　　　名<br>家　族　　　　　名 | 合　計　　　名 ⎰(男)　　　名⎱<br>　　　　　　　　⎱(女)　　　名⎰ |
|---|---|---|

| 利 用 目 的 | 保　養　　　会　食　　　その他 |
|---|---|

| 食 事 内 容 | 朝食→　要　・　不要<br>夕食→特Ａ・Ａ・スキヤキ・その他（　　　）×　　食 | 分室受付印 |
|---|---|---|
| | 山の家、　　寮　　　　月　　日の　夕　より<br>　　　　　　について　　月　　日の　朝　まで<br>　　　　は　　　　　　　（　　　）食 | |

（注）　1．利用券は必ず管理人に提出して下さい。
　　　　2．利用券に記載された利用者と実際の利用者が同一であるか否か管理人が
　　　　　チェックしますので御協力下さい。
　　　　3．不正利用が発覚した場合には即刻お帰り頂くことがあります。

384　　　　　　　　　　第2部　各課税物件

**印紙税法の適用関係**

　　　印紙税法に定める課税物件ではない。

**説明**　この文書は、宿泊等の申込みに対する承諾事実を証明するものでなく、申込者
　　　に対する案内のために作成交付されるものであることから、第2号文書「請負に
　　　関する契約書」その他いずれの課税物件にも該当しない。

**参考**　宿泊の申込みに対する承諾事実を証明する目的で作成される文書（文書上「お
　　　引受け申し上げます」、「確認申し上げます」、「承認します」のような文言が記載
　　　されたもの）は、第2号文書となる。

第五章　（第2号文書）請負に関する契約書　　　　385

**第178例**　**材料支給による注文請書**

注　文　請　書

年　　月　　日

注文者＿＿＿＿＿＿＿御中

受注者＿＿＿＿＿＿＿㊞

| 品　　　　名 | 数　量 | 単　　価 | 金　　額 |
|---|---|---|---|
| | | 円 | 円 |

| 受　渡<br>場　所 | | 支　払<br>条　件 | | その他 | |
|---|---|---|---|---|---|

備考：規格、別途打合せのとおり
　　　材料、貴社支給品使用

（注）　注文者が材料を支給し、受注者がこれによって一定の物品を製作する。

**印紙税法の適用関係**

　　　印紙税法別表第一、課税物件表の第2号文書「請負に関する契約書」である。

**説明**　この文書は支給を受けた材料により、物を有償で製作することは請負契約であることから、第2号文書に該当する。

386　　　　　　　第2部　各課税物件

**第179例**　カタログ商品に対する注文請書

| | | | 年　　月　　日 |
|---|---|---|---|

注　文　請　書

| | 注文No. | | 株式会社　製缶　工場 |
|---|---|---|---|
| 殿 | | | |

| 品名 | 数量 | 単価 | 金額 | 納期 | 受渡場所 |
|---|---|---|---|---|---|
| 1 | | | | | |
| 2 | | | | | |
| 3 | | | | | |
| 4 | | | | | |
| 5 | | | | | |
| 6 | | | | | |
| 7 | | | | | |

| 上記御注文ありがたく御請け致します。<br>御注文の御引取りは最終　　年　　月迄<br>にお願い申し上げます。 | 合　　計 | 御支払条件 |
|---|---|---|

(注)　この文書は、カタログ掲載の缶容器に注文者の要望するデザインを印刷して引き渡すことの請書である。

**印紙税法の適用関係**

　　印紙税法に定める課税物件ではない。

**説明**　この文書は、缶の容量、形、材質等が一定しているカタログ商品の見本品に基づいて注文するもので、たとえ容器のデザインが注文者の指示によるものであっても、その取引の主体は見本品に基づく容器の売買と認められることから、第2号文書「請負に関する契約書」その他いずれの課税物件にも該当しない。

第五章　（第2号文書）請負に関する契約書　　387

**第180例　保守条項を含む賃貸借契約書**

# 電子計算機の賃貸借契約書

　　　　　　（以下「貴社」といいます。）と　　　　　株式会社（以下「弊社」といいます。）とは、　　　　　（以下「メーカ」といいます。）製造に係る弊社所有の電子計算機（以下「装置」といいます。）の賃貸借に関し、次のとおり契約を締結します。

1. 機種および数量：
2. 賃　　貸　　料：月額　　　　　　円
3. 使　用　期　間：1ケ月　　　200時間
4. 引渡完了予定日：　　　年　　月　　日
5. 据　付　場　所：

契　　約　　条　　項

（契約の趣旨及び装置の定義）

第1条　貴社に対する装置の賃貸については、この契約条項によるものとします。

（中　略）

（装置の保守）

第7条　弊社は装置が正常に作動するよう、弊社の負担において、装置の調整、修理又は部品の交換等所要の保守をおこないます。なお、装置が正常に作動しない場合は、弊社は誠意をもって所要の保守をおこないますが、この場合の貴社の損失に対しては弊社はその責を負わないものとします。

2　弊社は前項の保守をメーカに委託しておこないます。

3　装置の定期保守は、原則として、メーカの通常の就業時間内におこないます。ただしシフト契約の場合については別に定めるところによりおこないます。

4　装置の保守に関連する費用で次の各号に定めるものは貴社の負担とします。

(1)　貴社の申出により通常の保守基準を超えておこなった保守の費用

(2)　メーカの通常の就業時間外におこなった定期保守の費用

(3)　貴社の故意又は過失により生じた装置の調整、修理又は部品の交換等に要する費用

(4)　第1項及び前各号の作業にあたり必要とする用役費用

（以下省略）

388 第2部 各課税物件

**印紙税法の適用関係**

　　　印紙税法に定める課税物件ではない。

**説明**　　この文書は、第7条で装置の保守を定めており、この内容は、民法第606条第
　　　1項（賃貸人の修繕義務）に規定する賃貸人の修繕義務とその免責範囲等を定め
　　　たものであって、請負契約による保守を定めたものではないことから、第2号文
　　　書「請負に関する契約書」その他いずれの課税物件にも該当しない。

**参考**　　＜民法第606条＞　賃貸人は、賃貸物の使用及び収益に必要な修繕をする義務
　　　を負う。

第五章 （第2号文書）請負に関する契約書 389

### 第181例 リネンサプライ契約書

---

#### リネンサプライ契約書

　　　　ホテル殿（以下「甲」といいます。）と　　　　　　サービス会社（以下「乙」といいます。）は繊維製品（以下「リネン」といいます。）の賃貸借及びクリーニングサービスの提供について裏面記載の条項に基づき次のとおり契約を締結致します。

記

1．品質、規格、色、型、数量　　敷布1,500枚、掛布1,500枚、浴衣1,500枚、ピロケース1,500枚
2．リネンサプライ料金　　敷布32円、掛布32円、浴衣32円、ピロケース9円、敷布、掛布、浴衣については1日1枚1円のリース料とする。
3．受渡時期および場所　　貴社仕入係にて毎日集配する。
4．料金支払期日　　月末締切　翌月末迄に銀行振込とする。
5．契約期間　　実施の日より3か年
6．保証金　　ナシ
7．使用の方法　　客室用品として毎日使用

　この契約締結の証として本書弐通を作成し、甲乙記名捺印の上各壱通を保有します。

　　　　年　　月　　日

　　　　　　　　　　　　　　　　　（甲）　　　　　　　　㊞
　　　　　　　　　　　　　　　　　（乙）　　　　　　　　㊞

---

（注）　この文書は、ホテルとリース会社との間で、敷布・掛布等のリースに関して取り決める契約書である。

### 印紙税法の適用関係

　　　印紙税法に定める課税物件ではない。

**説明**　この文書は、繊維製品の賃貸借及びクリーニングサービスの提供について定めており、クリーニングサービスの提供は、敷布等のリースに付随して行われるものであり、請負契約を定めたものではないことから、第2号文書「請負に関する契約書」その他いずれの課税物件にも該当しない。

390　　　第2部　各課税物件

**第182例**　商品大量陳列契約書

## 商品大量陳列契約書

　　　　　　株式会社（以下「甲」という。）と　　　　　株式会社（以下「乙」とい
う。）は、甲に於ける乙の商品の大量陳列に関して下記のとおり同意する。本契約
書に双方署名捺印の上各自1通を保有するものとする。

1. 乙の商品の
　大量陳列：_____年____月____日より____年____月____日迄____カ月間
　期　　間
2. 商　　品：_____
3. 陳　　列：甲は契約期間中、甲の店内に於いて商品の陳列及び販売増進に最
　　　　　　適として甲乙互に選択した場所に質、量、位置に於いて競合品に
　　　　　　対して劣らぬ様￥_____に相当する上記商品の大量陳列
　　　　　　を維持するものとする。
4. 割　戻　金：契約期間中、上記商品の大量陳列が乙の満足の下に履行された場
　　　　　　合、契約期間満了後乙は甲に対して￥_____を銀行送金にて
　　　　　　支払うものとする。

　　　　　　振込先：_____銀行____支店　普通預金勘定　口座名_____
　　　　　　　　　　　　　　　　　　　　当座預金勘定

　　　　　年　　月　　日
　　　　　　　　　　　　　　　　（甲）　　　　　　株式会社
　　　　　　　　　　　　　　　　　代表取締役　　　　　　　㊞
　　　　　　　　　　　　　　　　（乙）　　　　　　株式会社
　　　　　　　　　　　　　　　　　代表取締役　　　　　　　㊞

（注）　小売店と物品の製造者の間における契約であり、両者は、直接の取引関係には
ない。

### 印紙税法の適用関係

　　　印紙税法に定める課税物件ではない。

**説明**　　この文書は、製造者の製品を小売店の販売場の最適場所に大量陳列して、製品
の広告を行うことを約するものではあるが、この広告行為は小売店の商品販売を
利用して製造者の製品の広告を行うもので、小売店が広告しなければならないと
いう債務を製造者に対して負うものではなく一種の事務委任契約と解されること
から、第2号文書「請負に関する契約書」その他いずれの課税物件にも該当しな
い。

第五章　（第2号文書）請負に関する契約書　　　391

### 第183例　チラシ契約書

## チ ラ シ 契 約 書

株式会社
スーパーマーケット店名・住所

| 住所 店名 | 株式会社と左記スーパーマーケットは、次のことを取り決めました。 |

年　　　月　　　日

掲載商品の種類：＿＿＿＿＿＿＿＿＿＿＿＿＿＿＿

広告掲載の大きさ：B＿＿＿判

ジャー　１ロゴ・$\dfrac{1}{32}$・$\dfrac{1}{16}$・$\dfrac{1}{8}$・$\dfrac{1}{6}$・$\dfrac{1}{4}$・$\dfrac{1}{2}$・$\dfrac{1}{1}$

掲載店舗数：店数＿＿＿＿店

内訳　A店・B店・C店・D店・E店・未店

発行枚数＿＿＿＿＿枚
チラシ発行日＿＿月＿＿日

協賛期間　：　自　月　日～至　月　日

　　株式会社の定める基準によりチラシ広告が掲載された場合は、次のアローワンスが支払われます。

　　ア　ロ　ー　ワ　ン　ス　　　　　¥＿＿＿＿＿＿

| アローワンス支払先 | 払　込　先 | 普通預金勘定 当座預金勘定 | 口　座　名 |
|---|---|---|---|
|  | 銀行　　支店 |  |  |

社印

＿＿＿＿＿＿＿＿＿＿＿＿＿＿＿＿　　　　　　　　＿＿＿＿＿＿＿＿＿＿＿＿＿＿＿
スーパーマーケット社名　　　　　　　　　　　　　　　　メーカー担当者の署名

（注）　スーパーとメーカーとの間でスーパーが一定の基準によりメーカーの製品のチ
　　　ラシ広告を行うこと及びチラシ広告が行われた場合には一定の金銭を支払うこと
　　　を定めたものである。

### 印紙税法の適用関係
　　　印紙税法に定める課税物件ではない。

**説明**　　この文書は、製造者の製品につきチラシ広告を行うことを約するものであるが、
　　　この広告はスーパー自身の広告でもあって、スーパーが製造者に対して広告しな
　　　ければならないという債務を負うものではないことから、第2号文書「請負に関
　　　する契約書」その他いずれの課税物件にも該当しない。

## 第184例 クレジットカードご利用票

(注) 顧客がクレジットカードを利用して商品・役務等を購入した際に、販売業者 (加盟店) が3枚複写方式で作成するもので、1枚目はクレジット会社への送付

第五章 （第2号文書）請負に関する契約書　　　393

用として、2枚目は販売業者（加盟店）用として、3枚目はお客様用（訪問販売の場合には裏面にクーリングオフ規定を記載）として使用するものである。

## 印紙税法の適用関係

印紙税法に定める課税物件ではない。

**説明**　＜クレジット会社送付用（A）＞

クレジット会社への送付用のものは、加盟店とクレジット会社との間の契約に基づいて、顧客がクレジットカードを利用したことにより加盟店が立替払いを受けるべき内容又は譲渡する個々の債権の内容をクレジット会社に通知するための文書であることから、印紙税法に定めるいずれの課税物件にも該当しない。

＜加盟店用（B）＞

加盟店が自己の控えとして作成するものであることから、印紙税法上の契約書には該当しない。

＜お客様用（C）＞

売買契約等の際に販売業者（加盟店）から顧客に送付される文書であるが、請負の申込みに対する承諾の意思表示の記載がなく、かつ、請負の期日等の請負契約の重要な事項が記載されていないことから、第2号文書「請負に関する契約書」その他いずれの課税物件にも該当しない。

なお、支払回数等の支払方法の記載は、購入者と加盟店の約定事項ではない。

394　　　　　　　　第２部　各課税物件

**第185例**　お支払予定のご案内

〒

　　　　　　　　　　　　　　　　　　（商　品　名）

　　　　　　　　　　　　殿　　　（販　売　店）

## お支払予定のご案内

このたびは　　　　をご利用いただきありがたく厚く御礼申し上げます。
先にご契約いただきました　　　　のお支払は「お支払予定表」記載のようになって
おりますのでご案内申し上げます。　　　　年　　月　　日

| お支払予定表 | | | | | | |
|---|---|---|---|---|---|---|
| 分割払金合計 | | 円 | | | | |
| | | 円 | | | | |
| | | 円 | | | | |

| お支払方法 | |
|---|---|
| お支払日 | 毎月　　日 |
| ボーナス時お支払月 | 月と　月 |

自動振替　銀行／支店／口座

機　種

頭　金

| お支払回数 | お支払日 年月日 | お支払金額 円 | お支払後残高 円 | 備　　　考 |
|---|---|---|---|---|
| | | | | |
| | | | | |
| | | | | |
| | | | | |
| | | | | |
| | | | | |
| | | | | |
| | | | | |
| | | | | |
| | | | | |
| | | | | |
| 合　　計 | | | | |

**印紙税法の適用関係**

　　　印紙税法に定める課税物件ではない。

**説明**　この文書は、既に成立している契約に基づいて、支払の予定を通知するもので
　　　あり、契約の成立等を証明するためのものではないことから、その支払が請負に
　　　係るものであっても、第２号文書「請負に関する契約書」その他いずれの課税物
　　　件にも該当しない。

第五章　（第2号文書）請負に関する契約書　　395

**第186例　設計委託契約書**

# 設 計 委 託 契 約 書

1．設 計 名

2．設計期間　　自　　　　　年　　月　　　日
　　　　　　　　至　　　　　年　　月　　　日

3．契約金額　　金　700,000円

　　上記について委託者　　　　　　　株式会社（以下「甲」という。）と受託者
　　　　（以下「乙」という。）とは、次の条項により設計委託契約を締結する。

　（総　則）
第1条　乙は、別冊設計委託要項に基づき、頭書の契約金額をもって、頭書の設計
　　期間内に、頭書の設計を完成するものとする。
　　2　設計委託要項に明示されていないものがあるときは、乙は、甲の指示に従
　　うものとする。
　　3　乙は、設計委託要項に基づき設計委託料内訳明細書及び設計日程表を作成
　　し、契約締結後　　日以内に甲に提出して、その承認を受けるものとする。
　　4　乙は、この契約の履行上知り得た事項を第三者に漏洩してはならない。
　（権利義務の譲渡）
第2条　乙は、この契約によって生ずる権利又は義務を、第三者に譲渡し、又は承
　　継させてはならない。
　（委任または下請負の禁止）
第3条　乙は、この契約の履行について、全部又はその主要な部分を第三者に委任
　　し、又は請け負わせてはならない。ただし、甲の承諾を得た場合はこの限り
　　ではない。
　（監　督）
第4条　甲は、乙の行う設計について自己に代って監督又は指示を行う監督員を定
　　め、乙に通知するものとする。
　　2　監督員は、この契約書及び設計委託要項に定められた事項の範囲内におい
　　て、次の各号の職務を行う。
　　一　乙の作成する設計日程表を調査し、その内容を調整すること。
　　二　乙の行う設計調査に立ち会い、又は必要な監督を行い、もしくは第5条
　　の規定による乙の設計主任者に対して指示を与えること。

396　　　　　　　　　　第2部　各課税物件

（設計主任者）

第5条　乙は、この契約に係る設計に関し、技術上その他いっさいの事務を管理する設計主任者を定め、甲に通知するものとする。

（設計の変更中止）

第6条　甲は、必要がある場合には設計内容を変更し、又は設計を一時中止し、もしくはこれを打ち切ることができる。この場合において契約金額または設計期間を変更する必要があるときは、甲乙協議して、書面によりこれを定めるものとする。

　　2　前項の場合において乙が損害を受けたときは、甲は、その損害を賠償するものとし、賠償額は、甲乙協議してこれを定める。

（無償延伸）

第7条　乙は、天災その他乙の責に帰することができない事由により、頭書の設計期間内に設計を完成することができないときは、甲に対して遅滞なくその事由を付して設計時間の延長を求めることができる。

　　　　この場合における延長日数は、甲乙協議して定めるものとする。

（有償延伸）

第8条　乙の責に帰すべき事由により頭書の設計期間内に設計を完成することができない場合において、期限後において完成する見込みがあるときは、甲は、乙から遅滞金を徴収して設計期間を延長することができる。

　　2　前項の遅滞金は、遅滞日数1日につき契約金額の1000分の2に相当する額とする。

　　3　検査に合格しなかったときの前項に規定する遅滞日数の計算については、設計完成の届出を受理した日の翌日から起算して検査不合格の通知をした日までの日数は、これを遅滞日数から差し引くものとする。

　　4　第2項の規定により計算した遅滞金の額が100円未満であるときは、遅滞金を支払うことを要せず、その額に100円未満の端数があるときは、その端数を切り捨てるものとする。

（一般的損害）

第9条　第11条第2項に規定する引渡前に、設計委託要項に定める書類等の亡失又は破損等設計に関して生じた損害は、乙の負担とする。ただし、甲の責に帰する事由による場合はこの限りではない。

（第三者等の損害）

第10条　乙は、設計調査の実施に当って第三者または甲に損害を与えたときは、その賠償の責を負う。ただし、甲の責に帰する事由による場合はこの限りでない。

第五章　（第2号文書）請負に関する契約書　　397

（検査及び引渡）

第11条　乙は、設計が完成または部分完成したときは、その旨書面をもって甲に通知するとともに、設計委託要項に定める書類等一式を甲に提出するものとする。

　2　甲は、乙から前項の書類等の提出を受けたときは、その日から10日以内に検査を行い、検査に合格したときは、遅滞なくその引渡しを受ける。

　3　検査に合格しないときは、乙は、遅滞なく修正または再設計を行い、書類等を補正して甲の検査を受けるものとする。この場合において、前項に規定する期間は、甲が乙から補正された書類等を受理した日から起算する。

（中　略）

（契約外の事項）

第22条　この契約書に定めのない事項については、必要に応じて甲乙協議のうえ定めることとする。

　上記のとおり契約して本書2通を作り当事者記名なつ印のうえ各1通を保有する。

```
　　　　　　年　　　　月　　　　日
　　　　　　　　（甲）委託者　　　　　　　　　　　　　　　　　㊞
　　　　　　　　（乙）受託者　住　　　所
　　　　　　　　　　　　　　　会 社 等 名
　　　　　　　　　　　　　　　代表者等名　　　　　　　　　　　㊞
```

**印紙税法の適用関係**

　　　印紙税法別表第一、課税物件表の第2号文書「請負に関する契約書」である。

**説明**　この文書は、対価を得て設計図書の完成を約するものであることから、第2号文書に該当する。

398　　　第2部　各課税物件

**第187例**　肉用素畜導入事業預託契約書

---

肉用素畜導入事業預託契約書

1．肉用素畜　　　　牛（又は豚）　　　　　頭
　　イ　預託家畜の購入価格　　　　　　　　円
　　　　　　　　諸　掛　　　　　　　　　　円
　　ロ　預託家畜の名称並に特徴
　　ハ　預託家畜の生年月日
　　ニ　耳標又は入墨番号
1．預託期日　　　　　年　　　月　　　日
上記の家畜を下記契約条項により預託契約を締結し双方記名調印の上各1通を保有
しておく。
　　　　　　　　　年　　　月　　　日
　　　　　　　　　　預託者住所氏名　　　　　　　　　　　印
　　　　　　　　　　受託者住所氏名　　　　　　　　　　　印

契　約　条　項

第1条　この預託契約は肉用素畜導入事業実施要綱並に同要項を遵守の上、上記の
　　肉用素畜の預託を受けたことを約す。
第2条　標準預託期間は（6ケ月、12ケ月）とし受託者はこの家畜の受託期間中肥
　　育を目的とした善良な注意をもって飼養管理に当たり、肥育の目的を達したと認
　　めたときは組合に返還する。
第3条　組合は預託家畜を販売したときは、ただちにその販売代金から次の額を控
　　除した額を報酬として受託者に支払う。
　　1　当該家畜の購入価格
　　2　当該家畜並に販売に要した費用の額
　　3　家畜預託事業利用料
第4条　受託者が第2条の規定に違反し預託を受けた家畜を処分した時は、当該家
　　畜の購入価格の三倍に相当する額の違約金をこの組合に支払うものとする。

（以下省略）

---

**印紙税法の適用関係**

　　　　印紙税法別表第一、課税物件表の第2号文書「請負に関する契約書」である。

**説明**　この文書は、肥育を目的として家畜を飼養し、それに対し報酬を支払うことを
　　約するものであることから、第2号文書に該当する。

第五章　（第2号文書）請負に関する契約書　　　399

## 第188例　給与振込に関する協定書

<br>

# 給与振込に関する協定書

　　　　（以下「甲」という。）と株式会社　　　　銀行（以下「乙」という。）とは、乙の　　支店を受付店として甲の給与受給者（以下「丙」という。）に対する給与振込事務の取扱いに関し、次のとおり協定する。

第1条　（委託事務および指定店と預金種目の範囲）

　　　　甲は、丙に対する給与（賞与を含む。以下同じ。）の支給にあたっては、乙に振込事務を委託して行う。

　　2　丙がその給与の振込を指定することができる指定店の範囲は、乙および乙が振込可能な金融機関の本支店とし、振込みを指定できる預金種目は普通預金、総合口座および当座預金とする。

第2条　（指定口座の確認）

　　　　甲は事前に丙の指定した口座の口座番号および氏名を確認し、乙に給与振込みを依頼する。

　　　　ただし、確認にさいして必要ある場合は、乙は甲に協力する。

第3条　（振込依頼）

　　　　甲は第1条の事務取扱を乙に委託するにあたり、原則として給与支払日の4営業日前までに所定の様式による振込依頼書を乙の受付店へ提出する。

第4条　（入金手続）

　　　　乙の受付店は振込依頼書にもとづき給与支給日に丙の指定口座へ入金手続を行うものとする。

第5条　（資金決済）

　　　　甲はこの協定にもとづく振込資金を給与支給日までに乙に交付するものとする。

第6条　（入金通知）

　　　　乙の指定店は丙に対して、給与振込の入金通知は行わない。

第7条　（免責）

　　　　乙は委託事務の取扱いについて、乙の責による以外の事由により甲に損害が生じた場合には、その賠償の責を負わないものとする。

第8条　（協議）

　　　　この協定の改訂ならびにこの協定に定めのない事項で実施上必要な細目は、甲乙協議のうえ、これを定める。

第9条　（有効期間）

　　　　この協定の有効期間は締結の日から1か年とする。

400 第2部 各課税物件

　　ただし、期間満了の2か月前までに、甲・乙のいずれかから何等の意思表
　示がない場合は、さらに1か年間自動的に更新するものとし、以後も同様と
　する。
　この協定成立の証として、本証2通を作成し、各々その1通を保有する。
　　　　　年　　月　　日
　　　　　　　　　　　　　　　　　　甲　　　　　　　　㊞
　　　　　　　　　　　　　　　　　　乙　　　　　　　　㊞

**印紙税法の適用関係**

　　印紙税法に定める課税物件ではない。

**説明**　この文書は、事業主が給与支払事務を金融機関に委託し、金融機関がこれを引
　き受けることを約するもの（委任契約）であることから、第2号文書「請負に関
　する契約書」その他いずれの課税物件にも該当しない。

第五章　（第2号文書）請負に関する契約書　　　401

## 第189例　プログラム作成請負契約書

プログラム作成請負契約書

　　　　　　株式会社（以下「甲」という。）と　　　　　株式会社（以下「乙」という。）は、第2条に定めるプログラム作成の請負に関し、次のとおり契約を締結する。

（契約の基本条件）

第1条　甲は、次に定める条件によりプログラムの作成を乙に委託し、乙はこれを受託する。

　⑴　契約金額　6,700,000円

　⑵　納入期限　　　　年　　　月　　　日

　⑶　納入場所

　⑷　契約金額の　契約時1／2現金支払
　　　支払方法　完納検収時残額現金支払とする。

（受託業務内容）

第2条　乙は、次に掲げる内容の受託業務を甲の指示のもとに行うものとする。

　⑴　プログラムの内容　　　原価計算システムの作成

　⑵　⑴に関する補助業務

　　イ　入出力帳票の設計及び作成

　　ロ　定常業務としての登録

　　ハ　データ授受方法の確立

　　ニ　必要なドキュメントの作成

（情報等の提供）

第3条　甲は、プログラムの作成に必要な情報及び資料は、本契約締結後速やかに乙に提供するものとする。

　2　乙は、納入期限内にプログラムを納入することができないと認められたときは、遅滞なくその事由および納入予定日を書面をもって甲に届け出るものとする。

　3　納入遅延が乙の責に帰すことのできない事由によるときは、甲は、納入期限につき相当の日数の延長を認めるものとする。

（中　略）

（検　査）

第5条　甲は、プログラムの納入を受けた場合は、甲が作成したテストデータによりプログラムの検査を行うものとする。

　2　プログラムが前項の検査に合格しないときは、甲は乙にプログラムの訂正を求めることができるものとする。

402　　　　第2部　各課税物件

　　3　乙は、前項の規定によりプログラムの訂正を求められたときは、速やかにプ
　　ログラムを訂正し甲に納入して再検査を受けるものとする。
（対価の支払）
第6条　甲は、本契約に別段の定めのないかぎり、本契約に基づくプログラム作成の
　　　対価として、第1条に定める契約金額を前条の検査合格後60日以内に現金で乙
　　　に支払うものとする。
（危険負担）
第7条　プログラムの納入後に生じたプログラムの滅失、毀損、変質その他一切の損
　　　害は、甲が負担するものとする。
（メンテナンス）
第8条　乙は、第6条の検査合格後、乙の責に帰すべき事由によってプログラムの誤
　　　りがあった場合は、無償で訂正するものとする。
　　2　乙は、第6条の検査合格後、乙の責に帰すべきことのできない事由によって
　　　プログラムの誤り、又は訂正・変更があった場合は、有償で訂正・変更を行う
　　　ものとする。
　　　　　　　　　　　　　　　（中　略）
（責任の制限）
第10条　乙は、乙が本契約に違反した結果甲に生じた損害については、プログラム作
　　　成の対価として甲が乙に支払った金額を限度として、賠償するものとする。
　　2　前項に定めるもののほか、乙は本契約に関連して甲に対して損害賠償の責任
　　　を負わないものとする。
（疑義解釈）
第11条　本契約に規定のない事項および本契約条項のうち疑義のある事項は、甲およ
　　　び乙双方で協議し円満に解決をはかるものとする。
　　本契約締結の証として本書2通を作成し、甲および乙記名押印のうえ各1通を保有
するものとする。
　　　　　　　年　　　月　　　日
　　　　　　　　　　　　甲　　　　　　　　　　　　　　　　　　　　　㊞
　　　　　　　　　　　　乙　　　　　　　　　　　　　　　　　　　　　㊞

**印紙税法の適用関係**

　　　　印紙税法別表第一、課税物件表の第2号文書「請負に関する契約書」である。
**説明**　この文書は、コンピュータのプログラム作成という仕事の完成を約し、これに
　　　対して報酬を支払うものであることから、第2号文書に該当する。

第五章　（第2号文書）請負に関する契約書　　　403

**第190例　コンピュータシステムコンサルタント業務契約書**

### コンピュータシステムコンサルタント業務契約書

　　　　　（以下「甲」という。）と、　　　　　　　（以下「乙」という。）は、次の
通りコンサルタント業務契約を締結する。
第1条（コンサルタント業務）
　　　乙は、甲の有するコンピュータシステムに関し、アドバイス、相談等を、
　　以下の通り行う。
　　①　乙は甲の本社を1か月に一回訪れ、　時間の範囲で行う。
　　②　その他、乙は、甲からの電話・ファクシミリ・メールによる相談に適宜
　　　対応する。
第2条（報酬）
　　　甲は、乙に対して、報酬として月額　　　円（税別）を支払うこととし、
　　前月末日までに、乙の指定する口座に振り込む。
第3条（秘密保持）
　　　乙は、知り得た甲の経営内容、商品内容等業務に関する一切の情報につい
　　て、乙はこれを第三者に漏洩してはならない。
第4条（契約期間）
　　　この契約は、　　年　月　日から1年間有効とする。
　　本契約成立の証として、本書2通を作成し、甲乙記名捺印の上、双方各1通を保
　有する。
　　　　　年　　月　　日
　　　　　　　　　　　　　　　　　甲　　　　　株式会社　　㊞
　　　　　　　　　　　　　　　　　乙　　　　　株式会社　　㊞

**印紙税法の適用関係**
　　　印紙税法に定める課税物件ではない。

**説明**　この文書は、受託者の専門的な知識に基づき助言等を受け、これに対して報酬
　　を支払うもので、仕事の完成を目的とするものではないことから、第2号文書
　　「請負に関する契約書」その他いずれの課税物件にも該当しない。

404 　　　　　　　　第２部　各課税物件

**第191例　研究委託契約書**

### 研 究 委 託 契 約 書

　　　（以下「甲」という。）と　　　　株式会社（以下「乙」という。）との間で、甲の合成にかかり甲により検定を希望された物質群（以下「前記物質」という。）について、下記のような委託研究事項の諒解が成立したので契約書として成文化し交換する。

記

第１条　甲は「前記物質」の生物活性（医薬、農薬および動植物用薬としての生理学的ないしは薬理学的活性を総称する。）についての試験、検定ならびに実用面での有用性評価（以下「試験等」という。）を乙に委託し、乙はこれを受託した。

第２条　甲から乙に「前記物質」を供給するための研究費として、乙から甲に対して次のように委託研究費を支払う。

　　⑴　委託研究費の金額　　年額　金2,800,000円也

　　⑵　研究委託の期間　　　　　　年　　月　　日から
　　　　　　　　　　　　　　　　　年　　月　　日まで

　　⑶　委託研究費の支払方法
　　　　⑴所定の年額を次の４半期ごとに等分して支払う。

　　　　　年　　月　　日までに、金700,000円也
　　　　　年　　月　　日までに、金700,000円也
　　　　　年　　月　　日までに、金700,000円也
　　　　　年　　月　　日までに、金700,000円也

以上、本契約内容が真正であることを証し、本契約書２通を作成し、甲乙各１通宛分有する。

　　　年　　月　　日

　　　　　　　　　　　　　　甲　　　　　　　　　　㊞
　　　　　　　　　　　　　　乙　　　　　　　　　　㊞

**印紙税法の適用関係**

　　印紙税法に定める課税物件ではない。

**説明**　この文書は、研究を委託することを内容とするもの（委任契約）であるから、第２号文書「請負に関する契約書」その他いずれの課税物件にも該当しない。

　　　なお、研究報告書の作成、提出という仕事の完成に重きを置き、これに対して報酬を支払うことを内容とするものは、第２号文書に該当する。

第五章 （第２号文書）請負に関する契約書 405

**第192例 臨床検査委託契約書**

## 臨床検査委託契約書

　　　　　（以下「甲」という。）と　　　　　（以下「乙」という。）とは、臨床検査業務について、次のとおり契約を締結する。

第１条　甲は臨床検査業務（以下「本業務」という。）を乙に委託する。

第２条　委託項目及び単価については、別途定める。

第３条　(1)　検査の依頼方法・検査結果の報告・受渡場所・検体の輸送等については双方協議の上決定する。

　　　　(2)　検査依頼書は、原則として乙が支給する。

　　　　(3)　検体容器は、甲の負担により乙が支給する。

第４条　乙は甲の指定する締日までの１か月分の検査料金を甲に請求し、甲は、請求書の締日より60日以内に当該検査料金を乙に支払う。

第５条　乙は、甲からの検査結果に対し、疑義が提起された場合には、甲と協議の上、必要と認めた場合には再検査を行い、その結果を甲に報告する。

第６条　最終依頼者からのクレームが発生した場合、乙は甲の要請に応じ技術的な面から誠意をもって甲に協力する。

第７条　乙は、別途乙が甲に交付する検査案内書に記載されている所要日数を厳守し、速やかに検査結果を報告する。

第８条　乙は、甲より学術・技術上の要望があった場合には、甲と協議の上必要な資料を提供する。

　　　　　　　年　　月　　日　　甲　　　　　　　　　　㊞

　　　　　　　　　　　　　　　　乙　　　　　　　　　　㊞

**印紙税法の適用関係**

　　印紙税法に定める課税物件ではない。

**説明**　この文書は、臨床検査を委託し、受託者の知識経験に基づく検査内容を期待するものであり、検査結果の報告に対して報酬を支払うものとは認められないことから、第２号文書「請負に関する契約書」その他いずれの課税物件にも該当しない。

406　　　　　　　　第2部　各課税物件

第193例　業務委託契約書

# 業 務 委 託 契 約 書

　　　株式会社（以下「委託者」という。）と
　　　株式会社（以下「受託者」という。）とは、
以下の通り業務委託契約を締結する。

| 契約No. | |
| 企画No. | |
| 企画名 企画 | |

第1条　受託者の提供または実施する業務内容
　　　　婦人のファッション傾向及び服飾品の傾向に関する情報を提供する。
　　　1　ジェネラルファッション情報の提供
　　　　素材、色、コンセプトの傾向及びアイテム別の傾向
　　　2　上記傾向に伴うベルト、バックル、ボタンに関する海外サンプルの収集
　　　　及び提示
　　　3　上記情報提供に関する委託者とのミーティングの実施
　　　4　国内小売情報の提供
第2条　契約期間
　　　　　　　　　　年　月　日より　　　年　月　日までの1年間
第3条　業務の対価
　　　　年額　　　万円
第4条　対価の支払条件
　　　　支払時期
　　　　　　　　　　均等2分割払い　　　年　月　日－　　　万円
　　　　　　　　　　　　　　　　　　　年　月　日－　　　万円
　　　　支払方法：　　銀行　　支店　　　　株式会社普通預金口座No.　　　宛
　　　　　　　　　現金にて振込のこと。
第5条　契約の更新
　　　　契約満了2ケ月前までに両当事者協議の上決定するものとする。
第6条　免　　責
　　　　天災地変等の不可抗力的事由その他受託者の責に帰し得ない事由により、
　　　　受託者が本契約上の業務につき履行遅滞又は履行不能に陥った場合、受託者
　　　　はその責に任じない。
第7条　秘密保持
　　　　委託者は、受託者の提供した全ての情報、資料を秘密に取扱い、委託者自
　　　　身の目的にのみ使用し、本契約終了後といえども第三者に転売、貸付等を行
　　　　わない。

第五章 （第2号文書）請負に関する契約書　　　407

第8条　契約解除

　　　委託者又は受託者において下記各号の一つにでも該当したときは、相手方は何らの催告なくして直ちに本契約を将来に向って解除することができる。

　　　なお、この解除は、損害賠償の請求を妨げない。

①　本契約に違反したとき。

②　手形、小切手を不渡りにする等支払停止の状態に陥ったとき。

③　仮差押、差押、仮処分、競売等の申立を受けたとき。

④　破産、会社更生、民事再生、特別清算等の申立を受けたとき又は自ら申立をしたとき。

⑤　その他前各号に類する不信用な事実があるとき。

第9条　疑義の解決

　　　本契約に規定なき事項又は契約上の疑義については、両当事者間で誠意をもって協議決定ないしは解決するものとする。万一協議のととのわない時の管轄裁判所は　　　地方裁判所とする。

第10条　その他

　　　第1条の業務、資料の提供の方法及び時期

　1　展示用ボード及びそのスライドによるシーズントレンドの解説。

　　　88S／S－　　　年　月　88－89F／W－　　　年　月

　2　写真によるトレンド情報及び委託者とのミーティングの実施。

　　　88S／S－　　　年　月　88－89F／W－　　　年　月

　3　トレンドブックの提供――年

　4　国内小売動向のレポート――毎月

　5　　　のスライドをベースとした海外情報

　以上、本契約締結の証として本書正本2通を作成し、委託者及び受託者は各自記名捺印の上各々1通を保有する。

　　　　　年　　　月　　　日

　　　　　　　　　　　　　　　　（委託者）　　　　　　㊞

　　　　　　　　　　　　　　　　（受託者）　　　　　　㊞

**印紙税法の適用関係**

　　　印紙税法に定める課税物件ではない。

**説明**　この文書は、婦人のファッション傾向及び服飾品の傾向の情報提供に関する業務を委託するもの（委任契約）であることから、第2号文書「請負に関する契約書」その他いずれの課税物件にも該当しない。

408　　第2部　各課税物件

**第194例**　電算機操作委託契約書

電算機操作委託契約書

（甲）委託者

（乙）受託者

　甲及び乙は、乙が甲に納入した電子計算機のオペレーションを、甲が乙に委託することに関し次のとおり契約した。

（契約の目的）

第1条　甲は乙に対し、甲の事業所に設置された電子計算機の操作（以下「オペレーション」という。）を委託し、かつ、そのために必要な人員の派遣を申込み、乙はこれを承諾した。ただし乙が甲に派遣する人員の取扱いについては、労働者派遣事業の適正な運営の確保及び派遣労働者の保護等に関する法律（以下「労働者派遣法」という。）に基づくものとし、別途定める人員派遣契約を適用する。

（オペレーションの内容）

第2条　オペレーションの内容は次のとおりとする。

　　　　①乙のなす事項の内容は別途定める。

　　　　②上記に関し甲の従業員に対するオペレーションの技術習得の教育

　　　　③期間　　　　年　　月　　日より6か月間。ただし甲乙合意の上、3か月を超えない範囲で延長することがある。

（報　酬）

第3条　甲は乙に対して次のとおりオペレーションの報酬を支払う。

　　　　①総額　金　　　　円。ただし前条③にもとづき期間延長の場合は、1か月につき金　　　　円を支払う。

　　　　②支払期　総額を6等分し、毎月末日までにその一を支払う。

　　　　　　前項の報酬には、乙の派遣する人員の給料、交通費等の経費一切を含むものとする。

（契約解除、損害賠償）

第4条　乙の派遣した人員の能力不足、その他乙の責に帰すべき事由により、オペレーションに支障を来したときは、甲は乙に対し、本契約を解除することができる。

　　　　前項の場合、甲は乙に対しオペレーション支障期間に応じ、1日につき金　　　円の損害の賠償を請求することができる。

第五章　（第2号文書）請負に関する契約書　　　409

　　甲または乙は、相手方が労働者派遣法または本契約（同時に締結する人員
　派遣契約を含む。）に違反したときは、違反の相手方に対し本契約を解除す
　ることができる。この場合は前項の損害賠償の予定を適用せず、別途民法の
　各条項にもとづき損害賠償を請求することができる。
（秘密保持）
第5条　乙は乙の派遣人員をしてオペレーションの過程およびその他の場合におい
　　て知り得た秘密を厳守せしめるものとし、また、乙自らも秘密厳守の義務を
　　負う。
（協議事項）
第6条　甲と乙は相互に協力して、乙納入にかかる電子計算機が正しく操作され、
　　かつ、甲の従業員が上記操作に習熟するよう努力するものとし、甲と乙また
　　は甲と派遣人員間におけるトラブルについては信義誠実の原則をもって甲乙
　　協議の上処理することを約した。
　　　以上のとおり甲乙間に契約が成立したので、本契約書2通を作成し、甲乙
　　各1通を保有する。
　　　　年　　　月　　　日


　　　　　　　　（甲）委託者
　　　　　　　　　　　　　　　　　　　　　　㊞

　　　　　　　　（乙）受託者
　　　　　　　　　　　　　　　　　　　　　　㊞


**印紙税法の適用関係**
　　印紙税法に定める課税物件ではない。

**説明**　この文書は、電子計算機の操作を行うこと及び技術習得のための教育を行うこ
　　とを内容とするものであり、委任契約と認められることから、第2号文書「請負
　　に関する契約書」その他いずれの課税物件にも該当しない。
　（注）　オペレーションの内容が具体的に記載されている場合は、その内容によ
　　　り、委任契約であるか、請負契約であるかを判断する必要がある。

410　　第2部　各課税物件

**第195例**　運航委託契約書

# 運 航 委 託 契 約 書

船主　　　　　　　　（以下「委託者」という。）と運航者　　　　　　　　（以下
「受託者」という。）との間に下記の条項に基づき運航委託契約を締結する

第1条　本契約主要の事項は以下の通りである、尚委託者は必要に応じ船舶明
　　　　細書その他の書類を受託者に提出する

| ①船 舶 表 示 | 船 名 | 船　　　　丸 | 総 屯 数 | | 屯 |
|---|---|---|---|---|---|
| | | | 製造年月 | 年 | 月 |
| | 夏季積載総重量屯数 | | 屯 | （2,240封度を1屯とする） | |
| | 定期検査期日 | 年　月　日 | 中間検査期日 | 年　月　日 | |
| ②委 託 期 間 | 委託開始の日より向う　　　間、但し配船の都合により　　　日間伸縮受託者任意 | | | | |
| ③委託開始期日 | 年　月　日より　　　年　月　日迄 | | | | |
| ④委託開始場所 | 港　　　　　　　　港間 | | | | |
| ⑤委託終了場所 | 港　　　　　　　　港間 | | | | |
| ⑥通 知 義 務 | 委託者は委託開始場所及び予定日を、又受託者はその終了場所及び予定日を夫々　　　日前相手方に通知のこと | | | | |
| ⑦航 行 区 域 | | | | | |
| ⑧運航委託手数料 | 総運賃収入の　　　　　% | | | | |
| 本契約特記事項 | ..................................................................................................<br>..................................................................................................<br>..................................................................................................<br>..................................................................................................<br>..................................................................................................<br>.................................................................................................. | | | | |

第2条　【堪航能力】本船の堪航能力欠如より生ずる一切の責任は委託者に帰
　　　　属する

第3条　【配船運営】受託者は積荷の選択、配船、運賃取極、燃料契約並びに
　　　　積揚地及び寄港地に於ける代理店、船内人夫その他本船運航に関連す
　　　　る一切の手配を受託し、委託者の危険と費用により善良なる管理者の
　　　　注意を以て有利運航に当たるものとする

　　2　受託者は委託者の依頼により船員雇用、船舶保険、船舶修理、船用品

第五章　（第２号文書）請負に関する契約書　　411

　　　　　等に関する事務の全部又は一部を代行することができる

第４条　【運送契約】受託者は委託者のために自己の名に於て本船の運送契約
　　　　を締結する、この場合受託者は各航海毎にその運送契約書の写を委託
　　　　者に送附しなければならない

第５条　【航行及び貨物に関する制限】受託者は予め委託者の承諾を得なけれ
　　　　ば本船を第１条所定の航行区域外又は戦争擾乱その他一般航海者が危
　　　　険と認める区域に使用し若しくは危険品及び特に定める貨物を積載す
　　　　ることはできない、但し割増保険料を要しない範囲内に於ける危険品
　　　　の積載は受託者任意に決定することができる、この場合受託者は遅滞
　　　　なくその旨を委託者に通知しなければならない

第６条　【検査及び入渠】本契約期間中の本船法定検査並びに合船渠に関する
　　　　場所及び時期については当事者に於て協議するものとする

第７条　【費用並びに精算】委託者は本船運航に関する費用及び運航委託手数
　　　　料を負担する

　　２　受託者は本船運航による運賃、滞船料等を遅滞なく収受し燃料代、港
　　　　費、早出料その他の運航費を支払いその収支計算は各１航海終了毎に
　　　　委託者に対して精算するものとする

第８条　【手数料】委託者は受託者に対して第１条所定の委託手数料を支払う
　　　　ものとする、但し仲介、集貨及び荷別手数料は委託手数料と関係なく
　　　　委託者に於て負担するものとする

第９条　【保険】本船に関する運賃、燃料及び希望利益保険等は委託者に代り
　　　　受託者がこれを附保することができる

第10条　【クレーム及び訴訟】本船並びに積荷に関するクレーム及び訴訟の解
　　　　決については、受託者は委託者のため最善の努力をなすものとする

第11条　【船荷証券】受託者は船荷証券発行の必要がある場合は、船長に代っ
　　　　て受託者所定の船荷証券を発行し得るものとし、且つこれが回収をな
　　　　す責を負う

　　２　受託者の指図により船長が船荷証券を発行した場合も亦同様である

第12条　【強制使用】本船が日本国政府に強制使用させられたときは、受命者
　　　　け遅滞なくその旨を相手方に通知し委託者の名義を以てこれに応ずる
　　　　ものとする

　　２　前項の強制使用期間は本契約期間に算入する

第13条　【本船の売却譲渡】委託者が本契約期間中本船を第三者に売却譲渡し
　　　　ようとする場合には予め受託者に通知しなければならない

第14条　【契約違反】当事者の一方が本契約に違反したときは相手方は直ちに

412　　　第2部　各課税物件

　　　　　契約を解除することができる、この場合、違約者は因って生ずる一切
　　　　　の損害金を相手方に支払わなければならない
第15条　【仲裁】本契約に関して当事者間に争を生じたときは双方は一般社団
　　　　　法人日本海運集会所に仲裁判断を依頼しその選定に係る仲裁人の裁定
　　　　　を最終のものとしてこれに従う
　　2　前項の仲裁判断の依頼は当事者の一方より単独にこれを行うことがで
　　　　　きる
　　3　仲裁人の選定その他仲裁手続に関する一切の事項は一般社団法人日本
　　　　　海運集会所の定める所による
　　4　本条に関する訴訟の管轄は　　　地方裁判所とする

　　　上記契約を証するため本書2通を作り各自記名調印の上互に1通を保有する

　　　　　　　　年　　　月　　　日　　　　に於て作成する
　　　　　　　　　　　　　　　　委託者　　　　　　　　㊞
　　　　　　　　　　　　　　　　受託者　　　　　　　　㊞
　　　　　　　　　　　　　　　　仲介人　　　　　　　　㊞

**印紙税法の適用関係**

　　　　印紙税法に定める課税物件ではない。

**説明**　　この文書は、船舶の運航業務の委託を内容とする委任契約で、貨物等の運送を
　　　　内容とするものではないことから、第1号の4文書「運送に関する契約書」その
　　　　他いずれの課税物件にも該当しない。

第五章　（第2号文書）請負に関する契約書　　413

第196例　情報センター利用に関する覚書

## 情報センター利用に関する覚書

　　　　　　（以下「甲」という。）は、　　　　　　（以下「乙」という。）に入会
し、信用情報交換所の当該地区情報センターを利用するに当たっては、本覚書記載
の下記の要領により行うものとする。

記

（目的）
第1条　本覚書は、個人のプライバシーの尊重を前提に、甲、乙双方が協力して、
　　オンライン検索システムによる個人信用情報の登録・保管・提供に関する業務、
　　その他関連業務を円滑かつ効果的に行うことを目的とする。
　（情報センターの利用制限）
第2条　甲は、乙に自社の顧客情報を登録することによってのみ、乙の地区情報セ
　　ンターを利用し、情報の提供を受けることができるものとする。
　（登録方法）
第3条　甲は、乙の定める登録基準にしたがって，甲の保有する顧客情報を、登録
　　するものとする。
2　甲は、乙に登録した顧客情報のうち、「不払いが生じた時」および「支払いが
　　再開された時」等、登録内容に重大な変動が生じた時には、前項のいずれかの方
　　法により、乙に速やかに訂正を申し出るものとする。
　（登録情報の保有期間）
第4条　甲が登録した顧客情報は、甲の報告年月日より　　年間乙は保有するものと
　　する。
　（利用窓口番号の附与）
第5条　甲は、乙にあらかじめ信用照会する窓口（支店、営業所、出張所等）を連
　　絡し、これに対し乙は、甲に当該地区情報センターの利用窓口番号を設定し附与
　　するものとする。また、甲が当該地区情報センターに信用照会する際には、その
　　番号と会員名を申し出るものとする。
　（信用照会）
第6条　甲は、当該地区情報センターに信用照会する際には、カナ文字の氏名、生
　　年月日、郵便番号を当該顧客の検索項目として乙に申し出るものとする。
2　甲は、前項による信用照会で、乙から該当者または類似者の回答を得た当該顧
　　客については、取引条件等を乙に告げるものとする。
3　乙は、甲の信用照会に対し、甲とあらかじめ合意している情報提供方法（電

414　　　　　　　　第2部　各課税物件

話、文書、ファクシミリ、いずれかの方法）により回答するものとする。
　（利用料金）
第7条　利用料金は基本料金（2種類）から月間利用件数および前月末日までに、
　乙に報告した登録件数にもとづいて割引いた割引表により月毎に割引率が定めら
　れる。さらに、信用情報画面が追加される場合は、信用情報画面使用料が加算さ
　れる。
　（利用料金の精算）
第8条　甲は乙の定める通報券（500件に基本料金を乗じたもの）をあらかじめ購
　入しなければならない。ただし、通報券の有効期間は購入日より1年間とする。
2　乙は甲の購入した通報券の所定の件数が終了した時点で清算し、割引表による
　追加利用件数を甲に報告するとともに、新たに通報券の購入依頼を甲に申し出る
　ものとする。
　（情報の取扱い・遵守義務）
第9条　甲と乙は、個人信用情報の取扱いについて、次の各号を遵守するものとす
　る。
　⑴　甲は乙から得た情報を甲の消費者信用取引に関する場合以外に利用してはな
　　らない。
　⑵　甲は乙が提供した情報を他に洩らしてはならない。
　⑶　甲は同業者の内情探知とか、競争に先がけて利を得るような目的で乙の情報
　　を利用してはならない。
　⑷　乙は甲より登録を受けた情報を厳重に管理しなければならない。
　⑸　乙は甲より登録を受けた情報の提供に際しては、該当者および類似者の範囲
　　に限定し、かつ、その登録を行った会員名を洩らさないなど会員の秘密を守ら
　　なければならない。
　⑹　乙は甲より登録を受けた情報を公正かつ中立的に運用しなければならない。
　⑺　乙は甲より登録を受けた訂正情報については、速やかに登録情報の訂正を行
　　わなければならない。
　（特記事項）
第10条　本覚書の条項のうち、甲、乙双方が必要とする付帯事項については、特記
　事項として別途特約を結び、甲、乙双方が記名、捺印の上各1通を保有するもの
　とする。
　（有効期間）
第11条　本覚書の有効期間は、　　　　　年　　　月　　　日から　　　　年　　月
　日までの2カ年間とする。なお、有効期間満了前に甲、乙双方により特別な申し
　出がない限り本覚書は更に2カ年間自動延長されるものとする。

第五章　（第2号文書）請負に関する契約書　　　415

（覚書の解除）

第12条　本覚書の有効期間満了前に当事者のいずれかから、本覚書を解除しようと
するときは、6カ月前に書面により相手方にその旨を予告しなければならない。

（その他）

第13条　本覚書に記載されている条項について疑義が生じた場合、あるいは本覚書
に記載されていない事項について定めを行う場合には、甲、乙双方協議のうえ決
定するものとする。

　本覚書を証するため、本証書を2通作成し、甲、乙双方記名、捺印のうえ各1通
を保有するものとする。

　　　　　年　　月　　日
　　　甲：住　　　所
　　　　　名　　　称
　　　　　代 表 者 名　　　　　　　　　　　　　　　㊞
　　　乙：住　　　所
　　　　　名　　　称
　　　　　代 表 者 名　　　　　　　　　　　　　　　㊞

---

**印紙税法の適用関係**

　　　印紙税法に定める課税物件ではない。

**説明**　　この文書は、信用情報を有償で提供することを内容とするものであり、第2号
文書「請負に関する契約書」その他いずれの課税物件にも該当しない。

## 第2部　各課税物件

第197例　工事費査定業務委託契約書

# 工事費査定業務委託契約書

件　　名　　「（仮称）○○株式会社○○工場新築工事」工事費査定業務
委託者（甲）　　○○株式会社
受託者（乙）　　□□株式会社

　甲及び乙は、標記の業務（以下「本業務」という。）について、次のとおり工事費査定業務委託契約を締結する。

第1条（目的）
　　　甲及び乙は、（仮称）○○株式会社○○工場新築工事（以下「本計画」という。）において、コストの最適化を目的として、工事費査定業務委託契約を締結する。

第2条（倫理）
　　　甲及び乙は、本業務に当たり、前条の目的を達成することを最優先とし、自己の倫理に照らし、お互いに誠意をもって協力関係の維持に努めなければならない。

第3条（本業務の内容）
　　　甲は乙に対し、工事費査定業務を委託する。
　　2　前項の業務の内容は、次の資料等に基づき、工事費査定（数量・単価・経費とも）を行い、報告書をとりまとめ、甲に提出するものとする。
　　①　（仮称）○○株式会社○○工場新築工事　現場説明書
　　②　（仮称）○○株式会社○○工場新築工事　設計図書
　　③　甲が受領した本計画に関する施工会社の見積書

第4条（本業務の期間）
　　　本業務の業務期間は、本契約書の締結日から本計画の着工日までとする。

第5条（報酬代金）
　　　第3条の業務に対する報酬代金は、別添資料「工事費査定業務報酬基準」のとおりとする。

第6条（報酬代金の支払請求及び支払方法）
　　　第5条に定める報酬代金の支払請求及び支払方法は、本業務が完了した月の月末に乙は甲に対し、報酬代金を請求し、甲は乙に対し、その翌月末に代金を現金にて支払うものとする。

（以　下　省　略）

（別添資料「工事費査定業務報酬基準」省略）

第五章　（第2号文書）請負に関する契約書　　　417

**印紙税法の適用関係**

印紙税法に定める課税物件ではない。

**説明**　この文書において、乙が行う業務は、過去のコストマネジメント業務により蓄積した独自のノウハウや資料情報を活用して、実勢に即した単価を基準として見積書の内訳を精査し、適正な工事価格を発注者へ提示することである。

このように、工事査定業務の委託は、受託者の知識・経験等に基づく工事査定の内容を期待するものであり、仕事の完成を目的とする請負契約ではなく、委任契約に該当するものと認められる。

また、第3条における委託者に提出する報告書は、委任業務の結果を取りまとめたものであり、請負契約に係る成果物として評価できるものではない。

したがって、この文書は、第2号文書「請負に関する契約書」その他いずれの課税物件にも該当しない。

第2部　各課税物件

第198例　監督業務委託契約書

## 監督業務委託契約書

委託業務の名称：

委託業務の対象とする工事内容：別冊図面及び仕様書のとおり

委託期間：この契約締結の日から　　　　　が委託業務の対象とする工事目的物の
　　　　　引渡しを受ける日までとする。

頭書業務の委託について、委託者　　　　　　　を甲とし、受託者　　　　　を乙
とし、次の条項により業務委託契約を締結する。

第1条　乙は、頭書の委託業務を甲が定める「　　　委託に係る工事監督業務要
　　　領(II)」により処理するものとする。

第2条　甲は、委託業務の処理につき、乙に対して、金　　　円也の委託料を支払
　　　うものとする。

　　2　乙は、第6条の規定により甲に対して業務完了報告を行ったときは、委託
　　　料の支払を甲に請求することができるものとする。

第2条の2　（住宅建設部門において監督業務を委託する場合）乙は、この契約に
　　　基づく委託業務を処理するため、工事現場に延　　　人の監督員を配置しな
　　　ければならない。

第3条　甲は、必要と認めるときは、いつでも、この委託業務の処理状況につき調
　　　査し、報告を求めることができる。

（中　略）

第6条　乙は、頭書の委託期間が満了したときは、甲の定めるところにより業務完
　　　了報告を行うものとする。この場合において、委託業務遂行上生じた残存物
　　　件等があるときは、当該残存物件等を甲に引き継ぐものとする。

（以下省略）

## 印紙税法の適用関係

印紙税法に定める課税物件ではない。

説明　建設等の現場監督業務を委託するものは、委任契約と解されていることから、
　　　この文書は、第2号文書「請負に関する契約書」その他いずれの課税物件にも該
　　　当しない。

　　　なお、現場監督業務のほかに、設計図書の作成業務を委託し、その対価として
　　　報酬等を支払う旨の定めのあるものは、第2号文書に該当する。

第五章 （第2号文書）請負に関する契約書　　419

**第199例　コンサルタント業務契約書**

### コンサルタント業務契約書

　　　株式会社を甲とし、　　　　　を乙として、甲乙間において、次の通り契約を締結する。
（コンサルテーション）
第1条　乙は、甲の発展に寄与するため、国内及び国外の経済情報等諸資料の分析ならびに諸調査活動を通じて、甲の経営・企画等についてコンサルテーションをするものとする。
（報酬）
第2条　甲は乙に対して、コンサルテーションの報酬として、1年間につき金1,200万円を支払うものとし、毎年4月1日及び10月1日に半額ずつを支払う。
（実費）
第3条　甲は、コンサルテーションをするために支出した交通費（海外出張費を含む。）、資料収集および調査活動に要した費用は、甲の認める範囲で乙に対して実費としてこれを支払うものとする。細目は別途協議の上これを定める。
（秘密保持）
第4条　乙が甲に対するコンサルテーションをするに際し、知りえた甲の経営内容等業務に関連する一切の知識は、この契約の有効期間はもちろん、契約期間終了後も、甲以外の第三者に洩らしてはならない。
　　　これに乙が違反したことにより甲が損害を被った場合には、その全損害を甲は乙に請求することができる。
（契約期間）
第5条　この契約は、　　　年　月　日から　年間有効として、期間満了の3か月前までに契約終了の意思表示が当事者の一方から相手方になされないときは、有効期間はさらに　年間自動的に延長されるものとし、以後も同様とする。
　　　この契約の成立を証するため本証書2通を作成し、各自署名捺印の上、各々その1通を保有する。
　　　　　　　　年　　月　　日
　　　　　　　　甲　県　　市　　町　　番　　号
　　　　　　　　　株式会社
　　　　　　　　　代表取締役　　　　　　　　　　　　　㊞
　　　　　　　　乙　県　　市　　町　　番　　号
　　　　　　　　　　　　　　　　　　　　　　　　　　　㊞

**印紙税法の適用関係**

　　　印紙税法に定める課税物件ではない。

**説明**　この文書は、国内及び国外の経済情報等諸資料の分析及び調査活動を通じて、甲の相談に当たり、その診断を行う事務を委託する契約書であるが、当該委託は委任契約であるため、第2号文書「請負に関する契約書」その他いずれの課税物件にも該当しない。

420　　第2部　各課税物件

**第200例　支払承諾約定書**

---

## 支 払 承 諾 約 定 書

　　　　　（以下「依頼人」という。）の　　　　　（以下「債権者」という。）に対
する　　　　の支払保証契約（以下「原債務」という。）に関し貴行に支払承諾を
依頼し、これについて保証人連署の上、次の条項を約定します。

第1条　支払承諾の極度は金　　　　円とし、その期限は　　　年　　月　　日ま
　　　　でとします。但し貴行において当該極度を超過して本約定に基づく御取扱
　　　　いをなした場合並びに本約定に基づく期限を引続き延長して御取扱いをな
　　　　した場合においても依頼人及び保証人は本約定によりその義務を履行しま
　　　　す。

第2条　本約定による取引を中止し、又は解約をしようとするときは5日前に予告
　　　　を要するものとし予告を受けたときはその満期日までに債務の弁済その他
　　　　必要な手続をします。

第3条　支払承諾は手形引受、手形保証、買付保証その他の債務保証等貴行の任意
　　　　により行うものとし、これに対しては貴行所定の時期、料率、計算方法及
　　　　び授受方法による保証料を支払います。

第4条　貴行において支払承諾をなした原債務に関しては支払期日の前日までに支
　　　　払基金を相違なく貴行へ預託する等原債務の支払期日には一切依頼人及び
　　　　保証人においてこの債務を履行し貴行に対してはいささかも御迷惑御損害
　　　　をかけません。

第5条　依頼人及び保証人が原債務履行の請求を受け、又は原債務を履行したとき
　　　　は依頼人及び保証人は遅滞なくその旨を貴行へ通知します。

第6条　債権者と依頼人との間において原債務の更改、相殺、免除、混同、時効、
　　　　担保物件の変動等本約定に影響を及ぼすような事由の発生したときは依頼
　　　　人及び保証人は遅滞なく、その旨を貴行へ通知します。

第7条　手形その他証書類に使用の印影を予め届出の印鑑又は従前の手形その他証
　　　　書類に使用の印影と照合し相違ないものと認めて取引せられた上は印章の
　　　　盗用、偽造その他の事故があった場合であってもその取引は有効なものと
　　　　みなし依頼人および保証人において本約定によりその義務を履行します。

第8条　本約定による債務の見返りとして依頼人、保証人連帯振出の金　　　円也
　　　　の一覧払約束手形を差入れるものとし貴行に於て本約定不履行の惧れあり
　　　　と看做されたときは何時にても本手形上の権利の実行致されても異議あり
　　　　ません。

第五章　（第2号文書）請負に関する契約書　　　421

第9条　保証人は担保の有無若しくは変更の如何に拘らず依頼人と連帯して本約定
　　　履行の責に任じます。

以　　　　上

年　　月　　日

依　頼　人　　　　　㊞
連帯保証人　　　　　㊞

銀　行　御中

**印紙税法の適用関係**

　　印紙税法に定める課税物件ではない。

**説明**　この文書は、依頼人が極度額の範囲内において金融機関に対し、支払の委託を
　　したもの（委任契約）であることから、印紙税法に定めるいずれの課税物件にも
　　該当しない。

422　　　　　　　　　第2部　各課税物件

**第201例　仲介手数料契約書**

#### 仲介手数料契約書

　　　　　　　を甲とし、仲介人　　　　　を乙として甲乙両当事者は下記の条項により仲介手数料契約を締結した。

第1条　甲が　　　　　と契約した後記物件の仲介手数料を金　　　　　円と定め、甲は乙に支払うことを承諾した。

第2条　仲介手数料の支払方法は、次のとおりとする。

　①
　②　省略

第3条　仲介人乙は甲のために誠意をもって取引完了まで努力するものとする。

　上記契約を証するため本書2通を作り署名なつ印のうえ、各自その1通を所持する。

　　　　　　　　　年　　　月　　　日

　　　　　　　　　　　　　　　　　　甲　　　　　　　　　　　㊞
　　　　　　　　　　　　　　　　　　乙　　　　　　　　　　　㊞

　　　　　　　　　　物　件　の　表　示

　　土　地　　　　　　　　　　　　　建　物
　　　1　所在　　　　　　　　　　　　1　所在
　　　2　地番　　　　　　　　　　　　2　家屋番号
　　　3　地目　　　　　　　　　　　　3　種類
　　　4　地積　　　　　　　　　　　　4　構造
　　　　　　　　　　　　　　　　　　5　床面積

**印紙税法の適用関係**

　　印紙税法に定める課税物件ではない。

**説明**　この文書は、不動産売買の仲介契約（委任契約）における手数料等を定めるものであることから、第2号文書「請負に関する契約書」その他いずれの課税物件にも該当しない。

第五章 （第2号文書）請負に関する契約書　　423

**第202例　専属専任媒介契約書**

## 専属専任媒介契約書

> この媒介契約は、国土交通省が定めた標準
> 媒介契約約款に基づく契約です。

| 依頼の内容 | 売却・購入・交換 |
|---|---|

この契約は、次の3つの契約型式のうち、**専属専任媒介契約型式**です。
- **専属専任媒介契約型式**
　　依頼者は、目的物件の売買又は交換の媒介又は代理を、当社以外の宅地建物取引業者に
　重ねて依頼することができません。
　　依頼者は、自ら発見した相手方と売買又は交換の契約を締結することができません。
　　当社は、目的物件を国土交通大臣の指定する流通機構に登録します。
- **専任媒介契約型式**
　　依頼者は、目的物件の売買又は交換の媒介又は代理を、当社以外の宅地建物取引業者に
　重ねて依頼することができません。
　　依頼者は、自ら発見した相手方と売買又は交換の契約を締結することができます。
　　当社は、目的物件を国土交通大臣の指定する流通機構に登録します。
- **一般媒介契約型式**
　　依頼者は、目的物件の売買又は交換の媒介又は代理を、当社以外の宅地建物取引業者に
　重ねて依頼することができます。
　　依頼者は、自ら発見した相手方と売買又は交換の契約を締結することができます。

　依頼者甲は、この契約書及び専属専任媒介契約約款により、別表に表示する不動産（目的物
件）に関する売買（交換）の媒介を宅地建物取引業者乙に依頼し、乙はこれを承諾します。
　　　年　　月　　日
　甲・依頼者　　　　　　　住　所
　　　　　　　　　　　　　氏　名　　　　　　　　　　　　　　　㊞
　乙・宅地建物取引業者　　商号（名称）
　　　　　　　　　　　　　代表者　　　　　　　　　　　　　　　㊞
　　　　　　　　　　　　　主たる事務所の所在地
　　　　　　　　　　　　　免許証番号
1　**成約に向けての積極的努力義務**
　一　乙は、甲に対し、文書により、1週間に1回以上業務の処理状況を報告します。
　二　乙は、目的物件を、　　　　　　にこの媒介契約の締結の日の翌日から3日以内（乙の休業
　　日を含みません。）に登録し広く契約の相手方を探索するとともに、契約の成立に向けて
　　積極的に努力します。また、目的物件を登録したときは、遅滞なく、甲に対して登録済証
　　を交付します。
2　**違約金等**
　一　甲がこの媒介契約の有効期間内に乙以外の宅地建物取引業者に目的物件の売買若しくは
　　交換の媒介若しくは代理を依頼し、これによって売買若しくは交換の契約を成立させたと
　　き、又は甲が自ら発見した相手方と目的物件の売買若しくは交換の契約を締結したとき
　　は、乙は、甲に対して、約定報酬額に相当する金額（この媒介に係る消費税等に相当する
　　額を除きます。）を違約金として請求することができます。
　二　乙の責めに帰すことができない事由によってこの媒介契約が解除されたときは、乙は、
　　甲に対して、この媒介契約の履行のために要した費用の償還を請求することができます。
3　**有効期間**
　　　この媒介契約締結後＿＿＿＿＿ケ月（＿＿＿＿年＿＿月＿＿日まで）とします。
4　**約定報酬額**
　　　（消費税等抜き報酬額）＿＿＿＿＿円と（消費税等額）＿＿＿＿＿円を合計した額としま
　　す。
5　**約定報酬の受領の時期**
　　　＿＿＿＿＿＿＿＿＿＿＿＿＿＿＿＿＿＿＿＿＿＿＿＿＿＿＿＿＿とします。

# 424　第2部　各課税物件

別表

| 所有者 | 住所 | 登記名義人 | 住所 |
| --- | --- | --- | --- |
| | 氏名 | | 氏名 |

所在地

| 目的物件の表示 | 土地 | 実　測 | ㎡ | 地目 | 宅地・田・畑山林・雑種地その他（　　　） | 権利内容 | 所有権・借地権 |
| --- | --- | --- | --- | --- | --- | --- | --- |
| | | 公　簿 | ㎡ | | | | |
| | 建物 | 建築面積 | ㎡ | 種類 | | 構造 | 造階建葺 |
| | | 延面積 | ㎡ | 間取り | | | |
| | マンション | 名称 | 階　　号室 | | | 構造 | 造階建 |
| | | タイプ専有面積 | LDK　　　　DK | ㎡ | | 共有持分 | 分の |

| 本体価額 | 円 | 備考 |
| --- | --- | --- |
| 消費税額 | 円 | |
| 媒介価額 | 総額　　円 | |

希望する条件

| 項　　　目 | 内　　　容 | 希望の程度 |
| --- | --- | --- |
| 物件の種類 | | |
| 価　　　額 | | |
| 広さ・間取り等 | | |
| 物件の所在地 | | |

その他の条件（希望の程度もお書き下さい。）

注　「希望の程度」の欄には、「特に強い」、「やや強い」、「普通」等と記入すること。

第五章　（第2号文書）請負に関する契約書　　　425

# 専属専任媒介契約約款

**（目　的）**
**第1条**　この約款は、宅地又は建物の売買又は交換の専属専任媒介契約について、当事者が契約の締結に際して定めるべき事項及び当事者が契約の履行に関して互いに遵守すべき事項を明らかにすることを目的とします。
**（当事者の表示と用語の定義）**
**第2条**　この約款においては、媒介契約の当事者について、依頼者を「甲」、依頼を受ける宅地建物取引業者を「乙」と表示します。
2　この約款において、「専属専任媒介契約」とは、甲が依頼の目的である宅地又は建物（以下「目的物件」といいます。）の売買又は交換の媒介又は代理を乙以外の宅地建物取引業者に重ねて依頼することができず、かつ、甲が自ら発見した相手方と目的物件の売買又は交換の契約を締結することができないものとする媒介契約をいいます。
**（目的物件の表示等）**
**第3条**　目的物件を特定するために必要な表示および目的物件を売買すべき価額又は交換すべき評価額（以下「媒介価額」といいます。）は、専属専任媒介契約書の別表に記載します。
**（媒介価額に関する意見の根拠の明示）**
**第4条**　乙は、媒介価額の決定に際し、甲に、その価額に関する意見を述べるときは、根拠を示して説明しなければなりません。
**（媒介価額の変更の助言等）**
**第5条**　売買価額が地価や物価の変動その他事情の変更によって不適当と認められるに至ったときは、乙は、甲に対して、媒介価額の変更について根拠を示して助言します。
2　甲は、媒介価額を変更しようとするときは、乙にその旨を通知します。この場合において、価額の変更が引き上げであるとき（甲が乙に目的物件の購入又は取得を依頼した場合にあっては、引き下げであるとき）は、乙の承諾を要します。
3　乙は、前項の承諾を拒否しようとするときは、その根拠を示さなければなりません。
**（有効期間）**
**第6条**　専属専任媒介契約の有効期間は、3ヶ月を超えない範囲で、甲乙協議の上、定めます。
**（宅地建物取引業者の義務）**
**第7条**　乙は、次の事項を履行する義務を負います。
　一　甲に対して、文書により1週間に1回以上業務の処理状況を報告すること。
　二　目的物件を、専属専任媒介契約書に記載する宅地建物取引業法施行規則第15条の8の規定により国土交通大臣が指定する流通機構（次号において「指定流通機構」といいます。）に媒介契約の締結の日の翌日から5日以内（乙の休業日を含みません。）に登録し広く契約の相手方を探索するとともに、契約の成立に向けて積極的に努力すること。
　三　目的物件を指定流通機構に登録したときは、遅滞なく、指定流通機構が発行した登録済証を甲に対して交付すること。
**（報酬の請求）**
**第8条**　乙の媒介によって目的物件の売買又は交換の契約が成立したときは、乙は、甲に対して、報酬を請求することができます。ただし、売買又は交換の契約が停止条件付契約として成立したときは、乙は、その条件が成就した場合にのみ報酬を請求することができます。
2　前項の報酬の額は、国土交通省告示に定める限度額の範囲内で、甲乙協議の上、定めます。
**（報酬の受領の時期）**
**第9条**　乙は、宅地建物取引業法第37条に定める書面を作成し、これを成立した契約の当事者に交付した後でなければ、前条第1項の報酬（以下「約定報酬」といいます。）を受領することができません。
2　目的物件の売買又は交換の契約が、代金又は交換差金についての融資の不成立を解除条件として締結された後、融資の不成立が確定した場合、又は融資が不成立のときは甲が契約を解除できるものとして締結された後、融資の不成立が確定し、これを理由として甲が契約を解除した場合は、乙は、甲に、受領した約定報酬の全額を遅滞なく返還しなければなりません。ただし、これに対しては、利息を付さないこととします。
**（特別依頼に係る費用）**
**第10条**　甲が乙に特別に依頼した広告の料金又は遠隔地への出張旅費は甲の負担とし、甲は、乙の請求に基づいて、その実費を支払わなければなりません。

426　　　第2部　各課税物件

（直接取引）
**第11条**　専属専任媒介契約の有効期間の満了後2年以内に、甲が乙の媒介によって知った相手方と乙を排除して目的物件の売買又は交換の契約を締結したときは、乙は、甲に対して、契約の成立に寄与した割合に応じた相当額の報酬を請求することができます。

（違約金の請求）
**第12条**　甲は、専属専任媒介契約の有効期間内に、乙以外の宅地建物取引業者に目的物件の売買又は交換の媒介又は代理を依頼することはできません。甲がこれに違反し、売買又は交換の契約を成立させたときは、乙は、甲に対して、約定報酬額に相当する金額（この媒介に係る消費税及び地方消費税に相当する額を除きます。）の違約金の支払を請求することができます。
2　甲は、専属専任媒介契約の有効期間内に、自ら発見した相手方と目的物件の売買又は交換の契約を締結することはできません。甲がこれに違反したときは、乙は、甲に対して、約定報酬額に相当する金額（この媒介に係る消費税及び地方消費税に相当する額を除きます。）の違約金の支払を請求することができます。

（費用償還の請求）
**第13条**　専属専任媒介契約の有効期間内において、乙の責に帰すことができない事由によって専属専任媒介契約が解除されたときは、乙は、甲に対して、専属専任媒介契約の履行のために要した費用の償還を請求することができます。
2　前項の費用の額は、約定報酬額を超えることはできません。

（更　新）
**第14条**　専属専任媒介契約の有効期間は、甲及び乙の合意に基づき、更新することができます。
2　有効期間の更新をしようとするときは、有効期間の満了に際して甲から乙に対し文書でその旨を申し出るものとします。
3　前2項の規定による有効期間の更新に当たり、甲乙間で専属専任媒介契約の内容について別段の合意がなされなかったときは、従前の契約と同一内容の契約が成立したものとみなします。

（契約の解除）
**第15条**　甲又は乙が専属専任媒介契約に定める義務の履行に関してその本旨に従った履行をしない場合には、その相手方は、相当の期間を定めて履行を催告し、その期間内に履行がないときは、専属専任媒介契約を解除することができます。
**第16条**　次のいずれかに該当する場合においては、甲は、専属専任媒介契約を解除することができます。
　一　乙が専属専任媒介契約に係る義務について信義を旨とし誠実に遂行する義務に違反したとき。
　二　乙が専属専任媒介契約に係る重要な事項について故意若しくは重過失により事実を告げず、又は不実のことを告げる行為をしたとき。
　三　乙が宅地建物取引業に関して不正又は著しく不当な行為をしたとき。

（特　約）
**第17条**　この約款に定めがない事項については、甲及び乙が協議して別に定めることができます。
2　この約款の各条項の定めに反する特約で甲に不利なものは無効とします。

---

### 印紙税法の適用関係

　　印紙税法に定める課税物件ではない。

**説明**　不動産売買の媒介等は、事務処理を委託することを内容とするもの（委任契約）であることから、第2号文書「請負に関する契約書」その他いずれの課税物件にも該当しない。

**参考**　依頼者が自ら発見した相手方と契約を締結することができる「専任媒介契約」又は他の業者に重ねて媒介等を依頼することができる「一般媒介契約」も、同様に委任契約であることから、第2号文書その他いずれの課税物件にも該当しない。

第五章 （第2号文書）請負に関する契約書　　　427

**第203例　媒介業務報告書**

年　　月　　日

# 媒 介 業 務 報 告 書

--------------------------------------様

　当社をご利用いただき厚くお礼申し上げます。さて、先に当社が（売却・購入・交換）の依頼を受けました下記目的物件の（媒介・代理）の業務について、次のとおりご報告申し上げます。　　　　　　　　　　　　　　　〔第　　回〕

| 目的物件 | 所在地 | | | |
|---|---|---|---|---|
| | 物件種別 | | 価　　格 | 円 |

| 業務の処理状況 | 登　　録 | 月　　日登録（No.　　　） | 業務処理および交渉経緯 | |
|---|---|---|---|---|
| | 情報誌(紙) | 旬報（　月　　日・　号）・配布図面（　月　　日） | | |
| | 新聞広告 | 月　日（　　　新聞・朝刊夕刊） | | |
| | 情報掲示 | 現地看板設置・店内掲示・店頭掲示 | | |
| | その他 | | | |
| | | 当社より | 先方より | |
| | 問合せ電話 | 有（　回）・無 | 有（　回）・無 | |
| | 訪　　問 | 有（　回）・無 | 有（　回）・無 | |
| | 物件案内 | 有（　回）・無 | 有（　回）・無 | |
| | その他 | | | |

| 当社の所属 | |
|---|---|
| | |
| | （担当者　　　　　） |

　当社は今後とも契約成立へ向けて積極的に努力いたしますので、今しばらくお待ち下さい。

商号（名称）

代　表　者　　　　　　　　　　　㊞

主たる事務所の所在地

免許証番号（国土交通大臣・　県知事）（　）第　　号

428　　　　　　　　第2部　各課税物件

**印紙税法の適用関係**

　　　印紙税法に定める課税物件ではない。

**説明**　この文書は、委任された事務の処理状況を報告するためのものであることか
　　　ら、第2号文書「請負に関する契約書」その他いずれの課税物件にも該当しな
　　　い。

第五章　（第2号文書）請負に関する契約書　　　429

**第204例　不動産鑑定評価依頼書**

## 不動産鑑定評価依頼書

　　　　株式会社殿

　　　　　　　　　　　　　　　　　　　　　年　　月　　日

　　　　　　　　依頼者
　　　　　　　　　住　所　　　　　　　　　　　　　　　　　
　　　　　　　　　氏　名　　　　　　　　　　　　　　　㊞

下記不動産につき裏面記載の事項を承認の上、鑑定評価を依頼いたします。

| 対象不動産の所在地 | |
|---|---|
| 種別・数量 | |
| 権利者 | (住　所)<br>(氏　名) |
| 鑑定評価の事項 | ※更地・土地及び建物・建付地・借地権・底地・地代・家賃・その他<br>（　　　　　　　　　　　　　　　　　　　　　　） |
| 依頼目的 | ※売却・買受・交換・争訟・担保提供・担保取得・資産調査・資料算定<br>（　　　　　　　　　　　　　　　　　　　　　　） |
| 条件 | |
| 価格時点 | 実査日<br>指定日（　　　年　　月　　日） |
| 鑑定評価書の所要部数 | 所定部数（正本1部・副本1部）　副本増発　部 |
| 交付希望日 | 年　　月　　日 |
| 提出資料 | 登記簿謄本　通・固定資産税評価証明書　通・公図写　葉・実測図　葉・賃貸借契約書写　通 |
| 現場案内者 | |
| 備考 | |

（※印は該当のものを○で囲んでください。）

| 社用欄 | 受付日 | 証 | | 印 | 受付証印 | 受　付 | 依頼の経路 |
|---|---|---|---|---|---|---|---|
| | 受付番号 | | | | | | |

（裏面）

### 鑑定評価につきご承認願う事項

1　不動産鑑定評価書は、原則として依頼者だけに交付するものですから、そのお取扱いには十分ご注意ください。

2　鑑定評価により万一利害関係が生ずることがあっても、当社は責任を負いません。

3　鑑定評価に必要な資料・図面などは、すべて当社の指示通りご提出願います。なお、ご提出いただいた資料・図面などはお返しいたしません。

4　対象不動産の所在地・種別・数量・その他権利の内容などは、提出資料及び依頼者の指示・案内によります。

5　鑑定評価を受付後でも、案件の確認が困難な場合、ご提出の資料・図面などが不足する場合及びその他特別な事情がある場合は、ご依頼を辞退申し上げることがあります。

6　手数料は、不動産鑑定評価書交付の際、別に定める当社手数料規定及び旅費規則等により頂きます。

7　鑑定評価書の交付希望日については当社は配慮いたしますが、交付日として確約いたしかねます。

### 印紙税法の適用関係

印紙税法に定める課税物件ではない。

**説明**　不動産の鑑定評価契約は、委任契約に該当することから、第2号文書「請負に関する契約書」その他いずれの課税物件にも該当しない。

第五章 （第2号文書）請負に関する契約書 431

## 第205例 人間ドックに関する契約書

契 約 書

第1条　　　　　　　健康保険組合（以下「甲」という。）は　　　クリニック（以下「乙」という。）との間に、人間ドックについて次のとおり契約する。

第2条　本契約に基づき乙は甲の被保険者及び被扶養者に対して人間ドックを行うものとする。

第3条　本契約に基づく人間ドックの検査項目及びその費用は別表のとおりとする。但し点数表の改正があった場合及び人間ドックの検査費用の改正があった場合は、甲、乙協議のうえその都度改めるものとする。

第4条　第3条の人間ドック以外の検査を行う場合は、その方法及び費用については甲、乙話合いにてその都度定める。

第5条　検査料の支払に関しては、乙は当月分を取りまとめ、翌月10日迄に甲に請求し、甲は遅滞なく乙に支払うものとする。

第6条　乙は、人間ドックの検査目的達成のために必要な措置を講じ、甲に対し積極的に協力するものとする。

第7条　検査実施にあたっては、甲乙協議のうえ検査日を決定し、乙においては受診者に支障のなきよう万全の措置を講じ、検査を実施するものとする。

第8条　検査終了後は受診者の検査記録は乙において作成し、保存するものとする。

第9条　乙は、前条の検査記録に基づいて検査成績書3通を作成し、1通は乙の控とし、1通は甲に送付、残り1通は受診者に手交するものとする。

第10条　検査により異常者が発見された場合には乙において万全の対策を講ずるものとする。

第11条　乙は、必要ある場合には甲の被保険者及び被扶養者に対して医療相談等、医療に関して積極的に協力するものとする。

第12条　本契約に定めのない事項については甲、乙協議の上、その都度定める。

第13条　本契約の有効期間は　　　年　　月　　日より向う1ケ年とする。ただし本契約に関し、各条項に変更等がなく期間満了2ケ月以前に契約者の何れか一方より解約の申し出がないときは、引き続き契約を継続出来るものとする。

この契約を証するため、本書2通を作成し、当事者記名捺印の上各自1通を所持するものとする。

432　　　　　　　　第2部　各課税物件

```
                    年　　月　　日

        甲　　　　　　　　　　　　　㊞

        乙　　　　　　　　　　　　　㊞
```

**印紙税法の適用関係**

　　印紙税法に定める課税物件ではない。

**説明**　　人間ドックを行うことについての契約は、健康のチェックを行うことが目的であり、仕事の完成を約するものとは認められないことから、第2号文書「請負に関する契約書」その他いずれの課税物件にも該当しない。

第五章　（第2号文書）請負に関する契約書　　　433

**第206例**　在宅福祉事業に係る契約書
（その1）　在宅福祉事業契約書

---

在宅福祉事業契約書

　　　　　　　（以下「甲」という。）は、依頼者　　　　　との間で、在宅福祉サービスの提供について、下記内容の契約を結びます。

1　サービス提供場所

2　サービス提供期間
　　〔開始〕　　　年　　月　　日
　　〔終了〕福祉サービス計画書の変更が生じたとき
　　　　　　　（双方合意をもって計画書の変更により更新継続することができる。）
3　サービスの種類、内容及びサービス料価格

| サービスの種類 | 内　　　　　容 | 価格（1時間当り） |
|---|---|---|
| 介　護　業　務 | 寝衣交換、オムツ交換、食事介助、排泄交換、入浴介助 | 2,000円 |
| 家事援助業務 | 食事づくり、清掃、洗濯、買物代行、保育、申請代行、話し相手 | 1,600円 |
| ガイドヘルプ | 外出同行介助（移送） | 2,000円 |
| 巡　回　介　護 | 介護業務を1回15〜30分で行う。 | 1,000円／回 |

　　上記価格は、9：00〜17：00の基本時間帯の価格。早朝（7：00〜9：00）、夜間（17：00〜21：00）、日曜・祭日は、基本時間帯の各々2割増で乗ずる価格とします。深夜帯（21：00〜7：00）は、基本時間帯の倍額を乗じた価格とし、巡回介護のみの実施とします。また、価格には消費税がかかります。
4　サービス提供の単位
　　最小のサービス単位を各1時間とします。以降30分単位とします。巡回介護は、1日に複数回とし、週4日以上の際適用することになります。
5　代金の支払
　⑴　利用券をあらかじめ購入いただき、在宅福祉サービス計画書にそって行われたサービス提供のつど、サービス提供者に利用券で代金を支払っていただきます。
　⑵　依頼者の事情によりサービスが不要・変更になった場合、前々日までに連絡

がない場合は在宅福祉サービス計画書通りの代金を支払っていただきます。

(3) サービス業務終了にともない、未使用の利用券の払戻しを行います。

6　業務（サービス内容）の変更

(1) 依頼者がサービス内容や時間を変更する場合には、7日前までに通知することにします。

(2) 甲は、サービス内容の変更に際し、福祉サービス計画書の見直しを行うことにします。

7　サービス提供時間が3時間を超える場合や通常食事をする時間帯においては、依頼者の配慮の範囲で休憩をいただきます。

8　甲は、依頼者のプライバシーを守秘し、甲及び依頼者双方とも業務を契機として宗教活動及び政治活動をしてはならないことにします。

9　甲は、本業務の全部又は一部につき、甲が育成管理するホームヘルパーに実施させることができます。

10　その他

(1) 自然災害、事故等の理由で、業務を遂行できないことが発生します。

(2) 依頼者からの業務の変更通知から7日間の期間がない場合、業務を遂行できないことも発生します。

(3) 本件業務に起因する損害賠償の範囲は、甲が加入している別紙「在宅福祉サービス事業に伴う傷害・賠償保険」の範囲とします。

11　契約事項の変更

契約事項を変更する場合には、甲及び依頼者双方協議の上、決定することになります。

　　　　　年　　　月　　　日

依頼者　　　住所

　　　　　　氏名　　　　　　　　　　　　　　　　　　　㊞

　甲　　　　住所　　　　　　　　　　　　　　　　　　　㊞

第五章 （第2号文書）請負に関する契約書　　　435

## （その2）　業務委任契約書

# 業 務 委 任 契 約 書

　　　　　　　　　（以下「甲」という。）とヘルパー　　　　　　　（以下
「乙」という。）とは、下記の通り業務委任契約を締結する。
　　　　　　　　　　　　　　　記
1．契約の種類　　　業務委任契約
2．委任の業務　　　甲が行う在宅福祉サービス事業のヘルパー業務
3．業務委任期間　　自　　　　年　　　月　　　日
　　　　　　　　　　至　　　　年　　　月　　　日
4．料　　金　　　　⑴　介護業務・ガイドヘルプ　　　　円／時間＋交通費実費
　　　　　　　　　　⑵　家事援助　　　　　　　　　　　円／時間＋交通費実費
　　　　　　　　　　　基本時間を9：00〜17：00とし、17：00〜21：00及び日
　　　　　　　　　　曜・祭日は2割増しとする。
5．料金の支払　　　　当月1日から当月末日までを計算期間とし、翌月20日に本
　　　　　　　　　　人口座へ振り込むものとする。
6．遵守事項　　　　⑴　甲が乙に委任したヘルパー業務を、乙は第3者に代行さ
　　　　　　　　　　　せることはできない。
　　　　　　　　　　⑵　契約業務の履行にあたって知り得た秘密を、第3者に漏
　　　　　　　　　　　らしてはならない。
　　　　　　　　　　⑶　乙は、年1回以上の健康診断を行う。ただし、甲が定め
　　　　　　　　　　　る健康診断（感染症、検便）については、甲がその費用を
　　　　　　　　　　　負担する。
7．業務中の事故　　　甲は、在宅福祉サービス総合補償の契約を行い、その内容
　　　　　　　　　　の範囲で傷害・賠償の保障をする。
8．契約の破棄　　　　契約業務中に、乙の故意又は過失、怠惰により甲に損害を
　　　　　　　　　　与えた場合、乙はすみやかに弁償する。また、業務外の事由
　　　　　　　　　　であっても、乙が重大な社会的責任を負うような行為のあっ
　　　　　　　　　　た場合、甲は本契約を破棄することができる。
9．契約の解除　　　　甲乙いずれか一方が本契約を解除する場合は、解約日から
　　　　　　　　　　1ヵ月前にその旨を相手側に通知する。
10．その他　　　　　　本契約に定めのない事項は、そのつど甲乙が誠意をもって
　　　　　　　　　　協議し決定する。
　　　　　　　　　　年　　　月　　　日
　　　　　　　　　　　　（甲）　　　　　　　　　　　　　印
　　　　　　　　　　　　（乙）　　　　　　　　　　　　　印

436                    第2部　各課税物件

**印紙税法の適用関係**

いずれも印紙税法に定める課税物件ではない。

**説明**　（その1）の文書は、契約内容全体が介護や家事援助など身の回りの世話等を
委託するものであり、文書上に、食事づくり、清掃、洗濯等の業務の内容が記載
されてはいるものの、個々の仕事の完成に対し、報酬を支払うことを約したもの
ではなく、請負契約と認められないことから、第2号文書「請負に関する契約
書」その他いずれの課税物件にも該当しない。

（その2）の文書は、巡回介護業務を委託することを内容とするもので、（その
1）と同様に、第2号文書その他いずれの課税物件にも該当しない。

第五章 （第2号文書）請負に関する契約書　　437

### 第207例　アウトソーシング・サービス契約書

## アウトソーシング・サービス契約書

　委託者：　　　（以下「甲」という。）と受託者：　　　（以下「乙」という。）とは、アウトソーシング・サービスに係る業務の委託に関し、次の要綱（以下「要綱」という。）及び後記の契約条項（以下「契約条項」という。）の通り、アウトソーシング・サービス契約（以下「本契約」という。）を締結する。

要　綱

1．アウトソーシング対象システム
　　甲の「受発注システム」（以下「甲の情報システム」という。）
2．アウトソーシング・サービスの内容
　　次の業務（以下「本件業務」という。）とする。
　⑴　移行サービス業務：詳細は契約条項第3条及び第4条にて定める
　⑵　運用サービス業務：詳細は契約条項第16条及び第17条にて定める
3．委託料及びその支払方法
　⑴　移行サービス業務：契約条項第8条に規定の通り
　⑵　運用サービス業務：契約条項第20条に規定の通り
4．本件業務の期間
　⑴　移行サービス業務：契約条項第9条に規定の通り
　⑵　運用サービス業務：契約条項第18条に規定の通り
　本契約成立の証として本書2通を作成し、甲乙記名捺印の上、各自1通を保有する。

　　　年　　　月　　　日

甲（委託者）　　　　㊞

乙（受託者）　　　　㊞

## 契約条項

### 第1章　総則

第1条（契約の目的）　甲は、本件業務を乙に委託し、乙はこれを受託する。
　　②　甲は、乙に対し本件業務の対価として委託料を支払う。
　　③　甲及び乙は、本件業務の遂行には甲乙双方の共同作業及び分担作業が
　　　必要とされることを認識し、互いに作業の性質及び役割分担に応じ共同

438　　　　　　　　　第2部　各課税物件

作業及び分担作業を誠実に実施するとともに、相手方の分担作業の実施
に対して誠意をもって協力をする。

第2条（定義）　本契約で用いる用語の定義は、次の通りとする。

　　　一　「本件業務」とは、要綱第2項記載の業務を包括していう。

　　　二　「移行サービス業務」とは、本契約に基づき甲の情報システムに係
　　　る情報資源を、乙の管理下に移し、乙が運用サービス業務を開始でき
　　　る環境を設定・整備することをいい、甲から乙へ移管される情報資源
　　　の権利関係の形態は問わない。

　　　三　「運用サービス業務」とは、移行サービス業務によって移管された
　　　甲の情報システムに係る情報資源を利用し、本契約に基づき乙が甲の
　　　情報システムを運用・管理し、甲に対して所定の情報処理サービスを
　　　提供することをいう。

　　　四　「情報資源」とは、情報システムを構成する資源、またはこれに係
　　　る資源をいい、コンピュータその他のハードウェア、ソフトウェア、
　　　データベース、通信回線、センター設備等を総称する。

　　　五　「移行対象情報資源」とは、本契約に基づき甲から乙に対して移管
　　　する甲の情報資源をいう。

第2章　移行サービス業務

第3条（移行サービス業務の範囲）　移行サービス業務は、本契約書添付の基本仕
　　　様書（以下「基本仕様書」という。）に基づき、乙による運用サービス
　　　業務を開始するために必要となる諸作業であり、移行対象情報資源の確
　　　定、移行対象情報資源の甲から乙への移管、乙がその運用サービスを実
　　　施できるようにするための環境整備及び乙における運用サービス環境で
　　　の甲の情報システムの運用テストまでの範囲とする。

（中　略）

第8条（移行サービス委託料）　甲は、移行サービス業務の対価として、「別紙」第
　　　1項記載の移行サービス委託料（以下「移行料金」という。）を「別
　　　紙」第2項記載の支払方法等に従い、乙に支払うものとする。

　　②　第4条2項に基づく基本仕様書又は移行仕様書の変更に伴う変更その
　　　他の事由により移行料金が変更された場合、甲は乙に対し変更後の移行
　　　料金を支払うものとする。

第9条（移行サービス業務期間及び移行サービス業務の実施）　移行サービス業務
　　　は、本契約締結日から開始され、　　　年　月　日（以下「移行完了
　　　日」という。）をもって完了されるものとし、乙は基本仕様書及び移行

第五章 （第2号文書）請負に関する契約書　　439

仕様書に従って移行サービス業務を実施し、甲はその遂行に協力するものとする。

② 甲及び乙は、移行完了日を変更する必要が生じた場合には、その変更日及び合理的な理由等を記した書面をもって相手方に申入れ、甲乙双方協議の上、変更の有無・内容を決定する。

（中　略）

### 第3章　運用サービス業務

第16条（運用サービス業務の範囲）　運用サービス業務は、本契約及び運用仕様書に基づき、乙が甲の情報システムの運用・管理を行いながら甲に対して情報処理サービスを提供する諸作業であり、甲の情報システムに係る情報資源の各種管理を含む範囲の業務とする。

（中　略）

第18条（運用開始日及び運用サービス期間）　運用サービス業務は、　　年　月　日（以下「運用開始日」という。）から開始する。

② 運用サービス期間は、前項の運用開始日から満　年間（以下「基本期間」という。）とし、基本期間満了の6カ月前までに、甲又は乙が相手方に対し書面による別段の申入れをしないときは、基本期間満了日の翌日から更に、　年間自動的に延長されるものとし、以後の期間満了に際しても同様とする。

③ 乙は、期間満了の6カ月前までに甲に対し書面による通知を行うことにより更新後に適用される運用サービス委託料を変更することができる。

（中　略）

第20条（運用サービス委託料）　甲は、運用サービス業務の対価として、「別紙」第3項記載の運用サービス委託料（以下「運用料金」という。）を、「別紙」第4項記載の支払方法等に従い、乙に支払うものとする。

② 経済情勢、公租公課等の変動により運用料金が不相当となり変更の必要が生じたときは、基本期間内といえども甲乙双方協議の上第35条に従い運用料金を変更することができるものとする。

③ 前項による変更、第17条2項に基づく運用仕様書又は運用詳細仕様書の変更に伴う変更その他の事由により運用料金が変更された場合、甲は乙に対し変更後の運用料金を支払うものとする。

第21条（運用サービス業務の実施）　乙は、運用サービス業務を運用仕様書及び運用詳細仕様書に従って実施するものとし、甲はその遂行に協力するもの

とする。なお、運用仕様書及び運用詳細仕様書で定められた共同作業及び分担作業の実施については、第5条の定めを準用する。

② 乙は、毎月実施した運用サービス業務の内容を乙所定の報告書に取りまとめ、翌月　日まで甲に報告し、甲はその確認を行うものとする。

③ 乙は、運用サービス業務の実施に伴い出力結果等の物件の納入が必要となる場合は、運用仕様書及び運用詳細仕様書に従い納入し、甲の検収を受けるものとする。

(中　略)

第31条（知的財産権の取扱い）　本件業務遂行の過程で行われた発明、創作等によって生じた特許権、著作権その他の知的財産権（ノウハウを含む。）については、その発明、創作等が甲又は乙のいずれかの単独で行われたときは、当該知的財産権はそれを行った当事者に帰属し、共同で行われたときは甲及び乙に共有（持分は寄与分に応じる。）で帰属する。

② 甲及び乙は、本件業務に関し相手方から提供を受けたプログラム、マニュアルその他資料について、それらに関する知的財産権を尊重し、本契約の目的外に利用しないものとする。

### 印紙税法の適用関係

印紙税法に定める課税物件ではない。

**説明**　この文書で定められているアウトソーシング・サービスとは、システム運用の外部委託契約であり、委任契約に該当するものであることから、印紙税法に定めるいずれの課税物件にも該当しない。

なお、アウトソーシング契約書という名称であっても、具体的な仕事の完成を約し、これに対して報酬を支払うことを定める契約書については、第2号文書「請負に関する契約書」に該当する。

第五章 （第2号文書）請負に関する契約書　　441

**第208例　共同開発契約書**

共同開発契約書

　　　　株式会社（以下「甲」という。）と　　　　株式会社（以下「乙」という。）
とは、　　　　に関して共同で研究開発を行うにあたり、以下の通り合意したので
本契約を締結する。

第1条（目的）
　　甲及び乙は、下記の開発業務（以下「本業務」という。）を、下記の期間内
　に共同して研究開発する。
　　業務の内容（　　　）
　　契約期間（　　　）

（中　略）

第3条（費用負担）
　　甲及び乙は、前条に基づいてそれぞれ自己の分担した業務に要する費用を負
　担する。但し、本開発を遂行するにあたり一方の当事者にとって著しく負担と
　なる費用及び分担の明らかでない費用が発生した場合には、甲乙協議の上負担
　割合を決定する。

（中　略）

第6条（成果の帰属）
　　甲及び乙は、本開発により得られる発明、考案、意匠、コンピュータソフト
　ウェア及びノウハウ等の技術的成果（以下「本成果」という。）を共有する。
　但し、甲又は乙が相手方から開示された資料、情報その他相手方からの助言、
　援助、協力によることなく単独で成した成果については、当該成果を成した甲
　又は乙に帰属する。

第7条（工業所有権）
1. 甲及び乙は、前条の規定に基づく甲乙共有の成果について、特許、実用新案、
　意匠などの工業所有権を受ける権利及び該当権利に基づいて得られる工業所有
　権（以下「本工業所有権」という。）を共有するものとし、その持分は原則均
　等とする。
2. 乙は、前項に規定する甲乙共有の成果に係る本工業所有権の出願及び維持保全
　に関する手続を行い、甲はこれに協力する。
3. 甲及び乙は、前項に規定する手続きに要する費用をその持分比率に応じて負担
　する。
4. 前項但し書きの規定に基づく単独所有の成果については、その成果の帰属する

甲又は乙が自己の名義で工業所有権の出願を行うことができる。但し、単独で工業所有権の出願をする場合は、かかる権利の帰属を確認するために出願に先立ってその内容を相手方に通知し、その同意を得なければならない。

(中　略)

第10条（改良発明）

　　甲及び乙は、本契約終了後、　年間に本成果にかかわる改良を行った場合には、遅滞なくその内容を相手方に通知し、その帰属及び取扱いについて、甲乙協議して決定する。

第11条（第三者への実施許諾）

　　甲及び乙は、本成果及び本工業所有権について、第三者に対して実施許諾する場合には、甲乙協議の上可否及び条件を決定する。

第12条（契約解除）

　　甲及び乙は、相手方が次の各号の一つに該当するときは、相手方にその旨通知し、かつ　日以内にその事態が回復されない場合には本契約を解約することができる。

⑴　正当な理由なく本開発の遂行に協力しないとき

⑵　本契約に違反したとき

2．甲及び乙は、前条各号に定めるほか、いずれの責めにも帰さない理由により本契約を継続しがたい特別の事情が生じた場合には、甲乙協議の上本契約を解除することができる。

第13条（損害賠償）

　　甲及び乙は、前条第1項に掲げる事由及び自己又は従業員の不法行為により、相手方に損害を与えたときは、それによって生じた損害を賠償する。

第14条（協議）

　　本契約に定めのない事項又は本契約の解約に疑義が生じたときは、甲乙誠意を持って協議しこれを処理する。

　本契約の成立を証するため、本書2通を作成し、甲乙記名捺印の上、各1通を保有する。

　　　　　年　　　月　　　日

　　　　　　　　　　（甲）（住　　　　　所）

　　　　　　　　　　　　　（会　社　　名）

　　　　　　　　　　　　　（代　表　者　名）　　　　　　　㊞

　　　　　　　　　　（乙）（住　　　　　所）

　　　　　　　　　　　　　（会　社　　名）

　　　　　　　　　　　　　（代　表　者　名）　　　　　　　㊞

第五章 （第2号文書）請負に関する契約書 443

## 印紙税法の適用関係

印紙税法に定める課税物件ではない。

**説明** この文書は、共同してソフトウェアの開発を行うに当たり、責任分担を明らかにするために作成されるものであることから、印紙税法に定めるいずれの課税物件にも該当しない。

なお、工業所有権について共同著作を原則として定めているが、印紙税の課税事項には該当しない。

## 第209例　機密保持に関する確認書

機密保持に関する確認書

　　　　を甲とし、　　　　を乙として甲乙間の　　　年　月　日付○○○○システム開発委託契約に関しソフトウェア開発業務上の機密保持につき以下の通り確認する。

第1条（目的）

　　　　乙は甲との間の　　　年　月　日付○○○○システム開発委託契約（以下「本件契約」という。）に関しソフトウェア開発業務上知り得た甲の業務上の機密を保持し、又、競業行為を行わず公正な取引関係を維持するために本確認書を締結する。

第2条（業務上の機密）

　　　　本確認書において業務上の機密とは、甲が乙に貸与した物件（文書、図面、テープ等を含む。）に記載された事項並びに乙が業務遂行中に知り得た有形無形の技術的、営業的、その他一切の知識をいう。

第3条（機密の管理）

　　　　乙は全ての業務上の機密を別途甲の定める機密区分に従い厳重に保管し、甲の指示ある場合のほか、これを複写複製若しくは翻訳その他機密を漏洩する疑いを持たれる行為をしてはならない。

第4条（機密の保持）

　1．乙は業務上の機密を甲のため以外に使用してはならず、第三者に漏洩してはならない。

　2．〜4．　　（省　略）

第5条（競合製品の取扱制限）

　1．乙は甲の同意なしに甲の製品と競合する製品を製造し販売することはできない。

　2．〜3．　　（省　略）

第6条（損害賠償責任）

　1．乙または乙の従業員が、甲の機密を漏洩し、これにより甲が損害を受けたことが明らかな場合には、乙は甲に対し相当の損害賠償を支払わねばならない。

　2．前項の場合、甲は乙との取引を停止することができる。

第7条（工業所有権の取扱い）

　1．乙は甲から知り得た工業所有権を甲指定の目的以外に利用してはならない。

　2．乙は甲から知り得た工業所有権の内容を第三者に漏洩してはならない。

第五章　（第2号文書）請負に関する契約書　　　445

第8条（監査）

　　甲は乙における本確認書に基づく管理状況を随時監査員を派遣して監査することができる。

第9条（協議解決）

　　本確認書に定めない事項及び本各所の各条項に疑義を生じたときは甲乙相互に誠意をもって協議し、これを解決するものとする。

第10条（有効期間）

　　本確認書の有効期間は基本契約の有効期間中とする。

　本確認書の成立を証するため、本書2通を作成し、甲乙各1通を保持する。

　　　　年　　　月　　　日

　　　　　　　　　　（甲）（住　　　　所）
　　　　　　　　　　　　　（会　社　名）
　　　　　　　　　　　　　（代　表　者　名）　　　　　印
　　　　　　　　　　（乙）（住　　　　所）
　　　　　　　　　　　　　（会　社　名）
　　　　　　　　　　　　　（代　表　者　名）　　　　　印

**印紙税法の適用関係**

　　印紙税法に定める課税物件ではない。

**説明**　この文書は、機密保持について定めているが、印紙税法上の課税事項には当たらないことから、印紙税法に定めるいずれの課税物件にも該当しない。

446　　　　　　　第2部　各課税物件

**第210例**　委託訓練契約書

## 委託訓練契約書（準則）

　○○（能力開発施設名）所長（以下「甲」という。）は、甲の行う職業訓練を委託するに当たり、△△（委託先機関名）代表者（以下「乙」という。）と次のとおり契約を締結する。

第1条　甲は、別表に定める職業訓練及び就職支援の実施並びにこれに伴う業務を乙に委託する。

第2条　乙は、甲から委託を受けた職業訓練（以下「受託訓練」という。）及び就職支援の実施に係る業務を第三者に委託し又は請け負わせてはならない。ただし、あらかじめ甲の承認を受けた場合はこの限りではない。

第3条　乙は、受託訓練の内容を変更しようとする場合又は受託訓練を中止しようとする場合は、事前に甲の承認を受けなければならない。

2　乙は、受託訓練の遂行が困難となった場合は、速やかにその旨を甲に報告し、その指示に従うものとする。

第4条　甲は、乙に対して訓練の実施に必要な経費として、別表の8⑴に定める訓練実施委託費を支払うものとする。

2　訓練受講者が、公共職業安定所長の指示、訓練期間中における就職、自己都合、能力習得状況の確認の結果を踏まえた受講打ち切り等により中途退所等した場合の当該受講者に係る訓練実施委託費は、1ヶ月毎に算定し、当該1ヶ月間の訓練が行われた日（以下「訓練日数」という。）が16日以上又は訓練が行われた時間が96時間以上のいずれにも該当しない場合は、訓練をすべき日数（日曜日、国民の祝日その他乙が休日とした日（ただし、夏季冬季等の休日等を除く。）を分母に、訓練を行った日数を分子にして得た率に、月額単位を乗じて得た額を当該月の支払う額とする（1円未満の端数は切り捨てる。）。

　また、訓練日数が16日以上又は訓練が行われた時間が96時間以上であるときは月額単価とする。

　ただし、算定した額の合計が、中途退所する者が当該訓練を全期間受講した場合に支払う額を超える場合は、当該訓練を全期間受講した場合に支払う額とする。

3　第1項の委託費は、受託訓練終了後に乙の請求により支払うものとする。

第5条　乙は、受託訓練修了日の翌日から起算して3ヶ月間（90日間）を経過した日（以下「経過日」という。）までの訓練受講修了生（就職による中途退校者を含む。以下同じ。）の就職状況について訓練受講修了生からの書面の提出により把握のうえ、別表の10に規定する期限までに当該書面を添付して甲に報告する。

## 第五章 （第2号文書）請負に関する契約書　　447

　　ただし、経過日までに乙又はその関連事業主に内定した訓練受講修了生については、別表の10に規定する期限の翌日から起算して20日を経過した日までに甲に報告するものとする。

2　甲は、前項の報告を受けたときは速やかに検査を行い、通知するものとする。

3　乙は、前項の通知を受け、別表の9に定める計算方法に基づき算定した結果、就職支援事業委託費の減額がないとき又は減額が一部であるときは、当該委託費を書面により甲に対して請求することができる。

　　なお、中途退所等が発生した場合の就職支援事業委託費の算定に当たっては、第4条第2項の取扱いを準用する。

第6条　乙は、甲に対して別表の4に定める委託訓練の運営状況及び別表の3に定める就職支援の実施状況に関する報告を行わなければならない。また、甲の行う運営状況及び実施状況の調査を正当な理由がなく拒み、妨げ、若しくは忌避してはならない。

第7条　乙は、受託訓練の実施に関して知り得た訓練生の個人情報を、みだりに他人に知らせてはならない。

第8条　乙は、訓練受講者が受託訓練受講中に災害を受けたときは、速やかにその旨を甲に通知するものとする。

第9条　甲は、乙が次の各号のいずれかに該当するときは、乙に対し、委託費の支払を停止し、支払った委託費の全額若しくは一部を返還させ、又は契約を解除することができる。

　⑴　この契約に違反したとき

　⑵　著作権法違反等、この受託訓練の実施に係る基本的な部分において関係法令に違反し処罰の対象又は損害賠償の対象となったとき

　⑶　税法違反等、公序良俗に違反し、社会通念上、この受託訓練を実施することがふさわしくないと甲が判断したとき

　⑷　第5条第1項の規定による訓練受講修了生の就職状況報告に関して虚偽の報告をしたとき

　⑸　この受託訓練を遂行することが困難であると甲が認めたとき

2　前項の規定により、この契約が解除された場合において、乙は、受託訓練及び就職支援の残務の処理が完了するまで、甲乙間の協議に基づき、責任をもって処理するものとする。

第10条　乙は、この契約に違反し又は故意若しくは重大な過失によって甲に損害を与えたときは、その損害に相当する金額を損害賠償として甲に支払わなければならない。

第11条　この契約書に定めのない事項については、甲、乙協議して決定するものと

する。
　この契約成立の証として本書2通を作成し、甲、乙記名押印の上、各自1通を保
有するものとする。
　　　　　年　　　月　　　日

　　　　　　　　　　　　　　　　　甲
　　　　　　　　　　　　　　　　　　所在地（住所）
　　　　　　　　　　　　　　　　　　組織名　○○（能力開発施設名）
　　　　　　　　　　　　　　　　　　代表者職名
　　　　　　　　　　　　　　　　　　氏名　　　　　　　　　　　　　　㊞

　　　　　　　　　　　　　　　　　乙
　　　　　　　　　　　　　　　　　　所在地（住所）
　　　　　　　　　　　　　　　　　　商号（組織名）△△（受託機関名）
　　　　　　　　　　　　　　　　　　代表者職名
　　　　　　　　　　　　　　　　　　氏名　　　　　　　　　　　　　　㊞

---

　別表

1　訓練科　　　　　　　　　　　　　　科
2　訓練内容
3　就職支援内容
　　（キャリア・コンサルティング、職業相談の実施、求人企業等の開拓、求人情
　報の提供、職業紹介事業の実施、等）
4　付随業務
　⑴　訓練受講者の出欠席の管理及び指導
　⑵　訓練の指導記録の作成
　⑶　受講証明書等に係る事務処理
　⑷　訓練受講者の欠席届等に係る各種証明書等の添付の確認及び提出指導
　⑸　訓練受講者の住所、氏名、金融機関等の変更に係る事務処理
　⑹　訓練受講者の中途退所に係る事務処理
　⑺　受講証明書、欠席・遅刻・早退届、添付証明書等の提出
　⑻　災害発生時の連絡
　⑼　訓練実施状況の把握及び報告
　⑽　訓練受講者の能力習得状況の把握及び報告

第五章　（第2号文書）請負に関する契約書　　449

　⑾　その他甲が必要と認める事項
5　訓練期間　　　　年　月　日から　　　年　月　日まで
6　訓練人員　　　人
　　（名簿別紙）
7　訓練実施場所
8　委託費　　　　円（うち消費税　　円）
　　（積算内訳）
　⑴　訓練実施委託費
　　　訓練受講者1人当たり　　円×　　月×　　人＝　　円
　　　　　円×消費税○○％＝　　　円（消費税）
　⑵　就職支援実施委託費
　　　訓練受講者1人当たり　　円×　　月×　　人＝　　円
　　　　　円×消費税○○％＝　　　円（消費税）
9　就職支援実施委託費の減額
　　上記8の⑵の経費は、実績（就職率）に応じて次の規定に基づき支給単価を減
　額するものとする。
　就職率70％以上　　　　＝減額なし（満額支給）
　就職率50％〜70％未満＝訓練生一人一月当たり単価を5割減額
　就職率50％未満　　　　＝訓練生一人一月当たり単価を10割減額（支給なし）
　＊就職率＝（修了後就職者数＋中途退所就職者数）÷（修了者数＋中途退所就職
　　者数）
10　訓練受講修了生の就職状況の把握及び報告
　　（就職状況の把握は訓練修了後3ヶ月以内とする。）
　　（報告期日）　　　　年　月　日

**印紙税法の適用関係**
　　　印紙税法に定める課税物件ではない。

**説明**　この文書は、職業訓練及び就職支援を実施するものであることから、委託契約
　　に該当し、印紙税法に定めるいずれの課税物件にも該当しない。

450 第2部 各課税物件

## 第211例 自動車の注文書

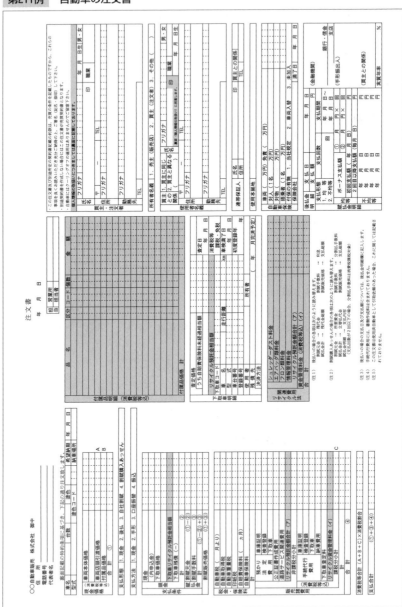

## 第五章 （第2号文書）請負に関する契約書　　451

〔個人情報の取扱いについて〕
① 当社は、下記の目的のため、買主・注文者及び使用者名義人の住所、氏名など表記記載の個人情報（以下「個人情報」という）を利用します。
　1．定期点検、車検及び保険満期のご案内などを提供するため、郵便、電話、電子メールなどの方法によりお知らせすること。
　2．当社において取り扱う商品・サービスなどあるいは各種イベント・キャンペーンなどの開催について、郵便、電話、電子メールなどの方法によりご案内すること。
　3．商品開発あるいは顧客満足度向上策検討のため、アンケート調査を実施すること。
② 当社は、個人情報の取り扱いについて、ホームページなどにより公表します。URL　http://www.xxxxxx.co.jp
③ 買主・注文者及び使用者名義人は、当社が表記記載の注文者及び使用者名義人の個人情報につき、○○○○に提供することに同意します。

〔注文特約条項〕
**第1条（自動車の注文）**
　注文者（以下「乙」という）は販売会社（以下「甲」という）に対し、表記条件及び下記特約に基づき自動車の注文をします。
**第2条（申込金の性格と充当）**
　乙は甲に対し、注文と同時に申込金を支払うものとし、申込金は契約成立後、売買代金の一部に充当されるものとします。但し、申込金は手付ではありません。
**第3条（注文の不承諾と撤回）**
① 甲は乙の注文に応じないことができ、乙はこれに対して異議ないものとします。この場合、甲は乙に注文書原本、申込金等をすべてそのまま返還するものとします。
② 乙は契約が成立するまでは、注文を撤回することができます。この場合、乙は甲に対し、甲が被った損害（通常生じる額に限る）を賠償するものとし、申込金と対当額で相殺されても異議ないものとします。
**第4条（契約の成立時期）**
　この注文による契約の成立日は、自動車の登録がなされた日、注文により甲が改造、架装、修理に着手した日、または自動車の引渡しがなされた日のいずれか早い日とします。但し、割賦購入あっせん契約（割賦購入あっせん業者と購入者との契約をいう）の場合には、その契約の定めるところによるものとします。

〔売買契約条項〕
　割賦販売契約書またはその他の売買契約書を別途作成する場合は、その約款によるものとします。但し、割賦購入あっせん契約の場合には、その契約約款が優先して適用されるものとします。
**第1条（契約の内容）**
　甲は、本契約により、乙に対し自動車を売渡し、乙はこれを買受けます。但し、契約の成立は、注文特約条項第4条によるものとします。
**第2条（代金等の支払い）**
① 乙は、税金、保険料、預かり法定費用等の販売諸費用を自動車の登録日までに、また、表記現金価格合計及び消費税・地方消費税合計（以下「自動車代金等」という）のうち、頭金を契約成立と同時に、残金を表記支払条件及び後払金明細のとおり甲に支払います。
② 乙は、自動車と引き換えに、前項の債務の支払いのための手形或いは銀行口座振替手続の書類等を甲に引き渡します。
**第3条（下取自動車の引渡時期及び未経過自賠責保険料・自動車税）**
① 乙は、下取自動車を自動車代金等の債務の一部の支払いのため、代物弁済として、自動車の引渡しと同時に下取書類と共に甲に引き渡します。下取自動車について、公租公課の滞納等一切の負担がないことを保証し、万一負担がある場合は、乙の責任において処理します。但し、乙は下取自動車につき、甲に引き渡すまでの間に状態に変化が生じた場合は、再査定された価格をもって下取車価格とされても異議ないものとします。
② 下取自動車の自賠責保険の未経過期間に対する解約による返還保険料については、所定の『自動車損害賠償

責任保険 解約保険料表』によるものとし、その相当額を下取車価格に含めるものとします。但し、1,000円未満は四捨五入します。また、未経過月数は満月数とし、2ヵ月分を差し引いたものとします。

③ 下取自動車の納付済自動車税の期日未経過分については、甲は、乙が下取自動車及び名義変更に必要とする書類を引き渡した日の翌月分から、月割で計算した額を乙に返金するものとします。

**第4条（所有権移転の時期）**

① 自動車の所有権は、乙が本契約による自動車代金等の債務を完済したときに乙に移転します。但し、自動車代金等の債務完済の日現在、乙が自動車に関し甲に対して負担する部品代、整備代、修理代、立替金、その他の債務の支払いを正当な理由なく遅滞しているときは、引き続き甲は自動車の所有権を留保することができるものとします。この場合甲は乙に対しその旨を通知するものとします。

② 乙が自動車代金等を完済する前に、仮に、自動車の所有者名義が乙に登録された場合でも、その所有権は甲に帰属するものとします。

③ 乙が自己以外のものを使用名義人と定めた場合には、甲がその使用名義人に所有権移転登録をしても乙は異議ないものとします。

**第5条（善管注意義務及び禁止事項）**

① 甲が自動車の所有権を留保している間は、乙は善良な管理者の注意をもって自動車を使用保管し、甲の承諾がなければ下記の行為をしてはなりません。

　1．自動車を入質、譲渡、転売、貸与または担保に供すること。

　2．自動車の改造、毀損等原状を変更すること。

② 乙は甲の承諾により乙以外の者に自動車を使用させている場合には、その使用者が前項各号の行為をしないように監督しなければなりません。

**第6条（自動車の引渡時期）**

甲は、契約成立後（但し、乙の依頼に基づく改造、架装、修理等をするときは、その完了後）○○日以内に、乙の債務の履行と引き換えに自動車を乙に引き渡します。

(中　略)

**第9条（遅延損害金）**

乙が自動車代金等の支払いを遅滞したときは、遅滞の日の翌日から完済の日まで、その残額に対し、商事法定利率による遅延損害金を甲に支払います。

(中　略)

**第12条（契約の解除）**

① 第8条各号の一に該当する事由があるときは、甲は催告をしなくても本契約を解除することができます。

② 契約が解除されたときは、乙は甲に対し直ちに自動車代金等に相当する額の損害賠償金及びこれに対する（但書の場合は、各号の金額を控除した額に対する）商事法定利率による遅延損害金を支払います。但し、下記各号に該当する場合、甲はその全額を前記損害賠償金の支払いに充当するものとします。

　1．乙が甲に頭金及び残代金の一部を既に支払っているときはその合計額。

　2．自動車が返還された場合（甲が乙に自動車を提供したが、乙が第2条に違反したため自動車の引渡しができなかったときを含む）は、一般財団法人日本自動車査定協会による査定評価額及び乙に支払う消費税・地方消費税が生じた場合はその額。但し、乙が任意に自動車を返還しないため、甲が仮処分その他自己の費用をもって自動車を回収した場合、甲は自動車の評価額から回収費用を差し引くことができるものとします。

**第13条（連帯保証人の義務）**

保証人は、本契約から生じる乙の一切の債務を保証し、乙と連帯し、かつ、保証人相互の間においても連帯して債務履行の責に任じます。

(中　略)

**第17条（債権譲渡）《任意条項》**

① 乙及び保証人は、甲が本契約に基づく債権を必要に応じ○○に譲渡することを承諾します。

② 債権の譲渡に際しては、手形の場合を除き、甲は乙に対し譲渡の事実を通知いたします。

(中　略)

**第19条（契約に関する問い合わせ等）**

本契約に関する問い合わせ相談窓口は○○○○とします。

第五章　（第2号文書）請負に関する契約書　　453

### 印紙税法の適用関係

印紙税法に定める課税物件ではない。

なお、「付属品明細」欄等に請負となる事項を記載した場合は、第2号文書「請負に関する契約書」に該当する。

また、「下取車明細（リサイクル預託金相当額）」欄、あるいは「リサイクル法関連費用（リサイクル預託金額合計）」欄に、再資源化預託金等の相当額の記載をした場合は、第15号文書「債権譲渡に関する契約書」に該当する。

**説明**　1　この文書は、別途契約書を作成しない場合には、印紙税法上の契約書に該当する。

2　自動車の注文書（売買契約書）は、通常課税文書には該当しないが、「付属品明細」欄等に、例えば次のような記載がある場合は、第2号文書に該当する。

なお、請負となる内容の記載があり、その加工、取付等の金額の合計額が1万円未満の場合には非課税文書となる。

① 塗装

② 塗装面の光沢・撥水加工

③ 特別注文によるエアロパーツ等の製作・加工

④ トラックの荷台の板張り、鉄板張り

⑤ ホイール塗装（アクリルウレタン塗装、メッキ塗装）

⑥ 付属品名とその取付代金が別途記載されているもの

⑦ 付属品の取付けを伴うことが記載され、付属品代と取付代金を区分せずに代金を一括記載しているもの（「ナビゲーションシステム取付け：200,000円」などの記載のあるもの）

⑧ 契約期間中の定期点検（車検を含む。）やそれに伴う各種整備、そのための消耗品（エンジンオイル、オイルエレメント、ワイパーゴム等）の交換を一括料金（前払い）で請け負うもの

3　①再資源化預託金等が預託済みである自動車を下取りする際に、「下取車明細（リサイクル預託金相当額）」欄に再資源化預託金等の相当額の記載をした場合、②再資源化預託金等が預託済みである中古自動車を販売する際に、「リサイクル法関連費用（リサイクル預託金額合計）」欄に再資源化預託金等の相当額の記載をした場合は、同預託金相当額の譲渡が金銭債権の譲渡に当たることから、第15号文書に該当する。

なお、第15号文書のみに該当し、リサイクル預託金相当額等が1万円未満の場合には、非課税文書となる。

4　第2号文書と第15号文書とに該当する場合は、通則3のイの規定により、第2号文書となる。

## 第212例　クレジットお申込みの内容

（表面）

**お申込み上のご注意**

◎お申込みの際は、「本書面」をよく読んでから十分納得した上で、太枠内にお客様がボールペンで自署してください。
◎お申込者及び連帯保証人予定者は、別紙「個人情報の収集・保有・利用・提供に関する同意条項」に同意の上、申込みをします。

# クレジットお申込みの内容

| お客様がお申込みされる会社名 | 会 社 名：○○○○株式会社<br>住　　所：東京都○○区○○○ 0-00-00 ○番地<br>電話番号：03-0000-0000　〒100-0000 |
|---|---|

| お客様ご記入欄 | 契約年月日 | 年　月　日 |
|---|---|---|

| 申込年月日 | 年　月　日 |
|---|---|

**お申込者**

| | | | | |
|---|---|---|---|---|
| お名前 | フリガナ | ２枚目に押印ください。 | 性　別 | 男 ・ 女 |
| | | | 生年月日 | 大正・昭和・平成　年　月　日生（　歳） |
| ご住所 | フリガナ<br>[〒　－　] | | | |
| 電　話 | －　－ | 携帯電話 | －　－ | |
| ご家族 | 配偶者 有・無<br>子　供 有（　人）・無 | 住居 | 自己所有　家族所有　借家　社宅官舎　公団公営　マンション(分譲)　マンション(賃貸)　アパート　寮 | |
| | | | 居住年数 | 年　カ月 |
| | | | 既往借入 | 無・有（　万円） |
| お勤め先 名称 | フリガナ | | 従業員数 | 10名未満　10名以上　50名以上　100名以上　500名以上 |
| | | | 業務内容 | |
| お勤め先 所在地 | フリガナ<br>[〒　－　] | | 所属部署 | |
| | | | 役　職 | |
| | | | 勤続年数 | 年　カ月 |
| 勤務先電話 | （　）　内線（　） | | 税込年収 | 万円 |

**お支払口座**

| | | | |
|---|---|---|---|
| 口座名義人 | フリガナ | ３枚目に押印ください。 | 口座名義人はお申込者と同じ場合でも、預金通帳をご確認の上、ご記入ください。 |
| 民間金融機関 | 銀行　信用金庫　信用組合　農協　漁協　労金 | | 本店　支店　出張所 |
| | １普通預金（総合口座）　２当座預金 | 口座番号 | |
| 郵　便　局 | 通帳記号　1　　0 の | 通帳番号（左からつめてご記入ください。） | |

**連帯保証人予定者**

| | | | | |
|---|---|---|---|---|
| お名前 | フリガナ | ２枚目に押印ください。 | 性　別 | 男 ・ 女 |
| | | | 生年月日 | 大正・昭和・平成　年　月　日生（　歳） |
| ご住所 | フリガナ<br>[〒　－　] | | 申込者との関係 | 夫婦　親子　兄弟姉妹　親戚　上役　部下　同僚　知人その他（　） |
| 電　話 | －　－ | 携帯電話 | －　－ | |
| ご家族 | 配偶者 有・無<br>子　供 有（　人）・無 | 住居 | 自己所有　家族所有　借家　社宅官舎　公団公営　マンション(分譲)　マンション(賃貸)　アパート　寮 | |
| | | | 居住年数 | 年　カ月 |
| | | | 既往借入 | 無・有（　万円） |
| お勤め先 名称 | フリガナ | | 従業員数 | 10名未満　10名以上　50名以上　100名以上　500名以上 |
| | | | 業務内容 | |
| お勤め先 所在地 | フリガナ<br>[〒　－　] | | 所属部署 | |
| | | | 役　職 | |
| | | | 勤続年数 | 年　カ月 |
| 勤務先電話 | －　－　（内線：　） | | 税込年収 | 万円 |

**★お客様へのお願い★**

○この契約はお客様自身のものです。お申込者ご自身がご記入ください。
○連帯保証人予定者欄には、契約成立の際、連帯保証人となる方をご記入ください。連帯保証人は、契約書にご署名・押印していただきます。
○自動振替を利用してお支払いいただく場合は、支払日の前日までに口座へのご入金をお願いします。

**★【個人情報の取扱に関するお知らせ】★**

○お客様が申込され、又は契約された事実に関する情報は、与信判断及び与信後の管理のため、当社が加盟する個人信用情報機関へ登録され、当該機関の加盟与信業者及び当該機関と提携する他の個人信用情報機関の加盟与信業者により利用されます。

**【クーリング・オフのお知らせ】**

1．訪問販売または電話勧誘販売でお申込みされた場合、本書面を受領した日を含む８日間は、書面により無条件に売買契約または役務提供契約の申込みの撤回（当該契約が成立した場合は当該契約の解除）を行うこと（以下「クーリング・オフ」といいます。）ができます。
　なお、クーリング・オフに関して不実のことを告げられて誤認し、または威迫されて困惑してクーリング・オフをしなかったときは、改めてクーリング・オフができる旨の書面を受領した日を含む８日間を経過するまではクーリング・オフができます。
　ただし、「クレジットご利用のお客様に（クレジット契約について）」V.(4)に該当する商品を、自らが使用または消費した場合（販売店がお客様に商品を使用させ、または消費させた場合を除く。）は、クーリング・オフができなくなりますのでご注意ください。
　また、営業のためにまたは営業として申込む場合、商品が自動車・運搬車の場合、特定商取引に関する法律・割賦販売法で定める指定商品・指定権利・指定役務以外の場合はクーリング・オフができません。
2．クーリング・オフした場合の効力は以下のとおりです。
①損害賠償や違約金を支払う必要はありません。また商品の引き取りや権利の返還に要する費用は、販売店の負担になります。
②役務の提供を受けまたは施設を利用した場合でも当該契約に基づく対価の支払義務はありません。また既に商品代金や対価の一部を支払っている場合は速やかに販売店よりその全額について返還を受けることができます。
③役務の提供に伴い土地または建物その他の工作物の現状が変更された場合には、無償で原状回復を販売店に請求できます。
3．クーリング・オフの効力は、書面を発信した時から生じます。
　また、クーリング・オフのお申し出は右図のようにハガキ等に必要事項をご記入の上、販売店宛郵送してください。（簡易書留扱いが確実です。）

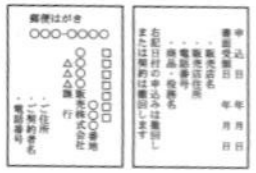


**★お客様に大切なお知らせ★**

○この「お申込みの内容」は、契約成立後、「契約の内容を明らかにする書面」となりますので、大切に保管してください。

| 商品の販売の条件となっている役務 | 有⇒（以下のとおり） |
|---|---|
| | 無 |

| 商品（役務）名・型式 | 数量 | 金額（円） |
|---|---|---|
| | | |
| | | |
| | | |
| ①現金価格合計（税込） | | |
| ②申　込　金（頭金） | | |
| ③残　　　金（①－②） | | |
| ④分割払手数料 | | |
| ⑤分割払金合計（③＋④） | | |
| ⑥分割払価格（②＋⑤） | | |

※1、2回払いの場合、④の分割払手数料には、消費税額が含まれます。

初回に加算請求させていただきます。

| 印紙代及び公正証書作成費用 | |
|---|---|
| | |

| | | |
|---|---|---|
| 第１回目分割払金 | | ×　1回 |
| 第２回目分割払金 | | ×　回 |
| ボーナス月加算分割払金 | | ×　回 |
| ボーナス支払月（毎年） | 月 | 月 |

| 支払回数 | 回 |
|---|---|

| 支払期間 | | |
|---|---|---|
| 自 | 年 | 月 |
| 至 | 年 | 月 |

| 商品の引渡時期 | 契約成立後　日以内 |
|---|---|

| 役務の提供時期 | 契約成立後　日以内 |
|---|---|

| 毎月支払日 | 日 |
|---|---|

| 支払方法 | 自動振替　銀行振込 |
|---|---|

| 販売店 | 【商品・役務のお問合せ先】<br>名　　称：<br>住　　所：<br>代表者名：<br>電話番号： |
|---|---|
| 担当者氏名 | |

（裏面）

## 《お申込の内容》

　申込者及び連帯保証人予定者は、以下の条項を承認の上、○○○○株式会社（以下「会社」という。）から購入する表記商品または表記役務提供契約に基づき提供を受ける役務（以下これらを総称して「商品等」という。）を表記分割払価格で購入するため、この割賦販売の契約（以下「契約」という。）を締結するものとします。

### 第1条（契約の成立時点）
(1)　契約は、申込者が申し込み、会社が所定の手続きを経て会社が承諾したときをもって成立するものとします。
(2)　申込者が申込時に申込金を支払った場合は、契約が成立したときは申込金が充当され、契約が不成立となったときは申込金及び申込書が速やかに申込者に返還されるものとします。

### 第2条（商品等の引渡し）
　商品等は、契約成立後表記の時期に申込者に引渡しまたは提供されるものとします。

### 第3条（分割払金の支払方法）
　申込者は、残金に表記分割払手数料を加算した金額（以下「分割払金合計」という。）を表記支払方法により、会社に支払うものとします。

### 第4条（商品の所有権留保に伴う特約）
　商品の所有権は、契約に基づく債務が完済されるまで会社に留保されることを申込者は認めるとともに、次の事項を遵守するものとします。
①　善良なる管理者の注意をもって商品を管理し、質入れ、譲渡、賃貸その他会社の所有権を損害する行為をしないこと。
②　商品の所有権が第三者から侵害されるおそれがある場合、速やかにその旨を会社に連絡するとともに、会社が商品を所有していることを主張証明して、その排除に努めること。

### 第5条（商品の滅失・毀損の場合の責任）
　申込者は、契約に基づく債務の完済までに商品が火災、風水害、盗難等により滅失・毀損したときは、速やかに会社に通知するとともに、表記支払方法により債務の履行を継続するものとします。

（中　略）

### 第7条（期限の利益喪失）
(1)　申込者は、次のいずれかの事由に該当したときは、当然に契約に基づく債務について期限の利益を失い、直ちに債務を履行するものとします。
　①　支払期日に分割払金の支払を遅滞し、会社から20日以上の相当な期間を定めてその支払を書面で催告されたにもかかわらず、その期間内に支払わなかったとき。
　②　自ら振出した手形、小切手が不渡りになったときまたは一般の支払を停止したとき。
　③　差押、仮差押、保全差押、仮処分の申立てまたは滞納処分を受けたとき。
　④　破産、民事再生、特別清算、会社更生その他裁判上の倒産処理手続の申立てを受けたときまたは自らこれらの申立てをしたとき。
　⑤　商品等の購入が申込者にとって商行為（業務提供誘引販売個人契約・連鎖販

売個人契約を除く。）となる場合で、申込者が分割払金の支払いを1回でも遅滞したとき。

⑥　商品（権利も含む。以下同じ。）の質入れ、譲渡、賃貸その他会社の所有権を侵害する行為をしたとき。

(2)　申込者は、次のいずれかの事由に該当したときは、会社の請求により契約に基づく債務について期限の利益を失い、直ちに債務を履行するものとします。

①　契約上の義務に違反し、その違反が契約の重大な違反となるとき。

②　その他申込者の信用状態が著しく悪化したとき。

③　支払回数が3回未満の場合で、1回でも支払を遅滞したとき。

(3)　支払回数が3回未満で、1回でも支払を遅滞したとき。

**第8条（遅延損害金）**

(1)　申込者が、分割払金の支払いを遅滞したときは、支払期日の翌日から支払日に至るまで当該分割払金に対し、以下の年率（1年を365日とする日割計算。以下同じ。）を乗じた額の遅延損害金を支払うものとします。

①　支払回数が3回以上であり、かつ割賦販売法の定める指定商品、指定権利、指定役務に関する取引については、当該分割払金に対し、年○○.○％を乗じた額と分割払金合計の残金全額に対し商事法定利率を乗じた額のいずれか低い額。ただし、割賦販売法の定める指定権利、指定役務に関する取引が商行為となる場合を除く（ただし、商行為が業務提供誘引販売個人契約・連鎖販売個人契約に該当する場合はなお、本号による。）。

②　支払回数が3回未満、または支払回数が3回以上であっても割賦販売法に定めのない商品、権利、役務に関する取引について、当該分割払金に対し、年14.6％を乗じた額。ただし、商行為となる場合を除く。

③　上記①及び②の但し書に関する取引については、当該分割払金に対し、年○○.○％を乗じた額。

(2)　申込者が、期限の利益を喪失したときは、期限の利益喪失の日から完済の日に至るまで分割払金合計の残金全額に対し、以下の年率を乗じた額の遅延損害金を支払うものとします。

①　(1)①の取引については、分割払金合計の残金全額に対し、商事法定利率を乗じた額。

②　(1)②の取引については、分割払金合計の残金全額に対し、年14.6％を乗じた額。

③　(1)③の取引については、分割払金合計の残金全額に対し、年○○.○％を乗じた額。

（中　略）

**第10条（契約の解除）**

　申込者が、第7条(1)①から⑥まで及び(2)①から②までのいずれかに該当した場合は、会社は契約を解除し、申込者に商品等の返還を請求できるものとします。

**第11条（損害賠償金）**

　申込者は、前条又は合意により契約を解除した場合、次の①から③までに該当する額とこれに対する商事法定利率による遅延損害金とを加算した額を会社に支払うものとします。

①　商品又は権利を会社に返還した場合：当該商品又は権利の通常の使用料の額

②　商品又は権利を会社に返還しなかった場合：当該商品又は権利の分割払価格に相当する額

③　購入商品又は権利が商品又は権利引渡し前のとき：契約の締結および履行に通

第五章 （第2号文書）請負に関する契約書 457

常要する費用の額

④ 役務提供の開始後である場合：提供された当該役務の対価に相当する額に分割払手数料を加えた額

（中　略）

## 第15条（連帯保証人予定者）

連帯保証人予定者は、契約成立後、連帯保証人となります。

連帯保証人は、契約から生じる一切の債務につき申込者と連帯して履行の責を負うものとします。

## 第16条（公正証書）

申込者及び連帯保証人予定者は、会社が必要と認めた場合、申込者の費用負担で、契約につき強制執行認諾条項を付した公正証書の作成に応じ、必要書類を会社に提出するものとします。

## 第17条（合意管轄裁判所）

申込者及び連帯保証人予定者は、契約について紛争が生じた場合、訴額のいかんにかかわらず、申込者及び連帯保証人予定者の住所地、購入地または契約地、及び会社の本社、各支店、営業所を管轄する簡易裁判所及び地方裁判所を管轄裁判所とすることに同意するものとします。

---

### ＜問合わせ・相談窓口等＞

お問合せ・ご相談は、下記の部署にご連絡ください。

名　　称：○○○○株式会社　お客様相談センター

住　　所：東京都○○区○○○　0-00-00　○番地

〒100-0000

連絡先：（電話）03-0000-0000

---

**印紙税法の適用関係**

印紙税法に定める課税物件ではない。

**説明**　この文書は、クレジット（割賦販売）による物品等の購入申込みを受けた際に、割賦販売法第4条の規定に基づき、販売業者（クレジット会社）から顧客に「申込みの内容を記載した書面」として交付されるもので、申込みの内容を単に通知する文書であり、契約の成立の事実を証明するものとは認められないことから、印紙税法上の契約書に定めるいずれの課税物件にも該当しない。

第213例　クレジット契約書
（表面）

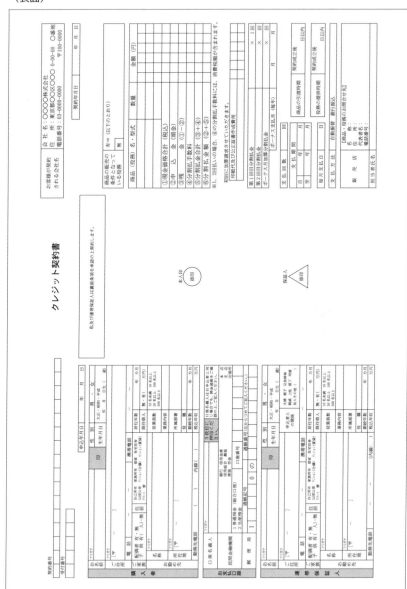

第五章 （第2号文書）請負に関する契約書　　　459

（裏面）

## 《契約条項》

　私及び連帯保証人は、以下の条項を承認の上、○○○○株式会社（以下「貴社」という。）から購入する表記商品または表記役務提供本契約に基づき提供を受ける役務（以下これらを総称して「商品等」という。）を表記分割払価格で購入するため、この割賦販売の本契約（以下「本契約」という。）を締結するものとします。

### 第1条（本契約の成立時点）
(1)　本契約は、私が申し込み、貴社が所定の手続きを経て貴社が承諾したときをもって成立するものとします。
(2)　私が申込時に申込金を支払った場合は、本契約が成立したときは申込金が充当され、本契約が不成立となったときは申込金及び申込書が速やかに私に返還されるものとします。

### 第2条（商品等の引渡し）
　商品等は、本契約成立後表記の時期に私に引渡しまたは提供されるものとします。

### 第3条（分割払金の支払方法）
　私は、残金に表記分割払手数料を加算した金額（以下「分割払金合計」という。）を表記支払方法により、貴社に支払うものとします。

### 第4条（商品の所有権留保に伴う特約）
　商品の所有権は、本契約に基づく債務が完済されるまで貴社に留保されることを私は認めるとともに、次の事項を遵守するものとします。
①　善良なる管理者の注意をもって商品を管理し、質入れ、譲渡、賃貸その他貴社の所有権を侵害する行為をしないこと。
②　商品の所有権が第三者から侵害されるおそれがある場合、速やかにその旨を貴社に連絡するとともに、貴社が商品を所有していることを主張証明して、その排除に努めること。

### 第5条（商品の滅失・毀損の場合の責任）
　私は、本契約に基づく債務の完済までに商品が火災、風水害、盗難等により滅失・毀損したときは、速やかに貴社に通知するとともに、表記支払方法により債務の履行を継続するものとします。

（中　略）

### 第7条（期限の利益喪失）
(1)　私は、次のいずれかの事由に該当したときは、当然に本契約に基づく債務について期限の利益を失い、直ちに債務を履行するものとします。
①　支払期日に分割払金の支払を遅滞し、貴社から20日以上の相当な期間を定めてその支払を書面で催告されたにもかかわらず、その期限内に支払わなかったとき。
②　自ら振出した手形、小切手が不渡りになったときまたは一般の支払を停止したとき。
③　差押、仮差押、保全差押、仮処分の申立てまたは滞納処分を受けたとき。
④　破産、民事再生、特別清算、会社更生その他裁判上の倒産処理手続の申立てを受けたときまたは自らこれらの申立てをしたとき。
⑤　商品等の購入が私にとって商行為（業務提供誘引販売個人本契約・連鎖販売個人本契約を除く。）となる場合で、私が分割払金の支払いを1回でも遅滞し

たとき。

⑥　商品（権利も含む。以下同じ。）の質入れ、譲渡、賃貸その他貴社の所有権を侵害する行為をしたとき。

(2)　私は、次のいずれかの事由に該当したときは、貴社の請求により本契約に基づく債務について期限の利益を失い、直ちに債務を履行するものとします。

①　本契約上の義務に違反し、その違反が本契約の重大な違反となるとき。

②　その他私の信用状態が著しく悪化したとき。

③　支払回数が3回未満の場合で、1回でも支払いを遅滞したとき。

(3)　支払回数が3回未満で、1回でも支払を遅滞したとき。

## 第8条　(遅延損害金)

(1)　私が、分割払金の支払いを遅滞したときは、支払期日の翌日から支払日に至るまで当該分割払金に対し、以下の年率（1年を365日とする日割計算。以下同じ。）を乗じた額の遅延損害金を支払うものとします。

①　支払回数が3回以上であり、かつ割賦販売法の定める指定商品、指定権利、指定役務に関する取引については、当該分割払金に対し、年〇〇.〇％を乗じた額と分割払金合計の残金全額に対し商事法定利率を乗じた額のいずれか低い額。ただし、割賦販売法の定める指定権利、指定役務に関する取引が商行為となる場合を除く（ただし、商行為が業務提供誘引販売個人本契約・連鎖販売個人本契約に該当する場合はなお、本号による。）。

②　支払回数が3回未満、または支払回数が3回以上であっても割賦販売法に定めのない商品、権利、役務に関する取引について、当該分割払金に対し、年14.6％を乗じた額。ただし、商行為となる場合を除く。

③　上記①及び②の但し書に関する取引については、当該分割払金に対し、年〇〇.〇％を乗じた額。

(2)　私が、期限の利益を喪失したときは、期限の利益喪失の日から完済の日に至るまで分割払金合計の残金全額に対し、以下の年率を乗じた額の遅延損害金を支払うものとします。

①　(1)①の取引については、分割払金合計の残金全額に対し、商事法定利率を乗じた額。

②　(1)②の取引については、分割払金合計の残金全額に対し、年14.6％を乗じた額。

③　(1)③の取引については、分割払金合計の残金全額に対し、年〇〇.〇％を乗じた額。

(中　略)

## 第10条　(本契約の解除)

私が、第7条(1)①から⑥まで及び(2)①から②までのいずれかに該当した場合は、貴社は本契約を解除し、私に商品等の返還を請求できるものとします。

## 第11条　(損害賠償金)

私は、前条又は合意により本契約を解除した場合、次の①から③までに該当する額とこれに対する商事法定利率による遅延損害金とを加算した額を会社に支払うものとします。

①　商品又は権利を貴社に返還した場合：当該商品又は権利の通常の使用料の額

②　商品又は権利を貴社に返還しなかった場合：当該商品又は権利の分割払価格に相当する額

③　購入商品又は権利が商品又は権利引渡し前のとき：本契約の締結および履行に通常要する費用の額

第五章　（第2号文書）請負に関する契約書　　461

④　役務提供の開始後である場合：提供された当該役務の対価に相当する額に分割払手数料を加えた額

（中　略）

**第15条（連帯保証人）**
　連帯保証人は、本契約から生じる一切の債務につき私と連帯して履行の責を負うものとします。

**第16条（公正証書）**
　私及び連帯保証人は、貴社が必要と認めた場合、私の費用負担で、本契約につき強制執行認諾条項を付した公正証書の作成に応じ、必要書類を貴社に提出するものとします。

**第17条（合意管轄裁判所）**
　私及び連帯保証人は、本契約について紛争が生じた場合、訴額のいかんにかかわらず、私及び連帯保証人の住所地、購入地または本契約地、及び貴社の本社、各支店、営業所を管轄する簡易裁判所及び地方裁判所を管轄裁判所とすることに同意するものとします。

---

**＜問合わせ・相談窓口等＞**
　お問合せ・ご相談は、下記の部署にご連絡ください。
　　名　　称：○○○○株式会社　お客様相談センター
　　住　　所：東京都○○区○○○　0-00-00　○番地
　　　　　　　〒100-0000
　　連絡先：（電話）03-0000-0000

---

**印紙税法の適用関係**

　　印紙税法に定める課税物件ではない。

**説明**　この文書は、販売業者（クレジット会社）がクレジット（割賦販売）による物品等の購入申込みを承諾した場合に、顧客が販売業者（クレジット会社）に差し入れる方式の売買契約書であり、契約の事実を証明するために作成されるものであることから、印紙税法上の契約書には該当するが、物品の譲渡の場合は、いずれの課税物件にも該当しない。

　　なお、請負（例えば、呉服の仕立て、取付工事など）に係る代金の支払いの場合には、第2号文書「請負に関する契約書」に該当する。

　　また、連帯保証人の保証（署名又は押印）は、主たる債務の契約書（物品売買等契約書等）に併記された保証契約であり、第13号文書「債務の保証に関する契約書」には該当しない。

462　　第2部　各課税物件

### 第214例　会計参与契約書

会計参与契約書

会計参与委嘱者
会計参与受嘱者

　会計参与委嘱者と会計参与受嘱者は、会計参与受嘱者が会社法第333条第3項の欠格事由のないことを確認し、「会計参与約款」に定めるところにより、次のとおり会計参与契約を締結する。


1　会計参与の目的
　　会計参与は、会社法第374条に基づき取締役と共同して計算関係書類、すなわち貸借対照表、損益計算書、株主資本等変動計算書、注記、附属明細書及び会計参与報告を作成し、当該計算関係書類及び会計参与報告を会計参与委嘱者と別に備え置き、開示する職務を担うこと。


2　共同して作成する計算関係書類の事業年度
　　　第　　期　　　自　　　　年　　　月　　　日
　　　　　　　　　　至　　　　年　　　月　　　日


3　共同して作成する計算関係書類の種類
　　会社法第435条第2項に定める計算書類及び附属明細書
　　　　　　　　　　　　（　中　　　略　）

11　会計参与報告の備置き、閲覧場所
　⑴　会計参与報告の備置き開始日
　⑵　会計参与報告の閲覧場所
　⑶　会計参与報告の閲覧可能時間


12　報酬の額及びその支払時期
　⑴　報酬の額
　⑵　支払時期
　　　　　　　　　　　　（　中　　　略　）

　この契約書に定めのない事項に関しては、本契約書別紙「会計参与約款」による。
　この会計参与契約の証として本契約書2通を作成し当事者各1通を保有する。

第五章　（第2号文書）請負に関する契約書　　463

```
            年　　　月　　　日

      会計参与委嘱者                                          印

      会計参与受嘱者                                          印

   （別紙）会計参与約款

                    （　以下省略　）
```

**印紙税法の適用関係**

　　印紙税法に定める課税物件ではない。

**説明**　　この文書は、株式会社が公認会計士（監査法人を含む。）又は税理士（税理士法人を含む。）（以下「公認会計士等」という。）に内部機関として計算書類の作成・保存・開示などの職務を担うことを委嘱する内容のものであり、委任に関する契約書であると認められ、また、その他の課税事項の記載もないことから、印紙税法に定めるいずれの課税物件にも該当しない。

**参考**　　会計参与契約書とは、株式会社と公認会計士等との間で、会社法に規定している会計参与の委嘱について締結するものである。

　　会計参与は、会社法の制定に伴い、株式会社について新たに設けられた機関（役員）であり、公認会計士等が、取締役や執行役と共同して計算書類（貸借対照表、損益計算書、株主資本等変動計算書等）を作成するとともに、株式会社とは別に計算書類を保存し、株主や債権者に対してこれを開示する義務を負っている。

464　　　　　　　　第2部　各課税物件

**第215例**　し尿浄化槽清掃・維持管理契約書

---

契　約　書

　　　　　株式会社（以下「甲」という。）は　　　　　　　　株式会社（以下「乙」
という。）と次のとおり契約（以下「本契約」という。）を締結する。
第1条　乙は甲の所有するし尿浄化槽について次の清掃及び維持管理作業を行うものと
　する。
記

1　作業内容
　　浄化槽の清掃作業（年1回実施）
　　浄化槽の維持管理作業（毎月1回実施）
2　設　置　場
3　契約時間
　　　　　　年　　　月　　　日から1か年
第2条　甲は乙に前条の料金として次のとおり支払うものとする。
1　清　掃　費　　1回 80,000円
2　維持管理費　　月額 25,000円　年額 300,000円
　　合　　　計　　　　380,000円
　　ただし、支払期間は、甲乙協議の上定める。
第3条　乙は作業を行うに当たり廃棄物の処理及び清掃に関する法律その他関係法規を
　厳守することはもちろんのこと、環境衛生上の諸注意に留意し、また別紙し尿浄化槽
　維持管理要領に基づき実施するものとする。
第4条　乙の作業状態について、甲が不備、不完全と認めたときは、乙は直ちに無償で
　再実施するものとする。
第5条　乙が作業実施に当たって、甲の施設に損害を与えた場合その他本契約に関して
　生じた甲の一切の損害は、乙がこれを負担するものとする。
第6条　乙が次の各号に該当するときは、甲は本契約を解除することができる。
1　乙が本契約に違反したとき。
2　乙が法令に違反したとき。
第7条　本契約に定めのない事項は、その都度甲、乙協議の上、これを定めるものとす
　る。
　　本契約の成立を証するため、本書2通を作成し、当事者記名押印して各自1通を保
　有する。
　　　　　年　　　月　　　日
　　　　　　　　　　　　甲　　　　　　　　　　　　　　　　　　　㊞
　　　　　　　　　　　　乙　　　　　　　　　　　　　　　　　　　㊞

---

**印紙税法の適用関係**

　　　　印紙税法別表第一、課税物件表の第2号文書「請負に関する契約書」である。

**説明**　この文書は、し尿浄化槽を清掃及び維持管理する契約であり、請負契約となる
　　ため、第2号文書に該当する。

　　　また、営業者間において、継続する2以上の請負について共通して適用される
　　取引条件のうち、目的物の種類、単価を定めているものであるから、第7号文書
　　「継続的取引の基本となる契約書」に該当する。

第五章　（第2号文書）請負に関する契約書　　465

　したがって、この文書は、第2号文書としての契約金額の記載があることから、通則3のイの規定により、第2号文書となる。

## 第2部　各課税物件

### 第216例　消火設備保守点検契約書

（表面）

---

# 消火設備保守点検契約書

契約先コード：
当事者（甲）：
当事者（乙）：

　甲及び乙は、甲が乙より購入したハロゲン化物消火設備の保守点検に関し、右記事項及び裏面記載の条件に同意し、ここにこの契約を締結した。
　この契約締結を証し、本証弐通を作成し、甲・乙記名捺印の上各自壱通を保有する。

契約締結年月日　　　　年　　月　　日
甲）　　　　　　　　　　　㊞　　　　乙）

記

契約対象物件：
引　渡　日：　　　年　　月　　日
保守点検料：950,000円
　　　　　　　（消費税等込）（年額）
設　置　場　所：
対　象　台　数：　　台　　　　台
　　　　　　　ハロンガス総量　　kg
　　　　　　　　　　　　　　　　㊞

---

（裏面）

---

# 契　約　条　件

〈品質保証〉
1．頭書記載の設備引渡日より12か月間について、消火設備の故障はすべて乙の負担で交換又は修理いたします。ただし甲の取扱い不注意、故意又は不可抗力とみられる原因で故障した場合は除きます。

〈保守点検〉
2．乙は本契約により消火設備の保守点検を3か月に1回（年4回）行い、当装置の正常な機能の維持を行います。

〈保守点検料の支払〉
3．甲は頭書記載の保守点検料をその発効月にその半額を乙よりの請求により支払うこととします。残りの半額は発効月の6か月後、以降これに準じ乙よりの請求により支払うこととします。

〈消火剤の補填〉
4．甲により使用された消火剤（ハロンガス）の補填は、要請により乙が行います。補填に要する実費（消火剤の充填、その容器検査、部品の交換費用を含む）は甲の負担とし、乙よりの請求後7日以内に支払うものとします。ただし消火剤の放出が、装置の不良に起因する場合は乙の負担とします。

〈契約有効期間とその効力の失効〉
5．本契約の有効期間は頭書記載の消火設備引渡月の翌月より起算して48か月間（4年間）とし、終了の2か月前までに甲・乙いずれかより申出がない限り12か月間の自動更新とし、以後これに準じます。ただし、ファイナンス・リース扱いの場合はそのリース契約の付随条項に基づきます。

6．上記契約期間中、前第1項の品質保証期間を除いて自然損耗を含むすべての機能上の障害が発生した場合、甲の実費負担において、乙は修理あるいは部品交換を行います。甲の費用負担の同意が得られない場合は、本契約は自動的に効力を失うものとし、その時点で受領済の保守点検料は返済いたしません。

〈設置場所の変更〉
7．頭書記載の消火設備設置場所より移動するとき、甲は乙にその旨通知し、乙はその工事を引き受けるものとします。甲はその実費を乙又はその代理人に支払うものとします。

8．上記設置場所の仕様又は収容物に変更が生じたとき、甲は乙に通知して、消火設備の設置条件の適否を判定します。

〈協議事項〉
9．本契約に定められていない事項あるいは疑義に関しては、甲・乙協議するものとし、共に誠意をもって解決に当たることとします。

第五章 （第2号文書）請負に関する契約書　　　467

**印紙税法の適用関係**

　　印紙税法別表第一、課税物件表の第2号文書「請負に関する契約書」である。

**説明**　この文書は、警備保障会社がユーザーに販売したハロゲン化物消火設備の保守点検を行うことを内容としており、このような正常な機能を維持する無形の仕事の完成を目的とする契約も請負契約となることから、第2号文書となる。

　　なお、記載金額は、保守点検料の年額（95万円）に契約期間（4年）を乗じて得た金額（380万円）となる。

**参考**　第259例「エレベータ保守についての契約書」の項を参照。

468 第2部 各課税物件

**第217例** テレホンガイド契約書

---

テレホンガイド契約書

株式会社○○サービス　御中

　貴社のテレホン・インフォメーション・システムの趣旨に賛同し、使用すること
を契約いたします。


　　契約金額　　　400,000円
　　契約期間　　　　年　月　日　〜　　　　年　月　日

　なお、テープ作成に必要な資料はその都度提供いたします。


　　　　年　　月　　日

　　　　　　　　　　　　　　　　　　住　所
　　　　　　　　　　　　　　　　　　会社名　　　　　　　㊞

---

(注)　この文書は、株式会社○○サービスがスポンサーから提供を受けた原稿又は資
　　　料を基に作成した録音テープを電話自動応答装置にセットし、テレホンガイドを
　　　行うことを定めた契約書である。


**印紙税法の適用関係**

　　　印紙税法別表第一、課税物件表の第2号文書「請負に関する契約書」である。

**説明**　この文書に記載された「テレホン・インフォメーション・システムの趣旨に賛
　　　同し、使用すること」の実質的な意味は、スポンサーが提供した原稿又は資料を
　　　基にして録音テープを作成し、作成した録音テープを電話自動応答装置にセット
　　　し、かつ、その装置を含むシステムの作動及び保守を行うことによって、結果的
　　　にテレホンガイドを可能な状態にするというものである。この文書は、この状態
　　　の維持という仕事に対して報酬を支払うものは請負契約であることから、第2号
　　　文書に該当する。

　　　　したがって、録音テープの作成がスポンサーによるものであっても、この文書
　　　は請負に関する契約書となる。

　　　　なお、この文書はスポンサーが単独で作成したものと認められるため、納税義
　　　務者はスポンサーとなる。

第五章　（第2号文書）請負に関する契約書　　469

**第218例　森林経営委託契約書**

森林経営委託契約書

　森林所有者○○○○ほか○名（以下「甲」という。）と受託者○○○○（以下「乙」という。）は、甲が所有する森林の経営を目的として次の条項のとおり契約を締結する。

（中略）

　（契約の対象とする森林）

第2条　この契約の対象とする森林（以下「契約対象森林」という。）は、別紙1に表示する森林とする。なお、契約対象森林にある立木竹は、甲に帰属する。

　（契約の期間）

第3条　この契約の契約期間（以下「委託期間」という。）は次のとおりとする。

　　　　　　○年○月○日から　　　○年○月○日まで

　（委託事項）

第4条　乙は、契約対象森林をその区域に含む市町村森林整備計画及び別紙2に示す森林の経営に当たっての特記事項に従い、契約対象森林に関する次の事項（以下「委託事項」という。）を実施するものとする。

　　⑴　立木竹の伐採、造林、保育その他の森林施業を実施すること

　　⑵　森林の保護等のため、以下に掲げる事項を実施すること

　　　ア　森林の現況把握

　　　イ　火災の予防及び消防

　　　ウ　盗伐、誤伐その他の加害行為の防止

　　　エ　有害動物及び有害植物の駆除及びそのまん延の防止

　　　オ　甲以外の者が所有する森林との境界の巡視

　　　カ　ア又はオを実施した結果異常を発見したときに行う必要な措置

　2　前項第1号による伐採をした木竹の取扱いについては、甲と乙が別途協議して定めるものとする。

　3　乙は、第1項第2号イからエまで若しくはカに掲げる事項を実施したときに、速やかに甲に報告するものとする。

（中略）

　（委託料の請求）

第9条　乙は、事業年次ごとに、委託事項の実施に要した費用（次項により補助金等を充当した場合にあっては、委託事項の実施に要した費用から当該補助金等の額を控除したもの）を委託料として、甲に請求するものとする。

　2　乙は、委託事項の実施に当たり補助金等の交付を受けたときは、速やかに当該補助金等を前項の委託事項の実施に要した費用に充当するものとする。

470 第2部 各課税物件

　3　甲は、乙から第1項の委託料の請求があったときは、乙に対して遅滞なくこれを支払うものとする。

(中略)

　　年　　月　　日
　　　　(甲) 森林所有者　　　○○　○○　㊞
　　　　(乙) 受　託　者　　　○○　○○　㊞

---

別紙1 (第2条関係)

| 契約対象森林 | | | | | | | |
|---|---|---|---|---|---|---|---|
| 所在場所 | | 森林の所有者 | 森林の現況 | | | | | 備考 |
| 字・地番 | 林小班 | | 面積 (ha) | 人・天別 | 樹種・林相 | 林齢 | 法令による規制等 | |
| | | | | | | | | |

注：1　○年○月現在
　　2　契約対象森林（作業路網その他施設を含む。）の所在は、別添の図面のとおり。
　　　※別添の図面は省略。

別紙2 (第4条第1項関係)

## 森林の経営に当たっての特記事項

【記載留意事項】
　委託事項の実施範囲などについて明示すべき事項がある場合には、下記（例）のように適宜記載する。
（例）
　　一　「人工林については、おおむね○○齢級以上の森林を主伐の対象（候補）とする。」
　　二　「○○林班○○小班の人工林については、主伐の時期をおおむね○○年とするため、委託期間中は主伐の対象とせず、委託期間中におおむね○○％の間伐を実施する。」

第五章 （第2号文書）請負に関する契約書　　　471

（中略）

三　「契約対象森林内の作業路網については、台風や大雨の後に点検を行い、必要に応じて補修を実施する。」

四　「○○林班○○小班の間伐の実施とあわせて、おおむね○kmの森林作業道を開設する。」

五　「契約対象森林の現況把握については、年1回以上実施する。」

**印紙税法の適用関係**

印紙税法に定める課税物件ではない。

**説明**　この文書は、森林所有者が森林経営に関し専門的知識を有する者（森林組合等）に森林経営を委託する目的で、森林所有者と受託者との間で作成される文書である。

第4条第1項（委託事項）に、「立木竹の伐採、造林、保育その他の森林施業を実施すること」や、森林保護のため有害動物等の「駆除」や森林境界の「巡視」等を行うことが記載されており、また、別紙2（森林の経営に当たっての特記事項）に作業路網の「点検・補修」や森林作業道の「開設」など委託事項の実施範囲などについて明示すべき事項が記載されている。

これらの規定は、いずれも具体的な作業内容は定めておらず、委託者に委ねられていることから、当事者間において請負契約に該当するような仕事の完成を約したものであるとまではいえず、第2号文書「請負に関する契約書」には該当しない。

また、第4条第2項の「伐採をした木竹の取扱いについては、甲と乙が別途協議して定める」との記載は、伐採した木竹の売買について定めているとはいえず、第7号文書「継続的取引の基本となる契約書」にも該当しないことから、課税文書には該当しない。

（注）　例えば、第4条第1項の委託事項に「伐採をした木竹の販売を実施すること」との記載があれば第7号文書に該当するなど、契約書の本文又は別紙2の特記事項の記載内容によっては課税関係が異なる場合がある。

472　　　　　　　　第2部　各課税物件

**第219例**　　産業廃棄物管理票（マニフェスト）

産業廃棄物管理票（マニフェスト）A票

| 交付年月日 | 年　月　日 | 交付番号 | | 整理番号 | | 交付担当者 | 氏名 | ㊞ |

| | | | | | | | | |
|---|---|---|---|---|---|---|---|---|
| 事業者（排出者） | 氏名又は名称 | | | 事業場（排出事業場） | 名称 | | | |
| | 住所　〒　　　　　電話番号 | | | | 所在地　〒　　　　　電話番号 | | | |

| 産業廃棄物 | □種類（普通の産業廃棄物） | | □種類（特別管理産業廃棄物） | | 数量（及び単位） | 荷姿 |
|---|---|---|---|---|---|---|
| | □0100 燃えがら | □1200 金属くず | □7000 引火性廃油 | □7424 燃えがら（有害） | | |
| | □0200 汚泥 | □1300 ガラス・陶磁器くず | □7010 引火性廃油(有害) | □7425 廃油（有害） | 産業廃棄物の名称 | |
| | □0300 廃油 | □1400 鉱さい | □7100 強酸 | □7426 汚泥（有害） | | |
| | □0400 廃酸 | □1500 がれき類 | □7110 強酸（有害） | □7427 廃酸（有害） | | |
| | □0500 廃アルカリ | □1600 家畜のふん尿 | □7200 強アルカリ | □7428 廃アルカリ（有害） | 有害物質等 | 処分方法 |
| | □0600 廃プラスチック類 | □1700 家畜の死体 | □7210 廃アルカリ(有害) | □7429 ばいじん（有害） | | |
| | □0700 紙くず | □1800 ばいじん | □7300 感染性廃棄物 | □7430 13号廃棄物(有害) | | |
| | □0800 木くず | □1900 13号廃棄物 | □7410 PCB等 | □ | 備考・通信欄 | |
| | □0900 繊維くず | □ | □7421 廃石綿等 | □ | | |
| | □1000 動植物性残さ | □ | □7422 指定下水汚泥 | □ | | |
| | □1100 ゴムくず | □ | □7423 鉱さい（有害） | □ | | |

| 中間処理産業廃棄物 | 管理票交付者(処分委託者)の氏名又は名称及び管理票の交付番号（登録番号）<br>□帳簿記載のとおり<br>□当欄記載のとおり |
|---|---|
| 最終処分の場所 | 名称／所在地／電話番号<br>□委託契約書記載のとおり<br>□当欄記載のとおり |

| 運搬受託者 | 氏名又は名称 | | 運搬先の事業場（処分事業場） | 名称 | | |
|---|---|---|---|---|---|---|
| | 住所　〒　　　　　電話番号 | | | 所在地　〒　　　　　電話番号 | | |

| 処分受託者 | 氏名又は名称 | | 積替え又は保管 | 名称 | | |
|---|---|---|---|---|---|---|
| | 住所　〒　　　　　電話番号 | | | 所在地　〒　　　　　電話番号 | | |

| 運搬担当者 | 氏名 | 受領印 | 運搬終了年月日 | 年　月　日 | 有価物拾集量 | 数量（及び単位） |
|---|---|---|---|---|---|---|
| 処分担当者 | 氏名 | 受領印 | 処分終了年月日 | 年　月　日 | 最終処分終了年月日 | 年　月　日 |

| 最終処分を行った場所 | 名称／所在地／電話番号　（委託契約書記載の場所にあっては委託契約書記載の番号） | | 照合確認 | B2票 | 年　月　日 |
|---|---|---|---|---|---|
| | | | | D票 | 年　月　日 |
| | | | | E票 | 年　月　日 |

**印紙税法の適用関係**

　　　　印紙税法に定める課税物件ではない。

**説明**　　この文書は、産業廃棄物の排出の段階から処理されるまでの間、廃棄物の流れを適正に管理し、不適正処理の防止に資するため、「廃棄物の処理及び清掃に関する法律」により作成が義務付けられているもの（4枚複写）であり、契約の成立等の事実を証するために作成されるものではないことから、印紙税法に定めるいずれの課税物件にも該当しない。

第六章　（第3号文書）　約束手形又は為替手形　　　473

# 第六章　（第3号文書）
## 約束手形又は為替手形

　約束手形又は為替手形は、印紙税法別表第一、課税物件表の第3号（P1112参照）に掲げる印紙税の課税物件である。

## 1　約束手形又は為替手形の意義

　印紙税法は、約束手形又は為替手形の定義を示してはいないが、手形法（昭和7年法律第20号）によって規定される約束手形又は為替手形を指すものである。

　「約束手形」とは、振出人が受取人に対して、一定の期日（満期日）に、一定の金額を受取人又はその指図人若しくは手形所持人に無条件で支払うことを約束して振り出す形式の手形である。

　また、「為替手形」とは、振出人（発行者）が第三者（支払人）にあてて一定の金額を受取人又はその指図人に支払うべきことを委託する形式の手形である。

　約束手形又は為替手形は、いずれもそこに表彰された証券上の権利を移転し、あるいは行使するためには当該証券の移転、所持を要するという法的効力を認められたいわゆる有価証券のうちでも典型的なものであり、記載要件が定められている厳格な要式証券である（手形法第1条、第2条、第75条及び第76条）。

## 2　記載要件を欠く約束手形又は為替手形の取扱い

　約束手形又は為替手形は、小切手とともに厳格な要式証券であり、受取人の表示を欠く等いわゆる手形要件を欠くもの、また、手形の効力を失わせる有害的記載事項のあるものは、課税物件表にいう約束手形又は為替手形として取り扱わないこととしている[注1]。

474 第2部 各課税物件

もっとも、上記にいう手形要件を欠くものとは、要件欠缺として救済し難い無効のものを指すのであって、振出人等が後日その取得者に補充記載させる意思で手形要件の全部又は一部を記載せずに流通させるいわゆる白地手形は、印紙税法上においても約束手形又は為替手形として取り扱われる。

ただし、印紙税法は、いわゆる白地手形のうち手形金額の記載のないものはこれを非課税物件とし（印紙税法別表第一、課税物件表の第3号に係る非課税物件欄＝P1112参照）、その上で、これに手形金額の補充が行われた際、課税文書である約束手形又は為替手形が作成されたとみなす（補充者が作成）旨を規定している（印紙税法第4条第1項＝P1096参照）。

なお、為替手形は、振出人の振出しによる作成行為、つまり、振出人による法定事項の記載、署名があった後、流通されるのが本来であるが、実際には、振出人の署名を欠く白地手形（手形金額は記載されているもの）として、その手形への署名を引受人（又はその他の手形当事者）が先に行う場合も多い。こうした場合、印紙税法にいうその為替手形作成者（すなわち、その手形についての印紙税の納税義務者）は、その手形面に最初に署名した引受人（又はその他の手形当事者）となる。


## 3 定額税率が適用される約束手形又は為替手形

印紙税法は、約束手形又は為替手形の税率を定めるのに、手形金額の高低を階級ごとに区分して、各区分ごとに異なる税率いわゆる階級定額税率を設けるほか、特定の手形については、その手形金額にかかわらず、一律の税率いわゆる定額税率（1通につき200円）を採用している（P1112参照）。

この定額税率を適用する約束手形又は為替手形は、次のとおりである。

(1) 一覧払の手形

「一覧払の手形」とは、支払期日の欄に「一覧の日」等と支払いの呈示の日を満期とする趣旨の表示がある約束手形又は為替手形をいい、満期の記載のない手形を含む(注2)。

なお、いわゆる確定日後一覧払及び一定期間経過後一覧払（定期後一覧払）

の約束手形又は為替手形（手形法第34条第2項、第77条第1項第2号）は、「一覧払の手形」には含まれない。したがって、これらの手形は、定額税率でなく、階級定額税率が適用されることになる。

## (2) 一定の金融機関を振出人及び受取人とする手形

日本銀行又は銀行その他印紙税法施行令第22条に規定する信用金庫、農業協同組合等の金融機関（P1141参照）の間において相互に振出人、受取人となって授受する手形。ただし、日本銀行以外の金融機関が振り出す手形で、いわゆる自己受け又は自己指図とした手形は除かれる。

## (3) 外国通貨により手形金額が表示される手形

国際取引の支払手段などとして用いられる、いわゆる外貨表示の約束手形又は為替手形。

## (4) 非居住者円の手形で一定のもの

非居住者の本邦にある銀行等に対する本邦通貨をもって表示される勘定により決済される輸出に係る荷為替手形。

なお、200円の定額税率の適用に当たっては、銀行等により上記の手形であることの確認を受けて、印紙税法施行規則で定める表示（P1148参照）をする必要がある。

## (5) 円建銀行引受手形（BA手形）

「円建銀行引受手形」とは、貿易取引に伴う決済資金等の金融手段として、輸出入業者又は銀行等が振り出し、銀行等が引き受けた手形で、円建銀行引受手形売買市場（円建BA市場）で流通させることができ、一般に「円建BA手形」又は単に「BA手形」（「BA」とは、banker's acceptanceの略である。）と呼ばれるものである。

定額税率が適用される円建銀行引受手形は、印紙税法施行令第23条の2、第23条の3、第23条の4に定める手形であるが、一般に①信用状付円建貿易手形、②アコモデーション手形、③直ハネ手形、④表紙手形と呼ばれるものが該当する。

なお、200円の定額税率の適用に当たっては、銀行等により、上記の手形

476　　　　　　　　第2部　各課税物件

であることの確認を受けて、印紙税法施行規則で定める表示（P 1148参照）
をする必要がある。

(注1)　約束手形又は為替手形と称しているものであって手形法上、約束手形又は為
　　　　替手形としないものについては、その記載された内容により他の印紙税の課税
　　　　物件（例えば、消費貸借に関する契約書等）に当てはまらないかどうかを考慮
　　　　する必要がある（第52例「返済条件を記載した約束手形」＝ P 164参照。）。

(注2)　満期の記載がない手形は、手形法第2条第2項又は第76条第2項の規定によ
　　　　り、一覧払のものとみなされるが、手形紙面の「支払期日」、「満期」等とした
　　　　設欄文字を抹消することなく、単にその欄を空白にしてある手形は、印紙税法
　　　　上、後日この欄を補充して、その日付をもって満期とする予定の白地手形とし
　　　　て取り扱われる。

第六章 （第3号文書） 約束手形又は為替手形　　　477

**第220例　約束手形**

No.　　1　約束手形　No.＿＿＿＿

株式会社
　　　　　　　　　　　殿

| 金額 | 支払期日 | 年10月12日 |
| --- | --- | --- |
| ￥3,000,000　※ | 支払地　大　阪　市 | |
| | 支払場所　株式会社　銀行　支店 | |

上記金額をあなた又はあなたの指図人へこの約束手形と引替えにお支払いいたします
　　　年7月12日
　　振出地　大阪市
　　住　所　大阪市中央区大手前　丁目　番　号
　　振出人　株式会社
　　　　　　　　　　　　　　　　　　　　　　　　　　　　㊞

**印紙税法の適用関係**

　　　印紙税法別表第一、課税物件表の第3号文書「約束手形」である。

478　　　　　　　　第2部　各課税物件

**第221例　円建銀行引受手形（BA手形）**

```
No. _____    為替手形  No. _____     (B A)                        銀行

                                                          円建銀行引受手形

         支払人（引受人名）　大阪市                     印紙税法上の表示

┌───────┐   株式会社　　銀行殿        ┌─────────────┬──────┐
│ 収　入 │                            │支払期日　年 月 日 │船積日 │
│ 印　紙 │   金額                     ├─────────────┼──────┤
└───────┘                            │支 払 地            │輸出国 │
                                      │      大 阪 市      │       │
                                      ├─────────────┼──────┤
         殿またはその指図人へこの為替手形と │支払場所            │輸入国 │
         引換えに上記金額をお支払いください │株式会社　　銀行    │       │
                                      └─────────────┴──────┘
                      拒絶証書不要   引受　　年　　月　　日
   （受取人）
            年　　月　　日
                                      大阪市
   振出地                                株式会社　　銀行
   住　所
   振出人                             取 締 役

                                                        用紙交付
                                                              銀行
```

　（注）　円建銀行引受手形いわゆる円建BA手形と呼ばれるもので、本邦の輸出入業者
　　　　に資金を供与した本邦の銀行等が自らの資金調達手段に供するため、輸出入業者
　　　　に振り出させ当該銀行が引き受けた期限付為替手形である。

**印紙税法の適用関係**

　　　　印紙税法別表第一、課税物件表の第3号文書「為替手形」である。

**説明**　この文書は、円建銀行引受手形であるから、手形金額にかかわらず1通につき
　　　　200円の定額税率となる。

第六章　（第３号文書）　約束手形又は為替手形　　　479

### 第222例　BILL OF EXCHANGE（外国為替手形）

```
No._____

                    BILL  OF  EXCHANGE

For  [                    ]                        _____ 19

    At _____ sight of this FIRST of Exchange (Second of the same
tenor and date being unpaid) Pay to _____ BANK _____ or order
the sum of [                                                        ]
[                                                                   ]


Value received and charge the same to account of _____
Drawn under _____
L/C NO. _____ dated _____
To _____

                              _____
```

### 印紙税法の適用関係

　　　印紙税法別表第一、課税物件表の第３号文書「為替手形」である。

**説明**　この文書は、外国通貨により手形金額が表示された為替手形であり、第３号文
　　　書に該当する。

　　　なお、印紙税額は、手形金額に関係なく一律200円となる（ただし、文書作成
　　　時の基準外国為替相場等により円に換算した手形金額10万円未満のものは、非課
　　　税文書となる。）。

**参考**　同一内容の外国為替手形を２通以上作成する場合で、その手形に「First」及
　　　び「Second」等と表示するときは、そのうちの「First」と表示したものが課税
　　　文書となり、その他のものは手形の複本（非課税）として取り扱う。

480　　　　　　　　　第2部　各課税物件

**第223例**　　引受けが先にされた為替手形

| No.　　50　　為替手形　No.　　1234 | |
| --- | --- |
| 住所<br><br>　　　　　　　　　　　殿<br><br>金額<br>　　　　¥　1,000,000　※<br><br>○○殿又はその指図人へこの為替手形と<br>引替えに上記金額をお支払いください<br>　　　　　年　　月　　日　　拒絶証書不要<br>振出地<br>住　所<br>振出人 | 支払期日　　　　　　年8月31日 |
| | 支払地　○　○　市 |
| | 支払場所　株式<br>　　　　　　会社　　銀行　　支店 |
| | 引受　　　　　年5月1日<br>　○○市　　　　丁目　　番<br>　　株式会社<br>　　　　　代表取締役　　　　㊞ |

（注）　引受人が先に引受けして流通過程に出される為替手形である。

**印紙税法の適用関係**

　　　印紙税法別表第一、課税物件表の第3号文書「為替手形」である。

**説明**　　この文書は、為替手形であるから、第3号文書に該当する。

　　　なお、引受人が署名なつ印して相手方に交付する時が課税文書（為替手形）の作成の時となる。

　　　したがって、納税義務者は、引受人となる。

第六章 （第3号文書） 約束手形又は為替手形　　　481

**第224例　金額欄が未記入の為替手形**

No.　　100　為替手形　No.

住所　東京都　　区
　　　　　株式会社
　　　　　代表取締役　　　　　殿　　　｜　支払期日　　　　年2月17日

金額　　　　　　　　　　　　　　　　｜　支 払 地　東 京 都

　　　　　　　　　　　　　　　　　　｜　支払場所　　　銀行　　支店

　　　　　　　殿又はその指図人　　　　引受　平成　　年　　月　　日
　　　へこの為替手形と引替えに上記
　　　金額をお支払いください
　　　　年12月16日
振出地　　○○市
住　所　　○○市　　　　　町
振出人　　　株式会社
　　　　代表取締役　　　　㊞

**印紙税法の適用関係**

　　　印紙税法に定める非課税物件である。

**説明**　この文書は、為替手形であるが、印紙税法別表第一、課税物件表の第3号文書
　　　の非課税物件欄の2に掲げる「手形金額の記載のない手形」は、非課税文書とさ
　　　れている。

　　　なお、この手形の金額欄を補充したときは、課税文書である為替手形の「作
　　　成」とみなされ、その補充をした者が印紙税を納付することとなる。

482　　第2部　各課税物件

### 第225例　支払期日欄が空欄の約束手形

No.＿＿＿＿＿　　約　束　手　形　E 3972

株式会社　　銀行
　　　　　代表取締役　甲野一郎殿

| 支払期日 | | | 年 | 月 | 日 | |
|---|---|---|---|---|---|---|
| 支払地　　　市 | | | | | | |

¥200,000,000－

| 支払場所 | | |
|---|---|---|
| 　　　　株式 | 　　　　銀行本店営業部 | |
| 　　　　会社 | | |

上記金額をあなたまたはあなたの指図人へこ
の約束手形と引換えにお支払いいたします。

　　　年5月14日

振出地
住　所　　　　　市　　町　　丁目　　番地

振出人　　　　　　　　株式会社

　　　代表取締役　　　　　　　　㊞

---

### 印紙税法の適用関係

　　印紙税法別表第一、課税物件表の第3号文書「約束手形」である。

**説明**　この文書は、支払期日欄が空欄となっている白地手形であっても、第3号文書
に該当する。

**参考**　手形用紙面の支払期日等の文字を抹消することなく、単にその欄を空白にした
ままのものは、一覧払の手形には該当しない。

第六章　（第3号文書）　約束手形又は為替手形　　　483

## 第226例　一覧払の手形

No._____ 約 束 手 形 No._____

株式会社
　　代表取締役　　　　　殿

　　　￥　200,000,000

　上記金額をあなたまたはあなたの指図人へ
この約束手形と引換えにお支払いいたします。

支払期日　　　印　年　月　日
支 払 地　大阪市中央区
支払場所　　　　銀行　　支店

　　　　　年　月　日
振出地　　　　市
住　所　　　　市　　　　町
振出人　　　　株式会社
　　　　代表取締役　　　印

### 印紙税法の適用関係

　印紙税法別表第一、課税物件表の第3号文書「約束手形」である。

**説明**　この文書は、印紙税法別表第一、課税物件表の第3号の課税標準及び税率欄の
2のイに掲げる「一覧払の手形」である。

　印紙税額は、手形金額に関係なく一律200円となる（ただし、手形金額が10万
円未満のものは非課税）。

　一覧払の手形については、手形上に、支払いの呈示の日をもって満期とする趣
旨が表示されることを必要とするため、支払期日欄を設けていないものや支払期
日欄を抹消したものが、これに該当することとなる。

　なお、支払期日欄が設けられていて、そこに日付を記載していないものは、満
期についての白地手形であるに過ぎず、一覧払の手形には当たらない。

484　　　　　　　第2部　各課税物件

**第227例　約束手形が付記された契約元帳**

<table>
<tr><td rowspan="3" colspan="5">契　約　元　帳<br>（手形管理係）</td><td colspan="2">伝統</td><td colspan="2">ご契約日</td><td>時間</td><td colspan="2">ご契約番号</td><td colspan="3"></td><td>分</td><td>メ</td><td>現</td><td>団</td></tr>
<tr><td colspan="2"></td><td colspan="2"></td><td></td><td colspan="2"></td><td colspan="3"></td><td>割</td><td>直</td><td>金</td><td>契</td></tr>
<tr><td>品　　　名</td><td>部門</td><td>品番</td><td>数量</td><td colspan="2">金　　　額</td><td colspan="2">販売係</td><td>備考</td><td>渡</td><td>副</td><td colspan="4">備考（センター・カード・発行者・他）</td></tr>
</table>

| 品　　　名 | 部門 | 品番 | 数量 | 金　　　額 | 販売係 | 備考 | 渡 | 副 | 備考（センター・カード・発行者・他） |
|---|---|---|---|---|---|---|---|---|---|
| | | | | | | | | | 届出別・集金先・地図・帰省先 |
| | | | | | | | | | |
| | | | | | | | | | 株式会社 |
| | | | | | | | | | |

| | | | | | | | |
|---|---|---|---|---|---|---|---|
| | 合　計 | | 毎月のお支払 | | | 円 | |
| お　願　い<br>この約束手形はお買上げ商品と引換に係にお渡し下さい。 | 割引額 | | 毎月のお支払額 | | | 円 | |
| | 差引計 | | 毎月のお支払額 | 月から毎月 | | 円 | |
| | 初回金 | | 内金 | | 初回金残高 | | |
| | 残　額 | | 契約係 | | 手形受領 | お届日　月　日 | 来店・保連・連待 |

──（切取線）──

| 約束手形 | 保　証　人 | |
|---|---|---|
| 株式会社　　殿<br>金　額<br>上記金額をあなたの指図人へこの手形と引換にお支払いいたします。<br>　年　月　日<br>支払期日　年　月　日<br>支払地<br>支払場所 | おところ<br>　　　　様方（　　）<br>お名前　　　　　　印<br>勤務先名　　（　　）<br>所在地<br>本　籍 | おところ<br>　　（　　）<br>お名前　　　　　印<br>勤務先名　（　　）<br>所在地<br>本　籍 |

**印紙税法の適用関係**

　　　　印紙税法別表第一、課税物件表の第3号文書「約束手形」である。

**説明**　この文書は、契約元帳と約束手形とが1枚の用紙に記載されているが、約束手形の部分は将来切り離して行使することが予定されていることから、契約元帳の部分と約束手形の部分はそれぞれ独立した文書となる。

第六章 （第3号文書） 約束手形又は為替手形　　485

**第228例**　　**「金融機関借入用」と表示した約束手形**

No.＿＿1＿　約　束　手　形　No.＿＿＿＿　　[金融機関借入用]

　　　　株式会社　　　銀行
　　　　代表取締役　　　　　殿

| 支払期日　　　　年　月　日 |
| 支払地　東京都千代田区 |
| 支払場所　株式会社　　銀行　支店 |

金額

　　　¥　3,000,000　※

　上記金額をあなた又はあなたの指図人へのこの約束手形と引替えにお支払いいた
します
　　　　　　年　　月　　日
　振出地　東京都千代田区
　住　所　東京都千代田区霞ケ関　ー　ー　ー
　振出人　株式会社

| 利息払込期日（中間利払日）　　㊞ |
| 年　月　日 |
| 年　月　日 |

㊞

（注）　この文書は、金融機関から金銭を借り入れる場合に、担保として当該金融機関
　　　に提出するもので、通常の約束手形の用紙に「金融機関借入用」の表示をし、借
　　　入金に伴う利息の払込期日欄を付記したものである。

**印紙税法の適用関係**

　　　　印紙税法別表第一、課税物件表の第3号文書「約束手形」である。

**説明**　この文書は、手形にこのような利息払込期日を記載しても、手形としての効力
　　　を失するものではないことから、第3号文書に該当する。

**参考**　手形に手形金額の分割払いを条件とする旨の記載をした場合は、手形として無
　　　効であることから、第3号文書には該当せず、第1号の3文書「消費貸借に関す
　　　る契約書」に該当することとなる（手形法第33条第2項及び第77条第1項第2号
　　　で分割払いの手形は無効とされている。）。
　　　　第52例「返済条件を記載した約束手形」の項を参照。

486 第2部 各課税物件

### 第229例 消費税額等を含んだ手形の記載金額

```
No._____  約 束 手 形  No._____

        株式会社
        代表取締役        殿       ┌─────────────────────────┐
                                    │ 支払期日        年 月 日 │
            ￥ 3,240,000＊         ├─────────────────────────┤
                                    │ 支 払 地  大阪市中央区    │
            年   月   日           ├─────────────────────────┤
        振出地      市             │ 支払場所  株式会社    銀行 │
        住  所      市    町        └─────────────────────────┘
        振出人      株式会社
            代表取締役        ㊞
```

### 印紙税法の適用関係

　　印紙税法別表第一、課税物件表の第3号文書「約束手形」である。

**説明**　　手形法においては、手形に2以上の金額を記載したときには、その最小金額が記載金額となることから、事実上消費税額等の区分記載は行えない。

　　　　したがって、この文書の記載金額は、消費税額を含んだ金額である324万円となる。

**参考**　　次に掲げる課税文書については、消費税額等の金額が区分記載されている場合には、消費税額等の部分は記載金額とはならず、その部分を除いた金額に応じて印紙税が課されることとなる。

(1)　第1号文書　不動産の譲渡等に関する契約書

(2)　第2号文書　請負に関する契約書

(3)　第17号文書　売上代金に係る金銭又は有価証券の受取書

(4)　第19号文書　請負通帳等

(5)　第20号文書　判取帳

# 第七章 （第4号文書）

## 株券、出資証券若しくは社債券又は
## 投資信託、貸付信託、特定目的信託若しくは
## 受益証券発行信託の受益証券

## 1 株　　　券

株券は、印紙税法別表第一、課税物件表の第4号（P1114参照）に掲げる印紙税の課税物件である。

### (1) 株券の意義

「株券」とは、株主の地位（株主権）を表彰する有価証券であり、いわゆる団体的有価証券である。既存の権利を表彰するにすぎないからいわゆる設権証券ではない。株券は会社法第216条《株券の記載事項》の規定により、一定の記載事項（株式発行会社の商号等）を必要とするいわゆる要式証券であるが、その要式性は手形のように厳格なものではなく、法定記載事項の一部を欠いても、例えば株券の絶対的記載事項の一つである会社名を欠く等のように本質的なものでなければその効用を失うものではない。また、法定記載事項以外の記載も許されている。印紙税法上においても、会社法所定の記載事項の一部を欠くものであっても株券の効用を失わないものは、第4号に掲げる「株券」に該当することとなる。

### (2) 新たな株券の作成とみなされる場合

種々の理由から、既発行株券を回収し、訂正の上再交付することがあるが、印紙税法上、次のような場合は、新たな株券を作成したものとして取り扱われる。

なお、会社の社名変更、代表取締役の変更等があった場合に、これらの事項を訂正し、当該訂正後の株券を株主に再交付しても、新たな株券の作成とはならない。

488　　　第2部　各課税物件

イ　合併があった場合において、合併後存続する株式会社又は合併によって設立された株式会社が、合併によって消滅した株式会社の既発行株券を訂正し、合併後存続する株式会社又は合併によって設立された株式会社の発行する株券として株主に交付する場合

ロ　株式会社がその発行する全部又は一部の株式の内容として譲渡による当該株式の取得について当該株式会社の承認を要する旨の定めを設けたときに、株主に対して既に交付している株券を提出させ、これに会社法第216条第3号による当該承認を要する旨を記載して交付する場合

　　なお、この場合の当該株券については、同法第219条第1項に規定する行為の効力が生ずる日の前後を問わず、新たな株券を作成したものとして取り扱う。

(3)　**株券の記載金額**

　　株券は、払込金額の有無によって次により計算した金額を基に判断する。

①　払込金額がある場合

　　　　（1株についての払込金額）×（その株券の株数）

②　払込金額がない場合

$$\begin{pmatrix}株式会社の資本金\\の額及び資本準備\\金の額の合計額\end{pmatrix} \div \begin{pmatrix}発行済\\株式の\\総数\end{pmatrix} ^{(注)} \times \begin{pmatrix}その株券\\の株数\end{pmatrix}$$

(注)　1　発行済株式の総数には、新たに発行する株式数を含む。

　　　2　「払込金額」とは、次に掲げる株券の区分に応じ、それぞれ次に掲げる金額が該当する。

　　　　(1)　発起人が引き受ける設立時発行株式に係る株券

　　　　　　会社法第34条第1項の規定により払い込まなければならないこととされている金銭の金額と給付しなければならないこととされている金銭以外の財産の給付があった日における当該財産の価額との合計額を発起人が引き受ける設立時発行株式の数で除して得た金額

　　　　(2)　会社法第58条第1項に規定する設立時募集株式（株式を発行するものに限る。）に係る株券

　　　　　　同項第2号に規定する当該設立時募集株式の払込金額

　　　　(3)　会社法第199条第1項に規定する募集株式（株式を発行するものに限

第七章 （第4号文書） 株券等　　489

る。）に係る株券

　　同項第2号に規定する募集株式の払込金額

　(4)　新株予約権の行使により発行される株式に係る株券

　　①及び②に掲げる金額の合計額を当該新株予約権の目的である株式の数で除して得た金額

　　①　当該行使時における当該新株予約権の帳簿価額

　　②　会社法第281条第1項又は第2項後段の規定により払い込まなければならないこととされている金銭の金額と同項前段の規定により給付しなければならないこととされている金銭以外の財産の行使時の価額との合計額

3　「払込金額がない場合」に該当する株券は、例えば次のものが該当する。

①　株式の併合をしたときに発行する株券

②　株式の分割をしたときに発行する株券

③　株式の無償割当てをしたときに発行する株券

④　取得請求権付株式の取得と引換えに交付するために発行する株券

⑤　取得条項付株式の取得と引換えに交付するために発行する株券

⑥　全部取得条項付種類株式の取得と引換えに交付するために発行する株券

⑦　株式の所持を希望していなかった株主の請求により発行する株券

⑧　株券喪失登録がされた後に再発行する株券

⑨　取得条項付新株予約権の取得と引換えに交付するために発行する株券

⑩　持分会社が組織変更して株式会社になる際に発行する株券

⑪　合併、吸収分割、新設分割、株式交換又は株式移転に際して発行する株券

## 2　出 資 証 券

　出資証券は、印紙税法別表第一、課税物件表の第4号（P1114参照）に掲げる印紙税の課税物件である。

　「出資証券」とは、通常特殊法人の出資をした者の持分を表彰する有価証券であり、金融商品取引法上も有価証券と認められ（金融商品取引法第2条第1項第6号）、記名式で記載事項が法定され、その名義書替が第三者対抗要件となっているものである。

　印紙税法上は保険業法（平成7年法律第105号）第2条第5項《定義》に規定する相互会社が作成する基金証券及び法人の社員又は出資者たる地位を証する文

490 第2部 各課税物件

書（投資信託及び投資法人に関する法律（昭和26年法律第198号）に規定する投資証券を含む。）と定義されている。

(注) 投資証券の記載金額
① 投資口の払込金額がある場合
（1口についての払込金額）×（その証券の口数）
② 投資口の払込金額がない場合
（投資法人の出資総額）÷（投資口（新たに発行する投資口を含む。）の総数）
×（その証券の口数）

(1) 「相互会社」とは、社員の相互保険を目的とする特殊の社団法人であり、その「基金証券」とは、相互会社が基金拠出者に対し、その証として作成交付する証書である。

(2) 「法人の社員又は出資者たる地位を証する文書」の社員とは、例えば株式会社における株主、農業協同組合における組合員等のような社団の構成員をいい、「法人の社員……」と冠せられることにより、社団で法人となったもの、すなわち社団法人の構成員を意味することとなる。もっとも、「出資証券」という名で、こうした地位を証する文書をいう場合は、前掲例示の株主に関しては「株券」が特掲されているから、これを除いたその種の文書を指すことになる。

社団法人は、設立の目的により、公益法人、営利法人、会社以外の法人に分けられる。公益法人は、「一般社団法人及び一般財団法人に関する法律」の規定により、また、営利法人、すなわち株式会社、合名会社、合資会社及び合同会社は会社法の規定により、会社以外の法人、すなわち農業協同組合、漁業協同組合、消費生活協同組合、中小企業等協同組合等は特別法の規定により、それぞれ設立される。

(3) 「法人の社員又は出資者たる地位を証する文書」の法人の出資者たる地位とは、法人に出資をした者が、その法人に対して有する持分（共有者が共有物に対して一定の割合で有する権利）を意味する。

(4) 「出資」とは、人的会社である合名会社及び合資会社の無限責任社員にあっては、金銭その他の財産、労務又は信用等を、物的会社である株式会社

第七章 （第4号文書）株券等 491

の株主及び合資会社の有限責任社員並びに協同組合の組合員等にあっては、金銭その他の財産を会社等に出捐（株式会社の株主については、原則として金銭である。）することをいう。

出資義務は、社員等の資格に随伴するものとされている。

## 3 社 債 券

社債券は、印紙税法別表第一、課税物件表の第4号（P1114参照）に掲げる印紙税の課税物件である。

「社債」とは、一般的には、会社法の規定により、株式会社が資金調達のため、広く公衆から起債して負担した債務に対する債権をいい、「社債券」とは、この社債権者の権利を表彰する証券として発行されるものである。

社債券には、券面に社債権者の氏名を記載するか否かによって、記名式と無記名式に区分され、また、発行会社が一般事業会社であるか金融機関であるかによって、事業債と金融債（割引債、利付債）に区分される。

印紙税法は、課税物件である「社債券」について、そのうちには、「特別の法律により法人の発行する債券及び相互会社の社債券を含む。」ことを規定しており、この特別の法律により法人の発行する債券とは、農林中央金庫、日本放送協会など会社法以外の法律によって設立された法人が発行する債券をいい、例えば農林債券、放送債券、興業債券、長期信用債券などである。

なお、学校が校舎等の新設のための資金を受け入れた場合に作成する学校債券は、社債券に含まれない。

また、債券の多くは、その記載事項が法定されているが、これらの法定記載事項を一部欠いているものであってもなお債券の効用を有するとされているものは、印紙税法上においても、これを「債券」であるとすることは株券の場合等と同様である。

492　　　　　　　　　　第2部　各課税物件

## 4　投資信託、貸付信託、特定目的信託若しくは受益証券発行信託の受益証券

　「投資信託の受益証券」、「貸付信託の受益証券」、「特定目的信託の受益証券」及び「受益証券発行信託の受益証券」は、印紙税法別表第一、課税物件表の第4号（P1114参照）に掲げる印紙税の課税物件である。

　「投資信託の受益証券」とは、投資信託及び投資法人に関する法律（昭和26年法律第198号）第6条《受益証券》に規定する投資信託の受益証券を、「貸付信託の受益証券」とは、貸付信託法（昭和27年法律第195号）第8条《受益証券》に規定する受益証券を、また「特定目的信託の受益証券」とは、資産の流動化に関する法律（平成10年法律第105号）第234条《受益証券》に規定する受益証券を、「受益証券発行信託の受益証券」とは、信託法（平成18年法律第108号）第185条《受益証券の発行に関する信託行為の定め》に規定する受益証券をいう。

### (1)　投資信託の受益証券

　投資信託の受益証券は、投資信託及び投資法人に関する法律に基づいて、投資信託委託会社が発行する証券で、信託資金を有価証券に投資して運用し、これによって得た配当金、売買差益などの収益を投資家（受益者）が分配請求できる権利等を表彰したものである。

　投資信託及び投資法人に関する法律における「投資信託」には、「委託者指図型投資信託」と「委託者非指図型投資信託」とがある（投資信託及び投資法人に関する法律第2条第3項）が、このうち、本号の課税物件である受益証券は、委託者指図型投資信託の受益証券のみである。

　委託者指図型投資信託とは、信託財産を委託者の指図に基づいて、有価証券等に投資し運用することを目的とした信託で、かつ、その受益権を分割して複数の者に取得させることを目的とするものである。

　投資信託の種類は、いろいろな観点から分類できるが、例えば、投資目的による区分として、株式に投資する株式投資信託と公社債に投資する公社債投資信託があるほか、受益者募集の方法による区分として、追加信託の有無により、資金の追加設定ができないユニット型（単位型）とそれができる

オープン型（追加型）などがある。

> (注)　オープン型の委託者指図型投資信託の受益証券の記載金額
> 　　　　（当該受益証券に係る信託財産の信託契約締結当初の信託の元本総額）÷
> 　　　　（当該元本に係る受益権の口数）×（その証券の口数）
> 　　　なお、書式表示の承認を受けた当該受益証券については、
> 　　　　（当該受益証券に係る信託財産につきその月中に信託された元本の総額）÷
> 　　　　（当該元本に係る受益権の口数）×（その証券の口数）

## (2)　貸付信託の受益証券

　貸付信託の受益証券は、貸付信託法に基づいて信託銀行が募集した信託資金を、貸付け又は手形割引等の方法で運用し、その収益について、受益者が分配請求できる権利等を表彰したものである。

　なお、貸付信託では、信託期間中の解約はできないが、発行の日から1年を経過した受益証券は、受益者の請求により受託会社が固有財産により時価で買い取ることができる（貸付信託法第11条）。

## (3)　特定目的信託の受益証券

　「特定目的信託」とは、不動産、指名金銭債券及びその他の財産権により構成される特定資産を信託財産として、この管理又は処分により得られる金銭の分配を行うことを目的とし、かつ、信託契約の締結時点において委託者が有する信託の受益権を分割し、受益証券を発行することにより複数の者に取得させることを目的とする信託であり、特定目的信託の受益証券とは、この信託による運用収益について受益者が分配請求できる権利等を表彰したものである。

　なお、特定目的信託の受益証券は原則無記名式であり（資産の流動化に関する法律第234条第3項）、特定目的信託の受託者は、受益証券の権利者の氏名、住所等を、権利者名簿に記載しなければならない（同法第236条第1項）。

## (4)　受益証券発行信託の受益証券

　「受益証券発行信託」とは、受益証券を発行する旨の定めがある信託（信託法第185条第3項）である。

　受益証券の証券化は、信託法（平成18年法律第108号）の制定までは特別法

494 　第2部 各課税物件

　（貸付信託法等）の規定による場合に限定されてきたが、信託法の制定により信託行為一般の受益権も証券化することができるようになった。

　この信託法の規定により証券化したものを「受益証券発行信託の受益証券」という。

## 5　非課税文書

次に掲げるものは非課税文書である。

### (1)　印紙税法別表第一「非課税物件」欄に定める出資証券

　日本銀行その他特別の法律により設立された法人の作成する出資証券（協同組織金融機関の優先出資に関する法律に規定する優先出資証券を除く。）

### (2)　印紙税法別表第一「非課税物件」欄に定める投資信託の受益証券

　受益権を他の証券投資信託の受託者に取得させることを目的とする証券投資信託に係る信託契約により譲渡が禁止されている記名式の受益証券で、券面に譲渡を禁ずる旨の表示がされているもの（印紙税法施行令第25条の2）

### (3)　額面株式の株券の無効手続に伴い作成する株券

　平成13年9月30日以前に発行した額面株式の株券の無効及び新株券の発行に関する取締役会の決議に基づき、額面株式の株券の無効手続に伴い作成する株券（商法等の一部を改正する等の法律の施行に伴う関係法律の整備に関する法律（平成13年法律第80号）第48条第2項）。

　なお、この規定の適用に当たっては、上記の株券に該当することにつき財務省令（P1220参照）で規定する届出書をその作成しようとする場所の税務署長に提出し、かつ、財務省令（P1220参照）で定める表示をする必要がある。

## 第230例　出資証券

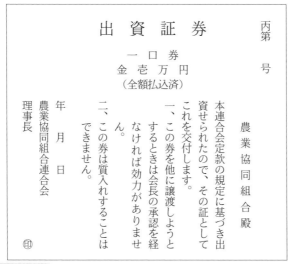

### 印紙税法の適用関係

印紙税法に定める非課税物件である。

### 説明

この文書は、農業協同組合連合会の作成する出資証券であるから、印紙税法施行令第25条《出資証券が非課税となる法人の範囲》の規定により、非課税文書となる。

## 第231例　物上担保付社債券

乙第　号　　　　　　　　株式会社

### 第　回物上担保付社債券

金壱万円

この社債券は　　　年　月　日当会社株主総会の決議に基づいて委託会社当会社と共同受託会社株式会社　銀行及び株式会社　銀行との間に締結した　年　月日付信託証書によって、当会社が裏面記載の要項により発行した物上担保付社債である。

年　月　日
委託会社　株式会社
取締役社長

この社債券は、　年　月　日付委託会社株式会社　　　と共同受託会社　銀行及び　銀行との間に締結した信託証書により、発行せられたものであることを証明する。

年　月　日
共同受託会社
株式会社　　　銀行
取締役社長　　㊞

共同受託会社
株式会社　　　銀行
取締役社長　　㊞

| 第　回物上担保付社債要項 | 株式会社　第　回物上担保付社債　利率年九分 | 株式会社　第　回物上担保付社債　利率年九分 |
|---|---|---|
| 省略 | 乙第　号　金　四百五拾円　年　月　日 | 乙第　号　金　四百五拾円　年　月　日 |

### 印紙税法の適用関係

印紙税法別表第一、課税物件表の第４号文書「社債券」である。

第七章 （第4号文書）株券等　　497

## 第232例　生命保険相互会社基金証券

第　号

生命保険相互会社基金証券

基金醸出者

一金　拾万円也（払込済）

但し　基金の総額　金　　万円

一口の金額　金　壱万円

前記　　殿は、当会社定款の規定にしたがい、基金拾口の金額金拾万円の醸出者であることを証するためにこの証券を交付します。

年　月　日

市　区　町　丁目　番地

生命保険相互会社

常務取締役　㊞

殿

## 印紙税法の適用関係

印紙税法別表第一、課税物件表の第4号文書「出資証券」である。

**説明**　この文書は、相互会社の作成する基金証券であり、印紙税法別表第一、課税物件表に「出資証券」についての定義として「出資証券とは、相互会社（保険業法第2条第5項に規定する相互会社をいう。）の作成する基金証券及び法人の社員又は出資者たる地位を証する文書をいう。」と規定されていることにより、第4号文書に該当する。

第2部　各課税物件

### 第233例　カントリークラブ会員証

カントリークラブ会員証

一、この会員証はあなたが　カントリー
　クラブの　　会員である資格を有せら
　れることを証します。

二、右の会員の資格はこの会員証とともに、
　これを他人に譲り渡すことができます。

三、この会員証を譲り受けた人は当クラブが
　同番号の保証金預り証に名義変更承認の
　記載をすることによって前会員と同等の
　会員であることの資格を得られます。

　尚この場合本証と引換えに譲受人名義記
　載の同一会員証を交付致します。

四、本会員は別に定める　　カントリーク
　ラブ規定の適用を受けます。

　　　　　　　　　　　　カントリーク
　カントリークラブ
　　　　　　㊞

　　理事長

殿

### 印紙税法の適用関係

　　印紙税法に定める課税物件ではない。

**説明**　この文書は、会員資格を証するものであるが、法人の出資者たる地位を証する
　　ものではないことから、印紙税法別表第一、課税物件表の第4号文書「出資証
　　券」その他いずれの課税物件にも該当しない。

# 第八章　（第5号文書）
## 合併契約書又は吸収分割契約書若しくは新設分割計画書

　合併契約書又は吸収分割契約書若しくは新設分割計画書は、印紙税法別表第一、課税物件表の第5号（P1115参照）に掲げる印紙税の課税物件である。

## 1　合併契約書

　「合併契約書」の「合併」とは、会社法等の法律の規定に従い複数の会社が合体して1つの会社になることであり、その態様には、吸収合併と新設合併がある。

　「吸収合併」とは、会社が他の会社とする合併であって、合併により消滅する会社の権利義務の全部を合併後存続する会社に承継させるものをいい（会社法第2条第27号）、「新設合併」とは、2以上の会社が合併することであって、合併により消滅する会社の権利義務の全部を合併により設立する会社に承継させるものをいう（会社法第2条第28号）。

　これらの合併をする場合には、合併をする会社は合併契約を締結しなければならない（会社法第748条、保険業法第159条第1項）こととされており、その際に作成する合併契約を証する文書、いわゆる「合併契約書」が印紙税の課税物件に該当する（印紙税法別表第一、課税物件表の第5号の課税物件に関する定義欄1、会社法第748条、保険業法第159条第1項）。

## 2　吸収分割契約書

　「会社分割」とは、会社の事業に関する権利義務の全部又は一部を他の会社に承継させることにより、会社を分割することであり、その態様には、吸収分割（既存の会社が受皿会社となるもの）と新設分割（新設する会社が受皿会社となるもの）がある。

500　　　　　　　　第2部　各課税物件

　「吸収分割」とは、株式会社又は合同会社がその事業に関して有する権利義務の全部又は一部を分割後他の会社に承継させることをいう（会社法第2条第29号）。

　この吸収分割をする場合には、吸収分割契約を締結しなければならない（会社法第757条）こととされており、その際に作成する吸収分割契約を証する文書、いわゆる「吸収分割契約書」が印紙税の課税物件に該当する（印紙税法別表第一、課税物件表の第5号の課税物件に関する定義欄2、会社法第757条）。

## 3　新設分割計画書

　会社分割の定義は、上記2の記載のとおりである。

　「新設分割」とは、会社分割の一態様であり、1又は2以上の株式会社又は合同会社がその事業に関して有する権利義務の全部又は一部を分割により設立する会社に承継させることをいう（会社法第2条第30号）。

　この新設分割をする場合には、新設分割計画を作成しなければならない（会社法第762条第1項）こととされており、その際に作成する新設分割計画を証する文書、いわゆる「新設分割計画書」が印紙税の課税物件に該当する（印紙税法別表第一、課税物件表の第5号の課税物件に関する定義欄3、会社法第762条第1項）。

第八章 （第5号文書） 合併契約書又は吸収分割契約書若しくは新設分割計画書　　501

### 第234例　会社合併に関する催告書及び承諾書

---

催　　告　　書

　当会社は　　年　　月　　日開催の株主総会において　　市　区　町　番
地　　株式会社を合併してその権利義務一切を承継し　　株式会社は解散すること
を決議致しましたからこれに対しご異議がございましたら　　年　　月　　日まで
にその旨をお申出下されたく会社法の規定により催告致します。

　　　　　年　　　月　　　日

　　　　　　　　　　　　　株式会社

　　　　　　　　　　　　　　取締役社長　　　　　　　　　　㊞

　　　　　殿

---

承　　諾　　書

　貴社と　　株式会社との合併の件については、当方においては別段異議がありま
せん。

　　　　　年　　　月　　　日

　　　　　　　　　　　　住　所

　　　　　　　　　　　　氏　名　　　　　　　　　　　㊞

　　　　株 式 会 社 殿

---

（注）　合併に対する債権者の異議についての会社法第799条の規定による催告書及び
　　　これに対する承諾書である。

### 印紙税法の適用関係

　　　　いずれの文書も、印紙税法に定める課税物件ではない。

**説明**　　「催告書」は、合併会社が債権者に対して会社法第799条の規定に基づき一定
　　　期間内に行う催告の文書であり、第5号文書「合併契約書」その他いずれの課税
　　　物件にも該当しない。

　　　　「承諾書」は、債権者からの合併に対する異議のない旨の単なる承諾書であ
　　　り、第5号文書その他いずれの課税物件にも該当しない。

502　　第2部　各課税物件

第235例　合併契約書

# 合　併　契　約　書

　　株式会社（以下「甲」という）と　　　　株式会社（以下「乙」という）は、両者対等の精神の下に合併することに同意し、次のとおり合併契約を締結する。


第1条　（合併当事会社及び商号）
　　　1　甲（住所：　　府　市　丁目　番　号）及び乙（住所：　　県　　市　　丁目　番　号）は合併して、甲は存続し、乙は解散する。
　　　2　合併がその効力を生ずる日（以下「効力発生日」という）以降における甲の商号は、「　　株式会社（英文名：　　　　　　）」とする。
第2条　（合併に際して交付する株式及びその割当て）
　　　　甲は合併に際して、普通株式　　株を発行し、効力発生日前日における乙の株式名簿に記載された株主のうち、甲及び乙を除く者に対し、その所有する乙の株式　　株につき、甲の株式　　株の割合をもってこれを割り当て交付する。
第3条　（資本金、準備金及び剰余金の額に関する事項等）
　　　　甲が合併により増加する資本金、準備金及び剰余金の額は、次のとおりとする。
　　⑴　資本金の額　　0円
　　⑵　資本準備金　　0円
　　⑶　資本剰余金　　会社計算規則第36条に掲げる金額
　　⑷　利益準備金　　0円
　　⑸　利益剰余金　　0円
第4条　（効力発生日）
　　　1　効力発生日は、　　　年　月　日とする。ただし、合併手続の進行に応じ、必要あるときは、甲及び乙の協議の上、これを変更することができる。
　　　2　前項ただし書の場合、乙は、　　　年　月　日（変更後の効力発生日が変更前の効力発生日前の日にあっては、当該変更後の効力発生日）の前日までに変更後の効力発生日を公告する。
第5条　（合併承認株主総会）
　　　　甲及び乙は、　　　年　月　日に臨時株主総会を招集し、本契約の承認及び合併に必要な事項に関する決議を求める。ただし、合併手続進行の必要性その他の事情により、甲乙協議の上、これを変更することができる。

第八章 （第5号文書） 合併契約書又は吸収分割契約書若しくは新設分割計画書　503

第6条　（会社財産の引継ぎ）
　　1　乙は、　　　年　月　日における貸借対照表その他同日における計算書
　　　類を基礎とし、これに効力発生日前日までの増減を加除した一切の資産負
　　　債及び権利義務を効力発生日においてこれを引き継ぐ。
　　2　乙は、　　　年　月　日から効力発生日前日に至る間の資産負債の変動
　　　について、別に計算書を作成添付して、その内容を甲に明示するものとす
　　　る。
第7条　（会社財産の善管注意義務）
　　　甲及び乙は、本契約締結後、効力発生日前日に至るまで、善良なる管理者
　　の注意を持ってそれぞれ業務を執行し、かつ、一切の財産管理の運営をする
　　ものとし、その財産及び権利義務に重要な影響を及ぼす行為を行う場合は、
　　あらかじめ甲及び乙が協議の上、これを行う。

　　　　　　　　　　　　　　　　（以下略）

**印紙税法の適用関係**
　　　印紙税法別表第一、課税物件表の第5号文書「合併契約書」である。

504　　　第2部　各課税物件

第236例　吸収分割契約書

# 吸　収　分　割　契　約　書

　　　株式会社（以下「甲」という）と　　　　株式会社（以下「乙」という）は、甲の営業の一部を乙が承継する吸収分割に関して次のとおり契約を締結する。

第1条　（吸収分割の方法及び継承する権利義務）

　　　甲は、吸収分割により、甲の通信ネットワークビジネス部の営業を乙に承継させる。

第2条　（吸収分割に際して交付する金銭等）

　　　乙は、吸収分割に際して、普通株式　　株を発行し、その全てを甲に割当交付する。

第3条　（増加する資本金及び資本準備金）

　　　乙の吸収分割により増加する乙の資本金の額及び準備金の額は次のとおりとする。

　⑴　資本金の額　100,000,000円

　⑵　資本準備金　株主払込資本変動額（会社計算規則第38条に定めるものをいう。）から⑴に掲げる額を控除して得た額

　⑶　利益準備金　0円

第4条　（分割承認総会）

　1　甲は、　　　　年　　月　　日に株主総会を開催し、本契約の承認及び吸収分割に必要な事項に関する決議を求めるものとする。ただし、この期日に開催できない事情が生じたときは、甲及び乙は協議の上、この期日を変更することができる。

　2　乙は、会社法第796条の第1項の規定により、本契約につき株主総会の承認を得ないで吸収分割を行う。

第5条　（効力発生日）

　　　効力発生日は、　　　　年　　月　　日とする。ただし、吸収分割手続の進行に応じ、必要あるときは、甲及び乙の協議の上、これを変更することができる。

第6条　（会社財産の善管注意義務）

　　　甲及び乙は、本契約締結後、効力発生日に至るまで、善良なる管理者の注意を持ってそれぞれ業務を執行し、かつ、一切の財産管理の運営をするものとし、その財産及び権利義務に重要な影響を及ぼす行為を行う場合は、あらかじめ甲及び乙が協議の上、これを実行する。

第八章 （第5号文書） 合併契約書又は吸収分割契約書若しくは新設分割計画書 505

第7条 （吸収分割条件の変更、契約の解除）

　　本契約締結の日から効力発生日までに至るまでの間において、天災地変その他の事由により、甲及び乙の財産状態若しくは経営状態に重要な変動を生じたとき又はそれらに隠れた重大な瑕疵が発見されたときは、甲及び乙は協議の上、吸収分割条件を変更し、又は本契約を解除することができる。

第8条 （本契約の効力）

　　本契約は、第4条に定める甲の株主総会の承認が得られないとき又は法令に定められた関係官庁の承認が得られないときは、その効力を失う。

（以下略）

**印紙税法の適用関係**

　　印紙税法別表第一、課税物件表の第5号文書「吸収分割契約書」である。

## 第2部 各課税物件

### 第237例 新設分割計画書

# 新 設 分 割 計 画 書

　　　株式会社（以下「甲」という。）は、甲の営む化学品、農薬肥料事業に関する事業（以下「本件事業」という。）に関して有する権利義務を新たに設立する株式会社に承継させるために新設分割（以下「本件分割」という。）を行うことに関し、以下のとおり新設分割計画書（以下「本計画書」という。）を作成する。

第1条　（本件分割）

　　　甲は、本計画書の定めるところに従い、本件分割により乙を設立し、甲が本件事業に関して有する権利義務を乙に承継させるものとする。

第2条　（乙の定款規定）

　　　本件分割により設立する乙の定款規定は別紙記載のとおりとする。

第3条　（本件分割に際して乙が交付する株式及び割当て）

　　　乙は、本件分割に際して普通株式　　株を発行し、第1条に規定する権利義務に代えてその全部を甲に割り当てる。

第4条　（資本金及び準備金の額に関する事項）

　　　乙の資本金、資本準備金及び資本剰余金の額は次のとおりとする。ただし本件分割の効力発生日における甲の資産及び負債の状況等によりこれを変更することができる。

　(1)　資本金の額　　1,000,000,000円

　(2)　資本準備金　　200,000,000円

　(3)　資本剰余金　　乙の設立時株主払込資本額から(1)及び(2)に定める額を控除した額

第5条　（承継する権利義務）

　　　本件分割の効力発生日において、乙が甲より継承する資産、負債及び契約等は次のとおりとする。

　(1)　資産、負債

　　　　甲は、　　年　月　日現在の貸借対照表その他同日現在の計算を基礎とし、これに効力発生日に至るまでの増減を加除した本件事業に関する次の資産及び負債を効力発生日において乙に引き継ぎ、乙はこれを承継する。

　　1　資産：現金預金、受取手形、売掛金、棚卸資産、有形固定資産及びその他の資産

　　2　負債：支払手形、買掛金、借入金、未払金及びその他の負債

第八章 （第5号文書） 合併契約書又は吸収分割契約書若しくは新設分割計画書　　507

(2)　権利義務

販売契約、仕入契約、商品取引契約、代理店契約、運送契約、業務委託契約、賃貸借契約、リース契約、保証契約、火災保険契約、賠償責任保険契約、商標権その他の知的財産権に関連する契約及びこれらに付帯する契約の全てその他本件営業に関する契約に基づく権利義務一切。

(3)　労働契約

効力発生日において、乙が甲より承継する従業員は本件事業に従事する従業員であり、当該従業員は甲から乙へ転籍するものとし、乙はこれらの従業員との労働契約上の甲の地位を承継するものとする。

（以下略）

**印紙税法の適用関係**

印紙税法別表第一、課税物件表の第5号文書「新設分割計画書」である。

# 第九章 （第6号文書）
## 定　　款

　定款は、印紙税法別表第一、課税物件表の第6号（P1117参照）に掲げる印
紙税の課税物件である。

## 1　定款の意義

　「定款」とは、実質的意義においては、社団たる法人の目的、組織及び行動
等に関する根本規則をいい、形式的意義においては、その根本規則を記載した
書面を指す。印紙税法の課税物件にいう「定款」は、書面に記載された定款す
なわち形式的意義における定款である。

　印紙税の納付を要する定款は、会社（相互会社を含む。）の設立のときに作成
される定款の原本に限られている（印紙税法別表第一、課税物件表の第6号に掲げ
る課税物件の定義欄＝P1117参照）。すなわち、印紙税の課税対象となる定款は、
株式会社、合名会社、合資会社、合同会社及び相互会社の設立の際の原始定款
に限られ、会社設立1件につき1通に限られるのである。

　定款は、その記載事項が法定されており（会社法第27条ほか）、その法定され
ている事項の記載を欠くと定款が無効となるもの（絶対的記載事項又は必要的記
載事項）と、定款に記載しなければその効力を発生しないという事項（相対的記
載事項、会社法第28条ほか）と、法律上その記載が必要とされず記載するかしな
いかは当事者の任意に委ねられているもの（任意的記載事項）とがある。任意的
記載事項は、記載するかどうかは自由であるが、いったん記載した以上は、定
款変更の手続によらなければ改廃することができないものである。

　印紙税法上においても、絶対的記載事項を欠くものは、定款として取り扱わ
れない。

　なお、組合契約書、寄附行為及び法人の根本規則又は規約等は課税文書には

該当しない。

定款をその作成事情、形式等により分類すると次のとおりである。

(1) 株式会社の定款

株式会社の定款は、発起人がこれを作成した上で一定の事項を記載して署名することを要するほか、公証人の認証を要する（会社法第27〜30条、公証人法第62条の2）。

定款の記載事項としては、前述の絶対的記載事項と条件付絶対的記載事項（特定の場合にのみ、その記載が要求され、他の記載事項との関連でその記載を欠くときは定款自体が無効となるもの。）と相対的記載事項とがある。

(2) 合名会社、合資会社又は合同会社の定款

合名会社、合資会社又は合同会社を設立するには、その社員となろうとする者が定款を作成し、その全員がこれに署名することを要する（会社法第575条第1項）が、定款の認証は要しない。

また、絶対的記載事項のうち、「社員が無限責任社員又は有限責任社員のいずれであるかの別」については、次の旨を記載し、又は記録しなければならない（会社法第576条第2〜4項）。

イ 合名会社

その社員の全部を無限責任社員とする

ロ 合資会社

その社員の一部を無限責任社員とし、その他の社員を有限責任社員とする

ハ 合同会社

その社員の全部を有限責任社員とする

(3) 相互会社の定款

相互会社においては、発起人が定款を作成してそれに署名なつ印することを要し、公証人の認証を受けることによってその効力が発生するものである（保険業法第22条第1項、第23条第4項）。

定款の記載事項は、名称、基金の総額、剰余金の分配の方法等が法定され

ている（保険業法第23条第1項）。

## 2　変更定款

　株式会社又は相互会社の設立に当たり、公証人の認証を受けた定款の内容を発起人等において変更する場合の当該変更の旨を記載した公証人の認証を要する書面は、たとえ「変更定款」等と称するものであっても、印紙税法別表第一、課税物件表の第6号に掲げる「定款」には該当しないものとして取り扱う。

　なお、変更後の定款の規定の全文を記載した書面によって認証を受けるときは、新たな定款を作成したものとして、その原本は、同表の第6号に掲げる「定款」に該当することとなる。

## 3　非課税物件

　株式会社又は相互会社の定款のうち、印紙税が課税されるのは公証人法（明治41年法律第53号）第62条の3第3項の規定により公証人の保存するものに限られ、その他のものは課税されない。すなわち、株式会社又は相互会社の定款は、公証人の認証が効力要件となっており、公証人法第62条の3の規定では、定款の認証を受けるには、定款2通を提出し、公証人はそのうち1通を保存し、他の1通は還付することとなっているので、印紙税法では公証人が保存するその1通のみに課税されることとなる。

　なお、公証人の認証を要しない合名会社、合資会社又は合同会社の定款については、その原本のみが課税されることとなる。

## 4　電磁的記録（電子文書）により作成した定款

　会社設立の際に作成する原始定款を電磁的記録（電子文書）により作成し、電子公証制度を利用して認証を受ける場合には、文書（紙ベース）としての定款が作成されないことから、印紙税法別表第一、課税物件表の第6号に掲げる「定款」とはならず、印紙税は課税されない。

第九章　（第6号文書）　定　款　　　511

**第238例　協同組合の定款**

---

### 商業協同組合定款

第1条　本組合は組合員の相互扶助の精神に基づき協同して経済活動を促進し、且つ、その経済的地位の向上を図ることを目的とする。

第2条　本組合は、　　商業協同組合と称す。

第3条　本組合の地区は　　市一円の区域とする。

　　　　（中略）

　以上、　　商業協同組合を設立するため、この定款を作り各発起人それぞれ署名捺印する。

　　　　　　年　　　月　　　日

　　　　　　　発起人　　　　　　　㊞　　発起人　　　　　　　㊞

　　　　　　　発起人　　　　　　　㊞　　発起人　　　　　　　㊞

---

（注）　本書の第4条以下においては、中小企業等協同組合法に規定する定款に必要な記載事項等を定めているものであるが、記載を省略する。

**印紙税法の適用関係**

　　　　印紙税法に定める課税物件ではない。

**説明**　　印紙税法別表第一、課税物件表の第6号文書「定款」とは、株式会社、合名会社、合資会社、合同会社又は相互会社の設立の際に作成される定款の原本に限られている。

　　　　したがって、この文書は、印紙税法に定めるいずれの課税物件にも該当しない。

512　　　　　　第2部　各課税物件

**第239例**　定款（税理士法人が作成するもの）

定　　　　　款

第1章　総　　　則

（法人の性格）

第1条　当法人は、次条に規定する目的のために設立する税理士法人とする。

（目　的）

第2条　当法人は、次に掲げる業務を営むことをもって目的とする。

　　①　他人の求めに応じ、租税に関し、税理士法第2条第1項に定める税務代理、税務書類の作成及び税務相談に関する事務を行うこと。

　　②　前号の業務のほか、他人の求めに応じ、前号の業務に付随して、財務書類の作成、会計帳簿の記帳の代行、その他財務に関する事務を行うこと。

　　③　前2号の業務のほか、財務書類の作成、会計帳簿の記帳の代行、その他財務に関する事務を行うこと。

　　④　租税に関する事項について、裁判所において補佐人として、弁護士とともに出頭して陳述する事務を社員又は使用人である税理士に行わせる事務の委託を受けること。

（名　称）

第3条　当法人の名称は、「税理士法人　　　　　」と称する。

（事務所の所在地）

第4条　当法人は、主たる事務所を　　　　　に置く。

第2章　社員及び出資額

（社員の氏名、住所及び出資）

第5条　当法人の社員の氏名及び住所並びに出資の目的・金額及び評価の標準は、次のとおりである。

（中　略）

第7章　清　　　算

（清算の方法）

第39条　当法人が解散した場合における法人財産の処分方法は、総社員の同意をもって定める。ただし、本条及び税理士法の規定により総社員又はその選任した者において清算することを妨げない。

　　(2)　清算人の選任及び解任は、社員の過半数をもって決する。

（残余財産の分配の割合）

第40条　残余財産は、各社員の出資額に応じて分配する。

第九章 （第6号文書） 定　款　　　513

## 第8章 雑　　則

（雑　則）

第41条　この定款に定めのない事項は、全て税理士法の規定による。

　以上、税理士法人　　　　　設立のため、この定款を作成し、各社員がこれに記名押印する。

　　　　年　　　月　　　日

　　　　社　　員　　　A　　　㊞

　　　　社　　員　　　B　　　㊞

　　　　社　　員　　　C　　　㊞

**印紙税法の適用関係**

　　印紙税法に定める課税物件ではない。

**説明**　　印紙税法別表第一、課税物件表の第6号文書「定款」とは、株式会社、合名会社、合資会社、合同会社又は相互会社の設立の際に作成する定款の原本に限られており、税理士法人はこれらに該当しない。

　　したがって、この文書は、印紙税法に定めるいずれの課税物件にも該当しない。

第２部　各課税物件

# 第十章　（第7号文書）
## 継続的取引の基本となる契約書

　特定の相手方との継続的取引の基本となる契約書（契約期間の記載のあるもの
のうち、当該契約期間が３月以内であり、かつ、更新に関する定めのないものを除
く。）は印紙税法別表第一、課税物件表の第7号（P1117参照）に掲げる印紙税
の課税物件である。

## 1　「継続的取引の基本となる契約書」の範囲

　「継続的取引の基本となる契約書」とは、文書の種類を示すものであって名
称ではない。したがって、その実体となる文書は、名称が、特約店契約書、商
取引基本契約書、販売店引受約定書、業務委託契約書、売買委託契約書、消化
仕入契約書、加盟店契約書、フランチャイズ契約書、売買取引基本契約書、工
事請負基本契約書、委託加工契約書、代理店契約書、運送取扱協定書、保険代
理店契約書、名義書換代理人契約書、銀行取引約定書、信用金庫取引約定書、
信用取引口座設定約諾書等様々であることが考えられ、それらの全てを通じ、
内容において継続的な取引の基本事項を約したものである限り「継続的取引の
基本となる契約書」に該当する。

　本号の課税物件となる文書は、まずそれが継続的な取引についてのものであ
り、一時的な取引についてのものでないことを要件とする。したがって、例え
ば1件の売買があってその分量が大きい等のため目的物の引渡し、あるいは代
金の支払を今後長期間数次に分けて行うとした契約が結ばれた場合、その履行
は数次にわたるにしても、そこに約される売買の取引が1件であって、一時的
なものであることを証した文書は、本号の課税物件に該当しない。

　更に、継続的な取引に伴って作成されるものであっても、本号の課税物件と
なる文書は、その基本となるものであることを要する。したがって、例えば、

第十章 （第7号文書） 継続的取引の基本となる契約書 515

先に基本契約があって、甲と乙とは継続的な取引関係にあるが、契約期間中の
ある時期に、そのときの1取引に必要な個別的、具体的な単価その他を取り決
めようとする契約書は、本号の課税物件に該当しない。

本号の課税物件となる文書は、継続的の取引の基本契約書であって、「契約期
間の記載のあるもののうち、当該契約期間が3月以内であり、かつ、更新に関
する定めのないものを除く」ものであると規定されている。言い換えると、本
号の課税物件となる文書は、継続的取引の基本となる契約書のうち、次のいず
れかに該当する契約書であることを要する。

① 契約期間が記載されていないもの

② 3月を超える契約期間が記載されているもの

③ 契約期間の更新に関する定めが記載されているもの（更新の定めが契約期間
と併せて記載されているもので、その契約期間に更新後の期間を加えてもなお3月以
内であるものは除く。）


## 2 課税物件となる「継続的取引の基本となる契約書」

本号の課税物件となる文書は、以上に示す範囲のうち、印紙税法施行令第26
条に定める次のものに限られる。

(1) 営業者（印紙税法別表第一、課税物件表の第17号の非課税物件の欄に規定する
営業を行う者）が、他の営業者（同前）との間で売買、売買の委託、運送、
運送取扱い又は請負に関する2以上の取引を継続して行うために作成する
契約書であって、その2以上の取引に共通して適用される取引条件のう
ち、目的物の種類、取扱数量、単価、対価の支払方法、債務不履行の場合
の損害賠償の方法又は再販売価格のいずれか一つ以上を定めるもの（電気
又はガスの供給に関するものを除く。）

なお、営業者とは、営業を行う者をいい、営業とは、利益を得る目的で、
同種の行為を反復的、継続的に行うことである。

営業目的がある限り、現実に利益がなかったとしても、また、当初反復、
継続の意思がある限り、営業となる。

516　　　　　第2部　各課税物件

　また、「2以上の取引」とは、例えば、売買取引と運送取引などという2種類以上の取引を指すほか、2件以上の売買取引、2回以上の運送取引なども指す。

　「取引条件」の意義については、おおむね次のとおりである。

イ　目的物の種類

　「目的物の種類」とは、取引の対象をいい、その取引が売買である場合には売買の目的物、請負である場合には仕事の種類・内容などがこれに該当する。

　なお、目的物の種類には、テレビ、カメラ、ピアノというような物品等の品名だけでなく、電気製品、楽器など共通の性質を有する多数の物品等を包括する名称を用いる場合も含まれる。

ロ　取扱数量

　「取扱数量」とは、1取引当たり、1か月当たり等の取扱量として具体性を有するものをいい、一定期間における最高又は最低取扱（目標）数量及び金額により取扱目標を定める場合の取扱目標金額を定めるもの、例えば「1か月の最低取扱数量は50トンとする。」、「1か月の取扱目標金額は100万円とする。」などがこれに該当するが、「毎月の取扱数量は、その月の注文数量とする。」等はこれに該当しない。

ハ　単価

　「単価」とは、数値として具体性を有するもの、例えば「1個当たりの単価は○○円とする。」、「1か月当たりの保守・管理費は○○円とする。」などをいい、「従来の単価の0.9掛とする。」、「時価（又は市価）とする。」等はこれに該当しない。

ニ　対価の支払方法

　「対価の支払方法」とは、対価の支払に関する手段、方法を具体的に定めるもの、例えば、「毎月分を翌月10日に支払う。」、「60日手形で支払う。」、「預金口座振替の方法により支払う。」、「借入金と相殺する。」などをいい、「持参して支払う。」、「相殺することができる。」等はこれに該当

しない。

ホ　債務不履行の場合の損害賠償の方法

　　「債務不履行の場合の損害賠償の方法」とは、債務不履行（履行遅滞、履行不能及び不完全履行）が生じた場合を想定して、損害の賠償として給付されるものの金額、数量等の計算、給付の方法等をいい、例えば、「代金支払不履行の場合は、延滞金100円につき日歩5銭の割合に当たる金銭を支払う。」が、これに該当する。したがって、例えば、保証金差入証書において、「債務不履行の場合は、保証金から充当する。」と記載したものは、債務不履行の場合の損害賠償の方法を定めたものには該当せず、保証金本来の性格からくる処分方法といえるから、対価の支払方法を定めたものにも該当しない。

へ　再販売価格

　　「再販売価格」とは、私的独占の禁止及び公正取引の確保に関する法律（昭和22年法律第54号）第23条に規定する再販売価格をいう。

(2)　売買に関する業務、金融機関の業務、保険募集の業務、株式の発行事務又は株式の名義書換えの事務を継続して委託するために作成する契約書で、委託業務又は委託事務の範囲あるいはその対価の支払方法のいずれか一つ以上を定めるもの

　　なお、各業務又は事務の委託の意義は次のとおりである。

イ　売買に関する業務の委託

　　「売買に関する業務の委託」とは、特定の物品等の販売又は購入を委託するものではなく、売買に関する業務の全部又は一部を包括的に委託することをいう。したがって、販売施設を所持する者がそこにおける販売業務を委託するもの、販売店の経営自体を委託するもの、更には業務の一部である集金業務、仕入業務、在庫管理業務などを委託するものがこれに含まれる。

ロ　金融機関の業務の委託

　　「金融機関」とは、銀行業、信託業、証券業、保険業を営む者など通常

518　　　　　　　　第2部　各課税物件

金融機関と称されるもののほか、貸金業者、割賦金融業者等、金融業務を
営む全てのものを含むものとされている。

　また、「金融機関の業務」とは、金融機関における預金業務、貸出業
務、出納業務、為替業務等、金融機関の本来の業務のほか、他の者からの
委託により受託者として行う振替業務、取立業務なども含まれる。

ハ　保険募集の業務の委託

　「保険募集の業務」とは、保険代理店等が行う各種の保険の募集業務を
いい、保険会社等と雇用関係にない外交員の募集業務もこれに含まれる。

ニ　株式の発行又は名義書換えの事務の委託

　「株式の発行事務」とは、新株発行に当たり、証券会社等と新株発行会
社の間で結ぶ募集引受けなどのほか、株式の分割・併合・株式の転換な
ど、新株券を発行することとなる事務も含まれる。

　また、「株式の名義書換え事務」とは、株主から名義書換えの請求を受
けた場合のその処理に伴う事務をいう。

(3)　金融機関とそこから信用の供与を受ける者との間において、貸付け（手形
割引及び当座貸越を含む。）、支払承諾、外国為替その他の取引によって生ずる
当該金融機関に対する一切の債務の履行について包括的に履行方法その他の
基本的事項を定めるもの

　なお、一切の債務の履行方法その他を包括的に定める契約書を指すのであ
るから、手形割引、当座取引、当座貸越等、部分的な取引約定の債務履行方
法等を定める契約書は含まない。

(4)　証券会社と顧客との間において、信用取引又は発行日決済取引による有価
証券の売買に関する2以上の取引を継続して委託するために作成する契約書
又は商品先物取引業者（商品先物取引法第2条第23項に規定する商品先物取引業
者）と顧客との間において商品の売買に関する2以上の取引を継続して委託
するために作成する契約書であって、それぞれ2以上の取引に共通して適用
される取引条件のうち受渡しその他の決済方法、対価の支払方法又は債務不
履行の場合の損害賠償の方法のいずれか一つ以上を定めるもの

第十章　（第7号文書）　継続的取引の基本となる契約書　　519

(5)　損害保険会社と保険契約者との間において、2以上の保険契約を継続して行うために作成する契約書で、これらの保険契約に共通して適用される保険要件のうち保険の目的の種類、保険金額又は保険料率のいずれか一つ以上を定めるもの

　　「2以上の保険契約を継続して行うために作成される契約書」とは、特約期間内に締結される保険契約に共通して適用される保険の目的の種類、保険金額又は保険料率を定めておき、後日、保険契約者からの申込みに応じて個別の保険契約を締結し、個別の保険契約ごとに保険証券又は保険引受証が発行されることになっている契約書（いわゆるオープンポリシー（予定保険）の契約書などがこれに該当する。）をいう。

　　なお、ここにいう保険契約者には、再保険のように保険会社が保険契約者の立場になる場合も含まれる。

## 520 第2部 各課税物件

**第240例** 継続的取引の基本契約書

# 基　本　契　約　書

### 甲
### 乙

　上記甲乙間において甲の取扱う○○商品の継続的取引に関し共通の適用条件として下記条項の通り契約する。

第1条　乙は甲の○○商品を買入れ、これを甲の指定価格により各々需要家に売捌き、かつ、その販路の拡大に尽力する。

第2条　売買品の受渡場所は甲の庭先とし甲の庭離れ後に生じた損害は総て乙の負担とする。

第3条　乙は甲より引取った商品につき品名、品質、容量、数量、単価、価格等が注文と異なったとき又はその他事故があったとき即時甲に通知する。

　　　　乙は買入品の受取後1月を経過したものについては異議を申し出ない。

第4条　甲乙間の売買価格は、商品売渡しの都度これについて甲より乙へ価格通知票を発行し、発行後1月以内に乙より特に異議の申し出なき限りこの価格通知票に記載の価格をもって決定されたものとする。

第5条　売買代金の支払方法は次の通りとする。

　　　1　甲の乙に対する請求書は前条による価格通知票に併せて発行し、乙はこれを受領後3月以内に請求額の全額につき現金をもって支払う。

　　　2　乙は甲の店舗に持参又は送金して支払う。

第6条　乙が代金支払のために手形の振出し、引受、裏書等をした場合、甲の都合により甲がその手形金額を請求したときは、その手形の期限にかかわらず乙は全額現金をもって支払うものとする。

第7条　第5条及び第6条の定めによる代金支払期日に支払不履行により生じた損害は総て乙の負担とし且つ延滞損害金として延滞金100円に付き日歩　銭の割合に当る金員を附加して支払うものとする。

　　　　尚、乙の支払遅延、手形の不渡等があったとき、乙は支払期日未到来のものについても期限の利益を失い直ちに甲に支払わなければならない。

第8条　乙は本契約締結と同時に甲に対し担保のため保証金を差入れるものとする。

　　　　本契約解除の場合、保証金は乙の甲に対する債務と相殺し、残高があれば乙に返済する。

第9条　乙が代金若しくは取引に附帯する乙の負担すべき諸経費の支払を怠り、そ

第十章　（第7号文書）　継続的取引の基本となる契約書　　　521

の他甲に損害を与えたとき、甲は任意に前条の定めによる乙の保証金をその支払にあるいは損害の補塡に充当することができる。

第10条　乙は名称あるいは組織等を変更した場合、甲に対する債務及び義務は之を承継して一切甲に損害を与えない。

前項の場合、甲に損害を与えたとき乙は甲に対しその損害を賠償しなければならない。

第11条　乙は甲の承認する者を本契約により発生する乙の債務に対する連帯保証人としなければならない。

第12条　甲乙何れか一方から3か月前の予告により本契約を解除することができる。

但し、乙が本契約に違反の行為ありと甲が認めたときは甲は直ちに取引を中止し本契約を解除することができる。

前項の場合第5条の規定に拘らず乙は契約解除の日迄にその負担する債務を全額弁済しなければならない。

第13条　その他必要な事項はその都度甲乙協議の上決定する。

第14条　本契約の有効期間は　　年　　月　　日から満2か年とする。

本契約を証するため本契約書2通を作成し甲乙記名捺印の上各1通を保有する。

年　　月　　日

甲　　　　　　　　　　　　　　㊞

乙　　　　　　　　　　　　　　㊞

下記連帯保証人は上記契約の各条項を確認し本契約より生ずる乙の債務を乙と連帯して保証する。

連帯保証人　　　　　　　　　　㊞

連帯保証人　　　　　　　　　　㊞

## 印紙税法の適用関係

印紙税法別表第一、課税物件表の第7号文書「継続的取引の基本となる契約書」である。

**説明**　　この文書は、甲の○○商品を乙が買入れ需要家に売買することを約する契約であり、営業者間において継続する2以上の物品の売買取引について共通して適用される取引条件のうち、目的物の種類（○○商品）及び第5条の対価の支払方法等の基本的事項を定めるものであることから、第7号文書に該当する。

なお、連帯保証人についての事項は、主たる債務の契約書に併記された保証契約であることから、第13号文書「債務の保証に関する契約書」には該当しない。

522 第2部 各課税物件

第241例 ソフトウェア OEM 契約書

# ソフトウェア OEM 契約書

株式会社（以下「甲」という。）と、　　　　株式会社（以下「乙」という。）とは、甲の開発に係るコンピュータプログラムの OEM 取引に関し、次のとおり契約する。

第1条（目的）

甲は乙に対して、パーソナルコンピュータ用のコンピュータプログラムの複製物（以下「本件プログラム」という。）及び本件プログラムに関するマニュアルの原稿（以下「本件マニュアル原稿」という。）を継続的に売り渡し、乙はこれを継続的に買い受け、乙の商標を付したうえで乙の販売網を通じて顧客に販売する。

第2条（仕様）

本件プログラム及び本件マニュアル原稿（以下、併せて「本件製品」という。）の仕様は、甲乙が別途合意する仕様書に規定する。

第3条（商標）

①　甲は、本件製品及びその梱包等に乙の指示に従って商標を表示した上でこれを乙に引渡すものとする。

②　甲は、前項の本件製品を乙以外の第三者には販売しないものとし、かつ、乙の商標を他の目的には一切使用しないものとする。

第4条（発注方法）

発注は、購入を希望する本件製品の品目、数量及びその納期、納入場所等の条件を記載した甲の認める注文書を納期の3週間前までに甲に提出することで行う。

第5条（納入方法）

甲は、乙からの注文書に従った本件製品を乙指定の場所に納入するものとし、かかる納入後における本件製品の滅失毀損等の危険負担は、全て乙が負担する。

第6条（受入検査）

乙は、納入後乙指定の検査基準に従い受入検査を行い、その結果を納入日から3業務日以内に甲に通知する。

第7条（代金の支払方法）

乙は、毎月末日締めの翌月10日限りで本件製品の売買代金を現金で支払う。

第十章 （第7号文書） 継続的取引の基本となる契約書　　523

第8条（有効期間）

　　　本契約の有効期間は、本契約締結の日より　　　年　　月　　日までの
　　2年間とし、期間満了の1ヵ月前までに甲乙いずれかから相手方に対して本
　　契約を終了する旨の書面による通知がなかったときは、本契約は更に1年間
　　自動的に延長されるものとし、以後も同様とする。

　以上、本契約成立の証として、本書2通を作成し、甲乙記名捺印の上、各自1通
を保有する。

　　　　年　　　月　　　日

　　　　　　　　　　　　　　　　（甲）住　所

　　　　　　　　　　　　　　　　　　　会社名　　　　株式会社　㊞

　　　　　　　　　　　　　　　　（乙）住　所

　　　　　　　　　　　　　　　　　　　会社名　　　　株式会社　㊞

（注）　OEM（original equipment manufacturing）とは、取引先の商標で販売される
　　　製品を受注生産することをいう。

### 印紙税法の適用関係

　　　印紙税法別表第一、課税物件表の第7号文書「継続的取引の基本となる契約
　　書」である。

**説明**　　この文書は、営業者間において継続する2以上の売買取引について共通して適
　　用される取引条件のうち、目的物の種類及び第7条で対価の支払方法を定めてい
　　ることから、第7号文書に該当する。

524　　　　第2部　各課税物件

## 第242例　給油契約書

| | | | | |
|---|---|---|---|---|
| （法人用） | | | | 年　　月　　日 |

給　油　契　約　書

石油販売株式会社

印
紙

| カード区分 | 特約店コード | SS コード | 顧客コード | カードNa | CD |
|---|---|---|---|---|---|
| | | | | | |

| 購入者 | フリガナ　　　〒 | | | |
|---|---|---|---|---|
| | 住　所　　　－ | | | |
| | フリガナ | | | |
| | 社　名<br>（又は名称） | | 電　話 | |
| | 代表者名 | ㊞ | 取引銀行 | |
| | 職業内容 | | 従来の購入先 | |

| 取引条件 | 1　支払方法 | 毎月　　日締切　当月・翌月　　日現金払　集金、振込、自振 |
|---|---|---|
| | 2　品　　名 | 石油製品等並びにその他 |
| | 3　価　　格 | 　　　　　　　　月間予想購入額 |
| | 4　名称及び住所等の変更のときは文書にて連絡します。 | |
| | 5　約束不履行の場合は取引を停止されても異議ありません。 | |
| | 6　上記価格は市場価格に変動が生じた場合は別途取決めるものとします。 | |

| 連帯保証人 | 本取引において生じた購入者の債務を連帯して保証致します。 |
|---|---|
| | 住　所 |
| | 氏　名　　　　　　　　　　　　　　　　　　　　　　　　　㊞ |
| | 住　所 |
| | 氏　名　　　　　　　　　　　　　　　　　　　　　　　　　㊞ |

| 備考 | |
|---|---|

（注）　会社が石油販売会社との間においてガソリン等車両用燃料油の継続的な取引を
　　　開始する際に、あらかじめ当事者間において定めた単価や代金の支払方法等を記
　　　載して石油販売会社に差し入れる文書である。

第十章 （第7号文書） 継続的取引の基本となる契約書　　　525

### 印紙税法の適用関係

　　印紙税法別表第一、課税物件表の第7号文書「継続的取引の基本となる契約書」である。

**説明**　この文書は、営業者間において継続する2以上の売買取引について共通して適用される取引条件のうち、対価の支払方法、目的物の種類及び単価等を定めていることから、第7号文書に該当する。

　　なお、連帯保証人についての事項は、主たる債務の契約書に併記された保証契約であることから、第13号文書「債務の保証に関する契約書」には該当しない。

526　　　　　第2部　各課税物件

**第243例**　代金決済についての約定書

# 約　定　書

私が貴会社の製品及び御取扱商品を買受けるに当たりその代金の決済につき下記の
通り約定致します。

　1　買 掛 債 務 限 度 額　　（未決済手形を含む。）　100万円
　2　〆 切 及 び 支 払 期 日　　毎月15日締切り翌月10日支払い
　3　支　　払　　方　　法　　2カ月後を支払期日とする約束手形

私が万一上記約定による支払いを遅滞し、又は手形の支払期日に決済しなかったと
きは、如何なる処置を執られても異議ありません。尚保証人は、本約定につき本人
と連帯して代金決済の義務を負います。

年　　　　月　　　　日
本　　人　　　　　　　　㊞
保証人　　　　　　　　　㊞

百貨店御中

**印紙税法の適用関係**

　　　印紙税法別表第一、課税物件表の第7号文書「継続的取引の基本となる契約
　　書」である。

**説明**　この文書は、営業者間において継続する2以上の売買取引について共通して適
　　用される取引条件のうち、対価の支払方法を定めていることから、第7号文書に
　　該当する。

　　　なお、保証人についての事項は、主たる債務の契約書に併記された保証契約で
　　あることから、第13号文書「債務の保証に関する契約書」には該当しない。

第十章 （第7号文書） 継続的取引の基本となる契約書　　527

### 第244例　加盟店取引約定書

# 加盟店取引約定書

信用販売株式会社　御中

　　　　　　　　　　　　　　　　　　　　　　年　　月　　日

　　　　　　　　　　　　　　　　（加盟店）　　　　　㊞

　当方は貴社の発行する　　　　カード（以下「カード」という。）に基づき、貴社の会員に対して、信用販売を行うことに関して下記のとおり約定します。

　　　　　　　　　　　　　　記

（信用販売）

第1条　貴社の発行するカードを呈示して、貴社の会員が物品の販売またはサービスの提供をもとめた場合には以下の約定にしたがって当方は、貴社の会員に対して信用販売をするものといたします。

（信用販売の円滑な実施）

第2条　有効なカードを呈示した貴社の会員に対しては、販売価格、サービス等について一般顧客と差別することなく信用販売を行うものとし、信用販売を拒絶し、または直接現金支払を要求する等カードの円滑な使用を妨げる何らの制限を行わないこととします。

（信用販売の方法）

第3条1　カードの呈示による信用販売の要求があったときは、カードの有効期限、盗難、紛失等の通知の有無を確認のうえ、貴社所定の売上票に会員番号、代金等所定の事項を記入し、会員の署名を徴求するものとします。

　　　　　　　　　　　　　（中　略）

（売上票の取扱い）

第4条1　信用販売により当方が会員に対して売上票の額面金額の売上債権を取得した場合には、販売を行った日から原則として5銀行営業日以内に売上票を添えて貴社に譲渡します。販売を行った日から、原則として6銀行営業日以降に売上票を呈示した場合でその売上債権が支払不能となった場合には、当方の責任とされても異議はありません。

　　2　前項の場合、売上票の額面金額の合計額を当方名義の預金口座へご入金下さい。

　　3　信用販売を行った日から2月以上経過した売上票は無効とされても異議はありません。

　　　　　　　　　　　　　（中　略）

528　　　　　　　　　　第2部　各課税物件

（手数料）
第6条1　貴社に対しては、カードによる当方の信用販売額の　　％に相当する手
　　　　　数料をお支払いいたします。
　　　　2　手数料は1月分をまとめて毎月15日に締めて計算の上、翌月5日に取扱
　　　　　銀行にある当方名義の預金口座から、取扱銀行との普通預金約定または当
　　　　　座勘定取引約定書の規定にかかわらず、普通預金通帳および同支払請求
　　　　　書、当座小切手の振出等なしでお引落しの上、貴社の当方に対する手数料
　　　　　に充当されて差し支えありません。
（譲渡債権の買戻しの特約）
第7条　当方が貴社に譲渡した債権について、債権を表象する売上票そのものが正
　　　　当なものでないこと、または売上票の内容が不実であることが判明した場合
　　　　には、貴社の請求により当方は遅滞なく買戻しいたします。
（契約期間）
第8条　本約定の有効期間は差入の日から2年間とします。
　　　　　　　　　　　　　　　　　　（以下省略）

**印紙税法の適用関係**

　　　　印紙税法別表第一、課税物件表の第7号文書「継続的取引の基本となる契約
　　書」である。

**説明**　　この文書は、営業者間において継続して信用販売に基づく債権の譲渡を内容と
　　することから、第15号文書「債権譲渡に関する契約書」に該当するとともに、そ
　　れらの取引に共通して適用される取引条件のうち、目的物の種類（売上債権）及
　　び対価の支払方法（第4条2）等を定めていることから第7号文書にも該当する
　　が、通則3のハの規定により、第7号文書に該当する。

第十章　（第7号文書）　継続的取引の基本となる契約書　　529

第245例　リース契約に関する業務協定書

## リース契約に関する業務協定書

　　　　　　株式会社（以下「甲」という。）と　　　　　　リース株式会社（以下「乙」という。）とは、甲が販売する商品を乙が賃貸（以下「リース」という。）する業務について、次の通り協定する。

第1条　（目的）

　　本協定は、甲が販売する商品を乙が購入し、一般顧客（以下「丙」という。）へリースする取引の方法を定め、相互に協力して有益な情報を交換し、販売促進を図り、甲、乙双方の事業発展に資することを目的とする。

第2条　（取扱対象物件）

　　本協定にて取扱う商品は、甲が製造し、販売する値札印字機及びその関連機器（以下「物件」という。）で、リース取扱いが可能で、かつ、乙が承認したものとする。

第3条　（リース契約の条件）

　　乙は、乙が制定した末尾記載のリース契約書をもって下記に定める条件にて、丙とリース契約を締結するものとする。

　・契約の条件

　1）リース期間　　　　　3年（36カ月）、4年（48カ月）のいずれかの期間とする。

　2）月リース料　　　　　乙所定の方法にて算出する。

　3）リース料支払方法　　次のいずれかの方法とする。

　　　　　　　　　　　　　①　約束手形一括振出にて支払うものとする。

　　　　　　　　　　　　　②　リース契約書に記載した金融機関から指定日に口座振替にて支払うものとする。

　4）申込金　　　　　　　丙は、リース契約申込時に申込金を支払うものとし、申込金は契約成立時に前払リース料あるいは初回リース料に振替えるものとする。

　　　　　　　　　　　　　この場合、甲は申込金受領にあたり仮領収証として甲の領収証を丙に交付するものとする。

　5）契約更新　　　　　　原則として、契約更新は行わないものとする。

　　　　　　　　　　　　　但し、丙が要望する場合、基本リース期間の月額リース料の1.2倍を年額一括払リース料として再リースを行うことができるものとする。

　6）規定損害金　　　　　残存リース期間のリース料総額とする。

第2部　各課税物件

　　7）連帯保証人　　　　原則として社長個人の連帯保証とするが、甲の判断
　　　　　　　　　　　　　により、免除その他社長以外を連帯保証人として申
　　　　　　　　　　　　　込みすることができるものとする。
　　8）リース料請求　　　末尾記載の「リース料ご請求書」にて、リース期間
　　　　　　　　　　　　　内一括請求とし、毎月のリース料請求書は発行しな
　　　　　　　　　　　　　いものとする。
　　9）リース料領収証　　前払リース料および初回リース料相当の申込金を除
　　　　　　　　　　　　　き、毎月のリース料の領収証は発行しないものとす
　　　　　　　　　　　　　る。
　　10）損害保険　　　　　乙は、乙を保険契約者、被保険者としてリース期間
　　　　　　　　　　　　　中、未回収物件費を下回らない金額を保険金として
　　　　　　　　　　　　　乙の費用負担において付保する。

（中　略）

第21条　（業務の代行）

　1　乙は、丙とのリース契約にかかわる次の業務を甲に委託するものとし、甲
　はこれを受託する。

　　①　リース契約申込書の交付
　　②　リース契約申込の受付及び申込金の受領
　　③　リース契約申込書及び申込金の返還
　　④　延滞リース料の支払催促または回収
　　⑤　契約解除にともなう解約手続
　　⑥　リース期間終了の手続
　　⑦　その他乙が必要とするリース契約に付帯する諸手続

　2　甲は、受託した業務を充分なる注意をもって行うものとし、万が一、事故
　あるいは丙との紛争が発生した場合、甲の責任と費用で解決するものとし、
　乙に何らの迷惑を掛けないものとする。

第22条　（守秘義務）

　　甲及び乙は、本協定の締結及び履行において知り得た相互の業務上の秘密
　を本協定の有効期間中及び終了後も第三者に開示してはならないものとす
　る。

第23条　（損害賠償）

　　甲が本協定に違反し、または故意あるいは重大な過失により、乙が損害を
　蒙った場合、甲はその損害の賠償の責に任ずるものとする。

第24条　（有効期間）

　1　本協定の有効期間は、協定締結日より3年間とする。

　　但し、協定終了の3カ月間までに甲、乙いずれからも本協定終了の意思表

第十章 （第7号文書） 継続的取引の基本となる契約書 531

示がない場合、何らの手続を必要とせず、同一内容にて1年間を限りとして
自動的に延長するものとし、以後も同様とする。

2　本協定終了後といえども、本協定にもとづき乙が丙と締結したリース契約
が終了するまで、本協定は効力を有するものとする。

第25条　（協議事項）

本協定に定めなき事項あるいは条項解釈に疑義を生じた場合、甲、乙双方
は、誠実に協議してその解決にあたるものとする。

第26条　（旧基本協定の扱いについて）

本協定締結後も、　　年　　月　　日付にて、甲、乙間で締結したリース
基本協定書（以下「旧協定」という。）を適用して契約継続中の案件及び今
後発生する株式会社　　関連案件については引き続き旧協定に基づいて対処
していくものとする。

以上、本協定締結の証として本書2通を作成し、甲、乙双方が記名捺印の
上甲及び乙はそれぞれの1通を所持するものとする。

　　　　年　　月　　日

　　　　（甲）　　　　　　　　　　　　　　　　　　　　印

　　　　（乙）　　　　　　　　　　　　　　　　　　　　印

---

### 印紙税法の適用関係

印紙税法別表第一、課税物件表の第7号文書「継続的取引の基本となる契約
書」である。

**説明**　この文書は、甲が製造・販売する値札印字機（カタログ品）を乙に売買するこ
とを約する契約であり、営業者間において継続する2以上の売買取引について共
通して適用される取引条件のうち、目的物の種類を定めるものであることから、
第7号文書に該当する。

532　　　　　　　　第2部　各課税物件

**第246例**　電力需給契約書

---

### 電力需給契約書

　　株式会社（以下「甲」という。）と太陽光発電設備設置者の　　　（以下「設置者」という。）は、設置者の太陽光発電設備（以下「発電設備」という。）の発生電力を甲に供給することについて、次のとおり契約を締結する。

第1条　（目的）
　　　本契約は、設置者の発電設備からの発生電力を全て甲に供給し、甲がその電力を受電することを目的とする。
第2条　（受給電力及び受給電力量の計量）
　　　受給電力及び受給電力量の計量は、受給地点に甲が設置した取引用電力量計によって行うものとする。
第3条　（受給電力料金の算定）
　　　甲が設置者に支払う受給電力量料金は、第2条によって計算された毎月の実績受給電力量1kw当たり、受給電力量料金単価＿＿円を乗じた値に、燃料費調整額を加算又は減算した値とする。
第4条　（受給電力量料金の支払）
　　　甲は、設置者に対し、第3条により算定された受給電力量料金を毎月末に設置者の指定する銀行口座に振り込むものとする。
第5条　（契約期間）
　　　本契約締結日から1年間とし、期間満了の1か月前までに甲及び設置者のいずれからも申し出がない場合は、本契約を1年間延長し、その後も同様とする。

（第6条以降省略）

　　　　　年　　月　　日
　　　　　　　　甲　　　　　　　　　　　　　　　　　㊞
　　　　　　　　乙　　　　　　　　　　　　　　　　　㊞

---

**印紙税法の適用関係**

　　印紙税法別表第一、課税物件表の第7号文書「継続的取引の基本となる契約書」である。

**説明**　この文書は、電力会社と太陽光発電設備設置者（会社員）との営業者間において、2以上の継続する電気の売買取引につき、目的物の種類及び対価の支払方法を定めるものであることから、第7号文書に該当する。

　　なお、太陽光発電設備設置者は会社員であるが、発生電力を全て電力会社に売却することから、当該行為は営業と認められ、営業者に該当する。

**参考**　電力需給契約書を締結する会社員等が営業者であるか否かについての判断基準は、おおむね以下のとおりである。

第十章 （第7号文書） 継続的取引の基本となる契約書 533

1 全量売電の場合

　自己の設備において発電した電力の全量を売却する行為は、売電により利益を得る目的で反復継続して行うもの（営利目的）と認められることから「営業」に該当し、当該行為を行う者は印紙税法上の「営業者」となる。

　なお、売電に係る契約書作成時点において、未だ営業行為を行っていない者であっても、「営業者」に該当する。

2 余剰売電の場合

　会社員等が生活の用に供する目的で設置した設備から生じた電力のうち、自己が消費した後の余剰分を売却する行為は、私的財産の譲渡と認められることから、当該行為は「営業」に該当しない。

　なお、法人及び当該設備を事業に供している個人が余剰電力を売却する行為は「営業」に該当し、当該行為を行う法人又は個人事業主は印紙税法上の「営業者」となる。

534　　　　　　　第2部　各課税物件

**第247例**　**熱媒使用申込書**

---

　　　　　　　　　　　　　　　　　　　　　　　　　　年　　月　　日

　　熱供給株式会社　御中

　　　　　　　　　　　　　　　　　　　　使用者　　　　　　　㊞

　　　　　　　　　熱　媒　使　用　申　込　書

貴社の熱供給規程を承認のうえ、下記により熱媒の使用を申込みます。

| 使用建物 | 建物名 | | | | |
|---|---|---|---|---|---|
| | 住　所 | | | | |
| 用　　途 | 冷　水 | 冷房、その他（　　　） | | | |
| | 蒸　気 | 暖房、冷房、給湯、その他（　　　） | | | |

| 最大負荷 | 冷　水 | 冷房（Gcal/h） | | その他（Gcal/h） | | 計（Gcal/h） |
|---|---|---|---|---|---|---|
| | | | | | | |
| | 蒸　気 | 暖房<br>（Gcal/h） | 冷房<br>（Gcal/h） | 給湯<br>（Gcal/h） | その他<br>（Gcal/h） | 計<br>（Gcal/h） |
| | | | | | | |

| 使用開始<br>予定日 | 冷　水 | 　年　　月　　日 |
|---|---|---|
| | 蒸　気 | 　年　　月　　日 |

　　　　　　　　　　　　　　　　　　　　　　　　　　　　　以上

---

（注）　この申込書により自動的に契約が成立する。


**印紙税法の適用関係**

　　印紙税法別表第一、課税物件表の第7号文書「継続的取引の基本となる契約書」となる。

　　なお、申込者が営業者以外の場合は、印紙税法に定める課税物件ではない。

**説明**　この文書は、熱供給規程に基づく申込みであることが記載されており、かつ、この文書を提出することにより自動的に契約が成立することとなっていることから、印紙税法上の契約書に該当する。

　　また、この文書は、熱の売買を目的として作成されたもので熱を売買するための方法として熱媒を供給するものである。動産には、有体物のほか無体物であっても管理可能性、支配可能性のあるものを含むと解されていることから、熱も動

第十章　（第7号文書）　継続的取引の基本となる契約書　　535

産に含まれる。

したがって、この文書は、営業者間において継続する2以上の売買取引につい
て共通して適用される取引条件のうち、目的物の種類、単価、対価の支払方法等
（単価、対価の支払方法等については、熱供給規程で定められている。）を定め
るものであることから、第7号文書に該当する。

536　　　　　　第2部　各課税物件

**第248例**　売掛金口座振込依頼書及び支払代金口座振込承諾書
（その1）　売掛金口座振込依頼書

---

### 売掛金口座振込依頼書

御中　　　　　　　　　　　　　　年　　月　　日
　　　　　　　　　　　　　　　　　株式会社
　　　　　　　　　　　　　　代表者　　　　　㊞

　貴社より、当方に対するお支払代金は下記指定の銀行預金口座へお振込み下さい。

　当方では、お振込みをもって当該代金の受領と認め領収証は発行いたしません。

　この場合、振込手数料を要する場合には、お支払代金から差引きのうえ、お振込み下さい。

記

| 振込指定<br>銀　行　名 | 預金種別 | 口座番号 | 口座名義 |
|---|---|---|---|
| 銀　行<br>支　店 | 当座預金 | | |

---

（その2）　支払代金口座振込承諾書

---

### 支払代金口座振込承諾書

　　株式会社　御中　　　　　　　　　年　　月　　日
　　　　　　　　　　　　　　　　　株式会社
　　　　　　　　　　　　　　代表者　　　　　㊞

　当方が、　　年　　月　　日の定期支払以降貴社に支払うべき売買代金は、貴社指定の下記銀行預金口座により支払うことを承諾します。

記

| 振込指定<br>銀　行　名 | 預金種別 | 口座番号 | 口座名義 |
|---|---|---|---|
| 銀　行<br>支　店 | 当座預金 | | |

---

第十章　（第7号文書）　継続的取引の基本となる契約書　　537

### 印紙税法の適用関係

　　（その1）の文書は、印紙税法に定める課税物件ではない。

　　（その2）の文書は、印紙税法別表第一、課税物件表の第7号文書「継続的取引の基本となる契約書」となる。

**説明**　（その1）の文書は、単なる依頼書であることから、印紙税法上の契約書には該当しない。

　　（その2）の文書は、「……承諾書」及び「承諾します。」との文言から、印紙税法上の契約書に該当する。この文書は、営業者間において継続する請負取引を内容とする第2号文書「請負に関する契約書」に該当するとともに、物品の売買取引を内容とし、その取引に共通して適用される取引条件のうち、対価の支払方法を定めており、第7号文書「継続的取引の基本となる契約書」にも該当する。

　　したがって、（その2）の文書は、通則3のイのただし書の規定により第7号文書に該当する。

**参考**　このような文書としては、「依頼書」、「承諾書」、「差入証」など、種々の名称のものがあるが、その取扱いは、次のとおりとなる。

1　依頼書形式のもの

　　依頼書形式の口座振込依頼書等は、原則として契約書には該当しない。ただし、次に掲げるものは契約書に該当する。

①　相手方の申込みに対して応諾することがその文書上明らかなもの

②　相手方が2通作成したものの1通に署名又は押印（一定の事項の記入を含む。③において同じ。）をして相手方に交付するもの

③　相手方が作成した1通の申込文書の一部を切り取り、これに署名又は押印をして相手方に返付するもの（往復はがきの返信を含む。）

④　書式の中に相手方の要請事項が記載されていて、これに基づいて署名又は押印をして相手方に交付するもの

2　差入証（承諾書）形式のもの

①　差入証、念書、承諾書その他後日のため、その内容について約定したことを自認して提出する文書であることが明らかな名称を用いたものは、契約書に該当する。

②　依頼書形式の口座振込依頼書等に基づき、その相手方が作成する承諾書等は契約書に該当する。

　　なお、所属の決定は、原契約の課税事項の所属に基づいて決定する。

538　　　　　　　　　第2部　各課税物件

第249例　立替払に関する契約書

立替払に関する契約書

　　　　　（以下「甲」という。）と株式会社　　　　　　　（以下「乙」という。）は
消費者に対する甲の物品の販売による立替払に関し次のとおり契約（以下「本契
約」という。）を締結する。

第1条（販売店）
　　甲は甲の代理店および委託販売店が本契約により消費者に物品（役務の提供を
　含む。）を販売する場合、乙の定める手続により承認した代理店および委託販売
　店（以下「販売店」という。）に限り本契約条項を遵守することを確約させたう
　えで物品を販売させることができる。

第2条（物品の販売）
　1　甲または販売店は乙と協議のうえ指定した物品の立替払による購入を希望す
　　る消費者（以下「顧客」という。）について立替払契約の申込みのありたる事
　　実およびその他必要事項を乙に通知し信用調査を依頼する。
　2　甲または販売店は前項の手続を経て乙の契約承認通知により直ちに立替払契
　　約の成立の旨を顧客に通知し当該物品を引渡すものとする。

第3条（契約書の指定）
　1　甲または販売店は顧客に対し当該物品を販売しようとするときは、甲乙協議
　　のうえ定めた契約書を使用するものとする。
　2　契約書の顧客の署名捺印は顧客自身が自署捺印したものを徴求するものと
　　し、甲または販売店が代筆しないものとする。

第4条（物品および最高限度）
　1　甲または販売店の取扱う物品の追加または変更をする場合は乙に連絡し、承
　　認を得るものとする。
　2　乙が甲に立替払をする1件の最高限度額は乙所定の金額とする。
　　　ただし、第6条第1項により乙が承認したものはこの限りではない。

第5条（頭金の徴収）
　　甲または販売店は顧客より、物品引渡し時に頭金として、販売価格の　　％以
　上を徴求する。

第6条（信用調査）
　1　乙は第2条第1項により立替払契約の申込を受けたときは、可及的速やかに
　　信用調査を行い、その結果承認するものを契約「可」、承認しないものを契約
　　「不可」に区分して甲または販売店に通知する。
　2　甲または販売店は乙より「可」の報告を受けたときは、第18条の手続をとる

第十章　（第7号文書）　継続的取引の基本となる契約書　　　539

場合を除いて速やかに顧客に対し契約が成立した旨を通知する。

　3　契約「可」の有効期限は乙が報告した日より3か月とする。

第7条（立替払）

　　本契約による乙の立替払は、顧客の物品購入代金から頭金を差引いた金額（以下「所要資金」という。）より第8条に定める乙の取扱手数料を差引いた金額を対象とする。

第8条（取扱手数料および支払方法）

　1　甲または販売店が乙に支払う取扱手数料は甲乙協議のうえ別途定める。

　2　乙の甲または販売店に対する支払方法は甲乙協議のうえ別途定める。

第9条（請求および支払）

　1　甲または販売店は、第3条で定める契約書・売上集計票・その他関係書類を乙に提出して立替払を請求する。

　2　乙は前項の請求に対し、第8条により甲または販売店に支払を行なう。

第10条（保証金）

　　甲は本契約にもとづく保証金として　　　　万円を乙に預託する。この保証金は無利息とし、原則として返戻は解約した日から　　か月経過後に行う。なお第14条第1項のただし書および第2項または第15条・第18条第2項に該当するものが未処理であった場合は返戻する保証金をもって相殺できるものとする。

第11条（所有権の移転）

　　甲または販売店が顧客に販売した当該物品の所有権は乙が第9条第2項による支払をしたときに乙に移転する。

第12条（顧客の手数料）

　　顧客が乙に支払う手数料は、乙が定める手数料率による。

第13条（顧客の支払）

　1　顧客の乙に対する支払回数は甲乙協議のうえ定めた回数とし、1回当たりの支払金額は　　　　円以上とする。

　　　ただし第6条第1項により乙が承認したものはこの限りではない。

　2　顧客は乙に対し所要資金と第12条に定めた手数料を加算した金額を支払うものとする。

　3　ボーナス月に加算払をする場合の加算額の合計は、原則として所要資金の50％以内とする。

　4　顧客の乙に対する支払方法は原則として預金口座振替とする。

第14条（免責および立替金の返還）

　1　乙は顧客の支払遅滞・支払不能等、乙と顧客との間に生じた事由をもって甲または販売店に対する支払を免れることはできない。

　　　ただし、この事由が甲または販売店が顧客に対し物品を引渡していないと

き、顧客が物品を購入したかのごとく装ったとき、物品を購入する顧客以外の人の氏名を乙に報告し乙の信用調査を間違えさせたとき等、甲または販売店の故意または過失であることが判明したときは、乙は甲にその旨を報告し、甲または販売店はその責任において可及的速やかに処理する。

2　前項ただし書の場合、乙が甲または販売店に対し既に立替金を支払済の場合は返還を請求できるものとし、甲または販売店は請求を受けた日から1か月以内に返還するものとする。なおこの場合、乙は甲または販売店に対する他の支払金からいつでも控除できるものとする。

第15条（アフターサービス）

甲または販売店が販売した当該物品に故障または瑕疵のあったとき、およびアフターサービスについては、甲または販売店の責任において処理し、乙に対し一切の迷惑をかけない。

万一上記理由により顧客の乙に対する支払が滞った場合には、前条第1項のただし書および第2項を準用する。

第16条（物品引揚等の協力）

甲または販売店は乙の判断により物品の引揚げ、再販売および下取りについて協力を求められた場合はこれに応じるものとする。

第17条（取立および譲渡の禁止）

1　甲または販売店は顧客より乙の立替代金の徴求をしてはならない。

2　甲または販売店は乙の書面による承諾なくして、乙に対する立替払請求権を第三者に譲渡または担保権の設定をすることはできない。

第18条（解約および解約手数料）

1　甲または販売店は顧客より立替払契約の変更・解約の申し出があったときは、所定の手続きにより乙に報告し、乙の承認を得たうえで行うものとする。

2　甲または販売店が第9条により乙より支払を受けた後に解約をするときは、当該解約分の立替払金と乙所定の解約手数料を直ちに乙に支払うものとする。

なお、この場合、乙は解約による当該立替払金および解約手数料を他の支払金より控除することができる。

第19条（変更届）

1　甲または販売店は、乙に届出た名称・住所・代表者名・立替金振込口座等に変更が生じた場合、直ちに乙に対し所定の方法で届出なければならない。

2　乙は甲または販売店の変更届の遅延・内容不備等により紛議が生じても一切の責任を負わない。

第20条（契約の期間および改訂）

1　本契約の期間は　　　年　　月　　日までとする。ただし、それまでに甲乙いずれかより別段の意思表示が無い場合はさらに1年間延長し、以降も同様とす

第十章　（第7号文書）　継続的取引の基本となる契約書　　541

る。
　2　本契約の補足改訂は甲乙協議のうえ書面をもって取交わす。
第21条（解除権）
　1　本契約の解除は甲または乙が書面により1か月以上の予告期間をもって相手
　　方に通知したとき、その期日の経過をもって解除することができる。
　　　ただし履行中のものについてはその終了まで本契約が適用されるものとす
　　る。
　2　甲・販売店または乙が次の一つにでも該当した場合は、その者に対し予告な
　　くして直ちに解除し清算することができる。
　⑴　本契約各条項に一つでも違反したとき。
　⑵　仮差押・差押・競売の申請、破産の申立があったとき。その他信用が著し
　　く悪化したとき。
　⑶　公租公課の滞納督促を受けたときまたは保全差押を受けたとき。
　⑷　甲・販売店または乙が支払人たる小切手・手形が不渡処分を受けまたは金
　　融機関から取引停止処分を受けたとき。
本契約を証するため本書2通を作成し、甲乙記名捺印のうえ各々1通を所有する。


　　　　　　　　年　　　月　　　日

　　　　　　　甲　　　　　　　　　　　　　　　　　　　　㊞


　　　　　　　乙　　　　　　　　　　　　　　　　　　　　㊞


（注）　この文書は、物品の販売会社又は役務の提供を行う会社が、信販会社の加盟店
　　　となって商品を信用販売するとともに、信用販売した代金は信販会社から支払
　　　（立替払）を受けること等を内容とする契約書である。


### 印紙税法の適用関係
　　　　印紙税法に定める課税物件ではない。

**説明**　この文書は、信販会社の加盟店が商品を信用販売した場合に、信販会社が代金
　　　を立替払するという立替払契約であり、委任契約と解されることから、第7号文
　　　書「継続的取引の基本となる契約書」その他いずれの課税物件にも該当しない。

542　　　　　第２部　各課税物件

## 第250例　加盟店契約書

加 盟 店 契 約 書

　　　　　　（以下「甲」という。）と　　　　クレジット株式会社（以下「乙」とい
う。）は、乙の発行する　　　　カード（以下「カード」という。）に基づき甲が乙の
会員に対して信用販売を行うことに関して次の通り契約する。
1　（信用販売）
　　甲は、乙の会員が乙の発行するカードを提示して物品の販売またはサービスの
提供を求めた場合には、この契約書の定めるところにより乙の会員に対して信用
販売を行うものとする。
　　甲は、有効なカードを提示した乙の会員に対して信用販売を拒絶しまたは直接
現金支払の要求をしてはならない。
2　（カードならびに署名の確認）
　　甲は、会員からカードによる決済を求められた場合には、カードが有効なもの
であることを確認のうえ、乙所定の売上票に会員番号、受け取るべき代金または
料金等所定事項を記入し会員の署名を求めるものとする。
　　甲は、会員の署名について、カード記載の署名と同一であることを確認しなけ
ればならない。
3　（無効を通告されたカードの取扱い）
　　甲は、乙から無効を通告されたカードの提示を受けた場合は信用販売を行って
はならない。
　　甲が前条ならびに前項に違反して信用販売を行った場合は、これに関して乙は
一切責任を負わないものとする。
4　（差別待遇の禁止）
　　甲は、乙の会員に対し一般顧客と異なる代金・料金を計上するなど会員に不利
な取扱いをしてはならない。
5　（信用販売額の制限）
　　甲が会員に対して行うことの出来る信用販売の限度額は１回10万円とする。た
だし事前に乙の承諾を得た場合はこの限りではない。
6　（売上票の送付）
　　甲は、乙の会員に信用販売した売上票を適宜取りまとめのうえ、乙所定の売上
集計票に添付して乙に送付するものとする。ただし売上の日から６カ月以上経過
したものは無効とする。
7　（支払）
　　乙は、甲から送付された売上集計票を毎月15日及び月末日（それぞれ休日の場

第十章 （第7号文書）継続的取引の基本となる契約書 543

合は翌営業日）に締切り、その合計額から乙の手数料を差引いた金員を15日締切分については当月28日に、月末締切分については翌月15日（それぞれ休日の場合は翌営業日）に予め甲の指定した銀行預金口座宛振込の方法により支払うものとする。

8 （手数料）
　　乙の取得する手数料は、甲の売上集計額の　　　％相当額とする。

9 （加盟店標識）
　　甲は、その店舗の見やすいところに乙の定める加盟店標識を掲示する。

10 （契約期間）
　　本契約の有効期間は、契約締結の日から2カ年とする。ただし期間満了の際、甲乙双方のいずれも異議を申出ないときは更に2カ年延長し以後も同様とする。

11 （契約違反）
　　甲乙いずれかが本契約上の義務を怠ったときは、相手方にいつでも本契約を解除し、かつ、その損害賠償を請求することが出来る。

12 （解約）
　　甲または乙が相手側の契約違反以外の事由により本契約を解除しようとする場合は、書面をもって6カ月以前に相手方に予告しなければならない。

本契約の証として正本2通を作成し、甲乙各1通宛保有する。

　　　　　年　　　月　　　日

　　　　　　　　甲　　　　　　　　　　㊞

　　　　　　　　乙　　　　　　　　　　㊞

**印紙税法の適用関係**

　　印紙税法に定める課税物件ではない。

**説明**　この文書は、継続する物品等の売買取引について定めたものであるが、契約当事者間で行われるものでないことから、第7号文書「継続的取引の基本となる契約書」その他いずれの課税物件にも該当しない。

544　　第2部　各課税物件

**第251例　加盟店契約書（フランチャイズ契約書）**

加 盟 店 契 約 書

　　　　（以下「甲」という。）と　　　　　　（以下「乙」という。）は、甲が展開する　　　レストランについて、下記の通り加盟店契約を締結する。

第1条（出店場所）

　　乙は、次の場所に店舗を置き営業を行う。

　　店舗名　　　　レストラン

　　所在地

第2条（加盟金）

　　乙は、本加盟店契約により、甲に対し次の加盟金を支払うものとする。

　　なお、当該加盟金は如何なる場合においても返却はしない。

　　加盟金　¥1,000,000（消費税は別途）

第3条（ロイヤリティー）

　　乙は、毎月1日から月末までの売上高に対して、　　％を乗じた金額（100円未満の端数は切捨て）を、ロイヤリティーとして甲に支払うものとする。

（中　略）

第8条（備品等の設置）

　　乙が、第1条に規定する店舗内において使用する什器・備品・装飾品は、甲の指定するものとし、甲の指定する業者から購入するものとする。

第9条（食材・酒類の仕入）

　　食材・酒類については、甲の仕様書によるメニューを安定的に提供するために、甲から継続的に仕入れるものとする。

第10条（経営指導）

　　甲は乙に対して、年2回（6月、12月）経営内容を調査し、必要に応じて経営指導を行うものとする。

　　当該経営指導に係る費用については、その都度甲から乙に請求するものとする。

（中　略）

第19条（支払方法）

　　甲に対する対価の支払は、甲の指定する銀行口座への振込により決済するものとし、甲は、領収証の発行を省略するものとする。

第20条（契約期間）

　　本契約の有効期間は、　　　年　月　日から　　　年　月　日までの1年とする。なお、契約期間満了3ケ月前までに、甲又は乙から解約の申し出が

第十章　（第7号文書）　継続的取引の基本となる契約書　　545

ない場合は、更に1年延長するものとし、以後も同様とする。

　この契約を証するため、甲乙それぞれ記名押印のうえ、各1通を所持するものとする。

　　　　年　　　月　　　日

　　　　　　　　　　　　　甲　株式会社　　　　　　　㊞
　　　　　　　　　　　　　乙　株式会社　　　　　　　㊞

**印紙税法の適用関係**

　　　印紙税法別表第一、課税物件表の第7号文書「継続的取引の基本となる契約書」である。

**説明**　この文書は、営業者間において継続する2以上の売買取引について共通して適用される取引条件のうち、目的物の種類（食材・酒類）及び対価の支払方法（銀行振込）を定めていることから、第7号文書に該当する。

　　　なお、第10条に規定された「経営指導」は、請負には該当しない。

546　　　第2部　各課税物件

**第252例**　**買取商品代金支払条件通知書**

## 買取商品代金支払条件通知書

　　　（甲）は、　　　　年4月1日　　　（乙）との間に締結した「基本契約書」に基づき、乙が甲から買取る商品の支払条件を次のとおり定め、乙に通知する。

| | | 買　　　取　　　商　　　品 | | |
| --- | --- | --- | --- | --- |
| | | 中　型　以　上 | 小　型　建　機 | ミ　ニ　建　機 |
| 請　求　期　間 | | 前月16日〜当月15日 | 25　日　締　切 | 25　日　締　切 |
| 支　　払　　日 | | 当　月　末　日 | 当　月　末　日 | 当　月　末　日 |
| 割賦 | 割賦回数 | 当月末日起算<br>㋑20ケ月20回<br>㋺22ケ月22回 ｝均等割賦<br>㋩26ケ月26回 | 当月末日起算<br>㋑12ケ月12回<br>㋺20ケ月20回 ｝均等割賦<br>㋩26ケ月26回 | 当月末日起算<br>㋑12ケ月12回<br>㋺20ケ月20回 ｝均等割賦 |
| | 割賦手数料 | 当月末日起算日歩2.4銭 | 当月末日起算日歩2.4銭 | 当月末日起算日歩2.4銭 |
| 一般 | 手形サイト | 当月末日起算<br>120日又は150日 | 当月末日起算<br>120日又は150日 | 当月末日起算<br>120日又は150日 |
| | 金　　利 | 150日の場合<br>30日分につき日歩2.4銭 | 150日の場合<br>30日分につき日歩2.5銭 | 150日の場合<br>30日分につき日歩2.4銭 |

年4月1日

株式会社　　　　　㊞

---

**【参考】**　基本契約書抜粋

〔第21条第3項〕

　　乙は、前2項の請求があった月の末日までに、甲が別に定める支払条件により、その支払をするものとする。

---

（注）　この文書は、基本契約書で取り決めていなかった支払条件をメーカー等が定め、販売先に通知するものである。

**印紙税法の適用関係**

　　印紙税法別表第一、課税物件表の第7号文書「継続的取引の基本となる契約書」である。

**説明**　この文書は、基本契約書を引用していることにより、双方の合意に基づくものであることが明らかであることから、印紙税法上の契約書に該当する。

　　営業者間において継続する売買取引について共通して適用される取引条件のう

第十章　（第7号文書）　継続的取引の基本となる契約書　　　547

ち、対価の支払方法を定めるものであることから、第7号文書に該当する。

**参考**　「通知書」等と称する文書について、その文書の記載内容等からみて、当事者間の協議に基づき決定した支払条件等を販売先との間で確認し、後日の証とするために作成されるものは印紙税法上の契約書に該当する。

　　次のような通知書等は、印紙税法上の契約書として取り扱う。

① 相手方の申込みに対して応諾することがその文書上明らかなもの

② 基本契約書等を引用していることにより、双方の合意に基づくものであることが明らかなもの

③ 当事者間で協議の上決定した事項を、当該文書により通知することが基本契約書等に記載されているもの

548　　　　　　　第２部　各 課 税 物 件

**第253例**　リベートに関する覚書等

（その１）覚書

## 覚　　　書

（以下「甲」という。）と、

（以下「乙」という。）は、次の内容について覚書を締結します。

第１条　甲は、　　年　月　　日より　　年　月　　日迄の間に第２条に規定する商品を仕入れ拡販するものとします。

第２条　適用商品・条件・数量は以下の通りとします。

| 機　種　名 | 条　件<br>（割戻率） | 数　　量 |
|---|---|---|
|  |  |  |
|  |  |  |
|  |  |  |

第３条　処理方法は次の通りとします。

　　　　（値引又は価格変更の旨の表示）

第４条　本契約書に記載されていない事項については、甲乙協議の上、別途定めるものとします。

　以上、約定の証として本覚書１通を作成し、甲・乙記名捺印の上乙が保有するものとします。

　　　　　　年　　月　　日

　　　　　　　　甲　　　　　　　　　　　　　　　　　　　印

　　　　　　　　乙　　　　　　　　　　　　　　　　　　　印

（その２）特別リベートに関する覚書

## 特別リベートに関する覚書

（以下「甲」という。）に対して、

　（以下「乙」という。）は、乙の製品の拡売に格別なる努力を払われていることに感謝し、相互の尚一層の繁栄を目的として、甲に対し「　　特別リベート」を下記の条項に従ってお支払い致します。

第１条　甲は、　　年　月　　日より　　年　月　　日迄の間に、乙の製品

　　　　（修理代金・補修用パーツ・特別仕切商品を除く。）を　　　　　　万円

第十章　（第7号文書）継続的取引の基本となる契約書　　549

仕入れ、販売するものとし、乙は甲の仕入実績額に対して　　　％相当額の「　　　　特別リベート」を支払うものとします。

第2条　支払条件は第1条の規定に拘らず、次の各号（イ・ロ・ハ・ニ）に対応するものとします。

| | 仕入予定額に対する仕入実績額の達成率 | 支　払　条　件 |
|---|---|---|
| イ | 100％以上 | 仕入実績額×特別リベート支払率×100％ |
| ロ | 80％以上100％未満の場合 | 仕入実績額×特別リベート支払率×80％ |
| ハ | 70％以上80％未満の場合 | 仕入実績額×特別リベート支払率×70％ |
| ニ | 70％未満の場合 | 仕入実績額×特別リベート支払率×50％ |

第3条　「　　　　特別リベート」の支払方法は次の通りとします。

第4条　「　　　　特別リベート」の支払期日は　　年　　月　　日とします。

第5条　本覚書に記載されていない事項については、甲乙協議の上、別途定めるものとします。

　以上、約定の証として本覚書1通を作成し、甲・乙記名押印の上乙が保有するものとします。

　　　　　　年　　月　　日
　　　　　　甲　　　　　　　　　　　　　　　　　　　　　㊞
　　　　　　乙　　　　　　　　　　　　　　　　　　　　　㊞


（その3）覚書

覚　　　　　　　書

（以下「甲」という。）と、

　（以下「乙」という。）は、次の内容について覚書を締結します。

第1条　期間は　　年　　月　　日より　　年　　月　　日迄とします。

第2条　内容は下記のとおりとします。

　　①　対象製品は　　　　とします。

　　②　仕入予定額は　　　　円とします。

　　③　上記仕入に対してアローアンスを支払います。

　　　　A　アローアンス額　　　　円

　　　　B　仕入予定額の　　％

550　　　　　　　　第2部　各課税物件

第3条　支払条件は、第2条の規定にも拘らず次の各項（イ、ロ、ハ）に対応するものとします。

| | 仕入予定額に対する達成率 | 支　払　条　件 |
|---|---|---|
| イ | 100％以上の場合 | 第2条の支払金額又は支払率×100％ |
| ロ | 80％以上100％未満の場合 | 第2条の支払金額又は支払率×80％ |
| ハ | 80％未満の場合 | 支払対象から除外 |

第4条　支払方法は期間終了後振込みとします。

第5条　支払期日は　　年　　月　　日とします。

第6条　本覚書に記載されていない事項については、甲・乙協議の上、別途定めるものとします。

　以上、約定の証として本覚書1通を作成し、甲・乙記名押印の上乙が保有するものとします。

　　　　　　　年　　月　　日
　　　　　　　　　甲
　　　　　　　　　　　　　　　　　　　　　　　　　　　㊞
　　　　　　　　　乙
　　　　　　　　　　　　　　　　　　　　　　　　　　　㊞

### （その4）卸売リベート約定書

## 卸売リベート約定書

　　　　　　　　　　　　（以下「甲」という。）に対し、

　　　　　　　（以下「乙」という。）は、別途締結した

製品の卸売に関する覚書に基き、下記の条項の通り卸売リベートをお支払させていただきます。

第1条　（卸売リベートの対象製品）

第2条　（甲の仕入予定額と卸売リベート）

　　1　甲は下記計画に基づき、乙より乙製品を仕入れて頂き、取引小売店への販売にご努力下さる様お願い致します。

　　　　　　　　年　　月　　日～　　年　　月　　日
　　　仕入予定額　　　　　　千円
　　　　　　　　　　（月平均　　　千円）

第十章　（第7号文書）　継続的取引の基本となる契約書　　551

　　2　乙は甲の上記ご計画仕入に対し、下記の通り卸売リベートをお支払い致します。

> 　仕入実績額に対し　　　％

第3条　（卸売リベートの支払時期及び支払方法）
　　1　卸売リベートの支払時期は、甲の乙に対する仕入代金お支払日とさせていただきます。
　　2　卸売リベートの支払方法は、乙の甲に対する売掛金と相殺させていただきます。
第4条　（有効期間）
　　　　本約定の有効期間は、　　　年　　　月度請求締切日といたします。
第5条　（約定の更改）
　　　　前条の規定に拘わらず、諸般の事情の変化により更改の必要が生じた場合は、甲及び乙は1ヶ月前の予告により相互に更改の要求が出来るものといたします。
第6条　本約定の締結以前に甲乙間で取交わしたリベート約定書は、本約定の締結と同時にその効力を失うものとさせていただきます。
　　以上、約定の証として本覚書1通を作成し、甲・乙記名押印の上乙が保有するものとします。

　　　　　　　年　　　月　　　日
　　　　　　　　　　甲　　　　　　　　　　　　　　　㊞
　　　　　　　　　　乙　　　　　　　　　　　　　　　㊞

---

**印紙税法の適用関係**

　　　いずれの文書も印紙税法別表第一、課税物件表の第7号文書「継続的取引の基本となる契約書」である。

**説明**　いずれの文書も、営業者間において継続する2以上の物品の売買取引について共通して適用される取引条件のうち、取扱数量（「取引予定数量」も「取扱数量」として取り扱われる。）を定めていることから、第7号文書に該当する。
　　　なお、契約期間が3月以内であるものは、第7号文書には該当しない。

552　　　　　　　　　第２部　各課税物件

### 第254例　販売奨励金に関する覚書

覚　　　　　書

　株式会社　　　（以下「甲」という。）と　　　　株式会社（以下「乙」という。）は、商品の販売奨励金等について、次の通り覚書を締結する。


第１条　（目的）
　　　　甲は、乙に対し、乙の製造する商品（以下「商品」という。）を積極的に販売することを約し、乙は、甲に対し、商品の販売目標金額の達成度合により、販売奨励金を支払うことを約す。

第２条　（対象品目及び定番アイテム数）
　　１　本覚書の商品の対象品目は、乙の製造する即席袋麺、スナック麺とする。
　　２　商品の品目を追加変更する場合は、甲乙協議のうえこれを行う。

第３条　（対象期間）
　　　　販売奨励金の対象期間は、○年４月１日から□年３月31日までの12カ月間とする。

第４条　（販売目標金額）
　　　　商品の品目別販売目標金額は、原則として、前年同期の仕入れ実績数量を基本に市場動向を勘案して次の通りとする。
　　　　尚、金額の算出についてはメーカー正販価格を基準とする。

　　　　　　　　　即席袋麺　　　　　32,510,000円
　　　　　　　　　スナック麺　　　　107,959,000円

第５条　（販売奨励金の算出）
　　　　販売奨励金は、商品の品目別に、対象期間の販売目標金額の達成度合に応じて、甲が仕入れた仕入れ実績金額に、次の支払基準率を乗じて算出するものとする。

| 販売目標数量達成率 | 支払基準率 | |
| --- | --- | --- |
| | 即　席　袋　麺 | ス　ナ　ッ　ク　麺 |
| 90％以上～100％未満 | 1.0% | 1.0% |
| 100％以上～110％未満 | 1.1% | 1.1% |
| 110％以上 | 1.2% | 1.2% |

第６条　（支払方法）
　　　　乙は、甲に対し、販売奨励金を対象期間終了後２カ月以内に甲の指定する銀

第十章　（第7号文書）　継続的取引の基本となる契約書　　553

行に振り込むものとする。

第7条　（新製品の取扱い）

　　甲は、乙が販売する新製品については、積極的に取扱い、拡販を行うものと
する。

第8条　（年間行事計画）

　　甲及び乙は、乙の商品についての特売、催事等の年間行事計画を予め協議の
うえ作成するものとする。

第9条　（秘密保持）

　　甲及び乙は、本覚書の内容及び相手方の業務上の秘密に関する事項を第三者
に漏洩してはならない。

第10条　（有効期間）

　　本覚書の有効期間は、○年4月1日から□年3月31日までとする。

第11条　（その他の事項）

　　本覚書に定めのない事項又は、本覚書の運用解釈に疑義が生じた場合は、
甲、乙誠意をもって協議のうえこれを解釈するものとし、合意に達しないとき
は、販売奨励金の趣旨及び従来の取引関係を勘案して、乙が決定するものとす
る。

　　上記覚書締結の証として、本覚書2通を作成し、甲乙記名捺印のうえ、それぞれ1
通を保有する。

年3月31日

甲　　　　　　　　　　　　㊞

乙　　　　　　　　　　　　㊞

（注）　この文書は、直接の売買取引のない営業者間（食品メーカーと小売業者）で作
　　成する商品の販売奨励金に関する契約書である。

### 印紙税法の適用関係

　　印紙税法に定める課税物件ではない。

**説明**　　この文書は、製造会社と卸店を通じて買い受ける小売店との間で、一定期間
　　（3月超）における小売店の特定商品の販売（小売）目標金額を定め、その目標
　　金額の達成度合に応じて販売奨励金を製造者が小売店に支払うことを内容とした
　　契約書である。

　　しかしながら、商品売買に関し、継続的に行われる取引の目的物の種類を定め

るものであるが、この契約当事者である製造会社と小売店との間には直接の売買取引はなく、印紙税法施行令第26条第1号に規定されている「営業者の間」の取引ではない。

したがって、第7号文書「継続的取引の基本となる契約書」その他いずれの課税物件にも該当しない。

第十章　（第7号文書）　継続的取引の基本となる契約書　　555

> **第255例**　**売買の委託に関する取引契約書**
>
> # 取 引 契 約 書
>
> 　　　　　を甲、　　　　　を乙とし、甲乙両当事者は継続して取引することにつき次の通り取引約定を締結した。
>
> 第1条　（適用範囲）
>
> 　　乙が甲の商品を継続的に買い受ける取引については、別に定めがない限り、本契約書の定めに従うこととする。
>
> 　　甲より乙に対して販売をお願いする商品（以下「商品」という。）は、通常商品及び特別企画商品に分類し末尾記載の通りとする。この商品の内容の変更、削除、追加等は通知するものとする。乙はこれの直販に努め、共存共栄の精神にのっとり、相互の利益の増進を図るものとする。
>
> 第2条　（受注・納品）
>
> ①　納品の受注、商品の種類、数量、取引、引渡条件、納期等は、あらかじめ甲、乙にて協議し、これを定める。
>
> ②　乙は、甲からの納品があれば、速やかに検収し、納品の正否を確認し、疑義が生じた場合は、荷着後2日以内に甲に通知して協議の上、円満な解決を図る。なお、荷着後2日以内に通知がなかった場合は納品に疑義がなかったものとする。
>
> ③　本物品の納品前に生じた商品の滅失、き損、変質、その他一切の損害は、乙の責に帰すべきものを除き甲の負担とする。
>
> 第3条　（販売価格）
>
> 　　消費者に対する販売価格は、甲作成の商品カタログ記載の通りとする。
>
> 第4条　（代金の支払い）
>
> 　　商品代金については、格別の合意がない限り納品後、3日以内に甲の指定する郵便振替にて支払う。
>
> 第5条　（支払手数料）
>
> 　　甲は乙に対し、当該月の通常商品取引高の手数料と特別企画商品取引高の手数料を個々に計算して支払うものとする。手数料及び支払方法は末尾一覧表記載の通りとする。
>
> 第6条　（保証金）
>
> 　　乙は、取引高が月額20万円以上になったときは、保証金として甲が乙に支払う手数料の8％の金額を差し入れなければならない。甲は、上記保証金を支払う手数料より控除することができる。保証金は無利息とし取引解除後に未納債権と相殺し返戻すること。

556 第2部 各課税物件

第7条 （期限の利益の喪失等）

乙が次の各号の一つにでも該当するときは、乙は甲の通知催告等がなくても当然に期限の利益を喪失し、甲は乙に債権金額の支払いを求めることができる。

1 個々の債務の一つについて期限内に支払わなかったとき

2 乙につき、手形又は小切手の不渡りの発生したとき

3 乙の信用低下が著しいと認められたとき

4 甲の信用を著しく傷つける行為のあったとき

5 その他本契約に違反したとき

第8条 （有効期限）

本契約の有効期限は締結の日から1年とし、同期間満了の2か月以上前に文書による終了の意思表示が甲または乙から相手方になされないときは、さらに満1年間延長されるものとし、以後同様に延長されるものとする。

第9条 （取引開始日）

年 月 日からとする。

第10条 （管轄裁判所）

本契約に関する全ての訴訟については、甲の本店所在地を管轄する地方裁判所もしくは簡易裁判所を専属的管轄裁判所とする。


記

1 商品は、下記の通り。但し細目はカタログ記載の通り。

(1) 通常商品

① パン及び菓子製品

② 進物品

(2) 特別企画商品

(1)の通常商品以外の一切の商品

2 支払手数料

手数料は(1)と(2)の合計金額とする。

(1) 通常商品

第十章　（第7号文書）　継続的取引の基本となる契約書　　557

（料率表）

| 売上高（月取扱高） | 手数料 | 売上高（月取扱高） | 手数料 |
|---|---|---|---|
| 10万円未満 | 10% | 25万円以上30万円未満 | 22% |
| 10万円以上13万円未満 | 13% | 30万円以上40万円未満 | 24% |
| 13万円以上17万円未満 | 16% | 40万円以上50万円未満 | 25% |
| 17万円以上20万円未満 | 18% | 50万円以上70万円未満 | 26% |
| 20万円以上25万円未満 | 20% | 70万円以上 | 28% |

(2)　特別企画商品

　　当該月の取引高に(1)の当月の通常商品の支払手数料率を乗じた金額とする。

3　取扱高期間　　自21日　　至20日

4　手数料支払予定日

　　翌月10日。但し支払日が金融機関休日の場合は翌日とする。

5　支払場所

　　乙が指定する場所とする。


上記の通り契約が成立した。契約書2通作成し、甲乙各1通保有する。

　　　　　　　　　年　　　月　　　日

　　　　　甲　　住所
　　　　　　　　氏名　　株式会社　　　　　　　　　　㊞

　　　　　乙　　住所
　　　　　　　　氏名　　株式会社　　　　　　　　　　㊞

　　　連帯保証人　　住所
　　　　　　　　氏名　　　　　　　　　　　　　　　　㊞

**印紙税法の適用関係**

　　印紙税法別表第一、課税物件表の第7号文書「継続的取引の基本となる契約書」である。

**説明**　この文書は、パン・菓子類の製造販売業者と販売受託業者との間で締結する委託売買に関する基本契約書であり、営業者間において継続する2以上の売買取引について共通して適用される取引条件のうち、目的物の種類、対価の支払方法等を定めていることから、第7号文書に該当する。

558　　　　第2部　各課税物件

第256例　運送契約書

# 運　送　契　約　書

　　　　株式会社（以下「甲」という。）と　　　　株式会社（以下「乙」
という。）との間に甲の製品輸送について下記の通り契約を締結する。

記

第1条　甲は甲の製品の輸送業務を乙に委託するものとする。

第2条　乙は甲より委託を受けた業務を甲の指示に基づいて迅速、正確に執り行う。

第3条　乙の輸送責任は、甲が運送を委託する製品と、その送り状を乙に引渡した
　　　　時に始まり、乙がその輸送を完了、貨物受領書を甲の指定した受理人より交
　　　　付された時に終結する。

第4条　乙が輸送業務の執行に当たり、甲の製品に毀損、汚損、紛失等の事故が生
　　　　じ、その原因が乙の責に帰すべき時は乙は甲に対し、発生日より10日以内に
　　　　損害賠償の責を負うものとする。

　　　　　但し、10日以内に解決が難しいと判断される時は甲乙両方で協議し解決日
　　　　を決め、乙は誠意を以って解決する。

　　　　　又、天災地変、その他不可抗力と認められたる災害により生じた損害は甲
　　　　乙協議の上、速かに誠意を以って解決する。

第5条　甲が乙に対して支払う運賃料金は運賃見積表によるものとする。

　　　　　但し、経済の変動により運賃の更新又は改正については双方協議の上定め
　　　　るものとする。

第6条　乙は運賃の請求書を毎月15日迄に締切り甲へ提出する。甲はこの請求書に
　　　　対して照合の上、乙に原則として当月末に支払うものとする。

第7条　本契約遂行に疑義を生じたる場合、又は本契約条文に定められていない事
　　　　項については甲乙両者協議の上、誠意を以って解決するものとする。

第8条　本契約期間は　　　　年　　月　　日より　　　　年　　月　　日迄の1
　　　　ヶ年とする。

　　　　　但し、契約期間の満了に際し、甲乙双方異議ない場合は更に1ヶ年継続す
　　　　るものとする。

　　上記契約の成立を証する為、本書2通を作成し、署名捺印の上甲乙各々1通を保
有する。

　　　　　　　　年　　　月　　　日

　　　　　　　　甲　　　　　　　　　　　　　　㊞

　　　　　　　　乙　　　　　　　　　　　　　　㊞

第十章 （第7号文書） 継続的取引の基本となる契約書　　559

### 印紙税法の適用関係

　　印紙税法別表第一、課税物件表の第7号文書「継続的取引の基本となる契約書」である。

**説明**　この文書は、営業者間において継続する運送に関する取引を内容とする第1号の4文書「運送に関する契約書」に該当するとともに、その取引に共通して適用される取引条件のうち、対価の支払方法（第6条）等の基本的事項を定めていることから、第7号文書にも該当することから、通則3のイのただし書の規定により第7号文書に該当する。

560　　　　　　　　第2部　各課税物件

### 第257例　　工事請負基本契約書

## 工事請負基本契約書

　　　　株式会社（以下「甲」という。）と　　　株式会社（以下「乙」という。）は次
のとおり工事請負基本契約を締結する。

第1条　この契約は、将来甲と乙との間に締結する工事請負契約及び継続して行う
　　　請負工事に関して共通的に適用すべき取引条件を規律する基本事項を定めた
　　　ものであり、個別の工事請負契約に別段の定めのない場合はこの契約の条項
　　　による。

第2条　乙は、この契約並びに個別の工事請負契約書、図面及び仕様書に基づき工
　　　事を完成するものとし、図面及び仕様書に明記されていないもの又は図面と
　　　仕様書の符合しないものがあるときは、甲の指示に従う。

第3条　乙は、図面及び仕様書に基づく工事費内訳明細書、月別入用資金予定表、
　　　工事計画書を作成し、当該工事に関する請負契約締結後7日以内に甲に提出
　　　してその承認をうけるものとする。

　　2　工事に関し、甲が文書又は図面の提出を求めたときは、乙は遅滞なくこれ
　　　を作成して提出するものとする。

　　3　乙は、請負った工事の進捗状況について工事日報を甲の指定する形式に
　　　従って作成し、指定の期日までに甲に報告しなければならない。

第4条　甲は、工事代金を原則として当該工事の目的物件について検査合格とした
　　　翌月末日に現金にて支払う。

　　2　部分払がある場合の支払については、毎月25日現在の出来高を認定し、別
　　　途甲の定める算式により算出した金額を翌月10日に支払う。

　　3　乙の書面による申出により、甲が適当と認めたときは工事代金の一部を前
　　　払することがある。

　　　　前払金額、支払時期その他必要な事項は、甲、乙協議して定める。

第5条　乙は、工事現場における工事施工上の管理をつかさどる主任技術者及び現
　　　場代理人を定め、あらかじめ甲に届出て承諾をうける。

　　2　前項の主任技術者と現場代理人とはこれを兼ねることができる。

　　3　乙又は乙の現場代理人は、工事現場に常駐し、甲又は甲の監督者の指示に
　　　従い、工事現場の取締及び工事施工に関する一切の事項を処理しなければな
　　　らない。

第6条　乙は、工事請負契約の履行について工事の全部又は大部分を一括して第三
　　　者に委託し、又は請負わせてはならない。

　　2　乙は、工事の一部を第三者に委託し、又は請負わせようとするときは、あ

第十章　（第7号文書）　継続的取引の基本となる契約書　　561

　らかじめその範囲及び受託者又は下請人を定めて甲に通知し、書面による承
　認を得なければならない。

（中　略）

第17条　この契約は調印の日から3か年間有効とする。
　　2　この契約期間満了のときに施工中の工事がある場合は、その工事が終了す
　　るまではこの契約を適用する。
　　この契約を証するため正本2通を作成し、甲乙記名押印のうえ各自その1通を保
　有する。

　　　　　　　　　年　　　月　　　日　　　甲　　　　　　　　　　　　　㊞
　　　　　　　　　　　　　　　　　　　　乙　　　　　　　　　　　　　㊞

### 印紙税法の適用関係

　　　印紙税法別表第一、課税物件表の第7号文書「継続的取引の基本となる契約
　書」である。

**説明**　この文書は、営業者間において継続して行われる請負を内容とする第2号文書
　　「請負に関する契約書」に該当するとともに、その取引に共通して適用される取
　　引条件のうち対価の支払方法（第4条）等の基本的事項を定めており、第7号文
　　書にも該当することから、通則3のイのただし書の規定により第7号文書に該当
　　する。

562　　　　　　　　　　第2部　各課税物件

第258例　工事下請基本契約書

工事下請基本契約書

　元請負人　　　　　株式会社（以下「甲」という。）と下請負人　　　　　　（以下
「乙」という。）とは、甲と発注者との契約（以下「元請契約」という。）にかかる
工事（以下「元請工事」という。）の一部について以下の条項に基づき工事下請基
本契約（以下「基本契約」という。）を締結する。


（総　則）
第1条　甲と乙は、元請工事を完成するため、元請工事の一部について工事注文
　　　書、工事注文請書に定めるもののほか、この基本契約に基づき、図面、仕様
　　　書、その他の書類（以下「設計図書」という。）に従い、各々誠実に契約を
　　　履行する。
（適用範囲）
第2条　甲が発注し、乙が施工する個別の工事（以下「個別工事」という。）につ
　　　いて、工事注文書、工事注文請書、設計図書等に特別の定めのない事項は、
　　　すべて本基本契約に定めるところによる。
　　　　ただし、工事に関して設計図書に明示されない事項につき、甲の指示が
　　　あったときは、乙はこれに従うものとする。
（個別工事の契約）
第3条　乙は、個別工事について設計図書に基づき、あらかじめ見積書を提出す
　　　る。甲は見積書を審査のうえ、第11条で指定した作業所長名で工事注文書を
　　　発行し、乙はこれに対し工事注文請書を提出して、個別工事の契約（以下
　　　「個別契約」という。）が成立する。
（工事内訳明細書等の提出）
第4条　乙は、個別契約につき甲の要求があった場合には、設計図書に基づく工事
　　　費内訳明細書及び工程表を作成し、遅滞なく甲に提出して、甲の承認を受け
　　　なければならない。
（法令等遵守義務）
第5条　甲及び乙は、個別工事の施工にあたり建設業法、その他工事施工、労働者
　　　の使用等に関する法令及びこれら法令に基づく、監督官公庁の行政指導を遵
　　　守する。
　　2　甲は、乙に対し、前項に規定する法令及びこれら法令に基づく、監督官公
　　　庁の行政指導による必要な指示、指導を行い、乙はこれに従う。

第十章　（第7号文書）　継続的取引の基本となる契約書　　　563

（労働者の使用）
第6条　乙は、労働者の使用にあたり、労働基準法その他法律に規定された使用者
　　としての全ての義務を果し、一切その責に任ずるものとする。
　　2　労働者災害補償保険の加入者は、個別契約の際決定する。

（中　略）

（請負代金の支払方法及び時期）
第24条　個別工事の請負代金の支払方法及び時期は、注文書に定めるところによ
　　る。
（かし担保）
第25条　工事目的物にかしがあるときは、甲は、乙に対し相当の期間を定めて、そ
　　のかしの修補を請求または修補に代え若しくは修補とともに損害の賠償を請
　　求することができる。
　　　ただし、かしが重要ではなく、かつ、その修補に過分の費用を要するとき
　　は、甲は修補を請求することができない。
　　2　前項の規定によるかしの修補または損害賠償の請求は、第22条第2項の規
　　定による引渡を受けた日より2年以内にこれを行わなければならない。
　　　ただし、そのかしが乙の故意または重大な過失により生じた場合には、当
　　該請求をすることができる期間は5年とする。
（履行遅滞の場合における損害金）
第26条　乙の責に帰すべき事由によって、工期内に工事を完成することができない
　　場合において、乙は甲に対し、遅延損害金、違約金、損害賠償等甲に生じた
　　損害一切を支払わなければならない。
（甲の解除権）
第27条　甲は、乙が次号の一に該当するときは、本基本契約及び個別契約又は個別
　　契約のみを解除することができる。この場合、甲は乙に損害の賠償を求める
　　ことができる。
　　⑴　正当な事由がないのに着工時期が過ぎても着工しないとき。
　　⑵　工期内又は工期経過後相当期間内に工事を完成する見込がないと甲が判
　　　断したとき。
　　⑶　乙が自己振出し又は引受の手形、小切手を不渡したとき。
　　⑷　乙が第三者より仮差押、仮処分、強制執行の申立を受け又は公租公課滞
　　　納による督促を受けたとき、若しくは乙につき破産、民事再生、会社更生
　　　等の申立があったとき。
　　⑸　その他本契約に違反し、もしくは不信の行為があったと甲が認めると
　　　き。

564　　　第2部　各課税物件

（乙の解除権）

第28条　乙は、次号の一に該当するときは、個別契約を解除することができる。この場合、乙は、甲と協議して定めた損害の賠償額を甲に請求することができる。

　⑴　第15条の規定（工事の変更、中止等）により工事内容を変更したため、請負代金が10分の6以上減少したとき。

　⑵　第15条の規定による、工事全部の施工の中止期間が、契約工期の2分の1を越えたとき。

（解除に伴う措置）

第29条　前2条により、個別契約を解除したときは、甲は、工事の出来高部分を検査のうえ、乙より引渡を受ける。この場合甲は、乙の引渡し部分の請負代金請求権について、甲の乙に対する損害賠償請求権等の債権がある場合には、その債権の対当額をもって全部又は一部を相殺することができる。

（契約の存続期間）

第30条　本基本契約の存続期間は、1月1日に始まり12月31日までの1年間とし、甲及び乙双方とも本基本契約の継続を希望するときは、12月31日をもって更新することができる。

　　　年の中途で契約を結んだ場合も同様とする。

　　　ただし、個別工事の工期がこの基本契約の終了後に亘るときは当該個別契約の終了までこの基本契約は有効とする。

　　　本基本契約の存続期間は　　　　年　　月　　日から

　　　　　　　　　　　　　　　　　　年　　月　　日までとする。

（紛争の解決）

第31条　本基本契約及び個別契約に関して甲乙間に紛争を生じた場合には、甲又は乙は、当事者双方の合意により選定した第三者又は建設業法による建設工事紛争審査会（以下「審査会」という。）のあっせん又は調停により解決を図る。

　　　なお、甲及び乙は、その一方又は双方が前条のあっせん又は調停により紛争を解決する見込みがないと認めたときは、前条の規定にかかわらず、審査会の仲裁に付し、その仲裁判断に服する。

（補　則）

第32条　本契約及び工事注文書に定めのない事項については、必要に応じて甲、乙協議して定める。

　この契約を証するため、本書2通を作成し、各当事者記名押印の上、各自1通宛所持する。

　　　　　　　　年　　月　　日

第十章 （第7号文書） 継続的取引の基本となる契約書　　565

　　　　　　（甲）元請負人　　住　　所
　　　　　　　　　　　　　　　氏　　名　　　　　　　　㊞
　　　　　　（乙）下請負人　　住　　所
　　　　　　　　　　　　　　　氏　　名　　　　　　　　㊞

**印紙税法の適用関係**

　　印紙税法別表第一、課税物件表の第2号文書「請負に関する契約書」である。

**説明**　この文書は、営業者間において継続する2以上の請負取引を定めたものであるが、印紙税法施行令第26条第1号に定める取引条件の記載がないことから、第7号文書「継続的取引の基本となる契約書」に該当しない。

　　なお、請負取引を定めたもので、第2号文書に該当する。

566　　　　　　　　第2部　各課税物件

**第259例　エレベータ保守についての契約書**

<br>

# 契　約　書

　　　　（以下「甲」という。）と　　　　　　　（以下「乙」という。）との間に昇
降機の点検について、下記の条項により契約を締結する。

第1条　契約の対象となる昇降機

　　　　　所在場所

　　　　　種類及び台数

第2条　乙は毎月1回前条昇降機の点検（機械、電動機、制御装置等の注油及び清
　　　　掃、導軌条の注油並びに簡単な調整を含む。）を行う。

　　　　　不時の故障の際甲より通知のあったときは、乙は直ちに技術員を派遣し点
　　　　検する。

　　　　　定期点検並びに不時の故障に対する点検は乙の就業時間（乙の通常勤務日
　　　　の通常勤務時間）内に行い乙の就業時間外に行われる場合は本契約外とす
　　　　る。ただし、乙の都合により乙の就業時間外に行われる場合はこの限りでな
　　　　い。本点検に必要な材料の内下記のものは甲が供給する。

　　　　　　　　　　　　　　　　記（省略）

第3条　上記点検以外に修理（エレベータに関しては、巻上ロープ及び電線の取り
　　　　替え、歯車、軸受の取り替え、機械の分解、ブレーキライニングの取り替え
　　　　等、エスカレータに関しては、照明関係、ハンドレール、強化パネル、ロー
　　　　ラー、チェーン類の取り替え、歯車、軸受の取り替え、ブレーキライニング
　　　　の取り替え等）を行う場合の費用は本契約には含まれない。

第4条　乙は毎年1回官庁が行う昇降機検査に立ち会うものとする。ただし、官庁
　　　　へ納付の検査手数料は　　　　の負担とする。

第5条　甲は乙の本昇降機点検に対する料金として月額金50,000円を毎月末日迄に
　　　　その月分を現金で支払う。ただし、1ケ月に満たない期間はその月に日数割
　　　　で料金を計算する。

第6条　本契約実施後、諸材料の価格、労務費その他に変動を生じ契約料金に増減
　　　　を要する場合は、甲乙協議のうえ前条の契約料金を変更し得るものとする。

第7条　本昇降機の点検は　　　年　　月　　日から始められ契約当事者の一方
　　　　が他方に予め30日前に書面で解約の通知を行う迄継続する。

第8条　本昇降機のいかなる部分に対しても、これが占有、もしくは管理に基づく
　　　　責任は甲に帰属するものとする。

　　　　　罷業、工場閉鎖、天災事変、不可抗力、その他乙の責によらない事由に

第十章　（第7号文書）　継続的取引の基本となる契約書　　567

よって生じた損害並びに全ての間接的損害については乙はその責を負わない。

第9条　本契約を締結する以前に本昇降機点検について為された一切の取り決めは本契約締結と同時にその効力を失う。

第10条　本契約書に記載のない事項につき、疑義を生じた場合は甲乙協議の上、解決するものとする。

本契約締結の証として本書2通を作成して、甲乙各々署名捺印のうえ各1通を保有する。

　　　　　　　年　　月　　日

　　　　　　　　　　　　　　甲　　　　　　　　　　　㊞

　　　　　　　　　　　　　　乙　　　　　　　　　　　㊞

### 印紙税法の適用関係

印紙税法別表第一、課税物件表の第7号文書「継続的取引の基本となる契約書」である。

**説明**　この文書は、対価を得てエレベータを点検することを内容とするもので、第2号文書「請負に関する契約書」に該当するとともに、甲が営業者である場合には、営業者間において継続する2以上の請負取引について共通して適用される取引条件のうち、目的物の種類、単価及び対価の支払方法（第5条）を定めていることから、第7号文書にも該当することから、通則3のイのただし書の規定により第7号文書に該当する。

**参考**　第216例「消火設備保守点検契約書」の項を参照。

568　　　　　　　　　第２部　各課税物件

**第260例**　**清掃契約に関する覚書**
（その１）

---

清掃契約に関する覚書

　株式会社　　　　　　ビル（以下「甲」という。）と　　　　　株式会社（以下
「乙」という。）は、甲が管理する建物の清掃に関する業務を乙に委託することを約
し、平成29年４月１日に締結した清掃契約書のうち第３条の清掃費を平成30年４月１
日から月額2,200万円に改めることを双方とも確認し、この覚書２通を作成し、甲・
乙各１通を保有する。

　　平成30年３月31日

　　　　　　　　　　　　　　　　　　甲　　　　　　　　　　　㊞

　　　　　　　　　　　　　　　　　　乙　　　　　　　　　　　㊞

---

**印紙税法の適用関係**

　　　（その１）の文書は、印紙税法別表第一、課税物件表の第７号文書「継続的取
　　引の基本となる契約書」である。

**説明**　　（その１）の文書は、対価を得て清掃を行うことを内容とするもので、第２号
　　文書「請負に関する契約書」に該当するとともに、営業者間において継続する２
　　以上の請負について単価を変更するものであり、第７号文書にも該当することか
　　ら、通則３のイのただし書の規定により第７号文書に該当する。

（その２）

---

清掃契約に関する覚書

　株式会社　　　　　ビル（以下「甲」という。）と　　　　　株式会社（以下「乙」とい
う。）は、甲が管理する建物の清掃に関する業務を乙に委託することを約し、平成29
年４月１日に締結した清掃契約書のうち第３条の清掃費を平成29年10月１日から平成
30年３月31日まで月額100万円を80万円に改めることを双方とも確認し、この覚書２
通を作成し、甲・乙各１通を保有する。

　　平成29年９月30日

　　　　　　　　　　　　　　　　　　甲　　　　　　　　　　　㊞

　　　　　　　　　　　　　　　　　　乙　　　　　　　　　　　㊞

---

第十章　（第7号文書）　継続的取引の基本となる契約書　　569

(注)　原契約書は、清掃の請負に関する契約書で月額単価100万円、契約期間1年間（平成29年4月1日～平成30年3月31日）と定められている（記載金額1,200万円の第2号文書）。

### 印紙税法の適用関係

　　（その2）の文書は、印紙税法別表第一、課税物件表の第2号文書「請負に関する契約書」である。

**説明**　　（その2）の文書は、第2号文書の原契約書の契約期間中に、その後の契約期間内の月額単価を減額するものであり、第2号文書に該当するとともに、営業者間において継続する2以上の請負について単価を変更するものであることから、第7号文書「継続的取引の基本となる契約書」にも該当する。

　　したがって、その内容に減額後の契約金額480万円（80万円×6か月）の記載があることとなるから、通則3のイにより第2号文書に該当し、通則4のニにより記載金額はないものとなる。

　　(注)　文書の所属の決定は、通則2及び3による。

**参考**　　第134例「月額単価を変更する契約書」の項を参照。

570　　　　　　　　第2部　各課税物件

**第261例**　　警備請負契約の権利譲渡承諾請求書

---

# 警備請負契約の権利譲渡

### 承諾請求書

契約先コード＿＿＿＿＿＿＿＿　　　警備物件所在地＿＿＿＿＿＿＿＿

警　備　種　類＿＿＿＿＿＿＿　　　警備契約料金

警　備　開　始　日＿＿＿＿＿＿＿　　　（月　　額）　　＿＿＿＿¥

　　　　警備保障株式会社と＿＿＿＿＿との間に締結した上記の警備請負契約並びに付

属覚書（以下併せて「原契約」という。）に関し、契約上の権利義務一切を

　　　　　　　　　　　　　　　　　　住　　所＿＿＿＿＿＿＿＿＿＿＿

　　　　　　　　　　　　　　　　　　名　　称＿＿＿＿＿＿＿＿＿＿＿に

　　　年　　月　　日に譲渡し、譲受人はこれを継承致します。

　　ついては、この旨ご承諾願いたく、関係当事者連署して請求申し上げます。

　　なお、ご承認の上は原契約書類一式を譲渡人より譲受人に手交いたします。

　　　　　年　　月　　日

　　　　　　　　譲渡人　　住　　所

　　　　　　　　　　　　　名　　称　　　　　　　　　　㊞

　　　　　　　　譲受人　　住　　所

　　　　　　　　　　　　　名　　称　　　　　　　　　　㊞

　　　譲受後の物件名称＿＿＿＿＿＿＿＿＿＿＿＿＿＿＿＿＿＿

　　　　上記お申出のとおり、承諾申し上げます。

　　　　　　　　警備提供者　　住　　所

　　　　　　　　　　　　　　　名　　称　　　警備保障株式会社

　　　　　　　　　　　　　　　　　　　　　代表取締役　　　　　　㊞

（注）　警備保障会社と譲渡人との間で締結した警備保障契約上の権利義務の一切を、
　　　　譲受人から譲受人に譲渡することについて、警備保障会社の承諾を得る目的で作
　　　　成する文書であるが、警備保障会社がその請求を承諾したときは、その下部に承
　　　　諾の意思表示をして請求者に交付することとしている。

---

**印紙税法の適用関係**

　　　　譲受人が営業者である場合は、印紙税法別表第一、課税物件表の第7号文書
　　「継続的取引の基本となる契約書」であるが、営業者でない場合は、同課税物件
　　表の第2号文書「請負に関する契約書」である。

**説明**　　この文書は、警備保障会社が署名押印し、請求者に交付する文書で、警備保障
　　会社と譲渡人との間で締結している警備請負契約を消滅させて、同一条件で警備

第十章 （第7号文書）　継続的取引の基本となる契約書　　　571

保障会社と譲受人との間の警備請負契約を成立させることを内容としたものであり、債務者の交替による更改契約の成立の事実を証する目的で交付するものであることから、契約書に該当する。

　したがって、その記載内容が継続する2以上の請負を内容とするもので、第2号文書であるとともに、その取引に共通して適用される取引条件のうち、目的物の種類及び単価を定めていることから、第7号文書にも該当する。このため、譲受人が営業者である場合は、通則3のイのただし書の規定により第7号文書に該当し、営業者でない場合は、第2号文書に該当する。

　なお、納税義務者は、警備保障会社である。

572　　　　　　　　　第2部　各課税物件

**第262例**　警備保障に関する覚書
（その1）覚書

<br>

覚　　書

　　　　に本社を有する　　　警備保障株式会社（以下「甲」という。）及び
　　　に所在する　　　株式会社（以下「乙」という。）は　　　年　　月　　日締
結した警備請負契約（契約№　　　　）に関し、下記のキャッシュディスペンサー
に対する警備エリアの付加を当事者の甲、乙は同意し各壱通を保有する。

記

一　原契約に基づく第二章の警備計画に対して本覚書添付図面で明示されるキャッ
　　シュディスペンサーの警備請負を追加する。
　　（尚、物件特有の免責事項又は付帯条件があればここに追記されたい。）
一　契約警備料金（1ケ月間）を下記の通り変更する。
　　　　変更前￥　　　　　　　　　　変更後￥　　　　　　　　
一　本覚書は　　　年　　月　　日より効力を発するものとする。
　　　　　　　　　　　　　　　　　　　甲）　　　　　　　　㊞
　　　　　　　　　　　　　　　　　　　乙）　　　　　　　　㊞

（注）　既に締結した警備保障会社と金融機関との間における、警備請負契約の仕事の
　　　範囲及び契約警備料金（1月当たり）の変更を内容とするものである。


**印紙税法の適用関係**
　　　（その1）の文書は、印紙税法別表第一、課税物件表の第7号文書「継続的取
　　引の基本となる契約書」である。

**説明**　　　（その1）の文書は、原契約である警備請負契約の契約内容（仕事の範囲）及
　　　び契約警備料金の変更の事実を証明するもので、第2号文書「請負に関する契約
　　　書」に該当するとともに、継続する請負契約の目的物の種類（請負契約の仕事の
　　　範囲）及び単価（契約警備料金）の変更の事実を証明していることから、第7号
　　　文書にも該当するが、通則3のイのただし書の規定により第7号文書に該当す
　　　る。

第十章 （第7号文書） 継続的取引の基本となる契約書　　573

## （その2）再委託に関する覚書

覚　　書

警備保障株式会社（以下「甲」という。）

　（ユーザー）　　　（以下「乙」という。）

　（関連会社）　　　（以下「丙」という。）は

　　年　　月　　日に甲と乙とが締結した契約書（以下「原契約」という。）

に関し以下のとおり同意し、このことを証するため本覚書3部作成し、甲、乙、丙、記名捺印のうえ各壱通ずつ保有するものとする。

記

1　甲は原契約に記載の提供業務を丙に委託し、乙はこれに同意する。

　　但し、業務に対する一切の責任は甲が有するものとする。

2　契約料金、保証金、工事料金、緊急出動料金、その他、原契約において乙の支払うべき料金について、乙は丙の請求にもとづき直接丙に支払うものとする。

　　年　　月　　日

　　　　　　　　　　　　　甲）　　　　　　　　　㊞

　　　　　　　　　　　　　乙）　　　　　　　　　㊞

　　　　　　　　　　　　　丙）　　　　　　　　　㊞

（注）　警備保障会社とユーザーとの間に締結した警備請負契約について、その警備業務を警備保障会社の関連会社に再委任することにユーザーが同意したことを内容とするものである。

### 印紙税法の適用関係

　　（その2）の文書は、印紙税法別表第一、課税物件表の第7号文書「継続的取引の基本となる契約書」である。

**説明**　（その2）の文書は、警備保障会社とその関連会社及びユーザーとの間で、警備業務の下請負について合意することを内容とするもので、第2号文書「請負に関する契約書」に該当するとともに、警備保障会社とその関連会社との間の継続する請負について共通して適用される取引条件のうち、目的物の種類を定めるものであることから、第7号文書に該当するが、通則3のイのただし書の規定により第7号文書に該当する。

574　　　第2部　各課税物件

## 第263例　データ入力取引基本契約書

データ入力取引基本契約書

　　　　　株式会社（以下「甲」という。）と株式会社　　　　　（以下「乙」という。）とは、甲と乙との間の取引について次条のとおり取引基本契約（以下「基本契約」という。）を締結する。

（基本原則）
第1条　取引は相互の利益を尊重し、信義誠実の原則に従って行うものとする。

（取引の内容）
第2条　甲と乙との取引内容は、甲の発注に基づく乙による電子計算機へのデータ入力等役務の完了をいう。

　②　前項の役務は、甲が乙に発注の都度無償貸与する電子計算機の磁気テープまたはフロッピーディスク（以下「磁気テープ等」という。）に対して行うものとする。

（基本契約と個別契約）
第3条　基本契約に規定する内容は、基本契約に基づき甲乙が協議して定める個々の取引契約（以下「個別契約」という。）に対して適用し、甲乙は、基本契約および個別契約（以下「基本契約等」という。）を遵守しなければならない。

（個別契約の成立）
第4条　個別契約は、甲より発注年月日、入力するデータ名、納期、その他を記載した注文票を乙に交付し、乙がこれを承諾することで成立する。

（仕様書等の遵守）
第5条　乙が個別契約の履行に当たり、甲が提示した仕様書ならびに甲乙間であらかじめ協議決定した取決めを遵守しなければならない。

（資料の提供・管理）
第6条　甲は、個別契約履行に必要な事項を乙に説明するとともに、入力に要するデータの資料を乙に提供する。

　②　前項の資料は、乙はこれを厳重に管理するとともに個別契約履行後直ちに甲に返却しなければならない。

（甲の電子計算機の使用）
第7条　乙は、磁気テープ等に入力するに当たり、甲の要請があれば、甲の電子計算機等の機械を使用して、これを行うことができる。

　②　前項の場合において、乙は甲の電子計算機等の機械の使用には、善良なる管理者の注意義務をもって行わなければならない。

第十章　（第7号文書）　継続的取引の基本となる契約書　　575

（磁気テープ等の管理）

第8条　乙は、磁気テープ等（入力されたデータをも含む。以下同様とする。）を善
　　　　良な管理者の注意をもって保管管理し、他との混同を避けるため、保管上および
　　　　帳簿上区別しておかなければならない。

　　②　乙は、磁気テープ等を他に転用し、または第三者に譲渡、質入等の処分をし
　　　　てはならない。

　　③　乙は、磁気テープ等が滅失、毀損または変質したときは、直ちに甲に通知す
　　　　る。この滅失等が乙の責に帰すべき事由である場合は、乙の負担において補
　　　　修、代品提供または損害賠償を行うものとする。

（磁気テープ等の返還）

第9条　乙は、入力の完了した磁気テープ等を注文票に定める日までに返還できない
　　　　場合は、直ちに甲にその旨を申し出て、その後の処置について甲の指示をもと
　　　　めなければならない。

　　②　返還された磁気テープ等が入力漏れ等で不完全な場合は、直ちに甲の指示に
　　　　基づいてその補正を行わなければならない。

（報酬額の算定等）

第10条　役務完了の結果に関する報酬額は、甲と乙が協議して定めた単価表（以下
　　　　「単価表」という。）をもとに算定する。

　　②　単価表は、甲が作成したものを乙に交付し、乙がこれを承諾することで決定
　　　　する。

　　③　甲が乙に対して磁気テープ等への入力を特別に急がせる場合や、著しく入力
　　　　業務が困難な場合は、乙は甲に対して単価表に割増加算を求めることができ
　　　　る。この場合、甲乙協議してこの割増加算額を決定する。

　　④　物価の高騰等の理由や甲の都合により単価表を変更する場合は、甲は乙に対
　　　　してこの旨を申し出ることができる。この場合、その変更額等については、甲
　　　　乙協議して定める。

（報酬の支払）

第11条　乙は、毎月20日までに履行した役務完了の報酬については、毎月1回甲に書
　　　　面で請求するものとする。

　　②　甲は、前項の請求内容を照合のうえ、乙が指定する金融機関へ翌月末日に振
　　　　込むものとする。

（再委託の禁止）

第12条　乙は、甲の書面による承諾なしに基本契約等の全部または、一部を第三者に
　　　　再委託してはならない。

576 第2部　各課税物件

（権利義務の譲渡）

第13条　乙は、基本契約等により生ずる一切の権利義務を第三者に譲渡してはならない。

（秘密保持）

第14条　乙は、第5条の仕様書等や第6条の資料を全て秘密に扱い、基本契約等の終了後といえども第三者に対し転売、貸付等を行ってはならない。

（契約の解除）

第15条　乙が、次の各号の一に該当したときは、甲は何らの催告なしに基本契約等の全部または一部を解除することができる。

　　　1　正当な理由なく個別契約の履行を拒否したとき

　　　2　磁気テープ等への入力が著しく不完全であったとき

　　　3　個別契約の履行する能力を著しく欠くと甲が判断したとき

　　　4　第三者より、仮差押、仮処分、強制執行等をうけたとき

　　　5　破産、会社更生手続開始決定等の事実が生じたとき

　　　6　基本契約書および注文票の各条項に違反したとき

（契約解除後の措置）

第16条　乙は、前条の場合、第5条の仕様書等や第6条の資料ならびに、磁気テープ等を直ちに返還しなければならない。

（損害賠償の請求）

第17条　乙が、次の各号の一に該当する理由により甲が損害を受けたとき、甲は乙に対してこの損害賠償を請求することができる。

　　　1　基本契約書および注文票の各条項に違反したとき

　　　2　甲が乙に対して、第15条の契約解除を行ったとき

（契約の有効期間）

第18条　基本契約の有効期間は、契約締結日から〇年9月30日までとする。

（協議）

第19条　基本契約書および注文票の各条項に疑義を生じたときは、甲乙協議して、これを解決する。


　以上、基本契約締結の証として、本書2通を作成し、甲乙記名押印のうえそれぞれ各一通を保有する。

　　　　　　　　　　　　　　　　　　　　〇 年4月1日

　　　　　　　　　　　　　　　　甲　　　　　　　　　印

　　　　　　　　　　　　　　　　乙　　　　　　　　　印

第十章 （第7号文書） 継続的取引の基本となる契約書　　　577

### 印紙税法の適用関係

　　　印紙税法別表第一、課税物件表の第7号文書「継続的取引の基本となる契約書」である。

**説明**　この文書は、提供を受けた磁気テープにデータ入力し、完成した磁気テープの引渡しを行うことを目的とするもので、第2号文書「請負に関する契約書」に該当するとともに、営業者間において、継続する2以上の請負について目的物の種類及び対価の支払方法（第11条）等を定めたものであることから、第7号文書にも該当するが、通則3のイのただし書の規定により第7号文書に該当する。

**参考**　業務に関する事務を他に委託する場合の契約が委任に該当するか、請負に該当するかの判断は、個々の契約の実態、課税物件を参照して判断する必要がある。

578　　　　第2部　各課税物件

第264例　貨物保管及び荷役契約書

# 貨物保管及び荷役契約書

　　　　（以下「甲」という。）と　　　　倉庫株式会社　　支店（以下「乙」という。）との間に甲が乙に寄託する貨物の保管及び荷役に関して下記の通り契約する。

第1条（寄託手続）

　　　　甲が乙に貨物を寄託しようとするときは、甲は予め寄託貨物の種類、品質、個数、記号、数量、荷造の種類、価格、その他必要事項を記載した寄託申込書を乙に提出するものとする。

第2条（入庫報告）

　　　　乙は前条の申込書による寄託貨物を受取ったときは遅滞なく種類、品質、個数、記号、数量等を記載させる入庫報告書を甲に提出するものとする。

第3条（管理上の注意）

　　　　乙は非常に善良なる管理者の注意を以て甲の寄託貨物を取扱うものとする。

第4条（出庫手続）

　　　　甲は予め乙に対し貨物の出庫に使用する責任者の印鑑を届出るものとし、乙はこの印鑑の押捺された所定の貨物受取証と引換えに貨物を甲に引渡すものとする。

第5条（出庫報告）

　　　　乙は貨物を出庫したときは遅滞なく種類、品質、個数、記号、数量等を記載させる出庫報告書を甲に提出するものとする。

第6条（火災保険）

　　　　乙は甲の寄託貨物に対し、乙の費用を以て其の特約保険会社の火災保険に附するものとする。

　　　　火災保険金額は寄託申込価格とする。

第7条（事故発生の通知義務）

　　　　乙は保管貨物に滅失、毀損、その他の異常を発見したときは、速かにその状況を甲に通知し、その指示を受けるものとする。

第8条（料　　率）

　　　　寄託貨物に対する保管料及び荷役料は国土交通省認定の普通倉庫保管料率及び普通倉庫荷役料率表により算出するものとする。

第9条（料金の支払）

　　　　乙は前条の保管料並びに荷役料その他の諸掛を毎月末に締切り甲に請求し、甲は遅滞なくこれを現金で支払うものとする。

第十章　（第7号文書）　継続的取引の基本となる契約書　　579

第10条（準用事項）

　　　本契約に記載のない事項については乙の倉庫寄託約款によるものとする。

第11条（有効期間）

　　　本契約の有効期間は　　　年　　　月　　　日より向こう1ケ年とする。

　本契約の証として本書2通を作成し、甲乙記名捺印の上各々その1通を保有するものとする。

　　　　　　　　　　年　　　月　　　日

　　　　　　　　　　　　　　甲　　　　　　　　　　　　　㊞

　　　　　　　　　　　　　　乙　　　　　　　　　　　　　㊞

**印紙税法の適用関係**

　　　印紙税法別表第一、課税物件表の第7号文書「継続的取引の基本となる契約書」である。

**説明**　この文書は、対価を得て荷役を行うことを内容とするもので、第2号文書「請負に関する契約書」に該当するとともに、営業者間において継続する2以上の請負について対価の支払方法（第9条）等を定めるものであることから、第7号文書にも該当するが、通則3のイのただし書の規定により第7号文書に該当する。

580　　　　　　　　　第2部　各課税物件

**第265例**　**産業廃棄物の処理に関する契約書**

<h2 style="text-align:center">産業廃棄物の処理に関する契約書</h2>

甲　委託事業所　所在地
　　　　　　　　　名　称
　　　　　　　　　代表者
乙　処理業者　　所在地
　　　　　　　　　名　称
　　　　　　　　　代表者

　上記甲、乙の当事者間において甲が排出する産業廃棄物を乙が処理するにつき、廃棄物の処理および清掃に関する法律を遵守し、互いに協力して適正を期するため次のとおり契約する。

記

1　甲は産業廃棄物を排出するに当たり、自己の管理下において発生する問題についてはその責任を負う。
2　乙は甲の依頼による産業廃棄物を処分および最終処分するに当り、自己の管理下において発生する問題についてはその責任を負う。
3　甲が排出して乙が処理する廃棄物の種類、数量

| 品　目 | 1日又は1回の量 | 月間の量 | 備　考 |
|---|---|---|---|
| | t<br>㎥ | t<br>㎥ | |
| | t<br>㎥ | t<br>㎥ | |
| | t<br>㎥ | t<br>㎥ | |
| | t<br>㎥ | t<br>㎥ | |

4　甲は排出する廃棄物の成分を明らかにした後乙にこれを引渡す。
5　契約の期間

> 　　年　月　日から　　年　月　日までの1ケ年間とする。期間経過後双方同一条件で継続するについて文書による異議のないときは更に1ケ年間自動的に延長しその後も同様とする。

6　乙が行う処理料金は別に定める。

第十章 （第7号文書） 継続的取引の基本となる契約書 581

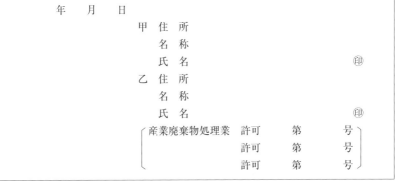

7 特約事項

8 乙が自ら処分、最終処分を行なわない場合は乙は甲に処分ならびに最終処分先を明らかにし、互に協力して事故の防止につとめるものとする。

9 この契約に定めのない事項および疑義を生じたときは双方協議して解決する。

上記のとおり契約をするにつき本書2通を作成し、互に記名押印のうえ各一通を所持する。

### 印紙税法の適用関係

印紙税法別表第一、課税物件表の第7号文書「継続的取引の基本となる契約書」である。

**説明** この文書は、産業廃棄物を処分することを内容とするもので、第2号文書「請負に関する契約書」に該当するとともに、営業者間において継続する取引について共通して適用される目的物の種類及び取扱数量を定めたものであることから、第7号文書にも該当するが、通則3のイのただし書の規定により第7号文書に該当する。

なお、甲が営業者でない場合は、第2号文書となる。

582　　　　　　第2部　各課税物件

### 第266例　清酒の集約製造契約書

# 清酒の集約製造契約書

　　　　　甲（集約製造実施者）　　　　　酒類株式会社
　　　　　乙（集約製造参加者）　　　　　酒造株式会社
　上記甲及び乙は下記のとおり、清酒の集約製造契約を締結する。
（契約期間）
第1条　契約の期間は平成　酒造年度以降3ケ年とする。
（契約数量）
第2条　契約数量は平成　酒造年度20kℓ（アルコール分20％換算）とし、次年度以降
　　　　は改めて取り決める。
（酒造資金）
第3条　乙の契約数量を製造するに要する酒造資金（原料、アルコール、糖類、労務
　　　　費など）の100分の70以上について乙は酒造開始前に甲に持ち寄るものとす
　　　　る。
（引取価格）
第4条　乙の引取価格は甲の製造原価に製造手数料を加えたものとする。この製造手
　　　　数料は別途取り決める。
（災害による損失）
第5条　火災による損害はそれぞれの保険金を充当するが、天災その他不可抗力のと
　　　　きは甲及び乙の持分に応じて共同責任を負う。
（その他）
第6条　この契約に定めのない事項又は解釈上の疑義については、両者協議の上決定
　　　　する。
　以上の契約の締結を証して本書2通を作り甲乙各1通を保有する。


　　　　年　　月　　日
　　　　　　　　　　　　　　甲　　酒類株式会社
　　　　　　　　　　　　　　　　　代表取締役　　　　　　　　㊞
　　　　　　　　　　　　　　乙　　酒造株式会社
　　　　　　　　　　　　　　　　　代表取締役　　　　　　　　㊞

### 印紙税法の適用関係

　　　印紙税法別表第一、課税物件表の第7号文書「継続的取引の基本となる契約
　　書」である。

**説明**　この文書は、清酒の集約製造に関する契約は請負契約に該当し、単年度契約で
　　あれば第2号文書「請負に関する契約書」に該当し、複数年度契約であれば第7
　　号文書に該当する。

第十章　（第7号文書）　継続的取引の基本となる契約書　　　583

**第267例　　有効期間についての確認書**

## 有効期間についての確認書

　　　　　株式会社と　　　　　株式会社とは、両者間で締結した下記記載の作業請負に関する契約書等の有効期間の延長について協議し、これを　　　　年　　月　　日から満1ケ年間、同一条件をもって更新することに合意したのでここに確認書を交付する。

記

| | 締結年月日 | 契約書名 | 作業内容 | 原契約の所属 |
|---|---|---|---|---|
| 1 | 年　月　日 | 作業請負契約書 | 排水処理作業 | 2号 |
| 2 | 同　　上 | 同　　上 | 屋外清掃作業 | 2号 |
| 3 | 同　　上 | 同　　上 | 内航船舶入出荷作業 | 2号 |
| 4 | 同　　上 | 同　　上 | 一般フィールド作業 | 2号 |
| 5 | 同　　上 | 同　　上 | 試験器具、容器の洗浄作業 | 2号 |
| 6 | 年　月　日 | 同　　上 | 文書集配等作業 | 7号 |
| 7 | 同　　上 | 同　　上 | タンクローリー作業 | 7号 |
| 8 | 同　　上 | 同　　上 | タンクローリー作業 | 7号 |

以上のとおり確認した証として本書2通を作成し、それぞれ各1通を保有する。

　　年　　　月　　　日

　　　　　　　　　　　　　　　　　　　株式会社　　　　　　㊞

　　　　　　　　　　　　　　　　　　　株式会社　　　　　　㊞

（注）　原契約書は，第2号文書「請負に関する契約書」と第7号文書「継続的取引の基本となる契約書」に該当する。

**印紙税法の適用関係**

　　　印紙税法別表第一、課税物件表の第7号文書「継続的取引の基本となる契約書」である。

**説明**　　この文書は、請負の契約期間の延長について定めており、契約期間は第2号文書と第7号文書の重要事項に該当することから、通則3のイのただし書の規定により第7号文書に該当する。

584 第2部 各課税物件

**第268例** 加工賃の支払方法を変更することの覚書

覚　　　書

　株式会社　　　　　　　　　　　（以下「甲」という。）と、株式会社
　　　（以下「乙」という。）とは、甲・乙間で締結した　　年　　月　　日付継続的縫製品委託加工取引に関する契約書の第9条を下記のとおり改定することに合意した。

記

第9条　甲と乙の加工賃決済は原則として毎月20日締切り23日支払いとし、支払条件は現金100％とする。

以　　上

　　年　　月　　日

　　　　甲　　　　　　　　　　　　　　　　　　　　　　　　　㊞

　　　　乙　　　　　　　　　　　　　　　　　　　　　　　　　㊞

**印紙税法の適用関係**

　　　印紙税法別表第一、課税物件表の第7号文書「継続的取引の基本となる契約書」である。

**説明**　この文書は、原契約の第7号文書の内容を一部変更する契約書であり、営業者間において継続する2以上の請負取引について共通して適用される取引条件のうち、対価の支払方法を変更するものであることから、第7号文書に該当する。

第十章　（第7号文書）　継続的取引の基本となる契約書　　　585

**第269例**　委託料の支払いに関する覚書

## 委託料の支払いに関する覚書

　　株式会社（以下「甲」という。）と　　株式会社（以下「乙」という。）及び甲が指定する支払代行者　　株式会社（以下「丙」という。）は、　　年　月　日付にて甲・乙間で締結した産業廃棄物処理委託契約書の委託手数料の支払方法について、以下のとおり合意した。

第1条　本覚書の締結は、三者の信義を基礎とし、業務の遂行上に必要な情報を相互に提供し、円滑に業務を遂行するものとする。

第2条

　1　委託契約に定める委託手数料は、甲が丙に一括して支払い、丙は乙に支払うものとする。

　2　委託手数料の請求は、丙が一括して甲に請求するものとする。

　　　ただし丙は、上記委託手数料に丙の事務代行手数料を加え、消費税額を合計した金額を請求する。

第3条　本覚書に定めのない事項に疑義が生じたときは、甲・乙及び丙は誠意を持って協議の上、解決するものとする。

第4条　本覚書の有効期間は　　年　月　日から　　年　月　日までの1年間とし、期間満了前の1ヶ月前までに当事者の一方から相手方に対する書面による解約の申入れがない限り、同一の条件で更新されたものとする。その後も同様とする。

　　　本覚書の成立を証するために本書1通を作成し、甲・乙及び丙は各々記名押印の上、甲が原本を保有し、乙・丙はその写しを保有するものとする。

　　　　年　　　月　　　日

　　　　　　　　　　　　甲　住　　所
　　　　　　　　　　　　　　名　　称
　　　　　　　　　　　　　　代表者名　　　　　　　　　㊞
　　　　　　　　　　　　乙　住　　所
　　　　　　　　　　　　　　名　　称
　　　　　　　　　　　　　　代表者名　　　　　　　　　㊞
　　　　　　　　　　　　丙　住　　所
　　　　　　　　　　　　　　名　　称
　　　　　　　　　　　　　　代表者名　　　　　　　　　㊞

586　　　　　　　　　　第 2 部　各 課 税 物 件

**印紙税法の適用関係**

　　印紙税法別表第一、課税物件表の第 7 号文書「継続的取引の基本となる契約書」である。

**説明**　　この文書は、第 2 条において、原契約書（産業廃棄物処理委託契約書）で定めのない対価の支払方法（第 2 号文書及び第 7 号文書の重要事項）を補充していることから第 2 号文書及び第 7 号文書に該当するが、通則 3 のイのただし書の規定により、第 7 号文書に該当する。

第十章　（第7号文書）　継続的取引の基本となる契約書　　587

第270例　補修同意書

補　修　同　意　書

発　効　日

年間補修料　　　　　　　円

　本同意書記載の当方　　　製機械を下記条件により貴社が補修することを承認致します。

1　貴社は当方より毎年前金で上記年間補修料金の支払を受けることにより本同意書記載の　　　製品を常に良好な運転状態に保つため、必要な一切の修理部品並びに労力を提供することに同意します。貴社は年　回定期点検を実施し、其の際必要に応じ、機械の清掃、注油及び調整を行うものとします。

2　定期点検及び修理は総べて貴社の就業時間内に行われるものとします。

3　ペーパー、ロール、インク用品等の消耗品は本同意書に含まないものとします。

（中　略）

8　本同意書は期間満了の　日前に書面による通知を以て解約されない限り、更新期日における貴社所定の補修料金を当方より支払うことにより毎年継続して効力を有するものとします。

（以下省略）

### 印紙税法の適用関係

　　印紙税法別表第一、課税物件表の第7号文書「継続的取引の基本となる契約書」である。

**説明**　この文書は、金銭登録機などの補修をすることを内容とするもので、第2号文書「請負に関する契約書」に該当するとともに、営業者間において継続する2以上の請負取引について共通して適用される取引条件のうち、目的物の種類を定めたものであることから、第7号文書にも該当するが、通則3のイのただし書の規定により第7号文書に該当する。

**参考**　この文書には、年間補修料の記載があるが、これは単価であって契約金額ではない。

588　　　　　　　　　第2部　各課税物件

**第271例**　**保守申込書**

---

保　守　申　込　書

保守申込日　○年3月31日

申込者番号

依頼者　　所在地　　　県　　市　　町
　　　　　名　称

| 保　守　内　容 | 保　守　期　間 |
|---|---|
| 据付型冷蔵庫の定期保守点検 | ○年4月1日～□年3月31日 |

支払期日　　　　　　毎月20日払
支払方法　　　　　　銀行振込
　　　　　　　　　　指定口座

　　　　　　　　　銀行　　支店　　普通預金　　口座番号

　　　　株式会社　　　　営業所
　　　　　　担当者　　　　　㊞

---

（注）　注文を受けた担当者が署名押印して、注文主に返却するものである。

**印紙税法の適用関係**

　　　印紙税法別表第一、課税物件表の第7号文書「継続的取引の基本となる契約書」である。

**説明**　　この文書は、契約の申込者が内容を記載して提出した申込書に、担当者が署名、押印して返却する文書であることから、印紙税法上の契約書に該当する。

　　　したがって、この文書は、冷蔵庫の保守点検を行うことを内容とするもので、第2号文書「請負に関する契約書」に該当するとともに、営業者間において継続する2以上の請負取引について共通して適用される取引条件のうち、対価の支払方法を定めたものであることから、第7号文書に該当するが、通則3のイのただし書の規定により第7号文書に該当する。

第十章　（第7号文書）　継続的取引の基本となる契約書　　589

**第272例　単価決定通知書**

（その１）

No._____

単 価 決 定 通 知 書

年　　月　　日

_____御中

機械工業株式会社

委託加工料を次のとおり通知します。

| 品　　　名 | 単位 | 現　　行 | 契約単価 | 差　　引 | 実施時期 |
|---|---|---|---|---|---|
| ○○○ | 個 | 100円 | 120円 | 20円 | ○年10月 |
| △△△ | 〃 | 280 | 340 | 60 | 〃 |
| ×××  | 〃 | 300 | 280 | △20 | 〃 |
|  |  |  |  |  |  |
| 摘要 |  |  |  |  |  |

**印紙税法の適用関係**

　　（その１）の文書は、印紙税法別表第一、課税物件表の第7号文書「継続的取引の基本となる契約書」である。

**説明**　　（その１）の文書は、営業者間において継続する請負（委託加工）を内容とするもので、第2号文書「請負に関する契約書」に該当するとともに、その取引に共通して適用される取引条件のうち、単価を定めるもので、第7号文書にも該当することから、通則3のイのただし書の規定により第7号文書に該当する。

590　　　　　　　　第2部　各課税物件

（その2）

```
                                              No. _____

                    単 価 決 定 通 知 書

                                           年　　月　　日
        _____ 御中
                                           機械工業株式会社

委託加工料を次のとおり通知します。
```

| 品　　　名 | 単位 | 現　　行 | 決定単価 | 差　　引 | 実施時期 |
|---|---|---|---|---|---|
| ○○○ | 個 | 100円 | 120円 | 20円 | ○年10月 |
| △△△ | 〃 | 280 | 340 | 60 | 〃 |
| ××× | 〃 | 300 | 280 | △20 | 〃 |
|  |  |  |  |  |  |
| 摘要 |  |  |  |  |  |

（注）　製造者等が、下請加工先等との間で製品の加工単価を協議の上、決定した際に
　　　その内容を記載して、下請先等に通知する文書である。

**印紙税法の適用関係**

　　　（その2）の文書は、印紙税法に定める課税物件ではない。

**説明**　　（その2）の文書は、単なる通知書であり、印紙税法上の契約書とならず、い
ずれの課税物件にも該当しない。

**参考**　　「単価決定通知書」等と称する文書であっても、その文書の記載内容等から、
当事者間での協議の結果に基づいて決定した単価を、後日の証とするために作成
することが明らかな次のような文書は、印紙税法上の契約書として取り扱われる。

　　　ただし、②から⑤までに該当するものについては、契約の相手方当事者が別に
承諾書その他の契約の成立事実を証明する文書を作成する場合は除かれる。

①　当該文書に契約当事者双方の署名又は押印のあるもの

②　当該文書に「見積単価」及び「決定単価」、「申込単価」及び「決定単価」又
　　は「見積№」等の記載があることにより、当事者間で協議の上、単価を決定し
　　たと認められるもの

③　委託者から見積書等として提出された文書に、決定した単価等を記載して当
　　該委託先に交付するもの

④　当該文書に「契約単価」、「協定単価」又は「契約納入単価」等通常契約の成

第十章　（第7号文書）　継続的取引の基本となる契約書　　591

立事実を証すべき文言の記載のあるもの

⑤　当事者間で協議の上、決定した単価を当該文書により通知することが基本契約書等に記載されているもの

592　　　　　　　第2部　各課税物件

## 第273例　支払方法等通知書

株式会社　御中　　　　　　　　　　　　　　年　　月　　日
　　　　　　　　　　　　　　　　　　　　　　　　株式会社

### 支払方法等通知書

1　納入締切日　　毎月末日
2　支　払　日　　翌月20日
3　支払方法　　期日現金払い
4　検収完了期日　　納品後10日
5　有効期間　　　　年　月　日から1年間
　　　　　　　　ただし、この期間内に変更する場合は改めて通知します。

（原契約）

### 売買取引基本契約書

株式会社（以下「甲」という。）と　　株式会社（以下「乙」という。）
は、売買取引基本契約について、次のとおり合意した。
　　　　　　　　（第1条から第8条まで省略）
第9条　（支払方法）
　　　納入代金の支払方法については、甲乙協議のうえ、別に定める「支払方法
　　等通知書」によるものとする。
　　　　　　　　（第10条以降省略）
　　　年　　月　　日

　　　　　　　　　　　　　　　　　　　　　株式会社　　㊞
　　　　　　　　　　　　　　　　　　　　　株式会社　　㊞

**印紙税法の適用関係**

　　印紙税法別表第一、課税物件表の第7号文書「継続的取引の基本となる契約
　書」である。

**説明**　この文書は、「支払方法等通知書」という標題の文書であるが、基本契約書に
　　代金の支払方法については「支払方法等通知書」によることが定められているこ
　　とから、当事者間の合意文書であることが明らかであり、印紙税法上の契約書に
　　該当する。

第十章 （第7号文書） 継続的取引の基本となる契約書　　593

　また、その内容は、営業者間における2以上の売買取引に共通して適用される取引条件のうち、対価の支払方法を定めるものであることから、第7号文書に該当する。

**参考**　「通知書」等と称する文書であっても、その文書の記載内容等からみて、当事者間の協議に基づき決定した条件等を通知するもので、後日の証とするために作成されると認められる文書は、印紙税法上の契約書に該当する。

　したがって、次のような通知書等は、印紙税法上の契約書として取り扱われる。

① 相手方の申込みに対して応諾することがその文書上で明らかなもの

② 基本契約書等を引用していることにより、双方の合意に基づくものであることが明らかなもの

③ 当事者間で協議の上決定した事項を、当該文書により通知することが基本契約書等に記載されているもの

## 第274例 購入・加工・価格表

**購入・加工・価格表**

年　　月　　日

会 社 名　　　　　　　　　殿
代 表 者

| 品　　名 | 品名コード | 仕　　様 | 工程名 | 旧単価 | 新単価 | 実施時期 | 備　　考 |
|---|---|---|---|---|---|---|---|
| | | | | | | | |
| | | | | | | | |
| | | | | | | | |
| | | | | | | | |
| | | | | | | | |
| | | | | | | | |
| | | | | | | | |
| | | | | | | | |
| | | | | | | | |
| | | | | | | | |
| | | | | | | | |

取引基本契約書に基づき上記の通り取り決めました。

J工業株式会社　　　　　　㊞

### 印紙税法の適用関係

　　印紙税法別表第一、課税物件表の第7号文書「継続的取引の基本となる契約書」である。

**説明**　この文書は、標題が「購入・加工・価格表」となっているが、「取引基本契約書に基づき上記の通り取り決めました。」の記載があることにより、当事者間の協議により決定した単価等を後日の証とするために作成するものと認められることから、印紙税法上の契約書に該当する。

　　したがって、営業者間において継続する2以上の請負取引を内容とするもので、第2号文書「請負に関する契約書」に該当するとともに、その取引に共通して適用される取引条件のうち単価等を定めたものであり、第7号文書にも該当することから、通則3のイのただし書の規定により第7号文書に該当する。

第十章 （第7号文書） 継続的取引の基本となる契約書　　595

**第275例**　**加工基本契約書に基づいて作成する加工指図書等**

（その１）加工指図書（織物）

<table>
<tr><td colspan="11" align="center">加工指図書（織物）</td><td align="center">責任者印</td></tr>
<tr><td colspan="12" align="center">年　月　日</td></tr>
<tr><td colspan="6" align="center">御中　商社№</td><td colspan="6" align="center">約定店</td></tr>
<tr><td>区分</td><td>約定別</td><td>指図月日</td><td colspan="2">指　図　№</td><td>品名コード</td><td>品名・品種名</td><td>品番</td><td>公称巾</td><td>単位</td><td colspan="2">公称長</td></tr>
<tr><td colspan="12"></td></tr>
<tr><td colspan="3">加工場</td><td colspan="2">加工場コード</td><td>納期</td><td>用途</td><td>使用生機</td><td>等級</td><td>品番</td><td>公称巾</td><td>単位</td></tr>
<tr><td colspan="9"></td></tr>
<tr><td colspan="3">加工種別</td><td>C／#</td><td>色柄明細</td><td>数量（定・反・点）</td><td colspan="2">入庫方法</td><td colspan="4"></td></tr>
<tr><td colspan="6" rowspan="10"></td><td colspan="2">決済方法</td><td colspan="4"></td></tr>
<tr><td rowspan="5">仕立方法</td><td>反末転写マーク</td><td>要・否</td><td colspan="3">加工種別表示符号</td></tr>
<tr><td>耳マーク</td><td>要・否</td><td>精線漂白染色</td><td>一般整理加工</td><td>特殊仕上加工</td></tr>
<tr><td>畳方</td><td colspan="4"></td></tr>
<tr><td>内装</td><td colspan="2" rowspan="2"></td><td colspan="2">部課</td><td>担当者</td></tr>
<tr><td>外装</td></tr>
<tr><td colspan="2">見方帳作成方法</td><td>部</td><td colspan="2"></td><td>課長</td></tr>
<tr><td colspan="2">出庫先</td><td colspan="4"></td></tr>
<tr><td colspan="2">生機入荷先</td><td>備考</td><td colspan="3"></td></tr>
</table>

（注）　委託加工取引に関する基本的な取引の諸条件を定めた加工基本契約書（別添参照（第7号文書に該当する。））に基づき、後日発注者から受注者に対し加工内容を記載して指図するため作成するものである。

**印紙税法の適用関係**

　　（その１）の文書は、印紙税法に定める課税物件ではない。

**説明**　（その１）の文書は、加工基本契約書に基づく事務処理のため作成されるものと認められることから、第7号文書「継続的取引の基本となる契約書」その他いずれの課税物件にも該当しない。

596　　　　　　　第2部　各課税物件

（その2）加工賃確認書（請書）

---

## 加工賃確認書（請書）　　No.

年　月　日

_____殿

記

1．染　工　賃　明細下記のとおり
2．期　　　日　　　年　月　日から適用
3．支払条件　加工委託者規定日払
4．その他条件　従来どおり

## 染　工　賃　明　細

（単位：円）

| 品　　　　　種 | 巾　×　長<br>(cm×m) | 加工の種類 | 建 | 加 工 賃 | 備　考 |
|---|---|---|---|---|---|
| | × | | | | |
| | × | | | | |
| | × | | | | |
| | × | | | | |
| | × | | | | |

---

（注）　委託加工取引に関する基本的な取引の諸条件を定めた加工基本契約書（別添参
　　　照（第7号文書に該当する。））に基づき、発注者と受注者との間において加工賃
　　　を確認するために作成するものである。

〔別添　加工基本契約書〕

---

# 加 工 基 本 契 約 書

　　　　株式会社（以下「甲」という。）と　　　　（以下「乙」という。）と
は、次のとおり契約する。
第1条　甲は、その所有する合成繊維織編物その他の織編物（以下「原反」とい
　　　う。）に　　　　（以下「加工」という。）を行うことを乙に委託し、乙は、
　　　これを引き受ける。
第2条　乙は、前条によって甲から委託を受けた加工の全部または一部を第三者に

第十章　（第7号文書）　継続的取引の基本となる契約書　　597

再委託しない。ただし、乙があらかじめ甲の文書による承認を得たときはこの限りでない。

第3条　甲が乙に委託する加工の種類、数量、納期その他加工内容はそのつど甲が指示する。

（中　略）

第7条　乙が品質検査を受けた製品を乙の倉庫に入庫し甲に引き渡す準備を完了しその旨を甲に通知したときは、甲は、その製品につき甲乙協議して定める金額および支払方法に基づいて、乙が請求する加工賃を支払う。ただし、乙の責に帰すべき事由によって生じた不合格品については、乙は、加工賃を請求することができない。

（中　略）

第11条　乙が納期までに製品の引渡を完了しない等この契約またはこの契約にもとづく個別的契約の各条項の全部または一部に違背しこれによって甲が損害を受けたときは、直ちにその損害の一切を賠償する。

（以下省略）

---

**印紙税法の適用関係**

　　（その2）の文書は、印紙税法別表第一、課税物件表の第7号文書「継続的取引の基本となる契約書」である。

**説明**　　（その2）の文書は、「加工賃確認書（請書）」の記載文言から、発注者と受注者の間で加工賃を確認することを認められることから、印紙税法上の契約書に該当する。

　　したがって、営業者間において継続する2以上の請負取引を内容とするもので、第2号文書「請負に関する契約書」に該当するとともに、その取引に共通して適用される取引条件のうち、単価等を補充するものであり、第7号文書にも該当することから、通則3のイのただし書の規定により第7号文書に該当する。

598　　　　　　　第2部　各課税物件

**第276例　製造物責任に関する覚書**

## 製造物責任に関する覚書

1　乙は、乙の責に帰すべき事由に基づく目的物の欠陥により、甲または第三者が損害を被った場合、当該損害を賠償するものとする。なお、この損害賠償の額は甲乙協議のうえ定めるものとする。

　　ただし、納入時の最高水準の科学技術をもってしても当該欠陥を防げない場合は、この限りではない。

　　なお、甲乙いずれの責にもよらない場合は、甲乙協議のうえ処理するものとする。

2　目的物に欠陥が発見された場合、乙は原因追求、対策実施および紛争解決等、甲の必要とする協力支援を行うものとする。

3　甲および乙は、目的物の欠陥により第三者に損害を与えるおそれがあると認めた場合、ただちに相手方に通知するものとする。当該処理に要した費用は、甲乙協議のうえ、定めるものとする。

4　乙は、製造物責任の発生を予防し、最小限に止めるため必要な記録を甲乙協議のうえ定めた期間、保存管理する。

5　乙は、甲が必要であると認めた場合、製造物責任保険に加入しなければならない。

　　なお、その保険金額は、甲乙協議のうえ定めるものとする。

(注)　製造物責任法（平成6年法律第85号）とは、欠陥商品が原因で起きた事故の被害から消費者を救済することを目的とする法律であり、製造業者は引き渡した製造物の欠陥により、他人の生命、身体、財産を侵害したときは損害の賠償責任を負い、損害を受けた者は、当該製造物に「欠陥」があったことが立証できれば足りる（「過失」の立証より容易である。）とすることを内容としている。

### 印紙税法の適用関係

　　　　印紙税法に定める課税物件ではない。

**説明**　この文書は、乙が甲に対して行う損害賠償に関するものも含め、印紙税法施行令第26条第1号に規定する「債務不履行の場合の損害賠償の方法」には該当しないものとして取り扱われる。

　　したがって、この文書は第7号文書「継続的取引の基本となる契約書」その他いずれの課税物件にも該当しない。

　　なお、「製造物責任」条項に係る補充契約書等に併せて請負契約に係る重要事項をも変更又は補充することを定める契約書は、第2号文書「請負に関する契約

第十章　（第7号文書）継続的取引の基本となる契約書　　599

書」又は第7号文書に該当する。

**参考**　「製造物責任」は、一般に不法行為責任の問題とされており、欠陥商品によって生じた損害の賠償責任の所在、立証責任等（製造業者と被害者との関係）を論点とするものであることから、契約関係に基づいた債務履行の有無等（債権者と債務者との関係）を論点とする「債務不履行」の問題とは異なるものである。

　なお、印紙税法施行令第26条第1号に定める「債務不履行の場合の損害賠償の方法」とは、債務不履行の結果生ずべき損害の賠償として給付されるものの金額、数量等の計算、給付の方法等をいう。

600 第2部 各課税物件

### 第277例 購入品品質保証契約書

購入品品質保証契約書

　　　　　（以下「甲」という。）と、　　　　　　　　（以下「乙」という。）との間において承認図及び商品仕様書により乙が製造した部品及び製品（以下「商品」という。）について甲、乙間において次のとおり契約する。

第1条　品質保証

　　　乙は、承認図及び商品仕様書に明記された性能、機能、耐久性を満足する商品であることを保証する。

第2条　保証期間

　　　商品保証期間　　　　　　　　　　とする。

　　　ただし、商品の保証期間は甲、乙協議の上決定し、乙が甲に商品を納入した年月を起点とする。

第3条　クレーム処理

　　　保証期間において甲自身、または甲のユーザーからクレームが生じた時は、甲はこれを調査の上、乙にクレーム請求することができる。

第4条　クレーム請求の除外

　(1)　甲または、甲のユーザーの不適切な使用および取扱い、保管不備な場合

　(2)　甲が承認図、商品仕様書および品質仕様書に明記された仕様を越えて使用した場合

（中　略）

第5条　クレーム判定

　　　甲は第3条によりクレーム処理を行い、乙はこれに対してクレーム補償を行う。ただし、乙が判定に異議を申し出た場合には甲、乙協議の上再判定を行う。

第6条　補償範囲

　　　クレーム成立の場合、乙は甲に対して次の範囲で補償しなければならない。

　(1)　甲の組立ラインでの組付け前の場合

　　　代替商品、または不具合い商品の代金の全額

　(2)　甲の組立ラインで組付けてから出荷するまでの間の場合

　　　代替商品または不具合い商品の代金の全額と不具合の発生により無効となった工賃の全額、使用不能となった他の商品の代金の全額

　　　上記(1)、(2)は運賃負担も含む（運賃とは乙の出荷地と甲の工場間の往復運賃である。）。

第十章　（第7号文書）　継続的取引の基本となる契約書　　601

　(3)　甲の出荷後流通過程またはユーザー使用中の場合
　　　　代替商品または不具合い商品の代金の全額、使用不能となった他の商品
　　の代金の全額、不具合い商品の交換時に要した費用の全額およびその他の
　　費用の発生については甲、乙協議の上決定する。
　(4)　保証期間外においても乙の設計上、または製造上に起因したロットアウ
　　ト的な不具合が生じた場合には乙は処置、対策を行う。
　　　　ただしその方法は甲、乙協議の上決定する。
第7条　仕様書
　　　甲は乙に対し購買仕様書を交付する。乙は甲に対し承認図、商品仕様書お
　　よび品質仕様書を提出し、その承認を得るものとする。
　　　乙が承認図、商品仕様書および品質仕様書を一部変更する場合には甲の承
　　認を得るものとする。
第8条　商品の内容変更および生産工程変更に対する承認
　　　乙は甲へ納入する商品に内容変更が生じた場合、性能を満足する範囲内で
　　の設計変更、材質変更、生産技術条件の変更であってもあらかじめ書面によ
　　り甲に通知し、甲の承認を得るものとする。
　　　　　　　　　　　　　　　（以下省略）

### 印紙税法の適用関係

　　　印紙税法に定める課税物件ではない。

**説明**　この文書は、取引物品の品質を保証し、その物品に対する瑕疵担保責任の内容
　　を定めたものであり、印紙税法施行令第26条第1号に規定する「債務不履行の場
　　合の損害賠償の方法」を定めたものではない。
　　　したがって、この文書は、第7号文書「継続的取引の基本となる契約書」その
　　他のいずれの課税物件にも該当しない。

## 第2部　各課税物件

### 第278例　クレーム補償契約書

**クレーム補償契約書**

　　　　株式会社（以下「甲」という。）と　　　　　　株式会社（以下「乙」という。）とは、乙が甲に納入した製品および部品（以下「納入部品」という。）につき、クレームが発生した場合、このクレーム処理のため甲が要した費用の補償につき、以下のとおり契約を締結する。

第1条　（基本原則）

　　　　この契約の目的は、クレーム補償の責任を明確化することにより、品質意識の高揚を図り品質水準を向上させることにある。

第2条　（定　　義）

　　　　この契約での各用語を次のように定義する。

　⑴　「クレーム」

　　　　保証修理の対象となった納入部品（付随故障部品を含む。）の不具合をいう。

　⑵　「保証修理」

　　　　甲が納入した製品を甲の納入先にて装着することにより完成品となる製品の保証書、ならびに甲が販売する製品の保証書の定める保証事項の修理、および甲がとくに指示もしくは認定した事項の修理をいう。

　⑶　「付随故障部品」

　　　　納入部品の不具合に起因して付随的に故障した関連部品をいう。

　⑷　「クレーム部品」

　　　　クレームの対象となった納入部品および付随故障部品をいう。

第3条　（補償責任）

　　　　納入部品につきクレームの発生した時は、このクレーム処理のため甲が要した一切の費用につき、乙は補償の責を負う。ただし、そのクレームの発生が乙の責に帰すべき事由によらない場合は、この限りではない。

第4条　（認　　定）

　　　　甲は、次の各号についてそれぞれ認定するものとする。

　⑴　クレーム部品についての不具合の存在

　⑵　付随故障部品の不具合が納入部品の不具合に起因すること

　⑶　不具合に対する乙の責任および範囲

　⑷　当該クレームにより甲の要した費用および乙への請求金額

　2　前項の認定に対し異議がある場合には、乙の申し出によりそのつど甲乙協議のうえ決定する。

第十章　（第7号文書）　継続的取引の基本となる契約書　　603

　　3　乙の異議申し出の手続、方法等については別に定める。

第5条　（補償期間）

　　　　乙は、別に定める補償期間中補償の責を負う。ただし、補償期間経過後と
　　いえども特に甲が、製品の機能に重大な影響を及ぼすと認定したクレームが
　　発生した場合には甲乙協議のうえ決定する。

第6条　（補償内容）

　　　　乙は、甲に対する補償として、次の各号に定める費用を負担するものとす
　　る。ただし、別に定められたクレーム費の負担割合がある場合には、これに
　　従うものとする。

　　⑴　部　品　代

　　　　クレーム部品（乙の製作にかかると否とを問わない。）については、甲
　　の要した費用

　　⑵　工　　　費

　　　　クレーム部品の修理取り替えのために甲の要した費用

　　⑶　油　脂　代

　　　　クレーム部品の取り替えのために甲の要した費用

　　⑷　出張費、けん引費

　　　　クレーム部品の取り替えの際、甲の要した費用

　　⑸　その他の損害

　　　　前各号により償われない甲の要した費用

　　⑹　前各号の甲の要した費用の計算方法については別に定める

第7条　（支払方法）

　　　　前条各項による乙の甲に対する支払は、甲の指定した方法により行う。

第8条　（クレーム部品の返却）

　　　　甲は原則としてクレーム部品を乙に返却しない。ただし、乙がクレーム部
　　品の返却を必要とする場合には、甲乙協議のうえ決定する。

第9条　（有効期間）

　　　　この契約の有効期間は、締結の日から1年間とする。ただし、期間満了の
　　1カ月前までに甲乙いずれからも別段の意思表示がないときは、さらに1カ
　　年ずつ延長する。

　　2　この契約の満了、もしくは終了後といえども乙の納入した部品が第5条で
　　定める補償期間内であれば、この契約は効力を有する。

第10条　（契約の変更、終了）

　　　　甲乙は互いに協議のうえ、この契約の全部、または一部を変更もしくは終
　　了させることができる。

604　　　　　　第2部　各課税物件

第11条　（損害賠償）

　　　　甲乙いずれか一方が、この契約の各条項に違反したときは、他方はこれに
　　よって被った損害の賠償を求めることが出来る。

第12条　（協　　議）

　　　　この契約に定めない事項、またこの契約の解釈に関し疑義を生じたとき
　　は、甲乙協議のうえ決定する。

第13条　（経過規定）

　　　　この契約の初年度の有効期間は、第9条の定めにかかわらず、締結の日か
　　ら1年以内に到達する12月末日までとする。

　　本契約の成立を証するため本書を2通作成し、記名捺印のうえ甲乙各1通を保有
する。

　　　　　　　　年　　　月　　　日

　　　　　　　　　　　　　甲　　　　　　　　　　　　　　　　　　　㊞

　　　　　　　　　　　　　乙　　　　　　　　　　　　　　　　　　　㊞

### 印紙税法の適用関係

　　　　印紙税法に定める課税物件ではない。

**説明**　この文書は、納入した製品及び部品にクレームが発生した場合の損害賠償の方
　　法を定めたものであり、印紙税法施行令第26条第1号に規定する「債務不履行の
　　場合の損害賠償の方法」を定めたものではない。

　　　　したがって、この文書は第7号文書「継続的取引の基本となる契約書」その他
　　のいずれの課税物件にも該当しない。

第十章　（第7号文書）　継続的取引の基本となる契約書　　605

## 第279例　再販売価格維持契約書
（その1）再販売価格維持契約書（出版−取次）

### 再販売価格維持契約書（出版−取次）

　　（出版社）　　　　　　　　　　（取次店）

　　　　　　株式会社を甲とし、　　　　　株式会社を乙として、甲と乙は、次のとおり約定する。

第1条　甲と乙は、独占禁止法第23条第6項の規定により、甲が発行又は発売する出版物に係る再販売価格を維持するため、この契約を締結する。

第2条　この契約において再販売価格維持出版物とは、甲がその出版物自体に再販売価格（「定価」との表示を用いる。以下「定価」という。）を付して販売価格を指定したものをいう。

第3条　乙は、乙と取引きする小売業者（これに準ずるものを含む。以下同じ）及び取次業者（これに準ずるものを含む。以下同じ）との間において再販売価格維持出版物の定価を維持するために必要な契約を締結したうえで同出版物を販売しなければならない。

第4条　乙は、前条に定める契約を締結しない小売業者及び取次業者には再販売価格維持出版物を販売しない。

第5条　甲と乙は、再販売価格維持出版物について、定価が維持されるよう誠意をもって相互に協力するものとする。

第6条　乙が第3条及び第4条の規定に違反したときは、甲は乙に対して警告、違約金の請求、期限付の取引制限または期限付の取引停止の措置をとることができる。

　　2　前項に定める違約金は、金　　　　　円とする。

第7条　この契約の規定は、次に掲げる場合には適用しない。

　⑴　甲が自ら再販売価格維持出版物に付されている定価の表示を抹消し、かつ乙に対して文書をもってその旨を通知した場合

　⑵　定期刊行物及び継続出版物であって甲が認めた前金払い又は一時払いの割引

第8条　この契約の有効期間は、　　年　　月　　日から1年間とし、期間満了の3カ月前までに、甲・乙いずれからも別段の意思表示がないときは、自動的に継続するものとする。

第9条　この契約の効力発生時以前に発行された出版物に付されている価格の表示は、この契約の適用に当ってはこれを定価とみなす。

　以上契約の証として本書2通作成し、甲乙それぞれ1通を所持する。

606　　　　　第2部　各課税物件

　　　年　　月　　日

　　　　　　　　甲（出版社）　　　　　　　　　　　　　㊞

　　　　　　　　乙（取次店）　　　　　　　　　　　　　㊞

**印紙税法の適用関係**

　　（その1）の文書は、印紙税法に定める課税物件ではない。

**説明**　　（その1）の文書は、出版社と取次店との間で、小売店に販売する場合に、再
　　販売価格維持契約を締結した上で販売すること等を定めているにすぎず、小売店
　　の販売価格（再販売価格）を定めるものではないことから、第7号文書「継続的
　　取引の基本となる契約書」その他いずれの課税物件にも該当しない。

　（注）　再販売価格維持契約は、私的独占の禁止及び公正取引の確保に関する法律
　　　　（独占禁止法）第23条の規定により、公正取引委員会が指定する特定の商品
　　　　についてのみ締結できるようになっていることから、取引の当事者が任意に
　　　　これを締結することはできない。


（その2）再販売価格維持契約書（取次－小売）

---

## 再販売価格維持契約書（取次－小売）

　（取次店）　　　　　　　　　（小売店）

　　　　　株式会社を乙とし、　　　　株式会社を丙として乙と丙は、次のとおり
約定する。

第1条　乙と丙は、出版業者が発行又は発売する出版物の再販売価格を維持するた
　　め、この契約を締結する。

第2条　この契約において再販売価格維持出版物とは、出版業者によってその出版
　　物自体に再販売価格（「定価」との表示。以下、「定価」という。）が付され
　　販売価格が指定されているものをいう。

第3条　丙は、出版業者又は乙から仕入れ或いは委託を受けた再販売価格維持出版
　　物を販売するに当っては、定価を厳守し、割り引きに類する行為をしない。

第4条　丙は出版物の再販売価格維持契約を締結しない小売業者（これに準ずるも
　　のを含む。）に再販売価格維持出版物を譲渡又は貸与しない。

第5条　乙と丙は、再販売価格維持出版物について定価が維持されるよう誠意を
　　もって相互に協力するものとする。

第6条　丙が第3条及び第4条の規定に違反したときは、乙は丙に対して警告、違
　　約金の請求、期限付の取引制限又は期限付の取引停止の措置をとることがで
　　きる。

第十章　（第7号文書）　継続的取引の基本となる契約書　　607

　　2　前項の措置については、出版業者の指示があった場合を除き、乙は事前に
　　　出版業者の了承を得るものとする。

　　3　第一項に定める違約金は、金　　　　円とする。

第7条　この契約の規定は次に掲げる場合には適用しない。

　　⑴　汚損本の処分

　　⑵　官公庁等の入札に応じて納入する場合

第8条　この契約の有効期間は、　　年　　月　　日から1年間とし、期間満了の
　　　3カ月前までに、乙・丙いずれからも別段の意思表示がないときは、自動的
　　　に継続するものとする。

第9条　この契約の効力発生以前に発行された出版物に付されている価格の表示
　　　は、この契約の適用に当たってはこれを定価とみなす。

　以上契約の証として本書2通を作成し、乙丙それぞれ1通を所持する。

　　　　　年　　月　　日

　　　　　　　　　乙（取次店）　　　　　　　　　㊞

　　　　　　　　　丙（小売店）　　　　　　　　　㊞

### 印紙税法の適用関係

　　（その2）の文書は、印紙税法別表第一、課税物件表の第7号文書「継続的取
　　引の基本となる契約書」である。

### 説明

　　（その2）の文書は、取次店と小売店との間において、定価を厳守し、割引に
　　類する行為を禁止するなど、小売店の販売価格（再販売価格）を定めるものであ
　　ることから、第7号文書に該当する。

　（注）　再販売価格維持契約は、私的独占の禁止及び公正取引の確保に関する法律
　　　（独占禁止法）第23条の規定により、公正取引委員会が指定する特定の商品
　　　についてのみ締結できるようになっていることから、取引の当事者が任意に
　　　これを締結することはできない。

608 第2部 各課税物件

## 第280例 販売代理店契約書

# 販売代理店契約書

　　　（以下「甲」という。）と　　株式会社（以下「乙」という。）は、第1条に定める商品（以下「本品」という。）を継続的に取扱うため、下記のとおり販売代理店契約を締結する。

（対象品目）

第1条　本契約の対象となる商品は次のとおりとする。

　　　　　　　○　　○　　○

　　　　　　　×　　×　　×

（販売代理店契約）

第2条　乙は、甲を本品の販売代理店と定め、甲はこれを引受けた。

　　　　乙は、本品を自ら又は甲以外の者を通じて販売しないものとし、甲は乙の製品以外で本品と類似、あるいは競合する製品を一切取扱わないものとする。

（甲の取扱地域）

第3条　甲の本品の取扱地域は次のとおりとする。


（甲の取扱責任数量）

第4条　甲の取扱責任数量は、月間最低　　　とする。

（甲の代理業務）

第5条　甲は、客先からの注文を受け、これを乙に回付する。

　　　　客先との売買契約の締結、本品の受渡し等はすべて乙が客先と行う。

（手数料）

第6条　乙は甲に対し前条の代理業務の手数料として、乙が客先と売買契約を締結した分につき契約額の　　　％を支払う。

　　　　尚、その支払方法は、前記手数料支払分につき、毎月25日締切り、翌月5日を振出し日及び起算日とする30日期日の約束手形をもって支払う。

（代理店表示）

第7条　甲は、客先への販売に際しては乙の販売代理店たることを表示し、本品の宣伝、販売に努力する。

　　　　但し、この表示使用により乙の信用を害し、又は乙に損害を及ぼす行為をしてはならない。

（機密保持）

第8条　甲は、本品についての製作上又は販売上の機密事項を漏洩してはならない。

第十章　（第7号文書）　継続的取引の基本となる契約書　　　609

（苦情処理）

第9条　本品の販売につき、客先から納期遅延、品質不良、その他苦情の申出が
　　　　あったときは、全て甲が責任をもって処理解決し、乙に迷惑をかけない。

（相殺の予約）

第10条　乙が甲に債権を有する場合で、かつ、乙が甲に債務を負担する場合は、乙
　　　　の債権につき弁済期の到来の有無にかかわらず、何時でもその対等額でこれ
　　　　を相殺することができる。

（契約解除条件及び損害賠償）

第11条　甲が下記の一つにでも該当する場合は、甲は甲乙間のすべての契約につき
　　　　期限の利益を失い、債務の全額を直ちに弁済しなければならない。

　　　⑴　本契約の約款の一つにでも違反したとき。

　　　⑵　差押え、仮差押え、仮処分、公売、租税滞納、その他公権力の処分の通
　　　　　知を受け、又は会社解散、民事再生手続、会社更生手続の開始若しくは破
　　　　　産の申立てがあったとき。

　　　⑶　監督官庁より営業停止又は営業免許若しくは営業登録の取消処分を受け
　　　　　たとき。

　　　⑷　自ら振出し若しくは引受けた手形又は小切手につき、不渡処分を受ける
　　　　　等支払停止状態に至ったとき。

　　　⑸　その他甲の財産状態が悪化し、又はそのおそれがあると乙が認めたと
　　　　　き。

（訴訟の提起）

第12条　本契約に基づく権利義務に関し訴訟を提起する場合は　　　裁判所を管轄
　　　　裁判所とする。

（連帯保証人）

第13条　　　　　は甲の連帯保証人となり、本契約に基づく債務を甲と連帯して保証
　　　　する。

（有効期間）

第14条　本契約の有効期間は、契約締結日から満1か年とする。

　　　　　但し、乙は経済界の変動又は甲の信用度の変動がある場合は、いつでも取
　　　　引方法の変更、取引の一時中止又は本契約の解約をすることができる。

（定めのない事項）

第15条　本契約に定めのない事項が生じたときは、その都度甲乙協議の上定める。

610　　　　　　　　　第２部　各課税物件

　　　年　　月　　日
　　　　　　　　　　　　　甲　　　　　　　　　　　　　　　㊞
　　　　　　　　　甲の連帯保証人　　　　　　　　　　　㊞
　　　　　　　　　　　　　乙　　　　　　　　　　　　　　　㊞

**印紙税法の適用関係**

　　印紙税法別表第一、課税物件表の第７号文書「継続的取引の基本となる契約書」である。

**説明**　この文書は、売買に関する業務の委託を継続して行うことを内容とするもので、委託する売買業務の範囲（第５条）及び対価の支払方法（第６条）を定めるものであることから、第７号文書に該当する。

　　なお、連帯保証人についての事項は、主たる債務の契約書に併記された保証契約であることから、第13号文書「債務の保証に関する契約書」には該当しない。

第十章　（第7号文書）　継続的取引の基本となる契約書　　611

第281例　不動産販売委託契約証書

# 不 動 産 販 売 委 託 契 約 証 書

　　　　　　　　（以下「甲」という。）と　　　　　　　　（以下「乙」という。）は末尾記載の不動産（以下「本物件」という。）に関し、下記の通り販売委託契約（以下「本契約」という。）を締結した。

（委託の本旨）

第1条　甲はその所有に係る本物件の販売を乙に委託し、乙はこれを引受けた。

（業務の内容）

第2条　乙は次の業務を行うものとする。

　　1　分譲販売の斡旋

　　2　購入申込の受付、売買ならびにそれに付随する管理委託等の契約締結、および代金授受の代行

　　3　分譲販売に関連する一切の登記手続の代行

　　4　住宅ローンに関する書類の取次

（契約期間）

第3条　本契約期間は　　年　　月　　日より本物件の販売完了までとする。

　　　　但し、やむを得ない事由が発生した場合には、甲、乙協議のうえ、本契約の期間を変更することができる。

（販売委託手数料）

第4条　甲は乙に次の販売委託手数料を支払うものとする。

　　1　提携手数料として、本物件の総販売価格の　　％相当額

　　2　上記の他、乙が購入者を紹介し、売買契約が成立した場合には販売手数料として売買代金の　　％相当額

（販売委託手数料の支払方法）

第5条　前条の販売委託手数料は次の方法にて支払うものとする。

　　1　乙の決算日（毎年3月末日および9月末日）に、当該決算期対応期間内に売買契約が成立したものにつき、売買代金総額に前条料率を乗じた金額を甲より乙に支払うものとする。

　　　　但し、契約解除となった場合には上記金額を次の決算日に戻入れを行うものとする。

　　　　本物件の販売が完了し、売買代金の清算が全て終了した場合には、前項の規定にかかわらず販売委託手数料は売買代金の清算終了時に支払うものとする。

612 第2部 各課税物件

（瑕疵担保責任）

第6条　第3条の契約期間経過後といえども、この物件につき万一瑕疵があり、買主から乙に対し苦情等の申し出があった場合は、一切、甲の責任において処理することは勿論、本契約に関連する諸事項につき、乙の社会的信用保持上、迷惑を掛けないよう、甲は配慮するものとする。

（乙の販売協力義務）

第7条　乙は第2条の業務の実施にあたり、その営業基盤の活用に努め、その信用力による顧客の開拓をはかるものとする。

（規定外事項の処理）

第8条　本契約に別段の定めのない事項ならびに、本契約に疑義が生じたときは、民法、その他法令の規定、および取引慣行に従い、双方誠意をもって解決にあたるものとする。

　本契約を証するため契約書2通を作成し、甲および乙がそれぞれ1通保有するものとする。

　　　　　　年　　月　　日

　　　　　　　　　　甲　　　　　　　　　　　　　　　　　㊞

　　　　　　　　　　乙　　　　　　　　　　　　　　　　　㊞

**印紙税法の適用関係**

　　　印紙税法別表第一、課税物件表の第7号文書「継続的取引の基本となる契約書」である。

**説明**　この文書は、不動産の販売を継続して委託することを内容とするもので、委託業務の範囲（第2条）及び対価の支払方法（第5条）を定めるものであることから、第7号文書に該当する。

第十章 （第7号文書） 継続的取引の基本となる契約書　　　613

第282例　自動販売機による委託販売契約書

## 委 託 販 売 契 約 書

　　　　（以下「甲」という。）と　　　　　　　　（以下「乙」という。）とは、自動販売機（フルサービス）による製品の委託販売に関して下記のとおり契約する。

記

第1条　甲の自動販売機による製品の委託販売に対し乙はフルサービスを実施し、甲に対して乙は販売本数1本に対し金　　　円也の手数料を支払うものとする。

第2条　甲は乙に対して回収空容器が販売本数より不足した場合、不足空容器1本に対して金10円也を支払うものとし、前条手数料金額より差引いて精算するものとする。

第3条　乙が甲に支払う手数料は次の第　号により支払うものとする。

　　1　毎月末日締めでまとめ、翌月末日に支払うものとする。

　　2　年2回払いとし、第1回（1〜6月分）は6月末日締めでまとめ7月末日に支払い、第2回（7〜12月分）は12月末日締めでまとめ、翌年1月末日に支払うものとする。

　　3　年1回の支払いとし、12月末日締めでまとめ、翌年1月末日に支払うものとする。

第4条　本契約の有効期間は　　年　　月　　日より　　年　　月　　日までとし、期間満了に際して甲乙いずれからも特段の申し出がない場合は、本契約は自動的に同一条件をもって更新されるものとする。

第5条　この契約に定めない事項については甲乙協議のうえ誠意をもってこれを処理するものとする。

　　この契約を証するため本書2通を作成し、甲乙記名押印のうえ各自その1通を保有する。

　　　　　　年　　月　　日

　　　　　　　　　　甲　　　　　　　　　　　　　　　　　㊞

　　　　　　　　　　乙　　　　　　　　　　　　　　　　　㊞

### 印紙税法の適用関係

　　印紙税法別表第一、課税物件表の第7号文書「継続的取引の基本となる契約書」である。

**説明**　この文書は、売買に関する業務の委託を継続して行うことを内容とするもので、委託する売買業務の範囲（第1条）及び対価の支払方法（第3条）を定めるものであることから、第7号文書に該当する。

614　　第2部　各課税物件

**第283例　販売促進代行契約書**

## 販 売 促 進 代 行 契 約 書

　　　　株式会社（以下「甲」という。）と　　　　　　　（以下「乙」という。）は、甲の　　　　（以下「商品」という。）の販売促進業務の代行に関し、次のとおり契約を締結する。

（販売促進代行）

第1条　甲は、　　　　　　株式会社（以下「丙」という。）に対する商品の販売促進業務を乙に代行させ、乙は、これを引き受ける。

（販売促進業務）

第2条　前条に定める販売促進業務とは、次の業務をいう。

　　　　ア　商品の使用勧誘

　　　　イ　商品販売に関する折衝

　　　　ウ　商品の受注およびその出荷手配

　　　　エ　商品に関するクレームの受理

　　　　オ　丙および共納他社の動向把握

　　　　カ　その他商品の増販をはかるための一切の業務

　　　　キ　前各号に定める業務についての甲に対する必要な連絡および報告

（協力業務）

第3条　甲が自己の判断に基づき、商品の販売促進について乙に指示を与えたときは、乙はこれに従う。

（中　略）

（販売促進代行料）

第9条　甲は、乙の販売促進業務による毎月の商品販売数量に普通販売促進代行料率を乗じた金額を、普通販売促進代行料として、その月の翌々月末日に乙に支払う。

　　2　甲は、乙が第7条に定める目標数量を達成したときは、その期間中の商品販売数量に、特別販売促進代行料率を乗じた金額を、特別販売促進代行料として、乙に支払う。

　　3　普通および特別販売促進代行料率は、甲が別途定める。

（以下省略）

第十章　（第7号文書）　継続的取引の基本となる契約書　　615

**印紙税法の適用関係**

　　印紙税法別表第一、課税物件表の第7号文書「継続的取引の基本となる契約書」である。

**説明**　この文書は、売買に関する業務を継続して委託するために作成されるもので、委託する業務の範囲（第2条）及び対価の支払方法（第9条）を定めるものであることから、第7号文書に該当する。

616　　　第2部　各課税物件

### 第284例　従業員等の受入れに関する覚書

## 従業員等の受入れに関する覚書

　　　　　　株式会社（以下「甲」という。）と　　　　　　株式会社（以下「乙」という。）とは、乙の新店及び改装におけるオープン前の店作りに関し、甲の派遣する従業員等が乙の店舗で行う業務につき、以下のとおり合意した。

第1条　（目的）

　　　本覚書は、乙の新店及び改装におけるオープン前の店作りに関する業務のうち、甲の商品の販売促進のために必要な業務であって、甲の派遣する従業員等（以下「派遣者」という。）が有する技術又は能力を要すると甲の判断するもの（以下「本業務」という。）につき、派遣条件の基本的事項を定めることにする。

第2条　（業務内容）

　　　派遣者が行う本業務は、以下に定めるものに限るものとする。

　①　甲の商品の販売促進のために必要な装飾及び演出の作業であって、派遣者が有する技術又は能力を必要とするもの

　②　甲が有する権利（著作権等）により乙の従業員等が行うことができない甲の商品に係るデモ機の設定、映像ソフト等のインストール作業

　③　前各号のほか、甲の商品の販売促進のため派遣者が有する技術又は能力が必要であるものとして、甲が乙に対し事前に書面により申し出たもの

　④　前各号の業務と密接不可分な作業

第3条　（個別条件）

　　　派遣者が乙店舗で遂行する本業務に関する以下の個別条件については、甲と乙協議の上、別途取り決めるものとする。

　①　派遣者の指名

　②　派遣者が作業する店舗名

　③　派遣者が作業する対象商品、作業内容、実施期間及び作業時間

第4条　（費用）

　　　乙は、甲に対し、第2条に定める業務に係る費用のうち、乙が負担するものとして、派遣者の通常勤務地から乙店舗までに要する交通費実費及び1日1人当たり○○円（実働8時間）を支払うものとする。

第5条　（指揮・命令）

　　　甲及び乙は、労働者派遣法及び職業安定法に則り、派遣者に対する指揮・命令は甲が行うものであることを確認し、乙は一切の指揮・命令は行わないものとする。

第十章 （第7号文書） 継続的取引の基本となる契約書　　617

第6条 　（有効期間）

　　　本覚書の有効期間は、本覚書の締結日から1年間とする。ただし、期間満了
　　の1月前までに甲及び乙のいずれからも何らの異議の申立がない場合、本覚書
　　は同一条件をもって更に1年自動的に延長され、その後も同様とする。

　　　　年　　月　　日

　　　　　　　　　　　　　　甲　　　　　　株式会社　　　　㊞
　　　　　　　　　　　　　　乙　　　　　　株式会社　　　　㊞

### 印紙税法の適用関係

　　　印紙税法に定める課税物件ではない。

**説明**　甲の派遣する従業員等が行う作業は、甲が自己の商品の販売促進のために必要
　　な業務として行っているものであることから、甲乙間の契約は請負契約とも売買
　　に関する業務の委託契約とも認められない。

　　　また、他に課税事項の記載もないことから、この文書は不課税文書となる。

618 第2部 各課税物件

第285例 食堂経営委託に関する契約書

## 食 堂 経 営 委 託 に 関 す る 契 約 書

　　　　　　（以下「甲」という。）は、　　　　　　（以下「乙」という。）と食堂（以下「食堂」という。）の経営を委託することに関し、次のとおり契約を締結する。

第1条　甲は、甲の社員の福利厚生を増進する目的をもって、良質かつ低廉な飲食品を提供するため、食堂の経営を乙に委託する。

　　2　乙は食堂の経営にあたり、食品衛生法その他食堂経営に関する法令、規則を遵守するとともに、社員食堂としての品位および秩序の保持につとめ、前項の趣旨に沿うよう最善の努力をしなければならない。

第2条　乙は、食堂経営の一部または全部を第三者に譲渡し、または請け負わせてはならない。

第3条　甲は別に定めるところにより、食堂の施設および物品（以下「施設等」という。）を乙の利用に供する。

第4条　乙は、善良な管理者の注意をもって施設等を管理しなければならない。

　　2　乙の責に帰すべき事由により、施設等を滅失またはき損したときは、甲の定めるところにより、損害を補償しなければならない。

第5条　乙は、施設等の一部または全部を第三者に貸与し、もしくは利用させ、または食堂以外の用に供してはならない。

第6条　乙は、施設等を更新または新たに設備しようとするときは、あらかじめ、文書をもって甲の承認を受けなければならない。

第7条　食堂の営業時間および飲食品の種類、品質、分量、規格、販売価格等については、文書をもって甲の承認を受けるものとし、その詳細は覚書の定めるところによる。

第8条　乙は、食堂に勤務する乙の従業員の身元保証、健康管理、就業および飲食品の提供に伴うすべてのことについてその責に任ずるものとする。

第9条　乙は、食堂経営に伴う次の経費を負担する。

　　　人件費、保険衛生費、飲食材料費、設備等以外の什器備品費、被服費、消耗品費、公租公課、設備等にかかる通常の補修費、その他食堂経営に必要な費用。

第10条　甲は、乙に対し食堂経営の委託に伴う報酬その他いかなる対価をも支払わない。

第11条　乙は、業務を開始するときおよび必要のつど原価見積書を甲に提出するものとする。

　　2　乙は、売上日計表、毎月の収支計算書および事業年度末は損益計算書を甲

第十章　（第7号文書）　継続的取引の基本となる契約書　　619

に提出するものとする。

　3　甲は、食堂の財産内容について毎事業年度末および必要と認めるときは監査を行い、必要と認めるときは改善を指示することができる。

第12条　甲および乙は、企業努力に基づき発生する適正な利潤以上に利益が生ずるときは、飲食物の価格を検討するものとする。

第13条　この契約の有効期間は、契約締結の日から　　年　　月　　日までとする。

　　　　ただし、有効期間満了の日の2か月前までに甲、乙いずれか一方からなんらの意思表示をしないときは、契約期間満了の日の翌日から向こう1か年この契約を更新したものとみなす。

第14条　甲は、この契約の有効期間中といえども、乙がこの契約に定める義務を履行しなかったときは、この契約を解除することができる。

　2　乙は、甲に対し前項の契約の解除による異議の申立て、営業権の補償等の損害賠償その他一切の請求をすることができない。

第15条　甲、乙いずれか一方が自己の都合により契約を解除しようとするときは、2か月前に文書をもって申し立て、この契約を解除することができる。

　2　前条第2項の規定は、前項の契約の解除に準用する。

第16条　契約期間が満了したとき、または第14条もしくは、第15条の規定によりこの契約を解除したときは、乙は甲の定めるところにより設備等を原状に回復して返還しなければならない。

　2　前項の場合において、乙はこの契約に基づき投じた有益費等の費用があっても、これを甲に請求し、または異議の申立て、損害賠償、その他一切の請求をすることができない。

第17条　この契約に定めていない事項については、そのつど甲、乙協議して定めるものとする。

第18条　この契約に定めるもののほか、業務運営の細部の事項については、覚書に定める。

　上記契約の締結を証するため、本契約書2通を作成し、甲乙双方が署名捺印のうえ、各自その1通を保有するものとする。

　　　　年　　月　　日

　　　　　　　甲　　　　　　　　　　　　　　　㊞

　　　　　　　乙　　　　　　　　　　　　　　　㊞

## 第2部　各課税物件

### 印紙税法の適用関係

　　印紙税法別表第一、課税物件表の第7号文書「継続的取引の基本となる契約書」である。

**説明**　この文書は、食堂経営という売買に関する業務を継続して委託することについて、委託する業務の範囲（第1条）を定めていることから、第7号文書に該当する。

第十章　（第7号文書）　継続的取引の基本となる契約書　　621

**第286例　輸入業務の委託に関する覚書**

覚　　　　　書

　株式会社　　　　　　　（以下「甲」という。）と、　　　　　株式会社（以下
「乙」という。）は、　　　　　製ウォッチケースの取引に当たり、乙の業務範囲
及び乙に支払われる口銭につき、以下の覚書を取り交す。

1　乙の業務

　　甲が計画し中国より輸入するウォッチケースの、輸入業務遂行にあたり、乙は
甲の要請に基づき、技術指導及び商談への参加、通訳の派遣、情報収集、中国側
関係部門への説得・調停活動等、甲方に有利とおもわれる必要な商活動を行い、
本件商談の円滑な促進を図る。

　　又、甲の人員の訪中、中国側人員の訪日等、人的往来に必要な手続、中国々内
の旅行手配等を行う外、甲の対中国向け連絡の窓口として甲と中国側間の事務連
絡の円滑化を図る。

2　口　　　銭

　　甲は乙に対し、上記1項に定めた商活動や代理活動に対する口銭として、実際
に甲が中国より輸入したウォッチケースの、インヴォイス価格の　　　％に相当
する金額を支払う。この　　　％の口銭率は、　　　年末迄とする。

3　支払方法

　　甲は甲の子会社である、香港　　　有限公司より、乙の香港支店へ輸入実績に基
づき、月単位で日本円にて支払う。

（以下省略）

（注）　輸入業者が海外から商品を輸入するに当たり、海外の情報収集、技術者指導等
　　　　輸入業務を円滑に行うために、必要な業務を他に委託するものである。

**印紙税法の適用関係**

　　　　印紙税法別表第一、課税物件表の第7号文書「継続的取引の基本となる契約
　　　書」である。

**説明**　　この文書は、輸入業者が委託する業務のうち、商談へ参加し又は、取引の相手
　　　　方に対し取引成立のための説得等をする商活動は売買取引に直接関係する業務と
　　　　認められ、その委託する業務の範囲及び対価の支払方法を定めていることから、
　　　　第7号文書に該当する。

622　　　　　第2部　各課税物件

**第287例　出店契約書**

## 出　店　契　約　書

　　株式会社　　　　（以下「甲」という。）と　　　　　　　　（以下「乙」という。）と
は、甲が経営するショッピングセンター　　店の出店に関し、次のとおり契約を締
結する。

（契約成立）

第1条　甲は、乙が下記場所（以下「営業所」という。）において営業することを
　　　認め、乙は本契約上の義務を履行することを約した。

　　　　　　　市　区　町　丁目所在
　　　　　　　「ショッピングセンター　　店」店舗内　階　㎡
　　　　　　　　　（別紙添付図面斜線部分）

（使用目的）

第2条　乙は、営業場所を自己の飲食売場のみに使用する。

（期間）

第3条　契約の期間は　　　年　月　日より　　　年　月　日までの1年間とす
　　　る。

　　　　　但し、甲乙協議による合意のもとに更新することができる。

（営業料）

第4条

　　1　乙は、営業料として1ケ月の売上総額の　％相当額の歩合金を甲に支払う
　　　ものとする。

　　2　乙は本条第1項の営業料のほかに1ケ月金　　円を営業料として甲に支払
　　　うものとする。

（売上金の取扱い）

第5条　乙は「営業場所」における売上総額を全てレジスターに登録し、毎日指定
　　　する時刻にその合計額を算出し、甲の指定するとき迄に甲に報告し、甲の確
　　　認を得た後、売上現金等総額を甲に入金しなければならない。

　　　　　なお、営業はすべて、ショッピングセンター名義で行わなければならな
　　　い。

（経費の分担）

第6条　乙は、共益費、個別費及びその他営業活動に必要な経費については、甲が
　　　毎月分、別途計算の上指示する額を負担する。

　　　　　　　　　　　　　　　　　　　（以下省略）

第十章 （第7号文書） 継続的取引の基本となる契約書 623

**印紙税法の適用関係**

　　印紙税法に定める課税物件ではない。

**説明**　　この文書は、建物賃貸借契約及び商号の使用貸借契約の成立の事実を証する文書であることから、印紙税法に定めるいずれの課税物件にも該当しない。

624 第2部 各課税物件

## 第288例 委託検針契約証書

### 委託検針契約証書

　　　　　（以下「甲」という。）および　　　　　　　（以下「乙」という。）と
電力株式会社（以下「丙」という。）とは、検針に関する業務の委託およびその
保障に関し、次のとおり契約する。
（検針業務の委託および受託）
第1条　丙は、次の区域における検針業務を甲に委託し、甲は、これを受託する。
　　　　甲は、この契約および丙の定めるところに従い委託事務処理に関する一切
　　　の行為を善良なる管理者の注意をもって処理する。

| 定例検針日 | 検 針 地 区 | 検針枚数 | 定例検針日 | 検 針 地 区 | 検針枚数 |
|---|---|---|---|---|---|
|  |  |  |  |  |  |
|  |  |  |  |  |  |
|  |  |  |  |  |  |
|  |  |  |  |  |  |
|  |  |  |  |  |  |
|  |  |  |  |  |  |
|  |  |  |  |  |  |
|  |  |  |  |  |  |
|  |  |  |  |  |  |

　　2　前項の検針業務とは従量制需要家の電力量計の指示数を読みとり検針台帳
　　　に記載して使用量を算出するとともに、検針結果を「電気使用量お知らせ
　　　票」に記載して、需要家に通知することならびにこれらに付帯する業務をい
　　　う。
　　3　前第1項の検針区域は、丙の都合により変更することができる。
（委託手数料）
第2条　丙は、甲に対し毎月の検針した枚数につき、別に定める委託検針手数料を
　　　支払う。
（検針台帳）
第3条　甲が受託業務の処理に関して取扱う検針台帳その他の帳票は、全て丙の交
　　　付したものを使用する。

第十章 （第7号文書） 継続的取引の基本となる契約書 625

（証明書）
第4条 丙は、甲に第1条の業務を委託していることを証明する証明書を交付する。

（連絡義務）
第5条 甲が病気その他やむを得ない理由のため受託業務に支障を生ずるおそれのあるときは、直ちに丙に連絡する。

（委託事務処理費）
第6条 丙は、甲に対し別に定める委託事務処理費を支払う。
　　2 打合わせ等のため、丙が特に来社を要請したときは、丙は別に定めるところにより甲に対し交通費および特別出社手当を支払う。

（解約の予告）
第7条 甲または丙のいずれか一方がやむを得ない理由により解約しようとするときは、2カ月前までに相手方に予告する。

（丙の解除権）
第8条 甲が次の各号のいずれかに該当するときは、丙は前条の規定にかかわらず契約を解除することができる。この場合、甲は丙に対し一切損害賠償の請求をしない。
　　(1) 甲が丙の指定した期日に検針または報告を怠ったとき
　　(2) 甲が虚偽の検針その他により丙に損害を与えたとき
　　(3) 甲の検針成績（接遇態度を含む。）が不良で向上の見込がないとき
　　(4) 甲の年齢、性行、健康状態および信用状態等がその受託業務の処理に適当でないと認められるとき
　　(5) 保証人の信用状態が悪化したと認められるにもかかわらず、甲が保証人の変更を怠ったとき
　　(6) 甲が丙の名誉をき損したとき
　　(7) 甲がこの契約の各条項に違背したとき

（損害の賠償）
第9条 甲は、受託業務の処理に関し、故意または過失により丙に損害を与えたときは、その損害を丙の指定する期日までに賠償する責に任ずる。

（保　証）
第10条 乙は、甲の連帯保証人となり、甲が丙に損害を与えたときは、甲と連帯して丙に対しその損害を賠償する責に任ずる。

（保証人の変更）
第11条 甲は、乙が死亡したとき、無能力者となったとき、または資産減少等により信用低下するなど、保証人として適当でないと思われるに至ったときは遅滞なく丙に通知して乙に代るべき保証人を立てる。

626　　　　　　　第2部　各 課 税 物 件

（期　間）
第12条　この契約の有効期間は　　年　　月　　日から　　年　　月　　日までの
　　　1カ年間とする。
　　2　前項の有効期間満了2カ月前までに甲、乙、丙ともに異議のないときは、
　　　さらに1カ年有効とし、以後この例による。
　　　　ただし、この契約の有効期間は　　　年　　月　　日から通算して、3
　　　カ年を超えない。
この契約締結の証として、本書2通を作成し、甲、丙がそれぞれの1通を保有す
る。
　　　　　　　　　年　　月　　日
　　　　住　所　………………………………………………
　　甲
　　　　氏　名　………………………………………………㊞
　　　　住　所　………………………………………………
　　乙
　　　　氏　名　………………………………………………㊞
　　　　住　所　………………………………………………
　　丙
　　　　氏　名　　　電力株式会社　　支店　　　　　営業所
　　　　　　　所　長　………………………………………㊞

**印紙税法の適用関係**

　　　印紙税法別表第一、課税物件表の第7号文書「継続的取引の基本となる契約
書」である。

**説明**　この文書は、電気の供給（売買）に関する業務を継続して委託することについ
て委託する業務の範囲（第1条）を定めていることから、第7号文書に該当す
る。

　　なお、連帯保証人についての事項は、主たる債務の契約書に併記された保証契
約であることから、第13号文書「債務の保証に関する契約書」には該当しない。

　　また、この文書の納税義務者は、甲と丙である。

第十章　（第7号文書）　継続的取引の基本となる契約書　　627

**第289例**　売上金の収納及び返還等に関する契約書

# 売上金の収納及び返還等に関する契約書

　　株式会社　　　　　　　　　ビル（以下「甲」という。）と、株式会社
　　　ビル内の出店者（以下「乙」という。）とは、毎日の乙の売上金を、乙の指定
する銀行の甲の口座に収納し、またこれを乙に返還すること等に関し次のとおり契
約する。
(注)　「売上金」とは乙の売上に係る顧客から受領した現金及び小切手を云い、配
　　　送料、税金その他掛売の回収代金等すべてを含む。
　(売上金の収納)
第1条　乙は閉店時において、当日の売上金全額を、甲の指定する収納金庫に投入
　　　する。
　　　　　甲はこの収納金を、第2条及び第3条の定めに基づき、これを乙の指定す
　　　る銀行に引き渡し、金額確認後その銀行の甲の預金口座に預け入れる。
　　2　前項の収納金の投入については、乙は甲の指定する納金鞄に売上金と、金
　　　種別納金額を記載した売上日報の銀行納金票（作成者捺印）を、金額を照合
　　　確認のうえ同封し鎖錠して投入する。
　　3　収納金の投入は、別に定める「収納金庫使用要領」に従って行い、投入後
　　　「収納金庫使用記録表」に店名、投入鞄の個数、投入時刻及び投入者名を記
　　　入し、取扱上の紛争のおこらないよう留意するものとする。
　(収納金庫の開扉及び納金鞄の引渡)
第2条　収納金庫は、翌日午前9時30分、甲と、各銀行集金担当員相互立合いのう
　　　え開扉し「収納金庫使用記録表」に記載された納金鞄数と投入された鞄数を
　　　店舗別に照合確認した後銀行に引き渡す。
　　　(注)　翌日が甲又は銀行の休業日の場合は翌々日とし、以下この例による。
　(収納金額の過不足)
第3条　納金鞄内の現金等の金額が、同封された銀行納金票記載の金額と相違する
　　　場合は、銀行が確認した金額をもって正当な納金額とする。この場合銀行
　　　は、遅滞なく甲及び乙に連絡するものとする。
　(売上金の返還日及び返還金額)
第4条　甲が乙から預かった売上金は次の区分によりこれを返還する。
　　　　　　　売　上　期　日　　　　　　　返　還　日
　　　　毎月1日から15日までの売上金　　当月の20日
　　　　毎月16日から月末日までの売上金　翌月の5日　但し、1月と5月は8日
　　2　前項の返還金からは次により家賃その他諸経費を差引いて返還する。なお、

甲は差引いた金額が自己に属さないものであるときは、それぞれの支払先に納付する。

(1) 毎月20日の返還金

当月分の基準家賃、固定家賃

〃 名店会費

当月分のマンション及び女子寮の家賃

前月分の臨時家賃

〃 ロッカー、倉庫使用料

〃 共同経費・直接費及び諸経費

その他甲又は名店会に支払うべき金額

(2) 毎月の5日（又は8日）の返還金

前月分の家賃精算差額

その他甲又は名店会に支払うべき金額

3 返還日が甲又は銀行の休業日にあたる場合はその翌日を返還日とする。

（クレジット売上の代金の返還）

第5条 クレジットによる売上の代金は、毎月25日に1ケ月分を集計し、所定の手数料を差引いて、翌月10日に返還する。

（商品券売上の代金の返還）

第6条 商品券による売上の代金は、毎月25日に1ケ月分を集計し、翌月10日に返還する。

（収納金庫の使用不能の場合）

第7条 収納金庫が故障その他の事情で一時使用不能の場合には、甲は別途対策を講じ、乙は甲の指示に従うものとする。

（収納金庫の管理）

第8条 甲は収納金庫の保守及び巡回監視を行い安全管理に万全を期すものとする。

（免 責）

第9条 天災地変等不可抗力の事故による収納金庫の破損等によっておきた収納金の現金事故については甲はその責を負わないものとする。

（義務違反）

第10条 乙がこの契約に定めた事項を履行しない場合は、甲は出店契約を解約することができる。

（協 議）

第11条 本契約に定めのない事項又は疑義を生じた場合は、甲乙誠意をもって協議し処理するものとする。

第十章 （第7号文書） 継続的取引の基本となる契約書　　629

　この契約の成立を証するため本証書2通を作成し、記名捺印のうえ甲乙各1通を
保有する。

　　　　　　年　　　月　　　日


　　　　　　　　　　　甲　　　　　　　　　　　　　　　　㊞


　　　　　　　　　　　乙　　　　　　　　　　　　　　　　㊞


**印紙税法の適用関係**

　　　印紙税法に定める課税物件ではない。

**説明**　この文書は、一定の事務処理をすることを委託する内容であり、委任に関する
　　　契約書であることから、印紙税法に定めるいずれの課税物件にも該当しない。

630　　　　　　　　第2部　各課税物件

**第290例**　　集金業務の覚書

覚　　　　　書

　　　　（以下「甲」という。）と　　　　　　　　電力株式会社（以下「乙」とい
う。）とは甲、乙間に締結した　　年　　月　　日付委託集金契約証書（以下「原
契約書」という。）に付帯し下記のとおり覚書をする。

記

原契約書第1条に定める集金区域及び定例集金日は原契約書にかかわらず　　　年
　　月　　日から　　　年　　月　　日まで次のとおりとする。

| 業務区切日区No. | 作業区区No. | 定　例集金日 | 業務区切日区No. | 作業区No. | 定　例集金日 | 業務区切日区No. | 作業区No. | 定　例集金日 |
|---|---|---|---|---|---|---|---|---|
|  |  |  |  |  |  |  |  |  |
|  |  |  |  |  |  |  |  |  |
|  |  |  |  |  |  |  |  |  |
|  |  |  |  |  |  |  |  |  |
|  |  |  |  |  |  |  |  |  |

この覚書の証として、本書2通を作成し甲、乙それぞれ1通を保有する。

　　　　　年　　月　　日

　　　　　　　　甲　　住　　所
　　　　　　　　　　　氏　　名　　　　　　　　　　　　　　　　　㊞
　　　　　　　　乙　　住　　所
　　　　　　　　　　　氏　　名　　　電力株式会社　　支店　　　　営業所
　　　　　　　　　　　所　　長　　　　　　　　　　　　　　　　　㊞

（注）　原契約書は、売買に関する業務を継続して委託する契約書で、集金業務という
　　　業務の範囲を定めていることから、第7号文書に該当する。

**印紙税法の適用関係**

　　　印紙税法に定める課税物件ではない。

**説明**　　この文書は、原契約書で定めた集金業務のうち、その区域、定例集金日を変更
　　　する文書であり、印紙税法施行令第26条第2号に規定する業務の範囲（集金の業
　　　務）を変更するものではないことから、第7号文書「継続的取引の基本となる契
　　　約書」その他いずれの課税物件にも該当しない。

第十章 （第7号文書） 継続的取引の基本となる契約書 631

第291例 割賦販売代金の収納事務委託契約書

# 割 賦 販 売 代 金 の 収 納 事 務 委 託 契 約 書

　　　　（以下「甲」という。）は　　　信用農業協同組合連合会（以下「乙」という。）と貯金口座振替による割賦販売代金の収納事務を委託するにつき、次のとおり契約する。

第1条　（事務委託）

(1)　甲は乙に対し、次条以下に定める方法により、甲の送付する請求書に基づく甲の割賦販売代金の収納事務の取扱いを委託する。

(2)　乙は前項の収納事務を乙の会員である農業協同組合（以下「農協」という。）を通じて行うものとする。

(3)　乙は収納事務を行う農協名をあらかじめ甲に届出るものとする。

第2条　（口座振替依頼書の取扱い）

(1)　甲は甲の顧客（以下「丙」という。）から貯金口座振替により割賦購入代金を支払いたい旨の申出を受けたときは、「貯金口座振替依頼書」（以下「依頼書」という。）を提出させ、これを丙の指定する農協へ送付する。

(2)　農協は甲から送付された「依頼書」により、丙の指定した貯金口座の有無を確認し、「依頼書」を受理する。

　　なお、貯金取引なし、届出印鑑相違など、不備事項があるときは、当該「依頼書」に返戻理由を記入し、甲あて返戻する。

第3条　（振替日）

(1)　クレジット代金等の振替日は毎月27日とする。ただし当日が休日にあたるときは、その翌営業日とする。

(2)　甲が振替日を変更するときは、丙に対し、甲が周知徹底を図るものとし、農協は丙に対し、特別な通知は行わないものとする。

第4条　（請求書の送付と口座振替）

(1)　甲は振替日の7営業日前までに「貯金口座振替請求書」（以下「請求書」という。）を乙に送付する。この場合、農協別・取扱店別に件数・金額を記載した「集計票」及び「取扱店別一覧表」を添付する。

(2)　農協は振替日に丙の指定する貯金口座から、「請求書」記載の金額を引落し、乙あて送金する。

(3)　農協は振替日において、指定貯金口座の残高が「請求書」記載の金額に満たない等、引落し不能の場合には、当該「請求書」にその理由を付して乙経由甲に返戻する。

632　　　　　　　　第2部　各課税物件

第5条　（口座への入金）

　　　乙は各農協分の収納金をとりまとめ、振替日から起算して5営業日に取扱
　　手数料を差引いた金額を甲名義の預金口座に振込むと共に、「集計票」を作
　　成し、引落し不能分請求書を添付して甲に送付する。

第6条　（取扱手数料）

　　　手数料は「請求書」1枚につき100円とする。

第7条　（停止通知）

　　　甲は貯金口座による収納を停止したときは、その氏名等を乙に振替日の2
　　日前までに文書で連絡する。

第8条　（解約・変更通知）

　　　農協は丙の申出により、または農協の都合により丙との貯金口座振替契約
　　を解約または変更したときは、すみやかに乙経由甲に通知する。

第9条　（損害負担）

　　　甲及び乙はそれぞれの責により生じた損害を負担する。甲、乙いずれの責
　　によるか明らかでないときは、両者協議して決める。

第10条　（協議事項）

　　　この契約の条項の解釈につき疑義が生じたとき、並びにこの契約書に定め
　　ていない事項で実施上の細目を定める必要が生じたときは、甲、乙協議のう
　　え決める。

第11条　（有効期間）

　　　この契約の有効期間は　　　　　年　　　月　　　日から　　　　年　　　月
　　日までとする。

　　　ただし、期間満了の2カ月前までに甲または乙が別段の意思表示を行なわ
　　ないときは、期間満了の日の翌日から起算して1年間、なおその効力を有す
　　るものとし、以後も同様とする。

　　この契約締結の証として本書2通を作成し、甲、乙各1通を保有する。

　　　　　　　　年　　　月　　　日

　　　　　　　　　　　　甲　　　　　　　　　　　　　　　㊞

　　　　　　　　　　　　乙　　　　　　　　　　　　　　　㊞

---

**印紙税法の適用関係**

　　　印紙税別表第一、課税物件表の第7号文書「継続的取引の基本となる契約書」
　　である。

**説明**　この文書は、信販会社等金融機関の業務の一部（債権回収業務）を継続して他
　　の金融機関に委託することを内容とするもので、委託される業務の範囲（第1
　　条）を定めていることから、第7号文書に該当する。

第十章　（第7号文書）　継続的取引の基本となる契約書　　　633

**参考**　1　信販会社等の割賦金融会社は、その顧客が加盟業者から物品の購入等をする場合に、加盟業者に対しその代金の一括立替払を保証し、後日顧客から立替代金を回収することを業としている。

　　　　したがって、信販会社等の割賦金融会社は、その顧客に信用を供与して、物品の購入を容易にしているものであり、広義の金融機関に該当するものである。

　　2　保険会社が委託する保険料の収納事務委託契約は、印紙税法施行令第26条第2号《継続的取引の基本となる契約書の範囲》に規定する「保険募集の業務」には該当せず、また、保険会社は金融機関に該当するが、金融業務（保険料の収納事務）を他の金融機関に委託するものではないことから、第7号文書には該当しない。

第2部　各課税物件

| 第292例 | 預金口座振替に関する契約書 |

## ○○料の預金口座振替に関する契約書

　　　　　　（以下「甲」という。）と　　　信用組合（以下「乙」という。）とは、
料の預金口座振替による収納事務に関し、次のとおり契約する。

第1条　（委託事務および取扱店の指定）

　　甲は乙に対し乙の　　店を取まとめ店として、次条以下に定める方法により、
　乙の本支店における　　料の収納事務の取扱いを委託する。

第2条　（口座振替依頼書の受理等）

　　乙の取扱店は、預金者から預金口座振替の依頼を受けたときは、預金口座振替
依頼書（以下「依頼書」という。）および預金口座振替申込書（以下「申込書」
という。）を提出させ、これを承諾したときは申込書を甲に送付する。

　　なお、甲が預金者（契約者）から依頼書および申込書を受理したときは、依頼
書を乙に送付し、乙は記載事項を確認のうえこれを受理する。依頼書に印鑑相違
その他の不備事項があるときは、これを受理せずにすみやかに甲に返戻する。

第3条　（振替日）

　　振替日は　月　日とする。ただし、当日が乙の休日にあたるときは、その翌営
業日とする。

　　甲は、振替日を変更するときは預金者（契約者）に対して周知徹底をはかるも
のとし、乙は、特別な通知等は行わない。

第4条　（請求書等の送付）

　(1)　甲は、申込書に基づいて当該預金者の預金口座振替請求書（以下「請求書」
　　という。）を振替日の5営業日前までに乙の取りまとめ店に送付する。この場
　　合、請求書には乙の取扱店別の集計票および振替報告票、取りまとめ店用の合
　　計票、合計報告票および各取扱店別一覧表を添付する。

　(2)　甲は、前項により帳票を送付した後においては、原則として、その取消また
　　は修正等を行わない。

第5条　（口座への入金）

　　乙の取扱店は、振替日に当該預金者の指定する預金口座から請求書に記載の金
額を払い出し、取りまとめ店は、各取扱店分を取りまとめて振替日から起算して
4営業日以降に甲の預金口座に入金する。

第6条　（引落し不能）

　(1)　乙の取扱店は、振替日において指定預金口座の残高が請求書に記載の金額に
　　満たない等振替不能のものがあるときは、当該請求書にその理由を付して取り
　　まとめ店に送付する。

第十章　（第7号文書）　継続的取引の基本となる契約書　　635

(2)　取りまとめ店は、合計報告票を作成し、これに振替不能分の請求書を添付して、振替日から起算して4営業日以降に甲に送付する。

第7条　（領収書の送付）

甲は、乙の合計報告票に基づき領収書を作成して預金者（契約者）へ送付する。

第8条　（引落し不能分の再請求）

甲は、振替不能分について再度預金口座振替により請求するときは、請求書を作成して、次回の振替請求の際に乙に送付する。この場合、再請求分と次回請求分とを同時に請求するときは、その引落しについて優先順位をつけない。

第9条　（預金者への通知）

乙は、預金口座振替に関して預金者に対する引落し済みの通知および入金の督促等は行わない。

第10条　（取扱手数料）

甲は、送付した請求書1枚につき金　　　円の取扱手数料を乙に支払う。

第11条　（停止通知）

甲は、預金口座振替による収納を停止したときは、その氏名等を乙の取りまとめ店に通知する。

第12条　（解約、変更通知）

乙は、預金者の申出または乙の都合により、当該預金者との預金口座振替契約を解約または変更したときは、甲にその旨を通知する。ただし、預金者が当該指定預金口座を解約したときは、この限りでない。

第13条　（損害負担）

甲および乙は、それぞれの責により生じた損害を負担する。

甲、乙いずれの責によるか明らかでないときは、両者で協議して定める。

第14条　（協議事項）

預金口座振替の実施にあたっては、この契約書の各条項によるほか別に定める預金口座振替事務取扱基準による。これらに疑義のあるときまたはこの契約書を改定する必要があるときは、甲、乙協議のうえ定める。

第15条　（有効期間）

この契約の有効期間は、　　　年　　月　　日から　　　年　　月　　日までとする。ただし、期間満了の2カ月前までに、甲または乙が別段の意思表示を行わないときは、期間満了の日の翌日から起算して1年間なおその効力を有するものとし、以後も同様とする。　　　　　　　　　　　　　　　　　以　上

636 第2部 各課税物件

**印紙税法の適用関係**

印紙税法に定める課税物件ではない。

**説明** この文書は、企業が販売代金の収納事務を金融機関に委託し、金融機関がこれを引き受けることを約するもの（委託契約）である。

また、販売代金を積極的に集金することまでを委託するものではないことから、印紙税法施行令第26条第2号に規定する「売買に関する業務の委託契約書」（第7号文書）には該当しない。

第十章　（第7号文書）　継続的取引の基本となる契約書　　637

第293例　　生命保険の代理店契約書

## 代 理 店 契 約 書

　　生命保険相互会社（以下「会社」といいます。）が、　　生命保険相互会社
代理店（以下「代理店」といいます。）を委託するについて、次の契約を締結します。
第1条　代理店は、会社のために次の業務を行います。
　　⑴　保険契約の募集に努め、その取り扱った契約の第1年度（半年払契約
　　　　の第2回目を含む。）保険料を会社所定の預り証又は領収証によって領
　　　　収し、遅滞なく会社に入金すること、ただし月払契約の取扱いはできま
　　　　せん。
　　⑵　所管契約の第2年度以後の保険料及びその他保険契約に関して受け取
　　　　るべき金銭（以下「その他収入金」といいます。）を、会社所定の領収
　　　　証によって領収し、第7条の規定に従って会社に送付すること。
　　⑶　保険契約の失効及び解約の防止に努めること。
　　⑷　会社から保険契約者、被保険者又は保険金受取人に交付する書類の取
　　　　次ぎを行い、またこれらの者から会社に提出する書類の取次ぎを行うこ
　　　　と。
第2条　前条第2号の業務は、別に定める基準によりその業務遂行が十分期待でき
　　　ると認めたとき、会社からの通知によって開始します。
第3条　代理店は、第2条の業務のほかには、保険契約の締結、変更、解除、復
　　　活、保険金の支払、保険契約者に対する貸付、保険料の自動振替貸付等に関
　　　して可否決定の権限をもちません。
第4条　代理店はその業務取扱いに関しては、この契約条項によるほか会社の定め
　　　る保険約款、その他の諸規定、規則等によらなければなりません。
　　　　ただし、規定、規則等のない事項については、その都度会社の指示を受け
　　　るものとします。
第5条　代理店は、保険料払込猶予期間を経過した保険料は、会社の承認を得てか
　　　らでなければこれを領収してはなりません。
第6条　代理店は、保険料及びその他収入金の領収に当っては現実に領収しない限
　　　り、領収証を発行し、又は現実に領収した日と異なる日付をもって領収証を
　　　発行してはなりません。
　　2　前項の規定に反したときは、代理店はこれによって生じた一切の責任を負
　　　わなければなりません。
第7条　代理店は、会社のために領収した第2年度以後の保険料及びその他収入金

を会社の定める回金日ごとに一括清算し、収金報告書を添えて会社に送付するものとします。

2 代理店は次条の報酬の内、会社が認めたもののほかにこの契約により会社に対して有する債権について相殺してはなりません。

第8条 会社は代理店に対し、その業務取扱いの報酬として、別に定める一定金額を支払います。

2 会社はあらかじめ代理店に通知して、前項の規定を変更することができます。

第9条 代理店がその業務取扱いのために要する費用は、すべて代理店の負担とします。

第10条 代理店は他の生命保険会社の代理店、又はこれに類する業務を行うことはできません。

第11条 会社が代理店に対し、その業務取扱いのために交付する諸規定、帳簿、印章、看板、用紙、器具等はすべて会社の所有に属するものとします。

第12条 この契約による代理店の地位は、相続又は譲渡することはできません。

第13条 次の場合に生じた損害は、すべて代理店の負担とし、会社はその責任を負いません。

　⑴ 代理店が領収した保険料及びその他収入金の保管又は回金中に生じた損害

　⑵ 代理店が会社所定の回金領収証を所持しない者に第2年度以後の保険料及びその他収入金を交付したために生じた損害

　⑶ 代理店が他の者に保険料領収証用紙を交付したために生じた損害

第14条 代理店の連帯保証人は、代理店がこの契約に関して負担する債務に対し、相互に、かつ、代理店と連帯して履行する責任を負わなければなりません。また、代理店がその業務取扱いに関して、会社に損害を及ぼした場合における賠償義務に対しても同様とします。

第15条 この契約に関する訴訟についての裁判所管轄は、会社の本店を管轄する裁判所とすることに合意します。

第16条 この契約期間は3カ年とします。

第17条 この契約は、双方とも1カ月前に予告すればいつでも解除することができます。

　　ただし、代理店が善良な管理者としての注意を怠り、この条項に違反した場合には、会社は直ちにこの契約を解除することができます。

2 この契約の解除は、将来に向ってのみ効力を生じます。

第18条 この契約が終了したときは、代理店又はその相続人は直ちに保険料及びその他収入金の清算を行い、会社から交付された帳簿、物品等を会社に引渡さ

第十章 （第7号文書） 継続的取引の基本となる契約書　　639

なければなりません。

上記の契約を証するために、この契約書2通を作り各々その1通を保有します。

　　　　　　　　　　年　　　月　　　日

　　　　　　　　　　　　　　生命保険相互会社　　　　　　㊞

　　　　　　　　　　　　　　代理店店主　　　　　　　　　㊞

　　　　　　　　　　　　　　連帯保証人　　　　　　　　　㊞

　　　　　　　　　　　　　　連帯保証人　　　　　　　　　㊞

### 印紙税法の適用関係

　　印紙税法別表第一、課税物件表の第7号文書「継続的取引の基本となる契約書」である。

**説明**　この文書は、保険会社が保険募集及びその他の業務を継続して委託することを内容とするもので、委託する業務の範囲（第1条）その他の基本的事項を定めていることから、第7号文書に該当する。

640　　第２部　各課税物件

**第294例**　　自動車損害賠償責任保険代理店委託契約書

## 自動車損害賠償責任保険代理店委託契約書

　　火災海上保険株式会社（以下「会社」という。）は、自動車損害賠償責任保険（以下「責任保険」という。）の代理店を
（以下「代理店」という。）に委託するについては、下記の通り契約する。

第１条　代理店の呼称は、　　　　　　　　代理店とする。

第２条　代理店は、　　　　　　　　に営業所を設ける。

第３条　代理店は、自動車損害賠償保障法（以下「保障法」という。）、保険業法、
　　　　損害保険料率算定会が制定した料率、条件、会社の諸規則および責任保険普
　　　　通保険約款ならびに特約条項を厳守し、すべて会社の指図に従わなければな
　　　　らない。

第４条　代理店は、会社の業務上の秘密を他に漏洩してはならない。

第５条　代理店は、責任保険の契約の申込みを受けたときは、会社の代理人として
　　　　保険契約を締結しなければならない。ただし、下記各号の場合には、保険契
　　　　約を締結してはならない。

　　⑴　保険料の全額の支払がないとき。

　　⑵　保障法第20条各号の事項について不実の事を告げたことが明らかである
　　　　とき。

　　2　代理店は責任保険契約を締結したときは、自動車損害賠償責任保険証明書
　　　　（以下「責任保険証明書」という。）の用紙に所定事項を記入し、領収した
　　　　保険料より第８条に定められた代理店手数料を差し引いた正味保険料を会社
　　　　または会社の指定する金融機関の会社名義預金口座に払込み、責任保険証明
　　　　書にその領収印を受け、これを保険契約者に交付しなければならない。

　　3　代理店は、責任保険契約を締結したときは、その都度ただちに申込書を会
　　　　社に送付しなければならない。

第６条　代理店は、軽自動車、原動機付自転車または締約国登録自動車の責任保険
　　　　の契約締結の際、保障法第９条の２に基づき保険期間の末日の属する年月を
　　　　表示した保険標章を契約者に交付しなければならない。

　　2　会社は代理店の取り扱った保険標章交付業務につき第８条第２項の規定に
　　　　かかわらず１件につき交付手数料10円を支払うものとする。

　　3　前項の交付手数料の精算は代理店が領収した保険料を会社または会社の指
　　　　定する金融機関の会社名義預金口座に払込む際保険料より控除することによ
　　　　り行う。

　　4　代理店は、保険標章表示年月を間違えることなく正確に交付しなければな

第十章 （第7号文書） 継続的取引の基本となる契約書　　641

らない。

　5　代理店は、会社の指定する保険標章交付台帳等交付業務に関する帳簿を備えつけ受付日毎に交付枚数および残枚数を記入しておくものとする。

　6　代理店は、会社に毎月の交付状況を遅滞なく報告しなければならない。

第7条　代理店は、保険業法の規定にかかわらず、領収した保険料は如何なる形式によってもこれを自ら保管してはならない。

第8条　会社は、代理店が取り扱った責任保険契約につき領収した保険料に対し別に定める代理店手数料を支払う。

　2　会社は、前項の代理店手数料の外は、報酬、手当、事務所費、旅費、車賃、通信費その他如何なる名義のものであっても一切これを支給しない。

第9条　代理店は、直接であると間接であるとを問わず、保険契約者、被保険者またはこれらの役員および使用人もしくはその他の関係者に対して、代理店手数料の全部もしくは一部を給与したりまたは如何なる名義であっても金品の贈与や供応をしてはならない。

第10条　代理店は、その取り扱った責任保険契約について、保険事故の発生を知ったときは、遅滞なくその状況を会社に報告しなければならない。

第11条　代理店は、代理業務に関する帳簿および諸記録を備えつけておかなければならない。

　2　代理店は、前項の帳簿および諸記録について、いつでも会社又は会社の認めたものからその閲覧、説明または提出を求められたときは、これを拒み、妨げまたは忌避することができない。

第12条　この契約に関して会社が代理店に交付する業務上の帳簿、記録、印章、看板、器具等は、全て会社の所有とする。

　2　この契約が解除された場合には、代理店は、前項に定めた帳簿、記録その他一切の物を会社が指定した者に遅滞なく引渡し、同時に事務の引継ぎをしなければならない。

第13条　代理店は、他の損害保険会社の責任保険代理店を引受ける場合には、あらかじめ会社の承認を受けなければならない。

　2　代理店は、他の損害保険会社との責任保険代理店委託契約を解除しもしくは解除されたときは、遅滞なく、その旨を書面により会社に通告しなければならない。

第14条　代理店は、その支店、出張所その他の事務所または保険業法の規定によりその役員または使用人に責任保険契約の取扱いをさせる場合にはあらかじめ会社の承認を受けなければならない。

第15条　代理店は、あらかじめ会社に届出て文書による承認を得た後でなければ、自らすると他人にさせるとを問わず、また直接であると間接であるとを問わ

642　　　　　　　　　　第2部　各課税物件

ず、会社の営業に関して冊子、広告その他の文書の印刷、刊行または配付を
してはならない。

第16条　代理店は、この契約または会社の指図に違背したため会社に損害（保障法
第91条の規定により会社が過料を支払った場合を含む。）を与えたときは、
その損害を賠償する責に任ずる。

第17条　この契約またはこれに関連する会計その他一切の業務について訴訟を提起
するときは、会社本店所在地の裁判所をその管轄裁判所とする。

第18条　この契約の効力は、保険業法によって代理店登録がなされたときに始まり
無期限とする。ただし、会社ならびに代理店は書面による通告をしていつで
もこの契約を解除することができる。

第19条　代理店が保険業法の定めるところにより、登録取消の処分を受けたとき
は、そのときからこの契約は効力を失う。

　　2　前項の場合には第12条第2項の規定を準用する。

第20条　保証人は、代理店と連帯してこの契約上の債務を負担する。

　上記契約締結の証として本書2通を作成して各自、署名捺印の上各1通を所持す
る。

　　　　　年　　月　　日

　　　　　　　　（会　社　名）　　　　　　　　　　　㊞
　　　　　　　　（代理店主）　　　　　　　　　　　　㊞
　　　　　　　　（保　証　人）　　　　　　　　　　　㊞
　　　　　　　　（保　証　人）　　　　　　　　　　　㊞

---

**印紙税法の適用関係**

　　　印紙税法別表第一、課税物件表の第7号文書「継続的取引の基本となる契約
書」である。

**説明**　この文書は、保険代理店業務を委託することを内容とするもので、保険募集の
業務を継続して委託することについて、委託される業務の範囲を定めていること
から、第7号文書に該当する。

　　なお、保証人についての事項は、主たる債務の契約書に併記した保証契約であ
ることから、第13号文書「債務の保証に関する契約書」には該当しない。

第十章　（第7号文書）　継続的取引の基本となる契約書　　　643

第295例　特約店引受書

特 約 店 引 受 書

　　生 命 保 険 相 互 会 社
　社 長　　　　　　　　殿
　私は、裏面記載の特約店契約条項を了承の上貴社特約店を
お引き受けします。
　　　　　　　　　　　（委嘱日）　　　年　　月　　日

　　フリガナ
　　住　　所＿＿＿＿＿＿＿＿＿＿＿＿＿＿＿＿＿＿＿

　　　　フリガナ
　　　　氏　　名　　　　　　　　　　　　㊞

| 会社処理欄 | 営業（支）部名 | 配属部員名 |
|---|---|---|
| | 部　員　住　所 | |

（裏　面）

特 約 店 契 約 条 項

第1条　特約店は　　生命保険相互会社（以下「会社」という。）に生命保険契約
　　の見込客を紹介する方法によって誠意をもって協力するものとします。
第2条　特約店には、その紹介によって締結された生命保険契約（以下「新契約紹
　　介成績」という。）に対して第4条に定める新契約紹介手数料を支払います。
第3条　新契約紹介成績は特約店紹介契約の修正保険金額とします。ただし、修正
　　保険金額は会社が別に定める規定によります。
第4条　新契約紹介手数料は、1～4月・5～8月・9～12月の各4ケ月間の新契
　　約紹介成績に対して、次の割合で算出し、各期経過後2ケ月以内に支払いま
　　す。

644　　　　　　　　　第 2 部　各 課 税 物 件

```
┌─────────────────────────────────────────────┐
│　　　　　　　　新契約紹介手数料　　　　　　　　　　│
│　①　新契約紹介成績 1 万円につき15円の割合　　　　│
│　②　ただし、死亡保険金額3,000万円以上の個人　　│
│　　　保険契約に対しては、新契約紹介成績 1 万円　　│
│　　　につき17円の割合　　　　　　　　　　　　　　│
└─────────────────────────────────────────────┘
```

第 5 条　会社が必要と認めたときは、将来にむかって第 4 条の新契約紹介手数料額
　　　　を変更することがあります。
第 6 条　1　この特約店の委嘱期間は 1 カ年とします。
　　　　　2　ただし、会社または特約店は 1 ケ月前に予告すれば、いつでも将来に
　　　　　　むかって、この特約店契約を解除することが出来ます。この場合、既に
　　　　　　成立している新契約紹介成績については会社が特約店に対し第 4 条によ
　　　　　　り算出した新契約紹介手数料を支払います。
第 7 条　会社は特約店がこの契約条項に違反したときは前条の規定にかかわらず、
　　　　ただちにこの特約店契約を解除します。この場合、既に成立している新契約
　　　　紹介成績に対しても新契約紹介手数料を支払いません。
第 8 条　委嘱期間満了前に、特約店から別段の意思表示がない限り、この特約店契
　　　　約を自動的に更新します。
第 9 条　特約店が、2 年間にわたり会社に対して紹介実績がない場合、この特約店
　　　　契約を自動的に解除します。

**印紙税法の適用関係**

　　　　印紙税法に定める課税物件ではない。

**説明**　保険契約の見込客を紹介することは、一般に委任契約と解されている。

　　　　また、この文書は、直接保険契約の募集を行うことを委託するものではないこ
　　　とから、第 7 号文書「継続的取引の基本となる契約書」その他いずれの課税物件
　　　にも該当しない。

第十章 （第7号文書） 継続的取引の基本となる契約書 645

### 第296例 準特約店契約書

準 特 約 店 契 約 書

　　株式会社（以下甲という）と　　　　　（以下乙という）は、乙を甲の商品の準特約店と定め、乙が甲の特約店　　　　（以下「特約店」という）から甲の製造に係る「1号商品」、「2号商品」、「3号商品」一般用品種並びに「4号商品」（以下「商品」という）を買い受けその再販売を行うにつき、次のとおり契約を締結する。

年　　　月　　　日

| 甲 | ㊞ |
|---|---|
| 乙 | ㊞ |
| 特約店 | 本契約を承認する。<br>　　　　年　　　月　　　日 | ㊞ |

第1条（「商品」の種類）

　　　　乙と特約店間で取引する「商品」の種類は、添付別表に定めるとおりとする。

第2条（市場伸展）

　　　　乙が特約店から「商品」を買い受けその再販売を行うに当たっては、「商品」の市場伸展に寄与する方法によって行い、直接間接を問わず、「商品」又は甲及び特約店の信用上、不利益な行為を行わないものとする。

第3条（取引条件の通知）

　　　　乙と特約店とが「商品」の取引条件を定めたときは、乙は直ちに甲に通知しなければならない。追加変更したときも同様とする。

第4条（取引目標金額）

　　　　乙が特約店から買い受けるべき「商品」の年度間（毎年9月1日から翌年8月末日まで）の取引目標金額は、半期ごと（前期毎年9月1日から翌年2月末日まで、後期毎年3月1日から同年8月末日まで）に別にこれを定め、乙は定められた取引目標金額を達成するため最善の努力を払うものとする。

第2部 各課税物件

第5条 (贈呈品)

　　1　乙が第2条から第4条までに規定する事項を誠実に履行した場合には、甲は、「1号商品」、「2号商品」については取引金額の100分の1に相当する金額を、その年の10月1日に乙に贈呈する。

　　2　前項の贈呈金は、甲においてこれを積み立て、これに年＿＿＿＿の利息を付し翌年10月1日に元金に繰り入れる。

第6条 (有効期間)

　　この契約は、締結の日から効力を生じ2か年間有効とする。ただし、甲及び乙は、期間満了に際し新たに契約を締結し、相互の契約関係を継続するよう努めるものとする。

第7条 (解約)

　　この契約の解約は、甲乙合意によるほか、次の場合になされるものとする。

　　①　甲乙いずれか一方から相手方に対して3か月の期間をおいて解約を通告したとき。

　　②　甲乙いずれかがこの契約に違反し相手方が催告を行ってもこれを是正しないとき。

第8条 (贈呈金の支払等)

　　有効期間満了若しくは解約によりこの契約が終了した場合は、甲は乙に対し贈呈金の支払及び積立金の返還を行う。

　上記契約の証として本書2通を作成し、甲乙記名捺印の上、それぞれその1通を保有する。

## 印紙税法の適用関係

　　印紙税法別表第一、課税物件表の第7号文書「継続的取引の基本となる契約書」である。

**説明**　この文書は、営業者間において継続する2以上の売買取引について共通して適用される取引条件のうち、目的物の種類を定めるものであることから、第7号文書に該当する。

　　なお、契約の当事者は、形式上売買取引の当事者でない甲と乙になっているが、契約内容について特約店が承認していることにより三者契約となる。

　　この文書の納税義務者は、直接の取引の当事者である乙と特約店であるが、甲の所持する文書も課税対象となる。

第十章　（第7号文書）　継続的取引の基本となる契約書　　　647

### 第297例　　株式関係事務等の委託契約書

契　　約　　書

　　　　　（以下「甲」という。）と　　　株式会社（以下「乙」という。）との間
に、甲の発行する株式の名義書換その他株式関係事務を継続委託するについてその
基本的事項を、次の通り契約する。
（名義書換代理人及び委託事務の範囲）
第1条　甲は乙を名義書換代理人に選任して、乙に対し次に掲げる事務（次条以下
　　において「代行事務」という。）を委託し、乙はこれを引受けるものとする。
　　1　株式の名義書換、質権の登録又はその抹消及び信託財産の表示又はその
　　　抹消に関する事務
　　2　株主、登録質権者、これらの法定代理人又は以上の者の常任代理人の氏
　　　名、住所及び印鑑の登録又はその変更登録に関する事務
　　3　前各号に掲げるもののほか、株式に関し株主の提出する届出の受理に関
　　　する事務
　　4　株主名簿及びこれに付属する帳簿の作成、管理及び備置きに関する事務
　　5　株券の交付に関する事務
　　6　株主総会招集通知の発送、議決権代理行使委任状の受理及び集計並びに
　　　当日出席者の受付に関する事務
　　7　利益配当金（株式配当を含む。）の計算及び支払に関する事務
　　8　株式に関する照会及び事故届出の受理その他相談応需に関する事務
　　9　株式に関する統計及び法令又は契約に基づく官庁、金融商品取引所等へ
　　　の届出又は報告資料の作成に関する事務
　　10　新株の発行、資本の減少、株式の分割併合、株式又は社債の転換その他
　　　甲が臨時に指定する事務
　　11　株主に対する通知、催告、報告等の発送に関する事務
　　12　前各号に掲げる事務に付帯する印紙税等の申告及び納付に関する事務
　　13　前各号に掲げる事項に付随する事務
（事務取扱場所並びに取次所）
第2条　乙は次の営業所に甲の株主名簿を備置き代行事務を取り扱うものとする。
　　　　　市　　区　　町　丁目　番地
　　　　　株式会社本店　　部
　　　　乙はその本支店において、代行事務につき取次事務を行うものとする。
（事務処理の基準）
第3条　乙が代行事務を行うに当っては関係法令及び甲の定款、株式取扱規則

（程）並びに本契約の趣旨に従い甲の株主その他利害関係人のために誠意を
もって、万全の配慮を講ずるものとし、その取扱いは乙の定める証券代行事
務取扱要領によるものとする。

　前項の証券代行事務取扱要領は、甲の定款及び株式取扱規則（程）に反し
ないように乙の責任において作成するものとし、これを変更するときも同様
とする。

　但し、乙はその作成、変更について事前、事後に甲の同意を得るものとす
る。

（機密の保持）

第4条　乙は代行事務を行うにつき知り得た甲又は甲の株主の秘密を保持し他に漏
洩しない。

（報告の義務）

第5条　乙は証券代行事務取扱要領の定めるところにより次に掲げる事項を文書に
より甲に報告するものとする。

　　1　代行事務の処理状況

　　2　期末事務に関する事項

　　3　配当金支払に関する事項

　　4　第1条第10号に掲げる臨時の代行事務に関し、甲の指定する事項

　　甲は前項のほか、乙に対し代行事務に関し臨時に必要な資料若しくは報告
を求めることができる。

（有価証券等の保管）

第6条　乙は代行事務に関する有価証券並びに重要な帳簿書類等を管理するに充分
な設備を施し、証券代行事務取扱要領の定めるところによりこれらを整備保
管するものとする。

（手数料の支払）

第7条　甲は代行事務処理の対価として乙に対し添付別表(1)に掲げる手数料を支払
うものとする。但し、同添付別表に定めのない代行事務に対する手数料は甲
乙協議の上決定するものとする。

　　乙は前項の手数料を毎月計算して翌月20日までに甲に請求し、甲はその請
求月の月末に現金にて支払うものとする。

（中　略）

（契約の変更）

第15条　本契約の内容が法令その他当事者の一方若しくは双方の事情の変更によ
り、その履行に支障をきたすに至ったときは、甲乙協議の上これを変更する
ことができる。

第十章 （第7号文書） 継続的取引の基本となる契約書　　　649

（契約の有効期間）
第16条　この契約の有効期間は、本契約の効力発生日より向う2か年間とする。但
　　　し、この期間満了の2か月前までに甲又は乙のいずれか一方から文書による
　　　申出がなされなかったときは、さらに2か年間延長するものとし、その後も
　　　同様とする。
（契約の失効）
第17条　本契約は、次に掲げる事由が生じたときにその効力を失う。
　　　1　当事者間の文書による解約の合意。
　　　2　当事者の何れか一方が本契約に違反した場合他方が行う文書による解除
　　　　の通知。但し、この場合には本契約はその通知発信の日から1か月以上経
　　　　過後最初に開催される甲の定時株主総会終結の時から失効する。
　　　　甲及び乙は本契約失効後においても本契約に基づく残存債権を相互に請求
　　　することを妨げない。
（事務引継の方法）
第18条　本契約に基づく事務引継は本契約締結後遅滞なく行うものとし、前条の規
　　　定により解約後甲又は甲の指定する第三者へ事務の引継をする場合も同様と
　　　する。
（規定外事項及び疑義の処理）
第19条　本契約に規定のない事項及び疑義については甲乙誠意をもって協議し、そ
　　　の決定又は解決を行うものとする。
（契約の発効）
第20条　本契約は　　　年　　　月　　　日よりその効力を生ずるものとする。
　　　以上契約を証するため本証書2通を作成し、甲乙各その1通を保有する。
　　　　　　　　　　　年　　　月　　　日
　　　　　　　　　　　　　　　　　甲　　　　　　　　　　㊞
　　　　　　　　　　　　　　　　　乙　　　　　　　　　　㊞

（注）　別表は省略する。

**印紙税法の適用関係**

　　　　印紙税法別表第一、課税物件表の第7号文書「継続的取引の基本となる契約
　　書」である。

**説明**　　この文書は、株式の発行、株式の名義の書換え等の事務を継続して委託するこ
　　とを内容とするもので、委託される事務の範囲（第1条）、対価の支払方法（第
　　7条）等の基本的事項を取り決めていることから、第7号文書に該当する。

650　　第2部　各課税物件

**第298例**　銀行取引約定書

---

## 銀 行 取 引 約 定 書

　　　　　　　　　　　　　　　　　　　　　　　年　　月　　日

株式会社　　　銀行御中

　　　　　　　　　　　本　人　おところ
　　　　　　　　　　　　　　　おなまえ —————————　㊞
　　　　　　　　　　　保証人　おところ
　　　　　　　　　　　　　　　おなまえ —————————　㊞

　私は、貴行との取引について、次の条項を確約します。

第1条　（適用範囲）
　　①　手形貸付、手形割引、証書貸付、当座貸越、支払承諾、外国為替その
　　　他一切の取引に関して生じた債務の履行については、この約定に従いま
　　　す。
　　②　私が振出、裏書、引受、参加引受又は保証した手形を、貴行が第三者
　　　との取引によって取得したときも、その債務の履行についてこの約定に
　　　従います。

第2条　（手形と借入金債務）
　　　手形によって貸付を受けた場合には、貴行は手形又は貸金債権のいずれ
　　によっても請求することができます。

第3条　（利息、損害金等）
　　①　利息、割引料、保証料、手数料、これらの戻しについての割合及び支
　　　払の時期、方法の約定は、金融情勢の変化その他相当の事由がある場合
　　　には、一般に行われる程度のものに変更されることに同意します。
　　②　貴行に対する債務を履行しなかった場合には、支払うべき金額に対し
　　　年14％の割合の損害金を支払います。この場合の計算方法は年365日の
　　　日割計算とします。

第4条　（担保）
　　①　債権保全を必要とする相当の事由が生じたときは、請求によって、直
　　　ちに貴行の承認する担保若しくは増担保を差し入れ、又は保証人をたて
　　　若しくはこれを追加します。
　　②　貴行に現在差し入れている担保及び将来差し入れる担保は、すべて、
　　　その担保する債務のほか、現在及び将来負担する一切の債務を共通に担
　　　保するものとします。
　　③　担保は、かならずしも法定の手続によらず一般に適当と認められる方
　　　法、時期、価格等により貴行において取立て又は処分のうえ、その取得
　　　金から諸費用を差引いた残額を法定の順序にかかわらず債務の弁済に充
　　　当できるものとし、なお残債務がある場合には直ちに弁済します。
　　④　貴行に対する債務を履行しなかった場合には、貴行の占有している私
　　　の動産、手形その他の有価証券は、貴行において取立て又は処分するこ
　　　とができるものとし、この場合もすべて前項に準じて取扱うことに同意
　　　します。

第5条　（期限の利益の喪失）
　　①　私について次の各号の事由が一つでも生じた場合には、貴行から通知
　　　催告等がなくても貴行に対する一切の債務について当然期限の利益を失
　　　い、直ちに債務を弁済します。
　　　1　支払の停止又は破産、民事再生手続開始、会社更生手続開始若しく
　　　　は特別清算開始の申立てがあったとき。
　　　2　手形交換所の取引停止処分を受けたとき。

第十章　（第7号文書）　継続的取引の基本となる契約書　　651

　　　3　私又は保証人の預金その他の貴行に対する債権について仮差押、保
　　　　全差押又は差押の命令、通知が発送されたとき。
　　　4　住所変更の届出を怠るなど私の責めに帰すべき事由によって、貴行
　　　　に私の所在が不明となったとき。
　②　次の各場合には、貴行の請求によって貴行に対する一切の債務の期限
　　の利益を失い、直ちに債務を弁済します。
　　　1　私が債務の一部でも履行を遅滞したとき。
　　　2　担保の目的物について差押又は競売手続の開始があったとき。
　　　3　私が貴行との取引約定に違反したとき。
　　　4　保証人が前項又は本項の各号の一にでも該当したとき。
　　　5　前各号のほか債権保全を必要とする相当の事由が生じたとき。
第6条　（割引手形の買戻し）
　①　手形の割引を受けた場合、私について前条第1項各号の事由が一つで
　　も生じたときは全部の手形について、また手形の主債務者が期日に支払
　　わなかったとき若しくは手形の主債務者について前条第1項各号の事由
　　が一つでも生じたときはその者が主債務者となっている手形について、
　　貴行から通知催告等がなくても当然手形面記載の金額の買戻債務を負
　　い、直ちに弁済します。
　②　割引手形について債権保全を必要とする相当の事由が生じた場合に
　　は、前項以外のときでも、貴行の請求によって手形面記載の金額の買戻
　　債務を負い、直ちに弁済します。
　③　前2項による債務を履行するまでは、貴行は手形所持人として一切の
　　権利を行使することができます。
第7条　（差引計算）
　①　期限の到来、期限の利益の喪失、買戻債務の発生、求償債務の発生そ
　　の他の事由によって、貴行に対する債務を履行しなければならない場合
　　には、その債務と私の預金その他の債権とを、その債権の期限のいかん
　　にかかわらず、いつでも貴行は相殺することができます。
　②　前項の相殺ができる場合には、貴行は事前の通知及び所定の手続を省
　　略し、私にかわり諸預け金の払戻しを受け、債務の弁済に充当すること
　　もできます。
　③　前2項によって差引計算をする場合、債権債務の利息、割引料、損害
　　金等の計算については、その期間を計算実行の日までとして、利率、料
　　率は貴行の定めによるものとし、また外国為替相場については貴行の計
　　算実行時の相場を適用するものとします。
第7条の2　（同前）
　①　弁済期にある私の預金その他の債権と私の貴行に対する債務とを、そ
　　の債務の期限が未到来であっても、私は相殺することができます。
　②　満期前の割引手形について私が前項により相殺する場合には、私は手
　　形面記載の金額の買戻債務を負担して相殺することができるものとしま
　　す。ただし、貴行が他に再譲渡中の割引手形については相殺することが
　　できません。
　③　外貨又は自由円勘定による債権又は債務については、前2項の規定に
　　かかわらず、それらが弁済期にあり、かつ外国為替に関する法令上所定
　　の手続が完了したものでなければ、私は相殺できないものとします。
　④　前3項により私が相殺する場合には、相殺通知は書面によるものと
　　し、相殺した預金その他の債権の証書、通帳は届出印を押印して直ちに
　　貴行に提出します。
　⑤　私が相殺した場合における債権債務の利息、割引料、損害金等の計算
　　については、その期間を相殺通知の到達の日までとして、利率、料率は
　　貴行の定めによるものとし、また外国為替相場については貴行の計算実

行時の相場を適用するものとします。なお、期限前弁済について特別の手数料の定めがあるときは、その定めによります。

第8条　（手形の呈示、交付）

① 私の債務に関して手形が存する場合、貴行が手形上の債権によらないで第7条の差引計算をするときは、同時にはその手形の返還を要しません。

② 前2条の差引計算により貴行から返還をうける手形が存する場合には、その手形は私が貴行まで遅滞なく受領に出向きます。ただし、満期前の手形については貴行はそのまま取立てることができます。

③ 貴行が手形上の債権によって第7条の差引計算をするときは、次の各場合にかぎり、手形の呈示又は交付を要しません。なお、手形の受領については前項に準じます。

　1　貴行において私の所在が明らかでないとき。

　2　私が手形の支払場所を貴行にしているとき。

　3　手形の送付が困難と認められるとき。

　4　取立てその他の理由によって呈示、交付の省略がやむを得ないと認められるとき。

④ 前2条の差引計算の後なお直ちに履行しなければならない私の債務が存する場合、手形に私以外の債務者があるときは、貴行はその手形をとめおき、取立て又は処分のうえ、債務の弁済に充当することができます。

第9条　（充当の指定）

弁済又は第7条による差引計算の場合、私の債務全額を消滅させるに足りないときは、貴行が適当と認める順序方法により充当することができ、その充当に対しては異議を述べません。

第9条の2　（同前）

① 第7条の2により私が相殺する場合、私の債務全額を消滅させるに足りないときは、私の指定する順序方法により充当することができます。

② 私が前項による指定をしなかったときは、貴行が適当と認める順序方法により充当することができ、その充当に対しては異議を述べません。

③ 第1項の指定により債権保全上支障が生じるおそれがあるときは、貴行は遅滞なく異議を述べ、担保、保証の有無、軽重、処分の難易、弁済期の長短、割引手形の決済見込みなどを考慮して、貴行の指定する順序方法により充当することができます。

④ 前2項によって貴行が充当する場合には、私の期限未到来の債務については期限が到来したものとして、また満期前の割引手形については買戻債務を、支払承諾については事前の求償債務を私が負担したものとして、貴行はその順序方法を指定することができます。

第10条　（危険負担、免責条項等）

① 私が振出、裏書、引受、参加引受若しくは保証した手形又は私が貴行に差入れた証書が、事変、災害、輸送途中の事故等やむを得ない事情によって紛失、滅失、損傷又は延着した場合には、貴行の帳簿、伝票等の記録に基づいて債務を弁済します。なお、貴行から請求があれば直ちに代り手形、証書を差入れます。この場合に生じた損害については貴行になんらの請求をしません。

② 私の差入れた担保について前項のやむを得ない事情によって損害が生じた場合にも、貴行になんらの請求をしません。

③ 万一手形要件の不備若しくは手形を無効にする記載によって手形上の権利が成立しない場合、又は権利保全手続の不備によって手形上の権利が消滅した場合でも、手形面記載の金額の責任を負います。

④ 手形、証書の印影を、私の届け出た印鑑に、相当の注意をもって照合

第十章　（第7号文書）　継続的取引の基本となる契約書　　653

し、相違ないと認めて取引したときは、手形、証書、印章について偽
造、変造、盗用等の事故があってもこれによって生じた損害は私の負担
とし、手形又は証書の記載文言にしたがって責任を負います。
　⑤　私に対する権利の行使若しくは保全又は担保の取立て若しくは処分に
　　要した費用、及び私の権利を保全するため貴行の協力を依頼した場合に
　　要した費用は、私が負担します。
第11条　（届出事項の変更）
　①　印章、名称、商号、代表者、住所その他届出事項に変更があったとき
　　は、直ちに書面によって届出をします。
　②　前項の届出を怠ったため、貴行からなされた通知又は送付された書類
　　等が延着し又は到達しなかった場合には、通常到達すべき時に到達した
　　ものとします。
第12条　（報告及び調査）
　①　財産、経営、業況について貴行から請求があったときは、直ちに報告
　　し、また調査に必要な便益を提供します。
　②　財産、経営、業況について重大な変化を生じたとき、又は生じるおそ
　　れのあるときは、貴行から請求がなくても直ちに報告します。
第13条　（適用店舗）
　　この約定書の各条項は、私と貴行本支店との間の諸取引に共通に適用さ
　れることを承認します。
第14条　（合意管轄）
　　この約定に基づく諸取引に関して訴訟の必要を生じた場合には、貴行本
　店又は貴行支店の所在地を管轄する裁判所を管轄裁判所とすることに合意
　します。
　　保証人は、本人が第1条に規定する取引によって貴行に対し負担する一切の債務
について、本人と連帯して保証債務を負い、その履行についてはこの約定に従いま
す。
　　保証人は、貴行がその都合によって担保若しくは他の保証を変更、解除しても免
責を主張しません。

　　　　　　　　　　　　　　　　　　　　　　　　　　以　　上

### 印紙税法の適用関係

　　印紙税法別表第一、課税物件表の第7号文書「継続的取引の基本となる契約
書」である。

**説明**　この文書は、銀行との間における貸付け、支払承諾、外国為替その他の取引に
　　よって生ずるその銀行に対する一切の債務の履行について、包括的に履行方法そ
　　の他の基本的事項を定めていることから、第7号文書に該当する。

　　　なお、保証人についての事項は、主たる債務の契約書に併記された保証契約で
　　あることから、第13号文書「債務の保証に関する契約書」には該当しない。

654　　第2部　各課税物件

**第299例　外国為替取引約定書**

---

# 外国為替取引約定書

年　　月　　日

株式会社　　銀行　御中

（住　所）

本　人　　　　　　　　　　　㊞

（住　所）

保証人　　　　　　　　　　　㊞

（住　所）

保証人　　　　　　　　　　　㊞

　私は、貴行との外国為替取引について、　　年　　月　　日差入れた銀行取引約定書の各条項を承認のうえ、次のとおり確約いたします。

## 第1章　総　　則

第1条　この約定に基づき私が貴行に対して負担する債務は、期限の定めのあるときはその期限に履行し、期限の定めのないときは、この約定に従います。

第2条

①　私がこの約定に基づき差入れた担保、及び将来差入れる全ての担保は、その担保する債務のほかに、その担保差入れの前後にかかわらず、私が貴行に対し現在負担し、又は将来負担する債務を共通に担保することを承諾いたします。

②　私が貴行に対し現在負担し、又は将来負担する一切の債務について、貴行において必要と認められた場合は、請求によって直ちに担保若しくは増担保を差入れ、又は保証人をたて若しくはこれを追加いたします。

③　前2項の担保品が、事変・災害・変質・消耗等のために滅失・毀損しましても、その損失は私が負担いたします。

④　私が貴行に対して負担する債務を履行しなかったときは、貴行は前2項の担保物件を、一般に適当と認められる方法・時期・価格等により処分のうえ、その取得金から処分費用を差引いた残額を、法定の順序によらず随意に私の負担するいずれの債務の弁済にでも充当することができ、なお残債務がある場合は直ちに弁済いたします。

（以下省略）

第十章 （第7号文書） 継続的取引の基本となる契約書 655

### 印紙税法の適用関係

印紙税法に定める課税物件ではない。

**説明** この文書は、銀行との間で外国為替に関する各種取引を行うについて信用供与の委託を内容とするもの（委任契約）である。

また、外国為替取引だけについて定めていることから、印紙税法施行令第26条第3号に規定する「貸付け、支払承諾、外国為替その他の取引によって生ずる金融機関に対する一切の債務の履行について包括的に履行方法その他の基本的事項を定める契約書」に該当しない。

したがって、第7号文書「継続的取引の基本となる契約書」その他いずれの課税物件にも該当しない。

656　　　　　　　　　第2部　各課税物件

**第300例**　信用取引口座設定約諾書

# 信用取引口座設定約諾書

　私は貴社に信用取引口座を設定するに際し、法令、その信用取引にかかる売買取引を執行する金融商品取引所（以下「当該取引所」という。）の受託契約準則、定款、業務規程、その他諸規則、決定事項及び慣行中、信用取引の条件に関連する条項に従うとともに、次の各条に掲げる事項を承諾し、これを証するため、この約諾書を差入れます。

（信用取引口座による処理）

第1条　私が今後貴社との間に行う信用取引において、借入れる金銭、買付有価証券、借入れる有価証券、売付代金、委託保証金、売買の決済による損益金、金利、その他授受する金銭は全てこの信用取引口座で処理すること。

（貸出規程による制約）

第2条　貴社が私に対し金銭又は有価証券を貸付けられる場合において、当該取引所が指定する証券金融株式会社（以下「証金」という。）が貸借取引貸出規程（以下「貸出規程」という。）に基づいて次の措置、制約を行ったときは、私の信用取引につきそれと同様の措置、制約を行うこと。

　(1)　証金の行う貸借取引に係る特定の銘柄の貸株残高株数が、融資残高株数を超過し、その不足株数の調達が不可能又は著しく困難となった場合において、証金が貸出規程に基づいて、当該取引所の会員が証金に融資の返済を申込むことを延期させる措置。

　(2)　天災地変、戦争動乱、経済事情の激変、当該取引所における売買取引の停止又は制限、品不足、その他やむを得ない事由により一部又は全部の銘柄について貸借取引の決済が不可能又は著しく困難となるおそれがあると認められる場合において、証金が貸出規程に基づいて当該取引所の会員に対し、別にその方法・条件を定めて決済を行わせる措置。

　(3)　その他証金の貸出規程のうち、信用取引の条件に関連する制約。

（買付株券等につき配当又は新株引受権の付与等が行われた場合の処理）

第3条　私が信用取引に関し、貴社に預入した買付株券又は貴社から借入れた株券につき、配当又は新株引受権の付与等が行われた場合における当該権利の処理については、当該取引所の定める処理方法により処理されても異議のないこと。

（期限の利益の喪失）

第4条①　私が次に掲げる事項の一に該当したときは、貴社から通知、催告等がなくても、貴社に対する信用取引に係る全ての債務について、当然期限の利

第十章 （第7号文書） 継続的取引の基本となる契約書 657

益を失い、直ちに弁済すること。

　(1)　差押、仮差押、若しくは競売の申立て、又は破産、民事再生手続開始
　　　若しくは会社更生手続開始の申立てがあったとき又は清算に入ったと
　　　き。

　(2)　租税公課を滞納して督促を受けたとき又は保全差押を受けたとき。

　(3)　支払を停止したとき。

　(4)　手形交換所の取引停止処分があったとき。

②　私が次に掲げる事項の一に該当したときは、貴社の請求により、貴社に
　対する信用取引に係る全ての債務について期限の利益を失い、直ちに弁済
　すること。

　(1)　貴社との証券取引に関し負担する債務の一の履行を怠り、又は貴社に
　　　対する取引の約定の一に違背したとき。

　(2)　その他貴社に対し、債務不履行のおそれがあると認められる相当の事
　　　由があるとき。

（担保物の処分）

第5条　私が信用取引に関し、貴社に対し負担する債務を所定の時限までに履行し
　　　ないときは、通知、催告を行わず、かつ、法律上の手続によらないで、担保
　　　として預入してある有価証券を、私の計算において、その方法、時期、場
　　　所、価格等は貴社の任意で処分し、それを適宜債務の弁済に充当されても異
　　　議なく、また前記弁済を行った結果、残債務がある場合は直ちに弁済を行う
　　　こと。

（占有物の処分）

第6条　私が信用取引に関し、貴社に対し負担する債務を履行しなかった場合に
　　　は、証券取引に関し貴社の占有している私の動産、有価証券は貴社が処分で
　　　きるものとし、この場合すべて前条に準じて取扱われることに異議のないこ
　　　と。

（弁済等充当の順序）

第7条　債務の弁済又は相殺によって私の債務の全額を消滅させるのに足りないと
　　　きは、貴社が適当と認められる順序により充当することができること。

（相殺の場合における金利、品貸料等の計算期間）

第8条　貴社が相殺を行う場合における信用取引に関する金利、品貸料、その他私
　　　が支払うべき金銭の計算については、その期間を相殺実行の日までとするこ
　　　と。

（遅延損害金の支払い）

第9条　私が信用取引に関し、貴社に対する債務の履行を怠ったときは、貴社の請
　　　求により、貴社に対し履行期日の翌日より履行の日まで、当該取引所の定め

658　　　　　　　　　第2部　各課税物件

　　　　る率による遅延損害金を支払うことに異議のないこと。
　（委託保証金、買付有価証券及び委託保証金代用有価証券の権利行使）
　第10条　私が信用取引に関し、貴社に預入した金銭、買付有価証券及び委託保証金
　　　　代用有価証券は、貴社が任意にこれを他に貸付け、担保に供し、他の顧客の
　　　　信用取引のため使用し又はその有価証券に基づく権利を貴社が行使すること
　　　　に異議のないこと。
　（同種同量の有価証券の返還）
　第11条　前条の有価証券は、同一の銘柄、数量のものをもって返還できること。
　（債権譲渡の禁止）
　第12条　私が貴社に対して有する債権は、これを他に譲渡しないこと。
　（委託保証金の利息その他の対価）
　第13条　私が信用取引に関し、貴社に委託保証金として預入する金銭又は有価証券
　　　　には、利息その他の対価をつけないこと。
　（届出事項の変更届出）
　第14条　貴社に届出た氏名又は名称、住所若しくは事務所その他の事項に変更が
　　　　あったときは、貴社に対し直ちに、書面をもってその旨の届出をすること。
　（通知の効力）
　第15条　私の届出住所若しくは事務所にあて、貴社によりなされた信用取引に関す
　　　　る諸通知が、転居、不在その他私の責めに帰すべき事由により延着し、又は
　　　　到着しなかった場合においては、通常到着すべきときに到着したものとする
　　　　こと。
　（合意管轄）
　第16条　私と貴社との間の信用取引に関する訴訟については、貴社本店又は　　支
　　　　店の所在地を管轄する裁判所のうちから貴社が管轄裁判所を指定することが
　　　　できること。
　　　　　　　　年　　　月　　　日
　　　　　　　　　住　　　　　　所
　　　　　　　委託者　　　　　　　　　　　　　　　　　　　　　　　㊞
　　　　　　　　　氏名又は名称

　　　　　　証券株式会社殿

（注）　証券会社とその顧客との間において有価証券の売買（信用取引）を委託するた
　　　め作成するものである。

第十章　（第7号文書）　継続的取引の基本となる契約書　　659

**印紙税法の適用関係**

　　印紙税法別表第一、課税物件表の第7号文書「継続的取引の基本となる契約書」である。

**説明**　この文書は、証券会社とその顧客との間において、有価証券の売買を継続して委託することを内容とするもので、その取引に共通して適用される取引条件のうち、決済方法等の基本的事項を定めていることから、第7号文書に該当する。

660　　　第2部　各課税物件

**第301例　発行日取引の委託についての約諾書**

No.

## 発行日取引の委託についての約諾書

　私は貴社に発行日取引を委託するに際し、法令、その発行日取引を執行する証券取引所（以下「当該取引所」という。）の受託契約準則、定款、業務規程、その他諸規則、決定事項及び慣行中、発行日取引の条件に関連する条項の規定、決定事項及び慣行に従うとともに、次の各条に掲げる事項を承諾し、これを証するため、この約諾書を差入れます。

（期限の利益の喪失）

第1条　私が次に掲げる事項の一にでも該当したときは、貴社から通知、催告等がなくても貴社に対する発行日取引に係る全ての債務について、当然期限の利益を失い、直ちに弁済すること。

　(1)　差押、仮差押若しくは競売の申立て又は破産、民事再生手続開始若しくは会社更生手続開始の申立てがあったとき又は清算に入ったとき。

　(2)　租税公課を滞納して督促を受けたとき又は保全差押を受けたとき。

　(3)　支払を停止したとき。

　(4)　手形交換所の取引停止処分があったとき。

　2　私が次に掲げる事項の一にでも該当したときは、貴社の請求により、貴社に対する発行日取引に係る全ての債務について期限の利益を失い、直ちに弁済すること。

　(1)　貴社との証券取引に関し負担する債務の履行を怠り又は貴社に対する取引の約定の一にでも違背したとき。

　(2)　その他貴社に対し、債務不履行のおそれがあると認められる相当の事由があるとき。

（支払不能又は不能となるおそれがある場合等における対当売買）

第2条　私が前条第1項各号の一にでも該当したときは、貴社が任意に、私が貴社を通じて行っている発行日取引につき、それに対当する売買（以下「対当売買」という。）を、私の計算において行うことに異議のないこと。

　2　私が前条第2項各号の一にでも該当したときは、貴社の請求により、貴社の指定する期日までに、私が対当売買を行うこと。

　3　前項の期日までに、私が対当売買を行わないときは、貴社が任意に、私の計算において対当売買を行うことに異議のないこと。

　4　前3項の対当売買を行った結果、損失計算が生じた場合には、貴社に対しその額に相当する金銭を直ちに支払うこと。

第十章　（第7号文書）　継続的取引の基本となる契約書　　661

（担保物の処分）

第3条　私が発行日取引に関し、貴社に対し負担する債務を所定の時限までに履行しないときは、通知、催告を行わず、かつ、法律上の手続によらないで、担保として預入れしてある有価証券を私の計算において、その方法、時期、場所、価格等は貴社の任意で処分し、それを適宜債務の弁済に充当されても異議なく、また前記弁済を行った結果、残債務がある場合は直ちに弁済を行うこと。

（占有物の処分）

第4条　私が発行日取引に関し、貴社に対し負担する債務を履行しなかった場合には、証券取引に関し、貴社の占有している私の動産、有価証券は貴社が処分できるものとし、この場合すべて前条に準じて取扱われることに異議のないこと。

（弁済等充当の順序）

第5条　債務の弁済又は相殺によって私の債務の全額を消滅させるのに足りないときは、貴社が適当と認められる順序により充当することができること。

（相殺の場合における損害金等の計算期間）

第6条　貴社が相殺を行う場合における発行日取引に関する損害金、その他私が支払うべき金銭の計算については、その期間を相殺実行の日までとすること。

（遅延損害金の支払い）

第7条　私が発行日取引に関し、貴社に対する債務の履行を怠ったときは、貴社の請求により、貴社に対し履行期日の翌日より履行の日まで、当該取引所の定める率による遅延損害金を支払うことに異議のないこと。

（委託保証金及び代用有価証券の権利行使）

第8条　私が発行日取引に関し、貴社に預入れした金銭及び代用有価証券は、貴社が任意にこれを他に貸付け、担保に供し、他の顧客の発行日取引のために使用し又はその有価証券に基づく権利を貴社が行使することに異議のないこと。

（同種同量の有価証券の返還）

第9条　前条の有価証券は、同一の銘柄、数量のものをもって返還できること。

（債権譲渡の禁止）

第10条　私が貴社に対して有する債権は、これを他に譲渡しないこと。

（委託保証金の利息、品貸料）

第11条　私が発行日取引に関し、貴社に委託保証金として預入れする金銭又は有価証券には、利息又は品貸料をつけないこと。

（届出事項の変更届出）

第12条　貴社に届出た氏名又は名称、住所若しくは事務所その他の事項に変更が

あったときは、貴社に対し直ちに書面をもって、その旨を届出をすること。

（通知の効力）

第13条　私の届出住所若しくは事務所にあて、貴社によりなされた発行日取引に関する諸通知が、転居、不在、その他私の責に帰すべき事由により延着し、又は到着しなかった場合においては、通常到着すべき時に到達したものとすること。

（合意管轄）

第14条　私と貴社との間の発行日取引に関する訴訟については、貴社本店又は○○支店の所在地を管轄する裁判所のうちから貴社が管轄裁判所を指定することができること。

　　　　　年　　　月　　　日

　　　　　　　　　　　受託者　　　　　　　　　　　㊞

　　　　　　　証券株式会社殿

## 印紙税法の適用関係

　　印紙税法別表第一、課税物件表の第7号文書「継続的取引の基本となる契約書」である。

**説明**　この文書は、証券会社とその顧客との間において発行日決済取引による有価証券の売買を継続して委託することを内容とするもので、その取引に共通して適用される取引条件のうち、債務不履行の場合の損害賠償の方法等の基本的事項を定めていることから、第7号文書に該当する。

第十章 （第７号文書） 継続的取引の基本となる契約書　　663

**第302例　商品取引についての承諾書**

承　諾　書

　私が貴社に対し、　　商品取引所の商品市場における売買取引の委託をするについては、貴社から交付された同取引所の定める受託契約準則の規定を遵守して売買取引を行うことを承諾します。

　　　　年　　　月　　　日

　　　　　　　　　　　　住　　　　所

　　　　　　　　　　　　氏名又は商号　　　　　　　　　　　　㊞

　　　　　　株 式 会 社

　　代表取締役　　　　　　　殿

（注）　この文書に引用されている「受託契約準則」において、受渡しその他の決済方法、対価の支払方法及び債務不履行の場合の損害賠償の方法等が定められている。

**印紙税法の適用関係**

　　印紙税法別表第一、課税物件表の第７号文書「継続的取引の基本となる契約書」である。

**説明**　　この文書は、売買の委託を内容とするもので、商品先物取引業者と顧客との間において商品の売買を継続して委託することについて、受渡しその他の決済方法、対価の支払方法及び債務不履行の場合の損害賠償の方法を定めていることから、第７号文書に該当する。

## 第2部　各課税物件

**第303例**　販売用・陸送自動車等自動車保険特約書

# 販売用・陸送自動車等自動車保険特約書

　　　　　　　　（以下「甲」といいます。）と　　　　　　　　　　　（以下
「乙」といいます。）とは、自動車保険に関する特約を次のとおり締結します。

第1条（支払責任）

　　甲は、下記の自動車（以下「被保険自動車」といいます。）のすべてを乙の自
動車保険に付し、乙は、後条の規定に従って、保険金を支払います。

<br>

第2条（保険責任の始期および終期）

　　この特約による乙の保険責任の始期および終期は、下記のとおりとします。た
だし、第14条（有効期間）に定める有効期間（第15条の規定により解除がなされ
た場合は、有効期間が終了したものとして取扱います。）内にかぎります。

<br>

第3条（被保険者）

　　対人賠償保険および対物賠償保険の被保険者は、下記の者とします。

（1）　甲およびその使用人

（2）

<br>

第4条（保険金を支払わない場合）

　　乙は、被保険自動車が下記の状態にある間に生じた事故による損害または傷害
については、保険金を支払いません。

（1）　通常の　　　　　　　　　　過程を著しく逸脱した使途に使用されている間

（2）　競技または試験のために使用されている間

第5条（担保種目、保険金額、免責金額および保険料率）

　　この特約における担保種目、保険金額、免責金額および保険料率は、付帯別表
のとおりとします。

（中　　略）

第9条（保険料の払込み）

①　甲は、第6条（通知）に定めた通知に基づいて乙が請求した保険料を、通知
　日の属する月の　　　　　　　　　日までに払込むものとします。

②　甲が前項の規定に違反した場合は、乙は、その払込むべき保険料が払込まれ

第十章 （第7号文書） 継続的取引の基本となる契約書　　665

ていない被保険自動車に係る事故による損害または傷害については、保険金を
支払いません。もし、すでに保険金を支払っていたときは、その返還を請求す
ることができます。

（中　略）

第12条（普通保険約款の準用）

　　この特約に規定しない事項については、この特約に反しないかぎり、ここに添
　付した普通保険約款（普通保険約款に適用される他の特約を含みます。以下同様
　とします。）の規定によるものとします。この場合において、普通保険約款の適
　用にあたっては、「保険証券記載の被保険者」および「保険契約者」を「甲」と、
　「保険証券記載の自動車」を第1条（支払責任）に定める「被保険自動車」とそ
　れぞれ読み替えるものとします。

　（※　約款添付は省略）

第13条（特約の一部改廃）

① 　甲、乙いずれも必要に応じて相手方に対し、この特約の一部改廃実施予定日
　から1か月前の書面による予告をもって、この特約の一部改廃を申入れること
　ができます。

② 　前項の申入れについては、甲、乙協議のうえ実施を決定することとします。
　ただし、申入れの内容が財務大臣の認可を受けなければならないものである場
　合は、財務大臣の認可を受けた後に実施するものとします。

第14条（有効期間）

① 　この特約の有効期間は、　　　年　　月　　日　　時から　　年　　月　　日
　　　時までとします。

② 　前項の有効期間満了1か月前に甲、乙いずれかの書面による何らかの意思表
　示のないときは、この特約の有効期間は1年ずつ自動的に延長されたものとし
　ます。

第15条（解除）

① 　甲、乙いずれも相手方に対し、1か月前の書面による予告をもってこの特約
　を解除することができます。

② 　乙は、前項の規定にかかわらず、次の場合は、この特約を予告期間なしに解
　除することができます。

　⑴　第8条（通知の遅れ、漏れまたは誤り）に該当する場合

　⑵　第9条（保険料の払込み）第1項の規定に違反した場合

　⑶　正当な理由がなくて第11条（帳簿等の閲覧）に規定する乙による閲覧を拒
　　んだ場合

③ 　前二項の解除は、将来に向ってのみその効力を生じます。ただし、解除が前
　項第1号によるものである場合は、その解除が第8条（通知の遅れ、漏れまた

## 666　第2部　各課税物件

は誤り）の被保険自動車以外の被保険自動車に係る事故による損害または傷害の発生後になされたときでも、乙は、通知に遅れ、漏れまたは誤りがあった通知日の属する月の前月の通知日後（通知に遅れ、漏れまたは誤りがあった通知日が第1回の通知日であるときは、有効期間の初日以後）に生じた損害または傷害については、保険金を支払いません。もし、すでに保険金を支払っていたときは、その返還を請求することができます。

　以上のとおり特約を締結した証として本書2通を作成し、当事者双方記名捺印の上各自その1通を所持するものとします。

　　　　年　　　月　　　日

　　　　　　甲　　　　　　　　　　　　　　　　　　㊞
　　　　　　乙　　　　　　　　　　　　　　　　　　㊞

---

### 付 帯 別 表

**特約第5条に基づく担保種目、保険金額、免責金額および保険料率は次のとおりとする。**

| 担保種目 保険金額 免責金額 保険料率 ／ 車種 | 販売用自動車の貸与中危険担保特約の付帯…… あり | | | |
|---|---|---|---|---|
| | 車　　両 | 対　　　人 | 対　　　物 | 傷　　　害 |
| | 保　険　金　額 | 1名保険金額<br>（自損事故1名1,400万円） | 保　険　金　額 | 1名保険金額 |
| | 免　責　金　額 | | 免　責　金　額 | |
| | 対千円料率 | 1台当り保険料 | 1台当り保険料 | 1台当り保険料 |
| | | | | |
| | | | | |
| | | | | |

---

### 印紙税法の適用関係

　　印紙税法別表第一、課税物件表の第7号文書「継続的取引の基本となる契約書」である。

**説明**　この文書は、損害保険会社と保険契約者との間において、2以上の保険契約を継続して行うために作成される契約書で、これらの保険契約に共通して適用される保険要件のうち、保険の目的の種類、保険金額又は保険料率を定めていることから、第7号文書に該当する。

第十章 （第7号文書） 継続的取引の基本となる契約書　　667

### 第304例　購買品代金決済約定書

## 購買品代金決済約定書

　　　　　　農業協同組合（以下「組合」という。）と　　　　　経済農業協同組合連合会（以下「経済連」という。）並びに　　　　　信用農業協同組合連合会（以下「信連」という。）との間において、組合が経済連に対する計画購買による当該代金決済については、下記の通り取扱う事を約定する。

第1条　組合は経済連に対する購買品代金支払のため、信連に対し当座勘定「購買口」口座を設定する。当座勘定購買口の取引は第2条による購買品代金引落決済の場合に限るものとする。

第2条　組合の経済連に対する購買品代金は信連において組合の信連に対する当座勘定購買口より引落決済する。

第3条　経済連は組合に対し出荷報告書又は受領書に基づき購買品代金請求書を送付する。ただし経済連以外より直送されたものについては経済連において出荷案内書受領後遅滞なくこの案内書に基づき、請求書を送付する。

第4条　経済連は信連に対し購買品代金決済依頼書に必要な書類を添付して当座勘定購買口より引落しを依頼する。

第5条　信連は前条の購買品代金決済依頼書に基づき、当該金額を組合の当座勘定購買口より引落し経済連の普通貯金口座に振替えると共に経済連宛依頼書控並びに組合宛領収書に信連の処理済印を押捺したものを経済連へ返戻する。

　②　経済連は前項の購買品代金決済領収書並びに購買品代金領収明細書を組合宛送付する。

第6条　組合は前条によるいったん振替決済されたものについては信連に対し何等異議の申立てをしないものとする。

第7条　信連における組合の当座勘定購買口の貯金残高が経済連からの引落依頼金額に満たないことにより引落しができない場合、組合は当該差額金額につき経済連に対し速やかに決済すると共に日歩　　銭　厘の割合をもって延滞利息を支払うものとする。

第8条　信連における第5条による当座勘定購買口引落期日は経済連よりの請求書発行日より10日目とする。

第9条　本約定書に定めなき事項についてはその都度三者協議の上決定するものとする。

第10条　この約定書の有効期間は契約締結の日から　　　　　年　　　月　　　日迄とする。

　　上記約定の証として本書3通を作成し各自その1通を保有するものとする。

668　　　　　　　　　　　第2部　各課税物件

```
        年　　月　　日
                農　業　協　同　組　合
                        組 合 長 理 事　　　　　　　　　㊞
                経済農業協同組合連合会
                        会 長 理 事　　　　　　　　　㊞
                信用農業協同組合連合会
                        会 長 理 事　　　　　　　　　㊞
```

**印紙税法の適用関係**

　　印紙税法に定める課税物件ではない。

**説明**　　この文書は、継続する売買についての対価の支払方法を定めるものであるが、
　　農業協同組合は経済連の出資者であるから、農業協同組合と経済連との取引は営
　　業者間の取引には該当しない。

　　　したがって、第7号文書「継続的取引の基本となる契約書」その他いずれの課
　　税物件にも該当しない。

第十章 （第7号文書） 継続的取引の基本となる契約書 　　669

**第305例　旅行券の販売に関する覚書**

## 覚　　　　書

　　　　（以下「甲」という。）と　　　　　　　　　（以下「乙」と
いう。）とは、国内航空券、国内旅行クーポン券および甲が企画し販売する国内主
催旅行商品に関し、次の通り覚書を作成し確認する。
第1条　乙は国内航空券、国内旅行クーポン券および甲が企画し販売する国内旅行
　　　　商品の販売条件に基づき、誠意をもって甲の諸商品を販売する。
第2条　甲は乙が集客した旅客については甲の旅客と同等の扱い方をなし、誠意を
　　　　もって旅行を実施する。
第3条　甲は乙が第1条に定める諸商品を販売するために必要な宣材帳票類を甲の
　　　　費用をもって乙に交付する。
第4条　第1条に基づく、乙の甲に対する販売についての販売金額の支払は現金扱
　　　　いとし航空券および主催旅行参加会員券と引換えにこれを行う。
第5条　甲は乙の販売に対し、付属覚書に定める代理店手数料を乙に支払う。支払
　　　　日および支払方法については甲、乙双方協議のうえ別途定める。
第6条　本覚書に定めていない事項については、甲、乙双方協議のうえこれを定め
　　　　る。
第7条　本覚書の履行に際し、損害を生じた場合はその責任の明確なるものは、甲
　　　　または乙の当事者が、不明確なるものは、甲、乙協議のうえその責を負う。
第8条　本覚書は　　　　年　　　月　　　日より1カ年有効とする。
　　　　ただし、期間満了の1カ月前に当事者の一方よりなんらかの意思表示のな
　　　　い場合は、更に1カ年を有効とし以後この例による。
　　本覚書の成立を証するため、本書2通を作成し双方記名捺印のうえ各自その1通
を保有する。
　　　　　年　　　月　　　日
　　　　　甲　　　　　　　　　　　　　㊞
　　　　　乙　　　　　　　　　　　　　㊞

### 印紙税法の適用関係

　　　　印紙税法に定める課税物件ではない。

**説明**　　この文書は、旅行券等の販売を委託するもの（委任契約）である。
　　　　また、旅行券等の販売は、旅行取扱業者が旅行申込人との間で運送等の契約を
　　　締結することを内容とし、売買を内容とするものではないことから第7号文書
　　　「継続的取引の基本となる契約書」その他いずれの課税物件にも該当しない。

670　　　　　　　　　第2部　各課税物件

### 第306例　農業経営委託契約書

---

## 農業経営委託契約書

　委託者　　　　　を甲とし、受託者　　　　　農業協同組合組合長理事　　　　　を乙として、下記条項により、甲はその農業経営を乙に委託し、乙はこれを受託してその運営を行うことを承諾してこの契約を締結する。

（委託する農業経営等）

第1条　甲は、乙に対し、下表第1欄に掲げる農業経営を委託するものとし、この経営委託にかかる土地は、下表第2欄に記載のとおりとする。

| 第　1　欄 受託する農業 経営の類型 | 第2欄　　左に係る土地の所在地等 | | | 備　考 |
|---|---|---|---|---|
| | 所　　在　　地 | 地　目 | 面　積 | |
| | | | | |
| 合　　　計 | | | | |

（契約の期間）

第2条　農業経営の受・委託の期間は、　　　年　　月　　日から　　　年　　月　　日まで　　年とする。

（中　略）

　上記契約の締結を証するため、この契約書2通を作成し、甲乙双方記名なつ印のうえ各自1通を所持するものとする。

　　　　　　　　　　委託者　　住所　　　　　　　　　　㊞
　　　　　　　　　　　　　　　氏名

　　　　　　　　　　受託者　　　　　　　　　　　　　　㊞
　　　　　　　　　　　　　　　農業協同組合組合長理事

---

（注）　この文書は、農家が農業協同組合に対して、農業経営を委託することを内容とするものである。

### 印紙税法の適用関係

　　　印紙税法に定める課税物件ではない。

**説明**　特殊な知識・技能を駆使するような仕事を依頼することは、一般的に委任契約と解されている。

　　　したがって、この文書は、専門的知識経験を有する農業協同組合に対して農業経営を委託することを内容とするものは、第7号文書「継続的取引の基本となる契約書」その他いずれの課税物件にも該当しない。

第十章 （第7号文書） 継続的取引の基本となる契約書　　671

**第307例**　**ガス使用申込書**

第7号

ガス使用申込書

| No. | | |
| 出張月日 | 出張時刻 | |
| 月　日 | 午前<br>午後　時頃 | |

年　　月　　日　午前　時　　分
　　　　　　　　　午後

目　標

荘・住宅　　棟　　号

（申込欄）

| 住　所 | 市<br>区 | 町 | 丁目 | 番地<br>番 | 号 | 側 |

（出張連絡メモ）

使　用
者　名
（フリガナ）　　　殿⑪　前使用者　名　　　　殿

TEL　　　　　　受付者

| 業務コード | 区 | 号 | 頁 | メーター型号 | 社　番 |

受付者記入（接合の場合）
口座振替 1 解約 2 継続

開せん月日

（継承の場合、出張者記入）
集金方法＿＿＿＿＿＿＿
転居先
（集金先）＿＿＿＿＿＿＿

氏　名　　　　TEL

検定年月

（継続の場合は、聞いてください）
　　　　銀行　　　　支店
口座名義＿＿＿＿＿＿＿
口座番号 普通＿＿＿
　　　　　当座

開せん指針

（備考）1 接合の場合は、フリガナをつけないでください。
2 入力の際、"不払切断中"の表示が出たときは、集金担当へ連絡してください。

瓦斯株式会社　御中
貴社の供給規程を承認のうえ、ガスの使用を申し込みます。

| オペレータ | 責任者 | 出張者 |

**印紙税法の適用関係**

　　　印紙税法に定める課税物件ではない。

**説明**　　この文書は、ガス供給規程を承認の上、申し込むことが記載され、かつ、当該
　　規程上一方の申込みにより自動的に契約が成立することになっていることから、
　　印紙税法上の契約書に該当する。しかしながら、電気又はガスの供給に関する契
　　約書は、契約当事者が営業者であっても第7号文書「継続的取引の基本となる契
　　約書」には該当しない（印紙税法施行令第26条第1号参照）。

## 第308例　社内展示販売契約書

# 契　約　書

（以下「甲」という。）と

　（以下「乙」という。）との間に下記条項に依る販売契約を締結する。

第1条　この契約の購入者は甲の認める社員に限るものとする。

第2条　販売方法は甲の社内に於いて乙が行う展示会開催による洋服及び洋品類の月賦販売とする。

　　　　但し、展示会開催の日時及び場所は開催の都度甲の指示に従うものとする。

第3条　販売商品は、乙の責任において一般市価より極力割引いた特別価格を付するものとし常に良品を低価に販売する様努めるものとする。

第4条　販売される商品の代金割賦方法は、

　　　　　¥5,000－未満の物品の場合　　　　　3ケ月均等払

　　　　　¥5,000－以上の物品の場合　　　　　10ケ月均等払とする。

第5条　販売された商品の引渡しまでの費用は、総て乙が負担するものとする。

第6条　乙の納入品又は修理についてクレームのある時は、品質保証及び調整修理等直ちに商慣習により完全品との引換又は修理をなしサービスに万全を期すこと。

第7条　販売代金の請求は、毎月分の割賦金額を乙が毎月　　　日に締切り毎月　　　日までに甲に請求するものとする。

第8条　甲は、前条の請求金額に対し当月分の割賦金額を各購入者より源泉し、毎月　　　日までに乙に一括して支払うものとする。

第9条　乙は、甲から支払われる当月分販売代金の　　　％を手数料として販売代金受領の際甲に対して支払うものとする。

第10条　甲は、購入者が退職又は長期欠勤等により、販売代金の控除が不可能になった時は、速やかに乙にその旨通知するが、最終的にその責を負わない。

　　　　　但し、退職者については、本籍現住所を速やかに乙に連絡すると共に退職金等ある時は、購入代金の未払分を斡旋精算する。

第11条　この契約の有効期間は1ヶ年とする。但し期間が満了した場合当事者の一方から別段の意思表示がなされない時は、同一条件を以って契約が更新されたものとする。

　　　　　以後も又同じとする。

第12条　前各条に定められていない事項につき、その必要が生じた時はその都度合議の上善処するものとする。

第十章　（第7号文書）　継続的取引の基本となる契約書　　673

上記契約の証として本契約書2通を作成し各自その1通を保持するものとする。

年　　　月　　　日

甲　　　　　　　　　　　　　㊞

乙　　　　　　　　　　　　　㊞

### 印紙税法の適用関係

印紙税法に定める課税物件ではない。

**説明**　この文書は、継続する洋服等の売買を内容とするほか、甲が乙に請求金額を各購入者から源泉して一括して乙に支払うことについての事務の委託を内容とするもの（委任契約）であるが、契約当事者間において取引を行うための契約ではないことから、第7号文書「継続的取引の基本となる契約書」その他いずれの課税物件にも該当しない。

674　　　　　　　　第2部　各課税物件

**第309例　地位承継覚書**

地 位 承 継 覚 書

　　　　　　　（以下「甲」という。）、　　　　　　　（以下「乙」という。）、
　　　　　　　（以下「丙」という。）並びに甲の連帯保証人及び担保提供者は乙の
丙に対する営業譲渡に伴い次のとおり約定する。
（地位承継）
第1条　乙は、乙と　　　　年　　月　　日付で甲及び連帯保証人との間に締結さ
　　　れた売買取引基本契約上の地位（現存債権及び別紙記載の担保権その他一切
　　　を含む。但し、根抵当権は乙・丙で共有する）を　　　　年　　月　　日満
　　　了時を以って丙に譲渡し、丙はこれを譲り受け、甲はこれを異議なく承諾し
　　　た。
（登記等）
第2条　乙は前条の営業譲渡につき譲渡日後、遅滞なく担保物を丙に引き渡し、登
　　　記その他必要な手続をとる。
（保証）
第3条　甲の連帯保証人及び担保提供者は前二条の規定を承諾し、今後とも乙に対
　　　すると同様に丙に対して保証及び担保の責に任ずる。
　　　　　　　　　　　　　　　　　　　（以下省略）

**印紙税法の適用関係**

　　　印紙税法別表第一、課税物件表の第7号文書「継続的取引の基本となる契約
　　　書」である。

**説明**　この文書は、甲と乙との間で締結されている売買取引基本契約上の乙の地位を
　　　丙に譲渡することの更改契約書であるが、取引基本契約書を引用しており、印紙
　　　税法施行令第26条第1号の要件を充足するものであることから、第7号文書に該
　　　当する。

　　　　なお、個別契約上の地位を譲渡するものであるときは、第15号文書「債権譲渡
　　　に関する契約書」に該当することとなる。

第十章 （第7号文書） 継続的取引の基本となる契約書　675

**第310例**　クリーニング取次営業契約書

## 取 次 営 業 契 約 書

　　　　　を甲とし、　　　　　　　　を乙として、取次業務並びに営業所開設等に関し次の通り契約する。

第1条　営業取扱種目は次の通りとする。
　　　　衣服類及び繊維類、一般のクリーニング加工品（ドライ及び水洗い）

第2条　営業所店舗開設並びに改造施工費用
　　　　乙の営業所店舗開設、改造施工費用並びに本契約解除に伴う原状回復費用は全額乙の負担とする。

第3条　乙が営業所開設に際し、必要とする看板設置その他広告宣伝費用は甲が負担する。
　　　　但し、委託品管理器具類は甲の指定するものを乙は購入設置するものとする。

第4条　委託品の管理
　　　　乙は受け付けたクリーニング委託品は責任をもって管理する。
　　　　管理方法に関しては、甲の指示する業務管理方式及び業務指示に従い管理する。
　　　　甲は乙に対し責任をもって業務管理を教育指導する。

第5条　業務諸経費
　　　　乙対甲間に於いて必要とする営業日報他諸伝票は甲の負担とする。
　　　　但し、マーキング、預り書は甲の請求する実費を乙は負担する。

第6条　弁償
　　　　乙はクリーニング委託品を乙の営業所に於いて保管中、毀損、盗難、紛失、被搾取その他一切の損害発生分に対しては弁償するものとする。
　　　　但し、甲の責任によるものは、甲が責任をもって弁償する。

第7条　クリーニング料金
　　　　料金は甲の指定する料金表による。
　　　　料金は原則として前金制度とする。

第8条　クリーニングの受付け
　　　　別紙〔お客様のための営業所心得〕（以下「営業所心得」という。）による。

第9条　納金制度
　　　　乙は1日の売上代金は甲の翌日第1便の集荷時納金とするものとする。

第10条　取次手数料
　　　　営業所心得記載の通りとする。

676 第2部 各課税物件

第11条 手数料支払日

　　　毎月8日とする。但し当該日が休日の場合は翌営業日とする。

　　　尚地域によっては、翌日扱いもあり得るものとする。

第12条 営業権の譲渡禁止

　　　乙は甲の承諾なしに営業権を他に貸与、譲渡又は権利の得喪を目的とする一切の行為をしてはならない。

第13条 営業開始（契約）後、乙は最低満壱ケ年間は営業しなければならない。万一壱ケ年以内に閉店する時は、甲に、金50万円を支払うこと。

第14条 甲は契約期間中、乙の営業店より半径350メートル以内（1,500世帯）に他の営業店を出店する場合、乙の承諾を得なければならない。

第15条 契約期間

　　　契約期間は契約の日より3年間とし、甲乙双方に異議なき限り当然更新されるものとする。

　　　尚期間満了3ケ月前に双方共意思表示なさざるときは、自動的に本契約は更新されたものとする。

（中　略）

第25条 本契約書記載以外の事項については都度甲乙両者協議するものとする。

本契約締結の証として本書2通を作成し各自1通宛所持するものとする。

　　　　　　　　　　　　　　　　　　　　年　　　月　　　日

（以下省略）

**印紙税法の適用関係**

　　　印紙税法に定める課税物件ではない。

**説明**　この文書は、取次店とクリーニング業者との間において、請負の取次ぎを委託する契約であり、請負、売買の委託又は売買に関する業務の委託のいずれにも該当しないことから、第7号文書「継続的取引の基本となる契約書」その他いずれの課税物件にも該当しない。

**参考**　クリーニングに係る請負契約は、顧客とクリーニング業者との間で成立するものである。

第十章 （第7号文書） 継続的取引の基本となる契約書　　677

第311例　水道の計量業務委託契約書

## 計量業務委託契約書

　　　　　市長　　　　　　　　を甲とし、　　　　　　　　を乙とし甲乙両当事者
は、地方公営企業法第33条の2の規定に基づき、次の各項により計量業務委託契約を
締結した。
　乙は、甲から委託された業務を自己の責任において信義を重んじ誠実に履行するも
のとする。
（委託業務の範囲）
第1条　乙は、次の業務を甲の指示に従い履行するものとする。
　　1　水道水の使用水量の計量
　　2　不良メーターの点検
　　3　計量設備に伴う漏水の点検
（計量業務の方法）
第2条　乙は、次の方法により計量業務を行うものとする。
　　1　計量業務は原則として隔月（偶数月）に行うものとする。
　　2　計量業務は偶数月の12日までとする。
　　3　計量業務は常に正確に行い、水道使用水量通知書に所定事項を記入し検針員
　　　の印を押し使用者に交付するものとする。
　　4　検針日報を作成し、不良メーター、漏水及び不正使用者等を発見した場合は
　　　直ちに報告しなければならない。
（委託料及び支払方法）
第3条　甲は、委託料として検針実績件数1件につき　　円を委託料として当月末に
　　　支払うものとする。

（中　略）

（委託期間）
第9条　委託期間は、　　　年　月　日から　　　年　月　日までとする。
　　2　甲は、前項の期間を更新しようとするときは、期間満了前30日までに乙に通
　　　知するものとする。
　　3　前項の通知後7日を経過してなお乙から何ら意思表示のない場合は、更新意
　　　思がないものとみなす。
（協議等）
第10条　この契約に定めのない事項で必要がある場合は、甲、乙協議して決定するも
　　　のとする。

678 第 2 部 各 課 税 物 件

　本契約の締結を証するため、契約書2通を作成し甲、乙記名押印の上各自その1
通を所持するものとする。

　　　　　　　　　　　　　　　　　　　　　　　　　　　年　　　月　　　日

甲　　　　　　　　　　　　　　　　　㊞
　　　市長
乙　　　　　　　　　　　　　　　　　㊞


連帯保証人
　住　　所
　氏　　名　　　　　　　　　　　㊞

---

（注）　水道水の使用料に係る計量等の業務を水道事業者（地方公共団体）が検針員に
　　　委託することを内容とする契約書である。

**印紙税法の適用関係**

　　　印紙税法別表第一、課税物件表の第7号文書「継続的取引の基本となる契約
　　書」である。

**説明**　　この文書は、水道水の供給（売買）に関する業務を継続して委託することにつ
　　　いて、委託する業務の範囲等を定めていることから、第7号文書に該当する。
　　　　なお、水道料金の集金業務を委託することを内容とする「集金業務委託契約
　　　書」は、第7号文書に該当するが、委託者が地方公共団体の場合は、印紙税法別
　　　表第三に掲げる「公金の取扱いに関する文書」として、非課税文書に該当する。

第十章 （第7号文書） 継続的取引の基本となる契約書　　679

第312例　解約合意書

解　約　合　意　書

　平成　　年　　月　　日付にて交わした下記契約の解約を甲、乙両者間において
合意いたしました。
　解約の合意を証するため、本書2通を作成し甲、乙それぞれ1通保有します。

記

　1　商品売買契約
　2　代理店契約

以　上

　　　　年　　月　　日

甲　　　　　　　　㊞
乙　　　　　　　　㊞

印紙税法の適用関係

　　　印紙税法に定める課税物件ではない。

説明　この文書は、契約の消滅（解約）の事実を証明する目的で作成するものである
　　ことから、印紙税法上の契約書に該当しない。

680　　第2部　各課税物件

第313例　個人情報の取扱い等に関する覚書

<br>

## 個人情報の取扱い等に関する覚書

　　　　（以下「甲」という。）と　　　　（以下「乙」という。）は、甲乙間の　　年　　月　　日付請負基本契約（以下「基本契約」という。）に関し、下記の通り覚書（以下「本覚書」という。）を締結する。

（個人情報の取扱い）

第1条　基本契約に基づく個々の請負契約（以下「個々の契約」という。）の履行に際し、乙は、甲が開示または提供する甲の顧客、従業員その他の者の個人情報（個人情報の保護に関する法律第2条第1項に規定する個人情報をいい、以下「個人情報」という。）を次の各号に従って取り扱うものとする。(1)、(5)および(6)の定めは、基本契約の終了後においても有効に存続するものとする。

(1)　秘密保持

　　　個人情報の取扱いは、個々の契約の履行に必要な範囲内で必要最低限の範囲の担当者に限り行わせ、担当者以外の者に取り扱わせまたは開示してはならない。

(2)　下請負等の禁止

　　　基本契約第7条の定めにかかわらず、甲が開示または提供した個人情報の取扱いを伴う仕事の全部または一部を第三者に委任しまたは請け負わせる場合は、あらかじめ甲の書面による承諾を得なければならない。

(3)　目的外利用の禁止等

　　　個人情報は個々の契約の履行に必要な範囲内に限って利用し、必要な範囲を超えて個人情報の記録物を加工または複製してはならない。

(4)　安全管理

　　　善良なる管理者の注意をもって個人情報を管理し、漏洩、滅失またはき損等の事故を防止するため、管理体制および取扱いに関する規程の整備、取扱い権限者の限定、保管場所の立入り制限・施錠保管・閲覧利用の際の暗証番号の設定等による権限外の者のアクセスの防止、アクセスの記録、バックアップ等の必要かつ適切な安全管理措置を講じなければならない。甲が個別に個人情報の管理に関する要領を定めた場合は、その内容に従うものとする。

(5)　従業者の監督

　　　個々の契約の履行に従事し個人情報を取り扱う全ての従業者に対して、本条を遵守するよう適切な指導・監督を行わなければならない。

第十章 （第7号文書） 継続的取引の基本となる契約書 681

(6) 返還・消去・廃棄

　　個々の契約の履行上の利用が終了した場合、本契約が終了した場合、その他甲が求めた場合は、委託者の指示するところに従い速やかに、全ての個人情報の記録物（複製物を含む。）を返還し、または復元の不可能な方法による廃棄もしくは消去をしなければならない。廃棄または消去に際し、甲から作業の立会いまたは作業の完了を確認することができる資料の提出を求められた場合は、これに応じなければならない。

(7) 立入調査

　　1) 乙は、甲の求めがあった場合、遅滞なく、甲の定める様式により個人情報の取扱い状況に関する報告を行わなければならない。

　　2) 乙は、委託者が個人情報の適正な取扱いの確認のため必要があるとして申し入れた場合は、個人情報の取扱状況に関する立入調査の実施を承諾し、遅滞なく誠実に協力しなければならない。

　　3) 乙は、個人情報について漏洩、滅失またはき損等の事故が発生した場合は、直ちに甲に報告し、甲の指示に従って対応しなければならない。

(8) 個人情報管理者の設置

　　乙は、本条に定める安全管理等の措置全般について責任をもって実施し、または従業者を監督して実施させる責任者として、個人情報の管理者（以下「個人情報管理者」という。）を選任し、甲に報告するものとする。個人情報管理者は、必要な権限と能力を有する常備の従業員から選任し、個人情報管理者を変更した場合には、直ちに甲に書面にて報告するものとする。個人情報管理者の選任は、この契約に基づく乙の責任を減免するものではない。

　本覚書成立の証として本書2通を作成し、甲乙記名捺印のうえ各1通を保有する。

　　　年　　月　　日

　　　　　　　　　　　　甲　　　　　　　　　㊞
　　　　　　　　　　　　乙　　　　　　　　　㊞

**印紙税法の適用関係**

　　印紙税法に定める課税物件ではない。

**説明**　この文書は、個人情報の取扱いについて定めたものであるが、課税事項の記載がないことから、印紙税法に定めるいずれの課税物件にも該当しない。

682　　　　　　　　　　第2部　各課税物件

第314例　　Web-EDI による購買システムの利用に関する契約書

## Web-EDI による購買システムの利用に関する契約書

　　　　　（以下甲という。）と　　　　　　（以下乙という。）とは、甲の Web-EDI
による購買システムの利用に関し、次のとおり契約を締結する。

第1条（定義）

　　本契約において、次の用語はそれぞれ次の意味で使用する。

　(1)　本システム

　　　　甲および乙が、相手方に提供する取引関係情報をインターネット上のデー
　　タベースにあらかじめ定められた所定のフォーマットの状態で記憶させ、相
　　手方が、当該取引関係情報をインターネット上のデータベースから WWW
　　サーバー経由で、端末機器から利用するシステムをいう。

　(2)　本サイト

　　　　甲から乙へ通知される World Wide Web 上のサイトをいう。

　(3)　本ソフトウェア

　　　　本サイトに掲示された情報、データ等を乙が利用できるようにするために
　　甲が乙に提供するコンピュータ・プログラム及びその関連資料をいう。

　(4)　所定フォーマット

　　　　甲で定めた注文データ等の取引関係情報データのフォーマットをいう。

　(5)　取引関係情報

　　　　本システムを利用して甲乙間で相互に相手方に提供されるすべての情報を
　　いう。

第2条（目的）

　　本契約は、甲および乙が甲乙間の購買取引を円滑かつ効率的に行うために、本
システムを利用するにあたっての条件を定めることを目的とする。

第3条（利用時間）

　1．利用時間は、甲より乙に別途通知する。

　2．甲は、利用時間を本サイト上への掲載をもって、乙への通知に代えることが
　　できる。

第4条（ID・パスワードの管理）

　1．甲は、本契約締結後すみやかに、乙に対し、乙が本サイトにアクセスする際
　　に、甲が乙からアクセスのあることを確認するために必要となる ID およびパ
　　スワードを通知する。

　2．乙は、パスワードを自ら変更することができるものとする。

第十章　（第7号文書）　継続的取引の基本となる契約書　　　683

3．甲は、甲が必要と認めた場合、乙に事前に通知することにより ID を変更することができるものとする。

4．乙は、自己の責任で ID 及びパスワードを管理および使用するものとし第三者による不正使用等を防止すべく必要な措置を講じるものとする。

第5条（本システムの内容変更）

　甲は、乙に通知を行うことなく本システムの内容を追加し、または変更することができる。ただし、甲が、甲乙双方の事前の合意が必要であると判断した場合はこの限りではない。

第6条（本サイトへのアクセス）

1．乙は、第4条の ID およびパスワードを用いて、端末機器から本サイトへアクセスし本システムを利用するものとする。

2．乙は、端末機器および端末機器から本サイトまでの電気通信サービス（通信費用、プロバイダ利用代金等を含むがこれらに限られない）を、乙の費用と責任で調達するものとする。

第7条（本ソフトウェア）

1．甲は、必要に応じ、本契約締結後すみやかに、乙に対し本ソフトウェアを提供する。

2．甲は、乙に対し、乙が本システムを利用するために必要な範囲で本ソフトウェアを端末機器にインストールして使用する権利を許諾する。

3．乙は、本契約の履行以外の目的で本ソフトウェアを使用し、または第三者の使用に供してはならない。

第8条（運用マニュアル）

　本システムを利用した情報交換の実施に必要な端末機器、送信手順、データフォーマット、その他の必要事項については、甲から乙に別途配布される運用マニュアルにおいてこれを定める。

第9条（再委託）

　甲は、本システムの提供に関する業務の全部または一部を第三者に委託することができる。

第10条（発注）

1．甲は、本サイトに注文データを提示することで、乙に発注を行うものとする。

2．乙は、原則毎日本サイトにアクセスし、新たに提示された注文データを確認するものとする。なお、注文書は本ソフトウェアを用いてプリンタより出力するものとする。

3．乙は、前項のアクセスの結果、新たに提示された注文データを確認した場合には、当該発注に対する諾否をすみやかに甲に通知するものとする。ただし、

684 第2部 各課税物件

甲が注文データを本サイトに掲示した日から起算して7日以内に何らの意思表示も乙からなされない場合、当該7日間の満了日をもって承諾の意思表示がなされたものとみなす。

4．乙は、本サイトに掲示される情報が、甲が別途指定する掲示期間経過後は自動的に消去されるものであることに十分注意し、当該情報を保存する等、適切な処置を講じるものとする。

第11条（納品）

乙は、前条による発注に基づき個別契約が成立した場合には、当該個別契約に基づく注文品の納入にあたり、本ソフトウェアを用いてプリンタより出力される当該発注にかかる納品書と現品票、または「かんばん」を添付するものとする。

（中　略）

第16条（本システムおよび端末機器の保守）

1．甲は、自己の費用と責任で、本システムを保守するものとし、本システムに障害が発生し、または本システムの全部または一部が滅失したときは、すみやかに本システムを修理し、または復旧するものとする。

2．乙は、自己の費用と責任で、端末機器を保守するものとする。

（中　略）

第19条（秘密保持）

乙は、本契約の履行に伴い知り得た、甲または甲の再委託先の営業上または技術上の秘密情報を第三者に開示または漏洩してはならないものとし、かつ、本契約の履行以外の目的のために一切使用してはならないものとする。ただし、乙の責めに帰すべき事由によらず公知となったものについてはこの限りではない。

第20条（禁止事項）

乙は、本システムの利用にあたり、次の行為を行ってはならないものとする。

⑴　事実に反する情報を書き込む行為。

⑵　第三者のID及びパスワードを不正に使用する行為。

⑶　第三者の著作権その他の知的財産権を侵害する行為。

⑷　本システムにより得られる情報およびデータを、本契約の履行以外の目的で複製し、または改変する行為。

第21条（損害賠償）

甲は、乙が本契約の条項の一に違反したことにより損害を被ったときは、乙に対しその損害を請求することができる。

第22条（解除）

1．甲は、乙が次の各号の一に該当する場合には、何らの催告を要せず直ちに本契約を解除することができる。

⑴　本契約の条項の一に違反したとき。

第十章 （第7号文書） 継続的取引の基本となる契約書　　685

(2) 本契約の履行に関し、乙に不正または不当の行為があったとき。

(3) 差押、仮差押、仮処分、競売の申立もしくは租税滞納処分その他公権力の処分を受け、または、破産、会社更生もしくは民事再生手続その他これらに類する手続きの申立がなされたとき。

(4) 自ら振り出しもしくは引き受けた手形または小切手につき、不渡処分を受ける等、支払停止状態に至ったとき。

(5) 営業の廃止または解散の決議をしたとき。

(6) 前各号の他、財産状態が悪化し、またはそのおそれがあると認められる相当の事由があるとき。

2. 前項に基づく本契約の解除は、甲の乙に対する損害賠償の請求を妨げるものではない。

第23条（権利の譲渡）

　　乙は、甲の書面による承諾を得ることなく、本契約に基づく権利または義務の全部または一部を第三者に譲渡し、または承継させないものとする。

第24条（信用毀損）

　　乙は、甲の信用を毀損し、または信用を毀損するおそれのある行為を一切行わないものとする。

第25条（有効期間）

1. 本契約の有効期間は、　　　年　　月　　日から　　　年　　月　　日までとする。ただし、期間満了の1ヵ月前までに甲乙いずれからも何らの申し出がなされなかった場合には、更に1年間延長するものとし、以後期間満了毎この例による。

2. 前項にかかわらず、甲および乙は、相手方に3ヵ月前に書面で通知することにより、本契約を解約することができる。

　　　　　　　　　　　　　　　（中　略）

本契約締結の証として、本書2通を作成し、甲乙記名捺印のうえ各1通を保有する。

　　　　　年　　月　　日

　　　　　　　　　　　　　　　　　　　甲　　　　　　　　　　㊞

　　　　　　　　　　　　　　　　　　　乙　　　　　　　　　　㊞

**印紙税法の適用関係**

　　印紙税法に定める課税物件ではない。

**説明**　　この文書は、乙が甲に商品の発注を行う際にインターネットを利用して行うことを約したものであるが、課税事項の記載がないことから、印紙税法に定めるいずれの課税物件にも該当しない。

686　　　　第２部　各課税物件

**第315例**　**天候デリバティブ取引媒介契約書**

天候デリバティブ取引媒介契約書

　株式会社○○銀行（以下「甲」という。）と○○保険株式会社（以下「乙」という。）は、乙が甲の媒介により顧客との間において成約しようとする天候デリバティブ取引（以下「取引」という。）に関して、次のとおり契約を締結する。


（媒介の内容）

第１条　本契約において媒介とは、乙に対して顧客との間において成約する取引に関して甲が行う以下の行為をいう。

　　(1)　………………………

　　(2)　………………………

　　(3)　………………………

（義務と責任）

第２条　〈甲と乙の顧客に対する説明責任及び法令等遵守義務を規定〉

（守秘義務）

第３条　〈顧客情報に関する甲と乙の守秘義務を規定〉

（顧客に対する確認）

第４条　〈取引開始時の顧客に対する確認事項及びその確認にかかる甲と乙の役割を規定〉

（契約書の交付及びプレミアムの収受）

第５条　〈顧客に対する契約書の交付・プレミアムの収受にかかる甲と乙の役割を規定〉

（報酬）

第６条

　１　乙は、甲の媒介により、顧客との間において天候デリバティブ取引を成約したときは、当該取引の媒介にかかる手数料を甲に支払うものとする。

　２　甲及び乙が別途同意した場合を除き、媒介手数料は当該取引について乙が収受するプレミアム金額に○○分の○○を乗じた金額（消費税等を含む。）とし、下記の口座に、当該プレミアム受領日の属する月の翌月○○日（但し、○○日が銀行休業日に当たる場合は翌営業日）に支払うものとする。

　金融機関名：

　支店名：

　口座の種類：

　口座番号：

　口座名義：

第十章 （第7号文書） 継続的取引の基本となる契約書　　687

（契約の有効期間）

第7条　本契約の有効期間は、　　　　年　　　月　　　日から起算して　　　年間とする。

　　　　ただし、期間満了の　　　ケ月前までに、甲乙いずれからも別段の意思表示がされないときは、有効期限は更に　　　年間延長されるものとし、事後も同様とする。

（中　略）

　　この契約締結の証として証書2通を作成し、甲及び乙が記名押印の上、各々その1通を保有するものとする。

　　　　年　　　月　　　日

　　　　　　　　　　　　　　　　　　甲　　　　　　　　　　㊞

　　　　　　　　　　　　　　　　　　乙　　　　　　　　　　㊞

**印紙税法の適用関係**

　　印紙税法別表第一、課税物件表の第7号文書「継続的取引の基本となる契約書」である。

**説明**　この文書は、金融機関である保険会社がその業務の一部（金融等デリバティブ取引）を継続して他の金融機関である銀行に委託するために作成する契約書であり、委託する業務の範囲を定めるもの（第1条）であることから、第7号文書に該当する。

　　なお、天候デリバティブ取引の媒介の委託先が、銀行等の金融機関でない場合は、金融業務を他の金融機関に委託するものではないことから、第7号文書には該当しない。

**参考**　天候デリバティブ取引とは、暖冬、冷夏、渇水、豪雪等の異常気象に伴い、企業や自治体が被る収益減少や予期せぬ費用支出に対処する商品として損害保険会社が提供する金融派生商品である。

　　また、天候デリバティブ取引は、保険とは異なり、実際に契約者が被った損害と関係なく、実現した気象事象のみで支払いが決定されるものである。

第2部　各課税物件

**第316例**　温室効果ガスの排出権取引に関する売買契約書

（その1）温室効果ガス排出権売買契約書

## 温室効果ガス排出権売買契約書

　○○株式会社（以下「甲」と称す）と△△株式会社（以下「乙」と称す）は、乙が××の○○ XXX プロジェクトから購入する温室効果ガス排出権（YYY）の甲乙間の売買に関し、ここに契約（以下「本契約」と称す）を締結する。

第1条（定義）
　本契約において使用される用語の定義は、次の通りとする。
- 「○○議定書」とは、気候変動に関する○○○○○○条約の第3回締約国会議で採択された○○議定書をいう。
- 「XXX」とは、○○議定書第12条に定めるクリーン開発メカニズム（Clean Development Mechanism）をいう。
- 「YYY」とは、○○議定書上の排出権で、XXX 理事会により認証された排出削減量（YYYtified Emission Reduction）をいう。
- 「XXX 理事会」とは、○○議定書第12条に定める XXX の理事会（Executive Board）をいう。
- 「プロジェクト実施者」とは、—————をいう。
- 「国別登録簿」とは、日本国が気候変動に関する○○○○○○条約の○○議定書及び同条約の締結国会議に基づいて設置する国別登録簿をいう。
- 「購入期間」とは、2018年1月1日より2022年12月31日迄をいう。
- 「YYY 発生年度」とは、本契約において売買対象となる YYY の発生する各年の1月1日から12月31日迄とし、「第1YYY 発生年度」は2018年1月1日から12月31日迄、「第2YYY 発生年度」は2019年1月1日から12月31日迄、「第3YYY 発生年度」は2020年1月1日から12月31日迄、「第4YYY 発生年度」は2021年1月1日から12月31日迄、「第5YYY 発生年度」は2022年1月1日から12月31日迄をいう。

第2条（YYY の売買）
1. 乙は YYY を、下記に定める YYY 発生年度毎の数量（以下「YYY 発生年度の契約数量」と称す）及び価格（以下「購入価格」と称す）により甲へ売り渡し、甲はこれを買い受けるものとする。

記
第1YYY 発生年度：——トン、価格——ドル／トン
第2YYY 発生年度：——トン、価格——ドル／トン

第十章　（第7号文書）　継続的取引の基本となる契約書　　　689

　　　　　第3YYY 発生年度：――トン、価格――ドル／トン
　　　　　第4YYY 発生年度：――トン、価格――ドル／トン
　　　　　第5YYY 発生年度：――トン、価格――ドル／トン
　　2．　　　　　　　　　　（省略）
第3条（YYY の引渡・移転）
　　1．乙は、各 YYY 発生年度の移転数量を、原則として YYY 発生年度毎に1回
　　　で甲へ移転しなければならない。また、乙は、当該 YYY 発生年度の翌年○月
　　　○日から○月○日迄に各 YYY 発生年度の移転数量を甲に対して移転しなけれ
　　　ばならない。
　　2．乙は、各 YYY 発生年度終了後、プロジェクト実施者から購入した YYY 発
　　　生年度におけるプロジェクト全体の購入数量が国別登録簿の乙の口座に移転・
　　　登録されたことを確認後、速やかに当該 YYY 発生年度の移転数量を甲の指定
　　　する口座に移転する申請（以下「移転申請」と称す）を行うものとする。
第4条（対価の支払）
　　1．乙は、甲から第3条1項(3)による通知を受領後速やかに、YYY 発生年度の
　　　移転数量に購入価格を乗じた金額および当該金額に対する消費税相当額の合計
　　　額（以下「対価」と称す）について、甲へ請求書を送付する。
　　2．甲は、前項の請求書を受領後、速やかに請求内容を確認し、請求内容につい
　　　て異議なき場合は、請求書を受領した日から起算して○日以内に対価を支払う
　　　ものとする。
　　3．甲は、乙が甲に送付する請求書に基づきドル建てで乙の指定する銀行口座に
　　　振込む方法により対価を支払うものとする。
第5条（有効期間）
　　1．本契約の有効期間は本契約の締結日より、購入期間における YYY の売買に
　　　関する甲・乙間の権利義務が全て消滅する迄とする。
　　2．前項の定めに関わらず、本契約の有効期間は両当事者の書面による合意に
　　　よって更新されることを妨げない。
　　　　　　　　　　　　　　　　（以下省略）
　　以上、契約締結の証として本書を2通作成し、甲・乙記名押印の上、各々その1
　通を保有する。
　　　　　年　　　月　　　日

　　　　　　　　　　　　　　　　　　甲：　　　　　　　　㊞
　　　　　　　　　　　　　　　　　　乙：　　　　　　　　㊞

（その２）自主参加型国内排出量取引制度標準契約書

年　　月　　日

## ○○年度　　　省自主参加型国内排出量取引制度標準契約書

　株式会社○○（以下「甲」という。）と株式会社△△（以下「乙」という。）は（以下、両名を総称して、または単独で、「当事者」という。）、平成○○年度省自主参加型国内排出量取引制度（以下、「本制度」という。）に基づく排出枠等の売買取引を行なうに際し、その基本的事項について、予め、以下のとおり契約（以下「本標準契約」という。）を締結する。

第１条（契約の趣旨）

　○○議定書に基づき又は関連して、温室効果ガスの費用効率的かつ確実な削減と、国内排出量取引制度に関する知見・経験の蓄積を目的とする本制度の一貫として実施される○○○○.com（以下、「本サービス」という。）の利用に際し、利用者が予め他の利用者との間で排出枠等の取引について基本的な事項を取り決めておくことで、排出枠等の円滑な取引を確保するとともに、あわせて本制度の目的の実現に貢献することをその趣旨とする。

第２条（契約の対象となる取引）

　本標準契約の対象となる売買取引は、本サービスを利用してなされた取引に限られる。

第３条　　　　　　　　　　　　（省　略）

第４条（個別契約の成立と通知）

　１．　　　　　　　　　　　　（省　略）

　２．前項において、当該先発利用者が注文リストに売り注文を出していた場合には先発利用者を売主、当該後発利用者を買主とする売買契約が成立し、先発利用者が注文リストに買い注文を出していた場合には先発利用者を買主、後発利用者を売主とする売買契約が成立する。

　３．各個別契約において、売買の目的物は、約定履歴において当該個別契約に係る取引数量として表示される数量の排出枠等（以下、「売却排出枠等」といい、最小取引単位は「１二酸化炭素換算トン（t-CO2）」である。）であり、その代金額は、約定履歴において当該個別契約に係る取引単価とし表示される価格に取引数量を掛けた積であるものとする（以下、「売買代金」といい、単位は円であり、税別とする。）。

　４．個別契約の成立後、発注情報を送信した後発利用者は、個別契約の成立後○営業日以内に、別紙２の様式の通知書兼売買契約成立確認書（以下、この通知

書を「本通知書兼売買契約成立確認書」という。）2通を作成し、所轄の法務局に届け出している代表者登録印（以下、「会社実印」という。）を押印の上約定が成立した先発利用者に対して、第17条に定めるところにより2通とも送付する。通知をうけた先発利用者は、本通知書兼売買契約成立確認書の確認欄に記名し実印を押印の上、同じく第17条に定める方法により、後発利用者に本通知書兼売買契約成立確認書2通のうちの1通を本通知書兼売買契約成立確認書受領後○営業日以内に返送する。（以下省略）

5. ～6.　　　　　　　　　　（省　略）

第5条（排出枠等の移転時期）

　　個別契約において売買の対象とされた排出枠等は、売買代金の支払い及び登録簿における当該排出枠等の移転に必要な登録手続きのいずれもが完了した時点で、売主から買主に対して移転するものとする。（以下省略）

第6条（排出枠等の引渡）

1. 売主は、第4条に定める各個別契約の成立の日の翌日（同日を含む。）から起算して○営業日目（以下、「受渡日」という。）に、登録簿を操作して買主となる当事者の下記保有口座に売却排出枠等の移転登録（以下、「登録簿の書換」という。）を完了し、もって取引の対象たる排出枠等の引渡を行うものとする。なお、売主の判断により、登録簿の書換を受渡日より前に行うことを妨げないが、その場合でも、買主は、売買代金を第7条にしたがって受渡日に支払うことができる。

　　　［甲］の保有口座：［　　　　　］
　　　［乙］の保有口座：［　　　　　］

2.　　　　　　　　　　　（省　略）

第7条（売買代金の支払い）

1. 買主は、受渡日の銀行営業時間内において、売主となる当事者の下記銀行口座に売買代金（所轄官庁から本件取引に対して消費税の支払いを求められる場合には、その消費税額を加えた金額とする。）を振込む方法により入金させて支払う。この場合において、買主は、受渡日の銀行営業時間内に売主の銀行口座に売買代金が着金するように振込の手続を行うものとする。なお、買主の判断により、帝買代金の支払を受渡日より前に行うことを妨げないが、この場合でも、売主は、登録簿の書換を第6条にしたがって受渡日に行うことができる。

　　　［甲］の口座：［銀行名］
　　　　　　　　　　［支店名］
　　　　　　　　　　［口座の種類］
　　　　　　　　　　［口座番号］

692　　　　　　　　　　第2部　各課税物件

　　　　　　　　　　　　　　　　［名義］
　　［乙］の口座：［銀行名］
　　　　　　　　　　　　　　［支店名］
　　　　　　　　　　　　　　［口座の種類］
　　　　　　　　　　　　　　［口座番号］
　　　　　　　　　　　　　　［名義］
　2．（省略）
第8条〜第12条　　　　　　　　　　　（省　略）
第13条（契約期間）
　　本標準契約に基づく排出枠等の取引は、サービス終了日まで約定させることが
　できる。本標準契約の契約期間は、本標準契約締結の日から　　年　　　月　　　日
　までとする。
第14条〜第25条　　　　　　　　　　　（省　略）
　　上記契約の締結を証するため契約書を2部作成し、当事者は、下記に署名捺印
　のうえ、各1部ずつを保管する。
　　甲：
　　　　会社名
　　　　代表者　　　　　　　　　　　　　　　　　　印
　　乙：
　　　　会社名
　　　　代表者　　　　　　　　　　　　　　　　　　印

**印紙税法の適用関係**

　　　　いずれも印紙税法別表第一、課税物件表の第7号文書「継続的取引の基本とな
　　　る契約書」である。

**説明**　　これらの文書は、いずれもいわゆる「温室効果ガスの排出権」の売買を継続し
　　　て行うために作成される契約書であり、営業者間において、継続する2以上の売
　　　買について共通して適用される取引条件のうち、目的物の種類、取扱数量、単価
　　　及び対価の支払方法（その2の文書においては、目的物の種類及び対価の支払方
　　　法）を定めるものであることから、第7号文書に該当する。

　　　　なお、いわゆる「温室効果ガスの排出権」は、印紙税法上の無体財産権には該
　　　当しないことから、第1号の1号文書「無体財産権の譲渡に関する契約書」には
　　　該当しない。

**参考**　　印紙税法上の無体財産権とは、特許権、実用新案権、商標権、意匠権、回路配
　　　置利用権、育成者権、商号及び著作権をいう（印紙税法別表第一、課税物件表の
　　　第1号定義欄2）。

第十章　（第7号文書）　継続的取引の基本となる契約書　　693

**第317例**　保険外務員についての契約書

契　　約　　書

　　　　　生命保険相互会社（以下会社という）と下記本人（以下本人という）との
間に、次の契約　　　　　を締結する。

第1条　本人が外務嘱託又は外務職員として会社との間になす契約の内容は、それぞ
　　　れ裏面記載の契約条項による。

第2条　外務嘱託から外務職員への変更、外務職員から外務嘱託への変更は、別に会
　　　社の定めるところによって行う。

　　　　　前項によって身分を変更した場合は、別に会社の定めるところによって契約
　　　書を更改する。

第3条　この契約成立時における本人の身分は、外務嘱託職員とする。

第4条　本人の前条の身分によるこの契約の期間は、契約の日が属する月から起算し
　　　て3か月目の末日までとする。

　　　　　その後の取扱いは別に定める会社の規定による。

　　　上記契約の証として、この契約書を作成し会社が保管する。

　　　　　年　　月　　日

　　　　　　　　　　　生命保険相互会社

現　住　所

本　　　人　　　　　　　　　　　　　　　㊞　　　　年　　月　　日生

外務嘱託契約条項

第1条　会社は、本人に会社の保険契約の募集事務を委託し、本人はこれを承諾す
　　　る。

第2条　本人は、保険業法に従い受託事務を誠実に処理する。

第3条　本人は、嘱託・職員相互間又は会社の関係者と金銭の貸借はしない。

第4条　本人は、この契約の有効期間中は他の生命保険会社の保険契約の募集を行っ
　　　たり、会社のために不利益となるようなことをしない。

第5条　本人は受託事務の処理に当たり、受け取った金銭・物品・書類等は遅滞なく
　　　会社に引き渡す。

第6条　本人は、会社の指示ある場合を除き、第2回以後の保険料の取扱いはしな
　　　い。

第7条　会社は、本人の受託事務処理に対し、会社の別に定める規定により経費又は
　　　報酬を支払う。

第2部　各課税物件

第8条　本人が万一会社に損害を及ぼし債務を負担したときは、その在嘱中の所為によるといなとにかかわらず、本人及び保証人連帯し、かつ保証人間連帯して直ちにその損害の賠償の責めに任ずる。

第9条　本人は、身元保証人の保証契約が消滅したときは直ちに更新手続きをする。

第10条　本人は、以上各条項に違反した場合は直ちにこの契約を解除されても異議がない。

第11条　この契約が解除されたときは、本人はその保管する一切の金銭・物品・書類等を遅滞なく会社に引き渡し、受託事務処理のてん末を報告する。

<u>外務職員契約条項</u>

第1条　本人は、保険業法に従い会社指定の任務に服し、会社の社則その他の諸規定諸規則を遵守し、在任中はもちろん退社後といえども会社の機密事項は絶対に他に漏らさない。

第2条　本人は、事務取扱いについては誠実を旨とし、常に品行を正しくして職員たるの体面を傷つけない。

第3条　本人は、嘱託・職員相互間又は会社の関係者と金銭の貸借はしない。

第4条　本人は、在任中他の生命保険会社の保険契約の募集を行ったり、会社に不利益となるようなことをしない。

第5条　本人は事務の処理に当たり、受け取った金銭・物品・書類等は遅滞なく会社に引き渡す。

第6条　本人は、会社の指示ある場合を除き、第2回以後の保険料の取扱いはしない。

第7条　万一本人の責任に帰すべき事由により、会社に損害を及ぼし債務を負担した場合は、その在任中の所為によるといなとにかかわらず、本人及び保証人連帯し、かつ保証人間連帯して直ちにその損害の賠償の責めに任ずる。

第8条　本人は、身元保証人の保証契約が消滅したときは直ちに更新手続きをする。

第9条　本人は、以上各条項に違反した場合は、直ちに解任されても異議がない。

第10条　本人が解任されたときは、その保管する一切の金銭・物品・書類等を遅滞なく会社に引き渡し、在任中の事務処理のてん末を報告する。

**印紙税法の適用関係**

印紙税法に定める課税物件ではない。

**説明**　この文書は、保険外務員として生命保険募集の業務を委託することについて、委託する業務の範囲を定めるものであるが、記載された契約期間が3か月以内であり、かつ更新についての定めがないことから、第7号文書「継続的取引の基本となる契約書」には該当しない。

第十章 （第7号文書） 継続的取引の基本となる契約書　　695

**第318例**　火災保険倉庫特約証書

<h2 style="text-align:center">火災保険倉庫特約証書</h2>

　　　　倉庫株式会社（以下単に甲という）は現在及び将来において保管する貨物に対して甲が自ら保険契約者となって火災保険を付することについて
（以下単に乙という）との間に下記の条項を特約する。

第1条　乙は甲が委任を受け若しくは受けないで他人のために火災保険契約を締結するものであることをあらかじめ承認する。したがって甲はその条件の有無について乙に告げることを要しない。

　　　甲はこの特約によって自己の貨物及び入庫手続未済又は出庫手続済の貨物であって現に甲の構内にある貨物を火災保険に付することができる。

　　　この場合にはこれを帳簿又はカードに明瞭に記載して他の受寄貨物と同一の取扱いをなすものとする。

第2条　保険の目的を納置すべき倉庫、素屋又は構内の一定地域（以下単に倉庫という）の構造級別並びにこれに納置すべき貨物の種別及び保険金制限額は附属別表(2)のとおりとする。

　　　甲が倉庫を増減し若しくは保険金制限額を変更しようとするときはあらかじめ乙の承認を受けなくてはならない。

　　　この特約によって乙が引き受ける保険金額は保険金制限をもってその限度とする。

第3条　甲がこの特約によって保険を申し込もうとするときは所定の火災保険申込書に各所要事項を記入してこれを乙に送付する。

　　　前項の申込みに対する乙の保険責任は甲が申込書を発送した時から開始し満期日の午後6時をもって終了する。

第4条　甲は乙の請求によって保険料を支払うものとする。

第5条　保管貨物の種別は乙が主務官庁から認可を受けた種別による保管貨物の種別が不明の場合には甲は乙に照会しその決定を求めるものとする。

　　　甲が倉庫内に納置する貨物の種別を変更したときは直ちにこれを乙に通知し乙は甲が変更の通知を発したときからその変更を承認するものとする。

　　　甲は乙の承認を受けてからでなければ下記の貨物を倉庫内に搬入することができない。

　　　セルロイド、塩酸カリ、塩酸ソーダ、各種爆発物、油類にして日本標準規格
『石油製品試験法』により摂氏30度（華氏86度）未満で燃焼性ガスを発散するものすなわち航空機用揮発油、自動車用揮発油及び工業用揮発油第1号ないし第3号

（後　略）

696          第2部 各課税物件

**印紙税法の適用関係**

　　　印紙税法別表第一、課税物件表の第7号文書「継続的取引の基本となる契約書」である。

**説明**　この文書は、損害保険会社と保険契約者との間において、継続する2以上の保険契約について共通して適用される保険要件のうち、保険の目的の種類を定めるものであることから、第7号文書に該当する（印紙税法施行令第26条第5号）。

第十一章　（第8号文書）　預貯金証書　　　　697

# 第十一章　（第8号文書）
## 預貯金証書

　預金証書及び貯金証書は、印紙税法別表第一、課税物件表の第8号（P1117
参照）に掲げる印紙税の課税物件である。

## 1　預貯金証書の意義等

### ⑴　預貯金証書の意義

　「預貯金証書」とは、銀行その他の金融機関で法令の規定により預金又は
貯金業務を行うことのできる者が、預金者又は貯金者との間において、金銭
の消費寄託契約の成立を証明するために作成する免責証券をいうものとされ
ている。

　このことから、印紙税法上においても、預金証書又は貯金証書であるため
には、

①　銀行その他の金融機関等で法令の規定により預金業務又は貯金業務を行
　うことのできる者が発行するものであること

②　預金者又は貯金者との間における消費寄託契約の成立を証明するもので
　あること

③　免責証券であること

の三つの要件を備えているものでなければならない。これらの各要件に関連
して、詳述すると、

　イ　預貯金証書の発行者

　　印紙税法における預貯金証書の発行者は、銀行その他の金融機関等で法
　令の規定により預金又は貯金業務を行うことのできる者であるから、例え
　ば、企業団体等がその企業内部において、預金業務又は貯金業務を行うこ
　とについて政府の認可を受けず、金銭の消費寄託契約の成立を証明する文

書を作成しても、本号にいう預金証書又は貯金証書には該当せず、「金銭の寄託に関する契約書」（印紙税法別表第一、課税物件表の第14号文書）として取り扱われる。

　また、預金証書、貯金証書と呼ぶものであってもその証書に免責性がなく、単に寄託契約（消費寄託契約）の成立を証明するに過ぎないもの、あるいは、単に金銭の受取事実だけを証明するものは、それぞれ「金銭の寄託に関する契約書」あるいは「金銭の受取書」（印紙税法別表第一、課税物件表の第17号文書）として取り扱われ、ここにいう預金証書又は貯金証書には該当しない。

　なお、不特定多数の者から業として預貯金の受入れをすることは、銀行法（昭和56年法律第59号）その他法律（注）に特別の規定のある者に限られ、それ以外の者は禁止されている（出資の受入れ、預り金及び金利等の取締りに関する法律（昭和29年法律第195号）第2条）。

(注)　信用金庫法（昭和26年法律第238号）、中小企業等協同組合法（昭和24年法律第181号）、農業協同組合法（昭和22年法律第132号）等

ロ　預貯金証書の発行

　預貯金は、預金者又は貯金者の金銭を預け入れる申込みと銀行等の預かるという承諾の意思が一致して、預金者又は貯金者は銀行等に金銭を交付し（要物契約）、銀行等はこれを受け入れ、預貯金者のために預かると同時にその所有権を取得し、自由に使用し（消費寄託）、預貯金契約の内容により随時又は期間の満了等に応じて、預貯金者から払戻しの要求があり次第、その預かった金銭と同額の金銭、更に利息を付する約定のあるときは所定利息を付して、返還しなければならない債務を負う契約であり、預貯金の法律的本質はいずれも消費寄託契約である。

　更に、預貯金契約が特定人である預貯金者と銀行等との合意により契約されたものであることから、その支払（債務の弁済）もまた、預貯金者（特定人）に行われなければならないもので、民法上の指名債権である。

　このような性格を持つ預貯金契約が成立した場合、銀行等は、預貯金証

第十一章　（第8号文書）　預貯金証書　　　699

書又は預貯金通帳を交付するのが通常であるが、これらの預貯金証書等は、預貯金契約の証拠に過ぎず、その発行が契約の成立要件ではなく、証書作成によって設権的に預金債権が作られるわけでもない。

　なお、預金と貯金の区別について、広義の預金という意味における預金には貯金を包含し、狭義の預金という場合には貯金と区別される。普通銀行、信用金庫、信用協同組合、労働金庫等を受託者とするものについて用いられる場合の預金は狭義の預金で、ゆうちょ銀行、農業協同組合、水産業協同組合等の金融機関を受託者とするものについて用いられている貯金と区別して用いられるが、預金と貯金との間に絶対的な区別はない。

　預貯金は、その目的、条件、利率、返還の期限等の態様によって、定期預金、積立定期預金、通知預金、普通預金、貯蓄預金、当座預金、納税準備預金等に区分され、その各区分を示し、更に商業政策上独自の呼び名を付す等した各種の証書が発行されている。

ハ　預貯金証書の免責証券性

　預貯金証書は、一般に免責証券と解されている。通常の場合は、届出印章と証書を持参した相手に預金を支払えば銀行等は免責される。また、その旨証書約款中に記載されている。このことから預貯金証書は、免責証券性、つまり債務者が証券の所持人に弁済することにより、たとえ証券の所持人が正当な権利者でない場合でも、悪意又は重過失のない限り債務を免れ得る証券（資格証券ともいう。）の性格を持つものといえる。

　また、預貯金証書は、その移転により預金債権が転々と流通することは予定されていないだけでなく、債権者にその権利を証明する方法があれば証券によらないでその権利を行使できるものであり、権利を表彰するものではないから有価証券ではない。

(2)　積金証書の取扱い

　預金証書に類似したものとして「積金証書」と呼ばれるものがある。

　積金は、期限を定めて一定金額の給付をなすことを約し、定期又は一定の期間内に数回に金銭を受け入れ、期限後、一定給付額を払い戻す等、期間中

途の払戻しは行わない建前のもので、積立式の定期預金と似ているが、通常の預金と異なる点は、

① 積金は金銭の給付契約であって、預金の場合に預金者が預金の都度預金債権を取得するのに対し、積金の場合には、積金と給付金の間には直接の因果関係がないこと

② 積金には、預金利子という観念は全く存在しないこと

③ 通常の預金契約は要物契約であるのに対し、積金契約は諾成契約であること

等にあるとされている。

したがって、積金証書は、印紙税法の取扱いにおいてもこれを預貯金証書とせず、課税対象にはならないとしている（印紙税法基本通達別表第一、課税物件、課税標準及び税率の取扱い「預貯金証書」関係3＝P1305参照）。

### ⑶　勤務先預金証書の取扱い

会社等が、労働基準法（昭和22年法律第49号）第18条第4項《強制貯金》又は船員法（昭和22年法律第100号）第34条第3項《貯蓄金の管理等》に規定する預金を受け入れた場合に作成する「勤務先預金証書」は、預貯金証書に該当する（同前の取扱い「預貯金証書」関係2＝P1305参照）。

## 2　非課税物件

次に掲げる金融機関の作成する預貯金証書で、これに記載された金銭の預入額が1万円未満（9,999円以下）のものには印紙税は課せられない。

① 信用金庫

② 信用金庫連合会

③ 労働金庫及び労働金庫連合会

④ 農林中央金庫

⑤ 信用協同組合及び信用協同組合連合会

⑥ 農業協同組合及び農業協同組合連合会

⑦ 漁業協同組合、漁業協同組合連合会、水産加工業協同組合及び水産加工業協同組合連合会

第十一章 （第8号文書） 預貯金証書　　　　701

**第319例**　　自動継続定期預金証書

---

### 自動継続定期預金証書

　　　　　　　　　　　　　　　　　　　様　　　　証書番号

　金　額　　　　　　　　　　　　　　　　　　課税区分

　　　　　　　　　年　月　日　　　　　　年　月　日

お預け入れ日　　　　　　　満期日　　　　　期間　　　利率年　　　　％

　　　　　　　　　　　　　　　　　　　（お利息入金口座　　　　　　　　　）

上記の金額をこの証書裏面の規定に従ってお預りいたしました

　　株式会社　　　　銀行　　　　　　　　　　　　　取扱店印

　　頭　取　　　　　　　　　　　印

　　　　取扱店　　　　　　（取扱店印のないものは無効です）

第8号

---

（裏面）

### 規　　　定

1　（自動継続）（1）この預金は、表面記載の満期日に前回と同一の期間の預金に自動的に継続します。継続された預金についても同様とします。
　（2）継続後の定期預金の明細は別途に通知します。
　（3）継続を停止するときは、満期日（継続をしたときはその満期日）までにその旨を申出てください。この申出があったときは、この預金は満期日以後に利息とともに支払います。
2　（証券類の受入れ）（1）小切手その他の証券類を受入れたときは、その証券類が決済された日を預入日とします。
　（2）受入れた証券類が不渡りとなったときは預金になりません。不渡りとなった証券類は、この証書と引換えに、当店で返却します。
3　（利息）（1）この預金の利息は、表面記載の期間および利率によって計算します。ただし、利率は金融情勢の変化により変更することがあります。この場合、新利率は変更日以後に継続される預金から適用します。継続を停止した場合における満期日以後の利息は、満期日から解約または書替継続の前日までの期間について次の利率によって計算します。
　　　①　解　約　の　場　合
　　　　　　解約日における普通預金の利率
　　　②　書替継続の場合
　　　　　　書替継続後の定期預金の利率
　（2）この預金の利息についてはあらかじめ指定された方法によってつぎのとおり取扱います。
　　　①　預金口座へ振替える場合には、満期日に指定口座へ入金します。
　　　（この場合には表面記載のお利息ご入金口座欄に指定

口座番号が印字されます）
　　　②　元金共に継続する場合には、満期日に元利合計額をもって継続します。
　（3）当行がやむをえないものと認めて満期日前の解約をする場合、その利息は、預入日（継続をしたときは最後の継続日）から解約の前日までの期間について店頭掲示の預金利率表記載の期限前解約利率によって計算します。
　（4）この預金の付利単位は100円とします。
4　（預金の解約）この預金を解約するときは、下記の受取欄に届出の印章により記名押印して提出してください。
5　（届出事項の変更、証書の再発行等）（1）この証書や印章を失ったとき、または、印章、名称、住所その他の届出事項に変更があったときは、直ちに書面によって当店に届出てください。この届出の前に生じた損害については、当行は責任を負いません。
　（2）証書を失った場合の証書の再発行もしくは元利金の支払い、または、印章を失った場合の元利金の支払いは、当行所定の手続をした後に行ないます。この場合、相当の期間をおき、また、保証人を求めることがあります。
6　（印鑑照合）この証書、諸届その他の書類に使用された印影を届出の印鑑と相当の注意をもって照合し、相違ないと認めて取扱いましたうえは、それらの書類につき偽造、変造その他の事故があってもそのために生じた損害については、当行は責任を負いません。
7　（譲渡、買入れの禁止）この預金は、当行の承諾なしに譲渡、買入れはできません。
　　　　　　　　　　　　　　　　　　　　　　　以　　上

---

この証書の元利金とも受取りました

おなまえ　　　　　　　　　　　　　　　　印鑑照合

　　　　　　　　　　印　　　　　　　　　　　　　　　　印紙税申告納付につき税務署承認済

702　　　　　　　　　　第2部　各課税物件

**印紙税法の適用関係**

　　印紙税法別表第一、課税物件表の第8号文書「預貯金証書」である。

**説明**　この文書は、銀行が預金者との間で自動継続定期預金契約の成立を証明した免責証券であるから、第8号文書に該当する。

　　なお、自動継続定期預金証書の中には、中間利息を定期預金に繰入れるもの、又は満期ごとにその事績を記入するものがある。

　　この場合には、その事績を記入することにより、印紙税法第4条第3項に規定する「追記」又は「付込み」に該当することとなるから、新たに、印紙税法別表第一、課税物件表の第8号文書又は第18号文書「預貯金通帳」を作成したものとみなされる。

第十一章　（第8号文書）　預貯金証書　　　703

**第320例**　　譲渡性預金証書

---

### 譲 渡 性 預 金 証 書　　　　AA 000124

　　　　　　　　　　　　　　　　　様

金　額

| 預金番号 | 預 入 日 | 満 期 日 | 期 間 | 利　率 | 発 行 日 |
|---|---|---|---|---|---|
|  | 年　月　日 | 年　月　日 | 日 | 年　　% | 年　月　日 |

　上記金額を裏面記載の譲渡性預金規定によってお預りいたしました。

　　　　　　　　　　　　　　　　　　　株 式 会 社　　　　　銀 行

　　　　　　　　　　　　　　　　　　　取締役頭取

取扱店

（取扱店印のないものは無効です。）

第8号

---

（裏面）

| 番号 | 譲渡通知書受理日 | 預金者（譲受人）名 | 税区分 | 銀行確認印 |
|---|---|---|---|---|
| 1 | 年　月　日 | 様 |  |  |
| 2 | 年　月　日 | 様 |  |  |
| 3 | 年　月　日 | 様 |  |  |
| 4 | 年　月　日 | 様 |  |  |

| 受取欄 | この預金の元利金を受け取りました。<br>　　　　年　　月　　日<br>おなまえ<br>（お届け印） |
|---|---|

### 譲 渡 性 預 金 規 定

1　**（預金の支払時期）**
　　この預金は、表面記載の満期日以後に利息とともに支払います。
2　**（利息）**
　（1）　この預金の利息は、表面記載の期間及び利率によって計算します。この場合、付利単位は1,000万円とし、1年を365日として日割りで計算します。
　（2）　前項の利息は、この預金の譲渡があった場合には最終の譲受人に支払います。
　（3）　この預金には、満期日以後は利息をつけません。
3　**（譲渡）**
　（1）　この預金は、利息とともにのみ譲渡することができます。その元利金の一部を譲渡することはできません。
　（2）　この預金の譲渡に関する手続は次によるものとします。
　　①　当行所定の譲渡通知書に、譲渡人の届出の印章による記名捺印並びに譲受人の記名押印をした上、確定日付を付し、これを遅滞なくこの証書とともに表面記載の取扱店に提出してください。なお、この譲渡通知書に押印された譲受人の印影は、譲渡後のこの預金の届出印鑑とします。
　　②　当行は、この証書に譲渡についての確認印を押印の上返却します。
　（3）　この預金を質入れする場合には、前2項が準用されるものとします。
4　**（預金の解約）**
　（1）　この預金は満期日前に解約することはできません。
　（2）　この預金を満期日以後に解約するときは、左記の受取欄に届出の印章により記名押印して表面記載の取扱店に提出してください。
5　**（届出事項の変更、証書の再発行等）**
　（1）　この証書や印章を失ったとき、又は、印章、名称、住所その他の届出事項に変更があったときは、直ちに書面によって表面記載の取扱店に届出てください。この届出の前に生じた損害については、当行は責任を負いません。
　（2）　この証書又は印章を失った場合のこの預金の元利金の支払い又は証書の再発行は、当行所定の手続きをした後に行います。この場合、相当の期間をおき、また、保証人を求めることがあります。
6　**（印鑑照合）**
　　この証書、譲渡通知書、諸届その他の書類に使用された印影を届出の印鑑と相当の注意をもって照合し、相違ないものと認めて取扱いました上は、それらの書類につき偽造、変造その他の事故があってもそのために生じた損害については、当行は責任を負いません。
7　**（譲受人に対する規定の適用）**
　　この規定は、この預金の譲受人についても適用されるものとし、その後の譲受人についても同様とします。

## 印紙税法の適用関係

印紙税法別表第一、課税物件表の第8号文書「預貯金証書」である。

**説明**　この文書は、銀行が預金者との間で譲渡性預金契約の成立を証明する免責証券であることから、第8号文書に該当する。

なお、この預金の譲渡に当たって銀行は、証書裏面の譲受人の氏名等を記載して確認印を押印することになっているが、これにより預金の同一性が失われるものではないことから、この時点で新たな預貯金証書を作成したことにはならない。

第十一章 （第8号文書） 預貯金証書　　　705

**第321例　定期積金証書**

<table>
<tr><td colspan="2" align="center">定 期 積 金 証 書</td></tr>
</table>

定 期 積 金 証 書

契約期間　　か年（　　回）

＿＿＿＿＿＿＿＿＿＿殿　№ .............

満 期 日　　　年　月　日

払 込 日　毎月　　　　日

満期給付契約金　￥

毎月払込額　￥

当金庫所定の定期積金約定に基づき貴殿と上記の通り定期積金契約を締結いたします。つきましては約定に従い積金全額をお払込み下さいました上は、満期日に頭書の金額をお支払い申上げます。

　　　年　　　月　　　日

信 用 金 庫　㊞

第8号

**印紙税法の適用関係**

印紙税法に定める課税物件ではない。

**説明**　積金証書は、第8号文書「預貯金証書」その他いずれの課税物件にも該当しない。

706　　　　　　　　第2部　各課税物件

**第322例　別段預金預り証**

---

別段預金（出資積立口）預り証

No.　_____

_____　殿

| 金額 |
|---|
| |

利率　年　　　分　庫　の　割　　　　上記の金額裏面記載の規定によりお預
起算日　　年　　月　　日　　　　　　かりいたしました。
　　　　　　　　　　　　　　　　　　　　　　　年　　月　　日

---

（裏面）　　　別段預金（出資積立口）規定

1　この預金は、当金庫の増資払込に充当するため、当金庫の支払う特別配当金から受け入れます。

2　この預金の利息は、当金庫所定の時期に所定の方法により計算し、原則として元金に組み入れます。

3　この預金は、原則として当金庫の出資払込に充当する場合のほか払い戻ししません。

4　この預金は、当金庫が特に認めた場合のほか譲渡または質入れすることができません。

---

表記の金額ならびに利息金額確かに払い戻しをうけました。
　　　　　年　　月　　日

　　　　　　　　　　　　　　　　　　住　所
　　　　　　　　　　　　　　　　　　名　称
　　　　　　　　　　　　　　　　　　代表者　　　　　　　㊞

---

（注）　この文書は、農林中央金庫が、その出資者に支払う配当金を将来の増資払込に充当することとして預かる際に発行するものである。

**印紙税法の適用関係**

　　　印紙税法別表第一、課税物件表の第8号文書「預貯金証書」である。

**説明**　この文書は、預金業務を行うことのできる農林中央金庫が、預金として預かる際に発行する免責証券であることから、第8号文書に該当する。

# 第十二章　（第9号文書）
## 貨物引換証、倉庫証券又は船荷証券

### 1　貨物引換証

　貨物引換証は、印紙税法別表第一、課税物件表の第9号（P1118参照）に掲げる印紙税の課税物件である。

　「貨物引換証」とは、商法第571条第1項の規定に基づき荷送人の請求によって、運送人が発行する一定の記載事項を法定された要式証券である。

　貨物引換証は運送人が運送品を受領したことを証し、かつ、これにより運送人が運送品を引き渡す義務を負担する証券である。言い換えると運送人に対する荷送人の運送品引渡請求権を表彰した有価証券（債権証券）であり、証券上の権利の行使又は移転に証券の占有又は移転を要する。ただし、運送契約の成立には貨物引換証の発行が必要条件とされるわけではない。

　貨物引換証の制度は、海上運送における船荷証券制度を陸上運送に応用したものであって、運送中の物品の処分等を容易ならしめようとする技術的制度である。

　運送中の運送品は、運送人の占有するところであるから、運送品の所有者がこれを売却し又は質入することによってその経済的価値を生かすことが困難となる。そこで、運送品の引渡請求権を表彰する有価証券を利用することによってこの困難を除去したものである。しかし、陸上運送では運送期間が比較的短く、一回の運送量、運送時間、距離等の点から、貨物引換証の利用は船荷証券に比べて著しく少ない。

　貨物引換証は、証券上の権利者の表示態様に応じ、記名式、指図式、選択無記名式又は無記名式に区別される。なお、貨物引換証は記名式のときでも、特に裏書禁止がない限り裏書譲渡をなし得る（法律上当然の指図証券性）（商法第574条）。

708　　　　　　　　第2部　各課税物件

　貨物引換証は要式証券であるが、その要式証券性については手形や小切手ほど厳格ではない。商法が貨物引換証について一定の記載事項を要求するのは、証券の授受に当たり当該証券の記事自体によって運送品の個性、運送契約の内容を知らしめ、運送中の物品の取引を円滑に行わせるためにあると言われている。したがって、このような要請に反しない限り、つまり、いかなる運送品が、いかなる運送人によって受け取られ、いかなる地において引渡しが約束されているかが明瞭である限り、法定の記載事項の一部（例えば、荷受人、荷送人、証券の作成年月日等）を欠いていても貨物引換証として有効なものと解するのが通説である。

　なお、印紙税法上でも、貨物引換証としての法定記載事項の一部を欠く証書について、それが貨物引換証として有効なものはもちろん、無効なものであっても、これと類似の効用を有するもの（譲渡性のあるもの）であれば、貨物引換証に含むこととされている。


## 2　倉庫証券

　倉庫証券は、印紙税法別表第一、課税物件表の第9号（P1118参照）に掲げる印紙税の課税物件である。

　「倉庫証券」とは、商法第598条及び第627条第1項の規定により、倉庫営業者に対する寄託物返還請求権を表彰する有価証券である。

　倉庫営業者は、寄託者の請求により受寄物について預証券及び質入証券を交付することを要する（商法第598条）が、これらに代えて倉荷証券を交付することもでき（商法第627条）、これらの3種の証券を倉庫証券と総称するのである。倉庫証券は要式証券（商法第599条、第627条第2項）であり、法律上、当然の指図証券（商法第603条第1項、第627条第2項）、受戻証券（商法第620条、第627条第2項）、引渡証券（商法第604条、第627条第2項）、文言証券（商法第602条、第627条第2項）である。倉庫証券は、国土交通大臣の許可を受けた倉庫営業者でなければ発行してはならないが（倉庫業法《昭和31年法律第121号》第13条）、これは倉庫営業に対する監督のためのものであり、もしこれに違反して発行された

第十二章 （第9号文書） 貨物引換証、倉庫証券又は船荷証券　　709

倉庫証券があったとしても無効とはされず、印紙税法の適用面においてもこれを倉庫証券とすることに変わりない。

なお、農業倉庫証券及び連合農業倉庫証券は、印紙税法においては倉庫証券に含まないと規定されている。

## 3　船荷証券

船荷証券は、印紙税法別表第一、課税物件表の第9号（P1118参照）に掲げる印紙税の課税物件である。

「船荷証券」は、商法第767条及び国際海上物品運送法（昭和32年法律第172号）第6条第1項の規定により、海上運送者である船主が運送品を受け取ったことを証し、かつ、これにより船主が運送品を引き渡す義務を負担することを証したもの、すなわち、運送品の引渡請求権を表彰した有価証券である。船荷証券の法律的性質として、要式証券であるほか、指図証券、受戻証券であること及び物権的効力を持つことは、貨物引換証の場合と変わらない。船荷証券は、陸上運送における貨物引換証に当たるもので、船長又は船主の委任を受けた代理人が用船者又は荷送人の請求により、運送品の船積後、遅滞なくこれを発行することとなっている（商法第767条、第768条）。船荷証券には一定の法定事項を記載し、船長又はこれに代わるものが署名することを要する（商法第769条）が、この要式性は貨物引換証と同様、手形、小切手のように厳格なものではなく、記載事項の一部を欠いても船荷証券と実質的に認められる限り、つまり、いかなる運送品が、いかなる海上の運送人によって受け取られ、いかなる港における引渡しが約束されているかが明瞭である限り、これを船荷証券と解すべきであるとされている。

印紙税法においても、船荷証券の要式（商法第769条）を欠くもので、これと類似の効用を有するものは「船荷証券」のうちに含むことを規定している。

また、船荷証券は、商法第767条の規定により、同一運送品につき数通発行することが認められている。印紙税法上の取扱いは、同一内容の船荷証券を数通作成する場合、その作成したもののそれぞれに「Original」、「Duplicate」、

「Triplicate」又は「First Original」、「Second Original」……の表示をすると
きは、そのうち「Original」又は「First Original」と表示するもののみを課税
文書として取り扱い、他のものは謄本として課税しないこととしている。ま
た、通関その他の用途に使用するため作成するもので「流通を禁ず」又は
「Non Negotiable」の表示を明確にするものは有価証券とは認められないの
で、課税文書として取り扱われない。

## 4 非課税物件

　商法第770条の規定に基づき、船長又はこれに代わる者が用船者又は荷送人
に請求して署名を受けるために作成する船荷証券の謄本には、印紙税は課税さ
れない。

## 第323例　貨物引換証

### 貨 物 引 換 証

|  |  |
|---|---|
| 作成年月日 | 年　月　日 |
| （着扱店及び駅店） | |
| 荷送人住所 氏名又は商号 | 殿 |
| 荷受人住所 氏名又は商号 | 殿 |
| 品名・荷造 個数・・記号 | |
| 容量重量又は積は | 作成本証券 / 駅発送取扱地所名 |
| 運送方法 | 扱接船店積名続港 |
| 価運送額品 | 扱接陸店揚名続港 |
| 諸運賃及掛び金 | 金 / 扱接店名続 |
| 手数料 引換証発行 | 金 / 引換証発行手数料金払 諸掛金 |
| 支払方法 | 運賃諸掛金払 / 記事 |
| 本証券作成年月日 | 年　月　日 |
| 着到着地荷及店名び | 線　駅 |

表記の運送品は裏面記載の約款により取扱いこの貨物引換証持参人に着扱店においてお引渡致します。

市　　線
区　　駅前
　　　町　番地
株式会社　㊞

（裏面約款省略）

### 印紙税法の適用関係

印紙税法別表第一、課税物件表の第9号文書「貨物引換証」である。

**説明**　この文書は、運送人が運送品の種類、重量又は容積、荷造の個数並びに記号、到達地、荷受人の氏名又は商号、運送賃、貨物引換証の作成地、作成年月日など貨物引換証としての法定の記載事項（商法第571条第2項）を記載し、運送人が署名押印して荷送人に交付するもので、この文書と引換えに運送貨物を引き渡すこと、すなわち運送品の引渡請求権を表彰するものであることから、第9号文書に該当する。

712　　　　　　　　第２部　各課税物件

**第324例**　**貨物保管証書**

## 貨 物 保 管 証 書

第　　　号
　　寄 託 者　　　　　　　殿

| 入 庫 第 号 | 第　　　　　号 | 入 庫 年 月 日 | 年　　月　　日 |
| --- | --- | --- | --- |
| 品　　　　名 | | 庫　番　号 | 第　棟　第　室 |
| 種　　　　類 | | 保 管 期 間 | 年　　月　　日 |
| 荷　　　　姿 | | 保 管 料 金 | 円 |
| 記　　　　号 | | 荷 役 料 金 | 円 |
| 数量 {単　量　　kg　dm³ / 総　量　個　kg dm³} | | 摘　　　　要 | |

　　　上記貨物を裏面記載の保管約定に従ってお預りいたしました。
　　　この証書と引換えにお渡しいたします。
　　　　平成　　　年　　　月　　　日
　　　　　　　住　　所
　　　　　　　会 社 名
　　　　　　　代表者名　　　　　　　　　　　　㊞

| 出　　庫　　欄 | | | | | | | | | |
| --- | --- | --- | --- | --- | --- | --- | --- | --- | --- |
| 月 | 日 | 数　量 | 寄託者名及印 | 備　考 | 月 | 日 | 数　量 | 残　高 | 備　考 |
| | | | | | | | | | |

| メ　モ　欄 | | | | |
| --- | --- | --- | --- | --- |
| 月 | 日 | 数　量 | 残　高 | 備　考 |
| | | | | |
| | | | | |
| | | | | |

（注）　２回以上に分割出庫の場合には、メモ欄に寄託者がメモとして記入下さい。

第十二章　（第9号文書）　貨物引換証、倉庫証券又は船荷証券　　713

（裏　面）

# 保　管　約　定

1　本証はこれを譲渡したり又は担保に供することができない。

2　本証の受寄物の種類、品質及び数量は内容を検査せず、寄託者の申込みのまま
　記載する。

3　受寄物の保管期間は3ヶ月とし、受寄物を入庫した日から起算する。

4　証書により寄託物を出庫しようとする者は、証書に指定された事項を記入し
　て、記名押印のうえ、当会社に提出しなければならない。なお二回以上に分割出
　庫の場合にはメモ欄を使用し、寄託者がメモとして記入すること。この場合は当
　然会社が残高証明するものではない。

### 印紙税法の適用関係

　　　印紙税法に定める課税物件ではない。

**説明**　　この文書は、譲渡や質入れをすることができず、預証券等の効用を有するもの
　　　ではないことから、第9号文書「倉庫証券」その他いずれの課税物件にも該当し
　　　ない。

第9号

714　　　　　第2部　各課税物件

**第325例　倉荷証券**

## 倉　荷　証　券

No.＿＿＿＿＿＿

| 種類品質 | | 個　数 | | |
|---|---|---|---|---|
| 名　　称<br>記　　号 | | 数<br><br>量 | 1個<br>平均 | 約 |
| | | | 総量 | 約 |
| 保管場所 | | 荷　造 | | |
| 入庫日 | 年　　月　　日 | 入庫番号 | | 号 |
| 保管期間 | 年　月　日から　年　月　日まで | | | |
| 保管料 | 1期　　　　　　　につき金 | | | |
| 火災保険 総額 | 金 | 保険者 | | |
| 火災保険 期間 | 入庫の時から　出庫の時まで | | | |
| 摘　要 | | | | |

上記の貨物を裏面記載の約定によりお預りいたしました。

寄託主又はその指図人へ本証券と引換えにお渡しいたします。

　　寄託主　　　　　　　　　　　殿

　　　　　　年　　月　　日

　　　　　　　倉庫株式会社　　　　　　　　　㊞

　　　　　　　市において本証券を作成しました。

第十二章　（第9号文書）　貨物引換証、倉庫証券又は船荷証券　　715

（裏　　面）

| | 月日 | 摘　　要 | 個数 | 残高個数 | 当会社認　印 | 受　取　人　氏　名 | 認印 |
|---|---|---|---|---|---|---|---|
| 受取欄 | | | | | | | |
| | | | | | | | |
| | | | | | | | |
| | | | | | | | |

| | 月日 | 譲　受　人　氏　名 | 認印 | 譲　受　人　氏　名 | 認印 |
|---|---|---|---|---|---|
| 譲受欄 | | | | | |
| | | | | | |
| | | | | | |
| | | | | | |
| | | | | | |
| | | | | | |

（約定省略）

第9号

### 印紙税法の適用関係

　　　印紙税法別表第一、課税物件表の第9号文書「倉庫証券」である。

**説明**　この文書は、寄託者の請求により倉庫業者が発行するものであり、受寄物の種類、品質、数量及び荷造の種類、個数、記号、寄託者の氏名又は商号、保管の場所、保管料など法定記載事項が記載され、倉庫業者に対する寄託物の返還請求権を表彰した有価証券たる倉荷証券である。

　　　したがって、倉荷証券であるこの文書は、印紙税法別表第一、課税物件表の第9号の定義欄において倉庫証券に含むと規定されていることから、第9号文書に該当する。

716　　　　　　　　　　第２部　各課税物件

**第326例　船荷証券**

| 汽船株式会社 |
| --- |

船　荷　証　券　　　　　　第　　　号

| 国　籍 | | 丸 | 船　長 | 船積港 | 陸揚港 | 接続地 | 到着地 |
| --- | --- | --- | --- | --- | --- | --- | --- |
| 荷送人 | | | | 殿 | 荷受人 | | 殿 |

| 荷印番号 | 荷姿品名 | 個数 | 価　額 | 重量又は容　積 | 運賃率 | 前運 | 渡賃 | 向運 | 払賃 | 立替金附帯費 |
| --- | --- | --- | --- | --- | --- | --- | --- | --- | --- | --- |
| | | | | | | | | | | |
| | | | | | | | | | | |
| | | | | | | | | | | |
| | | | | | | | | | | |
| 合　　　計 | | | | | | | | | | |

| 摘　要 | |
| --- | --- |

上記荷物本証券裏面の約款を以って運送を引受け船積したので陸揚港（通し運送の場合は到着地）に於て、本証券と引換に荷受人又は本証券持参人に御引渡致します。

　　　年　　月　　日
　　　に於て本証券　　通を発行す　　　汽船株式会社　印

（注意）本証券二通以上発行した場合は、最初に本証券を提出した者に荷物の引渡を為すこと。此の場合他の証券は無効とする。

（裏面運送約款省略）

**印紙税法の適用関係**

　　印紙税法別表第一、課税物件表の第９号文書「船荷証券」である。

**説明**　この文書は、商法第767条及び国際海上物品運送法第６条の規定により運送人が荷送人の請求により法定事項（商法第769条、国際海上物品運送法第７条）を記載し、運送人が署名押印して荷送人に交付するもので、本券と引換えに運送貨物を引き渡すもの、すなわち運送品の引渡請求権を表彰するものであることから、第９号文書に該当する。

第十二章 （第9号文書） 貨物引換証、倉庫証券又は船荷証券　　717

**第327例**　　出荷指図書

```
                    出 荷 指 図 書          No.

      倉庫株式会社御中                  年　　月　　日
                                        株式会社　㊞

  下記を御出荷下さい。
  出荷を完了の節は弊社に御連絡下さい。
```

| 商品<br>NO | | 倉庫<br>NO | | 荷姿 | | 扱 | |
|---|---|---|---|---|---|---|---|

| 品　　名 | 数　　　量 | | 記　　　　事 |
|---|---|---|---|
| | 個　数 | 重　量 | |
| | | | ○有効期限：発行月日から一週<br>　間以内 |

（注）　この文書は、物品の寄託者が倉庫業者あてに寄託貨物の出荷を指図するもので
　　　　ある。

**印紙税法の適用関係**

　　　　印紙税法に定める課税物件ではない。

**説明**　　この文書は、単なる出荷の依頼ないし指図のためのものであることから、印紙
　　　　税法に定めるいずれの課税物件にも該当しない。

718　　　　　　　　　第2部　各課税物件

### 第328例　荷渡指図書

| No.＿＿＿＿ | 荷　渡　指　図　書 | |
|---|---|---|
| | 年　　月　　日 | |

＿＿＿＿＿＿＿倉庫株式会社　御中

株　式　会　社　㊞

下記物品　　　　　　　　　　殿に

この証券と引換えに御渡し願います

| 品名、品種、包装 | 仕様、規格、寸法 | 員数 | 数量 | 積来本船 | 保管場所 | 備考 |
|---|---|---|---|---|---|---|
| | | | | | | |
| | | | | | | |

1．本指図書有効期間　　　　年　　月　　日迄

2．受渡条件

　　　　保管料　　　年　　月　　日迄指図人負担

| | 係 |
|---|---|

| 受　領　証 | 上記物品正に受領致しました<br>　　年　　月　　日<br>　　　　　　　　　氏　名　　　　　　㊞ |
|---|---|

（注）　物品の販売業者が、取引先へ販売物品の引渡しをするについて、この文書を取引先へ交付し、取引先の手を経て物品の寄託先の倉庫業者に対して寄託物の荷渡指図をするものである。

### 印紙税法の適用関係

　　印紙税法に定める課税物件ではない。

**説明**　この文書は、寄託者である販売業者が作成するものであり、また、買受人名の記載があることから、流通性がなく、有価証券ではないことから、寄託先の倉庫業者に対して寄託物の荷渡指図をするための文書に過ぎない。

　　したがって、印紙税法に定めるいずれの課税物件にも該当しない。

（注）　倉庫証券は、倉庫業者が寄託者に対して作成交付する有価証券である。

# 第十三章 （第10号文書）
## 保 険 証 券

　保険証券は、印紙税法別表第一、課税物件表の第10号（P1119参照）に掲げる印紙税の課税物件である。

　「保険証券」とは、保険者が保険契約の成立を証明するため、保険法その他の法令の規定により保険契約者に交付する書面をいう。

　保険証券の記載事項は、保険法第6条第1項（損害保険契約の締結時の書面交付）、第40条第1項（生命保険契約の締結時の書面交付）又は第69条第1項（傷害疾病定額保険契約の締結時の書面交付）その他法令の規定により定められている。ただし、法定記載事項のうちの一部を欠いても、保険証券であることに変わりないものがあり、また、保険証券に法定以外の事項を記載しても証券の効力自体は左右されない。印紙税法上の取扱いにおいても、保険証券としての記載事項の一部を欠くものであっても、保険証券としての効用を有するものは、これを課税物件である保険証券として取り扱われる。

　保険の形態は極めて多種多様であって種々の基準によって分類されるが、主要なものとして公営保険と私営保険、任意保険と強制保険、営利保険と相互保険、人保険と物保険、生命保険と損害保険などに分類される。

　また、具体的な保険証券としては、生命保険証券、動産総合保険証券、火災保険証券、運送保険証券、海上保険証券等がある。

　なお、自動車損害賠償責任保険に関する保険証券は、非課税とされている（印紙税法第5条第3号、同法別表第三）。

720　　　　　　　第2部　各課税物件

**第329例**　　生命保険証券

（1ページ目）

（逓増年金付短期払養老保険）

# 生 命 保 険 証 券

生命保険相互会社

（2ページ目）

下記枠内のご氏名およびご印鑑は、特別の場合を除き保険契約申込書から直接複写しました。

| 被保険者 | フリガナ | | ご印鑑 | 保険金受取人 | 満期のとき　保険契約者様 | | |
|---|---|---|---|---|---|---|---|
| | | | 様 | | 死亡のとき　　　　　様 | | 印鑑照合 |
| | 大・昭・平　年　月　日生 | | | | | | |
| 契約者 | フリガナ | | ご印鑑 | | | | |
| | | | 様 | | | | |
| | 明・大・昭・平　年　月　日生 | | | | 保険契約者は保険金受取人を指定または変更する権利を留保します。 | | |

　　　　年　月　日本社で作成　　　　　　　　郡　　区　　町　丁目　　番　　号
当会社は、定款並びに逓増年金付短期払養老
保険普通保険約款（特約付契約の場合は、そ　　　　　　　生命保険相互会社
の特約条項を含みます。）に基づいて、保険契
約者とこの保険契約を締結しました。　　　　取締役社長

第十三章　（第10号文書）　保険証券　　721

（3ページ目）

| 保険証券記号・番号 | | 型 | 保険料払込期間 | 保険期間 | 契約年齢 | 特約 | 保険金・年金削減期間 |
|---|---|---|---|---|---|---|---|
| 〔　　　〕第　　　号 | | 　　型 | 20年 | 30年 | 　　歳 | 〔　　〕 | 　　年 |

| 契約の日(保険期間の始まった日) | 満期日(保険期間の終った日の翌日) | 保険料払込期日 | 社員配当金支払方法配当契約（増加保険）の一時払保険料に振り替えます。 |
|---|---|---|---|
| 　年　　月　　日 | 　年　　月　　日 | 毎　　月　　日の応当日 | |

| 保　　険　　料<br>(特約付契約の場合、特約保険料、特別保険料を含む。) | 円 | 特別条件特約の特別保険料 | 円 |
|---|---|---|---|

| 基本保険金<br>(死亡・満期) | 円 | 災害一時金 | 円 | 第1保険年度死亡（廃疾）の場合の支払年金総額 | 円 |
|---|---|---|---|---|---|
| 定期保険特約の死亡保険金 | | 定期保険特約の災害割増保険金 | | 年金 | 契約の日から19年以内の死亡（廃疾）の場合死亡保険金のほか、約款第19条に規定する5％の逓増年金を所定年数支払います。 |
| 災害保障特約の災害保険金 | | 疾病保障特約の特約基準金 | | 交通災害保障特約の交通災害保険金 | |

保険証券記号・番号欄および特約欄の（　）内の数字は、それぞれ次の内容を表わします。

　　保　険　種　類　　　　　　　3……災害保障特約
10……デラックス　　　　　　　　4……災害保障特約及び家族災害保障特約
20……デラックスR　　　　　　　5……災害保障特約及び疾病保障特約
　　特　　　　　　　　約　　　　6……災害保障特約、疾病保障特約及び家
　1……特別条件特約　　　　　　　　　族災害保障特約
　2……交通災害保障特約

## 印紙税法の適用関係

　　印紙税法別表第一、課税物件表の第10号文書「保険証券」である。

## 第330例　運送保険証券

| 第　号　運送保険証券 | 保険の目的 | 荷送人 | 荷受人 | 保険価額 | 保険金額 | 保険料 | | | 保険金支払地 |
|---|---|---|---|---|---|---|---|---|---|
| | | | | 金 | 金 | 割合（保険金額壱百円に付） | 金 | 支払方法 | |
| 発送年月日　年　月　日 | 運送人 | 運送取扱人 | 運送の方法及び道筋　自（運送受取場所）受取品　至（運送引渡場所）引渡品 | | | 填補の範囲 | | | |

保険契約者

当会社は前記記載の条項により保険の目的に付保険契約を締結しました。べき損害発生したときは被保険人に対し保険金の支払を致します。
　　年　月　日

よって当会社の保険証券　年　月　日、本保険証券の負担証　殿又は其の指図す　殿又は　において作成する。

保険株式会社　㊞

殿

（裏面約款省略）

## 印紙税法の適用関係

　　印紙税法別表第一、課税物件表の第10号文書「保険証券」である。

第十三章 （第10号文書） 保険証券　　　723

## 第331例　　貨物海上保険証券

第　　　号

# 貨物海上保険証券

保険契約者

殿

| 輸送用具 | 船舶 | 船種及び船名 | | 国籍 | 航海 | 自 { 積出地<br>船積港 | 至 { 陸揚港<br>仕向地 | |
|---|---|---|---|---|---|---|---|---|
| | | 発航日 | 年　月　日 | | | | | |
| | 接続船舶 | 船種及び船名 | | 国籍 | | 接続船舶積替地 | | |
| | 其の他 | 積出地より船舶迄 | | | 塡補の範囲 | 船　　舶 | | |
| | | 船舶より仕向地迄 | | | | 積込艀舶 | | |
| | | | | | | 陸揚艀舟 | | |
| 保険の目的 | | | | | | 其の他の輸送用具 | | |
| | | | | | 保険価額 | 金 | | |
| | | | | | 保険金額 | 金 | | |
| | | | | | 保険料 | 割合 | 保険金額に付金<br>金 100 円に付金 | |
| | | | | | | 金 | | |
| | | | | | | 支払方法 | | |
| | | | | | 保険金支払地 | | | |

当会社は、上記保険の目的に付　　　　年　　　月　　　日本保険証券記載の条項に
依り保険契約を締結しました。依って当会社の負担すべき損害が発生したときは
被保険者　　　　　　　　殿又は其の指図人に対し間違いなく保険金の支払を
致します。（本証券の作成地　　　　　　　　　　　　　　）
　　　　　年　　　月　　　日　　市　　区　　町　丁目　　番地
　　　　　　　　　　　　　　　　　火災海上保険株式会社　　　㊞

（裏面保険約款省略）

## 印紙税法の適用関係

　　印紙税法別表第一、課税物件表の第10号文書「保険証券」である。

724 第2部 各課税物件

# 第十四章 （第11号文書）
## 信　用　状

　信用状は、印紙税法別表第一、課税物件表の第11号（P1120参照）に掲げる印紙税の課税物件である。

　外国との取引においては、それぞれの国内における通貨が異なること、遠隔地であること、相手の信用状態が分からないこと等の問題が生じてくるが、このような問題を解決する手段（制度）として発達利用されているのが商業信用状（Commercial Letter of Credit. L/C）又は荷為替信用状（銀行信用状あるいは、単に信用状などともいう。）である。

　また、旅行者が各国を旅行するについて現金を持ち歩くことの危険性や、加えて海外旅行の場合には、旅行先の通貨が異なること等から生ずる不便を解消する制度として旅行信用状（Traveller's Credit）がある。

　印紙税法における「信用状」とは、具体的には銀行が輸入業者又は旅行者の依頼に応じて他の銀行（支店）に対して、依頼者の信用を保証し、一定条件の下に一定額の金銭の支払をなすべきことを委託する文書（支払委託書）である。

　なお、信用状は一般的には、手形の引受け又は支払の保証を約した形の証書をもってなされることが多い。

## 1　商業信用状

　「商業信用状」とは、船積した商品の代金を信用状発行銀行が輸入業者に代わって支払うべきことを保証した証書である。すなわち、輸入業者が自己の取引銀行に信用状の発行を依頼した場合、銀行はその輸入業者のために、自己の信用を提供して、一定の条件の下に、輸出業者が輸入業者あてに振り出した手形（為替手形）の引受け、支払又は買取りを保証し、更には、輸出業者に自己（発行銀行）あての手形（為替手形）を振り出させることにより、その手形の引

受け支払を約した証書である。

　なお、商業信用状の経済的効用としては、代金支払又は回収の確実性、迅速性が保証されること、輸出金融が容易になること、貨物の確保、金融、営業両面の信用創造等、種々の効用がある。

　印紙税法において、既に発行されている商業信用状について、その金額、有効期限、数量、単価、船積期限、船積地又は仕向地等を変更した場合に銀行が発行する「商業信用状条件変更通知書」は、課税文書に該当しないこととされている。

## 2　旅行信用状

　旅行信用状（Traveller's Credit）は、旅行者が旅行先において、発行銀行又は発行銀行が指定した銀行あてに振り出した一覧払手形を買い取ることを、発行銀行の本支店及び取引銀行に依頼し、その手形の支払を保証したものである。

　この旅行信用状の場合における、旅行者は、あらかじめ信用状金額の全額を銀行に払い込んだ上、信用状の発行を受けることになっている。

　また、発行銀行は、振出人の署名の照合、信用状の盗難、紛失等の場合の損害防止等のため筆跡証明書（Letter of Indication）を交付し、旅行者は手形買取依頼の際には、信用状とこの筆跡証明書とを一緒に呈示しなければならないこととされている。

　なお、海外旅行者が外国で所要資金調達等のため使用する旅行小切手（Traveller's Cheque）は、旅行信用状には該当しない。

726　　第2部　各課税物件

**第332例　商業信用状**

電信宛名＿＿＿＿＿＿＿＿

番号

## 取消不能商業信用状

銀　行

日　付

宛　名

本信用状通知銀行は、

＿＿＿＿＿＿＿＿＿＿＿＿

　　私達はここに、あなたが＿＿＿＿＿＿＿＿に対し、＿＿＿＿＿＿＿＿の勘定で合計
金額＿＿＿＿＿＿を超えない限度で手形を振出すことを授権します。

　　その手形は＿＿＿＿＿＿日期間のもので、下に述べる商品の送り状価額の＿＿＿＿％
の金額であることを要します。

　　各手形は次の書類を伴っていなければなりません。

・　署名のある商業送り状＿＿＿＿＿＿通

　　　　（それには輸入承認書番号＿＿＿が明確に示されていなければなりません。）

・　瑕疵のない船積海洋船荷証券全通で、それには運賃＿＿＿払となっており、荷送
人の指図式でかつ白地裏書として作成されており、荷物の通知先が＿＿＿となって
いなければなりません。

・　海上保険証券又は証明書2通で、それは白地裏書となっており保険金は手形表
示と同じ通貨で＿＿＿＿＿＿払となっており保険価額は送り状金額の＿＿＿％を満た
すものであり、戦争約款、荷物約款（分損不担保／分損担保／金危険担保）、同
盟罷業叛乱、市民戦争約款及び＿＿＿約款を含むものでなければなりません。

・　これらの書類は＿＿＿＿＿＿から＿＿＿＿＿＿へ向けた＿＿＿＿＿＿の積出しを証明
していなければなりません。

・　分割積出しは許されています。（ません。）積替えは許されています。（ません。）

・　積出しは＿＿＿までになされねばなりません。本信用状に基づいて振出される手
形は　　までに買取りのために呈示されなければなりません。そして"　　銀行
の信用状＿＿＿番、日付＿＿＿＿＿＿に基づいて振出されている"旨表示されていな
ければなりません。

　　すべての手形の金額は本信用状の裏面に買取銀行によって裏書きされなければな
りません。

　　本信用状は商業信用状統一規則に従っています。

　　私達は、本信用状の条件に従って振出された手形の振出人、裏書人並びに善意取

第十四章　（第11号文書）　信用状　　　727

得者に対し、それらの手形は引受人に対する正しい呈示と、上に述べられた書類の
引渡しを条件に正しく買取られることに同意します。

銀　行
署　　名

(注)　本書は、英文で記載されている。

## 印紙税法の適用関係

印紙税法別表第一、課税物件表の第11号文書「信用状」である。

# 第十五章 （第12号文書）
## 信託行為に関する契約書

　信託行為に関する契約（予約を含む。）の成立、更改、内容の変更又は補充の事実を証すべき文書は、印紙税法別表第一、課税物件表の第12号（P1120参照）に掲げる印紙税の課税物件である。

　「信託」とは、信託法（平成18年法律第108号）第2条《定義》に「特定の者が一定の目的（専らその者の利益を図る目的を除く。）に従い財産の管理又は処分及びその他の当該目的の達成のために必要な行為をすべきものとすることをいう。」と規定されている。

　印紙税法における「信託行為に関する契約書」とは、信託法第3条第1号《信託の方法》に規定されている信託契約を証する文書のほか、担保付社債信託法（明治38年法律第52号）その他の信託に関する特別の法令に基づいて締結する信託契約を証する文書のことをいい、信託法第3条第2号の遺言信託を設定するための遺言状及び同条第3号の自己信託を設定するための公正証書その他の書面は課税対象から除外されている。

　なお、信託銀行が財産形成信託の申込者に交付する財産形成信託取引証は、信託行為に関する契約書に含むこととして取り扱われる。

第十五章　（第12号文書）　信託行為に関する契約書　　729

第333例　年金信託契約書

# 年 金 信 託 契 約 書

　　　住　所
　　　委託者
　　　住　所
　　　受託者
　　委託者は、本契約締結日において効力を有する　　年　　月　　日に施行された
末尾添付の委託者の退職年金規程（以下「年金規約」といいます。）に基づいて、
受益者に年金を支給するため必要な拠出金を受託者に信託することを約し、かつ、
この信託金の管理、運用および給付を目的として受託者と下記条項により、　　年
　　月　　日この年金信託契約を締結しました。


（信託金）
第1条　1　委託者は、下記の金銭を信託し、受託者は、これを引受けました。
　　　　　　　　　　　　　¥10,260,722
　　　　2　委託者は、年金規約に基づいて、次に定める期日までに年金規約第24
　　　　条に定める拠出金（以下「第1拠出金」といいます。）および年金規約
　　　　第25条に定める拠出金（以下「第2拠出金」といいます。）を追加信託
　　　　するものとします。
　　　　⑴　第1拠出金については毎年3月末日
　　　　⑵　第2拠出金については毎年3月末日
（信託期間）
第2条　信託期間は、信託契約締結の日から第14条または第24条第2項による信託
　　　　の解除または終了の日までとします。
（受益者）
第3条　この信託の元本および収益の受益者は、年金規約に定める年金および一時
　　　　金の受給権者とします。
（信託管理人）
第4条　1　この信託の信託管理人は、　　　　　　　　　　とします。
　　　　2　委託者から信託管理人の変更の請求があったときは、受託者は、これ
　　　　に応ずることがあります。
（運　用）
第5条　1　この信託金は、下記の財産に運用するものとします。
　　　　⑴　指定金銭信託受益権（合同運用一般口）

(2) 年金投資基金信託受益権（貸付金口）

(3) 年金投資基金信託受益権（株式口）

(4) 年金投資基金信託受益権（動産信託受益権口）

(5) 年金投資基金信託受益権（不動産信託受益権口）

(6) 年金投資基金信託受益権（金銭債権信託受益権口）

(7) 年金投資基金信託受益権（公社債口）

(8) 年金投資基金信託受益権（外貨建証券口）

(9) 貸付信託受益証券

(10) 動産信託受益権および不動産信託受益権

(11) 貸付金

(12) 国債、地方債、社債、特別の法律により法人の発行する債券および非居住者円貨債券

(13) 株式および特別の法律により設立された法人の発行する出資証券

(14) 投資信託受益証券

(15) 不動産

(16) 金銭債権信託受益権

(17) 預金、コール・ローンおよび手形割引市場において売買される手形

2　前項第１号から第10号までの各号、第14号および第16号に掲げる財産については、　　　信託銀行株式会社を受託者とするものを含むものとします。

3　第１項第11号に定める貸付金は、下記のとおりとします。

(1) 財団抵当貸付金

(2) 不動産抵当貸付金

(3) 船舶抵当貸付金

(4) 有価証券担保貸付金

(5) 担保留保条項を付した貸付金

(6) 企業担保法による企業担保権を設定している会社および電気事業法第39条に規定する一般電気事業会社に対する貸付金

(7) 特別の法律により設立された法人および地方公共団体に対する貸付金

(8) 銀行が保証する貸付金

(9) 前各号に掲げる貸付金に準ずる貸付金

4　第１項各号のうち下記に掲げる財産の運用割合は、信託財産に対し次のとおりとします。

(1) 第１号、第２号、第６号、第７号、第９号、第11号中確実かつ十分な担保を有する貸付金および銀行が保証する貸付金、第12号中国債、

第十五章 （第12号文書） 信託行為に関する契約書　　　731

　　　　地方債、特別の法律により法人の発行する債券、担保付社債および非
　　　　居住者円貨債券、第16号ならびに第17号　　$\frac{50}{100}$以上

　　⑵　第3号、第13号および第14号（主として国債、地方債、または社債
　　　　に運用することを目的とし、かつ、株式に運用しない投資信託受益証
　　　　券を除く。）　　$\frac{30}{100}$以下

　　⑶　第5号、第10号中不動産信託受益権および第15号　　$\frac{20}{100}$以下

　　⑷　第8号　　$\frac{10}{100}$以下

　　⑸　前3号については、財産の価格の変動、担保権の実行その他受託者
　　　　の意思に基づかない事由による場合または特別の事情によりやむをえ
　　　　ない場合は、この限りではありません。

　5　同一会社の発行する社債、株式およびこれらを担保とする貸付金なら
　　びに当該会社に対する貸付金の合計額は、信託財産の$\frac{10}{100}$以下としま
　　す。

　6　同一人に対する貸付金の合計額は、信託財産の$\frac{10}{100}$以下とします。

　7　同一発行主体の発行する非居住者円貨債券およびこれを担保とする貸
　　付金の合計額は、信託財産の$\frac{10}{100}$以下とします。

　8　受託者は、委託者に対して通常の条件に比し有利な条件による貸付そ
　　の他の運用をしません。

　　　また、委託者は、受託者に対し本信託財産に関する運用につき個別に
　　指示を行いません。

（借入金）
第6条　受託者は、信託財産に関し、新株式についての払込その他短期の資金繰り
　　上やむをえない場合は、信託財産を担保に供して借入をすることができま
　　す。この借入金についても前条と同一の方法により運用します。

---

**印紙税法の適用関係**

　　　印紙税法別表第一、課税物件表の第12号文書「信託行為に関する契約書」であ
　　る。

**説明**　この文書は、退職年金を支給するために取り交した金銭信託に関するものであ
　　り、信託行為の成立を証明するものであることから、第12号文書に該当する。

732　　　　　　　　第2部　各課税物件

**第334例**　**指定金銭信託証書**

---

指定金銭信託証書

一　金

　　　　委　託　者

　　　　　元本の受益者

　　　　　収益の受益者

　　　　信託契約締結日　　　　　年　　　月　　　日

　　　　信　託　期　間

　　　　信託元本交付日　　　　　年　　　月　　　日

　　　　収　益　計　算　期

　　　　収益処分方法　毎収益計算期の翌日

前記要旨及び裏面記載の約定により信託契約を締結致しました。上記契約の証とし
て本証書を委託者に交付致します。

　　　　　年　　　月　　　日

　　　　　　　　　　　　　　　　受託者　　○○信託銀行株式会社　　㊞

---

（注）　この文書の裏面には、「表記金銭は、受益者のために利殖の目的をもって委託
　　　者より信託され、受託者は、これを引受けた」、「信託金は貸付金、公債、社債又
　　　は預金に運用する」等の約定が記載されている。

**印紙税法の適用関係**

　　　印紙税法別表第一、課税物件表の第12号文書「信託行為に関する契約書」であ
　　る。

第十五章　（第12号文書）　信託行為に関する契約書　　　733

**第335例**　金銭信託以外の金銭の信託契約書

### 金銭信託以外の金銭の信託契約書

　　　　生命保険相互会社（以下「委託者」といいます。）および　　　　信託銀
行株式会社（以下「受託者」といいます。）は、委託者の信託する金銭を受益者のた
めに利殖することを目的として、その管理および運用のため、受託者との間に下記条
項により信託契約を締結しました。


（信託金）
第1条　委託者は下記金銭を信託し、受託者はこれを引受けました。
金 5,000,000,000円也

　　2　委託者は受託者の承諾を得て信託金を追加することができます。
（受益者）
第2条　この信託の元本及び収益の受益者は委託者とします。
　　2　委託者は、受益者を変更することが出来ません。
（信託期間）
第3条　この信託の期間は契約締結の日から　　　　年　　月　　日までとします。
　　　　ただし、信託期間満了日より、1ケ月以上前に委託者または受託者より、書面
　　　　による特段の申し出がないかぎり更に1年間信託期間を延長するものとし、以
　　　　後同様とします。
（信託金の運用）
第4条　委託者は信託元本および収益について、次の財産に運用すること（信託金の
　　　　投資、信託財産の売却その他の処分およびそれらの代り金の再投資）を、受託
　　　　者所定の方式に従い指図するものとします。
　　⑴　国債、地方債、社債（新株予約権付社債等を含む）、特別の法律により法
　　　　人の発行する債券、および非居住者円貨債券
　　⑵　株式および特別の法律により設立された法人の発行する出資証券
　　⑶　銀行預金その他の委託者が指図し受託者が承認したもの
　　⑷　外国通貨をもって表示される証券または証書で前各号の証券または証書の
　　　　性質を有するもの
　　⑸　東証株価指数先物（TOPIX）及び日経平均株価先物（日経225先物）
　　⑹　信用取引
　　⑺　株価指数オプション取引
　　2　委託者は、前項に定める指図のほか、信託財産の運用に関し、次の各号に定
　　　　める事項について受託者に対し、受託者所定の方式に従いその指図を行うこと

第12号

ができるものとします。

(1)　新株予約権付社債を取得する場合において新株予約権付社債の新株予約権を行使すること

(2)　外国通貨をもって表示される財産を取得または処分する場合において、当該取得または処分の決済のための外国為替売買（その予約を含む）を行うこと

3　受託者は未運用の信託金その他運用上生じた余裕金について、銀行預金等に短期運用することができます。この場合、この信託金は運用方針を同じくする他の信託金と合同して運用することができます。

4　本条による委託者または次条に定める代理人の指図につき受託者において信託目的遂行上不適切または法令・通達およびそれらの解釈に抵触するおそれがあると認めた場合は、受託者はその指図に従わないことができるものとします。

(中　略)

（信託報酬）

第17条　信託報酬は、信託元本平均残高に対して年0.1％の割合により計算した金額とし、受託者は毎計算期日に信託財産の中から受領します。ただし、これを受益者に請求することもできるものとします。

（委託者による信託の解約）

第18条　委託者は次項に定める場合を除き、契約期間の満了日前において、信託の解約または信託の元本の一部の解約をすることができないものとします。

2　委託者が信託の解約または信託の元本の一部の解約の意思表示をした場合において、受託者がやむを得ない事由によるものと認めたときは、受託者は、この解約に応じることがあります。

3　受託者は、前項に定める解約に応じる場合、解約の結果蒙った損害金を信託財産から受領し、または委託者に請求することができるものとします。

4　第2項の定めにより信託の元本の一部の解約をするときは、受託者は、この解約の日に受領書と引き換えに、信託財産を受益者に現状有姿のまま交付するものとします。

（受託者による信託の解約）

第19条　受託者が前条の定めに拘らず、経済情勢の変化その他相当の事由により信託目的の達成または信託事務の遂行が不可能もしくは著しく困難となったと認めたときは、委託者および受益者に対し、書面による予告をもって、この信託を解約することができるものとします。この場合、受託者は解約によって生じた損害について、その責を負わないものとします。

第十五章 （第12号文書） 信託行為に関する契約書　　　735

（信託の終了）
第20条　この信託は、契約期間が満了したとき、または第18条第２項もしくは第19条
　　の定めにより、この信託が解約されたときに終了するものとします。

（最終計算および信託財産の交付）
第21条　この信託が終了したときは、受託者は信託の最終計算について受益者の承認
　　を得た上、信託終了日の翌営業日に、この信託契約書と引き換えに、信託財産
　　を受益者に現状有姿のまま交付するものとします。
　　2　委託者は前項の最終計算につき、最終の期間前の計算に関する報告を省略で
　　きるものとします。

（中　　略）

（契約書の保有）
第29条　本信託契約書は２通作成し、委託者および受託者が各１通ずつ保有するもの
　　とします。

以　　　　上

### 印紙税法の適用関係

　　印紙税法別表第一、課税物件表の第12号文書「信託行為に関する契約書」であ
る。

**説明**　この文書は、保険会社と信託銀行の間で締結されるものであるが、信託財産に
ついて、その運用方法等を定めるものであることから、第12号文書に該当する。

第12号

736 第2部 各課税物件

**第336例** 管理有価証券信託契約証書

---

第　号

### 管理有価証券信託契約証書

信託有価証券　　裏面明細表記載の通り
　　　　　　　　信託価額合計金　　　　¥＿＿＿＿＿＿＿＿

元本の受益者
収益の受益者

信　託　期　間　　自　　　年　　　　月　　　　　日　満　　年
　　　　　　　　　至　　　年　　　　月　　　　　日

信　託　の　目　的　　管理
収益処分方法
上記要項及び裏面の管理有価証券信託約定により信託契約を締結致しました
　　　　　　　　　　　　　　　年　　月　　日

　　　住　　所
　　　　委　託　者

　　　　　　　　受託者　　　信託銀行株式会社　㊞

---

（裏面）　　　　　　　　信託有価証券明細表

| 銘　　柄 | 額面又は株　数 | 壱株の払込金額 | 信　託　価　額 | | 備　　考 |
|---|---|---|---|---|---|
| | | | 単　価 | 金　額 | |
| | | 円 | 円 | 円 | |
| | | | | | |
| | | | | | |

（注）　この文書には、裏面に「信託有価証券明細表」を設けるほか、別場所には「前記有価証券は受益者のために管理の目的をもって委託者から信託され、受託者はこれを引受けた」、「信託有価証券については受託財産であることの表示及び記載をする」等の約定が記載されている。

---

**印紙税法の適用関係**

　　印紙税法別表第一、課税物件表の第12号文書「信託行為に関する契約書」である。

第十五章　（第12号文書）　信託行為に関する契約書　　737

## 第337例　財産形成信託取引証

---

### 財産形成信託取引証

勤 務 先 番 号

加 入 者 名　　　　　　　　　様

積 立 期 間

取引口座番号　┌ 普通預金

　　　　　　　│ ㈶指定金銭信託

　　　　　　　└ ㈶貸付信託

　　　No.＿＿＿＿＿＿＿＿＿＿

この証は、あなた様の財産形成信託
にかかる普通預金通帳、指定金銭信
託証書及び貸付信託受益証券の保護
預り、並びにお取引の証として発行
いたします。今後は、さきに提出い
ただきました財産形成信託申込書及
び裏面の規定によってお取り扱いい
たします。

　　　　　年　　　月　　　日
　　　　　信託銀行株式会社
　　　　　　　取締役
　　　　　　　社　長

---

（裏面）

### 財産形成信託取扱規定〔貸付信託型〕

1　この信託の積立期間は３年以上とし、積立金は１回　　円以上を事業主に積立
　者の給与から天引して、年１回以上定期にお預け入れいただきます。

2　この信託は、初回積立金によりおつくりいただく普通預金口座に積立金をお預
　りいたします。なお、この普通預金口座は、積立金専用口座とし次の指定金銭信
　託への預け替えする場合を除き払い出しできません。

3　この普通預金残高が　　円以上になれば全額を信託金として当行所定の方法に
　より自動的に同一の指定金銭信託口座に預け替えいたします。なお、この指定金
　銭信託については次のとおりといたします。

　⑴　信託の期日は，信託契約締結日（信託金として初回預け替え日）から信託元
　　本支払日の前日までとします。

　　　　　　　　　　　　　（中　略）

4　指定金銭信託の残高については、年２回（２月20日および８月20日）
　万円単位で当行所定の方法により自動的に同一取引口座の貸付信託に預け替えい
　たします。

5　この信託は、普通預金通帳、指定金銭信託証書および貸付信託受益証券を保護預りとし、お取引の証として財産形成信託取引証を発行いたします。なお、お取引の内容については6カ月に1回ご通知いたします。

6　この信託のお受け取りにあたっては、お届け出の印章により当行所定の受取書に記名押印のうえ、財産形成信託取引証とともにお差し出しください。

7　この信託は、別段の申し出がないかぎり、満期日後も引続きあらかじめご指定いただいた財産形成貯蓄としてお取り扱いいたします。

（以下省略）

（注）　この文書は、財産形成信託の受託を証するために、受託者である信託銀行が委託者に交付するものであり、金銭信託証書のように個々の信託行為の成立を証するものではないが、今後、継続的に発生する信託行為につき、包括的又は基本的にその成立を証するためのものである。

### 印紙税法の適用関係

　　　印紙税法別表第一、課税物件表の第12号文書「信託行為に関する契約書」である。

**説明**　　この文書は、信託を目的とする金銭の寄託契約（貸付信託型のものにあっては、信託による権利を表彰する貸付信託受益証券の寄託契約）の成立及び委任契約（同一の指定金銭信託口座への預替え）の成立を証するものである。

　　したがって、第12号文書及び第14号文書「金銭又は有価証券の寄託に関する契約書」に該当し、通則3のハの規定により第12号文書となる。

# 第十六章　（第13号文書）
## 債務の保証に関する契約書
（主たる債務の契約書に併記するものを除く。）

　債務の保証に関する契約書は、印紙税法別表第一、課税物件表の第13号（P1120参照）に掲げる印紙税の課税物件である。

　「債務の保証に関する契約書」とは、例えば、甲の友人乙がA銀行に負担している債務について乙が履行しない場合は、甲が保証人としてその債務を履行する責任を負うことを証するような文書をいう。

　印紙税法における「債務の保証に関する契約書」は、債務の保証に関する契約（予約を含む。）の成立を証する文書のほか、その更改、内容の変更又は補充の事実を証する文書も含まれるが、これらのうち、主たる債務の契約書に併記するものは除外される。

　なお、「債務の保証に関する契約書」のうち、身元保証ニ関スル法律（昭和8年法律第42号）に定める身元保証に関する契約書は、特に非課税とされている。

## 1　「債務の保証」の意義

　一般に保証という場合には、広く担保あるいは担保契約を意味するが、民法において保証というのは、債務者（主たる債務者）が、債務を履行しない場合に、これに代わって履行するよう債務者以外の者（保証人）が、従たる債務を負担することをいい、同法でいう保証契約とは、このような内容を持つ保証人と債権者間の契約である（民法第446条から第465条）。

　印紙税法の課税物件である「債務の保証に関する契約書」における「債務の保証」とは、民法にいう保証債務と同意義である。

　保証債務は、主たる債務が履行されない場合に、これを履行することによっ

740　　第2部　各課税物件

て、債権者に満足を与えようとする、いわゆる人的担保であって、この点、物的担保である質権、抵当権等（物権）とは異なる。

## 2　保証債務の法的性質

保証債務の法的性質としては、次のものが掲げられる。

(1)　付従性を有する。すなわち、保証債務は、主たる債務に付従し、主たる債務の無効、取消、消滅があった場合には、保証債務もまた無効、取消、消滅を来し、主たる債務に生じた事由は、全て保証債務にも影響を及ぼす（民法第447条から第449条及び第457条）。

(2)　補充性を有する。すなわち、保証債務は、主たる債務が履行されないときに、初めて履行されるべきものであるから、保証債務は第二次的に履行すべき債務である。このため、保証人には、抗弁権（催告の抗弁権及び検索の抗弁権）が認められる（民法第452条〜第454条）。

(3)　随伴性を有する。すなわち、保証債務は、主たる債務が移転されるときは、保証債務もこれとともに移転する。

(4)　保証債務は、主たる債務と同一の内容をなすものである。

(5)　保証債務は、債務の目的、態様について主たる債務より重くすることはできない。主たる債務より重いときは主たる債務の限度に減縮される（民法第448条）。

## 3　保証債務の種類

保証債務の種類としては、普通の保証のほか、次のようなものがある。これらの保証契約の成立事実を証明する文書は、いずれも本号に掲げる課税物件に該当する。

①　連帯保証　保証人が主たる債務者と連帯して債務を負担する保証債務

②　根　保　証　継続的取引関係から、将来、不特定に発生する多数の債務を負
　（信用保証）
　　　　　　　　担する保証債務

③　共同保証　同一の主たる債務について数人が共同して負担する保証債務

第十六章　（第13号文書）　債務の保証に関する契約書　　　741

④　賠償保証　債権者が主たる債務者から弁済を受け得なかった債務について
　　のみ負担する保証債務

⑤　求償保証　主たる債務者が保証人に対して負担する、その償還すべき債務
　　を保証するもの

⑥　副 保 証　保証債務を更に保証するもの

　保証と類似したものに連帯債務と損害担保契約がある。これらの用語はとき
に混同して用いられている例をみるが、本質的には、保証が付従性を有する債
務であるのに対し、他はそれぞれ別個独立した債務である等の点で異なるもの
である。

　印紙税法の適用面においても、連帯債務に関する契約書及び損害担保契約書
は課税物件には該当しない。


## 4　「主たる債務の契約書に併記するもの」の定義

　印紙税法は本号の課税物件欄で、債務の保証に関する契約書のうち、主たる
債務の契約書に併記するものを課税物件から除くと規定している。

　これは、主たる債務の契約書そのものが印紙税法上の課税物件であるかどう
かに関係なく、その種の契約書への併記という事実をもって課税物件とはしな
いという趣旨であるから、非課税物件（第1部第三章参照）ではなく、いわゆる
不課税物件である。したがって、通則3の規定（P1105参照）の適用がないこ
とに注意を要する。

　例えば、金銭消費貸借契約書（第1号文書）に併記した保証契約書は、第1
号（消費貸借に関する契約書）と第13号（債務の保証に関する契約書）の両方に該当
して通則3のイの規定により第1号の文書になるのではなく、当初から第1号
のみに該当する文書である。したがって、この場合の第1号文書には1万円の
免税点が適用されるのである（通則3のイの規定の適用を受けて第1号又は第2号
文書となったものは免税点がないことについては、第一章7のとおりである。）。

第13号

## 5　非課税物件

　印紙税法は「債務の保証に関する契約書」のうち、身元保証ニ関スル法律に
定める身元保証に関する契約書を非課税物件と規定している。

　この「身元保証ニ関スル法律」にいう「身元保証」とは、引受、保証、その
他名称のいかんを問わず、被用者の行為により、使用者の受けた損害を賠償す
ることを約する身元保証契約とされている（身元保証ニ関スル法律第1条）が、
そうした契約内容のうち、被用者の一身上の事由から使用者が被るかもしれな
い全ての損害の補てん、除去、担保を目的とする、いわゆる一種の損害担保契
約はもともと保証債務のうちには入らないから印紙税の課税対象外であり、被
用者の債務（雇用契約上の債務）不履行から生ずる使用者に対する被用者の損害
賠償債務を保証する、いわゆる将来の債務に対する債務保証がこの非課税規定
によって課税対象から除外されるわけである。

　なお、印紙税法が非課税物件と規定した「身元保証に関する契約書」のうち
には、入学及び入院の際等に作成される身元保証書も含むものとして取り扱っ
ている（印紙税法基本通達別表第一、第13号文書の4）。

第十六章　（第13号文書）　債務の保証に関する契約書　　　743

### 第338例　提携住宅ローンに関する契約書

## 提携住宅ローンに関する契約書

　　　　　　　信用金庫（以下「甲」という。）と　　　　　　（以下「乙」という。）
は乙に住宅の建築を依頼する者、または乙より住宅の購入をする者（以下「丙」とい
う。）に対し、甲がその建設または購入資金を融通するについて、下記のとおり契約
する。

記

**（目　的）**
第1条　本住宅ローン制度は、住宅の供給を通じて、健康にして文化的な生活の向上
　　に寄与するとともに、住宅建築、住宅販売を促進して住宅の需要を喚起しもって住
　　みよい地域社会創りに奉仕することを目的とする。
　**（ローン限度額）**
第2条　本住宅ローンの取扱限度額（年度融資実行額）は次の額以内とする。
　　　　　　金　　　　　　　　円
　**（ローン対象地域）**
第3条　本住宅ローン（以下「ローン」という。）対象地域は、甲の営業区域内とす
　　る。ただし、営業区域内であっても、甲の営業店管理上支障あると甲が判断した場
　　合は対象地域としない。
　**（ローン対象者）**
第4条　ローン対象者は、甲がローン取扱を適当と認め、かつ甲の会員たる資格を有
　　する個人とする。
　**（ローン取扱店）**
第5条　ローン取扱店は、甲の営業店とする。ただし、ローン申込者が希望する取扱
　　店を、甲は甲の判断によって他の取扱店に指定または変更することができる。
　**（ローンの条件）**
第6条　（省略）
　**（住宅ローン保証保険）**
第7条　（省略）
　**（ローンの手続）**
第8条　（省略）
　**（保　証）**
第9条
　(1)　保　証

第13号

744　第2部　各課税物件

　　乙は本契約に基づく丙の甲に対する借入債務に関し、　　保険会社（以下
　「丁」という。）において丙を保険契約者とし、甲を被保険者とする住宅ローン
　保証保険の責任始期までの間、丙と連帯して保証の責に任ずるものとする。
　(2)　保証債務の範囲
　　①　乙の保証債務の範囲は、丙が甲に対して負担する元利金及び遅延損害金を加
　　　えた額とし、その計算方法は甲所定の方法による。
　　②　甲は乙を連帯保証人とすることについて、乙から取締役会の議事録の謄本を
　　　徴し、債権保全を必要とする場合には、甲に対して乙は不動産等の担保を提供
　　　するものとする。
　(3)　保証債務の履行
　　　丙がその債務の一部または全部の履行を怠り、または手形交換所の取引停止処
　　分、差押、破産等によって期限の利益を喪失し、通常の取立によっては弁済困難
　　と甲が認めた場合には、甲の請求により乙は直ちに保証債務を履行しなければな
　　らない。
　(4)　保証債務の弁済手続
　　　前項の保証債務履行の手続は、甲が乙の甲に対する預金口座から、任意の方法
　　により当該保証債務額を引落とすことができるものとする。
　(5)　債権証書の交付
　　　甲は乙より保証債務の全部の履行を受けたときは、丙から徴求した当該金銭消
　　費貸借証書を乙に交付するものとする。
　**（補　則）**
第10条

（中　略）

　(3)　有効期間
　　　本契約の有効期間は締結の日から　　　　　年　　月　　日とする。ただし、こ
　　の契約の期間満了の日から3カ月前までに当事者の一方から書面による解約の意
　　思表示がないときは、その後1カ年に限り更新されたものとする。以後もまた同
　　様とする。
　(4)　有効期間経過後の保証責任
　　　本契約の有効期間経過後といえども乙は有効期間中に甲が行った貸付について
　　は、本契約の各条項に従って保証の責に任ずるものとする。
　(5)　約款、覚書の準拠
　　　本契約に定めのない事項は、第7条の住宅ローン保証保険普通約款ならびに
　　甲、乙、丁三者間で別に締結した「覚書」の定めによる。

　　　　　　　　　　　　　　　　　　　　　　　　　　　　　　　以　上

第十六章　（第13号文書）　債務の保証に関する契約書　　　745

本契約の証として正本2通を作成し、甲、乙各1通を保有する。

　　　年　　月　　日

　　　　　　　　　　　　　　　　　　　甲　　　　　　　　　㊞
　　　　　　　　　　　　　　　　　　　乙　　　　　　　　　㊞

**印紙税法の適用関係**

　　　印紙税法別表第一、課税物件表の第13号文書「債務の保証に関する契約書」である。

**説明**　この文書は、住宅購入者の借入債務について、住宅建設業者が住宅購入者と連帯して保証することを約したものであることから、第13号文書に該当する。

746　　第2部　各課税物件

### 第339例　保証約定書

---

保　証　約　定　書

保証人は、債務者　　　　　が貴金庫に差入れた　　　年　　月　　日付取引約
定書の記載条項を了承のうえ、債務者が貴金庫との取引において貴金庫に対し負担
する一切の債務につき下記のとおり債務者と連帯して債務履行の責めに任じます。

記

1　保証債務極度額は金　　　　円也とし、この保証書差入れの日の前後にかかわ
　　らず　　　　年　　月　　日までに生じた一切の債務を包含します。
2　保証人は、貴金庫の都合によって担保若しくは他の保証を変更、解除されても
　　異議はありません。
3　保証人が、この保証債務を履行した場合、代位によって貴金庫から取得した権
　　利は債務者と貴金庫との取引継続中は貴金庫の同意がなければこれを行使いた
　　しません。
4　保証人が、債務者と貴金庫との取引についてほかに保証をしている場合には、
　　その保証はこの保証契約によって変更されないものとし、またほかに極度の定
　　めのある保証をしている場合には、その保証にこの保証極度額を加えるものと
　　いたします。

上記の通り確かに保証致しました。　　　　　　　　　　　　　以　上
　　　　年　　月　　日

　　　　　　　　　　　　　　　　　　　　　連帯保証人　　　　　㊞
　　　　　　　　　　　　　　　　　　　　　連帯保証人　　　　　㊞
　　　　　　　　　　　　　　　　　　　　　連帯保証人　　　　　㊞

　　　　　　金庫御中

---

### 印紙税法の適用関係

　　　　印紙税法別表第一、課税物件表の第13号文書「債務の保証に関する契約書」で
　　　ある。

**説明**　　この文書は、主たる債務者以外の第三者である保証人が、主たる債務者の負担
　　　する債務について、連帯して債務を負担することを債権者に約した債務の保証
　　　（連帯保証）契約の成立を証する契約書であることから、第13号文書に該当す
　　　る。

第十六章 （第13号文書） 債務の保証に関する契約書　　　747

### 第340例　保証委託契約書

保 証 委 託 契 約 書

年　　月　　日

　　　銀　行　　殿

　　　　　　　　　　おところ

　　　債　務　者

　　　　　　　　　　おなまえ　　　　　　　　　　　　　㊞
　　　　　　　　　　おところ

　　　　　連帯保証人

　　　　　　　　　　おなまえ　　　　　　　　　　　　　㊞

　債務者（以下「甲」という。）は、甲が貴行に提出した　　　年　　月　　日付　事業計画書にもとづく宅地または建物の売買取引によって購入者（以下「乙」という。）から受領する前金（不動産売買契約書記載の初回金、中間金）の返還債務につき宅地建物取引業法第41条にもとづき、貴行に連帯保証を依頼するに当たり、次のとおり約定しました。

第1条　（保証総額と契約期限）

　①　保証の総金額は、金　　　　円までとします。

　②　保証の依頼ができる期限は、　　　年　　月　　日までとします。

第2条　（保証の方法）

　　甲は保証を必要とする場合は、貴行所定の保証依頼書に不動産売買契約書副本を添えて貴行に提出し、貴行所定の様式による乙あての保証書の交付を貴行に請求するものとします。

第3条　（保証債務の範囲）

　　前条による保証債務の範囲は、甲が乙との間で締結する不動産売買契約書に基づき契約締結の日より土地または建物の引渡しまでの間に甲が乙より受領した前金元本の返還債務を限度とし、利息、違約金、損害賠償はその範囲外とします。

（中　略）

第5条　（保証債務の消滅）

　　次の各号の一にでも該当したときは保証債務は消滅するものとします。

　①　甲が目的物件を乙に引き渡したとき。

　②　目的物件の完成後乙への所有権移転登記がされたとき、または乙が所有権の登記をしたとき。

　③　乙の債務不履行等により前金元本の返還債務が発生することがなくなったも

748 第2部 各 課 税 物 件

のと認められたとき。

④ 被保証債権について貴行の承諾なくして譲渡、質入があったとき。

(中　略)

第7条　(保証債務の履行)

① 甲に前金の返還債務が発生したときは、乙は貴行所定の方式により貴行に対し保証債務の履行を求めることができるものとします。

② 乙から貴行に対し保証債務履行の請求があった場合、甲は貴行の請求により、前金返還債務の発生の有無等の保証債務に関する貴行の調査に協力するものとします。

③ 貴行が乙に対して本契約による保証債務と認め前項によりこれを履行したときは、甲は乙に対抗し得る事由その他の理由をもって貴行の求償権の行使を拒むことはできないものとします。

④ 前金の返還債務が発生した場合においても、その発生事由が戦争、暴動その他事変又は地震、噴火その他これらに類する天災等甲の責めに帰すことのできない事由によるときは、貴行は保証債務の履行の責めに任じないものとします。

(中　略)

第12条　(保証人の約定)

① 連帯保証人 (以下「丙」という。) は、この契約書ならびに甲が別に差し入れた銀行取引約定書、支払承諾約定書の各条項を承認のうえ、甲が本契約に基づき貴行に対して負担するいっさいの債務について甲と連帯して債務履行の責めを負い、貴行の都合によって担保もしくは他の保証を変更、解除されても異議はありません。

② 丙が債務者にかわり債務を履行した場合、代位によって貴行から取得した権利は甲と貴行との取引継続中は貴行の同意がなければこれを行使しません。もし貴行の請求があれば、その権利または順位を貴行に無償で譲渡します。

③ 丙が貴行に対して他に保証している場合には、その保証債務はこの契約によって変更されないものとします。

以　上

(注)　会社と銀行との間において、一定の金額までは会社の債務について保証することを約する契約書である。

第十六章 （第13号文書） 債務の保証に関する契約書　　　749

### 印紙税法の適用関係

　　　印紙税法に定める課税物件ではない。

**説明**　債務者が自己の債務の保証を依頼し、それを約する契約は委任契約であることから、第13号文書「債務の保証に関する契約書」その他いずれの課税物件にも該当しない。

　　　なお、連帯保証人の事項は、主たる債務の契約書に併記した保証契約であることから、第13号文書に該当しない。

第13号

750　　　　　　　第２部　各課税物件

第341例　主たる債務の契約書に追記した債務保証に関する契約書

---

### 金銭借用証書

金　10,000,000円正に借用しました。
返済期限は□年６月30日とします。


○年７月１日

　　　　　　　　　　　　　　　　　　　　　　　○○　○○　　㊞



△△　△△　　殿


　上記金額を○○　○○が返済期限までに返済できないときは、私が全額弁済い
たします。


○年８月15日

　　　　　　　　　　　　　　　　　保証人　　□□　□□　　㊞

---

**印紙税法の適用関係**

　　　印紙税法別表第一、課税物件表の第１号の３文書「消費貸借に関する契約書」
　　及び第13号文書「債務の保証に関する契約書」である。

**説明**　　この文書は、消費貸借契約書に保証という課税事項を追記したものであり、こ
　　の追記により、新たに第13号文書が作成されたことになる。

　　　　したがって、この文書には第１号の３文書として１万円と、第13号文書として
　　200円の収入印紙がそれぞれ必要となる。

第十六章　（第13号文書）　債務の保証に関する契約書　　751

**第342例**　　同意書兼連帯保証書

---

同意書兼連帯保証書　収　入
印　紙

　私共は、　　　年　　月　　日申込者（未成年者）と貴社の間で締結される、
下記内容の契約に法定代理人として同意し、かつ、私共両名は、相互に連帯して、
商品の代金について連帯保証の責任を負います。

1．申込者　＿＿＿＿＿＿＿＿＿＿　（＿＿＿才）
2．契約商品　＿＿＿＿＿＿＿＿＿＿＿＿＿
3．商品価格　＿＿＿＿＿＿＿＿＿
4．支払内容

| 頭　　　金 | 円 |
|---|---|
| 第1回分割支払金 | 円 |
| 第2回以降分割支払金 | 円 |
| 支払回数等 | 支払回数　　回、支払期間　　ヵ月 |

　　年　　月　　日

　　　　　　　保証人ご署名欄（父）＿＿＿＿＿＿＿印
　　　　　　　　　〒
　　　　　　　保証人ご署名欄（母）＿＿＿＿＿＿＿印
　　　　　　　　　〒

---

**印紙税法の適用関係**

　　　印紙税法別表第一、課税物件表の第13号文書「債務の保証に関する契約書」で
ある。

**説明**　　この文書は、物品の譲渡代金等の支払を連帯して保証するもので、主たる債務
の契約に併記したものではないことから、第13号文書に該当する。

第13号

## 第2部 各課税物件

**第343例**　購入申込書に併記した債務の保証書

---

### 購　入　申　込　書（本社）　　　№

販売者　　　株式会社殿　　　　　| 販　売<br>SS名 |

| 主商品 | 高揮 | 並揮 | 軽油 | 灯油 | 自動車用<br>部品等 | | |
|---|---|---|---|---|---|---|---|
| 単　価 | 円 | 円 | 円 | 円 | 円 | 円 | 円 |

購入品目および取引条件

購入見込高　　月　　　円｜給油車種及台数

支払方法｜毎月　　日締切｜当月・翌月　日払｜現金・小切手・振込・手形（　日）

1　税額等の変動により上記単価が改定された場合は、以後その単価によります。

2　支払方法は、現金払いを原則とします。この方法およびその他購入条件を変更する場合は、販売者の同意を得て行ないます。

3　上記購入見込高は、後日販売者の了解を得て大幅に増額する場合もあります。

4　本申込書による購入有効期限は3カ年とし、期間満了後双方に異議（書面による）なき時は、更に3カ年更新されたものとし、以下この例によります。

5　私が支払遅滞等本申込の購入条件に違反した時は、販売者から何らの催告なしに購入代金全額を請求されても異議ありません。

6　私が購入条件に反した時は、販売者の請求により担保提供、個人保証の追加等に応じます。

7　連帯保証人の責任範囲は本契約が更新された場合及び条件が変更された場合も購入者の一切の債務を包含するものとします。

---

本契約締結前に生じた購入者の債務並びに本契約後に生ずる購入者の債務につき、下記保証人が連帯して保証致します。

　　　　　年　　　月　　　日

購入申込者　　住　　　所

　　　　　　　社　　　名（又は称号）

　　　　　　　代表者名（又は氏名）　　　　　㊞

連帯保証人　　住　　　所

　　　　　　　氏　　　名　　　　　　　　　　㊞

連帯保証人　　住　　　所

　　　　　　　氏　　　名　　　　　　　　　　㊞

第十六章　（第13号文書）　債務の保証に関する契約書　　753

### 印紙税法の適用関係

　　　印紙税法別表第一、課税物件表の第13号文書「債務の保証に関する契約書」である。

**説明**　この文書は、物品の売買から生ずる債務について、主たる債務者以外の第三者である保証人が、主たる債務者の負担する債務について連帯して債務を負担することを債権者に約するものであることから、第13号文書に該当する。

**参考**　主たる債務の契約書に併記した債務の保証に関する契約書は、課税物件とはならないが、主たる債務の契約書に併記した保証契約を変更又は補充する契約書及び契約の申込文書に併記した債務の保証契約書は、第13号文書に該当する。

第2部　各課税物件

## 第344例　保証書（支払保証委託契約締結の証）

損害担保用

保　証　書

　　　　　　　　　　　　　　　　　　　　　　年　　月　　日

　　住所
　　氏名　　　　　　　　　殿
　　　　　　　　　　　　　　　　　　　　（住所）
　　　　　　　　　　　　　　　　　　　株式会社　　　銀行　　支店
　　　　　　　　　　　　　　　　　　　支店長　　　　　　　　㊞

　当行は、保証委託者（担保提供義務者）が貴殿（担保権利者）に対し負担する損害賠償債務を下記により保証委託者と連帯して、保証します。

記

| 保　証　先<br>（担保権利者） | 貴　　殿 |
|---|---|
| 保 証 委 託 者 | 住　所<br>氏　名 |
| 保 証 限 度 額 | 金　　　　　　　　円 |
| 保証債務の内容 | |
| 保証債務の消滅 | 　上欄記載の担保について担保取消しの決定が確定した時または担保物の返還がなされた時に消滅します。 |

第1条　（保証債務の履行）

　①　貴殿から前記「保証債務の内容」に記載した担保に係る請求権についての債務名義またはその請求権の存在を確認する確定判決もしくはこれと同一の効力を有するものの正本または謄本およびこの保証書を提出のうえ、当行所定の手続により請求があったときは、保証限度額内にてこれらの正本または謄本に表示された額の金銭を当店にて貴殿に支払います。

　　　ただし、債務名義が、担保を立てることを強制執行実施の条件とするものであるときには、貴殿が担保を立てたことを証明する公文書も提出してくださ

第十六章　（第13号文書）　債務の保証に関する契約書　　　755

い。
　②　前項の請求権について執行停止、債務名義の取消その他その権利を行使する
　　ことができない事由が生じたときは、当行はその履行の責めを負いません。
　③　貴殿が第1項の請求権を譲渡、質入されてもこの保証債務は随伴せず、当行
　　は貴殿以外の者に対してその履行の責めを負いません。
第2条　（免　責）
　前条第1項の書類を提出して支払の請求があった場合に、当行が相当の注意を
もって正当な権利者と認めて支払ったときは、当行の保証債務は履行により消滅
するものとします。なおそれらの書類につき偽造、変造その他の事故があっても
そのために生じた損害については、当行は責任を負いません。
第3条　（保証書の返還）
　担保取消決定などにより、この保証債務が消滅したときは、直ちにこの保証書
を当店に返却してください。

　　　　　　　　　　　　　　　　　　　　　　　　　　　　　以　上

**印紙税法の適用関係**

　　印紙税法別表第一、課税物件表の第13号文書「債務の保証に関する契約書」で
　ある。

**説明**　この文書は、銀行と保証を受けようとする者との間において、支払保証委託契
　　約が締結されたことを証するもので、担保権利者（保証先）に交付するものであ
　　ることから、第13号文書に該当する。

第13号

756　　第2部　各課税物件

**第345例**　運転資金融資に関する保証契約書

保　証　契　約　書

株式会社　　　銀行（以下「甲」という。）と　　　株式会社（以下「乙」という。）は乙の指定する特約店（以下「丙」という。）が乙の製品である　　　商品割賦販売に伴なう運転資金の融資をうけた場合、丙の甲に対する当該借入債務を乙が連帯保証することについて次の通り契約する。

記

第1条　甲の融資に関し、乙の行う債務保証は、丙が丙の署名ある乙所定の「　　　商品仕入申込書」を甲に提出し、これに基づいて甲が丙に融資を実行することにより成立するものとする。甲は丙の申込みについて不適当と認めた時は本契約にかかわらず融資を拒否出来る。

第2条　乙は丙の前条に基づく甲に対する債務について丙と連帯して保証するものとする。

第3条　1　甲は丙が甲に対し債務不履行の場合で、当該約定期日から　　　日以内に約定償還額を弁済しなかった場合は、乙に対し保証債務の履行を請求するものとする。

　　　　　　また、甲は丙が甲との「銀行取引約定書」による事由によって期限の利益を喪失したときは、乙に対し上記に準じ保証債務の履行を請求するものとする。

　　　　2　乙は前項の保証債務の履行請求を受けた日から　　　日以内にこれを履行するものとし、その履行範囲は主たる債務の元本及び甲丙間の金銭消費貸借契約書の定めるところとする。

第4条　この契約の内容に変更を加える時、又はこの契約に定めのない事項については、甲乙両者の協議によりこれを定めるものとする。

第5条　1　この契約の有効期間は1か年とする。ただし甲又は乙から期間満了1か月前までに解約の意思表示がないときは、その後1か年を限り更新されるものとし、以後もまた同様とする。

　　　　2　この契約が満了若しくは解約された場合も有効期間中になされた保証はすべて有効とし、この契約の各条項を適用する。

　上記の証として本証2通を作成し、各自その1通を保有する。

　　　　年　　月　　日

　　　　　　　　　　　　　　　　甲　　　　　　　　　㊞
　　　　　　　　　　　　　　　　乙　　　　　　　　　㊞

第十六章 （第13号文書） 債務の保証に関する契約書　　757

（注）　メーカーの特約店、販売店等が運転資金の融資を金融機関から受ける場合に、
　　　メーカーが金融機関に特約店等が負担する債務を保証するために、メーカーと金
　　　融機関との間で作成する契約書である。

**印紙税法の適用関係**

　　　印紙税法別表第一、課税物件表の第13号文書「債務の保証に関する契約書」で
　　ある。

**説明**　この文書は、主たる債務者（特約店である丙）が金融機関（債権者である甲）
　　に対して負担すべき債務について、保証人（メーカーである乙）が、主たる債務
　　者と連帯してその債務を負担することを債権者に約したものであることから、第
　　13号文書に該当する。

第13号

758　　　　　　　　　　第2部　各課税物件

**第346例**　条件付保証書

---

保　　証　　書

年　　月　　日

　　株式会社　殿

株式会社　　　　㊞

当社は貴社に対し、下記のとおり連帯保証します。

記

1　保証する主たる債務者

　　　　　　　　住　　　　所
　　　　　　　　氏名又は名称

2　保証する主たる債務の内容

　　主たる債務者と貴社との継続的商品取引契約に基づき、主たる債務者が、
　　　　　　年　　月　　日現在負担する債務及び　　　　年　　月　　日から
　　　　　　年　　月　　日までに負担すべき債務

3　保証限度額　金　　　　万円也

4　保証債務の免責

　　上記期限経過後3か月以内に貴社から当社に対し、保証債務履行の請求が
　　ないときは、以後当社はこの保証書による保証の債務を免れるものとしま
　　す。

---

**印紙税法の適用関係**

　　印紙税法別表第一、課税物件表の第13号文書「債務の保証に関する契約書」である。

**説明**　この文書は、主たる債務者が債権者との継続的商品取引により生ずる債務について、保証条件（保証額及び保証期間）を限定して、保証人が連帯してその債務を負担することを債権者に約したものであることから、第13号文書に該当する。

第十六章 （第13号文書） 債務の保証に関する契約書 759

**第347例** 定期貯金支払保証書

---

No.
年　　月　　日

農業協同組合員

殿

農業協同組合連合会
代表理事　　　　㊞

### 定期貯金支払保証書

あなたが、　　　　　農業協同組合へ下記の条件でお預け入れの定期貯金は、本会がその元本の支払を保証します。

記

| | | | | | | |
|---|---|---|---|---|---|---|
| 1 | 定期貯金額面金額 | ￥ | | | | |
| 2 | 定 期 貯 金 証 書 | No. | | | | |
| 3 | 預 入 月 日 | | 年 | 月 | 日 | |
| 4 | 期 　 　 日 | | 年 | 月 | 日 | |

---

**印紙税法の適用関係**

印紙税法別表第一、課税物件表の第13号文書「債務の保証に関する契約書」である。

**説明**　この文書は、農業協同組合連合会（保証人）が農協組合員（債権者）に対し、農業協同組合の定期貯金債務の支払を保証したものであることから、第13号文書に該当する。

第13号

760　　　　　　　第2部　各課税物件

**第348例　保証期限延期追約書**

---

### 保証期限延期追約書

私は貴金庫と債務者　　　　　との取引契約について、　　　年　　月　　日保証
契約及び　　　年　　月　　日保証期限延期契約により、　　　　年　　月
日までに発生する一切の債務を保証していますが、今般上記期限を更に　　　年
　　月　　日まで延期し、引続き債務者と連帯して保証の責めに任ずることを追約
致します。
　　　　年　　月　　日

　　　　　　　　　　　　　　　　　　　　　　連帯保証人　　　　　　　㊞

　　金庫　御中

---

(注)　この文書は、保証人が債権者である金融機関に対し行っている保証契約の保証
　　期限を延期するために作成するものである。

**印紙税法の適用関係**

　　　印紙税法別表第一、課税物件表の第13号文書「債務の保証に関する契約書」で
　　ある。

**説明**　この文書は、保証人が先に締結した債権者に対する債務の保証契約（原契約）
　　の保証期限を延期することを約したもので、第13号文書の重要事項である「保証
　　期間」について、その内容の変更事実を証する文書であることから、第13号文書
　　に該当する。

第十六章　（第13号文書）　債務の保証に関する契約書　　　761

**第349例　連帯保証承諾書**

## 連 帯 保 証 承 諾 書

1　購 入 者　住　所
　　　　　　　氏　名
2　契約年月日　　　年　　月　　日　（契約№　　　　）
3　商 品 名　　　　　　　　　　（　　型　　台）
4　分割払価格　　　　　　　　　　円
　　（支払総額）　　　　　　　　　（内　申込金　　　　　円）
5　支 払 内 容　回　数　　　　回
　　　　毎月の分割払金　　　　　円×　　回
　　　　　　　　　　　　　　（第1回目　　　　円）
　　　　ボーナス月分割払金　　　　円×　回
　　　私は、上記購入者の連帯保証人となり、購入者と連帯して支払いを行うこ
　とを承諾します。
　　　　　　年　　月　　日
連帯保証人　住　所　　　　　　　　TEL
　　　　　　氏　名　　　　　　　　印
　　　　　　勤務先　　　　　　　　TEL
　　　　　　所在地

（注）　この文書は、クレジット会社に提出されるものである。

**印紙税法の適用関係**

　　　印紙税法別表第一、課税物件表の第13号文書「債務の保証に関する契約書」で
　ある。

**説明**　この文書は、保証人がクレジット会社（債権者）に対して、購入者の債務を購
　入者と連帯して保証することを承諾する文書であることから、第13号文書に該当
　する。

第13号

762　　　第2部　各課税物件

**第350例**　保証人の変更に関する覚書

---

### 連帯保証人に関する覚書

　債務者　　　　　を甲とし、債権者　　　　　を乙として　　　年　　月　　日締
結された　　　　　契約に基づき、甲が乙に対し現在負担している債務及び将来発生
する債務につき　　　年　　月　　日　　　　はその連帯保証責任を免がれ、新
たに同日以降　　　　　が連帯保証人として参加し、上記甲の債務につき甲と連帯し
て履行保証の責めに任ずるものとする。

本証書　　通を作成し、当事者各1通を保存する。

　　　　　　　　　　　　　　　　　　　　　　　年　　　月　　　日

　　　　　　　　　　　　旧連帯保証人　　　　　　　　　　㊞
　　　　　　　　　　　　新連帯保証人　　　　　　　　　　㊞
　　債権者　　　　　　　殿

---

（注）　この文書は、連帯保証人を変更する場合に作成されるものである。

**印紙税法の適用関係**

　　印紙税法別表第一、課税物件表の第13号文書「債務の保証に関する契約書」で
　　ある。

**説明**　　この文書は、既存の連帯保証人のうちの特定の者を連帯保証人から除外し、除
　　外された連帯保証人に代えて新たな保証人を参加させ、新たに参加した保証人が
　　債務を保証することを内容とするものであることから、第13号文書に該当する。

　　　なお、この文書に係る印紙税の納税義務者は、新連帯保証人である。

第十六章 （第13号文書） 債務の保証に関する契約書　　763

**第351例　保証人変更契約書**

### 保証人変更契約書

第1条　株式会社　　銀行（以下「甲」という。）は、末尾記載の契約書（以下「原契約書」という。）に基づき　　株式会社（以下「乙」という。）が、甲に対して現に負担している消費貸借に係る債務金　　　円並びにこれに付帯する一切の債務の保証人のうち　　　の保証債務を免除した。

第2条　保証人　　　　及び　　　　を、引き続き保証人とし、また　　　　を原契約書に基づく一切の債務についての新たな保証人とし、共に乙及び保証人相互の間に連帯して、債務全額につき履行の責めを負わせる。

第3条　乙は、甲が請求したときは、いつでも公証人に委嘱して原契約書及びこの契約書に基づく債務の承認並びに強制執行の認諾ある公正証書の作成に必要な手続をとらなければならない。

この契約を証するため、証書2通を作成し、それぞれ各1通を保有する。

　　　　　　　　　年　　　月　　　日

　　　　　　　　　　　　　　　　甲　　　　　　　　　　　㊞
　　　　　　　　　　　　　　　　乙　　　　　　　　　　　㊞

　　　契約書の表示
　　　　　　年　　　月　　　日付　　契約第　　号
　　　　　　不動産抵当金銭消費貸借契約書

（注）　保証人の変更について債権者と債務者との間で取り交わすものである。

**印紙税法の適用関係**

　　　印紙税法に定める課税物件ではない。

**説明**　この文書は、主たる債務者乙の連帯保証人のうちの一人を免責させ、別の保証人を新たに設定することを債権者と主たる債務者の間で取り決めたものであり、保証人が債権者に対し債務保証契約の成立等を証した文書ではないことから、第13号文書「債務の保証に関する契約書」その他いずれの課税物件にも該当しない。

第13号

**第352例** 債務保証依頼書

# 債 務 保 証 依 頼 書

公益社団法人 ○○ 協会　　　　　　　　　　　年　月　日

　　会長　　　　　　　殿

　　　　　　（債務保証依頼者）

　　　　　　　氏　　　　　名

　　　　　　　氏　　　　　称

　　　　　　　および代表者氏名　　　　　　　　　　　㊞

　今般、下記借入れにつき貴協会の債務保証を願いたく、金融機関からの借入れに際し、連帯保証人となる者と連署して依頼いたします。

　この保証がありましたときは、業務方法書ならびに債務保証約款の定めるところに従い、必ず債務弁済の義務を執行いたします。

| 依 頼 者 番 号 | | 登 録 番 号 | | 保 証 番 号 | | ※保証承諾<br>年 月 日 | 年 | 月 | 日 |
|---|---|---|---|---|---|---|---|---|---|
| 金 融 機 関 名 | | | | | | ※金融機関コード | | | |

| 債務保証<br>依頼者 | フリガナ | |
|---|---|---|
| | 氏　名<br>または<br>名　称 | |
| | 住　所 | |

| 借入申込金額<br>（借入元本極度額）<br>（千円） | | | 借 入 期 間 | 自 | 年 | 月 | 日 |
|---|---|---|---|---|---|---|---|
| | | | | 至 | | | |

| 出損金額<br>（千円） | 自己の出損金額 | 利用中の出損金額 | 利用承諾による出損金額 | | 計（差引） |
|---|---|---|---|---|---|
| | | | 増 | 減 | |

※担保条件等

| 資金の種類と金額（千円） | 運 転 資 金 | 個別保証 | 1 | | 保 証 料 | | 年0.5% | |
|---|---|---|---|---|---|---|---|---|
| | | 担保証 | 2 | | 保証料の<br>支払方法 | 1 | 一括支払 | |
| | | | | | | 2 | 分割支払（　）中 | |
| | 設 備 資 金 | | 3 | | 借入の形式 | 1 | 証書借入 | |
| | | | | | | 2 | 手形借入 | |
| | 共同事業資金 | | 4 | | | 3 | 証書・手形借用 | |
| | | | | | | 4 | 手形割引 | |
| | 転 費 資 金 | | 5 | | 弁済の方法 | 1 | 一括書類 | |
| | | | | | | 2 | 分割経済（　）中 | |

| 石油協会の借入金額保証付額（千円） | 保 証 番 号 | 借 入 種 類 | 借入期間 | 年 | 月 | 日 |
|---|---|---|---|---|---|---|
| | | | 自 | | | |
| | | | 至 | | | |
| | | | 自 | | | |
| | | | 至 | | | |
| | | | 自 | | | |
| | | | 至 | | | |
| | 合　　　計 | | | | | |

第十六章　（第13号文書）　債務の保証に関する契約書　　　765

## 債務保証依頼者の金融機関に対する連帯保証人

連帯保証人　住所
　　　　　　氏名　　　　　　　　　　　　　　　　　㊞

連帯保証人　住所
　　　　　　氏名　　　　　　　　　　　　　　　　　㊞

連帯保証人　住所
　　　　　　氏名　　　　　　　　　　　　　　　　　㊞

（注）1　※印欄は記載の必要ありません。

　　　2　「出捐金額」欄の「利用承諾による出捐金額」の欄には、利用承諾を受け
　　　　た出捐金額を「増」欄に、また利用承諾した出捐金額を「減」欄に、それぞ
　　　　れ記載して下さい。

　　　3　債務保証依頼者が、他の者の有する出捐金の利用承諾を受けて保証を依頼
　　　　しようとする場合は、その出捐金利用承諾書（様式保証第3号）を添付して
　　　　下さい。

　　　4　「資金の種類と金額」欄は該当する番号（1～5）の一つに○印を付し、
　　　　その借入申込金額を記載して下さい。

　　　　　なお、運転資金の個別保証と根保証双方、あるいは運転資金（個別か根保
　　　　証）と設備資金双方を借入れる場合には、それぞれ別個に依頼書を提出して
　　　　下さい。

　　　5　保証料の支払方法で分割支払の場合は、保証料分割納付申請書（様式保証
　　　　第20号）を添付して下さい。

　　　6　連帯保証人が法人であるときは、（氏名）欄には法人の名称および代表者
　　　　氏名を記載して下さい。

　　　7　この依頼書は4部作成（ノーカーボン）し、石油組合を通じて地区委員会
　　　　へ提出して下さい。

### 印紙税法の適用関係

　　　　印紙税法に定める課税物件ではない。

**説明**　この文書は、連帯保証人が連署することとなっているが、これは債務保証依頼
　　　者が(公社)○○協会に対して、金融機関からの資金借入に当たって、(公社)○○
　　　協会のほかに署名者が連帯保証人になることを通知するために行うものである。

　　　　連帯保証人と(公社)○○協会とは、債務保証依頼人の金融機関に対する債務を
　　　共同して保証する関係にあることから、連帯保証人が当該文書に連署しても(公
　　　社)○○協会の金融機関に対する保証債務を保証することにはならず、第13号文
　　　書「債務の保証に関する契約書」その他いずれの課税物件にも該当しない。

第13号

766 第2部 各課税物件

**第353例** 外国為替取引斡旋に関する契約書

## 外国為替取引斡旋に関する契約書

　　　　信用金庫（以下「甲」という。）と、　　　信用金庫連合会（以下「乙」という。）とは、外国為替取引の斡旋に関し下記のとおり契約を締結する。

第1条　甲がその取引先より依頼された外国為替取引について、乙にその取引を斡旋するにあたっては、甲は、乙に対し次の方法により連帯保証するものとする。

① 甲の取引先は、乙の定める約定書等を甲の印鑑照合を受けたうえ、甲を経て乙に提出する。

② 甲は、その取引先より別に定める「外国為替取引斡旋依頼に関する特約書」を徴求し、その写を乙に提出する。

③ 甲は、この契約にもとづく乙との間に使用する甲の権限者の斡旋確認印をあらかじめ乙に届出るものとする。

④ 甲は、その取引先より提出された乙の定める取引依頼書に③の斡旋確認印を押捺のうえ、乙に当該外国為替取引の斡旋を行う。

⑤ 甲は、④の依頼書が準拠する①の関係約定書の定める本人の負担すべき債務について、当該依頼書にかかる取引に限り連帯して保証し、乙より請求があるときは、甲において当該取引先に対し債務の履行を求め、あるいは当該取引先にかわって債務の履行をするものとする。

　　ただし、当該債務額が外貨表示の場合は、その保証債務の履行は乙の定める為替相場により換算された円貨により行うものとする。

第2条　乙は、甲より斡旋を受けた外国為替取引については、常に十分な注意をもって事務処理にあたるものとする。また、乙は、甲の債権確保のために必要に応じ十分な協力をするものとする。

第3条　甲が乙に対し斡旋した外国為替取引に関する資金の授受については、原則として甲が乙に設けた甲名義普通預金口座を通ずるものとする。

第4条　乙は、甲より斡旋を受けた外国為替取引に関し、別に定める斡旋手数料を甲に支払うものとする。

第5条　この契約書に関する具体的な事務の取扱いに関しては、別に定める「外国為替取引斡旋事務取扱要領」に従うものとする。

第6条　甲は、乙に対し1カ月以上前に申出て乙の承認を得てこの契約を解除することができるものとする。

第7条　この契約書に定めのない事項が生じたときは、甲乙協議のうえその処置を

第十六章　（第13号文書）　債務の保証に関する契約書　　767

決定するものとする。
第8条　この契約は、契約締結の日から効力を生じるものとする。
　この契約を証するため契約書2通を作成し、甲および乙が各1通保有する。
　　　　　　　　　年　　月　　日
　　　　　　　　　　　　　　　　住　　　所
　　　　　　　　　　　　　　　　金　庫　名
　　　　　　　　　　　　　　　　代表者名　　　　　　　　　　㊞
　　　　　　　　　　　　　　　　東京都　　　区
　　　　　　　　　　　　　　　　　　信用金庫連合会
　　　　　　　　　　　　　　　　代表理事　　　　　　　　　　㊞

## 印紙税法の適用関係

　　　印紙税法別表第一、課税物件表の第13号文書「債務の保証に関する契約書」である。

**説明**　この文書は、信用金庫が斡旋した外国為替取引から生ずる債務を連帯保証することを約したものであることから、第13号文書に該当する。

768　　　　　　　第2部　各課税物件

**第354例**　　**住宅資金借入申込書**

# 住宅資金借入申込書

<table>
<tr><td rowspan="3">申込者</td><td>所属</td><td colspan="3"></td><td>氏名</td><td colspan="2"></td></tr>
<tr><td colspan="2">入社の年月日</td><td colspan="2">生 年 月 日</td><td colspan="3">基 本 給</td></tr>
<tr><td colspan="2">　年　　月　　日</td><td colspan="2">　年　　月　　日</td><td colspan="3">　　　　　　　　円</td></tr>
<tr><td rowspan="5">申込者の家族</td><td colspan="3">氏　　　　　名</td><td>続　柄</td><td>年　令</td><td colspan="2">職　　業</td></tr>
<tr><td colspan="3"></td><td></td><td></td><td colspan="2"></td></tr>
<tr><td colspan="3"></td><td></td><td></td><td colspan="2"></td></tr>
<tr><td colspan="3"></td><td></td><td></td><td colspan="2"></td></tr>
<tr><td colspan="3"></td><td></td><td></td><td colspan="2"></td></tr>
<tr><td rowspan="2">申込理由</td><td rowspan="2"></td><td colspan="4">必 要 資 金</td><td colspan="2">資 金 計 画</td></tr>
<tr><td colspan="4">1　　　　　　　万円<br>2　　　　　　　万円<br>3　　　　　　　万円<br>4　　　　　　　万円<br>5　　　　　　　万円<br>計　　　　　　　万円</td><td colspan="2">1　　自己資金<br>2　　会社借入<br>3<br>4<br>5<br>計　　　　　万円</td></tr>
<tr><td rowspan="2">希望条件</td><td colspan="2">借 入 希 望 額</td><td colspan="3">返　　　　済</td><td colspan="2">担　　保</td></tr>
<tr><td colspan="2"></td><td colspan="3"></td><td colspan="2"></td></tr>
</table>

上記の通り借入れ致したく申込みます。
　　　　　　　　　　　年　　　　月　　　　日

　　　　申込者　住所
　　　　　　　　氏名　　　　　　　　　　　　　　　㊞

<table>
<tr><td rowspan="2">連 帯 保 証 人</td><td>申込者との関係<br>住　所<br>氏　名　　　　　　　　　　　　㊞</td></tr>
<tr><td>申込者との関係<br>住　所<br>氏　名　　　　　　　　　　　　㊞</td></tr>
</table>

第十六章　（第13号文書）　債務の保証に関する契約書　　　769

## 印紙税法の適用関係

　　　印紙税法別表第一、課税物件表の第13号文書「債務の保証に関する契約書」である。

**説明**　この文書は、保証人が、申込者（主たる債務者）の債務を、申込者と連帯して保証することを承諾する文書であることから、第13号文書に該当する。

# 770　第2部　各課税物件

## 第355例　保証人確認書（往復はがき形式）

（おもて）

郵便往復はがき　□□□-□□□□

（往信）

株式会社

様

支店

（うら）

年　　月　　日

様
　　　　　　　支店

　毎度お引立に預り、ありがとう存じます。
さてこのたび、　　様からあなた様を連帯保証人とする借入れの申込みがございました。つきましては、万一誤りがありましてはご迷惑と存じますので、念のため本書をもって確かめさせていただきたく、お手数ながら返信はがきにご署名ご捺印のうえ、ご返信くださいますようお願いかたがたご照会申し上げます。

記

| お申込人 | 様 |
|---|---|
| お申込金額 | 万円 |
| 使　　途 | 資金 |
| お申込支店 | 支店 |

（おもて）

郵便往復はがき　□□□-□□□□

（所在地）

株式会社

（返信）

支店
行

（うら）

　年　　月　　日付をもってご照会のあった　　様の下記内容の借入れ申込みについては、私が連帯保証人になりましたことに相違ありません。

　　　　年　　月　　日

おところ

おなまえ　　　　　　　　　　　　㊞

お願い　自筆でお願いします。
　　　　保証人として押された実印でお願いします。

| お申込人 | 様 |
|---|---|
| お申込金額 | 万円 |
| 使　　途 | 資金 |
| お申込支店 | 支店 |

第十六章 （第13号文書） 債務の保証に関する契約書 771

### 印紙税法の適用関係

印紙税法に定める課税物件ではない。

**説明** この文書は、借入申込書において連帯保証人となることを承諾している場合において、その事実に相違ないことの確認を行うものであり、保証契約の成立、変更、補充の事実を証する文書には該当しない。

しかし、同様の文書であっても、保証人予定者が作成するもので、これにより保証契約が成立すると認められるものは、第13号文書「債務の保証に関する契約書」に該当する。

第13号

772　　　第2部　各課税物件

**第356例**　確認書（保証契約継続）

| | 検　印 | 印鑑照合 |
|---|---|---|
| | | |

確　認　書

年　　　月　　　日

株式会社　　　　　　　　銀行　御中

住　　所

連帯保証人　　　　　　　　　　㊞

住　　所

連帯保証人　　　　　　　　　　㊞

住　　所

本　　人　　　　　　　　　　㊞

　連帯保証人・本人は、別に差入れた銀行取引約定書における保証契約を今後も継続することを確認いたします。　　　　　　　　　　　　　　　　　　以　上

**印紙税法の適用関係**

　　印紙税法に定める課税物件ではない。

**説明**　この文書は、既に銀行取引約定書等により成立している保証契約について、その契約の効力が継続していることを確認し、今後も継続する意思があることを確認するためのものであり、新たに保証契約が成立するものではなく、また、保証契約を更改するものでもない。

　　したがって、この文書は、第13号文書「債務の保証に関する契約書」その他いずれの課税物件にも該当しない。

第十六章　（第13号文書）　債務の保証に関する契約書　　773

**第357例**　**支払保証依頼書**

# 支払保証依頼書 （根保証用）

年　　月　　日

株式会社　　　　　　　　　　銀行御中

住　所

本　　　人　　　　　　㊞

住　所

連帯保証人　　　　　　㊞

住　所

連帯保証人　　　　　　㊞

住　所

連帯保証人　　　　　　㊞

私は

のため貴行の保証書を差入れることになりましたので、下記要項の保証書を発行されるよう依頼します。

　ついては、原債務を誠実に履行することはもちろん、別に差入れた支払承諾約定書の各条項を遵守し、貴行にはいささかもご迷惑をおかけいたしません。

記

1　保証金額の限度

2　保　　証　　先

3　被保証債務（原債務）の内容

　(1)　種　　　　類

　(2)　最終弁済期日

　(3)　償　還　方　法

　(4)　利　　　　率

　(5)　利　息　支　払　期

　(6)　損　　害　　金

　(7)　特　約　条　項

4　保　証　期　間
　　及　び　内　容　　　　　　年　　月　　日より　　　　年　　月　　日までに
　　　　　　　　　　(1)発生する債務　(2)弁済期の到来する債務について保証を委託します。

5　除　斥　期　限　上期保証期間経過後　　カ月内に保証先より保証履行の請求がないときは、貴行の保証債務は消滅するものとします。

第13号

774　　　　　　　　　第2部　各課税物件

6　保 証 料 率　保証金額に対し年　　 ％の割合
7　保証料の支払方法
8　担　　　　保

| 検　印 | 係 | 照　合 |
|---|---|---|
|  |  |  |

**印紙税法の適用関係**

　　　印紙税法別表第一、課税物件表の第13号文書「債務の保証に関する契約書」である。

**説明**　この文書は、保証書の発行を金融機関に依頼するものであり、支払承諾約定書において、特にこの文書により自動的に保証契約が成立することとなっている場合を除き、単なる申込文書にすぎず、印紙税法上の契約書には該当しない。

　　　したがって、連帯保証人の事項は、主たる債務の契約書に該当しない文書に保証の事項を併記することとなることから、第13号文書に該当する。

第十六章　（第13号文書）　債務の保証に関する契約書　　775

**第358例**　身元保証書

---

身 元 保 証 書

本籍地
現住所
氏　名
年　　月　　日生

　このたび貴社において上記の者（以下「被用者」という。）を、ご採用ください
ましたことについては、私どもは左記の事項にもとづき、貴社に対して被用者の身
元保証をいたします。

　1　被用者が貴社との雇用契約に違反し、または故意、もしくは過失によって万
　　一貴社に金銭上はもちろん、業務上、信用上、損害を被らしめたときは、直ち
　　に本人と連帯して上記損害を賠償します。

　2　この保証期間は、本日より向う満5ヵ年と定めます。

以上後日のため、この保証書を貴社に差し入れておきます。

　　年　　　月　　　日　　　保証人　本籍地
　　　　　　　　　　　　　　　　　現住所
　　　　　　　　　　　　　　　　　氏　名　　　　　　　　　　　　　㊞
　　　　　　　　　　　　　　　　　　　　　　　年　　月　　日生
　　　　　　　　　　　　（職　業）　　　　　（本人との関係）

　　　　　　　　　　　　保証人　本籍地
　　　　　　　　　　　　　　　　現住所
　　　　　　　　　　　　　　　　氏　名　　　　　　　　　　　　　㊞
　　　　　　　　　　　　　　　　　　　　　　年　　月　　日生
　　　　　　　　　　　　（職　業）　　　　　（本人との関係）

　（註）保証人は印鑑証明書添付のこと。

---

（注）　会社が従業員を雇用するに際して、新入社員の保証人から提出させるものであ
　　る。


**印紙税法の適用関係**

　　印紙税法に定める非課税物件である。

**説明**　この文書は、雇用契約に違反し又は故意若しくは重大な過失によって会社に損
　　　害を与えた場合には、その損害について保証人が賠償することを内容とする債務
　　　保証の契約書であるが、第13号文書「債務の保証に関する契約書」の非課税物件
　　　欄の「身元保証ニ関スル法律による身元保証契約書」に該当し、非課税文書とな
　　　る。

776　　　　　　　第2部　各課税物件

**第359例**　販売物品の保証書

保　　証　　書

　　本証書は下記　　　カメラが当社の厳密な検査に合格して出荷せられたことを証
明し、かつ、通常の使用によって生じた一切の自然故障に対して当社が無償修理の
責任を負うことを保証するものであります。
　　　　　　　　　　カメラ番号　　　　　　レンズ番号

保証期間　　年　　月　　日から　　年　　月　　日まで

| | |
|---|---|
| 御買上者<br><br>住　所・御　氏　名 | 市　区　丁目　　番地<br>　　　　株　式　会　社<br>取締役社長　　　　　　㊞ |

---

（裏面）

保　証　の　内　容

1　この保証は、表記のカメラを最初にお買上げくださり又はその節直ちにお買上
　者から受贈され、当社に登録された本証記載の方に限りお買上げの日から満3か
　年間に限り有効とします。
2　この保証は通常の取扱いにおいて、材質上又は工作上より発生したものと、当
　社が認定した故障の場合に限り無償修理又は部品交換を致します。
3　次の故障の場合は保証致しません。
　イ　火災、浸水その他天災によるもの。
　ロ　不慮の事故、濫用、誤用が原因であるもの。
　ハ　当社以外の修理又は改造によって生じたもの。
4　保証期間を経過した時及び保証適用を除外された故障の場合も迅速、確実に修
　理致します。但し、この場合は実費をご負担願います。
　（注）　保証修理の場合は必ず本証をご提示又はご送付下さい。
　　　　　本証を紛失された時は再発行致しません。

第十六章　（第13号文書）　債務の保証に関する契約書　　　777

### 印紙税法の適用関係

　　　印紙税法に定める課税物件ではない。

**説明**　この文書は、いわゆる品質保証書であって、故障が起きた場合には無償で補修を受けられるという、つまりサービスの給付を表彰するものであって、債務の保証に関する契約の成立等を証した文書ではないことから、第13号文書「債務の保証に関する契約書」その他いずれの課税物件にも該当しない。

第13号

778　　　　　　　　第２部　各課税物件

**第360例**　保証内定通知書

```
金融機関名
　　　（　　支　店
　　　　　営業所）

　　　「　　　」保証内定通知書

（金融機関使用欄）
┌─┬──────────────┐
│申│（住所）　　　　　　　　　　│
│込│　　　　　　　　　　　　　　│
│者│（氏名）　　　　　　　　　　│
└─┴──────────────┘
┌───────┬──────┐
│保　証　金　額│　　　　万円│
├───────┼──────┤
│資　金　使　途│　　　　　　│
├───────┼──────┤
│保　証　期　間│　　　　年　│
├───────┼──────┤
│融資実行予定日│　　　　　　│
├───────┴──────┤
│（備考）　　　　　　　　　　　│
│　　　　　　　　　　　　　　　│
│　　　　　　　　　　　　　　　│
└──────────────┘
```

| 取　扱　店 | 担当者 | 年　月　日 |
|---|---|---|
| 金融機関　　　店 | | 依頼　．．|
| 　　　　　　　店 | | 受付　．．|

保　証　番　号　・　整　理　番　号

（注）　１　取扱店は太線枠内に記入する。
　　　　２　担保提供者等の保証人がある場合および
　　　　　　その他連絡・注意点がある場合は備考欄に
　　　　　　明記する。

（保証条件）……金額・担保・保証人・その他

上記のとおり保証いたします。　　　　　年　　　月　　　日

融資実行日は本書発行日より６カ月以内とします。

　　　　　　信販株式会社　　　　　　　　　　　　　　　㊞

**印紙税法の適用関係**

　　印紙税法別表第一、課税物件表の第13号文書「債務の保証に関する契約書」である。

**説明**　この文書は、通知書の形式となっているが、金融機関からの保証の申込みに対して、信販会社が承諾事実を証明する目的で金融機関に交付する文書であることから、印紙税法上の契約書に該当する。

　　したがって、この文書は、債務保証を内容としているので、第13号文書に該当する。

第十六章　（第13号文書）　債務の保証に関する契約書　　779

**第361例**　**法令保証証券（輸入貨物に係る納税保証）**

> 一括担保用

## 法令保証証券（輸入貨物に係る納税保証）

権　利　者

殿

| 納税義務者<br>(輸入者または)<br>(限定輸入申告者) | 住　　所 |
| | 氏　　名 |
| | 電話番号 |
| 適　用　法　令 | 関税法第9条の2第2項 |
| | 消費税法第51条第2項 |

年　　　月　　　日
証券番号　第　　　　　号

| 保証金額 | 関　税　額 | 円 |
| | 消費税額 | 円 |
| 保証期間 | 始期　　年　月　日 | |
| | 終期　　年　月　日 | 間 |
| | （終期については自動更新条項<br>によるものとします。） | |
| 証券作成日 | 年　　　月　　　日 | |
| 証券作成地 | | |

　保証人は、上記法令に基づく納税義務者の納税義務の履行に関し、権利者に対し裏面記載の法令保証基本約款（輸入貨物に係る納税保証） 一括担保用 に従うことを約し、本保証証券をもってその証とします。

＜ご注意＞
①この保証証券に保証人の記名・捺印のないものは無効です。
②この保証証券を訂正したものは無効です。

| 備考 |

保　証　人
住　　　　所
名　　　　称
代表者の氏名　　　　　　　　㊞

| 連絡先 |

---

**印紙税法の適用関係**

　　　　印紙税法別表第一、課税物件表の第13号文書「債務の保証に関する契約書」である。

**説明**　この文書は、債務者がその債務を履行しない場合に、保証人がこれを履行することを債権者に対して約していることから、第13号文書に該当する。

# 第十七章　（第14号文書）
## 金銭又は有価証券の寄託に関する契約書

　金銭又は有価証券の寄託に関する契約（予約を含む。）の成立、更改、内容の変更又は補充の事実を証すべき文書は、印紙税法別表第一、課税物件表の第14号（P1120参照）に掲げる課税物件である。

## 1　寄託の意義

　「寄託」とは、当事者の一方（受寄者）が、相手方（寄託者）のために保管することを約して、ある物を受け取ることによって成立する契約である（民法第657条）。すなわち、他人から物を預って、それを保管する法律関係が寄託である。

　寄託は、寄託者が受寄者へ目的物を引き渡すことによって成立するのであるから、要物契約であるが、寄託物の引渡しは現実の引渡しのほか、受寄者となるべき者が、既にその目的物を所持している場合は、簡易の引渡し（民法第182条第2項）又は占有改定（民法第183条）であってもよい。

　なお、寄託には、保管料を支払うものと無料のものとがあり、前者は有償、双務契約であり、後者の場合は無償、片務契約である。

　寄託は、特定の目的物を保管し、その物を返還することを目的とするのが本則であるが、代替物の寄託にあっては、受寄者が他の寄託者から受け取った同種、同等の他の物と混合して保管し、その中から寄託を受けたと同一量を返還する債務を負う特殊な場合もある（混蔵寄託）。

　また、目的物が代替物であり、かつ、消費物である場合に、受寄者が目的物そのものを保管して返還するのではなく、目的物を消費し、それと同種、同等、同量の物を返還する、いわゆる消費寄託については、一般に消費貸借に関する規定が準用される（民法第666条）が、この場合の消費は、保管の一方法と

第十七章 （第14号文書） 金銭又は有価証券の寄託に関する契約書 781

して行われるにすぎず、消費が契約の目的ではなく、保管がその目的であるから、消費寄託はその性質において寄託である。

消費寄託及び上記の混蔵寄託を印紙税法上、寄託に関する契約書の「寄託」として取り扱うのはもちろんである。

目的物を保管することは、寄託契約の要素である。保管とは、物を保持して、その滅失・き損を防ぎ原状を維持することである。したがって、単に物を格納するために倉庫や金庫を提供するだけでは保管とはいえず、倉庫や金庫の使用貸借又は賃貸借とみるべきである。

例えば、銀行などの行っているいわゆる保護函貸付契約（貸金庫）の場合、銀行は、安全な場所を貸し付けた賃貸人としての責任を負うが、その場所に持ち込まれた物については、保管の責任は負わないから、この種の契約は、賃貸借又は使用貸借であって寄託ではないとされる。

法律上、当然に保管義務が含まれている契約、例えば、賃借人の賃借物の保管義務、質権者の質物の保管義務、運送人の運送物の保管義務等の保管関係は、それぞれの賃貸借契約、質権設定契約、運送契約等の当該契約の内容として考えられ処理されるべきものであるから、それらの契約と別個に寄託契約が独立して存在するものではない。

## 2　金銭又は有価証券の意義

本号の課税物件は、金銭又は有価証券の寄託に関する契約書に限定されているので、寄託の目的物は金銭又は有価証券に限られ、金銭、有価証券以外の物品の寄託に関する契約書は、当然課税物件には該当しない。

この金銭又は有価証券の寄託に関する契約書の「金銭」とは、財貨の交換の媒介物として法律により一定の価格を与えられたものをいい、「法貨」又は「通貨」とおおむね同じ意義である（民法第402条ほか）。

「通貨」とは、通常、貨幣（広義の貨幣）すなわち一般に通用力のある支払手段という意味である。この場合の貨幣は、狭義における貨幣である鋳造貨幣のほか、紙幣及び銀行券を含み、小切手類は含まない。

更に「通貨」という語は通常、強制通用力のあるもの、つまり、法貨について用いられる。なお、「外国通貨」という語を用いられることがあるが、その定義は、通常、日本円を単位とする通貨以外の通貨をいう。

　これらの定義は、他の印紙税の課税物件である「金銭又は有価証券の受取書」、「約束手形又は為替手形」においても適用される。

　金銭又は有価証券の寄託に関する契約書の「有価証券」とは、印紙税法の他の課税物件に関する場合をはじめとして商法その他種々の法令に用いられているが、その意義は必ずしも同じではない。

　印紙税法に規定する「有価証券」とは、財産的価値ある権利を表彰する証券であって、その権利の移転、行使が証券をもってなされることを要するものをいい、金融商品取引法（昭和23年法律第25号）に定める有価証券に限らない。

（例）　株券、国債証券、地方債証券、社債券、出資証券、投資信託の受益証券、貸付信託の受益証券、特定目的信託の受益証券、受益証券発行信託の受益証券、約束手形、為替手形、小切手、貨物引換証、船荷証券、倉庫証券、商品券、プリペイドカード、社債利札等

　なお、次のようなものは有価証券に該当しない。

1　権利の移転や行使が必ずしも証券をもってなされることを要しない単なる証拠証券

　（例）　借用証書、受取証書、運送状

2　債務者が証券の所持人に弁済すれば、その所持人が真の権利者であるかどうかを問わず、債務を免れる単なる免責証券

　（例）　小荷物預り証、下足札、預金証書

3　証券自体が特定の金銭的価値を有する金券

　（例）　郵便切手、収入印紙

　有価証券は、流通保護のため、免責証券、要式証券、呈示証券、受戻証券、文言証券である等の特性を有する。

　印紙税法においては、有価証券の範囲に関する規定は設けられていないが、民法等の規定を前提として規定されているものであるから、本号にいう有価証

第十七章　（第14号文書）　金銭又は有価証券の寄託に関する契約書　　783

券についても一般的に用いられている有価証券の意義と原則的には、同じ意義と解すべきである。このことは、他の印紙税の課税物件に関しても同様である。

784　　第2部　各課税物件

## 第362例　普通預金約定書

太枠の中だけご記入下さい

| 郵便番号 | | | | － | | | | お電話 | 局 | 番 |

普通預金約定書（通帳発行省略用）

（印　鑑　兼　用）

　　　　　　　　　年　　月　　日

株式会社　　　銀行　御中

当方は貴行へ普通預金をするについては、裏面記載の普通預金約定を承諾のうえ、普通預金の受取、その他いっさいの事項について使用する当方の印鑑を右のとおり届けます。

なお、この預金の通帳の発行は省略してください。

| フリガナ | |
| おところ | |
| フリガナ | |
| おなまえ | |

普通預金印鑑

---

（裏面）

### 普 通 預 金 約 定

1　（証券類の受入れ）

(1)この預金口座には、現金のほか、手形、小切手、配当金領収証その他の証券で直ちに取立のできるもの（以下「証券類」という。）を受入れます。為替による振込金も受入れます。

(2)手形要件、小切手要件の白地はあらかじめ補完してください。当行は白地を補完する義務を負いません。

(3)証券類のうち裏書等の必要があるものはその手続を済ませてください。

(4)手形、小切手を受入れるときは、複記のいかんにかかわらず、所定の金額欄記載の金額によって取扱います。

(5)証券類の取立のため特に費用を要する場合には、店頭掲示の代金取立手数料に準じてその取立手数料をいただきます。

2　（受入証券類の決済、不渡り）

(1)証券類は、受入店で取立て、不渡返戻時限の経過後その決済を確認したうえでなければ、預金の払戻しはできません。その払戻しができる予定の日は、下記記載の説明を参照してください。

(2)受入れた証券類が不渡りとなったときは、直ちにその通知を届出の住所宛に発信するとともに、その金額を普通預金元帳から落し、その証券類は当店で返却します。

(3)前項の場合には、あらかじめ書面による依頼を受けたものにかぎり、その証券類について権利保全の手続をします。

3　（預金の払戻し）

(1)この預金を払戻すときは、当行所定の払戻請求書に届出の印章により記名押印して提出してください。

(2)この預金口座から各種料金等の自動支払いをするときは、当行所定の手続をしてください。

(3)同日に数件の支払いをする場合にその総額が預金残高をこえるときは、そのいずれを支払うかは当行の任意とします。

4　（利　息）

この預金の利息は、毎日の最終残高（受入れた証券類の金額は決済されるまでこの残高から除く）1,000円以上について付利単位を100円として、毎年2月と8月の当行所定の日に、店頭掲示の預金利率表記載の利率によって計算のうえこの預金に組入れます。ただし、利率は金融情勢の変化により変更することがあります。

5　（届出事項の変更）

(1)印章を失ったとき、又は、印章、名称、住所その他の届出事項に変更があったときは、直ちに書面によって当店に届出てください。この届出の前に生じた損害については、当行は責任を負いません。

(2)印章を失った場合の預金の払戻しは、当行所定の手続をした後に行います。この場合、相当の期間をおき、また、保証人を求めることがあります。

6　（印鑑照合）

払戻請求書、諸届その他の書類に使用された印影を届出の印鑑と相当の注意をもって照合し、相違ないものと認めて取扱いましたうえは、それらの書類につき偽造、変造その他の事故があってもそのために生じた損害については、当行は責任を負いません。

7　（譲渡、質入れの禁止）

この預金は、当行の承諾なしに譲渡、質入れはできません。

8　（解　約）

この預金口座を解約する場合には当店へ申出てください。

以　上

---

### 印紙税法の適用関係

　　　印紙税法別表第一、課税物件表の第14号文書「金銭又は有価証券の寄託に関する契約書」である。

**説明**　　この文書は、預金契約の成立を証明するものであることから、第14号文書に該当する。

第十七章　（第14号文書）　金銭又は有価証券の寄託に関する契約書　785

第363例　外貨普通預金（ステートメント口）取引約定書

# 外貨普通預金（ステートメント口）取引約定書

　　　信用金庫　御中　　　　　　　　年　　月　　日

　　　住所

　　　本人　　　　　　　　　　　　　（お届印）

| 印鑑照合 |
| --- |
|  |

この外貨普通預金取引については、下記条項にしたがうことを承諾いたします。

記

1　**（通帳）**この預金については通帳を発行いたしません。なお、お取引の出し入れ明細は必要に応じ「お取引明細のご案内」としてお渡しいたします。

2　**（取扱店の範囲）**この預金の預入れまたは払戻しは、この預金の取引店に限り取扱います。

3　**（預入単位）**この預金の預入額は、当該外貨1通貨単位以上の金額とします。

4　**（口座への受入れ）**

　⑴　この預金に受入れできるものは次のとおりとします。

　　a　現金

　　b　当店を支払場所とする手形、小切手、配当金受取証書（以下「証券類」という）のうち当店で決済を確認したもの

　　c　為替による振込金

　⑵　当店以外を支払場所とする証券類は、取立のうえ、決済を確認した後受入れます。この場合、特に費用を要するときは、当庫所定の手数料をいただきます。

　⑶　手形要件（特に振出日、受取人）、小切手要件（特に振出日）の白地はあらかじめ補充してください。当庫は白地を補充する義務を負いません。

　⑷　証券類のうち裏書、受取文言等の必要があるものはその手続を済ませてください。

　⑸　手形、小切手を受入れるときは、複記のいかんにかかわらず、所定の金額欄記載の金額によって取扱います。

5　**（預金の払戻し）**この預金を払戻すときは、当庫所定の払戻請求書に届出の印章（または署名）により記名押印（または署名）のうえ提出してください。

6　**（外国通貨現金による払戻し）**この預金の外貨現金による払戻し請求があった場合でも、当庫の都合により、当庫所定の為替相場により換算した当該外貨現金相当の本邦通貨により支払うことがあります。

786 第2部 各 課 税 物 件

7 （利息）この預金の利息は毎年2回、一定の期日に当庫所定の利率、付利単位
および計算方法により算出のうえ、この預金に組み入れます。

8 （相場・手数料）
⑴ この預金口座へ、預金口座と異なる幣種を受入れる場合、またはこの預金口
座から、預金口座と異なる幣種により支払う場合には、当庫所定の為替相場に
より換算します。
⑵ この預金口座と同一の幣種にて受入れる、または支払う場合には、当庫所定
の手数料をいただきます。

9 （届出事項の変更等）
⑴ 届出の印章を失ったとき、または印章、名称、住所その他の届出事項に変更
があったときは、ただちに書面により取引店に届出てください。この届出の前
に生じた損害については当庫は責任を負いません。
⑵ 届出の印章を失った場合の預金の払戻しは、当庫所定の手続をした後行いま
す。この場合、相当の期間をおき、また、保証人を求めることがあります。

10 （印鑑照合等）払戻請求書、諸届その他の書類に使用された印影（または署
名）を届出の印鑑（または署名鑑）と相当の注意をもって照合し、相違ないもの
と認めて取扱いましたうえは、それらの書類につき偽造、変造その他の事故が
あってもそのために生じた損害については、当庫は責任を負いません。

11 （譲渡、質入れの禁止）この預金は、当庫の承諾なしに譲渡、質入れはできま
せん。

12 （適用法令）この預金には、上記規定のほか外国為替に関する法令が適用され
ます。

以 上

**印紙税法の適用関係**

印紙税法別表第一、課税物件表の第14号文書「金銭又は有価証券の寄託に関す
る契約書」である。

**説明** この文書は、外貨普通預金契約成立の事実を証するものであるから、第14号文
書に該当する。

第十七章　（第14号文書）　金銭又は有価証券の寄託に関する契約書　787

**第364例　当座取引約定書**

## 当 座 取 引 約 定 書

年　　月　　日

株式会社　　銀行　御中

住所

氏名　　　　　　　　　㊞

　私は、貴行と当座勘定取引を行うこととし、これについて、次の貴行取引規定を遵守します。

### 株式会社　　銀行当座勘定取引規定

第1条　預け主は、手形、小切手又は証券類をもって当座勘定に入金する場合、必ず裏書その他必要な手続をします。この場合株式会社　　銀行（以下「当行」という。）は、取立済のうえでなければ、預け主の支払資金とみなしません。

第2条　前条の手形、小切手、証券類のうちに、不渡りのものがあるときは、預け主は直ちに代り金を払込むものとし、もし払込みのないときは、その入金は取消します。

　　　前項の不渡手形、小切手等については、預け主から予告のない限り、当行で支払拒絶書の作成、その他の権利保全の手続はいたしません。なお預金者が不渡に関して生じた損害については、当行はその責任を負いません。

第3条　前2条の規定は、第三者が当行本支店で、預け主の当座勘定に振込んだ手形、小切手、証券類についても、預け主に対し準用いたします。

第4条　預け主又は他人が、他行で預け主の当座勘定に振込んだ入金は、当行が受入れを承諾したときからその効力を生じます。

第5条　当座勘定の引出しには、当行の交付した小切手用紙を使用するものといたします。

第6条　預け主が、当行を支払場所として振出した約束手形又は支払を引受けた為替手形は、当行に支払を委託したものとして取扱い、期日後でも、預け主の当座勘定から支払をすることがあります。

第7条　預け主の振出した小切手の支払を当行で保証したときは、同時にその金額を預け主の当座勘定から、引落すものといたします。

第8条　預け主は、当座勘定資金を超えて小切手、手形の振出又は引受をしないものといたします。もし、預け主がこれに違反した場合において当行が支払をしたときは、預け主は直ちにその支払額以上を入金するものといたします。もし入金のないときは、当行に対する他の預金その他の債権と、その弁済期

のいかんにかかわらず相殺することがあります。

　　前項の超過金額に対しては、当行の定める利息を支払うものといたします。

第9条　手形又は小切手の一部支払の取扱いは、支払資金残高のいかんにかかわらずいたしません。

　　手形、小切手をもって入金の場合又は手形、小切手が支払のために呈示された場合には、複記のいかんにかかわらず、所定の金額欄記載の金額によって取扱いいたします。

第10条　預け主の資金が、同時に呈示された数通の手形、小切手の総額を支払うに足りないとき、そのいずれを支払うかについては当行の任意といたします。

第11条　手形、小切手に使用する印鑑は、あらかじめ当行に届出るものといたします。預け主が、代理人によって取引する場合もまた同様といたします。

　　当行が前項の印鑑と照合したうえ相違がないと認めて、手形、小切手の支払をしたときは、その手形又は小切手に偽造、変造、盗用その他いかなる事情があっても、その支払は預け主に対して効力を生ずるものとし、このために生じた損害については、当行はその責任を負いません。

第12条　預け主が手形、小切手、印章若しくは小切手用紙を喪失し、又は改印、改名若しくは転居したときには、遅滞なく当行に届出るものといたします。代理人に解任その他の変更があったときも同様といたします。

　　前項の届出がなく、又は届出が遅延したために生じた損害については当行はその責任を負いません。

　　なお、印章喪失の場合には、当行の承認する保証人が連署した書面を添えて、印鑑とともに差出すものといたします。

第13条　当座勘定の利息は、当行所定の時期、利率及び方法によって計算いたします。

　　当行は決算期ごとに、当座勘定決算通知書を送付して、当行計算の承認を求めるものといたします。その発送の日から2週間内に、預け主から別段の申出がないときは、異議のないものと認めます。ただし貸越利息の生じない場合には、通知しないことがあります。

第14条　当座勘定取引は、預け主又は当行の都合によって、いつでも解約することができます。

　　解約の場合には、直ちに勘定決済の手続をおこない、使用残りの小切手用紙を返還するものといたします。

第15条　当座勘定取引には、この当座勘定取引規定のほかに、小切手帳に記載の小切手使用法を守ることといたします。

　　なお、当行を支払場所と指定した手形についても、小切手使用法に準じて

第十七章 （第14号文書） 金銭又は有価証券の寄託に関する契約書　　789

取扱うものといたします。

　預け主がこの当座勘定取引規定及び小切手使用法に違反したため損害を生ずることがありましても、当行はその責任を負いません。

以　上

**印紙税法の適用関係**

　印紙税法に定める課税物件ではない。

**説明**　この文書は、当座勘定の設定に際して、預金者が振出した小切手、手形の支払を委託したもの（委任契約）であることから、第14号文書「金銭又は有価証券の寄託に関する契約書」その他いずれの課税物件にも該当しない。

第2部 各課税物件

第365例 当座勘定照合表

<table>
<tr><td colspan="6" align="center">当座勘定照合表（又は計算書）</td></tr>
</table>

当座勘定照合表（又は計算書）

年　　月　　日

　　　　　様

銀行
支店

いつもご利用いただきありがとうございます。

当座勘定取引の内容について次のとおりご報告しますのでご確認下さい。

| 口座番号 | | | | | 期間 | 年 | 月 | 日 | から | 年 | 月 | 日 | まで |
|---|---|---|---|---|---|---|---|---|---|---|---|---|---|
| 日　付<br>（年月日） | | 支払金額 | | 預り金額 | | 差引残高 | | 摘　　　要 | | | | | |
| | | | 円 | | 円 | | 円 | | | | | | |

（注）　当座勘定規定において、当座勘定の受払い又は残高の照会があった場合には、この文書により報告することとしている。

　　　なお、当座預金の受入れは、当座勘定入金帳（預貯金通帳）により記載証明することとしている。

### 印紙税法の適用関係

　　　印紙税法に定める課税物件ではない。

**説明**　当座勘定契約は、預金契約であるとともに、支払事務等の委任契約を内容としている。

　　　したがって、当座預金の受入れを当座勘定入金帳（預貯金通帳）により記載証明することとしている場合に、未回収小切手等の照合目的で作成される文書は、専ら事務処理の結果を報告するためのものであることから、第14号文書「金銭又は有価証券の寄託に関する契約書」には該当しないものとして取り扱われる。

　　　なお、当座勘定入金帳（預貯金通帳）が作成されていない場合で、当座勘定取引の明細として個々の取引内容を証明することを目的とした文書で、預金の受入事実の記載のあるものは、第14号文書に該当する。

第十七章　（第14号文書）　金銭又は有価証券の寄託に関する契約書　　791

## 第366例　借入金、利息金等の引落依頼書
（その1）借入金、利息金等の引落依頼書

### 借入金、利息金等の引落依頼書

当社（わたくし）が、貴行に対して支払うべき借入元金、手形貸付利息、証書貸付利息、割引料、印紙代および取立手数料は、銀行預金口座自動振替の方法により支払うことにしたいので、下記の約定を承諾のうえ依頼します。

記

1　当社（わたくし）が、支払うべき借入元金、手形貸付利息、証書貸付利息、割引料、印紙代および取立手数料は貴行の定められた時期に、そのつど事前の通知を省略され、当社（わたくし）の貴行における末記表示の指定預金口座から引落してください。

2　貴行が、前項により引落されるについては、当座勘定または普通預金の約定にかかわらず、小切手、普通預金通帳および同払戻請求書等当社（わたくし）のなすべき手続はいっさいこれを省略してください。

3　指定預金口座へは、あらかじめ貴行がこの依頼による事務を処理されるに必要な金額以上を預入します。もし支払すべき日において預金口座の残高が支払金額に満たないときは、直ちに不足額を預入します。

4　貸付金の延滞利息、遅延損害金、割引手形不渡の場合の遅延損害金およびその他の諸差引金についても第1項、第2項と同様に取り扱われて差し支えありません。

5　この依頼は、当社（わたくし）が貴行との取引を継続している限り存続するものとします。

6　この依頼による貴行の取扱いについては、いっさい当社（わたくし）においてその責に任じ、貴行には少しも迷惑をかけません。

年　　月　　日

| 住　所 | |
|---|---|
| 借　主 | ㊞ |

株式会社　　　　　銀行御中

| 印　鑑　照　合 | |
|---|---|
| 実　印 | 指定口座印 |
| | |

## 指定預金口座の表示

| 預金科目 | 口座番号 | 氏名名称又は商号 | 貴行取扱店名 | 預金届出印 |
|---|---|---|---|---|
| 当座預金<br>普通預金<br>(該当を○<br>でかこむ) | | 電話　　局　　番 | | |

(注)　当該金融機関との間において行う諸取引により生じる債務の支払方法につい
　　　て、口座振替又は口座引落しにより行うことを委託するものである。

## (その2)口座振替依頼書

依　　頼　　書

年　　月　　日

　　　　　銀行　御中

債務者　　　　　　　㊞

債務者　　　　　　　㊞

私ども連帯債務者(以下「私ども」という。)が　　　年　　月　　日付
　　　　　　　　契約証書により貴行から借入負担する債務の支払いについて
は、貴行における下記連帯債務者である　　　　　　　　　　名義の指定預金口
座から自動引落しの方法により支払うこととしましたので、下記事項を承認のうえ
依頼します。

記

1　指定預金口座は、次のとおりとします。

| 預金店名 | 預金科目 | 口座番号 | 預　金　口　座　名　義 | 届出印鑑 |
|---|---|---|---|---|
| | | | | |

2　引落日　　　　貴行ご指定の時期
3　引落開始日　　　　年　　月　　日支払分より
4　上記の引落手続については、貴行普通預金規定(総合口座取引規定を含む。)
　　または当座勘定規定にかかわらず、普通預金通帳(総合口座通帳を含む。)およ
　　び同払戻請求書の提出または当座小切手の振出しを省略して貴行所定の時期、方
　　法により取り扱われて差し支えありません。

第十七章 （第14号文書） 金銭又は有価証券の寄託に関する契約書 793

5 引落日に指定預金口座の残高が不足する場合には、ご請求あり次第不足額を直ちに入金します。

なお、この場合貴行よりのご請求は指定預金口座名義人に対しなすものとします。

6 この取扱いについて、万一紛議が生じても貴行の責めによるものを除きいっさいの責任は私どもが負い、貴行にはご迷惑をかけません。

以　上

(注)　既に成立している個々の金銭消費貸借契約に伴う元利金の返済方法について、口座振替又は口座引落しにより行うことを委託するものである。

## （その３）元利金等の支払に関する同意書

元利金等の支払に関する同意書 （土 地 信 託 用 / 信託銀行）

元利金等の支払に関する同意書　　　　　収入印紙

年　　月　　日

株式会社　　　　　銀行 殿

住　所

氏　名

土地信託勘定

信託銀行株式会社が　　　　年　　月　　日付金銭消費貸借契約証書に基づき
（委託者　　　　　）

貴行から借り入れた借入金の元利金ならびに損害金の支払については、金銭消費貸借契約証書に定める返済日に下記預金口座からの引落しを依頼します。

なお、普通預金規定にかかわらず普通預金通帳および同払戻請求書の提出を省略します。

記

支 店 名

預金口座名　　　　　信託銀行株式会社　　　　　支店

預金種類　　　普通預金

794　　　　　　　　　　第2部　各課税物件

口座番号

以　上

## 印紙税法の適用関係

　　　（その1）及び（その2）の文書は、印紙税法に定める課税物件ではない。

　　　（その3）の文書は、印紙税法別表第一、課税物件表の第1号の3文書「消費
貸借に関する契約書」である。

**説明**　　（その1）及び（その2）の文書は、金融機関に対する債務等を継続反復して
口座振替又は口座引落しの方法で支払うことを委託する方式（依頼書方式）によ
る文書であり、個々の契約について委託するか、諸取引について包括的に委託す
るかを問わず、その文書の証明目的は事務処理の委託にあると認められるから、
委任に関する契約書（不課税文書）に該当するものとして取り扱われる。

　　　（その3）の文書は、金融機関に対する債務を預金口座から引き落として支払
うことを内容とする文書であるが、契約書、承諾書（念書、同意書を含む。）等
として作成されるものは、単に預金者が自己の事務処理を委託する目的で作成す
る文書と異なり、債務の支払方法及び預金の払戻方法の特約を定めるものである
ことから、その内容により第1号の3文書等に該当する。

第十七章 （第14号文書） 金銭又は有価証券の寄託に関する契約書　795

**第367例**　**依頼票（控）**

| No. | | | | |
|---|---|---|---|---|
| | 依　頼　票　（控） | | | |
| 　　　　　様 | | | | |
| 日付 | | 金額 | | |
| 入金口座 | （科目） | （口座番号） | | |
| 備　　考 | | | | |
| | | | | ○○銀行 |

（注）　銀行の外務員が預金者から預金として金銭を受け取った場合に依頼票と複写で
　　　記載して、金銭の受取書として預金者に交付するものである。

**印紙税法の適用関係**

　　　　印紙税法別表第一、課税物件表の第14号文書「金銭又は有価証券の寄託に関す
　　　る契約書」である。

**説明**　この文書は、外務員の署名、押印等が行われない場合であっても、預金科目及
　　　び口座番号の記載があるため、第14号文書に該当する。

796　　　　　　　　　第２部　各課税物件

### 第368例　集金入金票

| | | | | | | | | | | | |
|---|---|---|---|---|---|---|---|---|---|---|---|

**集金入金票**　勘定科目　　　　　　　　　　　　年　月　日

| 金　種　別 | | |
|---|---|---|
| 1万円 | | 0 0 0 0 |
| 5千円 | | 0 0 0 |
| 2千円 | | 0 0 0 |
| 千円 | | 0 0 0 |
| 5百円 | | 0 0 0 |
| 100円 | | 0 0 |
| 50円 | | 0 |
| 10円 | | 0 |
| | | |
| 小切手枚 | | |
| 合　計 | | |

| 釣　　銭 | | |
|---|---|---|

ご氏名　　　　　　　　　　　　　様　　口座番号

内訳

|  | 現　金 | |
|---|---|---|
| | 他手当日　枚 | |
| | 他手1日　枚 | |
| | 他手2日　枚 | |
| ご入金額 | | |

（振替日）

（摘　要）

照査

記帳

取扱者印

理由　1. 通帳記帳のため　2. 証書継続のため　3. 払出のため　4. 取立てのため

| 取立番号 | 日　付 | 記　号 | 金　額 | 摘　要 |
|---|---|---|---|---|
| | | | | |

（注）　金融機関の外交員が、預金の受入先で作成するものである。

### 印紙税法の適用関係

　　　印紙税法別表第一、課税物件表の第14号文書「金銭又は有価証券の寄託に関する契約書」である。

**説明**　この文書は、預金に入金する目的で金銭又は有価証券を受け取ったことを証明する目的で作成するものであることから、第14号文書に該当する。

**参考**　金融機関の外交員が作成する「預り証」等について、第14号文書であるか第17号文書（金銭又は有価証券の受取書）であるかの区分はおおむね次のとおりとなる。

　　1　第14号文書となるもの

　　①　預り証、預金取次票など金銭の寄託を証明する目的で作成される名称を用いており、かつ、預金としての金銭を受領したことが文書上明らかなもの

　　②　受取書、受領証などの名称が付されているが、受託文言、口座番号、預金期間等寄託契約の成立に結びつく事項が記載されているもの

　　2　第17号文書となるもの

　　①　受取書、受領証などの名称が付されていて、単に受領原因としての預金の

第十七章　（第14号文書）　金銭又は有価証券の寄託に関する契約書　797

種類が記載されているもの

②　預り証、取次票などの名称が付されているが文章上預金の預かりであることが明らかにできないもの

第14号

798　　　第2部　各課税物件

**第369例**　証書（通帳）一時預り証

---

印紙

### 証書（通帳）一時預り証

| 預り日 | 年　月　日 | 満期日 | 年　月　日 |
|---|---|---|---|

_____ 様

信用組合

毎度お引立いただき厚くお礼申し上げます。
お手元の証書（通帳）を下記のとおりお預りいたします。

記

（該当項目へ○印記入）

| 種　　類 | 定期預金　総合口座<br>普通預金　（　　　） | 証書（通帳）番号 | お預り<br>理　由 | 継続　照合<br>出金　（　　） |
|---|---|---|---|---|

| 継続・出金の内訳 | 証書<br>通帳 の別 | 証書｛普通定期<br>　　自動継続　　通帳｛総合口座　　自動継続<br>　　　　　　　　　　　　　普通定期 | | |
|---|---|---|---|---|
| | 継続後の期間 | ①3カ月　②6カ月　③1年　④2年　⑤期日指定 | | |
| | お利息受取方法 | ①現金で　　　　　　②定期預金（名義）<br>③普通　総合口座　当座預金（名義）　　　　様へ | | |
| | 1 元金と利息の合計で継続 | 元金 | 　　　　円 | 利息 |  　　　円 |
| | 2 増　額　し　て　継　続 | 現金　普通（名義）　　　　　　　　様より<br>別段　当座（増額）　　　　　　　　　　円<br>お利息は上記のとおり | | |
| | 3 元　金　の　み　継　続 | お利息は上記のとおり | | |
| | 4 減　　額　　継　　続 | 継続金額　　　　　　　　　　　　　円<br>元金の残額　①現金で<br>　　　　　　②普通、総合、当座預金<br>　　　　　　　（名義）　　　　　　様へ<br>お利息は上記のとおり | | |
| | 5 他 科 目 へ 振 替 出 金 | ①普通、総合、当座（名義）　　　　　様へ<br>②保証小切手　③借入金返済 | | |
| | 6 現　金　で　出　金 | | | |

※この預り証は上記継続・出金の処理が完了しますと以後無効とします。

第十七章 （第14号文書） 金銭又は有価証券の寄託に関する契約書　　799

（注）　信用組合が次の場合に作成し、顧客に交付するものである。
　　①　預金の払戻し又は残高照合のとき
　　②　定期預金を継続するとき
　　③　他科目に振り替えるとき（定期積金への振替を含む）

### 印紙税法の適用関係

　　①及び③の場合は、印紙税法に定める課税物件ではない。

**説明**　①　預金の払戻し又は残高照合は、事務処理の結果を報告するためのものであることから、第14号文書「金銭又は有価証券の寄託に関する契約書」その他いずれの課税物件にも該当しない。

　　②　定期預金の継続

　　　新たな定期預金の具体的内容（継続後の期間、金額、利息の受取方法等）の記載があることから、単に通帳・証書を預かったことのみを証するものではなく、預金を更改すべきことを証するものと解されることから、印紙税法別表第一、課税物件表の第14号文書「金銭又は有価証券の寄託に関する契約書」に該当する。

　　　ただし、自動継続定期預金証書を預かる場合で、自動継続後の具体的内容を記載しているものは、当初の約定に基づく自動継続の内容を記載し通知するものにすぎないことから、単に通帳・証書を預かったことを証明するものであると認められ、第14号文書その他いずれの課税物件にも該当しない。

　　③　他科目振替

　　　振替先の科目、口座番号等の記載のあるものは、他科目振替という事務委任の引受事実を証するもの（委任契約）と解されることから、印紙税法に定める課税物件ではない。

800　　　　　　　　　　第2部　各課税物件

**第370例**　**定期預金利息計算書**

（その1）自動継続用

---

### 定期預金利息計算書（自動継続用）

様

| お支払日 | 預　入　日 | 満　期　日 | 口　座　番　号 | 取　扱　番　号 |
|---|---|---|---|---|
| 年　月　日 | 年　月　日 | 年　月　日 | | |

| お預け入れ金額 | 期　　間 | 年利率 | お利息 | 税区分 | 国　税 | 地方税 |
|---|---|---|---|---|---|---|
| | 年　ケ月 | ％ | | | | |

毎度ありがとうございます。
かねてお預入の自動継続定期
預金の利息計算は、上記のと
おりでございます。
差引お支払元利金は、お申し
出のとおり、右の※印欄のと
おりお取扱いいたしましたの
で、ご案内申し上げます。

| 差引お支払<br>元 利 金 の<br>お 取 扱 い | 元利金継続　　　　　　　円 |
|---|---|
| | 元　　金　　　　円継続<br>お利息　　　　　円ご指定口座へ入金 |

　年　　　月　　　日　　　取扱店　　　　　　　　支店
　　　　　　　　　　　　　電話番号

---

**印紙税法の適用関係**

　　（その1）の文書は、印紙税法に定める課税物件ではない。

**説明**　　（その1）の文書は、自動継続という当初の約定に基づいて処理した内容を通
　　知するために作成されるものであり、継続後の元本、利率、期間等が記載されて
　　いるものであっても、課税文書には該当しない。

　（注）　自動継続定期預金の満期日前に、当該預金に係る満期日における元金、利
　　　　息額、元利金の合計額等のほかに、満期日において自動継続した場合の新元
　　　　金、利率、期間等を併せて記載して通知する文書も、第14号文書「金銭又は
　　　　有価証券の寄託に関する契約書」その他いずれの課税物件にも該当しない。

第十七章 （第14号文書） 金銭又は有価証券の寄託に関する契約書　801

（その２）非自動継続用

## 定期預金利息計算書（非自動継続用）

| おなまえ | | | | 振込口座番号 | | 年月日 | |
|---|---|---|---|---|---|---|---|
| 契約番号 | 区分<br>親定期<br>子定期 | 期間 | 種別 | 課税区分 | 預入（継続）日 | 満期日又は<br>中間利払日 | 元金<br>　　　円 |

| 書替内容 | 期間(1) | | 元金(1)　　　円 | 期間(2) | | 元金(2)　　　円 |
|---|---|---|---|---|---|---|

| | 利　率 | 日　数 | 利息額 |
|---|---|---|---|
| 約定・中解利息（親） | ％ | 日 | 円 |
| 約定・中解利息（子） | ％ | 日 | 円 |
| 中　間　払　利　息 | ％ | 日 | 円 |
| 期　日　後　利　息 (1) | ％ | 日 | 円 |
| 期　日　後　利　息 (2) | ％ | 日 | 円 |
| 期　日　後　利　息 (3) | ％ | 日 | 円 |

| 増　額　金　額 | 円 |
|---|---|
| 利　息　合　計 | 円 |
| 利　子　税　額 | 円 |
| 差引お支払金額 | 円 |

毎度ご利用いただきありがとうございます。

今後とも一層お引き立てのほどお願い申し上げます。

支店

### 印紙税法の適用関係

　（その２）の文書は、印紙税法別表第一、課税物件表の第14号文書「金銭の寄託に関する契約書」である（ただし、預金証書の交付又は預金通帳への付け込み以後に作成されるものを除く。）。

**説明**　（その２）の文書は、新たな定期預金の新元金、新利率、期間等が記載されていることから、預金証書の交付又は預金通帳への付け込み以後に作成されるものを除き、第14号文書に該当する。

802　　　　　　　第2部　各課税物件

**第371例　お預かり証**

お　預　か　り　証　　　No.＿＿＿＿＿＿＿＿＿

＿＿＿＿＿＿＿＿＿＿様

| 現　　　金 | | 円（内小切手　　　　円） | |
|---|---|---|---|
| 定期預金証書 | 通 | No. | No. |
| 預 金 通 帳 | 通 | No. | No. |

但しご入金、お通帳ご記入、　　　　のため
上記確かにお預かりいたしました。
　　　　年　　　月　　　日

|取扱者印|
|---|
|信用組合|

お返し（ご来店、お届け）予定日　　　月　　　日

（注）　このお預かり証は通帳（証書）をご交付または通帳へ付込みをした後は無
　　効といたします。なお、通帳（証書）を交付またはお返ししたときはこの預
　　かり証記載の金額とご照合下さい。

（注）　信用組合の外交員が、次の場合に顧客に交付するものである。
　　①　金銭又は有価証券の預かり
　　②　証書等の未記帳記入、書替継続、満期払戻しの預かり


**印紙税法の適用関係**

　　　交付目的によって、次のとおりとなる。
　1　金銭又は有価証券を預かる場合
　　①　預金のための預かり
　　　　印紙税法別表第一、課税物件表の第14号文書「金銭又は有価証券の寄託に
　　関する契約書」に該当する。
　　②　預金以外のための預かり
　　　　印紙税法別表第一、課税物件表の第17号文書「金銭又は有価証券の受取
　　書」に該当する。
　　　　ただし、記載金額が5万円（平成26年3月31日以前は3万円）未満のもの
　　又は組合員に対し交付するものは非課税文書となる。
　2　証書又は通帳を預かる場合
　　印紙税法に定める課税物件ではない。
　　なお、定期預金証書を継続書替のために預かった際に作成するもので、継続

第十七章 （第14号文書） 金銭又は有価証券の寄託に関する契約書　　803

　後の定期預金の内容が具体的に記載されているものについては、定期預金契約
の更改の事実を証する文書となり、第14号文書に該当する。

**説明**　預金契約（金銭等の消費寄託契約）の成立の事実を証する文書は、第14号文書
に、金銭等の受取事実のみを記載証明するものは、第17号文書にそれぞれ該当す
る。

## 第372例　パソコンサービス利用申込書

パソコンサービス利用申込書

　　　　　　　　　　　　　　　　　　　　　　　年　　月　　日

　銀行御中

　　　　　　　　　　　　　　　　　　　　本　人　　　　㊞

　私（当社）は貴行における　　パソコンサービスを利用したいので、裏面の利用規定を承諾のうえ、下記により申込みます。

記

1　申込者名（カタカナでご記入ください。）

　　□□□□□□□□□□□□□□□□□□□□

2　申込の区分（該当のものに○を付してください。）

| 項　目 | 内　　　　訳 | |
|---|---|---|
| □ 新規 | □ 取引照会サービス | □ 資金移動サービス |
| □ 変更 | □ サービスの追加 | □ 口座の追加 |
|  | □ 変更 | □ 口座の一部取消 |
| □ 解約 | □ 取引照会サービス | □ 資金移動サービス |

3　サービス開始日・変更日・追加日または取消日（該当の日付をご記入ください。）

　　取引照会サービス　　　資金移動サービス
　　　年　月　日　　　　　　年　月　日

4　振込・振替取扱上限額（振込・振替で限度額の設定が必要な場合、ご記入ください。）

5　手数料（基本料金・度数料）引落口座（科目については該当の記号に○を付してください。）

| 科　　目 | 口座番号 | お届け印 |
|---|---|---|
| 1　普通　2　当座 |  |  |

第十七章　（第14号文書）　金銭又は有価証券の寄託に関する契約書　　805

第14号

6　支払指定口座（科目については該当の記号に○を付してください。）

| 科　　目 | 口座番号 | お届け印 |
|---|---|---|
| 1　普通<br>2　当座<br>5　通知 | | |
| 1　普通<br>2　当座<br>5　通知 | | |

7　入金指定口座

| (1) | 振 込 先<br>店　　名 | | 科目 | 1. 普通<br>2. 当座<br>5. 通知 | 口座<br>番号 | |
|---|---|---|---|---|---|---|
| | （フリガナ）<br>受取人名 | | | | | |
| | 振 替 ・ 振 込<br>入 金 限 度 額 | 十億　　百万　　千　　　円 | | | （限度額の設定が必要な<br>場合にご記入ください） | |

| (2) | 振 込 先<br>店　　名 | | 科目 | 1. 普通<br>2. 当座<br>5. 通知 | 口座<br>番号 | |
|---|---|---|---|---|---|---|
| | （フリガナ）<br>受取人名 | | | | | |
| | 振 替 ・ 振 込<br>入 金 限 度 額 | 十億　　百万　　千　　　円 | | | （限度額の設定が必要な<br>場合にご記入ください） | |

| (3) | 振 込 先<br>店　　名 | | 科目 | 1. 普通<br>2. 当座<br>5. 通知 | 口座<br>番号 | |
|---|---|---|---|---|---|---|
| | （フリガナ）<br>受取人名 | | | | | |
| | 振 替 ・ 振 込<br>入 金 限 度 額 | 十億　　百万　　千　　　円 | | | （限度額の設定が必要な<br>場合にご記入ください） | |

8　取引照会サービス利用口座（変更の場合、変更後の全内容をご記入ください。）

| 科目 | 口座番号 | サービス内容番号 | 科目 | 口座番号 | サービス内容番号 |
|---|---|---|---|---|---|
| ① | | | ④ | | |
| ② | | | ⑤ | | |
| ③ | | | | | |

「科目」
01　普通預金
02　当座預金

「サービス内容番号」
1　取引明細
2　振込入金
3　取立入金
5　入出金明細
6　残高情報

806 第2部 各課税物件

（裏面）

## 資金移動サービス利用規定

1 資金移動サービス
 (1) パソコンサービスは、契約者ご本人（以下「依頼人」という。）からのパソコンによる依頼に基づき、あらかじめ指定された依頼人名義の預金口座（以下「支払指定口座」という。）よりご指定金額を引落しの上、あらかじめ指定された当行本支店の同一名義または他人名義の預金口座（以下「入金指定口座」という。）へ入金する場合に利用することができるものとする。

（以下省略）

## 取引照会サービス利用規定

1 取引照会サービス
 (1) パソコンサービスは、契約者ご本人（以下「依頼人」という。）からのパソコンによる依頼に基づき、あらかじめ指定された依頼人名義の預金口座について取引内容または残高を照会する場合に利用することができるものとします。

（以下省略）

（注） 申込みにより自動的に契約が成立するものである。

**印紙税法の適用関係**

　　　印紙税法に定める課税物件ではない。

**説明**　この文書は、申込者が申込書裏面の利用規定を承諾の上申し込むことが記載され、申込みにより自動的に契約が成立することとなっていることから、印紙税法上の契約書に該当する。

　　　しかし、この文書は、依頼人の預金口座から依頼金額を引き落とした上、あらかじめ指定された他の預金口座への振替又は振込みを行う事務を委託すること（委任契約）を約するものであることから、第14号文書「金銭又は有価証券の寄託に関する契約書」その他いずれの課税物件にも該当しない。

第十七章 （第14号文書） 金銭又は有価証券の寄託に関する契約書 807

**第14号**

## 第373例　スイングサービス申込書

# ○○のスイングサービス申込書

808　　　　　　　　　　第2部　各課税物件

　（注）　貯蓄預金スイングサービス（あらかじめ預金者が申込書を金融機関へ提出して
　　　おくことにより、指定された振替金額を振替指定日に普通預金口座から貯蓄預金
　　　口座へ自動的に振り替えるもの）を申し込む文書である。

### 印紙税法の適用関係

　　　印紙税法に定める課税物件ではない。

**説明**　この文書は、単なる申込文書であり、印紙税法上の契約書に該当しないことか
　　ら、第14号文書「金銭又は有価証券の寄託に関する契約書」その他いずれの課税
　　物件にも該当しない。

**参考**　申込書等を提出することにより、自動的に貯蓄預金スイングサービスが受けら
　　れる「スイングサービス申込書」等の取扱いは次のとおりである。

①　文書上に貯蓄預金スイングサービスに関する説明等の記載がなく、また、規
　　約等を引用する文言もない申込書又は依頼書等は、単なる申込書であることか
　　ら、印紙税法上の契約書に該当せず、印紙税法に定めるいずれの課税物件にも
　　該当しない。

②　文書上に貯蓄預金スイングサービスの規約等の記載はあるが、これに基づく
　　申込み又は依頼であることが記載されていない申込書又は依頼書等は、規約等
　　の記載はあるが、これに基づく申込みであることの記載がないことから、印紙
　　税法上の契約書に該当せず、印紙税法に定めるいずれの課税物件にも該当しな
　　い。

③　文書上に金融機関の定める貯蓄預金スイングサービスの規約等の記載があ
　　り、これを確認若しくは承諾の上、申込み又は依頼することが記載されている
　　申込書又は依頼書等は、規約等を承諾の上、申し込むことが記載され、これを
　　提出することにより、自動的に契約が成立する実態にあることから、印紙税法
　　上の契約書に該当し、第14号文書に該当する。

④　文書上に預金者からの依頼形式による表現で、貯蓄預金スイングサービスに
　　関する事項が印刷してあり（例えば、「指定の振替日に…指定口座に振り替え
　　てください。」等）、これを確約等の上、申込み又は依頼することが記載されて
　　いる申込書又は依頼書等は、貯蓄預金スイングサービスに関する事項が、申込
　　者からの依頼文言による形式で記載されているものの、その事項が申込者の意
　　思により設定されたものではなく、金融機関によってあらかじめ設定された事
　　項で、その設定された事項を確約して申し込むものであり、これによって自動
　　的に契約が成立する実態にあることから、印紙税法上の契約書に該当し、第14
　　号文書に該当する。

第十七章　（第14号文書）　金銭又は有価証券の寄託に関する契約書　809

## 第374例　キャッシュカード利用申込書等

（その1）キャッシュカード利用申込書

## 印紙税法の適用関係

　　印紙税法別表第一、課税物件表の第14号文書「金銭又は有価証券の寄託に関する契約書」である。

**説明**　この文書は、「普通預金規定、総合口座取引規定及び裏面記載の規定を承諾のうえ……」と記載されており、かつ、この申込みにより自動的に普通預金の払戻しの方法を変更又は補充することとなるから、印紙税法上の契約書に該当する。また、普通預金の払戻しの方法は第14号文書の重要な事項であり、その変更又は補充を約するものであることから、第14号文書に該当する。

810　　　　　　　　第2部　各課税物件

（その2）キャッシュカード署名、暗証番号届

## キャッシュカード署名、暗証番号届

キャッシュカードに使用する署名および
暗証番号を下記のとおりお届けします。

信用金庫　御中　　年　　月　　日

| | 口座番号 | 検印 |
|---|---|---|

太線内のみご記入ください。

| | おところ | 〒□□□－□□□□ | パスワード暗証番号 |
|---|---|---|---|
| | おなまえ | フリガナ | カード番号 |

| 取扱店名 | 店　番 | 科目 | 本・代 |
|---|---|---|---|
| 本部へ発送日　年　月　日 | 係　印 | | |
| カードの有効期間　年　月 | 照合印 | エンコーダー | |
| 顧客へ発送日　年　月　日 | 係　印 | | |

| 代理人カードの発行 | 代理人カード番号 |
|---|---|
| 年　　月　　日 | |
| ネットキャッシュサービス | 検　印　　検　印 |
| 年　　月　　日 | |

営業店保管

（注）　キャッシュカードの利用を希望する者が、利用する際の署名及び暗証番号を届
　　け出るものである。

第十七章　（第14号文書）　金銭又は有価証券の寄託に関する契約書　　811

### 印紙税法の適用関係

　　印紙税法に定める課税物件ではない。

**説明**　この文書は、提出することにより実質的にキャッシュカードの利用ができると
　　しても、文書の内容がキャッシュカードを利用する際に使用する署名及び暗証番
　　号を届け出るものにすぎないことから、第14号文書「金銭又は有価証券の寄託に
　　関する契約書」その他いずれの課税物件にも該当しない。

812　　　　　　　　　　第2部　各課税物件

第375例　　ATM から打ち出されるお取引明細

（表面）

## 自 動 窓 口

### お取引明細

毎度お引立ていただきありがとうございます。
→「コード」欄に数字が記入されているときは、お取扱いをいたしておりません。
　ご不明の場合には窓口までお申し出ください。
→「差引現在残高」欄後部にマイナス（－）がついているときは、お取引口座のお借入残高を表わしています。

| 年　月　日 | 銀行番号 | 口座店 | お取扱店 | |
|---|---|---|---|---|
| | | 口座番号 | | |

| お取扱紙幣 | | | お　取　引 | お取引金額 |
|---|---|---|---|---|
| 万円 | 五千円 | 千円 | | |
| 枚 | 枚 | 枚 | | 円 |
| | | コード | ページ | 差引現在残高 |
| | | | ＊＊ | 円 |

摘

要

（裏面）

## 自動窓口のお取扱い

○お預入れ・通帳記入──通帳をご利用ください。
○お引出し・残高照会──カードをご利用ください。
　なお、お引出しの場合に、通帳とカードをご利用いただきますと、通帳の記入もいたします。

### ご　注　意

○暗証番号は他人に絶対教えないでください。
　銀行員が店舗外や電話等でカードの暗証番号をおたずねすることはありません。
○お受取りになった現金やカードを店舗外等で調査することはありませんのでご注意願います。
　なお、ご不審の場合はすぐに当行にご照会ください。
○印紙税納付分については「ページ」欄に「＊＊」表示をしています。

みなさまのお役に立つ──
　　　　　　　　　　　銀　行

印紙税申告納付につき○○税務署承認済

（注）　現金自動預入支払機（ATM）を利用して預金の預入れ又は払戻しをする際に、当該機械から自動的に打ち出される取引の明細書である。

## 印紙税法の適用関係

　　　預金の預入れの際に作成されるものは、印紙税法別表第一、課税物件表の第14号文書「金銭又は有価証券の寄託に関する契約書」に該当する。
　　　預金の払戻し又は残高照会をする際に作成されるものは、印紙税法に定める課税物件ではない。

**説明**　この文書は、預金の預入れの際に作成されるもので預金口座番号、預入金額等

第十七章　（第14号文書）　金銭又は有価証券の寄託に関する契約書　　813

預金契約の具体的内容が記載されていることから、第14号文書に該当する。

　なお、預金の払戻し又は残高照会の際に作成されるものは、預金契約の成立の事実を証明するものではないことから、印紙税法に定めるいずれの課税物件にも該当しない。

814　　　　　　　　　第2部　各課税物件

**第376例**　カードサービスご利用控

| カードサービスご利用控 | | | | |
|---|---|---|---|---|
| お取引内容<br>＊＊＊ | 取扱店<br>８００ | ご利用年月日<br>－　－ | | |
| お取引銀行 | お取引店<br>００１０ | 口座番号 | | ００００５５ |
| お　取　引<br>現金内訳 | １万円(枚)<br>＊＊＊ | ５千円(枚)<br>＊＊＊ | 千円(枚)<br>＊＊＊ | 硬貨円<br>＊ |
| お取扱時分<br>１１：０７ | お取引金額<br>＊＊＊＊＊＊＊＊＊＊ | | 手数料 | ＊ |
| 残高<br>　　　￥１２，６３４，５６７ | | | おつり | ＊ |
| 銀行使用欄<br>００６ | | | | |

お受取人　ご案内またはお振込内容

　　　　支払可能残高　　￥１２，７２４，５６７

ご依頼人　お取引金額は後日お通帳に記入いたしますので、省略いたしました。

**銀行**

(注)　預金者が現金自動預入支払機（ATM）を利用して、金銭の預入れ、払出し及び残高照会を行った場合に、現金自動預入支払機から打ち出される文書である。

**印紙税法の適用関係**

　　　印紙税法に定める課税物件ではない。

**説明**　この文書は、「口座番号」及び「残高」の記載はあるが、「取引内容」、「取引金額」及び「金種」の記載がないことから、預金契約の成立を証明するものとは認められず、預金の残高を確認するためのものであることから、第14号文書「金銭又は有価証券の寄託に関する契約書」その他いずれの課税物件にも該当しない。

第十七章　（第14号文書）　金銭又は有価証券の寄託に関する契約書　815

**第377例**　ATMの「ご利用明細書」（定期預金の新規契約）

第14号

---

## キャッシュサービスご利用明細書

銀行

毎度ご利用いただきありがとうございます。

| 取　引　銀　行 | 取　引　店 | 口　座　番　号 | |
|---|---|---|---|
| ○○○○ | △△△△ | ○○○○○○ | |
| 取　扱　店 | お　取　引　日 | 時　　刻 | |
| □□□ | | 16：00 | |
| お　取　引　内　容 | お　取　引　金　額 | 手　数　料 | |
| 振　　替 | ￥1，234，567 | | |
| お　取　引　後　の　残　高 | | お　　つ　　り | |
| ￥98，765，432 | | | |
| お受取人 | ご新規口座<br>　○○-○○○○○　定期　　○○-○○○○○<br>お預け入れありがとうございます。この明細を窓口へお持ちください。<br>こころばかりの品を進呈いたします。 | | |
| 依頼人 | | | |

---

（注）　ATM（現金自動預入支払機）を利用し、普通預金口座から振替処理により定
期預金口座を新規に開設した場合にATMから打ち出されるものである。

　　　なお、作成形態は次のとおりである。

①　カード（無通帳）での定期預金口座の開設

　　ATMの振替処理により普通預金口座から新規に定期預金口座を開設する。

　　・ご利用明細書…取引内容（「振替」）、振替金額及び新規口座番号が記載さ
　　　　　　　　　　れる。

　　・定期預金通帳…後日、郵送により送付される。

②　カード及び通帳（複合預金通帳）での定期預金口座の開設

　　ATMの振替処理により普通預金口座から新規に定期預金口座を開設する。

第2部 各課税物件

・ご利用明細書…①と同じものが打ち出される。
・定期預金通帳…ATM に挿入した複合預金通帳に新規定期預金の内容が記
帳される。

### 印紙税法の適用関係

　　印紙税法別表第一、課税物件表の第14号文書「金銭又は有価証券の寄託に関す
る契約書」である。

**説明**　この文書は、①及び②のいずれの場合も「振替」処理であるが、文書上 ATM
により新たな定期預金口座が開設された（預金契約が成立した）ことを証すべき
文書と認められることから、第14号文書に該当する。

　　なお、②の場合において打ち出される「ご利用明細書」は、新規定期預金の内
容は既に預金通帳に記帳済みであることから、その記載内容のうち「ご新規口
座」に関する記載がないもの又は「お取引金額」が記載されないものは、印紙税
法に定めるいずれの課税文書にも該当しない。

**参考**　1　ATM 操作による新規定期預金開設のサービスで、振替処理によるものの
ほか、カード又は複合預金通帳を利用して現金入金により新規定期預金口座
を開設する際に打ち出される「ご利用明細書」で、預金額、預金の種類及び
口座番号等の記載のあるものは、第14号文書として取り扱われる。

　　2　新規の定期預金開設以外の場合における振替処理（例えば、普通預金口座
から既存の積立定期預金口座への振替処理）については、単なる振替の事務
処理結果の通知であることから、印紙税法に定めるいずれの課税物件にも該
当しない。

第十七章　（第14号文書）　金銭又は有価証券の寄託に関する契約書　817

**第378例　テレフォンバンキングお取引明細のご案内**

第14号

| テレフォンバンキングお取引明細のご案内 | | お取引日　　年　　月　　日 |
|---|---|---|

　　　　　　　　　　様〔契約書番号　　　　　　　〕　　　　　　　銀　行

　テレフォンバンキングをご利用いただきありがとう　　　　　　　支　店
ございます。

　お取引の明細をご案内いたします。　　　　　　　　　　　　　ページ1

| お取引種類 | お取引金額（円） | ご出金／ご解約口座（取扱番号） | ご入金／ご新規口座（取扱番号） | 受付時刻 |
|---|---|---|---|---|
| お取引内容（金額の単位：円） | | | | 受付番号 |
| スーパー定期ご新規 | ５００，０００ | 普通　０１２３４５６ | 定期　１２３４５６７（１） | １１：１３ |
| 利率０．５５％　利息組入方式　分離課税　証書ご新規作成 | | | | 722-00002-000 |
| お振込 | １３１，２５０ | 普通　０１２３４５６ | | １１：１８ |
| ○○銀行　○○支店　　普通　２３４５６７　　振込手数料　４７２ | | | | 722-00003-000 |
|  |  |  |  |  |
|  |  |  |  |  |
|  |  |  |  |  |
|  |  |  |  |  |
|  |  |  |  |  |
|  |  |  |  |  |
|  |  |  |  |  |
|  |  |  |  |  |
|  |  |  |  |  |
|  |  |  |  |  |

※ご注意　　ご継続の定期は、スーパー定期（自動継続・利息組入方式）となりま
　　　　　す。
　　　　　　ご不明な点がございましたらカスタマーセンタ　までお問合わせ下さ
　　　　　い。（０１２０－　　－　　　　）

（注）　預金者が電話により預金、振込み等の取引の申込みをし、金融機関が申込みに
　　　基づき処理した取引内容を後日とりまとめて預金者に通知するものである。

818                    第2部　各課税物件

**印紙税法の適用関係**

　　　印紙税法別表第一、課税物件表の第14号文書「金銭又は有価証券の寄託に関する契約書」である。

**説明**　　この文書は、新規の定期預金を受託し、その受託内容を記載して預金者に通知するものであることから、第14号文書に該当する。

　　　なお、既存の預金口座間の振替取引、預金の解約取引及び口座振込取引の事実のみを通知するものは、預金者の依頼に基づき行った事務処理結果を通知するものであることから、原則として印紙税法に定めるいずれの課税物件にも該当しない。また、振込手数料の記載があるものは、その受領事実を証明するものであることから、第17号の1文書「売上代金に係る金銭又は有価証券の受取書」に該当する（手数料との合計金額が5万円（平成26年3月31日以前は3万円）未満の場合は非課税）が、通則3のハにより第14号文書に該当する。

第十七章 （第14号文書） 金銭又は有価証券の寄託に関する契約書 819

## 第379例 定期貯金・継続のご案内

定期貯金・継続のご案内

（　　年　　月　　日作成）

〒□□□－□□□□

毎度ご利用いただきありがとうございます。

かねてお預かりいたしておりました自動継続定期貯金の満期日が到来いたしますので、ご案内申し上げます。つきましては、とくにお申し出のないときは、お約束のとおり書替継続させていただきます。なお、新定期貯金の約定利率は、金利の変更により変ることがあります。

　様

この定期貯金で総合口座の貸越金をご返済なさる場合は、満期日までに当店へお申し出ください。

| お客様コード | ご契約番号 | 回　次 | 種　　別 | 期　間 | 満　期　日 | 振替口座番号(枝番) |
|---|---|---|---|---|---|---|
| | | | | | | |

| | 元　金(円) | 約定利息(円) | 税率(%) | 税　金(円) | 保険料(円) | 差引お支払利息(円) |
|---|---|---|---|---|---|---|
| 親定期 | | | | | | |
| 子定期 | | | | | | |

| 新定期貯金 | 期　間 | 約定利率(%) | 課税区分 | 継続預入日 | 次回満期日 | 新元金(円) |
|---|---|---|---|---|---|---|
| | | | | | | |

（　　　）　　　　　　　　　　　農業協同組合　　（取扱店　　　　　　　　　　　）

（注）　金融機関が自動継続貯金契約を締結している貯金者に対し、満期前に、満期後の自動継続貯金の内容を通知するものである。

### 印紙税法の適用関係

印紙税法に定める課税物件ではない。

**説明**　自動継続定期貯金は、満期日までに解約の申出を行わない限り継続前の定期貯金と同一種類の定期貯金に自動的に継続されることが当初契約から明らかである。

したがって、この文書は、自動継続定期貯金にかかる満期案内についての継続後の新元金、利率、期間等を記載したもので、単なる案内文書と認められ、第14号文書「金銭又は有価証券の寄託に関する契約書」その他いずれの課税物件にも該当しない。

820　　　　　　　　　　第2部　各課税物件

**第380例**　　**市場金利連動型預金（MMC）利息計算書**

---

## 市場金利連動型預金利息計算書

| お支払日 | 満期日 | 預入日 | 口座番号　預入番号 |
|---|---|---|---|
| 年　　月　　日 | 年　　月　　日 | 年　　月　　日 | |

| 元　　　金 | 期　　間 | 年利率 | お　利　息 | 税区分 | 税率 | 税　　金 | 支払調書 | 差引お支払元利金 |
|---|---|---|---|---|---|---|---|---|
| 円 | 年　カ月　日 | ％ | 円 | | ％ | 円 | | 円 |

いつも　　銀行をご利用いただきありがとうございます。
かねて、お預入れの市場金利連動型預金のお利息は上記のとおりとなりました。差引お支払元利金は、お申し出のとおり、右の＊＊欄のとおりお取扱いいたしましたのでご案内申しあげます。

| 差　　引 お支払 元利金の お取扱い | 1　ご指定の預金口座へご入金 |
|---|---|
| | 2　元利金継続 |
| | 3　元金　　　　　　円継続<br>　　利息　　　　　　円ご指定の預金口座へご入金 |

　　上記2、3の場合、新市場金利連動型預金は、利率　，　　　％、
　　期間　　年（日数　　日）、満期日　　年　　月　　日でお取扱い
　　いたしました。

　　　　　　　　　　　　　　　　銀　行　取扱店
　　　　　　　　　　　　　　　　　　　　電　話
　　　　作成日　　　　年　　　月　　　日

（支払調書欄に＊が記入されている場合は、所轄税務署あて支払調書を提出いたしますので確定申告時にご利用ください。）

---

（注）　満期日後に、確定した継続後の市場金利連動型預金の利息等を記載して預金者
　　　　に交付するものである。

**印紙税法の適用関係**

　　　　印紙税法に定める課税物件ではない。

**説明**　　この文書は、満期後に満期前の預金に係る計算結果と、満期後の預金契約の内
　　　　容を記載した案内文書であり、第14号文書「金銭又は有価証券の寄託に関する契
　　　　約書」その他いずれの課税物件にも該当しない。

第十七章 （第14号文書） 金銭又は有価証券の寄託に関する契約書　821

第14号

**第381例　外貨預金お預り明細**

### 外貨預金お預り明細 （お客様用）

| 取扱番号 <br> －　　－ | 預入日（YY.MM.DD）<br>　　　.　　　. | 換算日（YY.MM.DD）<br>　　　.　　　. | 非居<br>２０１住者　居住者　外貨預金 | |
|---|---|---|---|---|
| | | | 様 | 種別 |
| 通貨<br>０２　　US$ | （スポット分）　　(A) | 適用相場　　　円 | (a)　　　　　　　　円 | |
| 予約番号 | （予約分）　　　(B) | 実行相場　　　円 | (b)　　　　　　　　円 | |
| 預金口座（外貨預金）<br>０００，０６０ | （円貨による預入分計）(A+B) | 取引相場　　　円 | （a＋b）　　　　　　円 | |
| 引落口座（外貨預金） | （外貨による預入分）(C)<br>４０，０００．００ | | 引落口座（円預金） | |
| 年利率　　　　％ | 外貨預入金額　（A+B+C)<br>４０，０００．００ | | | |
| 税率　　　　　％ | 年間日数 | | | |
| 定期預金期日 | 最終期日 | 利息起算日（預入時） | 摘要 | |
| 預金証書<br>□発行　□発行<br>　　　　　せず | 課税区分<br>□総合　□分離　□免　税　□租税<br>　課税　　課税　　非課税　　条約 | | | |

毎度弊行をご利用いただきましてありがとうござい　　　THE BANK OF 　　　　,LTD.
ます。

本日お預りいたしました外貨預金の明細は、上記の　　　株式　　銀行　　| 作成者印 |
とおりでございます。　　　　　　　　　　　　　　　会社

（注）　預金として外貨を受け取った際に作成し、預金者に交付するものである。

**印紙税法の適用関係**

　　　　印紙税法別表第一、課税物件表の第14号文書「金銭又は有価証券の寄託に関する契約書」である。

**説明**　この文書は、外貨による預金の受入事実を証明するために作成し、預金者に交付するものであることから、第14号文書に該当する。

## 822　第2部　各課税物件

### 第382例　普通預金未記帳取引照合表

普通預金未記帳取引照合表

年　　月　　日

　　　　　　　　　　　　様

銀行　　　支店

　あなた様の普通預金取引については、次のものが通帳に未記入のままとなっていますから、ご確認のうえ、ご不審の点がありましたら当店へご照会ください。

　なお、通帳をご持参の際は、はなはだ勝手ですが、ご入金分、お引出分をそれぞれ合計額で記帳させていただきますので、ご了承くださいますようお願い申し上げます。

| 店 番 号 | 口 座 番 号 |
|---|---|
| | |

| 日　付<br>(年月日) | 記　号 | 払戻金額 | 預り金額 | 差引残高 | 摘　要 |
|---|---|---|---|---|---|
| | | 円 | 円 | 円 | |

○通帳への記入金額（合算金額）

| | |
|---|---|
| ご入金分 | 円 |
| お引出分 | 円 |

（注）　銀行が普通預金通帳を交付している顧客に対して、現金自動預入支払機（ATM）の利用や口座振替等により普通預金通帳への未記帳分が一定件数に達した場合に、その未記帳分を合算して通帳に一括記帳することとして、未記帳分の取引を記載し送付するものである。

### 印紙税法の適用関係

　　　　印紙税法に定める課税物件ではない。

**説明**　この文書は、普通預金通帳に取引内容を記載証明することとしている顧客に対して交付するものであり、記載内容から、専ら未記帳取引の照合を目的とするものであると認められることから、第14号文書「金銭又は有価証券の寄託に関する契約書」その他いずれの課税物件にも該当しない。

　　　　なお、無通帳預金取引の場合に作成されるものなどで、個々の預金取引の内容を証明する文書のうち、預金の受入事実の記載のあるものは、第14号文書に該当する。

第十七章　（第14号文書）　金銭又は有価証券の寄託に関する契約書　823

### 第383例　手形割引に関する特約書

手形割引に関する特約書

　貴行から手形の割引きを受けるについては、　　　年　　月　　日付約定書の
ほか、下記事項を特約いたします。

1　割引料および手数料（以下「割引料等」という。）の支払いは割引きの際、手
　形金額から差し引く従来の方法によるほか、貴行の都合により、あとで預金口座
　から引き落とす方法によることを承諾いたします。この場合、割引料等の引き当
　てとして、割引料等に相当する金額を必ず、預金口座に留保しておきます。

2　割引料等支払いの時期は、貴行の定めるところに従い、あとで異議を申しませ
　ん。

3　割引料等は、私／当社 名義の 当座勘定／普通預金 口座から、当座小切手／普通預金払戻請求書 によらないで、

　引き落して差し支えありません。また事前に 私／当社 になんの通知もいりません。

　　　　　　年　　月　　日
　　　　株式会社　　　御中

　　　　　　　　　　　住所＿＿＿＿＿＿＿＿＿＿＿＿＿＿

　　　　　　　　　　　氏名＿＿＿＿＿＿＿＿＿＿㊞

### 印紙税法の適用関係

　　印紙税法別表第一、課税物件表の第14号文書「金銭又は有価証券の寄託に関す
る契約書」である。

**説明**　この文書は、手形割引料の支払を預金口座から引き落すという預金の払戻方法
　を定めるものであることから、第14号文書に該当する。

824　　　　　　　　第2部　各課税物件

第384例　　財産形成積立定期預金契約の証

| | |
|---|---|
| | No. _____ |
| **財産形成積立定期預金契約の証** | お客様番号 |
| | 店　　番 |
| _____様 | 口座番号 |
| | 種　　別 |

この証に記載のとおり、初回の預入金額をお預かりいたしました。

今後は、さきに提出していただきました財産形成積立定期預金申込書及び裏面の規定によってお取扱いいたします。

| 初回預入金額 | |
|---|---|

| 預　入　日 | 最終預入日 | 事業主番号 | ご　勤　務　先　名 | 課税区分 |
|---|---|---|---|---|
| 年　月　日 | 年　月　日 | | | |

| 取　扱　日 | 支払開始日 | 支払回数 | お受取指定口座 | 種　　類 |
|---|---|---|---|---|
| 年　月　日 | 年　月　日 | 回 | | |

　　　　　　　　　　　　　　　　　　　　　　　銀行　　　　　支店　㊞

(注)　勤労者財産形成促進法に基づく積立定期預金契約が成立し、初回の預入金が従業員から事業主を通じて銀行に払い込まれたときに、銀行において預入れの事実を記載証明するとともに、預入金額、積立期限、満期日等を記載証明のうえ、従業員に交付するものである。

**印紙税法の適用関係**

　　　印紙税法別表第一、課税物件表の第14号文書「金銭又は有価証券の寄託に関する契約書」である。

**説明**　　この文書は、預金としての初回預入金を預ったことを証明するものであることから、第14号文書に該当する。

　　　なお、この文書は免責証券としての性格を有するものではないことから、第8号文書「預貯金証書」には該当しない。

第十七章　（第14号文書）　金銭又は有価証券の寄託に関する契約書　825

# 第385例　財産形成積立定期預金の残高通知書

## （その１）財産形成積立定期預金残高のお知らせ

財産形成積立定期預金残高のお知らせ

事業所コード

　　　年　　月　　日

|  株式会社 | 銀行 | | |
|---|---|---|---|

毎度お引立てくださいまして、まことにありがとうございます。かねてお預けいただいておりますあなたさまの定期預金の残高及びご入金明細についてご通知申し上げます。
なお、この残高のお知らせは大切にご保存下さいますようお願い致します。

_____

_____

　　　　　　　　　　　様

| 口　座　番　号 | | 非課税限度額 | 円 |
|---|---|---|---|
| 開　　設　　日 | | 積立金累計額 | |
| 満　　期　　日 | | 入金利息累計額 | |
| 預　入　期　限 | | 現　在　残　高 | |

| | 摘　　要 | ご　入　金　日 | ご　入　金　額 |
|---|---|---|---|
| ご入金明細欄 | | 年　　月　　日 | 円 |
| | | | |

### 印紙税法の適用関係

　　（その１）の文書は、印紙税法別表第一、課税物件表の第14号文書「金銭又は有価証券の寄託に関する契約書」である。

**説明**　　（その１）の文書は、一定の日における財形預金の残高を通知するほか、一定期間における財形預金の個々の取引内容を記載することとなっており、その記載は、財形預金の入金事実を証明するためのものと認められることから、第14号文書に該当する。

## （その２）財産形成定期預金残高通知書

| 財産形成定期預金残高通知書 （ 年 月 日現在） | | |
|---|---|---|
| 〒 | 預 金 種 類 | |
| | 口 座 番 号 | |
| | Ⓐ前回お知らせ時の残高 | 円 |
| おなまえ | Ⓑ以後の預入合計額 | 円 |
| | Ⓒ以後の利息組入額 | 円 |
| 様 | 残高（Ⓐ＋Ⓑ＋Ⓒ） | |
| | ご 契 約 日 | 年 月 日 |
| | 満 期 日 | 年 月 日 |
| | 事 業 所 番 号 | |

いつも格別のお引立にあずかりありがとうございます。

さて、かねてよりお預け入れいただいております財産形成定期預金
の残高は右のとおりでございますのでご通知申しあげます。　　　　　銀　行
今後とも引き続きお預け入れ下さいますようお願い申し上げます。

（注）　いずれの文書も財産形成積立定期預金（以下「財形預金」という。）を行って
　　　いる預金者に対して、一定期間中の財形預金の入金額及びその残高を明らかにす
　　　るために交付されるものである。

### 印紙税法の適用関係

　　　（その２）の文書は、印紙税法に定める課税物件ではない。

**説明**　　（その２）の文書は、その記載内容からみて、財形預金の入金事実を証明する
　　　目的で作成されるものではなく、一定の日における財形預金の残高を通知するた
　　　めのものと認められることから、第14号文書その他いずれの課税物件にも該当し
　　　ない。

第十七章　（第14号文書）　金銭又は有価証券の寄託に関する契約書　　827

**第14号**

**第386例　社内預金伝票**

| 預　金　種　類 | 取扱区分 | 従業員コード | 取扱年月日 | ※ | 金　　　額 | 所　　　TEL |
|---|---|---|---|---|---|---|
| 記入欄　普・定・住 | | | 年　月　日 | | | 属 |

氏

名

届出印

（払出・振替
の場合のみ）

## 社内預金伝票

注　意

1　社内預金の預入・払戻・振替は全てこの伝票により使用すること。

2　入金の際はこの伝票に現金をそえて社内預金窓口に提出すること。

3　預金者は社内預金伝票の黒太ワク線内の記入欄を全てもれなく記入すること。

4　記入上の注意（※印は記入しないこと）

　(1)　預金種類欄…普通預金、定期預金、住宅資金積立預金のいずれかに〇印をすること。

　(2)　取扱区分欄…預入、払戻、解約、引去（給与・賞与）、振替Ａ（普通→定期）、振替Ｂ（定期→普通）、特別解約（転勤、出向等による定期の解約および住宅取得による住積の解約）のいずれかを記入すること。

　(3)　取扱年月日…預入、払戻（現金受領日）、振替の年月日を記入すること。

5　3枚目のマークカードは記入欄に基づきもれなくマークすること。

6　マークはＨＢの黒鉛筆を使用すること。

| 元　金 | |
|---|---|
| 解　約
利　息 | |
| 支払額 | |

担当

（本人控）

（注）　従業員からの預金の預入れ等の申込みに対し、担当者が印を押して返すものである。

828　　　　　　　　第2部　各課税物件

### 印紙税法の適用関係

　　使用の態様によって、次のとおりとなる。

1　預入れのときに使用する場合

　　印紙税法別表第一、課税物件表の第14号文書「金銭又は有価証券の寄託に関する契約書」である。

2　引去り又は振替のときに使用する場合

　　印紙税法別表第一、課税物件表の第14号文書「金銭又は有価証券の寄託に関する契約書」である。

3　払戻し又は解約のときに使用する場合

　　印紙税法に定める課税物件ではない。

**説明**　この文書は、預金者からの申込みに対し、担当者が印を押して返却することから、印紙税法上の契約書に該当し、印紙税法の適用関係は上記のとおりとなる。

　　なお、預入れのときに使用する場合は預金の受入事実を、引去りのときに使用する場合は預金契約の成立の事実を、振替のときに使用する場合は預金契約の更改をそれぞれ証明するものであることから、いずれも第14号文書に該当する。

　　しかし、払戻し又は解約のときに使用する場合は、預金契約の成立等を証明するものではないから、第14号文書その他いずれの課税物件にも該当しない。

第十七章　（第14号文書）　金銭又は有価証券の寄託に関する契約書　　829

**第387例**　**社内預金明細書**

| 預　金　明　細　書 | | | 2月分 | 店 | 分 | 課 | 社員番号 | 氏　　　　　　　名 | | | | |
|---|---|---|---|---|---|---|---|---|---|---|---|---|
| | | | | 1 | 4 | 7 | 2 3 2 1 | | | | | |
| 普　　通　　預　　金 | | | | | 定　　期　　預　　金 | | | | | | | |
| 前月末残高 | 年月日 | 預金額 | 払戻し額 | 今月末残高 | 年月日 | 証書番号 | 金　　　額 | | | 満期年月日 | | |
| 52,000 | | | | | | | | | | | | |
| | ．2.15 | 30,000 | | | | | | | | | | |
| | ．2.20 | | 40,000 | | | | | | | | | |
| | ．2.25 | 10,000 | | | | | | | | | | |
| | ＊ゴウケイ＊ | | | | | | | | | | | |
| | | | | 52,000 | | | | | | | | |

**印紙税法の適用関係**

　　　印紙税法別表第一、課税物件表の第14号文書「金銭又は有価証券の寄託に関する契約書」である。

**説明**　　この文書は、預金取引の具体的内容を明らかにするため預金者（従業員）に交付するものであることから、第14号文書に該当する。

　　　また、払戻額又は月末残額のみの記載にとどまるものは、寄託契約の成立事実を証明するものとはいえないことから、印紙税法に定める課税物件には該当しない。

　　　なお、預金者（従業員）にあらかじめとじ込み用の表紙を交付しておき、当該文書を順次編てつすることとしている場合には、その全体が第18号文書「預貯金通帳」として取り扱われる。

830 第2部 各課税物件

**第388例** 社内預金収支明細票

<br>

社内預金収支明細票

年　　月　　日

殿

総　務　部

| 預金種類 | 受　入　額 | 払　出　額 | 残　　　　額 |
|---|---|---|---|
|  |  |  |  |
| 月　　日　　現在残高 | | | |

(注)　会社が従業員に対して1月中の勤務先預金の受入額及び払出額の合計額を通知するものである。

**印紙税法の適用関係**

　　　印紙税法に定める課税物件ではない。

**説明**　この文書は、専ら毎月の預金残高の照合を目的とするもので、金銭の寄託契約の成立を証明するものではないことから、第14号文書「金銭又は有価証券の寄託に関する契約書」その他いずれの課税物件にも該当しない。

第十七章　（第14号文書）　金銭又は有価証券の寄託に関する契約書　　831

## 第389例　給料支払明細書

### （その１）給料支給明細書

給 料 支 給 明 細 書　株式会社　No.

| 支給年月 | 所属コード | 個人コード | 氏　名　殿 | | | |
| 年　月 | | | | | | |

| 休出時間数 | 時間外時間数 | 深夜時間数 | 代休時間数 | 遅早時間数 | 総労働時間数 | 欠勤日数内訳 | | | | | | | | 有給日数 | 所定労働日数 | 労働日数 | 休出日数 | 遅早回数 | 出勤回数 |
| | | | | | | 慶弔 | 生休 | 病欠 | 事欠 | 出産 | 臨時 | 公傷 | | | | | | | |

＊パートタイマーは所定内労働時間

| 基本給 | 生産手当 | 家族手当 | 役付手当 | 精勤手当 | | 通勤手当 | 休出手当 | 時間外手当 | 深夜手当 | 夜勤手当 | 代休手当 | 慶弔休暇手当 | 生理休暇手当 | 交通費課税額 |
| | | | | | | | | | | | | | | |

| 諸　手　当 | | | 遅早控除額 | 欠勤控除額 | 支給総額 | 現物給与 | 総合費課税額 | 通勤費課税額 |
| No. | No. | No. | | | | | | |

諸手当内訳　1.特別手当　2.別居手当　3.守衛手当　4.日宿直手当　5.食事手当　6.坪出手当　7.私傷手当　8.臨時休暇手当　9.休業公傷手当　10.先月分給料差額

| 健康保険料 | 年金保険料 | 厚生年金基金 | 雇用保険料 | 所得税 | 市町村民税 | 預り金 | 住宅積立金 | 定期券代 | 給食費 | 食堂費 | 融資金返済金 | 融資金利子 | 寮費 | 家賃 | 諸控除 |
| | | | | | | | | | | | | | | | |

| 預り金 | 前月末残高 | 当月預入額 | 諸控除内訳　①郵便貯金　②住友生命保険　③日本生命保険　④簡易保険　控除額計 | 自由積立 | 差引支給額 | 互助会 | 実際支払額 |
| | | | ⑤交通傷害保険　⑥火災保険　⑦自動車保険　⑧長期総合保険　⑨組合費 | | | | |
| | | | ⑨寿精融費　⑪備斗預蓄　⑫グループ保険　⑬労金貸付金　⑭組合融資金 | | | | |
| 諸控除 | | | ⑤親睦会費⑯作業服代⑰給旋物貸代⑱諸控除Ⅰ⑲諸控除Ⅱ⑳組合諸控除 | | | | |
| No. | No. | No. | No.　　　No.　　　No.　　　No.　　　No.　　　No. | | | | |

### （その２）給与明細書

年　　月分　給与明細書

| 出勤日数 | 欠勤日数 | 遅・早時間 | パート時間 | 休出 | 残業時間 | 有給休暇 使用｜残 |

| | | 本給 | 役付手当 | 家族手当 | 住宅手当 | 資格手当 | 職務手当 | 精勤勤手当 | 特別、物価手当 | 交通手当 | 販売奨励金 | 総支給額 |
| 支給 | | 教育手当 | 運転手当 | 食事手当 | 勤務地手当 | 残業手当 | 休日出勤手当 | 宿日直手当 | 調整金 | その他手当 | 持株会奨励金 | |
| 控除 | | 健康保険 | 厚生年金 | 雇用保険 | 所得税 | 住民税 | 食費 | 親睦会 | 旅行積立金 | 銀行積立預金 | 持株会 | 控除額計 |
| | | 財形貯蓄 | 社内普通預金 | 家賃 | 寮費 | 寝具 | 商品代 | 団体保険 | 貸付金返済 | その他 | | |
| | | | | 月　日預金残 | | 預金引き 商品代 | | | | | | 支給額 |

| 所属 | 氏　名　殿 | 社員コード |

株式会社

## 印紙税法の適用関係

印紙税法に定める課税物件ではない。

**説明**　これらの文書は、給与の支給明細を記載したものであり、預金額等の記載は、支給明細と併せ社内預金の増減の内訳を示しているにすぎないことから、勤務先預金の受入事実を証する目的で作成するものとは認められず、第14号文書「金銭又は有価証券の寄託に関する契約書」その他いずれの課税物件にも該当しない。

## 第2部 各課税物件

**第390例** 外国為替予約約定書（外貨定期預金用）

外国為替予約約定書（外貨定期預金用）

年　　月　　日

御中

住　所

氏　名　　　　　　　　㊞

（外貨定期預金取引用の印章または署名をご使用ください。）

　私は、貴会に預け入れた外貨定期預金について、満期日における解約の際に元金もしくは元利金について適用される外国為替相場を確定するため、貴会と外国為替予約を締結するについては、次の各条項を確約します。

第1条　（予約の申込と応諾）

① 私が貴会に為替予約締結の申込を行うときは、貴会所定の期間内で、為替予約申込書に為替予約金額、為替予約相場、および為替予約の対象とする定期預金の番号等の必要事項を記入のうえ、定期預金証書を添えて申込を行います。

② 為替予約の取引に使用する印章または署名は、あらかじめ貴会との外貨定期預金取引に届け出たものを使用します。定期預金取引に届出のもの以外の印章または署名を使用する場合は、貴会へその旨をお届けします。

　　為替予約申込書の印影または署名を、私があらかじめ届け出た印鑑または署名鑑と相当の注意をもって照合し、相違ないものと認めて取り扱われたうえは、為替予約申込書につき偽造、変造その他の事故があっても、そのために生じた損害については貴会には一切責任がありません。

③ 貴会が為替予約締結に応じた場合には、為替予約済の旨明示した定期預金証書に外貨預金為替予約締結確認書を添えて、私に返却してください。

第2条　（為替予約の実行）

① 私は、定期預金を満期日に解約のうえ、為替予約の実行を行います。

② 私が定期預金の満期日に、貴会に定期預金証書を提出しない場合においても、貴会は外貨定期預金規定にかかわらず、満期日に定期預金を解約のうえ為替予約の実行をしてください。この場合、定期預金の元金並びに利息を為替予約相場により換算のうえお支払いください。なお、元金ならびに利息の一部につき為替予約を締結している場合は、残額につき貴会計算実行時の為替相場により換算のうえお支払いください。

　　なお、定期預金証書は、満期日以降直ちに貴会に提出します。

第十七章 （第14号文書） 金銭又は有価証券の寄託に関する契約書　833

第3条　（為替予約の取消、変更等）

①　私は、貴会と締結した為替予約の取消または変更は行いません。

　　万一やむを得ない事情により、貴会の応諾を得て為替予約の取消または変更を行う場合には、これにより発生する損害金は私が直ちに貴会に支払います。

②　私は、為替予約の対象となった定期預金を、その満期日前に解約しません。

　　万一貴会がやむを得ないと認めて、満期日前に定期預金の解約に応じる場合には、当該定期預金にかかわる為替予約は当然に取り消されるものとし、これにより発生する損害金は私が直ちに貴会に支払います。

③　私について次の各号の事由が一つでも生じたときは、当該定期預金にかかわる為替予約は当然に失効するものとし、これにより発生する損害金は私が直ちに貴会に支払います。

　1　為替予約の対象となっている定期預金の満期日前に差引計算が行われる場合には、私の債務について期限の利益が失われたとき。

　2　為替予約の対象となっている定期預金について仮差押、保全差押または差押の命令、通知が発送されたとき。

第4条　（為替予約の譲渡、流用の禁止）

①　私は、この為替予約を譲渡しません。

②　私は、この為替予約を、当該為替予約の対象とした定期預金以外の取引に適用しません。

③　私は、定期預金以外の取引について、貴会と為替予約を締結した場合にも、この為替予約を定期預金取引に適用しません。

以上

### 印紙税法の適用関係

　　印紙税法に定める課税物件ではない。

**説明**　この文書は、外貨と邦貨との交換を予約する場合の手続等を確約するために提出されるものであり、外貨と邦貨との交換がいずれの課税物件にも該当しない。

　　また、預金の払戻方法等を定めるものでもないことから、第14号文書「金銭又は有価証券の寄託に関する契約書」その他いずれの課税物件にも該当しない。

834　　　　　　　第2部　各課税物件

**第391例**　通貨及び金利交換取引契約証書

## 通貨及び金利交換取引契約証書

年　　月　　日

＿＿＿＿＿＿＿＿＿＿（以下「甲」という。）は株式会社　　銀行（以下
「乙」という。）との間で、甲が乙に別途差し入れた銀行取引約定書の各条項のほ
か、この約定を承認のうえ通貨及び金利交換取引について契約したので、これを証
する為、甲、乙は本証書に各記名捺印のうえ各々1通を保有するものとする。

　　（甲）　住　所
　　　　　　会社名
　　（乙）　住　所
　　　　　　会社名


第1条（基本条件）
　本契約の基本条件を次のとおりとする。
　　(1)　共通事項
　　　　取引開始日：
　　　　最終期日　：
　　(2)　取引開始日における通貨交換
　　　　通貨交換の有無：
　　　　有の場合　甲より乙への支払通貨及び金額：
　　　　　　　　　乙より甲への支払通貨及び金額：
　　(3)　甲より乙への支払条件
　　　　見做元本　　　：
　　　　支払通貨　　　：
　　　　最小支払通貨単位：
　　　　適用金利（年率）：
　　　　金利見直し期間　：
　　　　第一回金利支払日：
　　　　以降金利支払日　：
　　　　金利計算日数方式：
　　　　基準日数　　　　：
　　　　最終通貨交換金額：
　　　　特約銀行営業地　：
　　(4)　乙より甲への金利支払条件

第十七章　（第14号文書）　金銭又は有価証券の寄託に関する契約書　835

　　　　見做元本　　　　　：
　　　　支払通貨　　　　　：
　　　　最小支払通貨単位：
　　　　適用金利（年率）：
　　　　金利見直し期間　　：
　　　　第一回金利支払日：
　　　　以降金利支払日　：
　　　　金利計算日数方式：
　　　　基準日数　　　　　：
　　　　最終通貨交換金額：
　　　　特約銀行営業地　：
第2条（定義）
　　本契約における用語の意義を次のとおりとする。
　　⑴　通貨及び金利交換取引
　　　　甲と乙との間で異種通貨の交換及び異種通貨建の「金利計算方法の異な
　　　る若しくは等しい」金利の支払を交換する取引をいう。
　　　　ここで、金利計算方法の異なる金利とは、取引開始日より最終期日まで
　　　の期間（取引期間という。）中、一定の間隔（金利見直し期間という。）に
　　　て適用金利を一定の基準に従い見直す金利（変動金利という。）及びまた
　　　は適用金利を見直さない金利（固定金利という。）をいう。
　　⑵　見做元本
　　　　支払い金利額を計算するうえで基準となる元本のことをいい、甲乙それ
　　　ぞれに第1条に定めるものとする。
　　⑶　支払通貨
　　　　甲、乙それぞれが本契約に基づき利息その他を支払うべき通貨をいう。
　　⑷　金利計算日数
　　（イ）取引開始日または前回利息支払日から当該利息支払日（以下、最終利
　　　　息支払日は最終期日とする。）の前日までの実経過日数
　　　または
　　（ロ）甲、乙合意の下に決定し第1条⑶及び同条⑷に記載した金利計算方式
　　　　に基づく日数
　　　をいう。
　　⑸　基準日数
　　　　365日または360日をいい、第1条に特定するものとする。
　　⑹　銀行営業日
　　　　銀行営業日とは東京・ロンドン及びその他甲、乙が合意した第1条記載

の特約銀行営業地のすべてにおいて銀行が営業している日をいう。

第3条 (通貨及び金利交換)

(1) 第1条において取引開始日における通貨交換がある旨記載されている場合には、甲及び乙は、同条に従い取引開始日において、通貨交換を行う。

(2) 甲及び乙は、第1条に従って金利支払日にそれぞれ相手方に金利を支払うものとする。

(3) 甲及び乙は、第1条に従って最終期日に通貨交換を行う。

第4条 (適用金利)

第1条において金利見直し期間が定められている場合には、甲、乙間に別途合意がなされない限り、各金利見直し期間の開始日のロンドンにおける2営業日前のロンドン時間午前11時 (又は午前11時に可及的に近い時点) における乙のユーロ市場での調達可能レート (LIBOR) を、当該金利見直し期間中に適用される金利とする。

第5条 (金利計算方法)

(1) 金利計算は次の算式によるものとする。但し、除算は最後に行い、最小支払通貨単位未満は切り捨てるものとする。

$$\frac{見做元本 \times 適用金利 \times 金利計算日数}{基準日数}$$

(2) 前項に拘わらず、適用金利が固定金利の場合は各回の金利支払日における金利支払実額を第1条に記載することにより金利計算方法とすることができるものとする。この場合金利計算日数の項目を定額方式と記載するものとする。

第6条 (金利支払日及び通貨交換日)

金利支払日及び通貨交換日は銀行営業日に限定する。

第1条に定める金利支払日又は通貨交換日が銀行営業日でない場合は翌銀行営業日を金利支払日又は通貨交換日とする。但し、翌銀行営業日が翌月になる場合には前記に拘わらず前銀行営業日を金利支払日又は通貨交換日とする。尚、必要に応じ金利支払日及び支払予定金利額等を記載した通貨及び金利交換予定表を作成のうえ、甲、乙1部ずつ保管するものとする。

第7条 (利息額の通知)

乙は甲に対し金利見直し日より7銀行営業日以内に乙の定める方法により、甲が乙に支払うべき利息額及び乙が甲に支払うべき利息額並びに計算根拠を通知する。

第8条 (決済方法等)

(1) 本契約に基づく、乙より甲への支払は、支払通貨に応じ甲が乙に保有する2つの下記預金口座 (決済口座という。) への各々の入金にて行い、一方甲

第十七章 （第14号文書） 金銭又は有価証券の寄託に関する契約書 837

より乙への支払は、決済口座よりの引落しにより行うものとする。

(2) 本契約に関し、甲が負担すべき費用及び本契約に基づく乙の債権を保全する為に要する甲が負担すべき登記申請に要する費用、確定日付料、印紙代その他一切の費用については下記費用決済口座より引落しのうえ充当することを甲は合意する。

(3) 前(1)、(2)項の決済口座及び費用決済口座よりの引落しについては小切手の振り出し、又は預金通帳並びに預金払戻請求書の提出を不要とする。

決済口座

| 貸 | 科　目 | | 決済口座届出印 |
| | 口座番号 | | |

| 貸 | 科　目 | | 決済口座届出印 |
| | 口座番号 | | |

費用決済口座

| | 科　目 | | 費用決済口座届出印 |
| | 口座番号 | | |

（以下省略）

---

**印紙税法の適用関係**

　印紙税法別表第一、課税物件表の第14号文書「金銭又は有価証券の寄託に関する契約書」である。

**説明**　この文書は、スワップ取引自体は債権譲渡に当たらず、他の課税事項にも該当しないが、契約書上「決済口座及び費用決済口座よりの引落しについては小切手の振り出し、又は預金通帳並びに預金払戻請求書の提出を不要とする。」等との記載があるもので、預金の払戻方法について定めるものであることから、第14号文書に該当する。

838　　　　　　　　第2部　各課税物件

**第392例**　　夜間預金金庫使用証

---

夜間預金金庫使用証

　　　　　　　　　　　　　　　　　　　　　　　年　　　月　　　日

　　　　　銀行御中

　　　　　　　　　　　　　　　氏　名　　　　　　　㊞

貴行夜間預金金庫を使用するにあたっては、下記の規定を確約いたします。

なお、次の物件は、確かにお預かりいたしました。

　　　　金庫扉鍵　　　壱個　　番号（　　　　　）

　　　　入　金　袋　　　個　　番号（　　　　　）

　　　　入金袋正鍵　　　個　　番号（　　　　　）

記

1　夜間預金金庫（以下「金庫」という。）は、私名義の当座預金、普通預金、その他預金入金の場合のみ利用いたします。

2　入金の場合は、貴行所定の当座預金入金票、普通預金入金票などに、氏名、金額、日付、時刻を記入のうえ（普通預金の場合は同通帳を添え）、現金、小切手などとともに所定の入金袋に入れ、施錠して本金庫に差し入れます。

3　預入金は、翌営業日付をもってご入金ください。

4　入金金額が同封の入金票などに記載の金額と相違の場合は、貴行にて確認した金額をもって入金額として差し支えありません。

（以下省略）

---

**印紙税法の適用関係**

　　　印紙税法別表第一、課税物件表の第14号文書「金銭又は有価証券の寄託に関する契約書」である。

**説明**　　この文書は、夜間金庫の使用、すなわち時間外の預金の受入れについての特約を定めたものであることから、第14号文書に該当する。

　　　　なお、単に夜間金庫を賃貸することについて定めるもの（施設の賃貸借契約）は、第14号文書その他いずれの課税物件にも該当しない。

第十七章　（第14号文書）　金銭又は有価証券の寄託に関する契約書　839

### 第393例　夜間金庫違算金のお知らせ

_____ 様

銀行

## 夜間金庫違算金のお知らせ

　日頃より格別のお引立てに預り厚くお礼申し上げます。

　さて、　年　月　日付夜間金庫入金伝票記載金額は、当方で精査いたしましたところ、下記のとおりの現金有高となっておりますのでご通知申し上げます。

　つきましては、ご預金額は当方精査金額でご指定の口座に入金いたしましたのでご了承の程お願い申し上げます。

　なお、ご確認またはご照会の節は、お手数ですがお取引店にお申し出くださいますようお願い申し上げます。

記

| 預金種目・口座№ | 当座 （普通） №１２３４５６ |
|---|---|
| 夜間金庫入金伝票（お客様ご記入額） | ￥1,180,740 |
| 現金精査額（ご預金入金額） | ￥1,180,660 |
| 過・不足金額 | 過剰・（不足）￥80 |
| 過・不足金種 | 100　→　－100<br>10　→　＋20 |

以上

### 印紙税法の適用関係

　　印紙税法別表第一、課税物件表の第14号文書「金銭又は有価証券の寄託に関する契約書」である。

**説明**　この文書は、違算金の内容を通知するとともに、金融機関が精査した金額で預かった旨を通知するもので、受託文言、預金種別、口座番号等の記載があることから、第14号文書に該当する。

840 　　　　第2部　各課税物件

**第394例**　モーゲージ証書

---

## モーゲージ証書

（兼抵当証券持分保護預り証書）

　　　　　　　　　　様　　　　　　　証券コード

＜ご約定事項＞ご購入日　　　　年　月　日

| ご購入金額<br>（元　金） | 利　率 | 利 息 支 払 日<br>（年2回） | | 満期日（買戻し期日）<br>及び利息支払い日 |
|---|---|---|---|---|
| 円 | 年1.20％ | 3 月20日 | 9 月20日 | 年　月　日 |

＜ご購入・お預り抵当証券持分の明細＞

| 抵当証券発行日 | 登　記　所　名 | |
|---|---|---|
| 年　月　日 | 法務局　　出張所 | |
| 証 券 番 号 | 券　面　額 | 持　分 |
| | 円 | |

抵当証券取引約款ならびにご約定事項をご承認のうえ、表記の抵当証券持分をご購入頂きました。ご購入の抵当証券持分は、抵当証券取引約款に基づき当社が保護預りいたしました。なお保護預りいたしました抵当証券は株式会社　　銀行にて保管いたしております。

東京都港区

株式会社　　　

取締役社長　　　　　　㊞

---

**印紙税法の適用関係**

　　印紙税法別表第一、課税物件表の第14号文書「金銭又は有価証券の寄託に関する契約書」である。

**説明**　この文書は、抵当証券（有価証券）の保護預りを証明する目的で作成されるものであることから、第14号文書に該当する。

　　なお、この文書は、抵当証券（有価証券）そのものではなく、また、モーゲージ証書は譲渡できないこととされていることから、有価証券には該当しない。

第十七章　（第14号文書）　金銭又は有価証券の寄託に関する契約書　　841

第14号

**第395例**　**保護預り口座設定申込書および届出書、口座設定のご通知**

| 保護預り口座設定申込書および届出書 | 顧客名 | 顧客コード | |
|---|---|---|---|
| 年　　月　　日 | （ふりがな） | | お届け印 |
| 　　　　御中 | おなまえ | | |
| 　私は、保護預り約款により貴社に有価証券を寄託したいので、保護預り口座の設定を申し込みます。 | （自署のこと） | | |
| | おところ | | |
| | 　お電話（　　　） | | （1個に限ります） |
| 　ついては、右のとおり印鑑等をお届けします。 | ご連絡先 | | |
| | 　お電話（　　　） | | |

| 備考 | | 検　印 | 扱者印 |
|---|---|---|---|
| | | | |

| 顧客名 | 顧客コード | （お願い）日付および太線の中だけご記入ください | |
|---|---|---|---|

責任者
割　印　- - - - （切りとらないでください）- - - - -

**口座設定のご通知**

　格別のご愛顧を賜わり厚くお礼申し上げます。

| 保護預り約款をよくご覧ください | 顧客コード |
|---|---|

　当社は、　　　年　　月　　日付貴殿の保護預り口座を設定しました。

　今後、貴殿の保護預りについては、右のとおりお届けいただきました印鑑、住所等により処理しますから、ご確認願います。ご不審の点がある場合は、当社の　　　に直接ご連絡ください。

　保護預り証券やその売却代金等をお引出しの際は、必ずお届出の印鑑等をご使用ください。お届出の印鑑等で所定の手続きにより保護預り証券等を払い出した場合は、当社は一切責任を負いませんから、ご注意ください。

　なお、お届出印鑑を紛失されたり、ご住所等を変更される場合は、すみやかに当社にご連絡のうえ、所定の手続きを行ってください。

| おなまえ | お届け印 |
|---|---|
| おところ | |
| 　お電話（　　　） | |
| ご連絡先 | |
| 　お電話（　　　） | |

842                    第2部　各課税物件

（注）　この文書の提出により、自動的に保護預り口座の設定が行われるものではな
　　　い。

## 印紙税法の適用関係

　　　いずれも、印紙税法に定める課税物件ではない。

**説明**　1　保護預り口座設定申込書および届出書は、約款に基づく申込みである旨が
　　　　記載されているが、証券会社がこの文書を受理すれば自動的に寄託契約が成
　　　　立するものではないことから、印紙税法上の契約書には該当しない。

　　　　2　口座設定のご通知は、保護預り口座を設定したという事実の通知文書であ
　　　　り、この文書によって金銭又は有価証券の寄託契約が成立するものではない
　　　　ことから、第14号文書「金銭又は有価証券の寄託に関する契約書」その他い
　　　　ずれの課税物件にも該当しない。

第十七章 （第14号文書） 金銭又は有価証券の寄託に関する契約書　843

## 第396例　預り証

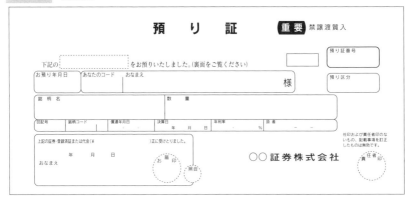

**印紙税法の適用関係**

記載内容から判断される作成目的によって次のとおり異なる。

1　保護預り又は一時預りの場合

印紙税法別表第一、課税物件表の第14号文書「有価証券の寄託に関する契約書」である。

2　信用取引又は発行日決済取引の保証金代用有価証券として預かる場合

印紙税法別表第一、課税物件表の第17号の2文書「売上代金以外の有価証券の受取書」である。

**説明**　1　保護預りなど、相手方（顧客）のために有価証券を預かったことを証明するために作成される文書は、第14号文書に該当する。

2　取引保証金代用証券として預かったことを証明する文書は、その有価証券を担保として受領したことを意味することから、第17号の2文書に該当する。

**参考**　第14号文書に、後日、当該有価証券の返還を受けた者が、その受領事実を追記しても印紙税は課税されない（印紙税法別表第一、課税物件表第17号文書の非課税物件欄の3）。

844　　　　　第 2 部　各 課 税 物 件

**第397例**　**保護預り証書**

---

保 護 預 り 証 書　　No.　　　　　　　

　　　　　　　　　　　　　様

| お預り品 | |
|---|---|
| | 収　入 |
| | 印　紙 |

上記の品をこの証書裏面の約定によってお預りいたしました。お引
出しの際はこの証書と引換にお渡しいたします。

　　　　　　　　　　　　　　　　　年　　月　　日
　　　　　　　株式会社　　　　　銀行

　　　　　　　　　　　　　　　　　　　　　　　　㊞

---

（裏面）　　　　　保 護 預 り 約 定

1　表面に記載の品をお引出しの節は、下部所定欄にお預け主名をご記入の上、さきにお届出の印を押して受付
　の窓口へお差し出しください。
2　この証書又は請求書に押された印影がお届けの印に相違ないと認めました上は、お預り品を、証書をお持ち
　の方にお渡しいたします。この手続によりお渡しいたしました上は、たとえ印章の盗用、その他どんな事情
　がありましても、お預け主の受けられた損害については、当行は一切責任を負いません。
3　当行では、お預り品の償還番号の取調べ並びに償還元金及び利札の取立について、相当の注意はいたします
　が、お預け主でも十分ご注意ください。もし、これに関しお預け主がご損害を受けられることがありまして
　も、当行は一切責任を負いません。
4　保管手数料は、すべて当行の定める時期及び方法により申受けます。なお、当該期間の経過前にお預け品を
　お引出しになりましても、その料金は、お返しいたしません。また、当該期間を経過したものにつきまして
　は、相当の保管手数料を申受けます。
5　この証書やお届出の印を失なわれたとき、又は改印、転居等の場合は、すぐそのことを当行にお届くださ
　い。この届出のない間に生じた事柄は、何人の行為によりますともすべてお預け主の責任となります。
6　天災、その他の不可抗力によって生じましたお預り品に関する損害又は封緘物の内容の故障につきまして
　は、当行は一切責任を負いません。
7　この証書は、譲渡又は質入することはできません。

　　　　　　　　　　　　　　　　　　　　　　　　　　以　　上

| 印鑑照合 |
|---|
| |

　　　この証書に記入の品を確かに受取りました。
　　　　　　　年　　月　　日
　　　　　お名前

第十七章　（第14号文書）　金銭又は有価証券の寄託に関する契約書　　845

## 印紙税法の適用関係

　　預かるものが、金銭又は有価証券である場合は、印紙税法別表第一、課税物件表の第14号文書「金銭又は有価証券の寄託に関する契約書」である。

　　なお、預かるものが金銭又は有価証券以外の物である場合は、印紙税法に定める課税物件ではない。

846　　第２部　各課税物件

**第398例**　有価証券に係る消費寄託契約書

契　約　書

　　　　　株式会社（以下「甲」という。）と、　　　株式会社（以下「乙」という。）とは、次のとおり契約する。

第１条　甲は、乙に下記記載の有価証券（以下「寄託物」という。）を寄託し、乙はこれを預かった。

第２条　寄託物の返還期限は、　　　年　月　日とする。ただし、乙が返還期限の通知を行い、甲から返還請求がないときは、同一期間この契約は更新されるものとする。

第３条　甲は乙に寄託物の保管料として、別に定める金額を毎月末日に支払うものとする。

第４条　乙は、寄託物を返還する場合、寄託物と同一の銘柄、数量の有価証券の引渡しをもって、その返還とすることができる。

第５条　寄託物である株式につき、その寄託期間中に配当が行われるとき又は新株式の割当てが行われるときは、甲の意思に沿って、甲の受配、収益に妨げのないよう乙において配慮する。

　　　　また、寄託物である債券等につき、その寄託期間中に利息の支払又は元本の償還が行われるときも同様とする。

　以上、契約の成立を証するため、本書２通を作成し、甲乙各１通を保管する。

　　　年　月　日

　　　　　　　　　　　　　　　　　　（甲）　　　株式会社　㊞
　　　　　　　　　　　　　　　　　　（乙）　　　株式会社　㊞

| 有価証券の種類、銘柄及び額面 | 数　量 | 摘　　　　要 |
|---|---|---|
|  |  |  |
|  |  |  |
|  |  |  |

第十七章 （第14号文書） 金銭又は有価証券の寄託に関する契約書　　847

### 印紙税法の適用関係

　　印紙税法別表第一、課税物件表の第14号文書「有価証券の寄託に関する契約書」である。

**説明**　この文書は、当事者の一方（受寄者）が、目的物である有価証券を消費し、これと同じ種類、数量のものを返還することを約する契約書であるため、第14号文書に該当する。

　　なお、消費寄託とは、寄託者のために目的物を預かる（原則として、いつでも返還の請求ができる）という点で、第1号の3文書「消費貸借に関する契約書」と区分される。

848                    第2部 各課税物件

**第399例** 保証金に関する覚書

---

### 保証金に関する覚書

　　　　（以下「甲」という。）　　　　　　　（以下「乙」という。）は、この
保証金覚書を締結した。
第1条　甲は乙に対して現在、及び将来負担する一切の債務の根担保として、毎月
　　　　乙より甲に支払われる売上割戻金の内対売上　　％の金額を乙に差し入れ
　　　　る。積立額は取引限度額に準ずる。
　　　　　但し、第1条の保証金を預ることによる乙の甲への利息支払いは以下の様
　　　　に定める。
　　　　①　利息計算基準日は毎年3月1日、9月1日の年2回とする。
　　　　②　利率は乙の得意先預り金内規（但し、普通銀行の6ケ月定期預金利率）
　　　　　　により計算する。
　　　　③　利息は計算終了後、保証金に組み入れることとする。
第2条　第1条の保証金にかわる抵当額の担保設定が為された場合、積立は甲の任
　　　　意とする。
第3条　甲と乙の販売契約が解除されたときは、乙は甲から乙に対する一切の債務
　　　　が消滅した後、速やかに第1条の保証金を甲に返還する。
　　以上、本証弐通を作成し、甲・乙各壱通を保有する。
　　　　　　年　　　月　　　日
　　　　　　　　　　住　所
　　　　　　　甲
　　　　　　　　　　氏　名　　　　　　　　　　　　　　　　㊞
　　　　　　　　　　住　所
　　　　　　　乙
　　　　　　　　　　氏　名　　　　　　　　　　　　　　　　㊞

---

**印紙税法の適用関係**

　　　印紙税法に定める課税物件ではない。

**説明**　　この文書は、文書上「保証金を預かる」及び「保証金に利息を付する」旨の記
　　　　載があっても保証金の提供者のために金銭を預かることを内容とするものではな
　　　　いことから、第14号文書「金銭又は有価証券の寄託に関する契約書」その他いず
　　　　れの課税物件にも該当しない。

第十七章　（第14号文書）　金銭又は有価証券の寄託に関する契約書　849

## 第400例　売上リベート預託契約書

### 売上リベート預託契約書

　　　　　　　　株式会社（以下「甲」という。）は　　　　　　　　　（以下「乙」という。）との間に売上リベートの預託に関し下記のとおり契約する。

第1条　甲と乙は特約店契約として、現在及び将来乙が甲に対して負担する取引上の一切の債務を担保するため、　　　　　　　乙は　　年　　月　　日以降甲より提供される売上リベートの金額を甲に保証金として預託するものとする。

第2条　この保証金は乙が甲より買受ける月商額の2カ月分に達するまで積立てるものとする。但し積立て途中における保証金の引出しは出来ない。

第3条　乙が甲の特約店としての資格を喪失した場合、保証金は乙に返還するものとする。但し、乙が債務の弁済を履行しない場合は、乙の負担する債務相当額をこの保証金をもって充当するものとする。

第4条　第2条、第3条によって乙が保証金の全部または一部の返還を請求できるようになった場合にも乙はこれを第三者に譲渡、質入、その他の処分をすることはできない。

第5条　この保証金には　　年　　月　　日以降銀行金利程度の利息をつけるものとする。

　以上の契約の趣旨を明確ならしめるため、本証弐通を作成し、甲・乙各壱通を保有する。

　　　　　年　　　月　　　日

　　　　　　　　　　　　甲　　　　　　　　　　　　　　　㊞

　　　　　　　　　　　　乙　　　　　　　　　　　　　　　㊞

### 印紙税法の適用関係

　　　印紙税法に定める課税物件ではない。

**説明**　この文書は、金銭の預託を証するものではあるが、この場合の預託は相手方のために保管を約して金銭等を受け取るものでなく、取引の保証金として受け取るものであることから、第14号文書「金銭又は有価証券の寄託に関する契約書」には該当しない。

　　　なお、保証金の受領事項の記載のあるものは、第17号の2文書「売上代金以外の金銭又は有価証券の受取書」に該当する。

850　　　　　　　第2部　各課税物件

**第401例**　販売代金精算通知書

### 販売代金精算通知書

精算日　年　月　日　精算書No.

| 組合員コード | 組　合　員　名 | | 品名コード | 品　　名 | |
|---|---|---|---|---|---|
| | | | | | |

| 等階級 | 荷受数量 | 数量C/S | 単価 | 金額 | 等階級 | 荷受数量 | 数量C/S | 単価 | 金　額 |
|---|---|---|---|---|---|---|---|---|---|
| | | | | | | | | | |
| | | | | | | | | | |
| | | | | | | | | | |
| | | | | | | | | | |
| | | | | | | | | | |
| | | | | | 合計 | 荷受数量 | 数量C/S | 金　額 | |

| 市場手数料 | 県連手数料 | | 農協手数料 | 運賃 | 会費 | 積立金 | 諸経費 | 控除額合計 |
|---|---|---|---|---|---|---|---|---|
| No. | 荷受単位 | 荷受月日 自 至 | 出荷月日 自 至 | | 店舗 | ○オン口座No. | 差引支払額 | |

※上記のとおり精算金を貴殿の貯金口座へ振り込みましたのでご通知申し上げます。　　　農業協同組合

(注)　農協が、組合員の生産した農産物を市場を通じて販売した場合に、組合員に対して販売した農産物の品名、数量及び金額等のほか、販売代金から市場手数料等を差し引いた精算金を組合員の貯金口座に振り込んだ旨を記載して交付する文書である。

**印紙税法の適用関係**

　　　　印紙税法に定める課税物件ではない。

**説明**　この文書は、農協が組合員に対し、販売代金の精算金の計算根基を通知するとともに、精算金を口座振込みの方法により支払った（支払う）ことを通知するために作成するものであるが、金銭の寄託契約の成立等を証する文書とは認められないことから、第14号文書「金銭又は有価証券の寄託に関する契約書」には該当しない。

第十七章 （第14号文書） 金銭又は有価証券の寄託に関する契約書　851

### 第402例　ポイントカード入会申込書

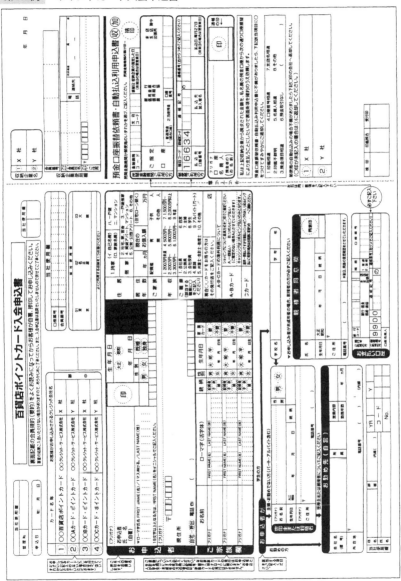

（注）百貨店が発行するポイントカード（クレジットカード）の申込書であり、この申込書を基にポイントカード発行に関する審査が行われる。

852 第2部 各課税物件

## 印紙税法の適用関係

印紙税法に定める課税物件ではない。

**説明** この文書は、申込みにより自動的に契約が成立しないことから、印紙税法上の契約書には該当しない。

なお、「預金口座振替依頼書・自動振込利用申込書」の部分は、申込書の提出により自動的に契約が成立するので、印紙税法上の契約書には該当するが、その内容が委任契約であることから、印紙税法に定めるいずれの課税物件にも該当しない。

第十七章　（第14号文書）　金銭又は有価証券の寄託に関する契約書　　853

**第403例**　**普通預金（無利息型）取扱依頼書**

〔様式〕

---

| | 表面 |
|---|---|

　　　　　　○○普通預金（無利息型）取扱依頼書（抄）

○○信用金庫　御中
（取扱店　　　　）

| 依　頼　日 | | 年　月　日 |
|---|---|---|
| 住所 | 〒 | |
| 氏名 | フリガナ | お届印 |
| | | |

　私は、裏面記載の貴金庫の○○普通預金（無利息型）規定（または普通預金規定に関する特約）および下記の取扱いについて承知しましたので、私名義の下記1.の普通預金を上記依頼日をもって○○普通預金（無利息型）として取り扱うことを依頼します。

　　　　　　　　　　　　　　記

1．対象口座

| 科目 | 店番号 | 口座番号 |
|---|---|---|
| 普通 | | |

2．口座番号等の取扱い依頼

　　上記1．の普通預金と同一の口座番号、届出印、通帳を引き続き使用するものとします。また、キャッシュカードが発行されている場合、当該キャッシュカードを引き続き使用するものとします。

3．○○普通預金（無利息型）から現行の普通預金への変更（または再変更）について

　　　○○普通預金（無利息型）を現行の普通預金に変更（または再変更）することはできませんので予めご了承ください。

854　　　　　　　　　　第2部　各課税物件

① 普通預金規定の改正事項の場合

〇〇普通預金（無利息型）規定（抄）　　　裏面

　普通預金を〇〇普通預金（無利息型）として取り扱うことを依頼する場合、下記の〇〇普通預金（無利息型）規定が適用されます。〇〇普通預金（無利息型）規定と現行の普通預金規定との相違点は下記のとおりです。

記

| 普通預金規定（現行） | 〇〇普通預金（無利息型）規定 |
|---|---|
| 1～5　（略） | 1～5　（略） |
| 6.（利息） | 6.（利息） |
| 　この預金の利息は毎日の最終残高〇〇円以上について付利単位を〇〇円として、毎年〇月と〇月の当金庫所定の日に、店頭に表示する利率によって計算のうえこの預金に組み入れます。（以下略） | 　この預金には利息をつけません。 |

② 普通預金規定に関する特約事項の場合

〇〇普通預金(無利息型)における普通預金規定に関する特約（抄）　　　裏面

　普通預金を〇〇普通預金（無利息型）として取り扱うことを依頼する場合、かかる依頼後の〇〇普通預金（無利息型）には、下記の特約が適用されます。

　1. 第6条の取扱い
　　〇〇普通預金（無利息型）には利息がつきませんので、普通預金規定第6条に基づく利息の組入れはございません。

**印紙税法の適用関係**

　　　印紙税法別表第一、課税物件表の第14号文書「金銭又は有価証券の寄託に関する契約書」である。

**説明**　　この文書は、裏面記載の規定に基づく申込みであることが記載されており、この申込みにより、自動的に利率が変更されることから、第14号文書に該当する。

第十八章　（第15号文書）　債権譲渡又は債務引受けに関する契約書　　855

# 第十八章　（第15号文書）
## 債権譲渡又は債務引受けに関する契約書

**第15号**

## 1　債権譲渡に関する契約書

　債権の譲渡に関する契約（予約を含む。）の成立、更改、内容の変更又は補充の事実を証すべき文書は、印紙税法別表第一、課税物件表の第15号（P1120参照）に掲げる印紙税の課税物件である。

　「債権譲渡」とは、債権をその内容の同一性を変えることなく移転することを目的とする新旧両債権者間の契約である。

　債権の譲渡は、債権者と譲受人との間の契約のみによって効力を生ずるものであり、債務者は契約の当事者ではない。ただし、一部には債務者の承諾を要するものもある（民法第625条等）。

　ところで、債権は指名債権と証券的債権に区分されるが、指名債権を譲渡する場合において、民法第467条《指名債権の譲渡の対抗要件》の規定により、譲渡人が債務者その他の第三者に対する対抗要件として債務者に発する「確定日付ある証書をもってする通知」（二重譲渡の危険を防止する。）は、単に債権を譲渡した旨の通知にすぎず、また、これに対して債務者が債権譲渡に異議のない旨を記載して発する承諾の書面は、承諾によって債権譲渡契約が成立するものではないから、ともに印紙税の課税物件ではない。

## 2　債務引受けに関する契約書

　債務の引受けに関する契約（予約を含む。）の成立、更改、内容の変更又は補充の事実を証すべき文書は、印紙税法別表第一、課税物件表の第15号（P1120参照）に掲げる印紙税の課税物件である。

　「債務引受け」とは、債務の同一性を維持しつつ、その債務を引受人に移転することを約する債権者と引受人との間の契約である。

これにより旧債務者は債務を免れ、新債務者が代わって完全に同一債務の債務者となる。

債務引受けは、債権譲渡とともに債権債務関係の変更の一態様であり、民法に特別の規定はないが、学説や判例上一般に認められている契約である。

契約の方法として、債権者甲、債務者乙、引受人丙の三者契約（三面契約）のほかに、債務者乙の意思に反しないものであるときは、甲、丙間の契約も結ぶことができ、また、債権者甲が承諾することを条件として、乙、丙間においても契約を結ぶことができる。

## (1) 重畳的債務引受け

「重畳的債務引受け」とは、通常の債務引受けのように債務が従来の債務者から離れて引受人に移転することなく、引受人は従来の債務者と併立してその債務を負担するものであり、債権者と引受人との間の契約により、債務者の意思に反してもなし得る点においては本来の債務引受けとは異なるが、一種の債務引受けであると解されている。引受人は、債務者と併立してその債務を負担するところから保証債務と同様の性質を有しているが、通常の保証債務における保証人の催告の抗弁権（民法第452条）、検索の抗弁権（民法第453条）を有しないところから、保証債務とも異なる。しかし、判例、通説においては、重畳的債務引受けは、旧債務者と引受人が原則として連帯債務関係に立つものと解している。印紙税法上、重畳的債務引受けの契約書も「債務引受けに関する契約書」として取り扱われる。

## (2) 履行の引受け

「履行の引受け」とは、債務者と引受人との間の契約により、引受人が債務者の債務の履行を引き受けるものである。引受人は債務者に対してのみ、債務を負担するにとどまり、債権者に対しては直接に債務を負担しない点において債務引受けと異なる。引受人が債務者の債務の履行を引き受けることの多くは、引受人が債務者のために立替払いを行うこと、すなわち立替払契約（一般に委任と解されている。）であると考えられることから、印紙税法上、債務の履行引受けに関する契約書は第15号文書に該当しない。

第十八章 （第15号文書） 債権譲渡又は債務引受けに関する契約書　　857

### 第404例　売掛債権譲渡契約書

売掛債権譲渡契約書

　　　　株式会社（以下「甲」という。）が、　　　　株式会社（以下「乙」という。）に
対して有する本日現在の資材買掛代金債務、金　　　　　円の弁済について、甲、乙
間に下記の通り契約する。

第1条　甲は、甲が　　　株式会社に対して　　　　年　　　月　　　日販売した電機器
　　　　具の代金　　　　　円。但しその弁済期限　　　　年　　　月　　　日とするも
　　　　のの債権を乙に譲渡する。

第2条　甲は、遅滞なく前条に掲げた債権に関する証書を乙に引渡し、同時に、確
　　　　定日付のある証書をもって、　　　株式会社に対し、前条による債権譲渡の
　　　　通知を行い、若しくは　　　株式会社の承諾を得る。

第3条　　　　株式会社が前条による通知の到着前に甲に対して生じた事由をもって
　　　　乙に対抗したときは、乙は催告をしないで直ちに本契約を解除できる。

第4条　前条により本契約を解除した場合は、乙は甲よりの譲受債権を甲に返還
　　　　し、甲は頭書の買掛債務を本日以降完済の日まで1日100円につき　　銭の
　　　　割合で計算した利息とともに、乙に支払わなければならない。

第5条　乙が　　　株式会社から本件譲渡に係る債権について支払を受けたとき頭書
　　　　の乙に対する甲の債務は消滅する。乙が　　　株式会社から一部の支払を受
　　　　けた場合は、その一部相当額について前段に準じる。

　　以上契約の証として本書2通を作成し、甲乙それぞれ1通を保有する。

　　　　　　　　年　　　月　　　日

　　　　　　　　　　甲　　　　　　　　　　　　　㊞
　　　　　　　　　　乙　　　　　　　　　　　　　㊞

### 印紙税法の適用関係

　　　　印紙税法別表第一、課税物件表の第16号文書「債権譲渡に関する契約書」であ
る。

858　　　　　　　　第2部　各課税物件

## 第405例　債権譲渡証書

---

### 債 権 譲 渡 証 書

　私が下記債務者に対し、　　　　年　月　　日貴殿と共に現金　　　　円也の
貸付をなした貸付金の内、私出金の金　　　　　円也の貸付債権は　　　年　　月
　日を以て貴殿にこれを譲渡いたします。
記

| 債　務　者 | 住所 | 氏名 |
|---|---|---|

　　　　　　年　　月　　　日

　　　　　　　　　　　　住所
　　　　　　　　　　　　氏名　　　　　　　　　㊞
　　　　　　　　殿

---

### 印紙税法の適用関係

　　印紙税法別表第一、課税物件表の第15号文書「債権譲渡に関する契約書」である。

**説明**　この文書は、同一人に対する貸付債権を有する二者の間で、一方の債権者が自己の有する債権を他方の債権者に譲渡することを約する契約書であることから、第15号文書に該当し、記載金額は貸付金のうち譲渡した部分の債権の金額になる。

第十八章 （第15号文書） 債権譲渡又は債務引受けに関する契約書　859

第406例　根抵当権設定並びに変更契約証書（追加設定並びに極度額の増額）

| パーソナル番号 | | | | | |
|---|---|---|---|---|---|

| 検　印 | 記　帳 | 照　印 | 受　付 |
|---|---|---|---|
| | | | |

## 根抵当権設定並びに変更契約証書
### （追加設定並びに極度額の増額）

年　　月　　日

株式会社　　　　銀行　御中

住　　所
根抵当権設定者
兼　債　務　者　　　　　　　　　㊞

住　　所
根抵当権設定者　　　　　　　　㊞

第1条（極度額の変更）

　根抵当権設定者は、　　　年　　月　　日根抵当権設定契約（以下「原契約」という。）により後記「既設定物件の表示」記載の物件の上に設定した根抵当権（　　年　　月　　日　　地方法務局　　出張所受付第　　号登記済）の極度額を次のとおり変更することを約定いたしました。

　　極度額

　　　　変更前　　金 3,000,000円也

　　　　変更後　　金 5,000,000円也

第2条（根抵当権の設定）

　根抵当権設定者は，前条の根抵当権の共同担保としてその所有する後記「追加物件の表示」記載の物件の上に、次の要項により根抵当権を設定いたしました。

(1)　極度額　　金　　　　　　円也

(2)　被担保債権の範囲　　①銀行取引による債権

　　　　　　　　　　　　　②民法第398条の2第3項による手形上・小切手上の債権

根抵当権設定者が債務者と同一人でないときは、根抵当権設定者兼の文字を抹消の上、ご調印ください。

(3) 債務者

(住　　　所)

(氏名又は商号)

(4) 確定期日　定めない

**第3条**（原契約等の適用）

根抵当権設定者はこの契約に定めたもののほかはすべて原契約証書並びに債務者が別に差し入れた銀行取引約定書の各条項の適用をうけるものであることを確認いたしました。

**第4条**（担保保存義務）

根抵当権設定者は、債務者が別に差し入れた銀行取引約定書の各条項を承認し、また、貴行の都合によって他の担保若しくは保証を変更、解除されても異議ありません。

既設定物件の表示（省略）

追加物件の表示（省略）

**印紙税法の適用関係**

印紙税法に定める課税物件ではない。

**説明**　この文書は、既存の根抵当権設定契約書の内容のうち、極度額を変更すること及び担保を追加して提供することを定めているが、いずれも印紙税法上の課税物件には該当しない。

第十八章　（第15号文書）　債権譲渡又は債務引受けに関する契約書　　861

## 第407例　電話加入権売買契約証書

電話加入権売買契約証書

　　　　　を甲とし、　　　　　を乙として、甲乙両当事者は、次のように売買契約を締結した。

第1条　売主甲は、その加入権を有する下記電話加入権を買主乙に対し、第2条以下の定めるところにより売渡すことを約し買主乙はこれを承諾した。

記

　1　　　　　　電話局電話番号　　番　売主甲名義の電話加入権

第2条　売買代金は、金　万円と定め、買主乙は売主甲に対し次の方法で支払わなければならない。

　1　手附金　万円は、本契約成立と同時に、売主甲方において交付すること。

　2　内金　万円は、電話加入名義変更申請書提出と同時に　　電話局において支払うこと。

　3　残金は、電話機の設備が買主乙方店舗に移転すると同時に、買主乙方において支払うこと。但し、手附金は残代金の支払に充当すること。

第3条　売主甲は　　　年　　月　　日　　電話局に対し、本件電話加入名義変更の申請及び電話機設置場所変更の手続をしなければならない。

第4条　売主甲は、本件電話加入権が他人のため担保に供していないばかりでなく、その権利に何等の欠点のないことを担保する。

第5条　本件電話の使用料は、電話機の設備が買主乙方店舗に移転する前日までの分は売主甲において負担し、その後の分は買主乙において負担するものとする。

第6条　甲乙両当事者の一方が契約の履行に着手するまでは、買主乙は、その手附金を放棄し、売主甲はその倍額を提供して、本契約を解除することができる。

第7条　本契約に関する費用及び本件電話加入名義変更並びに電話機設置場所変更に要する費用は、すべて買主乙において負担する。

　以上の契約を証するため本証書2通を作り、署名捺印の上、各自その1通を所持する。

年　　月　　日

　　　　　　　　　　　　売　主　　　　　　　　　㊞
　　　　　　　　　　　　買　主　　　　　　　　　㊞

第15号

862 第2部 各課税物件

**印紙税法の適用関係**

　　印紙税法別表第一、課税物件表の第15号文書「債権譲渡に関する契約書」である。

**説明**　この文書は、債権（電話加入権）の売買を内容とするものであることから、第15号文書に該当する。

第十八章 （第15号文書） 債権譲渡又は債務引受けに関する契約書　　863

**第408例　不動産信託受益権売買契約書**

### 不動産信託受益権売買契約書

　　　　（以下「甲」という。）と　　　　（以下「乙」という）は以下のとおり、不動産信託受益権売買契約を締結した。

第1条　甲は　　　年　月　日に　信託銀行㈱との間に別紙物権明細記載の土地建
　　　　物の管理・運用・処分の目的で、不動産管理処分信託契約を締結し、不動産
　　　　信託受益権を取得する。
第2条　甲は乙に対して本件受益権を売り渡し、乙はこれを買い受ける。
第3条　本件受益権の売買代金は15億円とする。

　　　　　　　　　　　　　　　　　（以下省略）

**印紙税法の適用関係**

　　　　印紙税法別表第一、課税物件表の第15号文書「債権譲渡に関する契約書」である。

**説明**　　この文書は、債権である「信託受益権」の売買契約であるから、第15号文書に該当する。

　　　　なお、「信託受益権」とは、受益者が信託行為に基づき信託財産から享受できる権利・利益を包括する債権的要素（利益を享受する権利）と物権的要素（元本を享受する権利）とを併有する権利であるとされている。

864　　　　　　　　第2部　各課税物件

**第409例　債権譲渡通知書**

---

債 権 譲 渡 通 知 書

年　　　月　　　日

A　　　殿

　　　　譲渡人　住所

　　　　　　　　名称　　　　　　B　　　　　　　㊞

　　　　譲受人　住所

　　　　　　　　名称　　　　　　C　　　　　　　㊞

　　B　が　A　に対し有する下記の売掛金債権を　　．　　．　　．付をもって
C　に譲渡いたしましたので御通知申し上げます。

記

　　　　金　8,000,000円也

　　　　　　ただし、公害関係分析料金未払代金

| 内　　訳 |
| --- |
| |

---

**印紙税法の適用関係**

　　　印紙税法に定める課税物件ではない。

**説明**　　この文書は、民法第467条《指名債権の譲渡の対抗要件》第1項の規定に基づ
　　き、債務者に通知するため作成されたものであり、債権譲渡契約の成立事実を証
　　するものではないことから、第15号文書「債権譲渡に関する契約書」その他いず
　　れの課税物件にも該当しない。

第十八章　（第15号文書）　債権譲渡又は債務引受けに関する契約書　　865

## 第410例　債務引受契約証書

### 債務引受契約証書

　　債権者株式会社　　　　　銀行（以下「甲」という。）債務引受人
（以下「乙」という。）債務者　　　　　　　　（以下「丙」という。）は、合意のうえ
下記の債務引受契約を締結する。

第1条　乙は、丙の　　年　月　日付銀行取引約定書および　　年　月　日付
　　契約証書に基き甲に対して負担する債務の全部を、丙に代って引受ける。

第2条　丙は、前条の乙の債務引受により、今後前条債務関係から脱退する。

第3条　乙は、本契約により引受けた債務につき今後第1条記載の証書の各条項に
　　従って履行することを約する。

第4条　乙は、本契約により引受けた債務を履行しないときは、直ちに強制執行を
　　受けても異議を申し出ない。

第5条　各当事者は原契約に基き設定された抵当権の存続することを認め、本契約
　　の日から1か月以内に本債務引受につきその抵当権登記の付記による変更登記を
　　することを約し、万一この期間にその登記が行われないときは、債権者において
　　本契約を解除できることを認める。

第6条　抵当提供者　　　　　　は、本債務引受契約を承諾し、前条の登記をする
　　について協力することを約する。

第7条　連帯債務者　　　　　　は、本債務引受契約を承諾し、今後第1条記載の
　　原契約の定めるところに従い債務引受人と連帯してその責に任ずることを約す
　　る。

第8条　保証人　　　　　　は、本債務引受契約を承諾し、今後第1条記載の原契
　　約の定めるところに従い、債務引受人と連帯して保証の責に任ずることを約す
　　る。

第9条　乙、抵当提供者　　　　　、連帯債務者　　　　　、保証人
　　が本債務を履行した場合、代位によって貴行から取得した権利は、貴行との取引
　　継続中は、貴行の同意かなければ、これを行使いたしません。

　　もし貴行の請求があれば、その権利または順位を貴行に無償で譲渡いたします。

　　上記契約を証するためこの証書を作り、甲これを保有する。

　　　　　　　　　年　　　月　　　日

　　　　　　　　　甲　債権者　　　　　　　　　　㊞

　　　　　　　　　丙　債務者　　　　　　　　　　㊞

　　　　　　　　　乙　債務引受人　　　　　　　　㊞

　　　　　　　　　抵当提供者　　　　　　　　　　㊞

866 第2部 各課税物件

連帯債務者 ㊞

保　証　人 ㊞

### 印紙税法の適用関係

　印紙税別表第一、課税物件表の第15号文書「債務引受けに関する契約書」である。

**説明**　この文書は、銀行との取引から生じた債務を引受けることを内容とするものであるから、第15号文書に該当する。

　なお、第8条の保証人についての事項は、主たる債務の契約書に併記された保証契約であることから、第13号文書「債務の保証に関する契約書」には該当しない。

第十八章　（第15号文書）　債権譲渡又は債務引受けに関する契約書　　867

**第411例　債務引受申入書兼承諾書**

債 務 引 受 申 入 書

　　　　株式会社　御中

　　　　株式会社の当方に対する下記債務を貴社において、お引受け下さるよう申

入れます。

記

1　債　　務　　額　　　　　　　　　　　円也

2　債　務　の　種　類　　　　　株式会社が　　　　年　　　月　　　日現在当方に対し

　　　　　　　　　　て有する融資未返済金及び未払利息債務

3　弁　済　期　限　　　　　　年　　　月　　　日

　　　　　　　　　年　　　月　　　日

　　　　　　　　　　　　　　　債権者　　　　　　　　　　　　　　　㊞

------------------------------------------------

　　上記　承諾しました。

　　　　　　　　　年　　　月　　　日

　　　　　　　　　　　　　　　債務引受人　　　　株式会社

　　　　　　　　　　　　　　　　代表取締役　　　　　　　　　　　㊞

**印紙税法の適用関係**

　　　印紙税法別表第一、課税物件表の第15号文書「債務引受けに関する契約書」である。

**説明**　上段の「債務引受申入書」は、単なる申込文書であり、印紙税法に定める課税物件ではないが、下段の債務引受人が署名又は押印して債権者に返戻する場合は、印紙税法上の契約書に該当し、第15号文書に該当する。

**参考**　課税物件である「債務引受けに関する契約書」の作成者、つまり納税義務者は、「債務引受人」欄に署名した者である。

868　　　　　　　　第2部　各課税物件

### 第412例　債権債務承継通知書

### 債権債務承継通知書

　　　　　　　　　　　　　　　　　　　　　　　年　　　月　　　日

　　株式会社　　銀行　御中

　　　　　　　　　　　　　　　　　　　　　　甲　　　　　　　　㊞
　　　　　　　　　　　　　　　　　　　　　　乙　　　　　　　　㊞

　　このたび　　　　　（本書において「甲」という。）はその営業一切を
（本書において「乙」という。）に譲渡し、甲の貴行に対する一切の債権債務は、
　　　　年　　　月　　　日を限りすべて乙が承継することとしたので通知します。

### 印紙税法の適用関係

　　印紙税法に定める課税物件ではない。

**説明**　甲、乙間において営業譲渡に伴う債権、債務の承継が行われているが、この文
　　書は、その甲乙間の契約成立を債権者に通知しているものにすぎないことから、
　　第15号文書「債務引受けに関する契約書」その他いずれの課税物件にも該当しな
　　い。

第十八章　（第15号文書）　債権譲渡又は債務引受けに関する契約書　869

**第413例**　**債権譲渡契約を含む自動車売買契約書**

# 自 動 車 売 買 契 約 書

　　　商事株式会社（以下「甲」という。）及び　　　自動車株式会社（以下「乙」という。）並びに　　　（以下「丙」という。）及び　　　（以下「連帯保証人」という。）は、自動車の売買に関して次のとおり契約する。

第1条　甲は、下記の自動車　　（以下「自動車」という。）を丙に売渡し、丙は、これを買受ける。

> 

第2条　売買代金、下取自動車がある場合におけるその売買代金支払一部充当額、差引支払代金、即時支払金、割賦支払金は、下記の通りとする。

> 

第3条　丙は、前条の割賦支払金の支払を確実にするため、この契約締結と同時に各割賦支払金を各額面金額とし、各割賦支払期日を各支払期日とする甲宛の約束手形　　通を甲に交付する。

第4条　甲は、この契約締結と同時に、その丙に対する第2条の割賦支払債権を乙に譲渡し、乙及び丙は、異議なくこれを承諾した。

　2　甲は、前項の債権譲渡に伴い、この契約締結後遅滞なく前条の約束手形をすべて乙に裏書譲渡する。

第5条　自動車の所有権は、丙が売買代金の支払その他この契約による一切の債務を履行した時に、甲から丙に移転する。

第6条　甲は、第3条の約束手形と引換に、自動車を丙に引渡し、第5条の所有権移転の時まで、丙が無償でこれを使用することを承諾した。

第7条　丙は、善良な管理者の注意をもって、自動車を保管し、且つ、使用するものとし、これを第三者に引渡し、又は使用させる等甲の権利を害するおそれのある行為を一切しない。

第8条　丙は、第2条の規定にかかわらず、いつでも売買代金の支払その他の債務を完済して、甲から自動車の所有権の移転を受けることができる。

　2　甲は、前項又は第5条の規定により、自動車の所有権を丙に移転する際に、その譲渡証明書等自動車の移転登録に必要な一切の書類を丙に交付する。

第9条　次の各号の一に該当するときは、甲は、何等の通知催告をしないで、直ちに、この契約を解除することができる。

870　　　　　　　　　　第2部　各課税物件

　　1　丙が第2条に定める割賦支払金を1回でも怠ったとき
　　2　丙が破産若しくは更生手続開始の申立てを受け、又は申立てをしたとき
　　3　その他丙にこの契約の条項に違反する行為又は事実があったとき
第10条　前条の規定により、この契約が解除されたときは、丙は、直ちに、自動車
　　を甲が指定する場所において甲に返還し、且つ、甲に損害があるときは、当
　　該損害を賠償する。
　　2　丙は、この契約が解除された場合においても、その解除の時以前に既に甲
　　に支払った売買代金については、これを甲に対する自動車の使用損害金とす
　　るものとし、その返還を請求しない。
第11条　丙は、第9条各号の一に該当するときは、この契約による一切の債務につ
　　いて、その弁済期限の利益を失い、直ちにこれを完済する。
第12条　連帯保証人は、丙の保証人となり、丙と連帯して、この契約による丙の債
　　務一切を履行する責に任ずる。
第13条　丙及び連帯保証人は、甲から請求を受けたときは、いつでも公証人に委嘱
　　して、その負担をもって、この契約による債務の承認並びに強制執行認諾の
　　記載のある公正証書を作成する。
第14条　この契約に関する訴訟の管轄裁判所は、甲の本店所在地管轄の裁判所とす
　　る。
　　以上契約の証として、この契約書4通を作成し、甲乙丙及び連帯保証人は、各そ
　の1通を保有する。
　　　　　　　　年　　　月　　　日
　　　　　　　　　　　　　　　　　　甲　　　　　　　　㊞
　　　　　　　　　　　　　　　　　　乙　　　　　　　　㊞
　　　　　　　　　　　　　　　　　　丙　　　　　　　　㊞
　　　　　　　　　　　　　　　　　　連帯保証人　　　　㊞

**印紙税法の適用関係**

　　印紙税法別表第一、課税物件表の第15号文書「債権譲渡に関する契約書」であ
る。

**説明**　物品の売買契約書は、印紙税法に定める課税物件ではないが、この文書は、第
4条において債権譲渡を約していることから、第15号文書に該当する。

第十八章 （第15号文書） 債権譲渡又は債務引受けに関する契約書　　871

## 第414例　損失補償契約証書

# 損失補償契約証書

　　　　農業協同組合（以下「甲」という。）と　　　　（以下「乙」という。）は、甲
が　　年　　月　　日付金銭消費貸借証書（以下「原契約証書」という。）により
　　　　（以下「丙」という。）に　　資金金　　円也を貸し付けたことにつ
いて、甲が損失を受けたときは、乙においてこれを補償するため、この契約を締結
する。

第1条　この契約により乙が甲に補償すべき損失額は、次のとおりとする。

　　　原契約証書に定める最終弁済期限（甲が債権保全のため必要と認めて、丙の債
　　務の全額につき繰上償還を要求した場合には甲の指定する期日、その他最終弁済
　　期限の変更のあった場合にはその変更後の期日とする。以下同じ。）

　　　到来後90日の期間満了の日（以下「損失確定日」という。）において、なお甲
　　が弁済を受けなかった元利金合計額（遅延損害金を含む。）に相当する金額（た
　　だし、遅延損害金については、その弁済を受けなかった元利金額に対し、原契約
　　証書に定める貸付金利率により計算しうる額をこえない額とする。）

第2条　乙は、最終弁済期限到来後90日を経過してのち、甲の指示するところに従
　　い前条の損失額を甲に補償する。

2　乙は、前項の補償をするに際し、甲の指示する期間内に損失補償を履行しない
　　場合は、損失確定日の翌日から完済にいたるまでの期間について、前条の損失額
　　のうち未補償額に対し年　　％の割合による利息を付するものとする。

3　乙は、甲に対し甲が担保権の実行または保証人に対する債務履行の請求をしな
　　いことをもって第1項の補償をはばむことはない。

第3条　甲は、次の各号の一に該当する場合には、丙に対する債権を乙に譲渡す
　　る。ただし、甲が乙から受けた額に相当する金額を乙に返還する場合および第1
　　条に定める遅延損害金と原契約証書に定める年　　％の計算による遅延損害金との
　　差額（以下「未収遅延利息」という。）が丙から回収のない場合は、この限りで
　　ない。

　①　乙から損失額および同利息（前条第2項に規定する利息をいう。以下同じ。）
　　　の全額の補償を受けたとき。

　②　乙から損失額および同利息の一部の補償を受けたのち補償を受けていない損
　　　失額および同利息の全部を充たすに足る元利金の弁済があったとき。

第4条　甲は、乙から損失額の一部について補償を受けたときは、債権を乙に譲渡
　　するまでに引き続きその補償にかかる元利金の管理回収の責めに任ずる。

　　　　　　　　　　　　　　　　（以下省略）

872                    第2部　各課税物件

**印紙税法の適用関係**

　　　印紙税法別表第一、課税物件表の第15号文書「債権譲渡に関する契約書」である。

**説明**　金銭による損失補償契約証書は、一般には課税物件に該当しないが、この文書は、第3条において債権の譲渡を約していることから、第15号文書に該当する。

第十八章 （第15号文書） 債権譲渡又は債務引受けに関する契約書 873

### 第415例 建物賃借権譲渡契約書

#### 建物賃借権譲渡契約書

　　　　　　を甲とし、　　　　を乙として、甲と乙は以下のとおり契約を締結する。

第1条　甲は、　　　株式会社の同意を得た場合、同社から現在賃借中の下記物件についての賃借権（以下「権利」という。）を乙に譲り渡し、乙はこれを譲り受ける。

記

　　所有者　　　　株式会社
　　所在地
　　賃借部分
　　面積

第2条　乙は権利を譲り受ける対価として、金　　　　円を甲に支払う。

第3条　甲はこの契約の成立をもって、速やかに　　　株式会社に対し、乙への権利譲渡についての同意を求め、実現に努力するものとする。

第4条　権利譲渡について、　　年　月　日までに、甲が　　　株式会社の同意を得られなかった場合、この契約は、甲又は乙の同意を待たずに解除するものとし、この場合、甲及び乙は、前後に要した費用、生じた損害について互いに補てんを求めないものとする。

　上記のとおり成立を証するため、本書2通を作成し、各自署名捺印の上、各1通を保有することとする。

　　　年　月　日

　　　　　　　　　　　　　　　　（甲）　　　　　　　　　㊞
　　　　　　　　　　　　　　　　（乙）　　　　　　　　　㊞

#### 印紙税法の適用関係

　　　印紙税法別表第一、課税物件表の第15号文書「債権譲渡に関する契約書」である。

**説明**　　この文書は、債権である建物に係る賃借権の譲渡を約する契約書であるため、第15号文書に該当する。

　　　なお、この文書の第1条には、「　　株式会社の同意を得た場合」に債権の譲渡が行われる旨の記載があるが、このような停止条件付契約書も印紙税法上の契約書となる。

874　　　　　　　　　第2部　各課税物件

**第416例**　**相殺決済することの約定書**

約　　定　　書

　今般　　　　　　（以下「甲」という。）と　　　　　　（以下「乙」という。）と
　　　（以下「丙」という。）の三者は、甲が乙に、乙が丙に、丙が甲に、それぞれ
債権を有するところ、債権譲渡の手続きを省略し、単に領収書の交換をもって相殺
決済することを互に承諾し約定する。
　一　　相　殺　金　額　　金
　一　　相　殺　年　月　日　　　　　年　　　月　　　日
　　　　　　　　　　年　　　月　　　日
　　　　　　　　　　　　　　　　　　甲　　　　　　　　　　㊞
　　　　　　　　　　　　　　　　　　乙　　　　　　　　　　㊞
　　　　　　　　　　　　　　　　　　丙　　　　　　　　　　㊞

**印紙税法の適用関係**

　　　　印紙税法別表第一、課税物件表の第15号文書「債権譲渡に関する契約書」であ
　　　る。

**説明**　　相殺決済した場合に、その事実を証する文書は課税物件に該当しないが、相殺
　　　決済することを約する文書は、その相殺しようとする債務の支払方法を定める契
　　　約書に該当する。
　　　　この文書の場合には、単に債権と表示されていて、その債権の種類が明らかで
　　　ないが、その債権という記載文言の実質的意義に基づいて所属を決定することと
　　　なる。
　　　　この文書は、債権譲渡の手続を省略することの記載があるので、第15号文書に
　　　該当する。

第十九章　（第16号文書）　配当金領収証又は配当金振込通知書　　875

# 第十九章　（第16号文書）
## 配当金領収証又は配当金振込通知書

　配当金領収証及び配当金振込通知書は、印紙税法別表第一、課税物件表の第16号（P1121参照）に掲げる印紙税の課税物件である。

　「配当金」(注)とは、株式会社の利益の配当に係るものをいうものとされている。

## 1　配当金領収証

　「配当金領収証」とは、配当金領収書その他名称のいかんを問わず、配当金の支払を受ける権利を表彰する証書又は配当金の受領の事実を証するための証書である（印紙税法別表第一、課税物件表の第16号定義欄1）。

　ここにいう「配当金の支払を受ける権利を表彰する証書」とは、会社が株主の具体化した利益配当請求権を証明した証書で、株主がこれと引換えに当該証書に記載された取扱銀行等のうち株主の選択する銀行等で配当金の支払を受けることができるものをいい、「配当金の受領の事実を証するための証書」とは、会社が株主に配当金の支払をするに当たり、あらかじめ当該会社が株主に送付する証書のうち、配当金の支払を受ける権利を表彰する証書以外のもので、株主が取扱銀行等から配当金の支払を受けた際その受領事実を証するために使用するものをいうものとされている。

　なお、株主が会社から直接配当金の支払を受けた際に作成する受取書は、配当金領収証ではなく、金銭の受取書（第17号文書）に該当することとなる。

　また、配当金領収証には、配当金支払副票を添付することによって配当金の支払を受けることができるものを含むとされている。

## 2　配当金振込通知書

　「配当金振込通知書」とは、配当金振込票その他名称のいかんを問わず、配当金が銀行その他の金融機関にある株主の預貯金口座その他の勘定に振込済みである旨を株主に通知する文書をいうのである（印紙税法別表第一、課税物件表の第16号定義欄2）。

　ここにいう「振込済みである旨を株主に通知する文書」とは、会社が株主に対して株主の預貯金口座その他の勘定への配当金振込みの事実を通知する文書をいい、文書の表現が「振り込みます」又は「振り込む予定です」等となっているものを含むものとされている。

　（注）　「配当金」とは、株式会社の利益の配当に係るものをいうが、株式会社の決算期の中間において支払われるいわゆる中間配当金や合併交付金のうち利益配当の調整手段として支払われるものも配当金に含まれる。

第十九章　（第16号文書）　配当金領収証又は配当金振込通知書　　877

**第417例**　配当金領収証

| 第　期 （ 年　月　日から / 年　月　日まで ）配当金領収証 |

| | % | 円　銭 | 株 | | % |
|---|---|---|---|---|---|
| 株主番号 | 配当率 | 1株当り配当金 | 株　数 | 税引配当金額 | 源泉徴収税率 |

年　月　日　　　　　　　銀行取扱期間　　　年　月　日から
上記配当金正に領収いたしました。　　　　　　　　年　月　日まで

取扱銀行欄

株主
株式会社　御中　　　　　　　　　　　　　　　　お届出印

**印紙税法の適用関係**

　　印紙税法別表第一、課税物件表の第16号文書「配当金領収証」である。

878　　　　　　　第2部　各課税物件

**第418例**　外国証券配当金（利金）のお知らせ

## 外国証券配当金（利金）のお知らせ

| 口　座　番　号 | | 扱者 |
|---|---|---|
| | | |

年　月　日

| 銘柄コード | 銘　　　柄 | 数　　量 |
|---|---|---|
| | | |

□□□ － □□□□

| 確定日又は利渡日 | 支払開始日 | 配当金（1株当り）又は利率 | 源泉税率(%) | 通貨 |
|---|---|---|---|---|
| | | | | |

権利確定日における計算（確定申告の際はこの金額で申告ください）

| 為替単価 | 配当金・利金（税込） | 源泉税額 | 差引金額 |
|---|---|---|---|
| （円） | （円） | （円） | （円） |

_____ 様

お支払金額

| 為替単価 | 配当金・利金（税込） | 源泉税額 | 確定支払金額 |
|---|---|---|---|
| （円） | （円） | （円） | （円） |

毎度お引き立てに預かりありが
とうございます。
右記の計算によりあなた様の口
座へ入金いたしました。

証　券　株　式　会　社

**印紙税法の適用関係**

　　　　印紙税法別表第一、課税物件表の第16号文書「配当金振込通知書」である。

**説明**　　この文書は、配当金が銀行その他の金融機関（証券会社を含む。）にある株主
の預金口座その他の口座に振込済みであることを通知するものであることから、
第16号文書に該当する。

　　　　なお、利金のみの振込通知書は、印紙税法に定めるいずれの課税物件にも該当
しない。

**参考**　　「振り込みます」と記載された配当金支払（振込）通知書も、第16号文書に該
当する。

第十九章 （第16号文書） 配当金領収証又は配当金振込通知書　879

### 第419例　配当金支払副票（委任状付き）の添付を要する配当金領収証

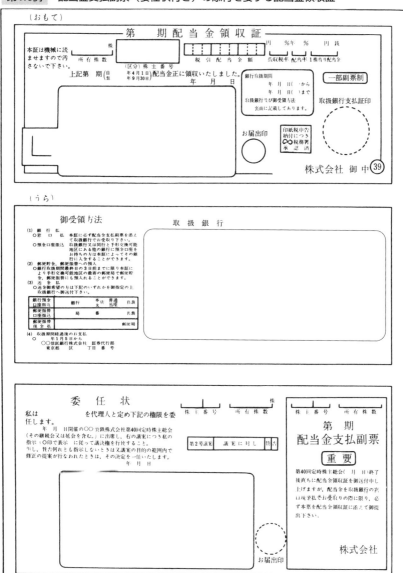

880　　　　　　　　第2部　各課税物件

**印紙税法の適用関係**

　　　印紙税法別表第一、課税物件表の第16号文書「配当金領収証」である。

**説明**　この文書は、配当金支払副票を添付することによって配当金の支払を受けることができる証書であることから、第16号文書に該当する。

　　　なお、配当金支払副票は、印紙税法に定めるいずれの課税物件にも該当しない。

　　　また、「委任状」は、株主総会の議決権の行使を委任するためのものであることから、第16号文書その他いずれの課税物件にも該当しない。

第十九章 （第16号文書） 配当金領収証又は配当金振込通知書　　881

**第420例　配当金振込通知書**

第　　期（　年　月　日から　年　月　日まで）配当金振込ご通知

| 株主番号 | 株　　枚 | 税引配当金額 |
|---|---|---|
| | 株 | 千　　円 |

配当率　　年　　割　　分
1株当り配当金　　円　　銭
源泉徴収税率

当期配当金はかねてご指定賜わりました銀行預金口座
へ振込ご送金申し上げましたから通知いたします。　　　　年　月　日

| 株主住所氏名 | | 振込銀行 | |
|---|---|---|---|
| | | 口座名義人 | |
| | | 預金種別 | |
| | | 摘要 | |

市　区　町　丁目　番地　　　株式会社

**第16号**

**印紙税法の適用関係**

　　印紙税法別表第一、課税物件表の第16号文書「配当金振込通知書」である。

**第2部 各課税物件**

## 第421例　配当金計算書・配当金振込先のご確認について

### 配当金計算書

（　　年　月　日から　　年　月　日まで）

| 所有株数 | 1株当りの金額 | 配当金額 | 税率 | 税　額 | 税引配当金額 |
|---|---|---|---|---|---|
| 株 | 円　　銭 | 円 | ％ | 円 | 円 |

配当金について確定申告をなさる場合は、この計算書を参考資料として添付することができます。

上記のとおり計算いたしましたのでご通知申しあげます。

　　　　　　　　　　　　　　　　　　　　　　　年　月　日

殿　　　　　　　　株式会社

　　　　　　　名義書換代理人事務取扱場所

　　　　　　信託銀行株式会社
　　　　　　　　　　　　証券代行部

└株主番号┘

---

### 配当金振込先のご確認について

| 銀　行　名 | 支　店　名 |
|---|---|
|  |  |

| 口　座　名　義　人 | 口座番号 | 種目 |
|---|---|---|
|  |  |  |

※種目　1　普通預金
　　　　2　当座預金
　　　　9　その他の預金

かねてご指定いただきました貴殿の配当金振込先は、左記のとおりとなっております。

つきましては、ご変更・ご訂正等がございましたら、下記の当社名義書換代理人事務取扱場所へご連絡くださいますようお願い申し上げます。

　　　　　　　　　　　　年　　月　　日

　　　　　　　　　株式会社

　　　　　名義書換代理人事務取扱場所

殿

　　　　　信託銀行株式会社
　　　　　　　　証券代行部

└株主番号┘　　　　電話（06）　－　　（大代表）

第十九章 （第16号文書） 配当金額収証又は配当金振込通知書　　883

（注）　これらの文書は、第16号文書に該当する「配当金振込通知書」（第420例参照）
　　に代えて作成されるものである。

### 印紙税法の適用関係

　　いずれも印紙税法に定める課税物件ではない。

**説明**　これらの文書は、単に、各株主に対する配当金額を連絡するための通知文書で
　　あり、また「配当金振込先のご確認について」は各株主の指定した振込先に誤り
　　がないかを確認させるための文書であることから、第16号文書「配当金振込通知
　　書」その他いずれの課税物件にも該当しない。

884　　　　　　　第2部　各課税物件

**第422例**　　株主配当金支払案内書及び配当金領収証

## 株主配当金支払案内書

　　　　　　　　　　様

　　　　年　　月　　日　　　　　　　　　　　　株　式　会　社

謹啓　株主様には御清祥の事と存じ上げます。

弊社、第　　期（自　　～至　　）決算の営業成績は別紙決算書の通り順調に終了
致しました。所期の目的を達した事を厚く御礼申し上げます。

つきましては第　　期株主配当金は、1株に付き　　円の割合を以て御支払させて
いただきます。よろしく御査収ください。

なお、恐縮ながら下記領収証御送付の程お願い申し上げます。　　　　　敬　具

| 摘　　　　　要 | | 金　　額 |
|---|---|---|
| 　年　月　日現在持株数　　　　株 | 1株当り　　　円 | |
| 配　当　金　源　泉　課　税 | % | |
| | % | |
| 差　引　御　支　払　高 | | |

- - - - - - - - - - - 切り取り線 - - - - - - - - - - -

## 配　当　金　領　収　証

　　　　株　式　会　社　御中

第　　期株主配当金、下記の通り受領しました。

| 摘　　　　　要 | | 金　　額 |
|---|---|---|
| 　年　月　日現在持株数　　　　株 | 1株当り　　　円 | |
| 配　当　金　源　泉　課　税 | % | |
| | % | |
| 差　引　受　領　額 | | |

　　　　年　　月　　日

　　　　　　　　　　　住　所

　　　　　　　　　　　氏　名　　　　　　㊞

（注）　会社が現金と併せて株主へ送付するものである。

第十九章　（第16号文書）　配当金領収証又は配当金振込通知書　　885

**印紙税法の適用関係**

　　上段の「株主配当金支払案内書」は、印紙税法に定める課税物件ではなく、下段の「配当金領収証」は同法別表第一、課税物件表の第17号の2文書「売上代金以外の金銭の受取書」である。

**説明**　下段の文書は、会社発行の段階では証書性を有しないことから、第16号文書「配当金領収証」に該当しないが、株主が配当金の受領を証して署名押印した後のものは、第17号の2文書に該当する。なお、第17号文書は、営業に関しない場合、非課税文書となる。

第16号

886　　　　　　　第2部　各課税物件

**第423例**　　信用金庫あての配当金領収書

---

　日頃格別のお引立に預り厚く御
礼申上げます。
　去る　　月　　日総代会に於い
て、　　年度剰余金処分案の御
　　　　　　　　　　　様　　承認を得ましたので下記の通り
　　　　　　　　　　　　　　配当金の支払を致します。

記

支払開始日　　　年　　月　　日
支 払 場 所　　　信用金庫本店　但し　年　　月　　日以降現金でお持帰りの
　　　　　　　　方に限り本店窓口にてお支払致します。
支　　　　払　　下表の領収書に御記名御調印の上御提示下さい。
所 得 税　　配当金は　%の所得税を源泉徴収することになっております。
　　　　　　　年　　月　　日

　　　　　　　　　　　　　　　　　　信用金庫
　　　　　　　　　　　　　　　　　　理事長

---

　　　　　　　　　　　　　　　　　　No.

第　期 $\left(\begin{array}{l}年　月　日から\\年　月　日まで\end{array}\right)$ 配当金領収書

配当率　年　　分

出資一口に対する御支払金額

| 配当金 | 所得税 | 税　　　引<br>御支払金額 |
|---|---|---|
| 円 | 円 | 円 |

| 口　　　　数 | | 口 |
|---|---|---|
| 配　当　金 | | 円 |
| 所　得　税 | | 円 |
| 税引御支払金額 | | 円 |

但し期間中出資振込分に対して
は月割による。
　上記の通り受領致しました。
　　　　　年　　月　　日

　　　　　　　　　　　　　住　所
　　　　　　　　　　　　　氏　名　　　　　　　㊞

　　　　信 用 金 庫　　御中

第十九章　（第16号文書）　配当金額収証又は配当金振込通知書　　　887

## 印紙税法の適用関係

　　　印紙税法に定める課税物件ではない。

**説明**　印紙税法別表第一、課税物件表の第16号文書「配当金額収証」は、株式会社が
その株主に対して発行するものに限られ、この文書のように信用金庫がその出資
者に対して発行するものは、印紙税法にいう「配当金額収証」には該当しない。

　　　配当金の受領者がこれに署名押印した場合、第17号の2文書「売上代金以外の
金銭の受取書」に該当するが、営業に関する受取書でないことから、非課税文書
となる。

　　　配当金受領者が、たとえ営利を目的とする法人であったとしても、出資者がそ
の出資先の信用金庫に対して発行するものであることから、印紙税法上、営業に
関しないものとされる。

888　　　　　第2部　各課税物件

**第424例**　**株主配当金支払計算書**

<table>
<tr><td colspan="4" align="center">株主配当金支払計算書　　　No._____</td></tr>
<tr><td colspan="4">＿＿＿＿＿＿　御中　　　　　　　　　　年　　月　　日<br><br>　　　　　　　　　　　　　取扱銀行　　株式会社　銀行</td></tr>
<tr><td colspan="4">（期間）自　年　月　日<br>　　　　至　年　月　日 支払分</td></tr>
</table>

| 摘　　要 | 領収証枚数 | 金　　　　　額 | 備　考 |
|---|---|---|---|
| 前回報告分迄の支払高累計 | | | |
| 今回の支払分 | | | |
| | | | |
| 累　　　　計 | | | |
| 支払資金預り残高 | | | |

（注）　この文書は、銀行が配当金の支払受託者である会社へ発行するものである。

**印紙税法の適用関係**

　　　印紙税法に定める課税物件ではない。

**説明**　　この文書は、配当金の支払事務を引き受けた金融機関が、委託会社に対し支払用預り資金の払出状況と残高を報告するものであることから、第16号文書「配当金振込通知書」その他いずれの課税物件にも該当しない。

# 第二十章　（第17号文書）

## 売上代金に係る金銭又は有価証券の受取書
## 売上代金以外の金銭又は有価証券の受取書

　金銭又は有価証券の受取書は印紙税法別表第一、課税物件表の第17号（P 1121参照）に掲げる印紙税の課税物件であり、売上代金に係る金銭又は有価証券の受取書（第17号の１文書）と、売上代金以外の金銭又は有価証券の受取書（第17号の２文書）に区分される。

### 1　金銭又は有価証券の受取書の意義

　「受取書」とは、これを民法上にいう場合は、その第486条に規定されているとおり債務の弁済（支払）を受けたことを証明するために、その事実を書面に記載して交付するいわゆる債権の消滅を証明する文書である。

　しかし、印紙税法上にいう金銭又は有価証券の「受取書」とは、これらのものに限らず、金銭又は有価証券の引渡しを受けた者が、その受領事実を証明するために作成し、その引渡者に交付する単なる証拠証書をいうものであるから、本号の「受取書」とする範囲は、金銭又は有価証券の受領事実を証明する全ての文書である。

　「受取書」は、「受領証」、「領収証」等と標題に明記したものだけがこれに該当するのではなく、文書の表題、形式にかかわらず、また、「相済」、「了」等の簡略な文言を用いたものについても、その作成目的が当事者間で金銭又は有価証券の受領事実を証するものである場合には「金銭又は有価証券の受取書」に該当する。

　なお、本号の課税物件は、「金銭又は有価証券の受取書」と掲名されているから金銭又は有価証券以外の受取書、例えば、購入物品の受取書や返品物品の受取書等は課税物件ではない。

890 　　　　　　　第2部　各課税物件

　金銭及び有価証券の意義については、第十七章（第14号文書）において説明したとおりである。


## 2　売上代金に係る金銭又は有価証券の受取書の意義

### ⑴　売上代金

　売上代金とは、印紙税法別表第一、課税物件表の第17号文書に係る定義欄において、「資産を譲渡し若しくは使用させること（当該資産に係る権利を設定することを含む。）又は役務を提供することによる対価」をいい、この対価には「手付けを含む。」と規定されている（P1121参照）。

　ここにいう「対価」とは、ある給付に対する反対給付として支払われる代金のことである。したがって、反対給付に該当しないものは、売上代金に該当しない（本章後述⑷を参照）。

　印紙税法における売上代金の範囲は、日常使われているものと比較して相当広いものであり、具体的には、次のとおりである。

イ　資産を譲渡することによる対価

　「資産を譲渡することによる対価」とは、例えば、商品、製品等の販売代金、土地、建物等の売却代金、販売目的以外の事務用品等の譲渡代金、特許権等の無体財産権の譲渡代金、債権の譲渡代金等、不動産、動産、無体財産権その他の権利を他に譲渡することによる対価をいう。

ロ　資産を使用させることによる対価（当該資産に係る権利を設定することによる対価を含む。）

　「資産を使用させることによる対価」とは、例えば、土地、建物の賃貸料、建設機械のリース料、貸付金の利息（債務不履行となった場合に発生する遅延利息は含まれない。）、著作権、特許権等の使用料等、不動産、動産、無体財産権その他の権利を他人に使用させることによる対価をいい、「資産に係る権利を設定することによる対価」とは、例えば、不動産の賃貸借契約に当たって支払われる権利金のように、資産を他人に使用させるに当たり当該資産について設定される権利の対価をいう。

第二十章　（第17号文書）　金銭又は有価証券の受取書　　891

ハ　役務を提供することによる対価

「役務を提供することによる対価」とは、土木工事、運送、保管、宿泊、広告、仲介等労務、便益その他のサービスを提供することによる対価をいう。

## (2)　売上代金の受取書に含まれるもの

イ　売上代金に該当しない金銭又は有価証券の受取書であっても、印紙税法上、次に掲げる一定の場合には、これを売上代金に係る金銭又は有価証券の受取書とすることを規定している（印紙税法別表第一、課税物件表の第17号文書に係る定義欄）。

① 受取金額の一部に売上代金が含まれている金銭又は有価証券の受取書は、売上代金の受取書とされる。

② 受取金額の全部又は一部が売上代金であるかどうかが当該受取書の記載事項により明らかにされていない金銭又は有価証券の受取書は、売上代金の受取書とされる。

③ 売上代金の受領について委託を受けた者（以下④において「受託者」という。）が、当該委託をした者（以下④において「委託者」という。）に代わって売上代金を受け取る場合に作成する金銭又は有価証券の受取書は、売上代金の受取書とされる。

④ ③の場合において、委託者が受託者から回収した売上代金を受け取る場合に作成する金銭又は有価証券の受取書は、売上代金の受取書とされる。

⑤ 売上代金の支払について委託を受けた者が、当該委託をした者から支払資金を受け取る場合に作成する金銭又は有価証券の受取書は、売上代金の受取書とされる。

ロ　受取書以外の文書であっても、印紙税法上、売上代金の受取書を作成したものとみなされるものがある（印紙税法第4条第4項第3号＝P1097参照）。すなわち印紙税法別表第一、課税物件表の第19号に掲げる「通帳」又は第20号に掲げる「判取帳」に、売上代金に係る金銭又は有価証券の受取事実

892 第2部 各課税物件

として、100万円を超える付込みをした場合には、通帳又は判取帳の付込みではなく、別に売上代金の受取書を作成したものとみなされ、通帳又は判取帳としての印紙税とは別に印紙税が課される。

⑶ **売上代金の受取書から除かれるもの**

売上代金の受取書であっても、売上代金の受取書として階級定額税率を適用することが適当でないと認められるものについては、印紙税法上、売上代金又は売上代金の受取書から除くものと規定されている（印紙税法別表第一、課税物件表の第17号文書に係る定義欄、印紙税法施行令第28条）。

具体的には次のとおりである。

イ 金融商品取引法第2条第1項《定義》に規定する有価証券の譲渡に係る金銭又は有価証券の受取書

＜金融商品取引法第2条第1項《定義》に規定する有価証券の主な例＞

① 国債証券

② 地方債証券

③ 特別の法律により法人の発行する債券（④及び⑪に掲げるものを除く。）

④ 資産の流動化に関する法律（平成10年法律第105号）に規定する特定社債券

⑤ 社債券（相互会社の社債券を含む。）

⑥ 特別の法律により設立された法人の発行する出資証券（⑦、⑧及び⑪に掲げるものを除く。）

⑦ 協同組織金融機関の優先出資に関する法律（平成5年法律第44号）に規定する優先出資証券

⑧ 資産の流動化に関する法律に規定する優先出資証券又は新優先出資引受権を表示する証券

⑨ 株券又は新株予約権証券

⑩ 投資信託及び投資法人に関する法律（昭和26年法律第198号）に規定する投資信託又は外国投資信託の受益証券

⑪ 投資信託及び投資法人に関する法律に規定する投資証券若しくは投資

第二十章　（第17号文書）　金銭又は有価証券の受取書　　893

　　法人債券又は外国投資証券

⑫　貸付信託の受益証券

⑬　資産の流動化に関する法律に規定する特定目的信託の受益証券

⑭　信託法（平成18年法律第108号）に規定する受益証券発行信託の受益証
　　券等

ロ　イに準ずるもので次に掲げるものの譲渡の対価に係る金銭又は有価証券
　　の受取書

①　金融商品取引法第2条第1項第1号から第15号まで《定義》に掲げる
　　有価証券及び同項第17号に掲げる有価証券（同項第16号に掲げる有価証券
　　の性質を有するものを除く。）に表示されるべき権利（これらの有価証券が発
　　行されていないものに限る。）

②　合名会社、合資会社又は合同会社の社員の持分、法人税法第2条第7
　　号《定義》に規定する協同組合等の組合員又は会員の持分その他法人の
　　出資者の持分

③　株主又は投資主（投資信託及び投資法人に関する法律第2条第16項《定義》
　　に規定する投資主をいう。）となる権利、優先出資者（協同組織金融機関の優
　　先出資に関する法律第13条《優先出資者となる時期》の優先出資者をいう。）と
　　なる権利、特定社員（資産の流動化に関する法律第2条第5項《定義》に規
　　定する特定社員をいう。）又は優先出資社員（同法第26条《社員》に規定する
　　優先出資社員をいう。）となる権利その他法人の出資者となる権利

ハ　保険料の受取書

ニ　公債及び社債（特別の法律により、法人の発行する債券及び保険業法に規定す
　　る相互会社の社債を含む。）並びに預貯金の利子の受取書

ホ　財務大臣と銀行等との間又は銀行等相互間で行われる外国為替及び外国
　　貿易法第6条第1項第8号に規定する対外支払手段又は外貨債権の譲渡の
　　対価の受取書

ヘ　銀行その他の金融機関が作成する預貯金口座への振込金の受取書

ト　銀行その他の金融機関が作成する信託会社（信託業務を兼営する金融機関

894 第2部 各課税物件

を含む。）にある信託勘定への振込金又は為替取引における送金資金の受取
書

⑷ **売上代金に該当しないもの**

「売上代金に該当しないもの」とは、対価性のないもの、例えば、借入
金、担保物（担保有価証券、保証金、証拠金等）、寄託物（寄託有価証券、預貯金
等）、割戻金、配当金、保険金、損害賠償金（遅延利息及び違約金を含む。）、各
種補償金、出資金、租税等の納付受託金、賞金、各種返還金等をいう。


## 3　非課税物件

印紙税法は、課税物件と規定した受取書のうち、次に掲げるものは非課税と
することを規定している（印紙税法別表第一、課税物件表の第17号文書に係る非課税
物件欄）。

⑴ **記載された受取金額が5万円未満の受取書**

平成25年3月成立の「所得税法等の一部を改正する法律（平成25年法律第
5号）」により、印紙税法の一部が改正され、平成26年4月1日以降に作成
される受取書について非課税範囲が拡大され、受取金額が5万円未満（平成
26年3月31日以前までは3万円未満）のものが非課税となった。

⑵ **営業に関しない受取書**

この場合にいう「営業」とは、第一章6において説明した主観的意義にお
ける営業である（P60参照）。

すなわち、本号における「営業」とは、一般に営利の目的をもって同種の
行為を反復継続することをいうものであり、営利を目的とする限り現実に利
益を得られなかったとしても、また、継続する意思がある以上、現実には1
回の行為であったとしても営業に該当する。

作成された受取書が営業に関するか、関しないかの区別は、その作成者が
営業者であるかどうかとともに、その受取書によって証明しようとする金銭
等の受取が作成者の営業に関係したものかどうかによるわけである。

受取書の作成者を人格等により区分して説明すると、次のとおりである。

第二十章　（第17号文書）　金銭又は有価証券の受取書　　　895

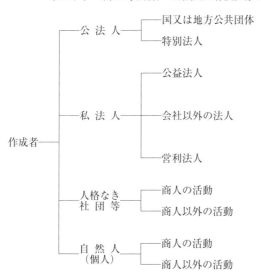

イ　国又は地方公共団体及び特別法人

　　国又は地方公共団体及び印紙税法別表第二に掲げる特別法人が作成する受取書は、その性格上、全て営業に関しないものとなる。

ロ　公益法人

　　公益法人については、「一般社団法人及び一般財団法人に関する法律」等の公益法人制度改革関連３法の施行（平成20年12月１日）に伴い、旧民法第34条（公益法人の設立）の規定が廃止され、従来の社団法人又は財団法人は、一般社団法人又は一般財団法人として存続し、そのうち主に公益目的事業を行っているなどの一定の要件を満たしている法人が公益認定を受けることにより、公益社団法人又は公益財団法人となることとなった。

　　また、中間法人法も廃止され、従来の有限責任中間法人及び無限責任中間法人は、一般社団法人として存続することとなった（無限責任中間法人については所定の移行手続が必要）。

　　公益社団法人及び公益財団法人は、公益事業を行うことを主たる目的とし、営利を目的とする法人ではないことから、その作成する受取書は、収益事業に関して作成するものであっても、営業に関しない受取書に該当す

ることとなる。

　また、印紙税法においては、法人のうち、利益金又は剰余金の配当又は
分配をすることができないものは営業者に該当しないものとして取り扱っ
ているところ、一般社団法人及び一般財団法人は、一般社団法人及び一般
財団法人に関する法律により剰余金又は残余財産の分配ができないことと
されているため、その作成する受取書についても、全て非課税文書として
取り扱われる。

ハ　会社以外の法人

　ここでいう「会社以外の法人」とは、私法人のうち、公益法人、営利法
人以外の法人で、特別法によって法人となることを認められた法人をい
い、中小企業等協同組合法、農業協同組合法、消費生活協同組合法等によ
る各種協同組合、信用金庫法による信用金庫、保険業法による相互会社、
労働組合法による法人労働組合、税理士法による税理士法人、特定非営利
活動法人促進法による特定非営利活動法人（いわゆるNPO法人）等があ
る。

　「会社以外の法人」が作成する受取書については、原則として営業に関
しないものとされるが、その一部は営業に関するものとされる（印紙税法
別表第一、課税物件表の第17号文書の非課税物件欄2）。すなわち、法令の規定
又は定款の定めにより利益金又は剰余金の配当又は分配をすることができ
ることとなっている「会社以外の法人」が、その出資者以外の者に対して
行う事業は営業に関するものとなる。

　なお、利益金又は剰余金の配当又は分配をすることとなっている「会社
以外の法人」に対し、その出資者が行う営業は、印紙税法上の営業から除
外されるから、これに係る受取書は営業に関しないものとなる。

ニ　営利法人

　「営利法人」とは、営利を目的とする法人をいい、商行為をすることを
業とするかどうかにより、商事会社と民事会社に分けられるが、いずれも
会社法上の会社とされる。具体的には、株式会社、合名会社、合資会社及

び合同会社がある。営利法人が作成する受取書は、法人の設立目的が利益追求にあることから、次に掲げるものを除き、全て営業に関するものとして取り扱われる。

① 増資払込金の受領事実等資本取引に係る受取書

② 取引先が自己の出資している営利性の「会社以外の法人」である場合の受取書

ホ 人格なき社団等

「人格なき社団等」（「権利能力なき社団等」ともいう。）とは、法人格を有しない社団又は財団をいい、公益又は会員相互間の親睦等非営利事業を目的とする社団等が作成する受取書は、営業に関しないものとして取り扱われ、その他の人格なき社団等で収益事業に関して作成される受取書は、営業に関するものとして取り扱われる。

ヘ 自然人（個人）

自然人については、例えば物品販売の営業者が販売品の代金を受け取った場合、その金銭等の受領は商人としての活動であるところから、この受取事実を証すべく作成した受取書は、明らかに営業に関する受取書に該当するが、同じ営業者がたまたま養老保険の保険金を受け取った場合、その金銭受領は商人以外の活動であるところから、この受取事実を証すべく作成した受取書は、営業に関しない受取書に該当する。

このように自然人である営業者の行為については、その具体的な個々の行為により、営業に関するか、関しないかを区別することとなる。

① 店舗その他これらに類する設備を有しない農業、林業又は漁業に従事する者が、自己の生産物の販売に関して作成する受取書は、営業に関しない受取書に該当する。

② 医師、歯科医師、歯科衛生士、歯科技工士、保健師、助産師、看護師、あん摩・マッサージ・指圧師、はり師、きゅう師、柔道整復師、獣医師等がその業務上作成する受取書は、営業に関しない受取書として取り扱う。

898　　第2部　各課税物件

③　弁護士、弁理士、公認会計士、計理士、司法書士、行政書士、税理
士、中小企業診断士、不動産鑑定士、土地家屋調査士、建築士、設計
士、海事代理士、技術士、社会保険労務士等がその業務上作成する受取
書は、営業に関しない受取書として取り扱う。

⑶　**有価証券その他の文書に金銭等の受取事実を追記した受取書**

有価証券、預金証書、貯金証書、信託行為に関する契約書、金銭又は有価
証券の寄託に関する契約書、配当金領収証又は配当金振込通知書に追記した
金銭又は有価証券の受取書（印紙税法第4条第3項の規定により新たに作成した
とみなされる受取書）は、印紙税法別表第一、課税物件表の第17号文書に係る
非課税物件欄の3の規定によって、非課税文書となる。

第二十章　（第17号文書）　金銭又は有価証券の受取書　　　899

**第425例**　**領収書（記載金額５万円未満の判定）**

年　　月　　日

○　○　○　様

領　収　書

| 貸 付 元 金 | 49,000円 |
|---|---|
| 貸 付 利 息 | 1,000円 |
| 合　　　計 | 50,000円 |

上記金額正に受領いたしました。

株式会社　△　△　△

**印紙税法の適用関係**

　　　印紙税法別表第一、課税物件表の第17号の１文書「売上代金に係る金銭又は有価証券の受取書」である。

**説明**　この文書は、売上代金に該当しない貸付元本と、売上代金である貸付利息の受領事実を証明するものであるから、第17号の１文書に該当する。

　　　なお、記載金額は、貸付利息の回収額である1,000円であり、印紙税額は200円となる。

**参考**　非課税文書（記載金額が５万円（平成26年３月31日以前は３万円）未満の受取書）に該当するかどうかの判定に当たっての記載金額は、売上代金に係る受取金額と売上代金以外の受取金額の合計額となる。

　　　また、税率の適用に当たっての記載金額は、売上代金に係る受取金額である。

900　　　　　　　　　　第2部　各課税物件

### 第426例　売上代金の受取書

（その1）

```
　　　　　　　　　　　　　　　　　　領
　　　　　　　　　　　　　一、
　　　　　　　　　　　　　弐　　　　　収
　　右　　　　　　　　　　百
　　正　　　　　　　　　　万　　　　　書
　　に　　　　　　　　　　円
　　受　　市　　　　年　　也
　　取　　区　　　　月
　　り　　町　　　　日
殿　ま　丁　　　　　　　　
　　し　目　　　　　　　　
　　た　番
　株　。　地
　式
　会
　社
　㊞
```

（その2）

```
　　　　　　　　　　　　　　　　　　　　　領
　　　　　　　　　　　　　　一、
　　　　　　　　　　　　　　　小　　　　　　収
　　右　　　　　　　但　　　　切
　　正　　　　　　　し　　　　手　　　　　　書
　　に　　　　　　　　　　　　
　　受　　市　　　　　発　　　
　　取　　区　　　年　行　　　
　　り　　町　　　月　番　　　
殿　ま　丁　　　日　号　　　　
　　し　目　　　　　　　　　　
　　た　番　　　　　№　　　壱
　株　。地　　　　　あ　　　通
　式　　　　　　　　一
　会　　　　　　　　二
　社　　　　　　　　三
　㊞　　　　　　　　四
```

（注）　（その2）の文書に記載されている小切手（発行番号№あ1234）の額面金額
　　　　は、200万円である。

### 印紙税法の適用関係

　　　いずれも印紙税法別表第一、課税物件表の第17号の1文書「売上代金に係る金
　　銭又は有価証券の受取書」に該当し、記載された受取金額はいずれも200万円で
　　ある。

**説明**　いずれも「金銭又は有価証券の受取書」であるが、当該受取金額の全部又は一
　　　部が売上代金であるかどうかが当該受取書の記載事項により明らかにされていな
　　　いことから、第17号の1文書となる（課税物件表の第17号文書に係る定義欄の1
　　　のイ＝P1122参照）。

　　　なお、第17号の1文書については、（その2）の文書のように受取書に受取金
　　額を記載しないものであっても、受け取る有価証券（事例の場合は小切手）を特

第二十章 （第17号文書） 金銭又は有価証券の受取書 901

定するために、当該有価証券の発行者の名称、発行の日、記号、番号その他（事例の場合は発行番号）の記載をして、受取金額を明らかにすることができるものは、その金額の記載のある受取書とされる（通則4のホ＝P1107参照）。

第2部 各課税物件

**第427例** 消費税及び地方消費税の金額が区分記載された領収書

領　収　書

株式会社　御　中

324,000円

上記正に領収しました。

年　　月　　日

株式会社　　　　㊞

| 内　　　訳 | 金　　　　　額 |
|---|---|
| 売 上 代 金 | 300,000円 |
| 消 費 税 等 | 24,000円 |
|  |  |
|  |  |
| 合　　　計 | 324,000円 |

**印紙税法の適用関係**

　　印紙税法別表第一、課税物件表の第17号の1文書「売上代金に係る金銭又は有価証券の受取書」である。

**説明**　消費税及び地方消費税の具体的な金額が記載されている場合には、消費税及び地方消費税の金額を除いた30万円が記載金額となる。

**参考**　消費税及び地方消費税の金額を区分記載後に一括値引きした場合の記載金額

　　第1号文書「不動産等の譲渡に関する契約書」、第2号文書「請負に関する契約書」又は第17号文書「金銭又は有価証券の受取書」において、消費税及び地方消費税の金額を区分記載し、ここから更に一括して値引きした金額を記載した文書に係る記載金額については、消費税及び地方消費税の具体的な金額が記載されていないことから、値引き後の金額（次の例では、105万円）が記載金額となる。

（例）　第17号文書において

| | |
|---|---|
| 本体価格 | 100万円 |
| 消費税及び地方消費税 | 8万円 |
| 小計 | 108万円 |
| 値 引 | 3万円 |
| 受取金額 | 105万円 |

第二十章　（第17号文書）　金銭又は有価証券の受取書　　　903

**第428例**　**公金と公金以外を併せて受領証明する受取書**

年　　月　　日

受　取　書

様

○○市住民税　　　　40,000円
普通預金　　　　　　20,000円

上記金額正に受領しました。

△△銀行　　××支店

（注）　△△銀行は○○市の収納代理金融機関である。

**印紙税法の適用関係**

　　印紙税法別表第一、課税物件表の第17号の２文書「売上代金以外の金銭又は有
価証券の受取書」である。

**説明**　この文書は、○○市住民税納付分として40,000円と普通預金入金分として
20,000円を併せて受領証明するものであることから、印紙税法別表第三に定める
「公金の取扱いに関する文書」には該当しない。

　　したがって、この文書は、○○市住民税分40,000円と普通預金分20,000円の合
計60,000円を記載金額とする第17号の２文書（課税文書）となる。

904                          第2部 各課税物件

**第429例** 公金のみを受領証明する受取書

---

年　　月　　日

受　取　書

様

○○市住民税　　　　　60,000円

上記金額正に受領しました。

△△銀行　　××支店

---

（注）　△△銀行は○○市の収納代理金融機関である。

**印紙税法の適用関係**

　　　印紙税法に定める非課税物件である。

**説明**　この文書は、金銭の受領事実を証明するものであるが、受領原因が公金のみで
　　　あるため、印紙税法別表第三に定める「公金の取扱いに関する文書」に該当する
　　　ことから、記載金額に関係なく非課税文書となる。

第二十章　（第17号文書）　金銭又は有価証券の受取書　　　905

**第430例**　**領収書（介護サービス事業者が作成するもの）**

領　　収　　書

　　　　　　　殿

　　　金　　５４，０００円　也

　　　介護サービス代金として
　　　上記、金額正に受領しました。

　　　　　　　　　　　　　　　　年　　　月　　　日

　　　　　　　　　　　　　　　　　　　　　　　　　　㊞

**印紙税法の適用関係**

　　　印紙税法別表第一、課税物件表の第17号の１文書「売上代金に係る金銭又は有価証券の受取書」である。

**説明**　この文書は、介護サービス事業者が、要介護認定を受けた者から介護サービスに係る費用を受領した際に作成するものであることから、第17号の１文書に該当する。

**参考**　介護サービス料を受領した際に作成される「領収書」であっても、次の場合には非課税となる。

①　地方公共団体が作成する領収書

②　記載された受取金額が５万円（平成26年３月31日以前は３万円）未満の領収書

③　営業に関しない領収書

　　　営業に関しない領収書とは、会社以外の法人で法令の規定又は定款の定めにより利益金又は剰余金の配当又は分配をすることができることとなっているもの以外の法人又は公益法人等（公益財団法人、公益社団法人、社会福祉法人又は医療法人等）が作成するものが該当する。

　　　なお、介護サービス事業等を行う特定非営利活動法人（NPO法人）は、特定非営利活動促進法により設立が認められた法人であり、会社以外の法人に該当することから、当該NPO法人が法令の規定又は定款の定めにより剰余金等を分配することができることとなっている場合を除き、当該NPO法人が作成する領収書は、営業に関しないものとなる。

906                    第2部 各 課 税 物 件

**第431例**　領収書（税理士法人が作成するもの）

No._____                                        年　月　日

領　　収　　書

株式会社　　　　様

　　　　　　　金　　２１６，０００円也
　　　　　　　上記金額正に領収いたしました。
　　　　　　　但し、消費税16,000円含む。


　　　　　　　税理士法人　甲                              ㊞

(注)　税理士法人が出資者以外の者から報酬を受領した際に作成し、交付するものである。

**印紙税法の適用関係**

　　　印紙税法別表第一、課税物件表の第17号の１文書「売上代金に係る金銭又は有価証券の受取書」である。

**説明**　税理士法人は、利益の配当を行うことができる法人であることから、出資者以外の者に交付する受取書は、営業に関するものとして、第17号の１文書に該当する。

　　　なお、出資者に交付する受取書は、営業に関するものではないことから、非課税文書となる。

第二十章　（第17号文書）　金銭又は有価証券の受取書　　907

**第432例　領収書（医師等が作成するもの）**

```
              領　収　書　No.

                 年　月　日発行

        _____殿           入　金　明　細

                               診療日 │ 入金日 │ 入金額

    金          ¥80,000円

    上記、入金いたしました。

              医院　㊞
```

**印紙税法の適用関係**

　　　　印紙税法別表第一、課税物件表の第17号文書「金銭又は有価証券の受取書」であるが、営業に関しないものであり、非課税文書に該当する。

**説明**　　1　金銭の受領事実を証する文書は、第17号文書に該当するが、医師が作成する受取書は、営業に関しない受取書として取り扱われることから、非課税文書となる。

　　　　2　医師、歯科医師のほか、歯科衛生士、歯科技工士、保健師、助産師、看護師、あん摩・マッサージ・指圧師、はり師、きゅう師、柔道整復師、獣医師、弁護士、弁理士、公認会計士、計理士、司法書士、行政書士、税理士、中小企業診断士、不動産鑑定士、土地家屋調査士、建築士、設計士、海事代理士、技術士、社会保険労務士等が業務上作成する受取書も、営業に関しない受取書として取り扱われる。

第17号

908　　　　　第2部　各課税物件

**第433例**　領収書（公益法人が作成するもの）

---

領　　収　　書

様

金　　　￥50,000（消費税等を含む。）

ただし　書籍購入代金として

上記の金額正に受け取りました。

公益財団法人　　協会事業部　　㊞

---

**印紙税法の適用関係**

　　　印紙税法別表第一、課税物件表の第17号文書「金銭又は有価証券の受取書」であるが、営業に関しないものであり、非課税文書に該当する。

**説明**　公益法人が発行する受取書は第17号文書に該当するが、営業に関しない受取書として取り扱われることから、非課税文書となる。

　　　なお、公益法人が収益事業に関して作成するものであっても、営業に関しない受取書として取り扱われ、非課税文書となる。

第二十章　（第17号文書）　金銭又は有価証券の受取書　　　909

**第434例**　**有料老人ホームが入居一時金を受領した際に交付する預り証**

年　　月　　日

預　り　証

様

金額　　　　　　　　　円
（但し、入居一時金として）

上記金額正に受領しました。

株式会社　○○

**印紙税法の適用関係**

　　印紙税法別表第一、課税物件表の第17号の１文書「売上代金に係る金銭又は有
価証券の受取書」である。

**説明**　この文書は、有料老人ホームを経営する株式会社○○が入居者から入居　時金
を受領した際に交付する受取書である。この入居一時金は、将来にわたる家賃及
び役務提供の対価として受け取ったものと認められ、印紙税法における売上代金
に該当することから、当該文書は第17号の１文書に該当する。

　　なお、この文書の作成者が公益法人等営業者に該当しない者である場合は、非
課税文書となる。

第17号

910　　　　　　　　第2部　各課税物件

**第435例**　　ハンディ端末機から打ち出される「受取書」

ハンディ端末機
作成「受取書」

「受取書専用表紙」

受　取　書

　　　　　　　　　　様

日　付

　　　　　　　　　　円
金　額

（現金）
（他券０）
（他券１）
（他券２）
（他券３）
（他券４）
（振　替）

お取扱番号
時　　刻

上記金額正に受取りました。
但し，取扱者印のないもの，および
金額欄に訂正のあるものは無効とし
ます。
　　　　　　　　　信用金庫

取扱者印

　　　　　　　　　　様

入　金　取　次　帳

渉外担当者毎に日別の取
扱連続番号を印字する。

信用金庫

第二十章　（第17号文書）　金銭又は有価証券の受取書　　　911

(注)　信用金庫の渉外担当者が、顧客から預金として金銭を受け取った際に、携帯用
　　端末機を利用して発行する受取書である。
　　　なお、顧客には、この受取書を順次とじ込むための専用のとじ込み用表紙「入
　　金取次帳」を交付している。

### 印紙税法の適用関係

　　　印紙税法別表第一、課税物件表の第17号の２文書「売上代金以外の金銭又は有
　　価証券の受取書」である。ただし、出資者に対し交付するものは非課税である。

**説明**　　この文書は、顧客から預金として金銭を受領した際に、その金銭の受領事実を
　　証明するために発行するものであり、第17号の２文書に該当する。
　　　なお、この文書を専用のとじ込み用表紙に顧客が順次編てつしても、通帳として
　　取り扱われることはなく、個々の受取書が第17号の２文書に該当する。

第17号

## 第2部 各課税物件

**第436例** ハンディ端末機から打ち出される「納品計算書」

---

### 納　品　計　算　書

年　　月　　日　　時　　分

お得意先№.

　　商店　様

<納品明細>

| 品名入数 | 単　　価 | 数　　量 | 金　　額 |
|---|---|---|---|
| AA　ドリンク 30 | 2,592 | 10 | 25,920 |
| BB　ジュース 12 | 3,564 | 10 | 35,640 |
| 納　　品　　額 | | | 61,560 |

<容器保証金返却明細>

| 容器品名 | 単　　価 | 数　　量 | 金　　額 |
|---|---|---|---|
| LIT　ヨ ウ キ 200 | 216 | 4 | 864 |
| 返　　納　　額 | | | 864 |
| 差　引　請　求　額 | | | 60,696 |
| 預　　り　　額 | | | 70,000 |
| 釣　　り　　銭 | | | 9,304 |

<請求明細>

| | |
|---|---|
| 課税納品額 | 61,560 |
| （内消費税及び地方消費税） | 4,560 |
| 容器保証金額 | 864 |

上記の通り納品いたしました。

株式会社

---

### 印紙税法の適用関係

　　印紙税法別表第一、課税物件表の第17号の1文書「売上代金に係る金銭の受取書」である。

**説明**　この文書は、製造業者がその製品を現金販売した際に購入者に交付する文書で、この文書の記載文言により金銭の受領事実が明らかであり、また、特に当事者間において受取書としての了解があることから、第17号の1文書に該当する。

第二十章　（第17号文書）　金銭又は有価証券の受取書　913

**第437例**　ポスレジから打ち出される「仕切書」

### 仕　切　書

株式会社

本日はお買上げ誠にありがとうございます。　　　　　　店

おところ _____

おなまえ _____

| 伝　票　番　号 |
|---|
| 6 - 6445 |

| 商　品　名 | 商品コード | 数　量 | 売　価 | 金　額 | 摘　要 |
|---|---|---|---|---|---|
| セカンドコモノ | 12204　071 | 10 | 6,000 | 60,000 | |
| トッカヒン | 12014　001 | 20 | 2,000 | 40,000 | |
| ポ　ー　チ | 12204　092 | 5 | 8,000 | 40,000 | |
| 仮　　　計 | | 35 | － | 140,000 | |
| 消　費　税　等 | | | | 11,200 | |

不良品以外の返品・交換はご容赦願います。

| 合　　　計 | 151,200 |
|---|---|

**印紙税法の適用関係**

　　印紙税法別表第一、課税物件表の第17号の１号文書「売上代金に係る金銭又は有価証券の受取書」である。

**説明**　一般小売店や現金問屋等において導入されている「POSシステム」とは、中央（電算本体）と売場の端末（ポスレジ）をオンラインで結び、販売時点での売上管理、在庫管理、商品管理などが容易にできる仕組みであるが、POSシステムの処理目的としては売上管理等であるものの、ポスレジから打ち出される帳票は内部的な文書ではなく顧客に交付されるものである。

　　このポスレジによる現金販売の場合における機能は、従来からの金銭登録機と異なるところはないことから、その打出帳票で販売代金を受領した際に顧客に交付されるものは、「仕切書」、「納品書」等その名称のいかんにかかわらず第17号の１文書に該当する。

　　なお、クレジット等の掛け売りの場合には、「クレジット」等の表示を行うことにより、第17号文書には該当しないこととなる。

第17号

914 第2部 各課税物件

**第438例** クレジット販売の領収書

```
No.
                                                    年 月 日


              領    収    書

    ___上___様
                                        ┌─────────────┐
                                        │クレジットカード利用│
                                        └─────────────┘
              ￥        50,000 －
        ただし、            として
        上記金額確かに領収いたしました。

    ┌──────────┐
    │  係   員   │
    ├──────────┤
    │          │
    │          │                        百 貨 店
    └──────────┘
```

**印紙税法の適用関係**

　　　印紙税法に定める課税物件ではない。

**説明**　この文書は、クレジット販売取引に係るものであり、金銭又は有価証券の受領
事実がないことから、「領収書」となっていても、第17号文書「金銭又は有価証
券の受取書」には該当しない。

　　　なお、クレジット販売の場合であっても、その旨を領収書に記載しない場合に
は、第17号文書に該当する。

第二十章　（第17号文書）　金銭又は有価証券の受取書　　　915

**第439例**　**プリペイドカード利用の領収書**

No.

　　　　　　　　　　　　　　　　　　　　　　年　　月　　日

　　　　　　　　領　　収　　書

＿＿＿＿＿＿＿＿＿＿　様

　　　　　　　　　¥　　　　54,000 −

プリペイドカード利用　　但し消費税等4,000円含む

　　　　　　　　上記金額正に領収致しました。

係　員

　　　　　　　　　　　　　　　　　　デパート

**印紙税法の適用関係**

　　印紙税法別表第一、課税物件表の第17号の1文書「売上代金に係る有価証券の
　受取書」である。

**説明**　この文書は、プリペイドカード（有価証券）を利用して買物をした買受人に交
　　付する領収書であり、第17号の1文書に該当する。

916　　　　　　　　第2部　各課税物件

**第440例**　デビットカード利用の場合の口座引落確認書

<table>
<tr><td colspan="4" align="center">口 座 引 落 確 認 書</td></tr>
<tr><td>金 融 機 関</td><td></td><td></td><td></td></tr>
<tr><td>連 絡 先</td><td colspan="3"></td></tr>
<tr><td>口 座 番 号</td><td colspan="3"></td></tr>
<tr><td>お 取 扱 日</td><td></td><td>時 間</td><td></td></tr>
<tr><td>承 認 番 号</td><td></td><td>伝 票 番 号</td><td></td></tr>
<tr><td>取 扱 区 分</td><td></td><td>端 末 番 号</td><td></td></tr>
</table>

| 商 品 名 （コード） | 金 額 |
| --- | --- |
|  |  |
| 合 計 |  |

| 取 扱 店 名 |  |
| --- | --- |

毎度ありがとうございます。

ただいま、あなたのお口座から引き落としました。

この控は大切に保管して下さい。

　　　　　　　　　　　　　　　　　　デビット取引お客様控

（注）　デパート等がデビットカードを利用して買物をした買受人の口座からの引落事実を確認する目的で作成し、買受人に交付するものである。

### 印紙税法の適用関係

　　　印紙税法に定める課税物件ではない。

**説明**　　この文書は、デパート等が金融機関に代わり、買受人の預貯金口座からの代金の引落しを確認したことを通知する目的で作成されるものであることから、第17号の1文書「売上代金に係る金銭の受取書」その他いずれの課税物件にも該当しない。

　　　なお、一部現金払で残りはデビット支払など、現金等の他の支払方法が併記されているものや代金の受領事実が記載されているもの等は、第17号の1文書に該当する。

第二十章　（第17号文書）　金銭又は有価証券の受取書　　　917

**第441例**　**デビットカード（即時決済型）利用の場合のレシート**

```
　　　　　　レ　シ　ー　ト

　　　　　　　　　　　　　デパート本店

　　　年　　月　　日
　　　商　　品　×××× 　100,000円
　　　消費税等　　　　　　　8,000円
　　　　　（合計　108,000円）
　　　現　　金　　　　　　　　　0円
　　　デビット取引　　　　108,000円
　　　釣　　銭　　　　　　　　　0円
　　　下記のとおり、引き落としいたしました。
　　　金融機関：△△△△
　　　口座番号：0000 - 0000000
　　　引落金額：　　　　　108,000円
```

**印紙税法の適用関係**

　　印紙税法別表第一、課税物件表の第17号の1文書「売上代金に係る金銭の受取書」である。

**説明**　この文書は、デビットカード（即時決済型）を利用して買物をした顧客に領収書として交付するもので、第17号の1文書に該当する。

　　デビットカード（即時決済型）は、売上金の入金が店頭に設置された専用端末を通じて即時決済されることから、その領収書は、入金を確認した上での発行であり、金銭の受領事実を証明するものとなる。

918　　第2部　各課税物件

**第442例**　名刺による仮受取証

○○○○株式会社

営業課長　○

仮証

金　拾万円

但し二月分売掛金の内金

右正に受取りました

年　月　日　　本社　○市○区○町
　　　　　工場　○県○郡○町

**印紙税法の適用関係**

　　印紙税法別表第一、課税物件表の第17号の1文書「売上代金に係る金銭又は有価証券の受取書」である。

**説明**　印紙税法において課税物件とする「金銭の受取書」とは、金銭の受領事実を証明する証拠文書をいうものである。

　　この文書は、名刺に記載され、かつ、仮証と表示するものであるが、「金銭の受取書」であることに変わりないことから、第17号の1文書に該当する。

第二十章 （第17号文書） 金銭又は有価証券の受取書 919

### 第443例　済の表示がされた納品書

No. ..................

納　品　書

年　月　日

＿＿＿＿＿＿＿＿＿殿

下記の通り納品致します　　　　　株式
　¥108,000　　　　　　　　　　　会社

内　訳

| 書　　名 | 冊　数 | 単　価 | 金　額 | 備　　考 |
|---|---|---|---|---|
| | 5 | 7,600 | 38,000 | |
| | 100 | 700 | 70,000 | |
| | | | | |
| | | | | |
| | | | | |
| | | | | |
| | | | | |
| | | | | |
| | | | | |
| | | | 108,000 | 済 |

### 印紙税法の適用関係

　　印紙税法別表第一、課税物件表の第17号の１文書「売上代金に係る金銭又は有価証券の受取書」である。

**説明**　納品書、請求書等については、その本来の使用目的に従って交付すれば課税対象とはならないが、金銭の受領事実を証するために「済」、「領収」、「相済」、「丁」等と表示されたものは、金銭又は有価証券の受取を証することとなる。

　　この文書は、納品書であるが、金銭又は有価証券の受領事実を証するために「済」と表示されていることから、第17号の１文書に該当する。

## 第444例 レシート

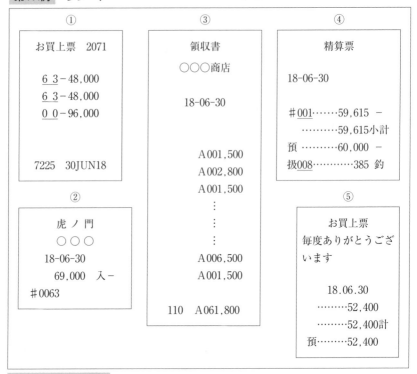

**印紙税法の適用関係**

印紙税法別表第一、課税物件表の第17号の1文書「売上代金に係る金銭又は有価証券の受取書」である。

**説明** 商店が現金で物品を販売した場合に、買受人に交付する「お買上票」等と称する文書で、金銭登録機から打ち出されるものは、一般に買上代金の受領事実を証するものとして認識されている。

この文書は、いずれも金銭又は有価証券の受領事実を証していることから、第17号の1文書に該当する。

**参考** プリペイドカードは、有価証券に該当することから、商品代金をプリペイドカードにより支払を受けた際に作成する受取書(レシート等)は、第17号の1文書に該当する。

なお、この場合の受取書の記載金額は、記載された受取金額(使用額)である。

第二十章　（第17号文書）　金銭又は有価証券の受取書　　921

**第445例　内入金の記載のあるお買上伝票**

　　　　　　　　お　買　上　伝　票

　　　　年　　　月　　　日

　　　　　　　　　様

本日はご用命ありがとうございました。
　必ず御満足下さるまで責任を持つのが　　店の方針で
す。　　店はあなたの店です。
　品物について、技術について、サービスについて万一不
充分な点がございましたら御遠慮なく御申し出御注意下
さるようお願い致します。

　　　メガネの　　店　　　　　　　販売員

　　市　　町　　TEL

| 品　名 | 価　格 |
|---|---|
| レ ン ズ | 円 |
| フレーム | 円 |
| ケ ー ス | 円 |
| | |
| | |
| 合　計 | 円 |
| 内　金 | 円 |
| | |
| 残　金 | 円 |

（注）　内金の受領に係る受領書は作成していない。

**印紙税法の適用関係**

　　　印紙税法別表第一、課税物件表の第17号の１文書「売上代金に係る金銭又は有
　　価証券の受取書」である。

**説明**　この文書は、買上物品の価格等の明細を示すとともに、内金の受領事実をも証
　　　明していることから、第17号の１文書に該当する。

　　　　なお、記載金額は、「内金」の額となる。

第2部　各課税物件

**第446例**　キャッシュカードご利用明細書（口座振替により自己の口座へ振り込んだ際に発行されるもの）

---

## キャッシュカードご利用明細書

○○銀行

毎度ご利用いただきありがとうございます。

| 取　引　銀　行 | 取　引　店 | 口　　座　　番　　号 | |
|---|---|---|---|
| 0006 | 0123 | 030120900100 | |
| 取　扱　店 | お　取　引　日 | | 時　　刻 |
| 50007 | 18-06-30 | | 16：00 |
| お　取　引　内　容 | お　取　引　金　額 | | 手　数　料 |
| 振　　　　替 | ○○○，○○○円 | | ○○○円 |
| お　取　引　後　の　残　高 | | おつり | |
| ○○○，○○○円 | | | |

| お受取人 | △△銀行<br>普通預金　口座番号　○○○○○○○<br>甲　野　太　郎　様 |
|---|---|
| 依頼人 | 甲　野　太　郎　様<br>　　TEL　○○-△△△-××××　 |

**印紙税法の適用関係**

　　印紙税法別表第一、課税物件表の第17号の1文書「売上代金に係る金銭の受取書」である。

**説明**　この文書は、振込先が自己の預金口座、他人の預金口座にかかわらず、振込人の依頼した預金口座への振替の事実等を通知するものであることには変わりはないことから、結果的に自己の預金口座へ入金されたことが明らかであっても、そのことをもって金銭の寄託契約の成立を証明するものとは言えず、第14号文書「金銭の寄託に関する契約書」には該当しない。

　　なお、振込手数料の記載のある利用明細書等は、第17号の1文書に該当するが、振込手数料が5万円（平成26年3月31日以前は3万円）未満の場合は、非課税文書となる。

第二十章　（第17号文書）　金銭又は有価証券の受取書　　　923

**第447例**　**割戻金領収書**

---

割 戻 金 領 収 書

年　　月　　日

工業株式会社

御中

| | | | | 円 |
|---|---|---|---|---|
| ① | | 年度（　　月期）農薬割戻金贈呈額 | | |
| ② | 内 | 　　　年　　　月　　　日付貴社買掛金勘定と相殺 | | |
| ③ | 訳 | 　　　年　　　月　　　日付貴社取引保証金へ充当 | | |
| ④ | | 現　金　贈　呈　分 | | |

上記のとおり領収いたしました。

（住　　所）＿＿＿＿＿＿＿＿＿＿＿

（社名、印）＿＿＿＿＿＿＿＿＿㊞

```
収　入

印　紙
```

整理番号＿＿＿＿＿＿＿＿

第17号

---

**印紙税法の適用関係**

　　印紙税法別表第一、課税物件表の第17号の２文書「売上代金以外の金銭の受取書」である。

**説明**　割戻金は、物品の売買などに伴って発生するものではあるが、それ自体は対価として給付されるものではないことから、売上代金に該当しない。

　　したがって、この文書は、第17号の２文書に該当する。

　　なお、記載金額は、それぞれの記載文言から金銭の引渡事実が現実に発生しないことを明示したものを除いたところの、④現金贈呈分の金額となる。

924　　　　　　　　第2部　各課税物件

**第448例**　返品又は値引の仕切明細書

No._____

## 仕切明細書(戻り又は値引)

_____殿

株 式 会 社　㊞

発行日付_____入荷日付_____

| 品　　　　名 | 数　量 | 単　　価 | 金　　　額 | 摘　要 |
|---|---|---|---|---|
| | | | | |

(注)　販売した商品が返品された場合又は販売した商品の値引きをした場合に作成し
　　相手方に交付するものである。

**印紙税法の適用関係**

　　　印紙税法に定める課税物件ではない。

**説明**　　商品が返品された場合に作成するものは、その受領事実を証明する物品の受取
　　書であり、また、値引きに際して作成交付するものは、値引きによる債権の消滅
　　を証明するものであることから、印紙税法に定めるいずれの課税物件にも該当し
　　ない。

第二十章 （第17号文書） 金銭又は有価証券の受取書 　　925

**第449例** 支払証控

支　払　証　控　　G No. ×××××

年　　月　　日

株式会社　　　　　　御中

下記の金額を支払いましたので、入帳して下さい。

| 支払金額 | 百万 | 千 | 円 |
|---|---|---|---|
|  |  |  |  |

（摘要）

手形　　枚　　○年6月分

（金額を訂正したものは無効です）

（注）　酒類卸売業者の従業員が小売店から酒類の販売代金として金銭又は手形、小切手等を受領した際に、支払証（酒類卸売店用）と複写の方法で年月日、支払金額、手形枚数等の受領内容を記載し、小売店に交付するものである。

**印紙税法の適用関係**

　　　印紙税法別表第一、課税物件表の第17号の1文書「売上代金に係る金銭又は有価証券の受取書」である。

**説明**　　この文書は、酒類の販売代金の受領事実を証明する目的で作成されるものであるから、第17号の1文書に該当する。

　　　なお、代金の支払者である小売店が自ら支払証を作成して受取者に交付する場合の支払証控のうち、受取人の金銭又は有価証券の受領事実を証明する事項（手形番号等）の記載のないものは、第17号文書には該当しない。

926　　　　　　　第2部　各課税物件

**第450例**　入金証明

```
                入　金　証　明

　＿＿＿＿＿＿＿＿様　　　　但し＿＿＿＿＿＿＿＿＿＿＿＿＿
                              ＿＿＿＿＿＿＿＿＿＿＿＿＿
　￥＿＿＿＿＿＿＿＿＿＿　　　＿＿＿＿＿＿＿＿＿＿＿＿＿
                              ＿＿＿＿＿＿＿＿＿＿＿＿＿
　　　年　　月　　日　　　　　＿＿＿＿＿＿＿＿＿＿＿＿＿

                              株式
                              会社　Ｆ　魚　市　場
```

**印紙税法の適用関係**

　　印紙税法別表第一、課税物件表の第17号の1文書「売上代金に係る金銭又は有価証券の受取書」である。

**説明**　　この文書は、市場が顧客に対し、代金として現金等の入金があった旨を証するために交付するものであることから、第17号の1文書に該当する。

第二十章　（第17号文書）　金銭又は有価証券の受取書　　927

**第451例**　譲渡性預金証書預り証

---

### 譲渡性預金証書預り証

　　　　　　　　　　様　　　　　　　　日付

　　　　　　　　　　サマ　　　　　　　　　　預り証番号

| 証 書 明 細 | | | | | |
|---|---|---|---|---|---|
| 発 行 金 融 機 関 | 額 面 金 額 | 預 入 日 | 満 期 日 | 発 行 利 率 | 証 書 番 号 |
| ギンコウ | 百万円<br>5,000 | 年 月 日<br>○.2.15 | 年 月 日<br>○.5.15 | ％<br>0.650 | －00 |
| ギンコウ | 5,000 | ○.2.15 | ○.5.15 | 0.650 | －00 |
| | | | | | |
| | | | | | |
| | | | | | |
| 合　　　計 | 10,000 | | | | |

お預り期間　　○.4.10　－　○.4.22まで

上記のとおりお預りいたしました。
但し、お預り期限経過後は無効とさせていただ
きます。
(注)　失効後の本証は誠に勝手ながら回収を省
　　略させていただきますので、破棄してくだ
　　さい。
○本証の記載事項を訂正したものおよび発行証
　印のないものは無効です。

　　　　区　　町　　丁目　　番　　号
　　電話（　　）　　－　　（代表）
　　　　　株式会社　　銀行
　　　　（取扱店　　　）

---

**印紙税法の適用関係**

　　　印紙税法に定める課税物件ではない。

**説明**　預金証書は、有価証券ではないことから、第17号文書「有価証券の受取書」その他いずれの課税物件にも該当しない。

第17号

928　　　　　　第2部　各課税物件

**第452例**　代金支払証明依頼書

No.00949

## 代金支払証明依頼書

支払者　　　　　　　　　　　　　　　　　　　　　年　　月　　日

_____殿　　　　　_____

弊方への入金額確認のため　　　　　願出人
　　　　　　　　　　　　　　　　　扱　者_____

　　　　　年　　月　　日下記のとおり支払いの旨証明願います。

| | | 百万 | | | 千 | | | 円 |
|---|---|---|---|---|---|---|---|---|
| | | | | | | | | |

| 金　額　の　内　訳 | | | | |
|---|---|---|---|---|
| 現　　金 | | 手　　形 | | |
| 小　切　手 | | | | |
| 振　　込 | | | | |
| | | | | |

上記のとおり相違ないことを証明します。

　　　　　　年　　月　　日

　　　　支払者_____㊞

| 扱者印 |
|---|
| |

＜留意事項＞

1　願出人の社印及び扱者印のないものは受付けないで下さい。

2　証明印は社印及び扱者印ともご捺印願います。

3　記載事項の訂正には必ず訂正箇所へ訂正押印してください。

第二十章　（第17号文書）　金銭又は有価証券の受取書　　　929

---

（参考）

## 代金の受領について

　弊社が貴社より代金受領する行為につきましては、爾今代金受領する都度発行します弊社の願出による代金支払証明依頼書写（但し願出人の社印及び扱者印の捺印のもの）をもって領収書に替えさせていただきたく存じますので、御承認下さいますようお願い申しあげます。

　尚、当該代金受領後において紛失事故発生した時は弊社の責任で処理します。

　　　年　　　月　　　日

---

（注）　代金支払証明依頼書は、代金受取人が２通作成して支払人に交付し、そのうちの１通に支払人が署名押印の上、代金受取人に返却するものである。

### 印紙税法の適用関係

　　　印紙税法別表第一、課税物件表の第17号の１文書「売上代金に係る金銭又は有価証券の受取書」である。

**説明**　　支払人が保存するものは、受取人が代金の受領の都度、受領事実の内容を記載して交付するものであり、また、実質的には当事者間で、この文書をもって代金受領事実を証明することとしていることから、第17号の１文書に該当する。

　　　また、受取人が保存するものは、一時的に支払人に交付されるものであるが、支払事実を証明の上、返却されるものであり、単なる支払事実証明書であると認められることから、第17号の１文書その他いずれの課税物件にも該当しない。

### 第453例　手形発行控え

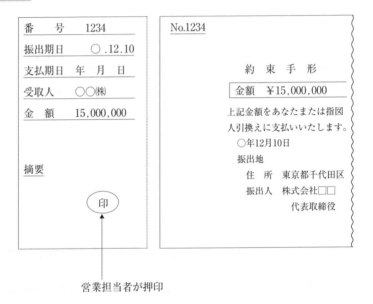

営業担当者が押印

**印紙税法の適用関係**

　　印紙税法別表第一、課税物件表の第17号の1文書「売上代金に係る有価証券の受取書」である。

説明　相手方の作成した手形発行控えである手形の耳に、受領印を押印した場合は、有価証券の引渡しを受けた者がその受領事実を証明するために作成したと認められるため、第17号の1文書に該当する。

第二十章 （第17号文書） 金銭又は有価証券の受取書　　931

**第454例**　手形受取書

（参考図）取引図解

（注）継続的に売買取引を行う者の間における販売代金の決済を行う場合において、参考図に示す手順により、商品販売者から手形金額、通数等の指示を受けて購入者が振り出した手形を販売者が受領した際に作成するものである。

**印紙税法の適用関係**

　　印紙税法別表第一、課税物件表の第17号の1文書「売上代金に係る有価証券の受取書」（記載金額のあるもの）である。

**説明**　この文書に記載されている「　　年　　月度分手形」の表示は、受け取った手形を特定できるものであり、通則4のホの(3)（P 1107参照）に規定する「その他の記載」に該当することから、第17号の1文書（記載金額のあるもの）に該当する。

第455例　「担保手形」と記載された約束手形の領収書

(注)　取引の概要

リース会社がユーザーに対して機械等をリースする場合に、全リース期間のリース代金相当額を手形で受領して、領収書を発行している。

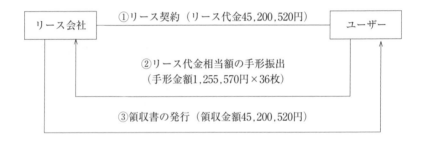

**印紙税法の適用関係**

印紙税法別表第一、課税物件表の第17号の1文書「売上代金に係る有価証券の受取書」である。

**説明**　担保手形とは、本来、支払債務の履行を担保するものとして、債権者に対し差し入れるものであるが、リース取引においては、各月のリース料と支払日に合わせて、あらかじめ分割して差し入れさせた手形を担保手形と呼んでいることが多い。

この場合、リース料の支払は、この手形の決済により行われており、他の方法で行われることはなく、この手形自体はリース料の前受けのための手形にほかならない。

したがって、この場合の手形の受領事実を証する領収書は、第17号の1文書に該当する。

第二十章 （第17号文書） 金銭又は有価証券の受取書　　　933

**第456例　裏書手形受渡書**

裏 書 手 形 受 渡 書

株式会社
　　　　資金課　御中

　　　　　　　　　　　　　　　　　　　　　　　　　　株式会社
　　　　　　　　　　　　　　　　　　　　　　　　　　　　管理部

受 渡 日 付　　　　　　　　　　年10月 5 日
手形送付書枚数　　　　　　　　　　17枚
手 形 枚 数　　　　　　　　　　43枚
　　　　　　　　（￥　203,406,212）

　　　受領者印　　　　　㊞

**印紙税法の適用関係**

　　印紙税法別表第一、課税物件表の第17号の 1 文書「売上代金に係る有価証券の
　受取書」である。

**説明**　この文書は、裏書手形（有価証券）を受け取ったことを証する文書であり、第
　　17号文書「有価証券の受取書」に該当するが、記載された受領金額の全部又は一
　　部が売上代金であるかどうかが記載事項により明らかにされていないことから、
　　第17号の 1 文書に該当する。

934　　　　　　　　第2部　各課税物件

**第457例**　お支払完了の御礼

---

### お支払完了の御礼

毎度　　　クレジットを御利用いただき誠にありがとうございます。

このたびの御入金をもちまして、購入代金の支払いが完了いたしましたので、ご通知申し上げます。

今後とも　　　製品をご愛用いただきますようお願い申し上げます。

> 記載金額が5万円以上の場合収入印紙貼付のこと。

| 契約番号 | 契約年月 | 最終お支払い額 | お支払完了 |
|---|---|---|---|
| | 年　　月 | | 年　　月 |

| 商　品　名 |
|---|
| |

製品のご継続購入については、下記までご相談下さい。

株式会社

---

**印紙税法の適用関係**

　　　印紙税法別表第一、課税物件表の第17号の1文書「売上代金に係る金銭又は有価証券の受取書」である。

**説明**　この文書は、最終の分割払金を受領したことを証明するものであることから、第17号の1文書に該当する。

第二十章　（第17号文書）　金銭又は有価証券の受取書　　935

**第458例**　ローンご完済のお知らせ

---

年　　月　　日

様　　　　　　　　　　　　　　　　　×　×　×　×

## ローンご完済のお知らせ

拝啓　ますますご清栄のこととお喜び申し上げます。

　当社社業につきましては格別のご高配を賜り厚く御礼申し上げます。

　さて、ご利用いただいておりました当社ローンにつきましては、　年　月　日付全額ご返済いただきましたのでご通知申しあげます。

　永らくご利用いただきまして誠にありがとうございます。

　なお、当社ではご家族皆様の明るい将来とご幸福を願い、ライフサイクルにあわせて各種のローンをご用意しておりますので、今後ともなお一層のご愛顧を賜りますようお願い申し上げます。

　まずはとりいそぎローンご完済のお知らせかたがたお礼申し上げます。

敬具

| お 借 入 月 日 | 年　　月　　日 | |
|---|---|---|
| ロ ー ン 名 称 | 住宅ローン（固定金利型） | |
| お 貸 付 番 号 | | 団体番号 |

| 担当 | 担保 |
|---|---|
| | 有 |
| | 無 |

第17号

---

**印紙税法の適用関係**

　　印紙税法別表第一、課税物件表の第17号の1文書「売上代金に係る金銭又は有価証券の受取書」である。

**説明**　この文書は、「　年　月　日付全額ご返済いただきました」という文言があり、金銭等の受領事実を証明するものであることから、第17号文書に該当する。

## 936　　第2部　各課税物件

**第459例**　元利金の受取文言を記載した借用証書

### 金銭消費貸借契約証書

| (1)借　入　金　額 | ¥ |
|---|---|
| (2)借　入　金　の　使　途 | |
| (3)利　　　　　　　　息 | 年　％の割合とし、その計算方法は貴会の所定によります。 |
| (4)最　終　弁　済　期　限 | 　　　年　　　月　　　日 |
| (5)元　金　の　弁　済　方　法 | 後　　　　記 |
| (6)利　息　の　支　払　方　法 | 毎年　　月　　日および　　月　　日とし、利息支払期日にその日までの利息を支払います。 |
| (7)元利金の支払場所 | 貴会または貴会の指示した場所に持参して支払います。 |

債務者は、別に差し入れた金融取引約定書の各条項のほか、この特約条項を承認のうえ、上記条件により金銭を借用し確かに受領しました。

ついては、これらの約定および借入条件に従い債務の履行をします。

|  |  |
|---|---|
| 　　　年　　　月　　　日 | 貸付実行日　　　　　年　　　月　　　日 |

御中

償還済
. 5. 1
××××

住　　　　所

債務者　名　　　称

代 表 者 名
または氏名　　　　　　　㊞

(注)　証書貸付に係る元利金の返済があった場合は、その金銭借用証書に「償還済」の文言と「償還日付」のあるスタンプ印を押捺して債務者に返戻している。

　　　また、返済金の受取書は、作成交付されていない。

### 印紙税法の適用関係

　　　印紙税法別表第一、課税物件表の第17号の1文書「売上代金に係る金銭又は有価証券の受取書」である。

**説明**　証書貸付に係る元利金の返済があった場合に、返済金の受取書を作成せず、かつ、返済金と引換えに証書へ「領収」、「完済」又は「償還済」等の受取文言を表示して返戻する場合は、第17号の1文書に該当する。

第二十章　（第17号文書）　金銭又は有価証券の受取書　　　937

　なお、元金と利息額がそれぞれ区分表示されている場合には、利息額の部分が売上代金として階級定額税率の適用を受けるが、それぞれが区分表示されていなければ、全体の金額が売上代金として階級定額税率の適用を受ける。

　また、当該証書が不正に使用されることを防止する等の観点から「無効」、「債務消滅済」等と表示したものについては、第17号文書に該当しない。

938　　　　　　　第2部　各課税物件

**第460例**　特別徴収義務者交付金の受取書

## 送　金　通　知　書

　　間税（軽油引取税）報奨金を、次により送金しましたの
でお受け取り下さい。
（該当番号に○をつけてあります。）
　1　この送金通知書と引替えに（裏面をお読み下さい。）
　2　同封の送金小切手、郵便為替により
　3　あなたの預金口座に振替えています。

　　　　　　　　　　　　年　　月　　　日
　　　　　　県　　　　財務事務所
　　　　　　出　納　員　　　　　　　　㊞

|  |  |
|---|---|
|  | 殿 |

| 送金明細書　番号　　第 | 号 |

| 支　払　場　所 | 銀行 | |
| 振替先金融機関 | 金庫 | 支店 |

| 預金種別　当座・普通・ | 口座番号 |

| 金　　　　　額 | ￥ | | | | | | | 円 |

財務事務所の取引店

　　　　　　　　　　　　銀行　　　　　　　　支店

## 受　　領　　書

上記の金額を受領しました。
　　　　　　年　　月　　　日

受取人氏名　　　　　　　　　　　　　　㊞
又　は　名　称

（注）　都道府県では、軽油引取税等の特別徴収義務者に対して、①特別徴収税額納付
　　　に伴う金利負担の補てん、②公給領収証発行費その他の事務費の補てんとして
　　　「特別徴収義務者交付金」を交付しているが、この文書は、特別徴収義務者がそ
　　　の交付を受けた際に作成する受取書である。

第二十章　（第17号文書）　金銭又は有価証券の受取書　　　939

### 印紙税法の適用関係

　　印紙税法別表第一、課税物件表の第17号の２文書「売上代金以外の金銭又は有価証券の受取書」である。

**説明**　この文書は、営業に関して作成されるものであることから、第17号の２文書に該当する。

第17号

940　　　　　　　　　第２部　各課税物件

**第461例**　**計算書**

計　　算　　書

株式会社
ＴＥＬ

営業時間（日曜・祭日……休日）
　　平　日　ＡＭ９：00～ＰＭ６：00
　　土曜日　ＡＭ９：00～ＰＭ２：00

| コードＮo. | | |
|---|---|---|

　　　　　　　　　　　　　　　　　　　　　　　　　　　　　様

| 処理日 | 前回来店日 | 日付 |
|---|---|---|

| 利息入金 | 元金入金 | 増額 |
|---|---|---|

| 御入金 | 貸付残高 |
|---|---|

| 次回返済日 | 次回利息 |
|---|---|

※毎度ありがとうございます

（注）　貸付業務について電算処理をしている貸金業者が、顧客から貸付金の返済及び
　　　利息の支払を受けた際に顧客に交付するものである。

**印紙税法の適用関係**

　　　印紙税法別表第一、課税物件表の第17号の１文書「売上代金に係る金銭又は有
　　価証券の受取書」である。

**説明**　　この文書は、貸金業者が顧客から貸付金の利息等を受領した際に、その受領事
　　　実を証明するためのものであることから、第17号の１文書に該当する。

第二十章 （第17号文書） 金銭又は有価証券の受取書　　　941

**第462例　売上計算書**

<table>
<tr><td colspan="6" align="center">売 上 計 算 書</td></tr>
<tr><td colspan="3">年　　月　　日</td><td colspan="3" align="right">A No.0 0 0 4 0 0</td></tr>
<tr><td colspan="2" align="center">月分</td><td></td><td align="right">殿</td><td>機番</td><td></td></tr>
<tr><td colspan="3" align="center">使 用 時 間</td><td align="center">売　　上</td><td align="center">設置店渡</td><td align="center">差引持帰り</td></tr>
<tr><td>今　　月<br>メーター</td><td></td><td>今　　月<br>カウンター</td><td></td><td></td><td></td></tr>
<tr><td>前　　月<br>メーター</td><td></td><td>前　　月<br>カウンター</td><td></td><td></td><td></td></tr>
<tr><td>使　　用<br>メーター</td><td></td><td>使　　用<br>カウンター</td><td></td><td></td><td></td></tr>
<tr><td colspan="4" align="center">計</td><td></td><td></td></tr>
<tr><td colspan="2">設置店<br>確認印</td><td colspan="2">株式会社</td><td colspan="2">取<br>扱<br>店</td></tr>
</table>

（注）　リース業者と料飲店等との間で、カラオケの利用料金を分配する際に、当該
リース業者が2部作成し、うち1部を料飲店等に交付し、他の1部は料飲店等の
確認印を受けて、リース業者が所持するものである。

**印紙税法の適用関係**

　　　　料飲店等が所持するものは、印紙税法別表第一、課税物件表の第17号の1文書
「売上代金に係る金銭又は有価証券の受取書」である。また、リース業者が所持
するものは、印紙税法に定める課税物件ではない。

**説明**　　料飲店等が所持するものは、カラオケの賃貸料である売上分配金の受領事実を
証明するものであることから、第17号の1文書に該当する。

　　　　また、リース業者が所持するものは、料飲業者が自己の売上高とその分配金を
確認したものにすぎないので、第17号の1文書その他いずれの課税物件にも該当
しない。

942　　第2部　各課税物件

**第463例　外貨両替計算書**

外貨両替計算書
(STATEMENT FOR CURRENCY EXCHANGE)
〔日本円➡外貨〕
(JAPANESE YEN FOREIGN CURRENCY)

| お名前（FULL NAME IN BLOCK LETTER） | ご希望の外貨額 | ☐ 現金（CASH） |
|---|---|---|
| Mr. | | ☐ US$ |
| Ms.　　　　　　　　　　　　　　様 | | ☐ |
| 電話（TEL No.）便名（FLIGHT No.） | | ☐ 旅行小切手（T・C）<br>☐ US$<br>☐ |

ご持参円貨額（YEN AMOUNT）
¥

計　算　明　細

このたびは　　　　銀行をご利用くださいまし
てありがとうございました。
ご両替金内容をただちにお確かめ願います。
楽しい旅行を！
PLEASE CHECK IMMEDIATELY
FOREIGN CURRENCY AMOUNT
HANDED TO YOU IN CASH/
TRAVELLER'S CHECK.
HAVE A NICE TRIP!
THANK YOU.

銀行

BANK.LTD.
OFFICE
TEL.

｛通貨種類・取扱時刻・日付・取扱番号・
外貨額換算相場・換算円貨額・（手数料）
（円貨合計）ご持参円貨額・釣銭｝
（　）内は旅行小切手の場合

| | | |
|---|---|---|
| ****US $ | $ ******** | |
| 14:30　/06/01- | | 206-0068 |
| T/C | | $1,000 |
| RATE | | ¥105.75 |
| EQUIVALENT YEN | | ¥105,750 |
| T/C COMM. | | ¥1,057 |
| CASH | | $1,000 |
| RATE | | ¥107.75 |
| EQUIVALENT YEN | | ¥107,750 |
| TOTAL | | ¥214,557 |
| REC'D YEN | | ¥220,000 |
| CHANGE YEN | | ¥5,443 |

**印紙税法の適用関係**

　　　印紙税法別表第一、課税物件表の第17号の1文書「売上代金に係る金銭の受取
書」である。

**説明**　　この文書は、金銭の受領文言（「REC'D YEN」及び「CHANGE YEN」）が記
載され、かつ、現金と引換えに交付するものであることから、第17号の1文書に
該当する。

　　　なお、受取金額は、T／C及び外貨という資産の譲渡に対する対価及び手数料
の合計金額であることから、その全額である214,557円が売上代金に該当し、階
級定額税率の適用を受ける。

第二十章 （第17号文書） 金銭又は有価証券の受取書 943

### 第464例 計算書（外国への送金）

計 算 書
STATEMENT

株式会社　　銀行

（　　　　　　支店）

担当者

| 依頼人名 （APPLICANT'S FULL NAME） | 様 | 通貨種類 (CURRENCY) | 送金金額 (AMOUNT) |
|---|---|---|---|

| 支払銀行名 （PAYING BANK） | 相　場 (RATE) | @ ¥ |
|---|---|---|

| | | 円貨換算額 (YEN EQUIVALENT) | 百万 | 千 | 円 |
|---|---|---|---|---|---|

| 支店名 （BRANCH） | 所在国名 （COUNTRY） | 送金手数料 (REMIT CHARGE) |
|---|---|---|

| 住所 （ADDRESS） | 電信料 (CABLE CHARGE) |
|---|---|

| | 郵便料 (POSTAGE) |
|---|---|

| 受取人口座番号 （BENEFICIARY'S A/C NO.） | カバーチャージ (COVER CHARGE) |
|---|---|

| | リフティングチャージ (LIFTING CHARGE) |
|---|---|

| 受取人名 （BENEFICIARY'S NAME） | コルレスチャージ (CORRES CHARGE) |
|---|---|

| | 手数料合計 (CHARGE TOTAL) |
|---|---|

| | 合　計 (TOTAL) |
|---|---|

日頃は格別のお引立てに預りありがとうございます。
送金代り金の明細につきましては、上記のとおりでございます。

### 印紙税法の適用関係

印紙税法に定める課税物件ではない。

**説明**　この文書は、外国送金のために必要な円貨額及び各種手数料の計算結果を通知するものであることから、第17号文書「金銭又は有価証券の受取書」その他いずれの課税物件にも該当しない。

944　　　　　　　　第2部　各課税物件

**第465例**　貸渡計算書（レンタカー）

## 貸　渡　計　算　書

発行日　　年　　月　　日

　　　　殿
　レンタカーをご利用賜り誠に有難うございました。
今後も引続きご愛用下さいます様お願い申し上げます。尚、お気付きの点がございましたなら、
弊社にお知らせいただければ幸甚です。
　　　　　株式会社　　観光サービス　レンタリース部
　　　　　　　　　　東京都　　区　　町　　番地

| 領収印 |
| --- |
| （収入印紙） |

| 貸　渡　自　動　車 | 車　　名 | 年　　式 | 車両登録番号 |
| --- | --- | --- | --- |

| 貸　渡　期　間 | 自　月　日　時　分　～　至　月　日　時　分 |
| --- | --- |

下記の通り計算しましたのでお支払い願います。
　　　　年　　月　　日

　　　　　　　　　　　　　株式会社　　観光サービス　　㊞

| 項　　目 | 精　算　料　金 | 日　時　分←到着日時 | その他コード記号 |
| --- | --- | --- | --- |
| 基　本　料　金 | | 日　　時間←基本時間 | A.工具部品　　　　D.乗捨違約金 |
| 割引料金（　%） △ | | 日　　時間←超過時間 | 　　　紛失補償料　E.搭乗者保険 |
| 保　険　補　償　料 | | km←超過走行km | B.備品使用料　　F.車両修理費 |
| 乗　捨　手　数　料 | | ←帰着メーター　実　走　行→ | C.バッグ紛失補償料　G.クーラー使用料 |
| ☆　小　　　計 | | ←出発メーター　サービスkm→ | |

| 超過料金 | 時　間×@ | | 前　受　項　目 | 前　受　金　額 | 精　算　金　内　訳 |
| --- | --- | --- | --- | --- | --- |
| | 走　行×@ | | 現　　　金 | | |
| ガソリン代×km@ | | | 船　車　券 | | |
| 集　配　車　料 | | | 予　約　券 | | |
| ユーザー立替金 △ | | | 乗　車　券 | | |
| 休車料（　　） | | レンタカーチェック | | |
| その他 | | クレジット・ギフト | | |
| | | 引　　当 | | |
| | | 未　　収 | | |
| 総　使　用　料　金 | | ゴールドクレジット | | |
| | | 計 | | |
| 発営業所 | | 着営業所 | | |

　　　　　　　　　　　　　　　　　　　　　　　※　□□□□　―　□□□□

　　　　　　　　　　　株式会社　　観光サービス

Ⓢ貸渡営業所→着営業所→お客様

（注）　レンタカーの使用に係る貸渡料金の計算書であるが、まず貸渡営業所におい
　　て、前受金の受領事実を記載して押印の上、顧客に渡し、着営業所において、顧
　　客から提示を受けて精算金の受領事実を記載して押印の上、顧客に渡すこととし
　　ている。

第二十章 （第17号文書） 金銭又は有価証券の受取書 945

**印紙税法の適用関係**

　　印紙税法別表第一、課税物件表の第17号の１文書「売上代金に係る金銭又は有価証券の受取書」である。

**説明**　この文書は、前受金の受取を証明した時点で、第17号の１文書に該当し、更に、精算金の受取を証明した時点で新たに第17号の１文書を作成したものとみなされる。

第17号

946　　第2部　各課税物件

### 第466例　手形貸付金計算書等

（その1）手形貸付利息（戻し）計算書

---

## 手形貸付利息（戻し）計算書

| | 様 | 管理番号 | 取扱日 |
|---|---|---|---|

| 貸付番号 | 償還日 | 手形期日 | 約定利率　% | 振替(込)口座番号 | 償還後残高　円 |
|---|---|---|---|---|---|

| 戻し日数　日 |
|---|

| 償還元金 | 円 |
|---|---|
| 戻し利息 | 円 |

いつもご利用いただきましてありがとうございます。

このたび、ご返済いただきました明細は上記のとおりとなりますので

お確かめください。　　　　　　　　　　　　　　　　　農 業 協 同 組 合

---

### 印紙税法の適用関係

　　（その1）の文書は、印紙税法別表第一、課税物件表の第17号の2文書「売上代金以外の金銭又は有価証券の受取書」である。

**説明**　　（その1）の文書は、手形貸付の期限前償還に伴う戻し利息の計算内容を表示したものであるが、記載文言から、貸付金の受領事実を証明するために作成されたものと認められることから、第17号の2文書に該当する。

第二十章　（第17号文書）　金銭又は有価証券の受取書　　　947

## （その２）手形貸付金計算書

### 手形貸付利息（戻し）計算書

| | | | 管理番号 | 取扱日 | | |
|---|---|---|---|---|---|---|
| | | 様 | | | | |
| 貸付番号 | 償還日 | 手形期日 | 約定利率　％ | 振替（込）口座番号 | 償還後残高　　円 | |
| 戻し日数　　日 | | | | | | |

| | |
|---|---|
| 償還元金 | 円 |
| 戻し利息 | 円 |

いつもご利用いただきましてありがとうございます。
このたび、ご返済いただきました明細は上記のとおりとなりますので
お確かめください。　　　　　　　　　　　　　　　　農 業 協 同 組 合

**第17号**

### 印紙税法の適用関係

　　（その２）の文書は、印紙税法に定める課税物件ではない。

**説明**　　（その２）の文書は、書替利息の計算内容とその書替利息を貸出先の貯金口座
　　から引き落した旨を通知する事務処理結果の通知文書であって、金銭の受領事実
　　を証明する目的で作成されたものではないことから、第17号文書「金銭又は有価
　　証券の受取書」その他いずれの課税物件にも該当しない。

948　　　　　　　　　　　第2部　各課税物件

**第467例**　**手形割引計算書等**

（その1）手形割引計算書

<table>
<tr><td colspan="9" align="center">手　形　割　引　計　算　書　　　　No._____</td></tr>
<tr><td colspan="9" align="right">様　　　　　　　銀行</td></tr>
<tr><td colspan="9" align="center">割引日　　　　年　　　月　　　日</td></tr>
<tr><td>摘要</td><td colspan="2">手形金額</td><td>手形期日</td><td>利　率</td><td>日数</td><td colspan="2">割引料</td><td>取立手数料</td></tr>
<tr><td></td><td></td><td>円</td><td></td><td>％</td><td></td><td></td><td>円</td><td>円</td></tr>
<tr><td></td><td></td><td></td><td></td><td></td><td></td><td></td><td></td><td></td></tr>
<tr><td></td><td></td><td></td><td></td><td></td><td></td><td></td><td></td><td></td></tr>
<tr><td></td><td></td><td></td><td></td><td></td><td></td><td></td><td></td><td></td></tr>
<tr><td></td><td></td><td></td><td></td><td></td><td></td><td></td><td></td><td></td></tr>
<tr><td></td><td></td><td></td><td></td><td></td><td></td><td></td><td></td><td></td></tr>
<tr><td></td><td></td><td></td><td></td><td></td><td></td><td></td><td></td><td></td></tr>
<tr><td></td><td></td><td></td><td></td><td></td><td></td><td></td><td></td><td></td></tr>
<tr><td>通</td><td></td><td></td><td></td><td></td><td></td><td></td><td></td><td></td></tr>
<tr><td colspan="6" align="right">割引料・取立手数料合計</td><td></td><td></td><td>円</td></tr>
</table>

　　毎度お引立を賜わり有難うございます。ご依頼により割引いたしました商業手形の割引料ならびに取立料は上記の通りでございますのでご通知いたします。
　　（注）摘要欄の＊印は支払期日が休日のため翌営業日まで計算してあります。

（注）　手形割引を実行した時に、割引料の計算結果と、その割引料を控除した後の支払金額の計算内容を、貸出先に通知するために作成されるものである。

**印紙税法の適用関係**

　　　印紙税法に定める課税物件ではない。

**説明**　この文書は、手形割引に係る割引料の計算内容と、割引料控除後の支払金額を貸出先に通知する目的で作成されるものであることから、第17号文書「金銭又は有価証券の受取書」その他のいずれの課税物件にも該当しない。

第二十章　（第17号文書）　金銭又は有価証券の受取書　　949

## （その２）手形割引料（戻し）計算書

### 手形割引料（戻し）計算書

| | | | | 様 | 管理番号 | | | 取扱日 | |
|---|---|---|---|---|---|---|---|---|---|
| 貸付番号 | 償還日 | 手形期日 | 割引料率 | | | 日数 | 振替（込）口座番号 | | |
| | | | | （％） | | 日 | | | |

| 償還元金 | 円 |
|---|---|
| 戻し割引料 | 円 |

毎度お引立いただきまして厚くお礼申しあげます。
ご返済金にかかる計算明細は上記のとおりでございます。

　　　　　　　　　　　　　　　　　　　　銀行

（注）　割引手形について、満期日前に買戻しがあった場合に、戻し割引料の計算内容
　　　　及びその振替口座を貸出先に通知するために作成されるものである。

### 印紙税法の適用関係

　　　印紙税法別表第一、課税物件表の第17号の２文書「売上代金以外の金銭又は有
　価証券の受取書」である。

**説明**　この文書は、割引手形について期日前償還があった場合に、その償還に伴って
　　　生ずる戻し割引料の計算内容を割引依頼人に通知するため作成するものである
　　　が、計算書の記載文言に「ご返済金にかかる計算明細は上記のとおり…」とあ
　　　り、また、「償還元金」の項目も表示されており、割引手形にかかる買戻金の受
　　　領事実を証明する目的で作成されたものであることから、第17号の２文書に該当
　　　する。

950 第2部 各課税物件

## （その3） 割引手形計算書

割 引 手 形 計 算 書

様

| 元帳管理番号 | 貸付番号 | 割引日 | 期　　日 | 割引料率 % |
|---|---|---|---|---|
| 預金口座番号 | 前　残　高 円 | 後　残　高 円 | 償還元金 円 | |

| 利息区分 | 減免 | 始　期 | 終　期 | 日数 日 | 割引料 % | 期日後延滞利息 円 |
|---|---|---|---|---|---|---|

| | | | | | 回　収　額　計 円 |

毎度お引立いただきまして厚くお礼申しあげます。
ご融資の計算明細は上記のとおりでございます。

銀行

（注）　割引手形について、手形の満期日後に手形金の返済が遅延して行われた場合
に、その遅延入金に伴って生ずる期日後遅延利息の金額を計算するとともに、そ
れらの入金の事実を貸出先に通知するものである。

### 印紙税法の適用関係

印紙税法別表第一、課税物件表の第17号の1文書「売上代金に係る金銭又は有
価証券の受取書」である。

**説明**　この文書は、割引手形について期日後入金があった場合の遅延利息の計算内容
を通知するものであるが、この文書には「償還元金」、「回収額計」など、貸出金
の回収事実を証明する目的で作成されたものと認められる文言の記載があること
から、第17号の1文書に該当し、記載金額は期日後延滞利息額となる。

第二十章　（第17号文書）　金銭又は有価証券の受取書　　951

**第468例**　カードローン利息計算書

カードローン利息計算書　　　年　　月　　日

おなまえ



　　　　　　　　　　　　　　　　　　　様

毎度ご利用いただきまして
ありがとうございます。
カードローン利息を下記の
とおり計算致しましたの
で、お知らせ致します。

| 共通 | 取引内容　端末通番　画面番号　摘要　オペキー　モード　オペ日　　時間　店舗　取引先名　ホールド　コメント |

| 認証 | 種目　　種別　　　　口座番号　　　残　高（円） | 返済額① |
|---|---|---|
| | 起算日　　　　　摘　要　　　入金額（円） | 利　息② |
| | 　　　　　　　　保証料③ | 入金額④＝①＋②＋③ |
| | | 取扱者 |

**印紙税法の適用関係**

　印紙税法別表第一、課税物件表の第17号の1文書「売上代金に係る金銭又は有価証券の受取書」である。

**説明**　この文書には、「返済額」及び「入金額」という表示があることから、単に利息計算を通知する文書とはいえず、金銭の受領事実を証明する文書として取り扱われることから、第17号の1文書に該当する。

## 第469例　カードローンに係る取引照合表

お取引照合表

株式会社　　　　銀行

（作成日　　年　　月　　日）

いつも　　　をご利用いただきありがとうございます。
あなたさまのお取引につきまして、お手許の「ご利用明細票」などとご照合下さい。なお、ご不明な点がございましたら融資窓口までおたずねください。

| お取引の種類 | 財産活用カードローン（定期預金担保口） | | | |
|---|---|---|---|---|
| お取扱番号 1234567 | 契約日 年 月 日 | 契約期限 年 月 日 | 極度額 円 | |

| お取引日 | お借入金額 | ご返済金額 | | |
|---|---|---|---|---|
| | | 内お利息 | | |
| 年 月 日～ 年 月 日 | | | | |

| ご返済用預金口座 | | | |
|---|---|---|---|
| 店名 支店 | 科目 普通預金 | 口座番号 | |
| お借入残高 | 備考 | | |

（ページ　1）

MEMO

第二十章 （第17号文書） 金銭又は有価証券の受取書 953

(注) カードローンに係る個々の取引内容（借入金額、口座振替による返済金額、貸
付残額）を記載したもので、一定期間ごと（おおむね半年に１回）に顧客に送付
される帳票である。

## 印紙税法の適用関係

印紙税法に定める課税物件ではない。

**説明** この文書は、預金口座振替契約（委任契約）に基づく引落事実（事務処理の結
果）を通知するための文書であり、金銭の受領事実を証明するものとは認められ
ないことから、カードローン取引に係るカードローン通帳の作成の有無にかかわ
らず、第17号文書「金銭又は有価証券の受取書」その他いずれの課税物件にも該
当しない。

第2部　各課税物件

**第470例**　貸越利息計算書

---

## 貸 越 利 息 計 算 書　　　年　　月　　日

毎度ご利用いただきましてありがとうございます。
このたびの貸越契約の解約に基づき下記のとおり貸
越利息の精算をさせていただきました。
今後ともよろしくお願い申し上げます。

_____ 様

農業協同組合

| 種　目 | | 口座番号 | | 貸越契約ご解約前残　　　　　高 | ① | 円 |
|---|---|---|---|---|---|---|
| 貸 越 契 約 期 限 | | | 年　　月　　日 | 貸 越 利 息 | ② | 円 |
| 貸 越 限 度 額 | | | 円 | 保 証 料 | ③ | 円 |
| 貸越利率 | （年）　％ | 極度No. | | ご精算合計額 | ④＝②＋③ | 円 |
| | | | | 差 引 残 高 | ⑤＝①－④ | 円 |

取扱者

---

**印紙税法の適用関係**

　　印紙税法別表第一、課税物件表の第17号の１文書「売上代金に係る金銭又は有
価証券の受取書」である。

**説明**　この文書は、「貸越利息の精算をさせていただきました」という文言があるた
め、利息の受領事実を証明するものとして取り扱われることから、第17号の１文
書に該当する。

　　ただし、受領文言がなく、当座貸越契約の解除に際し、農協が顧客の便宜のた
め当該貸越利息の計算内容を通知するものは、不課税文書となる。

第二十章 （第17号文書） 金銭又は有価証券の受取書　　955

**第471例　償還金計算書**

# 償 還 金 計 算 書

年　月　日　　　　　　　　　　　　　　　　　　　　　銀行

|  |
|---|
| 　　　　　　　　　　　　　様 |

毎度ご利用いただきありがとうございます。
　貸出金の払込期日が到来しましたので契約によりご指定の預金口座より下記のとおり引き落としいたしました。

| 貸出内容 | 取引先番号 | 貸出番号 | 資金種類 | 実行日 | 最終期限 |
|---|---|---|---|---|---|

| 償還内容 | 償還処理日 | 期日 | 償還合計金額 | 償還店舗　　科目　　口座番号 |
|---|---|---|---|---|

　　　　　　　　　　　　　　└─ ①＋②＋③＋④－⑤

| 金額内訳 | 元金① | 利息② | 遅延日数 | 遅延損害金③ | 保証料④ | 留保受入金控除額⑤ |
|---|---|---|---|---|---|---|
|  | 償還後残高 | 貸出利率 |  | 損害金利率 | 保証料率 |  |

| 利息計算明細 |  |
|---|---|

（注）　金融機関が貸付金等の弁済を口座振替の方法により受けた際に、借入人に対して交付するものである。

**印紙税法の適用関係**

　　　印紙税法別表第一、課税物件表の第17号の1文書「売上代金に係る金銭の受取書」である。

**説明**　　この文書は、口座振替の方法で貸付金等の弁済を受けた際に交付するものであり、標題が「償還金計算書」となっていること及び計算項目中にも「償還合計金額」等の入金文言の記載があることから、償還金の計算結果を通知するとともに、弁済金の受領事実を証するために作成する文書と認められ、第17号の1文書に該当する。

# 第472例　受渡計算書

あなたのコード　扱者コード

様

| 計上<br>月日 | 約定<br>月日 | 摘要<br>コード | 銘柄名 | 条件 | 数量{株式<br>（債券・投信） | 株数<br>円 | 単価<br>（利率） | 委託<br>手数料<br>円 | 経過<br>利息<br>円 | 源泉税<br>円 | 受渡金額<br>円 |
|---|---|---|---|---|---|---|---|---|---|---|---|

年　月　日　作成

前回報告残高

明細　差引

その他移動額

差引残高

受渡金額欄に―（マイナス）表示のあるものは、あなたへのお立替を表します。

| | 円 |
|---|---|
| 差引きあなたのお受取り<br>お支払い | |

出　納　印

証券株式会社

受渡計算書

毎度お引立てに預り
ありがとうございます。
あなたのお受渡金額は
右のとおりです。

第二十章　（第17号文書）　金銭又は有価証券の受取書　　　957

(注)　有価証券の売買の成立後、証券の受渡し又は代金の受払いに伴って証券会社が顧客に交付する文書である。

### 印紙税法の適用関係

　　印紙税法別表第一、課税物件表の第17号の2文書「売上代金以外の金銭又は有価証券の受取書」又は不課税文書である。

**説明**　この文書は、「摘要」欄等への記載内容により、次のように取り扱われる。

1　第17号文書「金銭又は有価証券の受取書」として取り扱うもの

①　「入金」という文言とともに、代金の支払方法（「現金」、「小切手」、「銀行振込」等）が記載されているもの

②　入金を意味する言葉と代金の支払方法を意味する言葉とを組み合わせた文言（「現入金」、「振込入金」等）が記載されているもの

2　第17号文書として取り扱わないもの

①　領収書は別途作成することとされており、その旨が記載されているもの

②　単に、「入金」、「清算」、「支払」の文言だけのもの

第17号

958　　　　　　　　第2部　各課税物件

**第473例　預り保証金残高証明書**

---

　　　　　　　　　　　　　　　　殿

　　　　　　　　　　預り保証金残高証明書

貴社と当社間の　　　　年　　月　　日の取引保証金積立契約に基づき、平成
年　　月　　日現在の預り保証金残高を下記のとおり相違ないことを証明いたします。

| 保証金繰入年月日 | 保証金繰入金額 | 対象期間 | 日数 | 利率 | 保証金利息 | 保証金残高 |
|---|---|---|---|---|---|---|
| 年　　月　　日現在残高 | | | | | | |
| 年　　月　　日繰　入 | | ／ ～ ／ | 日 | | | |
| 年　　月　　日繰　入 | | ／ ～ ／ | 日 | | | |
| 年　　月　　日繰　入 | | ／ ～ ／ | 日 | | | |
| 年　　月　　日繰　入 | | ／ ～ ／ | 日 | | | |
| 年　　月　　日繰　入 | | ／ ～ ／ | 日 | | | |
| 年　　月　　日繰　入 | | ／ ～ ／ | 日 | | | |
| 年　　月　　日繰　入 | | ／ ～ ／ | 日 | | | |
| 年　　月　　日繰　入 | | ／ ～ ／ | 日 | | | |
| 年　　月　　日現在残高 | | | | | | |

　　　　　　　　　　　　　　　　　年　　　月　　　日
　　　　　　　　　　　　　　　　　株式会社

---

（注）　取引保証金積立契約に基づき、取引期間ごとに受領した保証金の額とその残高
　　　を証明するものである。

**印紙税法の適用関係**

　　　印紙税法別表第一、課税物件表の第17号の2文書「売上代金以外の金銭の受取
　　書」である。

**説明**　　この文書は、保証金の繰入年月日、繰入金額等個々の受入事実の記載があるこ
　　　とから、単に預り保証金の残高を証明するものではなく、個々の預り保証金の受
　　　領事実も併せて証明するものであることから、第17号の2文書に該当する。

第二十章　（第17号文書）　金銭又は有価証券の受取書　　　959

**第474例**　元利金弁済金の受取書

---

元 利 金 額 収 証

　　　様

　　　金　　　　　1,040,000　　　　　円也

上記の金額を2016年11月8日付消費貸借契約に基づ
く元利金の弁済金として確かに受領しました。

2018年3月8日

　　　　　　　　　　　　　　　　　　株式会社　　㊞

---

**印紙税法の適用関係**

　　印紙税法別表第一、課税物件表の第17号の1文書「売上代金に係る金銭又は有
価証券の受取書」である。

**説明**　この文書は、元利金の弁済金として金銭を受領したことを証明したものである
ことから、第17号の1文書に該当する。

**参考**　貸付金元金の弁済金は売上代金とはならないが、売上代金となる貸付利息等が
含まれる受取書で、売上代金とその他の金額とが区分記載されていないものは、
通則4のハの規定によりその合計額が記載金額となる。

第17号

960　　　　　　　　　第2部　各課税物件

**第475例**　手付金の領収書

# 領　収　書

殿　　　　　　　　　　　　　　　　　年　月　日

住　所＿＿＿＿＿＿＿＿＿＿＿

| ¥ | 6 | 0 | 0 | 0 | 0 | 円 0 |
|---|---|---|---|---|---|---|

電　話＿（　　）（　　）＿

上記の金額正に領収いたしました。

但

| 地区名 | | 仮番 | | に対する手付金として |
|---|---|---|---|---|

1　明　細

| | 面　積 | 単　価 | 金　額 |
|---|---|---|---|
| 土　地 | ㎡ | 円 | 円 |
| | 面　積 | 建　物　型 | 金　額 |
| ホーム | ㎡ | | 円 |
| 総金額 | | | 円 |

2　お支払方法
　(1) 即　金　(2) 賦　金
　(3) ホームローン

3　契約締結予定日
　　　年　月　日

| 契約内入金 | |
|---|---|
| 内　手　付　金 | |
| 差引契約内入金 | |
| 印　紙　代 | |
| 公正証書作成料 | |
| 事　務　手　数　料 | |
| 街路灯管理費 | |
| 契約時お支払額 | |

★契約締結予定日までにご契約のない場合は理由の如何を問わず上記手付金はお返しいたしませんのでご承知願います。

★ご契約の際本証をご持参願います。

不動産株式会社

扱　者　　　　　㊞

（注）　別に不動産売買契約書を作成している。

第二十章　（第17号文書）　金銭又は有価証券の受取書　　　961

**印紙税法の適用関係**

　　印紙税法別表第一、課税物件表の第17号の1文書「売上代金に係る金銭又は有価証券の受取書」である。

**説明**　この文書は、手付金が売上代金（資産を譲渡することの対価）に該当することから、第17号の1文書に該当する。

　　また、内金又は内入金についても同様に取り扱われる。

962　　第2部　各課税物件

**第476例**　領収証（受領した前受金額を記載している場合）

No.　○○○○

　　　　　　　　　　　　　　　　　　　　　　　　　　　　年　月　日

領　　収　　証

_____様

　　　　　　　¥　　　　60,000-
　　　　　　　但し、内金35,000円受領済

| 係　員 |
|--------|
|        |

　　　　　上記金額正に受領しました。

　　　　　　　　　　　　　　　　　　　　　○　○　百貨店

（注）　販売代金を受領した際に顧客に交付する領収証であるが、既に顧客から内金を
　　　受領した旨を記載している。

**印紙税法の適用関係**

　　　印紙税法別表第一、課税物件表の第17号の1文書「売上代金に係る金銭又は有
　　価証券の受取書」である。

**説明**　この文書は、物品等の販売代金を受領した際に交付する領収証であるから、第
　　　17号の1文書に該当するが、記載金額から受領済の35,000円を差し引いた受取金
　　　額が5万円（平成26年3月31日以前は3万円）未満のため非課税文書となる。

　　　なお、内金を受領した際に受取書が発行されていない場合には、この文書の記
　　載金額は6万円となり、印紙税額は200円となる。

第二十章 （第17号文書） 金銭又は有価証券の受取書 963

**第477例　設備廃棄助成金の領収書**

# 領　収　書

年　　月　　日

織物工業組合連合会　御中

| 売渡者 | 所　属　組　合　名 | |
|---|---|---|
| | 住　　　　　所 | |
| | 氏名又は名称 | ㊞ |
| | 代　表　者　名 | ㊞ |
| | 工　事　番　号 | |

下記のとおり設備廃棄助成金を領収いたしました。

| 売渡価格の合計 | |
|---|---|
| 控　　　　　除 | △ |
| 領　収　金　額 | 円 |

但し設備共同廃棄事業に係る買上織機　　　台分

（注）　設備共同廃棄事業の参加者が、廃棄設備（織機）の売渡代金を受領した際に連合会に交付する金銭の受領書である。

**印紙税法の適用関係**

　　　印紙税法別表第一、課税物件表の第17号の１文書「売上代金に係る金銭の受取書」である。

**説明**　この文書は、資産を譲渡したことによる対価の領収書であることから、第17号の１文書に該当する。

964　　　　　　　第2部　各課税物件

**第478例**　**講演謝金の領収証**

```
    領　　収　　証　　　　　　　様  No._____

          ★¥50,000※
        但　講演謝金

               年　　月　　日　上記正に領収いたしました
                          大学教授　　　　　　㊞
```

**印紙税法の適用関係**

　　印紙税法に定める非課税物件である。

**説明**　　この文書は、金銭の受領事実を証するためのものであり、第17号文書「金銭又
　　は有価証券の受取書」であるが、大学の教授等がその講演等について謝金を受け
　　取る行為は営業に関するものではないことから、非課税文書となる。

第二十章　（第17号文書）　金銭又は有価証券の受取書　　　965

**第479例**　**商品券の販売代金の受取書**

領　収　書

株式会社　殿

　　金額　　　　300,000円　也
　　（ただし、当社発行の商品券代金として）

上記の金額正に受け取りました。

　　　　　　　　　　　　　　　　　　年　月　日

　　　　　　　　　　　　　　　　　　　百貨店

**印紙税法の適用関係**

　　印紙税法別表第一、課税物件表の第17号の2文書「売上代金以外の金銭又は有価証券の受取書」である。

**説明**　商品券の発行（いわゆる原始発行）に係る金銭の受取書は、その受取書の記載事項によりその旨が明らかにされているものに限り、第17号の2文書に該当する。

　　なお、委託販売等、他人の発行に係る商品券を自己の名義で販売した際に作成する受取書は、委託販売方式、仕入販売方式を問わず、第17号の1文書「売上代金に係る金銭又は有価証券の受取書」に該当する。

第17号

966　　　　　　　　　　第2部　各課税物件

**第480例**　競売代金の受取書・破産手続に係る配当の受取書

| 領　収　証 |
|---|

No.＿＿＿＿＿＿
年　　月　　日

＿＿＿＿＿＿＿＿＿＿殿

株　式　会　社

但し、競売代金の配当分。

**印紙税法の適用関係**

　　　債権の種類に応じ、印紙税法別表第一、課税物件表の第17号の1文書「売上代金に係る金銭又は有価証券の受取書」又は第17号の2文書「売上代金以外の金銭又は有価証券の受取書」である。

**説明**　債務者の債務不履行により競売に付された担保物件の売却代金の配当の支払に当たって、受取人（債権者）が作成する金銭の受取書の取扱いについては、債権の種類に応じ、次のようになる。

1　金銭の消費貸借に係る債権の場合

　　受取金額が貸付元金以内の金額であり、その旨が明らかにされているものは、第17号の2文書となるが、貸付利息を含む場合には第17号の1文書に該当する。

2　売掛債権の場合

　　第17号の1文書に該当する。

(注)①　競売による売却代金に余剰金が生じた場合で、債務者がその余剰金を受け取る際に作成する金銭の受取書は、第17号の1文書に該当する。

②　破産手続における配当の支払に当たって、受取人（債権者）が作成する金銭の受取書についても、同様の取扱いとなる。

第二十章　（第17号文書）　金銭又は有価証券の受取書　　967

第481例　代位弁済金受領書

収　入
印　紙

年　　月　　日

代 位 弁 済 金 受 領 書

_____御中

金融機関名_____
支店長_____㊞

一金_____円也。但し代位弁済金

内訳　　　元　　　金
　　　　　利　　　息
　　　　　遅滞損害金

上記の　　　　　　　　　殿に対する、代位弁済金を　　　年　　　月
日確かに受領いたしました。

以　　　上

（注）　保証人である信販会社等が代位弁済を行ったときに、債権者が信販会社等に交
付するものである。

**印紙税法の適用関係**

　　　印紙税法別表第一、課税物件表の第17号の１文書「売上代金に係る金銭又は有
価証券の受取書」である。

説明　この文書は、債権者が貸付金の元金及び利息等の受領事実を証明するためのも
のであることから、第17号の１文書に該当する。

　　　また、貸付金利息は、資産を使用させることの対価であることから「売上代
金」に該当する。

　　　したがって、記載された貸付金利息額が記載金額となる。

968　　　　　　　　第２部　各 課 税 物 件

## 第482例　株式申込証拠金領収証

---

### 株式申込証拠金領収証

一　金
　　ただし
　　株式　　　　　　株に対する申込証拠金
　　　　　　（１株につき金　　　　円の割）
上記正に領収いたしました。
おって上記は払込期日以後は本証をもって株式払込金領収証といたします。
　　　　　年　　　月　　　日
　　　　　　　　　　　　　　　取扱場所
　　　　　　　　　　　　　　　　　株式会社　　　　銀行

上記株式に対する株券正に受領いたしました。
　　　　株　主
　　　　　　氏　名　　　　　　　　　　　　㊞（お届印）
　　　　　　株式会社　　御中

---

（注）　新株式の発行の際に割当てを受けた株主が、株式申込証拠金を取扱金融機関に
　　　預託したとき、当該金融機関が申込証拠金を受け取った事実を証明するために株
　　　主に交付する領収証である。
　　　　また、下欄は、その申込みに係る株式を株主が受け取ったときに受取の事実を
　　　記載するものである。

### 印紙税法の適用関係

　　　印紙税法別表第一、課税物件表の第17号の２文書「売上代金以外の金銭又は有
　　価証券の受取書」である。

**説明**　この文書は、金融機関が申込証拠金を受領した事実を証明するものであること
　　　から、第17号の２文書に該当する。

**参考**　1　株式申込証拠金は売上代金ではない。
　　　　2　下欄の株券の受取書の部分は、当該事項を追記したときに新たに同表第17号
　　　　の２文書「売上代金以外の有価証券の受取書」を作成したものとみなされる
　　　　（営業に関するものに限る。）。この場合、金銭に代えて受け取るものではない
　　　　ことから、記載金額はないものとなる。

第二十章 （第17号文書） 金銭又は有価証券の受取書 969

## 第483例 委託証拠金預り証

（裏　面）

【預り証についてのご注意】

1　この委託証拠金を返還する場合は、この預り証と引き換えにお返しいたします。

2　貴殿が売買差損金、手数料等をお支払い下さらないときは当社がこの委託証拠金を留保し、また当社が指定した日時から10営業日以内にこれらの債務をお支払い下さらないときは、この委託証拠金をもって、決済に充当いたします。この場合は、以後この預り証は無効となります。

3　この預り証は、売買、譲渡または質権設定を禁じます。

4　商品取引のご注文については、お渡しした「受託契約準則」にその方式等が定められていますから、必ずご覧の上、あくまでもご自分の意志で注文をして下さい。また「売買報告書」等は良くご覧になって、ご注文どおりであるかどうかお確かめ下さい。

5　商品取引については、利益を保証し、または元本（委託証拠金）を保証することはできませんので、ご注意下さい。

6　ご注文の売買取引につき、その後の相場変動の大きいとき、または当月限となったときには、受託契約準則の定めに従って、追証拠金、臨時増証拠金または定時増証拠金等の形で、追加して証拠金をお預りすることがあります。この場合もし当社の指定する日時までにご預託願えないときは、取引の全部または一部を仕切らせて頂くこととなりますから、予めご承知下さい。

7　商品取引について、万一間違いや、ご不審の点がありましたら、直ちに本社　　　　　　　までお申出下さい。

注　この預り証の有効期限は（継続的取引関係者の場合）　年間です。

表記の金額正に受領致しました
年　月　日

氏名　　　　　　　　　　　　　　　　　　　㊞

970　　　　　　　　　第 2 部　各 課 税 物 件

### 印紙税法の適用関係

　　印紙税法別表第一、課税物件表の第17号の 2 文書「売上代金以外の金銭の受取
書」である。

**説明**　この文書は、商品取引員が顧客（委託者）から委託証拠金として現金を受領し
　　た際に顧客へ交付するもので、担保金として金銭を受領したことを証明するもの
　　であることから、第17号の 2 文書に該当する。

　　　また、この文書は、顧客が委託証拠金の返還を受けた際に、その裏面に署名押
　　印して商品取引員に返却するが、当該返却の時に新たに金銭の受取書を作成した
　　ものとみなされる（印紙税法第 4 条第 3 項）。

　　　ただし、記載金額が 5 万円（平成26年 3 月31日以前は 3 万円）未満のもの又は
　　当該顧客が一般個人であるなど、営業に関しないものは非課税文書となる。

第二十章　（第17号文書）　金銭又は有価証券の受取書　　　971

### 第484例　金銭支払請求書

```
入出金伝票          顧客からの預り金勘定

                計上年月日  部店  口座番号  扱者  氏名

  摘要                        出金（借方）        入金（貸方）


太
線      金 銭 支 払 請 求 書    證券株式会社　御中
の                              左記の金額をお支払い下さい。　年　　月　　日
枠          千万 百万 十万 万 千 百 十円
内
を
ご      内  現　金              あなたの口座番号
記      訳  小切手
入                その他          氏名                        印
く                              （本請求書は、金銭の領収証に代えます
だ
さ
い
。        出　　納　　印          印鑑照合  扱印      検査（検印）
```

（注）　顧客が証券会社に対して、有価証券の売却代金等の支払を請求する際に作成するものである。


### 印紙税法の適用関係

　　　印紙税法別表第一、課税物件表の第17号の2文書「売上代金以外の金銭又は有価証券の受取書」である。

**説明**　この文書は、標題が「支払請求書」となっているが、文書上に「金銭の領収証に代える」旨の記載があり、金銭の受領事実をも証明するものであることから、第17号の2文書に該当する。

　　　なお、記載金額が5万円（平成26年3月31日以前は3万円）未満のもの又は営業に関しないものは非課税文書となる。

972　　　　　　　　　第2部　各課税物件

**第485例**　　書換え手形の受取書

| 受　取　書 | 受　取　書 |
|---|---|
| 金200万円 | 金155万円 |
| 　但し、手形切換え分に伴う | 　但し、手形切換え差金 |
| | 　　　　　　　　　　　　150万円 |
| 　　　　　約手1通 | 手形期日延期利息5万円の小切手1通 |

(注)　商品代金として受領した約束手形（350万円）の書換えに伴い、新しい手形1
　　　通（金額200万円）と小切手1通（旧手形と新手形の差金150万円と支払期日を延
　　　長することに伴う利息相当分5万円を合わせた金額155万円）を受け取った際に
　　　作成されるものである。

**印紙税法の適用関係**

　　　いずれも印紙税法別表第一、課税物件表の第17号の2文書「売上代金以外の有
　　価証券の受取書」である。

**説明**　　この文書は、手形の書換えにより、新しい手形と小切手との受領事実を証明す
　　るものであるが、手形の書換えは民法上の更改ないし代物弁済と解されていると
　　ころから、有価証券の譲渡の対価の受取書には該当せず、また、手形切替え差金
　　は、手形債務の支払であり、手形期日延期利息は金銭債務の不履行に伴う遅延利
　　息と認められ、借入金利息のように資産を使用させることの対価ではないことか
　　ら、売上代金には該当しない。

　　　なお、手形期日延期利息を単に「金利」と表示したときには、売上代金である
　　かどうかが受取書の記載事項から明らかにされているとは認められないので、印
　　紙税法上の売上代金として取り扱われることとなる。

第二十章　（第17号文書）　金銭又は有価証券の受取書　　　973

**第486例**　**不渡手形受取証**

## 不 渡 手 形 受 取 証

印　　紙

17号の2

年　　　月　　　日

**銀行**　御中　住　所 _____

氏　名 _____ ㊞

下記不渡手形正に受取りました。

| 不渡日<br>(交換呈示日) | 手形種類 | 支　払　人 | 期　日 | 金　　　　額 | 不渡理由 |
|---|---|---|---|---|---|
| | | | | 円 | |
| | | | | | |
| | | | | | |
| | | | | | |

※取引がない場合は、印照印
欄は斜線を引く。

| 検印 | 印照印 | 取扱者印 |
|---|---|---|
| | | |

第17号

**印紙税法の適用関係**

　　印紙税法別表第一、課税物件表の第17号の2文書「売上代金以外の有価証券の
受取書」である。

**説明**　不渡手形も有価証券であることから、その受領事実を証明するものは、第17号
の2文書に該当する。

974　　　　　　第2部　各課税物件

**第487例　集金票**

（表紙）

No.＿＿＿＿＿＿＿

| 重　　要 |
| --- |

| 自 | |
| --- | --- |
| 至 | |

| 点検年月日 | 年 月 日 | 年 月 日 | 年 月 日 |
| --- | --- | --- | --- |
| 検印 | | | |

集　　金　　票

| 取扱者 氏名 | |
| --- | --- |

株式会社　　　　　　銀　行

集　金　授　受　控

（お受取日　　年　月　日）
（手続日　　　年　月　日）

No.＿＿＿＿＿＿

・下記、記載の内容をご確認
の上、押印して下さい。

| お届け予定日 |
| --- |
| 月　日 |

| おなまえ | | | 様 | 印 |
| --- | --- | --- | --- | --- |

| 科　　目 | 処理内容 | 金　　額 | | | | | お受取物件 | 受領印 |
| --- | --- | --- | --- | --- | --- | --- | --- | --- |
| 当普定積通 | 入出振継 （2 1 6 3 カカ 年年月月） | 十億 | 百万 | 千 | | 円 | 現小手請通証 切　求 | / |
| 座通期立知 | 金金替続 （元利利利 利現現現） | | | | | | 金手形書帳書 | |
| 当普定積通 | 入出振継 （2 1 6 3 カカ 年年月月） | | | | | | 現小手請通証 切　求 | / |
| 座通期立知 | 金金替続 （元利利利 利現現現） | | | | | | 金手形書帳書 | |
| 為税商手手 数 | 入振取割取 | | | | | | 現小手請通証 切　求 | / |
| 替金手賃料 | 金込立引組 | | | | | | 金手形書帳書 | |
| 為税商手手 数 | 入振取割取 | | | | | | 現小手請通証 切　求 | / |
| 替金手賃料 | 金込立引組 | | | | | | 金手形書帳書 | |

| お届け物件 | 取引先受領印 | お客様受領印 | 領　収　証 | | 印　紙 | 取扱者 |
| --- | --- | --- | --- | --- | --- | --- |
| 現金（￥　　　） | | | 1発行 | 1回収 | | |
| 振出小切手・CDカード | | | 2不発行 | 2回収省略 | | |

（2-1）

第二十章　（第17号文書）　金銭又は有価証券の受取書　　　975

|  | おなまえ | | | | | 様 | | | | お届け予定日 月　日 |

領　収　証　　お受取日（年 月 日）No.
手続日（年 月 日）　お届け予定日 月　日

・手続日はお受取日と入金等の手続日がことなるときに記入いたします。

| おなまえ | | | | 様 | |
|---|---|---|---|---|---|
| 科　目 | 処理内容 | 金　　額 | | | お受取物件 |
| 当普定積通座通期立知 | 入出振継金金替続 | 十億 百万 千 円 | | 現金 小切手 手形 請求書 通帳 証書 |
| 当普定積通座通期立知 | 入出振継金金替続 | | | | 現金 小切手 手形 請求書 通帳 証書 |
| 為税商手手替金手数料賃料 | 入振取割取金込立引組 | | | | 現金 小切手 手形 請求書 通帳 証書 |
| 為税商手手替金手数料賃料 | 入振取割取金込立引組 | | | | 現金 小切手 手形 請求書 通帳 証書 |

切取線

上記のとおり確かにお受取りいたしました。なお本証は預金通帳、証書等への手続後は無効となります。
（通帳・証書などをお受取りのためご来店いただきます場合は、本証をご持参下さい。）

株式会社　　　　　　　銀行支店
印紙　　取扱者
（2-2）

第17号

（注）　金融機関の外務員が顧客との間における現金、預金通帳等の授受に際して使用するもので、外務員が得意先から預金等のために現金、預金通帳等を預かった場合にその事実を複写により記入し、領収証を切り取って顧客に交付し、集金授受控は銀行の控としている。また、得意先から預金の払戻しの依頼を受け、手続終了後現金等を届けた場合には、集金授受控の下部にその事実を記入し、「お客様受領印」欄に押印を受けることになっている。

### 印紙税法の適用関係

　　「集金授受控」、「領収証」ともに印紙税法別表第一、課税物件表の第17号の2文書「売上代金以外の金銭又は有価証券の受取書」である。

**説明**　　「お客様受領印」欄に押なつを受けた集金授受控の各片は、得意先が金銭の受領事実を証するものであることから、第17号の2文書に該当する。

　　なお、「領収証」について、手数料の受領事実を証する場合は、第17号の1文書「売上代金に係る金銭又は有価証券の受取書」となる。

**参考**　　この集金票は、外務員がその得意先との間において現金、預金通帳等の授受の事実を個々に記録・整理することを目的としたもので、たまたま得意先から預金の払戻しの依頼を受けて払戻金を届けることがあることから、その場合にも便宜使用できるように集金授受控の下部に「お届物件」欄等を設けたものである。

　　したがって、結果的に得意先から「お客様受領印」欄に押なつを受けた集金授

受控が集金票に残ることになっても、そのことで当該集金票が2以上の相手方から金銭の受領事実の付込み証明を受ける目的をもって作成された帳簿とはいえないことから、第20号文書「判取帳」には該当しない。

第二十章　（第17号文書）　金銭又は有価証券の受取書　　　977

**第488例**　受領原因を記載した受取書

```
┌─────────────────────────────────────────────────────────────┐
│ ┌─────┐          受　　取　　書         B　No.163361          │
│ │収 入│                                                       │
│ │印 紙│          （「受領目的記入」）として                    │
│ └─────┘          下記の金額確かにお受取いたしました。          │
│                                                               │
│                              年　月　日                        │
│                        様                                     │
│                            金　額  億千百万十万千百十円         │
│                                                               │
│  ┌──── 現 金 内 訳 ────┐           現　金                      │
│  │10,000 │    │0│0│0│0│ 新　規  内 当所手形                   │
│  │ 5,000 │    │0│0│0│ 既　往     枚                           │
│  │ 2,000 │    │0│0│0│ 記帳の為の 訳 他所手形                 │
│  │ 1,000 │    │0│0│0│ 通帳の有無 有　無    枚                │
│  │  500  │    │0│0│                                          │
│  │  100  │    │0│0│ 1　取扱者印のないもの及び金額の訂正したものは│
│  │   50  │    │0│    無効とします。                           │
│  │   10  │    │0│  2　預金通帳、証書がお手許に届くまで大切に保管│
│  │    5  │    │      して下さい。                             │
│  │    1  │    │    3　通帳に記入または証書発行後は無効とします。│
│  │   計  │    │        株式           銀行                     │
│  └───────────────┘      会社                                  │
└─────────────────────────────────────────────────────────────┘
```

（注）　「受領目的記入」欄は、例えば、「普通預金」、「定期預金」等と、受領原因を簡
　　　記する。

**印紙税法の適用関係**

　　　印紙税法別表第一、課税物件表の第17号の2文書「売上代金以外の金銭又は有
　　　価証券の受取書」である。

**説明**　　この文書は、単に受領原因としての預金科目の記載があるのみで、預金として
　　　受領したことが明らかな事項（預金期間、口座番号等）の記載がないことから、
　　　第14号文書「金銭又は有価証券の寄託に関する契約書」には該当しない（第十七
　　　章第368例「集金入金票」参照＝P796）。

978 　　　第2部　各課税物件

**第489例**　金銭受取書としての効用のみをもつ配当金領収証

### 配 当 金 領 収 証

第　　　期　自　　　年　　　月　　　日
　　　　　　至　　　年　　　月　　　日

支払確定日　　　　年　　　月　　　日

配　当　金　普通配当年　　割、第　　期記念配当年　　割
　　　　　　1株につき旧株　　円、新株　　円

支 払 場 所

| 番　　号 | 株　　　　　数 | 税引配当金 |
|---|---|---|
|  |  |  |

　上記配当金正に領収しました。
　　　　　　　年　　　月　　　日
　　　　　　　株　主　住　所
　　　　　　　　　　氏　名　　　　　　　　㊞
　株式会社　　御中

（注）　株主が会社から直接配当金の支払を受ける際に作成するものである。

### 印紙税法の適用関係

　　　印紙税法別表第一、課税物件表の第17号の2文書「売上代金以外の金銭又は有価証券の受取書」（作成者は株主）である。

**説明**　この文書は、配当金の支払を受ける権利を表彰している証書ではないことから、第16号文書「配当金領収証」には該当せず、第17号の2文書となる（第十九章第417例「配当金領収証」参照＝P877）。

第二十章　（第17号文書）　金銭又は有価証券の受取書　　　979

**第490例　売上報告書**

<table>
<tr><td>受領印</td><td colspan="3" style="text-align:center">売　上　報　告　書</td></tr>
</table>

受領印

　　　　　　　売　上　報　告　書

　　　　　　　　　　　　　　　　　　　　　　J　　㈱　御中

本日売上高合計　　　　　　　　　　　　　　　　　　　　　　円

本日入金高合計　　　　　　　　　　　　　　　　　　　　　　円

| 金　種　別 | 数 | 金　　　　　額 |
|---|---|---|
| 10,000円 | | |
| 5,000円 | | |
| 2,000円 | | |
| 1,000円 | | |
| 500円 | | |
| 100円 | | |
| 50円 | | |
| 10円 | | |
| | | |
| | | |
| クレジット（通常） | | |
| クレジット（ボーナス） | | |
| 合　　　計 | | |

必ず検算の上ご記入下さい▲

上記の通り当店舗の売上入金額を報告致します。

　　　　　　　　　　　　　　　　　　年　　　月　　　日

コード番号＿＿＿＿＿＿＿＿＿＿＿

テナント名＿＿＿＿＿＿＿＿＿＿　（　階）係名＿＿＿＿＿＿＿

　　　　　　　　　　　　　　　　　　　　　（テナント控）

第17号

980　　　　　　　　　　第2部　各課税物件

**印紙税法の適用関係**

　　印紙税法別表第一、課税物件表の第17号の2文書「売上代金以外の金銭の受取書」である。

**説明**　　この文書は、店舗の貸主（不動産業者等）がテナント等からテナントの売上代金を預かった際に、その受領事実を証明して返却するものであることから、第17号の2文書に該当する。

## 第491例　売上日報・銀行納金票

銀行

### 売 上 日 報

丙営業部　照合済

| 年　月　日 | コード番号 | 店舗名 | 責任者名 |
|---|---|---|---|
| （　曜日） | | | ㊞ |

| 区　　分 | 番号 | 件数 | 金　　額 | 摘　要（レシート添付箇所） |
|---|---|---|---|---|
| 売上記録 | 現　金　売 | 1 | 百万　千　円 | 現金売（小切手を含む）、料金・配送料を含む。 |
| | 掛　　　　売 | 2 | | テナント独自クレジット等の売上金を含む。料金・配送料を含む。 |
| | 商 品 券 売 | 3 | | 商品券（　を含む）税金・配送料を含む。下段売上集計表と一致。 |
| | 券　　　　売 | 4 | | ギフト券、引換券等で販売した金額 |
| | クレジット売 | 5 | | ステーションビル契約クレジットの売上金。料金・配送料を含む。下段売上集計表と一致。 |
| | | 6 | | |
| | 総　売　上　高 | 7 | | （ 1 + 2 + 3 + 4 + 5 + 6 ） |
| 売上記録から控除する額 | 登 録 違 い 額 | 8 | | 打ち違いのレシート金額 |
| | 取換・払戻額 | 9 | | 商品取換、又は払戻額 |
| | 預り金（クレジット以外） | 10 | | 1.2.3に含まれる税金、配送料 |
| | 預り金（クレジット） | 11 | | 5に含まれる税金、配送料 |
| | | 12 | | |
| | 控　除　額　計 | 13 | | （ 8 + 9 + 10 + 11 + 12 ） |
| | 純　売　上　高 | 14 | | （ 7 - 13 ） |
| | 掛　売　入　金 | 15 | | 掛売りの入金 |
| | 券　売　入　金 | 16 | | ギフト券、図書券、引換券等を販売した金額 |
| | 現　金　有　高 | 17 | | （ 1 + 15 + 16 ） |
| | 本 日 銀 行 納 金 額 | 18 | | 納金票金額と同額 |
| | 過　不　足　金　額 | 19 | | （ 18 - 17 ） |

| 客　　数 | 20 | 人 |
|---|---|---|
| 精　算　回　数 | 21 | 回 |

チェック欄
3+5+14+18+20

| クレジット売上集計表 | 件数 | 売 上 金 額 | 税金・配送料 | 合　　計 |
|---|---|---|---|---|
| 1 | | | | |
| 2 | | | | |
| 3 | | | | |
| 4 | | | | |
| 5 | | | | |
| 6 | | | | |
| 7 | | | | |
| 8 | | | | |
| 9 | | | | |
| 10 | | | | |
| 11 | | | | |
| 合　計(5) | | | | |

| 商品券売上集計表 | 件数 | 金　　額 |
|---|---|---|
| ステーションビル券 | | 百万　千　円 |
| 駅ビル券 | | |
| 駅ビル券 | | |
| 合　　計 (3) | | |

株式会社　　　　ビル

- - - - - - - - - - - - - - - （キリトリ線） - - - - - - - - - - - - - - -

### 銀行納金票

銀行　支店

年　月　日（　曜日）

| コード番号 | 店舗名 |
|---|---|
| | |

| 納　金　額 | 18 | 百万　千　円 |
|---|---|---|
| 10,000 円 | 百万　千　0,0,0,0 | 50 円　百万　千　0 |
| 5,000 | 0,0,0 | 10　　0 |
| 1,000 | 0,0,0 | 5, 1 |
| 500 | 0,0 | 小切手 |
| 100 | 0,0 | 計 |

982　　　　　　　　　第2部　各課税物件

（注）　共同店舗ビルの出店者が、売上げの内訳を記載して売上金とともに共同店舗ビ
ル管理会社へ提出するものである。

　　　なお、下部の「銀行納金票」は納金額の金種別内訳等を記載し、切り取って現
金とともに共同店舗ビル内に設置された収納金庫用納金かばんへ封入することと
している。

### 印紙税法の適用関係

　　　いずれも印紙税法に定める課税物件ではない。

**説明**　　売上日報は、出店者の一日の売上内訳を記載した報告書であり、課税文書に該
当しない。

　　　なお、この文書と複写で作成される「出店者控」に管理会社が、金銭の受領事
実を証明する目的で受領印等を押印し、出店者に交付する場合には、第17号の2
文書「売上代金以外の金銭又は有価証券の受取書」に該当し、管理会社が作成者
となる。

　　　銀行納金票は、納金額の金種別内訳を記載した明細表であり、印紙税法に定め
るいずれの課税物件にも該当しない。

　　　なお、この文書に金融機関が金銭の受領事実を証明する目的で受領印等を押印
し、管理会社等に交付する場合には、第17号の2文書に該当し、金融機関が作成
者となる。

第二十章　（第17号文書）　金銭又は有価証券の受取書　　983

**第492例**　銀行納金票

## 銀 行 納 金 票

営業日　　　年　　月　　日

| 店 舗 番 号 | 店　　　　　　名 | | 店　　長 | 作 成 者 |
|---|---|---|---|---|
| | | | | |

| 本日納入額 | 枚数 | 金　　　　　　　額 | | | | | | 銀 行 照 合 欄 |
|---|---|---|---|---|---|---|---|---|
| 内 | 10,000 | | | 0 | 0 | 0 | 0 | |
| | 5,000 | | | | 0 | 0 | 0 | |
| | 2,000 | | | | 0 | 0 | 0 | |
| | 1,000 | | | | 0 | 0 | 0 | |
| | 500 | | | | | 0 | 0 | |
| | 100 | | | | | 0 | 0 | |
| | 50 | | | | | | 0 | |
| 訳 | 10 | | | | | | 0 | |
| | 5 | | | | | | | |
| | 1 | | | | | | | |
| 現　金　計 | | | | | | | | |
| 小　切　手 | | | | | | | | |
| 合　　　計 | | | | | | | | |
| 確 定 金 額 | | | | | | | | 銀 行 記 入 欄 |

銀 行 欄

| 過 剰 額 | |
|---|---|
| 不 足 額 | |

（委託会社用）

(注)　各テナントは、売上金を銀行納金票（委託会社用）、同（銀行用）とともに委託会社が指定する金庫に投入する（同票のテナント用は、各テナントが保管す

る。）。銀行は、委託会社から各テナントの売上金とともに銀行納金票（委託会社用）、同（銀行用）を受領し、各テナントごとに金額を確認の上、委託会社の預金口座に合計で入金する。

この場合、入金控（課税物件）を交付するが、この入金控とは別に各テナントの入金額の明細として銀行納金票（委託会社用）の確定金額頭部に行員が確認印を押印して委託会社に返却するものである。

### 印紙税法の適用関係

印紙税法別表第一、課税物件表の第17号の2文書「売上代金以外の金銭又は有価証券の受取書」である。

**説明** この文書は、各テナントごとの受取金額の受領事実を証するものであることから、第17号の2文書に該当する。

第二十章 （第17号文書） 金銭又は有価証券の受取書　　985

**第493例**　売上収納金返還額明細表

## 売上収納金返還額明細表

コード番号　店舗名

　　　　　　　　　　　　　　　　殿　　　　　　　　　　　　年　　月前期分

| 売　上<br>収納金 | 1日 | 2日 | 3日 | 4日 | 5日 | 6日 | 7日 | 8日 |
|---|---|---|---|---|---|---|---|---|
| | | | | | | | | |
| | 9日 | 10日 | 11日 | 12日 | 13日 | 14日 | 15日 | |
| | | | | | | | | |

| | |
|---|---|
| 収納金合計 | 円 |
| 控　除　額 | 円 |
| 差引返還額 | 円 |

上記のとおり控除額を差引き売上金を返還いたします。

　　　　　　　　　　　　年　月　日　　株式会社　　　　　ビル　㊞

| 控　除<br>額明細 | ①家　賃 | ②名　店<br>会　費 | ③倉　庫<br>使用料 | ④ロッカー<br>使用料 | ⑤共　同<br>経　費 | ⑥配達料 | ⑦搬入料 | ⑧伝票・<br>用紙額 | ⑨電気料 | ⑩水道料 |
|---|---|---|---|---|---|---|---|---|---|---|
| | | | | | | | | | | |
| | ⑪附帯処<br>理　費 | ⑫修繕費 | ⑬マンショ<br>ン・寮費 | ⑭臨　時<br>家　賃 | ⑮臨時名<br>店会費 | ⑯ | ⑰ | ⑱ | ⑲ | 計 |
| | | | | | | | | | | |

備考……①今月分の基準家賃・定額家賃等。②、⑬今月分の基準名店会費・マンション寮費。
　　　　③～⑫、⑭～⑲前月分の使用料・諸経費及び臨時家賃等。

（注）　共同店舗ビル管理会社が、出店者から預かった売上代金を一定期間ごとに集計
し、家賃等を控除して返還する際、その明細を記載して出店者に交付する文書で
ある。

### 印紙税法の適用関係

印紙税法に定める課税物件ではない。

**説明**　この文書は、出店者からの預かり金の明細及びこれから控除する家賃等の明細
を記載し、差引返還額を確定させ、これを出店者に知らせるための精算書であ
り、第17号文書「金銭又は有価証券の受取書」その他いずれの課税物件にも該当
しない。

986　　　　　　　　第2部　各課税物件

**第494例**　手形の割引依頼書（控）

## 割 引 依 頼 書 （控）

株式会社　　銀行殿

（割引予定日　　月　　日）　　　氏名 _____

| No. | 期日 | 支払場所 | | 手 形 金 額 | 支 払 人 | | | | | | |
|---|---|---|---|---|---|---|---|---|---|---|---|
| | | 銀行 | 支店 | | 住所 | 職業 | 氏　　名 | | | | |
| | 月　日 | | | 円 | | | | | | | |
| | | | | | | | | | | | |
| | | | | | | | | | | | |
| | | | | | | | | | | | |
| | | | | | | | | | | | |
| | | | | | | | | | | | |
| | | | | | | | | | | | |
| | | | | | | | | | | | |
| | | | | | | | | | | | |
| | | | | | | | | | | | |
| | | | | | | | | | | | |
| | | | | | | | | | | | |
| | | | | | | | | | | | |
| | | | | | | | | | | | |
| 合計 | | 通 | | | 銀行使用欄 | 稟議書番号 No. | | 店長 | | 主任 | 受付 |

（注）　1　太枠内のみ記入して下さい。
　　　　2　支払人が法人の場合には代表者名および肩書は記入していただかなくても差支えありません。

（注）　手形の割引依頼を受けた際、手形の受取書として銀行員が役席印を押なつして
　　　　返却する文書である。

第二十章 （第17号文書） 金銭又は有価証券の受取書　　987

**印紙税法の適用関係**

　　印紙税法別表第一、課税物件表の第17号の２文書「売上代金以外の有価証券の
受取書」である。

**説明**　この文書は、役席印を押なつすることにより手形の受領事実を証明するもので
あることから、第17号の２文書に該当する。

第17号

988　　　　　　　　第２部　各課税物件

### 第495例　代金取立手形預り証兼受取書

# 代金取立手形預り証

整理番号＿＿＿＿＿＿＿＿＿

1　代金取立手形の種類及び明細（合計　　　通）

| 種類 | 振出日 | 番号 | 支払期限 | 振　出　人 | 支　払　人 | 金　額 | 取立番号（銀行用） |
|---|---|---|---|---|---|---|---|
|  |  |  |  |  |  |  |  |
|  |  |  |  |  |  |  |  |

2　上記の手形取立てのご依頼を受けましたので、裏面記載の規定により御取扱い
　申上げます。

　　　　　　　　　年　　　月　　　日

　　　　　　　　　　　　　　　　　　　株式会社　　　銀行　　　支店

＿＿＿＿＿＿＿＿＿＿＿＿＿＿＿＿殿

上記取立済の金額　　　　円正に受取りました。

　　　　　　　　　　　　　　　　　　　年　　　月　　　日

株式会社　　　銀行　　　支店　御中

　　　　　　　　　　　　　　　　氏名　　　　　　　　㊞

### 印紙税法の適用関係

　　　預り証の部分及び受領証の部分の双方とも、印紙税法別表第一、課税物件表の
　　第17号の２文書「売上代金以外の金銭又は有価証券の受取書」である。

### 説明

この文書は、預り証の部分が手形を受領した際に作成するものであることか
ら、第17号の２文書に該当する。

　　　また、その取り立てた金銭の受領事実を追記証明した受取の部分も、第17号の
　　２文書に該当する。

第二十章　（第17号文書）　金銭又は有価証券の受取書　　989

**第496例**　共済掛金受領書

共 済 掛 金 受 領 書

下記の払込共済金を受領いたしました。

年　　月　　日

農業協同組合

様

（ご注意）

組合の領取年月日および取扱者印のないものは無効です。

また、訂正した場合、訂正印のないものは無効です。

被共済者

様

| 契約年月日<br>年　月　日 | 共済期間 | 保障共済金額<br>万円 | 種別・型別<br>万円 | 共済掛金<br>円 | 割戻金<br>円 | 払込回数 | 払込共済掛金<br>円 |
|---|---|---|---|---|---|---|---|
| 払込年月<br>年　月分 | 共済年・月度<br>年度　月度 | | | | | | |

振替口座番号

**印紙税法の適用関係**

　　印紙税法別表第一、課税物件表の第17号の2文書「売上代金以外の金銭又は有価証券の受取書」である。

**説明**　この文書は、共済掛金の受領事実を証明するものであることから、第17号の2文書に該当する。

　　なお、組合員に交付する場合には、課税物件表の第17号文書に係る非課税物件欄の2のかっこ書の規定により、非課税文書となる。

第17号

990　　　　　　　　第2部　各課税物件

**第497例**　個別取立手形到着報告書

（その1）

---

個別取立手形到着報告

（到着日）　　　年　　月　　　日
　　　　銀行　　　　　　店

| （取扱日） | （期日） | （取立番号） |
|---|---|---|

| （手形支払人） | （支払場所） |
|---|---|

| （手形種類） | 付帯物件 | （引換証） | （譲渡証書） | （その他） | （摘要） |
|---|---|---|---|---|---|

株式会社　　　　　　　　　店　御中

---

（その2）

---

個別取立手形到着報告

到着日
下記手形および付帯物件たしかに
到着いたしました。

　　　　　銀行　　　　　店

| 取扱日 | 期　　日 | 取立番号 |
|---|---|---|
|  |  |  |

| 手形種類 | 付帯物件 | 引換証 | 譲渡証書 | その他 | 摘要 | |
|---|---|---|---|---|---|---|
|  |  |  |  |  |  |  |

委託店照会日　　　　　　　（委託銀行・店）　　　　　　　　　　店

---

第二十章　（第17号文書）　金銭又は有価証券の受取書　991

（その３）

```
                手 形 到 着 報 告

（発送店）
　　　　　銀行　　　店
下記手形ならびに付帯物件正に到着しました。
```

| 取扱日 | 取立依頼銀行コード | 期日 | 取立番号 | |
|---|---|---|---|---|
| | | | | |

| 引換証 | 譲渡証書 | 株式会社 | 銀行 | 支店　殿 |
|---|---|---|---|---|

```
　　　　　　（郵便番号・住所）〒　　　（　　　　　　）

到着日
　　　　年　　　月　　　日
```

**印紙税法の適用関係**

　　いずれも印紙税法に定める課税物件ではない。

**説明**　　（その１）、（その２）及び（その３）の文書は、為替業務（代金取立）に関連して銀行間における通知文書として作成されるものであり、「受領」又は「受取」等手形を受領した旨の記載がないことから、第17号文書「有価証券の受取書」その他いずれの課税物件にも該当しない（印紙税法基本通達別表第一、第17号文書の８《銀行間で作成する手形到着報告書》参照）。

992　　　　　　　　第2部　各課税物件

**第498例**　振込金受取書

振 込 金 受 取 書

| ご 依 頼 日 | 　　　年　　　月　　　日 | 振込指定 | 1　文書<br>2　普通<br>3　至急 | |
|---|---|---|---|---|
| 振込先 | 　　　　　銀行　　　支店 | | | |
| お受取人 | 預金種目 | 口座番号 | 金額 | |
| | フリガナ | | | |
| | おなまえ　　　　　　　様 | 当行をご利用いただき<br>ありがとうございまし<br>た。今後ともよろしく<br>お願い申し上げます。 | | |
| | おところ | | | |
| ご依頼人 | フリガナ | | | 振込手数料 |
| | おなまえ　　　　　　　様 | | | 　　　　　円 |
| | おところ | 銀行㊞　一括 | | |

**印紙税法の適用関係**

　　　印紙税法別表第一、課税物件表の第17号の1文書「売上代金に係る金銭又は有
　　価証券の受取書」である。

**説明**　　この文書は、振込依頼を受けた銀行が、振込金及び振込手数料を受領した際に
　　その受領事実を証明するものであることから、第17号の1文書に該当する。

　　　なお、この場合の記載金額は振込手数料の金額となるが、受取金額が5万円
　　（平成26年3月31日以前は3万円）未満であるかどうかは、振込金額と振込手数
　　料の合計額により判断することになる。

**参考**　1　為替取引における送金資金は、売上代金から除かれる。

　　　　2　振込手数料の金額の記載がない場合は、第17号の2文書「売上代金以外の金
　　　　　銭又は有価証券の受取書」に該当する。

第二十章 （第17号文書） 金銭又は有価証券の受取書 993

**第499例** 預金払戻請求書・預金口座振替による振込受付書（兼振込手数料受取書）

| | | | | |
|---|---|---|---|---|
| 預金払戻請求書<br>預金口座振替 | による振込受付書（兼振込手数料受取書） | | | |

<table>
<tr><td rowspan="2">ご依頼日</td><td colspan="3" rowspan="2">年　月　日</td><td colspan="2">お振込方法</td><td rowspan="2">手 数 料</td><td></td><td>円</td></tr>
<tr><td>電信扱</td><td>文書扱</td><td></td><td></td></tr>
<tr><td rowspan="2">お振込先</td><td colspan="2" rowspan="2">銀行</td><td rowspan="2">支店</td><td rowspan="2">金 額</td><td>十億</td><td>百万</td><td>千</td><td>円</td></tr>
<tr><td></td><td></td><td></td><td></td></tr>
</table>

（ご注意）
1　振込先銀行へは、受取人名のほか預金種目・口座番号を通知します。電信扱の場合には、受取人名はカナ文字により送信します。
2　振込依頼書に記載相違等の不備があった場合には、照会等のために振込が遅延したり、振込ができないことがあります。
3　通信機器、回線の障害または郵便物の遅延等やむを得ない理由によって振込が遅延することがありますのでご了承ください。
4　ご指定の口座から預金を払戻して振込む場合、その払戻しができないときは振込はできませんのでご注意ください。
5　この振込受付書は、振込ができない場合などに必要となりますので、ご依頼人が大切に保管してください。

**印紙税法の適用関係**

　　　　印紙税法別表第一、課税物件表の第17号の１文書「売上代金に係る金銭又は有価証券の受取書」である。

**説明**　この文書は、預金者から預金払戻請求書の提出を受けて、預金口座からの振替による口座振込みを引き受けた場合に作成する文書であるが、口座振替という委任事務の受付事実及び振込手数料の受領事実を併せて証明する目的で作成する文書と認められ、振込手数料額を記載金額とする第17号の１文書に該当する。

　　　　なお、手数料金額が５万円（平成26年３月31日以前は３万円）未満の場合は、非課税文書となる。

994　　　　　　　　第2部　各課税物件

**第500例**　再交付通帳等受取書

---

再交付通帳等受取書

　　　　　　　　　　　　　　　　　　　　　　　年　　月　　日
　　　　　　　　　　　　　　　〒　　－　　　TEL（　）
　　　　　　　　　　おところ　　　　　　　　　　　　　届印
　　　　　　　　　　おなまえ　　　　　　　　　　　　　〇
　　信用組合　殿　（保証人)　〒　　－　　　TEL（　）
　　　　　　　　　　おところ
　　　　　　　　　　おなまえ　　　　　　　　　　　　　㊞

　　　　年　　月　　　日付喪失届にかかる次のものを受け取りました。このことに
ついて万一事故が生じても、私および保証人において一切の責任を負います。な
お、後日喪失した通帳等を発見したときは、ただちに貴組合に返却します。

| 該当するものを〇で囲んでください。 | 1．再交付通帳 2．再交付証書 3．元 利 金 | 取引の種類 | | 元　　金（給付金） | 円 |
| | | 名　　義 | | 利　　息 | 円 |
| | | 口座番号 | | 元 利 合 計 | 円 |
| | | 預金金額（積立金額） | | 税　　金 | 円 |
| | 4．再交付鍵 | 記号番号等 | | 差 引 合 計 | 円 |
| | 5． | | | （元利金受取の場合に記入する） | |
| | 6． | | | | |

　（注）　総合口座の場合の「預金金額」は定期預金と普通預金（または借越）の金
　　　　　額をそれぞれお書きください。

---

**印紙税法の適用関係**

　　　受領物の種類によって、次のとおりとなる。
　　1　元利金を受領する場合
　　　　印紙税法別表第一、課税物件表の第17号の2文書「売上代金以外の金銭の受
　　　取書」である。
　　2　通帳、証書及び鍵の再発行の場合
　　　　印紙税法に定める課税物件ではない。

**説明**　　預金利子は売上代金ではないことから、元利金の受取書は、売上代金以外の金
　　　銭の受取書に該当する（印紙税法別表第一、課税物件表の第17号文書に係る定義
　　　欄の1及び印紙税法施行令第28条第2項第1号参照）。

第二十章　（第17号文書）　金銭又は有価証券の受取書　　　995

### 第501例　信託財産領収証

信 託 財 産 領 収 証

受領日　　　　年　　月　　日

信託銀行　御中

（受益者）　　　　　　㊞

　　年　　月　　日付の　　　　信託契約については、　　　　年　　月

日付で終了（又は解約）し、下記のとおり領収いたしました。

記

| 信 託 元 本 | 円 |
|---|---|
| 収 益 配 当 金 | 円 |
| 合　　　　計 | 円 |

#### 印紙税法の適用関係

　　印紙税法別表第一、課税物件表の第17号の２文書「売上代金以外の金銭又は有価証券の受取書」である。

**説明**　この文書は、信託契約の終了による信託財産（元本）及び収益配当金の受領事実を証明するものであり、第17号文書に該当する。

　　信託における資産の譲渡等は受託者（信託銀行等）が行うものであり、信託終了により収益が受益者に帰属するとしても、収益配当金は、受益者の資産の譲渡等の対価ではないことから、売上代金に該当せず、第17号の２文書となる。

　　なお、印紙税法別表第一、課税物件表の第17号文書に係る定義欄の１のハの規定の適用はない。

996　　　　　　　　　第2部　各課税物件

**第502例**　ご投資の証

---

（償還金全額に現金を加えて増額した場合）

自動継続投資
割引債コース

## ご　投　資　の　証

年　　　月　　　日

| | | | | 領収金額 |
|---|---|---|---|---|
| 扱　店 | コース | あなたの<br>口座番号 係 | | |
| | WY | | 様 | 円<br>80,000 |

（ご購入証券）　　　　　　（ご投資内訳）

| 銘柄 | 額面　　　円 | 額面　　　円 | 払込単価　円 | 購入証券<br>投資金額　円 |
|---|---|---|---|---|
| 第　　回 | 1,200,000 | 1,000,000 | 90.00 | 900,000 |
| 償還年月日：　年　月　日 | | 200,000 | 90.00 | 180,000 |
| | | 合　　　計 | | 1,080,000 |

◎　上記のご投資に関し「領収
金額」記載の金額を受領いた
しました。
◎　「領収金額」欄の金額と
「購入証券投資金額」合計欄
の金額との差額は償還金再投
資によるご投資分です。
◎　「領収金額」欄に金額の記
載のない場合は全額償還金再
投資によるご投資です。
◎　本証は預り証ではございま
せん。

証券株式会社

---

**印紙税法の適用関係**

　　印紙税法別表第一、課税物件表の第17号の2文書「売上代金以外の金銭又は有
価証券の受取書」である。

**説明**　　この文書は、「自動継続投資割引債コース」の文言があることによって、割引
債の買付代金であることが明らかであることから、第17号の2文書に該当する。

第二十章 （第17号文書） 金銭又は有価証券の受取書 997

### 第503例 口座振替による引落通知書

（その1）ご案内

| ご　　　案　　　内 | | 引き落し口座 | 当座預金 |
| | | | 普通預金 |

| 年　　月　　日 | 金　額 | | 円 |
| 口座番号 | | | |
| お口座名 | 摘要 | | |
| ‥‥‥ | | | |
| ‥‥‥ | | | |
| ‥‥‥　　　　　　様 | | | |

いつもお引きたていただきありがとうございます。
かねてのご依頼により本日、上記のとおり引き落しをいたしましたのでお知らせ申しあげます。

（その2）お利息引き落しのお知らせ

| | お利息計算期間 | 自　平成　年　月　日<br>至　平成　年　月　日 |
| 様 | お　利　息　額 | 円 |
| | お利息引き落し後の当座勘定残高 | 円 |

お利息引き落しのお知らせ　　　　残高頭部のマイナス部は貸越を表します。

いつもお引き立ていただきましてありがとうございます。さて、当座勘定決算によるお利息額は右記のとおりとなりますので御通知申しあげます。なお、お利息はあなたさまの当座勘定から引き落とさせていただきますのでご了承願います。

　　　（お利息引落日）

　　　　年　　月　　日

（注）　当座貸越利息引落用

### 印紙税法の適用関係

　　　　いずれも印紙税法に定める課税物件ではない。

**説明**　　（その1）及び（その2）の文書は、手数料等を口座振替により、預金口座から引き落とした旨を預金者に通知するものであることから、第17号文書「金銭の受取書」その他いずれの課税物件にも該当しない。

998　　第2部　各課税物件

## 第504例　保険料振替済のお知らせ

```
 ┌─────┐                郵　便　は　が　き
 │   局  │
 │料金別納│
 │ 郵　便 │
 └─────┘
                                                    様

                                              銀行
                                              支店
```

保険料振替済のお知らせ

［重要］

| 振　替 | 　年　月から | か月 | 振替保険料 | （証券番号） |
|---|---|---|---|---|
| | | | | （引落し口座番号） |
| | | | | |

上記保険料全額を、口座振替により　　生命保険相互会社へお支払いたしました。

- - - - - - - - - - - - - - 切　取　線 - - - - - - - - - - - - - -

課税所得控除月払保険料払込証明書

ご契約者　　　　　　　　　　　　　　　　　　　様

| 保険の種類及び期間 | | 証券番号 | |
|---|---|---|---|
| | 年満期 | 契約年月 | 　年　　　月 |

| お払込保険料 | 月額　　　　円ただし | 備考　　月分までは　　　　円（　　月分より） | |
|---|---|---|---|
| | 　月分は特別保険料を | お払込年月 | 前年以前分 |
| | 含み　　　　円 | 　年　　月分まで | か月 |

　年　　月　　日　証明

本年中の払込状況を上記の通り証明します。

生命保険相互会社

### 印紙税法の適用関係

印紙税法別表第一、課税物件表の第17号の2文書「売上代金以外の金銭の受取書」である。

［説明］　「保険料振替済のお知らせ」と称する文書で、保険会社が作成するものは、口座振替の方法により保険料を受け取ったことを証明する文書であることから、第

第二十章 （第17号文書） 金銭又は有価証券の受取書　　999

17号の2文書に該当する。

　なお、受託金融機関が作成するものは、金銭の受取事実を証明するものではな
く、委託に基づく事務処理の結果を通知するものであることから、第17号文書そ
の他いずれの課税物件にも該当しない。

　また、「課税所得控除月払保険料振込証明書」は、その作成目的が税務署に対
して保険料を領収した事実を証明する文書であると認められることから、第17号
の2文書に該当しないものとして取り扱われる。

第17号

1000　　　　　第2部　各課税物件

### 第505例　保険料口座振替のお知らせ

郵 便 は が き

（　　　生命）
保険料口座振替のお知らせ

○○局
料金別納
郵　便

〒

| 銀行コード | 支店コード | 預種 | 口　座　番　号 |
|---|---|---|---|
|  |  |  |  |

| 記号・証券番号 | 払込方法 | 振替日 |
|---|---|---|
|  | 年　回払 | 月　日 |

| 保　険　料 | 配当金・分配金 | 過不足分 |
|---|---|---|
| 円 | 円 | 円 |

| お　払　込　年　月 |  | 差引お払込額 |
|---|---|---|
| 年　月 | 年　月 | 円 |

| 口　座　名　義　人 |
|---|
| 様 |

| 年　　　　月分まで御入金済です。 |
|---|

ご契約者

様

取扱銀行・
支店名・＿＿＿＿＿＿＿＿

生命保険株式会社
収納サービス株式会社　　　㊞

---

　毎々格別のお引立にあずかり
　　　　　まことにありがとうございます。

さて、　　　生命にご加入のあなたさまの生命保険料は、表記の通りご入金いただい
ております。ご確認下さい。
今回のお払込につきましてはご指定の預金口座より表記のようにお振替させていた
だきますので、誠に恐れ入りますが今月の振替日（表記）の前日までにご指定預金
口座へご入金下さいますようお願い旁々ご案内申し上げます。
　（お願い）
ご転居の場合と預金口座に関する変更又は、ご契約についてのご照会は保険証券の
番号と被保険者名をご記入の上、
「〒　　東京都　　区　　　丁目　　番　　号　　　　生命㈱事務センター　　課
　　　　係」又は収納サービス㈱へお申出下さい。
電話・東京

第二十章　（第17号文書）　金銭又は有価証券の受取書　　　1001

**印紙税法の適用関係**

　　印紙税法別表第一、課税物件表の第17号の２文書「売上代金以外の金銭の受取書」である。

**説明**　この文書は、振込みの方法により保険料の受取事実を証明するものであることから、第17号の２文書に該当する。

1002 　　　　　第２部　各課税物件

**第506例**　担保品預り証

**印紙税法の適用関係**

　　印紙税法別表第一、課税物件表の第17号の２文書「売上代金以外の有価証券の
　受取書」である。

**説明**　担保品が有価証券である場合には、第17号の２文書に該当する。

　　なお、担保物が有価証券以外の場合は、印紙税法に定めるいずれの課税物件に
　も該当しない。

**参考**　担保として差し入れた有価証券の返還を受けた際に、本書の下部等にその受領
　の事実を証明するための追記をしたときは、第17号の２文書が新たに作成された
　ものとみなされる（印紙税法第４条第３項）。

第二十章　（第17号文書）　金銭又は有価証券の受取書　　　1003

**第507例　担保品受領証**

## 担 保 品 受 領 証

| 品　　　　目 | 株数または金額 | 名　義　人 | 備　　　　考 |
|---|---|---|---|
|  |  |  |  |
|  |  |  |  |

　上記は債務者　　　　　の貴行に対する債務の担保として、貴行へ差入れていましたが、本日返還をうけ、正に受領いたしました。つきましては、　　年　　月日貴行発行の担保品預り証に署名捺印の上、貴行へ差し出すべきところ、これを紛失しましたので、後日発見したときは直ちに貴行へ返却することは勿論のこと万一紛失による問題が生じても、私の責任においてすべて解決し、貴行にはいささかも損害、迷惑はおかけしないことを確約致します。

　　　　　年　　月　　日

　　　　　　　　　　　　　　住　所
　　　　　　　　　本　人
　　　　　　　　　　　　氏　名
　　　　　　　　　　　　　　住　所
　　　　　　　　　保証人
　　　　　　　　　　　　氏　名

　　　　銀行　御中

（注）　この文書は、担保として差し入れた有価証券等の返還を受けた際に作成する受取書である。

**印紙税法の適用関係**

　　印紙税法別表第一、課税物件表の第17号の2文書「売上代金以外の有価証券の受取書」である。

**説明**　この文書は、有価証券等の受領事実を証明するものであることから、第17号の2文書に該当する。

　　なお、担保品が有価証券以外の場合は、印紙税法に定めるいずれの課税物件にも該当しない。

**参考**　保証人に関する事項は、損害担保契約書に併記したものであるから、第13号文書「債務の保証に関する契約書」には該当しない。

1004　　　　　　第2部　各課税物件

**第508例　旅館券等**

（その1）旅館券

```
                    旅　館　券

                            様
                    計　　名（大人　名、小人　名）
宿泊月日　　　月　　　日（　　時から）ホテル、旅館
　　　　　　　月　　　日（　　時まで）事業者、施設　　名
　　　　　　　（　　泊　　食・RC）所在地
食　　事　　　月　　　日（朝・昼・夕）　電話番号
料　　金　　大人1名　@¥
　　　　　　小人1名　@¥　　　　　　発行者
　　　　　　税　　　金　込・別　　　住　所
　　　　　　サービス料　込・別　　　氏名又
　　　　　　　　　　　　　　　　　は名称　　　　　　　　社印
予約期日

　預り金額　¥　　　　　　　　　　　　　　取扱
　　　　　　　　　　　　　　　　　　　　者印

　※社印及び取扱者印のないものは無効です。
```

（裏　面）

```
                    ご　　注　　意

1　本券は、券面表示の利用施設に到着と同時に受付へお渡し下さい。
2　本券は、　　タクシー観光部と協定旅館に限り有効です。
3　宿泊又は食事を予約した場合で之を取消されたときは、旅行業法・宿泊約款に
　より払戻し致します。
　㋑　発行の日から60日を過ぎた旅館券の払戻しはいたしません。
　㋺　不参加者に対する料金は旅館で御返金いたしますが、この場合宿泊約款に準
　　じて所定の取消し料を申し受けることがあります。但し、この場合利用指定日
　　の前日までに、予約の取消しまたは変更処置を完了していることを条件といた
　　します。
4　本券の盗難・紛失等の場合は最寄警察署の盗難又は紛失証明書を添えてご連絡
　下さい。弊社から関係各所に連絡いたしますが、その間の事故については弊社で
　責任を負いません。
```

第二十章　（第17号文書）　金銭又は有価証券の受取書　　　1005

5　利用当日人員等に変更のある場合は、利用施設に申出て差額を精算して下さい。

契約者記名捺印欄

| 不 利 用 金 額 取 扱 欄 | | | |
|---|---|---|---|
| | 不参加者 | 払 戻 額 | 認印 |
| ①現金払戻 | 名 | 円 | |
| ②不 参 加証 明 | 名 | 円 | |

※②の場合は証明書の発行を受けてください。

取引銀行・　　銀行　　支店

**第17号**

（その２）旅館・観光クーポン

No.　　　　　　　　　　旅館・観光クーポン

領収金額　￥350,000※
￥350,000

御 芳 名　　　　　　　　様御一行35名
温 泉 名
旅 館 名
宿泊月日　　　　年　　　月　　　日

お願い
券面表示のホテル・旅館又は施設に御到着と同時に本券を受付にお示し下さい。

| 担当者 |
|---|
| |
| 会　計 |
| |

料　　金　御１人に付　　　　税　　金　㊝・別
　　　　１泊２食　￥10,000　サービス料　㊝・別
発 行 日　　　　年　　　月　　　日

（裏　面）

お客様への御注意

1　本券は券面表示のホテル又は施設に限り有効です。
2　ホテルに御到着の際は直ちに本券をお示し下さい。
3　予約の取消の場合は下記により払い戻し致します。

様へ。

不参加人員　払い戻し額
6名　／　60,000円

氏名　　　　　　　　　㊞

| | |
|---|---|
| ㈦ 予約日の3日前迄に取消の申出のあった場合は予約金全額を払戻し致します。 | 電話<br>（　　　　）－ |
| ㈡ 予約日前前日に取消しの申出のあった場合は券面料金の5割を取消料としていただきます。 | 翌月10日迄に必ず宿泊確認の為お電話下さい。 |
| ㈥ 予約日前日に取消しの申出のあった場合または取消しの通知が全然なく、本券を使用しなかった場合は券面料金の8割を取消料としていただきます。 | （尚クーポン送付下さいました場合は結構です。）<br><br>毎月月末締の翌月15日支払 |
| 不参加者がある場合は次により払戻しを致します。 | |
| ㈦ 施設の場合は利用個所発行の不参加証明書を本券発行営業所に御持参下されば相当額を払戻し致します。 | お振込希望の場合 |
| ㈡ その他の場合は券面表示個所で不参加者に対する料金を払戻し致します。<br>　この場合は違約金を申し受けることがあります。 | ※振込銀行　　　銀行　　　支店 当座No.<br>普通No. |

第二十章　（第17号文書）　金銭又は有価証券の受取書　　　　1007

（その３）船車券

<table>
<tr><td colspan="5" align="center">船　　車　　券</td><td>No.</td></tr>
<tr><td rowspan="2">運輸機関</td><td rowspan="2"></td><td>種</td><td rowspan="2"></td><td colspan="2"></td></tr>
<tr><td>別</td><td colspan="2">会様　45　名</td></tr>
<tr><td colspan="2" align="center">→</td><td>領収額</td><td colspan="2">￥59,400※　　　　円</td></tr>
</table>

| 経由 | 途中下車（船） | | | 大人（１名に付）　　1,080円 |
|---|---|---|---|---|

経由　　　　　途中下車（船）

| | | | | 大人（１名に付）　　　1,080円 |
| 予約事項 | 11月20日　　列車（便）<br>　　　　発13時00分<br>#　　　　　　 | 車等 | 種<br>12m未満 | 小児（１名に付）　　　　　円<br>バス　　　　　　10,800円<br>発売日共１箇月間有効 |

記事

　　　　　　　　　　　　　　　　　　株式会社　　　　観光企画

　　　　年　　　月　　　日発行

**第17号**

（裏　面）

| ご　注　意 | 株式会社　　　観光企画 |
|---|---|

ご　　注　　意

1　本券は券面指定の運輸機関に限り有効です。
2　本券は券面区間の一回乗車船に限り有効です。
3　券面に乗車船日時、列車船便、座席（船席）等の指定がある場合は、その指定されたものに限り有効です。
4　途中下車船は券面運輸機関の定めるところによります。
5　この券ご不用の節は、ご使用前でかつ通用期間内のものに限り、この券を発行した営業所で規定の手数料をいただき、残額をお返しいたします。
　但し、列車、船席等を予約して発行した場合には、当該運輸機関の定める

株式会社　　　　観光企画
東京都登録法人第　　　　　　　号
全国旅行　協会会員
海外旅行代理店

1008 第2部 各 課 税 物 件

ところにより、払戻しできないことが
あります。
6　この券を2人以上に対して発行した
　場合で、その内の一部に不乗車があっ
　たときには、当該運輸機関発行の不乗
　証明書をご持参の上、この券を発行し
　た営業所にご請求下されば、相当金額
　をお返しいたします。
7　券面の記入事項を訂正したものは無
　効となります。

### 印紙税法の適用関係

　　　　いずれも印紙税法に定める課税物件ではない。

**説明**　　（その1）、（その2）及び（その3）の文書は、いずれも旅館等に呈示して
　　　サービスの給付を受ける権利を表彰する証拠証書として作成するものであり、こ
　　　れらの券面上に記載される「領収金額」、「預り金額」は、副次的に金銭の受領事
　　　実を証することになるものもあるが、これはもともとサービスの給付を受ける権
　　　利の価値を表示しているものであって、金銭の受領事実を証するためのものでは
　　　ないことから、第17号の1文書「売上代金に係る金銭又は有価証券の受取書」そ
　　　の他いずれの課税物件にも該当しない。

第二十章　（第17号文書）　金銭又は有価証券の受取書　　　1009

**第509例　旅行・航空傷害保険契約証（保険料領収証）**

| 旅行・航空傷害保険**契約証**（保険料領収証） | | | 契約証番号　第ＳＳ　　　　　号 | | |
|---|---|---|---|---|---|
| | | 契約日・契約証作成日<br>保険日領収日<br>　年　　月　　日 | 保険種類<br>（特約条項）<br>（適　　用） | 国　内<br>旅　　行 | 航　空 |
| 契<br>約<br>者 | 住　所　□□□-□□□□ | 扱支店・課・営業所 | | | |
| | フリガナ | 代理店・扱者 | | | |
| | 氏　名　　　　　　殿 | | | | ㊞ |
| 被<br>保<br>険<br>者 | 住　所　記載なき場合は契約者住所に同じ | 保険期間 | 年　月　日　か<br>　　　　　ら | 時　　　　月<br>　　　　　日　間 |
| | 氏　名　記載なき場合は契約者氏名に同じ｜年令　才｜性別　男　女 | | 年　月　日　ま<br>　　　　　で | 時　　　飛行 |
| 旅行傷害 | 経　路 | 担保種類 | 保険金額 | 保険料 | |
| 航空傷害 | 搭乗区間｜航空便名 | 死亡・後遺障害<br>（航空、保険金額）｜百万｜千円 | | 千｜円 | |
| 死受亡保取険金人 | 住　所 | 入院保険金　日額　　　円 | | 千｜円 | |
| | 氏　名　被保険者との続柄 | 通院保険金　日額　　　円 | | 千｜円 | |

当会社は、別紙記載の傷害保険普通保険約款および特約条項その他この契約証に定めるところに従い、上記のとおり傷害保険契約を締結し、その証として、この保険契約証を発行いたします。

| 特約条項<br>（○印適用）｜死亡・<br>後遺のみ｜右保険料<br>領収しました。｜合計　千｜円 |
|---|
| 団体契約｜被保険者数　　名｜団体<br>割引｜5　　10<br>15　　20　％ |

| 収入印紙<br><br>5万円以上領収<br>の場合200円貼付 | 本店　市　区<br><br>海上保険株式会社 | （ご注意）<br>1　この契約証の記載事項が事実と相違した場合は、無効または失効となることがありますからご照会ください。<br>2　本証に扱者印のないもの、および内容を訂正したものは無効です。 |
|---|---|---|

（注）　損害保険会社が傷害保険契約をした旅行者等に対し、保険契約の証として交付するものである。

**印紙税法の適用関係**

　　　印紙税法別表第一、課税物件表の第17号の２文書「売上代金以外の金銭又は有価証券の受取書」である。

**説明**　この文書は、保険契約証として作成されるものであるが、保険料の受領事実をも併せて証明していることから、第17号の２文書に該当する。

　　　なお、平成26年３月31日以前に作成されるものについては、記載された受取金額が３万円未満のものが非課税となる。

1010　　　　　　第2部　各課税物件

**第510例**　ビラ予約申受書

## ビ ラ 予 約 申 受 書

| 取扱 | | 　年　　月　　日 |

　　　　　　　　　　　　営業所　扱

No.

| 検印 | | 係印 | |
| --- | --- | --- | --- |

御到着予定時刻

| | 月　　日　　時頃 |

　　　　　　　　　　　　　　　　様

| 御　住　所 | T E L | 御利用交通機関 |
| --- | --- | --- |
| 御芳名（会社名） | 代表者　　　　様 | 自家用車，その他（　　　） |

| タ イ プ | 御 利 用 予 定 日 | 貸別荘賃貸料計算書 |
| --- | --- | --- |
| 人用 | タイプ　　棟 | 月　日～　月　日（　日） | タイプ　×　日×　棟＝¥ |
| 人用 | タイプ　　棟 | 月　日～　月　日（　日） | |
| 人用 | タイプ　　棟 | 月　日～　月　日（　日） | 合計　¥ |

| 入金日 | ／ | 入金方法 | | 領収総額 | ¥ |
| --- | --- | --- | --- | --- | --- |

この度当ビラをご利用頂き誠にありがとうございます。
上記の通り使用料金正に領収致しました。

　　　　　　　　　　　　　　　東京都　　　区

　　　　　　　　　　　　　　　　　　会　社

第二十章　（第17号文書）　金銭又は有価証券の受取書　　　1011

**印紙税法の適用関係**

　　印紙税法別表第一、課税物件表の第17号の１文書「売上代金に係る金銭又は有
価証券の受取書」である。

**説明**　この文書は、貸別荘を使用させ、それに対して利用者が賃料を支払うことを内
　　容とするものであり、賃料の受領事実を証明するものであることから、第17号の
　　１文書にも該当する。

1012 第2部 各課税物件

**第511例** レンタカーの契約カード

契 約 カ ー ド

レンタカー ㊞

年　　　月　　　日

No._____

| 発着デポ | 出発　　　　帰着 | ご使用目的 | 商用　観光　帰郷　その他 |
|---|---|---|---|
| ご氏名 | 男　女<br>年　月　日生 | 車　種 | |
| ご住所 | TEL（　） | 貸渡契約<br>期　　間 | 自　月　日　時　｜所要時間<br>至　月　日　時　｜　　日　時間 |
| お勤め先 | TEL（　） | 行先及び<br>経　　路 | km<br>約 |
| 免許証<br>番　号 | 府<br>県　No. | 料金区別 | |
| 特記事項 | | ご注意…ご解約が48時間前までのときは予約<br>　　金の　％を、それ以後は予約金の　％を取<br>　　消手数料として申受けます。 | |
| 使用料金￥50,000<br><br>上記の通り受領いたしました<br><br>　　　　年　　月　　日 | | 備考　ご乗車の節にはこの予約カードと下記<br>　　　の概算料金をご持参下さい。<br>基 本 料 金　　　　時間　￥<br>走 行 料 金　　　　km　￥<br>自家補償料　　　　　　　￥ | |
| 取扱人氏名　　　　㊞ | | 概 算 合 計　　　　　　￥_____ | |

**印紙税法の適用関係**

　　印紙税法別表第一、課税物件表の第17号の1文書「売上代金に係る金銭又は有価証券の受取書」である。

**説明**　この文書は、レンタカーの賃貸借契約（印紙税法に定める課税物件ではない。）であり、予約金の受領事実を証明したものであることから、第17号の1文書に該当する。

第二十章　（第17号文書）　金銭又は有価証券の受取書　　　1013

**第512例**　**輸入貨物通関依頼票（控）**

# 輸入貨物通関依頼票（控）

_____　御中　　　　　　　　　　　　　年　　月　　日

| 受領印 | |
|---|---|

株式会社

部　　課

電話

| 責任者 | 担当者 |
|---|---|

下記の通り通関手続をお願いします。

契約番号 _____

| 積 来 船 名 | | 荷 送 人 | |
|---|---|---|---|
| 積　　　　港 | | 開　　　港 | |
| 出 港 日 | | 入港予定月日 | |
| 品　　　名 | | | |
| 数 量 ・ 荷 姿 | | | |

| インボイス価格 | 建　値 | | 単　価 | | 金　額 | |
|---|---|---|---|---|---|---|
| 船社または代理店 | | | | 海上運賃 | | |
| 保険会社または代理店 | | | 条　件 | 保険料 | | |

| | 申告の種類 | IC | IS | IM | BP | RE・IMP | ISW | IMW | IBP |

| 評 価 申 告 の 要 | 有 □ | 無 □ |

第17号

| 通 | 評価申告 | 個別申告の要 | 有□ 別払口銭 ％ | 無 □ |
|---|---|---|---|---|
| | | 包 括 申 告 | 有□ 受理番号： | |
| | | 現地店への分与口銭 | 有□ | 無 □ |
| 関 | | 広告宣伝費の支出 | 有□ | 無 □ |
| | | 現地立替払運賃等 | 有□ | 無 □ |
| | | □ 本支店現地法人との取引 | | |
| | | 緩　・　急 | | |

**お願い**

輸入申告書の輸入許可印のある写を、必ずお送り下さい。

| | B/L | | 海上運賃領収証 | | 電　文 | |
|---|---|---|---|---|---|---|
| 添 | B/L 代用 L/C | | 原 産 地 証 明 | | コントラクト・ノート | |
| 付 | インボイス | P.C. | 動検申請書 | | L/C 号 | |
| 書 | パッキングリスト | | 植検申請書 | | | |
| 類 | 輸 入 届 書 | | 輸 入 食 品 届 | | | |
| | 保険料請求書 | | 薬 事 届 書 | | | |

（注）　輸入通関手続を委託する際に２部作成するうちの１部で、委託者が控えとして
　　　保存するものである（通関業者の受領印あり）。

1014　　　　　　　　第2部　各課税物件

**印紙税法の適用関係**

　　印紙税法別表第一、課税物件表の第17号の2文書「売上代金以外の有価証券の
　受取書」である。

**説明**　この文書は、輸入通関手続を委託する契約であり、委任契約であるが、添付書
　　類中にB／L（船荷証券）のあるものは、B／Lという有価証券の受領事実も併
　　せて証明していることから、第17号の2文書に該当する。

第二十章 （第17号文書） 金銭又は有価証券の受取書　　　1015

**第513例**　名義書換受付票

名 義 書 換 受 付 票

受　　付　　　　年　　月　　　日
完了予定　　　　年　　月　　　日

殿

株式　　　　株

但　　　　殿名義を　　　　殿名義に書換（書換手数料　　　　円）

上記の通り名義書換のため預かりました。

本票引換に株券をお渡し致しますから大切に御保存願います。

市　　　区　　　町　　番地

証券株式会社　㊞

（注）　証券会社が株式の取得者から名義書換えの請求を受けた際に作成するものである。

**印紙税法の適用関係**

　　印紙税法別表第一、課税物件表の第17号の２文書「売上代金以外の有価証券の受取書」である。

**説明**　この文書は、名義書換えの請求のあった株券の受領事実を証する記載があることから、第17号の２文書に該当する。

1016 　第2部　各課税物件

**第514例**　FREIGHT MEMO

---

### FREIGHT MEMO　　No.＿＿＿＿＿

Date；

| Name of Vessel | | Voy.No. | |
| --- | --- | --- | --- |
| Loading Port | | Discharging Port | |
| Shipper | | | |
| B/L　No. | | | |
| ＄ | | | |
| ￥ | | | |
| Signature | Cashier Section | Cash or Cheque | 入金済 |
| | | | 支店 |

---

**印紙税法の適用関係**

　　印紙税法別表第一、課税物件表の第17号の1文書「売上代金に係る金銭又は有価証券の受取書」である。

**説明**　　この文書は、船舶会社が通関業者から船荷運賃を受領した際に交付するものであることから、第17号の1文書に該当する。

第二十章　（第17号文書）　金銭又は有価証券の受取書　　　1017

**第515例**　**書類受取書**

| 書　類　受　取　書 | 年　　月　　日 |

御中

下記書類御送付致しましたので御査収願います。　　　　　株　式　会　社
御手数ながら受領欄に御署名の上お返し下さい。

船名　　　　　　　　　　　　　　　　　　　　　個数

| 書　類　名 | 記 | 号 | 件　数 |
|---|---|---|---|
| ビー・エル（オリジナル） | | | |
| ビー・エル（コピー） | | | |
| メーツレシート | | | |
| 輸　出（入）承　認　書 | | | |
| 輸　出（入）許　可　書 | | | |
| 買　取　用　報　告　書 | | | |
| 海　上　保　険　証 | | | |
| 検　査　証　明　書 | | | |
| 免　　税　　書 | | | |
| 関　税　領　収　書 | | | |
| フレートレシート | | | |
| カタログ、写真、図面、説明書 | | | |
| | | | |
| 受　領　御　署　名　欄 | | | |

第17号

**印紙税法の適用関係**

　　　印紙税法別表第一、課税物件表の第17号の2文書「売上代金以外の有価証券の
　受取書」である。

**説明**　　この文書は、海上運送人から有価証券である船荷証券等を受け取った者が署名
　して海上運送人に交付するものであることから、第17号文書に該当する。

　　　なお、船荷証券を対価として受け取るものではないことから、第17号の2文書
　に該当する。

1018　　　　　第2部　各課税物件

**第516例　路線乗務員旅費領収書**

| 路線乗務員旅費領収書 | | | | | | | 中央営業所 |

| 月 | 日 | 車　番 | 路線名 | 乗務員氏名 | | 金　額（円） | 領収印 |
|---|---|---|---|---|---|---|---|
| | | | | 運転士 | 運転士 | | |
| 8 | 19 | 11－11 | 天満橋 | | － | 1,850 | 押　印 |
| | 19 | 11－12 | 日本橋 | | － | 1,750 | 押　印 |
| | 19 | 11－15 | 淀屋橋 | | － | 2,750 | 押　印 |
| | | | | | | | |
| | | | | | | | |
| | | | | | | | |
| | | | | | | | |
| | 計 | | | | | 6,350 | |

**印紙税法の適用関係**

　　印紙税法に定める課税物件ではない。

**説明**　この文書は、2以上の従業員から、金銭の受取事実の付け込み証明を受ける文書であるが、旅費など諸給与等の支払をした場合に従業員の支給額を連記して、これに領収印を徴する「諸給与一覧表等」は課税文書に該当しないこととして取り扱われる（印紙税法基本通達別表第一、第20号文書の3参照）。

第二十章　（第17号文書）　金銭又は有価証券の受取書　　　1019

**第517例**　**郵便切手類及印紙売渡証明書**

<table>
<tr><td colspan="3" align="center">郵便切手類及印紙売渡証明書</td></tr>
<tr><td align="center">銘　　　　　柄</td><td align="center">種　　類</td><td align="center">枚　　数</td></tr>
<tr><td></td><td align="right">円</td><td align="right">枚</td></tr>
<tr><td></td><td align="right">円</td><td align="right">枚</td></tr>
<tr><td></td><td align="right">円</td><td align="right">枚</td></tr>
<tr><td></td><td align="right">円</td><td align="right">枚</td></tr>
<tr><td></td><td align="right">円</td><td align="right">枚</td></tr>
</table>

上記の通り売渡した事を証明します
　　年　　　月　　　日
　　　　　　　　　　　　　　　殿
　　　　　郵便局管内
　　指定売りさばき人　　　　　㊞

**印紙税法の適用関係**

　　　印紙税法に定める課税物件ではない。

**説明**　　この文書は、金券である郵便切手及び印紙を売り渡したことを証明するものであることから、第17号文書「金銭又は有価証券の受取書」その他いずれの課税物件にも該当しない。

　　なお、この文書に、「上記金額を受領しました」等、金銭又は有価証券の受領事実を記載したものは、第17号の1文書「売上代金に係る金銭又は有価証券の受取書」に該当する。

## 第518例　家電リサイクル券（排出者控）

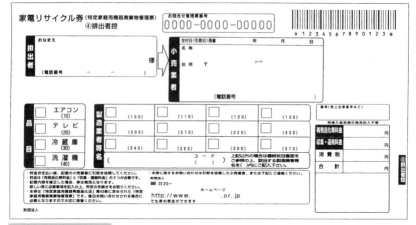

**印紙税法の適用関係**

　　印紙税法に定める課税物件ではない。

**説明**　この文書は、「再商品化等料金」、「収集・運搬料金」が記載されているが、契約の成立の事実を証する文書ではないことから、印紙税法に定めるいずれの課税物件にも該当しない。

　　なお、小売業者等が、引取りに係る対価として代金を受領し、この文書に「受領」、「領収」等の金銭の受領文言が記載されている場合は、第17号の1文書「売上代金に係る金銭又は有価証券の受取書」に該当する。

第二十章　(第17号文書)　金銭又は有価証券の受取書　　　1021

**第519例**　契約終了のご案内

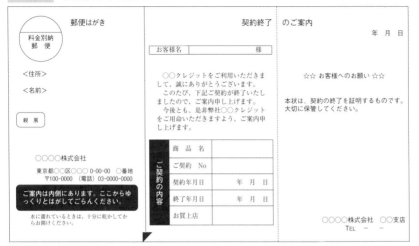

**印紙税法の適用関係**

　　印紙税法に定める課税物件ではない。

**説明**　この文書は、クレジット契約が終了した際に、クレジット利用の札状として使用するもので、金銭等の受領に関する事項の記載がないことから、第17号の1文書「売上代金に係る金銭又は有価証券の受取書」その他いずれの課税物件にも該当しない。

**参考**　契約の消滅を証する文書は、印紙税法上の契約書として取り扱われない。
　　また、融資金(元本及び利息の合計)の完済に関する事項の記載がある場合は、元利金の受領事実を証する文書と認められ、受取金額の記載がないことから、受取金額の記載のない第17号の1文書に該当する。

1022　　　　　　　　第2部　各課税物件

**第520例**　領収書（相殺によるもの）

---

　　　　　　　　　　　　　　　　　　　　　　　　年　月　日

　　　　　　　　　　　領　収　書

　＿＿＿＿＿＿＿様
　　　　　－金　1,000,000円
　上記金額を売掛金と相殺しました。
　　　　　　　　　　　　　　　　　　　　株式会社○○

---

**印紙税法の適用関係**

　　　印紙税法に定める課税物件ではない。

**説明**　金銭の受取書とは、金銭の引渡しを受けた者がその受領事実を証明するものをいう。

　　　この文書は、「領収書」という文言の記載はあるが、相殺による売掛債権の消滅を証明するものであって、金銭の受領事実を証明するものではないことから、第17号の1文書「売上代金に係る金銭又は有価証券の受取書」その他いずれの課税物件にも該当しない。

**参考**　金銭又は有価証券の受取書に、相殺に係る金額を含めて記載しているものについては、当該文書の記載事項により相殺に係るものであることが明らかにされている金額は、記載金額に含めない。

第二十章　（第17号文書）　金銭又は有価証券の受取書　　　1023

第521例　敷金領収証

## 敷　金　領　収　証

一金　100,000円也

　上記は　　県　　市　　町　　番地上木造瓦葺平屋建居宅１棟　建坪　坪　合
を賃貸しましたのでその貸家敷金として前記金額を確かに受領しました。ついては、
貴殿ご都合により他に移転の節は双方立会いの上故障なく家屋明渡の上、賃料延滞又
は建物造作に損害のないことを確認の上お返しいたします。

　また、本証を他人に譲渡、質権設定その他の法律目的に使用しないこと、貴殿が賃
貸借契約に違背し又は万一前記建物を毀損焼失したときは損害の一部に充当すること
及び当該敷金には利息を付けないことを相互了解の上取り決めます。

　　　　　　年　　　　月　　　　日

　　　　　　　　　　　　　　　　（賃貸人）　　　　　　　　　㊞

（賃借人）　　　　　　　　　　　殿

**印紙税法の適用関係**

　　　　印紙税法別表第一、課税物件表の第17号の２文書「売上代金以外の金銭又は有
　　　価証券の受取書」である。

**説明**　　１　売上代金以外である敷金を受領した際に交付する領収書であり、第17号の
　　　　　　２文書に該当する。
　　　　　２　敷金は、家賃債権を担保するために預かるものであり、賃借人のために保
　　　　　　管するものではないことから、第14号文書「金銭又は有価証券の寄託に関す
　　　　　　る契約書」には該当しない。

第17号

1024　　　　　　　第2部　各課税物件

**第522例**　遺失物に係る受付票

<br>

受　付　票

年　　月　　日

　　　　　様

　　　　　　　　所在地
　　　　　　　　名称

　　　　下記の物件を警察へ提出するため、受付いたしました。

| 受付番号 | | |
|---|---|---|
| 拾得者 | 氏　名 | |
| | 住　所 | |
| 拾得の日時 | | 年　　月　　日　午前・午後　時　分 |
| 拾得場所 | | |

| 物件の内容 | 紙幣（枚） | | | | 硬貨（枚） | | | | | |
|---|---|---|---|---|---|---|---|---|---|---|
| | 万 | 5千 | 2千 | 千 | 500 | 100 | 50 | 10 | 5 | 1 |
| | 5 | | | | | | | | | |
| その他 | | | | | | | | | | |

| 備　考 | |
|---|---|

本書は遺失物法第14条に定める書面の交付となります。

**印紙税法の適用関係**

　　　印紙税法に定める非課税物件である。

**説明**　この文書は、拾得者に対し、拾得物である金銭（5万円）の受取事実を証する
ものであるから、第17号文書「金銭又は有価証券の受取書」に該当するが、施設
占有者の立場で法令の規定に基づき交付するものであり、事業のためにする行為
として交付するものではないと認められることから、遺失物として届けられた物
件が金銭又は有価証券である場合は、営業に関しない受取書（非課税文書）とな
る。

第二十章 （第17号文書） 金銭又は有価証券の受取書 1025

**第523例** **鑑定対象物件の預り証**

<table>
<tr><td colspan="9" align="center">預 り 証</td></tr>
</table>

預 り 証

No. 0000-00

年　月　日

○○　○○　様

| 種　類 | 口座（通帳）No. | ご 名 義 人 | 理由（該当のものを○で囲む） | | 処理予定日 | お預り期間 |
|---|---|---|---|---|---|---|
| 通帳証書 | 定期・定積<br>普通・通知<br>貯蓄<br>（　） | | 様分 | 満期・解約手続 | 1 書替<br>2 現払い<br>3 他預金振替<br>4 その他 | 年　月　日 | 月　日 |
| 通帳証書 | 定期・定積<br>普通・通知<br>貯蓄<br>（　） | | 様分 | 満期・解約手続 | 1 書替<br>2 現払い<br>3 他預金振替<br>4 その他 | 年　月　日 | 月　日 |
| 通帳証書 | 定期・定積<br>普通・通知<br>貯蓄<br>（　） | | 様分 | 満期・解約手続 | 1 書替<br>2 現払い<br>3 他預金振替<br>4 その他 | 年　月　日 | 月　日 |

上記記載のとおりお預かりいたしました。

摘　要　　鑑定のため1万円券5枚

1 この預り証は、後日正規の通帳（証書）又は計算書（現金）等をお受取りになるまで、大切に保管してください。
2 この預り証は、上記項目の処理により正規の通帳（証書）又は、計算書（現金）等をお受取りの後は、無効といたします。
3 お預り期間から1週間以上経過しても通帳（証書）又は、計算書（現金）等をお受取りにならない場合は、当庫取扱店にご連絡ください。
4 この預り証に取扱店名、取扱者印のないものは、無効といたします。

| 会 員 ・ 顧 客 番 号 |
|---|
| | | | | | | | |

印紙

会員外かつ5万円以上

取扱者印

○　○　信用金庫　取扱店

第17号

（注）　金融機関の窓口担当者が、来店の顧客から、破損等により使用が困難となったこと又は偽造等の疑いがあることにより、紙幣又は貨幣に該当するかどうかの鑑定を行うために物件を預かる際に交付する文書である。

**印紙税法の適用関係**

印紙税法に定める課税物件ではない。

**説明**　鑑定対象物件は、紙幣又は貨幣として流通し得る（通用力のある）金銭であるかどうかに疑義があり、その真贋等を確認するために鑑定を行うものであるから、第17号文書「金銭又は有価証券の受取書」にいう金銭には該当せず、鑑定を行うための単なる対象物件に過ぎないものである。

この文書は、金銭に当たらない鑑定対象物件の受領事実を証明する文書であるため、第17号文書に該当せず、その他のいずれの課税文書にも該当しない。

なお、平成26年3月31日以前に作成されるものについては、記載された受取金額が3万円未満のものが非課税となる。

第524例　輸出免税物品購入記録票に貼付・割印するレシートの写し

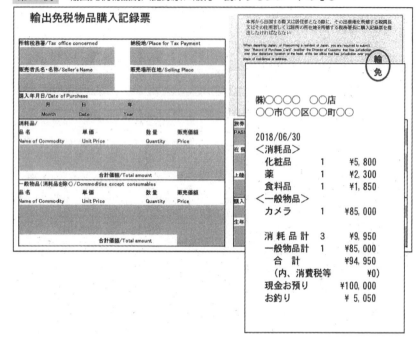

**印紙税法の適用関係**

　　　印紙税法に定める課税物件ではない。

**説明**　この文書は、購入記録票に品名や数量、価額等の明細を記載する代わりに貼り付けられるものであり、かつ、当該購入記録票に割印されることから当該購入記録票の一部と認められ、輸出物品販売場を営む事業者が金銭の受領事実を証明するために作成したものと認められないことから、第17号の１文書「売上代金に係る金銭又は有価証券の受取書」その他いずれの課税物件にも該当しない。

# 第二十一章 （第18号文書）
### 預貯金通帳、信託行為に関する通帳、
### 銀行の作成する掛金通帳、
### 無尽会社の作成する掛金通帳、
### 生命保険会社の作成する保険料通帳
### 又は生命共済の掛金通帳

## 1 預貯金通帳

　預金通帳及び貯金通帳は、印紙税法別表第一、課税物件表の第18号（P1124参照）に掲げる印紙税の課税物件である。

　「預金通帳」又は「貯金通帳」とは、銀行その他の金融機関で法令の規定により預金又は貯金業務を行うことができる者が、預金者又は貯金者との間における継続的な預金又は貯金の受払い（消費寄託関係）を連続的に付け込んで証明する目的をもって作成する文書であり、預貯金の意義等は第十一章（第8号文書）において説明したとおりである。

　銀行、信用金庫等で作成される普通預金通帳、定期預金通帳、通知預金通帳などが本号に該当する通帳として一般的であるが、会社、団体等が労働基準法第18条第4項又は船員法第34条第3項に規定する預金を従業員等から受け入れた場合に作成する、いわゆる「勤務先預金通帳」も本号の預金通帳又は貯金通帳となる。ただし、この「勤務先預金通帳」は、労働基準法第18条第4項又は船員法第34条第3項に規定する預金の受入れに関して作成するものに限られることに注意を要する。したがって、例えば、会社、団体等が従業員でない役員、退職者又は社内の親睦グループ等から受け入れる預金について作成する預貯金通帳は、本号の預金通帳又は貯金通帳には該当せず、次節に説明する課税文書（印紙税法別表第一、課税物件表の第19号に掲げる文書）となり、税率も異なる。このことはその通帳が、たとえ「社内預金通帳」とか「勤務先預金通帳」等の表題を用いている場合であっても、また、受入側の会社、団体等がその預

り金を本来の勤務先預金と合算経理している場合等であっても変わりはない。

積金通帳については、第十一章において説明したとおり積金が預貯金と異なるものであるところから、その通帳は本号の課税物件には該当しない。

預金通帳又は貯金通帳のうち、「普通預金通帳」、「通知預金通帳」、「定期預金通帳」、「当座預金通帳」、「貯蓄預金通帳」、「勤務先預金通帳」、「複合預金通帳」及び「複合寄託通帳」については、所轄税務署長の承認を受けて、毎年4月1日現在のそれらの預金の口座数に相当する印紙税を申告納付する特例制度がある（第1部第七章第一節4⑵参照）。

## 2　信託行為に関する通帳

信託行為に関する通帳も印紙税法別表第一、課税物件表の第18号（P1124参照）に掲げる印紙税の課税物件である。

「信託行為に関する通帳」とは、信託会社が信託契約者との間における継続的な財産の信託関係を連続的に付込証明する目的で作成する、いわゆる信託通帳がこれに当たる。

## 3　銀行又は無尽会社の作成する掛金通帳

銀行又は無尽会社の作成する掛金通帳も印紙税法別表第一、課税物件表の第18号（P1124参照）に掲げる印紙税の課税物件である。

これらは、銀行又は無尽会社が掛金契約者又は無尽掛金契約者との間における掛金又は無尽掛金の受領事実を連続的に付込証明する目的で作成する通帳であって、一般に掛金通帳、無尽掛金通帳等と称するものである。

## 4　生命保険会社の作成する保険料通帳

「生命保険会社の作成する保険料通帳」も、生命保険会社が保険契約者との間における保険料の受入事実を連続的に付込証明する目的で作成する通帳であり、印紙税法別表第一、課税物件表の第18号（P1124参照）に掲げる印紙税の課税物件である。

第二十一章　（第18号文書）　預貯金通帳等　　1029

## 5　生命共済の掛金通帳

　「生命共済の掛金通帳」とは、農業協同組合法第10条第1項第10号に規定する事業を行う農業協同組合又は農業協同組合連合会が、死亡又は生存を共済事故とする共済に係る契約に関して、その掛金の受領事実を連続的に付込証明する目的で作成する通帳であり、印紙税法別表第一、課税物件表の第18号（P1124参照）に掲げる印紙税の課税物件である。

## 6　非課税物件

(1)　次に掲げる金融機関の作成する預貯金通帳は非課税である（印紙税法別表第一、課税物件表の第18号非課税物件欄の1、同法施行令第27条）。

　イ　信用金庫

　ロ　信用金庫連合会

　ハ　労働金庫及び労働金庫連合会

　ニ　農林中央金庫

　ホ　信用協同組合及び信用協同組合連合会

　ヘ　農業協同組合及び農業協同組合連合会

　ト　漁業協同組合、漁業協同組合連合会、水産加工業協同組合及び水産加工業協同組合連合会

(2)　所得税法第9条第1項第2号《非課税所得》に規定する預貯金に係る預貯金通帳と、同法第10条《障害者等の少額預金の利子所得等の非課税》の規定により、その利子につき所得税が課されないこととなる普通預金に係る通帳は、非課税とされる（印紙税法別表第一、課税物件表の第18号非課税物件欄の2、同法施行令第30条）。

　イ　所得税法第9条第1項第2号《非課税所得》に規定する預貯金に係る預貯金通帳とは、いわゆるこども銀行の預貯金に係る預貯金通帳であって、こども銀行の代表者名義で受け入れる預貯金に係る預貯金通帳をいうが、このほか、こども銀行自体の作成する預貯金通帳も課税文書に該当しないものとして取り扱われる（印紙税法基本通達別表第一、第18号の5及び6）。

ロ　所得税法第10条《障害者等の少額預金の利子所得等の非課税》の規定により、その利子につき、所得税が課されないこととなる普通預金に係る通帳とは、具体的には、同法第10条に規定する非課税貯蓄申告書の提出と一定の公的書類を提示して障害者等に該当する旨の確認を受け、かつ、受入れの際、同条に規定する非課税貯蓄申込書の提出があって受け入れた障害者等の普通預金に係る普通預金通帳で、その預金の元本が一定の限度額を超えないものをいう（印紙税法基本通達別表第一、第18号文書の7）。

　したがって、この非課税規定の適用を受けることのできるのは、障害者等に係る普通預金通帳で、いわゆるマル優の適用を受けたものであれば、一般に銀行などで作成される普通預金通帳はもちろんのこと、勤務先預金のうち預金の出し入れが自由な普通預金の通帳も、この規定が適用されて非課税となる。

第二十一章 （第18号文書）預貯金通帳等 　　1031

## 第525例　普通預金通帳等

### （その1）普通預金通帳　　　　　　　　　　　　　　　（表紙）

口座番号 _____　　　　　　　　　　_____ 様

普 通 預 金 通 帳

銀 行

（表紙裏の普通預金規定は省略）　　　　　　　（内容）

| | 日　付<br>（年月日） | お支払金額 | お預り金額 | 摘　要<br>（お客さまメモ） | | 差引残高 | 符　号 |
|---|---|---|---|---|---|---|---|
| 1 | | | | | | | |
| 2 | | | | | | | |
| 3 | | | | | | | |
| 4 | | | | | | | |
| 5 | | | | | | | |
| 6 | | | | | | | |
| 7 | | | | | | | |
| 8 | | | | | | | |
| 9 | | | | | | | |
| 10 | | | | | | | |
| 11 | | | | | | | |
| 12 | | | | | | | |
| 13 | | | | | | | |
| 14 | | | | | | | |
| 15 | | | | | | | |
| 16 | | | | | | | |
| 17 | | | | | | | |
| 18 | | | | | | | |
| 19 | | | | | | | |
| 20 | | | | | | | |
| 21 | | | | | | | |
| 22 | | | | | | | |
| 23 | | | | | | | |
| 24 | | | | | | | |

● 「摘要（お客さまメモ）」欄と符号欄の符号説明は、1項をご参照下さい。なお、符号説明欄に説明
のない場合及び符号記載のない場合は窓口係員にご確認ください。

## 印紙税法の適用関係

　　印紙税法別表第一、課税物件表の第18号文書「預貯金通帳」である。

1032 　　　第 2 部　各 課 税 物 件

## （その2）定期預金通帳

（表紙）

```
┌─────────────────────────────────────────────┐
│   口座番号 [              ]      _____ 様 │
│                                                 │
│        定 期 預 金 通 帳                          │
│                                                 │
│                                                 │
│                   銀 行                          │
└─────────────────────────────────────────────┘
```

（表紙裏の定期預金規定は省略）　　　　　　（内容）

| | お預け入れ日<br>またはご継続日 | 預入番号 | お預り金額 | 期　間 | 満　期　日 | 利　率 | 課税区分 | 受入証印 | お支払日<br>支払証印 |
|---|---|---|---|---|---|---|---|---|---|
| 1 | 年　月　日 | | | 年 カ月 | 年　月　日 | 年　% | | | 日付 |
| | | 2年定期預金中間利払処理 | | | | | | | お支払日 |
| | | 中間利払日 | 中間利払額 | 中間利息お支払方法 | | | | | 支払認印 |
| | | 年　月　日 | 元金の　%<br>相当額 | | | | | | 日付 |
| 2 | 年　月　日 | | | 年 カ月 | 年　月　日 | 年　% | | | 日付 |
| | | 2年定期預金中間利払処理 | | | | | | | お支払日 |
| | | 中間利払日 | 中間利払額 | 中間利息お支払方法 | | | | | 支払認印 |
| | | 年　月　日 | 元金の　%<br>相当額 | | | | | | 日付 |
| 3 | 年　月　日 | | | 年 カ月 | 年　月　日 | 年　% | | | 日付 |
| | | 2年定期預金中間利払処理 | | | | | | | お支払日 |
| | | 中間利払日 | 中間利払額 | 中間利息お支払方法 | | | | | 支払認印 |
| | | 年　月　日 | 元金の　%<br>相当額 | | | | | | 日付 |
| 4 | 年　月　日 | | | 年 カ月 | 年　月　日 | 年　% | | | 日付 |
| | | 2年定期預金中間利払処理 | | | | | | | お支払日 |
| | | 中間利払日 | 中間利払額 | 中間利息お支払方法 | | | | | 支払認印 |
| | | 年　月　日 | 元金の　%<br>相当額 | | | | | | 日付 |

●2年定期預金中間利払処理欄は2年定期預金の場合にのみ記入します。
●中間利息のお支払日は2年定期預金の中間払利息を現金でお支払いした場合または中間利息定期預金をお支払い（継続）した場合に記入いたします。
●小切手その他の証券類をお預け入れになったときは、その証券類の決済日がお預け入れ日となります。この場合「お預け入れ日」欄には上段にその証券類の決済予定の日を、下段にお取扱い日を記入させて頂きます。

## 印紙税法の適用関係

　　印紙税法別表第一、課税物件表の第18号文書「預貯金通帳」である。

第二十一章　（第18号文書）　預貯金通帳等　　　　1033

（その３）通知預金通帳　　　　　　　　　　　　　　（表紙）

| 口座番号 | | ＿＿＿＿＿＿＿＿　様 |
|---|---|---|

通 知 預 金 通 帳

銀 行

（表紙裏の通知預金規定は省略）　　　　　（内容）

1

| | 日付 | 預入番号 | 金　　　　　額<br>（赤印字はお引出しを表わします） | 利　　率<br>（お支払利息） | 受入証印 | お支払日<br>支払証印 | 残　　高 |
|---|---|---|---|---|---|---|---|
| 1 | 年 月 日 | | | 年　　％<br>（　　　） | | 日付 | |
| 2 | 年 月 日 | | | 年　　％<br>（　　　） | | 日付 | |
| 3 | 年 月 日 | | | 年　　％<br>（　　　） | | 日付 | |
| 4 | 年 月 日 | | | 年　　％<br>（　　　） | | 日付 | |
| 5 | 年 月 日 | | | 年　　％<br>（　　　） | | 日付 | |
| 6 | 年 月 日 | | | 年　　％<br>（　　　） | | 日付 | |
| 7 | 年 月 日 | | | 年　　％<br>（　　　） | | 日付 | |
| 8 | 年 月 日 | | | 年　　％<br>（　　　） | | 日付 | |

●小切手その他の証券類を受入れたときは、その証券類の決済日がお預け入れ日となります。この場合「お預け入れ日」欄には上段にその証券類の決済予定日を、下段にお取扱い日を記入させて頂きます。

**印紙税法の適用関係**

　　印紙税法別表第一、課税物件表の第18号文書「預貯金通帳」である。

1034　　　　　　第2部　各課税物件

## （その4）積立預金通帳

(表紙)

| 口座番号 | | _____ 様 |

積 立 預 金 通 帳

銀行

期間　　年　　カ月

| 預入期限 |　　年　　月　　日　| 目標日 |　　年　　月　　日

(内容)

| | 日　付<br>(年月日) | 回数 | 備　　　考 | お預り金額 | 摘　　要<br>(お客さまメモ) | お預り金総額 | 符　号 |
|---|---|---|---|---|---|---|---|
| 1 | | 1 | | | 目標日 | | |
| 2 | | 2 | | | | | |
| 3 | | 3 | | | | | |
| 4 | | 4 | | | | | |
| 5 | | 5 | | | | | |
| 6 | | 6 | | | | | |
| 7 | | 7 | | | | | |
| 8 | | 8 | | | | | |
| 9 | | 9 | | | | | |
| 10 | | 10 | | | | | |
| 11 | | 11 | | | | | |
| 12 | | 12 | | | | | |

●小切手その他の証券類をお預け入れになったときは備考欄にその証券類の決済予定の日を
記入いたします。この場合には証券類の決済日がお預け入れ日となります。
●符号の説明は1頁をご参照下さい。

## 印紙税法の適用関係

印紙税法別表第一、課税物件表の第18号文書「預貯金通帳」である。

第二十一章　（第18号文書）　預貯金通帳等　　　1035

## （その5）総合口座通帳

（表紙）

口座番号 [　　　　　　] 　　　　　　　　　　　　様

## 総 合 口 座 通 帳

### 銀行

（内容1）

### 普 通 預 金
（兼お借入明細）

| | 日付<br>（年月日） | お支払金額 | お預り金額 | 摘要<br>（お客さまメモ） | | 差引残高 | 符号 |
|---|---|---|---|---|---|---|---|
| 1 | | | | | | | |
| 2 | | | | | | | |
| 3 | | | | | | | |
| 4 | | | | | | | |
| 5 | | | | | | | |
| 6 | | | | | | | |
| 7 | | | | | | | |
| 8 | | | | | | | |
| 9 | | | | | | | |
| 10 | | | | | | | |
| 11 | | | | | | | |
| 12 | | | | | | | |
| 13 | | | | | | | |
| 14 | | | | | | | |
| 15 | | | | | | | |
| 16 | | | | | | | |
| 17 | | | | | | | |
| 18 | | | | | | | |
| 19 | | | | | | | |
| 20 | | | | | | | |

●この通帳に定期預金をお預け入れになると、当行の定めるお借入限度までは自動的にお立替えがご利用になれます。定期預金をお預けの節はその旨お申出ください。
●差引残高欄の朱記又は差引残高末尾の「⊗」又は頭部の「△」の印は、お立替えを示します。
●符号の説明は1頁をご参照ください。なお、符号説明欄に説明のない場合及び符号記載のない場合は窓口係員にご確認ください。

第18号

1036 第2部 各課税物件

(内容2)

## 定 期 預 金
### （担保明細）

| 定期預金<br>口座番号 | | | | | | |

**ご 融 資 限 度 額**
定期預金合計額の90%で最高100万円まで（千円未満切捨て）

| お預け入れ日又は<br>ご継続日 | 預入番号 | お預り金額 | 期間 | 満 期 日 | 利 率 | 課税区分 | 受入れ証印 | お支払日又は繰越日 |
|---|---|---|---|---|---|---|---|---|
| | | | | 中間利払日 | 中間利払額 | | | 支払または繰越証 印 |
| 1 　年　月　日 | | | 年カ月 | 年　月　日 | 年　% | | | 日付 |
| | | | | 年　月　日 | 元金の　%<br>相当額 | | | |
| 2 　年　月　日 | | | 年カ月 | 年　月　日 | 年　% | | | 日付 |
| | | | | 年　月　日 | 元金の　%<br>相当額 | | | |
| 3 　年　月　日 | | | 年カ月 | 年　月　日 | 年　% | | | 日付 |
| | | | | 年　月　日 | 元金の　%<br>相当額 | | | |
| 4 　年　月　日 | | | 年カ月 | 年　月　日 | 年　% | | | 日付 |
| | | | | 年　月　日 | 元金の　%<br>相当額 | | | |
| 5 　年　月　日 | | | 年カ月 | 年　月　日 | 年　% | | | 日付 |
| | | | | 年　月　日 | 元金の　%<br>相当額 | | | |
| 6 　年　月　日 | | | 年カ月 | 年　月　日 | 年　% | | | 日付 |
| | | | | 年　月　日 | 元金の　%<br>相当額 | | | |
| 7 　年　月　日 | | | 年カ月 | 年　月　日 | 年　% | | | 日付 |
| | | | | 年　月　日 | 元金の　%<br>相当額 | | | |
| 8 　年　月　日 | | | 年カ月 | 年　月　日 | 年　% | | | 日付 |
| | | | | 年　月　日 | 元金の　%<br>相当額 | | | |

●中間利払日と中間利払額は2年定期
　預金の場合のみ記入いたします。

**この 定 期 預 金 は 自 動 継 続 扱 い で す**

1．満期日になりましたら、自動的に継続いたします。
2．継続の際の旧預金のお利息および2年定期預金の中間払利息はこの通帳の普通預金へ入金いたします。
3．継続後の新満期日は新通帳へ継越の際に記入いたします。
4．この定期預金で総合口座のお立替え金をご返済になるときは、満期日までにお申出ください。

第二十一章　（第18号文書）　預貯金通帳等　　　1037

### 印紙税法の適用関係

印紙税法別表第一、課税物件表の第18号文書「預貯金通帳」である。

**説明**　総合口座通帳は、普通預金通帳の部分と定期預金通帳の部分とからなるもので
あるが、印紙税法上の一つの文書とは、その形態からみて1個の文書と認められ
るものをいうとされているところから、全体が一冊の預金通帳に該当する。

なお、総合口座通帳の印紙税を一括納付の方法によることとしている場合に
は、口座数により申告納付することとされているので、普通預金と定期預金の2
口座に対する印紙税が課される。

ただし、統括して管理されている口座については、これらを合わせて1口座と
して計算することとされている。

1038 第2部 各課税物件

## （その6）貯蓄預金通帳

| 店　番 | 口　座　番　号 |
|---|---|
| ．　． | ．　．　．　．　．　． |

様

貯蓄預金通帳

銀行

| 日　　　　　付 | 摘要(お客さまメモ) | お支払金額 | お預り金額 | 差引残高 |
|---|---|---|---|---|
| 1 | | | | |
| 2 | | | | |
| 3 | | | | |
| 4 | | | | |
| 5 | | | | |
| 6 | | | | |
| 7 | | | | |
| 8 | | | | |
| 9 | | | | |
| 10 | | | | |
| 11 | | | | |
| 12 | | | | |

### 印紙税法の適用関係

　　　印紙税法別表第一、課税物件表の第18号文書「預貯金通帳」である。

**参考**　この文書は、貯蓄預金と他の預金（普通預金、定期預金等）に関する事項を併せて付け込む通帳であることから、印紙税法施行令第11条第7号に規定する複合預金通帳に該当する。

第二十一章 （第18号文書） 預貯金通帳等　　1039

**第526例**　　現金自動預金機専用通帳

オンラインキャッシュサービス
自動預金機専用通帳

店　番　号 _____

口座番号 _____

_____ 様

○○銀行

ご 利 用 明 細 表

（取扱店店番）　　　　　　　　（機番）

（銀行番号）　　　　　　（預金店店番）

（ご入金日）

（口座番号）

（ご入金枚数）　　　　　（お取扱番号）

（ご入金額）

（ご入金後残高）　　　　　　（ページ）

## 自動預金機のご利用について

　オンラインキャッシュサービス（自動預金機）をご利用いただきましてありがとうございます。

◇　自動預金機によるご入金については、「オンラインキャッシュサービス自動預金機ご利用明細票」をお渡しいたしますので、この自動預金機専用通帳に綴込み番号順に綴込んでください。

◇　自動預金機によるご入金は、普通預金または総合口座通帳を窓口にご持参されたときに「ヨキンキ」と表示してその金額を通帳に記入いたします。

◇　オンラインキャッシュサービス（自動預金機）のご利用に際しては、「普通預金規定」、「総合口座規定」、「オンラインキャッシュサービス規定」によるほか、次の規定によりお取扱いいたします。

―――――――――自動預金機ご利用規定―――――――――

1　オンラインキャッシュサービスカードにより自動預金機を使用してご預金される場合は、自動預金機が暗号の照合および現金の確認をしたうえで受入れの手続きをいたします。

2　自動預金機によるお預け入れ紙幣の種類および1回当たりの枚数は、当行が定めた範囲内とします。

以上

発行日 _____

○○銀行

1040　　　　　　　　　第2部　各課税物件

**印紙税法の適用関係**

　　　印紙税法別表第一、課税物件表の第18号文書「預貯金通帳」である。

**説明**　現金自動預金機を設置する金融機関が、その機器を利用させることとした者に
　　あらかじめとじ込み用の表紙を交付しておき、利用の都度打ち出される追加ペー
　　ジを順次専用のとじ込み用の表紙に編てつすることとしたものは、その全体を第
　　18号文書（普通預金通帳）として取り扱う。

　　　なお、追加ページには、預入年月日、預入額、預入後の預金残高、口座番号、
　　ページ数のいずれもが記載されていることが要件である。

第二十一章　（第18号文書）　預貯金通帳等　　　1041

**第527例**　**定期預金証書兼通帳**

（自動継続）

# 定 期 預 金 証 書

No.　　　　　　　　　　　　　　　　　　No.

　　　　　　　　　　　　様　期　間　　1ケ年

　¥　　　　　　　　　　　　利　率　年　　　％

　　　　　　　　　　　　　　期　日　　年　月　日

上記金額裏面記載の規定により正にお預り致しました。
　　　年　　月　　日

　　　　　　　　　　株 式 会 社　　　銀 行
　　　　　　　　　　取締役頭取　　　　　　　　㊞

（裏面）

1　この預金は期日前にはお引き出しできません。
2　この預金の利息は当行所定の計算法により計算いたします。
3　この預金をお引出しの節は、この証書の元利金領収欄にご記名ご押印のうえお差し出しください。
4　この預金の取引については、かねてお届出の印章をご使用ください。
5　この預金は期日までにお申出のない限り、期日において、元利金の合計額を元本とし、旧預入期間と同一預入期間の預金に書き換えいたします。書き換えられた預金についてもまた同様にお取り扱いいたします。
　なお書き換えられた預金の利率は書換の日における当行所定の利率によります。
6　この証書その他預金の取引に関する書類に押印された印影をかねてお届出の印鑑と

照合し、預り金の支払その他の手続を済ませましたうえは、印章の盗用、偽造その他いかなる事故がありましても、これがため生じた損害については当行はその責任を負いません。
7　この証書またはお届出の印章を失われたとき、あるいは改印、改名、転居または相続等の場合には、直ちにその旨当行にお届出のうえ、所定の手続をおとりください。もしそのお届出がないかまたは遅れたために事故が起こりましても当行はその責任を負いません。
8　前項のお届出に対しては、当行において相当手続済の後でなければ預り金の支払等はいたしません。
9　この預金に関する債権は当行の承諾がなければ譲渡または質入れすることはできません。

付込期限

年 月 日
から1か年

年 月 日
から1か年

年 月 日
から1か年

| 記入年月日 | 継続年月日 | 証印 | 金 | 額 | 期間 | 利率 | 期日 | 利 | 息 | 備考 |
|---|---|---|---|---|---|---|---|---|---|---|
| | | | | 円 | | 年・分・厘 | | | 円 | |
| | | | | | | | | | | |
| | | | | | | | | | | |

元利金正に領収いたしました
　　　年　　月　　日
　　　　ご氏名　　　　　　　　　　㊞

印鑑照合

第18号

1042 第2部 各課税物件

**印紙税法の適用関係**

印紙税法別表第一、課税物件表の第18号文書「預貯金通帳」である。

**説明** この文書は、記載内容からみて、自動継続定期預金として受け入れたことが明らかであり、裏面の「継続」欄への発行時付込みが行われることから、第8号に掲げる文書であるとともに、第18号文書であるが、通則3のニの規定により第18号文書となる。

なお、「(自動継続)」の文字を抹消して使用する場合には、自動継続定期預金として受け入れたものでないことが明らかであることから、たとえ、定期預金証書の作成と同時に裏面の「継続」欄に付込みをしても、その付込みによって通帳を作成したことにはならず、第8号文書に該当する。

**参考** 証書の作成と裏面の「継続」欄への付込みを同時に行わず、継続時にのみ「継続」欄への付込みを行うこととしている場合には、発行の際は第8号文書を、継続時は第18号文書を作成したことになる。

第二十一章　（第18号文書）　預貯金通帳等　　　1043

**第528例**　当座勘定入金帳

（表紙）

| 口座番号 | |
|---|---|

当 座 勘 定 入 金 帳

_____ 様

銀 行

（内容）

1

| 備　　　　考 | 行数 | 日　　　付<br>（年　月　日） | 摘　　要 | ご入金額 |
|---|---|---|---|---|
| 1 | 1 | | | |
| 2 | 2 | | | |
| 3 | 3 | | | |
| 4 | 4 | | | |
| 5 | 5 | | | |
| 6 | 6 | | | |
| 7 | 7 | | | |
| 8 | 8 | | | |
| 9 | 9 | | | |
| 10 | 10 | | | |
| 11 | 11 | | | |
| 12 | 12 | | | |
| 13 | 13 | | | |
| 14 | 14 | | | |
| 15 | 15 | | | |
| 16 | 16 | | | |
| ご入金額が正しく記載されているかお確かめください。 | | | | |

第18号

1044          第2部 各 課 税 物 件

**印紙税法の適用関係**

　　印紙税法別表第一、課税物件表の第18号文書「預貯金通帳」である。

**説明**　課税物件表の第18号文書とは、金融機関等が預貯金者との間における継続的な
　　預貯金の受入れ、払出等を連続的に付込証明するための通帳をいうが、当座預金
　　への入金事実のみを付け込む当座預金入金帳は、その払戻しが専ら小切手によっ
　　てなされるという当座預金の性格から、預貯金通帳として取り扱われる。

第二十一章 （第18号文書） 預貯金通帳等　　1045

**第529例**　定期積金通帳

（表紙）

定　期　積　金　通　帳

No.

＿＿＿＿＿＿＿＿＿　様

銀行

（表紙裏の定期積金規定は省略）　　　（内容）

| 契約日<br>（年月日） | 期　　間 | 契約元金 | 店　番 | 口座番号 | 備考 |
|---|---|---|---|---|---|
| | | | | | |
| 満期日<br>（年月日） | 種　別 | 毎月払込額 | | | |
| | | | | | |

| 日　付<br>（年月日） | 証　印 | 同次 | 1回お払込額 | 摘　要 | お払込累計額 | 備　考 |
|---|---|---|---|---|---|---|
| 1 | | | | | | |
| 2 | | | | | | |
| 3 | | | | | | |
| 4 | | | | | | |
| 5 | | | | | | |
| 6 | | | | | | |
| 7 | | | | | | |
| 8 | | | | | | |
| 9 | | | | | | |
| 10 | | | | | | |

**印紙税法の適用関係**

　　　印紙税法に定める課税物件ではない。

**説明**　積金契約が預金契約とは異なるものであることから、定期積金通帳は、印紙税法に定める課税物件には該当しない。

1046        第2部 各課税物件

**第530例**　勤務先預金通帳

（表紙）

勤 務 先 預 金 通 帳

口座番号

様

株 式 会 社

（表紙裏に掲げる勤務先預金取扱規程は省略）

（内容）

| 年月日 | 摘　要 | 証印 | 預 入 金 額 | 払 戻 金 額 | 残　　　　高 |
|---|---|---|---|---|---|
|  |  |  |  |  |  |
|  |  |  |  |  |  |
|  |  |  |  |  |  |
|  |  |  |  |  |  |
|  |  |  |  |  |  |

（表紙共12枚）

（注）　この文書は、労働基準法第18条第4項に規定する預金の受入れに関するものである。

**印紙税法の適用関係**

　　印紙税法別表第一、課税物件表の第18号文書「預貯金通帳」である。

第二十一章 （第18号文書） 預貯金通帳等 1047

## 第531例 従業員預金票（綴）

（表紙）

所 属＿＿＿＿＿＿＿　　　　　　　　No.

社員No.＿＿＿＿＿＿＿

氏 名＿＿＿＿＿＿＿　殿

従 業 員 預 金 票 （綴）

株式会社

（表紙裏）

記

1 ご入金の際は入金額を預入金額欄に記入し現金と共にお差し出し下さい。払戻しの際は払戻額を払戻金額欄に記入の上ご請求下さい。（不要金額欄には斜線を引いて下さい。）

2 金額は、1．2．3．等で明瞭に記入し、その頭部に¥をお書き下さい。

3 社員番号及び氏名欄はゴム印を必ずご使用下さい。払戻ご請求の際はお届印を押印下さい。

4 金額を誤記された時は次頁の預金票に改めて記入して下さい。書損じの預金票は破らずに斜線を引き控欄に折込んで下さい。

5 預金票は切離さないで出納窓口にお差し出し下さい。出納収支印押印の上預金票は切り取って預金票（綴）をお返し致します。

6 預金票は電子計算機による預金明細票作成資料となりますので折ったり汚損しないよう大切に保管下さい。

以 上

第18号

| 印 紙 欄 | |
|---|---|
| | |
| 年 月 日まで | 年 月 日まて |

| 印 鑑 欄 | |
|---|---|
| | |
| 年 月 日 | 年 月 日改印 |

預金払戻しご請求の際は上記印鑑をご使用下さい。

| 非課税限度額 | 万円 | 年 | 月 | 日 |
|---|---|---|---|---|
| 非課税限度額 | 万円 | 年 | 月 | 日 |
| 非課税限度額 | 万円 | 年 | 月 | 日 |
| 非課税限度額 | 万円 | 年 | 月 | 日 |
| 非課税限度額 | 万円 | 年 | 月 | 日 |

記

1 預入限度額400万円、400万円を超える額に対しては利子がつきません。

2 天引預金は基準給50％の範囲

3 天引預金及び賞与よりの預金振込の他に、1ヶ月10万円まで、預入れができます。但し賞与月（6月・12月）は20万円まで。

4 10万円以上の現金の払戻しは前日の午後2時までに連絡して下さい。

5 預金利子の非課税の扱いをうけたい方は、非課税貯蓄申告書、および非課税貯蓄申込書をご提出下さい。（最高非課税限度額300万円）

6 転勤又は退職される方は転勤又は退職の5日前までに、非課税貯蓄廃止申告書および従業員預金票（綴）ならびに印鑑ご持参のうえ付換又は解約の手続をして下さい。

以 上

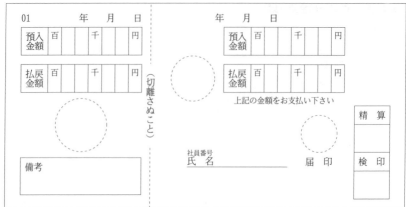

（注） この文書には、社内預金の預入れ又は払出しをするときに作成する預金票が50枚編てつされている。

### 印紙税法の適用関係

印紙税法別表第一、課税物件表の第18号文書「預貯金通帳」である。

**説明** この文書は、社内預金の預入れ及び払出しの都度預金担当係に提示して預金票の副票に社内預金の受入れ及び払出しの事実を連続的に付込証明するものであるから、第18号文書に該当する。

第二十一章　（第18号文書）　預貯金通帳等　　　　1049

**第532例**　**積金通帳**

積　金　通　帳

No. ................

殿　　契約金　................

契　約　期　間　　年間　毎月の　　日
（毎月　回掛込）　　　　掛込日　　　毎月の掛金額　................

契約日　................　契約金　　　　裏面の約定により本欄各項のとおり確かに契
　　　　　　　　　　　支払日　　　　約いたしました。

株式会社　　　　銀　行

| 回　数 | 月　次 | 領収印 | 摘　要 | 回　数 | 月　次 | 領収印 | 摘　要 |
|---|---|---|---|---|---|---|---|
| 1 | | | | 7 | | | |
| 2 | | | | 8 | | | |
| 3 | | | | 9 | | | |
| 4 | | | | 10 | | | |
| 5 | | | | 11 | | | |
| 6 | | | | 12 | | | |

（注）　この文書の裏面には、約定が掲記してあり、この積金は契約期間中毎月１回、
　　　所定の掛込日に所定額の掛込みを求めること、最終回まで掛込み後、表記の契約
　　　金支払日にこの通帳と引換えに契約金の給付を受けられること等が示されてい
　　　る。

**印紙税法の適用関係**

　　　印紙税法に定める課税物件ではない。

**説明**　積金通帳は、第18号文書「預貯金通帳」その他いずれの課税物件にも該当しな
　　　い。

1050　　　　　　　　第2部　各課税物件

第533例　保険証券兼保険料通帳

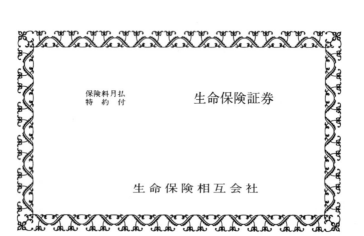

第二十一章　（第18号文書）　預貯金通帳等　　　　1051

（裏面）

（ご注意）※　保険金の削減について

無診査保険契約においては、被保険者が契約日から2箇年以内に災害又は感染症の予防及び感染症の患者に対する医療に関する法律第1条第1項の伝染病によらないで死亡したときは、右の削減保険金を支払います。

| 保険期間 保険年度 | 5 年 以 上 | 10 年 以 上 |
|---|---|---|
| 第 1 年 度 | 保険金の4割 | 保険金の3割 |
| 第 2 年 度 | 保険金の8割 | 保険金の6割 |

※　定款及び普通保険約款等は、別刷りにして添付いたしました。

| 裏書年月日 | 裏　　書　　事　　項 |
|---|---|
|  |  |
|  |  |
|  |  |
|  |  |
|  |  |
|  |  |

## 保険料のお払い込みについてのご注意

\*　通帳の取り扱い

○　保険料をお払い込み下さいますと、集金職員はこの通帳に別掲の領収証紙をはり、集金職員の印を押印することになっております。この方法によらないお払い込みの場合は無効です。

なお、この領収証紙には、領収月が表示されておりますので、ご注意下さい。

○　保険料を2か月以上お払い込みいただいた場合には、通帳にお払い込み月数だけ領収証紙をはり、別に領収証は発行いたしません。

6か月分以上保険料を前納の場合には、割引のお取り扱いをいたします。

○　5年満期以上のご契約は、5年分お払い込みがすみますと、改めて新しい通帳を差し上げます。

通帳は、証券と同様たいせつにご保存下さい。

なお、集金職員についてご不審のときは、身分証明書の提示をお求め下さい。

\*　契約の効力

○　第2回以後の払込猶予期間は、払込期日の属する月の翌月末までです。

保険料が払い込まれないまま猶予期間を過ぎますと、保険契約は効力を失います。

なお、効力を失ってから3か年以内に限り、保険契約の復活を請求することができます。

\*　払込場所の変更

○　ご契約者が、住所または払込場所を変更されたときは、証券番号を明記して本社または会社の指定した場所にお申し出下さい。

なお、次の場合は、本社または会社の指定した場所に保険料をお払い込み下さい。

⑴　変更のお申し出をなさらなかったとき。

⑵　ご契約者が、集金職員に保険料を払い込まれなかったとき。

⑶　払込場所を、会社指定の集金区域外に変更されたとき。

第18号

記号　証券番号
（　　）第　　　号

保険種類
診査　　　年　歳　満期　生命保険
保険料　金　　　　　円也
月払金　　　　　円也

現約始期（契約日）　年　月　日
現約納期（満期日）
現約応当日の前日
保険料払込　年　月　日

満期金　金　　　　0,000円也
災害保険金　　　　　円也
保険金　　　　　　0,000円也

保険契約者　　　　　　　　様
被保険者　　　　　　　　　様
満期金受取人　　　　　　　様

告知　大正　昭和　平成　年　月　日

当会社は定款及び新自由権型ゴ生命保険普通保険約款特約条項並びに災害保険特約付取
扱い規定の保険約款条項に基づき、保険約者が呈此にとき本人に対し期日より満期保険
金まで死亡にととき、又は本約款並びにこの保険契約者との保険契約を締結しました。

年　　月　　日　本社で作成しました。

東京都

生命保険相互会社

取締役社長

| | 1回 | 2回 | 3回 | 4回 | 5回 | 6回 | 7回 | 8回 | 9回 | 10回 | 11回 | 12回 |
|---|---|---|---|---|---|---|---|---|---|---|---|---|
| 第一年度 | 年月日 | 年月日 | 年月日 | 年月日 | 年月日 | 年月日 | 年月日 | 年月日 | 年月日 | 年月日 | 年月日 | 年月日 |
| 第二年度 | 年月日 | 年月日 | 年月日 | 年月日 | 年月日 | 年月日 | 年月日 | 年月日 | 年月日 | 年月日 | 年月日 | 年月日 |
| 第三年度 | 年月日 | 年月日 | 年月日 | 年月日 | 年月日 | 年月日 | 年月日 | 年月日 | 年月日 | 年月日 | 年月日 | 年月日 |
| 第四年度 | 年月日 | 年月日 | 年月日 | 年月日 | 年月日 | 年月日 | 年月日 | 年月日 | 年月日 | 年月日 | 年月日 | 年月日 |
| 第五年度 | 年月日 | 年月日 | 年月日 | 年月日 | 年月日 | 年月日 | 年月日 | 年月日 | 年月日 | 年月日 | 年月日 | 年月日 |

記号　証券番号
（　　）第　　　号

課税印紙

第1年度
印紙は
税印

第2年度　収入印紙
第3年度　収入印紙
第4年度　収入印紙
第5年度　収入印紙

第二十一章　（第18号文書）　預貯金通帳等　　　1053

（注）　生命保険証券と保険料通帳とが一つの文書となっているものである。

### 印紙税法の適用関係

　　　印紙税法別表第一、課税物件表の第18号文書「生命保険会社の作成する保険料通帳」である。

**説明**　この文書は、保険証券の部分が第10号文書「保険証券」に該当し、保険料通帳の部分は第18号文書に該当する。

　　　また、保険証券の部分の作成と保険料通帳の部分の作成（最初の付込み）とが同時に行われることから、通則３のニの規定により第18号文書に該当する。

1054　　　　　　　　　第2部　各課税物件

### 第534例　当座勘定入金帳（外貨預金専用）

（店　番）　（口　座　番　号）

当 座 勘 定 入 金 帳
（外貨預金専用）

○○銀行

様

---

おなまえ

| 店番 | 口座番号 | 通貨 |
|---|---|---|

①通帳取引店
株式会社　○○銀行

年　　月　　日

**当座勘定入金帳（外貨預金）のお取り扱いについて**

1.この入金帳には、ご希望により輸出手形買取、外国通貨買取、円を対価とした外貨によるご入金などについて手書きで記入させていただきます。
2.もしご入金額、その他記入事項についてご不審の点がございましたら直ちにご照会ください。

| 年　月　日より1ヵ年 | 年　月　日より1ヵ年 |
|---|---|
| 印紙税申告納付につき税務署長承認済<br>―通帳作成地―<br>株式会社○○銀行本店 | |

---

| | 摘要1 | ご入金明細 | ご入金合計額 | 摘要2 |
|---|---|---|---|---|
| 1 2 3 4 5 6 7 | | | | 1 |
| 18 19 20 21 22 23 24 | | | | 1 |

---

### 印紙税法の適用関係

　　　印紙税法別表第一、課税物件表の第18号文書「預貯金通帳」である。

**説明**　この文書は、当座預金への入金事実を連続的に証明する目的で作成されたものであることから、第18号文書に該当する。

**参考**　外貨又は外国為替手形等も、金銭又は有価証券に該当する。

# 第二十二章 （第19号文書）

通　帳
> 第1号、第2号、第14号又は第17号に掲げる文書により証されるべき事項を付け込んで証明する目的をもって作成する通帳。ただし、第18号に該当する通帳を除く。

印紙税法別表第一、課税物件表の第1号、第2号、第14号又は第17号に掲げる文書により証されるべき事項を付け込んで証明する目的をもって作成する通帳（第18号に掲げる通帳を除く。）は、印紙税法別表第一、課税物件表の第19号（P1125参照）に掲げる印紙税の課税物件である。したがって、このうち作成者の特性等により印紙税法が特に非課税と規定したもの（第1部第三章参照）以外は，全て第19号に掲げる課税物件となる。

「通帳」とは、継続又は連続して特定の当事者の　方から相手方に対し、　定の事項について、付込証明する目的で作成する文書である。通帳は、必ずしも相手方に交付し、交付を受けたものが常時所持しているものとは限らず、取引の慣習又は便宜上作成者において保管し、取引の都度相手方に呈示して証明の用に供するものも少なくない。本号の課税物件である通帳とは、不動産の譲渡、鉱業権の譲渡、無体財産権の譲渡、船舶の譲渡、航空機の譲渡、営業の譲渡、地上権の設定又は譲渡、土地の賃借権の設定又は譲渡、消費貸借契約、運送契約（用船を含む。）、請負契約、金銭の寄託契約、有価証券の寄託契約、金銭の受取又は有価証券の受取の事項のいずれかを付込証明する目的をもって作成する通帳に限られ、上記以外の事項を付込証明する目的で作成する通帳、例えば物品の受取通帳等は本号の課税物件とはならない。

本号の課税物件である通帳の代表的なものとしては、親会社と下請会社との間の請負通帳、従業員の貸金通帳、証券会社・信託銀行等の有価証券の保護預り通帳、金銭の預り通帳又は家賃の受取通帳等がある。

ただし、学校（例えば洋裁学校、学習塾）等が、学生、生徒から授業料などを

1056 第2部 各課税物件

徴するために作成する授業料納入袋、月謝袋等の形を採った付込式の金銭受取表、身分証明書や学生証に授業料領収の都度、その受領事実を裏面などに連続して付け込みするものは、課税物件としては取り扱わないこととしている。

通帳という場合、その形態は、一般的に数枚の紙葉を重ねて綴り合わせ、これに、例えば金銭受領の事実等を日時を追って列記、つまり付込みしていくものが考えられるが、印紙税法における通帳とは、前述したとおり、「一定事項を付込証明する目的の文書」をいい、紙数、ページ数の単複、とじ込みの有無等は問わない。したがって、例えば一面の紙上に、日時を追って2回以上の金銭受取等の事実を証すべく設欄したもの等も、印紙税法にいう通帳と解される。

更に、通帳に関し、印紙税法の規定する特殊な扱いとして、本号にいう通帳への付込事項が、①不動産、鉱業権、無体財産権、船舶、航空機又は営業の譲渡契約、②地上権又は土地の賃借権の設定契約又は譲渡契約、③消費貸借契約、④運送契約（用船契約を含む。）、⑤請負契約、⑥売上代金の受取のいずれかであった場合、ある付込事項に係る金額が10万円を超えた（請負契約及び売上代金の受取の場合は、100万円を超えた）その付込部分については、通帳への付込みという事実を無視して、別個に印紙税法別表第一、課税物件表の第1号に掲げる文書（請負契約の場合は第2号に掲げる文書、売上代金の受取の場合は第17号の1に掲げる文書）の作成があったとみなし（印紙税法第4条第4項（＝P1097参照））、その作成とみなされた各号の課税物件として、印紙税額が課される。

なお、このような高額の付込みが通帳の使用途中に行われたのではなく、通帳（厳密には、通帳とする目的で作成した文書）の第1回付込みの際に行われたとすると、その通帳は印紙税法上これを通帳とせず、同法別表第一、課税物件表の第1号に掲げる文書（請負契約の場合は第2号に掲げる文書、売上代金の受取の場合は第17号の1に掲げる文書）とされる（第1部第四章第二節3⑽⑾⑿参照）。

印紙税法は、1冊の通帳を1年以上にわたって付込み使用する場合は、付込みを始めた日から1年を経過した日以後の最初の付込み時に、新たな通帳を作成したとみなし（印紙税法第4条第2項（＝P1096参照））、引続き第3年目、第4

第二十二章　（第19号文書）　通　帳　　　1057

年目等と付込使用していく場合も同様に、 1 年を経過した日以後、最初の付込み時ごとに新通帳を作成したとみなして、改めて納税することとなる（第 1 部第六章第三節 2 参照）。

1058 第2部 各課税物件

**第535例　売掛金集金帳**

---

株式会社　御中

# 売 掛 金 集 金 帳

株式会社

| 月　日 | 金　額 | 領収印 | 明　細 |
|---|---|---|---|
| 9.4 | 250,000円 | ㊞ | A材料 |
| 10.15 | 250,000円 | ㊞ | A材料 |
| 5.20 | 1,800,000円 | ㊞ | B材料 |
| 9.25 | 250,000円 | ㊞ | A材料 |
| 12.7 | 200,000円 | ㊞ | C材料 |
| | | | |

1頁

---

**印紙税法の適用関係**

　　印紙税法別表第一、課税物件表の第17号の1文書「売上代金に係る金銭の受取
書」及び第19号文書「金銭の受取通帳」である。

**説明**　　課税関係は、次のとおりである。

1　9月4日（第19号文書の作成）

　　売上代金の受取事実を付け込んで証明する目的で通帳（第19号文書）を作成
したこととなり、400円の印紙税の納付を要する。

2　5月20日（第17号の1文書のみなし作成）

　　金銭の受取通帳に100万円を超える売上代金の受領事実の付込みをした場
合、新たに第17号の1文書を作成したこととなるため、売上代金180万円の受
領事実を付け込んだ5月20日に、受取金額180万円に応じた400円の印紙税の納
付を要する。

3　9月25日（第19号文書のみなし作成）

　　第19号文書を1年以上にわたって使用する場合には、最初の付込みから1年
を経過した日以後最初の付込みをした時に新たに第19号文書を作成したことと
なるため、当該事例においては、作成日から1年経過後の最初の付込日である
9月25日に400円の印紙税の納付を要する。

第二十二章　（第19号文書）　通　帳　　　1059

**第536例**　カードローン通帳

（表紙）

| 店　番 | 口　座　番　号 |
|---|---|
| | |

様

カードローン通帳

銀行

お　取　引　明　細

| 年　月　日 | 摘　　要 | ご利用金額 | ご返済金額 | お借入残高 |
|---|---|---|---|---|
| 1 | | | | |
| 2 | | | | |
| 3 | | | | |
| 4 | | | | |
| 5 | | | | |
| 6 | | | | |
| 7 | | | | |
| 8 | | | | |
| 9 | | | | |
| 10 | | | | |
| 11 | | | | |
| 12 | | | | |

第19号

1060　　　　　　　　　第2部　各課税物件

**印紙税法の適用関係**

　　印紙税法別表第一、課税物件表の第19号文書「金銭又は有価証券の受取通帳」
　である。

**参考**　1　「カードローン専用通帳」などと称され、カードローンの貸付額、利息
　　　　　額、返済額及び貸付残高が継続的に記帳される通帳は、ローンの返済金の受
　　　　　領事実を付込証明する目的で作成されるものであることから、第19号文書に
　　　　　該当する。
　　　　2　「カードローン通帳兼普通預金通帳」などと称され、通常の普通預金取引
　　　　　の付込みに併せて、カードローンの貸付け、返済の事実を普通預金の払出
　　　　　し、預入れとして付込む通帳は、その付込証明される事項が預金取引である
　　　　　ことから、第18号文書「預貯金通帳」に該当する。

第二十二章　（第19号文書）　通　帳　　　　1061

**第537例**　代金取立手形通帳

代金取立手形通帳

_____　様

| 顧 客 番 号 | | | | | |
|---|---|---|---|---|---|

| 取 扱 店 番 号 | | | |
|---|---|---|---|

銀行

（内　容）

1

| 年 | 種類 | 金　額 | 期 日 又 は 振 出 日 | 支払場所 | 支払人 | 証印 | 手数料 | 振替入金済印 | 摘　要 |
|---|---|---|---|---|---|---|---|---|---|
| | | 円 | | | | | 円 | | |

第19号

**印紙税法の適用関係**

　　印紙税法別表第一、課税物件表の第19号文書「有価証券の受取通帳」である。

**説明**　この文書は、代金取立てのための手形（有価証券）の受領事実を継続して付込証明するものであるから、第19号文書に該当する。

## 第538例　家賃領収通帳

| 月日 | 月日 | 月日 | 月日 | 月日 | 月日 | 約定壱か月　金 | 領収印鑑 | 月　年<br>日調製<br>　　家主 |
|---|---|---|---|---|---|---|---|---|
| 受取月分受 | 受取月分受 | 受取月分受 | 受取月分受 | 受取月分受 | 受取月分受 | | 此通帳付込期限 | 家賃領収之通 |
| 月日 | 月日 | 月日 | 月日 | 月日 | 月日 | | 自　年　月 | |
| 受取月分受 | 受取月分受 | 受取月分受 | 受取月分受 | 受取月分受 | 受取月分受 | 定 | 至　年　月 | 殿　㊞ |

### 印紙税法の適用関係

　　　　印紙税法別表第一、課税物件表の第19号文書「金銭の受取通帳」である。

**説明**　この文書は、家主が、借家人から納入される毎月の家賃の受領事実を連続して付込証明するものであるから、第19号文書に該当する。

第二十二章　（第19号文書）　通　帳　　　　1063

**第539例**　**月掛領収帳**

（おもて）　　　　　　　　　　（内容となるつづり）

月掛領収帳

◎毎月掛金をお支払になりますと当社
　所定の領収証紙を貼って係員が日付
　印を捺印します。
◎2回以上まとめてお支払のときは各
　回数欄に必ず掛金の回数だけの領収
　証紙を貼ります。

株式会社㊞

係員証印

| 掛金領収証紙 ¥5,000 ① ㊞ | （2） |
|---|---|
| （3） | （4） |
| （5） | （6） |
| （7） | （8） |
| （9） | （10） |

（注）　月賦による商品販売代金の領収事実を証するため使用するものであるが、その
　　　手段として関係欄に肉筆をもって書き込む代わりに必要字句をあらかじめ印刷し
　　　た小紙片をはり付け、これに係員が割印を施すところにこの領収帳の特色があ
　　　る。

**印紙税法の適用関係**

　　　印紙税法別表第一、課税物件表の第19号文書「金銭の受取通帳」である。

**説明**　必要文言の表し方（この文書の場合、付込証明の仕方）をペン書、スタンプ、
　　　あるいはこの文書のように印刷紙片の貼付けによろうと、それは文書の作成に変
　　　わりはなく、表した内容が印紙税法に定める課税物件に該当すれば、全て課税さ
　　　れる（この領収帳は、一定の相手方に対し継続的に金銭の受領事実を証するもの
　　　であるから、第19号文書に該当する。）。

第19号

1064　　　　　　　第2部　各課税物件

**第540例**　普通預金入金票綴

普通預金入金票綴

　　　　　　　　　　　　　　　様

　　1　普通預金収納伝票
　　2　普通預金入金票控

　　　　　　　　　　　　　　　　　銀　行

（注）　あらかじめ1綴りを取引先に交付しておき、訪問による集金時に1枚目の収納
　　　伝票を切取り、2枚目の入金票控に領収印を押印の上、取引先にこの入金票つづ
　　　りを返却するものである。

**印紙税法の適用関係**

　　　印紙税法別表第一、課税物件表の第19号文書「金銭又は有価証券の受取通帳」
　　である。

**説明**　　この文書は、預金契約の成立の事実を証明するもの（一般に外務員の集金時に
　　　は正規の預金への入金とはされていない。）ではなく、また、預入れと払出しの
　　　事実を連続的に記載証明するための通帳ではないから、第18号文書「預貯金通
　　　帳」には該当しない。

　　　したがって、第19号文書に該当する。

第二十二章　（第19号文書）　通　帳　　　1065

### 第541例　キャッシング・ブック

> ご　注　意（下記の注意事項に従ってご利用下さい）
> ①キャッシング・サービスをご利用の際は、クレジット・カードと、キャッシング・ブックを表記銀行の窓口にご提示ください。
> ②ご利用限度は、有効期間中の表記限度額まで、万円単位でご利用できます。
> ③ご利用代金は、毎月5日に締切り、ご契約によるお支払い方式によりお支払い頂きます。
> ④手数料は分割回数に応じ次のようになり、回数に按分してご請求申し上げます。
> 　1回払＝3％　　3回払＝7％　　5回払＝10％　　10回払＝19％
> 　15回払＝19％　20回払＝38％
> ⑤このキャッシング・ブックを紛失し、又は盗難にあったときは速やかに当社にご連絡の上、所定の紛失、盗難届を提出して頂きます。
> ⑥このキャッシング・ブックのサインと銀行窓口備え付けのキャッシング伝票のサインが同一でなければなりません。
>
> キャッシング　ブック
>
> 株式会社
> 　　県　　市　　町
> 電話

（裏面）

| 会員番号 | | お取扱窓口 | ご返済回数を○で囲む | 利用月日 | 取扱金融機関 | 金額 | 認印 |
|---|---|---|---|---|---|---|---|
| 会員名　ヤマダ　タロウ | | | 1・3・5 10・15・20 | | | 万円 | |
| 署名 | 会員 | 銀行各支店 | 1・3・5 10・15・20 | | | 万円 | |
| | 配偶者 | | 1・3・5 10・15・20 | | | 万円 | |
| （配偶者の無い場合は斜線で消して下さい。） | | | 1・3・5 10・15・20 | | | 万円 | |
| 有効期限　2018年12月5日 | | ※署名欄には、予め漢字で御署名お願いいたします。 | 1・3・5 10・15・20 | | | 万円 | |
| 限度額　¥300,000円まで | | | | | | | |

第19号

（注）　信販会社の会員が、信販会社と極度貸付契約を締結した場合に、信販会社から会員に交付される文書で、会員が信販会社の指定する金融機関から実際に金銭を借入れる際、当該金融機関が貸付金額等を付込証明するものである。

### 印紙税法の適用関係

　　印紙税法に定める課税物件ではない。

**説明**　この文書は、信販会社の指定金融機関が、借入人の利便のため金銭の貸付明細を記載するものであって、金銭消費貸借契約の成立を証明するためのものではないことから、第19号文書「消費貸借通帳」その他いずれの課税物件にも該当しない。

1066 　第2部　各課税物件

**第542例**　利率変更に関する確認書、利率変更表

---

利率変更に関する確認書

　　　　株式会社（以下「甲」という。）と株式会社　　　　　　（以下「乙」という。）とは、甲乙間に　　　年　　月　　日付で締結された限度貸付契約書に基づく利率の変更に関して次のとおり合意した。

1　甲及び乙は、一般金融情勢の変動により必要がある場合には、協議のうえ限度貸付契約書に基づく利率をその都度変更することに合意し、添付利率変更表に変更のあった都度記入し、確認印を押印することに同意した。

　　以上合意成立の証として本書1通を作成し、甲がこれを所持する。


　　　　年　　月　　日

　　　　　　　　　　　　　　甲　　　　　　　　　　　　　　　印

　　　　　　　　　　　　　　乙　　　　　　　　　　　　　　　印

---

利　率　変　更　表

| 契約年月日 | 利　　率 | 確認印（甲） | 確認印（乙） |
|---|---|---|---|
| 2012年1月1日 | 年　　% | 印 | 印 |
| 2012年7月1日 | 年　　% | 印 | 印 |
| 2013年1月1日 | 年　　% | 印 | 印 |
| 2013年7月1日 | 年　　% | 印 | 印 |
| 2014年1月1日 | 年　　% | 印 | 印 |
| 2014年7月1日 | 年　　% | 印 | 印 |
| 2018年7月1日 | 年　　% | 印 | 印 |

第二十二章　（第19号文書）　通　帳　　　　1067

**印紙税法の適用関係**

　「利率変更に関する確認書」は、印紙税法に定める課税物件ではない。

　「利率変更表」は、印紙税法別表第一、課税物件表の第19号文書「消費貸借通帳」である。

**説明**　「利率変更に関する確認書」は、消費貸借契約に関連して作成されるものであるが、利率を変更することができる旨及び変更する場合におけるその確認の方法等を内容としたものであり、消費貸借契約の重要な事項を変更又は補充するものではないから、第1号の3文書「消費貸借に関する契約書」その他のいずれの課税物件にも該当しない。

　また、「利率変更表」は、消費貸借契約の重要な事項である利率の変更について合意した事実を連続して付込証明するために作成されるものであるから、第19号文書に該当する。

　この場合、当該文書は両当事者が確認印を押なつすることから、両者の共同作成となる。

第19号

1068　　　　　　　　第２部　各課税物件

**第543例**　貸付金利息入金カード

---

貸付金利息入金カード

| 貸付年月日 | | 年　　　月　　　日 |
|---|---|---|
| 貸付番号 | No. | 号 |
| 貸付金 | ¥ | |
| 利息１ケ月 | ¥ | |

| 月　日 | 月　日 | 月　日 | 月　日 | 月　日 | 月　日 | 月　日 |
|---|---|---|---|---|---|---|
| | | | | | | |

| 月　日 | 月　日 | 月　日 | 月　日 | 月　日 | 月　日 | 月　日 |
|---|---|---|---|---|---|---|
| | | | | | | |

殿<br>有限会社

---

**印紙税法の適用関係**

　　　　印紙税法別表第一、課税物件表の第19号文書「金銭の受取通帳」である。

**説明**　　この文書は、貸付けの返済金とその利息の受領事実を連続して付込証明するものであるから、第19号文書に該当する。

　　　　印紙税法にいう通帳とは、一般的な帳簿の外形を採るもの、つまり紙数が２枚以上とじこまれているものとは限らず、継続又は連続して特定当事者の一方から相手方に対して、一定事項を付込証明する目的をもって作成する全ての文書をいうものである。

　　　　したがって、この事例のように外形上は一面のカードとなっているが、これに、貸付者が相手方に対し金銭の受取事実を数回にわたって付込証明していくものも通帳に該当する。

第二十二章　（第19号文書）　通　帳　　　　1069

**第544例**　お預り通帳

（表紙）

―――――――――　殿

お　預　り　通　帳

証券株式会社

（裏面）

| 付　込　期　間 | 継　続　期　間 | 継　続　期　間 | |
|---|---|---|---|
| 自<br>至　　　　　・ヵ年 | 自<br>至　　　　一ヵ年 | 自<br>至　　　　一ヵ年 | |
| 収入印紙　400円 | | | 証　印 |

年　　月　　日発行

証券株式会社

第19号

（内容）

金　銭　口

| 月 | 年<br>日 | 摘　　要 | お支払金額 | ご入金額 | 証印 | 差引残高 | |
|---|---|---|---|---|---|---|---|
| | | | | | | | 1 |
| | | | | | | | 2 |
| | | | | | | | 3 |
| | | | | | | | 4 |

1070　　　　　　　　第2部　各課税物件

分配金支払欄

| 月 | 年日 | 摘　要 | 支払金額 | 証印 | 月 | 年日 | 摘　要 | 支払金額 | 証印 |
|---|---|---|---|---|---|---|---|---|---|
| | | | | 1 | | | | | 1 |
| | | | | 2 | | | | | 2 |
| | | | | 3 | | | | | 3 |
| | | | | 4 | | | | | 4 |

証　券　口

| 月 | 年日 | 銘　柄 | 数　量 | 摘　要 | 証印(お預り) | ご年 | 返月 | 却日 | 証印(ご返却) | |
|---|---|---|---|---|---|---|---|---|---|---|
| | | | | | | | | | | 1 |
| | | | | | | | | | | 2 |
| | | | | | | | | | | 3 |
| | | | | | | | | | | 4 |

保　証　金　口

| 月 | 年日 | 摘　　要 | ご返却金額 | お差入金額 | 証印 | 差引残高 | |
|---|---|---|---|---|---|---|---|
| | | | | | | | 1 |
| | | | | | | | 2 |
| | | | | | | | 3 |
| | | | | | | | 4 |

代用証券口

| 月 | 年日 | 銘柄 | 数量 | 摘要 | 証印(お預り) | ご年 | 返月 | 却日 | 証印(ご返却) | |
|---|---|---|---|---|---|---|---|---|---|---|
| | | | | | | | | | | 1 |
| | | | | | | | | | | 2 |
| | | | | | | | | | | 3 |
| | | | | | | | | | | 4 |

**印紙税法の適用関係**

　　　印紙税法別表第一、課税物件表の第19号文書「金銭又は有価証券の受取通帳」である。

**説明**　この文書は、金銭又は有価証券の受取事実を継続的に付込証明するために作成するものであるから、第19号文書に該当する。

第二十二章 （第19号文書） 通 帳　　　1071

**第545例**　お出入通帳

（表紙）

_____ 殿

お 出 入 通 帳

証券株式会社

（裏面）

| 付 込 期 間 | 継 続 期 間 | 継 続 期 間 | |
|---|---|---|---|
| 自<br>至　　　1か年 | 自<br>至　　　1か年 | 自<br>至　　　1か年 | 証 印 |
| 収入印紙　400円 | | | 年　月　日発行 |

（内容）

金 銭 口

| 年<br>月　日 | 摘　　要 | お支払<br>金　額 | ご入金額 | 証印 | 差引残高 | |
|---|---|---|---|---|---|---|
| | | | | | | 1 |
| | | | | | | 2 |
| | | | | | | 3 |

証 券 口

| 年<br>月　日 | 銘柄 | 数　量 | 摘要 | 証印<br>（お預り） | ご　返　却<br>年　月　日 | 証印<br>（ご返却） | |
|---|---|---|---|---|---|---|---|
| | | | | | | | 1 |
| | | | | | | | 2 |
| | | | | | | | 3 |

第19号

1072　　　　　　　　第2部　各課税物件

　（注）　証券会社が特定の顧客に対して作成するもので、通帳の次葉以下の各片が「金
　　　銭口」や「証券口」に区分されているものである。

### 印紙税法の適用関係

　　　印紙税法別表第一、課税物件表の第19号文書「金銭又は有価証券の受取通帳」
　　である。

**説明**　　この文書は、証券会社がその顧客に対し金銭及び有価証券の受領事実を連続し
　　て付込証明するものであるから、第19号文書に該当する。

　　　なお、当初の付込みから1年を経過してなお引き続き付込みする場合は、その
　　経過日以後、最初の付込みをした時に課税文書を新たに作成したものとみなされ
　　る（印紙税法第4条第2項）。

第二十二章 （第19号文書） 通　帳　　　　　　1073

**第546例**　友の会会員証

| (表) | (裏) |
|---|---|

(表)

**Ｈ友の会会員証**

会員番号 №

住　　所

氏　　名

あなたはＢＨ会員であることを証します

　　　　　　　　　　　　Ｂ

(裏)

| 会 | 費 | | | | |
|---|---|---|---|---|---|
| 1 | 2 | 3 | 4 | 5 | 6 |
| 係名 | | | | | |
| 月　日 | ・ | ・ | ・ | ・ | ・ |
| 7 | 8 | 9 | 10 | 11 | 12 |
| 係名 | | | | | |
| 月　日 | ・ | ・ | ・ | ・ | ・ |

　　　　　　　　　　　　　　　　　　Ｂ

**印紙税法の適用関係**

　　　印紙税法別表第一、課税物件表の第19号文書「金銭の受取通帳」である。

**説明**　この文書は、友の会の会員であることを証明するとともに、会費の受領事実を
　　　連続して付込証明する目的で作成されるものであることから、第19号文書に該当
　　　する。

第19号

1074　　　　　　　　　第2部　各課税物件

**第547例**　**レジ袋受領表**

年　　　月

テナント名

| | 番 | レ　ジ　袋　受　領　表 |

| 1日 | 2日 | 3日 | 4日 | 5日 | 6日 | 7日 | 8日 | 9日 | 10日 |
|---|---|---|---|---|---|---|---|---|---|
| | | | | | | | | | |

| 11日 | 12日 | 13日 | 14日 | 15日 | 16日 | 17日 | 18日 | 19日 | 20日 |
|---|---|---|---|---|---|---|---|---|---|
| | | | | | | | | | |

| 21日 | 22日 | 23日 | 24日 | 25日 | 26日 | 27日 | 28日 | 29日 | 30日 |
|---|---|---|---|---|---|---|---|---|---|
| | | | | | | | | | |

| 31日 | | | | | | | | | |
|---|---|---|---|---|---|---|---|---|---|
| | | | | | | | | | |

（注）　ビルの管理会社がテナントから、金銭等の入った袋を受け取った際に、その受領事実を付け込むものである。

**印紙税法の適用関係**

　　　印紙税法に定める課税物件ではない。

**説明**　この文書は、レジ袋そのものの受領事実を証するもので、金銭の受領事実を証するものではないことから、印紙税法に定めるいずれの課税物件にも該当しない。

第二十二章　（第19号文書）　通　帳　　　　　1075

**第548例**　**授業料袋**

| 授 業 料 袋 | | |
|---|---|---|
| _____ 殿 | | |
| タイピスト学院 | | |

| 月別 | 金　　額 | 領　収　印 |
|---|---|---|
| 4 | | |
| 5 | | |
| 6 | | |
| 7 | | |
| 8 | | |
| 9 | | |
| 10 | | |
| 11 | | |
| 12 | | |

**印紙税法の適用関係**

　　　印紙税法に定める課税物件ではない。

**説明**　　私立学校又は各種学校若しくは学習塾等が授業料袋、月謝袋等と称し授業料等
　　　の受領事実を連続して付込証明するために用いるものは、課税物件として取り扱
　　　わない。

第19号

1076 第2部 各課税物件

**第549例** 担保差入証兼担保物の差入表

（表面）

---

担　保　差　入　証

物件名

上記物件並びに裏面追記をもって今後差し入れする物件は其差入日付の前後にかかわりなく当方が給付貸付、手形割引、当座貸越、保証其他一切の銀行取引によって貴行に対して負担する現在並びに将来の一切の債務の担保として差し入れます。

上記担保に付　　　年　月　　日付取引約定書の各条項を適用されることはもとより万一当方に於いて違約の節は当該取引約定書に基づき処分されても何等異議ありません。

年　　月　　日

氏名　　　　　　　　　　　㊞

銀行　御中

---

（裏面）

| 年　月　日 | 順号 | 差　入　担　保 | 証印 | 備　　　　考 |
|---|---|---|---|---|
|  |  |  |  |  |
|  |  |  |  |  |
|  |  |  |  |  |
|  |  |  |  |  |
|  |  |  |  |  |

**印紙税法の適用関係**

　　裏面の担保物の差入表は、これに有価証券の受取事実を付け込む場合、印紙税法別表第一、課税物件表の第19号文書「有価証券の受取通帳」である。

**説明**　　一定事項を継続又は連続して付込証明する文書は、いわゆる通帳に該当し、その付込みに係る担保が有価証券である場合は、第19号文書に該当する。

第二十二章　（第19号文書）　通　帳　　　　1077

**第550例**　振込依頼帳

（表面）

_____様

# 振 込 依 頼 帳

# 銀行

この振込依頼帳は裏カーボン付きですから、裏表紙に接続の下敷を4枚目の「送金・振込控」の下に入れて、ボールペンでお書きください。

（裏面）

＜お願い＞

○　「振込控」の太線のなかだけご記入のうえ綴り込みのままご提出ください。

○　お受取人のおなまえには必ずフリガナをおつけください。

○　お受取人の預金種目・口座番号は正確にご記入ください。

○　「振込控」は切りはなさないでご使用ください。

○　振込先銀行へは、受取人名のほか預金種目・口座番号を通知します。電信扱いの場合には、受取人名等をカナ文字により送信します。

○　振込依頼書に記載相違等の不備があった場合には、照会などのために振込が遅延することがあります。

○　やむを得ない事由による通信機器、回線の障害または郵便物の遅延等によって振込が遅延することがありますのでご了承ください。

○　この振込依頼帳によるお振込については、上記の振込控以外には振込金受取書を発付しませんから、この振込依頼帳は大切に保管願います。

（注）

手数料欄に記載の金額には、○○％の消費税及び地方消費税が含まれています。

| 年　月　日<br>から1か年 | 年　月　日<br>から1か年 |
|---|---|
| 印　　　紙 | 印　　　紙 |
| （第19号文書） | （第19号文書） |

第19号

第2部 各課税物件

## 振込控

○預金種目・口座番号、フリガナは必ずご記入ください。

| FAX発信番号 | お振込指定(○でお囲みください) |
|---|---|

○本振込控は切りはなさないでご使用ください。

当行をご利用いただきましてありがとうございます。

| 金　種 | |
|---|---|
| 1万円 | 0,000 |
| 5千円 | 000 |
| 2千円 | 000 |
| 千　円 | 000 |
| 500円 | 00 |
| 100円 | 00 |
| 50円 | 0 |
| 10円 | 0 |
| 5円 | |
| 1円 | |
| 当店券 | |
| 合　計 | |
| おつり | |

銀行

---

**印紙税法の適用関係**

　　印紙税法別表第一、課税物件表の第19号文書「金銭又は有価証券の受取通帳」
である。

**説明**　この文書は、振込控と振込依頼書がセットで50組綴り込まれて一冊の通帳とさ
れており、振込金と振込手数料の受取事実を連続して付け込んで証明するものと
認められることから、第19号文書に該当する。

　　なお、取引の都度、この文書から切り離して金融機関が受け取る振込依頼書
は、課税文書に該当しない。

第二十二章 （第19号文書） 通　帳　　　　1079

**第551例**　月払共済掛金領収帳

---

（組合員コード）

_____ 様

月払共済掛金　領　収　帳

農業協同組合

---

## ご　契　約　内　容

集金日　　日

| 種　類 | 契約番号 | 契約年月日 | 共済契約者 | 被共済者 | 共済金額 | 期間 | 型別 | 掛金 | 集　金　額 |
|---|---|---|---|---|---|---|---|---|---|
| 生　命 | 001 | | | 本　人 | 円<br>1,000,000 | 年<br>20 | | 円<br>2,500 | 年1月から<br>2,500円 |
| 建　物 | 011 | | | 建　物 | 1,000,000 | 5 | | 1,500 | 年7月から<br>4,000円 |
| | | | | | | | | | 年　月から<br>円 |
| | | | | | | | | | 年　月から<br>円 |
| | | | | | | | | | 年　月から<br>円 |

| 異動欄 | 異動年月日 | 異　動　内　容 | 担当者印 |
|---|---|---|---|
| | | | |
| | | | |

---

## 払　　込　　欄

年度（　　　年1月から　　　　年12月まで）

| 1月分 | 2月分 | 3月分 | 4月分 | 5月分 | 6月分 |
|---|---|---|---|---|---|
| 領収 | 領収 | 領収 | 領収 | 領収 | 領収 |
| 2,500円 | 2,500円 | 2,500円 | 2,500円 | 2,500円 | 2,500円 |

（建物共済加入により）

| 7月分 | 8月分 | 9月分 | 10月分 | 11月分 | 12月分 | 割戻金 |
|---|---|---|---|---|---|---|
| 領収 | 領収 | 領収 | 領収 | 領収 | 領収 | |
| 4,000円 | 4,000円 | 4,000円 | 4,000円 | 4,000円 | 4,000円 | 円 |

第19号

1080　　　　　　　　　　第2部　各課税物件

**印紙税法の適用関係**

　　印紙税法別表第一、課税物件表の第19号文書「金銭の受取通帳」である。

**説明**　この文書は、養老生命共済に関する付込み（第18号文書の課税事項）と建物更生共済に関する付込み（第19号文書の課税事項）の双方を行うための通帳であるから、第19号文書に該当する。ただし、第18号文書の課税事項のみが付け込まれているものは、第18号文書「生命共済の掛金通帳」に該当する。

　　なお、第18号文書に該当するものに、年（当初の付込みから1年間）の中途で第19号文書の課税事項を併せて付け込むこととした場合には、当初から第19号文書が作成されたものとして取り扱う。

　　この場合は、第19号文書の課税事項を併せて付け込んだ時に印紙税を追加納付することとなる。

**第552例**　日賦貸付金償還表

日賦貸付金償還表

印　紙
19号文書

契約番号 _____

借　主　住　所 _____
　　　　氏　名 _____

連帯
保証人　住　所 _____
　　　　氏　名 _____

連帯
保証人　住　所 _____
　　　　氏　名 _____

― 貸　主 ―

登録番号
協会員番号
住　　所
商　　号
代　表　者

この貸付金は平成　　年　　月　　日償還終了により完済しました。

日　賦　入　金　表　　契約番号 _____

毎回の支払金は下記のとおり利息及び元金に充当して弁済します。

貸付金額　　　円　　返済方式　　　残利息を元利均等

各回の返済金　　　円　貸付の利率　年中最高　　％　返済回数

貸付の年月日　　年　月　日　最終日　　年　月　日

1082        第2部　各課税物件

### 印紙税法の適用関係

　　印紙税法別表第一、課税物件表の第19号文書「金銭の受取通帳」である。

**説明**　この文書は、金銭の受取事実を連続して付込証明するものであることから、第19号文書に該当する。

第二十三章　（第20号文書）　判取帳　　　　1083

# 第二十三章　（第20号文書）
## 判　　取　　帳

　金銭の受取事実等を多数人に付込証明させる判取帳は、印紙税法別表第一、課税物件表の第20号（P 1125参照）に掲げる印紙税の課税物件である。

　「判取帳」とは、当事者の一方が多数の相手方との間に生ずる連続的な財産上の取引関係について、その都度相手方から付込証明を受ける文書をいう。

　通帳（印紙税法別表第一、課税物件表の第18号及び第19号に掲げる物件）との相違点は、①通帳が特定の相手方一人との取引関係を付込証明するものであるのに対し、判取帳は多数の相手方との取引関係を付込証明するものであること、②通帳は、普通その通帳の作成者（納税義務者）が付込証明するものであるのに対し、判取帳は、その判取帳の作成者（納税義務者）ではなく取引の相手方に付込証明してもらうものであること、③通帳は、相手方に交付する場合が多いのに対し、判取帳は作成者が常に自己の手もとに保管しているものであること等である。

　本号の課税物件である判取帳とは、次の事項を付込証明するものに限られる。

　なお、その他の事項、例えば物品の受取事項を付込証明する目的で作成する判取帳は、本号の課税物件には該当しない。

① 　第１号の課税事項

　　　不動産の譲渡契約、鉱業権の譲渡契約、無体財産権の譲渡契約、船舶の譲渡契約、航空機の譲渡契約、営業の譲渡契約、地上権又は土地の賃借権の設定契約、地上権又は土地の賃借権の譲渡契約、消費貸借契約及び運送契約（用船契約を含む。）

② 　第２号の課税事項

　　請負契約

1084　　　　第2部　各課税物件

③　第14号の課税事項

　　金銭又は有価証券の寄託契約

④　第17号の課税事項

　　金銭又は有価証券の受取

　会社等において、給与の支払をした場合に、従業員別に支給額を連記した一覧表に、領収印を徴する諸給与一覧表は、課税文書として取り扱わない。

　また、1冊の判取帳を会社と個人が併用する例がまれに見受けられるが、こうした場合は、会社と個人がそれぞれ別個に作成した判取帳として印紙税が課される。

　なお、印紙税法において、次のとおり、みなし作成の規定が設けられている。

1　判取帳に次の事項が付込みされた場合は、その付込みされた部分については、判取帳への付込みではなく、それぞれの課税文書が新たに作成されたものとみなされる（印紙税法第4条第4項）。

　①　第1号文書により証されるべき事項で、その付込金額が10万円を超える場合は、第1号文書が新たに作成されたものとみなされる。

　②　第2号文書により証されるべき事項で、その付込金額が100万円を超える場合は、第2号文書が新たに作成されたものとみなされる。

　③　第17号の1文書により証されるべき事項で、その付込金額が100万円を超える場合は、第17号の1文書が新たに作成されたものとみなされる。

2　1冊の判取帳を1年以上にわたって使用する場合は、その判取帳を作成した日（最初の付込みの日）から1年を経過した日以後最初の付込みをしたときに、新たな判取帳を作成したものとみなされる。

　また、印紙税法にいう判取帳は、その形態が一般的な帳簿の外観を持ったものに限らないことは、前章で述べた通帳の場合と同様である。

第二十三章 （第20号文書）判取帳　　　1085

### 第553例　判取帳

| （表紙） | 判　　取　　帳 |
| --- | --- |
| | 商店 |

（表紙うら）

| 付込 | 自　　　年　　月　　日 | 付込 | 自　　　年　　月　　日 | 付込 | 自　　　年　　月　　日 |
| --- | --- | --- | --- | --- | --- |
| | 至　　　年　　月　　日 | | 至　　　年　　月　　日 | | 至　　　年　　月　　日 |
| 印紙 | | 印紙 | | 印紙 | |

（次葉）

| 年月日 | 住　　　所 | 氏　名 | 領収印 | 金　額 | 摘　要 |
| --- | --- | --- | --- | --- | --- |
| | | | | | |
| | | | | | |
| | | | | | |
| | | | | | |

### 印紙税法の適用関係

　　　印紙税法別表第一、課税物件表の第20号文書「判取帳」である。

**説明**　　この文書は、2以上の相手方から代金の受領事実の付込証明を受ける目的を
もって作成するものであるから、第20号文書に該当する。

　　なお、100万円を超える売上代金の受領事実を付込証明した場合は、その部分
について第17号の1文書「売上代金に係る金銭又は有価証券の受取書」の作成が
あったものとみなされる（印紙税法第4条第4項）。

第20号

1086　　　　　　　　　　第2部　各課税物件

第554例　配当金及び株券受領書

配当金及び株券受領書

| 株　　主 | | 旧　　株 | | 新　　株 | | 受　領年月日 | 受領印 | 摘　要 |
| 住　所 | 氏　名 | 区　分<br>(配当率) | 金　額 | 区　分<br>(配当率) | 枚　数 | | | |
| | | | | | | | | |
| | | | | | | | | |
| | | | | | | | | |

(注)　会社に備え付け、株主へ配当金又は株券を交付したとき、その明細を記して受
領者の印を徴するものである。

**印紙税法の適用関係**

印紙税法別表第一、課税物件表の第20号文書「判取帳」である。

**説明**　この文書は、2名以上の株主から、配当金又は株券の受領事実の付込証明を受
けるもの（第17号の2文書「売上代金以外の金銭又は有価証券の受取書」により
証されるべき事項の付込証明を受けるもの）であるから、第20号文書に該当す
る。

なお、当初の付込みから1年を経過した日以後最初の付込みをした時は、判取
帳を新たに作成したものとみなされる（印紙税法第4条第2項）。

第二十三章 （第20号文書） 判取帳　　　　1087

**第555例**　　２以上の相手方から受領印を徴する借入金受取書

<table>
<tr><th colspan="7">借 入 金 受 取 書</th></tr>
</table>

株式会社殿

所属　　部　　　課

| 氏　　名 | 借 受 金 額 | 返還期限 | 利率 | 受領月日 | 受 領 印 |
|---|---|---|---|---|---|
|  |  |  |  |  |  |
|  |  |  |  |  |  |
|  |  |  |  |  |  |

**印紙税法の適用関係**

　　印紙税法別表第一、課税物件表の第20号文書「判取帳」である。

**説明**　　この文書は、数名の従業員から貸付金の受領印を徴するもの、すなわち２以上
の相手方から金銭消費貸借契約の成立事実の付込証明を受けるものであるから、
第20号文書に該当する。

　　なお、付込事項に係る記載金額が、10万円を超える場合のその部分について
は、課税物件表の第１号の３文書「消費貸借に関する契約書」の作成があったも
のとみなされる（印紙税法第４条第４項）ことに注意する（第１部第六章第三節
４参照）。

第20号

## 1088　第2部　各課税物件

**第556例**　**諸給与を支払った際に作成する台帳**

### 台　　　帳

支給月日（　　月　　日　　曜）

| 支　給　月　分 | | 月分 | | 月分 | | 月分 | | 月分 | |
|---|---|---|---|---|---|---|---|---|---|
| 所　　　　　属 | | | | | | | | | |
| 氏　　　　　名 | | | | | | | | | |
| 月例給与 | 基本給（賞与） | 円 | | 円 | | 円 | | 円 | |
| | 家　族　手　当 | | | | | | | | |
| | 職　務　手　当 | | | | | | | | |
| | 早出残業手当 | | | | | | | | |
| | 深　夜　手　当 | | | | | | | | |
| ①総　支　給　額 | | 円 | | 円 | | 円 | | 円 | |
| 社会保険料控除額 | 健　康　保　険 | | | | | | | | |
| | 厚生年金保険 | | | | | | | | |
| | 雇　用　保　険 | | | | | | | | |
| ③差引控除後の金額（①−②） | | 円 | | 円 | | 円 | | 円 | |
| 控除金額 | 所　得　税 | | | | | | | | |
| | 市町村民税 | | | | | | | | |
| | ④小　　　計 | | | | | | | | |
| ⑤非課税分賃金額 | | | | | | | | | |
| 差引支給額（③−④+⑤） | | 円 | | 円 | | 円 | | 円 | |
| 受　　領　　印 | | ㊞ | | ㊞ | | ㊞ | | ㊞ | |

### 印紙税法の適用関係

印紙税法に定める課税物件ではない。

**説明**　この文書は、2以上の者から金銭の受領事実の付込証明を受けるためのもので
あることから、第20号文書「判取帳」に該当するが、会社等の事務整理上作成す
るものであると認められるので、課税物件として取り扱わない（印紙税法基本通
達別表第一、第20号文書の3＝P1319参照）。

第二十三章 （第20号文書） 判取帳　　　　1089

**第557例**　　団体生命保険配当金支払明細書

年　　月　　日

## 社員配当金支払明細

　　　　　　　　殿

生命保険相互会社
団体保険課

| 証券番号 | | 勤務所番号 | | | 計算期間　年　月〜　年　月 | | | | |
|---|---|---|---|---|---|---|---|---|---|
| 1 | 生命<br>グループ保険配当金 | 被保険者番号 | 被保険者<br>様 | 配当金<br>円 | 受領印 | 既払保険料<br>円 | 備考 | | |
| 2 | 生命<br>グループ保険配当金 | 被保険者番号 | 被保険者<br>様 | 配当金<br>円 | 受領印 | 既払保険料<br>円 | 備考 | | |
| 3 | 生命<br>グループ保険配当金 | 被保険者番号 | 被保険者<br>様 | 配当金<br>円 | 受領印 | 既払保険料<br>円 | 備考 | | |
| 4 | 生命<br>グループ保険配当金 | 被保険者番号 | 被保険者<br>様 | 配当金<br>円 | 受領印 | 既払保険料<br>円 | 備考 | | |
| 5 | 生命<br>グループ保険配当金 | 被保険者番号 | 被保険者<br>様 | 配当金<br>円 | 受領印 | 既払保険料<br>円 | 備考 | | |

| 合　計 | 人　数<br>， | 配　当　金<br>，　，　円 | 既払保険料<br>，　，　円 |
|---|---|---|---|

本年度支払の社員配当金を上記のとおりご通知申し上げます。
なお、お支払いの際には後日のために被保険者の受領印をお求め置き下さい。

**印紙税法の適用関係**

　　印紙税法に定める課税物件ではない。

**説明**　　この文書は、2以上の者から金銭の受領事実の付込証明を受けるためのもので
あることから、第20号文書「判取帳」に該当するが、諸給与一覧表と同様、課税
物件として取り扱わない（印紙税法基本通達別表第一、第20号文書の4＝P1319
参照）。

**第
20
号**

1090　　　　　　　第2部　各課税物件

**第558例**　CHIT BOOK（チットブック）

（表紙）

| B/L　小切手用　CHIT BOOK |
|---|
| 　　　　　　　　　　　　　　　　　　　　　　株式会社 |

| 書　　　　　類 | 日　　　付 | 受　領　者 |
|---|---|---|
| Original B/L XY-51··················· 2 | Feb- 1.2018 | 甲 ㊞ |
| Insurance ····························· 1 | 〃 | 甲 ㊞ |
| Invoice ······························· 1 | 〃 | 甲 ㊞ |
| Paking List ··························· 1 | 〃 | 甲 ㊞ |
| 小 切 手　　￥250,000. −<br>（○○振出） | May- 9.2018 | 乙 ㊞ |

**印紙税法の適用関係**

　　　印紙税法別表第一、課税物件表の第20号文書「判取帳」である。

**説明**　　この文書は、複数の取引先に対し交付した小切手又はB/L（船荷証券）の受
　　　領事実を取引先に付込証明させるために作成するものであるから、第20号文書に
　　　該当する。

　　　なお、100万円を超える売上代金の受取事実を付込証明した場合は、その部分
　　　について、第17号の1文書「売上代金に係る有価証券の受取書」の作成があった
　　　ものとみなされる（印紙税法第4条第4項）。

第二十三章　（第20号文書）　判取帳　　　　1091

**第559例　買掛金整理票**

### 買 掛 金 整 理 票

年 7 月10日　No.

| 検　　印 | 月　日 | 氏　　名 | 出　　金 | 備　　考 | 受取印 |
|---|---|---|---|---|---|
| 組 合 長 | 7／10 | | 134,200 - | | |
| 部　　長 | 7／10 | | 74,300 - | | |
| 会計主任 | 7／10 | | 102,400 - | | |
| 入 力 係 | 7／10 | | 72,100 - | | |
| 取 扱 者 | | | | | |
| | 合　　計 | | 383,000 - | | |

農業協同組合

（注）　組合員から納入を受けた農産品の代金を支払った際に、各組合員から代金受領
　　　　印を徴する判取帳である。

**印紙税法の適用関係**

　　　　印紙税法別表第一、課税物件表の第20号文書「判取帳」である。

**説明**　　この文書は、2以上の組合員から、納入代金の受領事実について付込証明を受
　　　　けるものであることから、第20号文書に該当する。

第20号

# 附　録

# ■附録目次

○印紙税法 ……………………………………………………………… (1096)

○印紙税法施行令 ……………………………………………………… (1133)

○印紙税法施行規則 …………………………………………………… (1148)

○印紙税法別表第二独立行政法人の項の規定に基づき、印
　紙税を課さない法人を指定する件 ……………………………… (1152)

○印紙税法施行令第22条第12号の規定に基づき、コール資
　金の貸付け又はその貸借の媒介を業として行なう者を指
　定する告示 …………………………………………………………… (1157)

○印紙税法施行令の規定に基づき計器を指定する告示 ……… (1158)

○日本国と大韓民国との間の両国に隣接する大陸棚の南部
　の共同開発に関する協定の実施に伴う石油及び可燃性天
　然ガス資源の開発に関する特別措置法施行令（抄）………… (1189)

○租税特別措置法（抄）……………………………………………… (1190)

○租税特別措置法施行令（抄）……………………………………… (1194)

○租税特別措置法施行規則（抄）…………………………………… (1201)

○印紙税に関する法令 ………………………………………………… (1202)

　・印紙等模造取締法 ………………………………………………… (1202)

　・印紙犯罪処罰法 …………………………………………………… (1202)

　・印紙をもってする歳入金納付に関する法律 ……………… (1203)

　・収入印紙及び自動車重量税印紙の売りさばきに関する
　　省令 ………………………………………………………………… (1205)

　・建設業法（抄）…………………………………………………… (1208)

　・建設業法第2条第1項の別表の上欄に掲げる建設工事
　　の内容 ……………………………………………………………… (1209)

　・公証人法（抄）…………………………………………………… (1211)

附　録　目　次　　　1095

○収入印紙の形式を定める告示 ……………………………… (1212)

○印紙税の非課税に関する法令 ……………………………… (1219)

○印紙税法基本通達 …………………………………………… (1242)

○印紙税関係通達 ……………………………………………… (1325)

　・収入印紙交換制度の導入に伴う印紙税の過誤納確認等
　　の取扱いについて ……………………………………… (1325)

　・「消費税法の改正等に伴う印紙税の取扱いについて」
　　の一部改正について（法令解釈通達）………………… (1333)

　・「租税特別措置法（間接諸税関係）の取扱いについて」
　　等の一部改正について（法令解釈通達）（抄）………… (1334)

○印紙税に関する申請書等の様式 …………………………… (1341)

○我が国における印紙税の歴史 ……………………………… (1383)

○印紙税税率沿革表 …………………………………………… (1387)

○課税物件表の2以上の号に該当する文書の所属決定表 …… (1394)

○記載金額の計算表 …………………………………………… (1396)

1096　　　　　　　　　附　　　　録

# 印　紙　税　法

**法律第23号**（昭和42年 5 月31日）

（最終改正　平成30年法律第 7 号）

## 目　次

第 1 章　総則（第 1 条～第 6 条）………………………………………………… 1096
第 2 章　課税標準及び税率（第 7 条）…………………………………………… 1098
第 3 章　納付、申告及び還付等（第 8 条～第14条）…………………………… 1098
第 4 章　雑則（第15条～第20条）………………………………………………… 1101
第 5 章　罰則（第21条～第24条）………………………………………………… 1103
附　　則　（省略）
別表第一　課税物件表 ……………………………………………………………… 1105
別表第二　非課税法人の表 ………………………………………………………… 1126
別表第三　非課税文書の表 ………………………………………………………… 1128

## 第 1 章　総　　　　　則

**（趣　旨）**

**第 1 条**　この法律は、印紙税の課税物件、納税義務者、課税標準、税率、納付及び申告
の手続その他印紙税の納税義務の履行について必要な事項を定めるものとする。

**（課税物件）**

**第 2 条**　別表第一の課税物件の欄に掲げる文書には、この法律により、印紙税を課す
る。

**（納税義務者）**

**第 3 条**　別表第一の課税物件の欄に掲げる文書のうち、第 5 条〔非課税文書〕の規定に
より印紙税を課さないものとされる文書以外の文書（以下「課税文書」という。）の
作成者は、その作成した課税文書につき、印紙税を納める義務がある。

2　一の課税文書を二以上の者が共同して作成した場合には、当該二以上の者は、その
作成した課税文書につき、連帯して印紙税を納める義務がある。

**（課税文書の作成とみなす場合等）**

**第 4 条**　別表第一第 3 号に掲げる約束手形又は為替手形で手形金額の記載のないものに
つき手形金額の補充がされた場合には、当該補充をした者が、当該補充をした時に、
同号に掲げる約束手形又は為替手形を作成したものとみなす。

2　別表第一第18号から第20号までの課税文書を 1 年以上にわたり継続して使用する場
合には、当該課税文書を作成した日から 1 年を経過した日以後最初の付込みをした時
に、当該課税文書を新たに作成したものとみなす。

3　一の文書（別表第一第 3 号から第 6 号まで、第 9 号及び第18号から第20号までに掲

げる文書を除く。）に、同表第1号から第17号までの課税文書（同表第3号から第6号まで及び第9号の課税文書を除く。）により証されるべき事項の追記をした場合又は同表第18号若しくは第19号の課税文書として使用するための付込みをした場合には、当該追記又は付込みをした者が、当該追記又は付込みをした時に、当該追記又は付込みに係る事項を記載した課税文書を新たに作成したものとみなす。

4　別表第一第19号又は第20号の課税文書（以下この項において「通帳等」という。）に次の各号に掲げる事項の付込みがされた場合において、当該付込みがされた事項に係る記載金額（同表の課税物件表の適用に関する通則4に規定する記載金額をいう。第9条第3項〔税印による納付の特例〕において同じ。）が当該各号に掲げる金額であるときは、当該付込みがされた事項に係る部分については、当該通帳等への付込みがなく、当該各号に規定する課税文書の作成があったものとみなす。

一　別表第一第1号の課税文書により証されるべき事項　10万円を超える金額
二　別表第一第2号の課税文書により証されるべき事項　100万円を超える金額
三　別表第一第17号の課税文書（物件名の欄1に掲げる受取書に限る。）により証されるべき事項　100万円を超える金額

5　次条第2号に規定する者（以下この条において「国等」という。）と国等以外の者とが共同して作成した文書については、国等又は公証人法（明治41年法律第53号）に規定する公証人が保存するものは国等以外の者が作成したものとみなし、国等以外の者（公証人を除く。）が保存するものは国等が作成したものとみなす。

6　前項の規定は、次条第3号に規定する者とその他の者（国等を除く。）とが共同して作成した文書で同号に規定するものについて準用する。

**（非課税文書）**

**第5条**　別表第一の課税物件の欄に掲げる文書のうち、次に掲げるものには、印紙税を課さない。

一　別表第一の非課税物件の欄に掲げる文書
二　国、地方公共団体又は別表第二に掲げる者が作成した文書
三　別表第三の上欄に掲げる文書で、同表の下欄に掲げる者が作成したもの

**（納税地）**

**第6条**　印紙税の納税地は、次の各号に掲げる課税文書の区分に応じ、当該各号に掲げる場所とする。

一　第11条第1項〔書式表示による申告及び納付の特例〕又は第12条第1項〔預貯金通帳等に係る申告及び納付等の特例〕の承認に係る課税文書　これらの承認をした税務署長の所属する税務署の管轄区域内の場所
二　第9条第1項〔税印による納付の特例〕の請求に係る課税文書　当該請求を受けた税務署長の所属する税務署の管轄区域内の場所
三　第10条第1項〔印紙税納付計器の使用による納付の特例〕に規定する印紙税納付計器により、印紙税に相当する金額を表示して同項に規定する納付印を押す課税文書　当該印紙税納付計器の設置場所

四　前３号に掲げる課税文書以外の課税文書で、当該課税文書にその作成場所が明らかにされているもの　当該作成場所

　五　第１号から第３号までに掲げる課税文書以外の課税文書で、当該課税文書にその作成場所が明らかにされていないもの　政令で定める場所

## 第２章　課税標準及び税率

**（課税標準及び税率）**

**第７条**　印紙税の課税標準及び税率は、別表第一の各号の課税文書の区分に応じ、同表の課税標準及び税率の欄に定めるところによる。

## 第３章　納付、申告及び還付等

**（印紙による納付等）**

**第８条**　課税文書の作成者は、次条から第12条〔預貯金通帳等に係る申告及び納付等の特例〕までの規定の適用を受ける場合を除き、当該課税文書に課されるべき印紙税に相当する金額の印紙（以下「相当印紙」という。）を、当該課税文書の作成の時までに、当該課税文書にはり付ける方法により、印紙税を納付しなければならない。

２　課税文書の作成者は、前項の規定により当該課税文書に印紙をはり付ける場合には、政令で定めるところにより、当該課税文書と印紙の彩紋とにかけ、判明に印紙を消さなければならない。

**（税印による納付の特例）**

**第９条**　課税文書の作成者は、政令で定める手続により、財務省令で定める税務署の税務署長に対し、当該課税文書に相当印紙をはり付けることに代えて、税印（財務省令で定める印影の形式を有する印をいう。次項において同じ。）を押すことを請求することができる。

２　前項の請求をした者は、次項の規定によりその請求が棄却された場合を除き、当該請求に係る課税文書に課されるべき印紙税額に相当する印紙税を、税印が押される時までに、国に納付しなければならない。

３　税務署長は、第１項の請求があった場合において、当該請求に係る課税文書の記載金額が明らかでないことその他印紙税の保全上不適当であると認めるときは、当該請求を棄却することができる。

**（印紙税納付計器の使用による納付の特例）**

**第10条**　課税文書の作成者は、政令で定めるところにより、印紙税納付計器（印紙税の保全上支障がないことにつき、政令で定めるところにより、国税庁長官の指定を受けた計器（第16条〔納付印等の製造等の禁止〕及び第18条第２項〔記帳義務〕において「指定計器」という。）で、財務省令で定める形式の印影を生ずべき印（以下「納付印」という。）を付したものをいう。以下同じ。）を、その設置しようとする場所の所

在地の所轄税務署長の承認を受けて設置した場合には、当該課税文書に相当印紙をはり付けることに代えて、当該印紙税納付計器により、当該課税文書に課されるべき印紙税額に相当する金額を表示して納付印を押すことができる。

2　前項の承認を受けて印紙税納付計器を設置する者は、政令で定めるところにより、同項の税務署長の承認を受けて、その者が交付を受ける課税文書の作成者のために、その交付を受ける際、当該作成者が当該課税文書に相当印紙をはり付けることに代えて、当該印紙税納付計器により、当該課税文書に課されるべき印紙税額に相当する金額を表示して納付印を押すことができる。

3　第1項の承認を受けた者は、前2項の規定により印紙税納付計器を使用する前に、政令で定めるところにより、第1項の税務署長に対し、当該印紙税納付計器により表示することができる印紙税額に相当する金額の総額を限度として当該印紙税納付計器を使用するため必要な措置を講ずることを請求しなければならない。

4　前項の請求をした者は、同項の表示することができる金額の総額に相当する印紙税を、同項の措置を受ける時までに、国に納付しなければならない。

5　第1項の承認を受けた者が印紙税に係る法令の規定に違反した場合その他印紙税の取締り上不適当と認められる場合には、税務署長は、その承認を取り消すことができる。

6　税務署長は、印紙税の保全上必要があると認めるときは、政令で定めるところにより、印紙税納付計器に封を施すことができる。

7　第1項又は第2項の規定により印紙税に相当する金額を表示して納付印を押す方法について必要な事項は、財務省令で定める。

**（書式表示による申告及び納付の特例）**

**第11条**　課税文書の作成者は、課税文書のうち、その様式又は形式が同一であり、かつ、その作成の事実が後日においても明らかにされているもので次の各号の一に該当するものを作成しようとする場合には、政令で定めるところにより、当該課税文書を作成しようとする場所の所在地の所轄税務署長の承認を受け、相当印紙のはり付けに代えて、金銭をもって当該課税文書に係る印紙税を納付することができる。

一　毎月継続して作成されることとされているもの

二　特定の日に多量に作成されることとされているもの

2　前項の承認の申請者が第15条〔保全担保〕の規定により命ぜられた担保の提供をしない場合その他印紙税の保全上不適当と認められる場合には、税務署長は、その承認を与えないことができる。

3　第1項の承認を受けた者は、当該承認に係る課税文書の作成の時までに、当該課税文書に財務省令で定める書式による表示をしなければならない。

4　第1項の承認を受けた者は、政令で定めるところにより、次に掲げる事項を記載した申告書を、当該課税文書が同項第1号に掲げる課税文書に該当する場合には毎月分（当該課税文書の作成をしなかった月分を除く。）をその翌月末日までに、当該課税文書が同項第2号に掲げる課税文書に該当する場合には同号に規定する日の属する月

の翌月末日までに、その承認をした税務署長に提出しなければならない。

一　その月中（第1項第2号に掲げる課税文書にあっては、同号に規定する日）に作成した当該課税文書の号別及び種類並びに当該種類ごとの数量及び当該数量を税率区分の異なるごとに合計した数量（次号において「課税標準数量」という。）

二　課税標準数量に対する印紙税額及び当該印紙税額の合計額（次項において「納付すべき税額」という。）

三　その他参考となるべき事項

5　前項の規定による申告書を提出した者は、当該申告書の提出期限までに、当該申告書に記載した納付すべき税額に相当する印紙税を国に納付しなければならない。

6　第1項第1号の課税文書につき同項の承認を受けている者は、当該承認に係る課税文書につき同項の適用を受ける必要がなくなったときは、政令で定める手続により、その旨を同項の税務署長に届け出るものとする。

**（預貯金通帳等に係る申告及び納付等の特例）**

**第12条**　別表第一第18号及び第19号の課税文書のうち政令で定める通帳（以下この条において「預貯金通帳等」という。）の作成者は、政令で定めるところにより、当該預貯金通帳等を作成しようとする場所の所在地の所轄税務署長の承認を受け、相当印紙の貼付けに代えて、金銭をもって、当該承認の日以後の各課税期間（4月1日から翌年3月31日までの期間をいう。以下この条において同じ。）内に作成する当該預貯金通帳等に係る印紙税を納付することができる。

2　前項の承認の申請者が第15条〔保全担保〕の規定により命ぜられた担保の提供をしない場合その他印紙税の保全上不適当と認められる場合には、税務署長は、その承認を与えないことができる。

3　第1項の承認を受けた者は、当該承認に係る預貯金通帳等に、課税期間において最初の付込みをする時までに、財務省令で定める書式による表示をしなければならない。ただし、既に当該表示をしている預貯金通帳等については、この限りでない。

4　第1項の承認を受けた場合には、当該承認を受けた者が課税期間内に作成する当該預貯金通帳等は、当該課税期間の開始の時に作成するものとみなし、当該課税期間内に作成する当該預貯金通帳等の数量は、当該課税期間の開始の時における当該預貯金通帳等の種類ごとの当該預貯金通帳等に係る口座の数として政令で定めるところにより計算した数に相当する数量とみなす。

5　第1項の承認を受けた者は、政令で定めるところにより、次に掲げる事項を記載した申告書を、課税期間ごとに、当該課税期間の開始の日から起算して1月以内に、その承認をした税務署長に提出しなければならない。

一　当該承認に係る預貯金通帳等の課税文書の号別及び当該預貯金通帳等の種類並びに当該種類ごとの前項に規定する政令で定めるところにより計算した当該預貯金通帳等に係る口座の数に相当する当該預貯金通帳等の数量及び当該数量を当該号別に合計した数量（次号において「課税標準数量」という。）

二　課税標準数量に対する印紙税額及び当該印紙税額の合計額（次項において「納付

印紙税法（第11条〜第15条）　　　　　1101

すべき税額」という。）

　三　その他参考となるべき事項

6　前項の規定による申告書を提出した者は、当該申告書の提出期限までに、当該申告書に記載した納付すべき税額に相当する印紙税を国に納付しなければならない。

7　第1項の承認を受けている者は、当該承認に係る預貯金通帳等につき同項の適用を受ける必要がなくなったときは、政令で定めるところにより、その旨を同項の税務署長に届け出るものとする。

**第13条**　削除

**（過誤納の確認等）**

**第14条**　印紙税に係る過誤納金（第10条第4項〔印紙税納付計器の使用による納付の特例〕の規定により納付した印紙税で印紙税納付計器の設置の廃止その他の事由により納付の必要がなくなったものを含む。以下この条において同じ。）の還付を受けようとする者は、政令で定めるところにより、その過誤納の事実につき納税地の所轄税務署長の確認を受けなければならない。ただし、第11条〔書式表示による申告及び納付の特例〕及び第12条〔預貯金通帳等に係る申告及び納付等の特例〕の規定による申告書（当該申告書に係る国税通則法（昭和37年法律第66号）第18条第2項若しくは第19条第3項（期限後申告・修正申告）に規定する期限後申告書若しくは修正申告書又は同法第24条から第26条まで（更正・決定）の規定による更正若しくは決定を含む。）に係る印紙税として納付され、又は第20条〔印紙納付に係る不納税額があった場合の過怠税の徴収〕に規定する過怠税として徴収された過誤納金については、この限りでない。

2　第9条第2項〔税印による納付の特例〕又は第10条第4項の規定により印紙税を納付すべき者が、第9条第1項又は第10条第1項の税務署長に対し、政令で定めるところにより、印紙税に係る過誤納金（前項の確認を受けたもの及び同項ただし書に規定する過誤納金を除く。）の過誤納の事実の確認とその納付すべき印紙税への充当とをあわせて請求したときは、当該税務署長は、その充当をすることができる。

3　第1項の確認又は前項の充当を受ける過誤納金については、当該確認又は充当の時に過誤納があったものとみなして、国税通則法第56条から第58条まで（還付・充当・還付加算金）の規定を適用する。

## 第4章　雑　　　　　則

**（保全担保）**

**第15条**　国税庁長官、国税局長又は税務署長は、印紙税の保全のために必要があると認めるときは、政令で定めるところにより、第11条第1項〔書式表示による申告及び納付の特例〕又は第12条第1項〔預貯金通帳等に係る申告及び納付等の特例〕の承認の申請者に対し、金額及び期間を指定して、印紙税につき担保の提供を命ずることができる。

1102 附　　　録

2　国税庁長官、国税局長又は税務署長は、必要があると認めるときは、前項の金額又
は期間を変更することができる。

（納付印等の製造等の禁止）

**第16条**　何人も、印紙税納付計器、納付印（指定計器以外の計器その他の器具に取り付
けられたものを含む。以下同じ。）又は納付印の印影に紛らわしい外観を有する印影
を生ずべき印（以下「納付印等」と総称する。）を製造し、販売し、又は所持しては
ならない。ただし、納付印等の製造、販売又は所持をしようとする者が、政令で定め
るところにより、当該製造、販売若しくは所持をしようとする場所の所在地の所轄税
務署長の承認を受けた場合又は第10条第1項〔印紙税納付計器の使用による納付の特
例〕の承認を受けて印紙税納付計器を所持する場合は、この限りでない。

（印紙税納付計器販売業等の申告等）

**第17条**　印紙税納付計器の販売業又は納付印の製造業若しくは販売業をしようとする者
は、その販売場又は製造場ごとに、政令で定めるところにより、その旨を当該販売場
（その者が販売場を設けない場合には、その住所とし、住所がない場合には、その居
所とする。）又は製造場の所在地の所轄税務署長に申告しなければならない。印紙税
納付計器の販売業者又は納付印の製造業者若しくは販売業者が当該販売業又は製造業
の廃止又は休止をしようとする場合も、また同様とする。

2　第10条第1項〔印紙税納付計器の使用による納付の特例〕の承認を受けて同項の印
紙税納付計器を設置した者が当該設置を廃止した場合には、政令で定めるところによ
り、その旨を同項の税務署長に届け出て同条第6項の封の解除その他必要な措置を受
けなければならない。

（記帳義務）

**第18条**　第11条第1項〔書式表示による申告及び納付の特例〕又は第12条第1項〔預貯
金通帳等に係る申告及び納付等の特例〕の承認を受けた者は、政令で定めるところに
より、当該承認に係る課税文書の作成に関する事実を帳簿に記載しなければならな
い。

2　印紙税納付計器の販売業者又は納付印の製造業者若しくは販売業者は、政令で定め
るところにより、指定計器又は納付印等の受入れ、貯蔵又は払出しに関する事実を帳
簿に記載しなければならない。

（申告義務等の承継）

**第19条**　法人が合併した場合には、合併後存続する法人又は合併により設立された法人
は、合併により消滅した法人の次に掲げる義務を、相続（包括遺贈を含む。）があっ
た場合には、相続人（包括受遺者を含む。）は、被相続人（包括遺贈者を含む。）の次
に掲げる義務をそれぞれ承継する。

　一　第11条第4項〔書式表示による申告及び納付の特例〕又は第12条第5項〔預貯金
通帳等に係る申告及び納付等の特例〕の規定による申告の義務

　二　前条の規定による記帳の義務

印紙税法（第15条～第21条）　　　　1103

**（印紙納付に係る不納税額があった場合の過怠税の徴収）**

**第20条**　第8条第1項〔印紙による納付等〕の規定により印紙税を納付すべき課税文書
　の作成者が同項の規定により納付すべき印紙税を当該課税文書の作成の時までに納付
　しなかった場合には、当該印紙税の納税地の所轄税務署長は、当該課税文書の作成者
　から、当該納付しなかった印紙税の額とその2倍に相当する金額との合計額に相当す
　る過怠税を徴収する。

2　前項に規定する課税文書の作成者から当該課税文書に係る印紙税の納税地の所轄税
　務署長に対し、政令で定めるところにより、当該課税文書について印紙税を納付して
　いない旨の申出があり、かつ、その申出が印紙税についての調査があったことにより
　当該申出に係る課税文書について国税通則法第32条第1項（賦課決定）の規定による
　前項の過怠税についての決定があるべきことを予知してされたものでないときは、当
　該課税文書に係る同項の過怠税の額は、同項の規定にかかわらず、当該納付しなかっ
　た印紙税の額と当該印紙税の額に100分の10の割合を乗じて計算した金額との合計額
　に相当する金額とする。

3　第8条第1項の規定により印紙税を納付すべき課税文書の作成者が同条第2項の規
　定により印紙を消さなかった場合には、当該印紙税の納税地の所轄税務署長は、当該
　課税文書の作成者から、当該消されていない印紙の額面金額に相当する金額の過怠税
　を徴収する。

4　第1項又は前項の場合において、過怠税の合計額が千円に満たないときは、これを
　千円とする。

5　前項に規定する過怠税の合計額が、第2項の規定の適用を受けた過怠税のみに係る
　合計額であるときは、当該過怠税の合計額については、前項の規定の適用はないもの
　とする。

6　税務署長は、国税通則法第32条第3項（賦課決定通知）の規定により第1項又は第
　3項の過怠税に係る賦課決定通知書を送達する場合には、当該賦課決定通知書に課税
　文書の種類その他の政令で定める事項を附記しなければならない。

7　第1項又は第3項の過怠税の税目は、印紙税とする。

# 第5章　罰　　　　則

**第21条**　次の各号のいずれかに該当する者は、3年以下の懲役若しくは100万円以下の
　罰金に処し、又はこれを併科する。
　一　偽りその他不正の行為により印紙税を免れ、又は免れようとした者
　二　偽りその他不正の行為により第14条第1項の規定による還付を受け、又は受けよ
　　うとした者

2　前項の犯罪に係る課税文書に対する印紙税に相当する金額又は還付金に相当する金
　額の3倍が100万円を超える場合には、情状により、同項の罰金は、100万円を超え当
　該印紙税に相当する金額又は還付金に相当する金額の3倍以下とすることができる。

1104　　　　　　　附　　　録

**第22条**　次の各号のいずれかに該当する者は、１年以下の懲役又は50万円以下の罰金に処する。

一　第８条第１項の規定による相当印紙のはり付けをしなかった者

二　第11条第４項又は第12条第５項の規定による申告書をその提出期限までに提出しなかった者

三　第16条の規定に違反した者

四　第18条第１項又は第２項の規定による帳簿の記載をせず、若しくは偽り、又はその帳簿を隠匿した者

**第23条**　次の各号のいずれかに該当する者は、30万円以下の罰金に処する。

一　第８条第２項の規定に違反した者

二　第11条第３項又は第12条第３項の規定による表示をしなかった者

三　第17条第１項の規定による申告をせず、又は同条第２項の規定による届出をしなかった者

**第24条**　法人の代表者又は法人若しくは人の代理人、使用人その他の従業者が、その法人又は人の業務又は財産に関して前３条の違反行為をしたときは、その行為者を罰するほか、その法人又は人に対して当該各条の罰金刑を科する。


　　　　附　　則（省略）

印紙税法（第22条〜別表第一）　　　　　　　1105

# 別表第一　課 税 物 件 表

**課税物件表の適用に関する通則**

1　この表における文書の所属の決定は、この表の各号の規定による。この場合におい
　て、当該各号の規定により所属を決定することができないときは、2及び3に定める
　ところによる。

2　一の文書でこの表の二以上の号に掲げる文書により証されるべき事項又はこの表の
　一若しくは二以上の号に掲げる文書により証されるべき事項とその他の事項とが併記
　され、又は混合して記載されているものその他一の文書でこれに記載されている事項
　がこの表の二以上の号に掲げる文書により証されるべき事項に該当するものは、当該
　各号に掲げる文書に該当する文書とする。

3　一の文書が2の規定によりこの表の各号のうち二以上の号に掲げる文書に該当する
　こととなる場合には、次に定めるところによりその所属を決定する。

　イ　第1号又は第2号に掲げる文書と第3号から第17号までに掲げる文書とに該当す
　　る文書は、第1号又は第2号に掲げる文書とする。ただし、第1号又は第2号に掲
　　げる文書で契約金額の記載のないものと第7号に掲げる文書とに該当する文書は、
　　同号に掲げる文書とし、第1号又は第2号に掲げる文書と第17号に掲げる文書とに
　　該当する文書のうち、当該文書に売上代金（同号の定義の欄1に規定する売上代金
　　をいう。以下この通則において同じ。）に係る受取金額（100万円を超えるものに限
　　る。）の記載があるもので、当該受取金額が当該文書に記載された契約金額（当該
　　金額が二以上ある場合には、その合計額）を超えるもの又は契約金額の記載のない
　　ものは、同号に掲げる文書とする。

　ロ　第1号に掲げる文書と第2号に掲げる文書とに該当する文書は、第1号に掲げる
　　文書とする。ただし、当該文書に契約金額の記載があり、かつ、当該契約金額を第
　　1号及び第2号に掲げる文書のそれぞれにより証されるべき事項ごとに区分するこ
　　とができる場合において、第1号に掲げる文書により証されるべき事項に係る金額
　　として記載されている契約金額（当該金額が二以上ある場合には、その合計額。以
　　下このロにおいて同じ。）が第2号に掲げる文書により証されるべき事項に係る金
　　額として記載されている契約金額に満たないときは、同号に掲げる文書とする。

　ハ　第3号から第17号までに掲げる文書のうち二以上の号に掲げる文書に該当する文
　　書は、当該二以上の号のうち最も号数の少ない号に掲げる文書とする。ただし、当
　　該文書に売上代金に係る受取金額（100万円を超えるものに限る。）の記載があると
　　きは、第17号に掲げる文書とする。

　ニ　ホに規定する場合を除くほか、第18号から第20号までに掲げる文書と第1号から
　　第17号までに掲げる文書とに該当する文書は、第18号から第20号に掲げる文書とす
　　る。

　ホ　第19号若しくは第20号に掲げる文書と第1号に掲げる文書とに該当する文書で同
　　号に掲げる文書に係る記載された契約金額が10万円を超えるもの、第19号若しくは

1106 　　　　　　附　　　録

　　第20号に掲げる文書と第2号に掲げる文書とに該当する文書で同号に掲げる文書に
　係る記載された契約金額が100万円を超えるもの又は第19号若しくは第20号に掲げ
　る文書と第17号に掲げる文書とに該当する文書で同号に掲げる文書に係る記載され
　た売上代金に係る受取金額が100万円を超えるものは、それぞれ、第1号、第2号
　又は第17号に掲げる文書とする。

4　この表の課税標準及び税率の欄の税率又は非課税物件の欄の金額が契約金額、券面
　金額その他当該文書により証されるべき事項に係る金額（以下この4において「契約
　金額等」という。）として当該文書に記載された金額（以下この4において「記載金
　額」という。）を基礎として定められている場合における当該金額の計算について
　は、次に定めるところによる。

　イ　当該文書に二以上の記載金額があり、かつ、これらの金額が同一の号に該当する
　　文書により証されるべき事項に係るものである場合には、これらの金額の合計額を
　　当該文書の記載金額とする。

　ロ　当該文書が2の規定によりこの表の二以上の号に該当する文書である場合には、
　　次に定めるところによる。

　　(1)　当該文書の記載金額を当該二以上の号のそれぞれに掲げる文書により証される
　　　べき事項ごとに区分することができるときは、当該文書が3の規定によりこの表
　　　のいずれの号に掲げる文書に所属することとなるかに応じ、その所属する号に掲
　　　げる文書により証されるべき事項に係る金額を当該文書の記載金額とする。

　　(2)　当該文書の記載金額を当該二以上の号のそれぞれに掲げる文書により証される
　　　べき事項ごとに区分することができないときは、当該金額（当該金額のうちに、
　　　当該文書が3の規定によりこの表のいずれかの号に所属することとなる場合にお
　　　ける当該所属する号に掲げる文書により証されるべき事項に係る金額以外の金額
　　　として明らかにされている部分があるときは、当該明らかにされている部分の金
　　　額を除く。）を当該文書の記載金額とする。

　ハ　当該文書が第17号に掲げる文書（3の規定により同号に掲げる文書となるものを
　　含む。）のうち同号の物件名の欄1に掲げる受取書である場合には、税率の適用に
　　関しては、イ又はロの規定にかかわらず、次に定めるところによる。

　　(1)　当該受取書の記載金額を売上代金に係る金額とその他の金額に区分することが
　　　できるときは、売上代金に係る金額を当該受取書の記載金額とする。

　　(2)　当該受取書の記載金額を売上代金に係る金額とその他の金額に区分することが
　　　できないときは、当該記載金額（当該金額のうちに売上代金に係る金額以外の金
　　　額として明らかにされている部分があるときは、当該明らかにされている部分の
　　　金額を除く。）を当該受取書の記載金額とする。

　ニ　契約金額等の変更の事実を証すべき文書について、当該文書に係る契約について
　　の変更前の契約金額等の記載のある文書が作成されていることが明らかであり、か
　　つ、変更の事実を証すべき文書により変更金額（変更前の契約金額等と変更後の契
　　約金額等の差額に相当する金額をいう。以下同じ。）が記載されている場合（変更

印紙税法（別表第一）　　　　1107

前の契約金額等と変更後の契約金額等が記載されていることにより変更金額を明らかにすることができる場合を含む。）には、当該変更金額が変更前の契約金額等を増加させるものであるときは、当該変更金額を当該文書の記載金額とし、当該変更金額が変更前の契約金額等を減少させるものであるときは、当該文書の記載金額の記載はないものとする。

ホ　次の⑴から⑶までの規定に該当する文書の記載金額については、それぞれ⑴から⑶までに定めるところによる。

　⑴　当該文書に記載されている単価及び数量、記号その他によりその契約金額等の計算をすることができるときは、その計算により算出した金額を当該文書の記載金額とする。

　⑵　第1号又は第2号に掲げる文書に当該文書に係る契約についての契約金額又は単価、数量、記号その他の記載のある見積書、注文書その他これらに類する文書（この表に掲げる文書を除く。）の名称、発行の日、記号、番号その他の記載があることにより、当事者間において当該契約についての契約金額が明らかであるとき又は当該契約についての契約金額の計算をすることができるときは、当該明らかである契約金額又は当該計算により算出した契約金額を当該第1号又は第2号に掲げる文書の記載金額とする。

　⑶　第17号に掲げる文書のうち売上代金として受け取る有価証券の受取書に当該有価証券の発行者の名称、発行の日、記号、番号その他の記載があること、又は同号に掲げる文書のうち売上代金として受け取る金銭若しくは有価証券の受取書に当該売上代金に係る受取金額の記載のある支払通知書、請求書その他これらに類する文書の名称、発行の日、記号、番号その他の記載があることにより、当事者間において当該売上代金に係る受取金額が明らかであるときは、当該明らかである受取金額を当該受取書の記載金額とする。

ヘ　当該文書の記載金額が外国通貨により表示されている場合には、当該文書を作成した日における外国為替及び外国貿易法（昭和24年法律第228号）第7条第1項（外国為替相場）の規定により財務大臣が定めた基準外国為替相場又は裁定外国為替相場により当該記載金額を本邦通貨に換算した金額を当該文書についての記載金額とする。

5　この表の第1号、第2号、第7号及び第12号から第15号までにおいて「契約書」とは、契約証書、協定書、約定書その他名称のいかんを問わず、契約（その予約を含む。以下同じ。）の成立若しくは更改又は契約の内容の変更若しくは補充の事実（以下「契約の成立等」という。）を証すべき文書をいい、念書、請書その他契約の当事者の一方のみが作成する文書又は契約の当事者の全部若しくは一部の署名を欠く文書で、当事者間の了解又は商慣習に基づき契約の成立等を証することとされているものを含むものとする。

6　1から5までに規定するもののほか、この表の規定の適用に関し必要な事項は、政令で定める。

1108　　　　　　　附　　　録

| 番号 | 課税物件 | | 課税標準及び税率 | 非課税物件 |
|---|---|---|---|---|
| | 物件名 | 定義 | | |
| 1 | 1　不動産、鉱業権、無体財産権、船舶若しくは航空機又は営業の譲渡に関する契約書<br>2　地上権又は土地の賃借権の設定又は譲渡に関する契約書<br>3　消費貸借に関する契約書<br>4　運送に関する契約書（用船契約書を含む。） | 1　不動産には、法律の規定により不動産とみなされるもののほか、鉄道財団、軌道財団及び自動車交通事業財団を含むものとする。<br>2　無体財産権とは、特許権、実用新案権、商標権、意匠権、回路配置利用権、育成者権、商号及び著作権をいう。<br>3　運送に関する契約書には、乗車券、乗船券、航空券及び運送状を含まないものとする。<br>4　用船契約書には、航空機の用船契約書を含むものとし、裸用船契約書を含まないものとする。 | 1　契約金額の記載のある契約書<br>　　次に掲げる契約金額の区分に応じ、1通につき、次に掲げる税率とする。<br>10万円以下のもの　　200円<br>10万円を超え50万円以下のもの　　　　　　　　400円<br>50万円を超え100万円以下のもの　　　　　　　1,000円<br>100万円を超え500万円以下のもの　　　　　　　2,000円<br>500万円を超え1,000万円以下のもの　　　　　　　1万円<br>1,000万円を超え5,000万円以下のもの　　　　　　2万円<br>5,000万円を超え1億円以下のもの　　　　　　　6万円<br>1億円を超え5億円以下のもの　　　　　　　　10万円<br>5億円を超え10億円以下のもの　　　　　　　20万円<br>10億円を超え50億円以下のもの　　　　　　　40万円<br>50億円を超えるもの　　　　　　　　　60万円<br>2　契約金額の記載のない契約書　1通につき　200円 | 1　契約金額の記載のある契約書（課税物件表の適用に関する通則3イの規定が適用されることによりこの号に掲げる文書となるものを除く。）のうち、当該契約金額が1万円未満のもの |

印紙税法（別表第一）　　　　　1109

| 番号 | 課税物件 | | 課税標準及び税率 | 非課税物件 |
|---|---|---|---|---|
| | 物件名 | 定義 | | |
| 1 | ＜印紙税額の軽減＞ | | | |
| | 上記1のうち、不動産の譲渡に関する契約書で、記載された**契約金額が1,000万円を超え、かつ、平成9年4月1日から平成26年3月31日まで**の間に作成されるもの | | 記載された契約金額が<br>　1,000万円を超え5,000万円以下のもの<br>　　　　　　　　　　　　　1万5,000円<br>　5,000万円を超え1億円以下のもの<br>　　　　　　　　　　　　　4万5,000円<br>　1億円を超え5億円以下のもの<br>　　　　　　　　　　　　　8万円<br>　5億円を超え10億円以下のもの<br>　　　　　　　　　　　　　18万円<br>　10億円を超え50億円以下のもの<br>　　　　　　　　　　　　　36万円<br>　50億円を超えるもの　　　54万円 | |
| | 上記1のうち、不動産の譲渡に関する契約書で、記載された**契約金額が10万円を超え、かつ、平成26年4月1日から平成32年3月31日までの間**に作成されるもの | | 記載された契約金額が<br>　10万円を超え50万円以下のもの<br>　　　　　　　　　　　　　200円<br>　50万円を超え100万円以下のもの<br>　　　　　　　　　　　　　500円<br>　100万円を超え500万円以下のもの<br>　　　　　　　　　　　　　1,000円<br>　500万円を超え1,000万円以下のもの<br>　　　　　　　　　　　　　5,000円<br>　1,000万円を超え5,000万円以下のもの<br>　　　　　　　　　　　　　1万円<br>　5,000万円を超え1億円以下のもの<br>　　　　　　　　　　　　　3万円<br>　1億円を超え5億円以下のもの<br>　　　　　　　　　　　　　6万円<br>　5億円を超え10億円以下のもの<br>　　　　　　　　　　　　　16万円<br>　10億円を超え50億円以下のもの<br>　　　　　　　　　　　　　32万円<br>　50億円を超えるもの　　　48万円 | |

| 番号 | 課税物件 | | 課税標準及び税率 | 非課税物件 |
|---|---|---|---|---|
| | 物件名 | 定義 | | |
| 2 | 請負に関する契約書 | 1 請負には、職業野球の選手、映画の俳優その他これらに類する者で政令で定めるものの役務の提供を約することを内容とする契約を含むものとする。 | 1 契約金額の記載のある契約書<br>　次に掲げる契約金額の区分に応じ、1通につき、次に掲げる税率とする。<br>100万円以下のもの　200円<br>100万円を超え200万円以下のもの　400円<br>200万円を超え300万円以下のもの　1,000円<br>300万円を超え500万円以下のもの　2,000円<br>500万円を超え1,000万円以下のもの　1万円<br>1,000万円を超え5,000万円以下のもの　2万円<br>5,000万円を超え1億円以下のもの　6万円<br>1億円を超え5億円以下のもの　10万円<br>5億円を超え10億円以下のもの　20万円<br>10億円を超え50億円以下のもの　40万円<br>50億円を超えるもの　60万円<br>2 契約金額の記載のない契約書　1通につき　200円 | 1 契約金額の記載のある契約書（課税物件表の適用に関する通則3イの規定が適用されることによりこの号に掲げる文書となるものを除く。）のうち、当該契約金額が1万円未満のもの |

印紙税法（別表第一） 1111

| 番号 | 課　税　物　件 | | 課税標準及び税率 | 非課税物件 |
|---|---|---|---|---|
| | 物　件　名 | 定　　義 | | |
| 2 | ＜印紙税額の軽減＞ | | | |
| | 上記のうち、建設業法第2条第1項に規定する建設工事の請負に係る契約に基づき作成される契約書で、記載された**契約金額が1,000万円を超え、かつ、平成9年4月1日から平成26年3月31日までの間に作成される**もの | | 記載された契約金額が<br>　1,000万円を超え5,000万円以下のもの<br>　　　　　　　　　　　　　　1万5,000円<br>　5,000万円を超え1億円以下のもの<br>　　　　　　　　　　　　　　4万5,000円<br>　1億円を超え5億円以下のもの<br>　　　　　　　　　　　　　　　8万円<br>　5億円を超え10億円以下のもの<br>　　　　　　　　　　　　　　　18万円<br>　10億円を超え50億円以下のもの<br>　　　　　　　　　　　　　　　36万円<br>　50億円を超えるもの　　　　54万円 | |
| | 上記のうち、建設業法第2条第1項に規定する建設工事の請負に係る契約に基づき作成される契約書で、記載された**契約金額が100万円を超え、かつ、平成26年4月1日から平成32年3月31日までの間に作成される**もの | | 記載された契約金額が<br>　100万円を超え200万円以下のもの<br>　　　　　　　　　　　　　　　200円<br>　200万円を超え300万円以下のもの<br>　　　　　　　　　　　　　　　500円<br>　300万円を超え500万円以下のもの<br>　　　　　　　　　　　　　　1,000円<br>　500万円を超え1,000万円以下のもの<br>　　　　　　　　　　　　　　5,000円<br>　1,000万円を超え5,000万円以下のもの<br>　　　　　　　　　　　　　　　1万円<br>　5,000万円を超え1億円以下のもの<br>　　　　　　　　　　　　　　　3万円<br>　1億円を超え5億円以下のもの<br>　　　　　　　　　　　　　　　6万円<br>　5億円を超え10億円以下のもの<br>　　　　　　　　　　　　　　　16万円<br>　10億円を超え50億円以下のもの<br>　　　　　　　　　　　　　　　32万円<br>　50億円を超えるもの　　　　48万円 | |

| 番号 | 課税物件 | | 課税標準及び税率 | 非課税物件 |
|---|---|---|---|---|
| | 物 件 名 | 定 義 | | |
| 3 | 約束手形又は為替手形 | | 1 2に掲げる手形以外の手形<br>次に掲げる手形金額の区分に応じ、1通につき、次に掲げる税率とする。<br>100万円以下のもの 200円<br>100万円を超え200万円以下のもの 400円<br>200万円を超え300万円以下のもの 600円<br>300万円を超え500万円以下のもの 1,000円<br>500万円を超え1,000万円以下のもの 2,000円<br>1,000万円を超え2,000万円以下のもの 4,000円<br>2,000万円を超え3,000万円以下のもの 6,000円<br>3,000万円を超え5,000万円以下のもの 1万円<br>5,000万円を超え1億円以下のもの 2万円<br>1億円を超え2億円以下のもの 4万円<br>2億円を超え3億円以下のもの 6万円<br>3億円を超え5億円以下のもの 10万円<br>5億円を超え10億円以下のもの 15万円<br>10億円を超えるもの 20万円<br>2 次に掲げる手形 1通につき 200円 | 1 手形金額が10万円未満の手形<br>2 手形金額の記載のない手形<br>3 手形の複本又は謄本 |

印紙税法（別表第一）　　　　　　1113

| 番号 | 課税物件 | | 課税標準及び税率 | 非課税物件 |
|---|---|---|---|---|
| | 物　件　名 | 定　義 | | |
| 3 | | | イ　一覧払の手形（手形法（昭和7年法律第20号）第34条第2項（一覧払の為替手形の呈示開始期日の定め）（同法第77条第1項第2号（約束手形への準用）において準用する場合を含む。）の定めをするものを除く。）<br>ロ　日本銀行又は銀行その他政令で定める金融機関を振出人及び受取人とする手形（振出人である銀行その他当該政令で定める金融機関を受取人とするものを除く。）<br>ハ　外国通貨により手形金額が表示される手形<br>ニ　外国為替及び外国貿易法第6条第1項第6号（定義）に規定する非居住者の本邦にある同法第16条の2（支払等の制限）に規定する銀行等（以下この号において「銀行等」という。）に対する本邦通貨をもって表示される勘定を通ずる方法により決済される手形で政令で定めるもの<br>ホ　本邦から貨物を輸出し又は本邦に貨物を輸入する外国為替及び外国貿易法第6条第1項第5号（定義）に規定する居住者が本邦にある銀行等を支払人として振り出す本 | |

1114　　　　　　　　附　　　　録

| 番号 | 課税物件 | | 課税標準及び税率 | 非課税物件 |
|---|---|---|---|---|
| | 物件名 | 定義 | | |
| 3 | | | 邦通貨により手形金額が表示される手形で政令で定めるもの<br>ヘ　ホに掲げる手形及び外国の法令に準拠して外国において銀行業を営む者が本邦にある銀行等を支払人として振り出した本邦通貨により手形金額が表示される手形で政令で定めるものを担保として、銀行等が自己を支払人として振り出す本邦通貨により手形金額が表示される手形で政令で定めるもの | |
| 4 | 株券、出資証券若しくは社債券又は投資信託、貸付信託、特定目的信託若しくは受益証券発行信託の受益証券 | 1　出資証券とは、相互会社（保険業法（平成7年法律第105号）第2条第5項（定義）に規定する相互会社をいう。以下同じ。）の作成する基金証券及び法人の社員又は出資者たる地位を証する文書（投資信託及び投資法人に関する法律（昭和26年法律第198号）に規定する投資証券を含む。）をいう。 | 次に掲げる券面金額（券面金額の記載のない証券で株数又は口数の記載のあるものにあっては、1株又は1口につき政令で定める金額に当該株数又は口数を乗じて計算した金額）の区分に応じ、1通につき、次に掲げる税率とする。<br>　500万円以下のもの　200円<br>　500万円を超え1,000万円以下のもの　1,000円<br>　1,000万円を超え5,000万円以下のもの　2,000円<br>　5,000万円を超え1億円以下のもの　1万円<br>　1億円を超えるもの　2万円 | 1　日本銀行その他特別の法律により設立された法人で政令で定めるものの作成する出資証券（協同組織金融機関の優先出資に関する法律（平成5年法律第44号）に規定する優先出 |

印紙税法（別表第一）　　　　　1115

| 番号 | 課税物件 物件名 | 課税物件 定義 | 課税標準及び税率 | 非課税物件 |
|---|---|---|---|---|
| 4 | | 2　社債券には、特別の法律により法人の発行する債券及び相互会社の社債券を含むものとする。 | | 資証券を除く。）<br>2　受益権を他の投資信託の受託者に取得させることを目的とする投資信託の受益証券で政令で定めるもの<br>(参考)<br>　一定の要件を満たしている額面株式の株券の無効手続に伴い新たに発行する株券 |
| 5 | 合併契約書又は吸収分割契約書若しくは新設分割計画書 | 1　合併契約書とは、会社法（平成17年法律第86号）第748条（合併契約の締結）に規定する合併契約（保険業法第159条第1項（相互会社と株式会社の合 | 1通につき　　　　4万円 | |

| 番号 | 課税物件 | | 課税標準及び税率 | 非課税物件 |
|---|---|---|---|---|
| | 物件名 | 定義 | | |
| 5 | | 併）に規定する合併契約を含む。）を証する文書（当該合併契約の変更又は補充の事実を証するものを含む。）をいう。<br>2　吸収分割契約書とは、会社法第757条（吸収分割契約の締結）に規定する吸収分割契約を証する文書（当該吸収分割契約の変更又は補充の事実を証するものを含む。）をいう。<br>3　新設分割計画書とは、会社法第762条第1項（新設分割計画の作成）に規定する新設分割計画を証する文書（当該新設分割計画の変更又は補充の事実を証するものを含む。）をいう。 | | |

印紙税法（別表第一） 1117

| 番号 | 課税物件 | | 課税標準及び税率 | 非課税物件 |
| | 物件名 | 定義 | | |
|---|---|---|---|---|
| 6 | 定款 | 1 定款は、会社（相互会社を含む。）の設立のときに作成される定款の原本に限るものとする。 | 1通につき 4万円 | 1 株式会社又は相互会社の定款のうち、公証人法第62条ノ3第3項（定款の認証手続）の規定により公証人の保存するもの以外のもの |
| 7 | 継続的取引の基本となる契約書（契約期間の記載のあるもののうち、当該契約期間が3月以内であり、かつ、更新に関する定めのないものを除く。） | 1 継続的取引の基本となる契約書とは、特約店契約書、代理店契約書、銀行取引約定書その他の契約書で、特定の相手方との間に継続的に生ずる取引の基本となるもののうち、政令で定めるものをいう。 | 1通につき 4,000円 | |
| 8 | 預貯金証書 | | 1通につき 200円 | 1 信用金庫その他政令で定める金融機関の作成する預貯金証書で、記載 |

| 番号 | 課税物件 物件名 | 課税物件 定義 | 課税標準及び税率 | 非課税物件 |
|---|---|---|---|---|
| 8 | | | | された預入額が1万円未満のもの |
| 9 | 貨物引換証、倉庫証券又は船荷証券 | 1　貨物引換証又は船荷証券には、商法（明治32年法律第48号）第571条第2項（貨物引換証）の記載事項又は同法第769条（船荷証券）若しくは国際海上物品運送法（昭和32年法律第172号）第7条（船荷証券）の記載事項の一部を欠く証書で、これらの証券と類似の効用を有するものを含むものとする。<br>2　倉庫証券には、預証券、質入証券及び倉荷証券のほか、商法第599条（預証券等）の記載事項の一部を欠く証書で、これらの証券と類似の効用を有するものを含むものとし、農業倉庫 | 1通につき　　　　200円 | 1　船荷証券の謄本 |

印紙税法（別表第一） 1119

| 番号 | 課税物件 | | 課税標準及び税率 | 非課税物件 |
|---|---|---|---|---|
| | 物件名 | 定義 | | |
| 9 | | 証券及び連合農業倉庫証券を含まないものとする。 | | |
| 10 | 保険証券 | 1 保険証券とは、保険証券その他名称のいかんを問わず、保険法（平成20年法律第56号）第6条第1項（損害保険契約の締結時の書面交付）、第40条第1項（生命保険契約の締結時の書面交付）又は第69条第1項（傷害疾病定額保険契約の締結時の書面交付）その他の法令の規定により、保険契約に係る保険者が当該保険契約を締結したときに当該保険契約に係る保険契約者に対して交付する書面（当該保険契約者からの再交付の請求により交付するものを含み、保険業法第3条第5項第3号（免許）に掲げる保険に係る | 1通につき 200円 | |

| 番号 | 課税物件 | | 課税標準及び税率 | 非課税物件 |
|---|---|---|---|---|
| | 物件名 | 定義 | | |
| 10 | | 保険契約その他政令で定める保険契約に係るものを除く。）をいう。 | | |
| 11 | 信用状 | | 1通につき 200円 | |
| 12 | 信託行為に関する契約書 | 1 信託行為に関する契約書には、信託証書を含むものとする。 | 1通につき 200円 | |
| 13 | 債務の保証に関する契約書（主たる債務の契約書に併記するものを除く。） | | 1通につき 200円 | 1 身元保証ニ関スル法律（昭和8年法律第42号）に定める身元保証に関する契約書 |
| 14 | 金銭又は有価証券の寄託に関する契約書 | | 1通につき 200円 | |
| 15 | 債権譲渡又は債務引受けに関する契約書 | | 1通につき 200円 | 1 契約金額の記載のある契約書のうち、当該契約金額が1万円未満のもの |

印紙税法（別表第一）　　　　　　　　　　　　　　1121

| 番号 | 課税物件 | | 課税標準及び税率 | 非課税物件 |
|---|---|---|---|---|
| | 物件名 | 定義 | | |
| 16 | 配当金領収証又は配当金振込通知書 | 1　配当金領収証とは、配当金額収書その他名称のいかんを問わず、配当金の支払を受ける権利を表彰する証書又は配当金の受領の事実を証するための証書をいう。<br>2　配当金振込通知書とは、配当金振込票その他名称のいかんを問わず、配当金が銀行その他の金融機関にある株主の預貯金口座その他の勘定に振込済みである旨を株主に通知する文書をいう。 | 1通につき　　　　　　200円 | 1　記載された配当金額が3,000円未満の証書又は文書 |
| 17 | 1　売上代金に係る金銭又は有価証券の受取書<br>2　金銭又は有価証券の受取書で1に掲げる受取書以外のもの | 1　売上代金に係る金銭又は有価証券の受取書とは、資産を譲渡し若しくは使用させること（当該資産に係る権利を設定することを含む。）又は役務を提供することによる対価（手付けを含 | 1　売上代金に係る金銭又は有価証券の受取書で受取金額の記載のあるもの<br>　次に掲げる受取金額の区分に応じ、1通につき、次に掲げる税率とする。<br>100万円以下のもの　200円<br>100万円を超え200万円以下のもの　　　　　　400円<br>200万円を超え300万円以下のもの　　　　　　600円<br>300万円を超え500万円以下 | 1　記載された受取金額が5万円未満の受取書<br>上記1について、**平成26年3月31日以前**に作成されたものにつ |

| 番号 | 課税物件 物件名 | 課税物件 定義 | 課税標準及び税率 | 非課税物件 |
|---|---|---|---|---|
| 17 | | み、金融商品取引法（昭和23年法律第25号）第2条第1項（定義）に規定する有価証券その他これに準ずるもので政令で定めるものの譲渡の対価、保険料その他政令で定めるものを除く。以下「売上代金」という。）として受け取る金銭又は有価証券の受取書をいい、次に掲げる受取書を含むものとする。<br>イ　当該受取書に記載されている受取金額の一部に売上代金が含まれている金銭又は有価証券の受取書及び当該受取金額の全部又は一部が売上代金であるかどうかが当該受取書の記載事項により明らかにされていない金銭又は有価証券の受取書 | のもの　1,000円<br>500万円を超え1,000万円以下のもの　2,000円<br>1,000万円を超え2,000万円以下のもの　4,000円<br>2,000万円を超え3,000万円以下のもの　6,000円<br>3,000万円を超え5,000万円以下のもの　1万円<br>5,000万円を超え1億円以下のもの　2万円<br>1億円を超え2億円以下のもの　4万円<br>2億円を超え3億円以下のもの　6万円<br>3億円を超え5億円以下のもの　10万円<br>5億円を超え10億円以下のもの　15万円<br>10億円を超えるもの　20万円<br>2　1に掲げる受取書以外の受取書<br>1通につき　200円 | いては、記載された受取金額が3万円未満の受取書<br>2　営業（会社以外の法人で、法令の規定又は定款の定めにより利益金又は剰余金の配当又は分配をすることができることとなっているものが、その出資者以外の者に対して行う事業を含み、当該出資者がその出資をした法人に対して行う営業を除く。）に関しない受取書<br>3　有価証 |

印紙税法（別表第一）　　　　　　1123

| 番号 | 課　税　物　件 | | 課税標準及び税率 | 非課税物件 |
|---|---|---|---|---|
| | 物　件　名 | 定　義 | | |
| 17 | | ロ　他人の事務の委託を受けた者（以下この欄において「受託者」という。）が当該委託をした者（以下この欄において「委託者」という。）に代わって売上代金を受け取る場合に作成する金銭又は有価証券の受取書（銀行その他の金融機関が作成する預貯金口座への振込金の受取書その他これに類するもので政令で定めるものを除く。ニにおいて同じ。）<br>ハ　受託者が委託者に代わって受け取る売上代金の全部又は一部に相当する金額を委託者が受託者から受け取る場合に作成する金銭又は有価証券の受 | | 券又は第8号、第12号、第14号若しくは前号に掲げる文書に追記した受取書 |

| 番号 | 課税物件 | | 課税標準及び税率 | 非課税物件 |
|---|---|---|---|---|
| | 物件名 | 定義 | | |
| 17 | | 取書<br>ニ　受託者が委託者に代わって支払う売上代金の全部又は一部に相当する金額を委託者から受け取る場合に作成する金銭又は有価証券の受取書 | | |
| 18 | 預貯金通帳、信託行為に関する通帳、銀行若しくは無尽会社の作成する掛金通帳、生命保険会社の作成する保険料通帳又は生命共済の掛金通帳 | 1　生命共済の掛金通帳とは、農業協同組合その他の法人が生命共済に係る契約に関し作成する掛金通帳で、政令で定めるものをいう。 | 1冊につき　　　　200円 | 1　信用金庫その他政令で定める金融機関の作成する預貯金通帳<br>2　所得税法第9条第1項第2号（非課税所得）に規定する預貯金に係る預貯金通帳その他政令で定める普通預金通帳 |

印紙税法（別表第一）　　　　1125

| 番号 | 課税物件 | | 課税標準及び税率 | | 非課税物件 |
|---|---|---|---|---|---|
| | 物件名 | 定義 | | | |
| 19 | 第1号、第2号、第14号又は第17号に掲げる文書により証されるべき事項を付け込んで証明する目的をもって作成する通帳（前号に掲げる通帳を除く。） | | 1冊につき | 400円 | |
| 20 | 判取帳 | 1　判取帳とは、第1号、第2号、第14号又は第17号に掲げる文書により証されるべき事項につき二以上の相手方から付込証明を受ける目的をもって作成する帳簿をいう。 | 1冊につき | 4,000円 | |

## 別表第二　非課税法人の表

| 名　称 | 根　拠　法 |
|---|---|
| 沖縄振興開発金融公庫 | 沖縄振興開発金融公庫法（昭和47年法律第31号） |
| 株式会社国際協力銀行 | 会社法及び株式会社国際協力銀行法（平成23年法律第39号） |
| 株式会社日本政策金融公庫 | 会社法及び株式会社日本政策金融公庫法（平成19年法律第57号） |
| 株式会社日本貿易保険 | 会社法及び貿易保険法（昭和25年法律第67号） |
| 漁業信用基金協会 | 中小漁業融資保証法（昭和27年法律第346号） |
| 軽自動車検査協会 | 道路運送車両法（昭和26年法律第185号） |
| 広域臨海環境整備センター | 広域臨海環境整備センター法（昭和56年法律第76号） |
| 港務局 | 港湾法（昭和25年法律第218号） |
| 国立大学法人 | 国立大学法人法（平成15年法律第112号） |
| 市街地再開発組合 | 都市再開発法（昭和44年法律第38号） |
| 自動車安全運転センター | 自動車安全運転センター法（昭和50年法律第57号） |
| 住宅街区整備組合 | 大都市地域における住宅及び住宅地の供給の促進に関する特別措置法（昭和50年法律第67号） |
| 消防団員等公務災害補償等共済基金 | 消防団員等公務災害補償等責任共済等に関する法律（昭和31年法律第107号） |
| 信用保証協会 | 信用保証協会法（昭和28年法律第196号） |
| 大学共同利用機関法人 | 国立大学法人法（平成15年法律第112号） |
| 地方公共団体金融機構 | 地方公共団体金融機構法（平成19年法律第64号） |
| 地方公共団体情報システム機構 | 地方公共団体情報システム機構法（平成25年法律第29号） |
| 地方公務員災害補償基金 | 地方公務員災害補償法（昭和42年法律第121号） |
| 地方住宅供給公社 | 地方住宅供給公社法（昭和40年法律第124号） |
| 地方税共同機構　※ | 地方税法（昭和25年法律第226号） |
| 地方道路公社 | 地方道路公社法（昭和45年法律第82号） |

印紙税法（別表第二）　　　　　　1127

| 地方独立行政法人 | 地方独立行政法人法（平成15年法律第118号） |
|---|---|
| 中小企業団体中央会 | 中小企業等協同組合法（昭和24年法律第181号） |
| 独立行政法人（その資本金の額若しくは出資の金額の全部が国若しくは地方公共団体の所有に属しているもの又はこれに類するもののうち、財務大臣が指定をしたものに限る。） | 独立行政法人通則法（平成11年法律第103号）及び同法第1条第1項（目的等）に規定する個別法 |
| 独立行政法人農林漁業信用基金 | 独立行政法人農林漁業信用基金法（平成14年法律第128号） |
| 土地開発公社 | 公有地の拡大の推進に関する法律（昭和47年法律第66号） |
| 土地改良区 | 土地改良法（昭和24年法律第195号） |
| 土地改良区連合 | |
| 土地改良事業団体連合会 | |
| 土地区画整理組合 | 土地区画整理法（昭和29年法律第119号） |
| 日本勤労者住宅協会 | 日本勤労者住宅協会法（昭和41年法律第133号） |
| 日本下水道事業団 | 日本下水道事業団法（昭和47年法律第41号） |
| 日本司法支援センター | 総合法律支援法（平成16年法律第74号） |
| 日本赤十字社 | 日本赤十字社法（昭和27年法律第305号） |
| 日本中央競馬会 | 日本中央競馬会法（昭和29年法律第205号） |
| 日本年金機構 | 日本年金機構法（平成19年法律第109号） |
| 農業信用基金協会 | 農業信用保証保険法（昭和36年法律第204号） |
| 防災街区整備事業組合 | 密集市街地における防災街区の整備の促進に関する法律（平成9年法律第49号） |
| 放送大学学園 | 放送大学学園法（平成14年法律第156号） |

※について、平成31年4月1日以後に加えられる。

## 別表第三　非 課 税 文 書 の 表

| 文　　書　　名 | 作　成　者 |
|---|---|
| 国庫金又は地方公共団体の公金の取扱いに関する文書 | 日本銀行その他法令の規定に基づき国庫金又は地方公共団体の公金の取扱いをする者 |
| 清酒製造業等の安定に関する特別措置法（昭和45年法律第77号）第3条第1項第1号（中央会の事業の範囲の特例）の事業に関する文書 | 同法第2条第3項（定義）に規定する中央会 |
| 独立行政法人中小企業基盤整備機構法（平成14年法律第147号）第15条第1項第1号から第4号まで、第5号ロ及びハ、第6号、第8号（中心市街地の活性化に関する法律（平成10年法律第92号）第39条第1項の規定による特定の地域における施設の整備等の業務に限る。）、第9号（中小企業等経営強化法（平成11年法律第18号）第42条第1項の規定による特定の地域における工場又は事業場の整備、出資等の業務に限る。）、第12号、第14号、第17号並びに第18号に掲げる業務並びに独立行政法人中小企業基盤整備機構法第15条第2項（業務の範囲）に掲げる業務（同項第7号に掲げる業務を除く。）並びに同法附則第8条（旧繊維法に係る業務の特例）、第8条の2第1項（旧新事業創出促進法に係る業務の特例）及び第8条の4第1項（旧特定産業集積活性化法に係る業務の特例）の業務に関する文書 | 独立行政法人中小企業基盤整備機構 |
| 所得税法等の一部を改正する法律（平成30年法律第7号）附則第1条第13号イ及び第14号イの規定により、次のように改められる。<br><br>独立行政法人中小企業基盤整備機構法（平成14年法律第147号）第15条第1項第1号から第4号まで、第5号ロ及びハ、第6号、第8号（中心市街地の活性化に関する法律（平成10年法律第92号）第39条第1項の規定による特定の地域における施設の整備等の業務に限る。）、第9号（中小企業等経営強化法（平成11年法律第18号）第54条第1項 | |

印紙税法（別表第三）　　　　　　　　　　　　　　　　1129

| | |
|---|---|
| の規定による特定の地域における工場又は事業場の整備、出資等の業務に限る。）、第12号、第14号、第18号並びに第19号（業務の範囲）に掲げる業務並びに独立行政法人中小企業基盤整備機構法第15条第2項の業務（同項第7号に掲げる業務を除く。）並びに同法附則第8条（旧繊維法に係る業務の特例）、第8条の2第1項（旧新事業創出促進法に係る業務の特例）及び第8条の4第1項（旧特定産業集積活性化法に係る業務の特例）の業務に関する文書 | |
| 国立研究開発法人情報通信研究機構法（平成11年法律第162号）第14条第1項第1号から第8号まで（業務の範囲）の業務及び特定通信・放送開発事業実施円滑化法（平成2年法律第35号）第6条第1項第1号（機構による特定通信・放送開発事業の推進）の業務に関する文書 | 国立研究開発法人情報通信研究機構 |
| 日本私立学校振興・共済事業団法（平成9年法律第48号）第23条第1項第2号（業務）の業務に関する文書 | 日本私立学校振興・共済事業団 |
| 国立研究開発法人宇宙航空研究開発機構法（平成14年法律第161号）第18条第1項第1号，第2号及び第9号（業務の範囲等）の業務に関する文書 | 国立研究開発法人宇宙航空研究開発機構 |
| 国立研究開発法人農業・食品産業技術総合研究機構法（平成11年法律第192号）第14条第1項第1号から第4号まで及び第3項から第5項まで（業務の範囲）の業務に関する文書 | 国立研究開発法人農業・食品産業技術総合研究機構 |
| 情報処理の促進に関する法律（昭和45年法律第90号）第43条第1項第3号及び第4号（業務の範囲）の業務に関する文書 | 独立行政法人情報処理推進機構 |
| 国立研究開発法人海洋研究開発機構法（平成15年法律第95号）第17条第3号（業務の範囲）の業務に関する文書 | 国立研究開発法人海洋研究開発機構 |
| 外国人の技能実習の適正な実施及び技能実習生の保護に関する法律（平成28年法律第89号）第87条第1号及び第6号（同条第1号の業務に係る業務に限る。）（業務の範囲）の業務に関する文書 | 外国人技能実習機構 |

| | |
|---|---|
| 独立行政法人日本学生支援機構法（平成15年法律第94号）第13条第1項第1号（業務の範囲）に規定する学資の貸与に係る業務に関する文書 | 独立行政法人日本学生支援機構，独立行政法人日本学生支援機構の業務の委託を受ける者又は当該業務に係る学資の貸与を受ける者 |
| 社会福祉法（昭和26年法律第45号）第2条第2項第7号（定義）に規定する生計困難者に対して無利子又は低利で資金を融通する事業による貸付金に関する文書 | 社会福祉法人その他当該資金を融通する者又は当該資金の融通を受ける者 |
| 船員保険法（昭和14年法律第73号）又は国民健康保険法（昭和33年法律第192号）に定める資金の貸付けに関する文書のうち政令で定めるもの | 当該資金の貸付けを受ける者 |
| 公衆衛生修学資金貸与法（昭和32年法律第65号）に定める公衆衛生修学資金の貸与に係る消費貸借に関する契約書 | 当該修学資金の貸与を受ける者 |
| 矯正医官修学資金貸与法（昭和36年法律第23号）に定める矯正医官修学資金の貸与に係る消費貸借に関する契約書 | 当該修学資金の貸与を受ける者 |
| 母子及び父子並びに寡婦福祉法（昭和39年法律第129号）に定める資金の貸付けに関する文書 | 当該資金の貸付けを受ける者 |
| 独立行政法人自動車事故対策機構法（平成14年法律第183号）第13条第5号及び第6号（業務の範囲）に規定する資金の貸付けに関する文書 | 独立行政法人自動車事故対策機構又は当該資金の貸付けを受ける者 |
| 私立学校教職員共済法（昭和28年法律第245号）第26条第1項第3号（福祉事業）の貸付け並びに同項第4号及び第5号（福祉事業）の事業に関する文書 | 日本私立学校振興・共済事業団又は同法第14条第1項（加入者）に規定する加入者 |
| 国家公務員共済組合法（昭和33年法律第128号）第98条第1項第3号（福祉事業）の貸付け並びに同項第4号及び第5号（福祉事業）の事業に関する文書 | 国家公務員共済組合、国家公務員共済組合連合会又は国家公務員共済組合の組合員 |
| 地方公務員等共済組合法（昭和37年法律第152号）第112条第1項第2号（福祉事業）の貸付け並びに同項第3号及び第4号（福祉事業）の事業に関する文書 | 地方公務員共済組合、全国市町村職員共済組合連合会又は地方公務員共済組合の組合員 |
| 社会保険診療報酬支払基金法（昭和23年法律第129号）に定める診療報酬の支払及び診療報酬請求書の審査に関する文書 | 社会保険診療報酬支払基金又は同法第1条（目的）に規定する保険者 |
| 自動車損害賠償保障法（昭和30年法律第97号）に定める自動車損害賠償責任保険に関する保険証券若しくは保険料受取書又は同法に定める自動車損害賠償責任共済に関する共済掛金受取書 | 保険会社又は同法第6条第2項に規定する組合 |

| | |
|---|---|
| 国民健康保険法に定める国民健康保険の業務運営に関する文書 | 国民健康保険組合又は国民健康保険団体連合会 |
| 高齢者の医療の確保に関する法律（昭和57年法律第80号）第139条第1項各号（支払基金の業務）に掲げる業務、同法附則第11条第1項（病床転換助成事業に係る支払基金の業務）に規定する業務、国民健康保険法附則第17条各号（支払基金の業務）に掲げる業務及び介護保険法（平成9年法律第123号）第160条第1項各号（支払基金の業務）に掲げる業務に関する文書 | 社会保険診療報酬支払基金 |
| 国民年金法（昭和34年法律第141号）第128条第1項（基金の業務）又は第137条の15第1項（連合会の業務）に規定する給付及び同条第2項第1号（連合会の業務）に掲げる事業並びに確定拠出年金法（平成13年法律第88号）第73条（企業型年金に係る規定の準用）において準用する同法第33条第3項（支給要件），第37条第3項（支給要件）及び第40条（支給要件）に規定する給付に関する文書 | 国民年金基金又は国民年金基金連合会 |
| 中小企業退職金共済法（昭和34年法律第160号）第7条第3項（退職金共済手帳の交付）の退職金共済手帳又は同法第70条第1項（業務の範囲）に規定する業務のうち，同法第44条第4項（掛金）に規定する退職金共済証紙の受払いに関する業務に係る金銭の受取書 | 同法第2条第6項（定義）に規定する共済契約者又は同法第72条第1項（業務の委託）の規定に基づき，独立行政法人勤労者退職金共済機構から退職金共済証紙の受払いに関する業務の委託を受けた金融機関 |
| 漁業災害補償法（昭和39年法律第158号）第101条第1項（事務の委託）に規定する事務の委託に関する文書又は同法第196条の3第1号（業務）に定める資金の貸付け若しくは同条第2号（業務）に定める債務の保証に係る消費貸借に関する契約書（漁業共済組合又は漁業共済組合連合会が保存するものを除く。） | 漁業共済組合若しくはその組合員又は漁業共済組合連合会 |
| 労働保険の保険料の徴収等に関する法律（昭和44年法律第84号）に定める労働保険料その他の徴収金に係る還付金の受取書又は同法第33条第1項（労働保険事務組合）の規定による労働保険事務の委託に関する文書 | 同法の規定による事業主又は同法第33条第3項に規定する労働保険事務組合 |

| | |
|---|---|
| 独立行政法人農業者年金基金法（平成14年法律第127号）第9条第1号（業務の範囲）に掲げる農業者年金事業に関する文書又は同法附則第6条第1項第1号（業務の特例）に規定する給付に関する文書 | 独立行政法人農業者年金基金又は同法第10条第1項第2号（業務の委託）に規定する農業協同組合 |
| 児童福祉法（昭和22年法律第164号）第56条の5の2（連合会の業務）の規定による業務、高齢者の医療の確保に関する法律第155条第1項（国保連合会の業務）の規定による業務、介護保険法第176条第1項第1号及び第2号並びに第2項第3号（連合会の業務）に掲げる業務並びに障害者の日常生活及び社会生活を総合的に支援するための法律（平成17年法律第123号）第96条の2（連合会の業務）の規定による業務に関する文書 | 国民健康保険団体連合会 |
| 確定給付企業年金法（平成13年法律第50号）第30条第3項（裁定）に規定する給付又は同法第91条の18第4項第1号（連合会の業務）に掲げる事業及び同法第91条の23第2項（裁定）に規定する給付に関する文書 | 企業年金基金又は企業年金連合会 |

印紙税法施行令（第1条～第6条）　　　　1133

# 印紙税法施行令

**政令第108号**（昭和42年5月31日）

（最終改正　平成30年政令第141号）

**（定　義）**
**第1条**　この政令において「課税文書」、「印紙税納付計器」、「指定計器」、「納付印」、「預貯金通帳等」、「納付印等」又は「記載金額」とは、それぞれ印紙税法（以下「法」という。）第3条第1項〔納税義務者〕、第10条第1項〔印紙税納付計器の使用による納付の特例〕、第12条第1項〔預貯金通帳等に係る申告及び納付等の特例〕、第16条〔納付印等の製造等の禁止〕又は別表第一の課税物件表の適用に関する通則4に規定する課税文書、印紙税納付計器、指定計器、納付印、預貯金通帳等、納付印等又は記載金額をいう。

**第2条及び第3条**　削除

**（納税地）**
**第4条**　法第6条第5号〔納税地〕に掲げる政令で定める場所は、同号の課税文書の次の各号に掲げる区分に応じ、当該各号に掲げる場所とする。
一　その作成者の事業に係る事務所、事業所その他これらに準ずるものの所在地が記載されている課税文書　当該所在地
二　その他の課税文書　当該課税文書の作成の時における作成者の住所（住所がない場合には、居所。以下同じ。）
2　二以上の者が共同して作成した課税文書に係る法第6条第5号に掲げる政令で定める場所は、前項の規定にかかわらず、当該課税文書の次の各号に掲げる区分に応じ、当該各号に掲げる場所とする。
一　その作成者が所持している課税文書　当該所持している場所
二　その作成者以外の者が所持している課税文書　当該作成者のうち当該課税文書に最も先に記載されている者のみが当該課税文書を作成したものとした場合の前項各号に掲げる場所

**（印紙を消す方法）**
**第5条**　課税文書の作成者は、法第8条第2項〔印紙による納付等〕の規定により印紙を消す場合には、自己又はその代理人（法人の代表者を含む。）、使用人その他の従業者の印章又は署名で消さなければならない。

**（税印を押すことの請求等）**
**第6条**　法第9条第1項〔税印による納付の特例〕の請求をしようとする者は、次に掲げる事項を記載した請求書を当該税務署長に提出しなければならない。
一　請求者の住所、氏名又は名称及び個人番号（行政手続における特定の個人を識別するための番号の利用等に関する法律（平成25年法律第27号）第2条第5項（定

義）に規定する個人番号をいう。以下同じ。）又は法人番号（同条第15項に規定する法人番号をいう。以下同じ。）（個人番号又は法人番号を有しない者にあっては、住所及び氏名又は名称）

二　当該請求に係る課税文書の号別及び種類並びに当該種類ごとの数量

三　当該請求に係る課税文書に課されるべき印紙税額

四　その他参考となるべき事項

2　税務署長は、法第9条第3項の規定により同条第1項の請求を棄却する場合には、その旨及びその理由を記載した書類を当該請求をした者に交付するものとする。

**（計器の指定の申請等）**

**第7条**　法第10条第1項〔印紙税納付計器の使用による納付の特例〕の指定を受けようとする者は、次に掲げる事項を記載した申請書を国税庁長官に提出しなければならない。

一　申請者の住所及び氏名又は名称並びに法人にあっては、法人番号

二　当該指定を受けようとする計器の製造者の住所及び氏名又は名称

三　当該計器の名称、型式、構造、機能及び操作の方法

四　その他参考となるべき事項

2　前項の申請書を提出した者は、当該指定を受けようとする計器を国税庁長官に提示しなければならない。

3　法第10条第1項の指定は、当該指定をしようとする計器の名称、型式、構造及び機能を告示することにより行うものとする。

4　国税庁長官は、法第10条第1項の指定をした場合には、その旨を第1項の申請者に通知するものとする。

**（印紙税納付計器の設置の承認の申請等）**

**第8条**　法第10条第1項〔印紙税納付計器の使用による納付の特例〕の承認を受けようとする者は、次に掲げる事項を記載した申請書を当該税務署長に提出しなければならない。

一　申請者の住所、氏名又は名称及び個人番号又は法人番号（個人番号を有しない個人にあっては、住所及び氏名）

二　当該印紙税納付計器を設置しようとする場所

三　当該印紙税納付計器に係る指定計器の名称、型式及び計器番号

四　当該印紙税納付計器を設置しようとする年月日

五　その他参考となるべき事項

2　税務署長は、前項の申請書の提出があった場合には、同項の申請者が法第10条第5項の規定により当該承認を取り消された日から2年を経過するまでの者であるときその他印紙税の保全上不適当と認められるときを除き、その承認を与えるものとする。

3　法第10条第2項の承認を受けようとする者は、次に掲げる事項を記載した申請書を当該税務署長に提出しなければならない。

一　申請者の住所及び氏名又は名称並びに法人にあっては、法人番号

印紙税法施行令（第6条～第10条）　　　1135

二　当該印紙税納付計器を設置する場所

三　当該印紙税納付計器に係る指定計器の名称、型式及び計器番号

四　当該印紙税納付計器により申請者が交付を受ける課税文書に納付印を押そうとする最初の日

五　申請の理由

六　その他参考となるべき事項

4　法第10条第3項の請求をしようとする者は、次に掲げる事項を記載した請求書を当該税務署長に提出するとともに、印紙税納付計器その他同項の措置を受けるため必要な物件を提示しなければならない。

一　請求者の住所、氏名又は名称及び個人番号又は法人番号（個人番号を有しない個人にあっては、住所及び氏名）

二　当該印紙税納付計器の設置場所

三　当該印紙税納付計器に係る指定計器の名称、型式及び計器番号

四　当該印紙税納付計器により表示しようとする印紙税に相当する金額の総額

五　その他参考となるべき事項

5　税務署長は、法第10条第6項の規定により印紙税納付計器に封を施す場合には、当該封を破らなければ同条第3項の措置を講じた金額の総額又は当該印紙税納付計器により表示した印紙税に相当する金額の累計額若しくは納付印を押した回数を変更することができない箇所に行うものとする。

6　税務署長は、法第10条第5項の規定により同条第1項の承認を取り消す場合には、その旨及びその理由を記載した書類を当該承認を取り消される者に交付するものとする。この場合には、税務署長は、当該取消しに係る印紙税納付計器につき同条第6項の封の解除その他必要な措置を講ずるものとする。

**第9条**　削除

**（書式表示による申告及び納付の承認の申請等）**

**第10条**　法第11条第1項〔書式表示による申告及び納付の特例〕の承認を受けようとする者は、当該承認を受けようとする課税文書の同項各号の区分ごとに、次に掲げる事項を記載した申請書を当該税務署長に提出しなければならない。

一　申請者の住所、氏名又は名称及び個人番号又は法人番号（個人番号又は法人番号を有しない者にあっては、住所及び氏名又は名称）

二　当該承認を受けようとする課税文書の次に掲げる区分に応じ、次に掲げる事項

イ　法第11条第1項第1号に掲げるもの　当該課税文書の号別及び種類並びに当該課税文書の作成につき同項の規定の適用を受けようとする最初の日

ロ　法第11条第1項第2号に掲げるもの　当該課税文書の号別及び種類並びに当該種類ごとの作成予定数量及び作成予定年月日

三　当該課税文書の様式又は形式

四　当該課税文書の作成の事実が明らかにされる方法

五　その他参考となるべき事項

1136 　　　　　　　　　　　附　　　録

2　法第11条第4項の規定による申告書には、同項各号に掲げる事項のほか、次に掲げる事項を記載しなければならない。

　一　申告者の住所、氏名又は名称及び個人番号又は法人番号（個人番号又は法人番号を有しない者にあっては、住所及び氏名又は名称）

　二　当該申告に係る課税文書の作成場所

3　法第11条第4項の規定による申告書は、当該申告に係る課税文書の同条第1項各号の区分ごとに提出しなければならない。

4　法第11条第4項の規定による申告書を提出する義務がある者が当該申告書の提出期限前に当該申告書を提出しないで死亡した場合において、法第19条〔申告義務等の承継〕の規定によりその者の申告義務を承継した相続人（包括受遺者を含む。以下同じ。）が提出する当該申告書には、次に掲げる事項を併せて記載しなければならない。

　一　各相続人の住所、氏名、個人番号、被相続人（包括遺贈者を含む。以下この号において同じ。）との続柄、民法（明治29年法律第89号）第900条から第902条まで（法定相続分・代襲相続人の相続分・遺言による相続分の指定）の規定による相続分及び相続（包括遺贈を含む。以下この号において同じ。）によって得た財産の価額（個人番号を有しない者にあっては、住所、氏名、被相続人との続柄、同法第900条から第902条までの規定による相続分及び相続によって得た財産の価額）

　二　相続人が限定承認をした場合には、その旨

　三　相続人が2人以上ある場合には、当該申告書の提出により納付すべき税額を第1号に規定する各相続人の相続分によりあん分して計算した額に相当する印紙税額

5　相続人が2人以上ある場合には、前項の申告書は、各相続人が連署して提出するものとする。ただし、当該申告書は、各相続人が各別に提出することを防げない。

6　前項ただし書に規定する方法により第4項の申告書を提出する場合には、当該申告書には、同項第1号に掲げる事項のうち他の相続人の個人番号は、記載することを要しない。

7　第5項ただし書に規定する方法により第4項の申告書を提出した相続人は、直ちに、他の相続人に対し、当該申告書に記載した事項の要領を通知するものとする。

8　法第11条第6項の規定による届出は、次に掲げる事項を記載した書面により行うものとする。

　一　届出者の住所、氏名又は名称及び個人番号又は法人番号（個人番号又は法人番号を有しない者にあっては、住所及び氏名又は名称）

　二　当該適用を受ける必要がなくなる年月日並びにその課税文書の号別及び種類

　三　当該課税文書につき法第11条第1項の承認を受けた年月日

　四　その他参考となるべき事項

**（書式表示をすることができる預貯金通帳等の範囲）**

**第11条**　法第12条第1項〔預貯金通帳等に係る申告及び納付等の特例〕に規定する政令で定める通帳は、次に掲げる通帳とする。

　一　普通預金通帳

印紙税法施行令（第10条～第12条）　　　　1137

二　通知預金通帳

三　定期預金通帳（第7号に該当するものを除く。）

四　当座預金通帳

五　貯蓄預金通帳

六　勤務先預金通帳（労働基準法（昭和22年法律第49号）第18条第4項（預金の利子）又は船員法（昭和22年法律第100号）第34条第3項（預金の利子）に規定する預金の受入れに関し作成するものに限る。）

七　複合預金通帳（法別表第一第18号に掲げる預貯金通帳のうち、性格の異なる二以上の預貯金に関する事項を併せて付け込んで証明する目的をもって作成する通帳をいう。）

八　複合寄託通帳（法別表第一第19号に掲げる通帳のうち、預貯金に関する事項及び有価証券の寄託に関する事項を併せて付け込んで証明する目的をもって作成する通帳をいう。）

**（預貯金通帳等に係る申告及び納付の承認の申請等）**

**第12条**　法第12条第1項〔預貯金通帳等に係る申告及び納付等の特例〕の承認を受けようとする者は、次に掲げる事項を記載した申請書を、当該承認を受けようとする最初の課税期間（同項に規定する課税期間をいう。次項及び第6項第2号並びに第18条第2項において同じ。）の開始の日の属する年の3月15日までに、当該税務署長に提出しなければならない。

一　申請者の住所、氏名又は名称及び個人番号又は法人番号（個人番号を有しない個人にあっては、住所及び氏名）

二　当該承認を受けようとする預貯金通帳等の前条各号の区分

三　その他参考となるべき事項

2　法第12条第4項〔預貯金通帳等に係る申告及び納付等の特例〕に規定する口座の数として政令で定めるところにより計算した数は、当該課税期間の開始の時における当該預貯金通帳等の種類ごとの当該預貯金通帳等に係る口座（統括して管理されている一の預貯金通帳等に係る二以上の口座については、これらの口座を一の口座とし、一括して整理するために設けられている二以上の預貯金通帳等に係る口座については、当該口座を構成する各別の口座とする。以下この条及び第18条第2項において同じ。）の数から、睡眠口座の数及び法別表第一第18号の非課税物件の欄2に規定する通帳に係る口座（第18条第2項において「非課税預貯金通帳に係る口座」という。）の数を控除して計算した数とする。

3　前項に規定する睡眠口座とは、当該預貯金通帳等に係る口座につきその残高（有価証券の寄託に係る口座については、当該寄託がされている有価証券の券面金額の合計額とする。）が1,000円に満たないもので、当該口座における最後の取引の日から3年を経過したものをいう。

4　法第12条第5項の規定による申告書には、同項各号に掲げる事項のほか、次に掲げる事項を記載しなければならない。

1138　　　　　　　　　　附　　　録

　　一　申告者の住所、氏名又は名称及び個人番号又は法人番号（個人番号を有しない個
　　　人にあっては、住所及び氏名）
　　二　当該申告に係る課税文書の作成場所
5　第10条第4項から第7項まで〔書式表示による申告及び納付の承認の申請等〕の規
　定は、法第12条第5項の規定による申告書を提出する義務がある者が当該申告書の提
　出期限前に当該申告書を提出しないで死亡した場合について準用する。
6　法第12条第7項の規定による届出は、次に掲げる事項を記載した書面により行うも
　のとする。
　　一　届出者の住所、氏名又は名称及び個人番号又は法人番号（個人番号を有しない個
　　　人にあっては、住所及び氏名）
　　二　当該適用を受ける必要がなくなる最初の課税期間及びその預貯金通帳等の前条各
　　　号の区分
　　三　当該預貯金通帳等につき法第12条第1項の承認を受けた年月日
　　四　その他参考となるべき事項
**第13条**　削除
**（過誤納の確認等）**
**第14条**　法第14条第1項〔過誤納の確認等〕の確認を受けようとする者は、次に掲げる
　事項を記載した申請書を当該税務署長に提出しなければならない。
　　一　申請者の住所、氏名又は名称及び個人番号又は法人番号（個人番号又は法人番号
　　　を有しない者にあっては、住所及び氏名又は名称）
　　二　当該過誤納に係る印紙税の次に掲げる区分に応じ、次に掲げる事項
　　　イ　印紙を貼り付けた文書、税印を押した文書又は印紙税納付計器により印紙税額
　　　　に相当する金額を表示して納付印を押した文書に係る印紙税　当該文書の種類、
　　　　当該種類ごとの数量、当該過誤納となった金額及び当該印紙を貼付け又は当該税
　　　　印若しくは納付印を押した年月日
　　　ロ　イに掲げる印紙税を除くほか、法第9条第2項〔税印による納付の特例〕又は
　　　　法第10条第4項〔印紙税納付計器の使用による納付の特例〕の規定により納付し
　　　　た印紙税　当該納付した印紙税の額、当該印紙税の額のうち過誤納となった金額
　　　　及び当該納付した年月日
　　三　過誤納となった理由
　　四　その他参考となるべき事項
2　法第14条第1項の確認を受けようとする者は、前項の申請書を提出する際、当該過
　誤納となった事実を証するため必要な文書その他の物件を当該税務署長に提示しなけ
　ればならない。
3　税務署長は、法第14条第1項の確認をしたときは、前項の規定により提示された文
　書その他の物件に当該確認をしたことを明らかにするため必要な措置を講ずるものと
　する。
4　法第14条第2項の規定による確認と充当との請求をしようとする者は、第1項各号

印紙税法施行令（第12条〜第17条）　　　　　　1139

に掲げる事項及び当該過誤納金をその納付すべき印紙税に充当することを請求する旨
を記載した請求書を当該税務署長に提出しなければならない。
5　第2項の規定は法第14条第2項の確認及び充当の請求をする場合について、第3項
の規定は同条第2項の充当をした場合について、それぞれ準用する。

**（担保の提供の期限等）**
**第15条**　国税庁長官、国税局長又は税務署長は、法第15条第1項〔保全担保〕の規定に
より担保の提供を命ずる場合には、これを提供すべき期限を指定しなければならな
い。
2　前項の担保は、その提供を命じた者の承認を受けた場合には、順次その総額を分割
して提供することができる。

**（納付印等の製造等の承認の申請）**
**第16条**　法第16条ただし書〔納付印等の製造等の禁止〕の承認を受けようとする者は、
次に掲げる事項を記載した申請書を当該税務署長に提出しなければならない。
　一　申請者の住所及び氏名又は名称並びに法人にあっては、法人番号
　二　当該製造、販売又は所持をしようとする場所
　三　当該製造、販売又は所持をしようとする納付印等の区分及び区分ごとの数量
　四　当該製造、販売又は所持をしようとする物が納付印の印影に紛らわしい外観を有
　　する印影を生ずべき印であるときは、当該印影の図案
　五　申請の理由
　六　その他参考となるべき事項

**（印紙税納付計器販売業等の申告等）**
**第17条**　法第17条第1項前段〔印紙税納付計器販売業等の申告等〕の規定による申告を
しようとする者は、次に掲げる事項を記載した申告書を当該税務署長に提出しなけれ
ばならない。
　一　申告者の住所、氏名又は名称及び個人番号又は法人番号（個人番号を有しない個
　　人にあっては、住所及び氏名）
　二　当該販売場又は製造場の所在地（販売場を設けない場合には、その旨）
　三　当該販売又は製造をしようとする印紙税納付計器又は納付印の区分
　四　当該販売をしようとする物が印紙税納付計器であるときは、当該印紙税納付計器
　　に係る指定計器の名称及び型式
　五　当該販売又は製造の開始の年月日
　六　その他参考となるべき事項
2　法第17条第1項後段の規定による申告をしようとする者は、次に掲げる事項を記載
した申告書を前項の税務署長に提出しなければならない。
　一　申告者の住所、氏名又は名称及び個人番号又は法人番号（個人番号を有しない個
　　人にあっては、住所及び氏名）
　二　当該販売場又は製造場の所在地
　三　販売業又は製造業の廃止の年月日又は休止の期間

四　その他参考となるべき事項

3　法第17条第2項の届出をしようとする者は、次に掲げる事項を記載した書類を当該税務署長に提出するとともに、当該印紙税納付計器を提示しなければならない。

　　一　提出者の住所、氏名又は名称及び個人番号又は法人番号（個人番号を有しない個人にあっては、住所及び氏名）

　　二　当該印紙税納付計器を設置した場所

　　三　当該印紙税納付計器に係る指定計器の名称、型式及び計器番号

　　四　当該設置の廃止の年月日

　　五　その他参考となるべき事項

**（記帳義務）**

**第18条**　法第11条第1項〔書式表示による申告及び納付の特例〕の承認を受けた者は、次に掲げる事項を帳簿に記載しなければならない。

　　一　当該承認に係る課税文書の号別及び種類並びに当該種類ごとの当該課税文書の用紙の受入れの数量及び年月日並びに受入先の住所及び氏名又は名称

　　二　当該承認に係る課税文書の次に掲げる区分に応じ、当該課税文書の種類ごとの次に掲げる事項

　　　イ　法別表第一第1号から第4号まで又は第17号の課税文書　当該課税文書の税率区分ごとの作成の数量及び年月日

　　　ロ　イ以外の課税文書　当該課税文書の作成の数量及び年月日

2　法第12条第1項〔預貯金通帳等に係る申告及び納付等の特例〕の承認を受けた者は、課税期間の開始の時における次に掲げる事項を帳簿に記載しなければならない。

　　一　当該承認に係る預貯金通帳等の第11条各号〔書式表示をすることができる預貯金通帳等の範囲〕の区分ごとの当該預貯金通帳等に係る口座の数

　　二　第12条第3項に規定する睡眠口座及び非課税預貯金通帳に係る口座の数

3　印紙税納付計器の販売業者又は納付印の製造業者若しくは販売業者は、次に掲げる事項を帳簿に記載しなければならない。

　　一　受け入れ又は製造した指定計器又は納付印等の区分並びに当該区分ごとの受入れ又は製造の数量及び年月日並びに受入先の住所及び氏名又は名称

　　二　販売した指定計器又は納付印等の区分並びに当該区分ごとの販売の数量及び年月日並びに販売先の住所及び氏名又は名称

　　三　貯蔵している指定計器又は納付印等の区分及び区分ごとの数量

**（印紙税を納付していない旨の申出等）**

**第19条**　法第20条第2項〔印紙納付に係る不納税額があった場合の過怠税の徴収〕の申出をしようとする者は、次に掲げる事項を記載した申出書を当該税務署長に提出しなければならない。

　　一　申出者の住所、氏名又は名称及び個人番号又は法人番号（個人番号又は法人番号を有しない者にあっては、住所及び氏名又は名称）

　　二　当該申出に係る課税文書の号別及び種類、数量並びにその作成年月日

印紙税法施行令（第17条～第22条）　　　　1141

　　三　当該課税文書に課されるべき印紙税額及び当該課税文書につき納付していない印紙税額並びにこれらの印紙税額のそれぞれの合計額

　　四　その他参考となるべき事項

　2　法第20条第6項に規定する政令で定める事項は、次に掲げる事項とする。

　　一　当該過怠税に係る課税文書の号別及び種類、数量並びにその作成年月日並びに作成者の住所及び氏名又は名称

　　二　当該課税文書の所持者が明らかな場合には、当該所持者の住所及び氏名又は名称

　　三　過怠税を徴収する理由

**第20条**　削除

**（その役務の提供を約することを内容とする契約が請負となる者の範囲）**

**第21条**　法別表第一第2号の定義の欄に規定する政令で定める者は、次に掲げる者とする。

　　一　プロボクサー

　　二　プロレスラー

　　三　演劇の俳優

　　四　音楽家

　　五　舞踊家

　　六　映画又は演劇の監督、演出家又はプロジューサー

　　七　テレビジョン放送の演技者、演出家又はプロジューサー

　2　法別表第一第2号の定義の欄に規定する契約は、職業野球の選手、映画の俳優又は前項に掲げる者のこれらの者としての役務の提供を約することを内容とする契約に限るものとする。

**（相互間の手形の税率が軽減される金融機関の範囲）**

**第22条**　法別表第一第3号の課税標準及び税率の欄2ロに規定する政令で定める金融機関は、次に掲げる金融機関（第9号及び第10号に掲げるものにあっては、貯金又は定期積金の受入れを行うものに限る。）とする。

　　一　信託会社

　　一　保険会社

　　三　信用金庫及び信用金庫連合会

　　四　労働金庫及び労働金庫連合会

　　五　農林中央金庫

　　六　株式会社商工組合中央金庫

　　七　株式会社日本政策投資銀行

　　八　信用協同組合及び信用協同組合連合会

　　九　農業協同組合及び農業協同組合連合会

　　十　漁業協同組合、漁業協同組合連合会、水産加工業協同組合及び水産加工業協同組合連合会

　　十一　金融商品取引法（昭和23年法律第25号）第2条第30項（定義）に規定する証券

金融会社

十二 コール資金の貸付け又はその貸借の媒介を業として行う者のうち、財務大臣の指定するもの

**（非居住者円の手形の範囲及び表示）**

**第23条** 法別表第一第3号の課税標準及び税率の欄2ニに規定する政令で定める手形は、外国為替及び外国貿易法（昭和24年法律第228号）第6条第1項第6号（定義）に規定する非居住者（第23条の3において「非居住者」という。）の本邦にある同法第16条の2（支払等の制限）に規定する銀行等（以下「銀行等」という。）に対する本邦通貨をもって表示される勘定を通ずる方法より決済される輸出に係る荷為替手形で、銀行等により当該手形であることにつき確認を受けて財務省令で定める表示を受けたものとする。

**（税率が軽減される居住者振出しの手形の範囲及び表示）**

**第23条の2** 法別表第一第3号の課税標準及び税率の欄2ホに規定する政令で定める手形は、次の各号に掲げる手形（同欄2イに掲げる一覧払の手形を除く。）で、銀行等により当該各号に掲げる手形であることにつき確認を受けて財務省令で定める表示を受けたものとする。

　一　本邦から貨物を輸出する外国為替及び外国貿易法第6条第1項第5号（定義）に規定する居住者（以下この条において「居住者」という。）が本邦にある銀行等を支払人として振り出す本邦通貨により手形金額が表示される満期の記載のある輸出に係る荷為替手形

　二　本邦から貨物を輸出する居住者が本邦にある銀行等以外の者を支払人として振り出した本邦通貨により手形金額が表示された満期の記載のある輸出に係る荷為替手形につき本邦にある銀行等の割引を受けた場合において、当該銀行等の当該割引のために要した資金の調達に供するため、当該居住者が当該銀行等を支払人として振り出す本邦通貨により手形金額が表示される満期の記載のある為替手形

　三　本邦に貨物を輸入する居住者が輸入代金の支払のための資金を本邦にある銀行等から本邦通貨により融資を受けた場合において、当該銀行等の当該融資のために要した資金の調達に供するため、当該居住者が当該銀行等を支払人として振り出す本邦通貨により手形金額が表示される満期の記載のある為替手形

**（税率が軽減される手形の担保となる外国の銀行が振り出す手形の範囲）**

**第23条の3** 法別表第一第3号の課税標準及び税率の欄2ヘに規定する外国の法令に準拠して外国において銀行業を営む者（以下この条において「外国の銀行」という。）が本邦にある銀行等を支払人として振り出した本邦通貨により手形金額が表示される政令で定める手形は、非居住者が外国において振り出した本邦通貨により手形金額が表示された満期の記載のある輸出に係る荷為替手形の割引をし、又は非居住者に輸入代金の支払のための資金を本邦通貨により融資した外国の銀行が、当該割引又は当該融資のために要した資金を調達するため、本邦にある銀行等を支払人として振り出した本邦通貨により手形金額が表示される満期の記載のある為替手形とする。

印紙税法施行令（第22条〜第25条）　　　　1143

**（税率が軽減される銀行等振出しの手形の範囲及び表示）**

**第23条の４**　法別表第一第３号の課税標準及び税率の欄２ヘに規定する銀行等が自己を支払人として振り出す本邦通貨により手形金額が表示される政令で定める手形は、前２条に規定する手形を担保として、本邦にある銀行等が自己を支払人として振り出す本邦通貨により手形金額が表示される満期の記載のある為替手形（同欄２イに掲げる一覧払の手形を除く。）で、当該銀行等において財務省令で定める表示をしたものとする。

**（株券等に係る１株又は１口の金額）**

**第24条**　法別表第一第４号の課税標準及び税率の欄に規定する政令で定める金額は、次の各号に掲げる証券の区分に応じ、当該各号に定める金額とする。

　一　株券　当該株券に係る株式会社が発行する株式の払込金額（株式１株と引換えに払い込む金銭又は給付する金銭以外の財産の額をいい、払込金額がない場合にあっては、当該株式会社の資本金の額及び資本準備金の額の合計額を発行済株式（当該発行する株式を含む。）の総数で除して得た額）

　二　投資証券　当該投資証券に係る投資法人が発行する投資口の払込金額（投資口１口と引換えに払い込む金銭の額をいい、払込金額がない場合にあっては、当該投資法人の出資総額を投資口（当該発行する投資口を含む。）の総口数で除して得た額）

　三　オープン型の委託者指図型投資信託の受益証券　当該受益証券に係る信託財産の信託契約締結当初の信託の元本の総額を当該元本に係る受益権の口数で除して得た額（法第11条第１項第１号〔書式表示による申告及び納付の特例〕の規定に該当する受益証券で同項の承認を受けたものにあっては、当該受益証券に係る信託財産につきその月中に信託された元本の総額を当該元本に係る受益権の口数で除して得た額）

　四　受益証券発行信託の受益証券　当該受益証券に係る信託財産の価額を当該信託財産に係る受益権の口数で除して得た額

**（出資証券が非課税となる法人の範囲）**

**第25条**　法別表第一第４号の非課税物件の欄に規定する政令で定める法人は、次に掲げる法人とする。

　一　協業組合、商工組合及び商工組合連合会

　二　漁業共済組合及び漁業共済組合連合会

　三　商店街振興組合及び商店街振興組合連合会

　四　消費生活協同組合及び消費生活協同組合連合会

　五　信用金庫及び信用金庫連合会

　六　森林組合、生産森林組合及び森林組合連合会

　七　水産業協同組合

　八　生活衛生同業組合、生活衛生同業小組合及び生活衛生同業組合連合会

　九　中小企業等協同組合

　十　農業協同組合、農業協同組合連合会及び農事組合法人

十一　農林中央金庫

十二　輸出組合及び輸入組合

十三　労働金庫及び労働金庫連合会

**（非課税となる受益証券の範囲）**

**第25条の2**　法別表第一第4号の非課税物件の欄2に規定する政令で定める受益証券は、同欄2に規定する投資信託に係る信託契約により譲渡が禁止されている記名式の受益証券で、券面に譲渡を禁ずる旨の表示がされているものとする。

**（継続的取引の基本となる契約書の範囲）**

**第26条**　法別表第一第7号の定義の欄に規定する政令で定める契約書は、次に掲げる契約書とする。

一　特約店契約書その他名称のいかんを問わず、営業者（法別表第一第17号の非課税物件の欄に規定する営業を行う者をいう。）の間において、売買、売買の委託、運送、運送取扱い又は請負に関する二以上の取引を継続して行うため作成される契約書で、当該二以上の取引に共通して適用される取引条件のうち目的物の種類、取扱数量、単価、対価の支払方法、債務不履行の場合の損害賠償の方法又は再販売価格を定めるもの（電気又はガスの供給に関するものを除く。）

二　代理店契約書、業務委託契約書その他名称のいかんを問わず、売買に関する業務、金融機関の業務、保険募集の業務又は株式の発行若しくは名義書換えの事務を継続して委託するため作成される契約書で、委託される業務又は事務の範囲又は対価の支払方法を定めるもの

三　銀行取引約定書その他名称のいかんを問わず、金融機関から信用の供与を受ける者と当該金融機関との間において、貸付け（手形割引及び当座貸越しを含む。）、支払承諾、外国為替その他の取引によって生ずる当該金融機関に対する一切の債務の履行について包括的に履行方法その他の基本的事項を定める契約書

四　信用取引口座設定約諾書その他名称のいかんを問わず、金融商品取引法第2条第9項（定義）に規定する金融商品取引業者又は商品先物取引法（昭和25年法律第239号）第2条第23項（定義）に規定する商品先物取引業者とこれらの顧客との間において、有価証券又は商品の売買に関する二以上の取引（有価証券の売買にあっては信用取引又は発行日決済取引に限り、商品の売買にあっては商品市場における取引（商品清算取引を除く。）に限る。）を継続して委託するため作成される契約書で、当該二以上の取引に共通して適用される取引条件のうち受渡しその他の決済方法、対価の支払方法又は債務不履行の場合の損害賠償の方法を定めるもの

五　保険特約書その他名称のいかんを問わず、損害保険会社と保険契約者との間において、二以上の保険契約を継続して行うため作成される契約書で、これらの保険契約に共通して適用される保険要件のうち保険の目的の種類、保険金額又は保険料率を定めるもの

**（預貯金証書等が非課税となる金融機関の範囲）**

**第27条**　法別表第一第8号及び第18号の非課税物件の欄に規定する政令で定める金融機

関は、次に掲げる金融機関とする。

一　信用金庫連合会

二　労働金庫及び労働金庫連合会

三　農林中央金庫

四　信用協同組合及び信用協同組合連合会

五　農業協同組合及び農業協同組合連合会

六　漁業協同組合、漁業協同組合連合会、水産加工業協同組合及び水産加工業協同組合連合会

**（保険証券に該当しない書面を交付する保険契約の範囲）**

**第27条の2**　法別表第一第10号の定義の欄に規定する政令で定める保険契約は、次に掲げる契約とする。

一　人が外国への旅行又は国内の旅行のために住居を出発した後、住居に帰着するまでの間における保険業法（平成7年法律第105号）第3条第5項第1号又は第2号に掲げる保険に係る保険契約

二　人が航空機に搭乗している間における保険業法第3条第5項第1号又は第2号に掲げる保険に係る保険契約

三　既に締結されている保険契約（以下この号において「既契約」という。）の保険約款（特約を含む。）に次に掲げる定めのいずれかの記載がある場合において、当該定めに基づき当該既契約を更新する保険契約（当該既契約の更新の際に法別表第一第10号の定義の欄に規定する規定により、当該既契約の保険者から当該既契約の保険契約者に対して交付する書面において、当該保険契約者からの請求により同号に掲げる保険証券に該当する書面を交付する旨の記載がある場合のものに限る。）

イ　既契約の保険期間の満了に際して当該既契約の保険者又は当該既契約の保険契約者のいずれかから当該既契約を更新しない旨の意思表示がないときは当該既契約を更新する旨の定め

ロ　既契約の保険期間の満了に際して新たに保険契約の締結を申し込む旨の書面を用いることなく、当該既契約に係る保険事故、保険金額及び保険の目的物と同一の内容で当該既契約を更新する旨の定め

四　共済に係る契約

**（売上代金に該当しない対価の範囲等）**

**第28条**　法別表第一第17号の定義の欄に規定する政令で定める有価証券は、次に掲げるものとする。

一　金融商品取引法第2条第1項第1号から第15号まで（定義）に掲げる有価証券及び同項第17号に掲げる有価証券（同項第16号に掲げる有価証券の性質を有するものを除く。）に表示されるべき権利（これらの有価証券が発行されていないものに限る。）

二　合名会社、合資会社又は合同会社の社員の持分、法人税法（昭和40年法律第34号）第2条第7号（定義）に規定する協同組合等の組合員又は会員の持分その他法

1146 附　　　録

人の出資者の持分

　三　株主又は投資主（投資信託及び投資法人に関する法律（昭和26年法律第198号）第2条第16項（定義）に規定する投資主をいう。）となる権利、優先出資者（協同組織金融機関の優先出資に関する法律（平成5年法律第44号）第13条（優先出資者となる時期）の優先出資者をいう。）となる権利、特定社員（資産の流動化に関する法律（平成10年法律第105号）第2条第5項（定義）に規定する特定社員をいう。）又は優先出資社員（同法第26条（社員）に規定する優先出資社員をいう。）となる権利その他法人の出資者となる権利

2　法別表第一第17号の定義の欄に規定する政令で定める対価は、次に掲げる対価とする。

　一　公債及び社債（特別の法律により法人の発行する債券及び相互会社の社債を含む。）並びに預貯金の利子

　二　財務大臣と銀行等との間又は銀行等相互間で行われる外国為替及び外国貿易法第6条第1項第8号（定義）に規定する対外支払手段又は同項第13号に規定する債権であって外国において若しくは外国通貨をもって支払を受けることができるものの譲渡の対価

3　法別表第一第17号の定義の欄1ロに規定する政令で定める受取書は、銀行その他の金融機関が作成する信託会社（金融機関の信託業務の兼営等に関する法律（昭和18年法律第43号）により同法第1条第1項（兼営の認可）に規定する信託業務を営む同項に規定する金融機関を含む。）にある信託勘定への振込金又は為替取引における送金資金の受取書とする。

**（生命共済の掛金通帳の範囲）**

**第29条**　法別表第一第18号の定義の欄に規定する政令で定める掛金通帳は、農業協同組合法（昭和22年法律第132号）第10条第1項第10号（共済に関する施設）の事業を行う農業協同組合又は農業協同組合連合会が死亡又は生存を共済事故とする共済（建物その他の工作物又は動産について生じた損害を併せて共済事故とするものを除く。）に係る契約に関し作成する掛金通帳とする。

**（非課税となる普通預金通帳の範囲）**

**第30条**　法別表第一第18号の非課税物件の欄2に規定する政令で定める普通預金通帳は、所得税法（昭和40年法律第33号）第10条（障害者等の少額預金の利子所得等の非課税）の規定によりその利子につき所得税が課されないこととなる普通預金に係る通帳（第11条第7号に掲げる通帳を除く。）とする。

**（非課税となる資金の貸付けに関する文書の範囲）**

**第31条**　法別表第三に規定する船員保険法（昭和14年法律第73号）又は国民健康保険法（昭和33年法律第192号）に定める資金の貸付けに関する文書のうち政令で定めるものは、次に掲げる文書とする。

　一　船員保険法第111条第3項（保健事業及び福祉事業）に規定する資金の貸付け（同法第83条第1項（高額療養費）又は第73条第1項（出産育児一時金）若しくは

第81条（家族出産育児一時金）の規定により高額療養費又は出産育児一時金若しくは家族出産育児一時金（以下この号において「療養費等」という。）が支給されるまでの間において行われる当該療養費等の支給に係る療養又は出産のため必要な費用に係る資金の貸付けに限る。）に関して作成する文書

二　国民健康保険法第82条第3項（保健事業）に規定する資金の貸付け（同法第57条の2第1項（高額療養費）又は第58条第1項（その他の給付）の規定により高額療養費又は出産育児一時金（以下この号において「療養費等」という。）が支給されるまでの間において行われる当該療養費等の支給に係る療養又は出産のための費用に係る資金の貸付けに限る。）に関して作成する文書

　　附　　則（省略）

1148　　　　　　　　　附　　　録

# 印紙税法施行規則

**大蔵省令第19号**（昭和42年5月31日）

（最終改正　平成12年大蔵省令第69号）

**第1条**　削除

**（税印を押すことの請求をすることができる税務署等）**

**第2条**　印紙税法（昭和42年法律第23号。以下「法」という。）第9条第1項〔税印による納付の特例〕に規定する財務省令で定める税務署は、別表第二のとおりとする。

2　法第9条第1項に規定する財務省令で定める印影の形式は、別表第三のとおりとする。

**（納付印の印影の形式等）**

**第3条**　法第10条第1項〔印紙税納付計器の使用による納付の特例〕に規定する財務省令で定める印影の形式は、別表第四のとおりとする。

2　法第10条第1項に規定する印紙税納付計器により、印紙税に相当する金額を表示して納付印を押す場合には、赤色のインキを使用しなければならない。

**（書式表示等の書式）**

**第4条**　法第11条第3項〔書式表示による申告及び納付の特例〕及び第12条第3項〔預貯金通帳等に係る申告及び納付等の特例〕に規定する財務省令で定める書式は、別表第五のとおりとする。

**（非居住者円手形の表示の書式）**

**第5条**　印紙税法施行令（昭和42年政令第108号。次条において「令」という。）第23条〔非居住者円の手形の範囲及び表示〕に規定する財務省令で定める表示の書式は、別表第六のとおりとする。

**（円建銀行引受手形の表示の書式）**

**第6条**　令第23条の2〔税率が軽減される居住者振出しの手形の範囲及び表示〕及び第23条の4〔税率が軽減される銀行等振出しの手形の範囲及び表示〕に規定する財務省令で定める表示の書式は、別表第七のとおりとする。

　　　　附　　則　（省略）


　別表第一　　削除

**別表第二〔第2条〕**

| 所轄国税局又は沖縄国税事務所 | 税　務　署　名 |
|---|---|
| 東　　　京 | 麹町、日本橋、京橋、芝、四谷、麻布、浅草、品川、世田谷、渋谷、新宿、豊島、王子、本所、立川、横浜中、川崎南、小田原、千葉東、甲府 |
| 関 東 信 越 | 浦和、川越、熊谷、水戸、宇都宮、足利、前橋、長野、諏訪、松本、新潟、長岡 |
| 大　　　阪 | 東、西、南、北、阿倍野、東淀川、茨木、堺、門真、上京、下京、福知山、神戸、尼崎、姫路、奈良、和歌山、大津 |
| 札　　　幌 | 札幌中、函館、小樽、旭川中、室蘭、北見、釧路、帯広 |
| 仙　　　台 | 仙台北、盛岡、福島、いわき、秋田南、青森、山形、酒田、米沢 |
| 名　古　屋 | 名古屋中、名古屋中村、昭和、熱田、一宮、岡崎、豊橋、静岡、沼津、浜松西、津、四日市、岐阜北 |
| 金　　　沢 | 金沢、小松、福井、富山、高岡 |
| 広　　　島 | 広島東、海田、尾道、福山、山口、徳山、下関、宇部、岡山東、鳥取、米子、松江 |
| 高　　　松 | 高松、松山、今治、徳島、高知 |
| 福　　　岡 | 福岡、博多、飯塚、久留米、小倉、佐賀、長崎、佐世保 |
| 熊　　　本 | 熊本西、大分、鹿児島、川内、宮崎、延岡 |
| 沖　　　縄 | 那覇、沖縄 |

**別表第三〔第2条〕**

　直径　40ミリメートル

別表第四〔第3条〕
　第1号

　　　　　　　　　　縦　26ミリメートル
　　　　　　　　　　横　22ミリメートル

　第2号

　　　　　　甲　縦　26ミリメートル　　乙　縦　28.6ミリメートル
　　　　　　　　横　22ミリメートル　　　　横　24.2ミリメートル

別表第五〔第4条〕
　第1号

| 印 | 付 | 印 |
|---|---|---|
| 税 | に | 紙 |
| 務 | つ | 税 |
| 署 | き | 申 |
| 承 |   | 告 |
| 認 |   | 納 |
| 済 |   |   |

　　　　　　　　　　縦　17ミリメートル以上
　　　　　　　　　　横　15ミリメートル以上

　第2号

| 印紙税申告納 |
|---|
| 付につき |
| 税務署承認済 |

　　　　　　　　　　縦　15ミリメートル以上
　　　　　　　　　　横　17ミリメートル以上

別表第六〔第5条〕

|  | 銀行 |
|---|---|
| 非居住者円 |  |
| 印紙税法上の表示 |  |

　　　　　　　　　　縦　20ミリメートル
　　　　　　　　　　横　30ミリメートル

**別表第七**〔第6条〕

| | |
|---|---|
| 銀行 | 縦　21ミリメートル |
| 円建銀行引受手形 | 横　23ミリメートル |
| 印紙税法上の表示 | |

1152 附　　　録

# 印紙税法別表第二独立行政法人の項の規定に基づき、印紙税を課さない法人を指定する件

**財務省告示第56号**（平成13年3月15日）

　印紙税法（昭和42年法律第23号）別表第二独立行政法人の項の規定に基づき、印紙税を課さない法人を次のように指定する。

別表に掲げる法人

別表（平成29年4月1日現在）

| 名　　　称 | 根　拠　法 |
|---|---|
| 国立研究開発法人医薬基盤・健康・栄養研究所 | 国立研究開発法人医薬基盤・健康・栄養研究所法（平成16年法律第135号） |
| 国立研究開発法人海上・港湾・航空技術研究所 | 国立研究開発法人海上・港湾・航空技術研究所法（平成11年法律第208号） |
| 国立研究開発法人建築研究所 | 国立研究開発法人建築研究所法（平成11年法律第206号） |
| 国立研究開発法人国際農林水産業研究センター | 国立研究開発法人国際農林水産業研究センター法（平成11年法律第197号） |
| 国立研究開発法人国立環境研究所 | 国立研究開発法人国立環境研究所法（平成11年法律第216号） |
| 国立研究開発法人国立がん研究センター | 高度専門医療に関する研究等を行う国立研究開発法人に関する法律（平成20年法律第93号） |
| 国立研究開発法人国立国際医療研究センター | |
| 国立研究開発法人国立循環器病研究センター | |
| 国立研究開発法人国立成育医療研究センター | |
| 国立研究開発法人国立精神・神経医療研究センター | |

印紙税法に係る告示　　　　　　1153

| 名　　　称 | 根　　拠　　法 |
|---|---|
| 国立研究開発法人国立長寿医療研究センター | |
| 国立研究開発法人産業技術総合研究所 | 国立研究開発法人産業技術総合研究所法（平成11年法律第203号） |
| 国立研究開発法人森林研究・整備機構 | 国立研究開発法人森林研究・整備機構法（平成11年法律第198号） |
| 国立研究開発法人水産研究・教育機構 | 国立研究開発法人水産研究・教育機構法（平成11年法律第199号） |
| 国立研究開発法人土木研究所 | 国立研究開発法人土木研究所法（平成11年法律第205号） |
| 国立研究開発法人日本医療研究開発機構 | 国立研究開発法人日本医療研究開発機構法（平成26年法律第49号） |
| 国立研究開発法人物質・材料研究機構 | 国立研究開発法人物質・材料研究機構法（平成11年法律第173号） |
| 国立研究開発法人防災科学技術研究所 | 国立研究開発法人防災科学技術研究所法（平成11年法律第174号） |
| 国立研究開発法人量子科学技術研究開発機構 | 国立研究開発法人量子科学技術研究開発機構法（平成11年法律第176号） |
| 独立行政法人奄美群島振興開発基金 | 奄美群島振興開発特別措置法（昭和29年法律第189号） |
| 独立行政法人医薬品医療機器総合機構 | 独立行政法人医薬品医療機器総合機構法（平成14年法律第192号） |
| 独立行政法人海技教育機構 | 独立行政法人海技教育機構法（平成11年法律第214号） |
| 独立行政法人家畜改良センター | 独立行政法人家畜改良センター法（平成11年法律第185号） |
| 独立行政法人環境再生保全機構 | 独立行政法人環境再生保全機構法（平成15年法律第43号） |
| 独立行政法人教職員支援機構 | 独立行政法人教職員支援機構法（平成12年法律第88号） |
| 独立行政法人空港周辺整備機構 | 公共用飛行場周辺における航空機騒音による障害の防止等に関する法律（昭和42年法律第110号） |

1154 附　　録

| 名　　　称 | 根　拠　法 |
|---|---|
| 独立行政法人経済産業研究所 | 独立行政法人経済産業研究所法（平成11年法律第200号） |
| 独立行政法人工業所有権情報・研修館 | 独立行政法人工業所有権情報・研修館法（平成11年法律第201号） |
| 独立行政法人航空大学校 | 独立行政法人航空大学校法（平成11年法律第215号） |
| 独立行政法人高齢・障害・求職者雇用支援機構 | 独立行政法人高齢・障害・求職者雇用支援機構法（平成14年法律第165号） |
| 独立行政法人国際観光振興機構 | 独立行政法人国際観光振興機構法（平成14年法律第181号） |
| 独立行政法人国際協力機構 | 独立行政法人国際協力機構法（平成14年法律第136号） |
| 独立行政法人国際交流基金 | 独立行政法人国際交流基金法（平成14年法律第137号） |
| 独立行政法人国民生活センター | 独立行政法人国民生活センター法（平成14年法律第123号） |
| 独立行政法人国立印刷局 | 独立行政法人国立印刷局法（平成14年法律第41号） |
| 独立行政法人国立科学博物館 | 独立行政法人国立科学博物館法（平成11年法律第172号） |
| 独立行政法人国立高等専門学校機構 | 独立行政法人国立高等専門学校機構法（平成15年法律第113号） |
| 独立行政法人国立公文書館 | 国立公文書館法（平成11年法律第79号） |
| 独立行政法人国立重度知的障害者総合施設のぞみの園 | 独立行政法人国立重度知的障害者総合施設のぞみの園法（平成14年法律第167号） |
| 独立行政法人国立女性教育会館 | 独立行政法人国立女性教育会館法（平成11年法律第168号） |
| 独立行政法人国立青少年教育振興機構 | 独立行政法人国立青少年教育振興機構法（平成11年法律第167号） |
| 独立行政法人国立特別支援教育総合研究所 | 独立行政法人国立特別支援教育総合研究所法（平成11年法律第165号） |
| 独立行政法人国立美術館 | 独立行政法人国立美術館法（平成11年法律第177号） |
| 独立行政法人国立病院機構 | 独立行政法人国立病院機構法（平成14年法律第191号） |

印紙税法に係る告示　　　　　1155

| 名　　　称 | 根　　拠　　法 |
|---|---|
| 独立行政法人国立文化財機構 | 独立行政法人国立文化財機構法（平成11年法律第178号） |
| 独立行政法人自動車技術総合機構 | 独立行政法人自動車技術総合機構法（平成11年法律第218号） |
| 独立行政法人住宅金融支援機構 | 独立行政法人住宅金融支援機構法（平成17年法律第82号） |
| 独立行政法人酒類総合研究所 | 独立行政法人酒類総合研究所法（平成11年法律第164号） |
| 独立行政法人製品評価技術基盤機構 | 独立行政法人製品評価技術基盤機構法（平成11年法律第204号） |
| 独立行政法人石油天然ガス・金属鉱物資源機構 | 独立行政法人石油天然ガス・金属鉱物資源機構法（平成14年法律第94号） |
| 独立行政法人造幣局 | 独立行政法人造幣局法（平成14年法律第40号） |
| 独立行政法人大学改革支援・学位授与機構 | 独立行政法人大学改革支援・学位授与機構法（平成15年法律第114号） |
| 独立行政法人大学入試センター | 独立行政法人大学入試センター法（平成11年法律第166号） |
| 独立行政法人地域医療機能推進機構 | 独立行政法人地域医療機能推進機構法（平成17年法律第71号） |
| 独立行政法人駐留軍等労働者労務管理機構 | 独立行政法人駐留軍等労働者労務管理機構法（平成11年法律第217号） |
| 独立行政法人鉄道建設・運輸施設整備支援機構 | 独立行政法人鉄道建設・運輸施設整備支援機構法（平成14年法律第180号） |
| 独立行政法人統計センター | 独立行政法人統計センター法（平成11年法律第219号） |
| 独立行政法人都市再生機構 | 独立行政法人都市再生機構法（平成15年法律第100号） |
| 独立行政法人日本学術振興会 | 独立行政法人日本学術振興会法（平成14年法律第159号） |
| 独立行政法人日本芸術文化振興会 | 独立行政法人日本芸術文化振興会法（平成14年法律第163号） |

1156 附 録

| 名 称 | 根 拠 法 |
|---|---|
| 独立行政法人日本高速道路保有・債務返済機構 | 独立行政法人日本高速道路保有・債務返済機構法（平成16年法律第100号） |
| 独立行政法人日本スポーツ振興センター | 独立行政法人日本スポーツ振興センター法（平成14年法律第162号） |
| 独立行政法人日本貿易振興機構 | 独立行政法人日本貿易振興機構法（平成14年法律第172号） |
| 独立行政法人農畜産業振興機構 | 独立行政法人農畜産業振興機構法（平成14年法律第126号） |
| 独立行政法人農林水産消費安全技術センター | 独立行政法人農林水産消費安全技術センター法（平成11年法律第183号） |
| 独立行政法人福祉医療機構 | 独立行政法人福祉医療機構法（平成14年法律第166号） |
| 独立行政法人北方領土問題対策協会 | 独立行政法人北方領土問題対策協会法（平成14年法律第132号） |
| 独立行政法人水資源機構 | 独立行政法人水資源機構法（平成14年法律第182号） |
| 独立行政法人郵便貯金・簡易生命保険管理機構 | 独立行政法人郵便貯金・簡易生命保険管理機構法（平成17年法律第101号） |
| 独立行政法人労働者健康安全機構 | 独立行政法人労働者健康安全機構法（平成14年法律第171号） |
| 独立行政法人労働政策研究・研修機構 | 独立行政法人労働政策研究・研修機構法（平成14年法律第169号） |
| 年金積立金管理運用独立行政法人 | 年金積立金管理運用独立行政法人法（平成16年法律第105号） |

印紙税法に係る告示　　　　1157

# 印紙税法施行令第22条第12号の規定に基づき、コール資金の貸付け又はその貸借の媒介を業として行なう者を指定する告示

大蔵省告示第70号（昭和42年6月1日）

（最終改正　平13年財告251号）

　印紙税法施行令（昭和42年政令第108号）第22条第12号の規定に基づき、コール資金の貸付け又はその貸借の媒介を業として行なう者を次のように指定し、コール資金の貸付又は其の貸借の媒介を業として行なう者を指定する件（昭和32年4月大蔵省告示第65号）は、廃止する。

| 会 社 名 | 本 店 所 在 地 |
|---|---|
| 上田八木短資株式会社 | 大阪市中央区高麗橋2丁目4番2号 |
| 東京短資株式会社 | 東京都中央区日本橋室町4丁目5番1号 |
| セントラル短資株式会社 | 東京都中央区日本橋本石町3丁目3番14号 |

# 印紙税法施行令の規定に基づき計器を指定する告示

**国税庁告示第10号**（昭和42年8月23日）

印紙税法施行令（昭和42年政令第108号）第7条第3項の規定に基づき、次の計器を指定する。
一　サタス計器フエデラル型（電動式）及びロータリー型（電動・手動両用式）で、次に掲げる構造および機能を有するもの
　　1　フエデラル型（電動式）
　　（1）　構　造

　　　　イ　印紙税額に相当する金額を表示して納付印を押す箇所
　　　　ロ　表示した印紙税額に相当する金額の累計額があらわれる箇所
　　　　ハ　印紙税額に相当する金額の総額を限度として必要な措置を講ずる箇所
　　（2）　機　能
　　　　表示することができる印紙税額に相当する金額の総額を限度として必要な措置を講ずることにより、限度とした当該金額の総額に達するまで当該金額を表示して納付印を押すことができるもの
　　2　ロータリー型（電動・手動両用式）
　　（1）　構　造

　　　　イ　印紙税額に相当する金額を表示して納付印を押す箇所
　　　　ロ　表示した印紙税額に相当する金額の累計額があらわれる箇所
　　　　ハ　印紙税額に相当する金額の総額を限度として必要な措置を講ずる箇所
　　（2）　機　能
　　　　表示することができる印紙税額に相当する金額の総額を限度として必要な措置を講ずることにより、限度とした当該金額の総額に達するまで当該金額を表示して納付印を押すことができるもの
二　ハスラー計器F88型（電動・手動両用式）で(1)に掲げる構造および(2)に掲げる機能を有し、(3)に掲げる様式の始動票札を使用するもの

(1) 構　造

　イ　印紙税額に相当する金額を表示して納付印を押す箇所
　ロ　表示した印紙税額に相当する金額の累計額があらわれる箇所
　ハ　印紙税額に相当する金額の総額を限度として必要な措置を講ずる物件（始動票札と称するもの）をそう入する箇所

(2) 機　能
　　表示することができる印紙税額に相当する金額の総額を限度として必要な措置を講ずることにより、限度とした当該金額の総額に達するまで当該金額を表示して納付印を押すことができるもの
(3) 印紙税に相当する金額の総額を限度として必要な措置を講ずる物件（始動票札と称するもの）の様式

　　　　縦　28ミリメートル
　　　　横　183ミリメートル
　　　　厚み　1ミリメートル

三　ピツニー・ボウズ計器4250型（電動式）、804－E型（電動式）、804型（手動式）、5400型（電動式）、5501型（手動式）、5600型（電動式）およびS型（手動式）で、次に掲げる構造および機能を有するもの
　1　削　除
　2　804－E型（電動式）
　　(1) 構　造

　　　イ　印紙税額に相当する金額を表示して納付印を押す箇所
　　　ロ　表示した印紙税額に相当する金額の累計額があらわれる箇所
　　　ハ　印紙税額に相当する金額の総額を限度として必要な措置を講ずる箇所
　　(2) 機　能
　　　表示することができる印紙税額に相当する金額の総額を限度として必要な措置を講ずることにより、限度とした当該金額の総額に達するまで当該金額を表示して納付印を押すことができるもの
　3　804型（手動式）
　　(1) 構　造

　イ　印紙税額に相当する金額を表示して納付印を押す箇所
　ロ　表示した印紙税額に相当する金額の累計額があらわれる箇所
　ハ　印紙税額に相当する金額の総額を限度として必要な措置を講ずる箇所

（2）機　能

　表示することができる印紙税額に相当する金額の総額を限度として必要な措置を講ずることにより、限度とした当該金額の総額に達するまで当該金額を表示して納付印を押すことができるもの

4　5400型（電動式）

（1）構　造

　イ　印紙税額に相当する金額を表示して納付印を押す箇所
　ロ　表示した印紙税額に相当する金額の累計額があらわれる箇所
　ハ　印紙税額に相当する金額の総額を限度として必要な措置を講ずる箇所

（2）機　能

　表示することができる印紙税額に相当する金額の総額を限度として必要な措置を講ずることにより、限度とした当該金額の総額に達するまで当該金額を表示して納付印を押すことができるもの

5　削除

6　5600型（電動式）

（1）構　造

　イ　印紙税額に相当する金額を表示して納付印を押す箇所
　ロ　表示した印紙税額に相当する金額の累計額があらわれる箇所
　ハ　印紙税額に相当する金額の総額を限度として必要な措置を講ずる箇所

（2）機　能

　表示することができる印紙税額に相当する金額の総額を限度として必要な措置を講ずることにより、限度とした当該金額の総額に達するまで当該金額を表示して納付印を押すことができるもの

7　S型（手動式）

（1）構　造

計器を指定する告示　　　　　　　　　1161

　　　　　　　イ　印紙税額に相当する金額を表示して納付印を押す箇所
　　　　　　　ロ　表示した印紙税額に相当する金額の累計額があらわれる箇所
　　　　　　　ハ　印紙税額に相当する金額の総額を限度として必要な措置を講ずる箇所
　　(2)　機　　能
　　　　表示することができる印紙税額に相当する金額の総額を限度として必要な措置を講ずることにより、限度とした当該金額の総額に達するまで当該金額を表示して納付印を押すことができるもの
四　フライステンプラー計器ポスタリヤ型（電動・手動両用式および手動式）で、次に掲げる構造および機能を有するもの
　1　ポスタリヤ型（電動・手動両用式）
　　(1)　構　　造

　　　　　　　イ　印紙税額に相当する金額を表示して納付印を押す箇所
　　　　　　　ロ　表示した印紙税額に相当する金額の累計額があらわれる箇所
　　　　　　　ハ　印紙税額に相当する金額の総額を限度として必要な措置を講ずる箇所
　　(2)　機　　能
　　　　表示することができる印紙税額に相当する金額の総額を限度として必要な措置を講ずることにより、限度とした当該金額の総額に達するまで当該金額を表示して納付印を押すことができるもの
　2　ポスタリヤ型（手動式）
　　(1)　構　　造

　　　　　　　イ　印紙税額に相当する金額を表示して納付印を押す箇所
　　　　　　　ロ　表示した印紙税額に相当する金額の累計額があらわれる箇所
　　　　　　　ハ　印紙税額に相当する金額の総額を限度として必要な措置を講ずる箇所
　　(2)　機　　能
　　　　表示することができる印紙税額に相当する金額の総額を限度として必要な措置を講ずることにより、限度とした当該金額の総額に達するまで当該金額を表示して納付印を押すことができるもの
五　フランコタイプ計器CCM型（電動・手動両用式）で(1)に掲げる構造および(2)に掲げる機能を有し、かつ、(3)に掲げる様式の始動票札を使用するもの
　　(1)　構　　造

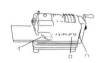

　　　　　　　　イ　印紙税額に相当する金額を表示して納付印を押す箇所
　　　　　　　　ロ　表示した印紙税額に相当する金額の累計額があらわれる箇所
　　　　　　　　ハ　印紙税額に相当する金額の総額を限度として必要な措置を講ずる物件（始動票札と称するもの）をそう入する箇所
　　　（2）　機　能
　　　　　表示することができる印紙税額に相当する金額の総額を限度として必要な措置を講ずることにより、限度とした当該金額の総額に達するまで当該金額を表示して納付印を押すことができるもの
　　　（3）　印紙税に相当する金額の総額を限度として必要な措置を講ずる物件（始動票札と称するもの）の様式

　　　　　　　　　　　　　　　縦　　30ミリメートル
　　　　　　　　　　　　　　　横　　170ミリメートル
　　　　　　　　　　　　　　　厚み　0.4ミリメートル
　六　インカンター計器Ｆ型（手動式）で、次に掲げる構造および機能を有するもの
　　　（1）　構　造

　　　　　　　　イ　印紙税額に相当する金額を表示して納付印を押す箇所
　　　　　　　　ロ　表示した印紙税額に相当する金額の累計額があらわれる箇所
　　　　　　　　ハ　印紙税額に相当する金額の総額を限度として必要な措置を講ずる箇所
　　　（2）　機　能
　　　　　表示することができる印紙税額に相当する金額の総額を限度として必要な措置を講ずることにより、限度とした当該金額の総額に達するまで当該金額を表示して納付印を押すことができるもの
　七　オートスタンプ計器（電動式）で、次に掲げる構造および機能を有するもの
　　　（1）　構　造

　　　　　　　　イ　印紙税額に相当する金額を表示して納付印を押す箇所
　　　　　　　　ロ　表示した印紙税額に相当する金額の累計額があらわれる箇所
　　　　　　　　ハ　印紙税額に相当する金額の総額を限度として必要な措置を講ずる箇所
　　　（2）　機　能
　　　　　表示することができる印紙税額に相当する金額の総額を限度として必要な措置を講ずることにより、限度とした当該金額の総額に達するまで当該金額を表示して納付印を押すことができるもの

# 印紙税法施行令の規定に基づき計器を指定する告示

### 国税庁告示第3号（昭和44年4月4日）

　印紙税法施行令（昭和42年政令第108号）第7条第3項の規定に基づき、次の計器を指定する。
　オートスタンプ計器GB型（電動式）で、次に掲げる構造および機能を有するもの
　(1)　構　造

　　　イ　印紙税額に相当する金額を表示して納付印を押す箇所
　　　ロ　表示した印紙税額に相当する金額の累計額があらわれる箇所
　　　ハ　印紙税額に相当する金額の総額を限度として必要な措置を講ずる箇所

　(2)　機　能
　　　表示することができる印紙税額に相当する金額の総額を限度として必要な措置を講ずることにより、限度とした当該金額の総額に達するまで当該金額を表示して納付印を押すことができるもの

# 印紙税法施行令の規定に基づき計器を指定する告示

**国税庁告示第9号**（昭和45年11月20日）

印紙税法施行令（昭和42年政令第108号）第7条第3項の規定に基づき、次の計器を指定する。

サタス計器フエデラルⅡ型（電動式）で、次に掲げる構造および機能を有するもの

(1) 構　造

　　イ　印紙税額に相当する金額を表示して納付印を押す箇所
　　ロ　表示した印紙税額に相当する金額の累計額があらわれる箇所
　　ハ　印紙税額に相当する金額の総額を限度として必要な措置を講ずる箇所

(2) 機　能

　　表示することができる印紙税額に相当する金額の総額を限度として必要な措置を講ずることにより、限度とした当該金額の総額に達するまで当該金額を表示して納付印を押すことができるもの

計器を指定する告示　　　　　　　　　　1165

# 印紙税法施行令の規定に基づき計器を指定する告示

**国税庁告示第 8 号**（昭和46年 9 月22日）

　印紙税法施行令（昭和42年政令第108号）第 7 条第 3 項の規定に基づき、次の計器を指定する。
一　ハスラー計器Ｆ88－Ｓ 3 型（電動・手動両用式）およびＦ66型（電動・手動両用式）で、⑴に掲げる構造および⑵に掲げる機能を有し、⑶に掲げる始動票札を使用するもの
　1　Ｆ88－Ｓ 3 型（電動・手動両用式）
　　⑴　構　造

　　　　イ　印紙税額に相当する金額を表示して納付印を押す箇所
　　　　ロ　表示した印紙税額に相当する金額の累計額があらわれる箇所
　　　　ハ　印紙税額に相当する金額の総額を限度として必要な措置を講ずる物件（始動票札と称するもの）をそう入する箇所
　　⑵　機　能
　　　　表示することができる印紙税額に相当する金額の総額を限度として必要な措置を講ずることにより、限度とした当該金額の総額に達するまで当該金額を表示して納付印を押すことができるもの
　　⑶　印紙税に相当する金額の総額を限度として必要な措置を講ずる物件（始動票札と称するもの）の様式および形式

　　　　　　縦　29.5ミリメートル
　　　　　　横　187ミリメートル
　　　　　　厚み　1 ミリメートル
　2　Ｆ66型（電動・手動両用式）
　　⑴　構　造

　　　　イ　印紙税額に相当する金額を表示して納付印を押す箇所
　　　　ロ　表示した印紙税額に相当する金額の累計額があらわれる箇所
　　　　ハ　印紙税額に相当する金額の総額を限度として必要な措置を講ずる物件（始動票札と称するもの）をそう入する箇所
　　⑵　機　能
　　　　表示することができる印紙税額に相当する金額の総額を限度として必要な措置を講ずることにより、限度とした当該金額の総額に達するまで当該金額を表示し

て納付印を押すことができるもの
(3) 印紙税に相当する金額の総額を限度として必要な措置を講ずる物件（始動票札と称するもの）の様式および形式

縦　30ミリメートル
横　170ミリメートル
厚み　1ミリメートル

二　ピツニー・ボウズ計器5510型（電動式）で、次に掲げる構造および機能を有するもの
　(1)　構　造
　　　イ　印紙税額に相当する金額を表示して納付印を押す箇所
　　　ロ　表示した印紙税額に相当する金額の累計額があらわれる箇所
　　　ハ　印紙税額に相当する金額の総額を限度として必要な措置を講ずる箇所
　(2)　機　能
　　　表示することができる印紙税額に相当する金額の総額を限度として必要な措置を講ずることにより、限度とした当該金額の総額に達するまで当該金額を表示して納付印を押すことができるもの

# 印紙税法施行令の規定に基づき計器を指定する告示

**国税庁告示第4号**（昭和48年6月4日）

　印紙税法施行令（昭和42年政令第108号）第7条第3項の規定に基づき、次の計器を指定する。
　クスダックスタンプ計器ＫＳ－1型（電動式）で、次に掲げる構造および機能を有するもの

(1)　構　　造

　　イ　印紙税額に相当する金額を表示して納付印を押す箇所
　　ロ　印紙税額に相当する金額を表示して納付印を押した累積回数があらわれる箇所
　　ハ　印紙税額に相当する金額の総額を限度として必要な措置を講ずる箇所

(2)　機　　能
　　表示することができる印紙税額に相当する金額の総額を限度として必要な措置を講ずることにより、限度とした当該金額の総額に達するまで当該金額を表示して納付印を押すことができるもの

# 印紙税法施行令の規定に基づき計器を指定する告示

**国税庁告示第4号**（昭和49年5月1日）

印紙税法施行令（昭和42年政令第108号）第7条第3項の規定に基づき、次の計器を指定する。

オートスタンプ計器 GC 型（電動式）で次に掲げる構造及び機能を有するもの

(1) 構　造

　イ　印紙税額に相当する金額を表示して納付印を押す箇所
　ロ　印紙税額に相当する金額を表示して納付印を押した累積回数があらわれる箇所
　ハ　印紙税額に相当する金額の総額を限度として必要な措置を講ずる箇所

(2) 機　能

　　表示することができる印紙税額に相当する金額の総額を限度として必要な措置を講ずることにより、限度とした当該金額の総額に達するまで当該金額を表示して納付印を押すことができるもの

# 印紙税法施行令の規定に基づき計器を指定する告示

**国税庁告示第12号**（昭和49年12月19日）

　印紙税法施行令（昭和42年政令第108号）第7条第3項の規定に基づき、次の計器を指定する。
一　フランコタイプ計器A9000型（電動式）で、(1)に掲げる構造及び(2)に掲げる機能を有し、かつ、(3)に掲げる様式の物件を使用するもの
　(1)　構　造

　　　イ　印紙税額に相当する金額を表示して納付印を押す箇所
　　　ロ　表示した印紙税額に相当する金額の累計額があらわれる箇所
　　　ハ　(3)に掲げる様式の物件をそう入する箇所
　(2)　機　能
　　　表示することができる印紙税額に相当する金額の総額を限度として必要な措置を講ずることにより、限度とした当該金額の総額に達するまで当該金額を表示して納付印を押すことができるもの
　(3)　印紙税に相当する金額の総額を限度として必要な措置を講ずる物件（始動票札と称するもの）の様式

　　　　縦　　29ミリメートル
　　　　横　　170ミリメートル
　　　　厚み　0.4ミリメートル
二　クスダックスタンプ計器KS-2型（電動式）で、次に掲げる構造及び機能を有するもの
　(1)　構　造

　　　イ　印紙税額に相当する金額を表示して納付印を押す箇所
　　　ロ　印紙税額に相当する金額を表示して納付印を押した累積回数があらわれる箇所
　　　ハ　印紙税額に相当する金額の総額を限度として必要な措置を講ずる箇所
　(2)　機　能
　　　表示することができる印紙税額に相当する金額の総額を限度として必要な措置を講ずることにより、限度とした当該金額の総額に達するまで当該金額を表示して納付印を押すことができるもの

# 印紙税法施行令の規定に基づき計器を指定する告示

**国税庁告示第1号**（昭和50年3月11日）

　印紙税法施行令（昭和42年政令第108号）第7条第3項の規定に基づき、次の計器を指定する。
一　オートスタンプ計器GD型（電動式）で、次に掲げる構造及び機能を有するもの
　　(1) 構　造

　　　　イ　印紙税額に相当する金額を表示して納付印を押す箇所
　　　　ロ　印紙税額に相当する金額を表示して納付印を押した累計回数があらわれる箇所
　　　　ハ　印紙税額に相当する金額の総額を限度として必要な措置を講ずる箇所

　　(2) 機　能
　　　　表示することができる印紙税額に相当する金額の総額を限度として必要な措置を講ずることにより、限度とした当該金額の総額に達するまで当該金額を表示して納付印を押すことができるもの
二　ピツニー・ボウズ計器6370型（電動式）で、次に掲げる構造及び機能を有するもの
　　(1) 構　造

　　　　イ　印紙税額を表示して納付印を押す箇所
　　　　ロ　表示した印紙税額に相当する金額の累計額があらわれる箇所
　　　　ハ　印紙税額に相当する金額の総額を限度として必要な措置を講ずる箇所

　　(2) 機　能
　　　　表示することができる印紙税額に相当する金額の総額を限度として必要な措置を講ずることにより、限度とした当該金額の総額に達するまで当該金額を表示して納付印を押すことができるもの

# 印紙税法施行令の規定に基づき計器を指定する告示

## 国税庁告示第3号（昭和54年4月13日）

印紙税法施行令（昭和42年政令第108号）第7条第3項の規定に基づき、次の計器を指定する。
　ピツニー・ボウズ計器5511型（電動式）で、次に掲げる構造及び機能を有するもの
　(1)　構　造

　　　　　　　　イ　印紙税額に相当する金額を表示して納付印を押す箇所
　　　　　　　　ロ　表示した印紙税額に相当する金額の累計額があらわれる箇所
　　　　　　　　ハ　印紙税額に相当する金額の総額を限度として必要な措置を講ずる箇所
　(2)　機　能
　　　表示することができる印紙税額に相当する金額の総額を限度として必要な措置を講ずることにより、限度とした当該金額の範囲内で当該金額を表示して納付印を押すことができるもの

# 印紙税法施行令の規定に基づき計器を指定する告示

**国税庁告示第4号**（昭和55年12月5日）

印紙税法施行令（昭和42年政令第108号）第7条第3項の規定に基づき、次の計器を指定する。

ハスラー計器F202型（電動式）及びF204型（電動式）で、次に掲げる構造及び機能を有するもの

1　F202型（電動式）
　(1)　構　造

　　　イ　印紙税額に相当する金額を表示して納付印を押す箇所
　　　ロ　表示した印紙税額に相当する金額の累計額があらわれる箇所
　　　ハ　印紙税額に相当する金額の総額を限度として必要な措置を講ずる箇所

　(2)　機　能
　　　表示することができる印紙税額に相当する金額の総額を限度として必要な措置を講ずることにより、限度とした当該金額の総額の範囲内で当該金額を表示して納付印を押すことができるもの

2　F204型（電動式）
　(1)　構　造

　　　イ　印紙税額に相当する金額を表示して納付印を押す箇所
　　　ロ　表示した印紙税額に相当する金額の累計額があらわれる箇所
　　　ハ　印紙税額に相当する金額の総額を限度として必要な措置を講ずる箇所

　(2)　機　能
　　　表示することができる印紙税額に相当する金額の総額を限度として必要な措置を講ずることにより、限度とした当該金額の総額の範囲内で当該金額を表示して納付印を押すことができるもの

# 印紙税法施行令の規定に基づき計器を指定する告示

**国税庁告示第5号**（昭和57年12月7日）

印紙税法施行令（昭和42年政令第108号）第7条第3項の規定に基づき、次の計器を指定する。

ペイタック計器P100型（電動式）で、次に掲げる構造及び機能を有するもの

(1) 構　造

　　イ　印紙税額に相当する金額を表示して納付印を押す箇所
　　ロ　印紙税額に相当する金額を表示して納付印を押した累計回数が表れる箇所
　　ハ　印紙税額に相当する金額の総額を限度として必要な措置を講ずる箇所

(2) 機　能

　表示することができる印紙税額に相当する金額の総額を限度として必要な措置を講ずることにより、限度とした当該金額の総額に達するまで当該金額を表示して納付印を押すことができるもの

# 印紙税法施行令の規定に基づき計器を指定する告示

**国税庁告示第5号**（昭和58年5月9日）

印紙税法施行令（昭和42年政令第108号）第7条第3項の規定に基づき、次の計器を指定する。

ピツニー・ボウズ計器5370メーター付き5525型（電動式）及びピツニー・ボウズ計器5350メーター付き5525型（電動式）で、次に掲げる構造及び機能を有するもの

1　ピツニー・ボウズ計器　5370メーター付き5525型（電動式）
　(1)　構　造

　　　イ　印紙税額に相当する金額を表示して納付印を押す箇所
　　　ロ　表示した印紙税額に相当する金額の累計額があらわれる箇所
　　　ハ　印紙税額に相当する金額の総額を限度として必要な措置を講ずる箇所

　(2)　機　能
　　　表示することができる印紙税額に相当する金額の総額を限度として必要な措置を講ずることにより、限度とした当該金額の範囲内で当該金額を表示して納付印を押すことができるもの

2　ピツニー・ボウズ計器　5350メーター付き5525型（電動式）
　(1)　構　造

　　　イ　印紙税額に相当する金額を表示して納付印を押す箇所
　　　ロ　表示した印紙税額に相当する金額の累計額があらわれる箇所
　　　ハ　印紙税額に相当する金額の総額を限度として必要な措置を講ずる箇所

　(2)　機　能
　　　表示することができる印紙税額に相当する金額の総額を限度として必要な措置を講ずることにより、限度とした当該金額の範囲内で当該金額を表示して納付印を押すことができるもの

# 印紙税法施行令の規定に基づき計器を指定する告示

**国税庁告示第6号**（昭和58年5月9日）

　印紙税法施行令（昭和42年政令第108号）第7条第3項の規定に基づき、次の計器を指定する。
　オートスタンプ計器GE型（電動式）で、次に掲げる構造及び機能を有するもの
　（1）構　造

　　　イ　印紙税額に相当する金額を表示して納付印を押す箇所
　　　ロ　表示した印紙税額に相当する金額の累計額があらわれる箇所
　　　ハ　印紙税額に相当する金額の総額を限度として必要な措置を講ずる箇所
　（2）機　能
　　　表示することができる印紙税額に相当する金額の総額を限度として必要な措置を講ずることにより、限度とした当該金額の総額に達するまで当該金額を表示して納付印を押すことができるもの

# 印紙税法施行令の規定に基づき計器を指定する告示

**国税庁告示第1号**（昭和60年3月16日）

印紙税法施行令（昭和42年政令第108号）第7条第3項の規定に基づき、次の計器を指定する。

ハスラー計器F101型（電動式）、F305型（電動式）及びF307型（電動式）で、次に掲げる構造及び機能を有するもの

1　F101型（電動式）

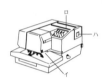

　(1)　構　造
　　　イ　印紙税額に相当する金額を表示して納付印を押す箇所
　　　ロ　表示した印紙税額に相当する金額の累計額があらわれる箇所
　　　ハ　印紙税額に相当する金額の総額を限度として必要な措置を講ずる箇所
　(2)　機　能
　　　表示することができる印紙税額に相当する金額の総額を限度として必要な措置を講ずることにより、限度とした当該金額の総額の範囲内で当該金額を表示して納付印を押すことができるもの

2　F305型（電動式）

　(1)　構　造

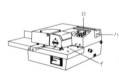

　　　イ　印紙税額に相当する金額を表示して納付印を押す箇所
　　　ロ　表示した印紙税額に相当する金額の累計額があらわれる箇所
　　　ハ　印紙税額に相当する金額の総額を限度として必要な措置を講ずる箇所
　(2)　機　能
　　　表示することができる印紙税額に相当する金額の総額を限度として必要な措置を講ずることにより、限度とした当該金額の総額の範囲内で当該金額を表示して納付印を押すことができるもの

3　F307型（電動式）

　(1)　構　造

　　　イ　印紙税額に相当する金額を表示して納付印を押す箇所
　　　ロ　表示した印紙税額に相当する金額の累計額があらわれる箇所
　　　ハ　印紙税額に相当する金額の総額を限度として必要な措置を講ずる箇所

(2)　機　能
　　表示することができる印紙税額に相当する金額の総額を限度として必要な措置を講ずることにより、限度とした当該金額の総額の範囲内で当該金額を表示して納付印を押すことができるもの

# 印紙税法施行令の規定に基づき計器を指定する告示

**国税庁告示第2号**（昭和62年5月15日）

印紙税法施行令（昭和42年政令第108号）第7条第3項の規定に基づき、次の計器を指定する。
　オートスタンプ計器 GF 型（電動式）で、次に掲げる構造及び機能を有するもの
　(1)　構　造

　　　　　　　イ　印紙税額に相当する金額を表示して納付印を押す箇所
　　　　　　　ロ　印紙税額に相当する金額を表示して納付印を押した累計回数が表れる箇所
　　　　　　　ハ　(3)に掲げる様式の物件を挿入する箇所
　(2)　機　能
　　　表示することができる印紙税額に相当する金額の総額を限度として必要な措置を講ずることにより、限度とした当該金額の総額に達するまで当該金額を表示して納付印を押すことができるもの
　(3)　印紙税に相当する金額の総額を限度として必要な措置を講ずる物件（始動票札と称するもの）の様式

　　　　　　　縦　　長い部分　34ミリメートル
　　　　　　　　　　短い部分　20ミリメートル
　　　　　　　横　　127ミリメートル
　　　　　　　厚み　3.4ミリメートル

# 印紙税法施行令の規定に基づき計器を指定する告示

**国税庁告示第1号**（平成2年5月28日）

印紙税法施行令（昭和42年政令第108号）第7条第3項の規定に基づき、次の計器を指定する。

ピツニー・ボウズ計器6900型（電動式）で、次に掲げる構造及び機能を有するもの

(1) 構　造

　　イ　印紙税額に相当する金額を表示して納付印を押す箇所
　　ロ　表示した印紙税額に相当する金額の累計額等があらわれる箇所
　　ハ　印紙税額に相当する金額の総額を限度として必要な措置を講ずる箇所

(2) 機　能

　表示することができる印紙税額に相当する金額の総額を限度として必要な措置を講ずることにより、限度とした当該金額の総額の範囲内で当該金額を表示して納付印を押すことができるもの

# 印紙税法施行令の規定に基づき計器を指定する告示

**国税庁告示第7号**（平成5年12月21日）

印紙税法施行令（昭和42年政令第108号）第7条第3項の規定に基づき、次の計器を指定する。

ハスラー計器F104型メーター付S120型（電動式）、F104型メーター付S220型（電動式）、F224型メーター付S120型（電動式）及びF224型メーター付S220型（電動式）で、次に掲げる構造及び機能を有するもの

1　F104型メーター付S120型（電動式）

　(1)　構　造

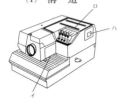

　　　イ　印紙税額に相当する金額を表示して納付印を押す箇所
　　　ロ　表示した印紙税額に相当する金額の累計額が表れる箇所
　　　ハ　印紙税額に相当する金額の総額を限度として必要な措置を講ずる箇所

　(2)　機　能

　　　表示することができる印紙税額に相当する金額の総額を限度として必要な措置を講ずることにより、限度とした当該金額の総額の範囲内で当該金額を表示して納付印を押すことができるもの

2　F104型メーター付S220型（電動式）

　(1)　構　造

　　　イ　印紙税額に相当する金額を表示して納付印を押す箇所
　　　ロ　表示した印紙税額に相当する金額の累計額が表れる箇所
　　　ハ　印紙税額に相当する金額の総額を限度として必要な措置を講ずる箇所

　(2)　機　能

　　　表示することができる印紙税額に相当する金額の総額を限度として必要な措置を講ずることにより、限度とした当該金額の総額の範囲内で当該金額を表示して納付印を押すことができるもの

3　F224型メーター付S120型（電動式）

　(1)　構　造

イ 印紙税額に相当する金額を表示して納付印を押す箇所
ロ 表示した印紙税額に相当する金額の累計額が表れる箇所
ハ 印紙税額に相当する金額の総額を限度として必要な措置を講ずる箇所

(2) 機　能

　表示することができる印紙税額に相当する金額の総額を限度として必要な措置を講ずることにより、限度とした当該金額の総額の範囲内で当該金額を表示して納付印を押すことができるもの

4　Ｆ224型メーター付Ｓ220型（電動式）

(1) 構　造

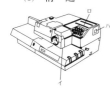
イ 印紙税額に相当する金額を表示して納付印を押す箇所
ロ 表示した印紙税額に相当する金額の累計額が表れる箇所
ハ 印紙税額に相当する金額の総額を限度として必要な措置を講ずる箇所

(2) 機　能

　表示することができる印紙税額に相当する金額の総額を限度として必要な措置を講ずることにより、限度とした当該金額の総額の範囲内で当該金額を表示して納付印を押すことができるもの

# 印紙税法施行令の規定に基づき計器を指定する告示

**国税庁告示第2号**（平成6年6月21日）

印紙税法施行令（昭和42年政令第108号）第7条第3項の規定に基づき、次の計器を指定する。

日本字研社計器JK3100型（電動式）で、次に掲げる構造及び機能を有するもの

(1) 構　造

　　イ　印紙税額に相当する金額を表示して納付印を押す箇所
　　ロ　印紙税額に相当する金額を表示して納付印を押した累計回数が表れる箇所
　　ハ　(3)に掲げる様式の物件を挿入する箇所

(2) 機　能

　　表示することができる印紙税額に相当する金額の総額を限度として必要な措置を講ずることにより、限度とした当該金額の総額に達するまで当該金額を表示して納付印を押すことができるもの

(3) 印紙税に相当する金額の総額を限度として必要な措置を講ずる物件（セッティングカードと称するもの）の様式

　　縦　54ミリメートル
　　横　85.6ミリメートル
　　厚み　3ミリメートル

# 印紙税法施行令の規定に基づき計器を指定する告示

**国税庁告示第3号**（平成6年8月17日）

　印紙税法施行令（昭和42年政令第108号）第7条第3項の規定に基づき、次の計器を指定する。
　ネオポスト計器4400型（電動式）で、次に掲げる構造及び機能を有するもの
　(1)　構　造

　　イ　印紙税額に相当する金額を表示して納付印を押す箇所
　　ロ　表示した印紙税額に相当する金額の累計額等が表れる箇所
　　ハ　印紙税額に相当する金額の総額を限度として必要な措置を講ずる箇所

　(2)　機　能
　　表示することができる印紙税額に相当する金額の総額を限度として必要な措置を講ずることにより、限度とした当該金額の総額の範囲内で当該金額を表示して納付印を押すことができるもの

# 印紙税法施行令の規定に基づき計器を指定する告示

**国税庁告示第2号**（平成8年9月11日）

印紙税法施行令（昭和42年政令第108号）第7条第3項の規定に基づき、次の計器を指定する。
スマイル計器F500型（電動式）で、次に掲げる構造及び機能を有するもの
  (1) 構　造

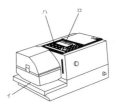

　　イ　印紙税額に相当する金額を表示して納付印を押す箇所
　　ロ　表示した印紙税額に相当する金額の累計額等が表れる箇所
　　ハ　印紙税額に相当する金額の総額を限度として必要な措置を講ずる箇所

  (2) 機　能
　　表示することができる印紙税額に相当する金額の総額を限度として必要な措置を講ずることにより、限度とした当該金額の総額の範囲内で当該金額を表示して納付印を押すことができるもの

# 印紙税法施行令の規定に基づき計器を指定する告示

### 国税庁告示第4号（平成9年4月30日）

　印紙税法施行令（昭和42年政令第108号）第7条第3項の規定に基づき、次の計器を指定する。
　ビルコン計器RV－10型（電動式）及びRV－10J型プリンター付（電動式）で、次に掲げる構造及び機能を有するもの
　1　RV－10型（電動式）
　（1）構　造

　　　イ　印紙税額に相当する金額を表示して納付印を押す箇所
　　　ロ　表示した印紙税額に相当する金額の累計額等が表れる箇所
　　　ハ　印紙税額に相当する金額の総額を限度として必要な措置を講ずる箇所

　（2）機　能
　　　表示することができる印紙税額に相当する金額の総額を限度として必要な措置を講ずることにより、限度とした当該金額の総額の範囲内で当該金額を表示して納付印を押すことができるもの
　2　RV－10J型プリンター付（電動式）
　（1）構　造

　　　イ　印紙税額に相当する金額を表示して納付印を押す箇所
　　　ロ　表示した印紙税額に相当する金額の累計額等が表れる箇所
　　　ハ　印紙税額に相当する金額の総額を限度として必要な措置を講ずる箇所

　（2）機　能
　　　表示することができる印紙税額に相当する金額の総額を限度として必要な措置を講ずることにより、限度とした当該金額の総額の範囲内で当該金額を表示して納付印を押すことができるもの

# 印紙税法施行令の規定に基づき計器を指定する告示

**国税庁告示第3号**（平成10年7月16日）

印紙税法施行令（昭和42年政令第108号）第7条第3項の規定に基づき、次の計器を指定する。
　ビルコン計器RF-10型（電動式）で、次に掲げる構造及び機能を有するもの
(1) 構　造

　　イ　印紙税額に相当する金額を表示して納付印を押す箇所
　　ロ　表示した印紙税額に相当する金額の累計額等が表れる箇所
　　ハ　印紙税額に相当する金額の総額を限度として必要な措置を講ずる箇所

(2) 機　能
　　表示することができる印紙税額に相当する金額の総額を限度として必要な措置を講ずることにより、限度とした当該金額の総額の範囲内で当該金額を表示して納付印を押すことができるもの

# 印紙税法施行令の規定に基づき計器を指定する告示

### 国税庁告示第21号（平成18年9月7日）

　印紙税法施行令（昭和42年政令第108号）第7条第3項の規定に基づき、次の計器を指定する。
　ビルコン計器RA－1型（電動式）及びRA－1J型プリンター付（電動式）で、次に掲げる構造及び機能を有するもの
1　RA－1型（電動式）
　(1)　構　造

　　　イ　印紙税額に相当する金額を表示して納付印を押す箇所
　　　ロ　表示した印紙税額に相当する金額の累計額等が表れる箇所
　　　ハ　印紙税額に相当する金額の総額を限度として必要な措置を講ずる箇所

　(2)　機　能
　　　表示することができる印紙税額に相当する金額の総額を限度として必要な措置を講ずることにより、限度とした当該金額の総額の範囲内で当該金額を表示して納付印を押すことができるもの
2　RA－1J型プリンター付（電動式）
　(1)　構　造

　　　イ　印紙税額に相当する金額を表示して納付印を押す箇所
　　　ロ　表示した印紙税額に相当する金額の累計額等が表れる箇所
　　　ハ　印紙税額に相当する金額の総額を限度として必要な措置を講ずる箇所

　(2)　機　能
　　　表示することができる印紙税額に相当する金額の総額を限度として必要な措置を講ずることにより、限度とした当該金額の総額の範囲内で当該金額を表示して納付印を押すことができるもの

# 印紙税法施行令の規定に基づき計器を指定する件

### 国税庁告示第31号（平成20年10月6日）

印紙税法施行令（昭和42年政令第108号）第7条第3項の規定に基づき、次の計器を指定する。

ビルコン計器RB－1型（電動式）及びRB－1D型付属印付（電動式）で、次に掲げる構造及び機能を有するもの

1　RB－1型（電動式）
　(1)　構造

　　　イ　印紙税額に相当する金額を表示して納付印を押す箇所
　　　ロ　表示した印紙税額に相当する金額の累計額等が表れる箇所
　　　ハ　印紙税額に相当する金額の総額を限度として必要な措置を講ずる箇所

　(2)　機能
　　　表示することができる印紙税額に相当する金額の総額を限度として必要な措置を講ずることにより、限度とした当該金額の総額の範囲内で当該金額を表示して納付印を押すことができるもの

2　RB－1D型付属印付（電動式）
　(1)　構造

　　　イ　印紙税額に相当する金額を表示して納付印を押す箇所
　　　ロ　表示した印紙税額に相当する金額の累計額等が表れる箇所
　　　ハ　印紙税額に相当する金額の総額を限度として必要な措置を講ずる箇所

　(2)　機能
　　　表示することができる印紙税額に相当する金額の総額を限度として必要な措置を講ずることにより、限度とした当該金額の総額の範囲内で当該金額を表示して納付印を押すことができるもの

日本国と大韓民国との間の両国に隣接する大陸棚の南部の共同開発に関する協定の実施に伴う石油及び可燃性天然ガス資源の開発に関する特別措置法施行令（抄）

**政令第248号**（昭和53年6月22日）
（最終改正　平成23年政令第414号）

**（印紙税法の適用）**
**第7条**　特定鉱業権に関する印紙税法（昭和42年法律第23号）の規定の適用については、同法別表第一第1号の課税物件の欄中「鉱業権」とあるのは、「特定鉱業権」とする。

1190 附　　録

# 租税特別措置法（抄）

**法律第26号**（昭和32年3月31日）

（最終改正　平成30年法律第7号）

### 第4節　印紙税法の特例

#### （不動産の譲渡に関する契約書等に係る印紙税の税率の特例）

**第91条**　平成9年4月1日から平成26年3月31日までの間に作成される印紙税法別表第
一第1号の物件名の欄1に掲げる不動産の譲渡に関する契約書（一の文書が当該契約
書と当該契約書以外の同号に掲げる契約書とに該当する場合における当該一の文書を
含む。次項及び次条第1項において「不動産譲渡契約書」という。）又は同表第2号
に掲げる請負に関する契約書（建設業法第2条第1項に規定する建設工事の請負に係
る契約に基づき作成されるものに限る。第3項及び次条第1項において「建設工事請
負契約書」という。）のうち、これらの契約書に記載された契約金額が1,000万円を超
えるものに係る印紙税の税率は、同表第1号及び第2号の規定にかかわらず、次の各
号に掲げる契約金額の区分に応じ、1通につき、当該各号に定める金額とする。
　　一　1,000万円を超え5,000万円以下のもの　1万5,000円
　　二　5,000万円を超え1億円以下のもの　4万5,000円
　　三　1億円を超え5億円以下のもの　8万円
　　四　5億円を超え10億円以下のもの　18万円
　　五　10億円を超え50億円以下のもの　36万円
　　六　50億円を超えるもの　54万円
2　平成26年4月1日から平成32年3月31日までの間に作成される不動産譲渡契約書の
うち、当該不動産譲渡契約書に記載された契約金額が10万円を超えるものに係る印紙
税の税率は、印紙税法別表第一第1号の規定にかかわらず、次の各号に掲げる契約金
額の区分に応じ、1通につき、当該各号に定める金額とする。
　　一　10万円を超え50万円以下のもの　200円
　　二　50万円を超え100万円以下のもの　500円
　　三　100万円を超え500万円以下のもの　1,000円
　　四　500万円を超え1,000万円以下のもの　5,000円
　　五　1,000万円を超え5,000万円以下のもの　1万円
　　六　5,000万円を超え1億円以下のもの　3万円
　　七　1億円を超え5億円以下のもの　6万円
　　八　5億円を超え10億円以下のもの　16万円
　　九　10億円を超え50億円以下のもの　32万円

租税特別措置法（抄）　　　　　　　　　　　1191

十　50億円を超えるもの　48万円

3　平成26年4月1日から平成32年3月31日までの間に作成される建設工事請負契約書のうち、当該建設工事請負契約書に記載された契約金額が100万円を超えるものに係る印紙税の税率は、印紙税法別表第一第2号の規定にかかわらず、次の各号に掲げる契約金額の区分に応じ、1通につき、当該各号に定める金額とする。

一　100万円を超え200万円以下のもの　200円

二　200万円を超え300万円以下のもの　500円

三　300万円を超え500万円以下のもの　1,000円

四　500万円を超え1,000万円以下のもの　5,000円

五　1,000万円を超え5,000万円以下のもの　1万円

六　5,000万円を超え1億円以下のもの　3万円

七　1億円を超え5億円以下のもの　6万円

八　5億円を超え10億円以下のもの　16万円

九　10億円を超え50億円以下のもの　32万円

十　50億円を超えるもの　48万円

4　前2項の規定の適用がある場合における印紙税法第4条第4項及び別表第一の課税物件表の適用に関する通則3の規定の適用については、同項第1号中「10万円」とあるのは「10万円（当該課税文書が租税特別措置法（昭和32年法律第26号）第91条第1項に規定する不動産譲渡契約書である場合にあっては、50万円）」と、同項第2号中「100万円」とあるのは「100万円（当該課税文書が租税特別措置法第91条第1項に規定する建設工事請負契約書である場合にあっては、200万円）」と、同法別表第一の課税物件表の適用に関する通則3ホ中「10万円」とあるのは「10万円（同号に掲げる文書が租税特別措置法第91条第1項に規定する不動産譲渡契約書である場合にあっては、50万円）」と、「契約金額が100万円」とあるのは「契約金額が100万円（同号に掲げる文書が同項に規定する建設工事請負契約書である場合にあっては、200万円）」とする。

**（自然災害の被災者が作成する代替建物の取得又は新築等に係る不動産譲渡契約書等の印紙税の非課税）**

**第91条の2**　自然災害（被災者生活再建支援法第2条第2号に規定する政令で定める自然災害をいう。以下この項において同じ。）の被災者であって政令で定めるもの又はその者の相続人その他の政令で定める者（次項において「被災者」という。）が、次の各号のいずれかに該当する場合に作成する不動産譲渡契約書等（不動産譲渡契約書又は建設工事請負契約書をいう。次項において同じ。）のうち、当該自然災害の発生した日から同日以後5年を経過する日までの間に作成されるものについては、政令で定めるところにより、印紙税を課さない。

一　自然災害により滅失した建物又は自然災害により損壊したため取り壊した建物（第3号において「滅失等建物」という。）が所在した土地を譲渡する場合

二　自然災害により損壊した建物（第6号において「損壊建物」という。）を譲渡す

1192 　　　　　　　附　　　　録

　る場合

三　滅失等建物に代わるものとして政令で定める建物（以下この項において「代替建物」という。）の敷地の用に供する土地を取得する場合

四　代替建物を取得する場合

五　代替建物を新築する場合

六　損壊建物を修繕する場合

2　前項の場合において、同項の規定の適用を受ける被災者（以下この項において「非課税被災者」という。）と当該非課税被災者以外の者とが共同で作成した不動産譲渡契約書等については、当該非課税被災者が保存するものは当該非課税被災者が作成したものとみなし、当該非課税被災者以外の者が保存するものは当該非課税被災者以外の者が作成したものとみなす。

**（都道府県が行う高等学校の生徒に対する学資としての資金の貸付けに係る消費貸借契約書等の印紙税の非課税）**

**第91条の3**　都道府県又は公益社団法人若しくは公益財団法人であって都道府県に代わって高等学校等（学校教育法第1条に規定する高等学校、中等教育学校（同法第66条に規定する後期課程に限る。）及び特別支援学校（同法第76条第2項に規定する高等部に限る。）並びに同法第124条に規定する専修学校（同法第125条第1項に規定する高等課程に限る。）をいう。以下この条において同じ。）の生徒に学資としての資金の貸付けに係る事業を行うもの（政令で定めるものに限る。）が高等学校等の生徒に対して無利息で行う学資としての資金の貸付けに係る印紙税法別表第一第1号の物件名の欄3に掲げる消費貸借に関する契約書（次項及び次条において「消費貸借契約書」という。）には、印紙税を課さない。

2　高等学校等の生徒又は独立行政法人日本学生支援機構法（平成15年法律第94号）第3条に規定する学生等であって政令で定めるものに対して無利息で行われる学資としての資金の貸付け（政令で定めるものに限る。）に係る消費貸借契約書（財務省令で定める表示があるものに限り、前項の規定の適用があるものを除く。）のうち、平成28年4月1日から平成31年3月31日までの間に作成されるものには、印紙税を課さない。

3　前項の規定の適用に関し必要な事項は、政令で定める。

**（特別貸付けに係る消費貸借契約書の印紙税の非課税）**

**第91条の4**　地方公共団体又は株式会社日本政策金融公庫その他政令で定める者（以下この項において「公的貸付機関等」という。）が災害（激甚災害に対処するための特別の財政援助等に関する法律（昭和37年法律第150号）第2条第1項の規定により激甚災害として指定され、同条第2項の規定により当該激甚災害に対して適用すべき措置として同法第12条に規定する措置が指定されたものをいう。以下この条において同じ。）により被害を受けた者に対して行う金銭の貸付け（当該公的貸付機関等が行う他の金銭の貸付けの条件に比し特別に有利な条件で行う金銭の貸付けとして政令で定めるものに限る。）に係る消費貸借契約書のうち、当該災害の発生した日から同日以

後5年を経過する日までの間に作成されるものについては、印紙税を課さない。

2 銀行その他の資金の貸付けを業として行う金融機関として政令で定めるもの（以下この項において「金融機関」という。）が災害の被災者であって政令で定めるものに対して行う金銭の貸付け（当該金融機関が行う他の金銭の貸付けの条件に比し特別に有利な条件で行う金銭の貸付けとして政令で定めるものに限る。）に係る消費貸借契約書のうち、当該災害の発生した日から同日以後5年を経過する日までの間に作成されるものについては、政令で定めるところにより、印紙税を課さない。

**（納税準備預金通帳の印紙税の非課税）**

**第92条** 納税準備預金通帳（第5条第2項に規定する納税準備預金の通帳をいう。）には、印紙税は、課さない。

1194 附　　　録

# 租税特別措置法施行令（抄）

**政令第43号**（昭和32年３月31日）

（最終改正　平成30年政令第145号）

（自然災害の被災者が作成する代替建物の取得又は新築等に係る不動産譲渡契約書等の印紙税の非課税）

第52条　法第91条の２第１項に規定する政令で定める被災者は、同項第１号に規定する滅失等建物又は同項第２号に規定する損壊建物（以下この条において「滅失等建物等」という。）の所有者であることにつき、当該滅失等建物等の所在地の市町村長又は特別区の区長から証明を受けた者（次項第３号又は第４号に規定する分割により滅失等建物等に係る事業に関して有する権利義務を承継させた法人税法第２条第12号の２に規定する分割法人を除く。）とする。

2　法第91条の２第１項に規定する政令で定める者は、次の各号に掲げる場合の区分に応じ当該各号に定める者（自然災害（同項に規定する自然災害をいう。以下この項において同じ。）の被災者の相続人又は合併法人（法人税法第２条第12号に規定する合併法人をいう。以下この項において同じ。）若しくは分割承継法人（法人税法第２条第12号の３に規定する分割承継法人をいう。以下この項において同じ。）に該当することが法第91条の２第１項に規定する不動産譲渡契約書等その他の書面により明らかにされているものに限る。）とする。

一　自然災害の被災者が個人であって前項の証明を受けた後に死亡した場合　当該被災者が死亡したときにおけるその者の相続人

二　自然災害の被災者が個人であって前項の証明を受ける前に死亡した場合　当該被災者が死亡したときにおけるその者の相続人であって当該被災者が滅失等建物等の所有者であったことにつき、当該滅失等建物等の所在地の市町村長又は特別区の区長から証明を受けたもの

三　自然災害の被災者が法人であって前項の証明を受けた後に合併により消滅した場合又は分割により滅失等建物等に係る事業に関して有する権利義務を承継させた場合　当該合併に係る合併法人又は当該分割に係る分割承継法人

四　自然災害の被災者が法人であって前項の証明を受ける前に合併により消滅した場合又は分割により滅失等建物等に係る事業に関して有する権利義務を承継させた場合　当該合併に係る合併法人又は当該分割に係る分割承継法人であって当該被災者が滅失等建物等の所有者であったことにつき、当該滅失等建物等の所在地の市町村長又は特別区の区長から証明を受けたもの

3　法第91条の２第１項の規定の適用を受けようとする者は、同項に規定する不動産譲渡契約書等に、滅失等建物等に係る第１項又は前項第２号若しくは第４号の市町村長

租税特別措置法施行令（抄）　　　　1195

又は特別区の区長からの証明に係る書類を添付しなければならない。

4　法第91条の２第１項第３号に規定する政令で定める建物は、その全部又は一部の用途が同号に規定する滅失等建物の滅失又は損壊の直前の全部又は一部の用途と同一である建物その他当該滅失等建物に代わるものと認められる建物（当該滅失等建物に代わるものであることが同項に規定する不動産譲渡契約書等その他の書面により明らかにされているものに限る。）とする。

**（都道府県が行う高等学校の生徒に対する学資としての資金の貸付けに係る消費貸借契約書等の印紙税の非課税）**

**第52条の２**　法第91条の３第１項に規定する政令で定めるものは、都道府県から高等学校等（同項に規定する高等学校等をいう。）の生徒に対して無利息で行う学資としての資金の貸付けに係る事業の費用に充てるための資金の提供（当該資金の提供に当たり当該資金の貸付けの条件を当該都道府県が定めるもの（これに類する資金の提供として財務省令で定めるものを含む。）に限る。）を受けている法人として文部科学大臣が財務大臣と協議して指定したものとする。

2　法第91条の３第２項に規定する政令で定める生徒又は学生等は、独立行政法人日本学生支援機構法（平成15年法律第94号）第14条第３項の認定を受ける者と同程度の経済的理由により修学に困難があるもの（次項第１号において「生徒等」という。）とする。

3　法第91条の３第２項に規定する政令で定める資金の貸付けは、次の各号のいずれにも該当するものであることにつき文部科学大臣の確認を受けたものとする。

　一　生徒等に対して無利息で行われる学資としての資金の貸付けであること。

　二　特定の法人等（法人その他の団体又は個人をいう。）の従業者の親族のみを対象とする貸付けその他当該従業者の福利厚生のための貸付けと認められるものでないこと。

　三　貸主（当該貸主が実施する学資としての資金の貸付けに係る事業を委託した者を含む。）への就職を条件とする貸付けその他卒業後に当該貸主に直接的な利益をもたらす条件を付したものでないこと。

4　文部科学大臣は、前項の確認をする場合には、当該確認に３年以内の期限を付して、その確認を受ける者に書面で通知しなければならない。

5　第３項の確認を受けた者は、当該確認に付された期限の翌日から７年間、前項の書面をその主たる事務所の所在地に保存しなければならない。

**（印紙税の非課税の対象となる消費貸借契約書の要件）**

**第52条の３**　法第91条の４第１項に規定する政令で定める者は、次に掲げる者とする。

　一　沖縄振興開発金融公庫、独立行政法人住宅金融支援機構、独立行政法人中小企業基盤整備機構、独立行政法人福祉医療機構及び日本私立学校振興・共済事業団

　二　地方公共団体（国から出資を受けた者から金銭の貸付けを受けた者又は地方公共団体から金銭の貸付けを受けた者を含む。以下この号及び次項第３号において同じ。）から金銭の預託を受けて当該地方公共団体の定めるところにより法第91条の

4第1項に規定する災害（以下この条において「指定災害」という。）により被害を受けた者に対して金銭の貸付けを行う金融機関（次項において「預託貸付金融機関」という。）

三　地方公共団体（独立行政法人中小企業基盤整備機構（以下この号において「機構」という。）から独立行政法人中小企業基盤整備機構法第15条第1項（第3号ニに係る部分に限る。）の規定による資金の貸付けを受けた地方公共団体に限る。以下この号及び次項第4号において同じ。）から資金の貸付け（当該地方公共団体が同条第1項第3号ニに掲げる事業として行う資金の貸付けに限る。）を受けて当該地方公共団体又は機構の定めるところにより指定災害により被害を受けた者に対して金銭の貸付けを行う同号ニに規定する中小企業者を支援する事業を行う者（次項において「支援事業者」という。）

四　沖縄振興開発金融公庫、株式会社商工組合中央金庫、株式会社日本政策金融公庫又は独立行政法人勤労者退職金共済機構（以下この条において「沖縄振興開発金融公庫等」という。）から金銭の貸付け（株式会社商工組合中央金庫による金銭の貸付けにあっては、株式会社日本政策金融公庫法（平成19年法律第57号）第11条第2項の規定により認定された同法第2条第5号に規定する危機対応業務（次項において「危機対応業務」という。）として行う同条第4号に規定する特定資金（次項において「特定資金」という。）の貸付けに限る。）を受けて当該沖縄振興開発金融公庫等の定めるところにより指定災害により被害を受けた者に対して金銭の貸付けを行う者（次項において「転貸者」という。）

五　株式会社日本政策金融公庫法第11条第2項の規定による指定を受けた金融機関（同法附則第45条第1項又は第46条第1項の規定により同法第11条第2項の規定による指定を受けたものとみなされた金融機関を含む。次項において「指定金融機関」という。）

六　天災による被害農林漁業者等に対する資金の融通に関する暫定措置法（昭和30年法律第136号）第3条第2項第1号、農業近代化資金融通法（昭和36年法律第202号）第2条第2項、漁業近代化資金融通法（昭和44年法律第52号）第2条第2項又は漁業経営の改善及び再建整備に関する特別措置法（昭和51年法律第43号）第8条第1項に規定する融資機関（次項において「融資機関」という。）

2　法第91条の4第1項に規定する特別に有利な条件で行う金銭の貸付けとして政令で定めるものは、次の各号に掲げる場合の区分に応じ、当該各号に定める金銭の貸付けとする。

一　地方公共団体が指定災害により被害を受けた者に対して金銭の貸付けを行う場合　次のいずれかに該当する金銭の貸付け

イ　地方公共団体が、災害により被害を受けた者に対する特別貸付制度（他の金銭の貸付けの条件（貸付金の利率又は据置期間その他財務省令で定める条件をいう。以下この号及び第3号において同じ。）に比し有利な条件で金銭の貸付けを行う制度をいう。以下この号において同じ。）を指定災害が発生した日の前日に

租税特別措置法施行令（抄）　　　　1197

有していなかった場合において、指定災害により被害を受けた者に対する特別貸
付制度を設け、当該特別貸付制度の下で行う金銭の貸付け

ロ　地方公共団体が、災害により被害を受けた者に対する特別貸付制度を指定災害
が発生した日の前日に有していた場合において、指定災害により被害を受けた者
に対して当該特別貸付制度の下で行う金銭の貸付けの条件に比し特別に有利な条
件で金銭の貸付けを行う制度を設け、当該制度の下で行う金銭の貸付け

ハ　地方公共団体が、災害の被災者に対する特別貸付制度を指定災害が発生した日
の前日に有していた場合において、当該特別貸付制度の下では金銭の貸付けが受
けられなかった指定災害により被害を受けた者に対して当該特別貸付制度の下に
おける金銭の貸付けの条件と同等の条件で金銭の貸付けを行う制度を設け、当該
制度の下で行う金銭の貸付け

二　法第91条の４第１項に規定する公的貸付機関等（地方公共団体、預託貸付金融機
関、支援事業者、転貸者、指定金融機関及び融資機関を除く。以下この号において
「公的貸付機関等」という。）が指定災害により被害を受けた者に対して金銭の貸
付けを行う場合　次のいずれかに該当する金銭の貸付け

イ　公的貸付機関等が、災害により被害を受けた者に対する特別貸付制度（他の金
銭の貸付けの条件（貸付金の利率又は据置期間をいう。以下この号、第５号及び
第７号において同じ。）に比し有利な条件で金銭の貸付けを行う制度をいう。以
下この号において同じ。）を指定災害が発生した日の前日に有していなかった場
合において、指定災害により被害を受けた者に対する特別貸付制度を設け、当該
特別貸付制度の下で行う金銭の貸付け

ロ　公的貸付機関等が、災害により被害を受けた者に対する特別貸付制度を指定災
害が発生した日の前日に有していた場合において、指定災害により被害を受けた
者に対して当該特別貸付制度の下で行う金銭の貸付けの条件に比し特別に有利な
条件で金銭の貸付けを行う制度を設け、当該制度の下で行う金銭の貸付け

ハ　公的貸付機関等が、災害の被災者に対する特別貸付制度を指定災害が発生した
日の前日に有していた場合において、当該特別貸付制度の下では金銭の貸付けが
受けられなかった指定災害により被害を受けた者に対して当該特別貸付制度の下
における金銭の貸付けの条件と同等の条件で金銭の貸付けを行う制度を設け、当
該制度の下で行う金銭の貸付け

三　預託貸付金融機関が指定災害により被害を受けた者に対して金銭の貸付けを行う
場合　次のいずれかに該当する金銭の貸付け

イ　地方公共団体が災害により被害を受けた者に対する特別預託貸付制度（預託貸
付金融機関が当該地方公共団体の定めるところにより金銭の貸付けを行う制度
（以下この号において「預託貸付制度」という。）で他の金銭の貸付けの条件に
比し有利な条件で金銭の貸付けを行うものをいう。以下この号において同じ。）
を指定災害が発生した日の前日に有していなかった場合において、当該地方公共
団体が指定災害により被害を受けた者に対する特別預託貸付制度を設け、当該特

別預託貸付制度の下で預託貸付金融機関が行う金銭の貸付け

ロ　地方公共団体が災害により被害を受けた者に対する特別預託貸付制度を指定災害が発生した日の前日に有していた場合において、当該地方公共団体が指定災害により被害を受けた者に対して当該特別預託貸付制度の下で行う金銭の貸付けの条件に比し特別に有利な貸付条件の預託貸付制度を設け、当該預託貸付制度の下で預託貸付金融機関が行う金銭の貸付け

ハ　地方公共団体が災害の被災者に対する特別預託貸付制度を指定災害が発生した日の前日に有していた場合において、当該地方公共団体が当該特別預託貸付制度の下では金銭の貸付けが受けられなかった指定災害により被害を受けた者に対して当該特別預託貸付制度の下における金銭の貸付けの条件と同等の貸付条件の預託貸付制度を設け、当該預託貸付制度の下で預託貸付金融機関が行う金銭の貸付け

四　支援事業者が指定災害により被害を受けた者に対して金銭の貸付けを行う場合　支援事業者が、地方公共団体から独立行政法人中小企業基盤整備機構法第15条第1項第3号ニに掲げる事業として行う資金の貸付けを受けて指定災害により被害を受けた者に対して行う金銭の貸付け

五　転貸者が指定災害により被害を受けた者に対して金銭の貸付けを行う場合　次のいずれかに該当する金銭の貸付け

イ　沖縄振興開発金融公庫等が災害により被害を受けた者に対する特別転貸制度（転貸者が当該沖縄振興開発金融公庫等の定めるところにより金銭の貸付けを行う制度（以下この号において「転貸制度」という。）で他の金銭の貸付けの条件に比し有利な条件で金銭の貸付けを行うものをいう。以下この号において同じ。）を指定災害が発生した日の前日に有していなかった場合において、当該沖縄振興開発金融公庫等が指定災害により被害を受けた者に対する転貸制度を設け、当該転貸制度の下で転貸者が行う金銭の貸付け

ロ　沖縄振興開発金融公庫等が災害により被害を受けた者に対する特別転貸制度を指定災害が発生した日の前日に有していた場合において、当該沖縄振興開発金融公庫等が指定災害により被害を受けた者に対して当該特別転貸制度の下で行う金銭の貸付けの条件に比し特別に有利な貸付条件の転貸制度を設け、当該転貸制度の下で転貸者が行う金銭の貸付け

ハ　沖縄振興開発金融公庫等が災害の被災者に対する特別転貸制度を指定災害が発生した日の前日に有していた場合において、当該沖縄振興開発金融公庫等が当該特別転貸制度の下では金銭の貸付けが受けられなかった指定災害により被害を受けた者に対して当該特別転貸制度の下における金銭の貸付けの条件と同等の貸付条件の転貸制度を設け、当該転貸制度の下で転貸者が行う金銭の貸付け

六　指定金融機関が指定災害により被害を受けた者に対して金銭の貸付けを行う場合　指定金融機関が、指定災害により被害を受けた者に対して危機対応業務として行う特定資金の貸付け

租税特別措置法施行令（抄）　　　　1199

　七　融資機関が指定災害により被害を受けた者に対して金銭の貸付けを行う場合　融資機関が、指定災害により被害を受けた者に対する特別資金貸付制度（他の資金（天災による被害農林漁業者等に対する資金の融通に関する暫定措置法第2条第4項若しくは第8項に規定する経営資金若しくは事業資金、農業近代化資金融通法第2条第3項に規定する農業近代化資金、漁業近代化資金融通法第2条第3項に規定する漁業近代化資金又は漁業経営の改善及び再建整備に関する特別措置法第8条第1項に規定する資金をいう。以下この号において同じ。）の貸付けの条件に比し有利な条件で資金の貸付けを行う制度をいう。以下この号において同じ。）を設け、当該特別資金貸付制度の下で行う金銭の貸付け

3　法第91条の4第2項に規定する政令で定める金融機関は、次に掲げる金融機関とする。
　一　銀行
　二　信用金庫
　三　信用協同組合
　四　労働金庫
　五　信用金庫連合会
　六　中小企業等協同組合法第9条の9第1項第2号の事業を行う協同組合連合会
　七　労働金庫連合会
　八　農業協同組合法第10条第1項第2号の事業を行う農業協同組合
　九　農業協同組合法第10条第1項第2号の事業を行う農業協同組合連合会
　十　水産業協同組合法第11条第1項第3号の事業を行う漁業協同組合
　十一　水産業協同組合法第87条第1項第3号の事業を行う漁業協同組合連合会
　十二　水産業協同組合法第93条第1項第1号の事業を行う水産加工業協同組合
　十三　水産業協同組合法第97条第1項第1号の事業を行う水産加工業協同組合連合会
　十四　農林中央金庫

4　法第91条の4第2項に規定する政令で定める被災者は、指定災害によりその所有する建物に被害を受けた者であることその他指定災害の被災者であることにつき、当該建物の所在地の市町村長その他相当な機関から証明を受けた者とする。

5　法第91条の4第2項に規定する特別に有利な条件で行う金銭の貸付けとして政令で定めるものは、同項に規定する金融機関が、指定災害の被災者又は指定災害により被害を受けた者（以下この項において「被災者等」という。）に対する特別貸付制度（次の各号に掲げる金銭の貸付けの区分に応じ、当該各号に定める金銭の貸付けを行う制度をいう。以下この項において同じ。）を設け、当該特別貸付制度の下で行う金銭の貸付けとする。
　一　貸付金の利率が明示されている金銭の貸付け　被災者等に対する貸付金の利率として明示されている利率が、被災者等以外の者に対する貸付金の利率として明示されている利率に比し年0.5パーセント以上有利である金銭の貸付け
　二　前号に掲げる金銭の貸付け以外の金銭の貸付け　被災者等に対する貸付金の据置

期間が6月以上である金銭の貸付け（当該貸付金の償還期間が1年以上であることその他の有利な条件で行う金銭の貸付けであることに関し財務省令で定める要件に該当するものに限る。）

6　法第91条の4第2項の規定の適用を受けようとする者は、同項に規定する消費貸借契約書に、第4項の市町村長その他相当な機関からの証明に係る書類を添付しなければならない。

**第53条**　削除

租税特別措置法施行規則（抄）　　　　　　1201

# 租税特別措置法施行規則（抄）

**大蔵省令第15号**（昭和32年3月31日）
（最終改正　平成30年省令第26号）

**（都道府県が学資としての資金の貸付けを行う法人に対してする資金の提供の範囲）**
**第41条**　施行令第52条の2第1項に規定する財務省令で定めるものは、都道府県が、同
　項に規定する学資としての資金の貸付けに係る事業の費用に充てるための資金の提供
　を行うに当たり、当該資金の貸付けの条件を当該都道府県が承認するものをいう。
**（消費貸借契約書への表示）**
**第42条**　法第91条の3第2項に規定する財務省令で定める表示は、同項の規定の適用に
　より印紙税が課されない旨の表示とする。
**（印紙税の非課税の対象となる消費貸借契約書の要件）**
**第43条**　施行令第52条の3第2項第1号イに規定する財務省令で定める条件は、貸付金
　の貸付限度額、償還期間、返済の方法、使途、担保（保証人の保証を含む。）の提
　供、借換えの可否又は保証料の料率とする。
2　施行令第52条の3第5項第2号に規定する財務省令で定める要件は、貸付金の償還
　期間が1年以上であること及びその金銭の貸付けの条件が同項に規定する被災者等に
　該当しない場合の条件に比して不利なものでないこととする。

1202　　　　　　　　　附　　　録

# 印紙税に関する法令

## ○印紙等模造取締法

（昭和22年　法律第189号）（最終改正　平成11年法律第160号）

**（印紙等模造の取締）**

**第1条**　政府の発行する印紙に紛らわしい外観を有する物又は印紙税法第9条第1項の規定による税印の印影に紛らわしい外観を有するもの若しくはこれに紛らわしい外観を有する印影を生ずべき器具は、これを製造し、輸入し、販売し、頒布し、又は使用してはならない。

2　前項の規定は、同項に規定するもので使用目的を定めて財務大臣の許可を受けたものを、その目的のために製造し、輸入し、販売し、頒布し、又は使用する場合には、これを適用しない。

**（罰則）**

**第2条**　前条第1項の規定に違反した者は、これを1年以下の懲役又は5万円以下の罰金に処する。


## ○印紙犯罪処罰法　　（明治42年　法律第39号）

**（印紙偽造・変造・消印除去罪）**

**第1条**　行使ノ目的ヲ以テ帝国政府ノ発行スル印紙又ハ印紙金額ヲ表彰スヘキ印章ヲ偽造又ハ変造シタル者ハ5年以下ノ懲役ニ処ス行使ノ目的ヲ以テ印紙ノ消印ヲ除去シタル者亦同シ

**（偽造印紙等使用・交付・輸入罪）**

**第2条**　偽造、変造ノ印紙、印紙金額ヲ表彰スヘキ印章若ハ消印ヲ除去シタル印紙ヲ使用シ又ハ行使ノ目的ヲ以テ之ヲ人ニ交付シ、輸入シ若ハ移入シタル者ハ5年以下ノ懲役ニ処ス印紙金額ヲ表彰スヘキ印章ヲ不正ニ使用シタル者亦同シ

2　前項ノ未遂罪ハ之ヲ罰ス

**（印紙再使用罪）**

**第3条**　帝国政府ノ発行スル印紙其ノ他印紙金額ヲ表彰スヘキ証票ヲ再ヒ使用シタル者ハ50円以下ノ罰金又ハ科料ニ処ス

**（国外犯）**

**第4条**　本法ハ何人ヲ問ハス帝国外ニ於テ第1条又は第2条ノ罪ヲ犯シタル者ニ之ヲ適用ス

**（官没）**

**第5条**　偽造、変造ノ印紙、印紙金額ヲ表彰スヘキ印章又ハ消印ヲ除去シタル印紙ハ裁判ニ依リ没収スル場合ノ外何人ノ所有ヲ問ハス行政ノ処分ヲ以テ之ヲ官没ス

印紙税に関する法令　　　1203

2　官没ニ関スル手続ハ命令ヲ以テ之ヲ定ム

## ○印紙をもってする歳入金納付に関する法律
（昭和23年　法律第142号）（最終改正　平成27年法律第55号）

**（印紙による歳入金納付）**

**第1条**　国に納付する手数料、罰金、科料、過料、刑事追徴金、訴訟費用、非訟事件の費用及び少年法（昭和23年法律第168号）第31条第1項の規定により徴収する費用は、印紙をもって、これを納付せしめることができる。但し、印紙をもって納付せしめることのできる手数料の種目は、各省各庁の長（財政法（昭和22年法律第34号）第20条第2項に規定する各省各庁の長をいう。）が、これを定める。

**（収入印紙の使用）**

**第2条**　前条又は他の法令の規定により印紙をもって租税及び国の歳入金を納付するときは、収入印紙を用いなければならない。ただし、次の各号に掲げる場合は、この限りでない。

一　労働保険の保険料の徴収等に関する法律（昭和44年法律第84号）第23条第1項の規定により印紙保険料を納付するとき。

二　道路運送車両法（昭和26年法律第185号）第102条第1項（第5号、第6号及び第9号を除く。）の規定により手数料を納付するとき。

三　健康保険法（大正11年法律第70号）第169条第2項の規定により保険料を納付するとき。

四　自動車重量税法（昭和46年法律第89号）第8条、第9条又は第12条第2項の規定により自動車重量税を納付するとき。

五　特許法（昭和34年法律第121号）第107条第1項の規定により特許料を、同法第112条第2項の規定により割増特許料を、同法第195条第1項から第3項までの規定により手数料を、実用新案法（昭和34年法律第123号）第31条第1項の規定により登録料を、同法第33条第2項の規定により割増登録料を、同法第54条第1項若しくは第2項の規定により手数料を、意匠法（昭和34年法律第125号）第42条第1項の規定により登録料を、同法第44条第2項の規定により割増登録料を、同法第67条第1項若しくは第2項の規定により手数料を、商標法（昭和34年法律第127号）第40条第1項若しくは第2項、第41条の2第1項若しくは第7項若しくは第65条の7第1項若しくは第2項の規定により登録料を、同法第43条第1項から第3項までの規定により割増登録料を、同法第76条第1項若しくは第2項の規定により手数料を、特許協力条約に基づく国際出願等に関する法律（昭和53年法律第30号）第8条第4項、第12条第3項若しくは第18条第1項若しくは第2項の規定により手数料を、工業所有権に関する手続等の特例に関する法律（平成2年法律第30号）第40条第1項の規定により手数料又はその他工業所有権に関する事務に係る手数料を納付するとき。

1204 附　　　録

2　前項に規定する収入印紙、労働保険の保険料の徴収等に関する法律第23条第2項に規定する雇用保険印紙、道路運送車両法第102条第4項に規定する自動車検査登録印紙、健康保険法第169条第3項に規定する健康保険印紙、自動車重量税法に規定する自動車重量税印紙並びに特許法、実用新案法、意匠法、商標法及び工業所有権に関する手続等の特例に関する法律に規定する特許印紙の形式は、財務大臣が定める。

**（印紙の売渡し場所）**

**第3条**　次の各号に掲げる印紙は、その売りさばきに関する事務を日本郵便株式会社（以下「会社」という。）に委託し、それぞれ、当該各号に定める所において売り渡すものとする。

　　一　収入印紙　会社の営業所（郵便の業務を行うものに限る。以下この項において同じ。）のうち、総務大臣が財務大臣に協議して指定するもの、郵便切手類販売所（郵便切手類販売所等に関する法律（昭和24年法律第91号）第3条に規定する郵便切手類販売所をいう。以下同じ。）又は印紙売りさばき所（同条に規定する印紙売りさばき所をいう。以下同じ。）

　　二　雇用保険印紙　会社の営業所のうち、総務大臣が厚生労働大臣に協議して指定するもの

　　三　健康保険印紙　会社の営業所のうち、総務大臣が厚生労働大臣に協議して指定するもの

　　四　自動車重量税印紙　会社の営業所、郵便切手類販売所又は印紙売りさばき所のうち、総務大臣が財務大臣に協議して指定するもの

　　五　特許印紙　会社の営業所、郵便切手類販売所又は印紙売りさばき所のうち、総務大臣が経済産業大臣に協議して指定するもの

2　前項の印紙を売り渡す者は、定価で公平にこれを売り渡さなければならない。

3　第1項の印紙の売りさばきの管理及び手続に関する事項は総務大臣が、同項第1号の印紙にあっては財務大臣に、同項第2号及び第3号の印紙にあっては厚生労働大臣に、同項第4号の印紙にあっては財務大臣に、同項第5号の印紙にあっては経済産業大臣に、それぞれ協議してこれを定める。

4　会社は、前項の規定により総務大臣が定めた印紙の売りさばきの管理及び手続に関する事項を守らなければならない。

5　会社は、第1項の規定により印紙を売りさばいた金額から印紙の売りさばきに関する事務の取扱いに要する経費を控除した金額に相当する金額を、同項第1号の印紙に係るものは一般会計に、同項第2号の印紙に係るものは労働保険特別会計の徴収勘定に、同項第3号の印紙に係るものは年金特別会計の健康勘定に、同項第4号の印紙に係るものは国税収納金整理資金に、同項第5号の印紙に係るものは特許特別会計に、それぞれ納付しなければならない。

6　第1項第1号の印紙で汚染し、又は損傷されていないものについては、総務大臣が財務大臣に協議して定めるところにより、これをその印紙に表された金額によりそれぞれ当該各号の印紙と交換することができる。この場合において、会社に交換を申し

印紙税に関する法令　　　　　1205

出る者は、総務大臣の定める額の手数料を会社に納付しなければならない。

7　前項の規定により会社に納められた手数料は、会社の収入とする。

**第4条**　自動車検査登録印紙は、地方運輸局、運輸監理部、運輸支局若しくは地方運輸局、運輸監理部若しくは運輸支局の事務所又は国土交通大臣が委託する者が設ける自動車検査登録印紙売りさばき所において売り渡すものとする。

2　前項に規定する自動車検査登録印紙売りさばき所において自動車検査登録印紙を売り渡す者は、定価で公平にこれを売り渡さなければならない。

3　自動車検査登録印紙の売りさばきの管理及び手続に関する事項は、国土交通大臣が定める。

4　第2項に規定する者は、前項の規定により国土交通大臣が定めた自動車検査登録印紙の売りさばきの管理及び手続に関する事項を守らなければならない。

**第5条**　第3条第2項の規定に違反して同条第1項の印紙をその定価と異なる金額で売り渡し、又は前条第2項の規定に違反して同条第1項の自動車検査登録印紙をその定価と異なる金額で売り渡した者は、30万円以下の罰金に処する。

2　法人の代表者又は法人若しくは人の代理人、使用人その他の従業者が、その法人又は人の業務に関し、前項の違反行為をしたときは、行為者を罰するほか、その法人又は人に対しても同項の刑を科する。


## ○収入印紙及び自動車重量税印紙の売りさばきに関する省令

（平成15年　総務省令第69号）（最終改正　平成26年省令第73号）

**（委託契約書の作成）**

**第1条**　印紙をもってする歳入金納付に関する法律（以下「法」という。）第3条第1項の規定による収入印紙及び自動車重量税印紙（以下「印紙」という。）の売りさばきに関する事務の委託は、あらかじめ、財務大臣（その委任を受けた者を含む。以下同じ。）と日本郵便株式会社の代表者（その委任を受けた者を含む。以下「会社の代表者」という。）の間で、委託契約書を作成して行うものとする。

2　会社の代表者は、前項の規定により委託契約書を作成した場合には、速やかに、その写しを総務大臣に提出しなければならない。これを変更したときも同様とする。

**（印紙の交付）**

**第2条**　財務大臣は、前条第1項の委託契約に係る印紙に当該印紙の種類、数量その他必要な事項を記載した交付書を添えて会社の代表者に交付するものとする。

**（印紙の受領書の提出）**

**第3条**　会社の代表者は、前条の規定により印紙の交付を受けたときは、直ちに、当該印紙の種類、数量その他必要な事項を記載した受領書を財務大臣に提出しなければならない。

**（印紙の管理方法）**

**第4条**　会社の代表者は、第2条の規定により財務大臣から交付を受けた印紙につい

1206　　　　　　　　　附　　　　録

て、必要な帳簿を備え、善良な管理者の注意をもって管理しなければならない。

**（印紙代金の納付等）**

**第5条**　会社の代表者は、印紙を売りさばいた日（郵便切手類販売所等に関する法律（昭和24年法律第91号）第3条に規定する販売者等（以下「販売者等」という。）が同法第4条第2項の規定により会社から印紙を買い受けた日及び簡易郵便局法（昭和24年法律第213号）第4条第1項に規定する受託者（以下「受託者」という。）が同法第10条の規定により適用される郵便切手類販売所等に関する法律第4条第2項の規定により会社から印紙を買い受けた日を含む。）の属する月の翌々月の末日までに、財務大臣に対して印紙の売りさばき金額及び次に掲げる売りさばきに関する事務の取扱いに要する経費を記載した報告書を提出するとともに、当該売りさばき金額から次に掲げる売りさばきに関する事務の取扱いに要する経費を控除した金額に相当する金額（以下「納付金額」という。）を収入印紙に係るものは一般会計に、自動車重量税印紙に係るものは国税収納金整理資金にそれぞれ納付しなければならない。

　一　会社の代表者が売りさばいた印紙の金額の100分の3.24に相当する金額

　二　会社の代表者が印紙の売りさばきに関する業務の委託をやめた販売者等、受託者又はこれらの者の相続人のそれぞれから買い戻した印紙に表された金額（買い戻しに係るものが2枚以上のときは、その合計額）の100分の99に相当する額（その額に1円未満の端数があるときは、その端数を切り上げた額）の合計額

2　会社の代表者は、納付金額を納付する場合は、歳入徴収官事務規程（昭和27年大蔵省令第141号）の別紙第4号の11書式の納付書により納付しなければならない。

3　第1項の報告書には、毎月末日において会社の代表者が保管する印紙の種類、数量その他必要な事項を記載した書面を添付しなければならない。

4　会社の代表者は、次に掲げる印紙について毎月分を取りまとめの上、財務大臣に当該印紙の種類、数量その他必要な事項を記載した書面により処分の申請を行い、財務大臣から不用決定通知があったときは、遅滞なく、裁断その他確実に処分できると認められる方法により処分しなければならない。ただし、第1号及び第3号に掲げる印紙については、再使用のおそれがないようあらかじめ消印等をするものとする。

　一　法第3条第6項に規定する交換に係る印紙

　二　会社の代表者が故意又は重大な過失によらないで損傷したと認めた印紙

　三　会社の代表者が印紙の売りさばきに関する業務の委託をやめた販売者等、受託者又はこれらの者の相続人から買い戻した印紙のうち、シート状でない印紙

　四　売りさばきが廃止された印紙

　五　会社の代表者が経年変化により売りさばきに適しないと認めた印紙

**（印紙の亡失等の報告）**

**第6条**　会社の代表者は、保管中の印紙について、次に掲げる場合は、直ちに当該印紙の種類、数量その他必要な事項を記載した書面により総務大臣を経由して財務大臣に報告し、必要な指示を求めなければならない。

　一　亡失したとき。

印紙税に関する法令　　　　　1207

　二　故意又は重大な過失により損傷したとき。

（指示等）

第7条　総務大臣は、必要があると認めるときは、会社の代表者に対し、印紙の売りさばきの方法その他印紙の売りさばきに関して必要な指示を行い、又は報告を求めることができる。

2　財務大臣は、必要があると認めるときは、会社の代表者に対し、総務大臣を経由して、印紙の売りさばきの方法その他印紙の売りさばきに関して必要な指示を行い、又は報告を求めることができる。

3　会社の代表者は、印紙を売りさばく会社の営業所（郵便の業務を行うものに限る。以下同じ。）、郵便切手類販売所等に関する法律第3条に規定する郵便切手類販売所、同法第3条に規定する印紙売りさばき所及び簡易郵便局法第7条第1項に規定する簡易郵便局の設置の状況について、定期的に、総務大臣を経由して財務大臣に報告するものとする。

（印紙の交換）

第8条　法第3条第6項の規定に基づき収入印紙の交換を請求する者は、次に掲げる事項を記載した用紙を、当該収入印紙及び収入印紙の交換手数料とともに、収入印紙を売りさばく会社の営業所に提出しなければならない。この場合において、当該収入印紙が文書等に貼り付けられたものであるときは，その状態で掲示の上、当該収入印紙を提出しなければならない。

　一　交換の請求に係る収入印紙の種類、枚数及び合計金額

　二　交換を希望する収入印紙の種類、枚数及び合計金額

2　法第3条第6項の規定に基づき自動車重量税印紙の交換を請求する者は、次に掲げる事項を記載した用紙を、当該自動車重量税印紙及び自動車重量税印紙の交換手数料とともに、自動車重量税印紙を売りさばく会社の営業所に提出しなければならない。この場合において、当該自動車重量税印紙が文書等に貼り付けられたものであるときは、その状態で提示の上、当該自動車重量税印紙を提出しなければならない。

　一　交換の請求に係る自動車重量税印紙の種類、枚数及び合計金額

　二　交換を希望する自動車重量税印紙の種類、枚数及び合計金額

3　前2項の交換の請求があった場合において、当該請求に係る収入印紙が租税又は国の歳入金の納付に用いられた疑いがあるときは、これを交換しないものとする。

（交換手数料）

第9条　収入印紙の交換手数料の額は、交換の請求に係るもの1枚につき5円とする。ただし、交換の請求に係る収入印紙に表された金額が10円に満たないものである場合には、収入印紙に表された金額（請求に係るものが2枚以上のときは、その合計額）の半額（その額に1円未満の端数があるときは、その端数を切り捨てた額）とする。

2　前項の交換手数料は、現金で納付しなければならない。

1208 附 録

## ○建設業法（抄） （昭和24年　法律第100号）（最終改正　平成29年法律第41号）

**（定義）**

**第2条**　この法律において「建設工事」とは、土木建築に関する工事で別表第1の上欄（編注：左欄）に掲げるものをいう。

2　この法律において「建設業」とは、元請、下請その他いかなる名義をもってするかを問わず、建設工事の完成を請け負う営業をいう。

3　この法律において「建設業者」とは、第3条第1項の許可を受けて建設業を営む者をいう。

4　この法律において「下請契約」とは、建設工事を他の者から請け負った建設業を営む者と他の建設業を営む者との間で当該建設工事の全部又は一部について締結される請負契約をいう。

5　この法律において「発注者」とは、建設工事（他の者から請け負った者を除く。）の注文者をいい、「元請負人」とは、下請契約における注文者で建設業者であるものをいい、「下請負人」とは、下請契約における請負人をいう。

**別表第1**

| | |
|---|---|
| 土木一式工事 | 土木工事業 |
| 建築一式工事 | 建築工事業 |
| 大工工事 | 大工工事業 |
| 左官工事 | 左官工事業 |
| とび・土工・コンクリート工事 | とび・土工工事業 |
| 石工事 | 石工事業 |
| 屋根工事 | 屋根工事業 |
| 電気工事 | 電気工事業 |
| 管工事 | 管工事業 |
| タイル・れんが・ブロック工事 | タイル・れんが・ブロック工事業 |
| 鋼構造物工事 | 鋼構造物工事業 |
| 鉄筋工事 | 鉄筋工事業 |
| ほ装工事 | ほ装工事業 |
| しゅんせつ工事 | しゅんせつ工事業 |
| 板金工事 | 板金工事業 |
| ガラス工事 | ガラス工事業 |
| 塗装工事 | 塗装工事業 |

| | |
|---|---|
| 防水工事 | 防水工事業 |
| 内装仕上工事 | 内装仕上工事業 |
| 機械器具設置工事 | 機械器具設置工事業 |
| 熱絶縁工事 | 熱絶縁工事業 |
| 電気通信工事 | 電気通信工事業 |
| 造園工事 | 造園工事業 |
| さく井工事 | さく井工事業 |
| 建具工事 | 建具工事業 |
| 水道施設工事 | 水道施設工事業 |
| 消防施設工事 | 消防施設工事業 |
| 清掃施設工事 | 清掃施設工事業 |
| 解体工事 | 解体工事業 |

## ○建設業法第2条第1項の別表の上欄に掲げる建設工事の内容

（昭和47年　建設省告示第350号）（最終改正　平成26年国土交通省告示第1193号）

　最終改正建設業法（昭和24年法律第100号）第2条第1項の別表の上欄（編注：左欄）に掲げる建設工事の内容を次のとおり告示する。ただし、その効力は昭和47年4月1日から生ずるものとする。

| 建設工事の種類 | 建　設　工　事　の　内　容 |
|---|---|
| 土木一式工事 | 総合的な企画、指導、調整のもとに土木工作物を建設する工事（補修、改造又は解体する工事を含む。以下同じ。） |
| 建築一式工事 | 総合的な企画、指導、調整のもとに建築物を建設する工事 |
| 大　工　工　事 | 木材の加工又は取付けにより工作物を築造し、又は工作物に木製設備を取付ける工事 |
| 左　官　工　事 | 工作物に壁土、モルタル、漆くい、プラスター、繊維等をこて塗り、吹付け、又ははり付ける工事 |
| とび・土工・コンクリート工事 | イ　足場の組立て、機械器具・建設資材等の重量物の運搬配置、鉄骨等の組立て等を行う工事<br>ロ　くい打ち、くい抜き及び場所打ぐいを行う工事<br>ハ　土砂等の掘削、盛上げ、締固め等を行う工事<br>ニ　コンクリートにより工作物を築造する工事<br>ホ　その他基礎的ないしは準備的工事 |

| | |
|---|---|
| 石 工 事 | 石材（石材に類似のコンクリートブロック及び擬石を含む。）の加工又は積方により工作物を築造し、又は工作物に石材を取付ける工事 |
| 屋 根 工 事 | 瓦、スレート、金属薄板等により屋根をふく工事 |
| 電 気 工 事 | 発電設備、変電設備、送配電設備、構内電気設備等を設置する工事 |
| 管 工 事 | 冷暖房、冷凍冷蔵、空気調和、給排水、衛生等のための設備を設置し、又は金属製等の管を使用して水、油、ガス、水蒸気等を送湿するための設備を設置する工事 |
| タイル・れんが・ブロック工事 | れんが、コンクリートブロック等により工作物を築造し、又は工作物にれんが、コンクリートブロック、タイル等を取付け、又ははり付ける工事 |
| 鋼 構 造 物 工 事 | 形鋼、鋼板等の鋼材の加工又は組立てにより工作物を築造する工事 |
| 鉄 筋 工 事 | 棒鋼等の鋼材を加工し、接合し、又は組立てる工事 |
| ほ 装 工 事 | 道路等の地盤面をアスファルト、コンクリート、砂、砂利、砕石等によりほ装する工事 |
| しゅんせつ工事 | 河川、港湾等の水底をしゅんせつする工事 |
| 板 金 工 事 | 金属薄板等を加工して工作物に取付け、又は工作物に金属製等の付属物を取付ける工事 |
| ガ ラ ス 工 事 | 工作物にガラスを加工して取付ける工事 |
| 塗 装 工 事 | 塗料、塗材等を工作物に吹付け、塗付け、又ははり付ける工事 |
| 防 水 工 事 | アスファルト、モルタル、シーリング材等によって防水を行う工事 |
| 内 装 仕 上 工 事 | 木材、石膏ボード、吸音板、壁紙、たたみ、ビニール床タイル、カーペット、ふすま等を用いて建築物の内装仕上げを行う工事 |
| 機械器具設置工事 | 機械器具の組立て等により工作物を建設し、又は工作物に機械器具を取付ける工事 |
| 熱 絶 縁 工 事 | 工作物又は工作物の設備を熱絶縁する工事 |
| 電 気 通 信 工 事 | 有線電気通信設備、無線電気通信設備、放送機械設備、データ通信設備等の電気通信設備を設置する工事 |
| 造 園 工 事 | 整地、樹木の植栽、景石のすえ付け等により庭園、公園、緑地等の苑地を築造し、道路、建築物の屋上等を緑化し、又は植生を復元する工事 |
| さ く 井 工 事 | さく井機械等を用いてさく孔、さく井を行う工事又はこれらの工事に伴う揚水設備設置等を行う工事 |
| 建 具 工 事 | 工作物に木製又は金属製の建具等を取付ける工事 |

| | |
|---|---|
| 水道施設工事 | 上水道、工業用水道等のための取水、浄水、配水等の施設を築造する工事又は公共下水道若しくは流域下水道の処理設備を設置する工事 |
| 消防施設工事 | 火災警報設備、消火設備、避難設備若しくは消火活動に必要な設備を設置し、又は工作物に取付ける工事 |
| 清掃施設工事 | し尿処理施設又はごみ処理施設を設置する工事 |
| 解 体 工 事 | 工作物の解体を行う工事 |

## ○公証人法（抄） （明治41年　法律第53号）（最終改正　平成23年法律第74号）

**（印紙の貼用）**

**第43条**　公証人ハ嘱託人ヲシテ印紙税法ニ依リ証書ノ原本ニ印紙ヲ貼用セシムヘシ

**（定款認証事務の取扱）**

**第62条ノ2**　会社法第30条第1項及其ノ準用規定並一般社団法人及び一般財団法人に関する法律第13条及第155条ノ規定ニ依ル定款ノ認証ノ事務ハ法人ノ本店又ハ主タル事務所ノ所在地ヲ管轄スル法務局又ハ地方法務局ノ所属公証人之ヲ取扱フ

**（定款認証手続）**

**第62条ノ3**　前条ノ定款（其ノ定款ガ電磁的記録ヲ以テ作ラレタル場合ニ於ケル其ノ電磁的記録ヲ除ク以下之ニ同ジ）ノ認証ノ嘱託ハ定款2通ヲ提出シテ之ヲ為スコトヲ要ス

2　公証人前項ノ定款ノ認証ヲ与フルニハ嘱託人ヲシテ其ノ面前ニ於テ定款各通ニ付其ノ署名又ハ記名捺印ヲ自認セシメ其ノ旨ヲ之ニ記載スルコトヲ要ス

3　公証人ハ前項ノ記載ヲ為シタル定款ノ中1通ヲ自ラ保存シ他ノ1通ヲ嘱託人ニ還付スルコトヲ要ス

4　（省略）

# 収入印紙の形式を定める告示

**大蔵省告示第39号**（昭和23年2月6日）
（最終改正　平成6年大蔵省告示第43号）

　大正9年勅令第190号（印紙を以てする歳入金納付に関する勅令）第2条第2項の規定により収入印紙の形式を左の通り改正し、昭和23年1月1日から、これを適用する。但し、従来の収入印紙は当分の間、これを使用することができる。

　1円収入印紙

　　　　　　　寸法　縦25.5粍　横21.5粍
　　　　　　　刷色　だいだい色

　2円収入印紙

　　　　　　　寸法　縦25.5粍　横21.5粍
　　　　　　　刷色　青色

　5円収入印紙

　　　　　　　寸法　縦25.5粍　横21.5粍
　　　　　　　刷色　紫色

収入印紙の形式を定める告示　　　　　　　　　　1213

10円収入印紙

　　　　　　　　　寸法　縦25.5粍　横21.5粍
　　　　　　　　　刷色　青色

20円収入印紙

　　　　　　　　　寸法　縦25.5粍　横21.5粍
　　　　　　　　　刷色　緑色

20円印紙制度百年記念収入印紙

　　　　　　　　　寸法　縦28ミリメートル　横38.5ミリメートル
　　　　　　　　　刷色　模様・明茶・鈍黄緑・暗黄茶

30円以上の収入印紙

| 寸法 | 30円、40円、50円、60円、80円、100円、120円、200円、300円、400円、500円及び600円収入印紙 | 縦25.5ミリメートル 横21.5ミリメートル |
|---|---|---|
| | 1,000円、2,000円、3,000円、4,000円、5,000円、6,000円、8,000円、1万円、2万円、3万円、4万円、5万円、6万円及び10万円収入印紙 | 縦30ミリメートル 横27ミリメートル |
| | 30円収入印紙 40円収入印紙 50円収入印紙 60円収入印紙 80円収入印紙 | 模様　赤色 模様　暗い赤紫色 模様　緑色 模様　暗い茶紫色 模様　紫がかった青色 |

| | | | |
|---|---|---|---|
| | 100円収入印紙 | 模様 | だいだい色 |
| | 120円収入印紙 | 地紋 | 薄い紫色 |
| | | 模様 | 灰色がかった赤茶色 |
| | 200円収入印紙 | 地紋 | 明るい灰色 |
| | | 模様 | にぶい黄緑色 |
| | 300円収入印紙 | 地紋 | 黄茶色 |
| | | 模様 | にぶい紫色とにぶい黄緑色 |
| | 400円収入印紙 | 地紋 | 黄茶色 |
| | | 模様 | 濃い緑色と暗い青色 |
| | 500円収入印紙 | 地紋 | 黄茶色 |
| | | 模様 | にぶい青緑色と暗い黄茶色 |
| | 600円収入印紙 | 地紋 | 黄茶色 |
| | | 模様 | にぶい赤茶色とにぶい青色 |
| | 1,000円収入印紙 | 地紋 | 黄茶色 |
| | | 模様 | 暗い赤色とオリーブ緑色 |
| | 2,000円収入印紙 | 地紋 | 黄茶色 |
| | | 模様 | 暗い赤色とにぶい紫色 |
| | 3,000円収入印紙 | 地紋 | 黄茶色 |
| | | 模様 | 暗い赤色と暗い黄茶色 |
| 刷色 | 4,000円収入印紙 | 地紋 | 黄茶色 |
| | | 模様 | 暗い赤色とにぶい緑味青色 |
| | 5,000円収入印紙 | 地紋 | 黄茶色 |
| | | 模様 | 暗い赤色と茶色 |
| | 6,000円収入印紙 | 地紋 | 黄茶色 |
| | | 模様 | 暗い赤色と紫味黒色 |
| | 8,000円収入印紙 | 地紋 | 黄茶色 |
| | | 模様 | 暗いだいだい色 |
| | 1万円収入印紙 | 地紋 | うす緑色 |
| | | 模様 | 暗い赤色と暗い赤茶色 |
| | 2万円収入印紙 | 地紋 | うす緑色 |
| | | 模様 | 暗い赤色と暗いオリーブ色 |
| | 3万円収入印紙 | 地紋 | うす緑色 |
| | | 模様 | 暗い赤色と濃い緑色 |
| | 4万円収入印紙 | 地紋 | うす緑色 |
| | | 模様 | 暗い赤色と暗い灰色 |
| | 5万円収入印紙 | 地紋 | うす緑色 |
| | | 模様 | 暗い赤色と暗い青緑色 |
| | 6万円収入印紙 | 地紋 | うす緑色 |
| | | 模様 | 暗い赤色とオリーブ色 |

収入印紙の形式を定める告示

| | 10万円収入印紙 | 地紋　黄茶色<br>模様　暗い赤色と暗い青色 |
|---|---|---|
| 着色<br>繊維 | 200円収入印紙<br>300円収入印紙<br>400円収入印紙<br>500円収入印紙<br>600円収入印紙<br>1,000円収入印紙<br>2,000円収入印紙<br>3,000円収入印紙<br>4,000円収入印紙<br>5,000円収入印紙<br>6,000円収入印紙<br>8,000円収入印紙<br>1万円収入印紙<br>2万円収入印紙<br>3万円収入印紙<br>4万円収入印紙<br>5万円収入印紙<br>6万円収入印紙<br>10万円収入印紙 | 青色と赤色 |
| 地紋 | 200円収入印紙<br>300円収入印紙<br>400円収入印紙<br>500円収入印紙<br>600円収入印紙<br>1,000円収入印紙<br>2,000円収入印紙<br>3,000円収入印紙<br>4,000円収入印紙<br>5,000円収入印紙<br>6,000円収入印紙<br>8,000円収入印紙<br>1万円収入印紙<br>2万円収入印紙<br>3万円収入印紙<br>4万円収入印紙<br>5万円収入印紙<br>6万円収入印紙 | 日本及びＮＩＰＰＯＮの波状配列 |

|  |  |
| --- | --- |
| 10万円収入印紙 |  |

(備考) 1. 30円、40円、50円、60円、80円及び100円収入印紙のひな形は、次図(1)のとおりである。
　　　2. 120円収入印紙のひな形は、次図(2)のとおりである。
　　　3. 200円収入印紙のひな形は、次図(3)のとおりである。
　　　4. 300円、400円、500円及び600円収入印紙のひな形は、次図(4)のとおりである。
　　　5. 1,000円、2,000円、3,000円、4,000円、5,000円、6,000円、8,000円、1万円、2万円、3万円、4万円、5万円、6万円及び10万円収入印紙のひな形は、次図(5)のとおりである。

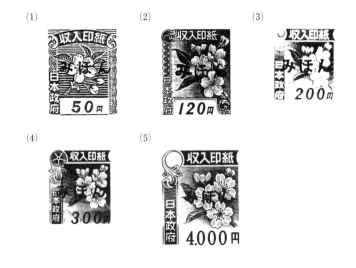

　　前　文（抄）　（昭和23年大蔵省告示第343号）

昭和23年10月11日から適用する。

　　前　文（抄）　（昭和29年大蔵省告示第560号）

昭和29年4月1日から適用する。但し、従来の収入印紙は、当分の間、使用することができる。

## 収入印紙の形式を定める告示

### 前　文（抄）　（昭和32年大蔵省告示第58号）

昭和32年4月1日から適用する。

### 前　文（抄）　（昭和38年大蔵省告示第48号）

昭和38年4月1日から適用する。ただし、この告示の適用の際、この告示による改正前の収入印紙の形式を定める告示に規定する50円、100円及び200円の収入印紙は、当分の間、なお、その効力を有する。

### 前　文（抄）　（昭和38年大蔵省告示第245号）

昭和38年9月1日から適用する。ただし、この告示の適用の際、この告示による改正前の収入印紙の形式を定める告示に規定する500円、1,000円及び1万円の収入印紙は、当分の間、なお、その効力を有する。

### 前　文（抄）　（昭和39年大蔵省告示第468号）

昭和40年4月1日から適用する。

### 前　文（抄）　（昭和42年大蔵省告示第80号）

昭和42年7月1日から適用する。

### 前　文（抄）　（昭和48年大蔵省告示第5号）

昭和48年2月17日から適用する。

### 前　文（抄）　（昭和49年大蔵省告示第58号）

昭和49年5月1日から適用する。ただし、この告示の適用の際、この告示による改正前の収入印紙の形式を定める告示に規定する50円、5,000円及び1万円の収入印紙は、当分の間、なお、その効力を有する。

### 前　文（抄）　（昭和50年大蔵省告示第24号）

昭和50年4月1日から適用する。

ただし、この告示による改正前の収入印紙の形式を定める告示に規定する40円、50円、80円、100円、120円、200円、300円、500円、1,000円、2,000円、3,000円、5,000円、1万円及び2万円の収入印紙は、なお当分の間、使用することができる。

### 前　文（抄）　（昭和51年大蔵省告示第18号）

昭和51年4月1日から適用する。

1218 附 録

### 前 文 （抄） （昭和51年大蔵省告示第97号）

昭和51年12月1日から適用する。ただし、この告示による改正前の収入印紙の形式を定める告示に規定する30円の収入印紙は、なお当分の間、使用することができる。

### 前 文 （抄） （昭和52年大蔵省告示第32号）

昭和52年5月1日から適用する。

### 前 文 （抄） （昭和56年大蔵省告示第50号）

昭和56年5月1日から適用する。

ただし、この告示による改正前の収入印紙の形式を定める件に規定する200円の収入印紙は、なお当分の間、使用することができる。

### 前 文 （抄） （昭和62年大蔵省告示第23号）

昭和62年4月1日から適用する。

ただし、この告示による改正前の収入印紙の形式を定める件に規定する200円の収入印紙は、なお当分の間、使用することができる。

### 前 文 （抄） （平成5年大蔵省告示第126号）

平成5年7月1日から適用する。

ただし、この告示による改正前の収入印紙の形式を定める件に規定する200円、300円、400円、500円及び600円の収入印紙は、なお当分の間、使用することができる。

### 前 文 （抄） （平成5年大蔵省告示第218号）

平成5年11月1日から適用する。

ただし、この告示による改正前の収入印紙の形式を定める件に規定する1,000円、2,000円、3,000円、4,000円、5,000円、6,000円、1万円、2万円、3万円、4万円、5万円、6万円及び10万円の収入印紙は、なお当分の間、使用することができる。

### 前 文 （抄） （平成6年大蔵省告示第43号）

平成6年4月1日から適用する。

# 印紙税の非課税に関する法令

## ○アジア開発銀行を設立する協定（抄）（昭和41年　条約第4号）

### （課税の免除）
#### 第56条
1　銀行並びにその資産、財産及び収入並びにその業務及び取引は、すべての内国税及び関税を免除される。銀行は、また、公租公課の納付、源泉徴収又は徴収の義務を免除される。

2　銀行が理事、代理、役員又は使用人（銀行のための任務を遂行する専門家を含む。）に支払う給料その他の給与に対し又はこれらの給与に関しては、いかなる租税も課してはならない。ただし、加盟国が自国の市民又は国民に銀行から支払われる給料その他の給与に対して自国及びその行政区画が課税する権利を留保する旨の宣言を批准書又は受諾書とともに寄託する場合は、この限りでない。

3　銀行が発行する債務証書その他の証書（その配当又は利子を含む。）に対しては、保有者のいかんを問わず、次のいかなる種類の租税も課してはならない。

　⑴　銀行が発行したことのみを理由として債務証書その他の証書に対して不利な差別を設ける租税

　⑵　債務証書その他の証書の発行、支払予定若しくは支払実施の場所若しくは通貨又は銀行が維持する事務所若しくは業務所の位置を唯一の法律上の基準とする租税

4　銀行が保証する債務証書その他の証書（その配当又は利子を含む。）に対しては、保有者のいかんを問わず、次のいかなる種類の租税も課してはならない。

　⑴　銀行が保証したことのみを理由として債務証書その他の証書に対して不利な差別を設ける租税

　⑵　銀行が維持する事務所又は業務所の位置を唯一の法律上の基準とする租税


## ○沖縄の復帰に伴う建設省関係法令の適用の特別措置等に関する政令
（抄）（昭和47年　政令第115号）（最終改正　平成18年政令第12号）

### （土地区画整理に関する経過措置）
#### 第53条　1～4　（省略）
5　法第147条第1項の土地区画整理及び土地区画整理を施行している土地区画整理組合については、当該土地区画整理を土地区画整理法第2条第1項に規定する土地区画整理事業と、当該組合を同法第3条第2項に規定する土地区画整理組合（中略）とみなして、次に掲げる法律（これに基づく命令を含む。）の規定を適用する。

　一～七　（省略）

　八　印紙税法（昭和42年法律第23号）

九　　（省略）

6〜7　　（省略）

## ○額面株式の株券の無効手続に伴い作成する株券に係る印紙税の非課税に関する省令（平成13年　財務省令第56号）（最終改正　平成27年財務省令第37号）

　商法等の一部を改正する等の法律の施行に伴う関係法律の整備に関する法律（平成13年法律第80号）第48条第2項の規定に基づき、額面株式の株券の無効手続に伴い作成する株券に係る印紙税の非課税に関する省令を次のように定める。

1　商法等の一部を改正する等の法律の施行に伴う関係法律の整備に関する法律（平成13年法律第80号。以下「法」という。）第48条第2項の規定による届出は、次に掲げる事項を記載した書面により行うものとする。

　一　届出者の名称、本店又は主たる事務所の所在地及び法人番号（行政手続における特定の個人を識別するための番号の利用等に関する法律（平成25年法律第27号）第2条第15項に規定する法人番号をいう。）

　二　届出者の代表者の氏名

　三　商法等の一部を改正する等の法律（平成13年法律第79号。以下「商法等改正法」という。）附則第20条第1項に規定する額面株式の株券の無効及び新株券の発行に係る取締役会の決議（会社法（平成17年法律第86号）第2条第12号に規定する指名委員会等設置会社における執行役の決定を含む。）の年月日

　四　額面株式の総数

　五　額面株式の株券を会社に提出すべき期間

　六　その他参考となるべき事項

2　法第48条第2項に規定する財務省令で定める表示は、当該株券にされた別表の書式とする。


**別表**

第1号

| 税務署届出済につき印紙税非課税 |
|---|

縦　17ミリメートル以上
横　15ミリメートル以上

第2号

| 印紙税非課税<br>につき<br>税務署届出済 |
|---|

縦　15ミリメートル以上
横　17ミリメートル以上

## ○旧令による共済組合等からの年金受給者のための特別措置法（抄）

（昭和25年　法律第256号）

**（非課税）**

第16条　1　（省略）

2　連合会が支給する第8条第1号及び第2号に規定する年金及び一時金に関する証書
及び帳簿には、印紙税を課さない。

3　（省略）


## ○漁船損害等補償法（抄）

（昭和27年　法律第28号）（最終改正　平成29年法律第45号）

**（印紙税の非課税）**

第10条　この法律による漁船損害等補償に関する書類（漁船乗組船主保険事業に関する
書類を除く。）には、印紙税を課さない。


## ○漁船乗組員給与保険法（抄）（昭和27年　法律第212号）

**（漁船損害等補償法等の準用）**

第31条　組合の給与保険については、漁船損害等補償法第10条（非課税）、（中略）の規
定を準用する。この場合において、漁船損害等補償法第10条中「漁船損害等補償に関
する書類（漁船乗組船主保険事業及び漁船乗組船主再保険事業に関する書類を除
く。）」とあるのは「漁船乗組員給与保険に関する書類」（中略）と読み替えるものと
する。


## ○金融機関再建整備法（抄）

（昭和21年　法律第39号）（最終改正　平成17年法律第102号）

**（印紙税の非課税）**

第60条　旧金融機関が、この法律の定めるところにより、新金融機関に対し、不動産そ
の他の資産を譲渡する場合においては、その譲渡に関する証書及び帳簿に関しては、
印紙税は、これを課さない。


## ○健康保険法（抄）（大正11年　法律第70号）（最終改正　平成27年法律第31号）

**（印紙税の非課税）**

第195条　健康保険に関する書類には、印紙税を課さない。

## ◯原子爆弾被爆者に対する援護に関する法律 (抄)

(平成6年　法律第117号) (最終改正　平成26年法律第69号)

**(非課税)**

**第46条**　1　(省略)

2　特別葬祭給付金に関する書類及び第34条第1項に規定する国債を担保とする金銭の貸借に関する書類には、印紙税を課さない。


## ◯国際復興開発銀行協定 (抄)

(昭和27年　条約第14号) (最終改正　平成24年条約第5号)

**第7条**　地位、免除及び特権

**第9項**　課税の免除

(a)　銀行並びにその資産、財産及び収入並びにこの協定によって認められるその業務及び取引は、すべての内国税及び関税を免除される。銀行は、また、公租公課の徴収又は納付の責任を免除される。

(b)　銀行がその理事、代理、役員又は使用人に支払う給料その他の給与に対し又はこれらに関しては、これらの者が当該加盟国の市民、臣民その他の国民でないときは、いかなる租税も課してはならない。

(c)　銀行が発行する債務証書その他の証書 (その配当又は利子を含む。) に対しては、保有者のいかんを問わず、次のいかなる種類の課税も行ってはならない。

　(i)　銀行が発行したことのみを理由として債務証書その他の証書に対して不利な差別を設ける課税

　(ii)　債務証書その他の証書の発行、支払予定若しくは支払実施の場所若しくは通貨又は銀行が維持する事務所若しくは業務所の位置を唯一の法律上の基準とする課税

(d)　銀行が保証する債務証書その他の証書 (その配当又は利子を含む。) に対しては、保有者のいかんを問わず、次のいかなる種類の課税も行ってはならない。

　(i)　銀行が保証したことのみを理由として債務証書その他の証書に対して不利な差別を設ける課税

　(ii)　銀行が維持する事務所又は業務所の位置を唯一の法律上の基準とする課税

**第10項**　本条の適用

各加盟国は、本条に掲げる原則を自国の法律において実施するために自国領域で必要な措置をとり、且つ、その措置の詳細を銀行に通報しなければならない。

印紙税の非課税に関する法令　　　1223

## ○国家公務員災害補償法（抄）
（昭和26年　法律第191号）（最終改正　平成29年法律第45号）

**（印紙税の非課税）**
第31条　補償に関する書類には、印紙税を課さない。

## ○商法等の一部を改正する等の法律の施行に伴う関係法律の整備に関する法律（抄）（平成13年　法律第80号）（最終改正　平成29年法律第45号）

**（印紙税法の一部改正等に伴う経過措置）**
第48条　平成15年3月31日までの間に作成する端株券に係る印紙税については、なお従前の例による。
2　商法等改正法附則第20条第1項の規定により作成する株券（当該株券に該当することにつき財務省令で定めるところにより当該株券を作成しようとする場所の所在地の所轄税務署長に届け出たもので、かつ、財務省令で定める表示がされたものに限る。）については、印紙税を課さない。

## ○森林国営保険法（抄）
（昭和12年　法律第25号）（最終改正　平成28年法律第44号）

**（印紙税の非課税）**
第18条　森林保険に関する書類には印紙税を課さない。

## ○生命保険中央会及び損害保険中央会の保険業務に関する権利義務の承継等に関する法律（抄）
（昭和22年　法律第109号）（最終改正　平成11年法律第160号）

**（印紙税の非課税）**
第6条　東亜火災海上保険株式会社及び第4条第3項の保険会社の同条第1項の業務に関する書類には、印紙税を課さない。

## ○非化石エネルギーの開発及び導入の促進に関する法律（抄）

（昭和55年　法律第71号）（最終改正　平成26年法律第67号）

### 附　則（抄）

**第16条**　1　（省略）

2　附則第14条の規定により機構が石炭鉱業構造調整業務を行う場合には、当該業務に関する文書で、機構が作成したものについては、印紙税を課さない。

3　印紙税法（昭和42年法律第23号）第4条第5項の規定は、機構とその他の者（同項に規定する国等を除く。）とが共同して作成した文書で前項に規定するものについて準用する。

4～6　（省略）

**（石炭鉱害の賠償等の業務）**

**第18条**　機構は、第39条第1項及び第2項に規定する業務のほか、石炭鉱害賠償等臨時措置法（昭和38年法律第97号。以下「賠償法」という。）附則第2条に規定する措置が講じられるまでの間、賠償法第12条第1項に規定する業務（以下「石炭鉱害賠償等業務」という。）を行うことができる。

**（炭鉱離職者臨時措置法の一部改正）**

**第20条**　1・2　（省略）

3　附則第16条第2項から第4項までの規定は，附則第18条の規定により機構が石炭鉱害賠償等業務を行う場合について準用する。

4～6　（省略）

## ○戦傷病者戦没者遺族等援護法（抄）

（昭和27年　法律第127号）（最終改正　平成29年法律第45号）

**（非課税）**

**第48条**　1　（省略）

2　援護に関する書類及び第37条に規定する国債を担保とする金銭の貸借に関する書類には、印紙税を課さない。

## ○戦傷病者等の妻に対する特別給付金支給法（抄）

（昭和41年　法律第109号）（最終改正　平成29年法律第45号）

**（非課税）**

**第10条**　1　（省略）

2　特別給付金に関する書類及び第4条第1項に規定する国債を担保とする金銭の貸借に関する書類には、印紙税を課さない。

## ○戦傷病者特別援護法（抄）

（昭和38年　法律第168号）（最終改正　平成29年法律第45号）

**（非課税）**

**第27条**　1　（省略）

2　援護に関する書類には、印紙税を課さない。


## ○戦没者等の遺族に対する特別弔慰金支給法（抄）

（昭和40年　法律第100号）（最終改正　平成29年法律第45号）

**（非課税）**

**第12条**　1　（省略）

2　特別弔慰金に関する書類及び第5条第1項に規定する国債を担保とする金銭の貸借
に関する書類には、印紙税を課さない。


## ○戦没者等の妻に対する特別給付金支給法（抄）

（昭和38年　法律第61号）（最終改正　平成29年法律第45号）

**（非課税）**

**第10条**　1　（省略）

2　特別給付金に関する書類及び第4条第1項に規定する国債を担保とする金銭の貸借
に関する書類には、印紙税を課さない。


## ○戦没者の父母等に対する特別給付金支給法（抄）

（昭和42年　法律第57号）（最終改正　平成29年法律第45号）

**（非課税）**

**第12条**　1　（省略）

2　特別給付金に関する書類及び第5条第1項に規定する国債を担保とする金銭の貸借
に関する書類には、印紙税を課さない。


## ○日本国とアメリカ合衆国との間の相互協力及び安全保障条約第6条に基づく施設及び区域並びに日本国における合衆国軍隊の地位に関する協定の実施に伴う所得税法等の臨時特例に関する法律（抄）

（昭和27年　法律第111号）

**（印紙税法の特例）**

**第8条**　合衆国軍隊及び軍人用販売機関等が発する証書及び帳簿については、印紙税を

1226 　　　　　　　附　　　　　録

課さない。


## ○日本国における国際連合の軍隊の地位に関する協定の実施に伴う所得税法等の臨時特例に関する法律（抄）

　　（昭和29年　法律第149号）（最終改正　平成29年法律第2号）

**（所得税法等の特例）**

**第3条**　国際連合の軍隊の構成員、軍属若しくはこれらの者の家族、軍人用販売機関等、国際連合の軍隊又はその公認調達機関に対する所得税法、（中略）印紙税法、（中略）の適用については、日本国とアメリカ合衆国との間の相互協力及び安全保障条約第6条に基づく施設及び区域並びに日本国における合衆国軍隊の地位に関する協定の実施に伴う所得税法等の臨時特例に関する法律（昭和27年法律第111号）の規定を準用する。

2　（省略）


## ○農業保険法（抄）

　　（昭和22年　法律第185号）（最終改正　平成29年法律第74号）

**（印紙税の非課税）**

**第11条**　農業災害補償に関する書類には、印紙税を課さない。


## ○納税貯蓄組合法（抄）

　　（昭和26年　法律第145号）（最終改正　平成28年法律第15号）

**（印紙税の非課税）**

**第9条**　納税貯蓄組合の業務及び納税貯蓄組合預金に関する書類については、印紙税を課さない。


## ○引揚者給付金等支給法（抄）

　　（昭和32年　法律第109号）（最終改正　平成29年法律第45号）

**（非課税）**

**第21条**　1　（省略）

2　引揚者給付金を受ける権利の譲渡又は第5条若しくは第11条に規定する国債を担保とする金銭の貸借に関する書類には、印紙税を課さない。

## ○引揚者等に対する特別交付金の支給に関する法律（抄）
（昭和42年　法律第114号）（最終改正　平成26年法律第69号）

**（非課税）**

**第12条** 1 （省略）

2 第7条第1項に規定する国債を担保とする金銭の貸借に関する書類には、印紙税を課さない。


## ○未帰還者に関する特別措置法（抄）
（昭和34年　法律第7号）（最終改正　平成29年法律第45号）

**（非課税等）**

**第12条** 1 （省略）

2 弔慰料に関する書類には、印紙税を課さない。


## ○未帰還者留守家族等援護法（抄）
（昭和28年　法律第161号）（最終改正　平成11年法律第160号）

**（非課税）**

**第32条** 1 （省略）

2 援護に関する書類には、印紙税を課さない。


## ○労働者災害補償保険法（抄）
（昭和22年　法律第50号）（最終改正　平成29年法律第45号）

**（印紙税の非課税）**

**第44条** 労働者災害補償保険に関する書類には、印紙税を課さない。

1228 　　　　　　　　附　　　　録

## ○東日本大震災の被災者等に係る国税関係法律の臨時特例に関する
### 法律（抄）（平成23年　法律第29号）（最終改正　平成30年法律第7号）

## 第1章　総　　　　　則

**（趣旨）**

**第1条**　この法律は、東日本大震災の被災者等の負担の軽減を図る等のため、所得税法
　（昭和40年法第33号）その他の国税関係法律の特例を定めるものとする。

## 第6章　消費税法等の特例

**（特別貸付けに係る消費貸借に関する契約書の印紙税の非課税）**

**第47条**　地方公共団体又は株式会社日本政策金融公庫その他政令で定める者（以下この
　条において「公的貸付機関等」という。）が東日本大震災により被害を受けた者に対
　して行う金銭の貸付け（当該公的貸付機関等が行う他の金銭の貸付けの条件に比し特
　別に有利な条件で行う金銭の貸付けとして政令で定めるものに限る。）に係る印紙税
　法（昭和42年法律第23号）別表第一第1号の課税物件の物件名の欄3に掲げる消費貸
　借に関する契約書（次項において「消費貸借に関する契約書」という。）のうち、平
　成23年3月11日から平成33年3月31日までの間に作成されるものについては、印紙税
　を課さない。

2　銀行その他の資金の貸付けを業として行う金融機関として政令で定めるもの（以下
　この項において「金融機関」という。）が東日本大震災の被災者であって政令で定め
　るものに対して行う金銭の貸付け（当該金融機関が行う他の金銭の貸付けの条件に比
　し特別に有利な条件で行う金銭の貸付けとして政令で定めるものに限る。）に係る消
　費貸借に関する契約書のうち、平成23年3月11日から平成33年3月31日までの間に作
　成されるものについては、政令で定めるところにより、印紙税を課さない。

**（東日本大震災により滅失した消費貸借に関する契約書等に代わるものとして作成する
　文書の印紙税の非課税）**

**第48条**　銀行その他の資金の貸付け又は手形の割引を業として行う金融機関として政令
　で定めるもの（以下この条において「金融機関」という。）が保存する東日本大震災
　の発生前に作成された次の各号に掲げる文書が東日本大震災により滅失したことによ
　り、当該滅失した文書（以下この条において「滅失文書」という。）の作成者と当該
　金融機関との間における約定に基づく当該金融機関の求めに応じて作成される当該滅
　失文書に代わるものとして政令で定める当該各号に掲げる文書のうち、平成23年3月
　11日から平成25年3月31日までの間に作成されるものについては、政令で定めるとこ
　ろにより、印紙税を課さない。

一　印紙税法別表第一第1号の課税物件の物件名の欄3に掲げる消費貸借に関する契

約書

二　印紙税法別表第一第３号に掲げる約束手形又は為替手形

三　印紙税法別表第一第７号に掲げる継続的取引の基本となる契約書

四　印紙税法別表第一第13号に掲げる債務の保証に関する契約書

五　印紙税法別表第一第15号に掲げる債権譲渡又は債務引受けに関する契約書

2　前項の規定の適用を受ける同項各号に掲げる文書の作成を求めようとする金融機関は、当該文書の作成を最初に求めるときまでに、同項各号に掲げる文書の作成を求めようとする旨を記載した届出書を当該文書の作成を求める当該金融機関の営業所、事務所その他これらに準ずるもの（以下この項において「金融機関の営業所等」という。）ごとに、当該金融機関の営業所等の所在地の所轄税務署長に提出しなければならない。

**（東日本大震災の被災者が作成する代替建物の取得又は新築等に係る不動産の譲渡に関する契約書等の印紙税の非課税）**

**第49条**　東日本大震災の被災者であって政令で定めるもの又はその者の相続人その他の政令で定める者（次項において「被災者」という。）が、次の各号のいずれかに該当する場合に作成する印紙税法別表第一第１号の課税物件の物件名の欄１に掲げる不動産の譲渡に関する契約書（一の文書が当該契約書と当該契約書以外の同号に掲げる契約書とに該当する場合における当該一の文書を含む。）又は同表第２号に掲げる請負に関する契約書（建設業法（昭和24年法律第100号）第２条第１項に規定する建設工事の請負に係る契約に基づき作成されるものに限る。）のうち、平成23年３月11日から平成33年３月31日まで（第１号に規定する対象区域内建物に係るものであって同号から第５号までのいずれかに該当する場合に作成するものについては、警戒区域設定指示等が行われた日から当該警戒区域設定指示等が解除された日以後３月を経過する日と同年３月31日とのいずれか早い日まで）の間に作成されるものについては、政令で定めるところにより、印紙税を課さない。

一　東日本大震災により滅失した建物若しくは東日本大震災により損壊したため取り壊した建物（以下この項において「滅失等建物」という。）又は警戒区域設定指示等が行われた日において当該警戒区域設定指示等の対象区域内に所在していた建物（滅失等建物及び次号に規定する損壊建物を除く。以下この項において「対象区域内建物」という。）が所在した土地を譲渡する場合

二　東日本大震災により損壊した建物（第６号において「損壊建物」という。）又は対象区域内建物を譲渡する場合

三　滅失等建物又は対象区域内建物に代わるものとして政令で定める建物（以下この項において「代替建物」という。）の敷地の用に供する土地を取得する場合

四　代替建物を取得する場合

五　代替建物を新築する場合

六　損壊建物を修繕する場合

2　前項の場合において、同項の規定の適用を受ける被災者（以下この項において「非

課税被災者」という。）と当該非課税被災者以外の者とが共同で作成した前項に規定する契約書については、当該非課税被災者が保存するものは当該非課税被災者が作成したものとみなし、当該非課税被災者以外の者が保存するものは当該非課税被災者以外の者が作成したものとみなす。

**（東日本大震災の被災者が作成する被災農用地の譲渡に係る不動産の譲渡に関する契約書等の印紙税の非課税）**

**第50条**　東日本大震災の被災者（農業を営む者に限る。）であって政令で定めるもの又はその者の相続人その他の政令で定める者（次項において「被災者」という。）が、次の各号のいずれかに該当する場合に作成する印紙税法別表第一第1号の課税物件の物件名の欄1又は2に掲げる不動産の譲渡に関する契約書又は地上権若しくは土地の賃借権の設定若しくは譲渡に関する契約書（一の文書が当該契約書と当該契約書以外の同号に掲げる契約書とに該当する場合における当該一の文書を含む。）のうち、平成23年3月11日から平成33年3月31日まで（第1号に規定する対象区域内農用地に係るものであって当該各号のいずれかに該当する場合に作成するものについては、警戒区域設定指示等が行われた日から当該警戒区域設定指示等が解除された日以後3月を経過する日と同年3月31日とのいずれか早い日まで）の間に作成されるものについては、政令で定めるところにより、印紙税を課さない。

一　東日本大震災により耕作若しくは養畜の用に供することが困難となった農用地（農業経営基盤強化促進法第4条第1項第1号に規定する農用地をいう。以下この項において同じ。）として政令で定めるもの（以下この項において「被災農用地」という。）又は警戒区域設定指示等が行われた日において当該警戒区域設定指示等の対象区域内に所在していた農用地（被災農用地を除く。以下この項において「対象区域内農用地」という。）を譲渡する場合

二　被災農用地又は対象区域内農用地に代わる農用地（次号において「代替農用地」という。）を取得する場合

三　代替農用地に係る地上権又は土地の賃借権を設定し、又は取得する場合

2　前条第2項の規定は、前項の規定の適用を受ける被災者（以下この項において「非課税被災者」という。）と当該非課税被災者以外の者とが共同で作成した文書について準用する。

**（東日本大震災の被災者が作成する船舶又は航空機の取得又は建造に係る船舶又は航空機の譲渡に関する契約書等の印紙税の非課税）**

**第51条**　東日本大震災の被災者であって政令で定めるもの又はその者の相続人その他の政令で定める者（以下この条において「被災者」という。）が、東日本大震災により滅失した船舶又は東日本大震災により損壊したため取り壊した船舶に代わるものとして政令で定める船舶を取得し、又は建造する場合に作成する印紙税法別表第一第1号の課税物件の物件名の欄1に掲げる船舶の譲渡に関する契約書又は同表第2号に掲げる請負に関する契約書のうち、平成23年3月11日から平成33年3月31日までの間に作成されるものについては、政令で定めるところにより、印紙税を課さない。

印紙税の非課税に関する法令　　　1231

2　前項の規定は、被災者が東日本大震災により滅失した航空機又は東日本大震災により損壊したため取り壊した航空機に代わるものとして政令で定める航空機を取得し、又は建造する場合について準用する。

3　第49条第2項の規定は、前2項の規定の適用を受ける被災者（以下この項において「非課税被災者」という。）と当該非課税被災者以外の者とが共同で作成した文書について準用する。

**（独立行政法人中小企業基盤整備機構が作成する不動産の譲渡に関する契約書等の印紙税の非課税）**

**第52条**　独立行政法人中小企業基盤整備機構（次項において「機構」という。）が、独立行政法人中小企業基盤整備機構法（平成14年法律第147号）第15条第1項第13号に掲げる業務に関して作成する印紙税法別表第一第1号の課税物件の物件名の欄1に掲げる不動産の譲渡に関する契約書又は同表第2号に掲げる請負に関する契約書（建設業法第2条第1項に規定する建設工事の請負に係る契約に基づき作成されるものに限る。）のうち、東日本大震災に対処するための特別の財政援助及び助成に関する法律（平成23年法律第40号）の施行の日から平成31年3月31日までの間に作成されるものについては、印紙税を課さない。

2　印紙税法第4条第5項の規定は、前項の規定の適用を受ける機構とその他の者（同条第5項に規定する国等及び第49条第2項に規定する非課税被災者を除く。）とが共同で作成した文書について準用する。


# ○東日本大震災の被災者等に係る国税関係法律の臨時特例に関する法律施行令（抄）（平成23年　政令第112号）（最終改正　平成30年政令第148号）

**（印紙税の非課税の対象となる消費貸借に関する契約書の要件）**

**第37条**　法第47条第1項に規定する政令で定める者は、次に掲げる者とする。

一　沖縄振興開発金融公庫、株式会社東日本大震災事業者再生支援機構、独立行政法人住宅金融支援機構、独立行政法人中小企業基盤整備機構、独立行政法人福祉医療機構及び日本私立学校振興・共済事業団

二　地方公共団体（国から出資を受けた者から金銭の貸付けを受けた者又は地方公共団体から金銭の貸付けを受けた者を含む。以下この号及び次項第3号において同じ。）から金銭の預託を受けて当該地方公共団体の定めるところにより東日本大震災により被害を受けた者に対して金銭の貸付けを行う金融機関（次項において「預託貸付金融機関」という。）

三　地方公共団体（独立行政法人中小企業基盤整備機構（以下この号において「機構」という。）から独立行政法人中小企業基盤整備機構法（平成14年法律第147号）第15条第1項（第3号ニに係る部分に限る。）の規定による資金の貸付けを受けた地方公共団体に限る。以下この号及び次項第4号において同じ。）から資金の貸付け（当該地方公共団体が同条第1項第3号ニに掲げる事業として行う資金の貸付け

に限る。）を受けて当該地方公共団体又は機構の定めるところにより東日本大震災により被害を受けた者に対して金銭の貸付けを行う同号ニに規定する中小企業者を支援する事業を行う者（次項において「支援事業者」という。）

四　沖縄振興開発金融公庫、株式会社商工組合中央金庫、株式会社日本政策金融公庫又は独立行政法人勤労者退職金共済機構（以下この条において「沖縄振興開発金融公庫等」という。）から金銭の貸付け（株式会社商工組合中央金庫による金銭の貸付けにあっては、株式会社日本政策金融公庫法（平成19年法律第57号）第11条第2項の規定により認定された同法第2条第5号に規定する危機対応業務（次項において「危機対応業務」という。）として行う同条第4号に規定する特定資金（次項において「特定資金」という。）の貸付けに限る。）を受けて当該沖縄振興開発金融公庫等の定めるところにより東日本大震災により被害を受けた者に対して金銭の貸付けを行う者（次項において「転貸者」という。）

五　株式会社日本政策金融公庫法第11条第2項の規定による指定を受けた金融機関（同法附則第45条第1項又は第46条第1項の規定により同法第11条第2項の規定による指定を受けたものとみなされた金融機関を含む。次項において「指定金融機関」という。）

六　天災による被害農林漁業者等に対する資金の融通に関する暫定措置法（昭和30年法律第136号）第3条第2項第1号、農業近代化資金融通法（昭和36年法律第202号）第2条第2項、漁業近代化資金融通法（昭和44年法律第52号）第2条第2項又は漁業経営の改善及び再建整備に関する特別措置法（昭和51年法律第43号）第8条第1項に規定する融資機関（次項において「融資機関」という。）

2　法第47条第1項に規定する特別に有利な条件で行う金銭の貸付けとして政令で定めるものは、次の各号に掲げる場合の区分に応じ、当該各号に定める金銭の貸付けとする。

一　地方公共団体が東日本大震災により被害を受けた者に対して金銭の貸付けを行う場合　次のいずれかに該当する金銭の貸付け

イ　地方公共団体が、災害により被害を受けた者に対する特別貸付制度（他の金銭の貸付けの条件（貸付金の利率又は据置期間その他財務省令で定める条件をいう。以下この号及び第3号において同じ。）に比し有利な条件で金銭の貸付けを行う制度をいう。以下この号において同じ。）を東日本大震災が発生した日の前日に有していなかった場合において、東日本大震災により被害を受けた者に対する特別貸付制度を設け、当該特別貸付制度の下で行う金銭の貸付け

ロ　地方公共団体が、災害により被害を受けた者に対する特別貸付制度を東日本大震災が発生した日の前日に有していた場合において、東日本大震災により被害を受けた者に対して当該特別貸付制度の下で行う金銭の貸付けの条件に比し特別に有利な条件で金銭の貸付けを行う制度を設け、当該制度の下で行う金銭の貸付け

ハ　地方公共団体が、災害の被災者に対する特別貸付制度を東日本大震災が発生した日の前日に有していた場合において、当該特別貸付制度の下では金銭の貸付け

印紙税の非課税に関する法令　　　1233

が受けられなかった東日本大震災により被害を受けた者に対して当該特別貸付制
度の下における金銭の貸付けの条件と同等の条件で金銭の貸付けを行う制度を設
け、当該制度の下で行う金銭の貸付け

二　法第47条第1項に規定する公的貸付機関等（地方公共団体、株式会社東日本大震
災事業者再生支援機構、預託貸付金融機関、支援事業者、転貸者、指定金融機関及
び融資機関を除く。以下この号において「公的貸付機関等」という。）が東日本大
震災により被害を受けた者に対して金銭の貸付けを行う場合　次のいずれかに該当
する金銭の貸付け

　イ　公的貸付機関等が、災害により被害を受けた者に対する特別貸付制度（他の金
　　銭の貸付けの条件（貸付金の利率又は据置期間をいう。以下この号、第5号及び
　　第7号において同じ。）に比し有利な条件で金銭の貸付けを行う制度をいう。以
　　下この号において同じ。）を東日本大震災が発生した日の前日に有していなかっ
　　た場合において、東日本大震災により被害を受けた者に対する特別貸付制度を設
　　け、当該特別貸付制度の下で行う金銭の貸付け

　ロ　公的貸付機関等が、災害により被害を受けた者に対する特別貸付制度を東日本
　　大震災が発生した日の前日に有していた場合において、東日本大震災により被害
　　を受けた者に対して当該特別貸付制度の下で行う金銭の貸付けの条件に比し特別
　　に有利な条件で金銭の貸付けを行う制度を設け、当該制度の下で行う金銭の貸付
　　け

　ハ　公的貸付機関等が、災害の被災者に対する特別貸付制度を東日本大震災が発生
　　した日の前日に有していた場合において、当該特別貸付制度の下では金銭の貸付
　　けが受けられなかった東日本大震災により被害を受けた者に対して当該特別貸付
　　制度の下における金銭の貸付けの条件と同等の条件で金銭の貸付けを行う制度を
　　設け、当該制度の下で行う金銭の貸付け

三　預託貸付金融機関が東日本大震災により被害を受けた者に対して金銭の貸付けを
行う場合　次のいずれかに該当する金銭の貸付け

　イ　地方公共団体が災害により被害を受けた者に対する特別預託貸付制度（預託貸
　　付金融機関が当該地方公共団体の定めるところにより金銭の貸付けを行う制度
　　（以下この号において「預託貸付制度」という。）で他の金銭の貸付けの条件に
　　比し有利な条件で金銭の貸付けを行うものをいう。以下この号において同じ。）
　　を東日本大震災が発生した日の前日に有していなかった場合において、当該地方
　　公共団体が東日本大震災により被害を受けた者に対する特別預託貸付制度を設
　　け、当該特別預託貸付制度の下で預託貸付金融機関が行う金銭の貸付け

　ロ　地方公共団体が災害により被害を受けた者に対する特別預託貸付制度を東日本
　　大震災が発生した日の前日に有していた場合において、当該地方公共団体が東日
　　本大震災により被害を受けた者に対して当該特別預託貸付制度の下で行う金銭の
　　貸付けの条件に比し特別に有利な貸付条件の預託貸付制度を設け、当該預託貸付
　　制度の下で預託貸付金融機関が行う金銭の貸付け

ハ 地方公共団体が災害の被災者に対する特別預託貸付制度を東日本大震災が発生した日の前日に有していた場合において、当該地方公共団体が当該特別預託貸付制度の下では金銭の貸付けが受けられなかった東日本大震災により被害を受けた者に対して当該特別預託貸付制度の下における金銭の貸付けの条件と同等の貸付条件の預託貸付制度を設け、当該預託貸付制度の下で預託貸付金融機関が行う金銭の貸付け

四 支援事業者が東日本大震災により被害を受けた者に対して金銭の貸付けを行う場合 支援事業者が、地方公共団体から独立行政法人中小企業基盤整備機構法第15条第1項第3号ニに掲げる事業として行う資金の貸付けを受けて東日本大震災により被害を受けた者に対して行う金銭の貸付け

五 転貸者が東日本大震災により被害を受けた者に対して金銭の貸付けを行う場合 次のいずれかに該当する金銭の貸付け

イ 沖縄振興開発金融公庫等が災害により被害を受けた者に対する特別転貸制度（転貸者が当該沖縄振興開発金融公庫等の定めるところにより金銭の貸付けを行う制度（以下この号において「転貸制度」という。）で他の金銭の貸付けの条件に比し有利な条件で金銭の貸付けを行うものをいう。以下この号において同じ。）を東日本大震災が発生した日の前日に有していなかった場合において、当該沖縄振興開発金融公庫等が東日本大震災により被害を受けた者に対する転貸制度を設け、当該転貸制度の下で転貸者が行う金銭の貸付け

ロ 沖縄振興開発金融公庫等が災害により被害を受けた者に対する特別転貸制度を東日本大震災が発生した日の前日に有していた場合において、当該沖縄振興開発金融公庫等が東日本大震災により被害を受けた者に対して当該特別転貸制度の下で行う金銭の貸付けの条件に比し特別に有利な貸付条件の転貸制度を設け、当該転貸制度の下で転貸者が行う金銭の貸付け

ハ 沖縄振興開発金融公庫等が災害の被災者に対する特別転貸制度を東日本大震災が発生した日の前日に有していた場合において、当該沖縄振興開発金融公庫等が当該特別転貸制度の下では金銭の貸付けが受けられなかった東日本大震災により被害を受けた者に対して当該特別転貸制度の下における金銭の貸付けの条件と同等の貸付条件の転貸制度を設け、当該転貸制度の下で転貸者が行う金銭の貸付け

六 株式会社東日本大震災事業者再生支援機構又は指定金融機関が東日本大震災により被害を受けた者に対して金銭の貸付けを行う場合 次に掲げる金銭の貸付けを行う者の区分に応じ、それぞれ次に定める金銭の貸付け

イ 株式会社東日本大震災事業者再生支援機構 株式会社東日本大震災事業者再生支援機構が、株式会社東日本大震災事業者再生支援機構法第16条第1項第1号に規定する対象事業者に対して同項第2号イに掲げる業務として行う資金の貸付け

ロ 指定金融機関 指定金融機関が、東日本大震災により被害を受けた者に対して危機対応業務として行う特定資金の貸付け

七 融資機関が東日本大震災により被害を受けた者に対して金銭の貸付けを行う場合

融資機関が、東日本大震災により被害を受けた者に対する特別資金貸付制度（他の資金（天災による被害農林漁業者等に対する資金の融通に関する暫定措置法第2条第4項若しくは第8項に規定する経営資金若しくは事業資金、農業近代化資金融通法第2条第3項に規定する農業近代化資金、漁業近代化資金融通法第2条第3項に規定する漁業近代化資金又は漁業経営の改善及び再建整備に関する特別措置法第8条第1項に規定する資金をいう。以下この号において同じ。）の貸付けの条件に比し有利な条件で資金の貸付けを行う制度をいう。以下この号において同じ。）を設け、当該特別資金貸付制度の下で行う金銭の貸付け

3　法第47条第2項に規定する政令で定める金融機関は、次に掲げる金融機関とする。
　一　銀行
　二　信用金庫
　三　信用協同組合
　四　労働金庫
　五　信用金庫連合会
　六　中小企業等協同組合法（昭和24年法律第181号）第9条の9第1項第2号の事業を行う協同組合連合会
　七　労働金庫連合会
　八　農業協同組合法（昭和22年法律第132号）第10条第1項第2号の事業を行う農業協同組合
　九　農業協同組合法第10条第1項第2号の事業を行う農業協同組合連合会
　十　水産業協同組合法（昭和23年法律第242号）第11条第1項第3号の事業を行う漁業協同組合
　十一　水産業協同組合法第87条第1項第3号の事業を行う漁業協同組合連合会
　十二　水産業協同組合法第93条第1項第1号の事業を行う水産加工業協同組合
　十三　水産業協同組合法第97条第1項第1号の事業を行う水産加工業協同組合連合会
　十四　農林中央金庫

4　法第47条第2項に規定する政令で定める被災者は、次に掲げる者とする。
　一　東日本大震災によりその所有する建物に被害を受けた者であることその他東日本大震災の被災者であることにつき、当該建物の所在地の市町村長その他相当な機関から証明を受けた者
　二　平成23年原子力事故による被害に係る緊急措置に関する法律（平成23年法律第91号）第2条に規定する特定原子力損害（第6項第2号において「特定原子力損害」という。）を受けた者

5　法第47条第2項に規定する特別に有利な条件で行う金銭の貸付けとして政令で定めるものは、同項に規定する金融機関が、東日本大震災の被災者又は東日本大震災により被害を受けた者（以下この項において「被災者等」という。）に対する特別貸付制度（次の各号に掲げる金銭の貸付けの区分に応じ、当該各号に定める金銭の貸付けを行う制度をいう。以下この項において同じ。）を設け、当該特別貸付制度の下で行う

1236 附　　　録

金銭の貸付けとする。

- 一　貸付金の利率が明示されている金銭の貸付け　被災者等に対する貸付金の利率として明示されている利率が、被災者等以外の者に対する貸付金の利率として明示されている利率に比し年0.5パーセント以上有利である金銭の貸付け
- 二　前号に掲げる金銭の貸付け以外の金銭の貸付け　被災者等に対する貸付金の据置期間が6月以上である金銭の貸付け（当該貸付金の償還期間が1年以上であることその他の有利な条件で行う金銭の貸付けであることに関し財務省令で定める要件に該当するものに限る。）

6　法第47条第2項の規定の適用を受けようとする者は、同項に規定する消費貸借に関する契約書に、次の各号に掲げる被災者の区分に応じ、当該各号に定める書類を添付しなければならない。

- 一　第4項第1号に掲げる者　同号の市町村長その他相当な機関からの証明に係る書類
- 二　第4項第2号に掲げる者　特定原子力損害を受けた者であることを明らかにする書類

**（東日本大震災により滅失した消費貸借に関する契約書等に代わるものとして作成する文書の印紙税の非課税）**

**第38条**　法第48条第1項に規定する政令で定める金融機関は、次に掲げる金融機関とする。

- 一　前条第3項各号に掲げる金融機関
- 二　株式会社商工組合中央金庫
- 三　株式会社日本政策投資銀行
- 四　保険会社
- 五　保険業法第2条第7項に規定する外国保険会社等
- 六　金融商品取引法第2条第9項に規定する金融商品取引業者
- 七　金融商品取引法第2条第30項に規定する証券金融会社
- 八　貸金業法（昭和58年法律第32号）第2条第2項に規定する貸金業者
- 九　貸金業法第2条第1項第5号に規定する者のうち貸金業法施行令（昭和58年政令第181号）第1条の2第3項に掲げる者
- 十　独立行政法人郵便貯金・簡易生命保険管理機構

2　法第48条第1項に規定する政令で定める文書は、同項に規定する滅失文書により証されるべき事項と同一の証されるべき事項が記載されている同項各号に掲げる文書とする。

3　法第48条第1項の規定の適用を受けようとする者は、同項各号に掲げる文書（以下この項において「非課税文書」という。）のうち、同条第1項第2号に掲げる非課税文書にあっては、当該非課税文書に、同項に規定する滅失文書（以下この項において「滅失文書」という。）を保存していた金融機関（以下この項において「保存金融機関」という。）による次に掲げる事項の記載を受け、その他の非課税文書にあって

は、当該非課税文書に、保存金融機関が作成した次に掲げる事項を記載した書面を添付しなければならない。

一　当該非課税文書が、滅失文書の作成者と保存金融機関との間における約定に基づく当該保存金融機関の求めに応じて作成されたものであること。

二　当該非課税文書が滅失文書に代わるものであること。

**（東日本大震災の被災者が作成する代替建物の取得又は新築等に係る不動産の譲渡に関する契約書等の印紙税の非課税）**

**第39条**　法第49条第1項に規定する政令で定める被災者は、同項第1号に規定する滅失等建物若しくは同項第2号に規定する損壊建物（以下この条において「滅失等建物等」という。）又は同項第1号に規定する対象区域内建物（以下この条において「対象区域内建物」という。）の所有者であることにつき、当該滅失等建物等又は対象区域内建物の所在地の市町村長又は特別区の区長から証明を受けた者（次項第3号又は第4号に規定する分割により滅失等建物等又は対象区域内建物に係る事業に関して有する権利義務を承継させた法人税法第2条第12号の2に規定する分割法人（次条第1項及び第41条第1項において「分割法人」という。）を除く。）とする。

2　法第49条第1項に規定する政令で定める者は、次の各号に掲げる場合の区分に応じ当該各号に定める者（東日本大震災の被災者の相続人又は合併法人（法人税法第2条第12号に規定する合併法人をいう。以下この項、次条第2項及び第41条第2項において同じ。）若しくは分割承継法人（法人税法第2条第12号の3に規定する分割承継法人をいう。以下この項、次条第2項及び第41条第2項において同じ。）に該当することが法第49条第1項に規定する契約書その他の書面により明らかにされているものに限る。）とする。

一　東日本大震災の被災者が個人であって前項の証明を受けた後に死亡した場合　当該被災者が死亡したときにおけるその者の相続人

二　東日本大震災の被災者が個人であって前項の証明を受ける前に死亡した場合　当該被災者が死亡したときにおけるその者の相続人であって当該被災者が滅失等建物等又は対象区域内建物の所有者であったことにつき、当該滅失等建物等又は対象区域内建物の所在地の市町村長又は特別区の区長から証明を受けたもの

三　東日本大震災の被災者が法人であって前項の証明を受けた後に合併により消滅した場合又は分割により滅失等建物等若しくは対象区域内建物に係る事業に関して有する権利義務を承継させた場合　当該合併に係る合併法人又は当該分割に係る分割承継法人

四　東日本大震災の被災者が法人であって前項の証明を受ける前に合併により消滅した場合又は分割により滅失等建物等若しくは対象区域内建物に係る事業に関して有する権利義務を承継させた場合　当該合併に係る合併法人又は当該分割に係る分割承継法人であって当該被災者が滅失等建物等又は対象区域内建物の所有者であったことにつき、当該滅失等建物等又は対象区域内建物の所在地の市町村長又は特別区の区長から証明を受けたもの

1238 附　　録

3　法第49条第1項の規定の適用を受けようとする者は、同項に規定する契約書に、滅失等建物等又は対象区域内建物に係る第1項又は前項第2号若しくは第4号の市町村長又は特別区の区長からの証明に係る書類を添付しなければならない。

4　法第49条第1項第3号に規定する政令で定める建物は、その全部又は一部の用途が同号に規定する滅失等建物の滅失若しくは損壊の直前又は対象区域内建物の警戒区域設定指示等が行われた日の直前の全部又は一部の用途と同一である建物その他当該滅失等建物又は対象区域内建物に代わるものと認められる建物（当該滅失等建物又は対象区域内建物に代わるものであることが同項に規定する契約書その他の書面により明らかにされているものに限る。）とする。

**（東日本大震災の被災者が作成する代替農用地の取得等に係る不動産の譲渡に関する契約書等の印紙税の非課税）**

**第40条**　法第50条第1項に規定する政令で定める被災者は、次に掲げる者とする。

一　東日本大震災によりその所有する農用地（法第50条第1項第1号に規定する農用地をいう。以下この条において同じ。）又は地上権若しくは賃借権を有する農用地に被害を受けた者であることにつき、当該農用地の所在地の農業委員会から証明を受けた者（次項第3号又は第4号に規定する分割により被害を受けた農用地に係る事業に関して有する権利義務を承継させた分割法人を除く。）

二　法第50条第1項第1号に規定する対象区域内農用地（以下この条において「対象区域内農用地」という。）の所有者又は対象区域内農用地に地上権若しくは賃借権を有する者であることにつき、当該対象区域内農用地の所在地の市町村長から証明を受けた者（次項第3号又は第4号に規定する分割により対象区域内農用地に係る事業に関して有する権利義務を承継させた分割法人を除く。）

2　法第50条第1項に規定する政令で定める者は、次の各号に掲げる場合の区分に応じ、当該各号に定める者（東日本大震災の被災者の相続人又は合併法人若しくは分割承継法人に該当することが同項に規定する契約書その他の書面により明らかにされているものに限る。）とする。

一　東日本大震災の被災者が個人であって前項の証明を受けた後に死亡した場合　当該被災者が死亡したときにおけるその者の相続人

二　東日本大震災の被災者が個人であって前項の証明を受ける前に死亡した場合　当該被災者が死亡したときにおけるその者の相続人であって当該被災者が法第50条第1項第1号に規定する被災農用地（以下この条において「被災農用地」という。）若しくは対象区域内農用地の所有者であったこと又は被災農用地若しくは対象区域内農用地に地上権若しくは賃借権を有していたことにつき、当該被災農用地の所在地の農業委員会又は当該対象区域内農用地の所在地の市町村長から証明を受けたもの

三　東日本大震災の被災者が法人であって前項の証明を受けた後に合併により消滅した場合又は分割により被災農用地若しくは対象区域内農用地に係る事業に関して有する権利義務を承継させた場合　当該合併に係る合併法人又は当該分割に係る分割

印紙税の非課税に関する法令　　　　1239

承継法人

　四　東日本大震災の被災者が法人であって前項の証明を受ける前に合併により消滅した場合又は分割により被災農用地若しくは対象区域内農用地に係る事業に関して有する権利義務を承継させた場合　当該合併に係る合併法人又は当該分割に係る分割承継法人であって当該被災者が被災農用地若しくは対象区域内農用地の所有者であったこと又は被災農用地若しくは対象区域内農用地に地上権若しくは賃借権を有していたことにつき、当該被災農用地の所在地の農業委員会又は当該対象区域内農用地の所在地の市町村長から証明を受けたもの

3　法第50条第1項第1号に規定する政令で定める農用地は、東日本大震災による被害を受けたことにより耕作又は養畜の用に供することができないと見込まれる農用地であることにつき、当該農用地の所在地の農業委員会が証明したものとする。

4　法第50条第1項の規定の適用を受けようとする者は、同項に規定する契約書に、被災農用地又は対象区域内農用地に係る第1項又は第2項第2号若しくは第4号の農業委員会又は市町村長からの証明に係る書類を添付しなければならない。

**（東日本大震災の被災者が作成する船舶又は航空機の取得又は建造に係る船舶又は航空機の譲渡に関する契約書等の印紙税の非課税）**

**第41条**　法第51条第1項に規定する政令で定める被災者は、東日本大震災によりその所有する船舶に被害を受けたことにつき、当該船舶の船舶原簿に記録されている事項を証明した書面で当該船舶の登録が抹消された事実を証するものその他の財務省令で定める書類（次項、第4項及び第7項において「被災証明書類」という。）の交付を受けた者（次項第3号又は第4号に規定する分割により被害を受けた船舶に係る事業に関して有する権利義務を承継させた分割法人を除く。）とする。

2　法第51条第1項に規定する政令で定める者は、次の各号に掲げる場合の区分に応じ、当該各号に定める者（東日本大震災の被災者の相続人又は合併法人若しくは分割承継法人に該当することが同項に規定する契約書その他の書面により明らかにされているものに限る。）とする。

　一　東日本大震災の被災者が個人であって被災証明書類の交付を受けた後に死亡した場合　当該被災者が死亡したときにおけるその者の相続人

　二　東日本大震災の被災者が個人であって被災証明書類の交付を受ける前に死亡した場合　当該被災者が死亡したときにおけるその者の相続人であって東日本大震災により当該被災者の所有する船舶に被害を受けたことにつき、被災証明書類の交付を受けたもの

　三　東日本大震災の被災者が法人であって被災証明書類の交付を受けた後に合併により消滅した場合又は分割により東日本大震災により被害を受けた船舶に係る事業に関して有する権利義務を承継させた場合　当該合併に係る合併法人又は当該分割に係る分割承継法人

　四　東日本大震災の被災者が法人であって被災証明書類の交付を受ける前に合併により消滅した場合又は分割により東日本大震災により被害を受けた船舶に係る事業に

1240 附 録

関して有する権利義務を承継させた場合 当該合併に係る合併法人又は当該分割に係る分割承継法人であって東日本大震災により当該被災者の所有する船舶に被害を受けたことにつき、被災証明書類の交付を受けたもの

3 法第51条第1項に規定する政令で定める船舶は、次の各号のいずれかに該当する船舶とする。
　一　法第51条第1項に規定する被災者（次号において「被災者」という。）である個人が取得又は建造をする船舶
　二　被災者である法人が取得又は建造をする船舶で、東日本大震災により滅失した船舶又は東日本大震災により損壊したため取り壊した船舶（以下この号において「滅失等船舶」という。）に代わるものとして取得又は建造をする船舶（当該滅失等船舶に代わるものであることが法第51条第1項に規定する契約書その他の書面により明らかにされているものに限る。）

4 法第51条第1項の規定の適用を受けようとする者は、同項に規定する契約書に、被災証明書類を添付しなければならない。

5 第1項及び第2項の規定は、法第51条第2項において準用する同条第1項に規定する政令で定める被災者及び同項に規定する政令で定める者について準用する。この場合において、第1項中「船舶に」とあるのは「航空機に」と、「当該船舶」とあるのは「当該航空機」と、「船舶原簿に記録されている事項を証明した書面」とあるのは「航空機登録原簿の謄本又は抄本」と、第2項中「船舶」とあるのは「航空機」と読み替えるものとする。

6 法第51条第2項に規定する政令で定める航空機は、東日本大震災により滅失した航空機又は東日本大震災により損壊したため取り壊した航空機（以下この項において「滅失等航空機」という。）に代わるものとして取得又は建造をする航空機（当該滅失等航空機に代わるものであることが同条第2項において準用する同条第1項に規定する契約書その他の書面により明らかにされているものに限る。）とする。

7 法第51条第2項において準用する同条第1項の規定の適用を受けようとする者は、同項に規定する契約書に、被災証明書類を添付しなければならない。


## ◯東日本大震災の被災者等に係る国税関係法律の臨時特例に関する法律施行規則（抄）

（平成23年　財務省令第20号）（最終改正　平成30年財務省令第29号）

**（印紙税の非課税の対象となる消費貸借に関する契約書の要件）**

**第19条**　令第37条第2項第1号イに規定する財務省令で定める条件は、貸付金の貸付限度額、償還期間、返済の方法、使途、担保（保証人の保証を含む。）の提供、借換えの可否又は保証料の料率とする。

2　令第37条第5項第2号に規定する財務省令で定める要件は、貸付金の償還期間が1年以上であること及びその金銭の貸付けの条件が同項に規定する被災者等に該当しな

い場合の条件に比して不利なものでないこととする。

**（東日本大震災により滅失した消費貸借に関する契約書等に代わる文書の作成を求めようとする旨の届出書の記載事項）**

第20条　法第48条第2項の規定による届出書には、同条第1項の規定の適用を受ける同項各号に掲げる文書の作成を求めようとする旨のほか、次に掲げる事項を記載しなければならない。

一　届出者の氏名又は名称及び住所又は本店若しくは主たる事務所の所在地

二　法第48条第1項の規定の適用を受ける同項各号に掲げる文書の作成を求めようとする同条第2項に規定する金融機関の営業所等の所在地

三　法第48条第1項に規定する滅失文書に代わるものとして作成を求めようとする同項各号に掲げる文書ごとの作成予定数量

四　その他参考となるべき事項

**（東日本大震災の被災者が作成する船舶又は航空機の取得又は建造に係る船舶又は航空機の譲渡に関する契約書等の印紙税の非課税）**

第21条　令第41条第1項に規定する財務省令で定める書類は、次に掲げる書類（東日本大震災により滅失した船舶であること又は東日本大震災により損壊したため取り壊した船舶であることを明らかにするものに限る。）のうちいずれかの書類とする。

一　船舶原簿に記録されている事項を証明した書面で当該船舶の登録が抹消された事実を証するもの

二　漁船原簿の謄本で当該漁船の登録が抹消された事実を証するもの

三　船員法第19条の規定による報告（同条第1号に係るものに限る。）に関する書類の写しで船員法施行規則第15条の規定による地方運輸局長の証明があるもの

四　小型船舶登録原簿に記載されている事項を証明した書面で当該小型船舶の登録が抹消された事実を証するもの

五　当該船舶につき被害を受けたことを証する市町村長が発行する書類

2　令第41条第5項において準用する同条第1項に規定する財務省令で定める書類は、次に掲げる書類（東日本大震災により滅失した航空機又は東日本大震災により損壊したため取り壊した航空機であることを明らかにするものに限る。）のうちいずれかの書類とする。

一　航空機登録原簿の謄本又は抄本で当該航空機の登録が抹消された事実を証するもの

二　当該航空機につき被害を受けたことを証する市町村長が発行する書類

1242 附　　録

# 印紙税法基本通達の全部改正について

> 昭和52年4月7日付　間消1−36
> 　　　　　　　　　官会1−31
> 　　　　　　　　　徴管1−7
> 　　　　　　　　　徴徴1−11
> 国　税　庁　長　官　・　国　税　局　長

　改正　昭59間消3−24、平元間消3−15、平13課消3−12、平13課消3−47、平14課消3−7、平15課消3−6、平17課消3−14、平18課消3−36、平19課消3−47、平20課消3−74、平22課消3−45、平26課消3−21、平28課消3−11、平28課消3−28、平30課消4−19

　印紙税法基本通達（昭和44年5月22日付間消1−64ほか3課共同）の全部を別冊のとおり改正したから、昭和52年5月1日以降、これによられたい。

（省略）

（理由）

　印紙税法の一部改正に伴い所要の整備を図るとともに、その全般について明確化を図る必要があるからである。

（以下省略）

# 印紙税法基本通達の一部改正等について

> 平成元年3月31日付間消3−15
> 国　税　庁　長　官　・　国　税　局　長

　印紙税法基本通達（昭和52年4月7日付間消1−36ほか3課共同「印紙税法基本通達の全部改正について」通達の別冊）の別紙「印紙税法基本通達新旧対照表」の「改正前」欄に掲げる部分を「改正後」欄のように改めたから、平成元年4月1日以降これによられたい。

　なお、昭和62年10月1日付間消3−4「印紙税法等の一部改正（昭和62年10月改正）に伴う印紙税の取扱いについて」通達は廃止する。

（理由）

　所得税法等の一部を改正する法律（昭和63年法律第109号）第9条《印紙税法の一部改正》による改正後の印紙税法（昭和42年法律第23号）及び所得税法等の一部を改正する法律の施行に伴う関係政令の整備等に関する政令（昭和63年政令第362号）第7条《印紙税法施行令の一部改正》による改正後の印紙税法施行令（昭和42年政令第108号）の施行に伴い、所要の整備を図るものである。

印紙税法基本通達　　　1243

# 別　冊

# 印紙税法基本通達

## 目　次

第1章　総　　則……………………………………………………………（1244）
　第1節　用語の意義（第1条）……………………………………………（1244）
　第2節　文書の意義等（第2条～第8条）………………………………（1244）
　第3節　文書の所属の決定等（第9条～第11条）………………………（1246）
　第4節　契約書の取扱い（第12条～第22条）…………………………（1249）
　第5節　記載金額（第23条～第35条）…………………………………（1252）
　第6節　追記又は付け込みに係るみなし作成（第36条～第41条）…………（1260）
　第7節　作成者等（第42条～第48条）…………………………………（1261）
　第8節　納税地（第49条～第52条）……………………………………（1264）
　第9節　非課税文書（第53条～第57条）………………………………（1265）
　第10節　その他の共通事項（第58条～第60条）………………………（1265）

第2章　課税物件、課税標準及び税率（第61条・第62条）…………………（1266）

第3章　納付、申告及び還付等…………………………………………………（1267）
　第1節　印紙による納付（第63条～第65条）…………………………（1267）
　第2節　税印による納付の特例（第66条～第68条）…………………（1267）
　第3節　印紙税納付計器の使用による納付の特例（第69条～第77条）……（1268）
　第4節　書式表示による申告及び納付の特例（第78条～第90条）……（1269）
　第5節　預貯金通帳等に係る申告及び納付の特例（第91条～第106条）……（1272）
　第6節　削除（第107条～第114条）……………………………………（1281）
　第7節　過誤納の確認等（第115条～第119条）………………………（1281）

第4章　雑　　則…………………………………………………………………（1283）
　第1節　保全担保（第120条）……………………………………………（1283）
　第2節　納付印等の製造等（第121条～第127条）……………………（1283）
　第3節　模造印紙（第128条）……………………………………………（1285）

別表第一　課税物件、課税標準及び税率の取扱い……………………………（1286）
別表第二　重要な事項の一覧表…………………………………………………（1322）
別表第三　額面株式の株券の無効手続に係る印紙税非課税株券発行届出書……（1324）

1244 　　　　　　　附　　　録

# 第1章　総　　　則

## 第1節　用語の意義

**（用語の意義）**

**第1条**　この通達において、次に掲げる用語の意義は、それぞれ次に定めるところによる。

(1)　法　　印紙税法（昭和42年法律第23号）をいう。

(2)　令　　印紙税法施行令（昭和42年政令第108号）をいう。

(3)　規則　　印紙税法施行規則（昭和42年大蔵省令第19号）をいう。

(4)　通則法　　国税通則法（昭和37年法律第66号）をいう。

(5)　課税物件表　　法別表第一の課税物件表をいう。

(6)　非課税法人の表　　法別表第二の非課税法人の表をいう。

(7)　非課税文書の表　　法別表第三の非課税文書の表をいう。

(8)　通則　　課税物件表における課税物件表の適用に関する通則をいう。

(9)　第1号文書　　課税物件表の第1号に掲げる文書をいう（以下課税物件表の第20号に掲げる文書まで同じ。）。

(10)　第1号の1文書　　課税物件表の第1号の物件名欄1に掲げる文書をいう（以下課税物件表の物件名欄に1、2、3、4と区分して掲げる文書について同じ。）。

## 第2節　文書の意義等

**（課税文書の意義）**

**第2条**　法に規定する「課税文書」とは、課税物件表の課税物件欄に掲げる文書により証されるべき事項（以下「課税事項」という。）が記載され、かつ、当事者の間において課税事項を証明する目的で作成された文書のうち、法第5条《非課税文書》の規定により印紙税を課さないこととされる文書以外の文書をいう。

**（課税文書に該当するかどうかの判断）**

**第3条**　文書が課税文書に該当するかどうかは、文書の全体を一つとして判断するのみでなく、その文書に記載されている個々の内容についても判断するものとし、また、単に文書の名称又は呼称及び形式的な記載文言によることなく、その記載文言の実質的な意義に基づいて判断するものとする。

2　前項における記載文言の実質的な意義の判断は、その文書に記載又は表示されている文言、符号等を基として、その文言、符号等を用いることについての関係法律の規定、当事者間における了解、基本契約又は慣習等を加味し、総合的に行うものとする。

**（他の文書を引用している文書の判断）**

**第4条**　一の文書で、その内容に原契約書、約款、見積書その他当該文書以外の文書を

引用する旨の文言の記載があるものについては、当該文書に引用されているその他の
文書の内容は、当該文書に記載されているものとして当該文書の内容を判断する。

2　前項の場合において、記載金額及び契約期間については、当該文書に記載されてい
る記載金額及び契約期間のみに基づいて判断する。

（注）　第1号文書若しくは第2号文書又は第17号の1文書について、通則4のホの㈡
又は㈢の規定が適用される場合には、当該規定に定めるところによるのであるか
ら留意する。

**（一の文書の意義）**

**第5条**　法に規定する「一の文書」とは、その形態からみて1個の文書と認められるも
のをいい、文書の記載証明の形式、紙数の単複は問わない。したがって、1枚の用紙
に2以上の課税事項が各別に記載証明されているもの又は2枚以上の用紙が契印等に
より結合されているものは、一の文書となる。ただし、文書の形態、内容等から当該
文書を作成した後切り離して行使又は保存することを予定していることが明らかなも
のについては、それぞれ各別の一の文書となる。

（注）　一の文書に日時を異にして各別の課税事項を記載証明する場合には、後から記
載証明する部分は、法第4条《課税文書の作成とみなす場合等》第3項の規定に
より、新たに課税文書を作成したものとみなされることに留意する。

**（証書及び通帳の意義）**

**第6条**　課税物件表の第1号から第17号まで掲げる文書（以下「証書」という。）と第
18号から第20号までに掲げる文書（以下「通帳等」という。）とは、課税事項を1回
限り記載証明する目的で作成されるか、継続的又は連続的に記載証明する目的で作成
されるかによって区別する。したがって、証書として作成されたものであれば、作成
後、更に課税事項が追加して記載証明されても、それは法第4条《課税文書の作成と
みなす場合等》第3項の規定により新たな課税文書の作成とみなされることはあって
も、当該証書自体は通帳等とはならず、また、通帳等として作成されたものであれ
ば、2回目以後の記載証明がなく、結果的に1回限りの記載証明に終わることとなっ
ても、当該通帳等は証書にはならない。

なお、継続的又は連続的に課税事項を記載証明する目的で作成される文書であって
も、課税物件表の第18号から第20号までに掲げる文書に該当しない文書は、課税文書
に該当しないのであるから留意する。

**（証書兼用通帳の取扱い）**

**第7条**　証書と通帳等が一の文書となっているいわゆる証書兼用通帳の取扱いは、次に
よる。

⑴　証書の作成時に通帳等の最初の付け込みがなされる文書は、一の文書が証書と通
帳等に該当することとなり、通則3のニ又はホの規定によって証書又は通帳等とな
る。

なお、通則3のホの規定により証書となった当該一の文書は、後日、法第4条
《課税文書の作成とみなす場合等》第4項の規定に該当しない最初の付け込みを

行ったときに、同条第3項の規定により通帳等が作成されたものとみなされる。

(2) 証書の作成時に通帳等の最初の付け込みがなされない文書は証書となる。

なお、当該文書は、後日、法第4条第4項の規定に該当しない最初の付け込みを行ったときに、同条第3項の規定により通帳等が作成されたものとみなされる。

**(1通又は1冊の意義)**

**第8条** 法に規定する「1通」又は「1冊」とは、一の文書ごとにいう。ただし、法第4条《課税文書の作成とみなす場合等》第2項から第4項までの規定により新たな課税文書を作成したとみなされるものについては、その作成したとみなされる課税文書ごとに1通又は1冊となる。

## 第3節　文書の所属の決定等

**(2以上の号の課税事項が記載されている文書の取扱い)**

**第9条** 一の文書で課税物件表の2以上の号の課税事項が記載されているものは、通則2の規定によりそれぞれの号に掲げる文書に該当し、更に通則3の規定により一の号にその所属を決定する。

**(通則2の適用範囲)**

**第10条** 通則2の規定は、一の文書で次に該当するものについて適用されるのであるから留意する。

(1) 当該文書に課税物件表の2以上の号の課税事項が併記され、又は混合して記載されているもの

（例）

不動産及び債権売買契約書（第1号文書と第15号文書）

(2) 当該文書に課税物件表の1又は2以上の号の課税事項とその他の事項が併記され、又は混合して記載されているもの

（例）

1　土地売買及び建物移転補償契約書（第1号文書）

2　保証契約のある消費貸借契約書（第1号文書）

(3) 当該文書に記載されている一の内容を有する事項が、課税物件表の2以上の号の課税事項に同時に該当するもの

（例）

継続する請負についての基本的な事項を定めた契約書（第2号文書と第7号文書）

**(2以上の号に掲げる文書に該当する場合の所属の決定)**

**第11条** 一の文書が、課税物件表の2以上の号に掲げる文書に該当する場合の当該文書の所属の決定は、通則3の規定により、次の区分に応じ、それぞれ次に掲げるところによる。

(1) 課税物件表の第1号に掲げる文書と同表第3号から第17号までに掲げる文書とに該当する文書（ただし、(3)又は(4)に該当する文書を除く。）　　第1号文書

印紙税法基本通達（第7条～第11条） 1247

（例）

　不動産及び債権売買契約書（第1号文書と第15号文書）　　第1号文書

(2)　課税物件表の第2号に掲げる文書と同表第3号から第17号までに掲げる文書とに該当する文書（ただし、(3)又は(4)に該当する文書を除く。）　　第2号文書

（例）

　　工事請負及びその工事の手付金の受取事実を記載した契約書（第2号文書と第17号文書）　　第2号文書

(3)　課税物件表の第1号又は第2号に掲げる文書で契約金額の記載のないものと同表第7号に掲げる文書とに該当する文書　　第7号文書

（例）

　1　継続する物品運送についての基本的な事項を定めた記載金額のない契約書（第1号文書と第7号文書）　　第7号文書

　2　継続する請負についての基本的な事項を定めた記載金額のない契約書（第2号文書と第7号文書）　　第7号文書

(4)　課税物件表の第1号又は第2号に掲げる文書と同表第17号に掲げる文書とに該当する文書のうち、売上代金に係る受取金額（100万円を超えるものに限る。）の記載があるものでその金額が同表第1号若しくは第2号に掲げる文書に係る契約金額（当該金額が2以上ある場合には、その合計額）を超えるもの又は同表第1号若しくは第2号に掲げる文書に係る契約金額の記載のないもの　　第17号の1文書

（例）

　1　売掛金800万円のうち600万円を領収し、残額200万円を消費貸借の目的とすると記載された文書（第1号文書と第17号の1文書）　　第17号の1文書

　2　工事請負単価を定めるとともに180万円の手付金の受取事実を記載した文書（第2号文書と第17号の1文書）　　第17号の1文書

(5)　課税物件表の第1号に掲げる文書と同表第2号に掲げる文書とに該当する文書（ただし、(6)に該当する文書を除く。）　　第1号文書

（例）

　1　機械製作及びその機械の運送契約書（第1号文書と第2号文書）　　第1号文書

　2　請負及びその代金の消費貸借契約書（第1号文書と第2号文書）　　第1号文書

(6)　課税物件表の第1号に掲げる文書と同表第2号に掲げる文書とに該当する文書で、それぞれの課税事項ごとの契約金額を区分することができ、かつ、同表第2号に掲げる文書についての契約金額が第1号に掲げる文書についての契約金額を超えるもの　　第2号文書

（例）

　1　機械の製作費20万円及びその機械の運送料10万円と記載された契約書（第1号文書と第2号文書）　　第2号文書

1248　　　　　　　　　　附　　　録

　　　2　請負代金100万円、うち80万円を消費貸借の目的とすると記載された契約書
　　　　（第1号文書と第2号文書）　　第2号文書
(7)　課税物件表の第3号から第17号までの2以上の号に該当する文書（ただし、(8)に
　　該当する文書を除く。）　　最も号数の少ない号の文書
　　（例）
　　　　継続する債権売買についての基本的な事項を定めた契約書（第7号文書と第15
　　　号文書）　　第7号文書
(8)　課税物件表の第3号から第16号までに掲げる文書と同表第17号に掲げる文書とに
　　該当する文書のうち、売上代金に係る受取金額（100万円を超えるものに限る。）が
　　記載されているもの　　第17号の1文書
　　（例）
　　　　債権の売買代金200万円の受取事実を記載した債権売買契約書（第15号文書と
　　　第17号の1文書）　　第17号の1文書
(9)　証書と通帳等とに該当する文書（ただし、(10)、(11)又は(12)に該当する文書を除
　　く。）　　通帳等
　　（例）
　　1　生命保険証券兼保険料受取通帳（第10号文書と第18号文書）　　第18号文書
　　2　債権売買契約書とその代金の受取通帳（第15号文書と第19号文書）　　第19号
　　　文書
(10)　契約金額が10万円を超える課税物件表の第1号に掲げる文書と同表第19号又は第
　　20号に掲げる文書とに該当する文書　　第1号文書
　　（例）
　　1　契約金額が100万円の不動産売買契約書とその代金の受取通帳（第1号文書と
　　　第19号文書）　　第1号文書
　　2　契約金額が50万円の消費貸借契約書とその消費貸借に係る金銭の返還金及び利
　　　息の受取通帳（第1号文書と第19号文書）　　第1号文書
(11)　契約金額が100万円を超える課税物件表の第2号に掲げる文書と同表第19号又は
　　第20号に掲げる文書とに該当する文書　　第2号文書
　　（例）
　　　　契約金額が150万円の請負契約書とその代金の受取通帳（第2号文書と第19号
　　　文書）　　第2号文書
(12)　売上代金の受取金額が100万円を超える課税物件表の第17号に掲げる文書と同表
　　第19号又は第20号に掲げる文書とに該当する文書　　第17号の1文書
　　（例）
　　　　下請前払金200万円の受取事実を記載した請負通帳（第17号の1文書と第19号
　　　文書）　　第17号の1文書
2　課税物件表の第18号に掲げる文書と同表第19号に掲げる文書とに該当する文書は、
　第19号文書として取り扱う。

印紙税法基本通達（第11条～第17条）　　　　　　　　1249

## 第4節　契約書の取扱い

**（契約書の意義）**

**第12条**　法に規定する「契約書」とは、契約当事者の間において、契約（その予約を含む。）の成立、更改又は内容の変更若しくは補充の事実（以下「契約の成立等」という。）を証明する目的で作成される文書をいい、契約の消滅の事実を証明する目的で作成される文書は含まない。

　なお、課税事項のうちの一の重要な事項を証明する目的で作成される文書であっても、当該契約書に該当するのであるから留意する。

　おって、その重要な事項は別表第二に定める。

（注）　文書中に契約の成立等に関する事項が記載されていて、契約の成立等を証明することができるとしても、例えば社債券のようにその文書の作成目的が契約に基づく権利を表彰することにあるものは、契約書に該当しない。

**（譲渡に関する契約書の意義）**

**第13条**　課税物件表の第1号及び第15号に規定する「譲渡に関する契約書」とは、権利又は財産等をその同一性を保持させつつ他人に移転させることを内容とする契約書をいい、売買契約書、交換契約書、贈与契約書、代物弁済契約書及び法人等に対する現物出資契約書等がこれに該当する。

**（契約の意義）**

**第14条**　通則5に規定する「契約」とは、互いに対立する2個以上の意思表示の合致、すなわち一方の申込みと他方の承諾によって成立する法律行為をいう。

**（予約の意義等）**

**第15条**　通則5に規定する「予約」とは、本契約を将来成立させることを約する契約をいい、当該契約を証するための文書は、その成立させようとする本契約の内容に従って、課税物件表における所属を決定する。

**（契約の更改の意義等）**

**第16条**　通則5に規定する「契約の更改」とは、契約によって既存の債務を消滅させて新たな債務を成立させることをいい、当該契約を証するための文書は、新たに成立する債務の内容に従って、課税物件表における所属を決定する。

　（例）

　　請負代金支払債務を消滅させ、土地を給付する債務を成立させる契約書　　第1号文書

（注）　更改における新旧両債務は同一性がなく、旧債務に伴った担保、保証、抗弁権等は原則として消滅する。したがって、既存の債務の同一性を失わせないで契約の内容を変更する契約とは異なることに留意する。

**（契約の内容の変更の意義等）**

**第17条**　通則5に規定する「契約の内容の変更」とは、既に存在している契約（以下「原契約」という。）の同一性を失わせないで、その内容を変更することをいう。

1250　　　　　　　附　　　録

2　契約の内容の変更を証するための文書（以下「変更契約書」という。）の課税物件
表における所属の決定は、次の区分に応じ、それぞれ次に掲げるところによる。

(1)　原契約が課税物件表の一の号のみの課税事項を含む場合において、当該課税事項
のうちの重要な事項を変更する契約書については、原契約と同一の号に所属を決定
する。

　(例)

　　消費貸借契約書（第１号文書）の消費貸借金額50万円を100万円に変更する契
約書　　第１号文書

(2)　原契約が課税物件表の２以上の号の課税事項を含む場合において、当該課税事項
の内容のうちの重要な事項を変更する契約書については、当該２以上の号のいずれ
か一方の号のみの重要な事項を変更するものは、当該一方の号に所属を決定し、当
該２以上の号のうちの２以上の号の重要な事項を変更するものは、それぞれの号に
該当し、通則３の規定によりその所属を決定する。

　(例)

　1　報酬月額及び契約期間の記載がある清掃請負契約書（第２号文書と第７号文書
に該当し、所属は第２号文書）の報酬月額を変更するもので、契約期間又は報酬
総額の記載のない契約書　　第７号文書

　2　報酬月額及び契約期間の記載がある清掃請負契約書（第２号文書と第７号文書
に該当し、所属は第２号文書）の報酬月額を変更するもので、契約期間又は報酬
総額の記載のある契約書　　第２号文書

(3)　原契約の内容のうちの課税事項に該当しない事項を変更する契約書で、その変更
に係る事項が原契約書の該当する課税物件表の号以外の号の重要な事項に該当する
ものは、当該原契約書の該当する号以外の号に所属を決定する。

　(例)

　　消費貸借に関する契約書（第１号文書）の連帯保証人を変更する契約書　　第
13号文書

(4)　(1)から(3)までに掲げる契約書で重要な事項以外の事項を変更するものは、課税文
書に該当しない。

3　前項の重要な事項は、別表第二に定める。

**（契約の内容の補充の意義等）**

**第18条**　通則５に規定する「契約の内容の補充」とは、原契約の内容として欠けている
事項を補充することをいう。

2　契約の内容の補充を証するための文書（以下「補充契約書」という。）の課税物件
表における所属の決定は、次の区分に応じ、それぞれ次に掲げるところによる。

(1)　原契約が課税物件表の一の号のみの課税事項を含む場合において、当該課税事項
の内容のうちの重要な事項を補充する契約書は、原契約と同一の号に所属を決定す
る。

　(例)

印紙税法基本通達（第17条〜第20条） 1251

　　　売買の目的物のみを特定した不動産売買契約書について、後日、売買価額を決
　　定する契約書　　第1号文書
　⑵　原契約が2以上の号の課税事項を含む場合において、当該課税事項の内容のうち
　　の重要な事項を補充する契約書については、当該2以上の号のいずれか一方の号の
　　みの重要な事項を補充するものは、当該一方の号に所属を決定し、当該2以上の号
　　のうちの2以上の号の重要な事項を補充するものは、それぞれの号に該当し、通則
　　3の規定によりその所属を決定する。
　　　（例）
　　　契約金額の記載のない清掃請負契約書（第2号文書と第7号文書に該当し、所
　　　属は第7号文書）の報酬月額及び契約期間を決定する契約書　　第2号文書
　⑶　原契約の内容のうちの課税事項に該当しない事項を補充する契約書で、その補充
　　に係る事項が原契約書の該当する課税物件表の号以外の号の重要な事項に該当する
　　ものは、当該原契約書の該当する号以外の号に所属を決定する。
　　　（例）
　　　消費貸借契約書（第1号文書）に新たに連帯保証人の保証を付す契約書　　第
　　　13号文書
　⑷　⑴から⑶までに掲げる契約書で重要な事項以外の事項を補充するものは、課税文
　　書に該当しない。
3　前項の重要な事項は、別表第二に定める。
**（同一の内容の文書を2通以上作成した場合）**
**第19条**　契約当事者間において、同一の内容の文書を2通以上作成した場合において、
　それぞれの文書が課税事項を証明する目的で作成されたものであるときは、それぞれ
　の文書が課税文書に該当する。
2　写、副本、謄本等と表示された文書で次に掲げるものは、課税文書に該当するもの
　とする。
　⑴　契約当事者の双方又は一方の署名又は押印があるもの（ただし、文書の所持者の
　　みが署名又は押印しているものを除く。）
　⑵　正本等と相違ないこと、又は写し、副本、謄本等であることの契約当事者の証明
　　（正本等との割印を含む。）のあるもの（ただし、文書の所持者のみが証明してい
　　るものを除く。）
**（契約当事者以外の者に提出する文書）**
**第20条**　契約当事者以外の者（例えば、監督官庁、融資銀行等当該契約に直接関与しな
　い者をいい、消費貸借契約における保証人、不動産売買契約における仲介人等当該契
　約に参加する者を含まない。）に提出又は交付する文書であって、当該文書に提出若
　しくは交付先が記載されているもの又は文書の記載文言からみて当該契約当事者以外
　の者に提出若しくは交付することが明らかなものについては、課税文書に該当しない
　ものとする。
　（注）　消費貸借契約における保証人、不動産売買契約における仲介人等は、課税事項

1252 附　　　録

の契約当事者ではないから、当該契約の成立等を証すべき文書の作成者とはならない。

**（申込書等と表示された文書の取扱い）**

**第21条**　契約は、申込みと当該申込みに対する承諾によって成立するのであるから、契約の申込みの事実を証明する目的で作成される単なる申込文書は契約書には該当しないが、申込書、注文書、依頼書等（次項において「申込書等」という。）と表示された文書であっても、相手方の申込みに対する承諾事実を証明する目的で作成されるものは、契約書に該当する。

2　申込書等と表示された文書のうち、次に掲げるものは、原則として契約書に該当するものとする。

(1)　契約当事者の間の基本契約書、規約又は約款等に基づく申込みであることが記載されていて、一方の申込みにより自動的に契約が成立することとなっている場合における当該申込書等。ただし、契約の相手方当事者が別に請書等契約の成立を証明する文書を作成することが記載されているものを除く。

(2)　見積書その他の契約の相手方当事者の作成した文書等に基づく申込みであることが記載されている当該申込書等。ただし、契約の相手方当事者が別に請書等契約の成立を証明する文書を作成することが記載されているものを除く。

(3)　契約当事者双方の署名又は押印があるもの

**（公正証書の正本）**

**第22条**　公証人が公証人法（明治41年法律第53号）第47条の規定により嘱託人又はその承継人の請求によって交付する公正証書の正本は、課税文書に該当しないことに留意する。

### 第5節　記　載　金　額

**（契約金額の意義）**

**第23条**　課税物件表の第1号、第2号及び第15号に規定する「契約金額」とは、次に掲げる文書の区分に応じ、それぞれ次に掲げる金額で、当該文書において契約の成立等に関し直接証明の目的となっているものをいう。

(1)　第1号の1文書及び第15号文書のうちの債権譲渡に関する契約書　譲渡の形態に応じ、次に掲げる金額

イ　売買　売買金額

（例）

土地売買契約書において、時価60万円の土地を50万円で売買すると記載したもの　（第1号文書）50万円

（注）　60万円は評価額であって売買金額ではない。

ロ　交換　交換金額

なお、交換契約書に交換対象物の双方の価額が記載されているときはいずれか高い方（等価交換のときは、いずれか一方）の金額を、交換差金のみが記載され

ているときは当該交換差金をそれぞれ交換金額とする。

（例）

　　　土地交換契約書において

　　　1　甲の所有する土地（価額100万円）と乙の所有する土地（価額110万円）と
　　　　を交換し、甲は乙に10万円支払うと記載したもの　　　（第1号文書）110万
　　　　円

　　　2　甲の所有する土地と乙の所有する土地とを交換し、甲は乙に10万円支払う
　　　　と記載したもの　　　（第1号文書）10万円

　ハ　代物弁済　　代物弁済により消滅する債務の金額

　　　なお、代物弁済の目的物の価額が消滅する債務の金額を上回ることにより、債
　　権者がその差額を債務者に支払うこととしている場合は、その差額を加えた金額
　　とする。

（例）

　　　代物弁済契約書において

　　　1　借用金100万円の支払いに代えて土地を譲渡するとしたもの　　　（第1号
　　　　文書）100万円

　　　2　借用金100万円の支払いに代えて150万円相当の土地を譲渡するとともに、
　　　　債権者は50万円を債務者に支払うとしたもの　　　（第1号文書）150万円

　ニ　法人等に対する現物出資　　出資金額

　ホ　その他　　譲渡の対価たる金額

　　（注）　贈与契約においては、譲渡の対価たる金額はないから、契約金額はないも
　　　のとして取り扱う。

⑵　第1号の2文書　　設定又は譲渡の対価たる金額

　　なお、「設定又は譲渡の対価たる金額」とは、賃貸料を除き、権利金その他名称
　のいかんを問わず、契約に際して相手方当事者に交付し、後日返還されることが予
　定されていない金額をいう。したがって、後日返還されることが予定されている保
　証金、敷金等は、契約金額には該当しない。

⑶　第1号の3文書　　消費貸借金額

　　なお、消費貸借金額には利息金額を含まない。

⑷　第1号の4文書　　運送料又は用船料

⑸　第2号文書　　請負金額

⑹　第15号文書のうちの債務引受けに関する契約書　　引き受ける債務の金額

**（記載金額の計算）**

**第24条**　通則4に規定する記載金額の計算は、次の区分に応じ、それぞれ次に掲げると
　ころによる。

⑴　一の文書に、課税物件表の同一の号の課税事項の記載金額が2以上ある場合
　　当該記載金額の合計額

　　（例）

1254 附　　　録

1　請負契約書
A工事200万円、B工事300万円　　（第2号文書）500万円
2　不動産及び鉱業権売買契約書
不動産1,200万円、鉱業権400万円　　（第1号文書）1,600万円

(2)　一の文書に、課税物件表の2以上の号の課税事項が記載されているものについて、その記載金額をそれぞれの課税事項ごとに区分することができる場合　当該文書の所属することとなる号の課税事項に係る記載金額
（例）

1　不動産及び債権売買契約書
不動産700万円、債権200万円　　（第1号文書）700万円
2　不動産売買及び請負契約書
（不動産売買）
土地300万円、家屋100万円
（請　負）　　　　　　　　　　　　　　（第2号文書）600万円
A工事400万円、B工事200万円

(3)　一の文書に、課税物件表の2以上の号の課税事項が記載されているものについて、その記載金額をそれぞれの課税事項ごとに区分することができない場合　当該記載金額
（例）

不動産及び債権の売買契約書
不動産及び債権500万円　　（第1号文書）500万円

(4)　第17号の1文書であって、その記載金額を売上代金に係る金額とその他の金額とに区分することができる場合　当該売上代金に係る金額
（例）

貸付金元本と利息の受取書
貸付金元本200万円、貸付金利息20万円　　（第17号の1文書）20万円

(5)　第17号の1文書であって、その記載金額を売上代金に係る金額とその他の金額とに区分することができない場合　当該記載金額
（例）

貸付金元本及び利息の受取書
貸付金元本及び利息210万円　　（第17号の1文書）210万円

(6)　記載された単価及び数量、記号その他により記載金額を計算することができる場合　その計算により算出した金額
（例）

物品加工契約書
A物品　単価500円、数量10,000個　　（第2号文書）500万円

(7)　第1号文書又は第2号文書であって、当該文書に係る契約についての契約金額若しくは単価、数量、記号その他の記載のある見積書、注文書その他これらに類する

文書（課税物件表の課税物件欄に掲げる文書を除く。）の名称、発行の日、記号、番号その他の記載があることにより、当事者間において当該契約金額が明らかである場合又は当該契約金額の計算をすることができる場合　　その明らかである金額又はその計算により算出した金額

（例）

1　契約金額が明らかである場合

　　工事請負注文請書

　　「請負金額は貴注文書第××号のとおりとする。」と記載されている工事請負に関する注文請書で、注文書に記載されている請負金額が500万円　　（第2号文書）500万円

2　契約金額の計算をすることができる場合

　　物品の委託加工注文請書

　⑴　「加工数量及び加工料単価は貴注文書第××号のとおりとする。」と記載されている物品の委託加工に関する注文請書で、注文書に記載されている数量が1万個、単価が500円　　（第2号文書）500万円

　⑵　「加工料は1個につき500円、加工数量は貴注文書第××号のとおりとする。」と記載されている物品の委託加工に関する注文請書で、注文書に記載されている加工数量が1万個　　（第2号文書）500万円

3　通則4のホの㈡の規定の適用がない場合

　　物品の委託加工注文請書

　　「加工数量は1万個、加工料は委託加工基本契約書のとおりとする。」と記載されている物品の委託加工に関する注文請書　　（第2号文書）記載金額なし

⑻　第17号の1文書であって、受け取る有価証券の発行者の名称、発行の日、記号、番号その他の記載があることにより、当事者間において売上代金に係る受取金額が明らかである場合　　その明らかである受取金額

（例）

　　物品売買代金の受取書

　　○○㈱発行のNo.××の小切手と記載した受取書　　（第17号の1文書）当該小切手の券面金額

⑼　第17号の1文書であって、受け取る金額の記載のある支払通知書、請求書その他これらに類する文書の名称、発行の日、記号、番号その他の記載があることにより、当事者間において売上代金に係る受取金額が明らかである場合　　その明らかである受取金額

（例）

　　請負代金の受取書

　　○○㈱発行の支払通知書No.××と記載した受取書　　（第17号の1文書）当該支払通知書の記載金額

⑽　記載金額が外国通貨により表示されている場合　　文書作成時の本邦通貨に換算

1256　　　　　　　　附　　　録

した金額

（例）

　　債権売買契約書

　　A債権　米貨10,000ドル　　（第15号文書）130万円

　（注）　米貨（ドル）は基準外国為替相場により、その他の外国通貨は裁定外国為
　　　　替相場により、それぞれ本邦通貨に換算する。

**（契約金額等の計算をすることができるとき等）**

**第25条**　通則4のホの㈠に規定する「単価及び数量、記号その他によりその契約金額等
の計算をすることができるとき」とは、当該文書に記載されている単価及び数量、記
号等により、その契約金額等の計算をすることができる場合をいう。

2　通則4のホの㈡に規定する「契約金額が明らかであるとき」とは、第1号文書又は
第2号文書に当該文書に係る契約についての契約金額の記載のある見積書、注文書そ
の他これらに類する文書を特定できる記載事項があることにより、当事者間において
当該契約についての契約金額を明らかにできる場合をいう。また、「契約金額の計算
をすることができるとき」とは、第1号文書又は第2号文書に当該文書に係る契約に
ついての単価、数量、記号その他の記載のある見積書、注文書その他これらに類する
文書（以下この項において「見積書等」という。）を特定できる記載事項があること
により、当該見積書等の記載事項又は当該見積書等と当該第1号文書又は第2号文書
の記載事項とに基づき、当事者間において当該契約についての契約金額の計算をする
ことができる場合をいう。

　なお、通則4のホの㈡のかっこ書の規定により当該第1号文書又は第2号文書に引
用されている文書が課税物件表の課税物件欄に掲げられている文書に該当するもので
あるときは、通則4のホの㈡の規定の適用はないのであるから留意する。

3　通則4のホの㈢に規定する「当該有価証券の発行者の名称、発行の日、記号、番号
その他の記載があることにより、当事者間において当該売上代金に係る受取金額が明
らかであるとき」とは、売上代金として受け取る有価証券の受取書に受け取る有価証
券を特定できる事項の記載があることにより、当事者間において当該有価証券の券面
金額が明らかである場合をいい、「当該売上代金に係る受取金額の記載のある支払通
知書、請求書その他これらに類する文書の名称、発行の日、記号、番号その他の記載
があることにより、当事者間において当該売上代金に係る受取金額が明らかであると
き」とは、売上代金として受け取る金銭又は有価証券の受取書に受取金額の記載があ
る文書を特定できる事項の記載があることにより、当事者間において授受した金額が
明らかである場合をいう。

**（予定金額等が記載されている文書の記載金額）**

**第26条**　予定金額等が記載されている文書の記載金額の計算は、次の区分に応じ、それ
ぞれ次に掲げるところによる。

⑴　記載された契約金額等が予定金額又は概算金額である場合　　予定金額又は概算
金額

印紙税法基本通達（第24条〜第28条）　　　　1257

(例)

　　　予定金額250万円　　　250万円

　　　概算金額250万円　　　250万円

　　　約　　　250万円　　　250万円

(2)　記載された契約金額等が最低金額又は最高金額である場合　　最低金額又は最高
　　金額

　　(例)

　　　最低金額50万円　　　50万円

　　　50万円以上　　　　　50万円

　　　50万円超　　　　50万1円

　　　最高金額100万円　　　100万円

　　　100万円以下　　　　100万円

　　　100万円未満　　99万9,999円

(3)　記載された契約金額等が最低金額と最高金額である場合　　最低金額

　　(例)

　　　50万円から100万円まで　　　50万円

　　　50万円を超え100万円以下　　50万1円

(4)　記載されている単価及び数量、記号その他によりその記載金額が計算できる場合
　　において、その単価及び数量等が、予定単価又は予定数量等となっているとき
　　　(1)から(3)までの規定を準用して算出した金額

　　(例)

　　　予定単価1万円、予定数量100個　　　100万円

　　　概算単価1万円、概算数量100個　　　100万円

　　　予定単価1万円、最低数量100個　　　100万円

　　　最高単価1万円、最高数量100個　　　100万円

　　　単価1万円で50個から100個まで　　　50万円

**(契約の一部についての契約金額が記載されている契約書の記載金額)**

**第27条**　契約書に、その契約の一部についての契約金額のみが記載されている場合に
　　は、当該金額を記載金額とする。

　　(例)

　　　請負契約書に、「A工事100万円。ただし、附帯工事については実費による。」
　　　と記載したもの　　　(第2号文書) 100万円

**(手付金額又は内入金額が記載されている契約書の記載金額)**

**第28条**　契約書に記載された金額であっても、契約金額とは認められない金額、例えば
　　手付金額又は内入金額は、記載金額に該当しないものとして取り扱う。

　　　なお、契約書に100万円を超える手付金額又は内入金額の受領事実が記載されてい
　　る場合には、当該文書は、通則3のイ又はハのただし書の規定によって第17号の1文
　　書（売上代金に係る金銭又は有価証券の受取書）に該当するものがあることに留意す

1258 附　　録

る。

**(月単位等で契約金額を定めている契約書の記載金額)**

**第29条**　月単位等で金額を定めている契約書で、契約期間の記載があるものは当該金額に契約期間の月数等を乗じて算出した金額を記載金額とし、契約期間の記載のないものは記載金額がないものとして取り扱う。

　　なお、契約期間の更新の定めがあるものについては、更新前の期間のみを算出の根基とし、更新後の期間は含まないものとする。

　　(例)

　　　　ビル清掃請負契約書において、「清掃料は月10万円、契約期間は1年とするが、当事者異議なきときは更に1年延長する。」と記載したもの　　記載金額120万円（10万円×12月）の第2号文書

**(契約金額を変更する契約書の記載金額)**

**第30条**　契約金額を変更する契約書（次項に該当するものを除く。）については、変更後の金額が記載されている場合（当初の契約金額と変更金額の双方が記載されていること等により、変更後の金額が算出できる場合を含む。）は当該変更後の金額を、変更金額のみが記載されている場合は当該変更金額をそれぞれ記載金額とする。

　　(例)

　　　　土地売買契約変更契約書において

　　1　当初の売買金額100万円を10万円増額（又は減額）すると記載したもの（第1号文書）110万円（又は90万円）

　　2　当初の売買金額を10万円増額（又は減額）すると記載したもの　　（第1号文書）10万円

2　契約金額を変更する契約書のうち、通則4のニの規定が適用される文書の記載金額は、それぞれ次のようになるのであるから留意する。

　　なお、通則4のニに規定する「当該文書に係る契約についての変更前の契約金額等の記載のある文書が作成されていることが明らかであり」とは、契約金額等の変更の事実を証すべき文書（以下「変更契約書」という。）に変更前の契約金額等を証明した文書（以下「変更前契約書」という。）の名称、文書番号又は契約年月日等変更前契約書を特定できる事項の記載があること又は変更前契約書と変更契約書とが一体として保管されていること等により、変更前契約書が作成されていることが明らかな場合をいう。

(1)　契約金額を増加させるものは、当該契約書により増加する金額が記載金額となる。

　　(例)

　　　　土地の売買契約の変更契約書において、当初の売買金額1,000万円を100万円増額すると記載したもの又は当初の売買金額1,000万円を1,100万円に増額すると記載したもの　　（第1号文書）100万円

(2)　契約金額を減少させるものは、記載金額のないものとなる。

印紙税法基本通達（第28条〜第34条）　　　　1259

（例）

　　土地の売買契約の変更契約書において、当初の売買金額1,000万円を100万円減
　　額すると記載したもの又は当初の売買金額1,100万円を1,000万円に減額すると記
　　載したもの　　（第1号文書）記載金額なし

（注）　変更前契約書の名称等が記載されている文書であっても、変更前契約書が現実
　　に作成されていない場合は、第1項の規定が適用されるのであるから留意する。

**（内訳金額を変更又は補充する場合の記載金額）**

**第31条**　契約金額の内訳を変更又は補充する契約書のうち、原契約書の契約金額と総金
　　額が同一であり、かつ、単に同一号中の内訳金額を変更又は補充するにすぎない場合
　　の当該内訳金額は、記載金額に該当しないものとする。

　　なお、この場合であっても、当該変更又は補充契約書は、記載金額のない契約書と
　　して課税になるのであるから留意する。

　　（例）

　　　工事請負変更契約書において、当初の請負金額A工事200万円、B工事100万円
　　　をA工事100万円、B工事200万円に変更すると記載したもの　　記載金額のない
　　　第2号文書

**（税金額が記載されている文書の記載金額）**

**第32条**　源泉徴収義務者又は特別徴収義務者が作成する受取書等の記載金額のうちに、
　　源泉徴収又は特別徴収に係る税金額を含む場合において、当該税金額が記載されてい
　　るときは、全体の記載金額から当該税金額を控除したのちの金額を記載金額とする。

**（記載金額1万円未満の第1号又は第2号文書についての取扱い）**

**第33条**　第1号文書又は第2号文書と第15号文書又は第17号文書とに該当する文書で、
　　通則3のイの規定により第1号文書又は第2号文書として当該文書の所属が決定され
　　たものが次の一に該当するときは、非課税文書とする。

⑴　課税物件表の第1号又は第2号の課税事項と所属しないこととなった号の課税事
　　項とのそれぞれについて記載金額があり、かつ、当該記載金額のそれぞれが1万円
　　未満（当該所属しないこととなった号が同表第17号であるときは、同号の記載金額
　　については5万円未満）であるとき。

　　（例）

　　　9,000円の請負契約と8,000円の債権売買契約とを記載している文書（第2号文
　　書）　　非課税

⑵　課税物件表の第1号又は第2号の課税事項と所属しないこととなった号の課税事
　　項についての合計記載金額があり、かつ、当該合計金額が1万円未満のとき。

　　（例）

　　　請負契約と債権売買契約との合計金額が9,000円と記載されている文書（第2
　　号文書）　　非課税

**（記載金額5万円未満の第17号文書の取扱い）**

**第34条**　課税物件表第17号の非課税物件欄1に該当するかどうかを判断する場合には、

通則4のイの規定により売上代金に係る金額とその他の金額との合計額によるのであるから留意する。

（例）

　　貸付金元金4万円と貸付金利息1万円の受取書（第17号の1文書）　　記載金額は5万円となり非課税文書には該当しない。

**（無償等と記載されたものの取扱い）**

**第35条**　契約書等に「無償」又は「0円」と記載されている場合の当該「無償」又は「0円」は、当該契約書等の記載金額に該当しないものとする。

### 第6節　追記又は付け込みに係るみなし作成

**（法第4条第2項の適用関係）**

**第36条**　法第4条《課税文書の作成とみなす場合等》第2項に規定する「課税文書を1年以上にわたり継続して使用する場合」とは、当該課税文書の作成日の翌年の応当日以後にわたって継続して使用する場合をいい、「当該課税文書を作成した日から1年を経過した日」とは、当該課税文書に最初の付け込みをした日の翌年の応当日をいう。

（例）

| 作成した日（最初の付け込みの日） | 1年を経過した日 | 付け込みした日（新たに作成したとみなされる日） |
|---|---|---|
| ←──── 1年 ────→ | ←── 付け込みなし ──→ | ←── 付け込みあり |
| 51・4・2 | 52・4・1　52・4・2 | 52・9・1 |

**（追記と併記又は混合記載の区分）**

**第37条**　法第4条《課税文書の作成とみなす場合等》第3項に規定する「追記」とは、既に作成されている一の文書にその後更に一定事項を追加して記載することをいい、通則2に規定する「併記又は混合記載」とは、一の文書に同時に2以上の事項を記載することをいう。

**（追記又は付け込みの範囲）**

**第38条**　法第4条《課税文書の作成とみなす場合等》第3項に規定する「一の文書」には、課税文書だけでなくその他の文書も含むのであるから留意する。

印紙税法基本通達（第34条〜第43条）　　　　1261

2　課税物件表の第1号、第2号、第7号及び第12号から第15号までの課税事項により
　証されるべき事項を追記した場合で、当該追記が原契約の内容の変更又は補充につい
　てのものであり、かつ、当該追記した事項が別表第二に掲げる重要な事項に該当する
　ときは、法第4条第3項の規定を適用する。

（新たに作成したものとみなされる課税文書の所属の決定）
第39条　一の文書への課税事項の追記又は付け込みにより新たに作成したものとみなさ
　れる課税文書は、当該追記又は付け込みをした課税事項の内容により、第3節《文書
　の所属の決定等》の規定を適用して、その所属を決定する。

（第1回目の付け込みについて法第4条第4項の規定の適用がある場合）
第40条　第19号文書又は第20号文書に第1回目の付け込みをした場合において、当該付
　け込みに係る記載事項及び記載金額が法第4条《課税文書の作成とみなす場合等》第
　4項の規定に該当するときには、第19号文書又は第20号文書の作成があったものとは
　ならず、同項各号に規定する課税文書の作成があったものとみなされるのであるから
　留意する。

（例）請負通帳〔次ページ掲載〕
（通帳等への受取事実の付け込みが受取書の作成とみなされる場合）
第41条　法第4条《課税文書の作成とみなす場合等》第4項第3号に規定する「別表第
　一第17号の課税文書（物件名欄1に掲げる受取書に限る。）により証されるべき事
　項」とは、売上代金に係る金銭又は有価証券の受取事実を証するもので、かつ、営業
　に関するものをいうのであるから留意する。

<h2 style="text-align:center">第7節　作　成　者　等</h2>

（作成者の意義）
第42条　法に規定する「作成者」とは、次に掲げる区分に応じ、それぞれ次に掲げる者
　をいう。
　(1)　法人、人格のない社団若しくは財団（以下この号において「法人等」という。）
　　の役員（人格のない社団又は財団にあっては、代表者又は管理人をいう。）又は法
　　人等若しくは人の従業者がその法人等又は人の業務又は財産に関し、役員又は従業
　　者の名義で作成する課税文書　当該法人等又は人
　(2)　(1)以外の課税文書　当該課税文書に記載された作成名義人

（代理人が作成する課税文書の作成者）
第43条　委任に基づく代理人が、当該委任事務の処理に当たり、代理人名義で作成する
　課税文書については、当該文書に委任者の名義が表示されているものであっても、当
　該代理人を作成者とする。
2　代理人が作成する課税文書であっても、委任者名のみを表示する文書については、
　当該委任者を作成者とする。

1262　　　　　　附　　　録

（例）

## 請　負　通　帳

| 契約年月日 | 注文内容 | 数量 | 単価 | 価格 | 納期 | 請印 | |
|---|---|---|---|---|---|---|---|
| 51. 4. 1 | 金属メッキ加工 | 1,200 | 1,100 | 1,320,000 | 51. 4. 5 | 印 | ⎰ 請負に関する契約書の作成とみなされ、<br>⎱ 請負通帳の作成とはならない。 |
| 51. 4. 3 | 〃 | 300 | 240 | 72,000 | 51. 4.10 | 印 | |
| 51. 4.10 | 〃 | 200 | 260 | 52,000 | 51. 4.15 | 印 | 請負通帳の作成となる |
| 51. 5. 2 | 〃 | 300 | 520 | 156,000 | 51. 5.10 | 印 | |
| 51. 5. 5 | 〃 | 1,000 | 240 | 240,000 | 51. 5.16 | 印 | ⎰ 請負に関する契約書の作成とみなされ、<br>⎱ 請負通帳の付込みとはならない。 |
| 51. 5.10 | 〃 | 1,200 | 1,100 | 1,320,000 | 51. 5.30 | 印 | |
| 51. 5.15 | 〃 | 500 | 520 | 260,000 | 51. 5.20 | 印 | |
| 52. 4. 2 | 〃 | 1,000 | 240 | 240,000 | 52. 4.10 | 印 | ⎧ 請負に関する契約書の作成とはならない、<br>⎨ 請負通帳の付込みとみなされ、<br>⎩ 法第4条第2項の規定により、新たな請<br>　負通帳の作成とみなされる。 |
| 52. 4. 3 | 〃 | 1,100 | 1,100 | 1,210,000 | 52. 4.13 | 印 | |
| 52. 4. 6 | 〃 | 300 | 520 | 156,000 | 52. 4.15 | 印 | |

印紙税法基本通達（第43条～第48条）　　　　　1263

**（作成等の意義）**

**第44条**　法に規定する課税文書の「作成」とは、単なる課税文書の調製行為をいうのでなく、課税文書となるべき用紙等に課税事項を記載し、これを当該文書の目的に従って行使することをいう。

2　課税文書の「作成の時」とは、次の区分に応じ、それぞれ次に掲げるところによる。

　⑴　相手方に交付する目的で作成される課税文書　　当該交付の時

　⑵　契約当事者の意思の合致を証明する目的で作成される課税文書　　当該証明の時

　⑶　一定事項の付け込みを証明をすることを目的として作成される課税文書　　当該最初の付け込みの時

　⑷　認証を受けることにより効力が生ずることとなる課税文書　　当該認証の時

　⑸　第5号文書のうち新設分割計画書　本店に備え置く時

**（一の文書に同一の号の課税事項が2以上記載されている場合の作成者）**

**第45条**　一の文書に、課税物件表の同一の号の課税事項が2以上記載されている場合においては、当該2以上の課税事項の当事者がそれぞれ異なるものであっても、当該文書は、これらの当事者の全員が共同して作成したものとする。

　　　（例）

　　　　一の文書に甲と乙、甲と丙及び甲と丁との間のそれぞれ200万円、300万円及び500万円の不動産売買契約の成立を証明する事項を区分して記載しているものは、記載金額1,000万円の第1号文書（不動産の譲渡に関する契約書）に該当し、甲、乙、丙及び丁は共同作成者となる。

**（一の文書が2以上の号に掲げる文書に該当する場合の作成者）**

**第46条**　一の文書が、課税物件表の2以上の号に掲げる文書に該当し、通則3の規定により所属が決定された場合における当該文書の作成者は、当該所属することとなった号の課税事項の当事者とする。

　　　（例）

　　　　一の文書で、甲と乙との間の不動産売買契約と甲と丙との間の債権売買契約の成立を証明する事項が記載されているものは、第1号文書（不動産の譲渡に関する契約書）に所属し、この場合には、甲と乙が共同作成者となり、丙は作成者とはならない。

**（共同作成者の連帯納税義務の成立等）**

**第47条**　一の課税文書を2以上の者が共同作成した場合における印紙税の納税義務は、当該文書の印紙税の全額について共同作成者全員に対してそれぞれ各別に成立するのであるが、そのうちの1人が納税義務を履行すれば当該2以上の者全員の納税義務が消滅するのであるから留意する。

**第48条**　　（削除）

1264 附　　録

## 第8節　納　税　地

### （作成場所が法施行地外となっている場合）

**第49条**　文書の作成場所が法施行地外である場合の当該文書については、たとえ当該文書に基づく権利の行使又は当該文書の保存が法施行地内で行われるものであっても、法は適用されない。ただし、その文書に法施行地外の作成場所が記載されていても、現実に法施行地内で作成されたものについては、法が適用されるのであるから留意する。

### （課税文書にその作成場所が明らかにされているものの意義）

**第50条**　法第6条《納税地》第4号に規定する「課税文書にその作成場所が明らかにされているもの」とは、課税文書の作成地として、いずれの税務署の管轄区域内であるかが判明しうる程度の場所の記載があるものをいう。

　　例えば、「作成地　東京都千代田区霞が関」と記載されているもの又は「本店にて作成」として「本店所在地　東京都千代田区霞が関」と記載されているものは、作成場所が明らかなものに該当するが、「作成地　東京都」と記載されたもの又は「本店にて作成」として「本店所在地　東京都」と記載されたものは、これに該当しない。

### （その作成者の事業に係る事務所、事業所その他これに準ずるものの所在地が記載されている課税文書の意義）

**第51条**　令第4条《納税地》第1項第1号に規定する「その作成者の事業に係る事務所、事業所その他これに準ずるものの所在地が記載されている課税文書」とは、課税文書に作成者の本店、支店、工場、出張所、連絡所等の名称が記載された上、いずれの税務署の管轄区域内であるかが判明しうる程度の所在地の記載があるものをいう。

　　例えば、「東京都千代田区霞が関　大蔵工業株式会社」と記載されているもの又は「大阪市東区大手前之町　大蔵工業株式会社大阪支店」と記載されているものは、所在地が記載されているものに該当するが、「東京都　大蔵工業株式会社」と記載されたもの又は「大阪市　大蔵工業株式会社大阪支店」と記載されたものは、これに該当しない。

2　課税文書にその作成者の事業に係る事務所、事業所その他これに準ずるものの所在地が2以上記載されている場合（例えば、本店と支店の所在地が記載されている場合）において、そのいずれかの所在地を作成場所として推定することができるときは当該所在地を、推定することができないときは主たるもの（例えば本店）の所在地を、それぞれ当該課税文書の納税地とする。

### （作成者のうち当該課税文書に最も先に記載されている者の意義）

**第52条**　令第4条《納税地》第2項第2号に規定する「作成者のうち当該課税文書に最も先に記載されている者」とは、例えば、課税文書の最後尾に「甲〇〇〇〇、乙〇〇〇〇」又は「甲〇〇〇〇　乙〇〇〇〇」と記載されている場合の「甲〇〇〇〇」をいう。ただし、「甲〇〇〇〇」が国、地方公共団体若しくは非課税法人の表に掲げる者（以下「国

印紙税法基本通達（第49条〜第58条）　　　1265

等」という。）又は当該課税文書が非課税文書の表の上欄に掲げるものである場合の
同表の下欄に掲げる者に該当するときは、「乙○○○○」をいうものとする。

## 第9節　非課税文書

### （非課税文書を作成した者の範囲）

第53条　法第5条《非課税文書》の規定の適用に当たっては、国等及び非課税文書の表
　の下欄に掲げる者には、当該者の業務の委託を受けた者は含まれないのであるから留
　意する。

### （外国大使館等の作成した文書）

第54条　在本邦外国大使館、公使館、領事館（名誉領事館を除く。）、外国代表部又は外
　国代表部の出張所が作成した文書については、国が作成した文書に準じて印紙税を課
　さないことに取り扱う。

### （地方公共団体の意義）

第55条　法第5条《非課税文書》第2号に規定する「地方公共団体」とは、地方自治法
　（昭和22年法律第67号）第1条の3《地方公共団体の種類》に規定する地方公共団体
　をいう。

### （国等が作成した文書の範囲）

第56条　法第5条《非課税文書》第2号に規定する「国、地方公共団体又は別表第二に
　掲げる者が作成した文書」及び第54条《外国大使館等の作成した文書》に規定する文
　書には、これらの者の職員がその職務上作成した文書を含むのであるから留意する。

### （国等と国等以外の者とが共同して作成した文書の範囲）

第57条　法第4条《課税文書の作成とみなす場合等》第5項に規定する「国等と国等以
　外の者とが共同して作成した文書」とは、国等が共同作成者の一員となっているすべ
　ての文書をいうのであるから留意する。

　　（例）
　　　　国等（甲）と国等以外の者（乙）の共有地の売買契約書
　　　　　売主　　甲及び乙
　　　　　買主　　丙
　　　　売買契約書を3通作成し、甲、乙、丙がそれぞれ1通ずつ所持する場合
　　　　　甲が所持する文書　　　課税
　　　　　乙が所持する文書　　　非課税
　　　　　丙が所持する文書　　　丙が国等以外の者であるときは非課税
　　　　　　　　　　　　　　　　丙が国等であるときは課税

## 第10節　その他の共通事項

### （後日、正式文書を作成することとなる場合の仮文書）

第58条　後日、正式文書を作成することとなる場合において、一時的に作成する仮文書
　であっても、当該文書が課税事項を証明する目的で作成するものであるときは、課税

文書に該当する。

**（同一法人内で作成する文書）**

**第59条** 同一法人等の内部の取扱者間又は本店、支店及び出張所間等で、当該法人等の事務の整理上作成する文書は、課税文書に該当しないものとして取り扱う。ただし、当該文書が第3号文書又は第9号文書に該当する場合は、単なる事務整理上作成する文書とは認められないから、課税文書に該当する。

**（有価証券の意義）**

**第60条** 法に規定する「有価証券」とは、財産的価値ある権利を表彰する証券であって、その権利の移転、行使が証券をもってなされることを要するものをいい、金融商品取引法（昭和23年法律第25号）に定める有価証券に限らない。

（例）

　　株券、国債証券、地方債証券、社債券、出資証券、投資信託の受益証券、貸付信託の受益証券、特定目的信託の受益証券、受益証券発行信託の受益証券、約束手形、為替手形、小切手、貨物引換証、船荷証券、倉庫証券、商品券、プリペイドカード、社債利札等

（注）　次のようなものは有価証券に該当しない。

　(1)　権利の移転や行使が必ずしも証券をもってなされることを要しない単なる証拠証券

　　　（例）

　　　　借用証書、受取証書、運送状

　(2)　債務者が証券の所持人に弁済すれば、その所持人が真の権利者であるかどうかを問わず、債務を免れる単なる免責証券

　　　（例）

　　　　小荷物預り証、下足札、預金証書

　(3)　証券自体が特定の金銭的価値を有する金券

　　　（例）

　　　　郵便切手、収入印紙

## 第2章　課税物件、課税標準及び税率

**（課税物件、課税標準及び税率の取扱い）**

**第61条** 課税物件、課税標準及び税率の取扱いについては、第1章で定めるところによるほか、別表第一に定めるところによる。

**（印紙税額等の端数計算）**

**第62条** 印紙税の課税標準及び税額については、通則法第118条《国税の課税標準の端数計算等》及び第119条《国税の確定金額の端数計算等》の規定は適用されないのであるから留意する。

印紙税法基本通達（第58条～第67条）　　　　1267

# 第3章　納付、申告及び還付等

## 第1節　印紙による納付

**（印紙の範囲）**

**第63条**　法第8条《印紙による納付等》第1項に規定する「印紙税に相当する金額の印紙」には、既に彩紋が汚染等した印紙又は消印された印紙若しくは消印されていない使用済みの印紙は含まない。

2　課税文書となるべき用紙等又は各種の登録申請書等にはり付けた印紙で、当該課税文書の作成又は当該申請等がなされる前のものは、使用済みの印紙とはならない。

**（共同作成の場合の印紙の消印方法）**

**第64条**　2以上の者が共同して作成した課税文書にはり付けた印紙を法第8条《印紙による納付等》第2項の規定により消す場合には、作成者のうちの一の者が消すこととしても差し支えない。

**（印章の範囲）**

**第65条**　令第5条《印紙を消す方法》に規定する「印章」には、通常印判といわれるもののほか、氏名、名称等を表示した日付印、役職名、名称等を表示した印を含むものとする。

## 第2節　税印による納付の特例

**（納付方法の併用禁止）**

**第66条**　法第9条《税印による納付の特例》の規定による納付の特例は、課税文書に相当印紙をはり付けることに代えて税印を押すのであるから、印紙をはり付けた課税文書又は印紙税納付計器により当該課税文書に課されるべき印紙税額に相当する金額（以下「相当金額」という。）を表示して納付印を押した課税文書等他の納付方法により納付したものについては、税印を押すことができない（他の納付方法により納付した印紙税について過誤納の処理をしたものはこの限りでない。）ことに留意する。

**（請求の棄却）**

**第67条**　次に掲げる場合には、原則として、法第9条《税印による納付の特例》第3項の規定により税印を押すことの請求を棄却する。

⑴　請求に係る課税文書に課されるべき印紙税額が当該課税文書の記載金額によって異なり、かつ、当該記載金額が明らかでない場合

⑵　請求に係る課税文書が、当該請求の時点においては課税物件表のいずれの号の文書に該当するものであるかが明らかでない場合

⑶　請求に係る課税文書が、税印を明確に押すことのできない紙質、形式等である場合

⑷　その他印紙税の保全上不適当であると認められる場合

1268　　　　　　　　　附　　　録

**（印紙税の納付）**

**第68条**　法第9条《税印による納付の特例》第2項に規定する印紙税は、税印を押すことを請求した税務署長の所属する税務署の管轄区域内の場所を納税地として納付するのであるから留意する。

### 第3節　印紙税納付計器の使用による納付の特例

**（納付方法の併用禁止）**

**第69条**　法第10条《印紙税納付計器の使用による納付の特例》の規定による納付の特例は、課税文書に相当印紙をはり付けることに代えて、相当金額を表示して納付印を押すのであるから、税印を押した課税文書等他の納付方法により納付したものについては、相当金額を表示して納付印を押すことができない（他の納付方法により納付した印紙税について過誤納の処理をしたものはこの限りでない。）ことに留意する。ただし、一の課税文書に納付印を2以上押すこと、及び納付印を押すことと印紙のはり付けとを併用することは差し支えないものとして取り扱う。

**（印紙税納付計器設置の不承認）**

**第70条**　次に掲げる場合には、原則として、法第10条《印紙税納付計器の使用による納付の特例》第1項の規定による承認は与えない。

　(1)　承認を受けようとする者が過去2年以内において同条第5項の規定により承認を取り消された者である場合

　(2)　承認を受けようとする者が過去2年以内において法に違反して告発された者である場合

　(3)　その他印紙税の保全上不適当と認められる場合

**（印紙税納付計器設置承認に付す条件）**

**第71条**　法第10条《印紙税納付計器の使用による納付の特例》第1項の規定により印紙税納付計器の設置の承認を与える場合には、次に掲げる条件を付する。

　(1)　かぎを付することとなっている印紙税納付計器を設置したときは、その使用前に当該印紙税納付計器のかぎを承認した税務署長に預けておくこと。

　(2)　印紙税納付計器に故障その他の事故が生じたときは、その旨を直ちに承認した税務署長に届け出て、その指示に従うこと。

　(3)　印紙税納付計器の設置を廃止したとき、又は納付印を取り替えたときは、承認した税務署長の指示するところにより、不要となった納付印の印面を廃棄すること。

**（納付印の記号、番号）**

**第72条**　規則第3条《納付印の印影の形式等》第1項に規定する納付印の印影の形式中の記号及び番号は、印紙税納付計器を設置しようとする場所の所在地の所轄税務署長が指定するところによる。

**（印紙税納付計器により納付印を押すことができる課税文書の範囲）**

**第73条**　法第10条《印紙税納付計器の使用による納付の特例》第1項の規定は、同項の規定により印紙税納付計器の設置の承認を受けた者が作成する課税文書（当該印紙税

印紙税法基本通達（第68条〜第78条）　　　　1269

　納付計器の設置の承認を受けた者とその他の者とが共同して作成するものを含む。）
　について適用されるのであるから留意する。
2　法第10条第2項の規定は、同条第1項の規定により印紙税納付計器の設置の承認を
　受けた者が、更に、同条第2項の規定による承認を受けた場合に限り、その交付を受
　ける課税文書について適用されるのであるから留意する。

**（交付を受ける課税文書の意義）**

**第74条**　法第10条《印紙税納付計器の使用による納付の特例》第2項に規定する「交付
　を受ける課税文書」とは、印紙税納付計器の設置者を相手方として交付する目的で作
　成され、当該交付の時において納税義務の成立する課税文書をいう。したがって、当
　該設置者以外の者に対して交付する目的で作成された課税文書には納付印を押すこと
　はできないのであるから留意する。

**（交付を受ける課税文書に納付印を押す場合の納税義務者）**

**第75条**　法第10条《印紙税納付計器の使用による納付の特例》第2項の規定は、印紙税
　納付計器の設置者が交付を受ける課税文書について、当該納付計器を使用して印紙税
　を納付することができることとしたものであり、当該課税文書の納税義務者は、当該
　文書の作成者であるから留意する。したがって、当該文書について印紙税の不納付が
　あった場合には、当該作成者から過怠税を徴収することとなる。

**（印紙税納付計器その他同項の措置を受けるため必要な物件）**

**第76条**　令第8条《印紙税納付計器の設置の承認の申請等》第4項に規定する「印紙税
　納付計器その他同項の措置を受けるため必要な物件」は、始動票札を使用しない印紙
　税納付計器にあっては当該印紙税納付計器、始動票札を使用する印紙税納付計器に
　あっては当該印紙税納付計器及び始動票札とする。ただし、始動票札を使用する印紙
　税納付計器について同項の規定による請求書を提出することが2回目以降である場合
　は、当該始動票札のみとする。

**（印紙税納付計器の設置の承認の取消し）**

**第77条**　次に掲げる場合には、法第10条《印紙税納付計器の使用による納付の特例》第
　5項の規定により印紙税納付計器の設置の承認を取り消す。
　⑴　承認を受けた者が法に違反して告発された場合
　⑵　偽りその他不正の行為により印紙税納付計器の設置の承認を受けた場合
　⑶　承認を受けた者が承認の条件に違反した場合
　⑷　その他印紙税の取締り上不適当と認められる場合

### 第4節　書式表示による申告及び納付の特例

**（様式又は形式が同一かどうかの判定）**

**第78条**　法第11条《書式表示による申告及び納付の特例》第1項に規定する「様式又は
　形式が同一」に該当するかどうかは、おおむね、当該文書の名称、記載内容、大き
　さ、彩紋を基準として判定する。

**（後日においても明らかにされているものの意義）**

**第79条**　法第11条《書式表示による申告及び納付の特例》第１項に規定する「後日においても明らかにされているもの」とは、法第18条《記帳義務》第１項の規定に基づいて課税文書の作成に関する事実を帳簿に記載することにより結果的に作成事実が明らかにされるだけでなく、他の法律の規定、課税文書の性質、作成の状況等から判断して、当該課税文書を作成した後においても、その作成事実が明らかにされているものをいう。

**（課税文書を作成しようとする場所の意義）**

**第80条**　法第11条《書式表示による申告及び納付の特例》第１項に規定する「課税文書を作成しようとする場所」とは、次に掲げる課税文書の区分に応じ、それぞれ次に掲げる場所をいうものとする。

(1)　課税文書に作成しようとする場所が明らかにされているもの　　当該作成しようとする場所

(2)　(1)以外の課税文書で、証券代行会社等が、当該文書を作成しようとする者から委託を受けて事務を代行している場合における当該代行事務に係るもの　　当該証券代行会社等の所在地

(3)　前２号以外の課税文書で、当該文書に作成しようとする者の事業に係る事務所、事業所その他これらに準ずるものの所在地が記載されているもの　　当該所在地
（所在地が２以上ある場合は、作成しようとする場所として推定することができるいずれか一の所在地）

(4)　前各号以外の課税文書　　当該課税文書を作成しようとする者の住所

**（毎月継続して作成されることとされているものの意義等）**

**第81条**　法第11条《書式表示による申告及び納付の特例》第１項第１号に規定する「毎月継続して作成されることとされているもの」とは、通常毎月継続して作成することとされているものをいうが、１か月以内において継続して作成することとされているものも、これに含めて取り扱う。

　なお、この場合において、当該課税文書に発行年月日等の通常作成した日と認められる日が記載されているものについては、当該日を作成日として取り扱って差し支えない。

**（特定の日に多量に作成されることとされているものの意義等）**

**第82条**　法第11条《書式表示による申告及び納付の特例》第１項第２号に規定する「特定の日に多量に作成されることとされているもの」とは、通常特定の日に多量に作成することとされているものをいい、毎月継続して特定の日に多量に作成されることとされているものは、同項第１号に該当するものとして取り扱う。

　なお、この場合において、当該課税文書に発行年月日等の通常作成した日と認められる日が記載されているものについては、当該日を特定の日として取り扱って差し支えない。

印紙税法基本通達（第79条〜第87条）　　　　1271

**（書式表示の承認区分）**

**第83条**　法第11条《書式表示による申告及び納付の特例》第1項に規定する書式表示の承認について、同項第1号の承認は、毎月継続的に作成することが予定されているものに対する包括承認であり、同項第2号の承認は、特定の日に多量に作成することが予定されているものに対する都度承認である。

2　課税事項の追記が予定されている文書については、当初に作成される文書に法第11条第1項に規定する承認を与えるほか、当初に作成される文書及び追記により作成したとみなされる文書に併せて同項の承認を与えることができるものとする。

　　なお、この場合においては、当該承認の効果の及ぶ範囲を明らかにしておく必要があることに留意する。

**（書式表示の不承認）**

**第84条**　次に掲げる場合には、原則として、法第11条《書式表示による申告及び納付の特例》第1項の規定による承認は与えない。

⑴　申請者が法第15条《保全担保》の規定により命ぜられた担保の提供をしない場合

⑵　申請に係る課税文書の様式又は形式が同一でない場合

⑶　申請に係る課税文書について、法第11条第1項の規定による納付方法と他の納付方法とを併用するおそれがあると認められる場合

⑷　申請に係る課税文書の作成数量がきん少であると認められる場合

⑸　申請に係る課税文書の作成日、作成数量及び税率区分が容易に確認できないと認められる場合

⑹　申請者が過去1年以内において同項の規定による承認を取り消された者である場合

⑺　申請者が過去1年以内において法の規定に違反して告発された者である場合

⑻　その他印紙税の保全上不適当と認められる場合

**（納付方法の併用禁止）**

**第85条**　法第11条《書式表示による申告及び納付の特例》第1項の規定による納付の特例は、相当印紙のはり付けに代えて、金銭をもって課税文書についての印紙税を納付するのであるから、当該課税文書と様式又は形式が同一の課税文書については、同項の規定による納付方法と相当印紙のはり付け等他の納付方法とを併用することができないことに留意する。

**（承認に係る課税文書に相当印紙をはり付ける等の方法により印紙税を納付した場合）**

**第86条**　法第11条《書式表示による申告及び納付の特例》第1項の規定により承認を受けた課税文書については、すべて同条の規定による申告及び納付をしなければならないのであるから留意する。したがって、当該文書について相当印紙をはり付ける方法等他の納付方法により納付した印紙税があるときは、申請に基づき当該印紙税の還付又は充当の処理をする。

**（書式表示の承認に付す条件）**

**第87条**　法第11条《書式表示による申告及び納付の特例》第1項の規定により書式表示

1272　　　　　　　　　　　附　　　録

の承認を与える場合には、次に掲げる条件を付する。

(1)　承認を受けた課税文書の受払い等に関する帳簿等の提示を求められたときは、速やかにこれに応ずること。

(2)　法第15条《保全担保》の規定により担保の提供を命ぜられたときは、速やかにこれに応ずること。

**(申告書の記載事項)**

**第88条**　法第11条《書式表示による申告及び納付の特例》第4項の規定による申告書の記載事項については、次による。

(1)　同項第1号に規定する「種類」とは、課税物件表に掲げる課税物件名及び当該課税物件名ごとの名称とする。

（例）

売上代金に係る金銭の受取書　　領収証

(2)　同号に規定する「税率区分の異なるごと」とは、課税物件表の課税標準及び税率欄に掲げる税率の区分の異なるごとをいう。

2　第83条《書式表示の承認区分》第2項に規定する当初に作成された文書及び追記により作成したとみなされる文書につき併せて法第11条第1項に規定する承認を与えた場合には、同条第4項の規定による申告書には、それぞれ区分して記載させるものとする。

**(非課税文書への書式表示)**

**第89条**　規則第4条《書式表示等の書式》の規定による書式の表示は、印紙税が納付済みであることを表すものではなく、単に申告納税方式により納付するものであることを表すにすぎないから、法第11条《書式表示による申告及び納付の特例》第1項の規定による承認を受けた課税文書に、後日、金額等を記載したことによりそれが課税文書に該当しないこととなったとしても、当該表示を抹消する必要はない。

**(書式表示の承認の取消し)**

**第90条**　次に掲げる場合には、原則として、法第11条《書式表示による申告及び納付の特例》第1項の規定による承認を取り消す。

(1)　承認に係る課税文書の作成日、作成数量及び税率区分が容易に確認できなくなった場合

(2)　承認に係る課税文書の作成数量がきん少となった場合

(3)　承認を受けた者が法に違反して告発された場合

(4)　承認を受けた者が承認の条件に違反した場合

(5)　その他印紙税の取締り上不適当と認められる場合

### 第5節　預貯金通帳等に係る申告及び納付の特例

**(預貯金通帳等を作成しようとする場所が同一の税務署管内に2以上ある場合)**

**第91条**　同一の者について、預貯金通帳等を作成しようとする場所が同一の税務署管内に2以上ある場合（例えば、同一の税務署管内に同一金融機関の支店、出張所等の店

印紙税法基本通達（第87条～第95条）　　　　　1273

舗が２以上ある場合）には、当該作成しようとする場所の所在地ごとに承認を与える。この場合において、法第12条《預貯金通帳等に係る申告及び納付等の特例》第５項の規定による申告書は、当該預貯金通帳等の作成場所の所在地ごとに提出するものとする。

**（預貯金通帳等に係る本店一括納付の取扱い）**

**第91条の２**　金融機関等が、各支店分の預貯金通帳等を本店で電子計算組織により集中的に管理し、かつ、当該預貯金通帳等に本店の所在地を記載している場合は、各支店で当該預貯金通帳等を発行する場合であっても、当該本店を「預貯金通帳等を作成しようとする場所」として取り扱い、本店において全支店分をまとめて法第12条《預貯金通帳等に係る申告及び納付等の特例》第１項の規定の適用を受けることとしても差し支えない。

**（一括納付の不承認）**

**第92条**　次に掲げる場合には、原則として、法第12条《預貯金通帳等に係る申告及び納付等の特例》第１項の規定による承認は与えない。

(1)　申請者が法第15条《保全担保》の規定により命ぜられた担保の提供をしない場合

(2)　申請に係る預貯金通帳等の種類ごとの当該預貯金通帳等に係る口座の数が明らかでない場合

(3)　申請者が過去１年以内において、法第12条第１項の規定による承認を取り消された者である場合

(4)　申請者が過去１年以内において法に違反して告発された者である場合

(5)　その他印紙税の保全上不適当と認められる場合

**（納付方法の併用禁止）**

**第93条**　法第12条《預貯金通帳等に係る申告及び納付等の特例》第１項の規定による納付の特例は、相当印紙のはり付けに代えて、金銭をもって預貯金通帳等についての印紙税を納付するのであるから、当該預貯金通帳等については、同項の規定による納付方法と相当印紙のはり付け等他の納付方法とを併用することができないことに留意する。

**（承認に係る預貯金通帳等に相当印紙をはり付ける方法等により印紙税を納付した場合）**

**第94条**　法第12条《預貯金通帳等に係る申告及び納付等の特例》第１項の規定により承認を受けた預貯金通帳等については、すべて同条の規定による申告及び納付をしなければならないのであるから留意する。

なお、当該預貯金通帳等について、相当印紙をはり付ける方法等他の納付方法により納付した印紙税があるときは、申請に基づき当該印紙税の還付又は充当の処理をする。

**（預貯金通帳等の範囲）**

**第95条**　令第11条《書式表示をすることができる預貯金通帳等の範囲》第１号に規定する「普通預金通帳」には、現金自動預金機専用通帳を含むものとする。

1274 附　　録

2　令第11条第3号に規定する「定期預金通帳」には、積立定期預金通帳を含むものとする。

3　令第11条第4号に規定する「当座預金通帳」には、当座預金への入金の事実のみを付け込んで証明する目的をもって作成する、いわゆる当座勘定入金帳（付け込み時に当座預金勘定への入金となる旨が明らかにされている集金用の当座勘定入金帳を含む。）を含むものとする。

4　令第11条第7号に規定する「複合預金通帳」とは、性格の異なる2以上の預貯金に関する事項を併せて付け込んで証明する目的をもって作成する通帳をいい、現実に2以上の預貯金に関する事項が付け込まれているかどうかは問わない。したがって、普通預金及び定期預金に関する事項を併せて付け込んで証明する目的をもって作成される、いわゆる総合口座通帳は、普通預金に関する事項のみが付け込まれている場合であっても、複合預金通帳に該当する。

5　令第11条第8号に規定する「複合寄託通帳」とは、預貯金に関する事項及び有価証券の寄託に関する事項を併せて付け込んで証明する目的をもって作成する通帳をいい、具体的には、信託銀行において、普通預金に関する事項及び貸付信託の受益証券の保護預りに関する事項を併せて付け込んで証明する目的をもって作成する、いわゆる信託総合口座通帳等がこれに該当する。

　　なお、信託総合口座通帳等は、普通預金に関する事項のみが付け込まれている場合であっても、前項の複合預金通帳の場合と同様、複合寄託通帳に該当する。

（注）　法第12条《預貯金通帳等に係る申告及び納付等の特例》第1項の規定による承認は、令第11条に掲げる預貯金通帳等の区分ごとに行う。したがって、例えば、普通預金通帳又は定期預金通帳についてのみ法第12条第1項の規定による承認を受け、複合預金通帳又は複合寄託通帳については、法第8条《印紙による納付等》第1項の規定による相当印紙のはり付けによる納付方法によることとしても差し支えない。

　　　　しかし、同一区分の預貯金通帳等のうち一部（例えば、普通定期預金通帳と積立定期預金通帳がある場合の積立定期預金通帳）だけについて、法第12条第1項の規定による承認を受けることはできないのであるから留意する。

**（一括納付の承認に付す条件）**

**第96条**　法第12条《預貯金通帳等に係る申告及び納付等の特例》第1項の規定により、預貯金通帳等について一括納付の承認を与える場合には、次に掲げる条件を付する。

⑴　承認を受けた預貯金通帳等の受払い等に関する帳簿等の提示を求められたときは、速やかにこれに応ずること。

⑵　法第15条《保全担保》の規定により担保の提供を命ぜられたときは、速やかにこれに応ずること。

**（金融機関等の本支店、出張所等が移転した場合）**

**第97条**　法第12条《預貯金通帳等に係る申告及び納付等の特例》第1項の規定により承認を受けた金融機関等の本支店、出張所等が、当該承認を受けた日以後に移転した場

印紙税法基本通達（第95条～第99条）　　　　1275

合における当該移転の日から当該移転の日の属する課税期間（4月1日から翌年3月
31日までの期間をいう。以下同じ。）の末日までに作成する預貯金通帳等については、同条第4項の規定により当該課税期間の開始の時に作成されたものとみなされるのであるから、改めて印紙税を納付する必要がないことに留意する。

(注)　法第12条第1項の承認は、預貯金通帳等を作成しようとする場所の所在地ごとに与えるものであるから、同項の規定により承認を受けた金融機関等の本支店、出張所等が移転した場合には、当該移転の日の属する課税期間の翌課税期間以後に当該移転後の場所の所在地において作成しようとする預貯金通帳等について改めて同項の承認を受けなければ、同条の規定は適用されないことに留意する。

**（金融機関等の支店、出張所等が新設された場合）**

**第98条**　新設された金融機関等の支店、出張所等が、当該金融機関等の他の支店、出張所等において法第12条《預貯金通帳等に係る申告及び納付等の特例》第1項の規定による承認を受けた預貯金通帳等をそのまま当該新設の日の属する課税期間内において引き続き使用する場合における当該預貯金通帳等については、当該承認に係る期間の開始の時に作成されたものとみなされるのであるから、改めて印紙税を納付する必要はないことに留意する。

(注)1　新設された金融機関等の支店、出張所等が当該新設の日の属する課税期間内に新たに作成する預貯金通帳等（新規の預貯金者に交付する新預貯金通帳等及び既預貯金者に改帳により交付する新預貯金通帳等）については、相当印紙を貼り付ける方法等他の納付方法により印紙税を納付しなければならないのであるから留意する。

2　法第12条第1項の承認は、預貯金通帳等を作成しようとする場所の所在地ごとに与えるものであるから、金融機関等の支店、出張所等が新設された場合には、当該新設された日の属する課税期間の翌課税期間以後に当該新設された金融機関等の支店、出張所等において作成しようとする預貯金通帳等について新たに同項の承認を受けなければ、同条の規定は適用されないことに留意する。

**（金融機関等の支店、出張所等が統合された場合）**

**第99条**　同一種類の預貯金通帳等につき、法第12条《預貯金通帳等に係る申告及び納付等の特例》第1項の承認を受けている支店、出張所等と当該承認を受けていない支店、出張所等とが、当該承認を受けた日以後に統合された場合において、当該統合の日から当該統合の日の属する課税期間の末日までに作成する預貯金通帳等については、次により取り扱う。

⑴　統合により存続する支店、出張所等が、同一種類の預貯金通帳等につき、法第12条第1項の承認を受けている場合で、廃止する支店、出張所等が当該承認を受けていないとき

イ　新規の預貯金者に交付する預貯金通帳等及び存続する支店、出張所等に統合前から口座を有している既預貯金者に改帳により交付する預貯金通帳等については、法第12条の規定を適用する。

ロ　統合により廃止した支店、出張所等に口座を有していた既預貯金者に改帳により交付する預貯金通帳等については、法第12条の規定は適用しない。

(2)　統合により存続する支店、出張所等が、同一種類の預貯金通帳等につき、法第12条第1項の承認を受けていない場合で、廃止する支店、出張所等が当該承認を受けているとき

イ　新規の預貯金者に交付する預貯金通帳等及び存続する支店、出張所等に統合前から口座を有している既預貯金者に改帳により交付する預貯金通帳等については、法第12条の規定は適用しない。

ロ　統合により廃止した支店、出張所等に口座を有していた既預貯金者に改帳により交付する預貯金通帳等については、法第12条の規定を適用する。

(注) 1　(1)のロ及び(2)のイの場合における預貯金通帳等については、相当印紙を貼り付ける方法等他の納付方法により印紙税を納付させることとなるのであるから留意する。

　　　2　法第12条第1項の承認は、令第11条に掲げる預貯金通帳等の区分ごとに与えるものであるから、統合により存続する支店、出張所等が、同一種類の預貯金通帳等につき、法第12条第1項の承認を受けていない場合には、当該統合の日の属する課税期間の翌課税期間以後に当該統合により存続する支店、出張所等において作成しようとする預貯金通帳等について新たに同項の承認を受けなければ、同条の規定は適用されないことに留意する。

**(金融機関等が合併した場合)**

**第100条**　法第12条《預貯金通帳等に係る申告及び納付等の特例》第1項の規定による承認を受けている金融機関等が、当該承認を受けた日以後に他の金融機関等と合併した場合において、合併後存続する金融機関等又は合併により設立された金融機関等が合併により消滅する金融機関等の当該承認に係る預貯金通帳等を当該合併の日の属する課税期間内において引き続き使用するときにおける当該預貯金通帳等については、合併後存続する金融機関等又は合併により設立された金融機関等が同条の規定による承認を受けている預貯金通帳等として取り扱う。

なお、同項の規定による承認を受けている金融機関等と当該承認を受けていない金融機関等とが合併した場合において当該合併の日から当該合併の日の属する課税期間の末日までに作成する預貯金通帳等については、次により取り扱う。

(1)　新設合併の場合

イ　合併により設立された金融機関等が新規の預貯金者に交付する預貯金通帳等については、法第12条第1項の規定は適用しない。

ロ　合併により消滅する金融機関等に口座を有していた既預貯金者に改帳により交付する預貯金通帳等については、消滅する金融機関等が法第12条第1項の規定による承認を受けている場合には、同条の規定を適用し、消滅する金融機関等が同項の規定による承認を受けていない場合には、同条の規定を適用しない。

印紙税法基本通達（第99条～第100条の２）　　　1277

(2)　吸収合併の場合

　イ　同一種類の預貯金通帳等につき、合併により存続する金融機関等が、法第12条第１項の承認を受けている場合で、消滅する金融機関等が当該承認を受けていないとき

　　(イ)　新規の預貯金者に交付する預貯金通帳等及び存続する金融機関等に合併前から口座を有している既預貯金者に改帳により交付する預貯金通帳等については、法第12条の規定を適用する。

　　(ロ)　合併により消滅する金融機関等に口座を有していた既預貯金者に改帳により交付する預貯金通帳等については、法第12条の規定は適用しない。

　ロ　同一種類の預貯金通帳等につき、合併により存続する金融機関等が、法第12条第１項の承認を受けていない場合で、消滅する金融機関等が当該承認を受けているとき

　　(イ)　新規の預貯金者に交付する預貯金通帳等及び存続する金融機関等に合併前から口座を有している既預貯金者に改帳により交付する預貯金通帳等については、法第12条の規定は適用しない。

　　(ロ)　合併により消滅する金融機関等に口座を有していた既預貯金者に改帳により交付する預貯金通帳等については、法第12条の規定を適用する。

　(注)１　法第12条の規定が適用されないこととなる預貯金通帳等については、相当印紙を貼り付ける方法等他の納付方法により印紙税を納付しなければならないのであるから留意する。

　　　２　法第12条第１項の承認は、預貯金通帳等の作成者ごとに与えるものであるから、合併により設立された金融機関等は、当該合併の日の属する課税期間の翌課税期間以後に作成しようとする預貯金通帳等について新たに同項に承認を受けなければ、同条の規定は適用されないことに留意する。

　　　３　法第12条第１項の承認は、令第11条に掲げる預貯金通帳等の区分ごとに与えるものであるから、吸収合併により存続する金融機関等が、同一種類の預貯金通帳等につき、法第12条第１項の承認を受けていない場合には、当該吸収合併の日の属する課税期間の翌課税期間以後に当該吸収合併により存続する金融機関等が作成しようとする預貯金通帳等について新たに同項の承認を受けなければ、同条の規定は適用されないことに留意する。

**（金融機関等が事業を譲渡した場合）**

**第100条の２**　法第12条《預貯金通帳等に係る申告及び納付等の特例》第１項の規定による承認を受けている金融機関等が、当該承認を受けた日以後に他の金融機関等に事業を譲渡した場合において、事業を譲り受けた金融機関等が事業を譲渡した金融機関等の当該承認に係る預貯金通帳等を当該事業の譲受けの日の属する課税期間内において引き続き使用するときにおける当該預貯金通帳等については、事業を譲り受けた金融機関等が同条の規定による承認を受けている預貯金通帳等として取り扱う。

　(注)１　当該事業を譲り受けた金融機関等が同項の規定による承認を受けていない場

1278 附　　　録

合には、事業を譲り受けた金融機関等が当該事業の譲受けの日から当該事業の
譲受けの日の属する課税期間の末日までに作成する預貯金通帳等（新規の預貯
金者に交付する新預貯金通帳等及び既預貯金者に改帳により交付する新預貯金
通帳等）については、相当印紙を貼り付ける方法等他の方法により印紙税を納
付しなければならないのであるから留意する。

2　法第12条第1項の承認は、預貯金通帳等の作成者ごとに与えるものであるか
ら、事業を譲り受けた金融機関等が同項の規定による承認を受けていない場合
には、当該事業を譲り受けた金融機関等は、当該事業の譲受けの日の属する課
税期間の翌課税期間以後に作成しようとする預貯金通帳等について新たに承認
を受けなければ、同条の規定は適用されないことに留意する。

**（金融機関等が会社分割した場合）**

**第100条の3**　法第12条《預貯金通帳等に係る申告及び納付等の特例》第1項の規定に
よる承認を受けている金融機関等が、当該承認を受けた日以後に会社分割により金融
機関等の業務の一部又は全部を承継させた場合において、会社分割により金融機関等
の業務を承継した金融機関等（この条において「分割承継金融機関等」という。）が
会社分割前の金融機関等（この条において「分割金融機関等」という。）の当該承認
に係る預貯金通帳等を当該会社分割の日の属する課税期間内において引き続き使用す
るときにおける当該預貯金通帳等については、分割承継金融機関等が同条の規定によ
る承認を受けている預貯金通帳等として取り扱う。

なお、分割承継金融機関等が当該会社分割の日から当該会社分割の日の属する課税
期間の末日までに作成する預貯金通帳等については、次により取り扱う。

(1)　新設分割の場合

イ　分割承継金融機関等が新規の預貯金者に交付する預貯金通帳等については、法
第12条第1項の規定は適用しない。

ロ　分割金融機関等に口座を有していた既預貯金者に改帳により交付する預貯金通
帳等については、分割金融機関等が法第12条第1項の規定による承認を受けてい
る場合には、同条の規定を適用し、分割金融機関等が同項の規定による承認を受
けていない場合には、同条の規定を適用しない。

(2)　吸収分割の場合

イ　同一種類の預貯金通帳等について、分割金融機関等が法第12条第1項の規定に
よる承認を受けていて、分割承継金融機関等が同項の規定による承認を受けてい
ない場合

(イ)　新規の預貯金者に交付する預貯金通帳等及び分割承継金融機関等に分割前か
ら口座を有している既預貯金者に改帳により交付する預貯金通帳等について
は、法第12条の規定は適用しない。

(ロ)　分割金融機関等に口座を有していた既預貯金者に改帳により交付する預貯金
通帳等については、法第12条の規定を適用する。

ロ　同一種類の預貯金通帳等について、分割金融機関等が法第12条第1項の規定に

印紙税法基本通達（第100条の2～第103条）　　　　1279

よる承認を受けておらず、分割承継金融機関等が同項の規定による承認を受けている場合

　㈑　新規の預貯金者に交付する預貯金通帳等及び分割承継金融機関等に分割前から口座を有している既預貯金者に改帳により交付する預貯金通帳等については、法第12条の規定を適用する。

　㈼　分割金融機関等に口座を有していた既預貯金者に改帳により交付する預貯金通帳等については、法第12条の規定は適用しない。

（注）1　法第12条の規定が適用されないこととなる預貯金通帳等については、相当印紙を貼り付ける方法等他の納付方法により印紙税を納付しなければならないのであるから留意する。

　　　2　法第12条第1項の承認は、預貯金通帳等の作成者ごとに与えるものであるから、分割承継金融機関等は、当該分割の日の属する課税期間の翌課税期間以後に作成しようとする預貯金通帳等について新たに同項の承認を受けなければ、同条の規定は適用されないことに留意する。

　　　3　法第12条第1項の承認は、令第11条に掲げる預貯金通帳等の区分ごとに与えるものであるから、分割承継金融機関等が、同一種類の預貯金通帳等につき、法第12条第1項の承認を受けていない場合には、当該分割の日の属する課税期間の翌課税期間以後に分割承継金融機関等が作成しようとする預貯金通帳等について新たに同項の承認を受けなければ、同条の規定は適用されないことに留意する。

（申告書の記載事項）

**第101条**　法第12条《預貯金通帳等に係る申告及び納付等の特例》第5項第1号に規定する「当該預貯金通帳等の種類」とは、令第11条《書式表示をすることができる預貯金通帳等の範囲》に掲げる預貯金通帳等の区分とする。

**第102条**　（削除）

（預貯金通帳等に係る口座の数）

**第103条**　法第12条《預貯金通帳等に係る申告及び納付等の特例》第4項に規定する預貯金通帳等に係る口座の数の計算に当たっては、次の点に留意すること。

　⑴　法第12条第4項に規定する預貯金通帳等に係る口座の数の計算の基礎となる口座の数は、当該預貯金通帳等に係る口座の数によるのであるから、当該預貯金通帳等の預貯金と同一種類の預貯金に係る口座であっても、預貯金契約により預貯金通帳を発行しないこととされている、いわゆる無通帳預金に係る口座の数はこれに含まれない。

　　なお、現金自動預金機専用通帳と普通預金通帳又は総合口座通帳とを併用する場合は、それぞれの口座の数がこれに含まれるのであるから留意する。

　⑵　令第12条《預貯金通帳等に係る申告及び納付の承認の申請等》第2項に規定する「統括して管理されている一の預貯金通帳等に係る2以上の口座」とは、例えば、一の総合口座通帳について、当該総合口座通帳に併せて付け込まれる普通預金及び

定期預金の受払いに関する事項を別別の口座で管理している場合に、これらの各別の口座を統合する口座により統括して管理しているとき又は口座番号、顧客番号等により結合して管理しているときにおける、当該各別の口座をいう。

具体的には、次のような管理がされている一の預貯金通帳等に係る当該各別の口座がこれに該当する。

（例） 1 統合する口座により統括して管理しているもの

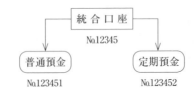

2 同一口座番号で統括して管理しているもの

3 基本口座により関連口座を索引する方法で結合しているもの

4 顧客コードで統括管理しているもの

(3) 令第12条第2項に規定する「睡眠口座」とは、同条第3項に規定する口座をいうのであるが、複合預金通帳及び複合寄託通帳に係る口座にあっては、当該預貯金通帳等に付け込まれる2以上の口座に係る預貯金の残高及び寄託がされている有価証券の券面金額の残高の合計額が1,000円未満であり、かつ、それぞれの口座における最後の取引の日からいずれも3年を経過したものがこれに該当する。

なお、普通預金通帳に係る口座のうち、最終取引の日から5年以上経過し、商事時効の対象となった預金口座を預金勘定から損益勘定に振り替えて、当該口座を抹消したものについては、法第12条第4項に規定する預貯金通帳等に係る口座の数の計算の基礎となる口座の数に含まれないのであるから留意する。

**（非課税預貯金通帳に係る口座の数の計算）**

**第104条** 令第12条《預貯金通帳等に係る申告及び納付の承認の申請等》第2項に規定

する「非課税預貯金通帳に係る口座」の数の計算は、次による。

(1) 所得税法（昭和40年法律第33号）第9条《非課税所得》第1項第2号に規定する預貯金の預貯金通帳に係る口座の数　　当該預貯金通帳に係る口座数

(2) 令第30条《非課税となる普通預金通帳の範囲》に規定する普通預金の通帳に係る口座の数　　法第12条《預貯金通帳等に係る申告及び納付等の特例》第1項の承認に係る期間の開始の日の1年前（年の途中から預貯金取引が開始されたものについては当該取引の開始の日）から引き続き所得税法第10条《障害者等の少額預金の利子所得等の非課税》の規定により、所得税が課されないこととなっている普通預金の通帳に係る口座数

(注)　複合預金通帳又は複合寄託通帳に付け込んで証明される所得税法第10条の規定によりその利子につき所得税が課されないこととなる普通預金に係る口座については、「非課税預貯金通帳に係る口座」に該当しないのであるから留意する。

**（取引の意義）**

第105条　令第12条《預貯金通帳等に係る申告及び納付の承認の申請等》第3項における「取引」とは、預貯金の預入れ又は払出しをいい、利息又は源泉所得税額の記入は含まないのであるから留意する。

**（一括納付の承認の取消し）**

第106条　次に掲げる場合には、原則として、法第12条《預貯金通帳等に係る申告及び納付等の特例》第1項の規定による承認を取り消す。

(1) 承認を受けた者が法に違反して告発された場合

(2) 承認を受けた者が承認の条件に違反した場合

(3) その他印紙税の取締り上不適当と認められる場合

第6節　（削　　除）

第107条〜第114条　（削除）

第7節　過誤納の確認等

**（確認及び充当の請求ができる過誤納金の範囲等）**

第115条　法第14条《過誤納の確認等》の規定により、過誤納の事実の確認及び過誤納金の充当の請求をすることができる場合は、次に掲げる場合とする。

(1) 印紙税の納付の必要がない文書に誤って印紙をはり付け（印紙により納付することとされている印紙税以外の租税又は国の歳入金を納付するために文書に印紙をはり付けた場合を除く。）、又は納付印を押した場合（法第10条《印紙税納付計器の使用による納付の特例》第2項の規定による承認を受けた印紙税納付計器の設置者が、交付を受けた文書に納付印を押した場合を含む。(3)において同じ。）

(2) 印紙をはり付け、税印を押し、又は納付印を押した課税文書の用紙で、損傷、汚染、書損その他の理由により使用する見込みのなくなった場合

1282 附 録

(3) 印紙をはり付け、税印を押し、又は納付印を押した課税文書で、納付した金額が相当金額を超える場合

(4) 法第9条《税印による納付の特例》第1項、第10条第1項、第11条《書式表示による申告及び納付の特例》第1項又は第12条《預貯金通帳等に係る申告及び納付等の特例》第1項の規定の適用を受けた課税文書について、当該各項に規定する納付方法以外の方法によって相当金額の印紙税を納付した場合

(5) 法第9条第2項の規定により印紙税を納付し、同条第1項の規定により税印を押すことの請求をしなかった場合（同条第3項の規定により当該請求が棄却された場合を含む。）

(6) 印紙税納付計器の設置者が法第10条第2項の規定による承認を受けることなく、交付を受けた課税文書に納付印を押した場合

(7) 法第10条第4項の規定により印紙税を納付し、印紙税納付計器の設置の廃止その他の理由により当該印紙税納付計器を使用しなくなった場合

**（交付を受けた課税文書に過誤納があった場合の還付等）**

**第115条の2** 印紙税納付計器の設置者が、交付を受けた文書に納付印を押した場合において、当該文書に過誤納があるときは、当該設置者に還付等の請求を行わせる。

**（過誤納となった事実を証するため必要な文書その他の物件の意義等）**

**第116条** 令第14条《過誤納の確認等》第2項に規定する「過誤納となった事実を証するため必要な文書その他の物件」とは、下表の左欄に掲げる過誤納の事実の区分に応じ、同表の右欄に掲げる物件をいう。

| 過　誤　納　の　事　実 | 提　示　又　は　提　出　する物件 |
| --- | --- |
| 第115条《確認及び充当の請求ができる過誤納金の範囲等》の(1)、(2)、(3)、(4)又は(6)に該当する場合 | 印紙をはり付け、税印を押し、又は納付印を押した過誤納に係る文書 |
| 第115条の(5)に該当する場合 | 過誤納に係る印紙税を納付したことを証する領収証書 |
| 第115条の(7)に該当する場合 | 過誤納に係る印紙税を納付したことを証する領収証書及び印紙税納付計器 |

**（過誤納金の充当）**

**第117条** 法第14条《過誤納の確認等》第2項の規定による過誤納金の充当は、通則法第56条《還付》及び同法第57条《充当》の規定に対する特則であって、他に未納の国税があっても同項の充当ができることに留意する。

**（過誤納金の還付等の請求）**

**第118条** 法第14条《過誤納の確認等》第3項の規定は、同条第1項に規定する過誤納の確認又は同条第2項に規定する過誤納金の充当があった時に過誤納があったものとみなして通則法の規定により還付又は充当し、若しくは還付加算金を計算すること

規定したものであって、過誤納金に係る国に対する請求権の起算日を規定したものではない。したがって、過誤納金に係る国に対する請求権は、その請求することができる日から5年を経過することによって、時効により消滅するのであるから留意する。

2　前項における消滅時効の起算日は、次に掲げる区分に応じ、それぞれ次に定める日の翌日とする。

⑴　第115条《確認及び充当の請求ができる過誤納金の範囲等》の⑴に掲げる場合　　印紙をはり付け、又は納付印を押した日

⑵　同条の⑵に掲げる場合　　使用する見込みのなくなった日

⑶　同条の⑶、⑷又は⑹に掲げる場合　　印紙をはり付け、税印を押し、又は納付印を押した日

⑷　同条の⑸に掲げる場合　　印紙税を納付した日（請求が棄却された場合には、当該棄却の日）

⑸　同条の⑺に規定する場合　　印紙税納付計器を使用しなくなった日

**（過誤納の確認等の時）**

**第119条**　法第14条《過誤納の確認等》第3項に規定する「確認又は充当の時」とは、令第14条《過誤納の確認等》第1項に規定する申請書及び同条第2項に規定する過誤納の事実を証するため必要な文書その他の物件が、納税地を所轄する税務署長に提出及び提示された時とする。

# 第4章　雑　　　則

## 第1節　保　全　担　保

**（保全担保の提供命令）**

**第120条**　次に掲げる者には、原則として、法第15条《保全担保》第1項の規定による担保の提供を命ずる。

⑴　過去1年以内において印紙税を滞納したことがある者

⑵　資力が十分でないため、特に担保の提供を命ずる必要があると認められる者

⑶　その他特に担保の提供を命ずる必要があると認められる者

## 第2節　納付印等の製造等

**（納付印等の製造等の承認）**

**第121条**　法第16条《納付印等の製造等の禁止》の規定による印紙税納付計器、納付印（指定計器以外の計器その他の器具に取り付けられたものを含む。以下同じ。）又は納付印の印影に紛らわしい外観を有する印影を生ずべき印（以下これを「類似印」といい、印紙税納付計器、納付印及び類似印を「納付印等」という。）の製造、販売又は所持の承認は、当該製造、販売及び所持の区分ごとに与える。

1284                    附          録

**(納付印等の製造等の承認を与える場合)**

**第122条**　法第16条《納付印等の製造等の禁止》の規定による納付印等の製造、販売又は所持（以下本条において「製造等」という。）の承認は、次の場合について与える。

　なお、(1)及び(2)に該当する場合には、納付印等の1個ごとに当該承認を与えることに取り扱う。

　(1)　法第10条《印紙税納付計器の使用による納付の特例》第1項の規定による設置承認を受けた印紙税納付計器に用いる納付印を製造等しようとする場合

　(2)　摩減等による取替用の納付印を製造等しようとする場合

　(3)　類似印を納付印の製造又は販売のための予備とし、又は印紙税納付計器の販売のための見本用（その旨の表示があるものに限る。）として製造等しようとする場合

　(4)　(3)に掲げるもの以外の類似印で正当な使用目的を定めたものを製造等しようとする場合

**(類似印の範囲)**

**第123条**　類似印であるかどうかの判定については、おおむね次の一に該当するものを類似印として取り扱う。

　(1)　規格がおおむね横10ミリメートル以上30ミリメートル以下、縦15ミリメートル以上35ミリメートル以下のもので、規則第3条《納付印の印影の形式等》に定める納付印の印影と一見して紛らわしい外観を有する印影を生ずべきもの

　(2)　印影に日本政府、印紙税の文字が生ずべきもの

**(納付印等の製造等の承認を行う税務署長)**

**第124条**　法第16条《納付印等の製造等の禁止》の規定による納付印等の製造等の承認は、製造し、販売し又は所持しようとする場所の異なるごとに、それぞれの場所の所在地の所轄税務署長が行う。ただし、次に掲げる場合には、それぞれ次に掲げる税務署長が行っても差し支えない。

　(1)　同一の者が類似印を2以上の場所で所持しようとする場合　　主な所持をしようとする場所の所在地の所轄税務署長

　(2)　同一の者が納付印の製造のための承認と当該納付印の販売のための承認とを同時に受けようとする場合　　当該納付印を製造しようとする場所の所在地の所轄税務署長

**(納付印等の製造等の承認に付す条件)**

**第125条**　法第16条《納付印等の製造等の禁止》の規定により納付印等の製造、販売又は所持の承認を与える場合には、納付印及び類似印は、課税文書又は課税文書となるべき用紙に押さない旨の条件を付する。

**(印紙税納付計器の製造の範囲)**

**第126条**　国税庁長官の指定を受けた計器に、当該計器の製造者以外の者が納付印を付することは、法第16条《納付印等の製造等の禁止》に規定する印紙税納付計器の製造にはならないことに取り扱う。

印紙税法基本通達（第122条～第128条）　　　　　1285

**（印紙税納付計器の設置場所の変更）**

**第127条**　印紙税納付計器の設置場所を変更しようとする者は、法第17条《印紙税納付計器販売業等の申告等》第２項の規定により印紙税納付計器の設置の廃止をする旨の届出をするとともに、新たに法第10条《印紙税納付計器の使用による納付の特例》第１項の規定により変更後の設置しようとする場所の所在地の所轄税務署長の承認を受けなければならないことに留意する。ただし、変更前の場所の所在地の所轄税務署長と変更後の場所の所在地の所轄税務署長が同一である場合には、設置場所を変更する旨の届出をすることにより、設置を廃止する届出及び設置の承認の手続を省略しても差し支えない。

## 第３節　模　造　印　紙

**（模造印紙の範囲）**

**第128条**　印紙等模造取締法第１条《印紙の模造等禁止》第１項に規定する政府の発行する印紙と紛らわしい外観を有するもの（以下「模造印紙」という。）であるかどうかの判定については、おおむね次の一に該当するものを模造印紙として取り扱う。

　⑴　規格がおおむね横10ミリメートル以上35ミリメートル以下、縦15ミリメートル以上50ミリメートル以下のもので、着色及び地紋模様が政府の発行する印紙と一見して紛らわしい外観を有するもの

　⑵　政府の発行する印紙の着色及び地紋模様と類似するもの

　⑶　紙面に収入印紙、証紙又は税の文字を表示するもの

２　地方公共団体が条例に基づいて発行する「収入証紙」等と称するもののうち、次のいずれにも該当するものは、前項の規定にかかわらず模造印紙としないことに取り扱う。

　⑴　紙面に地方公共団体の名称が邦字で表示されているもの

　⑵　紙面に収入印紙又は印紙の表示のないもの

　⑶　着色及び地紋模様が政府の発行する印紙に紛らわしい外観を有しないもの

1286　　　　　　　　　附　　　　録

## 別表第一

## 課税物件、課税標準及び税率の取扱い

### 第1号の1文書

> 不動産、鉱業権、無体財産権、船舶若しくは航空機又は営業の譲渡に関する契約書

#### （不動産の意義）

1　「不動産」とは、おおむね次に掲げるものをいう。

(1)　民法（明治29年法律第89号）第86条《不動産及び動産》に規定する不動産

(2)　工場抵当法（明治38年法律第54号）第9条の規定により登記された工場財団

(3)　鉱業抵当法（明治38年法律第55号）第3条の規定により登記された鉱業財団

(4)　漁業財団抵当法（大正14年法律第9号）第6条の規定により登記された漁業財団

(5)　港湾運送事業法（昭和26年法律第161号）第26条《工業抵当法の準用》の規定により登記された港湾運送事業財団

(6)　道路交通事業抵当法（昭和27年法律第204号）第6条《所有権保存の登記》の規定により登記された道路交通事業財団

(7)　観光施設財団抵当法（昭和43年法律第91号）第7条《所有権の保存の登記》の規定により登記された観光施設財団

(8)　立木ニ関スル法律（明治42年法律第22号）の規定により登記された立木

　　ただし、登記されていない立木であっても明認方法を施したものは、不動産として取り扱う。

　　なお、いずれの場合においても、立木を立木としてではなく、伐採して木材等とするものとして譲渡することが明らかであるときは、不動産として取り扱わず、物品として取り扱う。

(9)　鉄道抵当法（明治38年法律第53号）第28条の2の規定により登録された鉄道財団

(10)　軌道ノ抵当ニ関スル法律（明治42年法律第28号）第1条の規定により登録された軌道財団

(11)　自動車交通事業法（昭和6年法律第52号）第38条の規定により登録された自動車交通事業財団

#### （不動産の従物）

2　不動産とその附属物の譲渡契約書で、当該不動産と当該附属物の価額をそれぞれ区分して記載しているものの記載金額の取扱いは、次による。

(1)　当該附属物が当該不動産に対して従物（民法第87条《主物及び従物》の規定によるものをいう。以下この項において同じ。）の関係にある場合は、区分されている金額の合計額を第1号の1文書（不動産の譲渡に関する契約書）の記載金額とする。

(2)　当該附属物が当該不動産に対して従物の関係にない場合は、当該不動産に係る金額のみを第1号の1文書（不動産の譲渡に関する契約書）の記載金額とし、当該附

印紙税法基本通達（別表第一）　　　　1287

属物に係る金額は第1号の1文書の記載金額としない。

**（解体撤去を条件とする不動産の売買契約書）**

3　老朽建物等の不動産を解体撤去することを条件として売買する場合に作成する契約書で、その売買価額が当該不動産の解体により生ずる素材価額相当額又はそれ以下の価額である等その不動産の構成素材の売買を内容とすることが明らかなものについては、課税文書に該当しないことに取り扱う。

**（不動産の売渡証書）**

4　不動産の売買について、当事者双方が売買契約書を作成し、その後更に登記の際作成する不動産の売渡証書は、第1号の1文書（不動産の譲渡に関する契約書）に該当する。

　なお、この場合の不動産の売渡証書に記載される登録免許税の課税標準たる評価額は、当該文書の記載金額には該当しない。

**（不動産と動産との交換契約書の記載金額）**

5　不動産と動産との交換を約する契約書は、第1号の1文書（不動産の譲渡に関する契約書）に所属し、その記載金額の取扱いは、次による。

　⑴　交換に係る不動産の価額が記載されている場合（動産の価額と交換差金とが記載されている等当該不動産の価額が計算できる場合を含む。）は、当該不動産の価額を記載金額とする。

　⑵　交換差金のみが記載されていて、当該交換差金が動産提供者によって支払われる場合は、当該交換差金を記載金額とする。

　⑶　⑴又は⑵以外の場合は、記載金額がないものとする。

**（不動産の買戻し約款付売買契約書）**

6　買戻し約款のある不動産の売買契約書の記載金額の取扱いは、次による。

　⑴　買戻しが再売買の予約の方法によるものである場合は、当該不動産の売買に係る契約金額と再売買の予約に係る契約金額との合計金額を記載金額とする。

　⑵　買戻しが民法第579条《買戻しの特約》に規定する売買の解除の方法によるものである場合は、当該不動産の売買に係る契約金額のみを記載金額とする。

**（共有不動産の持分の譲渡契約書）**

7　共有不動産の持分の譲渡契約書は、第1号の1文書（不動産の譲渡に関する契約書）に該当するものとして取り扱う。

**（遺産分割協議書）**

8　相続不動産等を各相続人に分割することについて協議する場合に作成する遺産分割協議書は、単に共有遺産を各相続人に分割することを約すだけであって、不動産の譲渡を約すものでないから、第1号の1文書（不動産の譲渡に関する契約書）に該当しない。

**（鉱業権の意義）**

9　「鉱業権」とは、鉱業法（昭和25年法律第289号）第5条《鉱業権》に規定する鉱業権をいい、同法第59条《登録》の規定により登録されたものに限る。

1288　　　　　　　　　附　　　　録

**（特許権の意義）**

10　「特許権」とは、特許法（昭和34年法律第121号）第66条《特許権の設定の登録》の規定により登録された特許権をいう。

**（特許出願権譲渡証書）**

11　発明に関する特許を受ける権利（出願権）の譲渡を約することを内容とする文書は、特許権そのものの譲渡を約することを内容とするものではないから、課税文書に該当しない。

**（実用新案権の意義）**

12　「実用新案権」とは、実用新案法（昭和34年法律第123号）第14条《実用新案権の設定の登録》の規定により登録された実用新案権をいう。

**（商標権の意義）**

13　「商標権」とは、商標法（昭和34年法律第127号）第18条《商標権の設定の登録》の規定により登録された商標権をいう。

**（意匠権の意義）**

14　「意匠権」とは、意匠法（昭和34年法律第125号）第20条《意匠権の設定の登録》の規定により登録された意匠権をいう。

**（回路配置利用権の意義）**

15　「回路配置利用権」とは、半導体集積回路の回路配置に関する法律（昭和60年法律第43号）第3条《回路配置利用権の設定の登録》の規定により登録された回路配置利用権をいう。

**（育成者権の意義）**

16　「育成者権」とは、種苗法（平成10年法律第83号）第19条《育成者権の発生及び存続期間》の規定により登録された育成者権をいう。

**（商号の意義）**

17　「商号」とは、商法（明治32年法律第48号）第11条《商号の選定》及び会社法（平成17年法律第86号）第6条《商号》に規定する商号をいう。

**（著作権の意義）**

18　「著作権」とは、著作権法（昭和45年法律第48号）の規定に基づき著作者が著作物に対して有する権利をいう。

**（船舶の意義）**

19　「船舶」とは、船舶法（明治32年法律第46号）第5条に規定する船舶原簿に登録を要する総トン数20トン以上の船舶及びこれに類する外国籍の船舶をいい、その他の船舶は物品として取り扱う。

　なお、小型船舶の登録等に関する法律（平成13年法律第102号）第3条に規定する小型船舶登録原簿に登録を要する総トン数20トン未満の小型船舶も物品として取り扱うのであるから留意する。

**（船舶委付証）**

20　沈没した船舶に海上保険が付されている場合に船主が保険の目的物である船舶を保

印紙税法基本通達（別表第一）　　　1289

険会社に委付する際作成する船舶委付証は、契約の成立等を証明するものではないから、課税文書に該当しない。

**（航空機の意義）**

21　「航空機」とは、航空法（昭和27年法律第231号）第2条《定義》に規定する航空機をいい、同法第3条《登録》の規定による登録の有無を問わない。

**（営業の譲渡の意義）**

22　「営業の譲渡」とは、営業活動を構成している動産、不動産、債権、債務等を包括した一体的な権利、財産としてとらえられる営業の譲渡をいい、その一部の譲渡を含む。

　（注）　営業譲渡契約書の記載金額は、その営業活動を構成している動産及び不動産等の金額をいうのではなく、その営業を譲渡することについて対価として支払われるべき金額をいう。


# 第1号の2文書

| 地上権又は土地の賃借権の設定又は譲渡に関する契約書 |
| --- |

**（地上権の意義）**

1　「地上権」とは、民法第265条《地上権の内容》に規定する地上権をいい、同法第269条の2《地下又は空間を目的とする地上権》に規定する地下又は空間の地上権を含む。

**（土地の賃借権の意義）**

2　「土地の賃借権」とは、民法第601条《賃貸借》に規定する賃貸借契約に基づき賃借人が土地（地下又は空間を含む。）を使用収益できる権利をいい、借地借家法（平成3年法律第90号）第2条《定義》に規定する借地権に限らない。

**（地上権、賃借権、使用貸借権の区分）**

3　地上権であるか土地の賃借権又は使用貸借権であるかが判明しないものは、土地の賃借権又は使用貸借権として取り扱う。

　なお、土地の賃借権と使用貸借権との区分は、土地を使用収益することについてその対価を支払わないこととしている場合が土地の使用貸借権となり、土地の使用貸借権の設定に関する契約書は、第1号の2文書（土地の賃借権の設定に関する契約書）には該当せず、使用貸借に関する契約書に該当するのであるから課税文書に当たらないことに留意する。

**（賃貸借承諾書）**

4　借地上の建物を担保に供する場合で、将来担保権実行により建物の所有者が変更になったときは、当該建物の新所有者に引き続き土地を賃貸する旨の意思表示をした土地所有者が作成する承諾書は、第1号の2文書（土地の賃借権の設定に関する契約書）に該当する。

1290 附 録

### 第1号の3文書

---
消費貸借に関する契約書
---

**（消費貸借の意義）**

1 「消費貸借」とは、民法第587条《消費貸借》に規定する消費貸借をいい、民法第588条《準消費貸借》に規定する準消費貸借を含む。

なお、消費貸借の目的物は、金銭に限らないことに留意する。

**（限度（極度）貸付契約書）**

2 あらかじめ一定の限度（極度）までの金銭の貸付けをすることを約する限度（極度）貸付契約書は、第1号の3文書（消費貸借に関する契約書）に該当し、記載金額の取扱いは、次による。

　(1) 当該契約書が貸付累計額が一定の金額に達するまで貸し付けることを約するものである場合は、当該一定の金額は当該契約書による貸付けの予約金額の最高額を定めるものであるから、当該一定の金額を記載金額とする。

　(2) 当該契約書が一定の金額の範囲内で貸付けを反復して行うことを約するものである場合は、当該契約書は直接貸付金額を予約したものではないから、当該一定の金額を記載金額としない。

**（消費貸借に基づく債務承認及び弁済契約書）**

3 いわゆる債務承認弁済契約書で、消費貸借に基づく既存の債務金額を承認し、併せてその返還期日又は返還方法（代物弁済によることとするものを含む。）等を約するものは、第1号の3文書（消費貸借に関する契約書）に該当する。

なお、この場合の返還を約する債務金額については、当該文書に当該債務金額を確定させた契約書が他に存在することを明らかにしているものに限り、記載金額に該当しないものとして取り扱う。

**（借受金受領書）**

4 借受金受領書で単に当該借受金の受領事実を証明するものは、第17号文書（金銭の受取書）とし、当該借受金の受領事実とともにその返還期日又は返還方法若しくは利率等を記載証明するものは、第1号の3文書（消費貸借に関する契約書）として取り扱う。

**（出張旅費前借金領収証等）**

5 会社等の従業員が、会社等の業務執行に関して給付される給料、出張旅費等の前渡しを受けた場合に作成する前借金領収証等で、当該領収証等が社内規則等によって会社の事務整理上作成することとされているものは、当該前借金等を後日支給されるべき給料、旅費等によって相殺することとしている等消費貸借に関する契約書の性質を有するものであっても、第1号の3文書（消費貸借に関する契約書）としては取り扱わない。

なお、例えば会社等がその従業員に住宅資金の貸付けを行う場合における当該住宅資金は、会社等の業務執行に関して給付されるものに当たらないことに留意する。

印紙税法基本通達（別表第一） 1291

**（総合口座取引約定書）**

6 普通貯金残額のない場合に、一定金額を限度として預金者の払戻し請求に応ずることを約した総合口座取引約定書は、第1号の3文書（消費貸借に関する契約書）に該当する。

　なお、各種料金等の支払を預金口座振替の方法により行うことを委託している場合に、当該各種料金等の支払についてのみ預金残額を超えて支払うことを約するものは、委任に関する契約書に該当するのであるから、課税文書に当たらないことに留意する。

**（建設協力金、保証金の取扱い）**

7 貸ビル業者等がビル等の賃貸借契約又は使用貸借契約（その予約を含む。）をする際等に、当該ビル等の借受人等から建設協力金、保証金等として一定の金銭を受領し、当該ビル等の賃貸借又は使用貸借契約期間に関係なく、一定期間据置き後一括返還又は分割返還することを約する契約書は、第1号の3文書（消費貸借に関する契約書）として取り扱う。

**（ゴルフクラブの会員証等）**

8 ゴルフクラブ等のレジャー施設がその会員になろうとする者から入会保証金等を受け入れた場合に作成する入会保証金預り証又は会員証等と称する文書で、有価証券に該当しないもののうち、一定期間据置き後一括返還又は分割返還することを約するもの（退会時にのみ返還することとしているものを除く。）は、第1号の3文書（消費貸借に関する契約書）として取り扱う。

　(注)　入会保証金等を退会時にのみ返還することとしているものであっても、入会保証金等の受領事実が記載されているものは、第17号の2文書（売上代金以外の金銭又は有価証券の受取書）に該当する。

**（学校債券）**

9 学校が校舎、図書館、プール等の新設のための建築資金に充てる目的で当該建築資金を受け入れた場合に作成する学校債券又は借款証券等で有価証券に該当するものは、課税文書に該当しないのであるから留意する。

**（貸付決定通知書等）**

10 金銭の借入申込みに対して貸し付けることを決定し、その旨を記載して当該申込者へ交付する貸付決定通知書等と称する文書は、第1号の3文書（消費貸借に関する契約書）に該当する。

**（物品売買に基づく債務承認及び弁済契約書）**

11 いわゆる債務承認弁済契約書で、物品売買に基づく既存の代金支払債務を承認し、併せて支払期日又は支払方法を約するものは、物品の譲渡に関する契約書に該当するから課税文書に当たらないのであるが、債務承認弁済契約書と称するものであっても、代金支払債務を消費貸借の目的とすることを約するものは、第1号の3文書（消費貸借に関する契約書）に該当し、この場合の債務承認金額は、当該契約書の記載金額となるのであるから留意する。

## 第1号の4文書

> 運送に関する契約書（用船契約書を含む。）

**（運送の意義）**

1　「運送」とは、委託により物品又は人を所定の場所へ運ぶことをいう。

**（運送状の意義）**

2　「運送状」とは、荷送人が運送人の請求に応じて交付する書面で、運送品とともに到達地に送付され、荷受人が運送品の同一性を検査し、また、着払運賃等その負担する義務の範囲を知るために利用するものをいう。したがって、標題が運送状又は送り状となっている文書であっても、運送業者が貨物の運送を引き受けたことを証明するため荷送人に交付するものは、これに該当せず、第1号の4文書（運送に関する契約書）に該当するのであるから留意する。

**（貨物受取書）**

3　運送業者が貨物運送の依頼を受けた場合に依頼人に交付する貨物受取書のうち、貨物の品名、数量、運賃、積み地、揚げ地等具体的な運送契約の成立を記載証明したものは、第1号の4文書（運送に関する契約書）とし、単に物品の受領の事実を記載証明しているにすぎないものは、第1号の4文書に該当しないものとして取り扱う。

**（用船契約の意義）**

4　「用船契約」とは、船舶又は航空機の全部又は一部を貸し切り、これにより人又は物品を運送することを約する契約で、次のいずれかに該当するものをいう。

　⑴　船舶又は航空機の占有がその所有者等に属し、所有者等自ら当該船舶又は航空機を運送の用に使用するもの

　⑵　船長又は機長その他の乗組員等の選任又は航海等の費用の負担が所有者等に属するもの

**（定期用船契約書）**

5　定期用船契約書は、用船契約書として取り扱う。したがって、その内容により第1号の4文書（運送に関する契約書）又は第7号文書（継続的取引の基本となる契約書）に該当する。

**（裸用船契約書）**

6　用船契約書の名称を用いるものであっても、その内容が単に船舶又は航空機を使用収益させることを目的とするいわゆる裸用船契約書は、船舶又は航空機の賃貸借契約の成立を証すべきものであって、第1号の4文書（運送に関する契約書）に該当せず、賃貸借に関する契約書に該当するから、課税文書に当たらないことに留意する。

印紙税法基本通達（別表第一）　　　　1293

## 第2号文書

---
### 請負に関する契約書
---

### （請負の意義）

1　「請負」とは、民法第632条《請負》に規定する請負をいい、完成すべき仕事の結果の有形、無形を問わない。

### （請負に関する契約書と物品又は不動産の譲渡に関する契約書との判別）

2　いわゆる製作物供給契約書のように、請負に関する契約書と物品の譲渡に関する契約書又は不動産の譲渡に関する契約書との判別が明確にできないものについては、契約当事者の意思が仕事の完成に重きをおいているか、物品又は不動産の譲渡に重きをおいているかによって、そのいずれであるかを判別するものとする。

なお、その具体的な取扱いは、おおむね次に掲げるところによる。

⑴　注文者の指示に基づき一定の仕様又は規格等に従い、製作者の労務により工作物を建設することを内容とするもの　　請負に関する契約書

（例）

家屋の建築、道路の建設、橋りょうの架設

⑵　製作者が工作物をあらかじめ一定の規格で統一し、これにそれぞれの価格を付して注文を受け、当該規格に従い工作物を建設し、供給することを内容とするもの　　不動産又は物品の譲渡に関する契約書

（例）

建売り住宅の供給（不動産の譲渡に関する契約書）

⑶　注文者が材料の全部又は主要部分を提供（有償であると無償であるとを問わない。）し、製作者がこれによって一定物品を製作することを内容とするもの　　請負に関する契約書

（例）

生地提供の洋服仕立て、材料支給による物品の製作

⑷　製作者の材料を用いて注文者の設計又は指示した規格等に従い一定物品を製作することを内容とするもの　　請負に関する契約書

（例）

船舶、車両、機械、家具等の製作、洋服等の仕立て

⑸　あらかじめ一定の規格で統一された物品を、注文に応じ製作者の材料を用いて製作し、供給することを内容とするもの　　物品の譲渡に関する契約書

（例）

カタログ又は見本による機械、家具等の製作

⑹　一定の物品を一定の場所に取り付けることにより所有権を移転することを内容とするもの　　請負に関する契約書

（例）

大型機械の取付け

ただし、取付行為が簡単であって、特別の技術を要しないもの　　物品の譲渡
に関する契約書

（例）

家庭用電気器具の取付け

(7) 修理又は加工することを内容とするもの　　請負に関する契約書

（例）

建物、機械の修繕、塗装、物品の加工

**（職業野球の選手の意義）**

3　「職業野球の選手」とは、いわゆる一軍、二軍の別を問わず、監督、コーチ及びトレーナーを含めた職業野球の選手をいう。

**（映画の俳優及び演劇の俳優の意義）**

4　「映画の俳優」及び令第21条《その役務の提供を約することを内容とする契約が請負となる者の範囲》第1項に規定する「演劇の俳優」とは、映画、舞台等に出演し、演技を行う芸能者をいう。

**（音楽家の意義）**

5　令第21条第1項に規定する「音楽家」とは、広く洋楽、邦楽、民謡、歌謡、雅楽、歌劇等の音楽を作曲、演奏、謡歌する者をいい、具体的には、作曲家、演奏家（指揮者を含む。）、声楽家（歌手を含む。）等をいい、浪曲師、漫才師を含まない。

**（舞踊家の意義）**

6　令第21条第1項に規定する「舞踊家」とは、洋舞（ダンスを含む。）、邦舞、民族舞踊、宗教舞踊等をする者をいい、能役者を含み、歌舞伎役者を含まない。

**（映画又は演劇の監督、演出家又はプロジューサーの意義）**

7　令第21条第1項に規定する「映画又は演劇の監督、演出家又はプロジューサー」とは、広く映画、演劇上の指導又は監督を行う者、映画又は演劇の俳優の演技、衣装、ふん装、装置、照明プラン、音楽等を組織する者又は映画、演劇の企画、製作をする者をいう。

**（テレビジョン放送の演技者の意義）**

8　令第21条第1項に規定する「テレビジョン放送の演技者」とは、いわゆるテレビタレント等テレビジョン放送に出演することを主たる業とする者のみでなく、広くテレビジョン放送を通じて演技を行う者をいう。したがって、映画又は演劇の俳優、落語家、歌手、舞踊家、楽士、講談師、浪曲師等の通常演技を行う者がテレビジョン放送を通じて演技を行う場合も、これに含む。

**（テレビジョン放送の演出家又はプロジューサーの意義）**

9　令第21条第1項に規定する「テレビジョン放送の演出家又はプロジューサー」とは、広くテレビジョン放送の俳優の演技、衣装、ふん装、装置、照明プラン、音楽等を組織するテレビデレクター又はテレビジョン放送の企画、製作をする者をいう。

**（映画俳優専属契約書等）**

10　映画会社等と俳優等との間において作成される映画の専属契約書又は出演契約書

印紙税法基本通達（別表第一）　　　　　　1295

は、第2号文書（請負に関する契約書）として取り扱う。

**（役務の提供を内容とする契約）**

11　課税物件表第2号の定義の欄に規定する者等が、これらの者としての役務の提供を約することを内容とする契約は、たとえ委任等の契約であっても請負に該当するのであるが、それ以外の役務の提供を約することを内容とするものであっても、例えば、職業野球の選手が映画出演契約を結ぶ場合のようにその内容により請負に該当するものがあることに留意する。

**（広告契約書）**

12　一定の金額で一定の期間、広告スライド映写、新聞広告又はコマーシャル放送等をすることを約する広告契約書は、その内容により第2号文書（請負に関する契約書）又は第7号文書（継続的取引の基本となる契約書）に該当する。

**（エレベーター保守契約書等）**

13　ビルディング等のエレベーターを常に安全に運転できるような状態に保ち、これに対して一定の金額を支払うことを約するエレベーター保守契約書又はビルディングの清掃を行い、これに対して一定の金額を支払うことを約する清掃請負契約書等は、その内容により第2号文書（請負に関する契約書）又は第7号文書（継続的取引の基本となる契約書）に該当する。

**（会社監査契約書）**

14　公認会計士（監査法人を含む。）と被監査法人との間において作成する監査契約書は、第2号文書（請負に関する契約書）として取り扱う。

　　なお、株式会社の会計監査人に就任することを承諾する場合に作成する会計監査人就任承諾書等監査報告書の作成までも約するものではない契約書は、委任に関する契約書に該当するのであるから、課税文書に当たらないことに留意する。

**（仮工事請負契約書）**

15　地方公共団体が工事請負契約を締結するに当たっては、地方公共団体の議会の議決を経なければならないとされているため、その議決前に仮工事請負契約書を作成することとしている場合における当該契約書は、当該議会の議決によって成立すべきこととされているものであっても、第2号文書（請負に関する契約書）に該当する。

**（宿泊申込請書）**

16　旅館業者等が顧客から宿泊の申込みを受けた場合に、宿泊年月日、人員、宿泊料金等を記載し、当該申込みを引き受けた旨を記載して顧客に交付する宿泊申込請書等は、第2号文書（請負に関する契約書）として取り扱う。ただし、御案内状等と称し、単なる案内を目的とするものについては、課税文書として取り扱わない。

**（税理士委嘱契約書）**

17　税理士委嘱契約書は、委任に関する契約書に該当するから課税文書に当たらないのであるが、税務書類等の作成を目的とし、これに対して一定の金額を支払うことを約した契約書は、第2号文書（請負に関する契約書）に該当するのであるから留意する。

1296 　　　　　　　　　　附　　　録

第 3 号文書

---
約束手形又は為替手形
---

**（約束手形又は為替手形の意義）**

1 　「約束手形又は為替手形」とは、手形法（昭和 7 年法律第20号）の規定により約束手形又は為替手形たる効力を有する証券をいい、振出人又はその他の手形当事者が他人に補充させる意思をもって未完成のまま振り出した手形（以下「白地手形」という。）も、これに含まれるのであるから留意する。

**（振出人の署名を欠く白地手形の作成者）**

2 　振出人の署名を欠く白地手形で引受人又はその他の手形当事者の署名のあるものは、当該引受人又はその他の手形当事者が当該手形の作成者となるのであるから留意する。

**（白地手形の作成の時期）**

3 　白地手形の作成の時期は、手形の所持人が記載要件を補充した時ではなく、その作成者が他人に交付した時であるから留意する。

**（手形金額の記載のない手形）**

4 　手形金額の記載のない手形は、課税物件表第 3 号の非課税物件欄の規定により、課税文書に該当しないのであるが、当該手形に手形金額を補充した場合には、法第 4 条《課税文書の作成とみなす場合等》第 1 項の規定の適用があることに留意する。

**（一覧払の手形の意義）**

5 　「一覧払の手形」とは、手形法第34条第 1 項（同法第77条第 1 項第 2 号において準用する場合を含む。）に規定する支払のための呈示をした日を満期とする約束手形又は為替手形（同法第34条第 2 項（同法第77条第 1 項第 2 号において準用する場合を含む。）の定めをするものを除く。）をいい、満期の記載がないため同法第 2 条第 2 項及び同法第76条第 2 項の規定により一覧払のものとみなされる約束手形及び為替手形を含む。

**（満期の記載がないかどうかの判定）**

6 　5 に規定する「満期の記載がない」とは、その手形に手形期日の記載が全くない場合又はこれと同視すべき場合をいい、手形用紙面の支払期日、満期等の文字を抹消することなく、単に当該欄を空白のままにしてあるものについては、一覧払の手形に該当しないものとして取り扱う。

**（参着払手形）**

7 　荷為替手形の満期日欄に「参着払」の表示がなされているいわゆる参着払手形と称するものについては、一覧払の手形として取り扱う。

**（手形法第34条第 2 項の定めをするものの意義）**

8 　「手形法（昭和 7 年法律第20号）第34条第 2 項（一覧払の為替手形の呈示開始期日の定め）（同法第77条第 1 項第 2 号（約束手形への準用）において準用する場合を含む。）の定めをするもの」とは、いわゆる確定日後一覧払及び一定期間経過後一覧払

の手形をいう。

**（金融機関を振出人及び受取人とする手形の意義）**

9　「日本銀行又は銀行その他令で定める金融機関を振出人及び受取人とする手形」
とは、その手形の振出人及び受取人の双方が、いずれも日本銀行又は銀行その他令第
22条《相互間の手形の税率が軽減される金融機関の範囲》に定める金融機関である手
形をいう。

**（銀行の意義）**

10　「銀行」とは、次に掲げるものをいう。

　(1)　銀行法（昭和56年法律第59号）第2条《定義等》第1項に規定する銀行

　(2)　長期信用銀行法（昭和27年法律第187号）第2条《定義》に規定する長期信用銀
　　行

**（貯金又は定期積金の受入れを行うものの意義）**

11　令第22条《相互間の手形の税率が軽減される金融機関の範囲》に規定する「貯金又
は定期積金の受入れを行うもの」とは、現に貯金又は定期積金の受入れを行っている
ものをいう。

**（外国通貨により手形金額が表示される手形についての非課税規定の適用）**

12　外国通貨により手形金額が表示される手形で、通則4のへの規定により本邦通貨に
換算した金額が10万円未満のものは、課税文書に該当しないのであるから留意する。

**（外国為替手形の複本）**

13　同一内容の外国為替手形を2通以上作成する場合で、当該手形に「First」及び
「Second」等の表示をするときは、そのうちの「First」と表示したものを課税文書
とし、その他のものは手形の複本として取り扱う。

**（銀行等の意義）**

14　法別表第一第3号の課税標準及び税率の欄二ニ及び令第23条に規定する「銀行等」
は、次に掲げるものが該当するのであるから留意する。

　(1)　銀行、長期信用銀行、信用金庫、信用金庫連合会、労働金庫、労働金庫連合会、
　　信用協同組合及び信用協同組合連合会

　(2)　事業として貯金又は定期積金の受入れをすることができる農業協同組合、農業協
　　同組合連合会、漁業協同組合、漁業協同組合連合会、水産加工業協同組合及び水産
　　加工業協同組合連合会

　(3)　日本銀行、農林中央金庫、株式会社日本政策金融公庫、株式会社商工組合中央金
　　庫及び株式会社日本政策投資銀行

**（税率が軽減される居住者振出しの手形の範囲）**

15　令第23条の2《税率が軽減される居住者振出しの手形の範囲及び表示》各号に規定
する為替手形の範囲等は、次のとおりである。

　(1)　令第23条の2第1号に規定する「輸出に係る荷為替手形」とは、本邦の輸出者が
　　信用状に基づき輸出代金の決済のために本邦所在の銀行等（14に規定する「銀行
　　等」をいう。17までにおいて同じ。）を支払人として振り出す、いわゆる信用状付

円建貿易手形と称する円建期限付荷為替手形で銀行等により規則第6条《円建銀行引受手形の表示の書式》に規定する表示を受けたものをいう。

(2) 令第23条の2第2号に規定する「為替手形」とは、本邦の輸出者が輸出代金の決済のために本邦所在の銀行等以外の者を支払人として振り出し、本邦所在の銀行等の割引きを受けた円建期限付荷為替手形を見合いとして、当該銀行等の当該割引きのために要した資金の円建銀行引受手形市場（以下「円建BA市場」という。）における調達に供するため、当該輸出者が当該銀行等を支払人として振り出す、いわゆるアコモデーション手形と称する円建期限付為替手形で、銀行等により規則第6条に規定する表示を受けたものをいう。

(3) 令第23条の2第3号に規定する「為替手形」とは、本邦の輸入者に対して輸入代金の支払いのための円資金を融資した本邦所在の銀行等の当該融資に要した資金の円建BA市場における調達に供するため、当該円資金融資金額を見合いとして、当該融資を受けた輸入者が当該銀行等を支払人として振り出す、いわゆる直ハネ手形と称する円建期限付為替手形で、銀行等により規則第6条に規定する表示を受けたものをいう。

**(税率が軽減される手形の担保となる外国の銀行が振り出す手形の範囲)**

16 令第23条の3《税率が軽減される手形の担保となる外国の銀行が振り出す手形の範囲》に規定する「為替手形」とは、外国において非居住者に対し、輸出代金の決済のための円建期限付荷為替手形の割引きをし、又は輸入代金の支払いのための円資金の融資をした外国の銀行が、本邦所在の銀行等を支払人として振り出す、いわゆるリファイナンス手形と称する円建期限付為替手形をいう。

なお、当該手形はそれ自体で円建BA市場において取引することができるものであるが、外国で作成されるものであることから法の適用はないことに留意する。

**(税率が軽減される銀行等振出しの手形の範囲)**

17 令第23条の4《税率が軽減される銀行等振出しの手形の範囲及び表示》に規定する「為替手形」とは、令第23条の2又は令第23条の3に規定する為替手形の1又は2以上を担保として、本邦所在の銀行等が円資金を供与するために要した資金を円建BA市場において調達するため、自行を支払人として振り出す、いわゆる表紙手形と称する円建期限付為替手形で、規則第6条に規定する表示をしたものをいう。


### 第4号文書

株券、出資証券若しくは社債券又は投資信託、貸付信託、特定目的信託若しくは受益証券発行信託の受益証券

**(法人の社員又は出資者の意義)**

1 「法人の社員」とは、法人の構成員としての社員、例えば、合名会社、合資会社又は合同会社の社員をいい、また「法人の出資者」とは、法人に対して事業を営むための資本として財産、労務又は信用を出資した者をいう。

印紙税法基本通達（別表第一）　　　　　　1299

**（特別の法律により法人の発行する債券の範囲）**

2　「特別の法律により法人の発行する債券」とは、商工債券、農林債券等会社法以外の法律の規定により発行する債券をいう。

**（投資信託の受益証券、貸付信託の受益証券、特定目的信託の受益証券及び受益証券発行信託の受益証券の意義）**

3　「投資信託の受益証券」、「貸付信託の受益証券」、「特定目的信託の受益証券」及び「受益証券発行信託の受益証券」は、それぞれ次に掲げるものをいう。

⑴　「投資信託の受益証券」　投資信託及び投資法人に関する法律（昭和26年法律第198号）第2条第7項《定義》に規定する受益証券

⑵　「貸付信託の受益証券」　貸付信託法（昭和27年法律第195号）第2条第2項《定義》に規定する受益証券

⑶　「特定目的信託の受益証券」　資産の流動化に関する法律（平成10年法律第105号）第2条第15項《定義》に規定する受益証券

⑷　「受益証券発行信託の受益証券」　信託法（平成18年法律第108号）第185条第1項《受益証券の発行に関する信託行為の定め》に規定する受益証券

**（社債券の範囲）**

4　「社債券」とは、会社法の規定による社債券、特別の法律により法人の発行する債券及び相互会社（保険業法（平成7年法律第105号）第2条第5項《定義》の相互会社をいう。以下同じ。）の社債券に限られるのであって、学校法人又はその他の法人が資金調達の方法として発行するいわゆる学校債券等を含まない。

**（基金証券の意義）**

5　「基金証券」とは、相互会社が、その基金きょ出者に対して、その権利を証明するために交付する証券をいう。

**（合併存続会社等が訂正して発行する株券）**

6　合併があった場合において、合併後存続する株式会社又は合併によって設立された株式会社が、合併によって消滅した株式会社の既発行株券を訂正し、合併後存続する株式会社又は合併によって設立された株式会社の発行する株券として株主に交付する場合には、当該訂正後の株券を株主に交付する時に、新たな株券を作成したものとして取り扱う。

**（譲渡制限の旨を記載する株券）**

7　株式会社がその発行する全部又は一部の株式の内容として譲渡による当該株式の取得について当該株式会社の承認を要する旨の定めを設けたときに、株主に対して既に交付している株券を提出させ、これに会社法第216条第3号《株券の記載事項》による当該承認を要する旨を記載して交付する場合の当該株券については、同法第219条第1項《株券の提出に関する公告等》に規定する行為の効力が生ずる日の前後を問わず、新たな株券を作成したものとして取り扱う。

**（払込金額の意義）**

8　令第24条第1項《株券等に係る一株又は一口の金額》に規定する「払込金額」と

は、次に掲げる株券の区分に応じ、それぞれ次に掲げる金額が該当する。

(1) 発起人が引き受ける設立時発行株式に係る株券　会社法第34条第1項《出資の履行》の規定により払い込まなければならないこととされている金銭の金額と給付しなければならないこととされている金銭以外の財産の給付があった日における当該財産の価額との合計額を発起人が引き受ける設立時発行株式の数で除して得た金額

(2) 会社法第58条第1項《設立時募集株式に関する事項の決定》に規定する設立時募集株式（株式を発行するものに限る。）に係る株券　同項第2号に規定する当該設立時募集株式の払込金額

(3) 会社法第199条第1項《募集事項の決定》に規定する募集株式（株式を発行するものに限る。）に係る株券　同項第2号《募集事項の決定》に規定する募集株式の払込金額

(4) 新株予約権の行使により発行される株式に係る株券　イ及びロに掲げる金額の合計額を当該新株予約権の目的である株式の数で除して得た金額

　　イ　当該行使時における当該新株予約権の帳簿価額

　　ロ　会社法第281条第1項《新株予約権の行使に際しての払込み》又は第2項後段の規定により払い込まなければならないこととされている金銭の金額と同項前段の規定により給付しなければならないこととされている金銭以外の財産の行使時の価額との合計額

**（払込金額がない場合の意義）**

9　令第24条第1号に規定する「払込金額がない場合」に該当する株券は、例えば次のものが該当する。

(1) 株式の併合をしたときに発行する株券

(2) 株式の分割をしたときに発行する株券

(3) 株券の無償割当てをしたときに発行する株券

(4) 取得請求権付株式の取得と引換えに交付するために発行する株券

(5) 取得条項付株式の取得と引換えに交付するために発行する株券

(6) 全部取得条項付種類株式の取得と引換えに交付するために発行する株券

(7) 株券の所持を希望していなかった株主の請求により発行する株券

(8) 株券喪失登録がされた後に再発行する株券

(9) 取得条項付新株予約権の取得と引換えに交付するために発行する株券

(10) 持分会社が組織変更して株式会社になる際に発行する株券

(11) 合併、吸収分割、新設分割、株式交換又は株式移転に際して発行する株券

**（資本金の額及び資本準備金の額の合計額の意義）**

10　令第24条第1号に規定する「資本金の額及び資本準備金の額の合計額」は、最終事業年度に係る貸借対照表に記載された資本金の額及び資本準備金の額の合計額（払込金額のない株券を発行する日の属する事業年度中に合併、吸収分割、新設分割、株式交換又は株式移転（この項において「合併等」という。）があった場合には、当該合併等の効力発生日における資本金の額及び資本準備金の額の合計額）によることとし

印紙税法基本通達（別表第一）　　　　1301

て差し支えない。

**（出資総額の意義）**

11　10の規定は令第24条第2号に規定する「出資総額」について、これを準用する。

## 第5号文書

> 合併契約書又は吸収分割契約書若しくは新設分割計画書

**（合併契約書の範囲）**

1　「合併契約書」は、株式会社、合名会社、合資会社、合同会社及び相互会社が締結する合併契約を証する文書に限り課税文書に該当するのであるから留意する。

**（吸収分割契約書及び新設分割計画書の範囲）**

2　「吸収分割契約書」及び「新設分割計画書」は、株式会社及び合同会社が吸収分割又は新設分割を行う場合の吸収分割契約を証する文書又は新設分割計画を証する文書に限り課税文書に該当するのであるから留意する。

（注）　「新設分割計画書」は、本店に備え置く文書に限り課税文書に該当する。

**（不動産を承継財産とする吸収分割契約書）**

3　吸収分割契約書に記載されている吸収分割承継会社が吸収分割会社から承継する財産のうちに、例えば不動産に関する事項が含まれている場合であっても、当該吸収分割契約書は第1号の1文書（不動産の譲渡に関する契約書又は営業の譲渡に関する契約書）には該当しないことに留意する。

**（合併契約等の変更又は補充の事実を証するものの範囲）**

4　合併契約又は吸収分割契約若しくは新設分割計画（以下、この項において「合併契約等」という。）の内容を変更する文書又は欠けていた事項を補充する文書のうち、会社法又は保険業法において合併契約等で定めることとして規定されていない事項、例えば、労働契約の承継に関する事項、就任する役員に関する事項等についてのみ変更する文書又は補充する文書は、「合併契約の変更又は補充の事実を証するもの」、「吸収分割契約の変更又は補充の事実を証するもの」及び「新設分割計画の変更又は補充の事実を証するもの」には該当しない。

## 第6号文書

> 定款

**（定款の範囲）**

1　「定款」は、株式会社、合名会社、合資会社、合同会社又は相互会社の設立のときに作成する定款の原本に限り第6号文書に該当するのであるから留意する。

**（変更定款）**

2　株式会社又は相互会社の設立に当たり、公証人の認証を受けた定款の内容を発起人等において変更する場合の当該変更の旨を記載した公証人の認証を要する書面は、た

とえ「変更定款等」と称するものであっても、第6号文書（定款）には該当しないものとして取り扱う。

なお、変更後の定款の規定の全文を記載した書面によって認証を受けるときは、新たな定款を作成したこととなり、その原本は、第6号文書に該当するのであるから留意する。

### 第7号文書

> 継続的取引の基本となる契約書（契約期間の記載のあるもののうち、当該契約期間が3月以内であり、かつ、更新に関する定めのないものを除く。）

**（契約期間の記載のあるもののうち、当該契約期間が3月以内であるものの意義）**

1　「契約期間の記載のあるもののうち、当該契約期間が3月以内であるもの」とは、当該文書に契約期間が具体的に記載されていて、かつ、当該期間が3か月以内であるものをいう。

**（継続的取引の基本となる契約書で除外されるもの）**

2　令第26条《継続的取引の基本となる契約書の範囲》の規定に該当する文書であっても、当該文書に記載された契約期間が3か月以内で、かつ、更新に関する定めのないもの（更新に関する定めがあっても、当初の契約期間に更新後の期間を加えてもなお3か月以内である場合を含むこととして取り扱う。）は、継続的取引の基本となる契約書から除外されるが、当該文書については、その内容によりその他の号に該当するかどうかを判断する。

**（営業者の間の意義）**

3　令第26条第1号に規定する「営業者の間」とは、契約の当事者の双方が営業者である場合をいい、営業者の代理人として非営業者が契約の当事者となる場合を含む。

なお、他の者から取引の委託を受けた営業者が当該他の者のために第三者と行う取引も営業者の間における取引に含まれるのであるから留意する。

**（2以上の取引の意義）**

4　令第26条第1号に規定する「2以上の取引」とは、契約の目的となる取引が2回以上継続して行われることをいう。

**（目的物の種類、取扱数量、単価、対価の支払方法、債務不履行の場合の損害賠償の方法又は再販売価格を定めるものの意義）**

5　令第26条第1号に規定する「目的物の種類、取扱数量、単価、対価の支払方法、債務不履行の場合の損害賠償の方法又は再販売価格を定めるもの」とは、これらのすべてを定めるもののみをいうのではなく、これらのうちの1又は2以上を定めるものをいう。

**（売買、売買の委託、運送、運送取扱い又は請負に関する2以上の取引を継続して行うため作成される契約書の意義）**

6　令第26条第1号に規定する「売買、売買の委託、運送、運送取扱い又は請負に関す

印紙税法基本通達（別表第一）　　1303

る２以上の取引を継続して行うため作成される契約書」とは、例えば売買に関する取引を引き続き２回以上行うため作成される契約書をいい、売買の目的物の引渡し等が数回に分割して行われるものであっても、当該取引が１取引である場合の契約書は、これに該当しない。

　なお、エレベーター保守契約、ビル清掃請負契約等、通常、月等の期間を単位として役務の提供等の債務の履行が行われる契約については、料金等の計算の基礎となる期間１単位ごと又は支払の都度ごとに１取引として取り扱う。

**（売買の委託及び売買に関する業務の委託の意義）**

7　令第26条第１号に規定する「売買の委託」とは、特定の物品等を販売し又は購入することを委託することをいい、同条第２号に規定する「売買に関する業務の委託」とは、売買に関する業務の一部又は全部を委託することをいう。

**（目的物の種類の意義）**

8　令第26条第１号に規定する「目的物の種類」とは、取引の対象の種類をいい、その取引が売買である場合には売買の目的物の種類が、請負である場合には仕事の種類・内容等がこれに該当する。また、当該目的物の種類には、例えばテレビ、ステレオ、ピアノというような物品等の品名だけでなく、電気製品、楽器というように共通の性質を有する多数の物品等を包括する名称も含まれる。

**（取扱数量を定めるものの意義）**

9　令第26条第１号に規定する「取扱数量を定めるもの」とは、取扱量として具体性を有するものをいい、一定期間における最高又は最低取扱（目標）数量を定めるもの及び金額により取扱目標を定める場合の取扱目標金額を定めるものを含む。したがって、例えば「１か月の最低取扱数量は50トンとする。」、「１か月の取扱目標金額は100万円とする。」とするものはこれに該当するが、「毎月の取扱数量は当該月の注文数量とする。」とするものは該当しない。

　（注）　取扱目標金額を記載した契約書は、記載金額のある契約書にも該当するのであるから留意する。

**（単価の意義）**

10　令第26条第１号に規定する「単価」とは、数値として具体性を有するものに限る。したがって、例えば「市価」、「時価」等とするものはこれに該当しない。

**（対価の支払方法の意義）**

11　令第26条第１号、第２号及び第４号に規定する「対価の支払方法を定めるもの」とは、「毎月分を翌月10日に支払う。」、「60日手形で支払う。」、「借入金と相殺する。」等のように、対価の支払に関する手段方法を具体的に定めるものをいう。

**（債務不履行の場合の損害賠償の方法の意義）**

12　令第26条第１号及び第４号に規定する「債務不履行の場合の損害賠償の方法」とは、債務不履行の結果生ずべき損害の賠償として給付されるものの金額、数量等の計算、給付の方法等をいい、当該不履行となった債務の弁済方法をいうものではない。

**（ガスの供給の意義）**

13　令第26条第1号に規定する「ガスの供給」とは、ガス事業者等が都市ガス、プロパンガス等の燃料用ガスを導管、ボンベ、タンクローリー等により消費者に継続して供給することをいう。

**（金融機関の範囲）**

14　令第26条第2号に規定する「金融機関」には、銀行業、信託業、金融商品取引業、保険業を営むもの等通常金融機関と称されるもののほか、貸金業者、クレジットカード業者、割賦金融業者等金融業務を営むすべてのものを含む。

**（金融機関の業務の委託の意義）**

15　令第26条第2号に規定する「金融機関の業務を継続して委託する」とは、金融機関が、預金業務、貸出業務、出納業務、為替業務、振込業務その他の金融業務を他の者に継続して委託することをいう。

**（委託される業務又は事務の範囲又は対価の支払方法を定めるものの意義）**

16　令第26条第2号に規定する「委託される業務又は事務の範囲又は対価の支払方法を定めるもの」とは、これらのすべてを定めるもののみをいうのではなく、これらのうちの1又は2以上を定めるものをいう。

**（金融機関に対する販売代金等の収納事務の委託）**

17　会社等が販売代金等の収納事務を金融機関に委託する場合において、その内容が当該販売代金等を積極的に集金することまで委託するものでないものは、令第26条第2号に規定する「売買に関する業務」の委託には該当しないものとして取り扱う。したがって、当該委託についての契約書は、委任に関する契約書に該当するから、課税文書に当たらないことに留意する。

**（包括的に履行方法その他の基本的事項を定める契約書の意義）**

18　令第26条第3号に規定する「包括的に履行方法その他の基本的事項を定める契約書」とは、貸付け（手形割引及び当座貸越を含む。）、支払承諾、外国為替等の個々の取引によって生ずる金融機関に対する債務の履行について、履行方法その他の基本的事項を定める契約（例えば当座勘定取引約定書、当座勘定借越約定書、手形取引約定書、手形取引限度額約定書、支払承諾約定書、信用状約定書等）をいうのでなく、貸付け（手形割引及び当座貸越を含む。）、支払承諾、外国為替その他の取引によって生ずる債務のすべてについて、包括的に履行方法その他の基本的事項を定める契約書（例えば普通銀行における銀行取引約定書、信用金庫における信用金庫取引約定書等）をいう。

**（保険契約者の範囲）**

19　令第26条第5号に規定する「保険契約者」には、保険契約者が保険会社である場合の当該保険会社を含む。

**（2以上の保険契約を継続して行うため作成される契約書の意義）**

20　令第26条第5号に規定する「2以上の保険契約を継続して行うため作成される契約書」とは、特約期間内に締結される保険契約に共通して適用される保険の目的の種

印紙税法基本通達（別表第一）　　　　　1305

類、保険金額又は保険料率を定めておき、後日、保険契約者からの申込みに応じて個
別の保険契約を締結し、個別の保険契約ごとに保険証券又は保険引受証が発行される
ことになっている契約書をいう。

**（株式事務代行委託契約書）**

21　株式事務代行委託契約書で、株式の発行又は名義書換えの事務を３か月を超えて継
続して委任するものは、第７号文書（継続的取引の基本となる契約書）に該当するこ
とに留意する。

## 第８号文書

| 預貯金証書 |
| --- |

**（預貯金証書の意義）**

1　「預貯金証書」とは、銀行その他の金融機関等で法令の規定により預金又は貯金業
務を行うことができる者が、預金者又は貯金者との間の消費寄託の成立を証明するた
めに作成する免責証券たる預金証書又は貯金証書をいう。

**（勤務先預金証書）**

2　会社等が労働基準法（昭和22年法律第49号）第18条《強制貯金》第４項又は船員法
（昭和22年法律第100号）第34条《貯蓄金の管理等》第３項に規定する預金を受け入
れた場合に作成する勤務先預金証書は、第８号文書（預貯金証書）に該当する。

**（積金証書）**

3　積金証書は、課税文書に該当しない。

## 第９号文書

| 貨物引換証、倉庫証券又は船荷証券 |
| --- |

**（貨物引換証の意義）**

1　「貨物引換証」とは、商法第571条第１項の規定により、運送人が荷送人の請求に
より作成する貨物引換証をいう。

**（倉庫証券の意義）**

2　「倉庫証券」とは、商法第598条及び同法第627条第１項の規定により、倉庫営業者
が寄託者の請求により作成する預証券、質入証券及び倉荷証券をいう。

**（船荷証券の意義）**

3　「船荷証券」とは、商法第767条及び国際海上物品運送法（昭和37年法律第172号）
第６条《船荷証券の交付義務》第１項の規定により、運送人、船長又は運送人等の代
理人が用船者又は荷送人の請求により作成する船荷証券をいう。

**（船荷証券を数通作成する場合）**

4　同一内容の船荷証券を数通作成する場合は、いずれも船荷証券として取り扱う。た
だし、当該数通のそれぞれに「Original」、「Duplicate」又は「First Original」、

1306 附　　　録

「Second Original」等の表示を明確にするときは、そのうち、「Original」又は「First Original」等と表示したもののみを課税文書として取り扱う。また、通関その他の用途に使用するため発行するもので「流通を禁ず」又は「Non Negotiable」等の表示を明確にするものは、課税文書に該当しないものとして取り扱う。

**（貨物引換証等に類似の効用を有するものの意義）**

5　「貨物引換証、倉庫証券又は船荷証券の記載事項の一部を欠く証書で、これらと類似の効用を有するもの」とは、商法第571条第２項、同法第599条、同法第769条又は国際海上物品運送法第７条《船荷証券の作成》に規定するそれぞれの記載事項の一部を欠く証書で、運送品の引渡請求権又は寄託物の返還請求権を表彰するものをいうこととし、これらは、それぞれ貨物引換証、倉庫証券又は船荷証券として取り扱う。ただし、当該証書に譲渡性のないことが明記されているものは、この限りでない。

## 第10号文書

| 保険証券 |
| --- |

**（保険証券の意義）**

1　「保険証券」とは、保険者が保険契約の成立を証明するため、保険法その他の法令の規定により保険契約者に交付する書面をいう。

**（記載事項の一部を欠く保険証券）**

2　保険証券としての記載事項の一部を欠くものであっても保険証券としての効用を有するものは、第10号文書（保険証券）として取り扱う。

**（更新の意義）**

3　令第27条の２第３号に規定する「更新」には、保険期間の満了に際して既契約を継続するものを含むのであるから留意する。

## 第11号文書

| 信用状 |
| --- |

**（信用状の意義）**

1　「信用状」とは、銀行が取引銀行に対して特定の者に一定額の金銭の支払をすることを委託する支払委託書をいい、商業信用状に限らず、旅行信用状を含む。

**（商業信用状条件変更通知書）**

2　既に発行されている商業信用状について、その金額、有効期限、数量、単価、船積み期限、船積み地又は仕向け地等を変更した場合に銀行が発行する商業信用状条件変更通知書は、課税文書に該当しない。

印紙税法基本通達（別表第一）　　　1307

## 第12号文書

> 信託行為に関する契約書

### （信託行為に関する契約書の意義）
1　「信託行為に関する契約書」とは、信託法第3条第1号《信託の方法》に規定する信託契約を証する文書をいう。
>（注）1　担保付社債信託法（明治38年法律第52号）その他の信託に関する特別の法令に基づいて締結する信託契約を証する文書は、第12号文書（信託行為に関する契約書）に該当する。
> 　　　2　信託法第3条第2号の遺言信託を設定するための遺言書及び同条第3号の自己信託を設定するための公正証書その他の書面は、第12号文書には該当しない。

### （財産形成信託取引証）
2　信託銀行が財産形成信託の申込者に交付する財産形成信託取引証は、第12号文書（信託行為に関する契約書）に該当する。

## 第13号文書

> 債務の保証に関する契約書（主たる債務の契約書に併記したものを除く。）

### （債務の保証の意義）
1　「債務の保証」とは、主たる債務者がその債務を履行しない場合に保証人がこれを履行することを債権者に対し約することをいい、連帯保証を含む。
　　なお、他人の受けた不測の損害を補てんする損害担保契約は、債務の保証に関する契約に該当しない。

### （債務の保証委託契約書）
2　「債務の保証に関する契約」とは、第三者が債権者との間において、債務者の債務を保証することを約するものをいい、第三者が債務者に対しその債務の保証を行うことを約するものを含まない。
　　なお、第三者が債務者の委託に基づいて債務者の債務を保証することについての保証委託契約書は、委任に関する契約書に該当するのであるから、課税文書に当たらないことに留意する。

### （主たる債務の契約書に併記した債務の保証に関する契約書）
3　主たる債務の契約書に併記した債務の保証に関する契約書は、当該主たる債務の契約書が課税文書に該当しない場合であっても課税文書とはならない。
　　なお、主たる債務の契約書に併記した保証契約を変更又は補充する契約書及び契約の申込文書に併記した債務の保証契約書は、第13号文書（債務の保証に関する契約書）に該当するのであるから留意する。

1308 附 録

**（身元保証に関する契約書の範囲）**

4 「身元保証に関する契約書」には、入学及び入院の際等に作成する身元保証書を含むものとして取り扱う。

**（販売物品の保証書）**

5 物品製造業者又は物品販売業者等が自己の製造した物品又は販売物品につき品質を保証することを約して交付する品質保証書は、課税文書に該当しない。

**（取引についての保証契約書）**

6 特定の第三者の取引等について事故が生じた場合には一切の責任を負担する旨を当該第三者の取引先に約することを内容とする契約書は、損害担保契約書であることが明らかであるものを除き、第13号文書（債務の保証に関する契約書）として取り扱う。

## 第14号文書

金銭又は有価証券の寄託に関する契約書

**（寄託の意義）**

1 「寄託」とは、民法第657条《寄託》に規定する寄託をいい、同法第666条《消費寄託》に規定する消費寄託を含む。

**（預り証等）**

2 金融機関の外務員が、得意先から預金として金銭を受け入れた場合又は金融機関の窓口等で預金通帳の提示なしに預金を受け入れた場合に、当該受入れ事実を証するために作成する「預り証」、「入金取次票」等と称する文書で、当該金銭を保管する目的で受領するものであることが明らかなものは、第14号文書（金銭の寄託に関する契約書）として取り扱う。

なお、金銭の受領事実のみを証明目的とする「受取書」、「領収証」等と称する文書で、受領原因として単に預金の種類が記載されているものは、第17号文書（金銭の受取書）として取り扱う。

**（敷金の預り証）**

3 家屋等の賃貸借に当たり、家主等が受け取る敷金について作成する預り証は、第14号文書（金銭の寄託に関する契約書）としないで、第17号文書（金銭の受取書）として取り扱う。

**（差押物件等の保管証）**

4 金銭又は有価証券を差し押え又は領置するに当たり、これをその占有者に保管させる場合において、当該保管者が作成する保管証は、課税しないことに取り扱う。

**（勤務先預金明細書等）**

5 勤務先預金について、預金通帳の発行に代え、一定期間中の個々の預金取引の明細を記載して預金者に交付する勤務先預金明細書等と称する文書は、第14号文書（金銭の寄託に関する契約書）に該当する。

なお、一定期間中の受入金及び払戻金の合計額並びに残額のみを記載した預金残高

印紙税法基本通達（別表第一）　　　1309

通知書等と称する文書は、第14号文書には該当しないのであるから留意する。

**（現金自動預金機等から打ち出される紙片）**

6　現金自動預金機等を利用して預金を行う場合において、預金の預入れ事実を証明するため、当該現金自動預金機等から打ち出される預入年月日、預入額、預入後の預金残額及び口座番号等の事項を記載した紙片は、第14号文書（金銭の寄託に関する契約書）に該当する。

**（預金口座振替依頼書）**

7　預金契約を締結している金融機関に対して、電信電話料金、電力料金、租税等を、預金口座振替の方法により支払うことを依頼する場合に作成する預金口座振替依頼書は、預金の払戻し方法の変更を直接証明する目的で作成するものでないから、第14号文書（金銭の寄託に関する契約書）に該当しないものとして取り扱う。

**（金融機関に対する債務等の預金口座振替依頼書）**

8　預金契約を締結している金融機関に対し、当該金融機関に対する借入金、利息金額、手数料その他の債務、又は積立式の定期預貯金若しくは積金を預金口座から引き落して支払い又は振り替えることを依頼する場合に作成する預金口座振替依頼書は、第14号文書（金銭の寄託に関する契約書）に該当しないものとして取り扱う。

　なお、金融機関に対する債務を預金口座から引き落して支払うことを内容とする文書であっても、原契約である消費貸借契約等の契約金額、利息金額、手数料等の支払方法又は支払期日を定めることを証明目的とするものは、その内容により、第1号の3文書（消費貸借に関する契約書）等に該当するのであるから留意する。

## 第15号文書

> ### 債権譲渡又は債務引受けに関する契約書

**（債権譲渡の意義）**

1　「債権譲渡」とは、債権をその同一性を失わせないで旧債権者から新債権者へ移転させることをいう。

**（債務引受けの意義）**

2　「債務引受け」とは、債務をその同一性を失わせないで債務引受人に移転することをいい、従来の債務者もなお債務者の地位にとどまる重畳的債務引受けもこれに含む。

**（債務引受けに関する契約の意義）**

3　「債務引受けに関する契約」とは、第三者が債権者との間において債務者の債務を引き受けることを約するものをいい、債権者の承諾を条件として第三者と債務者との間において債務者の債務を引き受けることを約するものを含む。

　なお、第三者と債務者との間において、第三者が債務者の債務の履行を行うことを約する文書は、委任に関する契約書に該当するのであるから、課税文書に当たらないことに留意する。

1310 　　　　　附　　　録

**（債権譲渡通知書等）**

4　債権譲渡契約をした場合において、譲渡人が債務者に通知する債権譲渡通知書及び債務者が当該債権譲渡を承諾する旨の記載をした債権譲渡承諾書は、課税文書に該当しない。

**（電話加入権の譲渡契約書）**

5　電話加入権の譲渡契約書は、第15号文書（債権の譲渡に関する契約書）に該当するものとして取り扱う。


## 第16号文書

| 配当金領収証又は配当金振込通知書 |
| --- |

**（配当金の支払を受ける権利を表彰する証書の意義）**

1　「配当金の支払を受ける権利を表彰する証書」とは、会社（株式の預託を受けている会社を含む。2及び5において同じ。）が株主（株式の預託者を含む。2及び5において同じ。）の具体化した利益配当請求権を証明した証書で、株主がこれと引換えに当該証書に記載された取扱銀行等のうち株主の選択する銀行等で配当金の支払を受けることができるものをいう。

**（配当金の受領の事実を証するための証書の意義）**

2　「配当金の受領の事実を証するための証書」とは、会社が株主に配当金の支払をするに当たり、あらかじめ当該会社が株主に送付する証書のうち、配当金の支払を受ける権利を表彰する証書以外のもので、株主が取扱銀行等から配当金の支払を受けた際その受領事実を証するために使用するものをいう。

　なお、株主が会社から直接配当金の支払を受けた際に作成する受取書は、第16号文書（配当金領収証）ではなく、第17号文書（金銭の受取書）に該当することに留意する。

**（配当金支払副票を添付する配当金領収証）**

3　配当金領収証には、配当金支払副票を添付することによって配当金の支払を受けることができるものを含む。

**（配当金の範囲）**

4　「配当金」とは、株式会社の剰余金の配当（会社法第454条第5項《剰余金の配当に関する事項の決定》に規定する中間配当を含む。）に係るものをいう。

**（振込済みである旨を株主に通知する文書の範囲）**

5　「振込済みである旨を株主に通知する文書」とは、会社が株主に対して株主の預貯金口座その他の勘定への配当金振込みの事実を通知する文書をいい、文書の表現が「振り込みます。」又は「振り込む予定です。」等となっているものを含むものとして取り扱う。

印紙税法基本通達（別表第一）　　　　　　1311

# 第17号文書

> 1　売上代金に係る金銭又は有価証券の受取書
> 2　金銭又は有価証券の受取書で1に掲げる受取書以外のもの

**（金銭又は有価証券の受取書の意義）**

1　「金銭又は有価証券の受取書」とは、金銭又は有価証券の引渡しを受けた者が、その受領事実を証明するため作成し、その引渡者に交付する単なる証拠証書をいう。

（注）　文書の表題、形式がどのようなものであっても、また「相済」、「完了」等の簡略な文言を用いたものであっても、その作成目的が当事者間で金銭又は有価証券の受領事実を証するものであるときは、第17号文書（金銭又は有価証券の受取書）に該当するのであるから留意する。

**（受取書の範囲）**

2　金銭又は有価証券の受取書は、金銭又は有価証券の受領事実を証明するすべてのものをいい、債権者が作成する債務の弁済事実を証明するものに限らないのであるから留意する。

**（仮受取書）**

3　仮受取書等と称するものであっても、金銭又は有価証券の受領事実を証明するものは、第17号文書（金銭又は有価証券の受取書）に該当する。

**（振込済みの通知書等）**

4　売買代金等が預貯金の口座振替又は口座振込みの方法により債権者の預貯金口座に振り込まれた場合に、当該振込みを受けた債権者が債務者に対して預貯金口座への入金があった旨を通知する「振込済みのお知らせ」等と称する文書は、第17号文書（金銭の受取書）に該当する。

**（受領事実の証明以外の目的で作成される文書）**

5　金銭又は有価証券の受取書は、その作成者が金銭又は有価証券の受領事実を証明するために作成するものをいうのであるから、文書の内容が間接的に金銭又は有価証券の受領事実を証明する効果を有するものであっても、作成者が受領事実の証明以外の目的で作成したもの（例えば手形割引料計算書、預金払戻請求書等）は、第17号文書（金銭又は有価証券の受取書）に該当しない。

**（受取金引合通知書、入金記帳案内書）**

6　従業員が得意先において金銭を受領した際に受取書を交付し、又は判取帳若しくは通帳にその受領事実を証明し、その後において事業者が受取金引合通知書又は入金記帳案内書等を発行した場合における当該通知書又は案内書等で、当該金銭の受領事実を証明するものは、第17号文書（金銭の受取書）に該当するものとして取り扱う。

**（入金通知書、当座振込通知書）**

7　銀行が被振込人に対し交付する入金通知書、当座振込通知書又は当座振込報告書等は、課税文書に該当しない。

なお、被振込人あてのものであっても、振込人に対して交付するものは、第17号文

書（金銭の受取書）に該当することに留意する。

**（銀行間で作成する手形到着報告書）**

8 手形取立ての依頼をした仕向け銀行が被仕向け銀行にその手形を送付した場合に、被仕向け銀行が仕向け銀行に交付する手形到着報告書で、手形を受領した旨の記載があるものは、第17号文書（有価証券の受取書）に該当する。

**（不渡手形受取書）**

9 不渡手形を受け取った場合に作成する受取書は、第17号文書（有価証券の受取書）に該当する。

**（現金販売の場合のお買上票等）**

10 商店が現金で物品を販売した場合に買受人に交付するお買上票等と称する文書で、当該文書の記載文言により金銭の受領事実が明らかにされているもの又は金銭登録機によるもの若しくは特に当事者間において受取書としての了解があるものは、第17号文書（金銭の受取書）に該当するものとして取り扱う。

**（支払通知書受領書等）**

11 文書の受取書であるような形式をとる「支払通知書受領書」等と称する文書であっても、金銭又は有価証券の受領事実を証明するために作成するものは、第17号文書（金銭又は有価証券の受取書）に該当する。

　また、金銭等の支払者が作成するような形式をとる「支払通知書控」等と称する文書であっても、金銭又は有価証券を受領するに際し、その受取人から支払人に交付する文書であることが明らかなものは、第17号文書（金銭又は有価証券の受取書）に該当する。

**（資産を使用させることによる対価の意義）**

12 「資産を使用させることによる対価」とは、例えば土地や建物の賃貸料、建設機械のリース料、貸付金の利息、著作権・特許権等の無体財産権の使用料等、不動産、動産、無体財産権その他の権利を他人に使わせることの対価をいう。

　なお、債務不履行となった場合に発生する遅延利息は、これに含まれないのであるから留意する。

**（資産に係る権利を設定することによる対価の意義）**

13 「資産に係る権利を設定することによる対価」とは、例えば家屋の賃貸借契約に当たり支払われる権利金のように、資産を他人に使用させるに当たり、当該資産について設定される権利の対価をいう。

　なお、家屋の賃貸借契約に当たり支払われる敷金、保証金等と称されるものであっても、後日返還されないこととされている部分がある場合には、当該部分は、これに含まれるのであるから留意する。

**（役務を提供することによる対価の意義）**

14 「役務を提供することによる対価」とは、例えば、土木工事、修繕、運送、保管、印刷、宿泊、広告、仲介、興行、技術援助、情報の提供等、労務、便益その他のサービスを提供することの対価をいう。

印紙税法基本通達（別表第一）　　　1313

**（対価の意義等）**

15　「対価」とは、ある給付に対する反対給付の価格をいう。したがって、反対給付に該当しないもの、例えば、借入金、担保物（担保有価証券、保証金、証拠金等）、寄託物（寄託有価証券、預貯金等）、割戻金、配当金、保険金、損害賠償金（遅延利息及び違約金を含む。）、各種補償金、出資金、租税等の納付受託金、賞金、各種返還金等は、売上代金に該当しないのであるから留意する。

**（債券の意義）**

16　令第28条《売上代金に該当しない対価の範囲等》第2項第1号に規定する「債券」とは、起債に係る債券をいうのであって、その権利の表示方法がいわゆる現物債であると登録債又は振替債であるとを問わない。

**（為替取引における送金資金の受取書の意義）**

17　令第28条第3項に規定する「為替取引における送金資金の受取書」とは、例えば、電信送金の依頼を受けた銀行が送金依頼人に対し作成交付する送金資金の受取書をいう。

**（有価証券の受取書の記載金額）**

18　小切手等の有価証券を受け取る場合の受取書で、受取に係る金額の記載があるものについては当該金額を、また、第17号の2文書に該当する有価証券の受取書で、受取に係る金額の記載がなく当該有価証券の券面金額の記載があるものについては当該金額を、それぞれ記載金額として取り扱う。

　なお、売上代金に係る有価証券の受取書について通則4のホの㈢の規定が適用される場合は、当該規定に定めるところによるのであるから留意する。

**（共同企業体と構成員の間で作成する受取書）**

19　共同施工方式（構成員が資金、労務、機械等を出資し、合同計算により工事等を共同施工する方式）をとる共同企業体とその構成員との間において金銭等を授受する場合に作成する受取書の取扱いは、次による。

⑴　共同企業体が作成する受取書

　イ　出資金（費用分担金と称するものを含む。）を受け取る場合に作成する受取書は、営業に関しないものとして取り扱う。

　ロ　構成員に金銭等の受領を委託し、構成員から当該委託に基づく金銭等を受け取る場合に作成する受取書は、金銭等を受け取る原因が売上代金であるかどうかにより、第17号の1文書（売上代金に係る金銭又は有価証券の受取書）又は第17号の2文書（売上代金以外の金銭又は有価証券の受取書）に該当する。

⑵　構成員が作成する受取書

　イ　利益分配金又は出資金の返れい金を受け取る場合に作成する受取書は、第17号の2文書（売上代金以外の金銭又は有価証券の受取書）に該当する。

　ロ　共同企業体から金銭等の支払の委託を受けた構成員が、当該委託に基づく金銭等を受け取る場合に作成する受取書は、金銭等を支払う原因が売上代金であるかどうかにより、第17号の1文書（売上代金に係る金銭又は有価証券の受取書）又

は第17号の2文書（売上代金以外の金銭又は有価証券の受取書）に該当する。

**（相殺の事実を証明する領収書）**

20　売掛金等と買掛金等とを相殺する場合において作成する領収書等と表示した文書
　　で、当該文書に相殺による旨を明示しているものについては、第17号文書（金銭の受
　　取書）に該当しないものとして取り扱う。

　　　また、金銭又は有価証券の受取書に相殺に係る金額を含めて記載してあるものにつ
　　いては、当該文書の記載事項により相殺に係るものであることが明らかにされている
　　金額は、記載金額として取り扱わないものとする。

**（利益金又は剰余金の分配をすることができる法人）**

21　「会社以外の法人で、法令の規定又は定款の定めにより利益金又は剰余金の配当又
　　は分配をすることができることとなっているもの」には、おおむね次に掲げる法人が
　　これに該当する。

　⑴　貸家組合、貸家組合連合会

　⑵　貸室組合、貸室組合連合会

　⑶　事業協同組合、事業協同組合連合会

　⑷　事業協同小組合、事業協同小組合連合会

　⑸　火災共済協同組合、火災共済協同組合連合会

　⑹　信用協同組合、信用協同組合連合会

　⑺　企業組合

　⑻　協業組合

　⑼　塩業組合

　⑽　消費生活協同組合、消費生活協同組合連合会

　⑾　農林中央金庫

　⑿　信用金庫、信用金庫連合会

　⒀　労働金庫、労働金庫連合会

　⒁　商店街振興組合、商店街振興組合連合会

　⒂　船主相互保険組合

　⒃　輸出水産業協同組合

　⒄　漁業協同組合、漁業協同組合連合会

　⒅　漁業生産組合

　⒆　水産加工業協同組合、水産加工業協同組合連合会

　⒇　共済水産業協同組合連合会

　㉑　森林組合、森林組合連合会

　㉒　蚕糸組合

　㉓　農業協同組合、農業協同組合連合会

　㉔　農事組合法人

　㉕　貿易連合

　㉖　相互会社

印紙税法基本通達（別表第一）　　　1315

⑳　輸出組合（出資のあるものに限る。以下同じ。）、輸入組合

⑱　商工組合、商工組合連合会

⑳　生活衛生同業組合、生活衛生同業組合連合会

（注）　ここに掲げる以外の法人については、当該法人に係る法令の規定又は定款の定めにより判断する必要がある。

**（公益法人が作成する受取書）**

22　公益法人が作成する受取書は、収益事業に関して作成するものであっても、営業に関しない受取書に該当する。

**（人格のない社団の作成する受取書）**

23　公益及び会員相互間の親睦等の非営利事業を目的とする人格のない社団が作成する受取書は、営業に関しない受取書に該当するものとし、その他の人格のない社団が収益事業に関して作成する受取書は、営業に関しない受取書に該当しないものとする。

**（農業従事者等が作成する受取書）**

24　店舗その他これらに類する設備を有しない農業、林業又は漁業に従事する者が、自己の生産物の販売に関して作成する受取書は、営業に関しない受取書に該当する。

**（医師等の作成する受取書）**

25　医師、歯科医師、歯科衛生士、歯科技工士、保健師、助産師、看護師、あん摩・マッサージ・指圧師、はり師、きゅう師、柔道整復師、獣医師等がその業務上作成する受取書は、営業に関しない受取書として取り扱う。

**（弁護士等の作成する受取書）**

26　弁護士、弁理士、公認会計士、計理士、司法書士、行政書士、税理士、中小企業診断士、不動産鑑定士、土地家屋調査士、建築士、設計士、海事代理士、技術士、社会保険労務士等がその業務上作成する受取書は、営業に関しない受取書として取り扱う。

**（法人組織の病院等が作成する受取書）**

27　営利法人組織の病院等又は営利法人の経営する病院等が作成する受取書は、営業に関しない受取書に該当しない。

なお、医療法（昭和23年法律第205号）第39条に規定する医療法人が作成する受取書は、営業に関しない受取書に該当する。

**（受取金額の記載中に営業に関するものと関しないものとがある場合）**

28　記載金額が5万円以上の受取書であっても、内訳等で営業に関するものと関しないものとが明確に区分できるもので、営業に関するものが5万円未満のものは、記載金額5万円未満の受取書として取り扱う。

**（租税過誤納金等の受取書）**

29　国税及び地方税の過誤納金とこれに伴う還付加算金を受領（納税者等の指定する金融機関から支払を受ける場合を含む。）する際に作成する受取書は、課税しないことに取り扱う。

1316 　　　　　　　　附　　　録

**（返還を受けた租税の担保の受取書）**

30　租税の担保として提供した金銭又は有価証券の返還を受ける際に作成する受取書は、課税しないことに取り扱う。

**（返還された差押物件の受取書）**

31　差押物件の返還を受ける際に作成する受取書は、課税しないことに取り扱う。

**（株式払込金領収証又は株式申込受付証等）**

32　株式払込金（株式申込証拠金を含む。）領収証又はこれに代えて発行する株式申込受付証並びに出資金領収証で、直接会社が作成するものは営業に関しない受取書に該当するものとし、募集及び払込取扱業者が作成するものは営業に関しない受取書に該当しないものとして取り扱う。

**（災害義えん金の受取書）**

33　新聞社、放送局等が、災害その他の義えん金の募集に関して作成する受取書は、課税しないことに取り扱う。

**（取次票等）**

34　金融機関が得意先から送金又は代金の取立て等の依頼を受け、金銭又は有価証券を受領した場合に作成する「取次票」、「預り証」等は、第17号文書（金銭又は有価証券の受領書）に該当するのであるから留意する。

**（担保品預り証書）**

35　金銭又は有価証券を担保として受け入れたことを内容とする担保品預り証書等は、第17号文書（金銭又は有価証券の受取書）に該当するのであるから留意する。


## 第18号文書

> 預貯金通帳、信託行為に関する通帳、銀行若しくは無尽会社の作成する掛金通帳、生命保険会社の作成する保険料通帳又は生命共済の掛金通帳

**（預貯金通帳の意義）**

1　「預貯金通帳」とは、法令の規定による預金又は貯金業務を行う銀行その他の金融機関等が、預金者又は貯金者との間における継続的な預貯金の受払い等を連続的に付け込んで証明する目的で作成する通帳をいう。

**（勤務先預金通帳）**

2　会社等が労働基準法第18条《強制貯金》第4項又は船員法第34条《貯蓄金の管理等》第3項に規定する預金を受け入れた場合に作成する勤務先預金通帳は、第18号文書（預貯金通帳）に該当するのであるから留意する。

**（当座勘定入金帳）**

3　当座預金への入金の事実のみを付け込んで証明するいわゆる当座勘定入金帳（付け込み時に当座預金勘定への入金となる旨が明らかにされている集金用の当座勘定入金帳を含む。）は、第18号文書（預貯金通帳）として取り扱う。

印紙税法基本通達（別表第一）　　　　1317

**（現金自動預金機専用通帳）**

4　現金自動預金機を設置する金融機関が、当該現金自動預金機の利用登録をした顧客にあらかじめ専用のとじ込み用表紙を交付しておき、利用の都度現金自動預金機から打ち出される預入年月日、預入額、預入後の預金残額、口座番号及びページ数その他の事項を記載した紙片を順次専用のとじ込み用表紙に編てつすることとしているものは、その全体を第18号文書（預貯金通帳）として取り扱う。

**（所得税法第9条第1項第2号に規定する預貯金に係る預貯金通帳の範囲）**

5　「所得税法第9条第1項第2号《非課税所得》に規定する預貯金に係る預貯金通帳」とは、いわゆるこども銀行の代表者名義で預け入れる預貯金に係る預貯金通帳をいう。

**（こども銀行の作成する預貯金通帳）**

6　いわゆるこども銀行の作成する預貯金通帳等と称する通帳は、課税文書に該当しないものとして取り扱う。

**（非課税となる普通預金通帳の範囲）**

7　令第30条《非課税となる普通預金通帳の範囲》に規定する「所得税法（昭和40年法律第33号）第10条《障害者等の少額預金の利子所得等の非課税》の規定によりその利子につき所得税が課税されないこととなる普通預金に係る預金通帳」とは、預金者が同条に規定する非課税貯蓄申告書を提出し、かつ、預け入れの際、同条に規定する非課税貯蓄申込書を提出して預け入れた普通預金に係る普通預金通帳（勤務先預金通帳のうち預金の払戻しが自由にできるものを含む。）で、当該預金の元本が同条第1項に規定する最高限度額を超えないものをいう。

　　なお、当該預金通帳に係る普通預金の元本が同項に規定する最高限度額を超える付け込みをした場合は、当該付け込みをした時に課税となる普通預金通帳を作成したものとして取り扱うが、当該普通預金通帳については、そのとき以降1年間は当該元本が再び同項に規定する最高限度額を超えることとなっても、これを新たに作成したものとはみなさないこととして取り扱う。

**（信託行為に関する通帳の意義）**

8　「信託行為に関する通帳」とは、信託会社が、信託契約者との間における継続的財産の信託関係を連続的に付け込んで証明する目的で作成する通帳をいう。

**（銀行又は無尽会社の作成する掛金通帳の意義）**

9　「銀行又は無尽会社の作成する掛金通帳」とは、銀行又は無尽会社が、掛金契約者又は無尽掛金契約者との間における掛金又は無尽掛金の受領事実を連続的に付け込んで証明する目的で作成する通帳をいう。

**（日掛記入帳）**

10　銀行が、掛金の契約者から掛金を日掛けで集金し、一定時期に掛金に振り替えることとしている場合において、当該掛金の払込み事実を証明するため作成する日掛記入帳は、掛金通帳として取り扱う。

1318 附 録

### （生命保険会社の作成する保険料通帳の意義）

11 「生命保険会社の作成する保険料通帳」とは、生命保険会社が、保険契約者との間における保険料の受領事実を連続的に付け込んで証明する目的で作成する通帳をいう。

### （生命共済の掛金通帳の範囲）

12 令第29条《生命共済の掛金通帳の範囲》に規定する「死亡又は生存を共済事故とする共済」とは、人の死亡若しくは生存のみを共済事故とする共済又は人の死亡若しくは生存と人の廃疾若しくは傷害等とを共済事故とする共済（以下「生命事故共済」という。）をいい、同条に規定する者が作成するこれらの掛金通帳は、第18号文書（生命共済の掛金通帳）に該当する。

なお、生命事故共済の掛金と生命事故共済以外の共済の掛金とを併せ付け込む通帳は、第19号文書に該当するのであるから留意する。

## 第19号文書

> 第1号、第2号、第14号又は第17号に掲げる文書により証されるべき事項を付け込んで証明する目的をもって作成する通帳（前号に掲げる通帳を除く。）

### （第19号文書の意義及び範囲）

1 第19号文書とは、課税物件表の第1号、第2号、第14号又は第17号の課税事項のうち1又は2以上を付け込み証明する目的で作成する通帳で、第18号文書に該当しないものをいい、これら以外の事項を付け込み証明する目的で作成する通帳は、第18号文書に該当するものを除き、課税文書に該当しないのであるから留意する。

### （金銭又は有価証券の受取通帳）

2 金銭又は有価証券の受領事実を付け込み証明する目的で作成する受取通帳は、当該受領事実が営業に関しないもの又は当該付け込み金額のすべてが5万円未満のものであっても、課税文書に該当するのであるから留意する。

### （入金取次帳）

3 金融機関の外務員が得意先から預金として金銭を受け入れる場合に、当該受入事実を連続的に付け込み証明する目的で作成する入金取次帳等は、第19号文書に該当する。

### （クレジット代金等の支払通帳）

4 クレジット会社等から顧客に対する債権の受領業務を委託されている金融機関が、当該債権の受領事実を連続的に付け込み証明するために作成する通帳は、第19号文書に該当する。

### （積金通帳）

5 積金通帳（積金に入金するための掛金を日割で集金し、一定期日に積金に振り替えることとしている場合の日掛通帳を含む。）は、課税文書に該当しないことに取り扱う。

印紙税法基本通達（別表第一）　　　1319

**（授業料納入袋）**

6　私立学校法（昭和24年法律第270号）第2条《定義》に規定する私立学校又は各種学校若しくは学習塾等がその学生、生徒、児童又は幼児から授業料等を徴するために作成する授業料納入袋、月謝袋等又は学生証、身分証明書等で、授業料等を納入の都度その事実を裏面等に連続して付け込み証明するものは、課税しないことに取り扱う。

## 第20号文書

| 判取帳 |
|---|

**（判取帳の範囲）**

1　「判取帳」とは、課税物件表の第1号、第2号、第14号又は第17号の課税事項につき2以上の相手方から付け込み証明を受ける目的をもって作成する帳簿をいうのであるから、これら以外の事項につき2以上の相手方から付け込み証明を受ける目的をもって作成する帳簿は、課税文書に該当しない。

**（金銭又は有価証券の判取帳）**

2　金銭又は有価証券の受領事実を付け込み証明する目的で作成する判取帳は、当該受領事実が営業に関しないもの又は当該付け込み金額のすべてが5万円未満であっても、課税文書に該当するのであるから留意する。

**（諸給与一覧表等）**

3　事業主が従業員に対し、諸給与の支払をした場合に、従業員の支給額を連記して、これに領収印を徴する諸給与一覧表等は、課税しないことに取り扱う。

**（団体生命保険契約の配当金支払明細書）**

4　きょ出制（加入者各自が保険料を負担するもの）の団体生命保険契約に基づいて、配当金を団体の代表者が受領し、これを加入者各人に分配する際にその配当金の受領事実を証明する目的で加入者から受領印を徴する配当金支払明細書は、課税しないことに取り扱う。

## 非課税文書

| 非課税法人の表、非課税文書の表及び特別法の非課税関係 |
|---|

**（非課税法人の範囲）**

1　非課税法人の表の非課税法人には、当該非課税法人の業務の委託を受けた者は、含まないのであるから留意する。

**（国庫金の取扱いに関する文書の意義等）**

2　非課税文書の表の「国庫金の取扱いに関する文書」とは、日本銀行国庫金取扱規程（昭和22年大蔵省令第93号）の規定に基づき、日本銀行（本店、支店及び代理店）が国庫金の出納に関して作成する文書をいい、国庫金とは、単に国の所有に属する現金

1320 附　　　録

だけではなく、保管金等政府の保管に属する現金を含む。

　なお、国庫金の取扱いを行うことについての日本銀行と金融機関との間の契約書は、国庫金の取扱いに関する文書として取り扱う。

（注）　法令の規定に基づき、国税や国民年金保険料等（以下この項において「国税等」という。）の納付を受託することについて指定を受けている者（以下この項において「納付受託者」という。）が、国税等の納付を当該納付受託者に委託しようとする者（以下この項において「委託者」という。）から国税等の額に相当する金銭の交付を受けたときに、当該納付受託者が当該委託者に対して交付する金銭の受取書は、国庫金の取扱いに関する文書に含まれる。

**（公金の取扱いに関する文書の意義等）**

3　非課税文書の表の「公金の取扱いに関する文書」とは、地方自治法の規定に基づく指定金融機関、指定代理金融機関、収納代理金融機関等が公金の出納に関して作成する文書をいい、公金とは、単に地方公共団体の所有に属する現金だけではなく、保管金等地方公共団体の保管に属する現金を含む。

　なお、公金の取扱いを行うことについての地方公共団体と金融機関等との間の契約書は、公金の取扱いに関する文書として取り扱う。

（注）　法令の規定に基づき、地方公共団体から地方税や水道料金等（以下この項において「地方税等」という。）の収納の事務の委託を受けた者（以下この項において「受託者」という。）が、地方税等を納付しようとする者（以下この項において「支払者」という。）から、地方税等の交付を受けたときに、当該受託者が当該支払者に対して交付する金銭の受取書は、公金の取扱いに関する文書に含まれる。

**（独立行政法人日本学生支援機構法第13条第 1 項第 1 号に規定する学資の貸与に係る業務に関する文書の範囲）**

4　非課税文書の表の「独立行政法人日本学生支援機構法（平成15年法律第94号）第13条第 1 項第 1 号《業務の範囲》に規定する学資の貸与に係る業務に関する文書」とは、独立行政法人日本学生支援機構の行う学資の貸与に関する文書に限られるのであって、都道府県、市町村等が高等学校、大学等の生徒、学生等を対象として育英資金を貸し付ける場合に作成する文書を含まない。

（注）　都道府県、市町村等が高等学校、大学等の生徒、学生に対して無利息で学資資金を貸し付ける場合に作成する第 1 号の 3 文書（消費貸借に関する契約書）に該当する文書については、租税特別措置法（昭和32年法律第26号）第91条の 3 《都道府県が行う高等学校の生徒に対する学資としての資金の貸付けに係る消費貸借契約書等の印紙税の非課税》の規定の適用がある場合には、当該規定に定めるところによるのであるから留意する。

**（婦人更生資金の貸付けに関する文書）**

5　地方公共団体が、売春防止法（昭和31年法律第118号）第34条《婦人相談所》第 2 項に規定する要保護女子に対して、婦人更生資金を貸し付ける場合に作成する文書は、非課税文書の表の「社会福祉法（昭和26年法律第45号）第 2 条第 2 項第 7 号《定

義》に規定する生計困難者に対して無利子又は低利で資金を融通する事業による貸付金に関する文書」として取り扱う。

**（日本私立学校振興・共済事業団等がその組合員に対して住宅貸付けを行う場合に作成する文書）**

6　日本私立学校振興・共済事業団、国家公務員共済組合、国家公務員共済組合連合会、地方公務員共済組合又は全国市町村職員共済組合連合会が、当該組合等の組合員等に対して住宅貸付けを行う場合に作成する金銭消費貸借契約公正証書は、非課税文書の表の「私立学校教職員共済組合法（昭和28年法律第245号）第26条第1項第3号《福祉事業》、国家公務員共済組合法（昭和33年法律第128号）第98条第3号《福祉事業》又は地方公務員等共済組合法（昭和37年法律第152号）第112条第1項第2号《福祉事業》の貸付けに関する文書」として取り扱う。

**（金融機関等が作成する自動車損害賠償責任保険に関する保険料受取書）**

7　自動車損害賠償保障法（昭和30年法律第97号）に定める自動車損害賠償責任保険の保険者（以下「保険会社」という。）の代理店及び保険料収納取扱者として当該保険会社の指定金融機関が、自動車損害賠償責任保険に関して作成する保険料受取書は、非課税文書に該当しない。

**（国民健康保険の業務運営に関する文書の範囲）**

8　非課税文書の表の「国民健康保険法に定める国民健康保険の業務運営に関する文書」には、国民健康保険組合又は国民健康保険組合連合会の所有する不動産を譲渡する場合の契約書等を含まない。

**（健康保険に関する書類の範囲）**

9　健康保険法（大正11年法律第70号）第195条《印紙税の非課税》に規定する「健康保険に関する書類」には、保険施設事業の実施に関する文書、同法第150条に規定する事業の施設の用に供する不動産等の取得等に関する文書及び組合又は連合会の事務所等の用に供するための不動産の取得等に関する文書を含まない。

**（農業災害補償に関する書類の意義等）**

10　農業災害補償法（昭和22年法律第185号）第11条《印紙税の非課税》に規定する「農業災害補償に関する書類」とは、農業共済組合又は市町村（特別区を含む。）の行う共済事業、農業共済組合連合会の行う保険事業及び政府の行う再保険事業に直接関係する文書をいう。

**（納税貯蓄組合の業務に関する書類の意義等）**

11　納税貯蓄組合法（昭和26年法律第145号）第9条《印紙税の非課税》に規定する「納税貯蓄組合の業務に関する書類」とは、納税貯蓄組合又は納税貯蓄組合連合会が、租税の容易かつ確実な納付に資するために行う業務に直接関係する文書をいう。

**（漁船損害等補償に関する書類の意義）**

12　漁船損害等補償法（昭和27年法律第28号）第10条《印紙税の非課税》に規定する「漁船損害等補償に関する書類」とは、漁船保険組合が行う漁船保険事業、漁船船主責任保険事業又は漁船積荷保険事業及び政府の行う再保険事業に関する文書をいう。

**（額面株式の株券の無効手続に伴い作成する株券の届出）**

13 商法等の一部を改正する等の法律の施行に伴う関係法律の整備に関する法律（平成
13年法律第80号。以下「商法等整備法」という。）第48条第2項《印紙税法の一部改
正等に伴う経過措置》の規定の適用を受けようとする場合における額面株式の株券の
無効手続に伴い作成する株券に係る印紙税の非課税に関する省令（平成13年財務省令
第56号）第1項に規定する届出書の様式は、別表第三に定めるところによる。

　なお、商法等整備法第48条第2項に規定する「当該株券を発行しようとする場所」
の判定にあたっては、第80条の規定を準用することとして差し支えない。

# 別表第二

## 重要な事項の一覧表

　第12条《契約書の意義》、第17条《契約の内容の変更の意義等》、第18条《契約の内容
の補充の意義等》及び第38条《追記又は付け込みの範囲》の「重要な事項」とは、おお
むね次に掲げる文書の区分に応じ、それぞれ次に掲げる事項（それぞれの事項と密接に
関連する事項を含む。）をいう。

---

**1　第1号の1文書**
　**第1号の2文書のうち、地上権又は土地の賃借権の譲渡に関する契約書**
　**第15号文書のうち、債権譲渡に関する契約書**

---

(1)　目的物の内容
(2)　目的物の引渡方法又は引渡期日
(3)　契約金額
(4)　取扱数量
(5)　単価
(6)　契約金額の支払方法又は支払期日
(7)　割戻金等の計算方法又は支払方法
(8)　契約期間
(9)　契約に付される停止条件又は解除条件
(10)　債務不履行の場合の損害賠償の方法

---

**2　第1号の2文書のうち、地上権又は土地の賃借権の設定に関する契約書**

---

(1)　目的物又は被担保債権の内容
(2)　目的物の引渡方法又は引渡期日
(3)　契約金額又は根抵当権における極度金額
(4)　権利の使用料
(5)　契約金額又は権利の使用料の支払方法又は支払期日

印紙税法基本通達（別表第一〜別表第二）　　　1323

(6)　権利の設定日若しくは設定期間又は根抵当権における確定期日
(7)　契約に付される停止条件又は解除条件
(8)　債務不履行の場合の損害賠償の方法

### 3　第1号の3文書

(1)　目的物の内容
(2)　目的物の引渡方法又は引渡期日
(3)　契約金額（数量）
(4)　利率又は利息金額
(5)　契約金額（数量）又は利息金額の返還（支払）方法又は返還（支払）期日
(6)　契約期間
(7)　契約に付される停止条件又は解除条件
(8)　債務不履行の場合の損害賠償の方法

### 4　第1号の4文書
### 　第2号文書

(1)　運送又は請負の内容（方法を含む。）
(2)　運送又は請負の期日又は期限
(3)　契約金額
(4)　取扱数量
(5)　単価
(6)　契約金額の支払方法又は支払期日
(7)　割戻金等の計算方法又は支払方法
(8)　契約期間
(9)　契約に付される停止条件又は解除条件
(10)　債務不履行の場合の損害賠償の方法

### 5　第7号文書

(1)　令第26条《継続的取引の基本となる契約書の範囲》各号に掲げる区分に応じ、当該各号に掲げる要件
(2)　契約期間（令第26条各号に該当する文書を引用して契約期間を延長するものに限るものとし、当該延長する期間が3か月以内であり、かつ、更新に関する定めのないものを除く。）

### 6　第12号文書

(1)　目的物の内容
(2)　目的物の運用の方法
(3)　収益の受益者又は処分方法

1324 　　　　　　附　　　録

(4) 元本の受益者
(5) 報酬の金額
(6) 報酬の支払方法又は支払期日
(7) 信託期間
(8) 契約に付される停止条件又は解除条件
(9) 債務不履行の場合の損害賠償の方法

### 7　第13号文書

(1) 保証する債務の内容
(2) 保証の種類
(3) 保証期間
(4) 保証債務の履行方法
(5) 契約に付される停止条件又は解除条件

### 8　第14号文書

(1) 目的物の内容
(2) 目的物の数量（金額）
(3) 目的物の引渡方法又は引渡期日
(4) 契約金額
(5) 契約金額の支払方法又は支払期日
(6) 利率又は利息金額
(7) 寄託期間
(8) 契約に付される停止条件又は解除条件
(9) 債務不履行の場合の損害賠償の方法

### 9　第15号文書のうち、債務引受けに関する契約書

(1) 目的物の内容
(2) 目的物の数量（金額）
(3) 目的物の引受方法又は引受期日
(4) 契約に付される停止条件又は解除条件
(5) 債務不履行の場合の損害賠償の方法


## 別表第三

　「額面株式の株券の無効手続に係る印紙税非課税株券発行届出書」
（様式は「印紙税に関する申請書等の様式」（P 1380）に掲載。）

印紙税関係通達　　　　1325

# 印紙税関係通達

## ○収入印紙交換制度の導入に伴う印紙税の過誤納確認等の取扱いについて

> 昭和56年1月19日付　間消3-2
> 官会5-3
> 直資3-1
> 国 税 庁 長 官 ・ 国 税 局 長

改正　昭58間消1-8

　郵便法等の一部を改正する法律（昭和55年法律第109号）により、印紙をもってする歳入金納付に関する法律（昭和23年法律第142号）の一部が改正され、収入印紙の交換が昭和56年1月20日から実施されることになったので、これに伴う印紙税法第14条《過誤納の確認等》の規定による印紙税の過誤納確認等の取扱いを下記のとおり定めたから、これにより取り扱われたい。

　なお、郵政省郵務局長が各地方郵政局長等あてに発した収入印紙交換制度に関する取扱通達は、別添1及び別添2のとおりであるので了知されたい。

　（理由）

　収入印紙交換制度の導入に伴い、その交換請求に係る収入印紙についての印紙税の過誤納確認等の取扱いを定める必要がある。

記

1．印紙税法第14条《過誤納の確認等》の規定による印紙税の過誤納の確認等は、従来どおり、印紙税法基本通達（昭和52年4月7日付間消1-36ほか3課共同「印紙税法基本通達の全部改正について」通達の別冊。以下「基本通達」という。）第3章第7節《過誤納の確認等》に定めるところにより取り扱うものであること。

2．収入印紙の交換は、印紙をもってする歳入金納付に関する法律第3条第3項《印紙の売渡し場所》及び収入印紙の交換に関する省令（昭和55年郵政省令第38号）の規定に基づき、郵便局において行うが、次に掲げる収入印紙は交換の対象とはされていないこと。

　(1)　汚染し又はき損されている収入印紙

　(2)　租税又は国の歳入金の納付に用いられた疑いがある収入印紙

　(3)　文書にはり付けられていた収入印紙で、当該文書から切離されたもの

3．上記2の(2)に該当する収入印紙について交換の請求を受けた郵便局においては、請求者に対して、当該収入印紙がはり付けられている文書を最寄りの税務署（間税担当

部門)に提示し、当該収入印紙が印紙税の納付のために用いられたものかどうかの確認を受けるよう告知することとしている(別添2「収入印紙の交換について」通達の記2の(2)のイ参照)ので、請求者からその確認の請求があった場合には、別に定めるところによりその確認を行うこと。

(注)1 印紙税の納付のためにはり付けられたものでないことが明らかなもの(例えば、有価証券取引書、登記申請書、各種申請書等にはり付けられている収入印紙)についても上記2の(2)に該当するものとして提示されることが予想されるが、このようなものについては消印が行われていない限り、有価証券取引税、登録免許税等の納付があったことにならないので、消印がされていないものは同様に処理するものであるから留意する。

2 当該収入印紙のはり付けが、基本通達第115条第1号から第4号まで《確認及び充当の請求ができる過誤納金の範囲等》に掲げる印紙税の過誤納に該当する場合には、納税地の所轄税務署長に対し印紙税の過誤納確認申請等をするように指導すること。

(参考)
1 当該収入印紙のはり付けが、印紙税の納付のためにされたものでない場合は、当該収入印紙がはり付けられている文書の表面に、提示者の同意を得て、次の形式の表示を行った上で、提示者に返還するとともに、再度郵便局に対し交換の請求をするよう指導すること。
2 表示は収入印紙の彩紋にかからないように留意する。
(表示の形式)

**別添1**

郵郵業第133号
昭和55年12月27日

地方郵政局長
沖縄郵政管理事務所長
郵便局長

郵務局長
大臣官房経理部長
大臣官房資材部長

印紙税関係通達　　　　　　　　　　　　　　　1327

郵郵法及び郵便規則等の一部改正について（依命通達）
郵郵業第123号（55.12.11）関連

　先般、郵便法等の一部を改正する法律（昭和55年法律第109号）が公布され、昭和56
年1月20日（郵便法第92条の次に3条加える改正規定は、昭和56年4月1日）から施行
されることとなつた。これは、最近における社会経済情勢の動向及び郵便事業運営の現
状にかんがみ、郵便事業の運営に要する財源の確保を図るため、郵便に関する料金の改
定を行うほか、郵便料金の決定方法について特例を設けるとともに、利用者に対する
サービスの改善を図る等のため、郵便法その他関係法律について所要の改正が行われた
ものである。
　これに伴い、このたび郵便規則（昭和22年逓信省令第34号）、公職選挙郵便規則（昭
和25年郵政省令第4号）、お年玉つき郵便葉書及び寄附金つき郵便葉書等の発売並びに
寄附金の処理に関する法律施行規則（昭和24年郵政省令第22号）及び簡易郵便局規則
（昭和24年郵政省令第7号）の一部が改正されるとともに、収入印紙の交換に関する省
令（昭和55年郵政省令第38号）が制定され、昭和56年1月20日から施行されることと
なった。
　ついては、下記各項了知の上、これらの法令の改正等による新料金及び改正事項につ
いての利用者に対する周知及び職員の指導を徹底し、実施上行き違いのないようよろし
く取り計らうこととされたい。
　また、簡易郵便局に対しては、地方郵政局長（沖縄郵政管理事務所長を含む。以下同
じ。）において相当措置されたい。
　命による。
　なお、本件改正により抵触することとなる通達は、自然消滅のこととし、また、本件
改正に伴う集配郵便局郵便取扱規程等関係規程の改正については、別途措置する。

記

目　次
第1　郵便法（以下「法」という。）及び郵便規則（以下「則」という。）等の一部改正
　　関係
　1　郵便料金の改定等
　　⑴　郵便料金の改定（法第21条、第22条、第27条、則附属料金表関係）
　　⑵　郵便料金の決定方法の特例（法第93条、第94条、第95条関係）
　　⑶　条約に範囲の定められていない料金及び損害賠償金額（法第13条関係）
　2　制度の改正
　　⑴　切手類の交換（法第19条の4、則第6条の2関係）
　　⑵　第一種郵便物（則第11条の2、第11条の3関係）
　　⑶　第二種郵便物（則第12条、第13条、第14条、第16条関係）
　　⑷　第三種郵便物（法第23条、則第21条、第21条の2、第30条関係）

1328 附　録

(5)　第四種郵便物（法第26条、則第34条の4関係）

(6)　市内特別郵便物（法第27条、則第36条関係）

(7)　第一種郵便物及び第二種郵便物の料金の合計額の減額（法第27条の2、則第37条、第37条の2、第37条の3、別表関係）

(8)　小包郵便物（法第60条、則第39条関係）

(9)　料金受取人払い郵便物（則第56条の8関係）

(10)　郵便葉書の売りさばき額の特例（法第34条関係）

(11)　不納料金の徴収（法第37条、則第42条の3関係）

(12)　特殊取扱い（法第58条、第60条、則第96条の2、第96条の3、第96条の4、第100条、第108条関係）

(13)　その他

3　経過措置等

(1)　施行期日等

(2)　料金徴収上の経過措置

(3)　料金納付方法についての経過措置

(4)　その他

第2　お年玉つき郵便葉書及び寄附金つき郵便葉書の発売並びに寄附金の処理に関する法律（昭和24年法律第224号。以下「お年玉法」という。）及び同施行規則（以下「お年玉規則」という。）等の一部改正

1　お年玉として贈る金品（以下「お年玉」という。）の単価（お年玉法第1条関係）

2　お年玉の交付（お年玉法第3条、お年玉規則第1条、第2条、簡易郵便局法第10条、簡易郵便局規則第4条及び第8条関係）

3　寄附金の配分団体（お年玉法第5条関係）

第3　印紙をもってする歳入金納付に関する法律（昭和23年法律第142号。以下「印紙納付法」という。）の一部改正関係

1　収入印紙の交換（印紙納付法第3条関係）

2　交換手続等（収入印紙の交換に関する省令関係）


第1　（省略）

第2　（省略）

第3　印紙納付法の一部改正関係

1　収入印紙の交換

収入印紙についても、高額のものを購入後その必要がなくなった場合や、印紙税等の引上げの際など、使用ひん度の高い収入印紙への交換の要望が強くなってきており、その要望にこたえるため、収入印紙の交換制度が設けられたものである。

その内容は、汚染し、又はき損されていない収入印紙について、交換手数料を徴して、他の収入印紙と交換することができることとされたこと。（印紙納付法第3

印紙税関係通達　　　　　　　　　　1329

条第3項)

　また、収入印紙の交換手続、交換手数料等を定めるため、収入印紙の交換に関する省令(以下「印紙交換省令」という。)が制定されたこと。

2　交換手続等

(1)　交換の請求手続

　　交換を受けようとする者は、郵便局において交付する収入印紙交換整理票(別紙様式2)に必要事項を記載した上、交換を受けようとする収入印紙を収入印紙の交換手数料とともに、郵便局の窓口に提出することとされたこと。この場合において、交換を受けようとする収入印紙が既に印紙税法(昭和42年法律第23号)にいう課税文書の用紙又は白紙等の物件にはり付けられたものであるときは、はり付けられたままの状態で提示させ、交換を受理することとした場合に、当該収入印紙を提出させることとされたこと。(印紙交換省令第1条第1項)

　　また、交換を受けようとする収入印紙が印紙納付法第2条に規定する租税又は国の歳入金の納付に用いられた疑いのあるものは、交換に応じないものとされたこと。(印紙交換省令第1条第2項)

　　これは、収入印紙の使用態様、例えば「割印」を施す時点、あるいは「割印」を施す者が切手類の「消印」とは異なることから、切手類の交換とは異なる交換手続となったものであること。

(2)　郵便局が交付するもの

　　郵便局から交付するものは、収入印紙に限られるものであること。(印紙納付法第3条第3項)

(3)　交換の手数料

　ア　交換の手数料は、交換のために郵便局に提出される収入印紙1枚につき5円とされたこと。ただし、提出される収入印紙に表された金額が10円に満たないものである場合には、当該収入印紙に表された金額(提出されるものが2枚以上のときは、その合計額)の半額とされたこと。(印紙交換省令第2条第1項)

　　　なお、算出した金額に1円未満の端数が生じた場合の取扱い及び交換手数料等の受領証の請求があった場合の取扱いについては、切手類の交換の例により処理すること。

　イ　交換手数料は、現金納付に限られるものであること。(印紙交換省令第2条第2項)

(4)　交換の請求を受けたときの処理

　ア　次の調査を行い、支障がないと認めたときは請求を受理すること。

　　(ア)　提出される収入印紙が汚染又はき損されていないものであるか。

　　(イ)　提出される収入印紙が、その提出前に課税文書の用紙等の物件にはり付けられたものである場合は、はり付けられたままの状態であるか。

　　(ウ)　提出される収入印紙が租税又は国の歳入金の納付に用いられた疑いがない

ものであるか。

(エ)　提出される収入印紙の種類（額面）及び枚数は申出どおりであるか。

(オ)　手数料等の額に誤りはないか。

(カ)　収入印紙交換整理票の記入に誤りはないか。

イ　請求を受理したときは、次により処理すること。

(ア)　収入印紙交換整理票の所定欄に必要事項を記入した上、受理日付印欄に通信日付印を押すこと。

(イ)　交換のため提出された収入印紙は、収入印紙交換整理票の所定欄にはり付けること。(所定欄にはれない場合は、その裏面又は適宜の用紙にはり付けてもよい。)

(ウ)　収入印紙の交換は、提出された収入印紙に表された金額の合計額と交付する収入印紙に表された金額の合計額が等しくなるように行うこととするが、その差額を現金で納付して行う交換に応じても差し支えないこと。

例えば、500円収入印紙１枚に現金100円を添えて提出し、200円収入印紙３枚と交換してほしい旨の請求を受けたときは、その求めに応じてもよいものである。

(5)　交換後の収入印紙の処理

ア　交換のため提出された収入印紙は、窓口の売りさばき用収入印紙と紛れないよう整理保管し、収入印紙交換整理票とともに、郵政事業特別会計規程第10編切手類第26条又は渡切郵便局会計事務規程第149条に準じて処理すること。

イ　収納した現金の取扱いについては、切手類の交換の例により処理すること。

3　その他

(1)　収入印紙については、大蔵省から売りさばきを委託されているものであることから、省で発行し売りさばく切手類の交換制度と次のような相違があるので、取扱いに当たっては十分注意するとともに、利用者との応対に特に配意すること。

ア　交換は、収入印紙と収入印紙に限られていること。

(収入印紙と切手類との相互交換はできないこと。)

イ　交換手数料は、現金納付に限られていること。

ウ　いったんはり付けられた収入印紙の交換請求については、収入印紙と切手類の利用態様の相違から、はり付けられたままの状態で提示させること。

エ　歳入金等の納付に用いられた疑いがある収入印紙については汚染し、又はき損されていないものであっても交換は行わないこと。

なお、前記、ウ、エの取扱いについては、別途通達する予定であること。

(2)　今回の収入印紙の交換制度のなかには、印紙納付法第３条第１項の規定による雇用保険印紙、健康保険印紙及び自動車重量税印紙は、含まれないものであること。

(3)　提出される収入印紙１枚の金額が１万円以上の収入印紙の交換に当たっては、交換可否の判定等に十分配意する必要があるので、窓口売りさばき主任以外の者

印紙税関係通達　　　　　　1331

（なるべく主事又は主任の職務にある者）による確認を行うこと。この場合、確認者は収入印紙交換整理票の確認者印欄に押印すること。

(4) 収入印紙は、1枚1万円以上のものがあるなど高額なものもあるので、封包により提出された場合でも種類及び枚数を確かめること。

**別添2**

郵 郵 切 第 5 号
昭和56年1月14日

地 方 郵 政 局 長
沖縄郵政管理事務所長
郵 便 局 長

郵 務 局 長

収入印紙の交換について（依命通達）
郵郵業第133号（55.12.27）関連

標記について、さきに郵郵業第133号（55.12.27）「郵便法及び郵便規則等の一部改正について」により依命通達したところであるが、同通達中、別途通達することとされていた部分（第3の3の(1)）の取扱いについては下記のとおりとするから、各項了知の上、よろしく取り計らわれたい。

命による。

記

1　「いったんはり付けられた収入印紙の交換請求」について（郵郵業第133号第3の3の(1)のウ関係）

(1) 文書等にいったんはり付けられた収入印紙については、はり付けられたままの状態で当該文書等を提示させることとした理由は、次のとおりである。

ア　収入印紙の利用態様は郵便切手類と異なり、印紙税法（昭和42年法律第23号）にいう課税文書（例えば、契約書や受取書がある（別表参照）。）又は課税文書の用紙（以下「課税文書等」という。）にはり付けられた収入印紙は、たとえ割印や署名等で消されていないものでも印紙税の納付に用いられたものであるため、これを交換することのないようにする要があること。

イ　切り取った収入印紙を提示された場合には、前記アの場合を含め歳入金等の納付に用いられたものでないかどうかの確認ができないこと。

(2) このようなことから、いったん文書等にはり付けられた収入印紙にあっては、はり付けられたままの状態で提示させることによって、その文書等の種類、内容などを調査した上、提出される収入印紙が歳入金等の納付に用いられたものでないかどうかを確認しようとするものである。

1332　　　　　　　　附　　　録

　　　したがって、いったん文書等にはり付け、これを切り取った収入印紙は、交換に
　　応じられないものであるから念のため。
2　「歳入金等の納付に用いられた疑いがある収入印紙」について（郵郵業第133号第
　3の3の(1)のエ関係）
(1)　単片のもの（はり付けられた文書等から切り取ったものでないもの）
　　　単片の収入印紙の交換請求があった場合は、当該収入印紙の汚染又はき損により
　　交換の可否を判定すること。
(2)　文書等にはり付けられたもの（はり付けられたままの状態で提示されたもの）
　　ア　次のものについては、「歳入金等の納付に用いられた疑いのあるもの」として
　　　交換に応じてはならないこと。
　　　　なお、割印や署名等により消されている収入印紙は汚染されているものである
　　　から、当然交換の対象とならないものである。念のため。
　　　(ア)　課税文書等にはり付けられたもの。
　　　(イ)　客観的にみて、課税文書等であるかそれ以外の文書であるか明確でないもの
　　　　にはり付けられたもの。
　　イ　前記アにより交換に応じてはならないものの取扱いは、次によること。
　　　(ア)　交換に応じなかった収入印紙は、文書等にはり付けられたままの状態で最寄
　　　　りの税務署に提示して、課税文書等であるかどうかの確認を受けるよう請求者
　　　　に告げること。
　　　(イ)　前記(ア)の税務署において、課税文書等でないことを確認されたもの（収入印
　　　　紙がはり付けられている文書の表面に当該税務署の確認の表示がされたもの）
　　　　については、一般の例により交換に応じてもよいこと。
　　ウ　次のものについては、交換に応じてもよいこと。
　　　(ア)　課税文書等以外の文書又は文書用紙（例えば、有価証券取引書、登記等申請
　　　　書、各種申請書等がある。）にはり付けられたもの。
　　　(イ)　白紙、封筒等客観的にみて文書又は文書用紙でないことが明らかな物件には
　　　　り付けられたもの。
3　その他
　　　このたびの収入印紙の交換取扱いの開始に当たり、事務の円滑な運用を期するた
　め、大蔵省当局と協議を行ってきたところであり、別途国税庁から税務署へ関連通達
　が、発出されるので、前記2の(2)のイの取扱いについて問題等が生じた場合は、最寄
　りの税務署と相談の上措置すること。
別表（省略）

印紙税関係通達　　　　　　　　1333

## ○「消費税法の改正等に伴う印紙税の取扱いについて」の一部改正について（法令解釈通達）

$$\left[\begin{array}{l}\text{平成元年3月10日付　間消3－2}\\\text{国　税　庁　長　官　・　国　税　局　長}\end{array}\right]$$

　　改正　平8課消4－56
　　　　　平16課消3－5
　　　　　平26課消3－1

　平成元年3月10日付間消3－2「消費税法の改正等に伴う印紙税の取扱いについて」（法令解釈通達）の一部を下記のとおり改正したから、平成26年4月1日以後これによられたい。

　（理由）

　「社会保障の安定財源の確保等を図る税制の抜本的な改革を行うための消費税法の一部を改正する等の法律」（平成24年法律第68号）等の施行に伴い、所要の改正を行うものである。

記

1　契約書等の記載金額

　印紙税法（昭和42年法律第23号。以下「法」という。）別表第一の課税物件表の課税物件欄に掲げる文書のうち、次の文書に消費税及び地方消費税の金額（以下「消費税額等」という。）が区分記載されている場合又は税込価格及び税抜価格が記載されていることにより、その取引に当たって課されるべき消費税額等が明らかである場合には、消費税額等は記載金額（法別表第一の課税物件表の適用に関する通則4に規定する記載金額をいう。以下同じ。）に含めないものとする。

⑴　第1号文書（不動産の譲渡等に関する契約書）

⑵　第2号文書（請負に関する契約書）

⑶　第17号文書（金銭又は有価証券の受取書）

　（注）1　「消費税額等が区分記載されている」とは、その取引に当たって課されるべき消費税額等が具体的に記載されていることをいい、次のいずれもこれに該当することに留意する。

　　　　イ　請負金額1,080万円　税抜価格1,000万円　消費税額等80万円

　　　　ロ　請負金額1,080万円　うち消費税額等80万円

　　　　ハ　請負金額1,000万円　消費税額等80万円　計1,080万円

　　　2　「税込価格及び税抜価格が記載されていることにより、その取引に当たって課されるべき消費税額等が明らかである」とは、その取引に係る消費税額等を含む金額と消費税額等を含まない金額の両方を具体的に記載していることにより、その取引に当たって課されるべき消費税額等が容易に計算できる

1334 　　　　　　　附　　　　録

　　ことをいい、次の場合がこれに該当することに留意する。
　　　　請負金額1,080万円　税抜価格1,000万円
2　みなし作成の適用
　　第19号文書（第1号、第2号、第14号又は第17号に掲げる文書により証されるべき
　事項を付け込んで証明する目的をもって作成する通帳）又は第20号文書（判取帳）に
　ついて、法第4条第4項《課税文書の作成とみなす場合》の規定が適用されるかどう
　かについては、1《契約書等の記載金額》の規定が適用される場合には、消費税額等
　を含めない金額で判定するものとする。
　　なお、消費税額等だけが付け込まれた場合は、同項の規定の適用はないものとす
　る。
3　消費税額等のみが記載された金銭又は有価証券の受取書
　　消費税額等のみを受領した際に交付する金銭又は有価証券の受取書については、記
　載金額のない第17号の2文書（売上代金以外の金銭又は有価証券の受取書）とする。
　　ただし、当該消費税額等が5万円未満である場合は、非課税文書に該当するものと
　して取り扱う。
4　地方消費税が課されない取引
　　1から3に規定する文書のうち、その取引に地方消費税が課されないものについて
　は、なお従前の例による。


## ○「租税特別措置法（間接諸税関係）の取扱いについて」等の一部改正について（法令解釈通達）（抄）

> 平成11年6月25日　課消4－24
> 　　　　　　　　徴管3－26
> 国 税 庁 長 官・国 税 局 長
> 　　　　　　　沖縄国税事務所長

改正　平12課消1－62、平13課消3－47、平14課消3－8、平15課消3－7、平16課
　　　消3－13、平17課消3－14、平18課消3－36、平21課消3－7、平21課消3－
　　　32、平22課消3－47、平24課消3－35、平26課消3－21、平28課消3－11、平
　　　28課消4－7、平29課消4－7

　平成11年6月25日付課消4－24ほか1課共同「租税特別措置法（間接諸税関係）の取
扱いについて」等の一部を下記のとおり改正したから、これによられたい。
（理由）
　所得税法等の一部を改正する法律（平成29年法律第4号）等により租税特別措置法
（昭和32年法律第26号）等の一部が改正されたことから、所要の規定の整備を図るもの
である。

印紙税関係通達　　　　　　　　1335

# 第5章　印紙税の税率軽減等措置関係

**第1節　租特法第91条から第91条の4共通関係**

**（用語の意義）**

　この章において、次に掲げる用語の意義は、それぞれ次に定めるところによる。

(1)　課税物件表　印紙税法（昭和42年法律第23号）別表第1の課税物件表をいう。

(2)　通則　課税物件表における課税物件表の適用に関する通則をいう。

(3)　契約書　通則5に規定する契約書をいう。

(4)　不動産の譲渡に関する契約書　課税物件表の第1号の物件名の欄1に掲げる不動産の譲渡に関する契約書をいう。

(5)　消費貸借に関する契約書　課税物件表の第1号の物件名の欄3に掲げる消費貸借に関する契約書をいう。

(6)　請負に関する契約書　課税物件表の第2号に掲げる請負に関する契約書をいう。

(7)　印紙税法基本通達　昭和52年4月7日付間消1－36ほか3課共同「印紙税法基本通達の全部改正について」の別冊をいう。

(8)　自然災害　租特法第91条の2第1項に規定する自然災害をいう。

(9)　滅失等建物等　租特令第52条第1項に規定する滅失等建物等をいう。

(10)　滅失等建物　租特法第91条の2第1項第1号に規定する滅失等建物をいう。

(11)　代替建物　租特法第91条の2第1項第3号に規定する代替建物をいう。

(12)　非課税被災者　租特法第91条の2第2項に規定する非課税被災者をいう。

(13)　指定災害　租特令第52条の3第1項第2号に規定する指定災害をいう。

(14)　公的貸付機関等　租特法第91条の4第1項に規定する公的貸付機関等をいう。

(15)　預託貸付金融機関　租特令第52条の3第1項第2号に規定する預託貸付金融機関をいう。

(16)　転貸者　租特令第52条の3第1項第4号に規定する転貸者をいう。

(17)　特別貸付け　租特令第52条の3第2項各号又は同条第5項の規定に該当する金銭の貸付けをいう。


**第2節　租特法第91条《不動産の譲渡に関する契約書等に係る印紙税の税率の特例》関係**

**（「建設業法第2条第1項に規定する建設工事」の意義）**

1　租特法第91条《不動産の譲渡に関する契約書等に係る印紙税の税率の特例》に規定する「建設業法（昭和24年法律第100号）第2条第1項《定義》に規定する建設工事（以下「建設工事」という。）」とは、同法別表第1の上欄に掲げるそれぞれの工事をいうが、当該工事の内容は、昭和47年建設省告示第350号（建設業法第2条第1項の別表の上欄に掲げる建設工事の内容）に定められているので留意する。

　(注)　建築物等の設計は、建設工事に該当しない。

1336 附 録

**（「契約書に記載された契約金額」の意義）**

2 租特法第91条に規定する「契約書に記載された契約金額」とは、通則4に規定する記載金額をいう。

**（税率軽減措置の対象となる契約書の範囲）**

3 租特法第91条の規定による税率軽減措置の対象となる文書に該当するか否かの判定に当たっては、次の点に留意する。

(注) 文書の所属の決定及び記載金額の計算は、通則の規定により行うことに留意する。

(1) 次に掲げる契約書は租特法第91条の規定が適用される。

イ 不動産の譲渡に関する契約書と当該契約書以外の課税物件表の第1号の物件名の欄1から4に掲げる契約書とに該当する一の文書で、記載金額が10万円を超えるもの

(例) 建物及び定期借地権売買契約書（不動産の譲渡に関する契約書と土地の賃借権の譲渡に関する契約書）

ロ 建設工事の請負に係る契約に基づき作成される請負に関する契約書と建設工事以外の請負に関する契約書とに該当する一の文書で、記載金額が100万円を超えるもの

(例) 建物建設及び建物設計請負契約書

(2) 不動産の譲渡又は建設工事の請負に係る契約に関して作成される文書であっても、不動産の譲渡に関する契約書又は建設工事の請負に係る契約に基づき作成される請負に関する契約書に該当しないものは、租特法第91条の規定は適用されない。

(例)

1 不動産の譲渡代金又は建設工事代金の支払のために振り出す課税物件表の第3号に掲げる約束手形

2 不動産の譲渡代金又は建設工事代金を受領した際に作成する課税物件表の第17号に掲げる売上代金に係る金銭又は有価証券の受取書

**第3節 租特法第91条の2 《自然災害の被災者が作成する代替建物の取得又は新築等に係る不動産譲渡契約書等の印紙税の非課税》関係**

**（非課税被災者と当該非課税被災者以外の者とが共同で作成した文書の範囲）**

1 租特法第91条の2第2項に規定する「非課税被災者と当該非課税被災者以外の者とが共同で作成した不動産譲渡契約書等」とは、非課税被災者が共同作成者の一員となっているすべての不動産譲渡契約書等をいうのであるから留意する。

(例)

非課税被災者（甲）と非課税被災者以外の者（乙）の共有地の売買契約書

売主 甲及び乙

買主 丙

(注) 甲、乙及び丙は、印紙税法第4条第5項に規定する「国等」に該当しない者で

あるものとする。

　　売買契約書を３通作成し、甲、乙、丙がそれぞれ１通ずつ所持する場合

　　甲が所持する文書　非課税

　　乙が所持する文書　課税

　　丙が所持する文書　丙が非課税被災者以外の者であるときは課税、丙が非課税被災者であるときは非課税

**（滅失等建物等の「所有者」の意義）**

2　租特令第52条第１項に規定する「滅失等建物等の所有者」には、建物の区分所有等に関する法律（昭和37年法律第69号）第３条に規定する団体及び同法第25条第１項の規定により選任された管理者を含む。

**（「分割により滅失等建物等に係る事業に関して有する権利義務を承継させた場合」の意義）**

3　租特令第52条第２項第３号及び第４号に規定する「分割により滅失等建物等に係る事業に関して有する権利義務を承継させた場合」とは、法人の分割により滅失等建物等に係る権利義務を当該分割に係る分割承継法人に承継させた場合をいうのであるから留意する。

**（非課税措置の対象となる不動産譲渡契約書等の範囲）**

4　租特法第91条の２の規定による非課税措置の対象となる文書に該当するか否かの判定に当たっては、次の点に留意する。

　（注）　文書の所属の決定及び記載金額の計算は、通則の規定により行うことに留意する。

　(1)　被災者（租特法第91条の２第１項に規定する「被災者」をいう。(2)において同じ。）が同項各号の場合に作成する不動産の譲渡に関する契約書又は請負に関する契約書で、次に掲げるものについても、同条の規定が適用される。

　　イ　不動産の譲渡に関する契約書と当該契約書以外の課税物件表の第１号の物件名の欄１から４に掲げる契約書とに該当する１の文書

　　（例）　建物及び定期借地権売買契約書（不動産の譲渡に関する契約書と土地の賃借権の譲渡に関する契約書）

　　ロ　建設工事の請負に係る契約に基づき作成される請負に関する契約書と建設工事以外の請負に関する契約書とに該当する１の文書

　　（例）　建物建設及び建物設計請負契約書

　　ハ　通則３の規定により文書の所属が不動産の譲渡に関する契約書又は請負に関する契約書となったもの

　　ニ　契約の変更又は補充等の契約書

　　（注）　ハの場合、通則３の規定により所属が決定されなかった号の文書としての課税関係は生じないのであるから留意する。

　(2)　被災者が租特法第91条の２第１項各号の場合に作成する文書であっても、不動産の譲渡に関する契約書又は建設工事の請負に係る契約に基づき作成される請負に関

1338　　　　　　　　　　附　　　録

する契約書に該当しないものは、同条の規定は適用されない。

　（例）

　　1　代替建物の取得代金又は建設工事代金の支払のために振り出す課税物件表の第
　　　3号に掲げる約束手形

　　2　滅失等建物が所在した土地の譲渡代金を受領した際に作成する課税物件表の第
　　　17号の物件名の欄1に掲げる売上代金に係る金銭又は有価証券の受取書

**（同一の用途の判定）**

5　租特令第52条第4項に規定する「滅失等建物の滅失又は損壊の直前の全部又は一部
　の用途と同一である建物」に該当するか否かについては、おおむね、居住の用、店舗
　又は事務所の用、工場の用、倉庫の用、その他の用の区分により判定する。

**（代替建物の判定）**

6　代替建物に該当するか否かについては、租特法第91条の2第1項に規定する不動産
　譲渡契約書等の作成時に当該不動産譲渡契約書等その他の書面により判定する。

**（「不動産譲渡契約書等その他の書面により明らかにされているもの」の意義）**

7　租特令第52条第4項に規定する「不動産譲渡契約書等その他の書面により明らかに
　されているもの」とは、次のようなもので、後日においても明らかにされるものをい
　う。

　⑴　租特法第91条の2第1項に規定する不動産譲渡契約書等に代替建物に該当する旨
　　が記載されているもの

　⑵　その他の書面の記載内容等により代替建物に該当することが確認できるもの

　　（例）

　　　1　滅失等建物に係る登記事項証明書（不動産登記）に記載されている建物の種類
　　　　が「居宅」であり、「工事名　〇〇邸新築」等と記載された見積書、契約書、設
　　　　計書又は仕様書等により、代替建物に該当することが確認できるもの

　　　2　主務大臣の発行する「被災建物の代替建物であることの証明書」等により、代
　　　　替建物に該当することが確認できるもの

**第4節　租特法第91条の3《都道府県が行う高等学校の生徒に対する学資としての資
　　　　金の貸付けに係る消費貸借契約書等の印紙税の非課税》関係**

**（無利息で行う学資としての資金の貸付けの範囲）**

1　学資資金の貸付け（租特法第91条の3《都道府県が行う高等学校の生徒に対する学
　資としての資金の貸付けに係る消費貸借契約書等の印紙税の非課税》に規定する「無
　利息で行う学資としての資金の貸付け」をいう。以下同じ。）の債務者は、同条に規
　定する生徒又は学生に限られ、保護者など生徒本人以外の者が債務者である場合（連
　帯保証人又は保証人としての債務者である場合を除く。）は、同条の規定の適用はな
　いことに留意する。

印紙税関係通達　　　　1339

（高等学校等の生徒に対して無利息で行う学資としての資金の貸付けに係る消費貸借契約書等の範囲）
2　租税法第91条の3に規定する「消費貸借に関する契約書」については、例えば、次に掲げる文書のように高等学校等への入学前又は卒業後に作成されるものであっても、学資資金の貸付けについて作成されるものは同条の規定の適用があることに留意する。
　⑴　学資資金の貸付けを受けることとなった高等学校等への入学予定者が、入学前に作成する消費貸借に関する契約書
　⑵　高等学校等に在学中に学資資金の貸付けを受けた者が、卒業後に当該資金の借入金額を確認した上で、返済方法等を定めるために作成する消費貸借に関する契約書
　⑶　高等学校等に在学中に学資資金の貸付けを受けた者が、当該資金の返済が一時困難になったこと等からその返済の猶予を受ける場合に、新たな返済方法等を定めるために作成する消費貸借に関する契約書

## 第5節　租特法第91条の4《特別貸付けに係る消費貸借契約書の印紙税非課税》関係
（「災害により被害を受けた者」の意義）
1　租特法第91条の4第1項に規定する「災害により被害を受けた者」には、指定災害により直接の被害を受けた者のほか、取引先が指定災害により被災したことにより売上げの減少又は売掛債権の固定化等で被害を受けた、いわゆる「間接被害者」を含む。
　（注）　租特法第91条の4第2項に規定する「災害の被災者」には、いわゆる間接被害者を含まないのであるから留意する。
（「他の金銭の貸付け」の意義）
2　租特令第52条の3第2項第3号イ又は同項第5号イに規定する「他の金銭の貸付け」には、預託貸付金融機関又は転貸者が独自に設けている貸付制度の下で行われる金銭の貸付けを含まない。
（非課税措置の対象となる消費貸借契約書の範囲）
3　租特法第91条の4の規定による非課税措置の対象となる文書に該当するか否かの判定に当たっては、次の点に留意する。
　⑴　特別貸付けに係る金銭の消費貸借に関する契約書で、次に掲げるものについても、租特法第91条の4の規定が適用される。
　　イ　指定災害の被害者と他の者とが共同して作成するもの又は指定災害の被害者以外の者が作成者となるもの（例えば、公的貸付機関等又は公的貸付機関等から事務の代理を受けた者が作成者となるもの）
　　ロ　通則3の規定により文書の所属が消費貸借に関する契約書となったもの
　　ハ　特別に有利な条件が適用される限度額を超えて融資を受ける場合の当該融資に係る消費貸借に関する契約書
　　ニ　契約の変更又は補充等の契約書

1340 附 録

> （注） ロの場合、通則3の規定により所属が決定されなかった号の文書としての課税関係は生じないのであるから留意する。

(2) 特別貸付けに関して作成される文書であっても、次のものには租特法第91条の4の規定が適用されない。

　イ　消費貸借に関する契約書に該当しないもの（例えば、手形貸付けの場合の課税物件表の第3号に掲げる約束手形、同表の第13号に掲げる債務の保証に関する契約書等）

　ロ　地方公共団体（租特令第52条の3第1項第3号に規定する地方公共団体をいう。）が、支援事業者（同号に規定する支援事業者をいう。）に対して行う資金の貸付けに係る消費貸借に関する契約書

　ハ　沖縄振興開発金融公庫等（租特令第52条の3第1項第4号に規定する沖縄振興開発金融公庫等をいう。）が、転貸者に対して行う金銭の貸付けに係る消費貸借に関する契約書

> （注）　指定災害が発生した日前に締結された消費貸借契約については、当該指定災害に起因して返済期限等の変更を約する契約書であっても、租特法第91条の4の規定は適用されないのであるから留意する。

**（非課税措置の対象となる特別貸付けの範囲）**

4　指定災害により被害を受けた者以外の者も対象とした既存の貸付制度の下で、指定災害により被害を受けた者であることを理由として有利な条件で行う金銭の貸付けは、租特法第91条の4の規定による非課税措置の対象となる特別貸付けに該当しないことに留意する。

# 印紙税に関する申請書等の様式

　（印紙）税申告・申請等事務代理人届出書……………ＣＣ2‒3004……………（1343）

　印紙税税印押なつ請求書…………………………………ＣＣ2‒3703……………（1344）

　印紙税納付計器設置承認・被交付文書納付印押なつ

　承認申請書………………………………………………ＣＣ2‒3704……………（1346）

　印紙税納付計器設置承認申請書（設置承認専用）……ＣＣ2‒3705……………（1348）

　印紙税被交付文書納付印押なつ承認申請書……………ＣＣ2‒3706……………（1350）

　印紙税納付計器設置廃止届出書…………………………ＣＣ2‒3707……………（1352）

　印紙税納付計器使用請求書………………………………ＣＣ2‒3708……………（1354）

　印紙税書式表示承認申請書………………………………ＣＣ2‒3709……………（1356）

　印紙税書式表示承認不適用届出書………………………ＣＣ2‒3710……………（1358）

　印紙税一括納付承認申請書………………………………ＣＣ2‒3711……………（1360）

　印紙税納税申告書（書式表示用）………………………ＣＣ2‒3714‒1 ……（1362）

　印紙税納税申告書（書式表示用）（次葉）　………ＣＣ2‒3714‒2 ……（1363）

　印紙税納税申告書（一括納付用）………………………ＣＣ2‒3715……………（1368）

　印紙税不納付事実申出書（初葉）………………………ＣＣ2‒3716‒1 ……（1371）

　印紙税不納付事実申出書（次葉）………………………ＣＣ2‒3716‒2 ……（1372）

　印紙税過誤納　確認申請書……………………………ＣＣ2‒3721……………（1374）
　　　　　　　　充当請求

　　　　　納付計器・製造
　印紙税納 付 印・販売承認申請書………………………ＣＣ2‒3723……………（1378）
　　　　　類 似 印・所持

　額面株式の株券の無効手続に係る印紙税非課税株

　券発行届出書……………………………………………ＣＣ2‒3731……………（1380）

　滅失文書に代わる文書の作成を求める旨の届出書…………………………………（1382）

印紙税に関する申請書等の様式　　　1343

CC2-3004

_____ 税申告・申請等事務代理人届出書

| 収受印 | | | |
|---|---|---|---|
| 平成　年　月　日<br><br>税務署長殿 | 届<br>出<br>者 | (住　所)(〒　　　－　　　) | |
| | | | (電話番号　　　－　　　－　　　) |
| | | (氏名又は名称及び代表者氏名)(フリガナ) | ㊞ |
| | | (個人番号又は法人番号)<br>↓個人番号の記載に当たっては、左端を空欄とし、ここから記載してください。 | |

| _____ の<br><br>所在地及び名称 | (〒　　　－　　　) |
|---|---|
| | (電話番号　　　－　　　－　　　) |

上記の納税地における_____税に関する下記の手続については、これを下記の者に代理させることとしたので、届出します。

| 代<br>理<br>人 | (住所又は居所)　(〒　　　－　　　) | |
|---|---|---|
| | | (電話番号　　　－　　　－　　　) |
| | (氏　名)　(フリガナ) | (使用する印鑑) |
| | (届出者との関係) | |

| 代理させる事項 | |
|---|---|

| 参考事項 | |
|---|---|

| ※税務署整理欄 | 整理番号 | | 番号<br>確認 | | 確認書類<br>個人番号カード／<br>通知カード・運転免許証<br>その他 (　　　　　　) | | | |
|---|---|---|---|---|---|---|---|---|
| | 入力整理 | | 原簿整理 | | 身元<br>確認 | □ 済<br>□ 未済 | | |

注意　1　「_____の所在地及び名称」の箇所には、税目に応じ、「製造場」、「充てん場」、
　　　　　「採取場」、「設置場所」等と相応する文字を記載してください。
　　　2　「代理させる事項」欄には、代理させる事務の範囲を具体的に記載してください。
　　　3　申請・届出書の控えを保管する場合においては、その控えには個人番号を記載しないなど、個人番号の
　　　　　取扱いには十分ご注意ください。

附　　　録

CC2-3703

## 印 紙 税 税 印 押 な つ 請 求 書

| | 整理番号 | |
|---|---|---|

収受印

平成　年　月　日

請求者

（住　所）（〒　　－　　　）

（電話番号　　－　　－　　　）

（氏名又は名称及び代表者氏名）

　　　　　　　　　　　　　　　　　　　　　　　㊞

税務署長　殿

（個人番号又は法人番号）
↓個人番号の記載に当たっては、左端を空欄とし、ここから記載してください。

下記のとおり印紙税法施行令第6条第1項の規定により請求します。

| 課税文書 種別 | 号　　別 | | | | | （計） |
|---|---|---|---|---|---|---|
| | 物件名 名　　称 | | | | | |
| 数　　　量 | | 枚 | 枚 | 枚 | 枚 | 枚 |
| 印 紙 税 相 当 額 | | 円 | 円 | 円 | 円 | 円 |
| 充 当 税 額 | | | | | | |
| 差 引 納 付 税 額 | | | | | | |

| 納 付 年 月 日 | 平　成　　　年　　　月　　　日 | |
|---|---|---|
| 納 付 場 所 | 郵便局　　　　　銀　　行 税務署　　　　　金庫・組合 農協・漁協 | 本店・支店 本所・支所 |

| 参 考 事 項 | |
|---|---|

1　この請求書は、税印を押すことを請求しようとする課税文書と共に提出してください。
2　課税文書の作成予定時期及び交付先を「参考事項」欄に記入してください。
3　充当しようとする金額がある場合には、印紙税過誤納充当請求書（CC2-3721）により充当の請求
　をしてください。
4　税務署整理欄には記載しないでください。

| 税 務 署 整 理 欄 | 納 付 確 認 | | 税印押なつ 年 月 日 | 平成　年　　月　　日 | | 押 な つ 者 | | |
|---|---|---|---|---|---|---|---|---|
| | 受払 | 押 な つ 済 高 | | | | | | |
| | | 払　　　　高 | | | | | | |
| | 保管 | 押 な つ 済 | | | | | | |
| | | 押 な つ 未 済 | | | | | | |
| | 押なつ室の開閉 | 開（扉） | 時　間 | 立 会 者 | 担 当 者 | 押なつ機等の使用 | 解除 | 時　間　立 会 者　担 当 者 |
| | | 閉（扉） | | | | | 施錠又は封印 | |
| | 請 求 年 月 日 | | 平成　年　月　日 | 順　号 | | | 入 力 整 理 | |
| | 番 号 確 認 | | 身元確認 □済 □未済 | 確認書類 個人番号カード／通知カード・運転免許証／その他（　　） | | | | |

印紙税に関する申請書等の様式　　　　　1345

## 「印紙税税印押なつ請求書」の記載要領等

　この請求書は、印紙税相当額を現金で納付し、課税文書に収入印紙の貼付に代えて税印の押なつを請求する場合に提出するものです。

### 記載要領

⑴　「課税文書」欄の「号別」及び「物件名」欄は、印紙税法別表第一（課税物件表）の「番号」及び「物件名」欄に記載された番号及び物件名を記載し、「名称」欄は、税印押なつを受けようとする文書に記載された名称（標題）を記載します。

⑵　「数量」欄は、税印押なつを受けようとする課税文書の通数又は冊数を記載します。

⑶　「印紙税相当額」欄は、税印押なつを受けようとする課税文書に課されるべき印紙税額に相当する金額及びその合計額を記載します。

⑷　「充当税額」欄は、印紙税法第14条第2項《過誤納の確認等》の規定に基づき、過誤納金の充当請求をした金額を記載します。

⑸　「納付年月日」及び「納付場所」欄は、「差引納付税額」欄に記載した印紙税相当額を納付した（する）日及び納付した（する）税務署、郵便局又は金融機関の名称を記載します。

　なお、郵便局又は金融機関で納付した場合は、税印押なつを受ける税務署に印紙税相当額を納付した際に受領した「領収証書」を提示する必要があります。

⑹　「参考事項」欄は、税印押なつを受けようとする課税文書の交付予定年月日、その課税文書に適用される税率が記載金額により異なる場合における税率適用区分ごとの数量の内訳、その他参考となるべき事項を記載します。

⑺　申請・届出書の控えを保管する場合においては、その控えには個人番号を記載しないなど、個人番号の取扱いには十分ご注意ください。

1346 附　　　録

CC2-3704

### 印紙税納付計器設置承認・被交付文書
### 納付印押なつ承認申請書

| | | | | | |
|---|---|---|---|---|---|
| **3通提出(注1)** | 収 受 印 | 平成　年　月　日　　税務署長殿 | 申請者 | (住　所)　(〒　－　　)<br>　　　　　　　　　　　　(電話番号　　－　　－　　)<br>(氏名又は名称及び代表者氏名)　　　　　　　　　　　㊞<br><br>(個人番号又は法人番号)<br>↓個人番号の記載に当たっては、左端を空欄とし、ここから記載ください。 | ※個人番号又は法人番号は、税務署提出用3通(2通)の内1通のみに記載してください。 |

| 署　長 |
|---|
| 副署長 |

下記のとおり、印紙税法施行令第8条第1項及び第3項の規定により申請します。　　統括官

| 印紙税納付計器を設置しようとする場所 | (所在地)　(〒　－　　)　　　(名　称)<br>　　　　　　　　　　　　　　　　　(電話番号　　－　　－　　) | 担当者 |
|---|---|---|
| 計器の名称、型式及び計器番号 | | 印紙税納付計器を設置しようとする年月日　平成　年　月　日 | |
| 計器の購入先 | (所在地)　(〒　－　　)　　　(氏名又は名称) | |

| 交付を受ける文書に納付印を押そうとする最初の日 | 平成　年　月　日 | 交付を受ける文書に納付印を押そうとする理由 | | 起案 | 決裁 |
|---|---|---|---|---|---|
| 参考事項 | | | | 平成<br>年<br>月<br>日 | 平成<br>年<br>月<br>日 |

※　上記について下記条件を付し、印紙税法第10条第1項の規定による印紙税納付計器の設置の承認及び同条第2項による交付を受ける文書への納付印押なつの承認をします。
　　なお、計器に付すべき納付印の税務署名、記号及び番号を、下記のとおり指定します。

　　　　　　　　　　　第　　　　　号
　　平成　　年　　月　　日
　　　　　　　　　　　　　　　　　　税務署長　　　　　　　　　　　　㊞

| 条件 | 1　かぎを付することとなっている印紙税納付計器を設置したときは、その使用前に当該印紙税納付計器のかぎを当税務署長に預けておくこと。<br>2　印紙税納付計器に故障その他の事故が生じたときは、その旨を直ちに当税務署長に届け出て、その指示に従うこと。<br>3　印紙税納付計器の設置を廃止したとき、又は納付印を取り替えたときは、当税務署長の指示するところにより、不要となった納付印の印面を廃棄すること。 |
|---|---|

| ※　納付印の税務署名、記号及び番号の指定 | (税務署名) | (記　号) | (番　号) |
|---|---|---|---|

※　上記のとおり、印紙税納付計器の設置の承認を与えたことを証明します。

　　　　　(証明)　第　　　　　号
　　平成　　年　　月　　日
　　　　　　　　　　　　　　　　　　税務署長　　　　　　　　　　　　㊞

| ※税務署整理欄 | 整理番号 | | 番　号確　認 | | 確認書類<br>個人番号カード／<br>通知カード・運転免許証<br>その他(　　　　　) | |
|---|---|---|---|---|---|---|
| | 入力整理 | | 身　元確　認 | □　済<br>□　未済 | | |

注意　1　この申請書は、3通提出してください。ただし、証明書の交付の必要がない場合は、2通提出してください。
　　　2　※印欄は、記載しないでください。

印紙税に関する申請書等の様式　　　　1347

## 「印紙税納付計器設置承認・被交付文書納付印押なつ承認申請書」の記載要領等

　この申請書は、印紙税法第10条第1項《印紙税納付計器の使用による納付の特例》に規定する納付計器の設置承認と同条第2項の交付を受ける課税文書に納付印を押すことの承認とを併せて申請する場合（新たに納付計器を設置する場合）に提出するものです。


### 記載要領

(1)　「印紙税納付計器を設置しようとする場所」欄は、設置しようとする本店、支店、営業所等の所在地及び名称を記載します。

(2)　「計器の名称、型式及び計器番号」欄は、設置しようとしている印紙税納付計器について、国税庁長官の指定（「計器を指定する国税庁告示」により指定）を受けた計器（以下「指定計器」といいます。）の名称、型式及びその計器に付されている番号を記載します。

(3)　「印紙税納付計器を設置しようとする年月日」欄は、指定計器の使用開始予定年月日を記載します。

(4)　「参考事項」欄は、指定計器を設置する場所（部署）、納付印を押なつする主な文書名、交付を受ける文書の種類、交付を受ける枚数等、参考となる事項を記載します。

(5)　申請・届出書の控えを保管する場合においては、その控えには個人番号を記載しないなど、個人番号の取扱いには十分ご注意ください。

1348　　　　　　　附　　　録

CC2-3705

# 印紙税納付計器設置承認申請書
## （設置承認専用）

| | | | | | | |
|---|---|---|---|---|---|---|
| **3通提出**（注1） | 収受印 | 平成　年　月　日 | 申請者 | （住　所）（〒　－　　） | | 署長 |
| | | | | （電話番号　　－　　－　　） | | |
| | | | | （氏名又は名称及び代表者氏名）　　　　　　　　　㊞ | | 副署長 |
| | | | | （個人番号又は法人番号） | 申個人番号又は法人番号は、税務署提出用3通（2通）の内1通のみに記載してください。 | |
| | | 税務署長殿 | | ↓個人番号の記載に当たっては、左端を空欄とし、ここから記載してください。 | | 統括官 |

下記のとおり、印紙税法施行令第8条第1項の規定により申請します。

| | | | |
|---|---|---|---|
| 印紙税納付計器を設置しようとする場所 | （所在地）（〒　－　　） | （名　称） | |
| | | （電話番号　　－　　－　　） | 担当者 |
| 計器の名称、形式及び計器番号 | | 印紙税納付計器を設置しようとする年月日　平成　年　月　日 | 起案 / 決裁 |
| 計器の購入先 | （所在地）（〒　－　　） | （氏名又は名称） | |
| 参考事項 | | | 平成　年　月　日 / 平成　年　月　日 |

※　上記について下記条件を付し、印紙税法第10条第1項の規定による印紙税納付計器の設置の承認をします。
　　なお、計器に付すべき納付印の税務署名、記号及び番号を、下記のとおり指定します。

第　　　号

平成　年　月　日　　　　　　　　　　　　税務署長　　　　　　　㊞

| 条件 | 1　かぎを付することとなっている印紙税納付計器を設置したときは、その使用前に当該印紙税納付計器のかぎを当税務署長に預けておくこと。<br>2　印紙税納付計器に故障その他の事故が生じたときは、その旨を直ちに当税務署長に届け出て、その指示に従うこと。<br>3　印紙税納付計器の設置を廃止したとき、又は納付印を取り替えたときは、当税務署長の指示するところにより、不要となった納付印の印面を廃棄すること。 |
|---|---|

| ※　納付印の税務署名、記号及び番号の指定 | （税務署名） | （記　号） | （番　号） |
|---|---|---|---|

※　上記のとおり、印紙税納付計器の設置の承認を与えたことを証明します。

（証明）　第　　　号

平成　年　月　日　　　　　　　　　　　　税務署長　　　　　　　㊞

| ※税務署整理欄 | 整理番号 | | 番号確認 | | 確認書類<br>個人番号カード／<br>通知カード・運転免許証<br>その他（　　　　　） |
|---|---|---|---|---|---|
| | 入力整理 | | 身元確認 | □済　□未済 | |

注意　1　この申請書は、3通提出してください。ただし、証明書の交付の必要がない場合は、2通提出してください。
　　　2　※印欄は、記載しないでください。

印紙税に関する申請書等の様式　　　1349

## 「印紙税納付計器設置承認申請書（設置承認専用）」の記載要領等

　この申請書は、印紙税法第10条第1項《印紙税納付計器の使用による納付の特例》に規定する印紙税納付計器の設置承認の申請をする場合（新たに納付計器を設置する場合に提出するものです。

**記載要領**

⑴　「印紙税納付計器を設置しようとする場所」欄は、設置しようとする本店、支店、営業所等の所在地及び名称を記載します。

⑵　「計器の名称、型式及び計器番号」欄は、設置しようとしている印紙税納付計器について、国税庁長官の指定（「計器を指定する国税庁告示」により指定）を受けた計器（以下「指定計器」といいます。）の名称、型式及びその計器に付されている番号を記載します。

⑶　「印紙税納付計器を設置しようとする年月日」欄は、指定計器の使用開始予定年月日を記載します。

⑷　「参考事項」欄は、指定計器を設置する場所（部署）、納付印を押なつする主な文書名等、参考となる事項を記載します。

⑸　申請・届出書の控えを保管する場合においては、その控えには個人番号を記載しないなど、個人番号の取扱いには十分ご注意ください。

1350 附　　　録

CC2-3706

## 印紙税被交付文書納付印押なつ承認申請書

**2通提出**

| 収　受　印 | | | |
|---|---|---|---|

| | 平成　年　月　日 | 申請者 | （住　所）（〒　　—　　） |
|---|---|---|---|

（電話番号　　—　　—　　）

（氏名又は名称及び代表者氏名）

㊞

（法人番号）個人の方は個人番号の記載は不要です。　※ 法人番号は、税務署提出用2通の内1通のみに記載してください。

税務署長殿

署長

副署長

統括官

担当者

下記のとおり、印紙税法施行令第8条第3項の規定により申請します。

| 印紙税納付計器の設置場所 | （所在地）（〒　　—　　） | （名　称） |
|---|---|---|

（電話番号　　—　　—　　）

| 計器の名称、型式及び計器番号 | | 交付を受ける文書に納付印を押そうとする最初の日 | 平成　年　月　日 |
|---|---|---|---|

起案　決裁

| 納付印の記号及び番号 | | 交付を受ける文書に納付印を押そうとする理由 | |
|---|---|---|---|

平成　　平成

参考事項

年　　年

月　　月

※
上記について、印紙税法第10条第2項による交付を受ける文書への納付印押なつの承認をします。

日　　日

第＿＿＿＿＿号

平成　年　月　日

＿＿＿＿＿　税務署長　＿＿＿＿＿　㊞

| ※税務署整理欄 | 整理番号 | | 番　号確　認 | | 入力整理 | | |
|---|---|---|---|---|---|---|---|

注意　1　この申請書は、2通提出してください。
　　　2　※印欄は、記載しないでください。

印紙税に関する申請書等の様式 1351

## 「印紙税被交付文書納付印押なつ承認申請書」の記載要領等

　この申請書は、既に印紙税法第10条第1項《印紙税納付計器の使用による納付の特例》の設置承認を受けている者が、同条第2項の承認（交付を受ける文書へ印紙税納付計器により納付印を押なつする承認）を新たに受けようとする場合に提出するものです。

**記載要領**

⑴　「印紙税納付計器の設置場所」欄は、交付を受けた文書に納付印を押なつする印紙税納付計器が設置されている本店、支店、営業所等の所在地及び名称を記載します。

⑵　「計器の名称、型式及び計器番号」欄は、既に設置している印紙税納付計器について、国税庁長官の指定（「計器を指定する国税庁告示」により指定）を受けた計器（以下「指定計器」といいます。）の名称、型式及びその計器に付されている番号を記載します。

⑶　「納付印の記号及び番号」欄は、指定計器の設置承認を行った税務署長が「印紙税納付計器設置承認書」により指定した、納付印に付されている税務署名、記号、番号を記載します。

⑷　「参考事項」欄は、交付を受ける主な文書の名称その他参考となる事項を記載します。

1352　　　　　　　　　附　　　　録

CC2-3707

## 印紙税納付計器設置廃止届出書

| 収受印 | | |
|---|---|---|
| 平成　年　月　日 | 届出者 | （住　所）（〒　 －　　　） |
| | | （電話番号　　－　　－　　　） |
| | | （氏名又は名称及び代表者氏名）　　　　　　　　　　　　㊞ |
| 税務署長殿 | | （個人番号又は法人番号）<br>↓個人番号の記載に当たっては、左端を空欄とし、ここから記載してください。 |

下記のとおり印紙税法施行令第17条第3項の規定により届出します。

| 廃止した印紙税納付計器 | 設　置　場　所 | （〒　 －　　　） |
|---|---|---|
| | 計器の名称、型式及び計器番号 | |
| | 設置承認年月日 | 昭和　　　　年　　　月　　　日<br>平成 |
| | 納付印　記号番号 | |
| | 廃止後の処分方法 | |
| 廃　止　年　月　日 | | 平成　　　　年　　　月　　　日 |
| 廃　止　の　理　由 | | |
| 参　　考　　事　　項 | | |

| ※税務署整理欄 | 整理番号 | | 番　号確　認 | | 確認書類<br>個人番号カード／<br>通知カード・運転免許証<br>その他（　　　　　　） |
|---|---|---|---|---|---|
| | 入力整理 | | 身　元確　認 | □ 済<br>□ 未済 | |

注意　1　この届出書を提出するときは、廃止した印紙税納付計器を提示してください。
　　　2　印紙税納付計器に押なつ残額がある場合は、印紙税過誤納確認申請書（CC2-3721）により確認の申請をしてください。

印紙税に関する申請書等の様式　　　1353

## 「印紙税納付計器設置廃止届出書」の記載要領等

　この届出書は、既に印紙税法第10条第1項《印紙税納付計器の使用による納付の特例》の設置承認を受けて印紙税納付計器を設置している者が、設置を廃止したことの届出を行う場合に提出するものです。


**記載要領**

(1)　「設置場所」欄は、承認を受けて印紙税納付計器を設置している本店、支店、営業所等の所在地及び名称を記載します。

(2)　「計器の名称、型式及び計器番号」欄は、既に設置している印紙税納付計器について、国税庁長官の指定（「計器を指定する国税庁告示」により指定）を受けた計器（以下「指定計器」といいます。）の名称、型式及びその計器に付されている番号を記載します。

(3)　納付印の「記号番号」欄は、指定計器の設置承認を行った税務署長が「印紙税納付計器設置承認書」により指定した、納付印に付されている税務署名、記号、番号を記載します。

(4)　「廃止後の処分方法」欄は、設置を廃止した後における納付印の処分方法（磨滅、溶解の方法等）を記載します。

(5)　「参考事項」欄は、押なつ残額、事務担当部課、その他参考となるべき事項を記載します。

　　なお，使用残額については、「印紙税過誤納確認申請書」を所轄税務署長に提出することにより、印紙税の過誤納金として還付を受けることができます。

(6)　申請・届出書の控えを保管する場合においては、その控えには個人番号を記載しないなど、個人番号の取扱いには十分ご注意ください。

1354 附　　録

# 印紙税納付計器使用請求書

GL2015

| | | | | | | |
|---|---|---|---|---|---|---|
| 整理番号 | | | | | | |

提出用

平成　年　月　日

税務署長　殿

収受印

| 請求者 | 印紙税納付計器の設置場所の所在地及び名称 | （〒　－　） | | 電話 | （　）局番 |
| | 住所 | （〒　－　） | | 電話 | （　）局番 |
| | （フリガナ）氏名又は名称及び代表者氏名 | | | | 印 |
| | 個人番号又は法人番号 | | （フリガナ）同上代理人 | | 印 |

OCR入力用（この用紙は機械で処理しますので、汚したり折り曲げたりしないでください。）

**下記のとおり印紙税法施行令第8条第4項の規定により請求します。**

| 計器の名称、型式及び計器番号 | 名称 | | 型式 | | 計器番号 | |
|---|---|---|---|---|---|---|
| 納付印の税務署名、記号及び番号 | 税務署名 | | 記号 | | 番号 | |

| 印紙税相当額（措置を受けようとする金額）① | | 円 | 充当税額 ③ | | 円 |
|---|---|---|---|---|---|
| 「残額表示」欄に押印した金額 ② | | 円 | 差引納付税額（①－②－③） | | 円 |

印紙税納付計器提示時における表示累計額（回数）

| | 順号 | 表示金額（回数） | 表示残額（回数） |
|---|---|---|---|
| | | | 円（回） |
| 今回提示する使用明細 | 済始動票札の | | 円（回） |
| | | | 円（回） |
| | | | 円（回） |
| | | | 円（回） |
| | | | 円（回） |
| | | | 円（回） |
| | | | 円（回） |

参考事項

【注意】
1　この請求書を提出する場合、始動票札の印紙税納付計器にあっては、措置を受けようとする始動票札及び使用済の始動票札を提示し、その他の印紙税納付計器にあっては、印紙税納付計器自体を提示してください。
2　前回措置した金額に残額がある場合には、2枚目の「残額表示」欄に残額を押印してください。
　なお、残額が押印できないものや押印することが困難なものについては、2枚目の「残額表示」欄に残額を記載して税務署員の確認を受けてください。
3　充当しようとする金額がある場合は、「印紙税過誤納確認申請書充当請求書」により充当の請求をしてください。
4　「税務署整理欄」は、記載しないでください。

| 税務署整理欄 | 請求年月日 | 　年　月　日 | 順号 | | 書類確認 本人確認 | □済 □未済 | 確認書類　個人番号カード／通知カード・運転免許証　その他（　） | |
|---|---|---|---|---|---|---|---|---|

CC2-3708

印紙税に関する申請書等の様式　　　　　　1355

## 印紙税納付計器使用請求書の書き方

1　この用紙は、印紙税法施行令第8条第4項《印紙税納付計器の設置の承認の申請等》に規定する印紙税納付計器の使用請求書として使用してください。
2　「整理番号」欄及び「税務署整理欄」は、記載しないでください。
3　この用紙は、次により記載してください。
(1)　「印紙税納付計器の設置場所の所在地及び名称」欄には、納付計器の設置の承認を受けている事業所等の所在地及び名称を記載します。
(2)　「住所」欄には、請求者の住所（請求者が法人等の場合には、本店又は主たる事務所の所在地）を記載します。
(3)　「氏名又は名称及び代表者氏名」欄には、請求者が個人の場合は氏名を記載し、また、法人等の場合は、名称並びに代表者の役職名（代表者であることを示す役職名）及び氏名を記載します。
(4)　「個人番号又は法人番号」欄には、請求者が個人の場合は個人番号を記載し、また、法人等の場合は、法人番号を記載します。
(5)　「同上代理人」欄には、代理人の名で使用請求書を提出する場合（あらかじめ「申告・申請等事務代理人届出書」（CC2-3004）を提出している場合に限ります。）における代理人の役職名（又は職業）及び氏名を記載します。
(6)　「計器の名称、型式及び計器番号」欄には、国税庁告示（計器を指定する告示）により指定された計器の名称及び型式を記載し、計器番号は、その計器に付されている番号を記載します。
(7)　「納付印の税務署名、記号及び番号」欄には、納付印に付されている税務署名、記号、番号を記載します。なお、記号及び番号は、□□（OCR枠）内にのみ記載して差し支えありません。
(8)　「①」欄には、措置を受けようとする印紙税相当額（セット金額）を記載します。
(9)　前回措置した金額に残額がある場合には、2枚目の「残額表示」欄に残額を押印して「②」にその残額を記載します。なお、残額が押印できないものや押印することが困難なものについては、残額の押印に代えて残額を記載し、税務署員の確認を受けてください。この場合は、「②」欄に残額を記載しないでください。
(10)　充当しようとする金額がある場合には、「印紙税過誤納充当請求書」（CC2-3721）により充当の請求を行い、充当税額を「③」欄に記載します。
(11)　「差引納付税額」欄には、①－②－③の算式により計算した税額を記載します。
(12)　「印紙税納付計器提示時における表示累計額」欄は、納付計器の提示時までに納付印により表示した印紙税に相当する金額の累計額を記載します。
(13)　使用請求に当たっては、始動票札を使用する印紙税納付計器にあっては、措置を受けようとする始動票札及び使用済みの始動票札を提示し、その他の納付計器にあっては、当該印紙税納付計器を提示してください。

【注意事項】
○　使用請求書の数字は、黒のボールペンで指定のマス目の中に、次の例に従って記載してください。

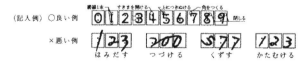

○　この用紙は、機械で読み取りますので、汚したり折り曲げたりしないでください。
○　提出用の2枚を、設置場所の所轄税務署長へ提出してください。

1356　　　　　　　　　　　附　　　　録

CC2-3709

# 印紙税書式表示承認申請書

| 2通提出 | 収受印 平成　年　月　日 税務署長殿 | 申請者 | （住　所）（〒　　−　　　） |  |  |  | 署　長 |
|---|---|---|---|---|---|---|---|
| | | | （電話番号　　　−　　　−　　　） | | | | |
| | | | （氏名又は名称及び代表者氏名） | | | ㊞ | |
| | | | （個人番号又は法人番号） | ※ 個人番号又は法人番号は、税務署提出用2通の内1通のみに記載してください。 | | | 副署長 |
| | | | ↓個人番号の記載に当たっては、左端を空欄とし、ここから記載してください。 | | | | |

下記のとおり、印紙税法施行令第10条第1項の規定により申請します。

| 印紙税法第11条第1項各号に掲げる区分 | 1　毎月継続して作成されることとされている課税文書 2　特定の日に多量に作成されることとされている課税文書 | | | | | 統括官 |
|---|---|---|---|---|---|---|

| 課税文書 | 号　　別 | | | | | | 担当者 |
|---|---|---|---|---|---|---|---|
| | 種類 | 物件名 | | | | | |
| | | 名　称 | | | | | |
| 作成予定数量 | | | | | | | 起案 / 決裁 |
| 適用開始年月日又は作成予定年月日 | 平成・・ | 平成・・ | 平成・・ | 平成・・ | 平成・・ | | 平成　年　月　日 / 平成　年　月　日 |
| 課税文書の様式又は形式 | | | | | | | |
| 課税文書の作成の事実が後日においても明らかにされる方法 | | | | | | | |
| 参　考　事　項 | | | | | | | |

※　上記について下記条件を付し、印紙税法第11条第1項の承認をします。

　　　　第　　　号

平成　年　月　日

　　　　　　　　　　　　　　税務署長　　　　　　　　　㊞

| 条件 | 1　承認を受けた課税文書の受払い等に関係ある帳簿等の提示を求められたときは、速やかにこれに応ずること。 2　印紙税法第15条の規定により担保の提供を命ぜられたときは、速やかにこれに応ずること。 |
|---|---|

| ※税務署整理欄 | 番号確認 | | 身元確認 | □ 済 □ 未済 | 確認書類 個人番号カード／通知カード・運転免許証 その他（　　　　　　　　　　　） |
|---|---|---|---|---|---|
| | 整理番号 | | 入力整理 | | |

注意　1　この申請書は、印紙税法第11条第1項各号《書式表示による申告及び納付の特例》に掲げる区分ごとに、それぞれ2通提出してください。
　　　2　「印紙税法第11条第1項各号に掲げる区分」欄は、該当しないこととなるいずれか一方を二重線で抹消してください。
　　　3　印紙税法第11条第1項1号に該当するものについては、「作成予定数量」欄の記載を要しません。
　　　4　※印欄は、記載しないでください。
　　　5　この申請書には、承認を受けようとする課税文書の見本を添付してください。
　　　6　課税文書の様式を変更した場合は、新たに承認を受ける必要があります。

印紙税に関する申請書等の様式　　　　1357

## 「印紙税書式表示承認申請書」の記載要領等

　この申請書は、印紙税法第11条第1項《書式表示による申告及び納付の特例》に規定する書式表示の承認の申請をする場合に提出するものです。

### 記載要領

⑴　「課税文書」欄は、号別、物件名及び名称の異なるごとに区分して記載します。

　　なお、「号別」、「物件名」欄は、印紙税法別表第一（課税物件表）の「番号」及び「物件名」欄に記載された番号及び物件名を記載し、「名称」欄は、書式表示の承認を受けようとする文書に記載された名称（標題）を記載します。

⑵　「適用開始年月日又は作成予定年月日」欄は、書式表示の承認を受けようとする文書が印紙税法第11条第1項第1号（毎月継続して作成されることとされているもの）に該当するものであるときは適用開始年月日を、同項第2号（特定の日に多量に作成されることとされているもの）に該当するものであるときは、作成予定年月日を記載します。

⑶　「課税文書の作成の事実が後日においても明らかにされる方法」欄は、書式表示の承認を受けた課税文書について、一般に他の法律の規定、文書の性質、作成の状況等からその作成の事実が後日においても明らかとなる帳簿の名称等を記載します。

⑷　申請・届出書の控えを保管する場合においては、その控えには個人番号を記載しないなど、個人番号の取扱いには十分ご注意ください。

1358　　　　　　　　　附　　　　録

CC2-3710

## 印紙税書式表示承認不適用届出書

| 収受印 | | | |
|---|---|---|---|
| 平成　年　月　日 | 届<br><br>出<br><br>者<br><br>税務署長殿 | （住　　所）（〒　　－　　　）<br><br>　　　　　　　（電話番号　　　－　　－　　　）<br>（氏名又は名称及び代表者氏名）<br><br>　　　　　　　　　　　　　　　　　　　　　㊞<br>（個人番号又は法人番号）<br>↓個人番号の記載に当たっては、左端を空欄とし、ここから記載してください。 | |

下記のとおり、印紙税法施行令第10条第7項の規定により、届出します。

| 課税文書 | 号　　　　別 | | | | | |
|---|---|---|---|---|---|---|
| | 種　物　件　名 | | | | | |
| | 類　名　　称 | | | | | |
| 承　認　年　月　日 | | ・　・ | ・　・ | ・　・ | ・　・ | ・　・ |
| 不　適　用　年　月　日 | | ・　・ | ・　・ | ・　・ | ・　・ | ・　・ |
| 書式表示による<br>申告納付の特例<br>の適用を受ける<br>必要がなくなっ<br>た理由 | | | | | | |
| 参　考　事　項 | | | | | | |

| ※税務署整理欄 | 整理番号 | | 番号確認 | | 確認書類<br>個人番号カード／<br>通知カード・運転免許証<br>その他（　　　　　　） |
|---|---|---|---|---|---|
| | 入力整理 | | 身元確認 | □済<br>□未済 | |

印紙税に関する申請書等の様式　　　1359

## 「印紙税書式表示承認不適用届出書」の記載要領等

　この届出書は、印紙税法第11条第1項《書式表示による申告及び納付の特例》の承認を受けた書式表示について、その承認を受ける必要がなくなったことの届出を行う場合提出するものです。

**記載要領**

⑴　「課税文書」欄は、号別、物件名及び名称の異なるごとに区分して記載します。

　　なお、「号別」、「物件名」欄は、印紙税法別表第一（課税物件表）の「番号」及び「物件名」欄に記載された番号及び物件名を記載し、「名称」欄は、書式表示の承認を受けている文書に記載された名称（標題）を記載します。

⑵　「承認年月日」欄は、書式表示の承認を受けた年月日を記載します。

⑶　「不適用年月日」欄は、書式表示の承認の適用を受ける必要がなくなった日を記載します。

⑷　「書式表示による申告納付の特例の適用を受ける必要がなくなった理由」欄は、当該文書を作成しなくなったこと、納付計器の設置により書式表示による申告納付の特例の適用を受ける必要がなくなったこと等の理由及びその事由の生じた年月日等を記載します。

⑸　「参考事項」欄は、書式表示不適用日における書式表示済の文書の残枚数、その処理方法、その他参考となるべき事項を記載します。

⑹　申請・届出書の控えを保管する場合においては、その控えには個人番号を記載しないなど、個人番号の取扱いには十分ご注意ください。

1360 附 録

CC2-3711

## 印紙税一括納付承認申請書

| | | | | | 署 長 |
|---|---|---|---|---|---|

**2通提出**

| 平成 年 月 日 | 申請者 | (課税文書の作成場所)(〒 － ) | | 署 長 |
| | | (電話番号 － － ) | | |
| | | (住 所)(〒 － ) | | 副署長 |
| | | (電話番号 － － ) | | |
| | | (氏名又は名称及び代表者氏名) ㊞ | | |
| | | (個人番号又は法人番号) | ※ 個人番号又は法人番号は、税務署提出用2通の内1通のみに記載してください。 | 統括官 |
| | | ↓個人番号の記載に当たっては、左端を空欄とし、ここから記載してください。 | | |
| 税務署長殿 | | | | |

収受印

下記のとおり印紙税法施行令第12条第1項の規定により申請します。

| 承認を受けようとする預貯金通帳等 | 号 別 | | 符号 | 預貯金通帳等の区分 | 名　　　　称 | 担当者 | |
|---|---|---|---|---|---|---|---|
| | 第 18 号 | | 1 | 普 通 預 金 通 帳 | | | |
| | | | 2 | 通 知 預 金 通 帳 | | | |
| | | | 3 | 定 期 預 金 通 帳 | | 起 | 決 |
| | | | 4 | 当 座 預 金 通 帳 | | 案 | 裁 |
| | | | 5 | 貯 蓄 預 金 通 帳 | | | |
| | | | 6 | 勤 務 先 預 金 通 帳 | | 平成 | 平成 |
| | | | 7 | 複 合 預 金 通 帳 | | | |
| | 第19号 | | 8 | 複 合 寄 託 通 帳 | | 年 | 年 |
| 参考事項 | | | | | | 月 | 月 |

※ 上記について下記の条件を付し、印紙税法第12条第1項の規定により承認します。

第_____号

平成____年____月____日

_____税務署長_____ ㊞

| 日 | 日 |
|---|---|

| 条件 | 1 承認を受けた預貯金通帳等の受払い等に関係ある帳簿等の提示を求められたときは、速やかにこれに応ずること。 |
| | 2 印紙税法第15条の規定により担保の提供を命ぜられたときは、速やかにこれに応ずること。 |

| ※税務署整理欄 | 整理番号 | | | | 番号確認 | | 確認書類 個人番号カード／ 通知カード・運転免許証 その他( ) | | | | |
|---|---|---|---|---|---|---|---|---|---|---|---|
| | 通 信 日付印 | 年 月 日 | 確認印 | 入力 | 身元確認 | □ 済 □ 未済 | | | | | |

注意 1 この申請書は、2通提出してください。
　　 2 預貯金通帳等の種類が多くて「名称」欄に記載しきれないときは、「参考事項」欄に記載してください。
　　 3 承認を受けようとする預貯金通帳等の符号を○で囲んでください。
　　 4 ※印欄は、記載しないでください。

印紙税に関する申請書等の様式　　　1361

## 「印紙税一括納付承認申請書」の記載要領等

　この申請書は、印紙税法第12条第1項《預貯金通帳等に係る申告及び納付等の特例》に規定する一括納付の承認を受けようとする場合に提出するものです。


### 記載要領

⑴　この申請書は、一括納付の承認を受けようとする預貯金通帳等の作成場所ごとに作成し、提出してください。

⑵　承認を受けようとする預貯金通帳等の符合を○で囲んで下さい。

⑶　「名称」欄は、主な預貯金通帳等の名称を記載し、その他のものについては、「参考事項」欄に記載します。

⑷　申請・届出書の控えを保管する場合においては、その控えには個人番号を記載しないなど、個人番号の取扱いには十分ご注意ください。

附　録

GL2037

平成 □□ 年 □□ 月分 印紙税納税申告書（書式表示用）

OCR入力（この用紙は機械で処理しますので、汚したり折り曲げたりしないでください。）

整理番号

税務署整理欄

| 申告年月日 | 平成 |
| 申告区分 | |
| 件数枚数 | |
| 年月日信 | 平成 |
| 年月日 | |
| 送付印 | 平成 年 月 日 |
| 身元確認 | 確認書類 |
| | 個人番号カード・運転免許証 |
| | 通知カード・運転免許証 |
| | その他（ ） |

税　額（円）

平成　年　月　日

税務署長　殿

課税文書の
作成場所及
び名称

（〒 － ）

申告者の
住所

（〒 － ）

（フリガナ）
氏名又は名称
及び代表者氏名 ㊞

（フリガナ）
個人番号又は
法人番号

※個人番号の記載に当たっては、左端を空欄としてください。

同上代理人 ㊞

（局番）
電話（ ）

（局番）
電話（ ）

下記のとおり印紙税の納税申告書（□期限後申告書・□修正申告書）を提出します。

| 物件名 | 号　称 | 番　号 | 承認年月日 | 承認番号 | 税率・税額区分（円） | 数　量 | 税　額（円） |
|---|---|---|---|---|---|---|---|

合計（数量及び納付すべき税額）①

この申告書が修正申告　修正申告前の確定額②

申告書である場合　差引納付すべき税額（①－②）③

申告書が期限後申告の場合又は承認年月日が昭和の場合のみ「3」と記載してください。

参考事項

【税務署整理欄】は、記載しないでください。「承認年月日」欄の元号は、「承認年月日」欄の昭和の場合のみ「3」と記載してください。

期限を徒する
関係申告理由
修正・事項
申告理由

提出用

○修正申告書として使用するものは、その直前に確定している納税申告書、更正通知書又は決定通知書の写しを添付してください。

CC2-3714-1

GL2018

OCR入力用（このOCR用紙は機械で読み取りますので、汚したり折り曲げたりしないでください。）

平成　□□　年　□□　月分印紙税納税申告書（書式表示用）　次葉（　□□□　枚目）

| 物件名 | 税名 | 号列 | 承認年月日 | 承認番号 | 税率・税額区分（円） | 数量（通） | 税額（円） | 整理番号 |
|---|---|---|---|---|---|---|---|---|

税務署整理欄

| 整理番号 | 申告年月日 | | 年 月 日 | 承認年月日 | 申告区分 | 書式表示区分 |
|---|---|---|---|---|---|---|

「税務署整理欄」は、記載しないでください。「承認年月日」欄の元号は、承認年月日が昭和の場合にのみ「3」と記載してください。

提出用

○修正申告書として使用するときは、更正通知書又は決定通知書の写しを添付してください。
（注）決定通知書の写しを添付することはできない。

CC2-3714-2

1364 附　　　録

## 印紙税納税申告書（書式表示用）の書き方

1　この用紙は、印紙税法第11条第4項《書式表示による申告及び納付の特例》に規定する書式表示についての印紙税の納税申告書（期限内申告書、期限後申告書、修正申告書）として使用してください。

　なお、期限後申告書又は修正申告書として使用する場合には、その区分に応じ、□欄に☑を付してください。

　また、修正申告書として使用する場合には、その直前に確定している納税申告書、更正通知書又は決定通知書の写しを添付してください。

2　「税務署整理欄」は、記載しないでください。

3　この用紙は、次により記載してください。

　⑴　申告書は、印紙税法第11条第1項の区分の異なるごとに、各別に作成します。

　　　【参考】　印紙税法第11条第1項の区分

　　　　　　　イ　毎月継続的に作成されることとされているもの。

　　　　　　　ロ　特定の日に多量に作成されることとされているもの。

　⑵　標題の「平成□□年□□月分」の箇所には、申告しようとする課税文書を作成した年月を記載します。

　⑶　「課税文書の作成場所及び名称」欄には、この申告書を提出する課税文書の作成場所の所在地及び名称を記載します。

　⑷　「申告者の住所」欄には、申告者の住所（申告者が法人等の場合には、本店又は主たる事務所の所在地）を記載します。

　⑸　「氏名又は名称及び代表者氏名」欄には、申告者が個人の場合は氏名を記載し、また、法人等の場合は、名称並びに代表者の役職名（代表者であることを示す役職名）及び氏名を記載します。

　⑹　「個人番号又は法人番号」欄には、申告者が個人の場合は個人番号を、また、法人等の場合は、法人番号を記載します。

　⑺　「同上代理人」欄には、代理人の名で申告書を提出する場合（あらかじめ「申告・申請等事務代理人届出書」（CC2-3004）を提出している場合に限られます。）における代理人の役職名（又は職業）及び氏名を記載します。

印紙税に関する申請書等の様式　　　　1365

⑻　「物件名」から「税額」の各欄には、「物件名」から「税率・税額区分」の各欄
の異なるごとに次により記載してください。

なお、1枚の申告書に書ききれない場合には、印紙税納税申告書（書式表示用）
次葉（以下、単に「次葉」という。）若しくはこの申告書を複数枚使用して記載し
てください。

　（注）　1　次葉の各欄は、この申告書と同様に記載してください。

　　　　　　　なお、「次葉（□□□枚目）」欄には、次葉の使用枚数を1から連番で記
　　　　　　　載してください。

　　　　　　2　この申告書を複数枚使用して記載する場合、2枚目以降は、「課税文書
　　　　　　　の作成場所及び名称」及び「申告者」の各欄の記載を省略して差し支えあ
　　　　　　　りません。

イ　「物件名」欄及び「名称」欄には、印紙税法上の課税物件名及び文書に付され
た名称を記載します。

ロ　「号別」欄は、次の例に従って記載してください。

| 申告する文書等の号別 | 記 載 例 |
|---|---|
| 1号の3文書(消費貸借に関する契約書) | ⠿ 1 3 |
| 2号文書(請負に関する契約書) | ⠿ 2 ⠿ |
| 17号の1文書(売上代金に係る金銭等の受取書) | 1 7 1 |

ハ　「承認年月日」欄及び「承認番号」欄には、書式表示の承認を申請した際に税
務署長から交付を受けた「印紙税書式表示承認申請書」（税務署長印のあるも
の）に記載された承認年月日及び承認番号を記載します。

なお、「承認年月日」欄の「元号」欄には、承認年月日が昭和の場合に「3」、
平成の場合に「空欄」又は「4」と記載します。

⑼　「合計（数量及び納付すべき税額）①」欄には、数量及び税額の合計を記載しま
す。

　（注）　1　この申告書を複数枚提出する場合には、その1枚目にこの申告書による
　　　　　　　全体の数量及び税額の合計を記載し、2枚目以降には何も記載しないでく

1366 附　　　録

ださい（小計等も記載せず、空欄としてください。）。

2　この申告書と次葉を提出する場合には、次葉の数量及び税額の合計を併せて記載します。

⑽　「修正申告前の確定額②」欄には、修正申告書を提出する場合に、修正申告をする直前に提出した納税申告書の「①」欄の納付すべき税額又は修正申告の直前に受けた更正通知書次葉若しくは決定通知書次葉の「調査額」欄の「納付すべき税額」欄の税額を記載します。

⑾　「差引納付すべき税額（①-②）③」欄には、①-②の算式により計算した税額を記載します。

⑿　「期限後申告・修正申告をする理由・事情」欄には、期限後申告書を提出する場合においては、法律で定める申告期限内に申告書を提出できなかった事情及び理由を記載し、また、修正申告書を提出する場合においては、修正申告書を提出することとなった理由及び事情を記載します。

⒀　相続人（包括受遺者を含みます。以下同じ。）が被相続人（包括遺贈者を含みます。以下同じ。）の納税申告書を提出する場合は、次によります。

イ　「申告者の住所」欄には、相続人の住所を記載します。

ロ　「氏名又は名称及び代表者氏名」欄には、相続開始時の被相続人の住所及び氏名をかっこ書きし、かつ、「相続人」と表示の上、相続人の氏名を記載し、相続人が押印します。

ハ　相続人が2人以上いるときは、そのうちの1人がイ及びロによりその者の住所及び氏名を記載し、かつ、その氏名の次に「ほか何名」と他の相続人の数を記載してその住所等を記載した相続人が押印するほか、適宜の用紙に、全部の相続人の住所、氏名、被相続人との続柄、各相続人の相続分、相続（包括遺贈を含みます。）によって得た財産の額及び「①」欄に記載した納付すべき税額を相続分によってあん分計算した金額を記載して、各々の相続人が押印（相続人が限定承認した場合には、その旨を記載します。）し、申告書に添付してください。

⒁　合併後存続する法人、合併により設立された法人若しくは人格のない社団等の財産上の権利義務を承継した法人等（以下「合併法人」といいます。）が合併により消滅した法人等（以下「被合併法人」といいます。）の納税申告書を提出する場合

は、次によります。

イ 「申告者の住所」欄には、合併法人の本店又は主たる事務所の所在地を記載します。

ロ 「氏名又は名称及び代表者氏名」欄には、合併時又は承継時の被合併法人の主たる事務所の所在地及び名称をかっこ書きし、かつ、「合併後存続法人」等と表示の上、合併法人の名称並びに代表者の役職名（代表者であることを示す役職名）及び氏名を記載します。

【注意事項等】

1 申告書の数字は、黒のボールペンで指定のマス目の中に次の例に従って記載してください。

　なお、電算処理により申告書をプリントする場合は、「OCR-Bフォント」又は「手書きOCRフォント」を活用してください。

　ただし、これらの文字フォントがプリンターに備えつけられていない場合は、特殊な文字飾りを施してあるものを除き、明朝体等によりプリントして差し支えありません。

2 この用紙は、機械で読み取りますので、汚したり折り曲げたりしないでください。

3 提出用の2枚を、書式表示の承認をした税務署長に提出してください。

　なお、電算処理によりプリントする場合は、3枚複写の方法に変えて、OCR用紙へ3連でプリントして差し支えありません。

1368　　　　　　　　　附　　　　録

CC2-3715

平成　　年度分印紙税納税申告書（一括納付用）

| | | | | 整理番号 | |

| 収受印 | （課税文書の作成場所）（〒　　−　　　） | | |
|---|---|---|---|
| 平成　年　月　日 | | （電話番号　　−　　−　　　） | |
| | 申告者 | （住　所）（〒　　−　　　） | |
| | | | （電話番号　　−　　−　　　） |
| | | （氏名又は名称及び代表者氏名） | ㊞ |
| 税務署長殿 | | （個人番号又は法人番号）<br>↓個人番号の記載に当たっては、左端を空欄とし、ここから記載してください。 | |

下記のとおり印紙税の納税申告書（期限後申告書・修正申告書）を提出します。

| 課 | 号　別 | 預貯金通帳等の区分 | 4月1日現在の口座数 | 税　率 | 税　額 |
|---|---|---|---|---|---|
| 税 | 第 | 普通預金通帳 | 口座 | 円 | 円 |
| | | 通知預金通帳 | | | |
| | | 定期預金通帳 | | | |
| | 18 | 当座預金通帳 | | | |
| 文 | | 貯蓄預金通帳 | | | |
| | 号 | 勤務先預金通帳 | | | |
| | | 複合預金通帳 | | | |
| 書 | | 小　　　計 | | | ① |
| | 第19号 | 複合寄託通帳 | | | ② |
| 期限を後にする申告・修正申告理由・事情 | | 納付すべき税額 | | ③（①＋②） | |
| | | この申告書が修正申告である場合 | 修正申告前の確定額 | ④ | |
| | | | 差引納付すべき税額 | ⑤（③−④） | |
| 参考事項 | | | 申告書作成者氏名 | | |

| 修正申告の場合の当初の申告書提出年月日 | ※平成　年　月　日 | 確認 | ※ | 身元確認 | □済<br>□未済 | ※確認書類<br>個人番号カード／通知カード・運転免許証<br>その他（　　　　） |
|---|---|---|---|---|---|---|
| 通　信　日　付　印 | ※平成　年　月　日 | 確認 | ※ | 台帳等整理 | ※ | 徴収カード等整理 | ※ |

| 申告年月日 | ※平成　年　月　日 | 申告区分 | ※ | 区分 | ※ | 年月日 | ※平成　年　月　日 | 入力整理 | ※ |

印紙税に関する申請書等の様式　　　　1369

# 印紙税納税申告書（一括納付用）の書き方

1　この用紙は、印紙税法第12条第5項≪預貯金通帳等に係る申告及び納付等の特例≫に規定する預貯金通帳等に係る印紙税一括納付についての納税申告書（期限内申告書、期限後申告書、修正申告書）として使用してください。

2　不要の文字は二重線で、不要の欄は斜線で抹消してください。

　　なお、※印欄には、記載しないでください。

3　この用紙は、次により記載してください。

　　なお、修正申告書を提出する場合には、修正後の内容を記載します。

　(1)　標題の「平成　年度分」の箇所には、申告しようとする預貯金通帳等を作成した年（印紙税法第12条第1項に規定する期間の初日の属する年をいう。）を記載します。

　(2)　「③」欄には、納付すべき税額を記載します。

　(3)　修正申告書を提出する場合には、「④」欄に修正申告をする直前に提出した納税申告書の「③」欄の金額又は修正申告の直前に受けた更正通知書若しくは決定通知書の「調査額のうち「③」欄に相当する金額を記載のうえ、「⑤」欄に③－④の算式により計算した金額を記載するとともに、修正申告前の内容をそれぞれ該当欄の上部にかっこ書きします。

　(4)　「期限後申告・修正申告をする理由・事情」欄には、期限後申告書を提出する場合は、法律で定める申告期限内に申告書を提出できなかった理由及び事情を記載し、また、修正申告書を提出する場合は、修正申告書を提出することとなった理由及び事情を記載します。

　(5)　合併後存続する法人、合併により設立された法人又は人格のない社団等の財産上の権利義務を承継した法人等（以下「合併法人」という。）が、合併により消滅した法人等（以下「被合併法人」という。）の納税申告書を提出する場合は、次によってください。

　　イ　「住所」欄には、合併法人の本店又は主たる事務所の所在地を記載します。

　　ロ　「氏名又は名称及び代表者氏名」欄には、合併時又は承継時の被合併法人の本店又は主たる事務所の所在地及び名称をかっこ書きし、「合併後存続法人」等と表示の上、合併法人の名称並びに代表者の役職名（代表者であることを示す役職名）及び氏名を記載します。

印紙税に関する申請書等の様式　　　1371

02-3716-1

# 印紙税不納付事実申出書（初葉）

平成　年　月　日

　　　　税務署長殿

申出者

住所（〒　　－　　　）

氏名又は名称及び代表者氏名

（電話番号　　－　　－　　）　㊞

個人番号又は法人番号

（個人番号の記載に当たっては、左端を空欄とし、ここから記載してください。）

下記のとおり印紙税法第20条第2項の規定による印紙税不納付の事実を申し出ます。

| 課税文書 | | 不納付の事実 | | | | | | | |
|---|---|---|---|---|---|---|---|---|---|
| 号別 | 課税物件名 | 文書名称 | 税率又は税額区分 | 数量 | 作成年月日（日） | 課されるべき印紙税額 | 不納付となった印紙税額 | 所持者の住所及び氏名又は名称 | その他参考事項 |
| | | | | | | | | | |

不納付と理由

- □ 課税文書の一部に収入印紙のもち合せがなかった。
- □ 課税文書に該当しない（不課税文書）と判断していた。
- □ 非課税規定の適用を誤っていた。
- □ その他（余白に理由を記載してください。）

課税文書　　課件　平成　税　文場　都所　の

（所在地）

（名称）

所持者の住所及び氏名又は名称

※過怠税　順号　㊞

税務署整理欄

| 身元確認 | □済　□未済 |
|---|---|
| 番号確認 | |
| 確認書類 | □個人番号カード/通知カード・運転免許証　□その他（　　） |

（注）
1　課税文書の作成年月日の属する年度区分ごと（本会計年度分、前会計年度分及び前々会計年度以前分）に区分して、それぞれについて用紙を分けて記載してください。
2　不納付に係る課税文書の所持者が明らかでない場合には、（所持者の住所及び氏名又は名称）欄の記載を省略しても差し支えありません。
3　不納付に係る課税文書又はその写し若しくはその謄本を添付してください。
4　不納付の事実の末尾に「合計」欄を設け、課されるべき印紙税額及び不納付となった印紙税額（不納付となった印紙税額）の合計額を記載してください。
5　不納付となった理由欄は、該当する理由（複数ある場合は、主な理由を）の□に✓印を記載してください。
6　※印欄には記載しないでください。

(提出用)

印 紙 税 不 納 付 事 実 申 出 書 （ 次 葉 ）

| 課税物件<br>号別 | 課税物件名 | 文書<br>名称 | 税率又は<br>税額区分 | 数量 | 作成<br>年月日(日) | 課されるべき<br>印紙税額 | 不納付となった<br>印紙税額 | 所持者の住所及び<br>氏名又は名称 | ※<br>過怠税 | 順号 |
|---|---|---|---|---|---|---|---|---|---|---|
| 不　納　付　の　事　実 | | | | | | | | | | |
| | | | | | | | | | | |
| | | | | | | | | | | |
| | | | | | | | | | | |
| | | | | | | | | | | |
| | | | | | | | | | | |
| | | | | | | | | | | |
| | | | | | | | | | | |
| | | | | | | | | | | |
| | | | | | | | | | | |

022-3716-2

印紙税に関する申請書等の様式　　　1373

## 「印紙税不納付事実申出書」の記載要領等

　この申出書は、課税文書の作成者が自ら作成した課税文書（印紙貼付の方法により印紙税を納付するものに限ります。）について、印紙税を納付していない旨の申出を行う場合に提出するものです。


### 記載要領

⑴　「申出者（作成者）」欄は、不納付となった課税文書を作成した者の住所（作成者が法人等の場合には、本店又は主たる事務所の所在地）、氏名又は名称（作成者が法人等の場合には、名称のほか、代表者の役職名（代表者であることを示す役職名）及び氏名）及び個人番号又は法人番号を記載します。

⑵　「課税文書の作成場所」欄は、不納付となった課税文書を作成した場所（印紙税の納税地）の所在地及び名称を記載します。

⑶　「課税文書」欄の「号別」及び「課税物件名」欄は、不納付に係る課税文書について、印紙税法別表第一（課税物件表）の「番号」及び「物件名」欄に記載された番号及び物件名を記載し、「名称」欄は、その課税文書の名称（表題）を記載します。

⑷　不納付に係る課税文書の号別、課税物件名及び名称が同一であり、かつ、作成年月（日）が同一であるときは、これらを同一の所持者又は所持者が明らかでないものごとにまとめて一行に記載しても差し支えありません。

⑸　「不納付となった理由」欄は、不納付となった理由（複数ある場合は、主な理由）の□に✓点を記載します。

⑹　この用紙に書き切れない場合には、「印紙税不納付事実申出書（次葉）」を使用します。

⑺　申請・届出書の控えを保管する場合においては、その控えには個人番号を記載しないなど、個人番号の取扱いには十分ご注意ください。

1374　　　　　　　　　附　　　録

# 印紙税過誤納 確認申請 充当請求 書

GL2016

整理番号 ：：：：：：：：

収受印

提出用

3枚のうち1枚目・：3枚とも署名押印して提出してください。

平成　年　月　日

申請者・請求者

住所（〒　－　）

電話（　）局番

（フリガナ）
氏名又は名称及び代表者氏名

個人番号又は法人番号

1　個人番号の記載に当たっては、左端を空欄とし、ここから記載してください。

（フリガナ）
同上代理人

税務署長殿

□ 下記のとおり印紙税法施行令第14条第1項の規定により過誤納の確認を申請します。
□ 下記のとおり印紙税法施行令第14条第4項の規定により過誤納の確認と充当を請求します。

| 区分 号別 | 文書の種類（物件名） 納付年月日 | 文書の名称又は呼称 数量 | 納付税額（区分が「2」の場合のみ記載してください。） 過　誤　納　税　額 | 過誤納となった理由（その他は裏面参照） |
|---|---|---|---|---|
| ① | | | 円 | □書損等過　□納付額超過　□その他（　） |
| ② | | | 円 | □書損等過　□納付額超過　□その他（　） |
| ③ | | | 円 | □書損等過　□納付額超過　□その他（　） |
| ④ | | | 円 | □書損等過　□納付額超過　□その他（　） |
| 合　計（数量及び過誤納税額） | | | 円 | 左記充当請求金額は、平成　年　月　日付の印紙税印押なつ請求書（印紙税納付計器使用請求書）に記載した印紙税相当額に充当してください。 |
| 充　当　請　求　金　額 | | | 円 | |
| 還　付　金　額 | | | 円 | |

→「区分」欄については、申請書下部の過誤納の態様に応じて、「1」又は「2」を記載してください。

| 証拠書類 | | 参考事項 | |
|---|---|---|---|

※ 上記の過誤納の事実のとおり平成　年　月　日確認し（充当請求金額については同日請求のとおり充当し）ました。
　なお、還付金額は、他に未納の国税等がない場合に右記お申し出の方法により還付することになりますので、後日、改めてお知らせします。

第 ：：：：　号

平成 ：： 年 ：： 月 ：： 日

還付を受けようとする金融機関

1 銀行等の預金口座に振込みを希望する場合
銀行・金庫・組合・農協・漁協
本店・支店　出張所　本所・支所
預　金
口座番号

2 ゆうちょ銀行の貯金口座に振込みを希望する場合
貯金口座の記号番号　－

3 郵便局等の窓口受取りを希望する場合

CC2-3721

| 過誤納の態様 | 印紙を貼り付けた文書、税印を押印した文書又は印紙税納付計器により印紙税額に相当する金額を表示して納付印を押した文書に係る印紙税の過誤納 | 1 |
|---|---|---|
| | 印紙税印押なつ請求又は印紙税納付計器使用請求に際して納付した印紙税の過誤納 | 2 |

「※」欄及び「税務署整理欄」は、記載しないでください。

税務署整理欄

請求年月日 ：：：：　年 ：： 月 ：： 　順号 ：：
通達日付印 平成　年　月　日　確認印

番号確認　身元確認　確認書類　個人番号カード／通知カード・運転免許証その他（　）
□済　□未済

印紙税に関する申請書等の様式　　　1375

# 過 誤 納 と な っ た 理 由 等

| 過 誤 納 と な っ た 理 由 | | 内　　　容　　　等 |
|---|---|---|
| 書　　損　　等 | | 収入印紙を貼付したり納付印を押した課税文書の用紙が、用紙の書損、損傷、汚染などにより使用する見込みがなくなった場合 |
| 納　付　額　超　過 | | 収入印紙を貼付したり納付印を押すことにより納付した印紙税の額が、印紙税法に規定する正しい税額を超える場合 |
| そ の 他 | 課 否 判 定 誤 り | 印紙税の納付の必要がない文書に誤って収入印紙を貼付したり納付印を押した場合 |
| | 二　重　納　付 | 印紙税法第9条から第12条に規定する納付等の特例を受けた課税文書について、その特例方法以外の方法により相当金額の印紙税を納付した場合 |
| | 税印の取りやめ等 | 税印による納付の特例を受けるため、印紙税を納付したが、税印の押なつの請求をしなかった又は請求を行ったが棄却された場合 |
| | 被 交 付 文 書 へ の 押 な つ | 印紙税納付計器の設置者が被交付文書に対する納付印押なつの承認を受けていないにもかかわらず、交付を受けた課税文書に納付印を押した場合 |
| | 納付計器の廃止等 | 印紙税納付計器による納付の特例を受けるため、印紙税を納付したが、印紙税納付計器の設置の廃止等により当該納付計器を使用しなくなった場合 |

1376 附　　　録

## 印紙税過誤納 確認申請/充当請求 書の書き方

1　この用紙は、印紙税法施行令第14条第1項又は第4項《過誤納の確認等》に規定する申請書又は請求書として使用してください。

2　「整理番号」欄、「※」印欄及び「税務署整理欄」は、記載しないでください。

3　この用紙は、次により記載してください。

(1)　「住所」欄には、申請者又は請求者（以下「申請者等」といいます。）の住所（申請者等が法人等の場合には、本店又は主たる事務所の所在地）を記載します。

(2)　「氏名又は名称及び代表者氏名」欄には、申請者等が個人の場合は氏名を記載し、また、法人等の場合は、名称並びに代表者の役職名（代表者であることを示す役職名）及び氏名を記載します。

(3)　「個人番号又は法人番号」欄には、申請者等が個人の場合は個人番号を記載し、また、法人等の場合は、法人番号を記載します。

(4)　「区分」欄には、印紙税施行令第14条第1項第2号に掲げるそれぞれの区分に応じ、過誤納確認を受ける文書が印紙を貼り付けた文書、税印を押した文書又は印紙税納付計器により納付印を押した文書に係るものである場合は「1」、それ以外の場合は「2」と記載します。

(5)　「号別」欄及び「文書の種類（物件名）」欄には、過誤納確認を受けようとする文書の印紙税法別表第1に掲げる号別及び物件名をそれぞれ記載します。なお、当該文書が不課税文書に該当する場合は、記載を要しません。

(6)　「文書の名称又は呼称」欄には、過誤納となった文書に記載された名称又は呼称を記載します。

(7)　「納付年月日」欄には、印紙を貼り付け、税印若しくは納付印を押した年月日、又は、税印押なつ請求若しくは印紙税納付計器使用請求に当たって、過誤納となった金額を納付した日を記載します。

(8)　「納付税額」欄には、区分欄に「2」と記載した場合にのみ、その税印押なつ請求又は印紙税納付計器使用請求するために納付した印紙税額を記載します。

(9)　「過誤納税額」欄には、過誤納となった税額を記載します。

(10)　「合計（数量及び過誤納税額）」欄には、印紙を貼り付けた文書等の数量及び過誤納税額の合計を記載します。

(11)　「充当請求金額」欄には、過誤納税額の充当を請求する場合に、充当税額を記載します。

(12)　「還付金額」欄には、過誤納税額の還付を受けようとする場合に、還付金額を記載します。

(13)　「過誤納となった理由」欄には、用紙3枚目の裏面にある「過誤納となった理由等」を参考に該当するものを「レ」で表示します。

　　なお、「その他」に該当するものについては、（　）に「過誤納となった理由」の

該当するものを記載します。
⑭　「還付を受けようとする金融機関」欄には、還付金額の還付を受けようとする銀行名等を記載します。

【注意事項】
○　「号別」欄は、次の例に従って記載してください。

| 印紙を貼り付けた文書等の号別 | 記載例 |
|---|---|
| 1号の3文書（消費貸借に関する契約書） | 1 3 |
| 2号文書（請負に関する契約書） | 2 |
| 17号の1文書（売上代金に係る金銭等の受取書） | 1 7 1 |
| 不課税文書 | |

○　申請書等の数字は、黒のボールペンで指定のマス目の中に、次の例に従って記載してください。

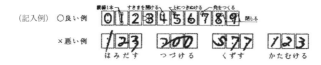

○　この用紙は、機械で読み取りますので、汚したり折り曲げたりしないでください。
○　提出用の3枚を、過誤納となった文書の納税地の所轄税務署長へ提出してください。なお、3枚目は税務署において確認処理した上、申請者等に返却することになります。

1378　　　　　　　附　　　録

CC2-3723

印紙税　　納付計器・製造
　　　　　納付印・販売　承認申請書
　　　　　類似印・所持

| 整　理 | |
|---|---|
| 番　号 | |

| 2通提出 | 収　受　印 | | | | |
|---|---|---|---|---|---|

平成　年　月　日

申請者

(住　所)（〒　―　　）

（電話番号　―　―　　）

(氏名又は名称及び代表者氏名)

㊞

(法人番号) 個人の方は個人番号の記載は不要です。　※ 法人番号は、税務署提出用2通の内1通のみに記載してください。

税務署長殿

| 署　長 | |
|---|---|
| 副署長 | |
| 統括官 | |

下記のとおり、印紙税法施行令第16条第1項の規定により申請します。

| 製造・販売・所持しようとする場所 | （〒　―　　） | | |
|---|---|---|---|
| 製造・販売・所持しようとする納付計器 | (名称) | (型式) | (計器番号) |
| 製造・販売・所持しようとする納付印 | (納付印の区分)　第一号　第二号（甲・乙） | (税務署名) | (記号・番号) |
| 製造・販売・所持しようとする類似印 | | | |
| 製造・販売・所持しようとする数量 | | | |

| 担当者 | |
|---|---|

| 起案 | 決裁 |
|---|---|

| 製造・販売・所持の理由 | | 類似印の印影の図案 | |
|---|---|---|---|
| 参考事項 | | | |

| 平成 | 平成 |
|---|---|
| 年 | 年 |
| 月 | 月 |
| 日 | 日 |

※　上記について、下記の条件を付し、印紙税法第16条ただし書の承認をします。

第　　号

平成　年　月　日

＿＿＿＿＿＿税務署長＿＿＿＿＿＿　㊞

| 条　件 | 納付印及び類似印は、課税文書又は課税文書となるべき用紙に押さないこと。 |
|---|---|

| ※税務署整理欄 | 整理番号 | | 番号確認 | 入力整理 | | |
|---|---|---|---|---|---|---|

注意　1　不要の文字は二重線で、不要の欄は斜線で抹消してください。
　　　2　この申請書は、2通提出してください。
　　　3　納付印の製造承認の申請の場合には、印紙税納付計器設置承認済証明書（CC2-3705）を、また、
　　　　類似印の製造承認の申請の場合には、最終所持者の作成した所持の理由を記載した書類をそれぞれ
　　　　添付してください。
　　　4　※印欄は、記載しないでください。

印紙税に関する申請書等の様式　　　　　1379

納付計器・製造
「印紙税納 付 印・販売承認申請書」の記載要領等
類 似 印・所持

　この申請書は、印紙税納付計器、納付印又は類似印の製造、販売又は所持の承認を受けようとする場合に提出するものです。


**記載要領**

⑴　この申請書は、納付計器、納付印又は類似印の製造、販売、所持の承認申請に使用できるようになっているので、適宜不要文字を二重線で、不要欄を斜線で抹消して使用します。

⑵　「製造・販売・所持しようとする場所」欄には、納付印等を製造、販売又は所持しようとする場所の所在地及び名称を記載します。

⑶　「製造・販売・所持しようとする納付計器」欄には、国税庁長官の指定（「計器を指定する国税庁告示」により指定）を受けた計器の名称、型式及びその計器に付されている番号を記載します。

⑷　「製造・販売・所持しようとする納付印」欄の「（税務署名）」、「（記号・番号）」欄は、印紙税納付計器設置承認済証明書に記載された税務署名、記号、番号を記載します。

⑸　「製造・販売・所持の理由」欄には、「○○（株）に販売する。」等、製造、販売又は所持しようとする理由を記載します。

1380　　　　　　　　　　附　　　録

CC2-3731

## 額面株式の株券の無効手続に係る印紙税非課税株券発行届出書

| 収受印 |  | 本店又は主たる事務所の所在地 | （〒　－　　）　（☎　－　－　　） |
|---|---|---|---|
| 平成　年　月　日 | 届 | | |
| | 出 | 名称及び代表者名 | ㊞ |
| 税務署長　殿 | 者 | 法人番号 | |

商法等の一部を改正する等の法律の施行に伴う関係法律の整備に関する法律（平成１３年法律第８０号）第４８条第２項に規定する株券を発行したいので、届出します。

| | |
|---|---|
| 資　本　金 | |
| 発行済株式総数 | |
| 取締役会の決議年月日又は執行役の決定年月日 | 平　成　　　年　　　月　　　日 |
| 無効手続をとる額面株式の総数 | |
| 株券を会社に提出すべき期間 | 平成　年　月　日 ～　年　月　日 |
| その他参考事項 | |

（A4）

| ※税務署整理欄 | 整理番号 | | | 番　号 | | | |
|---|---|---|---|---|---|---|---|
| | 通信日付印 | 年　　月　　日 | | 確認印 | | 入　力 | |

注意　1　上記決議等の内容を証する文書（取締役会決議公告の写しなど）を添付してください。
　　　2　証券代行会社等に額面株式の無効手続に関する事務を委託している場合には、その証券代行会社等の名称、所在地を「その他参考事項」欄に記載してください。
　　　3　※印欄は、記載しないでください。

印紙税に関する申請書等の様式　　　　1381

## 「額面株式の株券の無効手続に係る非課税株券発行届出書」の記載要領等

　この届出書は、取締役会の決議又は執行役の決定により額面株式の株券を無効として、新たに発行する無額面株式の株券について、印紙税の非課税の適用を受けようとする場合に提出するものです。


### 記載要領

⑴　「資本金」及び「発行済株式総数」の各欄は、額面株式の株券の無効手続前の事実に基づき記載します。

⑵　「取締役会の決議年月日又は執行役の決定年月日」欄は、平成13年10月１日前に発行されている額面株式の株券を無効とする取締役会の決議年月日又は執行役の決定年月日を記載します。

⑶　「無効手続をとる額面株式の総数」欄は、取締役会の決議の日又は執行役の決定の日における発行済みの額面株式の株券の総数を記載します。

⑷　「株券を会社に提出すべき期間」欄は、無効とする額面株式の株券を会社に提出しなければならないこととした一定の期間を記載します。

⑸　証券代行会社等に額面株式の無効手続に関する事務を委託している場合には、その証券代行会社等の名称、所在地を「その他参考事項」欄に記載してください。


### 留意事項

・取締役会等の決議等の内容を証する文書（取締役会決議公告の写しなど）を添付してください。

1382　　　　　　　　　　附　　　　録

## 滅失文書に代わる文書の作成を求める旨の届出書

| 収受印 平成　年　月　日 税務署長殿 | 届出者 | (住　所)(〒　　　−　　　　) （電話番号　　　−　　　−　　　） (氏名又は名称及び代表者氏名)(フリガナ) ㊞ |
|---|---|---|
| 作成を求める金融機関の営業所等の所在地及び名称 | | (〒　　　−　　　) （電話番号　　　−　　　−　　　） |

　上記の金融機関の営業所等が滅失文書に代わる文書の作成を求めますので、東日本大震災の被災者等に係る国税関係法律の臨時特例に関する法律第48条第2項の規定により届出します。

| | 号別 | 物　件　名 | 名　　　称 | 作成予定数量 |
|---|---|---|---|---|
| 滅失文書に代わる文書 | 第1号の3 | 消費貸借に関する契約書 | | |
| | 第3号 | 約束手形又は為替手形 | | |
| | 第7号 | 継続的取引の基本となる契約書 | | |
| | 第13号 | 債務の保証に関する契約書 | | |
| | 第15号 | 債権譲渡又は債務引受けに関する契約書 | | |
| 参考事項 | | | | |

| ※税務署整理欄 | 整理番号 | | 原簿整理 | | |
|---|---|---|---|---|---|

注意　※印欄は、記載しないでください。

# 我が国における印紙税の歴史

1　明治6年2月「受取諸証文印紙貼用心得方規則」を公布（太政官布告第56号）。同
　年6月1日発行。

《内　容》

　　記載金額10円以上の証書（金銭に関係のない約定証書を除く。）を第一類と第二類
　に分類。

　　第一類の証書には、記載金額にかかわりなく、1通について、1銭の収入印紙を、
　第二類の証書には、記載金額に応じて、それぞれ所定の収入印紙を貼付しなければな
　らないと規定し、

　　記載金額10円未満の証書及び金銭に関係のない約定証書は、収入印紙と同様、印紙
　売捌所において売りさばく界紙（現代語では、「けい紙」と呼ぶもの）を使用しなけ
　ればならないと規定した。

　　界紙は、各府県に製造させて、その原紙代、印刷費等の製造原価に1割を加えた金
　額を定価とした。

2　「受取諸証文印紙貼用心得方規則」の公布後、これの実施に先立って、明治6年5
　月、布告第155号をもって、犯則者に対する処罰規定及び施行上の細目規定を整備
　し、また通帳、判取帳等日常取引に使用する帳簿については、印紙貼付に代えて現金
　を納付し、これに収税済の証印を受けられる方法を定めた。

　　なお、当時、規則の実施効果をあげるため、犯則者を告訴した者には、賞金を下付
　するという制度も設けていた。

3　明治7年7月、布告第81号をもって、「受取諸証文印紙貼用心得方規則」を廃止
　し、新たに「証券印紙規則」を制定、同年9月1日施行。

《内　容》

　　印紙貼用の制度は、従前のままとし、帳簿に対する証印押なつの制度は、廃止して
　すべて印紙を貼付させるとした。

　　無印紙又は界紙を使用しない証書は、裁判上の証拠としないとする従前の制度は残
　し、そのほかに新たに、これらの証書を受け取った側の者にも過料を科することを定
　めた。

4　明治17年5月公告第11号をもって「証券印紙規則」を全文改正、同年7月1日施
　行。

《内　容》

　　界紙を廃止して、記載金額10円未満の証書も印紙貼付の方法によらせることとし
　た。

　　しかし、小切手に限り税印押なつの請求を許した。また、約束手形及び為替手形に
　は、手形用紙を使用させることとした。（太政官布達第12号をもって、証券印紙及び
　手形用紙の種類及び定価を定めた。＝証券印紙は5厘以上1円までの8種、手形用紙

は、1銭以上50銭までの7種）

　証書を第一類と第二類に分け、第一類は一律の税率、第二類は階級税率によることは従前のとおりとした。

　犯則訴人に対する賞金下付の制度を廃止した。

5　明治32年3月法律第54号をもって「印紙税法」を制定、「証券印紙規則」を廃止した。

　このとき、つくりあげられた体系が以後、昭和42年6月30日まで続くこととなった。

　課税対象から小切手が除かれ、課税文書に対する税印押なつの制度を設けた。

　無印紙証書を裁判上受理しない規定及び無印紙証書の受取人に過料を科する規定を廃止した。

　なお、これに先立つ明治31年、一般印紙制度を改正し、それまで、課税証書に貼付すべきものとして設けていた証券印紙と、その他の煙草印紙、訴訟用印紙、売薬印紙、登記印紙の5種を統合して収入印紙に一括した。

6　明治34年法律第12号をもって一部を改正した。

7　明治38年1月、法律第1号をもって、日露戦争の経費支弁のため印紙税も増税し、小切手に対しても課税（1通につき1銭）した。

8　明治40年、小切手に対する課税を廃止、次いで明治43年3月、金高1円未満の物品切手に対する課税を免除、明治44年、送状及び売買仕切書の課税範囲を確定した。

9　大正11年4月、信託行為に関する証書への課税規定を新設、大正12年3月約束手形に対する階級定額税を廃して為替手形と同様、定額税（1通につき3銭）とし、貯金通帳、積金通帳及び積金証書、産業組合の発する貯金通帳及び出資証券、信用組合の発する出資証券、農業倉庫証券に対する税率を軽減、一方、比例税を課すべき証書、帳簿に対する最高税額50円を100円と改めた。

10　昭和2年、比例税と定額税とを併用する制度を改め、定額税と階級定額税とした。

　消費貸借証書、請負証書等＝階級定額税（従来は比例税）・不動産又は船舶の質権、抵当権の設定証書等＝定額税

　売買仕切書、物品又は有価証券の売買証券及び送状に対する課税を廃止し、貯金通帳、質札、質物通帳及び職工勤務通帳等に対する免税を規定した。一方、通帳及び判取帳の税率を引上げた。

11　昭和14年3月、支那事変特別税法中改正法律により、物品切手を定額税から階級定額税の適用面に移し、昭和15年4月、支那事変特別税法に規定した物品切手に対する課税を印紙税法中に規定換えした。

12　昭和16年11月、支那事変発生以来5度目の増税を行い、同年11月法律第88号によって物品切手について10割程度の増徴を行った。

　その後、大東亜戦争の進展に付随して増税し、物品切手以外の課税物件に対する税率も7割程度引上げ、また税法違反に対する罰則を強化した。

13　昭和19年2月、物品又は有価証券の売買契約書を課税範囲に繰り入れ（記載金高10

円未満又は記載金高のないものは免税)、また、非営利組合等に対してもその一部の
受取については営業に関する受取書として新たに課税することとした。

　印紙はり付けに代る一定表示の納税制度を設け、また預貯金通帳等については一括
納付の制度を設けた。

14　昭和20年7月、勅令第423号をもって、戦時緊急措置法に基づく税制の適正化に関
する件により、同年8月1日から印紙税の課税を一時停止した。

15　昭和21年8月法律第14号をもって印紙税の課税を復活し、税率を10〜20割程度引上
げた。

16　昭和22年3月、同年11月、昭和23年7月と引き続き税率の引上げを行った。

17　昭和26年3月法律第41号をもって、不動産等の所有権移転、消費貸借、請負及び運
送等の各証書に対する記載金高の課税区別を整理し、物品切手に対する税率の引上げ
を行った。

18　昭和29年3月、同じく不動産の所有権移転等の各証書に対する税率引上げを行っ
た。

19　昭和32年4月、法律第29号をもって、約束手形及び為替手形に対する税率を、それ
まで定額税率(1通につき10円)であったのを階級定額税率に改め、消費貸借に関す
る課税との均衡を調整した。

20　昭和37年3月、約束手形及び為替手形に対する最低税率を5割引下げ、免税点を引
上げた。

21　昭和42年5月法律第23号をもって全文を改正した印紙税法を同年6月1日から施行
し、同年7月1日以後の作成文書について適用するとした。

　これによって、それまで永年の間、印紙税は、財産権の創設、移転、変更又は消滅
を証明すべき証書、帳簿及び財産権に関する追認又は承認を証明すべき証書を一切課
税対象としていたのを廃し、法別表のうえに一つ一つ掲名されている文書に限り課税
することとなった。

22　昭和49年4月、法律第5号をもって、受取書を売上代金に係るものと、それ以外の
ものとに区分し、売上代金に係る受取書を階級定額税率に改めるとともに各文書に対
する税率の引上げを行い、受取書の免税点も引上げた。

23　昭和52年4月、法律第10号をもって、各文書に対する税率を、定額税率のものは2
倍に(これにより最低税率は100円となる。)、階級定額税率のものは高額のものにつ
いて、それぞれ引上げた。

24　昭和56年4月、法律第10号をもって、各文書に対する税率を、定額税率のものは2
倍に(これにより最低税率は200円となる。)、階級定額税率のものは高額のものにつ
いて、それぞれ引上げた。

25　昭和62年10月、法律第96号をもって、契約書の変更金額が、その契約書の記載金額
(減額の場合には記載金額なし)とされた。

26　平成元年4月、法律第109号をもって、①物品切手(旧4号文書)、②質権、抵当権
等の設定又は譲渡に関する契約書(旧14号文書)、③賃貸借又は使用貸借に関する契

約書（旧16号文書）、④委任状又は委任に関する契約書（旧17号文書）、⑤物品又は有価証券の譲渡に関する契約書（旧19号文書）の課税が廃止された。

# 印紙税税率沿革表

| | 昭和15.3現在 | 昭和17.2現在 | 昭和21.8現在 | 昭和22.3現在 | 昭和22.11現在 |
|---|---|---|---|---|---|
| 1. 不動産等の所有権移転に関する証書<br><br>5. 傭船契約書 | 10円未満のもの非課税<br>50円以下 〃 2銭<br>100円以下 〃 3銭<br>500円以下 〃 10銭<br>1,000円以下 〃 20銭<br>1万円以下 〃 50銭<br>1万円超 〃 1円<br>記載金額なし 3銭 | 10円未満のもの非課税<br>50円以下 〃 3銭<br>100円以下 〃 5銭<br>500円以下 〃 20銭<br>1,000円以下 〃 40銭<br>1万円以下 〃 1円<br>10万円以下 〃 5円<br>10万円超 〃 10円<br>記載金額なし 5銭 | 50円未満のもの非課税<br>100円以下 〃 10銭<br>500円以下 〃 50銭<br>1,000円以下 〃 1円<br>1万円以下 〃 5円<br>10万円以下 〃 10円<br>100万円以下 〃 50円<br>100万円超 〃 100円<br>記載金額なし 10銭 | 50円未満のもの非課税<br>100円以下 〃 30銭<br>500円以下 〃 1円<br>1,000円以下 〃 2円<br>1万円以下 〃 10円<br>10万円以下 〃 20円<br>100万円以下 〃 100円<br>100万円超 〃 200円<br>記載金額なし 30銭 | 100円未満のもの非課税<br>1,000円以下 〃 3円<br>1万円以下 〃 20円<br>10万円以下 〃 60円<br>50万円以下 〃 200円<br>100万円以下 〃 300円<br>500万円以下 〃 1,000円<br>1,000万円以下 〃 2,000円<br>1,000万円超 〃 4,000円<br>記載金額なし 3円 |
| 6. 物品切手 | 1円未満のもの非課税<br>3円以下 〃 3銭<br>5円以下 〃 10銭<br>10円以下 〃 30銭<br>20円以下 〃 60銭<br>30円以下 〃 90銭<br>50円以下 〃 1円50銭<br>100円以下 〃 3円<br>100円超100円ごと3円<br>記載金額なし 3銭 | 1円未満のもの非課税<br>3円以下 〃 5銭<br>5円以下 〃 20銭<br>10円以下 〃 60銭<br>20円以下 〃 1円20銭<br>30円以下 〃 1円80銭<br>50円以下 〃 3円<br>100円以下 〃 6円<br>100円超100円ごと6円<br>記載金額なし 5銭 | 同　左 | 10円未満のもの非課税<br>20円以下 〃 1円20銭<br>30円以下 〃 1円80銭<br>50円以下 〃 3円<br>100円以下 〃 6円<br>100円超100円ごと 6円<br>記載金額なし1円20銭 | 同　左 |
| 7. 委 任 状 | 2銭 | 3銭 | 10銭 | 20銭 | 1円 |
| 8. 約 束 手 形 | 10円未満のもの非課税<br>10円以上 〃 3銭 | 10円未満のもの非課税<br>10円以上 〃 5銭 | 50円未満のもの非課税<br>50円以上 〃 10銭 | 50円未満のもの非課税<br>50円以上 〃 30銭 | 100円未満のもの非課税<br>100円以上 〃 1円 |
| 32. 預 金 通 帳<br>　　貯 金 通 帳<br>　　積 金 通 帳 | 3銭 | 5銭 | 10銭 | 30銭 | 1円 |
| 33. その他の通帳 | 5銭 | 10銭 | 20銭 | 50銭 | 2円 |
| 34. 判 取 帳 | 50銭 | 1円 | 2円 | 5円 | 20円 |

※課税文書からの抜粋

印紙税税率沿革表

| 昭和23.7現在 | 昭和26.3現在 | 昭和29.4現在 | 昭和32.4現在 | 昭和37.4現在 |
|---|---|---|---|---|
| 同　左 | 1,000円未満のもの非課税<br>1万円以下　〃　　3円<br>3万円以下　〃　　20円<br>10万円以下　〃　　60円<br>50万円以下　〃　200円<br>100万円以下　〃　300円<br>500万円以下　〃1,000円<br>1,000万円以下　〃2,000円<br>1,000万円超　〃4,000円<br>記載金額なし　　3円 | 3,000円未満のもの非課税<br>3万円以下　〃　　20円<br>10万円以下　〃　　60円<br>50万円以下　〃　200円<br>100万円以下　〃　300円<br>500万円以下　〃1,000円<br>1,000万円以下　〃2,000円<br>5,000万円以下　〃5,000円<br>5,000万円超　〃10,000円<br>記載金額なし　　20円 | 同　左 | 同　左 |
| 同　左 | 50円未満のもの非課税<br>100円以下　〃　6円<br>100円超100円ごと　6円<br>記載金額なし　6円 | 同　左 | 同　左 | 同　左 |
| 2円 | 2円 | 5円 | 5円 | 5円 |
| 100円未満のもの非課税<br>100円以上　〃　2円 | 1,000円未満のもの非課税<br>1,000円以上　〃　2円 | 3,000円未満のもの非課税<br>3,000円以上　〃　10円 | 1万円未満のもの非課税<br>10万円以下　〃　20円<br>30万円以下　〃　30円<br>50万円以下　〃　50円<br>100万円以下　〃　100円<br>500万円以下　〃　200円<br>1,000万円以下　〃　500円<br>1,000万円超　〃1,000円 | 5万円未満のもの非課税<br>10万円以下　〃　10円<br>30万円以下　〃　30円<br>50万円以下　〃　50円<br>100万円以下　〃　100円<br>500万円以下　〃　200円<br>1,000万円以下　〃　500円<br>1,000万円超　〃1,000円 |
| 2円 | 2円 | 10円 | 10円 | 10円 |
| 4円 | 4円 | 20円 | 20円 | 20円 |
| 40円 | 40円 | 200円 | 200円 | 200円 |

# 附録

| 旧号別 | 課税物件 | 昭和42年6月改正<br>(同年7月1日以降適用) | 昭和49年4月改正<br>(同年5月1日以降適用) |
|---|---|---|---|
| 1 | 1　不動産、鉱業権、無体財産権、船舶若しくは航空機又は営業の譲渡に関する契約書<br>2　地上権又は土地の賃借権の設定又は譲渡に関する契約書<br>3　消費貸借に関する契約書<br>4　運送に関する契約書（用船契約書を含む） | 契約金額<br>　1万円以上　10万円以下　50円<br>　10万円超　50 〃　200円<br>　50 〃　100 〃　500円<br>　100 〃　500 〃　1,000円<br>　500 〃　1,000 〃　2,000円<br>　1,000 〃　5,000 〃　5,000円<br>　5,000 〃　1億円以下　1万円<br>　1億円超　2万円<br>記載金額のないもの　50円 | 契約金額<br>　1万円以上　10万円以下　50円<br>　10万円超　50 〃　200円<br>　50 〃　100 〃　500円<br>　100 〃　500 〃　1,000円<br>　500 〃　1,000 〃　3,000円<br>　1,000 〃　5,000 〃　1万円<br>　5,000 〃　1億円以下　2万円<br>　1億円超　5万円<br>記載金額のないもの　50円 |
| 2 | 請負に関する契約書 | 契約金額<br>　1万円以上　100万円未満　20円<br>　100 〃　200万円以下　200円<br>　200万円超　300 〃　500円<br>　300 〃　500 〃　1,000円<br>　500 〃　1,000 〃　2,000円<br>　1,000 〃　5,000 〃　5,000円<br>　5,000 〃　1億円以下　1万円<br>　1億円超　2万円<br>記載金額のないもの　20円 | 契約金額<br>　1万円以上　100万円以下　50円<br>　100万円超　200 〃　200円<br>　200 〃　300 〃　500円<br>　300 〃　500 〃　1,000円<br>　500 〃　1,000 〃　3,000円<br>　1,000 〃　5,000 〃　1万円<br>　5,000 〃　1億円以下　2万円<br>　1億円超　5万円<br>記載金額のないもの　50円 |
| 3 | 約束手形又は為替手形 | 手形金額<br>　10万円以上　20万円以下　20円<br>　20万円超　30 〃　30円<br>　30 〃　50 〃　50円<br>　50 〃　100 〃　100円<br>　100 〃　200 〃　200円<br>　200 〃　300 〃　300円<br>　300 〃　500 〃　500円<br>　500 〃　1,000 〃　1,000円<br>　1,000 〃　5,000 〃　2,000円<br>　5,000万円超　3,000円<br>一覧払等のもの　20円 | 手形金額<br>　10万円以上　50万円以下　50円<br>　50万円超　100 〃　100円<br>　100 〃　200 〃　200円<br>　200 〃　300 〃　300円<br>　300 〃　500 〃　500円<br>　500 〃　1,000 〃　1,000円<br>　1,000 〃　2,000 〃　2,000円<br>　2,000 〃　3,000 〃　3,000円<br>　3,000 〃　5,000 〃　5,000円<br>　5,000万円超　1億円以下　1万円<br>　1億円超　2万円<br>一覧払等のもの　50円 |
| 4 | 物品切手 | 券面金額<br>　1,000円以下　30円<br>　1,000円超について<br>　　1,000円又は端数ごとに　30円<br>記載金額のないもの　20円 | 券面金額<br>　600円以上　1,000円以下　50円<br>　1,000円超について<br>　　1,000円又は端数ごとに　30円<br>記載金額のないもの　50円 |
| 5 | 株券、出資証券若しくは社債券又は証券投資信託若しくは貸付信託の受益証券 | 券面金額<br>　100万円未満　20円<br>　100万円以上　500万円未満　100円<br>　500 〃　500円 | 券面金額<br>　100万円以下　50円<br>　100万円超　500万円以下　100円<br>　500 〃　1,000 〃　500円<br>　1,000 〃　1,000円 |
| 6 | 合併契約書 | 1通につき　1,000円 | 1通につき　1万円 |
| 7 | 定款 | 1通につき　1,000円 | 1通につき　1万円 |
| 8 | 継続的取引の基本となる契約書 | 1通につき　200円 | 1通につき　1,000円 |
| 9 | 預貯金証書 | 1通につき　20円 | 1通につき　50円 |
| 10 | 貨物引換証、倉庫証券又は船荷証券 | 1通につき　20円 | 1通につき　50円 |
| 11 | 保険証券 | 1通につき　20円 | 1通につき　50円 |

# 印紙税税率沿革表

| 昭和52年4月改正<br>（同年5月1日以降適用） | 昭和56年4月改正<br>（同年5月1日以降適用） | 新号別 | 平成元年4月改正<br>（同年4月1日以降適用） |
|---|---|---|---|
| 契約金額<br>　1万円以上　10万円以下　100円<br>　10万円超　50 〃　200円<br>　50 〃　100 〃　500円<br>　100 〃　500 〃　1,000円<br>　500 〃　1,000 〃　5,000円<br>　1,000 〃　5,000 〃　1万円<br>　5,000 〃　1億円以下　3万円<br>　1億円超　5 〃　5万円<br>　5 〃　10 〃　10万円<br>　10 〃　15万円<br>記載金額のないもの　100円 | 契約金額<br>　1万円以上　10万円以下　200円<br>　10万円超　50 〃　400円<br>　50 〃　100 〃　1,000円<br>　100 〃　500 〃　2,000円<br>　500 〃　1,000 〃　1万円<br>　1,000 〃　5,000 〃　2万円<br>　5,000 〃　1億円以下　6万円<br>　1億円超　5 〃　10万円<br>　5 〃　10 〃　20万円<br>　10 〃　50 〃　40万円<br>　50 〃　60万円<br>記載金額のないもの　200円 | 1<br><br>（注） | 契約金額<br>　1万円以上　10万円以下　200円<br>　10万円超　50 〃　400円<br>　50 〃　100 〃　1,000円<br>　100 〃　500 〃　2,000円<br>　500 〃　1,000 〃　1万円<br>　1,000 〃　5,000 〃　2万円<br>　5,000 〃　1億円以下　6万円<br>　1億円超　5 〃　10万円<br>　5 〃　10 〃　20万円<br>　10 〃　50 〃　40万円<br>　50 〃　60万円<br>記載金額のないもの　200円 |
| 契約金額<br>　1万円以上　100万円以下　100円<br>　100万円超　200 〃　200円<br>　200 〃　300 〃　500円<br>　300 〃　500 〃　1,000円<br>　500 〃　1,000 〃　5,000円<br>　1,000 〃　5,000 〃　1万円<br>　5,000 〃　1億円以下　3万円<br>　1億円超　5 〃　5万円<br>　5 〃　10 〃　10万円<br>　10 〃　15万円<br>記載金額のないもの　100円 | 契約金額<br>　1万円以上　100万円以下　200円<br>　100万円超　200 〃　400円<br>　200 〃　300 〃　1,000円<br>　300 〃　500 〃　2,000円<br>　500 〃　1,000 〃　1万円<br>　1,000 〃　5,000 〃　2万円<br>　5,000 〃　1億円以下　6万円<br>　1億円超　5 〃　10万円<br>　5 〃　10 〃　20万円<br>　10 〃　50 〃　40万円<br>　50 〃　60万円<br>記載金額のないもの　200円 | 2<br><br>（注） | 契約金額<br>　1万円以上　100万円以下　200円<br>　100万円超　200 〃　400円<br>　200 〃　300 〃　1,000円<br>　300 〃　500 〃　2,000円<br>　500 〃　1,000 〃　1万円<br>　1,000 〃　5,000 〃　2万円<br>　5,000 〃　1億円以下　6万円<br>　1億円超　5 〃　10万円<br>　5 〃　10 〃　20万円<br>　10 〃　50 〃　40万円<br>　50 〃　60万円<br>記載金額のないもの　200円 |
| 手形金額<br>　10万円以上　100万円以下　100円<br>　100万円超　200 〃　200円<br>　200 〃　300 〃　300円<br>　300 〃　500 〃　500円<br>　500 〃　1,000 〃　1,000円<br>　1,000 〃　2,000 〃　2,000円<br>　2,000 〃　3,000 〃　3,000円<br>　3,000 〃　5,000 〃　5,000円<br>　5,000 〃　1億円以下　1万円<br>　1億円超　2 〃　2万円<br>　2 〃　3 〃　3万円<br>　3 〃　5 〃　4万円<br>　5 〃　5万円<br>一覧払等のもの　100円 | 手形金額<br>　10万円以上　100万円以下　200円<br>　100万円超　200 〃　400円<br>　200 〃　300 〃　600円<br>　300 〃　500 〃　1,000円<br>　500 〃　1,000 〃　2,000円<br>　1,000 〃　2,000 〃　4,000円<br>　2,000 〃　3,000 〃　6,000円<br>　3,000 〃　5,000 〃　1万円<br>　5,000 〃　1億円以下　2万円<br>　1億円超　2 〃　4万円<br>　2 〃　3 〃　6万円<br>　3 〃　5 〃　10万円<br>　5 〃　10 〃　15万円<br>　10 〃　20万円<br>一覧払等のもの　200円 | 3<br><br>（注） | 手形金額<br>　10万円以上　100万円以下　200円<br>　100万円超　200 〃　400円<br>　200 〃　300 〃　600円<br>　300 〃　500 〃　1,000円<br>　500 〃　1,000 〃　2,000円<br>　1,000 〃　2,000 〃　4,000円<br>　2,000 〃　3,000 〃　6,000円<br>　3,000 〃　5,000 〃　1万円<br>　5,000 〃　1億円以下　2万円<br>　1億円超　2 〃　4万円<br>　2 〃　3 〃　6万円<br>　3 〃　5 〃　10万円<br>　5 〃　10 〃　15万円<br>　10 〃　20万円<br>一覧払等のもの　200円 |
| 券面金額<br>　600円以上　3,000円以下　100円<br>3,000円超について<br>　1,000円又は端数ごとに　30円<br>記載金額のないもの　100円 | 券面金額<br>　3,000円以下　200円<br>3,000円超について<br>　1,000円又は端数ごとに　60円<br>記載金額のないもの　200円 | 廃止 | |
| 券面金額<br>　500万円以下　100円<br>　500万円超　1,000万円以下　500円<br>　1,000 〃　5,000 〃　1,000円<br>　5,000 〃　5,000円 | 券面金額<br>　500万円以下　200円<br>　500万円超　1,000万円以下　1,000円<br>　1,000 〃　5,000 〃　2,000円<br>　5,000 〃　1億円以下　1万円<br>　1億円超　2万円 | 4 | 券面金額<br>　500万円以下　200円<br>　500万円超　1,000万円以下　1,000円<br>　1,000 〃　5,000 〃　2,000円<br>　5,000 〃　1億円以下　1万円<br>　1億円超　2万円 |
| 1通につき　2万円 | 1通につき　4万円 | 5 | 1通につき　4万円 |
| 1通につき　2万円 | 1通につき　4万円 | 6 | 1通につき　4万円 |
| 1通につき　2,000円 | 1通につき　4,000円 | 7 | 1通につき　4,000円 |
| 1通につき　100円 | 1通につき　200円 | 8 | 1通につき　200円 |
| 1通につき　100円 | 1通につき　200円 | 9 | 1通につき　200円 |
| 1通につき　100円 | 1通につき　200円 | 10 | 1通につき　200円 |

（注）　不動産の譲渡に関する契約書及び建設業法第2条第1項に規定する建設工事の請負に係る契約に基づき作成される契約書で、記載された契約金額が一定の額を超え、かつ、平成9年4月1日から平成32年3月31日までの間に作成されるものの税率については軽減されている（P1108参照）。

| 旧号別 | 課税物件 | 昭和42年6月改正<br>(同年7月1日以降適用) | 昭和49年4月改正<br>(同年5月1日以降適用) |
|---|---|---|---|
| 12 | 信用状 | 1通につき 20円 | 1通につき 50円 |
| 13 | 信託行為に関する契約書 | 1通につき 20円 | 1通につき 50円 |
| 14 | 1 永小作権、地役権、質権、抵当権、租鉱権、採石権、漁業権又は入漁権の設定又は譲渡に関する契約書<br>2 無体財産権の実施権又は使用権の設定又は譲渡に関する契約書 | 1通につき 20円 | 1通につき 50円 |
| 15 | 債務の保証に関する契約書 | 1通につき 20円 | 1通につき 50円 |
| 16 | 賃貸借又は使用貸借に関する契約書 | 1通につき 20円 | 1通につき 50円 |
| 17 | 委任状又は委任に関する契約書 | 1通につき 20円 | 1通につき 50円 |
| 18 | 金銭又は有価証券の寄託に関する契約書 | 1通につき 20円 | 1通につき 50円 |
| 19 | 物品又は有価証券の譲渡に関する契約書 | 1通につき 20円 | 1通につき 50円 |
| 20 | 債権譲渡又は債務引受けに関する契約書 | 1通につき 20円 | 1通につき 50円 |
| 21 | 配当金額収証又は配当金振込通知書 | 1通につき 20円 | 1通につき 50円 |
| 22 | 金銭又は有価証券の受取書 | 1通につき 20円 | 1 売上代金に係る受取書で受取金額の記載のあるもの<br>受取金額<br>3万円以上 50万円以下 50円<br>50万円超 100 〃 100円<br>100 〃 200 〃 200円<br>200 〃 300 〃 300円<br>300 〃 500 〃 500円<br>500 〃 1,000 〃 1,000円<br>1,000 〃 2,000 〃 2,000円<br>2,000 〃 3,000 〃 3,000円<br>3,000 〃 5,000 〃 5,000円<br>5,000 〃 1億円以下 1万円<br>1億円超 2万円<br>2 1に掲げる受取書以外のもの 50円<br>〔※ 課税物件欄の改正<br>・「1 売上代金に係る金銭又は有価証券の受取書」と「2 金銭又は有価証券の受取書で1に掲げる受取書以外のもの」に区分<br>(昭和49年5月1日より適用)〕 |
| 23 | 預貯金通帳、信託行為に関する通帳、相互銀行若しくは無尽会社の作成する掛金通帳又は生命保険会社の作成する保険料通帳 | 1冊につき 20円 | 1冊につき 50円 |
| 24 | 第1号、第2号、第16号、第18号、第19号又は第22号に掲げる文書により証されるべき事項を付け込んで証明する目的をもって作成する通帳 | 1冊につき 40円 | 1冊につき 100円 |
| 25 | 判取帳 | 1冊につき 400円 | 1冊につき 1,000円 |

# 印紙税税率沿革表 1393

| 昭和52年4月改正<br>(同年5月1日以降適用) | 昭和56年4月改正<br>(同年5月1日以降適用) | 新号別 | 平成元年4月改正<br>(同年4月1日以降適用) |
|---|---|---|---|
| 1通につき 100円 | 1通につき 200円 | 11 | 1通につき 200円 |
| 1通につき 100円 | 1通につき 200円 | 12 | 1通につき 200円 |
| 1通につき 100円 | 1通につき 200円 | 廃止 | |
| 1通につき 100円 | 1通につき 200円 | 13 | 1通につき 200円 |
| 1通につき 100円 | 1通につき 200円 | 廃止 | |
| 1通につき 100円 | 1通につき 200円 | 廃止 | |
| 1通につき 100円 | 1通につき 200円 | 14 | 1通につき 200円 |
| 1通につき 100円 | 1通につき 200円 | 廃止 | |
| 1通につき 100円 | 1通につき 200円 | 15 | 1通につき 200円 |
| 1通につき 100円 | 1通につき 200円 | 16 | 1通につき 200円 |

**昭和52年4月改正欄（第17号相当）:**

```
1  売上代金に係る受取書で受取金額
   の記載のあるもの
   受取金額
        3万円以上  100万円以下  100円
     100万円超  200   〃      200円
     200   〃   300   〃      300円
     300   〃   500   〃      500円
     500   〃  1,000  〃    1,000円
   1,000   〃  2,000  〃    2,000円
   2,000   〃  3,000  〃    3,000円
   3,000   〃  5,000  〃    5,000円
   5,000   〃      1億円以下  1万円
      1億円超   2   〃      2万円
      2   〃    3   〃      3万円
      3   〃    4   〃      4万円
      5   〃             5万円
2  1に掲げる受取書以外のもの  100円
```

**昭和56年4月改正欄（第17号相当）:**

```
1  売上代金に係る受取書で受取金額
   の記載のあるもの
   受取金額
        3万円以上  100万円以下  200円
     100万円超  200   〃      400円
     200   〃   300   〃      600円
     300   〃   500   〃    1,000円
     500   〃  1,000  〃    2,000円
   1,000   〃  2,000  〃    4,000円
   2,000   〃  3,000  〃    6,000円
   3,000   〃  5,000  〃    1万円
   5,000   〃      1億円以下  2万円
      1億円超   2   〃      4万円
      2   〃    3   〃      6万円
      3   〃    5   〃     10万円
      5   〃   10   〃     15万円
     10   〃             20万円
2  1に掲げる受取書以外のもの  200円
```

**新号別: 17**

**平成元年4月改正欄（第17号）:**

```
1  売上代金に係る受取書で受取金額
   の記載のあるもの
   受取金額
        3万円以上  100万円以下  200円
     100万円超  200   〃      400円
     200   〃   300   〃      600円
     300   〃   500   〃    1,000円
     500   〃  1,000  〃    2,000円
   1,000   〃  2,000  〃    4,000円
   2,000   〃  3,000  〃    6,000円
   3,000   〃  5,000  〃    1万円
   5,000   〃      1億円以下  2万円
      1億円超   2   〃      4万円
      2   〃    3   〃      6万円
      3   〃    5   〃     10万円
      5   〃   10   〃     15万円
     10   〃             20万円
2  1に掲げる受取書以外のもの  200円
```

| 昭和52年4月改正 | 昭和56年4月改正 | 新号別 | 平成元年4月改正 |
|---|---|---|---|
| 1冊につき 100円<br>※ 課税物件欄の改正<br>・追加……生命共済の掛金通帳<br>（昭和52年5月1日より適用） | 1冊につき 200円 | 18 | 1冊につき 200円<br>※ 課税物件欄の改正<br>・相互銀行→銀行<br>（平成5年4月1日より適用） |
| 1冊につき 200円 | 1冊につき 400円 | 19 | 1冊につき 400円<br>※ 課税物件欄の改正<br>・削除………第16号及び第19号<br>・号別変更……第18号 → 第14号<br>　　　　　　　第22号 → 第17号<br>（平成元年4月1日より適用） |
| 1冊につき 2,000円 | 1冊につき 4,000円 | 20 | 1冊につき 4,000円 |

(注)　平成26年4月1日以降に作成される売上代金に係る受取書で受取金額の記載のあるものについては、5万円未満のものが
非課税とされた。

# 課税物件表の2以上の号に該当する文書の所属決定表

| 文書 の組 合 せ | 左文書の所属（号）の決定 | 具 体 例 | 備 考 |
|---|---|---|---|
| 1号文書／3号文書・17号文書 | 1号文書 ◐ | 不動産及び債権売買契約書（1号文書と15号文書） | (注)　通則3のイの規定により1号又は2号文書となった文書については、非課税規定（記載金額1万円未満のものの非課税）の適用はない。 |
| 2号文書／3号文書・17号文書 | 2号文書 ◐ | 工事請負及びその工事の手付金の受取事実を記載した契約書（2号文書と17号文書） | 　ただし、印紙税法基本通達第33条に該当する場合は非課税となる。 |
| 1号文書・2号文書／17号の1文書 | 17号の1文書 ◑ | 消費貸借契約及び受取書（売掛金800万円のうち600万円を領収し、残額200万円を消費貸借の目的とするもの）（1号文書と17号の1文書） | 100万円を超える受取金額の記載があり、当該受取金額が1号又は2号文書の契約金額を超えるもの又は1号及び2号文書に係る契約金額がないものに限る。 |
| 1号文書・2号文書／17号文書 | 7号文書 ◒ | 継続する物品運送についての基本的な事項を定めた契約書で記載金額のないもの（1号文書と7号文書） | 契約金額の記載のない文書に限る。 |
| 1号文書／2号文書 | 1号文書 ◐ | 請負及びその代金の消費貸借契約書（1号文書と2号文書） | |
| 1号文書／2号文書 | 2号文書 ◑ | 機械製作及びその機械の運送契約書（機械製作費20万円、運送料10万円と区分記載されているもの）（1号文書と2号文書） | 契約金額が区分記載されており、2号文書に係る契約金額が1号文書に係る契約金額を超える文書に限る。 |

文書の所属決定表　　　　　　　　　1395

| 文書の組合せ | 左文書の所属（号）の決定 | | 具体例 | 備考 |
|---|---|---|---|---|
| 3号文書／17号文書・3号文書／17号文書 | 3号〜17号文書 | ● | 継続する債権売買についての基本的な事項を定めた契約書（7号文書と15号文書） | 記載されている事項により3号から17号までのうち最も小さい号の文書となる。 |
| 3号文書／16号文書・17号の1文書 | 17号の1文書 | ◑ | 債権の売買代金200万円の受取事実を記載した債権売買契約書（15号文書と17号の1文書） | 100万円を超える受取金額の記載のあるものに限る。 |
| 1号文書／17号文書・18号文書／20号文書 | 18号〜20号文書 | ◑ | 生命保険証券兼保険料受取通帳（10号文書と18号文書） | 記載されている事項により18号から20号までのうちいずれか一の号の文書となる。 |
| 19号文書／20号文書・17号の1文書 | 17号の1文書 | ◑ | 下請前払金200万円の受取書と請負通帳（17号の1文書と19号文書） | 100万円を超える受取金額の記載があるものに限る。 |
| 1号文書・19号文書／20号文書 | 1号文書 | ◑ | 契約金額が100万円の不動産売買契約書とその代金の受取通帳（1号文書と19号文書） | 1号文書に係る契約金額が10万円を超える文書に限る。 |
| 2号文書・19号文書／20号文書 | 2号文書 | ◑ | 契約金額が150万円の請負契約書とその代金の受取通帳（2号文書と19号文書） | 2号文書に係る契約金額が100万円を超える文書に限る。 |

（注）　1　◑　2以上の課税事項が併記又は混合記載された文書の組合せ。

　　　　2　◑　黒塗りの部分に、所属が決定されることを表わす。

# 記載金額の計算表

| 判定（記載金額の態様） | 基準金額 | 関係条項 | 事例（内容） | 記載金額 |
|---|---|---|---|---|
| 同一の号の課税事項の記載金額が2以上ある場合 | 記載金額の合計額 | 通則4のイ | 「A工事500万円、B工事300万円」と記載された工事請負契約書 | 800万円（第2号文書） |
| 2以上の号に該当する文書　それぞれの課税事項ごとに記載金額を区分することができる場合 | 所属することとなった号の記載金額 | 通則4のロ（一） | 「建物1,000万円、工事代金200万円」と記載された建物売買契約書 | 1,000万円（第1号の1文書） |
| 課税事項ごとに記載金額を区分することができない場合 | 記載金額 | 通則4のロ（二） | 「建物及び工事代金1,200万円」と記載された建物売買契約書 | 1,200万円（第1号の1文書） |
| 第17号の1文書　記載金額を売上代金に係る金額とその他の金額に区分することができる場合 | 売上代金に係る金額 | 通則4のハ（一） | 「貸付金元金500万円、貸付金利息30万円」と記載された貸付金元金及び利息の受取書 | 30万円（第17号の1文書） |
| 記載金額を売上代金に係る金額とその他の金額に区分することができない場合 | 記載金額 | 通則4のハ（二） | 「貸付金元金及び利息530万円」と記載された貸付金元金及び利息の受取書 | 530万円（第17号の1文書） |
| 単価、数量、その他記号等により契約金額の計算をすることができる場合 | 計算により算出した金額 | 通則4のホ（一） | 「A製品　単価1万円、数量500個」と記載された製品加工契約書 | 500万円（第2号文書） |
| 第1号又は第2号文書　契約金額又は単価、数量、その他の見積り、注文等の文書（不課税文書を含む。）を引用する場合 | 当事者間において明らかにできる金額又は計算することができる金額 | 通則4のホ（二） | 「加工数量及び加工単価は注文書第×号のとおりとする。」と記載されている物品の委託加工に関する注文請書　注文書には数量1万個、単価500円と記載されている。 | 500万円（第2号文書） |
| 第17号の1文書　売上代金として受け取る有価証券の名称、発行者の名称、発行の日、記号、番号、その他の記載があるもの | 受取書に記載されている当該有価証券の記号、番号により当事者間において明らかにできる金額に係る当該売上代金の金額 | 通則4のホ（三） | 「A株式会社発行のNo.××の小切手」と記載された物品売買代金の受取書　A株式会社発行のNo.××の小切手の券面金額は100万円である。 | 100万円（第17号の1文書） |
| 売上代金として受け取る金銭又は有価証券の受取書で、支払通知書、請求書その他これらに類する文書の名称、発行の日、記号、番号その他の記載があるもの | 受取書に記載されている当該支払通知書等に係る当該売上代金の金額 | 通則4のホ（三） | 「A株式会社発行の支払通知書No.××」と記載された工事請負代金の受取書　A株式会社発行の支払通知書No.××の記載金額は100万円である。 | 100万円（第17号の1文書） |
| 外国通貨により表示されている場合 | 本邦通貨に換算した金額 | 通則4のへ | 「A債権　米貨10,000ドル」と記載された債権売買契約書 | 基準外国為替相場により本邦通貨に換算した金額 |
| 予定金額又は概算金額が記載されている場合 | 予定金額又は概算金額 | 基通8・26 | 「予定金額1,000万円」と記載されたもの<br>「概算金額1,000万円」と記載されたもの | 1,000万円<br>1,000万円 |

# 記載金額の計算表

| 場合 | 記載金額 | 基通 | 記載例 | 記載金額 |
|---|---|---|---|---|
| 最高金額又は最低金額が記載されている場合 | 最高金額 | 基通§26 | 「最高金額1,000万円」と記載されたもの | 1,000万円 |
| 最高金額と最低金額が記載されている場合 | 最低金額 | | 「最低金額1,000万円」と記載されたもの | 1,000万円 |
| 契約金額の一部について契約金額のみが記載されている場合 | 当該契約金額 | 基通§27 | 「1,000万円から2,000万円まで」と記載されたもの | 1,000万円 |
| 手付金又は内入金額のみが記載されている場合 | 記載金額なし | 基通§28 | 「工事1,000万円。ただし、付帯工事については実費による。」と記載された工事請負契約書 | 1,000万円（第2号文書） |
| 契約期間内の金額が記載されている場合 | 契約期間内の総額 | 基通§29 | 「手付金として1,200万円支払う。」と記載された工事請負契約書 | 記載金額なし（第2号文書） |
| 月単位等金額を定めている場合　契約期間の記載あり | | | 「清掃料は月額10万円、契約期間は1年とし、更に1年延長する。」と記載されたビル清掃請負契約書 | 120万円（第2号文書） |
| 契約期間の記載なし | 記載金額なし | | 「清掃料は平成1年×月×日以降、月額15万円とする。」と記載されたビル清掃請負契約書 | 記載金額なし（第2号文書） |
| 契約金額を変更する場合　変更前の契約金額を増加させること等の証明ができる場合 | 変更前の契約金額を増加させる場合は、その増加金額。変更前の契約金額を減少させる場合は、記載金額なし | 通則4の二 | 「当初の請負金額1,000万円を200万円増額する。」と記載された工事請負変更契約書 | 200万円（第2号文書） |
| | | | 「当初の請負金額1,000万円を200万円減額する。」と記載された工事請負変更契約書 | 記載金額なし（第2号文書） |
| 上記の条件に該当しない場合 | 変更後の金額 | 基通§30 | 「当初の請負金額1,000万円を200万円増額する。」と記載された工事請負変更契約書 | 1,200万円（第2号文書） |
| | | | 「当初の請負金額1,000万円を200万円減額する。」と記載された工事請負変更契約書 | 800万円（第2号文書） |
| 契約金額の内訳金額を変更する場合で各号中の契約金額が第二号文書又は第一号文書のいずれか一方に係るものに限る。 | 記載金額なし | 基通§31 | 「工事設計変更により、A部分100万円増額、B部分100万円減額」と記載された工事請負変更契約書 | 記載金額なし（第2号文書） |
| 税金額が記載されている場合　源泉徴収義務者又は特別徴収義務者が作成するもので、源泉徴収又は特別徴収に係る税金額が含まれているもの | 税金額を控除した金額 | 基通§32 | 「飲食代20万円、特別地方消費税6千円　合計20万6千円」と記載された領収書 | 20万円（第17号の1文書） |
| 第1号、第2号及び第17号文書で、消費税及び地方消費税の金額が区分記載されている場合 | 消費税及び地方消費税の金額を含まない金額 | 平26.1.21課消3-1消費税法の改正等に伴う印紙税の取扱いの一部改正について | 「工事請負金額1,000万円、消費税及び地方消費税80万円」と記載された工事請負契約書 | 1,000万円（第2号文書） |
| 第1号、第2号及び第17号文書で税抜価格が記載されていることにより当該取引に当たって課される消費税及び地方消費税額が明らかな場合 | 消費税及び地方消費税の金額を含まない金額 | | 「工事請負金額1,080万円、税抜価格1,000万円」と記載された工事請負契約書 | 1,000万円（第2号文書） |

# 印紙税事例索引 （五十音順）

## 【あ】

アウトソーシング・サービス契約書……437
揚積荷役協定書………………………258
預り証 （委託証拠金）………………969
預り証 （鑑定対象物件）……………1025
預り証 （譲渡性預金証書）…………927
預り証 （保護預り又は取引保証金代
　用有価証券）………………………843
預り証 （有料老人ホームが入居一時
　金を受領した際に交付するもの)……909
預かり証 （預貯金・通帳等）………802
預り通帳 （金銭等の受取)………　……1069
預り保証金残高証明書………………958
案内状、案内書 （宿泊案内)…………379

## 【い】

遺産分割協議書 （土地、建物等に係
　るもの)………………………………84
遺失物に係る受付票……………………1024
委託訓練契約書…………………………446
委託契約書 （運航を委託するもの)……410
委託契約書 （運送業務）……………238
委託契約書 （株式名儀の書換事務等
　を継続的に委託するためのもの)……647
委託契約書 （監督業務）……………418
委託契約書 （研究開発業務）………404
委託契約書 （森林経営）……………469
委託契約書 （水道の計量業務）……677
委託契約書 （生鮮食品輸送業務)………240
委託契約書 （設計業務）……………395

委託契約書 （電算機操作を委託する
　もの)…………………………………408
委託契約書 （売買を委託するもの)……555
委託契約書 （ファッション情報提供
　に関する業務)………………………406
委託契約書 （書籍製作）……………376
委託契約書 （保証を委託するもの)……747
委託契約書 （臨床検査を委託するも
　の)……………………………………405
委託検針契約証書………………………624
委任状 （公正証書作成）……………163
委託証拠金預り証………………………969
委託販売契約書 （自動販売機による
　販売委託契約)………………………613
依頼票 （控)……………………………795

## 【う】

Web−EDIによる購買システムの利
　用に関する契約書……………………682
承り書 （ご進物品）…………………253
請負契約変更契約書……………………306
受付通知書………………………………377
受取書 （売上代金）…………………900
受取書 （書換え手形の受取）………972
受取書 （貨物）………………………251
受取書 （借受金）……………………165
受取書 （元利金弁済金）……………959
受取書 （共済掛金の受領）…………989
受取書 （競売代金の受領）…………966
受取書 （公金と公金以外を併せたも
　の)……………………………………903
受取書 （公金のみのもの)…………904

受取書（再交付通帳等の受取）…………994
受取書（受領原因を記載したもの）……977
受取書（消費税及び地方消費税が区
　分記載されたもの）………………………902
受取書（商品券の販売代金の受領）……965
受取書（書類）………………………………1017
受取書（特別徴収義務者交付金）………938
受取書（破産手続に係る配当の受領
　を証するもの）……………………………966
受取書（ハンディ端末機から打ち出
　されるもの）………………………………910
受渡計算書……………………………………956
内入金の記載のあるお買上伝票………921
裏書手形受渡書………………………………933
売上金の収納及び返還等に関する
　契約書………………………………………627
売上計算書……………………………………941
売上収納金返還額明細表…………………985
売上代金の受取書…………………………900
売上日報・銀行納金票……………………981
売上報告書……………………………………979
売上リベート預託契約書…………………849
売掛金口座振込依頼書及び
　支払代金口座振込承諾書………………536
売掛金集金帳…………………………………1058
売掛債権譲渡契約書………………………857
売渡証書………………………………………69
運航委託契約書……………………………410
運送委託契約書……………………………238
運送契約書…………………………236，558
運送保険証券…………………………………722
運転資金融資に関する保証契約書………756

## 【え】

営業譲渡契約書………………………………100

ＡＴＭのご利用明細書（定期預金の
　新規契約）…………………………………815
ＡＴＭの取引明細……………………………812
ＭＭＣ利息計算書…………………………820
エレベータ保守についての契約書………566
演劇俳優の専属出演契約書………………371
円建銀行引受手形（ＢＡ手形）…………478

## 【お】

お預り通帳……………………………………1069
オーダー洋服の引換証……………………324
送り状…………………………………………249
送り状控………………………………………250
お支払予定のご案内………………………394
お出入通帳……………………………………1071
覚書（委託料の支払いに関するも
　の）……………………………………………585
覚書（運送契約の単価を変更するも
　の）……………………………… 265，266
覚書（加工賃の支払方法の変更）………584
覚書（警備保障に関するもの）…………572
覚書（従業員等の受入れに関するも
　の）……………………………………………616
覚書（集金業務に関するもの）…………630
覚書（情報センターの利用に関する
　もの）………………………………………413
覚書（清掃契約に関するもの）…………568
覚書（製造物責任に関するもの）………598
覚書（地位の承継に関するもの）………674
覚書（土地の賃貸借料）…………………148
覚書（取引条件、リベート等に関す
　るもの）……………………………………548
覚書（販売奨励金に関するもの）………552
覚書（ホームページ開発委託に関す
　るもの）……………………………………283
覚書（保証金に関するもの）……………848

事 例 索 引　　　1401

覚書（保証人の変更に関するもの）……762
覚書（輸入業務の委託に関するもの）
　　………………………………………621
覚書（旅行券の販売に関するもの）……669
覚書（労働者派遣に関するもの）………361
温室効果ガスの排出権取引に関する
　　売買契約書…………………………688

## 【か】

カーテンご注文明細書…………………327
カードサービスご利用控………………814
カード利用申込書………………………203
カードローン契約書……………………202
カードローン通帳……………………1059
カードローンに係る取引照合表………952
カードローン利息計算書………………951
買上伝票（内入金の記載のあるもの）
　　………………………………………921
会員資格保証金証書……………………216
会員証（友の会）……………………1073
買掛金整理票…………………………1091
外貨普通預金（ステートメント口）
　　取引約定書…………………………785
外貨両替計算書…………………………942
外貨預金お預り明細……………………821
会計参与契約書…………………………462
外国為替手形……………………………479
外国為替取引斡旋に関する契約書……766
外国為替取引約定書…………………… 651
外国為替予約約定書（外貨定期預金
　　用）…………………………………832
外国証券配当金（利金）のお知らせ…878
買取商品代金支払条件通知書…………546
解約合意書………………………………679
書換え手形の受取書……………………972
確認書（宿泊申込みの承諾)……………378

確認書（保証契約継続)…………………772
加工指図書………………………………344
加工指図書（加工基本契約書に基づ
　　いて作成するもの)…………………595
加工賃確認書（請書)……………………596
加工賃の支払方法を変更することの
　　覚書…………………………………584
火災保険倉庫特約証書…………………695
貸切バス（変更）乗車券………………244
貸越利息計算書…………………………954
貸付金利息入金カード………………1068
貸付決定通知書…………………………188
貸付明細書………………………………189
貸渡計算書（レンタカー)………………944
ガス使用申込書…………………………671
割賦販売代金の収納事務委託契約書…631
合併契約書………………………………502
合併に関する催告書……………………501
合併に関する承諾書……………………501
家電リサイクル券（排出者控)………1020
株券受領書……………………………1086
株式関係事務等の委託契約書…………647
株式申込証拠金領収証…………………968
株主配当金支払案内書
　　及び配当金領収証…………………884
株主配当金支払計算書…………………888
加盟店契約書……………………………542
加盟店契約書（フランチャイズ契約
　　書)……………………………………544
加盟店取引約定書……………………… 527
貨物受取書………………………………251
貨物海上保険証券………………………723
貨物引受書………………………………248
貨物引換証………………………………711
貨物保管及び荷役契約書………………578
貨物保管証書……………………………712

借入金受取書（1枚の紙面に2以上
　の相手方から受領印を徴するもの）
　……………………………………1087
借入金に関する特約書……………………212
借入金の償還についての確約書…………170
借入金の利率を変更する覚書……………159
借入金、利息金等の引落依頼書…………791
借入手続のご案内…………………………195
借入約定書…………………………………186
借受金受領書………………………………165
仮受取証（名刺に記載したもの）………918
仮工事請負契約書…………………………280
為替手形（金額欄が未記入のもの）……481
為替手形（引受けが先にされたもの）
　……………………………………………480
冠婚葬祭互助会加入申込書………………351
冠婚葬祭互助会の加入者証………………350
監査契約書（公認会計士ととり交わ
　すもの）…………………………………369
監督業務委託契約書………………………418
カントリークラブ会員証…………………498
冠協賛契約書………………………………289
元利金等の支払に関する同意書…………793
元利金の受取文言を記載した借用証書
　……………………………………………936
元利金弁済金の受取書……………………959
管理有価証券信託契約証書………………736

# 【き】

技術者派遣個別契約書……………………363
寄託申込書…………………………………357
基本契約書（継続的取引）………………520
基本契約書（工事請負）…………………560
基本契約書（債券貸借取引に関する
　もの）……………………………………221

基本契約書（労働者派遣に関するも
　の）………………………………………359
機密保持に関する確認書…………………444
キャッシュカード署名、暗証番号届……810
キャッシュカードご利用明細書（口座振
　替による自己宛振込み）………………922
キャッシュカード利用申込書……………809
キャッシング・ブック…………………1065
キャラクター使用許諾契約書……………112
吸収分割契約書……………………………504
給油契約書…………………………………524
給与振込に関する協定書…………………399
給与明細書…………………………………831
給料支給明細書……………………………831
共済掛金受領書……………………………989
協賛契約書…………………………………288
協定書（自動販売機設置）………………151
協定書（出向者取扱い）…………………364
協定書（地中の有料使用）………………145
協定書（傭船契約）………………………257
協定書（リース契約に関する業務）……529
共同開発契約書……………………………441
共同開発に関する契約書…………………105
共同施工による工事請負の契約書………314
競売代金の受取書・破産手続に係る
　配当の受取書……………………………966
業務委託契約書（情報提供に関する
　もの）……………………………………406
業務委託契約書（工事費査定に係る
　もの）……………………………………416
業務委託契約書（監督業務に係るも
　の）………………………………………418
業務委任契約書（在宅福祉事業に係る
　もの）……………………………………435
極度貸付契約証書…………………………185
銀行取引約定書……………………………650

事 例 索 引　　　　1403

銀行納金票……………………………983
金銭支払請求書………………………971
金銭借用証書（会社と社員の間で作
　成されるもの）……………………161
金銭消費貸借契約書（外国通貨によ
　るもの）……………………………227
金銭消費貸借契約証書………………155
金銭消費貸借契約変更契約書………157
金銭信託以外の金銭の信託契約書……733
勤務先預金通帳………………………1046
「金融機関借入用」と表示した約束
　手形…………………………………485

【く】

倉荷証券………………………………714
クリーニング取次営業契約書…………675
クレーム補償契約書…………………602
クレジットカードご利用票…………392
クレジットお申込みの内容…………454
クレジット契約書……………………458
クレジット販売の領収書……………914

【け】

計算書（受渡計算書）………………956
計算書（外貨との両替）……………942
計算書（外国への送金）……………943
計算書（貸金業者が作成するもの）……940
計算書（自動継続用定期預金利息計
　算書）………………………………800
計算書（償還金計算書）……………955
計算書（非自動継続用定期預金利息
　計算書）……………………………801
継続的取引の基本契約書……………520
継続のご案内（定期貯金）…………819
警備請負契約の権利譲渡承諾請求書……570
警備保障に関する覚書………………572

契約終了のご案内……………………1021
契約当事者双方の署名、押印のある
　注文書………………………………336
契約元帳（約束手形が付記されたも
　の）…………………………………484
月額単価を変更する契約書…………308
結婚式場ご予約書……………………348
研究委託契約書………………………404
現金自動預金機専用通帳……………1039
建設機械売買契約書並びに据付工事
　契約書………………………………294
建設共同企業体協定書………………311
建設協力金の定めのある土地建物賃
　貸借契約書…………………………137
原本と相違ない旨を記載した契約書
　の写し………………………………162

【こ】

御案内状、御案内書（宿泊案内）………379
合意書（債券貸借取引に関する基本
　契約書に係るもの）………………223
講演謝金の領収証……………………964
公金と公金以外を併せて受領証明す
　る受取書……………………………903
公金のみを受領証明する受取書………904
航空機売買契約書……………………99
広告申込書・広告実施報告書…………286
工作物の埋設に関する協定書…………145
口座引落確認書（デビットカード）……916
口座振替依頼書………………………792
口座振替による引落通知書…………997
口座振替の通知（保険料振替に関す
　るもの）……………………………1000
工事請負基本契約書…………………560
工事請負契約書（消費税及び地方消
　費税が区分記載されたもの）………276

工事下請基本契約書……………………562
工事費査定業務委託契約書……………416
工事費負担金契約書……………………310
公正証書作成のための委任状…………163
厚生寮利用券……………………………383
購入・加工・価格表……………………594
購入品品質保証契約書…………………600
購入申込書に併記した債務の保証書……752
公認会計士の監査契約書………………369
購買借越約定書…………………………168
購買品代金決済約定書（経済農業協
　同組合連合会からの購買品に係る
　もの）……………………………………667
互助会加入申込書………………………352
個人情報の取扱い等に関する覚書……680
個別取引契約書（債券貸借取引に関
　する基本契約書に係るもの）…………222
コミュニティバス運行事業に関する
　協定書……………………………………267
雇用著作契約書…………………………116
ゴルフ倶楽部会員資格保証金預り証……215
コンピュータシステムコンサルタン
　ト業務契約書……………………………403
コンサルタント業務契約書……………419
婚礼友の会加入申込書…………………353

【さ】

債権債務承継通知書……………………868
債権譲渡契約を含む自動車売買契約書
　…………………………………………869
債権譲渡証書……………………………858
債権譲渡通知書…………………………864
債券貸借取引に関して作成される文書
　（その1）債券貸借取引に関する
　　基本契約書……………………………221

（その2）債券貸借取引に関する基本
　契約書に係る個別取引契約書………222
（その3）債券貸借取引に関する基本
　契約書に係る合意書…………………223
（その4）債券貸借取引明細書………224
再交付通帳等受取書……………………994
財産形成信託取引証……………………737
財産形成積立定期預金契約の証………824
財産形成積立定期預金残高のお知らせ
　…………………………………………825
財産形成定期預金残高通知書…………826
在宅福祉事業に係る契約書……………433
再販売価格維持契約書…………………605
債務確認弁済契約書……………………171
債務承認書………………………………213
債務引受契約証書（主たる債務の契
　約書に併記された保証契約）…………865
債務引受申入書兼承諾書………………867
債務弁済契約書（保証金に関するも
　の）………………………………………172
債務保証依頼書…………………………764
債務保証に関する契約書（主たる債
　務契約書に追記したもの）……………750
差入証（担保とした借地権について
　契約継続等を約するもの）……………149
産業医委嘱契約書………………………367
産業廃棄物管理票（マニフェスト）……472
産業廃棄物の処理に関する契約書……580
残高証明書（預り保証金）……………958

【し】

敷金領収証………………………………1023
仕切書（ポスレジから打ち出される
　もの）……………………………………913
資金借入約定並びに保証書……………167

事　例　索　引　　　1405

市場金利連動型預金（MMC）利息
　計算書……………………………820
実測精算書………………………………66
実用新案権の譲渡契約書………………92
指定金銭信託証書……………………732
自動継続定期預金証書………………701
自動継続用定期預金利息計算書………800
自動車損害賠償責任保険代理店委託
　契約書……………………………640
自動車の注文書………………………450
自動車売買契約書（債権譲渡の契約
　を含むもの）……………………869
自動車保険特約書……………………664
自動販売機設置についての協定書……151
自動販売機による委託販売契約書……613
し尿浄化槽清掃・維持管理契約書……464
支払完了の御礼………………………934
支払期日欄が空欄の約束手形………482
支払承諾約定書………………………420
支払証控………………………………925
支払代金口座振込承諾書……………536
支払方法等通知書……………………592
支払方法等について…………………375
支払保証依頼書………………………773
借地権譲渡契約書……………………143
借地権付建物譲渡契約書………………74
借地に関する差入証…………………149
借用証書（元利金の受取文言を記載
　したもの）………………………936
社債券（物上担保付社債）…………496
社内展示販売契約書…………………672
社内預金収支明細票…………………830
社内預金伝票…………………………827
社内預金明細書………………………829
車輌賃貸借契約書……………………242
従業員等の受入れに関する覚書……616

従業員預金票（綴）…………………1047
集金業務の覚書………………………630
集金入金票……………………………796
集金票…………………………………974
住宅資金借入申込書…………………768
修理承り票……………………………322
授業料袋………………………………1075
宿泊予約券……………………………381
出演契約書（演劇俳優の専属出演）……371
出荷指図書……………………………717
出向者取扱いに関する協定書………364
出資証券………………………………495
出店契約書……………………………622
出店貸借契約書………………………181
出版物（書籍）の製作に関する契約書
　…………………………………………376
準金銭消費貸借契約書………………174
準特約店契約書………………………645
奨学資金貸付申込書…………………217
消火設備保守点検契約書……………466
償還金計算書…………………………955
商業信用状……………………………726
使用許諾契約書（ソフトウェア）………108
条件付保証書…………………………758
商号譲渡契約書…………………………95
証書（通帳）一時預り証……………798
承諾証（墓地使用に関するもの）………150
承諾書（連帯保証に関するもの）……761
譲渡性預金証書………………………703
譲渡性預金証書預り証………………927
譲渡約定書（特許等の登録を受ける
　権利を譲渡するもの）………………91
消費税及び地方消費税が区分記載さ
　れた契約書………………………276
消費税及び地方消費税の金額が区分
　記載された領収書………………902

消費税額等を含んだ手形の記載金額……486
商標使用契約書……………………………102
商品券の販売代金の受取書………………965
商品大量陳列契約書………………………390
商品取引についての承諾書………………663
情報センター利用に関する覚書…………413
情報提供に関する契約書…………………114
食堂経営委託に関する契約書……………618
書類受取書…………………………………1017
紳士服イージーオーダー引換票…………326
新設分割計画書……………………………506
信託契約証書（管理有価証券信託）……736
信託財産領収証……………………………995
信託証書（指定金銭信託）………………732
信用取引口座設定約諾書…………………656
森林経営委託契約書………………………469

## 【す】

スイングサービス申込書…………………807
水道の計量業務委託契約書………………677
据付工事を伴う立体駐車設備の売買
　契約書……………………………………292
ステートメント口取引約定書……………785
済の表示がされた納品書…………………919

## 【せ】

請求書・借入申込書（コミットメン
　トライン契約に基づくもの）…………229
清酒の集約製造契約書……………………582
生鮮食品輸送業務委託契約書……………240
清掃契約書…………………………………281
清掃契約に関する覚書……………………568
製造物責任に関する覚書…………………598
整備売上（控）……………………………346
生命保険証券………………………………720
生命保険相互会社基金証券………………497

生命保険の代理店契約書…………………637
設計委託契約書……………………………395
船車券………………………………………1007
専属出演契約書……………………………371
専属専任媒介契約書………………………423
宣伝契約書…………………………………262

## 【そ】

総合口座取引約定書………………………197
総合口座通帳………………………………1035
相殺決済することの約定書………………874
ソフトウェアＯＥＭ契約書………………522
ソフトウェア使用許諾契約書……………108
ソフトウェアリース契約書………………110
損失補償契約証書…………………………871

## 【た】

代位弁済金受領書…………………………967
大学債券……………………………………219
代金決済についての約定書………………526
代金支払証明依頼書………………………928
代金取立手形預り証兼受取書……………988
代金取立手形通帳…………………………1061
代物弁済契約書………………………………76
台帳（諸給与を支払った際に作成
　するもの）………………………………1088
太陽光設備売買・請負工事契約書………296
代理店契約書（生命保険代理店の契
　約書）……………………………………637
タクシーの共同乗車券の発行等に関
　する契約書………………………………261
宅配便の取扱業務に関する契約書………259
立替金相殺同意書…………………………305
立替払に関する契約書……………………538
建物設計及び建築請負契約書……………278
建物賃借権譲渡契約書……………………873

事 例 索 引　　1407

建物賃貸借予約契約書……………………176
単価協定書を引用している注文請書……342
単価決定通知書………………………………589
団体貸切契約書………………………………373
団体生命保険配当金支払明細書………1089
団体旅行申込書………………………………354
担保差入証兼担保物の差入表…………1076
「担保手形」と記載された約束手形
　の領収書…………………………………932
担保品預り証……………………………1002
担保品受領証……………………………1003

## 【ち】

地位承継覚書…………………………………674
地上権設定契約書…………………………122
地上権設定承諾書…………………………123
CHIT BOOK（チットブック）……　…1090
仲介手数料契約書…………………………422
駐車場賃貸借契約書………………………135
注文請書………………………………………341
注文請書（カタログ商品に対するも
　の）………………………………………386
注文請書（注文書を引用しているも
　の）………………………………………338
注文請書（材料支給による物品製作
　のためのもの）………………………385
注文請書（電磁的記録に変換して電
　子メールで送信したもの）…………335
注文請書（注文番号を記載したも
　の）………………………………………340
注文書（請負契約事項の記載のある
　もの）……………………………………328
注文書（自動車の販売に関するもの）
　…………………………………………450
注文書（発行事情等によって印紙税
　の課税関係が異なるもの）…………332

注文書（見積書とワンライティング
　（複写）で作成するもの）…………331
貯蓄預金通帳……………………………1038
チラシ契約書………………………………391
賃貸借契約書（保証金の定めのある
　もの）……………………………………141
賃貸借契約書（保守条項の記載され
　ているもの）…………………………387
賃貸借契約書（建設協力金の契約も
　記載されているもの）………………137

## 【つ】

通貨及び金利交換取引契約証書………834
通知書（販売代金精算通知書）…………850
通帳一時預り証……………………………798
通知預金通帳……………………………1033
月掛領収帳………………………………1063
月払共済掛金領収帳……………………1079
積金通帳…………………………………1049
積立預金通帳……………………………1034

## 【て】

定款（協同組合）…………………………511
定款（税理士法人が作成するもの）……512
定期借地権設定契約書
　（その１）個人と地主…………………125
　（その２）宅建業者等と地主…………127
　（その３）事業用借地権設定契約
　　　公正証書………………………129
　（その４）建物譲渡特約付借地権設定
　　　契約書…………………………131
定期貯金・継続のご案内…………………819
定期貯金支払保証書………………………759
定期積金証書………………………………705
定期積金通帳……………………………1045
定期傭船契約書……………………………256

事例索引

定期備船契約の備船料についての協
　定書……………………………………257
定期預金証書兼通帳……………………1041
定期預金通帳……………………………1032
定期預金利息計算書………………………800
提携住宅ローンに関する契約書…………743
抵当権設定契約書……………………………79
出入通帳…………………………………1071
データ入力取引基本契約書………………574
手形（一覧払のもの）……………………483
手形（記載金額に消費税額等を含ん
　だもの）………………………………486
手形受取書…………………………………931
手形貸付金計算書…………………………947
手形貸付実行・回収記入票………………193
手形貸付利息（戻し）計算書……………946
手形借入金割賦弁済約定書………………166
手形到着報告書……………………………990
手形の割引依頼書（控）…………………986
手形発行控え………………………………930
手形割引計算書……………………………948
手形割引に関する特約書…………………823
手形割引料（戻し）計算書………………949
手付金の領収書……………………………960
テナント契約書……………………………181
デビットカード利用の場合の
　レシート………………………………917
テレフォンバンキングお取引明細の
　ご案内…………………………………817
テレホンガイド契約書……………………468
テレビコマーシャルの制作に関する
　契約書…………………………………284
天候デリバティブ取引媒介契約書………686
電算機操作委託契約書……………………408
店舗賃貸借契約書（保証金の定めの
　あるもの）……………………………141

電力需給契約書……………………………532
電話加入権売買契約証書…………………861

## 【と】

同意書兼連帯保証書………………………751
当座勘定借越約定書（銀行との契約
　書）……………………………………200
当座勘定照合表……………………………790
当座勘定入金帳…………………………1043
当座勘定入金帳（外貨預金専用）………1054
当座取引約定書……………………………787
投資の証……………………………………996
特別徴収義務者交付金の受取書…………938
特約店引受書………………………………643
土地交換に関する覚書（買収地の代
　替地を給付する契約書）………………77
土地・建物等の遺産分割協議書……………84
土地・建物売買契約書………………………63
土地賃貸借契約書…………………………133
土地の再売買予約契約書……………………71
土地の賃貸借料の変更に関する覚書……148
土地予約申込書・受付票……………………70
特許等を受ける権利（出願権）の譲
　渡約定書…………………………………91
友の会会員証……………………………1073
取引契約書（売買の委託）………………555
取引照合表…………………………………952
取引明細……………………………………214
取引明細（ＡＴＭから打ち出される
　もの）…………………………………812

## 【な】

内航船舶売買契約書（建造引当権の
　金額）……………………………………96
「生コンプラント」の建設機械売買
　契約書…………………………………298

事　例　索　引　　　　1409

## 【に】

荷役協定書（揚・積）……………………258
荷役契約書…………………………………578
肉用素畜導入事業預託契約書……………398
日賦貸付金償還表………………………1081
入金証明……………………………………926
荷渡指図書…………………………………718
人間ドック契約書…………………………431

## 【ね】

ネオン塔掲出場所の賃貸借契約書………285
熱媒使用申込書……………………………534
根抵当権設定並びに変更契約証書（追加
　設定並びに極度額の増額）……………859
年金信託契約書……………………………729
念書（消費貸借契約の補充）……………160

## 【の】

納期変更通知書……………………………345
農業経営委託契約書………………………670
ノウハウ実施契約書………………………104
納品計算書（ハンディ端末機から打
　ち出されるもの）………………………912
納品書（済の表示がされたもの）………919

## 【は】

PURCHASE CONTRACT………………303
媒介業務報告書……………………………427
買収地の代替地を給付する契約書………77
配当金計算書………………………………882
配当金支払案内書…………………………884
配当金支払計算書…………………………888
配当金及び株券受領書…………………1086
配当金振込先のご確認について…………882
配当金振込通知書…………………………881

配当金領収書（信用金庫あてのもの）
　……………………………………………886
配当金領収証………………………………877
配当金領収証（金銭受取書としての
　効用のみをもつもの）…………884，978
配当金領収証（配当金支払副票（委
　任状付き）の添付を要するもの）……879
売買契約書（航空機の売買を証する
　もの）……………………………………99
売買契約書（債権譲渡の契約を含む
　もの）……………………………………869
売買契約書（土地建物の売買を証す
　るもの）…………………………………63
売買契約書（内航船舶の売買を証す
　るもの）…………………………………96
売買契約書（生コンプラントの売買
　を証するもの）…………………………298
売買契約書（不動産信託受益権）……… 863
売買の委託に関する取引契約書…………555
パソコンサービス利用申込書……………804
発行事情等によって印紙税の課税関
　係が異なる注文書………………………332
発行日取引の委託についての約諾書……660
バナー広告掲載契約書……………………282
判取帳…………………………………… 1085
販売奨励金に関する覚書…………………552
販売促進代行契約書………………………614
販売代金精算通知書………………………850
販売代理店契約書…………………………608
販売物品の保証書…………………………776
販売用・陸送自動車等自動車保険特
　約書………………………………………664

## 【ひ】

ＢＡ手形（円建銀行引受手形）…………478
引落通知書（口座振替）…………………997

ビラ予約申受書……………………1010
BILL OF EXCHANGE（外国為
　替手形）………………………479
ビル内貸店舗契約書………………178

## 【ふ】

普通預金通帳………………………1031
普通預金入金票綴……………………1064
普通預金未記帳取引照合表…………822
普通預金（無利息型）取扱依頼書……853
普通預金約定書………………………784
物件移転契約書（立退きに関するもの）
　………………………………82
物上担保付社債券……………………496
物品供給契約書………………………300
不動産鑑定評価依頼書………………429
不動産購入申込書……………………67
不動産譲渡担保契約書………………73
不動産の売渡証書……………………69
不動産売買契約書……………………64
不動産販売委託契約証書……………611
船荷証券………………………………716
FREIGHT MEMO……………………1016
振込依頼帳……………………………1077
振込金受取書…………………………992
プリペイドカード利用の領収書………915
プレハブ住宅の注文書（契約書）………329
プログラム作成請負契約書……………401
プログラム著作権譲渡契約書…………93
不渡手形受取証………………………973

## 【へ】

別段預金預り証………………………706
返済条件を記載した約束手形…………164
変動金利型貸付に関する特約書………206
変動金利制度改定に係る同意書………210

返品又は値引の仕切明細書…………924

## 【ほ】

ポイントカード入会申込書……………851
ホームページ開発委託についての覚
　書………………………………283
法令保証証券（輸入貨物に係る納税
　保証）…………………………779
保険外務員についての契約書…………693
保険証券（運送保険）………………722
保険証券（貨物海上保険）……………723
保険証券（生命保険）………………720
保険証券兼保険料通帳………………1050
保険料口座振替のお知らせ…………1000
保険料振替済のお知らせ……………998
保護預り口座設定申込書および届出
　書、口座設定のご通知………841
保護預り証書…………………………844
補修同意書……………………………587
保守契約書（エレベータ）……………566
保守条項を含む賃貸借契約書…………387
保守点検契約書（消火設備）…………466
保守申込書……………………………588
保証委託契約書………………………747
保証期限延期追約書…………………760
保証金に関する覚書…………………848
保証契約継続に関する確認書…………772
保証契約書（運転資金の融資に関す
　るもの）………………………756
保証書（買掛債務等に係る連帯保証）
　…………………………………752
保証書（カメラの無料修理を保証す
　るもの）………………………776
保証書（銀行借入金に係る連帯保証）
　…………………………………756

事 例 索 引　　　1411

保証書（資金借入約定に並記したも
　の）……………………………………167
保証書（支払保証委託契約締結の証）
　…………………………………………754
保証書（同意書兼連帯保証書）…………751
保証書（身元を保証するもの）…………775
保証内定通知書……………………………778
保証人確認書（往復はがき形式）………770
保証人の変更に関する覚書………………762
保証人変更契約書…………………………763
保証約定書…………………………………746
墓地使用承諾証……………………………150

## 【み】

見積書（製造・広告）……………………318
見積書（引越し）…………………………254
身元保証書…………………………………775

## 【め】

名義書換受付票……………………………1015
明細書（カーテンご注文明細書）………327
名刺による仮受取証………………………918

## 【も】

申込書（寄託）……………………………357
申込書（奨学資金貸付）…………………217
申込書（スイングサービス）……………807
申込書（パソコンサービス）……………804
申込書（ポイントカード）………………851
申込書（保守）……………………………588
モーゲージ証書……………………………840

## 【や】

夜間金庫違算金のお知らせ………………839
夜間預金金庫使用証………………………838
約定書（借入れに関するもの）…………186

約定書（代金決済に関するもの）………526
約定書（普通預金）………………………784
約束手形……………………………………477
約束手形が付記された契約元帳…………484
約束手形（金融機関借入用と表示し
　たもの）………………………………485
約束手形（支払期日欄が空欄のもの）
　…………………………………………482
約束手形（返済条件を記載したもの）
　…………………………………………164
家賃領収通帳………………………………1062

## 【ゆ】

有価証券借用証書（有価証券の消費
　貸借を証するもの）…………………225
有価証券に係る消費寄託契約書…………846
有効期間についての確認書………………583
融資決定通知書（保証人あてに発行
　するもの）……………………………192
融資決定のお知らせ………………………194
融資実行通知書……………………………196
融資証明依頼書／証明書…………………190
融資利率変更のお知らせ…………………208
郵便切手類及印紙売渡証明書……………1019
有料老人ホームが入居一時金を受領
　した際に交付する預り証……………909
輸出免税物品購入記録票に貼付・割
　印するレシートの写し………………1026
ユニフォームスポンサー契約書…………291
輸入貨物通関依頼票（控）………………1013
輸入貨物に係る納税保証証券……………779
輸入業務の委託に関する覚書……………621

## 【よ】

傭船契約書（定期傭船を約するもの）
　…………………………………………256

備船料についての協定書……………257
預金口座振替に関する契約書…………634
預金払戻請求書・預金口座振替によ
　る振込受付書（兼振込手数料受取
　書）………………………………993
予約書（結婚式場の予約）……………348
予約書（披露宴の予約）………………349
予約申受書（貸別荘の予約）…………1010

## 【り】

リース契約に関する業務協定書………529
利息計算書（ＭＭＣ）…………………820
利息計算書（定期預金）………………800
利息支払いについての特約……………205
利息引落しのお知らせ（口座振替によ
　る）………………………………997
リネンサプライ契約書…………………389
リベートに関する覚書等………………548
立木付土地売買契約書……………………88
立木の売買に関する証……………………86
領収書（医師等が作成するもの）………907
領収書（介護サービス事業者が作成
　するもの）………………………905
領収書（記載金額5万円未満の判
　定）………………………………899
領収書（クレジット販売のもの）………914
領収書（公益法人が作成するもの）……908
領収書（税理士法人が作成するもの）
　………………………………………906
領収書（設備廃棄助成金の受領を証
　するもの）………………………963
領収書（相殺によるもの）……………1022
領収書（担保手形と記載された約束
　手形）……………………………932
領収書（手付金）………………………960

領収書（プリペイドカード利用のも
　の）………………………………915
領収書（旅費の受領を証するもの）……1018
領収書（割戻金の受領を証するもの）
　………………………………………923
領収証（敷金）…………………………1023
領収証（受領した前受金額を記載し
　ているもの）……………………962
領収証（信託財産の受領を証するも
　の）………………………………995
領収証（保険料の受領を証するもの）
　………………………………………1009
旅館・観光クーポン……………………1005
旅館券……………………………………1004
旅行券の販売に関する覚書……………669
旅行・航空傷害保険契約証（保険料
　領収証）…………………………1009
利率変更に関する確認書、利率変更表
　………………………………………1066
臨床検査委託契約書……………………405

## 【れ】

礼状………………………………………934
レシート…………………………………920
レシート（デビットカードの利用）……917
レジ袋受領表……………………………1074
連帯保証承諾書…………………………761
レンタカーの契約カード………………1012

## 【ろ】

労働者派遣契約覚書……………………361
労働者派遣に関する基本契約書………359
ローンご完済のお知らせ………………935
路線乗務員旅費領収書…………………1018

# 【わ】

ワイシャツお誂承り票……………………321
和解契約書……………………………231，232
割引手形計算書…………………………950
割戻金領収書……………………………923

（編　者）

馬　場　則　行

（執筆者）

奥　田　素　子
塩　貝　豪　士

本書の内容に関するご質問は、ファクシミリ等、文書で編集部宛にお願い
いたします。（fax 03-6777-3483）
なお、個別のご相談は受け付けておりません。

本書刊行後に追加・修正事項がある場合は、随時、当社のホームページ
（https://www.zeiken.co.jp）にてお知らせいたします。

書式550　**例解印紙税**

昭和43年 5 月25日　初版第一刷発行　　　　　　　　　　（著者承認検印省略）
平成30年 7 月17日　第十一訂版第一刷発行

　　　　　　　　　　Ⓒ　編　者　馬　場　則　行

　　　　　　　　　発 行 所　税務研究会出版局

　　　　　　　　　　　　　　週刊「税務通信」発行所
　　　　　　　　　　　　　　　　「経営財務」

　　　　　　　　　代表者　　　山　根　　毅

郵便番号　100−0005
東京都千代田区丸の内 1 − 8 − 2　鉄鋼ビルディング
振替　00160− 3 −76223
電話〔書 籍 編 集〕03（6777）3463
　　〔書 店 専 用〕03（6777）3466
　　〔書 籍 注 文〕
　　（お客さまサービスセンター）03（6777）3450

●　各事業所　電話番号一覧　●

| 北 海 道 | 011（221）8348 | 神 奈 川 | 045（263）2822 | 中　　国 | 082（243）3720 |
| 東　　北 | 022（222）3858 | 中　　部 | 052（261）0381 | 九　　州 | 092（721）0644 |
| 関東信越 | 048（647）5544 | 関　　西 | 06（6943）2251 | | |

▶税研ホームページ　https://www.zeiken.co.jp

乱丁・落丁の場合は、お取替えします。　　　　　　印刷製本　奥村印刷㈱

ISBN978-4-7931-2286-6